Great Britain Admiralty, International Polar Expedition

Observations of the International Polar Expeditions

1882-83 - Fort Rae

Great Britain Admiralty, International Polar Expedition

Observations of the International Polar Expeditions
1882-83 - Fort Rae

ISBN/EAN: 9783337268091

Printed in Europe, USA, Canada, Australia, Japan

Cover: Foto ©Andreas Hilbeck / pixelio.de

More available books at **www.hansebooks.com**

OBSERVATIONS

OF THE

INTERNATIONAL POLAR EXPEDITIONS,

1882–83.

FORT RAE.

LONDON:
PRINTED BY EYRE AND SPOTTISWOODE,
AND PUBLISHED BY
TRÜBNER & CO., 57 & 59, LUDGATE HILL.

1886.

ERRATA.

Page 142. Oct. 2, 3 a.m., *for* "> 1216", *read* "< −108".
11 a.m., " "< 900" " "< −108".
" 144. Nov. 17, 3 a.m., " "> 1050" " "< −1080".
19, 6 a.m., " "> 1080" " "< −1080".
20, 1 a.m., " "> 1050" " "< −1050".

TABLE OF CONTENTS.

PREFACE.

The observations, of which a record is contained in this volume, were made at Fort Rae, on the Great Slave Lake, during the 12 months extending from September 1, 1882 to August 31, 1883.

Fort Rae formed one of the series of circumpolar positions, occupied in accordance with the scheme proposed by the late Lieut. C. Weyprecht, for concerted physical observations, to be carried on for at least a full year, at different stations situated around the Poles.

The units of measure of the observations, the methods of reduction, the scales for graphical representation of the curves, and the form of publication, were fixed by the International Polar Committee at their meeting at Vienna in April 1884.

The expense of the Expedition was defrayed by grants from the British Government, and from the Government of the Dominion of Canada.

The management of the undertaking was vested in the Royal Society, and by the Society was entrusted to a Committee consisting of the following Fellows:—

The President
The Treasurer } ex-officio
The Secretaries
John Rae, M.D.
Admiral Sir G. H. Richards.
Robert H. Scott.

The discussion of the magnetic observations has been carried out by myself, with the assistance of Mr. G. M. Whipple, of Kew Observatory. The meteorological discussions have been entirely carried out by Mr. R. Strachan and Mr. John A. Curtis of the Meteorological Office.

(Signed) H. P. Dawson,
Captain, R.A.

March 1886.

INTRODUCTION.

Fort Rae is one of the posts of the Hudson's Bay Company. It is situated in Lat. 62° 38′ 52″ N., and Long. 115° 43′ 50″ W. on a bay on the northern shore of the Great Slave Lake, and was selected for occupation as being the most northerly of the Company's posts, from which return would be possible, after the termination of the observations, before the closing of the rivers. Had Fort Simpson been the station selected, the observers might not improbably have been compelled to spend two winters at their post, as the route for return might not have been open till the summer of 1884.

Fort Rae is the nearest of all the Company's stations to the Magnetic Pole, and it presents another advantage of a very practical nature. Provisions at the post are usually plentiful, and this is by no means the case in all parts of the country. To have taken a year's full supplies for the party would have materially increased the cost and difficulty of transport.

It should here be stated that it is mainly owing to the interest taken in the undertaking by the Company's Directors in London, and to the co-operation cordially rendered by their officers in Canada that the Expedition was able to carry its appointed task to completion.

The Expedition also received material assistance, in the way of free transport of baggage, from the following railroad and steamboat companies:—The London and North-western Railway, the Grand Trunk Railway, and the Allan Line of Royal Mail Steamers.

It was not until the 3rd of April 1882 that the sanction of the Government was definitely obtained. It was at once decided that the organization should be military. Captain Henry P. Dawson, of the Royal Artillery, was appointed to command the party; the observers were Serjeant J. English and Serjeant F. Cooksley, both of the Royal Horse Artillery, with Gunner C. Wedenby, of the Royal Artillery, as artificer.

From the time of departure of the Expedition until its return, the conduct and discipline of these men was all that could be desired. They took great interest in the observations, and did their best to carry them out with accuracy and punctuality. They were always contented and cheerful, in spite of the inevitable discomforts of their winter quarters, and the occasional hardships of the journey.

The following was the equipment provided:—

Instruments:

- 2 mercurial barometers, Kew pattern (marine).
- 2 aneroid barometers.
- 2 cup-and-dial anemometers (small size).
- 1 rain gauge.
- 10 mercurial thermometers.
- 7 spirit ,,
- 2 maximum ,,
- 2 ,, (solar radiation) thermometers.
- 4 minimum thermometers.
- 2 minimum (terrestrial radiation) thermometers.
- 2 hair hygrometers.
- 2 tubes for earth thermometers.
- 1 zinc thermometer screen (Wild's pattern).
- 1 unifilar magnetometer.
- 2 bifilar ,,
- 2 declinometers.
- 1 Lloyd's balance magnetometer.
- 1 dip circle.

Instruments—*continued.*

1 6-inch transit theodolite
1 6-inch sextant and artificial horizon
1 prismatic compass
1 chronometer watch
} Lent by Royal Geographical Society.

1 spectroscope with camera, Capt. Abney's pattern.
2 cameras with dry plates, &c.

Sundries :—

Blank forms for observations, tables, stationery, &c. :

1 chest carpenter's tools.
3 copper lanterns.
4 windows with spare glass.

Camp equipment :

2 tents.
1 waterproof sheet } per man.
3 blankets } per man.
Axes, camp kettles, mosquito netting.
Knives, forks, plates, &c.

Each man received :

2 suits plain clothes.
1 capot.
1 worsted belt.
1 pair mitts.
1 rug.
1 fur cap.
1 leather (deerskin) suit.
1 pair snowshoes.
2 sets woollen underclothing.
2 mosquito nets.
Moccasins as required.

Stores :—

The chief items were :

Flour $\frac{3}{4}$ lb. per man per diem.
Sugar 400 lbs.
Bacon 300 lbs.
Tea 1 lb. per man per month.
Tobacco 1 lb. per man per month.
Vegetables (Chollet's preserved) 48 lbs.
Candles 56 lbs.
Oil 10 gals.

Small quantities of arrowroot, beef tea, &c. for use in case of sickness; and raisins, curry powder, &c. for occasional use.

The following supplies were received at Fort Rae :—

2,300 lbs. fresh meat.
780 lbs. dried meat.
150 lbs. grease.
45 lbs. pemmican, for return journey.

In addition to fish, ducks, geese, &c.

Some of the above provisions were required for Indians in the employ of the Expedition.

A small quantity of beads, needles, pocket knives, handkerchiefs, &c. were taken for barter with Indians, but flour, matches, tea, sugar, and tobacco were found to be quite as acceptable.

Most of the above stores were, by the kindness of the Hudson's Bay officers, supplied at Winnipeg.

Everything was strongly packed in cases, the weight of each package not exceeding 90 lbs. for convenience of handling at portages.

The total weight of baggage instruments and provisions, on leaving Winnipeg, was between three and four tons.

The above supply of provisions was found to be quite sufficient, in fact the 300 lbs. of bacon were kept as a reserve and were never used at all. It would, however, be unwise for a future expedition of similar strength to take less than the quantities above given.

Trusting to the country for supplies is not without risk, as in some years provisions are very scarce, and instances of starvation are not unknown at the Hudson's Bay Company's posts.

The time available for preparation (not quite six weeks) was so short that it was not possible to have any instruments specially made for the Expedition, all that could be done was to select the most suitable of those that were in stock at Kew and at the Meteorological Office.

The Expedition sailed from Liverpool on the 11th May for Quebec, and travelled thence viâ Winnipeg to Carlton on the Saskatchewan. At Carlton it took leave of civilisation and travelled northwards, for the most part by boat, for two months, reaching Fort Rae on the 30th August.

This latter part of the journey was not so trying to the instruments as might have been supposed, as at the portages (where owing to rapids the boats have to be carried overland) it was possible to see that cases containing fragile instruments were treated with care, but when travelling by rail they could not always be protected from rough usage at the hands of railway employés. Transport in springless bullock carts over exceedingly rough roads also exposed the instruments to many unavoidable concussions.

On the Great Slave Lake, the crossing of which, owing to stormy weather, occupied eight days, the boat was stove in, and sunk in a gale; some of the provisions were damaged and destroyed, and most of the cases of instruments were submerged.

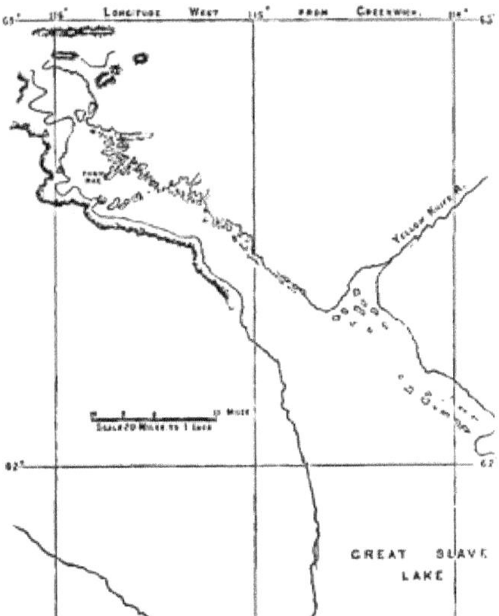

Fig. 1.
Map of part of the Great Slave Lake.

An arm of this lake, at first broad, but afterwards contracting in places to a width of a few miles, extends in a north-westerly direction for about a hundred miles (Fig. 1. p. ix.) It is continued by a chain of lakes for a long distance in the direction of Great Bear Lake; in fact, a canoe meets with but few interruptions in passing from one lake to the other. This gulf appears to be the boundary between two different geological formations. To the south-west is a limestone tableland, elevated some 300 feet above the level of the lake, and extending to the Mackenzie River. At a short distance from the lake this tableland ends abruptly, and at the foot of the cliff a former beach of the lake is seen. This beach is now 20 or 30 feet above the present level of the lake, which appears to be gradually falling.

On the north-east side of the gulf a plain only slightly elevated above the lake extends as far as the eye can reach. Granite hills rise here and there like islands from the plain, which evidently, at no very distant date, formed a part of the bottom of the lake.

The surface is generally a fine white sand, sometimes rock (quartz or granite, rounded by the action of ice) and sometimes "muskeg" or swamp. Beyond this, at a distance of

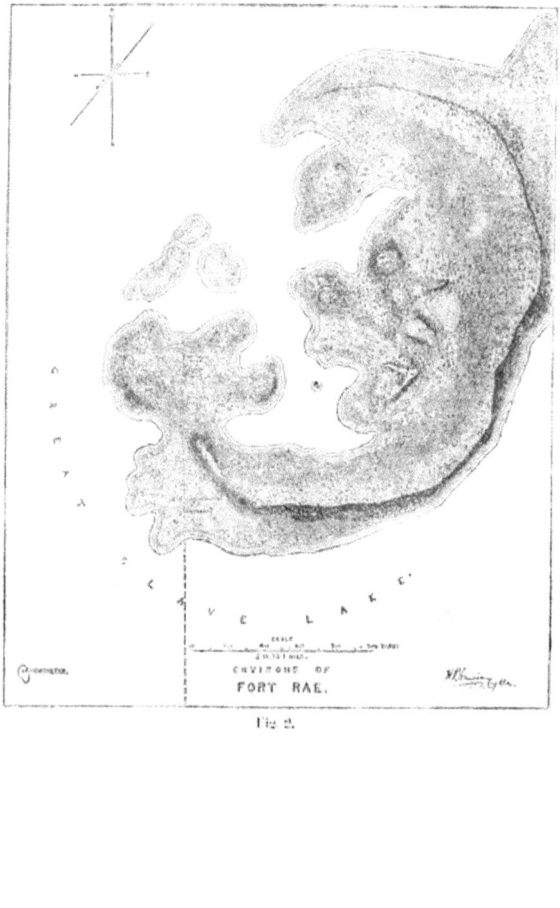

Fig. 2.

30 miles or so to the north and east the "barren lands" begin: a rocky country, destitute of trees, though not of vegetation, extending to the coast of the Arctic ocean. This is the home of the musk ox and the reindeer. It is the great hunting ground of the Indians and the source of the food supply of the district.

Nearer the lake the country is covered with birch, willow, and pine, as a rule small and stunted, though in sheltered places the last-named trees sometimes attain a fair size.

The peninsula of Nu-chié (the mountain island) as the Indians call it, projects from the north-east shore, and is the only locality where limestone appears on that side of the bay. It is almost an island, being only joined to the mainland by a small patch of swamp, and consists of a crescent-shaped hill of the height of about 220 feet, precipitous on the outside and sloping more gently to the lake on the inside (Fig. 2, p. x). At the south-west extremity of this peninsula, at the foot of the hill, is a small extent of level ground. Here is the Hudson's Bay Company's post of Fort Rae, some half dozen log huts, with a large store for provisions, furs, and goods, for trading with the Indians.

The lake at this place is shallow, and there is a constant current from the north-west, caused by two rivers that enter the head of the gulf. The gulf contains numerous islands, especially along the north-east shore.

It was 10 p.m. on the 30th August when Fort Rae was reached. The 31st was occupied in unpacking the instruments and stores. The barometer, an anemometer, and the thermometer screen, with wet and dry bulb thermometers, were at once placed in position so as to enable observations to be commenced at midnight. There was most fortunately at the spot an unfinished and unoccupied building, admitting of conversion into a Magnetic Observatory. It was a log hut, built for a store, and a door and windows having been put in, a floor laid down and a fireplace built, it answered its purpose very well.

The instruments, on the whole, had suffered little from the journey, one of the barometers and two thermometers were broken, a few screws had shaken loose from some of the magnetic instruments, and a mirror required to be re-silvered. These and other similar small repairs were executed whilst the Observatory was being prepared for their reception, and on the 3rd September the declinometer, on the 4th the bifilar, and on the 6th the balance magnetometer, were mounted in their places, and observations commenced therewith.

The performance of the magnetic instruments was satisfactory, with the exception of the balance magnetometer, as mentioned hereafter, p. 119. Metallic suspension would have been preferable to silk for the bifilar magnet.

These instruments were mounted on wooden pillars, sunk to a depth of more than three feet in the ground. Stone pillars would have been better for the purpose, but the only stone available would have required so much cutting that even had the necessary tools been at hand, so much time would have been consumed in the preparation of the pillars that the observations could not have been commenced until late in September.

The latitude, longitude, and time were all determined with the transit theodolite.

The longitude adopted is deduced from 10 observations of moon-culminating stars, the latitude from the prime vertical transit of α Ursæ Majoris. The observations were timed by a chronometer watch whose going was frequently checked by the transit instrument, and its rate was found to vary but little throughout the year.

The hourly observations were commenced at midnight on the 31st August, the hours were thus divided between the three observers:—A. was on duty from 6h. 30m. a.m. to 6h. 30m. p.m.,

B from 6h. 30m. to 10h. 30m. p.m., C from 10h. 30m. p.m. to 2h. 30m. a.m., A from 2h. 30m. to 6h. 30m. a.m., and so on. The term days were the 1st and 15th of each month; on these days the magnetic instruments were read every five minutes, and in addition the declinometer was read every 20 seconds, for a selected hour.

The Magnetic Observatory was finished about the 14th September, and a new building for absolute magnetic observations was commenced and completed by the middle of October. This Observatory was also used for the transit instrument, the roof being provided with shutters in the meridian.

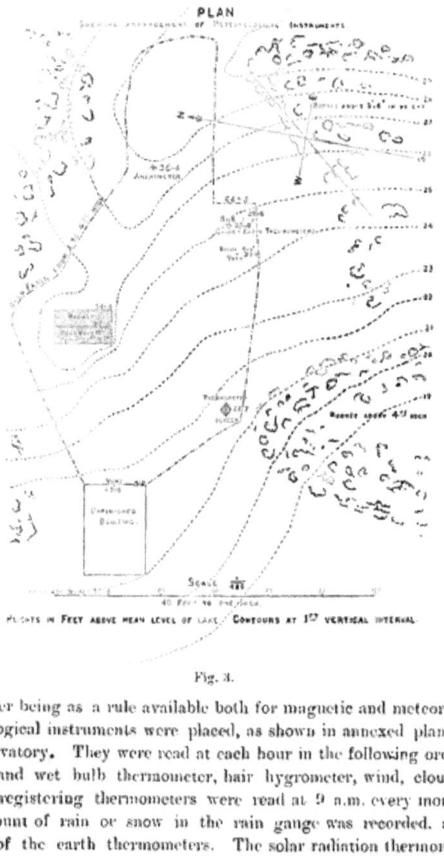

Fig. 3.

Only one observer being as a rule available both for magnetic and meteorological observations, the meteorological instruments were placed, as shown in annexed plan (Fig. 3), near to the Magnetic Observatory. They were read at each hour in the following order:—barometer, anemometer, dry and wet bulb thermometer, hair hygrometer, wind, clouds, weather, and aurora. The self registering thermometers were read at 9 a.m. every morning, and at the same hour the amount of rain or snow in the rain gauge was recorded, and on alternate days the readings of the earth thermometers. The solar radiation thermometer was read at the first hour after sunset.

The barometer, which was a Marine Barometer, Kew pattern, was placed in the Observatory, with its cistern 18 ft. above the level of the lake. It was hung in a good light, and screened from the sun, and from the fire. It appeared to be in good order, and its performance was quite satisfactory, as far as could be judged by comparison with the aneroid. The instrument was not brought back to England for re-verification on account of the great probability of damage on the journey home, and had it been found to be out of order on receipt there would have been no possibility of determining whether the injury had been received before or after leaving Fort Rae. It has been already explained that one barometer was broken on the way out.

The dry and wet bulb mercurial and spirit thermometers were placed in a zinc screen, of Professor Wild's pattern, with their bulbs 5 ft. 10 ins. (1·77 m.) above the ground. During the winter this height was reduced by 8 or 9 ins., owing to the accumulation of snow. The maximum and minimum thermometers and a hair hygrometer were placed in the same screen. In February a wooden roof was added to protect the screen from the rays of the sun.

The rim of the rain gauge was kept at a height of 1 ft. (·32 m.) above the surface of the ground or of the snow. The solar radiation thermometer was placed vertically, with the bulb uppermost, and 5 ft. 8 ins. (1·72 m.) above the ground.

The terrestrial radiation thermometer was supported horizontally by two forked sticks, with its bulb 1 inch above the surface of the soil. During the winter it was placed on the surface of the snow, as also was an ordinary spirit thermometer, whose readings have been recorded hourly in clear and calm weather for comparison with the air temperature at the time.

The earth thermometers were fastened to a lath at intervals of 1 ft., and placed in a copper tube, which was sunk vertically in the ground. As the surface had a slope of $\frac{1}{10}$ to the S.W., and, as it was cleared of vegetation, it no doubt received more of the sun's heat than a normal portion of the earth's surface in this latitude. There was but little choice of position owing to the rocky nature of the soil, a circumstance which prevented observations of temperature being made at a greater depth than 4 feet. At first the thermometers were placed in the tube without any packing, but as the weather became colder, they were so rapidly affected by the temperature of the external air on being withdrawn from the tube that there was not time to record their readings before they began to change; they were therefore surrounded with strips of fur (on the 4th November), and thenceforward the readings were much more regular. The fur, however, proved attractive to some beast of prey, probably a carcajou (wolverine), which on the night of the 11th January managed to extract the thermometers from their tube, breaking them all. The observations were continued with other thermometers, which were coated this time with cotton wool, and no further interruption took place.

The position of the Observatory rendered it difficult to find a good position for the anemometer, on account of the hill to the north-east. Winds from this quarter were, however, rare, and the anemometer was well exposed to the prevalent winds, which were north-westerly and south-easterly. The estimated force by Beaufort's scale has been used in the reductions, a comparison having shown a close agreement with the anemometer readings. An anemometer was placed on an island in the lake, but it was so frequently stopped by snow drifting into the works that no use has been made of its readings.

In the winter it was found necessary to surround the meteorological instruments with a fence, to prevent the attention of the observer on duty being distracted by the possible visit of a wolf. These animals, which are here large and formidable, often roamed at night amongst the buildings of the post.

There was but little cloud in winter; what there was was usually thin stratus and cirro-stratus, and it did not appear to be at a high level. The S.W. wind was, however, attended with high cirrus clouds. A smoky haze was frequent in the summer, which was probably due to forest fires to the south of the lake.

Parhelia, paraselenæ, and haloes were of common occurrence. On two occasions parhelia were observed at sunset, between the observer and the opposite shore of the lake (distant four or five miles).

The prismatic colouring of cirrus and cirro-stratus clouds in the neighbourhood of the Sun was frequently observed in the spring and summer, and was a phenomenon at times of great beauty. The colouring was once noticed to extend to a distance of 30°–40° from the Sun.

Aurora was observed on every clear night throughout the winter, as will be seen from the tables, pp. 98–109. The journal of auroras has been printed *in extenso*, and the readings of the magnetic instruments at the time have been added, either as specimens of the disturbance that accompanies aurora, or where a marked change of reading has coincided with some phase of the phenomenon; but as only one observer was generally available, simultaneous observations could not often be carried out.

The height of the aurora appeared to vary greatly; it was twice noticed between the observer and a mass of cloud.

It was not found possible to obtain photographs either of the aurora or of its spectrum. Captain Abney suggests that this was probably due rather to the effect of the low temperature on the sensibility of the plate than to the faintness of the light of the aurora.

The first snow fell on the 27th September, but it was not until a month later that the lake froze. The residents all agreed that the season was a very exceptional one, the winter being unusually mild, and late in setting in. At the end of November the Mackenzie river was still nearly free from ice, whereas it is usually full of drifting ice in October and frozen over in November. There was also much less snow than usual. A party of Indians who came in on the 16th January reported that the country 50 miles to the N.N.W. was quite bare of snow, the ground being not even white. The winter was also unusually free from storms, which from all accounts, and from the journal kept at the station, seem to be both frequent and severe in ordinary years.

The snow began to disappear about the middle of April, and on the 3rd June the ice began to break up. By the 16th it had entirely disappeared from the neighbourhood of Fort Rae, though it was visible for some time longer on the horizon in the direction of the main lake.

The trees first showed signs of budding on the 16th May, and on the 1st June they were in full leaf; when the party left the place on the 1st September they were already yellow and beginning to lose their leaves.

The observations being concluded, the return journey was accomplished without difficulty, and England was reached on the 20th November 1883.

FORT RAE.

METEOROLOGICAL OBSERVATIONS.

Atmospheric Pressure.

September 1882. 700 mm. + Mean time of place.

Days.	1	2	3	4	5	6	7	8	9	10	11	Noon.	1	2
1	[illegible]	[illegible]	[illegible]	[illegible]	[illegible]	[illegible]	[illegible]	[illegible]	[illegible]	[illegible]	[illegible]	[illegible]	[illegible]	[illegible]
2	[illegible]	[illegible]	[illegible]	[illegible]	[illegible]	[illegible]	[illegible]	[illegible]	[illegible]	[illegible]	[illegible]	[illegible]	[illegible]	[illegible]
3	[illegible]	[illegible]	[illegible]	[illegible]	[illegible]	[illegible]	[illegible]	[illegible]	[illegible]	[illegible]	[illegible]	[illegible]	[illegible]	[illegible]
4	[illegible]	[illegible]	[illegible]	[illegible]	[illegible]	[illegible]	[illegible]	[illegible]	[illegible]	[illegible]	[illegible]	[illegible]	[illegible]	[illegible]
5	[illegible]	[illegible]	[illegible]	[illegible]	[illegible]	[illegible]	[illegible]	[illegible]	[illegible]	[illegible]	[illegible]	[illegible]	[illegible]	[illegible]
6	[illegible]	[illegible]	[illegible]	[illegible]	[illegible]	[illegible]	[illegible]	[illegible]	[illegible]	[illegible]	[illegible]	[illegible]	[illegible]	[illegible]
7	[illegible]	[illegible]	[illegible]	[illegible]	[illegible]	[illegible]	[illegible]	[illegible]	[illegible]	[illegible]	[illegible]	[illegible]	[illegible]	[illegible]
8	[illegible]	[illegible]	[illegible]	[illegible]	[illegible]	[illegible]	[illegible]	[illegible]	[illegible]	[illegible]	[illegible]	[illegible]	[illegible]	[illegible]
9	[illegible]	[illegible]	[illegible]	[illegible]	[illegible]	[illegible]	[illegible]	[illegible]	[illegible]	[illegible]	[illegible]	[illegible]	[illegible]	[illegible]
10	[illegible]	[illegible]	[illegible]	[illegible]	[illegible]	[illegible]	[illegible]	[illegible]	[illegible]	[illegible]	[illegible]	[illegible]	[illegible]	[illegible]
11	[illegible]	[illegible]	[illegible]	[illegible]	[illegible]	[illegible]	[illegible]	[illegible]	[illegible]	[illegible]	[illegible]	[illegible]	[illegible]	[illegible]
12	[illegible]	[illegible]	[illegible]	[illegible]	[illegible]	[illegible]	[illegible]	[illegible]	[illegible]	[illegible]	[illegible]	[illegible]	[illegible]	[illegible]
13	[illegible]	[illegible]	[illegible]	[illegible]	[illegible]	[illegible]	[illegible]	[illegible]	[illegible]	[illegible]	[illegible]	[illegible]	[illegible]	[illegible]
14	[illegible]	[illegible]	[illegible]	[illegible]	[illegible]	[illegible]	[illegible]	[illegible]	[illegible]	[illegible]	[illegible]	[illegible]	[illegible]	[illegible]
15	[illegible]	[illegible]	[illegible]	[illegible]	[illegible]	[illegible]	[illegible]	[illegible]	[illegible]	[illegible]	[illegible]	[illegible]	[illegible]	[illegible]
16	[illegible]	[illegible]	[illegible]	[illegible]	[illegible]	[illegible]	[illegible]	[illegible]	[illegible]	[illegible]	[illegible]	[illegible]	[illegible]	[illegible]
17	[illegible]	[illegible]	[illegible]	[illegible]	[illegible]	[illegible]	[illegible]	[illegible]	[illegible]	[illegible]	[illegible]	[illegible]	[illegible]	[illegible]
18	[illegible]	[illegible]	[illegible]	[illegible]	[illegible]	[illegible]	[illegible]	[illegible]	[illegible]	[illegible]	[illegible]	[illegible]	[illegible]	[illegible]
19	[illegible]	[illegible]	[illegible]	[illegible]	[illegible]	[illegible]	[illegible]	[illegible]	[illegible]	[illegible]	[illegible]	[illegible]	[illegible]	[illegible]
20	[illegible]	[illegible]	[illegible]	[illegible]	[illegible]	[illegible]	[illegible]	[illegible]	[illegible]	[illegible]	[illegible]	[illegible]	[illegible]	[illegible]
21	[illegible]	[illegible]	[illegible]	[illegible]	[illegible]	[illegible]	[illegible]	[illegible]	[illegible]	[illegible]	[illegible]	[illegible]	[illegible]	[illegible]
22	[illegible]	[illegible]	[illegible]	[illegible]	[illegible]	[illegible]	[illegible]	[illegible]	[illegible]	[illegible]	[illegible]	[illegible]	[illegible]	[illegible]
23	[illegible]	[illegible]	[illegible]	[illegible]	[illegible]	[illegible]	[illegible]	[illegible]	[illegible]	[illegible]	[illegible]	[illegible]	[illegible]	[illegible]
24	[illegible]	[illegible]	[illegible]	[illegible]	[illegible]	[illegible]	[illegible]	[illegible]	[illegible]	[illegible]	[illegible]	[illegible]	[illegible]	[illegible]
25	[illegible]	[illegible]	[illegible]	[illegible]	[illegible]	[illegible]	[illegible]	[illegible]	[illegible]	[illegible]	[illegible]	[illegible]	[illegible]	[illegible]
26	[illegible]	[illegible]	[illegible]	[illegible]	[illegible]	[illegible]	[illegible]	[illegible]	[illegible]	[illegible]	[illegible]	[illegible]	[illegible]	[illegible]
27	[illegible]	[illegible]	[illegible]	[illegible]	[illegible]	[illegible]	[illegible]	[illegible]	[illegible]	[illegible]	[illegible]	[illegible]	[illegible]	[illegible]
28	[illegible]	[illegible]	[illegible]	[illegible]	[illegible]	[illegible]	[illegible]	[illegible]	[illegible]	[illegible]	[illegible]	[illegible]	[illegible]	[illegible]
29	[illegible]	[illegible]	[illegible]	[illegible]	[illegible]	[illegible]	[illegible]	[illegible]	[illegible]	[illegible]	[illegible]	[illegible]	[illegible]	[illegible]
30	[illegible]	[illegible]	[illegible]	[illegible]	[illegible]	[illegible]	[illegible]	[illegible]	[illegible]	[illegible]	[illegible]	[illegible]	[illegible]	[illegible]
Mean -	[illegible]	**43·27**	[illegible]	[illegible]	[illegible]	[illegible]	[illegible]	[illegible]	[illegible]	[illegible]	[illegible]	[illegible]	[illegible]	[illegible]

October 1882. Lat. + 62° 38′ 52″.

Days.	1	2	3	4	5	6	7	8	9	10	11	Noon.	1	2
1	[illegible]	[illegible]	[illegible]	[illegible]	[illegible]	[illegible]	[illegible]	[illegible]	[illegible]	[illegible]	[illegible]	[illegible]	[illegible]	[illegible]
2	[illegible]	[illegible]	[illegible]	[illegible]	[illegible]	[illegible]	[illegible]	[illegible]	[illegible]	[illegible]	[illegible]	[illegible]	[illegible]	[illegible]
3	[illegible]	[illegible]	[illegible]	[illegible]	[illegible]	[illegible]	[illegible]	[illegible]	[illegible]	[illegible]	[illegible]	[illegible]	[illegible]	[illegible]
4	[illegible]	[illegible]	[illegible]	[illegible]	[illegible]	[illegible]	[illegible]	[illegible]	[illegible]	[illegible]	[illegible]	[illegible]	[illegible]	[illegible]
5	[illegible]	[illegible]	[illegible]	[illegible]	[illegible]	[illegible]	[illegible]	[illegible]	[illegible]	[illegible]	[illegible]	[illegible]	[illegible]	[illegible]
6	[illegible]	[illegible]	[illegible]	[illegible]	[illegible]	[illegible]	[illegible]	[illegible]	[illegible]	[illegible]	[illegible]	[illegible]	[illegible]	[illegible]
7	[illegible]	[illegible]	[illegible]	[illegible]	[illegible]	[illegible]	[illegible]	[illegible]	[illegible]	[illegible]	[illegible]	[illegible]	[illegible]	[illegible]
8	[illegible]	[illegible]	[illegible]	[illegible]	[illegible]	[illegible]	[illegible]	[illegible]	[illegible]	[illegible]	[illegible]	[illegible]	[illegible]	[illegible]
9	[illegible]	[illegible]	[illegible]	[illegible]	[illegible]	[illegible]	[illegible]	[illegible]	[illegible]	[illegible]	[illegible]	[illegible]	[illegible]	[illegible]
10	[illegible]	[illegible]	[illegible]	[illegible]	[illegible]	[illegible]	[illegible]	[illegible]	[illegible]	[illegible]	[illegible]	[illegible]	[illegible]	[illegible]
11	[illegible]	[illegible]	[illegible]	[illegible]	[illegible]	[illegible]	[illegible]	[illegible]	[illegible]	[illegible]	[illegible]	[illegible]	[illegible]	[illegible]
12	[illegible]	[illegible]	[illegible]	[illegible]	[illegible]	[illegible]	[illegible]	[illegible]	[illegible]	[illegible]	[illegible]	[illegible]	[illegible]	[illegible]
13	[illegible]	[illegible]	[illegible]	[illegible]	[illegible]	[illegible]	[illegible]	[illegible]	[illegible]	[illegible]	[illegible]	[illegible]	[illegible]	[illegible]
14	[illegible]	[illegible]	[illegible]	[illegible]	[illegible]	[illegible]	[illegible]	[illegible]	[illegible]	[illegible]	[illegible]	[illegible]	[illegible]	[illegible]
15	[illegible]	[illegible]	[illegible]	[illegible]	[illegible]	[illegible]	[illegible]	[illegible]	[illegible]	[illegible]	[illegible]	[illegible]	[illegible]	[illegible]
16	[illegible]	[illegible]	[illegible]	[illegible]	[illegible]	[illegible]	[illegible]	[illegible]	[illegible]	[illegible]	[illegible]	[illegible]	[illegible]	[illegible]
17	[illegible]	[illegible]	[illegible]	[illegible]	[illegible]	[illegible]	[illegible]	[illegible]	[illegible]	[illegible]	[illegible]	[illegible]	[illegible]	[illegible]
18	[illegible]	[illegible]	[illegible]	[illegible]	[illegible]	[illegible]	[illegible]	[illegible]	[illegible]	[illegible]	[illegible]	[illegible]	[illegible]	[illegible]
19	[illegible]	[illegible]	[illegible]	[illegible]	[illegible]	[illegible]	[illegible]	[illegible]	[illegible]	[illegible]	[illegible]	[illegible]	[illegible]	[illegible]
20	[illegible]	[illegible]	[illegible]	[illegible]	[illegible]	[illegible]	[illegible]	[illegible]	[illegible]	[illegible]	[illegible]	[illegible]	[illegible]	[illegible]
21	[illegible]	[illegible]	[illegible]	[illegible]	[illegible]	[illegible]	[illegible]	[illegible]	[illegible]	[illegible]	[illegible]	[illegible]	[illegible]	[illegible]
22	[illegible]	[illegible]	[illegible]	[illegible]	[illegible]	[illegible]	[illegible]	[illegible]	[illegible]	[illegible]	[illegible]	[illegible]	[illegible]	[illegible]
23	[illegible]	[illegible]	[illegible]	[illegible]	[illegible]	[illegible]	[illegible]	[illegible]	[illegible]	[illegible]	[illegible]	[illegible]	[illegible]	[illegible]
24	[illegible]	[illegible]	[illegible]	[illegible]	[illegible]	[illegible]	[illegible]	[illegible]	[illegible]	[illegible]	[illegible]	[illegible]	[illegible]	[illegible]
25	[illegible]	[illegible]	[illegible]	[illegible]	[illegible]	[illegible]	[illegible]	[illegible]	[illegible]	[illegible]	[illegible]	[illegible]	[illegible]	[illegible]
26	[illegible]	[illegible]	[illegible]	[illegible]	[illegible]	[illegible]	[illegible]	[illegible]	[illegible]	[illegible]	[illegible]	[illegible]	[illegible]	[illegible]
27	[illegible]	[illegible]	[illegible]	[illegible]	[illegible]	[illegible]	[illegible]	[illegible]	[illegible]	[illegible]	[illegible]	[illegible]	[illegible]	[illegible]
28	[illegible]	[illegible]	[illegible]	[illegible]	[illegible]	[illegible]	[illegible]	[illegible]	[illegible]	[illegible]	[illegible]	[illegible]	[illegible]	[illegible]
29	[illegible]	[illegible]	[illegible]	[illegible]	[illegible]	[illegible]	[illegible]	[illegible]	[illegible]	[illegible]	[illegible]	[illegible]	[illegible]	[illegible]
30	[illegible]	[illegible]	[illegible]	[illegible]	[illegible]	[illegible]	[illegible]	[illegible]	[illegible]	[illegible]	[illegible]	[illegible]	[illegible]	[illegible]
31	[illegible]	[illegible]	[illegible]	[illegible]	[illegible]	[illegible]	[illegible]	[illegible]	[illegible]	[illegible]	[illegible]	[illegible]	[illegible]	[illegible]
Mean -	[illegible]	[illegible]	[illegible]	[illegible]	[illegible]	[illegible]	[illegible]	[illegible]	[illegible]	[illegible]	**41·24**	[illegible]	[illegible]	[illegible]

Correction for Gravity + 1·17 mm. at 754 mm. Barometer ______ m. above sea level. *September* 1882.

3	4	5	6	7	8	9	10	11	12	Mean.	Maximum.	Minimum.	Difference.
[illegible]	[illegible]	[illegible]	[illegible]	[illegible]	[illegible]	[illegible]	[illegible]	[illegible]	[illegible]	[illegible]	[illegible]	[illegible]	[illegible]
[illegible]	[illegible]	[illegible]	[illegible]	[illegible]	[illegible]	[illegible]	[illegible]	[illegible]	[illegible]	26·35	[illegible]	24·93	[illegible]
[illegible]	[illegible]	[illegible]	[illegible]	[illegible]	[illegible]	[illegible]	[illegible]	[illegible]	[illegible]	59·68	61·25	[illegible]	[illegible]
[illegible]	[illegible]	[illegible]	44·29	[illegible]	[illegible]	[illegible]	[illegible]	[illegible]	[illegible]	[illegible]	[illegible]	[illegible]	[illegible]

Long.—115° 43′ 50″ = —7h. 42m. 55s. *October* 1882.

3	4	5	6	7	8	9	10	11	12	Mean.	Maximum.	Minimum.	Difference.
[illegible]	[illegible]	[illegible]	[illegible]	[illegible]	[illegible]	[illegible]	[illegible]	[illegible]	[illegible]	60·56	62·42	[illegible]	[illegible]
[illegible]	[illegible]	[illegible]	[illegible]	[illegible]	[illegible]	[illegible]	[illegible]	[illegible]	[illegible]	[illegible]	[illegible]	[illegible]	[illegible]
[illegible]	[illegible]	[illegible]	[illegible]	[illegible]	[illegible]	[illegible]	[illegible]	[illegible]	[illegible]	33·43	[illegible]	31·31	[illegible]
[illegible]	[illegible]	[illegible]	[illegible]	[illegible]	[illegible]	[illegible]	[illegible]	[illegible]	40·33	[illegible]	[illegible]	[illegible]	[illegible]

November 1882. 700 mm. + Mean time of place.

Days.	1	2	3	4	5	6	7	8	9	10	11	Noon.	1	2
1	[illegible]	[illegible]	[illegible]	[illegible]	[illegible]	[illegible]	[illegible]	[illegible]	[illegible]	[illegible]	51·01	49·97	48·93	48·20
2	[illegible]	[illegible]	[illegible]	[illegible]	[illegible]	[illegible]	[illegible]	[illegible]	[illegible]	[illegible]	30·92	31·40	31·13	31·51
3	[illegible]	[illegible]	[illegible]	[illegible]	[illegible]	[illegible]	[illegible]	[illegible]	[illegible]	[illegible]	45·68	43·93	45·83	45·61
4	[illegible]	[illegible]	[illegible]	[illegible]	[illegible]	[illegible]	[illegible]	[illegible]	[illegible]	[illegible]	43·29	43·19	41·97	42·99
5	[illegible]	[illegible]	[illegible]	[illegible]	[illegible]	[illegible]	[illegible]	[illegible]	[illegible]	[illegible]	43·75	43·59	43·57	43·49
6	[illegible]	[illegible]	[illegible]	[illegible]	[illegible]	[illegible]	[illegible]	[illegible]	[illegible]	[illegible]	47·76	47·71	47·81	48·05
7	[illegible]	[illegible]	[illegible]	[illegible]	[illegible]	[illegible]	[illegible]	[illegible]	[illegible]	[illegible]	51·65	51·65	51·75	51·96
8	[illegible]	[illegible]	[illegible]	[illegible]	[illegible]	[illegible]	[illegible]	[illegible]	[illegible]	[illegible]	52·01	51·51	50·53	49·67
9	[illegible]	[illegible]	[illegible]	[illegible]	[illegible]	[illegible]	[illegible]	[illegible]	[illegible]	[illegible]	50·08	50·05	49·67	49·39
10	[illegible]	[illegible]	[illegible]	[illegible]	[illegible]	[illegible]	[illegible]	[illegible]	[illegible]	[illegible]	44·94	44·81	44·34	44·05
11	[illegible]	[illegible]	[illegible]	[illegible]	[illegible]	[illegible]	[illegible]	[illegible]	[illegible]	[illegible]	38·75	35·39	35·31	38·04
12	[illegible]	[illegible]	[illegible]	[illegible]	[illegible]	[illegible]	[illegible]	[illegible]	[illegible]	[illegible]	29·91	29·10	28·13	27·21
13	[illegible]	[illegible]	[illegible]	[illegible]	[illegible]	[illegible]	[illegible]	[illegible]	[illegible]	[illegible]	32·32	34·75	36·21	37·50
14	[illegible]	[illegible]	[illegible]	[illegible]	[illegible]	[illegible]	[illegible]	[illegible]	[illegible]	[illegible]	39·53	39·99	40·29	40·75
15	[illegible]	[illegible]	[illegible]	[illegible]	[illegible]	[illegible]	[illegible]	[illegible]	[illegible]	[illegible]	43·88	43·39	42·99	42·22
16	[illegible]	[illegible]	[illegible]	[illegible]	[illegible]	[illegible]	[illegible]	[illegible]	[illegible]	[illegible]	26·48	26·76	27·03	27·47
17	[illegible]	[illegible]	[illegible]	[illegible]	[illegible]	[illegible]	[illegible]	[illegible]	[illegible]	[illegible]	39·51	39·73	39·58	39·05
18	[illegible]	[illegible]	[illegible]	[illegible]	[illegible]	[illegible]	[illegible]	[illegible]	[illegible]	[illegible]	33·77	33·06	33·13	32·93
19	[illegible]	[illegible]	[illegible]	[illegible]	[illegible]	[illegible]	[illegible]	[illegible]	[illegible]	[illegible]	31·66	32·19	32·70	33·57
20	[illegible]	[illegible]	[illegible]	[illegible]	[illegible]	[illegible]	[illegible]	[illegible]	[illegible]	[illegible]	46·57	46·78	47·25	47·20
21	[illegible]	[illegible]	[illegible]	[illegible]	[illegible]	[illegible]	[illegible]	[illegible]	[illegible]	[illegible]	46·29	45·06	46·01	45·78
22	[illegible]	[illegible]	[illegible]	[illegible]	[illegible]	[illegible]	[illegible]	[illegible]	[illegible]	[illegible]	45·86	45·63	43·53	45·20
23	[illegible]	[illegible]	[illegible]	[illegible]	[illegible]	[illegible]	[illegible]	[illegible]	[illegible]	[illegible]	43·78	44·05	44·24	44·39
24	[illegible]	[illegible]	[illegible]	[illegible]	[illegible]	[illegible]	[illegible]	[illegible]	[illegible]	[illegible]	45·98	46·13	46·49	46·52
25	[illegible]	[illegible]	[illegible]	[illegible]	[illegible]	[illegible]	[illegible]	[illegible]	[illegible]	[illegible]	48·23	48·25	48·27	48·20
26	[illegible]	[illegible]	[illegible]	[illegible]	[illegible]	[illegible]	[illegible]	[illegible]	[illegible]	[illegible]	48·37	48·55	43·75	48·88
27	[illegible]	[illegible]	[illegible]	[illegible]	[illegible]	[illegible]	[illegible]	[illegible]	[illegible]	[illegible]	[illegible]	55·33	53·33	[illegible]
28	[illegible]	[illegible]	[illegible]	[illegible]	[illegible]	[illegible]	[illegible]	[illegible]	[illegible]	[illegible]	[illegible]	42·51	41·36	[illegible]
29	[illegible]	[illegible]	[illegible]	[illegible]	[illegible]	[illegible]	[illegible]	[illegible]	[illegible]	[illegible]	[illegible]	47·45	48·30	[illegible]
30	[illegible]	[illegible]	[illegible]	[illegible]	[illegible]	[illegible]	[illegible]	[illegible]	[illegible]	[illegible]	[illegible]	59·39	59·27	[illegible]
Mean -	43·24	43·29	43·32	43·29	43·14	43·37	43·37	43·49	43·52	43·59	43·57	43·57	43·52	43·47

December 1882. Lat. + 62° 38′ 52″.

Days.	1	2	3	4	5	6	7	8	9	10	11	Noon.	1	2
1	[illegible]	[illegible]	[illegible]	[illegible]	[illegible]	[illegible]	[illegible]	[illegible]	[illegible]	[illegible]	[illegible]	[illegible]	[illegible]	[illegible]
2	[illegible]	[illegible]	[illegible]	[illegible]	[illegible]	[illegible]	[illegible]	[illegible]	[illegible]	[illegible]	[illegible]	[illegible]	[illegible]	[illegible]
3	[illegible]	[illegible]	[illegible]	[illegible]	[illegible]	[illegible]	[illegible]	[illegible]	[illegible]	[illegible]	[illegible]	[illegible]	[illegible]	[illegible]
4	[illegible]	[illegible]	[illegible]	[illegible]	[illegible]	[illegible]	[illegible]	[illegible]	[illegible]	[illegible]	[illegible]	[illegible]	[illegible]	[illegible]
5	[illegible]	[illegible]	[illegible]	[illegible]	[illegible]	[illegible]	[illegible]	[illegible]	[illegible]	[illegible]	[illegible]	[illegible]	[illegible]	[illegible]
6	[illegible]	[illegible]	[illegible]	[illegible]	[illegible]	[illegible]	[illegible]	[illegible]	[illegible]	[illegible]	[illegible]	[illegible]	[illegible]	[illegible]
7	[illegible]	[illegible]	[illegible]	[illegible]	[illegible]	[illegible]	[illegible]	[illegible]	[illegible]	[illegible]	[illegible]	[illegible]	[illegible]	[illegible]
8	[illegible]	[illegible]	[illegible]	[illegible]	[illegible]	[illegible]	[illegible]	[illegible]	[illegible]	[illegible]	[illegible]	[illegible]	[illegible]	[illegible]
9	[illegible]	[illegible]	[illegible]	[illegible]	[illegible]	[illegible]	[illegible]	[illegible]	[illegible]	[illegible]	[illegible]	[illegible]	[illegible]	[illegible]
10	[illegible]	[illegible]	[illegible]	[illegible]	[illegible]	[illegible]	[illegible]	[illegible]	[illegible]	[illegible]	[illegible]	[illegible]	[illegible]	[illegible]
11	[illegible]	[illegible]	[illegible]	[illegible]	[illegible]	[illegible]	[illegible]	[illegible]	[illegible]	[illegible]	[illegible]	[illegible]	[illegible]	[illegible]
12	[illegible]	[illegible]	[illegible]	[illegible]	[illegible]	[illegible]	[illegible]	[illegible]	[illegible]	[illegible]	[illegible]	[illegible]	[illegible]	[illegible]
13	[illegible]	[illegible]	[illegible]	[illegible]	[illegible]	[illegible]	[illegible]	[illegible]	[illegible]	[illegible]	[illegible]	[illegible]	[illegible]	[illegible]
14	[illegible]	[illegible]	[illegible]	[illegible]	[illegible]	[illegible]	[illegible]	[illegible]	[illegible]	[illegible]	[illegible]	[illegible]	[illegible]	[illegible]
15	[illegible]	[illegible]	[illegible]	[illegible]	[illegible]	[illegible]	[illegible]	[illegible]	[illegible]	[illegible]	[illegible]	[illegible]	[illegible]	[illegible]
16	[illegible]	[illegible]	[illegible]	[illegible]	[illegible]	[illegible]	[illegible]	[illegible]	[illegible]	[illegible]	[illegible]	[illegible]	[illegible]	[illegible]
17	[illegible]	[illegible]	[illegible]	[illegible]	[illegible]	[illegible]	[illegible]	[illegible]	[illegible]	[illegible]	[illegible]	[illegible]	[illegible]	[illegible]
18	[illegible]	[illegible]	[illegible]	[illegible]	[illegible]	[illegible]	[illegible]	[illegible]	[illegible]	[illegible]	[illegible]	[illegible]	[illegible]	[illegible]
19	[illegible]	[illegible]	[illegible]	[illegible]	[illegible]	[illegible]	[illegible]	[illegible]	[illegible]	[illegible]	[illegible]	[illegible]	[illegible]	[illegible]
20	[illegible]	[illegible]	[illegible]	[illegible]	[illegible]	[illegible]	[illegible]	[illegible]	[illegible]	[illegible]	[illegible]	[illegible]	[illegible]	[illegible]
21	[illegible]	[illegible]	[illegible]	[illegible]	[illegible]	[illegible]	[illegible]	[illegible]	[illegible]	[illegible]	[illegible]	[illegible]	[illegible]	[illegible]
22	[illegible]	[illegible]	[illegible]	[illegible]	[illegible]	[illegible]	[illegible]	[illegible]	[illegible]	[illegible]	[illegible]	[illegible]	[illegible]	[illegible]
23	[illegible]	[illegible]	[illegible]	[illegible]	[illegible]	[illegible]	[illegible]	[illegible]	[illegible]	[illegible]	[illegible]	[illegible]	[illegible]	[illegible]
24	[illegible]	[illegible]	[illegible]	[illegible]	[illegible]	[illegible]	[illegible]	[illegible]	[illegible]	[illegible]	[illegible]	[illegible]	[illegible]	[illegible]
25	[illegible]	[illegible]	[illegible]	[illegible]	[illegible]	[illegible]	[illegible]	[illegible]	[illegible]	[illegible]	[illegible]	[illegible]	[illegible]	[illegible]
26	[illegible]	[illegible]	[illegible]	[illegible]	[illegible]	[illegible]	[illegible]	[illegible]	[illegible]	[illegible]	[illegible]	[illegible]	[illegible]	[illegible]
27	[illegible]	[illegible]	[illegible]	[illegible]	[illegible]	[illegible]	[illegible]	[illegible]	[illegible]	[illegible]	[illegible]	[illegible]	[illegible]	[illegible]
28	[illegible]	[illegible]	[illegible]	[illegible]	[illegible]	[illegible]	[illegible]	[illegible]	[illegible]	[illegible]	[illegible]	[illegible]	[illegible]	[illegible]
29	[illegible]	[illegible]	[illegible]	[illegible]	[illegible]	[illegible]	[illegible]	[illegible]	[illegible]	[illegible]	[illegible]	[illegible]	[illegible]	[illegible]
30	[illegible]	[illegible]	[illegible]	[illegible]	[illegible]	[illegible]	[illegible]	[illegible]	[illegible]	[illegible]	[illegible]	[illegible]	[illegible]	[illegible]
31	[illegible]	[illegible]	[illegible]	[illegible]	[illegible]	[illegible]	[illegible]	[illegible]	[illegible]	[illegible]	[illegible]	[illegible]	[illegible]	[illegible]
Mean -	47·33	47·30	47·38	47·[illegible]	47·23	47·20	47·20	47·20	47·23	47·30	47·10	47·05	46·95	46·98

Correction for Gravity + 1·17 mm. at 754 mm. Barometer ____ m. above sea level. *November* 1882.

3	4	5	6	7	8	9	10	11	12	Means.	Maximum.	Minimum.	Difference.
47·28	[illegible]	[illegible]	[illegible]	[illegible]	[illegible]	[illegible]	[illegible]	[illegible]	[illegible]	[illegible]	[illegible]	[illegible]	[illegible]
31·79	[illegible]	[illegible]	[illegible]	[illegible]	[illegible]	[illegible]	[illegible]	[illegible]	[illegible]	[illegible]	[illegible]	[illegible]	[illegible]
45·56	[illegible]	[illegible]	[illegible]	[illegible]	[illegible]	[illegible]	[illegible]	[illegible]	[illegible]	[illegible]	[illegible]	[illegible]	[illegible]
45·22	[illegible]	[illegible]	[illegible]	[illegible]	[illegible]	[illegible]	[illegible]	[illegible]	[illegible]	[illegible]	[illegible]	[illegible]	[illegible]
43·52	[illegible]	[illegible]	[illegible]	[illegible]	[illegible]	[illegible]	[illegible]	[illegible]	[illegible]	[illegible]	[illegible]	[illegible]	[illegible]
43·22	[illegible]	[illegible]	[illegible]	[illegible]	[illegible]	[illegible]	[illegible]	[illegible]	[illegible]	[illegible]	[illegible]	[illegible]	[illegible]
51·96	[illegible]	[illegible]	[illegible]	[illegible]	[illegible]	[illegible]	[illegible]	[illegible]	[illegible]	[illegible]	[illegible]	[illegible]	[illegible]
48·88	[illegible]	[illegible]	[illegible]	[illegible]	[illegible]	[illegible]	[illegible]	[illegible]	[illegible]	[illegible]	[illegible]	[illegible]	[illegible]
49·16	[illegible]	[illegible]	[illegible]	[illegible]	[illegible]	[illegible]	[illegible]	[illegible]	[illegible]	[illegible]	[illegible]	[illegible]	[illegible]
43·75	[illegible]	[illegible]	[illegible]	[illegible]	[illegible]	[illegible]	[illegible]	[illegible]	[illegible]	[illegible]	[illegible]	[illegible]	[illegible]
37·70	[illegible]	[illegible]	[illegible]	[illegible]	[illegible]	[illegible]	[illegible]	[illegible]	[illegible]	[illegible]	[illegible]	[illegible]	[illegible]
26·56	[illegible]	[illegible]	[illegible]	[illegible]	[illegible]	[illegible]	[illegible]	[illegible]	[illegible]	**28·23**	[illegible]	[illegible]	[illegible]
39·00	[illegible]	[illegible]	[illegible]	[illegible]	[illegible]	[illegible]	[illegible]	[illegible]	[illegible]	[illegible]	[illegible]	**21·35**	[illegible]
41·24	[illegible]	[illegible]	[illegible]	[illegible]	[illegible]	[illegible]	[illegible]	[illegible]	[illegible]	[illegible]	[illegible]	[illegible]	[illegible]
41·54	[illegible]	[illegible]	[illegible]	[illegible]	[illegible]	[illegible]	[illegible]	[illegible]	[illegible]	[illegible]	[illegible]	[illegible]	[illegible]
27·39	[illegible]	[illegible]	[illegible]	[illegible]	[illegible]	[illegible]	[illegible]	[illegible]	[illegible]	[illegible]	[illegible]	[illegible]	[illegible]
38·65	[illegible]	[illegible]	[illegible]	[illegible]	[illegible]	[illegible]	[illegible]	[illegible]	[illegible]	[illegible]	[illegible]	[illegible]	[illegible]
32·62	[illegible]	[illegible]	[illegible]	[illegible]	[illegible]	[illegible]	[illegible]	[illegible]	[illegible]	[illegible]	[illegible]	[illegible]	[illegible]
34·13	[illegible]	[illegible]	[illegible]	[illegible]	[illegible]	[illegible]	[illegible]	[illegible]	[illegible]	[illegible]	[illegible]	[illegible]	[illegible]
47·66	[illegible]	[illegible]	[illegible]	[illegible]	[illegible]	[illegible]	[illegible]	[illegible]	[illegible]	[illegible]	[illegible]	[illegible]	[illegible]
46·11	[illegible]	[illegible]	[illegible]	[illegible]	[illegible]	[illegible]	[illegible]	[illegible]	[illegible]	[illegible]	[illegible]	[illegible]	[illegible]
45·12	[illegible]	[illegible]	[illegible]	[illegible]	[illegible]	[illegible]	[illegible]	[illegible]	[illegible]	[illegible]	[illegible]	[illegible]	[illegible]
44·29	[illegible]	[illegible]	[illegible]	[illegible]	[illegible]	[illegible]	[illegible]	[illegible]	[illegible]	[illegible]	[illegible]	[illegible]	[illegible]
46·64	[illegible]	[illegible]	[illegible]	[illegible]	[illegible]	[illegible]	[illegible]	[illegible]	[illegible]	[illegible]	[illegible]	[illegible]	[illegible]
48·47	[illegible]	[illegible]	[illegible]	[illegible]	[illegible]	[illegible]	[illegible]	[illegible]	[illegible]	[illegible]	[illegible]	[illegible]	[illegible]
49·54	[illegible]	[illegible]	[illegible]	[illegible]	[illegible]	[illegible]	[illegible]	[illegible]	[illegible]	[illegible]	[illegible]	[illegible]	[illegible]
55·51	[illegible]	[illegible]	[illegible]	[illegible]	[illegible]	[illegible]	[illegible]	[illegible]	[illegible]	[illegible]	[illegible]	[illegible]	[illegible]
39·51	[illegible]	[illegible]	[illegible]	[illegible]	[illegible]	[illegible]	[illegible]	[illegible]	[illegible]	[illegible]	[illegible]	[illegible]	[illegible]
49·34	[illegible]	[illegible]	[illegible]	[illegible]	[illegible]	[illegible]	[illegible]	[illegible]	[illegible]	[illegible]	[illegible]	[illegible]	[illegible]
59·45	[illegible]	[illegible]	[illegible]	[illegible]	[illegible]	[illegible]	[illegible]	[illegible]	[illegible]	**58·68**	**59·50**	[illegible]	[illegible]
43·47	[illegible]	[illegible]	[illegible]	[illegible]	[illegible]	**43·14**	**43·14**	[illegible]	[illegible]	[illegible]	[illegible]	[illegible]	[illegible]

Long. = 115° 43' 50" = −7h. 42m. 55s. *December* 1882.

3	4	5	6	7	8	9	10	11	12	Means.	Maximum.	Minimum.	Difference.
[illegible]	[illegible]	[illegible]	[illegible]	[illegible]	[illegible]	[illegible]	[illegible]	[illegible]	[illegible]	[illegible]	[illegible]	[illegible]	[illegible]
[illegible]	[illegible]	[illegible]	[illegible]	[illegible]	[illegible]	[illegible]	[illegible]	[illegible]	[illegible]	[illegible]	[illegible]	[illegible]	[illegible]
[illegible]	[illegible]	[illegible]	[illegible]	[illegible]	[illegible]	[illegible]	[illegible]	[illegible]	[illegible]	[illegible]	[illegible]	[illegible]	[illegible]
[illegible]	[illegible]	[illegible]	[illegible]	[illegible]	[illegible]	[illegible]	[illegible]	[illegible]	[illegible]	[illegible]	[illegible]	[illegible]	[illegible]
[illegible]	[illegible]	[illegible]	[illegible]	[illegible]	[illegible]	[illegible]	[illegible]	[illegible]	[illegible]	**62·80**	[illegible]	[illegible]	[illegible]
[illegible]	[illegible]	[illegible]	[illegible]	[illegible]	[illegible]	[illegible]	[illegible]	[illegible]	[illegible]	[illegible]	[illegible]	[illegible]	[illegible]
[illegible]	[illegible]	[illegible]	[illegible]	[illegible]	[illegible]	[illegible]	[illegible]	[illegible]	[illegible]	[illegible]	[illegible]	[illegible]	[illegible]
[illegible]	[illegible]	[illegible]	[illegible]	[illegible]	[illegible]	[illegible]	[illegible]	[illegible]	[illegible]	[illegible]	[illegible]	[illegible]	[illegible]
[illegible]	[illegible]	[illegible]	[illegible]	[illegible]	[illegible]	[illegible]	[illegible]	[illegible]	[illegible]	[illegible]	[illegible]	[illegible]	[illegible]
[illegible]	[illegible]	[illegible]	[illegible]	[illegible]	[illegible]	[illegible]	[illegible]	[illegible]	[illegible]	[illegible]	[illegible]	[illegible]	[illegible]
[illegible]	[illegible]	[illegible]	[illegible]	[illegible]	[illegible]	[illegible]	[illegible]	[illegible]	[illegible]	[illegible]	[illegible]	[illegible]	[illegible]
[illegible]	[illegible]	[illegible]	[illegible]	[illegible]	[illegible]	[illegible]	[illegible]	[illegible]	[illegible]	[illegible]	[illegible]	[illegible]	[illegible]
[illegible]	[illegible]	[illegible]	[illegible]	[illegible]	[illegible]	[illegible]	[illegible]	[illegible]	[illegible]	[illegible]	[illegible]	[illegible]	[illegible]
[illegible]	[illegible]	[illegible]	[illegible]	[illegible]	[illegible]	[illegible]	[illegible]	[illegible]	[illegible]	[illegible]	[illegible]	[illegible]	[illegible]
[illegible]	[illegible]	[illegible]	[illegible]	[illegible]	[illegible]	[illegible]	[illegible]	[illegible]	[illegible]	[illegible]	[illegible]	[illegible]	[illegible]
[illegible]	[illegible]	[illegible]	[illegible]	[illegible]	[illegible]	[illegible]	[illegible]	[illegible]	[illegible]	[illegible]	[illegible]	[illegible]	[illegible]
[illegible]	[illegible]	[illegible]	[illegible]	[illegible]	[illegible]	[illegible]	[illegible]	[illegible]	[illegible]	[illegible]	[illegible]	[illegible]	[illegible]
[illegible]	[illegible]	[illegible]	[illegible]	[illegible]	[illegible]	[illegible]	[illegible]	[illegible]	[illegible]	[illegible]	[illegible]	[illegible]	[illegible]
[illegible]	[illegible]	[illegible]	[illegible]	[illegible]	[illegible]	[illegible]	[illegible]	[illegible]	[illegible]	[illegible]	[illegible]	[illegible]	[illegible]
[illegible]	[illegible]	[illegible]	[illegible]	[illegible]	[illegible]	[illegible]	[illegible]	[illegible]	[illegible]	[illegible]	[illegible]	[illegible]	[illegible]
[illegible]	[illegible]	[illegible]	[illegible]	[illegible]	[illegible]	[illegible]	[illegible]	[illegible]	[illegible]	[illegible]	[illegible]	[illegible]	[illegible]
[illegible]	[illegible]	[illegible]	[illegible]	[illegible]	[illegible]	[illegible]	[illegible]	[illegible]	[illegible]	**26·48**	[illegible]	**24·07**	[illegible]
[illegible]	[illegible]	[illegible]	[illegible]	[illegible]	[illegible]	[illegible]	[illegible]	[illegible]	[illegible]	[illegible]	[illegible]	[illegible]	[illegible]
[illegible]	[illegible]	[illegible]	[illegible]	[illegible]	[illegible]	[illegible]	[illegible]	[illegible]	[illegible]	[illegible]	[illegible]	[illegible]	[illegible]
[illegible]	[illegible]	[illegible]	[illegible]	[illegible]	[illegible]	[illegible]	[illegible]	[illegible]	[illegible]	[illegible]	[illegible]	[illegible]	[illegible]
[illegible]	[illegible]	[illegible]	[illegible]	[illegible]	[illegible]	[illegible]	[illegible]	[illegible]	[illegible]	[illegible]	[illegible]	[illegible]	[illegible]
[illegible]	[illegible]	[illegible]	[illegible]	[illegible]	[illegible]	[illegible]	[illegible]	[illegible]	[illegible]	[illegible]	[illegible]	[illegible]	[illegible]
[illegible]	[illegible]	[illegible]	[illegible]	[illegible]	[illegible]	[illegible]	[illegible]	[illegible]	[illegible]	[illegible]	[illegible]	[illegible]	[illegible]
[illegible]	[illegible]	[illegible]	[illegible]	[illegible]	[illegible]	[illegible]	[illegible]	[illegible]	[illegible]	[illegible]	[illegible]	[illegible]	[illegible]
[illegible]	[illegible]	[illegible]	[illegible]	[illegible]	[illegible]	[illegible]	[illegible]	[illegible]	[illegible]	[illegible]	**65·90**	[illegible]	[illegible]
[illegible]	[illegible]	[illegible]	[illegible]	[illegible]	[illegible]	[illegible]	[illegible]	[illegible]	[illegible]	[illegible]	[illegible]	[illegible]	[illegible]
47·00	[illegible]	[illegible]	[illegible]	[illegible]	[illegible]	[illegible]	[illegible]	[illegible]	[illegible]	[illegible]	[illegible]	[illegible]	[illegible]

January 1883. 700 mm. + Mean time of place.

Days.	1	2	3	4	5	6	7	8	9	10	11	Noon.	1	2
1	58·48	58·46	58·00	57·73	57·82	57·11	57·71	57·48	57·42	57·14	57·61	57·24	57·14	57·39
2	59·07	59·57	59·60	59·35	59·48	59·48	59·88	60·05	60·43	60·05	59·95	60·10	60·36	62·24
3	60·42	60·31	60·49	60·06	60·00	59·63	59·60	59·60	59·31	59·02	60·22	58·94	58·13	58·75
4	57·56	57·49	57·50	59·72	57·04	56·54	56·64	56·73	56·35	56·24	56·12	55·64	55·55	55·46
5	52·52	52·31	52·48	54·08	54·51	51·24	54·12	51·22	51·12	51·42	52·56	51·56	50·06	50·66
6	49·52	48·59	49·45	49·06	48·48	48·15	47·94	47·86	47·31	47·21	47·28	46·34	45·15	45·91
7	44·74	43·11	45·85	45·27	45·12	45·71	[illegible]	43·43	[illegible]	43·56	42·55	43·51	43·35	45·06
8	39·51	37·90	38·29	37·55	39·14	39·13	37·73	35·42	35·39	35·32	35·09	34·73	37·02	37·64
9	33·80	36·52	37·78	38·72	39·51	42·13	41·52	42·02	43·33	44·79	45·23	46·74	47·39	48·10
10	50·96	51·35	51·65	51·55	51·27	51·41	51·38	51·09	51·31	52·31	51·12	51·59	51·14	51·40
11	50·40	51·35	50·59	49·77	49·64	49·69	49·51	49·57	49·02	50·05	50·35	50·36	50·76	50·64
12	52·98	52·06	51·75	51·79	51·08	50·70	50·40	52·28	50·20	49·76	49·20	47·88	48·23	47·56
13	47·85	47·77	45·47	48·74	48·38	42·99	46·54	44·67	43·13	43·01	41·19	41·19	42·99	41·17
14	45·80	45·71	45·71	45·58	45·54	45·35	45·48	45·43	45·85	45·65	45·76	43·61	43·45	45·35
15	47·23	49·69	48·35	48·50	48·96	49·77	50·28	52·35	52·56	52·55	54·31	54·69	55·56	56·45
16	60·49	60·77	60·81	61·05	61·05	60·93	60·72	60·78	60·41	60·51	60·51	60·51	60·49	60·56
17	55·45	58·51	55·32	58·07	58·55	58·33	58·10	58·57	58·62	59·32	59·66	60·75	60·77	62·10
18	66·63	66·51	67·07	68·96	66·34	66·74	64·09	65·03	65·13	65·81	63·29	63·13	61·93	60·61
19	50·06	49·87	49·68	49·74	49·78	49·70	49·38	49·44	49·60	49·91	50·10	49·77	49·54	49·77
20	53·50	53·58	53·43	53·78	53·52	53·60	54·55	54·72	54·95	54·94	55·10	55·26	54·93	55·05
21	55·36	55·53	55·37	56·04	55·74	55·69	55·18	55·45	55·51	55·72	56·22	55·24	55·91	56·07
22	58·10	58·12	58·25	58·56	55·35	58·41	57·60	57·33	58·66	57·35	58·40	58·55	57·72	57·70
23	58·77	58·94	59·27	59·39	59·57	60·31	62·66	60·95	60·80	61·63	61·04	61·20	62·86	62·32
24	57·34	56·29	55·89	55·05	55·68	52·79	51·43	50·70	49·06	47·35	46·53	45·58	44·51	42·58
25	33·31	33·43	33·43	33·08	33·23	33·23	33·21	33·41	31·82	31·60	34·51	31·91	35·11	35·70
26	38·29	38·56	38·49	38·45	35·62	38·70	34·43	34·53	39·83	40·14	40·35	40·65	40·73	40·58
27	40·48	40·23	40·24	40·78	39·32	39·45	35·92	38·82	38·77	38·34	37·34	38·16	37·87	38·19
28	42·58	42·29	41·02	42·20	42·30	43·61	42·68	43·93	43·32	43·73	43·88	41·80	41·87	41·98
29	46·62	49·13	47·28	47·89	48·20	48·50	49·01	49·73	50·58	50·02	51·45	51·66	52·18	52·72
30	56·73	57·06	57·51	57·87	58·22	58·28	58·43	58·66	58·65	59·28	59·26	59·53	59·83	60·08
31	62·67	62·85	63·39	64·14	64·30	64·66	64·66	64·88	65·23	65·93	66·28	66·60	66·99	67·35
Mean -	51·11	51·21	51·29	51·36	51·19	51·19	51·14	51·20	51·30	51·50	51·57	51·45	51·42	51·45

February 1883. Lat. + 62° 38′ 52″.

Days.	1	2	3	4	5	6	7	8	9	10	11	Noon.	1	2
1	70·67	70·60	70·37	70·09	69·49	69·43	69·38	68·47	68·23	67·67	67·02	66·33	65·72	64·71
2	58·81	58·83	58·53	58·58	59·24	59·65	59·21	60·66	61·35	61·86	61·22	62·23	62·52	62·14
3	51·67	51·62	52·03	52·64	51·63	54·36	55·05	55·87	58·88	59·66	60·87	59·84	57·74	57·67
4	49·33	48·83	47·83	45·93	44·54	43·12	41·85	40·83	40·13	39·43	39·06	39·21	39·41	39·51
5	41·83	44·97	43·22	45·96	43·98	46·11	46·37	46·84	46·08	45·84	43·53	45·10	44·69	44·21
6	49·94	50·23	50·23	50·35	50·10	50·03	49·39	48·50	48·12	47·57	48·05	44·96	43·85	42·85
7	35·37	35·85	38·11	40·39	41·61	43·49	42·94	46·21	48·23	45·73	50·05	50·37	52·08	52·04
8	49·97	49·54	48·43	48·41	47·76	47·25	46·67	46·49	46·57	46·72	47·48	47·69	47·69	48·41
9	51·32	51·09	50·39	50·13	45·26	47·76	46·54	45·20	47·83	43·47	41·08	39·94	39·09	38·06
10	41·82	41·82	41·75	41·44	40·70	39·81	38·85	39·45	38·31	38·39	38·22	39·28	39·42	37·27
11	41·82	42·73	43·93	44·66	45·34	45·61	46·06	46·13	40·51	46·67	47·05	47·28	47·31	47·33
12	50·38	50·76	54·32	54·64	52·01	53·31	52·72	51·99	53·85	53·86	54·80	54·55	54·04	55·00
13	54·95	54·82	54·52	54·21	53·30	53·15	52·93	52·83	51·59	53·43	51·85	51·40	51·39	52·97
14	48·16	45·38	45·37	45·10	40·69	41·30	44·43	43·23	43·25	43·32	43·74	43·17	43·60	42·61
15	45·49	45·81	45·00	44·48	44·54	44·94	45·30	45·26	46·52	46·72	47·31	47·59	48·65	46·86
16	54·22	54·62	54·40	54·52	54·70	54·77	54·27	55·22	54·81	56·02	54·89	54·51	54·66	53·92
17	58·37	50·52	50·40	49·07	49·33	49·59	49·73	49·96	49·46	49·03	49·60	50·66	49·73	50·10
18	56·40	56·38	56·67	56·50	56·35	56·33	55·59	55·48	54·95	54·17	54·52	54·43	54·40	54·21
19	53·38	53·91	57·60	53·91	54·16	53·32	54·42	54·57	54·65	54·45	55·20	55·07	55·02	54·85
20	52·11	51·75	51·42	51·06	50·38	49·61	49·23	45·77	47·94	47·89	46·12	47·69	47·43	46·53
21	47·23	47·43	47·04	47·61	47·87	46·35	46·54	46·57	45·72	46·24	45·71	45·11	44·70	44·51
22	35·50	35·30	35·44	35·02	35·62	38·61	39·41	34·58	40·02	40·42	42·02	41·21	42·71	42·07
23	46·07	46·64	46·75	46·93	47·17	47·33	47·40	47·82	47·17	48·23	48·63	48·70	48·52	48·37
24	48·25	48·42	48·50	48·62	48·91	49·16	49·37	49·72	49·97	50·53	51·26	51·12	51·01	51·91
25	54·29	54·09	55·96	54·24	54·14	54·34	54·36	54·52	54·37	54·24	55·40	55·02	52·99	53·89
26	50·43	50·61	50·59	45·33	50·30	50·28	50·12	50·28	50·02	50·76	50·59	50·89	51·38	51·77
27	55·89	56·08	55·83	56·04	55·93	55·48	55·09	54·97	53·23	53·08	54·67	53·14	53·73	53·30
28	51·82	50·96	50·81	50·83	52·08	54·09	54·49	51·34	51·90	51·48	52·55	52·98	52·48	52·52
Mean -	49·99	50·02	50·02	50·08	50·08	49·99	49·85	49·83	49·86	49·87	49·94	49·82	49·74	49·67

Correction for Gravity +1·17 m.m. at 754 mm. Barometer _______ m.

3	4	5	6	7	8	9	10	11	12
57·29	57·46	56·55	57·14	55·91	57·24	57·51	57·52	58·21	58·66
60·41	60·69	60·69	60·59	60·64	60·35	60·61	63·64	63·56	60·56
58·73	59·28	53·51	58·18	[illegible]	57·82	57·85	57·82	57·64	57·51
55·36	54·82	54·57	54·06	53·58	53·38	53·15	53·13	52·74	52·46
50·53	50·28	50·33	50·23	49·89	49·84	49·92	49·67	49·47	49·32
45·81	45·62	45·51	45·32	45·36	45·00	44·97	44·89	44·71	44·64
41·97	45·00	44·18	43·67	43·09	42·12	41·46	40·93	40·17	39·51
33·48	33·33	32·96	32·98	33·01	33·01	33·48	34·15	34·45	34·36
48·37	48·85	49·37	49·54	49·73	50·13	50·20	50·40	50·56	50·94
51·14	50·86	50·74	50·53	50·20	49·92	50·05	50·20	50·45	50·13
50·89	51·35	51·40	51·57	51·55	51·70	51·86	52·03	52·18	52·06
47·25	46·95	46·95	46·47	45·83	45·71	44·94	44·81	44·56	44·43
43·42	43·70	43·85	44·21	44·26	44·29	44·42	44·64	44·74	45·22
45·45	45·45	45·42	45·58	45·96	45·81	45·73	46·01	46·64	47·03
57·39	58·10	59·14	59·76	59·93	60·26	60·44	60·46	60·51	60·41
60·64	60·49	60·36	60·19	60·21	59·75	59·42	59·32	59·12	58·86
61·81	62·62	63·31	63·84	64·45	65·23	65·88	65·88	65·93	66·03
60·36	59·24	58·51	57·80	56·17	55·10	53·70	53·27	51·77	50·51
49·87	50·45	51·04	51·45	51·91	52·13	52·38	52·45	52·77	52·86
55·16	55·46	55·48	55·18	55·21	55·20	55·41	55·74	55·33	55·58
56·31	56·60	56·83	57·06	57·01	57·09	57·36	57·49	57·77	57·64
57·77	57·70	57·24	57·41	57·16	57·16	57·49	57·64	57·56	58·07
61·96	61·96	61·55	61·02	60·39	59·55	59·58	59·29	56·68	57·92
41·49	40·14	39·02	37·80	36·31	35·41	34·55	33·97	33·57	33·46
35·70	35·62	35·82	36·15	36·23	36·33	36·48	36·77	37·22	37·40
40·90	41·36	41·26	41·19	41·29	41·24	41·26	41·21	40·78	40·63
38·09	38·39	38·54	38·42	38·65	38·87	39·23	39·48	39·99	40·27
44·05	44·19	44·56	44·49	44·64	44·86	45·20	45·51	45·93	46·42
53·23	53·89	54·19	54·57	54·80	55·02	55·48	55·87	56·19	56·43
60·26	60·66	60·85	61·07	61·20	61·41	61·76	61·83	62·17	62·32
67·88	68·31	68·94	69·38	69·79	69·94	70·26	70·21	70·57	70·65
51·50	51·55	51·55	51·52	51·40	51·35	51·35	51·40	51·40	51·37

Long.—115° 43′ 50″ = — 7h. 42m. 55s.

3	4	5	6	7	8	9	10	11	12
64·07	63·31	62·57	61·56	61·25	60·93	60·31	59·85	59·14	59·12
62·11	61·99	61·52	60·93	59·50	58·23	56·70	55·43	53·99	51·36
57·41	56·94	56·40	55·53	55·40	54·29	53·25	52·13	51·26	50·23
39·83	40·65	40·90	42·54	41·72	41·51	41·92	43·68	43·54	43·70
44·84	44·64	44·54	45·93	47·54	47·94	48·91	49·39	49·77	49·89
41·03	39·99	39·58	38·92	38·09	37·02	36·16	35·52	35·06	34·86
52·94	53·23	53·25	53·35	53·36	53·02	52·82	52·16	51·55	50·91
48·43	48·98	49·46	49·29	49·39	49·64	50·25	50·64	50·96	51·14
37·60	38·21	38·37	39·23	39·97	40·33	41·03	41·59	41·90	41·70
36·97	37·60	37·94	38·95	39·63	40·47	40·93	41·39	41·72	41·87
47·59	48·05	48·17	48·50	48·60	48·91	49·06	49·47	49·72	49·87
54·92	55·16	54·87	54·92	54·67	54·82	54·82	55·26	55·31	54·92
49·92	49·54	48·81	48·70	48·70	48·42	48·07	47·48	47·03	46·49
42·48	42·46	42·73	42·76	42·53	42·73	42·52	42·58	42·73	43·24
49·42	50·15	50·61	50·94	51·50	51·52	52·38	52·77	53·35	53·78
51·60	53·23	53·02	52·84	52·72	52·48	52·58	52·31	51·98	51·65
50·76	52·21	52·16	52·82	53·60	53·60	54·24	54·97	55·67	56·09
53·83	53·30	53·43	53·04	52·77	52·46	52·53	52·56	52·56	52·99
54·85	54·87	54·37	54·42	54·11	53·55	53·60	53·15	52·56	52·36
46·49	46·52	46·37	46·87	46·64	46·72	46·64	46·78	46·98	47·05
43·98	43·12	42·33	41·92	41·31	40·93	40·55	39·86	39·36	39·13
42·40	42·88	43·47	43·83	44·34	44·56	44·97	45·48	45·56	46·01
48·67	48·65	48·70	48·75	48·62	48·42	48·32	48·10	48·30	48·21
52·28	52·48	52·77	52·99	53·58	53·43	53·60	53·80	54·21	54·21
53·53	53·38	53·04	52·59	52·62	52·03	51·98	52·03	51·37	51·09
52·03	52·72	52·99	53·83	54·14	54·37	54·77	54·93	55·18	55·79
53·04	52·82	52·72	52·28	51·98	51·83	51·60	51·47	51·43	51·37
52·67	52·94	53·30	53·58	54·29	54·34	54·62	54·61	54·75	54·65
49·57	49·62	49·59	49·69	49·72	49·59	49·59	49·59	49·52	49·44

March 1883. 700 mm. + Mean time of place

Days.	1	2	3	4	5	6	7	8	9	10	11	Noon.	1	2
1	54·57	54·26	54·42	54·34	53·90	53·78	53·60	53·43	53·07	52·69	52·33	52·28	52·11	52·85
2	54·79	55·00	55·58	56·39	56·96	57·75	58·46	59·02	59·70	60·69	61·25	61·56	62·75	63·86
3	67·37	67·40	67·52	67·63	68·01	68·21	68·39	68·57	68·41	68·69	68·69	67·47	68·15	68·18
4	64·71	63·96	63·66	63·23	62·78	61·91	61·23	60·90	60·41	60·06	59·73	59·14	58·91	58·41
5	56·81	57·09	57·21	57·26	57·31	57·51	57·56	57·87	58·15	58·15	58·56	58·66	58·78	58·63
6	55·31	54·65	53·99	53·15	52·28	51·57	50·48	49·59	48·37	47·71	46·62	45·96	45·22	44·24
7	40·45	40·50	40·48	40·50	40·53	40·60	40·33	40·22	40·01	39·71	39·10	38·56	38·04	37·82
8	31·08	31·30	31·81	32·91	33·57	34·53	35·45	36·31	37·17	38·34	38·95	40·12	41·26	42·00
9	46·13	46·34	46·13	46·54	46·72	47·20	47·54	47·96	48·10	48·45	48·51	49·11	49·44	49·57
10	51·16	50·96	50·71	50·64	50·50	49·79	49·39	49·13	48·60	48·27	47·54	47·10	46·44	46·23
11	43·37	44·36	45·00	45·48	46·11	46·85	46·88	47·33	47·76	48·10	48·72	49·23	49·39	49·57
12	47·25	46·67	46·29	44·74	44·15	43·57	42·71	41·87	41·00	39·41	39·43	38·49	35·96	37·35
13	37·68	38·26	39·03	40·27	40·90	41·61	42·43	42·99	43·81	44·29	44·54	44·84	45·42	45·58
14	55·69	56·65	57·26	58·05	58·66	59·09	59·45	59·70	59·58	59·65	59·53	58·99	58·56	57·82
15	49·37	49·06	48·85	48·55	48·35	48·81	49·07	49·06	49·54	49·87	50·40	50·75	52·86	50·99
16	47·18	47·10	46·83	46·58	46·90	46·93	46·90	48·93	47·05	47·40	47·56	48·10	48·63	48·98
17	51·60	51·80	51·98	52·11	52·62	53·27	53·33	53·45	54·14	54·40	54·75	55·13	55·21	55·07
18	53·63	53·53	53·18	52·62	52·06	51·93	52·16	51·83	51·50	51·26	51·14	50·38	49·89	49·94
19	44·66	44·15	43·57	42·88	42·56	41·80	41·59	41·61	41·67	41·80	41·72	41·15	42·12	41·97
20	41·67	41·61	41·85	42·27	42·53	42·68	42·78	43·07	43·27	43·70	43·93	44·00	43·53	43·93
21	47·30	47·40	47·43	47·71	47·91	47·79	47·66	47·43	47·79	47·71	47·54	47·25	47·03	46·80
22	43·95	43·78	43·90	43·83	43·90	43·95	44·10	44·34	44·44	44·44	44·69	45·02	45·25	45·61
23	51·77	52·38	53·04	53·63	54·34	55·16	55·38	55·89	56·45	56·85	57·10	57·61	57·90	58·26
24	63·31	63·59	63·84	64·15	64·68	65·08	65·49	65·95	66·18	66·48	66·59	66·74	66·76	66·86
25	66·25	65·93	65·67	65·74	65·52	65·21	64·88	65·01	64·83	64·71	64·47	63·71	63·40	63·03
26	59·37	58·97	58·43	58·76	58·02	57·64	56·83	56·37	56·04	55·56	55·07	54·31	53·80	53·58
27	51·72	51·67	51·72	52·08	52·28	52·64	52·82	53·02	53·25	53·43	53·65	53·55	53·63	53·58
28	52·13	51·96	52·18	52·06	52·11	52·98	52·91	52·08	52·16	52·31	52·31	52·43	52·28	52·03
29	52·71	52·53	52·72	52·74	52·74	52·79	52·84	53·02	53·35	53·30	53·20	53·07	52·92	52·57
30	53·63	53·83	53·78	53·91	54·24	54·40	54·70	54·65	54·87	55·13	55·13	55·10	55·10	55·10
31	55·13	55·23	55·41	55·53	55·56	55·26	55·33	55·38	55·16	55·16	54·85	54·65	54·52	54·26
Mean	51·32	51·35	51·40	51·50	51·57	51·65	51·67	51·72	51·80	**51·86**	**51·86**	51·83	51·80	51·72

April 1883. Lat. + 62° 38′ 52″.

Days.	1	2	3	4	5	6	7	8	9	10	11	Noon.	1	2
1	51·55	51·37	51·06	50·64	50·46	50·30	50·15	50·08	49·82	49·54	49·20	49·11	48·83	48·42
2	46·42	46·37	46·01	45·83	45·61	45·56	45·58	45·30	45·32	45·21	45·02	44·79	44·61	44·46
3	43·29	43·52	43·54	43·85	44·00	44·18	44·54	44·71	44·94	45·12	45·17	45·22	45·61	45·68
4	49·26	49·37	49·69	49·89	50·10	50·25	50·23	50·15	49·07	49·69	49·51	49·21	48·98	48·53
5	41·84	44·40	43·93	43·78	43·75	43·34	43·19	42·73	42·46	42·07	41·70	41·36	41·08	40·83
6	40·09	40·09	40·32	40·53	40·78	41·16	41·36	41·61	41·65	41·93	42·00	42·07	42·05	41·97
7	40·12	39·86	39·73	39·18	39·26	38·82	38·73	38·46	38·49	38·26	38·11	37·83	37·75	37·78
8	39·86	40·04	40·17	40·37	40·78	40·95	41·44	41·46	41·49	41·77	41·70	41·54	41·61	41·41
9	38·95	38·59	38·21	37·63	37·67	37·14	36·77	36·48	36·53	36·67	36·67	36·50	36·51	36·53
10	37·49	37·09	36·94	36·97	36·94	36·77	36·48	36·26	36·16	36·03	35·75	35·55	35·25	35·06
11	31·94	31·71	31·13	31·00	31·05	30·84	30·72	30·84	30·89	30·89	30·77	30·77	30·77	30·79
12	32·70	33·01	33·57	33·82	34·38	34·94	35·65	35·85	36·02	36·38	36·79	37·29	37·60	37·56
13	41·87	42·15	42·56	42·90	43·27	43·73	43·70	44·15	44·36	44·66	45·07	45·35	45·63	45·81
14	50·23	50·35	50·56	50·71	51·52	51·91	51·96	52·08	52·21	52·33	52·38	52·28	52·23	52·03
15	50·08	49·62	49·40	49·34	49·06	49·29	49·34	48·60	48·30	47·99	47·69	47·40	47·23	46·88
16	45·91	46·06	46·24	46·27	46·62	46·64	46·83	46·49	46·52	46·52	46·59	46·40	46·32	46·18
17	46·62	46·79	46·75	46·83	47·10	46·90	46·95	46·98	47·00	46·85	46·90	46·93	46·88	46·95
18	47·59	47·74	47·89	47·94	47·96	48·01	48·02	48·20	48·25	48·20	48·02	47·94	47·86	47·69
19	45·10	44·74	44·49	44·34	43·98	43·75	43·34	42·88	42·61	42·27	41·87	41·44	41·13	40·80
20	38·56	38·46	38·14	38·21	37·99	37·70	37·63	37·55	37·24	37·27	36·99	36·48	36·15	35·77
21	33·16	33·08	32·88	32·91	32·86	32·63	32·96	32·98	32·96	33·03	32·96	32·75	32·91	32·93
22	34·81	35·06	36·13	36·69	37·70	38·65	39·73	40·93	42·22	43·22	44·24	45·40	46·57	47·76
23	57·72	58·56	59·22	59·93	60·34	61·00	61·72	62·09	62·37	62·64	62·85	62·80	62·59	62·39
24	59·53	58·94	58·53	57·82	57·44	56·96	56·43	56·04	55·58	54·97	54·01	53·38	52·87	51·96
25	45·12	45·02	44·71	44·76	44·39	44·13	43·75	43·64	43·17	42·81	42·22	41·64	41·10	40·90
26	38·19	38·62	38·75	39·18	40·34	40·85	41·80	42·53	43·24	43·33	44·69	45·42	46·16	46·80
27	51·50	51·72	52·41	52·92	53·20	53·53	54·01	54·21	54·34	54·45	54·60	54·77	54·82	54·65
28	53·83	53·78	53·80	53·68	53·38	53·45	53·23	52·99	52·90	53·18	53·10	53·18	52·99	52·92
29	53·15	53·13	53·07	53·25	53·48	53·80	54·09	54·31	54·65	54·75	54·85	55·13	55·31	55·41
30	56·78	56·70	56·70	56·91	57·11	57·09	57·16	57·16	57·06	57·11	56·99	56·91	56·75	56·55
Mean	44·86	44·86	44·89	44·94	45·07	45·15	45·25	45·27	45·30	**45·32**	45·27	45·22	45·20	45·15

Correction for gravity + 1·17 mm. at 754 mm. Barometer ——— m. above sea level *March* 1883.

3	4	5	6	7	8	9	10	11	12	Means.	Maximum.	Minimum.	Difference.
[illegible]	[illegible]	[illegible]	[illegible]	[illegible]	[illegible]	[illegible]	[illegible]	[illegible]	[illegible]	[illegible]	[illegible]	[illegible]	[illegible]
[illegible]	[illegible]	[illegible]	[illegible]	[illegible]	[illegible]	[illegible]	[illegible]	[illegible]	[illegible]	[illegible]	[illegible]	[illegible]	[illegible]
[illegible]	[illegible]	[illegible]	[illegible]	[illegible]	[illegible]	[illegible]	[illegible]	[illegible]	[illegible]	**67·50**	**68·69**	[illegible]	[illegible]
[illegible]	[illegible]	[illegible]	[illegible]	[illegible]	[illegible]	[illegible]	[illegible]	[illegible]	[illegible]	[illegible]	[illegible]	[illegible]	[illegible]
[illegible]	[illegible]	[illegible]	[illegible]	[illegible]	[illegible]	[illegible]	[illegible]	[illegible]	[illegible]	[illegible]	[illegible]	[illegible]	[illegible]
[illegible]	[illegible]	[illegible]	[illegible]	[illegible]	[illegible]	[illegible]	[illegible]	[illegible]	[illegible]	[illegible]	[illegible]	[illegible]	[illegible]
[illegible]	[illegible]	[illegible]	[illegible]	[illegible]	[illegible]	[illegible]	[illegible]	[illegible]	[illegible]	**36·92**	[illegible]	**30·72**	[illegible]
[illegible]	[illegible]	[illegible]	[illegible]	[illegible]	[illegible]	[illegible]	[illegible]	[illegible]	[illegible]	[illegible]	[illegible]	[illegible]	[illegible]
[illegible]	[illegible]	[illegible]	[illegible]	[illegible]	[illegible]	[illegible]	[illegible]	[illegible]	[illegible]	[illegible]	[illegible]	[illegible]	[illegible]
[illegible]	[illegible]	[illegible]	[illegible]	[illegible]	[illegible]	[illegible]	[illegible]	[illegible]	[illegible]	[illegible]	[illegible]	[illegible]	[illegible]
[illegible]	[illegible]	[illegible]	[illegible]	[illegible]	[illegible]	[illegible]	[illegible]	[illegible]	[illegible]	[illegible]	[illegible]	[illegible]	[illegible]
[illegible]	[illegible]	[illegible]	[illegible]	[illegible]	[illegible]	[illegible]	[illegible]	[illegible]	[illegible]	[illegible]	[illegible]	[illegible]	[illegible]
[illegible]	[illegible]	[illegible]	[illegible]	[illegible]	[illegible]	[illegible]	[illegible]	[illegible]	[illegible]	[illegible]	[illegible]	[illegible]	[illegible]
[illegible]	[illegible]	[illegible]	[illegible]	[illegible]	[illegible]	[illegible]	[illegible]	[illegible]	[illegible]	[illegible]	[illegible]	[illegible]	[illegible]
[illegible]	[illegible]	[illegible]	[illegible]	[illegible]	[illegible]	[illegible]	[illegible]	[illegible]	[illegible]	[illegible]	[illegible]	[illegible]	[illegible]
[illegible]	[illegible]	[illegible]	[illegible]	[illegible]	[illegible]	[illegible]	[illegible]	[illegible]	[illegible]	[illegible]	[illegible]	[illegible]	[illegible]
[illegible]	[illegible]	[illegible]	[illegible]	[illegible]	[illegible]	[illegible]	[illegible]	[illegible]	[illegible]	[illegible]	[illegible]	[illegible]	[illegible]
[illegible]	[illegible]	[illegible]	[illegible]	[illegible]	[illegible]	[illegible]	[illegible]	[illegible]	[illegible]	[illegible]	[illegible]	[illegible]	[illegible]
[illegible]	[illegible]	[illegible]	[illegible]	[illegible]	[illegible]	[illegible]	[illegible]	[illegible]	[illegible]	[illegible]	[illegible]	[illegible]	[illegible]
[illegible]	[illegible]	[illegible]	[illegible]	[illegible]	[illegible]	[illegible]	[illegible]	[illegible]	[illegible]	[illegible]	[illegible]	[illegible]	[illegible]
[illegible]	[illegible]	[illegible]	[illegible]	[illegible]	[illegible]	[illegible]	[illegible]	[illegible]	[illegible]	[illegible]	[illegible]	[illegible]	[illegible]
[illegible]	[illegible]	[illegible]	[illegible]	[illegible]	[illegible]	[illegible]	[illegible]	[illegible]	[illegible]	[illegible]	[illegible]	[illegible]	[illegible]
[illegible]	[illegible]	[illegible]	[illegible]	[illegible]	[illegible]	[illegible]	[illegible]	[illegible]	[illegible]	[illegible]	[illegible]	[illegible]	[illegible]
[illegible]	[illegible]	[illegible]	[illegible]	[illegible]	[illegible]	[illegible]	[illegible]	[illegible]	[illegible]	[illegible]	[illegible]	[illegible]	[illegible]
[illegible]	[illegible]	[illegible]	[illegible]	[illegible]	[illegible]	[illegible]	[illegible]	[illegible]	[illegible]	[illegible]	[illegible]	[illegible]	[illegible]
[illegible]	[illegible]	[illegible]	[illegible]	[illegible]	[illegible]	[illegible]	[illegible]	[illegible]	[illegible]	[illegible]	[illegible]	[illegible]	[illegible]
[illegible]	[illegible]	[illegible]	[illegible]	[illegible]	[illegible]	[illegible]	[illegible]	[illegible]	[illegible]	[illegible]	[illegible]	[illegible]	[illegible]
[illegible]	[illegible]	[illegible]	[illegible]	[illegible]	[illegible]	[illegible]	[illegible]	[illegible]	[illegible]	[illegible]	[illegible]	[illegible]	[illegible]
[illegible]	[illegible]	[illegible]	[illegible]	[illegible]	[illegible]	[illegible]	[illegible]	[illegible]	[illegible]	[illegible]	[illegible]	[illegible]	[illegible]
[illegible]	[illegible]	[illegible]	[illegible]	[illegible]	[illegible]	[illegible]	[illegible]	[illegible]	[illegible]	[illegible]	[illegible]	[illegible]	[illegible]
[illegible]	[illegible]	[illegible]	[illegible]	[illegible]	[illegible]	[illegible]	[illegible]	[illegible]	[illegible]	[illegible]	[illegible]	[illegible]	[illegible]
[illegible]	[illegible]	[illegible]	[illegible]	[illegible]	[illegible]	[illegible]	[illegible]	**51·19**	**51·19**	[illegible]	[illegible]	[illegible]	[illegible]

Long. −115° 48′ 50″ = − 7h. 42m. 55s. *April* 1883.

3	4	5	6	7	8	9	10	11	12	Means.	Maximum.	Minimum.	Difference.
[illegible]	[illegible]	[illegible]	[illegible]	[illegible]	[illegible]	[illegible]	[illegible]	[illegible]	[illegible]	[illegible]	[illegible]	[illegible]	[illegible]
[illegible]	[illegible]	[illegible]	[illegible]	[illegible]	[illegible]	[illegible]	[illegible]	[illegible]	[illegible]	[illegible]	[illegible]	[illegible]	[illegible]
[illegible]	[illegible]	[illegible]	[illegible]	[illegible]	[illegible]	[illegible]	[illegible]	[illegible]	[illegible]	[illegible]	[illegible]	[illegible]	[illegible]
[illegible]	[illegible]	[illegible]	[illegible]	[illegible]	[illegible]	[illegible]	[illegible]	[illegible]	[illegible]	[illegible]	[illegible]	[illegible]	[illegible]
[illegible]	[illegible]	[illegible]	[illegible]	[illegible]	[illegible]	[illegible]	[illegible]	[illegible]	[illegible]	[illegible]	[illegible]	[illegible]	[illegible]
[illegible]	[illegible]	[illegible]	[illegible]	[illegible]	[illegible]	[illegible]	[illegible]	[illegible]	[illegible]	[illegible]	[illegible]	[illegible]	[illegible]
[illegible]	[illegible]	[illegible]	[illegible]	[illegible]	[illegible]	[illegible]	[illegible]	[illegible]	[illegible]	[illegible]	[illegible]	[illegible]	[illegible]
[illegible]	[illegible]	[illegible]	[illegible]	[illegible]	[illegible]	[illegible]	[illegible]	[illegible]	[illegible]	[illegible]	[illegible]	[illegible]	[illegible]
[illegible]	[illegible]	[illegible]	[illegible]	[illegible]	[illegible]	[illegible]	[illegible]	[illegible]	[illegible]	[illegible]	[illegible]	[illegible]	[illegible]
[illegible]	[illegible]	[illegible]	[illegible]	[illegible]	[illegible]	[illegible]	[illegible]	[illegible]	[illegible]	[illegible]	[illegible]	[illegible]	[illegible]
[illegible]	[illegible]	[illegible]	[illegible]	[illegible]	[illegible]	[illegible]	[illegible]	[illegible]	[illegible]	**31·18**	[illegible]	**30·72**	[illegible]
[illegible]	[illegible]	[illegible]	[illegible]	[illegible]	[illegible]	[illegible]	[illegible]	[illegible]	[illegible]	[illegible]	[illegible]	[illegible]	[illegible]
[illegible]	[illegible]	[illegible]	[illegible]	[illegible]	[illegible]	[illegible]	[illegible]	[illegible]	[illegible]	[illegible]	[illegible]	[illegible]	[illegible]
[illegible]	[illegible]	[illegible]	[illegible]	[illegible]	[illegible]	[illegible]	[illegible]	[illegible]	[illegible]	[illegible]	[illegible]	[illegible]	[illegible]
[illegible]	[illegible]	[illegible]	[illegible]	[illegible]	[illegible]	[illegible]	[illegible]	[illegible]	[illegible]	[illegible]	[illegible]	[illegible]	[illegible]
[illegible]	[illegible]	[illegible]	[illegible]	[illegible]	[illegible]	[illegible]	[illegible]	[illegible]	[illegible]	[illegible]	[illegible]	[illegible]	[illegible]
[illegible]	[illegible]	[illegible]	[illegible]	[illegible]	[illegible]	[illegible]	[illegible]	[illegible]	[illegible]	[illegible]	[illegible]	[illegible]	[illegible]
[illegible]	[illegible]	[illegible]	[illegible]	[illegible]	[illegible]	[illegible]	[illegible]	[illegible]	[illegible]	[illegible]	[illegible]	[illegible]	[illegible]
[illegible]	[illegible]	[illegible]	[illegible]	[illegible]	[illegible]	[illegible]	[illegible]	[illegible]	[illegible]	[illegible]	[illegible]	[illegible]	[illegible]
[illegible]	[illegible]	[illegible]	[illegible]	[illegible]	[illegible]	[illegible]	[illegible]	[illegible]	[illegible]	[illegible]	[illegible]	[illegible]	[illegible]
[illegible]	[illegible]	[illegible]	[illegible]	[illegible]	[illegible]	[illegible]	[illegible]	[illegible]	[illegible]	[illegible]	[illegible]	[illegible]	[illegible]
[illegible]	[illegible]	[illegible]	[illegible]	[illegible]	[illegible]	[illegible]	[illegible]	[illegible]	[illegible]	[illegible]	[illegible]	[illegible]	[illegible]
[illegible]	[illegible]	[illegible]	[illegible]	[illegible]	[illegible]	[illegible]	[illegible]	[illegible]	[illegible]	**61·20**	**62·85**	[illegible]	[illegible]
[illegible]	[illegible]	[illegible]	[illegible]	[illegible]	[illegible]	[illegible]	[illegible]	[illegible]	[illegible]	[illegible]	[illegible]	[illegible]	[illegible]
[illegible]	[illegible]	[illegible]	[illegible]	[illegible]	[illegible]	[illegible]	[illegible]	[illegible]	[illegible]	[illegible]	[illegible]	[illegible]	[illegible]
[illegible]	[illegible]	[illegible]	[illegible]	[illegible]	[illegible]	[illegible]	[illegible]	[illegible]	[illegible]	[illegible]	[illegible]	[illegible]	[illegible]
[illegible]	[illegible]	[illegible]	[illegible]	[illegible]	[illegible]	[illegible]	[illegible]	[illegible]	[illegible]	[illegible]	[illegible]	[illegible]	[illegible]
[illegible]	[illegible]	[illegible]	[illegible]	[illegible]	[illegible]	[illegible]	[illegible]	[illegible]	[illegible]	[illegible]	[illegible]	[illegible]	[illegible]
[illegible]	[illegible]	[illegible]	[illegible]	[illegible]	[illegible]	[illegible]	[illegible]	[illegible]	[illegible]	[illegible]	[illegible]	[illegible]	[illegible]
[illegible]	[illegible]	[illegible]	[illegible]	[illegible]	[illegible]	[illegible]	[illegible]	[illegible]	[illegible]	[illegible]	[illegible]	[illegible]	[illegible]
[illegible]	[illegible]	[illegible]	[illegible]	**44·74**	**44·74**	[illegible]	[illegible]	[illegible]	[illegible]	[illegible]	[illegible]	[illegible]	[illegible]

May 1883. 700 mm + Mean time of place.

Days.	1	2	3	4	5	6	7	8	9	10	11	Noon.	1	2
1	53·60	53·15	52·89	52·28	52·06	51·93	51·43	53·66	50·31	49·84	49·29	48·81	48·15	47·69
2	42·12	41·97	42·02	42·17	42·56	43·54	43·83	44·18	44·66	44·89	45·27	45·73	46·13	46·52
3	52·48	52·79	53·50	53·78	54·09	54·40	54·67	54·80	54·92	55·02	55·13	55·26	55·33	55·69
4	56·50	56·58	56·53	56·48	56·55	56·13	56·50	56·17	55·82	55·41	54·87	54·42	54·06	53·68
5	49·99	49·59	49·15	48·78	48·81	48·65	48·52	48·37	48·05	48·12	48·20	47·94	47·84	47·71
6	48·32	48·40	48·62	49·01	49·32	49·44	49·67	49·92	50·05	49·97	49·74	49·74	49·64	49·79
7	49·01	48·86	48·93	47·78	48·62	48·57	48·02	47·89	48·13	47·96	47·66	47·33	47·28	47·43
8	49·49	49·64	49·82	50·30	50·50	50·66	50·94	51·21	51·42	51·67	52·06	52·36	52·43	52·62
9	54·87	55·13	55·69	55·91	56·07	56·24	56·17	56·24	56·23	56·48	56·32	56·17	56·14	55·79
10	54·67	54·65	54·72	54·75	55·18	55·10	55·18	55·51	55·61	55·48	55·64	55·64	55·67	55·41
11	55·21	55·21	55·23	55·41	55·48	55·41	55·43	55·53	55·46	55·33	55·21	55·05	54·82	54·60
12	52·79	52·53	52·59	52·56	52·46	52·46	52·64	52·48	52·56	52·53	52·51	52·51	52·33	52·13
13	51·06	51·14	51·29	51·50	51·75	51·96	52·01	52·21	52·13	52·18	52·23	52·23	52·16	52·06
14	51·75	51·67	51·42	51·37	51·36	51·29	51·04	51·06	51·41	50·99	50·69	50·43	50·13	49·84
15	45·73	45·32	44·89	44·49	44·18	43·78	43·52	43·21	42·58	42·40	41·70	41·29	40·73	40·27
16	37·96	37·83	37·96	38·11	38·04	38·14	38·06	38·11	38·09	37·91	37·68	37·60	37·27	37·17
17	37·22	37·27	37·82	37·32	37·49	37·29	37·73	37·86	38·04	38·19	38·56	38·72	38·75	38·95
18	41·62	41·90	42·25	42·37	42·68	43·02	43·19	43·47	43·52	43·75	43·88	43·67	43·78	43·73
19	41·29	41·26	41·32	41·44	41·49	41·16	41·44	41·70	41·85	41·55	41·92	41·97	41·97	41·97
20	42·51	42·73	42·27	42·30	42·35	42·15	42·30	42·20	42·03	41·52	41·61	41·44	41·21	41·34
21	41·03	40·88	40·63	40·60	40·55	40·55	40·65	40·50	40·37	40·22	40·14	40·02	40·04	39·81
22	39·81	39·81	39·78	39·81	39·76	39·63	39·68	39·71	39·51	39·43	39·48	39·66	39·56	39·76
23	41·59	42·10	42·05	42·10	42·40	42·63	42·81	43·14	43·34	43·59	43·49	43·49	43·42	43·39
24	44·86	45·05	45·51	45·68	45·53	46·13	46·47	46·57	46·52	46·64	46·61	46·64	46·62	46·44
25	46·90	46·98	47·18	47·28	47·56	47·48	47·25	47·28	47·28	47·35	47·35	47·00	46·72	46·39
26	46·47	46·52	46·39	46·57	46·25	46·83	46·85	46·88	46·90	46·90	46·53	46·62	46·49	46·29
27	46·37	46·47	46·83	47·08	47·45	47·47	47·96	47·59	47·54	47·59	47·99	48·17	48·43	48·52
28	51·21	51·96	52·64	53·28	53·69	53·94	54·19	54·62	54·90	55·02	55·18	55·18	55·10	55·07
29	52·56	52·18	51·67	51·29	50·64	49·94	49·29	48·52	47·84	46·98	46·08	45·15	44·13	43·34
30	35·19	34·60	34·25	33·94	33·74	33·21	33·31	33·48	33·97	35·14	36·43	37·32	38·39	39·21
31	44·76	45·02	45·45	45·66	45·33	46·08	46·34	46·18	46·18	46·18	45·93	45·66	45·42	45·20
Mean	47·05	47·08	47·10	47·18	47·28	47·30	47·33	47·33	**47·35**	47·33	47·28	47·20	47·10	47·03

June 1883. Lat. + 62° 38′ 52″.

Days.	1	2	3	4	5	6	7	8	9	10	11	Noon.	1	2
1	41·95	41·72	41·13	40·75	40·40	39·94	39·51	39·21	39·05	38·65	38·34	37·94	37·68	37·35
2	36·13	35·90	35·82	35·70	35·60	35·67	35·50	35·47	35·57	35·45	35·32	35·37	35·52	35·67
3	37·50	37·58	37·80	37·75	37·89	37·96	38·06	38·04	37·99	38·06	38·01	37·96	37·80	37·65
4	36·97	36·92	36·74	36·89	36·84	36·87	36·89	36·99	36·94	36·92	36·94	37·04	36·99	37·38
5	40·02	40·45	41·03	41·54	41·92	42·05	42·37	42·58	42·78	42·88	43·17	43·37	43·49	43·59
6	47·84	48·02	48·60	48·86	49·21	49·64	49·67	49·82	50·23	50·35	50·59	51·04	51·19	51·47
7	54·26	54·50	54·55	54·75	55·02	55·26	55·28	55·36	55·43	55·16	54·92	54·77	54·45	54·45
8	47·64	46·62	45·73	45·17	44·31	43·70	42·56	42·46	41·90	41·59	41·46	41·41	41·44	41·56
9	43·14	43·09	43·29	43·27	43·12	43·04	42·91	42·81	42·68	42·46	42·25	42·10	41·90	41·59
10	41·13	41·29	41·16	41·34	41·70	41·85	42·30	42·81	43·27	43·93	44·49	44·97	45·40	45·91
11	49·06	49·11	49·26	49·26	49·34	49·18	49·16	48·98	48·60	48·15	47·66	47·18	46·49	45·93
12	42·22	42·17	42·02	42·05	42·25	42·30	42·32	42·22	41·82	41·72	41·54	41·56	41·54	41·41
13	41·21	41·03	40·88	41·03	41·08	40·95	40·78	40·37	40·50	40·32	40·17	40·12	40·19	40·07
14	38·82	38·80	39·20	39·10	39·10	39·10	39·13	39·26	39·26	39·13	38·50	38·07	38·82	38·87
15	37·73	37·58	37·65	37·58	37·55	37·65	37·58	37·63	37·63	37·68	37·75	37·86	37·70	37·95
16	40·19	40·68	40·95	41·21	41·44	41·79	42·07	42·17	42·07	42·12	42·12	42·22	42·27	42·35
17	42·55	42·39	42·62	41·70	41·46	41·13	40·83	40·62	40·70	41·05	41·29	41·29	41·29	41·46
18	41·74	41·54	41·42	41·34	41·54	41·72	42·20	42·61	42·76	42·66	42·56	42·63	42·38	42·40
19	43·67	43·90	43·92	44·08	44·10	44·21	44·41	44·51	44·29	44·15	44·18	44·15	44·13	44·08
20	45·61	45·83	46·18	46·44	46·64	46·83	47·03	47·08	47·05	47·15	47·25	47·33	47·38	47·41
21	46·57	46·59	46·44	46·28	45·83	45·71	45·53	45·45	45·27	45·17	44·89	44·78	44·21	43·95
22	41·97	41·72	41·44	41·24	41·20	41·14	41·05	41·02	40·95	40·60	40·32	40·17	40·24	39·83
23	39·10	39·02	38·97	38·90	38·85	38·92	38·83	38·85	38·77	38·51	38·29	38·14	37·80	37·89
24	36·84	36·69	36·43	36·26	36·31	36·31	36·23	36·31	36·20	36·13	36·00	35·87	35·47	35·11
25	35·85	36·08	36·00	36·09	36·18	36·26	36·36	36·51	36·38	36·43	36·33	36·31	36·16	36·16
26	36·21	36·53	36·67	36·46	36·26	35·81	36·16	36·23	36·11	35·55	35·40	35·62	35·47	35·50
27	40·45	40·83	41·49	41·82	42·27	42·71	43·29	43·83	44·29	44·76	45·10	45·43	45·73	46·16
28	50·02	50·38	50·41	50·69	50·99	51·29	51·50	51·50	51·47	51·35	51·40	51·29	51·06	50·79
29	48·32	47·96	47·45	47·83	46·69	46·42	46·03	46·01	45·66	45·43	44·94	44·66	44·51	44·05
30	41·07	41·85	41·61	41·26	41·19	41·46	41·31	41·31	41·03	42·83	40·55	40·34	39·97	39·76
Mean	42·22	42·22	42·20	42·20	42·20	42·25	42·25	**42·27**	42·22	42·15	42·07	42·05	41·97	41·92

Correction for Gravity + 1·17 mm. at 754 mm. Barometer ____ m. above sea level. *May* 1883.

3	4	5	6	7	8	9	10	11	12	Means.	Maximum.	Minimum.	Difference.
47·05	47·32	47·56	[illegible]	[illegible]	[illegible]	42·41	[illegible]	[illegible]	[illegible]	[illegible]	[illegible]	[illegible]	[illegible]
47·80	47·56	45·11	48·31	51·42	50·05	51·56	56·97	52·40	[illegible]	50·54	53·35	46·97	10·15
53·74	55·57	51·96	50·76	51·93	53·04	50·14	56·72	56·81	56·37	54·86	56·43	52·43	3·97
53·43	52·48	52·73	51·55	51·60	54·42	52·03	55·86	50·64	55·52	53·99	55·58	50·73	6·25
47·78	47·73	47·64	47·81	47·54	47·61	47·60	47·56	47·76	47·51	48·22	48·77	47·01	2·38
49·64	49·89	49·16	49·05	48·43	48·78	48·91	48·58	48·57	48·96	49·45	50·05	48·72	1·33
47·33	47·28	47·27	47·41	47·27	48·35	47·79	48·47	48·33	49·20	47·77	49·36	47·25	2·11
52·62	52·65	52·81	52·61	52·85	53·07	53·40	53·92	54·09	54·67	53·28	54·97	53·49	3·48
55·67	55·43	55·43	55·55	55·29	54·35	53·16	52·18	54·65	54·41	55·43	56·48	54·11	2·37
55·35	55·18	55·08	55·03	55·77	54·31	54·73	53·77	54·95	55·02	55·20	55·67	54·65	1·02
54·31	53·80	53·60	53·41	53·30	52·91	52·82	53·75	52·66	52·72	53·47	55·56	52·66	2·90
52·67	52·37	52·15	51·94	50·87	50·79	50·35	50·16	50·71	50·44	51·66	52·79	50·40	2·39
52·43	52·03	52·42	51·40	51·45	51·76	50·31	51·35	51·50	[illegible]	51·53	52·28	51·09	1·17
49·37	49·96	47·47	47·04	47·64	47·20	46·03	46·49	46·47	46·03	48·59	52·75	46·03	5·72
39·41	39·28	38·85	38·67	38·34	38·21	38·14	38·09	38·86	37·06	41·14	45·03	38·06	7·67
37·09	36·79	36·51	36·45	36·38	36·58	38·64	38·07	36·98	37·07	**37·38**	39·16	36·43	2·73
39·56	39·56	39·76	39·79	40·24	40·35	40·77	41·03	41·00	41·16	39·90	42·16	37·12	4·04
43·60	41·44	41·09	[illegible]	41·40	43·12	41·13	41·57	41·72	41·34	41·81	43·35	41·34	2·14
42·42	42·32	42·12	40·02	41·93	43·07	43·12	42·21	42·43	42·61	41·57	42·63	41·20	1·37
41·41	41·08	40·74	41·34	41·06	41·26	41·51	41·08	40·80	40·93	41·70	42·75	40·80	1·93
39·92	39·89	39·99	39·90	39·97	39·84	39·93	39·76	39·58	39·92	40·22	41·03	39·76	1·27
39·89	40·09	40·32	40·37	40·55	40·74	40·05	41·05	41·44	41·34	40·65	41·44	39·43	2·01
43·44	43·47	43·54	43·72	43·51	44·18	44·30	43·46	44·49	46·64	43·85	44·64	41·54	3·05
46·47	46·34	46·34	46·13	46·54	46·37	46·40	46·44	46·62	46·81	46·64	47·53	44·86	1·97
46·46	46·38	46·34	46·04	46·01	45·43	45·93	45·88	45·78	46·70	46·63	47·36	46·45	1·33
46·41	45·85	45·93	45·96	46·28	46·06	46·96	46·13	48·03	46·22	46·43	46·97	45·88	1·02
48·67	48·70	48·70	48·91	48·81	47·56	48·79	49·93	50·42	50·94	48·38	50·99	46·37	4·63
53·03	52·90	54·52	54·25	54·09	53·73	53·43	53·33	52·94	53·39	53·90	55·28	51·71	3·57
42·78	48·77	40·71	40·21	39·03	38·22	37·32	36·43	35·55	35·57	44·48	52·56	35·67	17·19
39·81	40·48	41·24	41·90	42·20	42·78	43·59	43·39	43·90	44·40	38·24	44·29	**33·23**	11·06
44·59	44·31	43·80	43·52	43·25	42·44	42·16	43·43	43·52	42·80	44·66	46·34	43·20	3·14
46·93	46·78	46·67	46·59	46·49	**46·44**	46·47	46·45	46·52	46·62	46·45	49·01	44·83	4·18

Long. −115° 43′ 50″ = −7h. 42m. 55s. *June* 1883.

3	4	5	6	7	8	9	10	11	12	Means.	Maximum.	Minimum.	Difference.
36·09	36·18	36·51	36·74	36·35	36·43	36·28	35·46	36·15	36·08	38·74	41·45	36·28	5·14
35·09	36·18	36·59	36·79	36·87	36·83	37·22	37·24	37·45	37·74	36·81	37·41	35·34	2·11
35·63	35·57	36·99	36·99	36·99	36·87	36·84	36·64	36·74	36·79	37·30	38·06	36·77	2·29
37·44	37·50	37·95	37·85	38·16	37·42	34·59	34·16	34·33	36·73	37·55	38·53	36·34	2·19
41·64	45·90	44·03	42·16	44·91	45·32	45·56	46·58	46·67	47·40	43·40	47·82	40·93	7·28
51·75	51·51	51·01	51·16	52·64	53·67	53·93	53·15	53·35	53·54	51·06	53·84	47·84	5·45
53·43	52·57	52·81	50·05	52·63	[illegible]	50·75	49·84	48·53	48·45	**53·25**	**55·43**	48·21	7·23
41·82	42·09	42·45	43·43	42·51	42·33	42·28	43·02	42·92	41·07	43·04	47·84	41·41	6·43
41·74	41·24	40·03	40·45	40·03	40·38	40·31	40·90	40·65	40·92	41·45	43·20	40·35	2·09
48·13	46·72	[illegible]	45·70	47·36	[illegible]	43·32	45·91	46·23	46·03	44·34	46·31	41·81	[illegible]
43·53	43·10	42·24	43·01	42·96	42·74	43·15	42·70	41·70	41·24	45·57	49·18	44·31	[illegible]
41·32	41·10	41·03	40·85	40·97	40·91	41·31	40·36	40·95	41·05	41·14	42·12	40·83	1·47
39·90	39·63	39·58	39·13	39·32	39·81	39·84	39·41	38·16	38·37	40·09	41·11	38·87	2·24
38·69	38·59	37·21	37·96	37·73	37·35	37·60	37·67	37·58	37·63	38·54	38·26	37·36	1·65
37·96	38·41	39·41	39·21	39·72	39·42	39·82	39·90	39·91	39·48	38·36	39·83	37·33	2·23
42·46	41·87	42·70	42·10	41·12	42·38	42·51	42·60	42·85	42·65	[illegible]	42·69	42·27	2·49
41·29	41·56	41·22	41·56	41·11	41·26	41·41	41·31	42·34	44·41	44·16	42·55	40·60	1·95
42·37	42·72	43·07	42·19	42·76	42·61	42·35	43·12	43·72	43·14	43·27	43·74	41·34	2·20
42·05	42·05	44·08	44·70	44·66	44·94	45·30	45·30	45·40	45·47	44·70	45·47	43·60	1·73
47·53	47·34	47·15	47·35	47·33	47·05	46·53	46·66	46·72	46·64	46·03	47·54	45·51	2·09
43·49	43·12	43·62	42·81	42·31	42·31	42·17	42·60	40·10	43·47	44·26	46·59	41·07	4·52
39·67	39·33	39·11	39·35	38·73	38·33	39·42	39·43	39·29	39·24	40·27	41·67	39·24	2·33
37·73	37·13	37·31	37·04	37·94	36·99	36·95	36·01	36·09	36·50	38·01	39·40	36·87	2·53
35·86	35·56	35·70	35·95	35·86	35·73	35·61	35·06	35·29	35·43	**35·65**	36·74	**34·68**	2·06
36·05	36·46	35·82	35·53	36·03	36·18	36·38	36·18	36·13	36·18	36·18	36·61	35·82	0·79
35·78	36·00	36·59	36·91	37·19	37·63	38·21	38·90	39·51	39·67	38·24	39·97	35·40	4·57
46·49	46·52	46·55	47·13	47·25	47·56	45·02	47·47	46·08	49·27	47·20	49·47	40·45	9·02
50·26	50·28	50·43	49·71	49·45	49·43	49·31	49·01	45·51	48·61	50·40	54·50	48·55	6·05
43·64	43·47	42·81	42·33	42·57	42·50	42·71	42·25	42·28	44·00	44·64	45·31	42·03	3·28
39·53	39·26	38·97	38·97	38·65	39·00	39·25	39·40	39·36	39·41	40·12	41·00	39·87	1·13
41·55	41·52	41·67	**41·64**	**41·64**	41·67	41·70	41·52	41·97	42·02	41·00	43·03	40·31	3·07

July 1883. 700 m + Mean time of place.

Days.	1	2	3	4	5	6	7	8	9	10	11	Noon.	1	2
1	40·14	42·48	40·68	41·26	41·60	42·15	42·63	43·14	43·44	43·67	44·00	44·15	44·31	44·51
2	43·12	44·97	44·76	44·66	44·44	44·36	43·93	43·80	43·54	43·24	42·51	42·53	42·05	41·70
3	40·68	40·68	40·70	40·75	40·85	40·85	40·63	40·53	40·32	40·12	39·53	39·20	38·87	39·63
4	40·73	41·03	41·26	41·46	41·65	42·25	42·91	43·02	43·37	43·54	44·01	44·34	44·71	45·07
5	46·95	47·20	47·35	47·59	47·56	47·56	48·25	48·25	48·27	48·15	48·10	48·35	48·35	48·60
6	49·21	49·11	49·11	48·91	48·70	48·40	48·30	47·84	47·38	46·90	46·57	46·16	45·72	45·10
7	42·83	43·12	43·44	43·47	43·17	43·19	43·19	43·02	42·94	42·81	42·91	42·88	42·51	42·55
8	42·37	42·51	42·48	42·63	42·63	42·76	43·04	43·02	43·04	42·97	43·04	43·19	43·17	43·30
9	44·05	44·18	44·36	44·31	44·00	43·93	43·93	43·93	43·90	43·80	43·70	43·57	43·49	43·17
10	42·17	42·12	42·01	41·95	41·87	41·72	41·44	41·34	41·61	41·56	41·29	41·56	40·54	41·46
11	42·07	41·90	41·73	41·77	41·85	41·53	41·97	41·50	41·75	41·70	41·82	40·75	41·56	41·39
12	39·58	39·25	39·16	38·97	38·92	38·55	38·70	38·65	38·36	38·19	38·09	37·56	37·68	37·65
13	37·94	37·91	37·94	38·04	38·16	38·31	38·34	38·37	38·95	39·16	39·28	39·36	39·48	39·56
14	40·19	40·34	40·43	40·53	40·65	40·98	41·34	41·46	41·26	41·24	41·79	41·44	41·49	41·61
15	42·73	42·99	43·24	43·27	43·70	43·98	44·15	44·44	44·46	44·51	44·59	44·61	44·66	44·79
16	45·25	45·30	45·45	45·37	45·45	45·42	45·37	45·17	45·27	45·15	45·12	45·12	45·00	44·71
17	44·61	44·66	44·66	44·61	44·54	44·46	44·61	44·66	44·61	44·66	44·64	44·66	44·74	44·76
18	44·15	44·00	44·02	43·80	43·67	43·70	43·59	43·59	43·54	43·52	43·39	43·24	42·91	42·73
19	41·29	41·21	41·00	41·00	40·93	40·88	40·75	40·83	40·83	40·88	40·93	40·85	40·63	40·55
20	40·02	39·92	39·78	39·89	39·85	39·89	40·02	40·10	40·12	40·37	40·32	40·24	40·22	40·27
21	38·49	38·31	38·29	38·24	38·11	38·09	37·94	37·80	37·73	37·68	37·63	37·50	37·29	37·27
22	36·56	36·46	36·46	36·48	36·43	36·41	36·46	36·64	36·67	36·77	36·79	36·79	36·67	36·56
23	36·05	35·87	35·65	35·51	35·35	35·35	35·24	35·24	35·40	35·42	35·55	35·42	35·60	35·67
24	38·41	38·49	38·61	38·77	38·97	39·28	39·46	39·68	39·89	40·04	40·22	40·43	40·75	40·90
25	42·48	42·51	42·58	42·71	43·22	43·88	44·41	45·02	45·53	46·03	46·52	46·50	47·21	47·64
26	49·89	50·10	50·15	50·48	50·76	50·91	50·96	50·91	50·84	50·76	50·50	50·29	49·92	49·74
27	49·03	48·96	48·98	48·83	48·72	48·52	48·45	48·37	48·32	47·99	47·79	47·48	47·10	46·85
28	44·44	44·24	43·93	43·85	43·85	43·58	43·73	43·54	43·52	43·44	43·32	43·17	42·86	42·67
29	43·12	43·34	43·44	43·57	43·75	43·90	44·13	44·29	44·27	44·21	44·15	44·10	44·05	43·95
30	44·10	44·18	44·31	44·44	44·74	44·86	45·02	45·07	45·32	45·51	45·61	45·63	45·48	45·51
31	46·57	46·85	47·00	47·18	47·31	47·49	47·99	48·20	48·32	48·50	48·70	48·73	48·70	48·62
Mean -	42·63	42·66	42·66	42·71	42·78	42·86	42·94	42·99	**43·02**	42·99	42·99	42·94	42·88	42·86

August 1883. Lat. + 62° 38′ 52″.

Days.	1	2	3	4	5	6	7	8	9	10	11	Noon.	1	2
1	47·96	47·91	47·96	48·10	48·15	48·17	48·30	48·12	47·99	47·91	47·94	47·66	47·43	47·10
2	45·82	45·78	45·63	45·86	45·78	45·83	45·63	45·56	45·37	45·45	45·22	44·94	44·61	44·76
3	42·25	41·87	41·73	41·40	41·10	40·75	40·68	40·45	40·14	39·92	39·78	39·68	39·63	39·51
4	39·13	39·71	40·19	40·98	41·42	41·75	42·17	42·56	42·88	43·37	43·54	43·61	43·70	43·85
5	44·64	44·97	45·25	45·37	45·63	45·66	45·43	45·40	45·15	44·94	44·76	44·46	44·15	43·90
6	40·53	39·97	39·73	39·63	39·33	38·80	38·61	38·39	38·04	37·78	37·68	37·80	37·79	37·99
7	41·08	41·21	41·31	41·82	42·53	42·94	43·62	44·10	44·97	45·41	46·11	46·44	46·83	47·08
8	50·76	50·99	51·11	51·04	51·09	51·24	51·06	51·11	51·21	51·67	51·93	52·41	52·43	52·53
9	53·18	53·15	53·07	53·18	53·15	53·23	53·25	53·18	52·74	52·48	52·31	51·98	51·70	51·75
10	49·52	49·16	48·81	48·60	48·45	48·17	48·10	47·89	47·56	47·25	47·03	46·90	46·75	46·62
11	45·00	44·81	44·81	44·71	44·41	44·31	44·26	44·34	44·36	44·24	44·13	44·05	43·55	43·52
12	41·34	41·03	40·85	40·75	40·50	40·35	40·58	40·45	40·24	39·97	39·81	39·76	39·61	39·38
13	36·64	36·43	36·15	36·05	36·03	36·00	35·80	35·66	35·52	35·50	35·24	35·32	35·29	35·09
14	34·60	34·84	35·16	35·45	35·55	35·60	35·60	35·80	36·05	36·28	36·62	36·92	37·24	37·52
15	40·37	40·48	40·78	41·03	41·24	41·46	41·56	41·77	42·10	42·10	42·10	42·30	42·32	42·46
16	42·00	41·72	41·54	41·29	41·26	41·31	41·05	40·60	40·43	40·14	39·94	39·78	39·28	39·13
17	37·60	37·58	37·60	37·68	37·68	37·75	37·80	37·73	37·73	37·91	38·14	38·06	37·91	37·91
18	38·24	38·14	38·14	38·19	38·24	38·19	37·99	37·89	37·55	37·43	37·22	37·07	36·99	36·64
19	32·72	32·14	31·69	31·20	31·05	30·87	30·97	30·89	30·97	31·18	31·51	31·86	32·21	32·60
20	35·57	35·73	36·11	36·28	36·59	36·94	37·12	37·48	38·06	38·36	38·97	39·38	39·83	40·27
21	42·58	42·40	42·25	42·07	42·02	42·05	42·00	41·44	41·31	40·98	40·85	40·78	40·45	40·30
22	40·19	40·19	40·27	40·29	40·32	40·37	40·48	40·40	40·73	40·80	40·58	40·98	40·98	41·05
23	41·41	41·51	41·64	41·77	41·82	41·82	41·85	41·92	41·90	42·00	41·92	41·93	42·00	42·15
24	45·10	45·35	45·51	45·73	46·03	46·42	46·67	46·50	46·90	46·85	46·75	46·69	46·29	46·03
25	43·98	43·70	43·42	43·02	42·91	42·88	42·76	42·66	42·48	42·51	42·43	42·43	42·43	42·53
26	46·55	47·18	47·56	47·99	48·52	48·70	49·08	49·31	49·54	49·67	49·84	50·02	50·15	50·05
27	49·77	49·84	49·54	49·77	49·59	49·64	49·84	49·16	49·11	48·58	48·83	48·30	47·99	47·74
28	46·75	46·59	46·55	47·00	47·25	47·71	48·10	48·17	48·05	48·07	48·17	48·10	47·81	47·54
29	48·27	48·12	47·99	47·89	47·99	48·10	48·37	48·20	48·15	47·69	47·56	47·38	46·98	46·60
30	43·85	43·72	43·04	42·97	42·68	42·28	42·48	42·27	42·22	42·07	42·17	42·20	42·30	42·30
31	43·64	43·83	44·13	44·41	44·86	45·35	45·76	46·03	46·08	46·42	46·64	46·78	46·43	46·58
Mean -	42·94	42·88	42·91	42·94	43·02	43·07	**43·14**	43·09	43·07	43·07	43·09	43·12	43·04	42·99

Corrections for Gravity + 1·17 mm. at 751 mm. Barometer _____ m. above sea level. *July* 1883.

3	4	5	6	7	8	9	10	11	12	Mean.	Maximum.	Minimum.	Difference.
[illegible]	[illegible]	[illegible]	[illegible]	[illegible]	[illegible]	[illegible]	[illegible]	[illegible]	[illegible]	[illegible]	[illegible]	[illegible]	[illegible]
[illegible]	[illegible]	[illegible]	[illegible]	[illegible]	[illegible]	[illegible]	[illegible]	[illegible]	[illegible]	[illegible]	[illegible]	[illegible]	[illegible]
[illegible]	[illegible]	[illegible]	[illegible]	[illegible]	[illegible]	[illegible]	[illegible]	[illegible]	[illegible]	[illegible]	[illegible]	[illegible]	[illegible]
[illegible]	[illegible]	[illegible]	[illegible]	[illegible]	[illegible]	[illegible]	[illegible]	[illegible]	[illegible]	[illegible]	[illegible]	[illegible]	[illegible]
[illegible]	[illegible]	[illegible]	[illegible]	[illegible]	[illegible]	[illegible]	[illegible]	[illegible]	[illegible]	[illegible]	[illegible]	[illegible]	[illegible]
[illegible]	[illegible]	[illegible]	[illegible]	[illegible]	[illegible]	[illegible]	[illegible]	[illegible]	[illegible]	[illegible]	[illegible]	[illegible]	[illegible]
[illegible]	[illegible]	[illegible]	[illegible]	[illegible]	[illegible]	[illegible]	[illegible]	[illegible]	[illegible]	[illegible]	[illegible]	[illegible]	[illegible]
[illegible]	[illegible]	[illegible]	[illegible]	[illegible]	[illegible]	[illegible]	[illegible]	[illegible]	[illegible]	[illegible]	[illegible]	[illegible]	[illegible]
[illegible]	[illegible]	[illegible]	[illegible]	[illegible]	[illegible]	[illegible]	[illegible]	[illegible]	[illegible]	[illegible]	[illegible]	[illegible]	[illegible]
[illegible]	[illegible]	[illegible]	[illegible]	[illegible]	[illegible]	[illegible]	[illegible]	[illegible]	[illegible]	[illegible]	[illegible]	[illegible]	[illegible]
[illegible]	[illegible]	[illegible]	[illegible]	[illegible]	[illegible]	[illegible]	[illegible]	[illegible]	[illegible]	[illegible]	[illegible]	[illegible]	[illegible]
[illegible]	[illegible]	[illegible]	[illegible]	[illegible]	[illegible]	[illegible]	[illegible]	[illegible]	[illegible]	[illegible]	[illegible]	[illegible]	[illegible]
[illegible]	[illegible]	[illegible]	[illegible]	[illegible]	[illegible]	[illegible]	[illegible]	[illegible]	[illegible]	[illegible]	[illegible]	[illegible]	[illegible]
[illegible]	[illegible]	[illegible]	[illegible]	[illegible]	[illegible]	[illegible]	[illegible]	[illegible]	[illegible]	[illegible]	[illegible]	[illegible]	[illegible]
[illegible]	[illegible]	[illegible]	[illegible]	[illegible]	[illegible]	[illegible]	[illegible]	[illegible]	[illegible]	[illegible]	[illegible]	[illegible]	[illegible]
[illegible]	[illegible]	[illegible]	[illegible]	[illegible]	[illegible]	[illegible]	[illegible]	[illegible]	[illegible]	[illegible]	[illegible]	[illegible]	[illegible]
[illegible]	[illegible]	[illegible]	[illegible]	[illegible]	[illegible]	[illegible]	[illegible]	[illegible]	[illegible]	[illegible]	[illegible]	[illegible]	[illegible]
[illegible]	[illegible]	[illegible]	[illegible]	[illegible]	[illegible]	[illegible]	[illegible]	[illegible]	[illegible]	[illegible]	[illegible]	[illegible]	[illegible]
[illegible]	[illegible]	[illegible]	[illegible]	[illegible]	[illegible]	[illegible]	[illegible]	[illegible]	[illegible]	[illegible]	[illegible]	[illegible]	[illegible]
[illegible]	[illegible]	[illegible]	[illegible]	[illegible]	[illegible]	[illegible]	[illegible]	[illegible]	[illegible]	[illegible]	[illegible]	[illegible]	[illegible]
[illegible]	[illegible]	[illegible]	[illegible]	[illegible]	[illegible]	[illegible]	[illegible]	[illegible]	[illegible]	[illegible]	[illegible]	[illegible]	[illegible]
[illegible]	[illegible]	[illegible]	[illegible]	[illegible]	[illegible]	[illegible]	[illegible]	[illegible]	[illegible]	[illegible]	[illegible]	[illegible]	[illegible]
[illegible]	[illegible]	[illegible]	[illegible]	[illegible]	[illegible]	[illegible]	[illegible]	[illegible]	[illegible]	38·26	[illegible]	35·34	[illegible]
[illegible]	[illegible]	[illegible]	[illegible]	[illegible]	[illegible]	[illegible]	[illegible]	[illegible]	[illegible]	[illegible]	[illegible]	[illegible]	[illegible]
[illegible]	[illegible]	[illegible]	[illegible]	[illegible]	[illegible]	[illegible]	[illegible]	[illegible]	[illegible]	[illegible]	[illegible]	[illegible]	[illegible]
[illegible]	[illegible]	[illegible]	[illegible]	[illegible]	[illegible]	[illegible]	[illegible]	[illegible]	[illegible]	49·84	50·96	[illegible]	[illegible]
[illegible]	[illegible]	[illegible]	[illegible]	[illegible]	[illegible]	[illegible]	[illegible]	[illegible]	[illegible]	[illegible]	[illegible]	[illegible]	[illegible]
[illegible]	[illegible]	[illegible]	[illegible]	[illegible]	[illegible]	[illegible]	[illegible]	[illegible]	[illegible]	[illegible]	[illegible]	[illegible]	[illegible]
[illegible]	[illegible]	[illegible]	[illegible]	[illegible]	[illegible]	[illegible]	[illegible]	[illegible]	[illegible]	[illegible]	[illegible]	[illegible]	[illegible]
[illegible]	[illegible]	[illegible]	[illegible]	[illegible]	[illegible]	[illegible]	[illegible]	[illegible]	[illegible]	[illegible]	[illegible]	[illegible]	[illegible]
[illegible]	[illegible]	[illegible]	[illegible]	[illegible]	[illegible]	[illegible]	[illegible]	[illegible]	[illegible]	[illegible]	[illegible]	[illegible]	[illegible]
[illegible]	[illegible]	[illegible]	[illegible]	42·56	[illegible]	[illegible]	[illegible]	[illegible]	[illegible]	[illegible]	[illegible]	[illegible]	[illegible]

Long.—115° 43′ 50″ = −7h. 42m. 55s. *August* 1883.

3	4	5	6	7	8	9	10	11	12	Mean.	Maximum.	Minimum.	Difference.
[illegible]	[illegible]	[illegible]	[illegible]	[illegible]	[illegible]	[illegible]	[illegible]	[illegible]	[illegible]	[illegible]	[illegible]	[illegible]	[illegible]
[illegible]	[illegible]	[illegible]	[illegible]	[illegible]	[illegible]	[illegible]	[illegible]	[illegible]	[illegible]	[illegible]	[illegible]	[illegible]	[illegible]
[illegible]	[illegible]	[illegible]	[illegible]	[illegible]	[illegible]	[illegible]	[illegible]	[illegible]	[illegible]	[illegible]	[illegible]	[illegible]	[illegible]
[illegible]	[illegible]	[illegible]	[illegible]	[illegible]	[illegible]	[illegible]	[illegible]	[illegible]	[illegible]	[illegible]	[illegible]	[illegible]	[illegible]
[illegible]	[illegible]	[illegible]	[illegible]	[illegible]	[illegible]	[illegible]	[illegible]	[illegible]	[illegible]	[illegible]	[illegible]	[illegible]	[illegible]
[illegible]	[illegible]	[illegible]	[illegible]	[illegible]	[illegible]	[illegible]	[illegible]	[illegible]	[illegible]	[illegible]	[illegible]	[illegible]	[illegible]
[illegible]	[illegible]	[illegible]	[illegible]	[illegible]	[illegible]	[illegible]	[illegible]	[illegible]	[illegible]	[illegible]	[illegible]	[illegible]	[illegible]
[illegible]	[illegible]	[illegible]	[illegible]	[illegible]	[illegible]	[illegible]	[illegible]	[illegible]	[illegible]	38·07	[illegible]	[illegible]	[illegible]
[illegible]	[illegible]	[illegible]	[illegible]	[illegible]	[illegible]	[illegible]	[illegible]	[illegible]	[illegible]	[illegible]	53·25	[illegible]	[illegible]
[illegible]	[illegible]	[illegible]	[illegible]	[illegible]	[illegible]	[illegible]	[illegible]	[illegible]	[illegible]	[illegible]	[illegible]	[illegible]	[illegible]
[illegible]	[illegible]	[illegible]	[illegible]	[illegible]	[illegible]	[illegible]	[illegible]	[illegible]	[illegible]	[illegible]	[illegible]	[illegible]	[illegible]
[illegible]	[illegible]	[illegible]	[illegible]	[illegible]	[illegible]	[illegible]	[illegible]	[illegible]	[illegible]	[illegible]	[illegible]	[illegible]	[illegible]
[illegible]	[illegible]	[illegible]	[illegible]	[illegible]	[illegible]	[illegible]	[illegible]	[illegible]	[illegible]	[illegible]	[illegible]	[illegible]	[illegible]
[illegible]	[illegible]	[illegible]	[illegible]	[illegible]	[illegible]	[illegible]	[illegible]	[illegible]	[illegible]	[illegible]	[illegible]	[illegible]	[illegible]
[illegible]	[illegible]	[illegible]	[illegible]	[illegible]	[illegible]	[illegible]	[illegible]	[illegible]	[illegible]	[illegible]	[illegible]	[illegible]	[illegible]
[illegible]	[illegible]	[illegible]	[illegible]	[illegible]	[illegible]	[illegible]	[illegible]	[illegible]	[illegible]	[illegible]	[illegible]	[illegible]	[illegible]
[illegible]	[illegible]	[illegible]	[illegible]	[illegible]	[illegible]	[illegible]	[illegible]	[illegible]	[illegible]	[illegible]	[illegible]	[illegible]	[illegible]
[illegible]	[illegible]	[illegible]	[illegible]	[illegible]	[illegible]	[illegible]	[illegible]	[illegible]	[illegible]	[illegible]	[illegible]	[illegible]	[illegible]
[illegible]	[illegible]	[illegible]	[illegible]	[illegible]	[illegible]	[illegible]	[illegible]	[illegible]	[illegible]	32·67	[illegible]	30·67	[illegible]
[illegible]	[illegible]	[illegible]	[illegible]	[illegible]	[illegible]	[illegible]	[illegible]	[illegible]	[illegible]	[illegible]	[illegible]	[illegible]	[illegible]
[illegible]	[illegible]	[illegible]	[illegible]	[illegible]	[illegible]	[illegible]	[illegible]	[illegible]	[illegible]	[illegible]	[illegible]	[illegible]	[illegible]
[illegible]	[illegible]	[illegible]	[illegible]	[illegible]	[illegible]	[illegible]	[illegible]	[illegible]	[illegible]	[illegible]	[illegible]	[illegible]	[illegible]
[illegible]	[illegible]	[illegible]	[illegible]	[illegible]	[illegible]	[illegible]	[illegible]	[illegible]	[illegible]	[illegible]	[illegible]	[illegible]	[illegible]
[illegible]	[illegible]	[illegible]	[illegible]	[illegible]	[illegible]	[illegible]	[illegible]	[illegible]	[illegible]	[illegible]	[illegible]	[illegible]	[illegible]
[illegible]	[illegible]	[illegible]	[illegible]	[illegible]	[illegible]	[illegible]	[illegible]	[illegible]	[illegible]	[illegible]	[illegible]	[illegible]	[illegible]
[illegible]	[illegible]	[illegible]	[illegible]	[illegible]	[illegible]	[illegible]	[illegible]	[illegible]	[illegible]	[illegible]	[illegible]	[illegible]	[illegible]
[illegible]	[illegible]	[illegible]	[illegible]	[illegible]	[illegible]	[illegible]	[illegible]	[illegible]	[illegible]	[illegible]	[illegible]	[illegible]	[illegible]
[illegible]	[illegible]	[illegible]	[illegible]	[illegible]	[illegible]	[illegible]	[illegible]	[illegible]	[illegible]	[illegible]	[illegible]	[illegible]	[illegible]
[illegible]	[illegible]	[illegible]	[illegible]	[illegible]	[illegible]	[illegible]	[illegible]	[illegible]	[illegible]	[illegible]	[illegible]	[illegible]	[illegible]
[illegible]	[illegible]	[illegible]	[illegible]	[illegible]	[illegible]	[illegible]	[illegible]	[illegible]	[illegible]	[illegible]	[illegible]	[illegible]	[illegible]
[illegible]	[illegible]	[illegible]	[illegible]	[illegible]	[illegible]	[illegible]	[illegible]	[illegible]	[illegible]	[illegible]	[illegible]	[illegible]	[illegible]
[illegible]	[illegible]	[illegible]	[illegible]	42·76	[illegible]	[illegible]	[illegible]	[illegible]	[illegible]	[illegible]	[illegible]	[illegible]	[illegible]

September 1882.

Height of the Thermometers

Days.	1	2	3	4	5	6	7	8	9	10	11	Noon.	1	2
1	12·2	11·7	10·0	8·4	6·6	[illegible]	6·2	7·2	8·4	9·7	9·8	11·2	13·5	14·9
2	8·3	7·5	8·3	7·2	7·9	8·2	8·2	8·6	8·6	8·9	6·6	3·8	5·9	4·9
3	2·6	3·9	2·9	2·7	3·0	2·4	2·9	4·0	6·8	7·2	5·6	10·5	7·9	9·0
4	3·8	3·6	2·1	1·3	0·8	1·9	3·0	1·9	6·5	6·8	5·6	9·2	5·9	8·9
5	4·1	4·3	3·6	3·6	3·1	3·4	3·7	4·6	5·7	6·0	6·4	7·9	10·1	9·3
6	4·7	4·7	5·2	6·0	6·4	6·7	6·3	6·2	7·2	7·4	6·8	7·8	8·4	7·9
7	5·4	5·2	5·5	5·3	5·3	5·5	7·3	7·3	7·9	8·7	10·7	10·3	9·7	9·1
8	6·3	6·2	5·9	5·3	4·1	4·6	9·2	9·0	11·8	13·5	12·9	14·1	14·7	15·2
9	5·5	5·0	4·9	5·6	5·7	6·4	9·0	10·2	11·4	11·3	13·2	13·9	13·3	13·0
10	8·5	9·6	9·2	9·0	8·5	9·7	11·9	11·5	11·6	12·2	12·2	12·7	13·3	12·8
11	10·2	10·2	10·3	10·6	10·4	10·2	10·9	10·9	11·2	11·5	11·8	12·1	12·2	12·5
12	11·9	11·8	11·8	11·5	11·7	11·3	11·3	11·1	10·9	11·2	11·3	11·4	11·8	11·7
13	7·3	7·4	7·3	6·7	6·3	6·2	6·4	6·5	7·3	7·8	8·1	8·5	8·9	8·8
14	3·4	3·0	2·7	2·2	1·9	2·3	3·0	4·8	6·2	9·4	10·1	10·3	10·5	11·8
15	4·7	4·1	3·6	3·0	3·0	3·8	5·6	7·3	5·2	9·3	10·2	11·3	12·2	14·3
16	5·2	5·2	5·2	5·2	5·6	5·3	5·5	6·2	6·5	6·7	7·6	9·8	12·9	11·2
17	3·0	3·2	2·7	2·4	2·2	2·3	4·7	6·3	7·8	8·4	8·1	8·6	10·1	10·4
18	7·4	7·4	7·4	7·2	7·4	8·0	5·7	8·9	8·9	9·1	9·6	11·2	12·1	11·9
19	9·4	9·0	9·0	9·0	9·0	5·9	10·1	11·1	11·9	14·3	15·7	17·2	13·2	19·1
20	5·7	5·4	7·9	7·1	6·8	6·6	5·8	8·7	9·9	9·1	7·9	7·3	7·8	8·4
21	4·6	5·2	5·2	2·6	4·1	3·5	4·9	5·3	6·6	5·6	5·6	9·4	10·6	9·3
22	1·0	0·6	1·3	1·2	0·3	1·5	4·4	5·7	6·3	7·8	5·3	9·1	10·3	10·7
23	5·7	6·0	5·4	5·6	6·3	5·2	5·8	4·7	7·8	9·2	9·6	10·0	10·3	10·2
24	5·7	5·7	5·4	5·7	5·4	5·6	6·2	6·4	7·6	8·9	9·6	9·4	9·8	10·7
25	9·0	9·6	10·7	9·4	10·8	8·6	11·0	11·8	12·8	13·5	14·5	16·0	15·2	14·5
26	7·4	6·7	6·8	6·3	6·3	4·6	4·6	4·3	6·5	5·8	5·4	5·2	6·3	6·7
27	0·8	1·2	0·0	0·5	0·5	− 0·3	− 0·5	0·1	1·2	2·4	2·4	2·9	2·3	3·3
28	− 2·4	− 3·2	− 2·9	− 2·5	− 2·1	− 2·9	− 2·7	− 3·4	2·3	3·6	4·1	5·3	6·4	8·1
29	− 1·3	− 1·2	− 1·3	− 2·2	− 2·2	− 2·4	− 2·3	− 1·8	0·2	0·3	− 0·2	0·7	1·9	3·6
30	− 1·1	− 2·4	− 1·8	− 0·5	− 0·7	− 0·6	− 0·9	− 0·4	1·3	2·4	2·6	2·9	3·3	3·0
Mean -	5·32	5·31	5·17	4·59	**4·78**	**4·78**	5·81	6·39	7·56	8·39	8·56	9·39	9·94	**10·00**

October 1882.

$\varphi = + 62° 38' 32''$.

Days.	1	2	3	4	5	6	7	8	9	10	11	Noon.	1	2
1	− 1·1	− 1·2	− 1·3	− 1·6	− 0·6	− 2·4	− 3·4	− 0·4	1·2	3·3	3·8	4·9	6·0	5·7
2	− 0·5	− 0·7	− 0·8	− 1·1	− 1·3	− 2·3	− 0·6	0·2	2·6	4·7	6·1	6·6	8·6	8·8
3	0·4	0·1	− 0·6	− 0·8	− 1·2	− 1·3	1·2	3·7	4·0	7·2	8·6	10·1	10·6	10·9
4	1·3	1·7	1·4	1·9	1·9	0·9	0·8	1·0	4·5	7·7	9·8	10·7	11·3	11·4
5	5·2	4·5	2·0	1·9	2·4	2·9	2·7	3·0	4·0	1·6	2·5	2·6	3·6	3·8
6	1·9	2·4	2·0	1·4	1·3	1·2	0·8	3·2	2·4	2·0	4·5	3·0	3·7	4·1
7	3·6	3·6	3·7	3·6	3·4	3·6	3·7	3·6	3·5	1·7	4·4	4·5	5·2	6·9
8	[illegible]	2·4	2·6	2·6	1·9	1·8	1·9	1·9	5·1	3·5	5·7	5·2	6·8	6·6
9	1·4	1·6	1·3	2·4	1·4	2·0	2·8	4·5	6·5	2·9	10·1	10·3	10·2	10·2
10	2·4	2·5	1·3	0·8	1·1	1·1	0·7	1·1	0·8	1·4	3·5	5·2	5·2	6·8
11	0·3	0·7	0·4	0·6	0·3	0·0	0·3	0·6	1·2	2·1	2·7	3·1	7·4	3·4
12	1·3	1·4	1·5	1·9	1·9	1·4	2·6	2·9	3·8	4·6	5·1	5·4	5·3	5·2
13	4·1	4·2	3·6	3·7	3·8	3·4	5·5	3·6	4·0	3·6	5·9	4·1	4·2	5·8
14	1·7	1·3	0·9	0·8	0·6	0·3	0·3	0·3	0·5	− 0·3	− 0·4	0·0	− 0·2	1·1
15	1·6	1·3	0·8	0·8	0·8	0·2	0·3	1·1	1·2	1·3	1·6	1·4	3·9	2·3
16	− 0·8	− 0·8	− 0·8	− 0·9	− 1·1	− 0·8	− 2·2	− 0·8	1·3	2·7	3·6	1·6	0·7	− 0·6
17	− 4·3	− 4·7	− 4·8	− 4·9	− 5·5	− 5·6	− 5·6	− 5·0	− 4·5	− 3·5	− 2·2	− 1·2	1·0	− 2·0
18	− 3·2	− 2·4	− 1·7	− 1·3	− 1·6	− 0·3	− 0·2	0·3	0·6	0·8	0·9	1·2	1·3	1·6
19	0·6	0·5	0·3	0·7	0·3	− 1·1	− 1·2	− 1·3	− 1·0	− 0·7	− 0·4	− 0·4	− 0·1	− 0·2
20	− 2·4	− 2·1	− 2·4	− 2·3	− 2·4	− 2·4	− 3·2	− 2·1	− 2·0	− 1·3	− 1·2	− 1·3	− 1·3	− 1·5
21	− 2·9	− 2·8	− 2·8	− 1·9	− 1·5	− 0·7	− 1·2	− 1·5	− 1·1	− 0·6	1·1	1·2	1·1	1·2
22	− 0·1	− 0·2	− 0·3	− 0·3	− 0·3	− 0·6	− 0·4	− 0·2	0·2	0·9	1·3	1·2	1·2	1·7
23	− 0·7	− 0·8	− 0·6	− 0·8	− 0·9	− 1·1	− 1·3	− 2·2	− 0·6	0·3	0·4	0·3	0·3	− 0·3
24	− 2·2	− 2·4	− 2·4	− 1·6	− 2·9	− 3·3	− 3·5	− 3·4	− 2·9	− 1·8	− 1·9	− 1·2	− 1·1	− 1·3
25	− 2·9	− 3·8	− 4·0	− 4·3	− 4·4	− 4·4	− 4·6	− 4·3	− 4·0	− 3·2	− 2·7	− 1·8	− 1·6	− 1·3
26	− 1·9	− 2·1	− 1·9	− 1·9	− 1·8	− 1·3	− 1·4	− 1·3	− 1·9	− 1·3	− 1·1	− 0·8	− 0·6	0·2
27	− 1·1	− 1·6	− 1·3	− 1·3	− 1·3	− 1·3	− 1·4	− 1·9	− 1·5	− 1·6	− 1·6	− 1·4	− 1·6	− 1·6
28	0·5	0·5	0·6	0·4	0·4	0·3	0·9	0·5	1·1	1·3	1·5	1·9	1·4	1·3
29	− 0·1	− 0·1	0·0	0·0	− 0·1	− 0·1	− 0·2	− 0·1	0·5	0·3	− 1·8	− 4·1	− 4·7	− 5·0
30	− 8·1	− 7·8	− 7·8	− 7·2	− 7·2	− 7·1	− 6·9	− 6·7	− 6·3	− 6·0	− 5·8	− 5·7	− 5·9	− 6·2
31	− 5·6	− 5·7	− 6·1	− 6·3	− 6·9	− 7·2	− 7·2	− 7·5	− 7·7	− 7·7	− 7·2	− 7·7	− 3·3	− 5·8
Mean -	− 0·38	− 0·39	− 0·36	− 0·50	− 0·61	**− 0·72**	− 0·61	− 0·13	0·30	1·06	1·67	1·94	**2·22**	**2·22**

above the ground 1·78 m. *September 1882.*

3	4	5	6	7	8	9	10	11	12	Means.	Maximum.	Minimum.	Difference.
[illegible]	[illegible]	[illegible]	[illegible]	[illegible]	[illegible]	[illegible]	[illegible]	[illegible]	[illegible]	[illegible]	[illegible]	[illegible]	[illegible]
[illegible]	[illegible]	[illegible]	[illegible]	[illegible]	[illegible]	[illegible]	[illegible]	[illegible]	[illegible]	[illegible]	[illegible]	[illegible]	[illegible]
[illegible]	[illegible]	[illegible]	[illegible]	[illegible]	[illegible]	[illegible]	[illegible]	[illegible]	[illegible]	[illegible]	[illegible]	[illegible]	[illegible]
[illegible]	[illegible]	[illegible]	[illegible]	[illegible]	[illegible]	[illegible]	[illegible]	[illegible]	[illegible]	[illegible]	[illegible]	[illegible]	[illegible]
[illegible]	[illegible]	[illegible]	[illegible]	[illegible]	[illegible]	[illegible]	[illegible]	[illegible]	[illegible]	[illegible]	[illegible]	[illegible]	[illegible]
[illegible]	[illegible]	[illegible]	[illegible]	[illegible]	[illegible]	[illegible]	[illegible]	[illegible]	[illegible]	[illegible]	[illegible]	[illegible]	[illegible]
[illegible]	[illegible]	[illegible]	[illegible]	[illegible]	[illegible]	[illegible]	[illegible]	[illegible]	[illegible]	[illegible]	[illegible]	[illegible]	[illegible]
[illegible]	[illegible]	[illegible]	[illegible]	[illegible]	[illegible]	[illegible]	[illegible]	[illegible]	[illegible]	[illegible]	[illegible]	[illegible]	[illegible]
[illegible]	[illegible]	[illegible]	[illegible]	[illegible]	[illegible]	[illegible]	[illegible]	[illegible]	[illegible]	[illegible]	[illegible]	[illegible]	[illegible]
[illegible]	[illegible]	[illegible]	[illegible]	[illegible]	[illegible]	[illegible]	[illegible]	[illegible]	[illegible]	[illegible]	[illegible]	[illegible]	[illegible]
[illegible]	[illegible]	[illegible]	[illegible]	[illegible]	[illegible]	[illegible]	[illegible]	[illegible]	[illegible]	[illegible]	[illegible]	[illegible]	[illegible]
[illegible]	[illegible]	[illegible]	[illegible]	[illegible]	[illegible]	[illegible]	[illegible]	[illegible]	[illegible]	[illegible]	[illegible]	[illegible]	[illegible]
[illegible]	[illegible]	[illegible]	[illegible]	[illegible]	[illegible]	[illegible]	[illegible]	[illegible]	[illegible]	[illegible]	[illegible]	[illegible]	[illegible]
[illegible]	[illegible]	[illegible]	[illegible]	[illegible]	[illegible]	[illegible]	[illegible]	[illegible]	[illegible]	[illegible]	[illegible]	[illegible]	[illegible]
[illegible]	[illegible]	[illegible]	[illegible]	[illegible]	[illegible]	[illegible]	[illegible]	[illegible]	[illegible]	[illegible]	[illegible]	[illegible]	[illegible]
[illegible]	[illegible]	[illegible]	[illegible]	[illegible]	[illegible]	[illegible]	[illegible]	[illegible]	[illegible]	[illegible]	[illegible]	[illegible]	[illegible]
[illegible]	[illegible]	[illegible]	[illegible]	[illegible]	[illegible]	[illegible]	[illegible]	[illegible]	[illegible]	[illegible]	[illegible]	[illegible]	[illegible]
[illegible]	[illegible]	[illegible]	[illegible]	[illegible]	[illegible]	[illegible]	[illegible]	[illegible]	[illegible]	[illegible]	[illegible]	[illegible]	[illegible]
[illegible]	[illegible]	[illegible]	[illegible]	[illegible]	[illegible]	[illegible]	[illegible]	[illegible]	[illegible]	12·55	20·4	[illegible]	[illegible]
[illegible]	[illegible]	[illegible]	[illegible]	[illegible]	[illegible]	[illegible]	[illegible]	[illegible]	[illegible]	[illegible]	[illegible]	[illegible]	[illegible]
[illegible]	[illegible]	[illegible]	[illegible]	[illegible]	[illegible]	[illegible]	[illegible]	[illegible]	[illegible]	[illegible]	[illegible]	[illegible]	[illegible]
[illegible]	[illegible]	[illegible]	[illegible]	[illegible]	[illegible]	[illegible]	[illegible]	[illegible]	[illegible]	[illegible]	[illegible]	[illegible]	[illegible]
[illegible]	[illegible]	[illegible]	[illegible]	[illegible]	[illegible]	[illegible]	[illegible]	[illegible]	[illegible]	[illegible]	[illegible]	[illegible]	[illegible]
[illegible]	[illegible]	[illegible]	[illegible]	[illegible]	[illegible]	[illegible]	[illegible]	[illegible]	[illegible]	[illegible]	[illegible]	[illegible]	[illegible]
[illegible]	[illegible]	[illegible]	[illegible]	[illegible]	[illegible]	[illegible]	[illegible]	[illegible]	[illegible]	[illegible]	[illegible]	[illegible]	[illegible]
[illegible]	[illegible]	[illegible]	[illegible]	[illegible]	[illegible]	[illegible]	[illegible]	[illegible]	[illegible]	[illegible]	[illegible]	[illegible]	[illegible]
[illegible]	[illegible]	[illegible]	[illegible]	[illegible]	[illegible]	[illegible]	[illegible]	[illegible]	[illegible]	[illegible]	[illegible]	[illegible]	[illegible]
[illegible]	[illegible]	[illegible]	[illegible]	[illegible]	[illegible]	[illegible]	[illegible]	[illegible]	[illegible]	[illegible]	[illegible]	− 3·7	[illegible]
[illegible]	[illegible]	[illegible]	[illegible]	[illegible]	[illegible]	[illegible]	[illegible]	[illegible]	[illegible]	− 0·73	[illegible]	[illegible]	[illegible]
[illegible]	[illegible]	[illegible]	[illegible]	[illegible]	[illegible]	[illegible]	[illegible]	[illegible]	[illegible]	[illegible]	[illegible]	[illegible]	[illegible]
[illegible]	[illegible]	[illegible]	[illegible]	[illegible]	[illegible]	[illegible]	[illegible]	[illegible]	[illegible]	[illegible]	[illegible]	[illegible]	[illegible]

λ = − 115° 42′ 50″ = − 7h. 42m. 55s. *October 1882.*

3	4	5	6	7	8	9	10	11	12	Means.	Maximum.	Minimum.	Difference.
[illegible]	[illegible]	[illegible]	[illegible]	[illegible]	[illegible]	[illegible]	[illegible]	[illegible]	[illegible]	[illegible]	[illegible]	[illegible]	[illegible]
[illegible]	[illegible]	[illegible]	[illegible]	[illegible]	[illegible]	[illegible]	[illegible]	[illegible]	[illegible]	[illegible]	[illegible]	[illegible]	[illegible]
[illegible]	[illegible]	[illegible]	[illegible]	[illegible]	[illegible]	[illegible]	[illegible]	[illegible]	[illegible]	[illegible]	12·7	[illegible]	[illegible]
[illegible]	[illegible]	[illegible]	[illegible]	[illegible]	[illegible]	[illegible]	[illegible]	[illegible]	[illegible]	5·55	[illegible]	[illegible]	[illegible]
[illegible]	[illegible]	[illegible]	[illegible]	[illegible]	[illegible]	[illegible]	[illegible]	[illegible]	[illegible]	[illegible]	[illegible]	[illegible]	[illegible]
[illegible]	[illegible]	[illegible]	[illegible]	[illegible]	[illegible]	[illegible]	[illegible]	[illegible]	[illegible]	[illegible]	[illegible]	[illegible]	[illegible]
[illegible]	[illegible]	[illegible]	[illegible]	[illegible]	[illegible]	[illegible]	[illegible]	[illegible]	[illegible]	[illegible]	[illegible]	[illegible]	[illegible]
[illegible]	[illegible]	[illegible]	[illegible]	[illegible]	[illegible]	[illegible]	[illegible]	[illegible]	[illegible]	[illegible]	[illegible]	[illegible]	[illegible]
[illegible]	[illegible]	[illegible]	[illegible]	[illegible]	[illegible]	[illegible]	[illegible]	[illegible]	[illegible]	[illegible]	[illegible]	[illegible]	[illegible]
[illegible]	[illegible]	[illegible]	[illegible]	[illegible]	[illegible]	[illegible]	[illegible]	[illegible]	[illegible]	[illegible]	[illegible]	[illegible]	[illegible]
[illegible]	[illegible]	[illegible]	[illegible]	[illegible]	[illegible]	[illegible]	[illegible]	[illegible]	[illegible]	[illegible]	[illegible]	[illegible]	[illegible]
[illegible]	[illegible]	[illegible]	[illegible]	[illegible]	[illegible]	[illegible]	[illegible]	[illegible]	[illegible]	[illegible]	[illegible]	[illegible]	[illegible]
[illegible]	[illegible]	[illegible]	[illegible]	[illegible]	[illegible]	[illegible]	[illegible]	[illegible]	[illegible]	[illegible]	[illegible]	[illegible]	[illegible]
[illegible]	[illegible]	[illegible]	[illegible]	[illegible]	[illegible]	[illegible]	[illegible]	[illegible]	[illegible]	[illegible]	[illegible]	[illegible]	[illegible]
[illegible]	[illegible]	[illegible]	[illegible]	[illegible]	[illegible]	[illegible]	[illegible]	[illegible]	[illegible]	[illegible]	[illegible]	[illegible]	[illegible]
[illegible]	[illegible]	[illegible]	[illegible]	[illegible]	[illegible]	[illegible]	[illegible]	[illegible]	[illegible]	[illegible]	[illegible]	[illegible]	[illegible]
[illegible]	[illegible]	[illegible]	[illegible]	[illegible]	[illegible]	[illegible]	[illegible]	[illegible]	[illegible]	[illegible]	[illegible]	[illegible]	[illegible]
[illegible]	[illegible]	[illegible]	[illegible]	[illegible]	[illegible]	[illegible]	[illegible]	[illegible]	[illegible]	[illegible]	[illegible]	[illegible]	[illegible]
[illegible]	[illegible]	[illegible]	[illegible]	[illegible]	[illegible]	[illegible]	[illegible]	[illegible]	[illegible]	[illegible]	[illegible]	[illegible]	[illegible]
[illegible]	[illegible]	[illegible]	[illegible]	[illegible]	[illegible]	[illegible]	[illegible]	[illegible]	[illegible]	[illegible]	[illegible]	[illegible]	[illegible]
[illegible]	[illegible]	[illegible]	[illegible]	[illegible]	[illegible]	[illegible]	[illegible]	[illegible]	[illegible]	[illegible]	[illegible]	[illegible]	[illegible]
[illegible]	[illegible]	[illegible]	[illegible]	[illegible]	[illegible]	[illegible]	[illegible]	[illegible]	[illegible]	[illegible]	[illegible]	[illegible]	[illegible]
[illegible]	[illegible]	[illegible]	[illegible]	[illegible]	[illegible]	[illegible]	[illegible]	[illegible]	[illegible]	[illegible]	[illegible]	[illegible]	[illegible]
[illegible]	[illegible]	[illegible]	[illegible]	[illegible]	[illegible]	[illegible]	[illegible]	[illegible]	[illegible]	[illegible]	[illegible]	[illegible]	[illegible]
[illegible]	[illegible]	[illegible]	[illegible]	[illegible]	[illegible]	[illegible]	[illegible]	[illegible]	[illegible]	[illegible]	[illegible]	[illegible]	[illegible]
[illegible]	[illegible]	[illegible]	[illegible]	[illegible]	[illegible]	[illegible]	[illegible]	[illegible]	[illegible]	[illegible]	[illegible]	[illegible]	[illegible]
[illegible]	[illegible]	[illegible]	[illegible]	[illegible]	[illegible]	[illegible]	[illegible]	[illegible]	[illegible]	[illegible]	[illegible]	[illegible]	[illegible]
[illegible]	[illegible]	[illegible]	[illegible]	[illegible]	[illegible]	[illegible]	[illegible]	[illegible]	[illegible]	[illegible]	[illegible]	[illegible]	[illegible]
[illegible]	[illegible]	[illegible]	[illegible]	[illegible]	[illegible]	[illegible]	[illegible]	[illegible]	[illegible]	[illegible]	[illegible]	[illegible]	[illegible]
[illegible]	[illegible]	[illegible]	[illegible]	[illegible]	[illegible]	[illegible]	[illegible]	[illegible]	[illegible]	[illegible]	[illegible]	[illegible]	[illegible]
[illegible]	[illegible]	[illegible]	[illegible]	[illegible]	[illegible]	[illegible]	[illegible]	[illegible]	[illegible]	− 8·61	[illegible]	− 12·1	[illegible]
[illegible]	[illegible]	[illegible]	[illegible]	[illegible]	[illegible]	[illegible]	[illegible]	[illegible]	[illegible]	[illegible]	[illegible]	[illegible]	[illegible]

November 1882. **Height of the Thermometers**

Days.	1	2	3	4	5	6	7	8	9	10	11	Noon.	1	2
1	[illegible]	[illegible]	[illegible]	[illegible]	[illegible]	[illegible]	[illegible]	[illegible]	[illegible]	[illegible]	[illegible]	[illegible]	[illegible]	− 3·2
2	[illegible]	[illegible]	[illegible]	[illegible]	[illegible]	[illegible]	[illegible]	[illegible]	[illegible]	[illegible]	[illegible]	[illegible]	[illegible]	− 4·5
3	[illegible]	[illegible]	[illegible]	[illegible]	[illegible]	[illegible]	[illegible]	[illegible]	[illegible]	[illegible]	[illegible]	[illegible]	[illegible]	−10·5
4	[illegible]	[illegible]	[illegible]	[illegible]	[illegible]	[illegible]	[illegible]	[illegible]	[illegible]	[illegible]	[illegible]	[illegible]	[illegible]	− 6·9
5	[illegible]	[illegible]	[illegible]	[illegible]	[illegible]	[illegible]	[illegible]	[illegible]	[illegible]	[illegible]	[illegible]	[illegible]	[illegible]	−12·1
6	[illegible]	[illegible]	[illegible]	[illegible]	[illegible]	[illegible]	[illegible]	[illegible]	[illegible]	[illegible]	[illegible]	[illegible]	[illegible]	−12·9
7	[illegible]	[illegible]	[illegible]	[illegible]	[illegible]	[illegible]	[illegible]	[illegible]	[illegible]	[illegible]	[illegible]	[illegible]	[illegible]	−19·1
8	[illegible]	[illegible]	[illegible]	[illegible]	[illegible]	[illegible]	[illegible]	[illegible]	[illegible]	[illegible]	[illegible]	[illegible]	[illegible]	−21·0
9	[illegible]	[illegible]	[illegible]	[illegible]	[illegible]	[illegible]	[illegible]	[illegible]	[illegible]	[illegible]	[illegible]	[illegible]	[illegible]	−14·0
10	[illegible]	[illegible]	[illegible]	[illegible]	[illegible]	[illegible]	[illegible]	[illegible]	[illegible]	[illegible]	[illegible]	[illegible]	[illegible]	− 7·7
11	[illegible]	[illegible]	[illegible]	[illegible]	[illegible]	[illegible]	[illegible]	[illegible]	[illegible]	[illegible]	[illegible]	[illegible]	[illegible]	− 7·8
12	[illegible]	[illegible]	[illegible]	[illegible]	[illegible]	[illegible]	[illegible]	[illegible]	[illegible]	[illegible]	[illegible]	[illegible]	[illegible]	− 7·7
13	[illegible]	[illegible]	[illegible]	[illegible]	[illegible]	[illegible]	[illegible]	[illegible]	[illegible]	[illegible]	[illegible]	[illegible]	[illegible]	−11·4
14	[illegible]	[illegible]	[illegible]	[illegible]	[illegible]	[illegible]	[illegible]	[illegible]	[illegible]	[illegible]	[illegible]	[illegible]	[illegible]	− 9·9
15	[illegible]	[illegible]	[illegible]	[illegible]	[illegible]	[illegible]	[illegible]	[illegible]	[illegible]	[illegible]	[illegible]	[illegible]	[illegible]	− 6·7
16	[illegible]	[illegible]	[illegible]	[illegible]	[illegible]	[illegible]	[illegible]	[illegible]	[illegible]	[illegible]	[illegible]	[illegible]	[illegible]	0·6
17	[illegible]	[illegible]	[illegible]	[illegible]	[illegible]	[illegible]	[illegible]	[illegible]	[illegible]	[illegible]	[illegible]	[illegible]	[illegible]	−11·4
18	[illegible]	[illegible]	[illegible]	[illegible]	[illegible]	[illegible]	[illegible]	[illegible]	[illegible]	[illegible]	[illegible]	[illegible]	[illegible]	− 6·0
19	[illegible]	[illegible]	[illegible]	[illegible]	[illegible]	[illegible]	[illegible]	[illegible]	[illegible]	[illegible]	[illegible]	[illegible]	[illegible]	− 7·4
20	[illegible]	[illegible]	[illegible]	[illegible]	[illegible]	[illegible]	[illegible]	[illegible]	[illegible]	[illegible]	[illegible]	[illegible]	[illegible]	− 9·8
21	[illegible]	[illegible]	[illegible]	[illegible]	[illegible]	[illegible]	[illegible]	[illegible]	[illegible]	[illegible]	[illegible]	[illegible]	[illegible]	−10·0
22	[illegible]	[illegible]	[illegible]	[illegible]	[illegible]	[illegible]	[illegible]	[illegible]	[illegible]	[illegible]	[illegible]	[illegible]	[illegible]	− 8·4
23	[illegible]	[illegible]	[illegible]	[illegible]	[illegible]	[illegible]	[illegible]	[illegible]	[illegible]	[illegible]	[illegible]	[illegible]	[illegible]	− 7·7
24	[illegible]	[illegible]	[illegible]	[illegible]	[illegible]	[illegible]	[illegible]	[illegible]	[illegible]	[illegible]	[illegible]	[illegible]	[illegible]	− 8·6
25	[illegible]	[illegible]	[illegible]	[illegible]	[illegible]	[illegible]	[illegible]	[illegible]	[illegible]	[illegible]	[illegible]	[illegible]	[illegible]	− 5·8
26	[illegible]	[illegible]	[illegible]	[illegible]	[illegible]	[illegible]	[illegible]	[illegible]	[illegible]	[illegible]	[illegible]	[illegible]	[illegible]	−10·9
27	[illegible]	[illegible]	[illegible]	[illegible]	[illegible]	[illegible]	[illegible]	[illegible]	[illegible]	[illegible]	[illegible]	[illegible]	[illegible]	−23·3
28	[illegible]	[illegible]	[illegible]	[illegible]	[illegible]	[illegible]	[illegible]	[illegible]	[illegible]	[illegible]	[illegible]	[illegible]	[illegible]	−14·3
29	[illegible]	[illegible]	[illegible]	[illegible]	[illegible]	[illegible]	[illegible]	[illegible]	[illegible]	[illegible]	[illegible]	[illegible]	[illegible]	−20·5
30	[illegible]	[illegible]	[illegible]	[illegible]	[illegible]	[illegible]	[illegible]	[illegible]	[illegible]	[illegible]	[illegible]	[illegible]	[illegible]	−32·2
Mean	[illegible]	[illegible]	[illegible]	[illegible]	[illegible]	[illegible]	[illegible]	[illegible]	[illegible]	[illegible]	[illegible]	−11·44	−11·33	[illegible]

December 1882. $\varphi = + 62° 38' 52''$.

Days.	1	2	3	4	5	6	7	8	9	10	11	Noon.	1	2
1	[illegible]	[illegible]	[illegible]	[illegible]	[illegible]	[illegible]	[illegible]	[illegible]	[illegible]	[illegible]	[illegible]	[illegible]	[illegible]	[illegible]
2	[illegible]	[illegible]	[illegible]	[illegible]	[illegible]	[illegible]	[illegible]	[illegible]	[illegible]	[illegible]	[illegible]	[illegible]	[illegible]	[illegible]
3	[illegible]	[illegible]	[illegible]	[illegible]	[illegible]	[illegible]	[illegible]	[illegible]	[illegible]	[illegible]	[illegible]	[illegible]	[illegible]	[illegible]
4	[illegible]	[illegible]	[illegible]	[illegible]	[illegible]	[illegible]	[illegible]	[illegible]	[illegible]	[illegible]	[illegible]	[illegible]	[illegible]	[illegible]
5	[illegible]	[illegible]	[illegible]	[illegible]	[illegible]	[illegible]	[illegible]	[illegible]	[illegible]	[illegible]	[illegible]	[illegible]	[illegible]	[illegible]
6	[illegible]	[illegible]	[illegible]	[illegible]	[illegible]	[illegible]	[illegible]	[illegible]	[illegible]	[illegible]	[illegible]	[illegible]	[illegible]	[illegible]
7	[illegible]	[illegible]	[illegible]	[illegible]	[illegible]	[illegible]	[illegible]	[illegible]	[illegible]	[illegible]	[illegible]	[illegible]	[illegible]	[illegible]
8	[illegible]	[illegible]	[illegible]	[illegible]	[illegible]	[illegible]	[illegible]	[illegible]	[illegible]	[illegible]	[illegible]	[illegible]	[illegible]	[illegible]
9	[illegible]	[illegible]	[illegible]	[illegible]	[illegible]	[illegible]	[illegible]	[illegible]	[illegible]	[illegible]	[illegible]	[illegible]	[illegible]	[illegible]
10	[illegible]	[illegible]	[illegible]	[illegible]	[illegible]	[illegible]	[illegible]	[illegible]	[illegible]	[illegible]	[illegible]	[illegible]	[illegible]	[illegible]
11	[illegible]	[illegible]	[illegible]	[illegible]	[illegible]	[illegible]	[illegible]	[illegible]	[illegible]	[illegible]	[illegible]	[illegible]	[illegible]	[illegible]
12	[illegible]	[illegible]	[illegible]	[illegible]	[illegible]	[illegible]	[illegible]	[illegible]	[illegible]	[illegible]	[illegible]	[illegible]	[illegible]	[illegible]
13	[illegible]	[illegible]	[illegible]	[illegible]	[illegible]	[illegible]	[illegible]	[illegible]	[illegible]	[illegible]	[illegible]	[illegible]	[illegible]	[illegible]
14	[illegible]	[illegible]	[illegible]	[illegible]	[illegible]	[illegible]	[illegible]	[illegible]	[illegible]	[illegible]	[illegible]	[illegible]	[illegible]	[illegible]
15	[illegible]	[illegible]	[illegible]	[illegible]	[illegible]	[illegible]	[illegible]	[illegible]	[illegible]	[illegible]	[illegible]	[illegible]	[illegible]	[illegible]
16	[illegible]	[illegible]	[illegible]	[illegible]	[illegible]	[illegible]	[illegible]	[illegible]	[illegible]	[illegible]	[illegible]	[illegible]	[illegible]	[illegible]
17	[illegible]	[illegible]	[illegible]	[illegible]	[illegible]	[illegible]	[illegible]	[illegible]	[illegible]	[illegible]	[illegible]	[illegible]	[illegible]	[illegible]
18	[illegible]	[illegible]	[illegible]	[illegible]	[illegible]	[illegible]	[illegible]	[illegible]	[illegible]	[illegible]	[illegible]	[illegible]	[illegible]	[illegible]
19	[illegible]	[illegible]	[illegible]	[illegible]	[illegible]	[illegible]	[illegible]	[illegible]	[illegible]	[illegible]	[illegible]	[illegible]	[illegible]	[illegible]
20	[illegible]	[illegible]	[illegible]	[illegible]	[illegible]	[illegible]	[illegible]	[illegible]	[illegible]	[illegible]	[illegible]	[illegible]	[illegible]	[illegible]
21	[illegible]	[illegible]	[illegible]	[illegible]	[illegible]	[illegible]	[illegible]	[illegible]	[illegible]	[illegible]	[illegible]	[illegible]	[illegible]	[illegible]
22	[illegible]	[illegible]	[illegible]	[illegible]	[illegible]	[illegible]	[illegible]	[illegible]	[illegible]	[illegible]	[illegible]	[illegible]	[illegible]	[illegible]
23	[illegible]	[illegible]	[illegible]	[illegible]	[illegible]	[illegible]	[illegible]	[illegible]	[illegible]	[illegible]	[illegible]	[illegible]	[illegible]	[illegible]
24	[illegible]	[illegible]	[illegible]	[illegible]	[illegible]	[illegible]	[illegible]	[illegible]	[illegible]	[illegible]	[illegible]	[illegible]	[illegible]	[illegible]
25	[illegible]	[illegible]	[illegible]	[illegible]	[illegible]	[illegible]	[illegible]	[illegible]	[illegible]	[illegible]	[illegible]	[illegible]	[illegible]	[illegible]
26	[illegible]	[illegible]	[illegible]	[illegible]	[illegible]	[illegible]	[illegible]	[illegible]	[illegible]	[illegible]	[illegible]	[illegible]	[illegible]	[illegible]
27	[illegible]	[illegible]	[illegible]	[illegible]	[illegible]	[illegible]	[illegible]	[illegible]	[illegible]	[illegible]	[illegible]	[illegible]	[illegible]	[illegible]
28	[illegible]	[illegible]	[illegible]	[illegible]	[illegible]	[illegible]	[illegible]	[illegible]	[illegible]	[illegible]	[illegible]	[illegible]	[illegible]	[illegible]
29	[illegible]	[illegible]	[illegible]	[illegible]	[illegible]	[illegible]	[illegible]	[illegible]	[illegible]	[illegible]	[illegible]	[illegible]	[illegible]	[illegible]
30	[illegible]	[illegible]	[illegible]	[illegible]	[illegible]	[illegible]	[illegible]	[illegible]	[illegible]	[illegible]	[illegible]	[illegible]	[illegible]	[illegible]
31	[illegible]	[illegible]	[illegible]	[illegible]	[illegible]	[illegible]	[illegible]	[illegible]	[illegible]	[illegible]	[illegible]	[illegible]	[illegible]	[illegible]
Mean	[illegible]	[illegible]	[illegible]	−27·11	[illegible]	[illegible]	[illegible]	[illegible]	[illegible]	[illegible]	[illegible]	[illegible]	−25·00	[illegible]

above the ground 1·78 m. *November* 1882.

3	4	5	6	7	8	9	10	11	12	Means.	Maximum.	Minimum.	Difference.
[illegible]	[illegible]	[illegible]	[illegible]	[illegible]	[illegible]	[illegible]	[illegible]	[illegible]	[illegible]	[illegible]	[illegible]	[illegible]	[illegible]
[illegible]	[illegible]	[illegible]	[illegible]	[illegible]	[illegible]	[illegible]	[illegible]	[illegible]	[illegible]	[illegible]	[illegible]	[illegible]	[illegible]
[illegible]	[illegible]	[illegible]	[illegible]	[illegible]	[illegible]	[illegible]	[illegible]	[illegible]	[illegible]	[illegible]	[illegible]	[illegible]	[illegible]
[illegible]	[illegible]	[illegible]	[illegible]	[illegible]	[illegible]	[illegible]	[illegible]	[illegible]	[illegible]	[illegible]	[illegible]	[illegible]	[illegible]
[illegible]	[illegible]	[illegible]	[illegible]	[illegible]	[illegible]	[illegible]	[illegible]	[illegible]	[illegible]	[illegible]	[illegible]	[illegible]	[illegible]
[illegible]	[illegible]	[illegible]	[illegible]	[illegible]	[illegible]	[illegible]	[illegible]	[illegible]	[illegible]	[illegible]	[illegible]	[illegible]	[illegible]
[illegible]	[illegible]	[illegible]	[illegible]	[illegible]	[illegible]	[illegible]	[illegible]	[illegible]	[illegible]	[illegible]	[illegible]	[illegible]	[illegible]
[illegible]	[illegible]	[illegible]	[illegible]	[illegible]	[illegible]	[illegible]	[illegible]	[illegible]	[illegible]	[illegible]	[illegible]	[illegible]	[illegible]
[illegible]	[illegible]	[illegible]	[illegible]	[illegible]	[illegible]	[illegible]	[illegible]	[illegible]	[illegible]	[illegible]	[illegible]	[illegible]	[illegible]
[illegible]	[illegible]	[illegible]	[illegible]	[illegible]	[illegible]	[illegible]	[illegible]	[illegible]	[illegible]	[illegible]	[illegible]	[illegible]	[illegible]
[illegible]	[illegible]	[illegible]	[illegible]	[illegible]	[illegible]	[illegible]	[illegible]	[illegible]	[illegible]	[illegible]	[illegible]	[illegible]	[illegible]
[illegible]	[illegible]	[illegible]	[illegible]	[illegible]	[illegible]	[illegible]	[illegible]	[illegible]	[illegible]	[illegible]	[illegible]	[illegible]	[illegible]
[illegible]	[illegible]	[illegible]	[illegible]	[illegible]	[illegible]	[illegible]	[illegible]	[illegible]	[illegible]	[illegible]	[illegible]	[illegible]	[illegible]
[illegible]	[illegible]	[illegible]	[illegible]	[illegible]	[illegible]	[illegible]	[illegible]	[illegible]	[illegible]	[illegible]	[illegible]	[illegible]	[illegible]
[illegible]	[illegible]	[illegible]	[illegible]	[illegible]	[illegible]	[illegible]	[illegible]	[illegible]	[illegible]	[illegible]	[illegible]	[illegible]	[illegible]
[illegible]	[illegible]	[illegible]	[illegible]	[illegible]	[illegible]	[illegible]	[illegible]	[illegible]	[illegible]	− 3·61	1·1	[illegible]	[illegible]
[illegible]	[illegible]	[illegible]	[illegible]	[illegible]	[illegible]	[illegible]	[illegible]	[illegible]	[illegible]	[illegible]	[illegible]	[illegible]	[illegible]
[illegible]	[illegible]	[illegible]	[illegible]	[illegible]	[illegible]	[illegible]	[illegible]	[illegible]	[illegible]	[illegible]	[illegible]	[illegible]	[illegible]
[illegible]	[illegible]	[illegible]	[illegible]	[illegible]	[illegible]	[illegible]	[illegible]	[illegible]	[illegible]	[illegible]	[illegible]	[illegible]	[illegible]
[illegible]	[illegible]	[illegible]	[illegible]	[illegible]	[illegible]	[illegible]	[illegible]	[illegible]	[illegible]	[illegible]	[illegible]	[illegible]	[illegible]
[illegible]	[illegible]	[illegible]	[illegible]	[illegible]	[illegible]	[illegible]	[illegible]	[illegible]	[illegible]	[illegible]	[illegible]	[illegible]	[illegible]
[illegible]	[illegible]	[illegible]	[illegible]	[illegible]	[illegible]	[illegible]	[illegible]	[illegible]	[illegible]	[illegible]	[illegible]	[illegible]	[illegible]
[illegible]	[illegible]	[illegible]	[illegible]	[illegible]	[illegible]	[illegible]	[illegible]	[illegible]	[illegible]	[illegible]	[illegible]	[illegible]	[illegible]
[illegible]	[illegible]	[illegible]	[illegible]	[illegible]	[illegible]	[illegible]	[illegible]	[illegible]	[illegible]	[illegible]	[illegible]	[illegible]	[illegible]
[illegible]	[illegible]	[illegible]	[illegible]	[illegible]	[illegible]	[illegible]	[illegible]	[illegible]	[illegible]	[illegible]	[illegible]	[illegible]	[illegible]
[illegible]	[illegible]	[illegible]	[illegible]	[illegible]	[illegible]	[illegible]	[illegible]	[illegible]	[illegible]	[illegible]	[illegible]	[illegible]	[illegible]
[illegible]	[illegible]	[illegible]	[illegible]	[illegible]	[illegible]	[illegible]	[illegible]	[illegible]	[illegible]	[illegible]	[illegible]	[illegible]	[illegible]
[illegible]	[illegible]	[illegible]	[illegible]	[illegible]	[illegible]	[illegible]	[illegible]	[illegible]	[illegible]	[illegible]	[illegible]	[illegible]	[illegible]
[illegible]	[illegible]	[illegible]	[illegible]	[illegible]	[illegible]	[illegible]	[illegible]	[illegible]	[illegible]	[illegible]	[illegible]	[illegible]	[illegible]
[illegible]	[illegible]	[illegible]	[illegible]	[illegible]	[illegible]	[illegible]	[illegible]	[illegible]	[illegible]	− 31·56	[illegible]	− 25·7	[illegible]
[illegible]	[illegible]	[illegible]	[illegible]	[illegible]	[illegible]	[illegible]	[illegible]	[illegible]	− 13·39	[illegible]	[illegible]	[illegible]	[illegible]

$\lambda = -115° 43' 50'' = -7h. 42m. 55s.$ *December* 1882.

3	4	5	6	7	8	9	10	11	12	Means.	Maximum.	Minimum.	Difference.
[illegible]	[illegible]	[illegible]	[illegible]	[illegible]	[illegible]	[illegible]	[illegible]	[illegible]	[illegible]	[illegible]	[illegible]	[illegible]	[illegible]
[illegible]	[illegible]	[illegible]	[illegible]	[illegible]	[illegible]	[illegible]	[illegible]	[illegible]	[illegible]	[illegible]	[illegible]	[illegible]	[illegible]
[illegible]	[illegible]	[illegible]	[illegible]	[illegible]	[illegible]	[illegible]	[illegible]	[illegible]	[illegible]	[illegible]	[illegible]	[illegible]	[illegible]
[illegible]	[illegible]	[illegible]	[illegible]	[illegible]	[illegible]	[illegible]	[illegible]	[illegible]	[illegible]	[illegible]	[illegible]	[illegible]	[illegible]
[illegible]	[illegible]	[illegible]	[illegible]	[illegible]	[illegible]	[illegible]	[illegible]	[illegible]	[illegible]	[illegible]	[illegible]	[illegible]	[illegible]
[illegible]	[illegible]	[illegible]	[illegible]	[illegible]	[illegible]	[illegible]	[illegible]	[illegible]	[illegible]	[illegible]	[illegible]	[illegible]	[illegible]
[illegible]	[illegible]	[illegible]	[illegible]	[illegible]	[illegible]	[illegible]	[illegible]	[illegible]	[illegible]	[illegible]	[illegible]	[illegible]	[illegible]
[illegible]	[illegible]	[illegible]	[illegible]	[illegible]	[illegible]	[illegible]	[illegible]	[illegible]	[illegible]	[illegible]	[illegible]	[illegible]	[illegible]
[illegible]	[illegible]	[illegible]	[illegible]	[illegible]	[illegible]	[illegible]	[illegible]	[illegible]	[illegible]	[illegible]	[illegible]	[illegible]	[illegible]
[illegible]	[illegible]	[illegible]	[illegible]	[illegible]	[illegible]	[illegible]	[illegible]	[illegible]	[illegible]	[illegible]	[illegible]	[illegible]	[illegible]
[illegible]	[illegible]	[illegible]	[illegible]	[illegible]	[illegible]	[illegible]	[illegible]	[illegible]	[illegible]	[illegible]	[illegible]	[illegible]	[illegible]
[illegible]	[illegible]	[illegible]	[illegible]	[illegible]	[illegible]	[illegible]	[illegible]	[illegible]	[illegible]	[illegible]	[illegible]	[illegible]	[illegible]
[illegible]	[illegible]	[illegible]	[illegible]	[illegible]	[illegible]	[illegible]	[illegible]	[illegible]	[illegible]	− 31·57	[illegible]	[illegible]	[illegible]
[illegible]	[illegible]	[illegible]	[illegible]	[illegible]	[illegible]	[illegible]	[illegible]	[illegible]	[illegible]	[illegible]	[illegible]	[illegible]	[illegible]
[illegible]	[illegible]	[illegible]	[illegible]	[illegible]	[illegible]	[illegible]	[illegible]	[illegible]	[illegible]	[illegible]	[illegible]	[illegible]	[illegible]
[illegible]	[illegible]	[illegible]	[illegible]	[illegible]	[illegible]	[illegible]	[illegible]	[illegible]	[illegible]	[illegible]	[illegible]	[illegible]	[illegible]
[illegible]	[illegible]	[illegible]	[illegible]	[illegible]	[illegible]	[illegible]	[illegible]	[illegible]	[illegible]	[illegible]	[illegible]	[illegible]	[illegible]
[illegible]	[illegible]	[illegible]	[illegible]	[illegible]	[illegible]	[illegible]	[illegible]	[illegible]	[illegible]	[illegible]	[illegible]	[illegible]	[illegible]
[illegible]	[illegible]	[illegible]	[illegible]	[illegible]	[illegible]	[illegible]	[illegible]	[illegible]	[illegible]	[illegible]	[illegible]	− 39·7	[illegible]
[illegible]	[illegible]	[illegible]	[illegible]	[illegible]	[illegible]	[illegible]	[illegible]	[illegible]	[illegible]	[illegible]	[illegible]	[illegible]	[illegible]
[illegible]	[illegible]	[illegible]	[illegible]	[illegible]	[illegible]	[illegible]	[illegible]	[illegible]	[illegible]	[illegible]	[illegible]	[illegible]	[illegible]
[illegible]	[illegible]	[illegible]	[illegible]	[illegible]	[illegible]	[illegible]	[illegible]	[illegible]	[illegible]	− 19·93	− 4·7	[illegible]	[illegible]
[illegible]	[illegible]	[illegible]	[illegible]	[illegible]	[illegible]	[illegible]	[illegible]	[illegible]	[illegible]	[illegible]	[illegible]	[illegible]	[illegible]
[illegible]	[illegible]	[illegible]	[illegible]	[illegible]	[illegible]	[illegible]	[illegible]	[illegible]	[illegible]	[illegible]	[illegible]	[illegible]	[illegible]
[illegible]	[illegible]	[illegible]	[illegible]	[illegible]	[illegible]	[illegible]	[illegible]	[illegible]	[illegible]	[illegible]	[illegible]	[illegible]	[illegible]
[illegible]	[illegible]	[illegible]	[illegible]	[illegible]	[illegible]	[illegible]	[illegible]	[illegible]	[illegible]	[illegible]	[illegible]	[illegible]	[illegible]
[illegible]	[illegible]	[illegible]	[illegible]	[illegible]	[illegible]	[illegible]	[illegible]	[illegible]	[illegible]	[illegible]	[illegible]	[illegible]	[illegible]
[illegible]	[illegible]	[illegible]	[illegible]	[illegible]	[illegible]	[illegible]	[illegible]	[illegible]	[illegible]	[illegible]	[illegible]	[illegible]	[illegible]
[illegible]	[illegible]	[illegible]	[illegible]	[illegible]	[illegible]	[illegible]	[illegible]	[illegible]	[illegible]	[illegible]	[illegible]	[illegible]	[illegible]
[illegible]	[illegible]	[illegible]	[illegible]	[illegible]	[illegible]	[illegible]	[illegible]	[illegible]	[illegible]	[illegible]	[illegible]	[illegible]	[illegible]
[illegible]	[illegible]	[illegible]	[illegible]	[illegible]	[illegible]	[illegible]	[illegible]	[illegible]	[illegible]	[illegible]	[illegible]	[illegible]	[illegible]
[illegible]	[illegible]	[illegible]	[illegible]	[illegible]	[illegible]	[illegible]	[illegible]	[illegible]	[illegible]	[illegible]	[illegible]	[illegible]	[illegible]

January 1883. Height of the Thermometers

Days	1	2	3	4	5	6	7	8	9	10	11	Noon	1	2
1	[illegible]	[illegible]	[illegible]	[illegible]	[illegible]	[illegible]	[illegible]	[illegible]	[illegible]	[illegible]	[illegible]	[illegible]	[illegible]	[illegible]
2	[illegible]	[illegible]	[illegible]	[illegible]	[illegible]	[illegible]	[illegible]	[illegible]	[illegible]	[illegible]	[illegible]	[illegible]	[illegible]	[illegible]
3	[illegible]	[illegible]	[illegible]	[illegible]	[illegible]	[illegible]	[illegible]	[illegible]	[illegible]	[illegible]	[illegible]	[illegible]	[illegible]	[illegible]
4	[illegible]	[illegible]	[illegible]	[illegible]	[illegible]	[illegible]	[illegible]	[illegible]	[illegible]	[illegible]	[illegible]	[illegible]	[illegible]	[illegible]
5	[illegible]	[illegible]	[illegible]	[illegible]	[illegible]	[illegible]	[illegible]	[illegible]	[illegible]	[illegible]	[illegible]	[illegible]	[illegible]	[illegible]
6	[illegible]	[illegible]	[illegible]	[illegible]	[illegible]	[illegible]	[illegible]	[illegible]	[illegible]	[illegible]	[illegible]	[illegible]	[illegible]	[illegible]
7	[illegible]	[illegible]	[illegible]	[illegible]	[illegible]	[illegible]	[illegible]	[illegible]	[illegible]	[illegible]	[illegible]	[illegible]	[illegible]	[illegible]
8	[illegible]	[illegible]	[illegible]	[illegible]	[illegible]	[illegible]	[illegible]	[illegible]	[illegible]	[illegible]	[illegible]	[illegible]	[illegible]	[illegible]
9	[illegible]	[illegible]	[illegible]	[illegible]	[illegible]	[illegible]	[illegible]	[illegible]	[illegible]	[illegible]	[illegible]	[illegible]	[illegible]	[illegible]
10	[illegible]	[illegible]	[illegible]	[illegible]	[illegible]	[illegible]	[illegible]	[illegible]	[illegible]	[illegible]	[illegible]	[illegible]	[illegible]	[illegible]
11	[illegible]	[illegible]	[illegible]	[illegible]	[illegible]	[illegible]	[illegible]	[illegible]	[illegible]	[illegible]	[illegible]	[illegible]	[illegible]	[illegible]
12	[illegible]	[illegible]	[illegible]	[illegible]	[illegible]	[illegible]	[illegible]	[illegible]	[illegible]	[illegible]	[illegible]	[illegible]	[illegible]	[illegible]
13	[illegible]	[illegible]	[illegible]	[illegible]	[illegible]	[illegible]	[illegible]	[illegible]	[illegible]	[illegible]	[illegible]	[illegible]	[illegible]	[illegible]
14	[illegible]	[illegible]	[illegible]	[illegible]	[illegible]	[illegible]	[illegible]	[illegible]	[illegible]	[illegible]	[illegible]	[illegible]	[illegible]	[illegible]
15	[illegible]	[illegible]	[illegible]	[illegible]	[illegible]	[illegible]	[illegible]	[illegible]	[illegible]	[illegible]	[illegible]	[illegible]	[illegible]	[illegible]
16	[illegible]	[illegible]	[illegible]	[illegible]	[illegible]	[illegible]	[illegible]	[illegible]	[illegible]	[illegible]	[illegible]	[illegible]	[illegible]	[illegible]
17	[illegible]	[illegible]	[illegible]	[illegible]	[illegible]	[illegible]	[illegible]	[illegible]	[illegible]	[illegible]	[illegible]	[illegible]	[illegible]	[illegible]
18	[illegible]	[illegible]	[illegible]	[illegible]	[illegible]	[illegible]	[illegible]	[illegible]	[illegible]	[illegible]	[illegible]	[illegible]	[illegible]	[illegible]
19	[illegible]	[illegible]	[illegible]	[illegible]	[illegible]	[illegible]	[illegible]	[illegible]	[illegible]	[illegible]	[illegible]	[illegible]	[illegible]	[illegible]
20	[illegible]	[illegible]	[illegible]	[illegible]	[illegible]	[illegible]	[illegible]	[illegible]	[illegible]	[illegible]	[illegible]	[illegible]	[illegible]	[illegible]
21	[illegible]	[illegible]	[illegible]	[illegible]	[illegible]	[illegible]	[illegible]	[illegible]	[illegible]	[illegible]	[illegible]	[illegible]	[illegible]	[illegible]
22	[illegible]	[illegible]	[illegible]	[illegible]	[illegible]	[illegible]	[illegible]	[illegible]	[illegible]	[illegible]	[illegible]	[illegible]	[illegible]	[illegible]
23	[illegible]	[illegible]	[illegible]	[illegible]	[illegible]	[illegible]	[illegible]	[illegible]	[illegible]	[illegible]	[illegible]	[illegible]	[illegible]	[illegible]
24	[illegible]	[illegible]	[illegible]	[illegible]	[illegible]	[illegible]	[illegible]	[illegible]	[illegible]	[illegible]	[illegible]	[illegible]	[illegible]	[illegible]
25	[illegible]	[illegible]	[illegible]	[illegible]	[illegible]	[illegible]	[illegible]	[illegible]	[illegible]	[illegible]	[illegible]	[illegible]	[illegible]	[illegible]
26	[illegible]	[illegible]	[illegible]	[illegible]	[illegible]	[illegible]	[illegible]	[illegible]	[illegible]	[illegible]	[illegible]	[illegible]	[illegible]	[illegible]
27	[illegible]	[illegible]	[illegible]	[illegible]	[illegible]	[illegible]	[illegible]	[illegible]	[illegible]	[illegible]	[illegible]	[illegible]	[illegible]	[illegible]
28	[illegible]	[illegible]	[illegible]	[illegible]	[illegible]	[illegible]	[illegible]	[illegible]	[illegible]	[illegible]	[illegible]	[illegible]	[illegible]	[illegible]
29	[illegible]	[illegible]	[illegible]	[illegible]	[illegible]	[illegible]	[illegible]	[illegible]	[illegible]	[illegible]	[illegible]	[illegible]	[illegible]	[illegible]
30	[illegible]	[illegible]	[illegible]	[illegible]	[illegible]	[illegible]	[illegible]	[illegible]	[illegible]	[illegible]	[illegible]	[illegible]	[illegible]	[illegible]
31	[illegible]	[illegible]	[illegible]	[illegible]	[illegible]	[illegible]	[illegible]	[illegible]	[illegible]	[illegible]	[illegible]	[illegible]	[illegible]	[illegible]
Mean	[illegible]	[illegible]	[illegible]	[illegible]	[illegible]	[illegible]	[illegible]	[illegible]	−33·67	[illegible]	[illegible]	[illegible]	−30·33	[illegible]

February 1883. $\varphi = +62° 38' 52''$.

Days	1	2	3	4	5	6	7	8	9	10	11	Noon	1	2
1	[illegible]	[illegible]	[illegible]	[illegible]	[illegible]	[illegible]	[illegible]	[illegible]	[illegible]	[illegible]	[illegible]	[illegible]	[illegible]	[illegible]
2	[illegible]	[illegible]	[illegible]	[illegible]	[illegible]	[illegible]	[illegible]	[illegible]	[illegible]	[illegible]	[illegible]	[illegible]	[illegible]	[illegible]
3	[illegible]	[illegible]	[illegible]	[illegible]	[illegible]	[illegible]	[illegible]	[illegible]	[illegible]	[illegible]	[illegible]	[illegible]	[illegible]	[illegible]
4	[illegible]	[illegible]	[illegible]	[illegible]	[illegible]	[illegible]	[illegible]	[illegible]	[illegible]	[illegible]	[illegible]	[illegible]	[illegible]	[illegible]
5	[illegible]	[illegible]	[illegible]	[illegible]	[illegible]	[illegible]	[illegible]	[illegible]	[illegible]	[illegible]	[illegible]	[illegible]	[illegible]	[illegible]
6	[illegible]	[illegible]	[illegible]	[illegible]	[illegible]	[illegible]	[illegible]	[illegible]	[illegible]	[illegible]	[illegible]	[illegible]	[illegible]	[illegible]
7	[illegible]	[illegible]	[illegible]	[illegible]	[illegible]	[illegible]	[illegible]	[illegible]	[illegible]	[illegible]	[illegible]	[illegible]	[illegible]	[illegible]
8	[illegible]	[illegible]	[illegible]	[illegible]	[illegible]	[illegible]	[illegible]	[illegible]	[illegible]	[illegible]	[illegible]	[illegible]	[illegible]	[illegible]
9	[illegible]	[illegible]	[illegible]	[illegible]	[illegible]	[illegible]	[illegible]	[illegible]	[illegible]	[illegible]	[illegible]	[illegible]	[illegible]	[illegible]
10	[illegible]	[illegible]	[illegible]	[illegible]	[illegible]	[illegible]	[illegible]	[illegible]	[illegible]	[illegible]	[illegible]	[illegible]	[illegible]	[illegible]
11	[illegible]	[illegible]	[illegible]	[illegible]	[illegible]	[illegible]	[illegible]	[illegible]	[illegible]	[illegible]	[illegible]	[illegible]	[illegible]	[illegible]
12	[illegible]	[illegible]	[illegible]	[illegible]	[illegible]	[illegible]	[illegible]	[illegible]	[illegible]	[illegible]	[illegible]	[illegible]	[illegible]	[illegible]
13	[illegible]	[illegible]	[illegible]	[illegible]	[illegible]	[illegible]	[illegible]	[illegible]	[illegible]	[illegible]	[illegible]	[illegible]	[illegible]	[illegible]
14	[illegible]	[illegible]	[illegible]	[illegible]	[illegible]	[illegible]	[illegible]	[illegible]	[illegible]	[illegible]	[illegible]	[illegible]	[illegible]	[illegible]
15	[illegible]	[illegible]	[illegible]	[illegible]	[illegible]	[illegible]	[illegible]	[illegible]	[illegible]	[illegible]	[illegible]	[illegible]	[illegible]	[illegible]
16	[illegible]	[illegible]	[illegible]	[illegible]	[illegible]	[illegible]	[illegible]	[illegible]	[illegible]	[illegible]	[illegible]	[illegible]	[illegible]	[illegible]
17	[illegible]	[illegible]	[illegible]	[illegible]	[illegible]	[illegible]	[illegible]	[illegible]	[illegible]	[illegible]	[illegible]	[illegible]	[illegible]	[illegible]
18	[illegible]	[illegible]	[illegible]	[illegible]	[illegible]	[illegible]	[illegible]	[illegible]	[illegible]	[illegible]	[illegible]	[illegible]	[illegible]	[illegible]
19	[illegible]	[illegible]	[illegible]	[illegible]	[illegible]	[illegible]	[illegible]	[illegible]	[illegible]	[illegible]	[illegible]	[illegible]	[illegible]	[illegible]
20	[illegible]	[illegible]	[illegible]	[illegible]	[illegible]	[illegible]	[illegible]	[illegible]	[illegible]	[illegible]	[illegible]	[illegible]	[illegible]	[illegible]
21	[illegible]	[illegible]	[illegible]	[illegible]	[illegible]	[illegible]	[illegible]	[illegible]	[illegible]	[illegible]	[illegible]	[illegible]	[illegible]	[illegible]
22	[illegible]	[illegible]	[illegible]	[illegible]	[illegible]	[illegible]	[illegible]	[illegible]	[illegible]	[illegible]	[illegible]	[illegible]	[illegible]	[illegible]
23	[illegible]	[illegible]	[illegible]	[illegible]	[illegible]	[illegible]	[illegible]	[illegible]	[illegible]	[illegible]	[illegible]	[illegible]	[illegible]	[illegible]
24	[illegible]	[illegible]	[illegible]	[illegible]	[illegible]	[illegible]	[illegible]	[illegible]	[illegible]	[illegible]	[illegible]	[illegible]	[illegible]	[illegible]
25	[illegible]	[illegible]	[illegible]	[illegible]	[illegible]	[illegible]	[illegible]	[illegible]	[illegible]	[illegible]	[illegible]	[illegible]	[illegible]	[illegible]
26	[illegible]	[illegible]	[illegible]	[illegible]	[illegible]	[illegible]	[illegible]	[illegible]	[illegible]	[illegible]	[illegible]	[illegible]	[illegible]	[illegible]
27	[illegible]	[illegible]	[illegible]	[illegible]	[illegible]	[illegible]	[illegible]	[illegible]	[illegible]	[illegible]	[illegible]	[illegible]	[illegible]	[illegible]
28	[illegible]	[illegible]	[illegible]	[illegible]	[illegible]	[illegible]	[illegible]	[illegible]	[illegible]	[illegible]	[illegible]	[illegible]	[illegible]	[illegible]
Mean	[illegible]	[illegible]	[illegible]	[illegible]	[illegible]	[illegible]	−25·89	[illegible]	[illegible]	[illegible]	[illegible]	[illegible]	[illegible]	−20·28

above the ground 1·78 m.

January 1883

3	4	5	6	7	8	9	10	11	12	Mean	Maximum	Minimum	[illegible]
[illegible]	[illegible]	[illegible]	[illegible]	[illegible]	[illegible]	[illegible]	[illegible]	[illegible]	[illegible]	[illegible]	[illegible]	[illegible]	[illegible]

λ = −115° 42' 50" = − 7h. 42m. 55s.

February 1883

3	4	5	6	7	8	9	10	11	12	Mean	Maximum	Minimum	[illegible]
[illegible]	[illegible]	[illegible]	[illegible]	[illegible]	[illegible]	[illegible]	[illegible]	[illegible]	[illegible]	[illegible]	[illegible]	[illegible]	[illegible]

March 1883.

Height of the Thermometers

Days.	1	2	3	4	5	6	7	8	9	10	11	Noon.	1	2
1	[illegible]	[illegible]	[illegible]	[illegible]	[illegible]	[illegible]	[illegible]	[illegible]	[illegible]	[illegible]	[illegible]	[illegible]	[illegible]	[illegible]
2	[illegible]	[illegible]	[illegible]	[illegible]	[illegible]	[illegible]	[illegible]	[illegible]	[illegible]	[illegible]	[illegible]	[illegible]	[illegible]	[illegible]
3	[illegible]	[illegible]	[illegible]	[illegible]	[illegible]	[illegible]	[illegible]	[illegible]	[illegible]	[illegible]	[illegible]	[illegible]	[illegible]	[illegible]
4	[illegible]	[illegible]	[illegible]	[illegible]	[illegible]	[illegible]	[illegible]	[illegible]	[illegible]	[illegible]	[illegible]	[illegible]	[illegible]	[illegible]
5	[illegible]	[illegible]	[illegible]	[illegible]	[illegible]	[illegible]	[illegible]	[illegible]	[illegible]	[illegible]	[illegible]	[illegible]	[illegible]	[illegible]
6	[illegible]	[illegible]	[illegible]	[illegible]	[illegible]	[illegible]	[illegible]	[illegible]	[illegible]	[illegible]	[illegible]	[illegible]	[illegible]	[illegible]
7	[illegible]	[illegible]	[illegible]	[illegible]	[illegible]	[illegible]	[illegible]	[illegible]	[illegible]	[illegible]	[illegible]	[illegible]	[illegible]	[illegible]
8	[illegible]	[illegible]	[illegible]	[illegible]	[illegible]	[illegible]	[illegible]	[illegible]	[illegible]	[illegible]	[illegible]	[illegible]	[illegible]	[illegible]
9	[illegible]	[illegible]	[illegible]	[illegible]	[illegible]	[illegible]	[illegible]	[illegible]	[illegible]	[illegible]	[illegible]	[illegible]	[illegible]	[illegible]
10	[illegible]	[illegible]	[illegible]	[illegible]	[illegible]	[illegible]	[illegible]	[illegible]	[illegible]	[illegible]	[illegible]	[illegible]	[illegible]	[illegible]
11	[illegible]	[illegible]	[illegible]	[illegible]	[illegible]	[illegible]	[illegible]	[illegible]	[illegible]	[illegible]	[illegible]	[illegible]	[illegible]	[illegible]
12	[illegible]	[illegible]	[illegible]	[illegible]	[illegible]	[illegible]	[illegible]	[illegible]	[illegible]	[illegible]	[illegible]	[illegible]	[illegible]	[illegible]
13	[illegible]	[illegible]	[illegible]	[illegible]	[illegible]	[illegible]	[illegible]	[illegible]	[illegible]	[illegible]	[illegible]	[illegible]	[illegible]	[illegible]
14	[illegible]	[illegible]	[illegible]	[illegible]	[illegible]	[illegible]	[illegible]	[illegible]	[illegible]	[illegible]	[illegible]	[illegible]	[illegible]	[illegible]
15	[illegible]	[illegible]	[illegible]	[illegible]	[illegible]	[illegible]	[illegible]	[illegible]	[illegible]	[illegible]	[illegible]	[illegible]	[illegible]	[illegible]
16	[illegible]	[illegible]	[illegible]	[illegible]	[illegible]	[illegible]	[illegible]	[illegible]	[illegible]	[illegible]	[illegible]	[illegible]	[illegible]	[illegible]
17	[illegible]	[illegible]	[illegible]	[illegible]	[illegible]	[illegible]	[illegible]	[illegible]	[illegible]	[illegible]	[illegible]	[illegible]	[illegible]	[illegible]
18	[illegible]	[illegible]	[illegible]	[illegible]	[illegible]	[illegible]	[illegible]	[illegible]	[illegible]	[illegible]	[illegible]	[illegible]	[illegible]	[illegible]
19	[illegible]	[illegible]	[illegible]	[illegible]	[illegible]	[illegible]	[illegible]	[illegible]	[illegible]	[illegible]	[illegible]	[illegible]	[illegible]	[illegible]
20	[illegible]	[illegible]	[illegible]	[illegible]	[illegible]	[illegible]	[illegible]	[illegible]	[illegible]	[illegible]	[illegible]	[illegible]	[illegible]	[illegible]
21	[illegible]	[illegible]	[illegible]	[illegible]	[illegible]	[illegible]	[illegible]	[illegible]	[illegible]	[illegible]	[illegible]	[illegible]	[illegible]	[illegible]
22	[illegible]	[illegible]	[illegible]	[illegible]	[illegible]	[illegible]	[illegible]	[illegible]	[illegible]	[illegible]	[illegible]	[illegible]	[illegible]	[illegible]
23	[illegible]	[illegible]	[illegible]	[illegible]	[illegible]	[illegible]	[illegible]	[illegible]	[illegible]	[illegible]	[illegible]	[illegible]	[illegible]	[illegible]
24	[illegible]	[illegible]	[illegible]	[illegible]	[illegible]	[illegible]	[illegible]	[illegible]	[illegible]	[illegible]	[illegible]	[illegible]	[illegible]	[illegible]
25	[illegible]	[illegible]	[illegible]	[illegible]	[illegible]	[illegible]	[illegible]	[illegible]	[illegible]	[illegible]	[illegible]	[illegible]	[illegible]	[illegible]
26	[illegible]	[illegible]	[illegible]	[illegible]	[illegible]	[illegible]	[illegible]	[illegible]	[illegible]	[illegible]	[illegible]	[illegible]	[illegible]	[illegible]
27	[illegible]	[illegible]	[illegible]	[illegible]	[illegible]	[illegible]	[illegible]	[illegible]	[illegible]	[illegible]	[illegible]	[illegible]	[illegible]	[illegible]
28	[illegible]	[illegible]	[illegible]	[illegible]	[illegible]	[illegible]	[illegible]	[illegible]	[illegible]	[illegible]	[illegible]	[illegible]	[illegible]	[illegible]
29	[illegible]	[illegible]	[illegible]	[illegible]	[illegible]	[illegible]	[illegible]	[illegible]	[illegible]	[illegible]	[illegible]	[illegible]	[illegible]	[illegible]
30	[illegible]	[illegible]	[illegible]	[illegible]	[illegible]	[illegible]	[illegible]	[illegible]	[illegible]	[illegible]	[illegible]	[illegible]	[illegible]	[illegible]
31	[illegible]	[illegible]	[illegible]	[illegible]	[illegible]	[illegible]	[illegible]	[illegible]	[illegible]	[illegible]	[illegible]	[illegible]	[illegible]	[illegible]
Mean	[illegible]	[illegible]	[illegible]	[illegible]	[illegible]	−26·61	[illegible]	[illegible]	[illegible]	[illegible]	[illegible]	[illegible]	[illegible]	−17·06

April 1883.

$\varphi = + 62° 38' 52''$

Days.	1	2	3	4	5	6	7	8	9	10	11	Noon.	1	2
1	[illegible]	[illegible]	[illegible]	[illegible]	[illegible]	[illegible]	[illegible]	[illegible]	[illegible]	[illegible]	[illegible]	[illegible]	[illegible]	[illegible]
2	[illegible]	[illegible]	[illegible]	[illegible]	[illegible]	[illegible]	[illegible]	[illegible]	[illegible]	[illegible]	[illegible]	[illegible]	[illegible]	[illegible]
3	[illegible]	[illegible]	[illegible]	[illegible]	[illegible]	[illegible]	[illegible]	[illegible]	[illegible]	[illegible]	[illegible]	[illegible]	[illegible]	[illegible]
4	[illegible]	[illegible]	[illegible]	[illegible]	[illegible]	[illegible]	[illegible]	[illegible]	[illegible]	[illegible]	[illegible]	[illegible]	[illegible]	[illegible]
5	[illegible]	[illegible]	[illegible]	[illegible]	[illegible]	[illegible]	[illegible]	[illegible]	[illegible]	[illegible]	[illegible]	[illegible]	[illegible]	[illegible]
6	[illegible]	[illegible]	[illegible]	[illegible]	[illegible]	[illegible]	[illegible]	[illegible]	[illegible]	[illegible]	[illegible]	[illegible]	[illegible]	[illegible]
7	[illegible]	[illegible]	[illegible]	[illegible]	[illegible]	[illegible]	[illegible]	[illegible]	[illegible]	[illegible]	[illegible]	[illegible]	[illegible]	[illegible]
8	[illegible]	[illegible]	[illegible]	[illegible]	[illegible]	[illegible]	[illegible]	[illegible]	[illegible]	[illegible]	[illegible]	[illegible]	[illegible]	[illegible]
9	[illegible]	[illegible]	[illegible]	[illegible]	[illegible]	[illegible]	[illegible]	[illegible]	[illegible]	[illegible]	[illegible]	[illegible]	[illegible]	[illegible]
10	[illegible]	[illegible]	[illegible]	[illegible]	[illegible]	[illegible]	[illegible]	[illegible]	[illegible]	[illegible]	[illegible]	[illegible]	[illegible]	[illegible]
11	[illegible]	[illegible]	[illegible]	[illegible]	[illegible]	[illegible]	[illegible]	[illegible]	[illegible]	[illegible]	[illegible]	[illegible]	[illegible]	[illegible]
12	[illegible]	[illegible]	[illegible]	[illegible]	[illegible]	[illegible]	[illegible]	[illegible]	[illegible]	[illegible]	[illegible]	[illegible]	[illegible]	[illegible]
13	[illegible]	[illegible]	[illegible]	[illegible]	[illegible]	[illegible]	[illegible]	[illegible]	[illegible]	[illegible]	[illegible]	[illegible]	[illegible]	[illegible]
14	[illegible]	[illegible]	[illegible]	[illegible]	[illegible]	[illegible]	[illegible]	[illegible]	[illegible]	[illegible]	[illegible]	[illegible]	[illegible]	[illegible]
15	[illegible]	[illegible]	[illegible]	[illegible]	[illegible]	[illegible]	[illegible]	[illegible]	[illegible]	[illegible]	[illegible]	[illegible]	[illegible]	[illegible]
16	[illegible]	[illegible]	[illegible]	[illegible]	[illegible]	[illegible]	[illegible]	[illegible]	[illegible]	[illegible]	[illegible]	[illegible]	[illegible]	[illegible]
17	[illegible]	[illegible]	[illegible]	[illegible]	[illegible]	[illegible]	[illegible]	[illegible]	[illegible]	[illegible]	[illegible]	[illegible]	[illegible]	[illegible]
18	[illegible]	[illegible]	[illegible]	[illegible]	[illegible]	[illegible]	[illegible]	[illegible]	[illegible]	[illegible]	[illegible]	[illegible]	[illegible]	[illegible]
19	[illegible]	[illegible]	[illegible]	[illegible]	[illegible]	[illegible]	[illegible]	[illegible]	[illegible]	[illegible]	[illegible]	[illegible]	[illegible]	[illegible]
20	[illegible]	[illegible]	[illegible]	[illegible]	[illegible]	[illegible]	[illegible]	[illegible]	[illegible]	[illegible]	[illegible]	[illegible]	[illegible]	[illegible]
21	[illegible]	[illegible]	[illegible]	[illegible]	[illegible]	[illegible]	[illegible]	[illegible]	[illegible]	[illegible]	[illegible]	[illegible]	[illegible]	[illegible]
22	[illegible]	[illegible]	[illegible]	[illegible]	[illegible]	[illegible]	[illegible]	[illegible]	[illegible]	[illegible]	[illegible]	[illegible]	[illegible]	[illegible]
23	[illegible]	[illegible]	[illegible]	[illegible]	[illegible]	[illegible]	[illegible]	[illegible]	[illegible]	[illegible]	[illegible]	[illegible]	[illegible]	[illegible]
24	[illegible]	[illegible]	[illegible]	[illegible]	[illegible]	[illegible]	[illegible]	[illegible]	[illegible]	[illegible]	[illegible]	[illegible]	[illegible]	[illegible]
25	[illegible]	[illegible]	[illegible]	[illegible]	[illegible]	[illegible]	[illegible]	[illegible]	[illegible]	[illegible]	[illegible]	[illegible]	[illegible]	[illegible]
26	[illegible]	[illegible]	[illegible]	[illegible]	[illegible]	[illegible]	[illegible]	[illegible]	[illegible]	[illegible]	[illegible]	[illegible]	[illegible]	[illegible]
27	[illegible]	[illegible]	[illegible]	[illegible]	[illegible]	[illegible]	[illegible]	[illegible]	[illegible]	[illegible]	[illegible]	[illegible]	[illegible]	[illegible]
28	[illegible]	[illegible]	[illegible]	[illegible]	[illegible]	[illegible]	[illegible]	[illegible]	[illegible]	[illegible]	[illegible]	[illegible]	[illegible]	[illegible]
29	[illegible]	[illegible]	[illegible]	[illegible]	[illegible]	[illegible]	[illegible]	[illegible]	[illegible]	[illegible]	[illegible]	[illegible]	[illegible]	[illegible]
30	[illegible]	[illegible]	[illegible]	[illegible]	[illegible]	[illegible]	[illegible]	[illegible]	[illegible]	[illegible]	[illegible]	[illegible]	[illegible]	[illegible]
Mean	[illegible]	[illegible]	[illegible]	[illegible]	−11·30	[illegible]	[illegible]	−8·56	[illegible]	[illegible]	[illegible]	[illegible]	[illegible]	[illegible]

above the ground 1·78 m. *March* 1883.

3	4	5	6	7	8	9	10	11	12	Means.	Maximum.	Minimum.	Difference.
[illegible]	[illegible]	[illegible]	[illegible]	[illegible]	[illegible]	[illegible]	[illegible]	[illegible]	[illegible]	[illegible]	[illegible]	[illegible]	[illegible]
[illegible]	[illegible]	[illegible]	[illegible]	[illegible]	[illegible]	[illegible]	[illegible]	[illegible]	[illegible]	[illegible]	[illegible]	[illegible]	[illegible]
[illegible]	[illegible]	[illegible]	[illegible]	[illegible]	[illegible]	[illegible]	[illegible]	[illegible]	[illegible]	[illegible]	[illegible]	[illegible]	[illegible]
[illegible]	[illegible]	[illegible]	[illegible]	[illegible]	[illegible]	[illegible]	[illegible]	[illegible]	[illegible]	[illegible]	[illegible]	[illegible]	[illegible]
[illegible]	[illegible]	[illegible]	[illegible]	[illegible]	[illegible]	[illegible]	[illegible]	[illegible]	[illegible]	[illegible]	[illegible]	[illegible]	[illegible]
[illegible]	[illegible]	[illegible]	[illegible]	[illegible]	[illegible]	[illegible]	[illegible]	[illegible]	[illegible]	[illegible]	[illegible]	[illegible]	[illegible]
[illegible]	[illegible]	[illegible]	[illegible]	[illegible]	[illegible]	[illegible]	[illegible]	[illegible]	[illegible]	[illegible]	[illegible]	[illegible]	[illegible]
[illegible]	[illegible]	[illegible]	[illegible]	[illegible]	[illegible]	[illegible]	[illegible]	[illegible]	[illegible]	[illegible]	[illegible]	[illegible]	[illegible]
[illegible]	[illegible]	[illegible]	[illegible]	[illegible]	[illegible]	[illegible]	[illegible]	[illegible]	[illegible]	[illegible]	[illegible]	[illegible]	[illegible]
[illegible]	[illegible]	[illegible]	[illegible]	[illegible]	[illegible]	[illegible]	[illegible]	[illegible]	[illegible]	[illegible]	[illegible]	[illegible]	[illegible]
[illegible]	[illegible]	[illegible]	[illegible]	[illegible]	[illegible]	[illegible]	[illegible]	[illegible]	[illegible]	−15·22	[illegible]	[illegible]	[illegible]
[illegible]	[illegible]	[illegible]	[illegible]	[illegible]	[illegible]	[illegible]	[illegible]	[illegible]	[illegible]	[illegible]	[illegible]	[illegible]	[illegible]
[illegible]	[illegible]	[illegible]	[illegible]	[illegible]	[illegible]	[illegible]	[illegible]	[illegible]	[illegible]	[illegible]	[illegible]	[illegible]	[illegible]
[illegible]	[illegible]	[illegible]	[illegible]	[illegible]	[illegible]	[illegible]	[illegible]	[illegible]	[illegible]	[illegible]	[illegible]	[illegible]	[illegible]
[illegible]	[illegible]	[illegible]	[illegible]	[illegible]	[illegible]	[illegible]	[illegible]	[illegible]	[illegible]	[illegible]	[illegible]	[illegible]	[illegible]
[illegible]	[illegible]	[illegible]	[illegible]	[illegible]	[illegible]	[illegible]	[illegible]	[illegible]	[illegible]	[illegible]	[illegible]	[illegible]	[illegible]
[illegible]	[illegible]	[illegible]	[illegible]	[illegible]	[illegible]	[illegible]	[illegible]	[illegible]	[illegible]	−22·06	[illegible]	−30·9	[illegible]
[illegible]	[illegible]	[illegible]	[illegible]	[illegible]	[illegible]	[illegible]	[illegible]	[illegible]	[illegible]	[illegible]	[illegible]	[illegible]	[illegible]
[illegible]	[illegible]	[illegible]	[illegible]	[illegible]	[illegible]	[illegible]	[illegible]	[illegible]	[illegible]	[illegible]	[illegible]	[illegible]	[illegible]
[illegible]	[illegible]	[illegible]	[illegible]	[illegible]	[illegible]	[illegible]	[illegible]	[illegible]	[illegible]	[illegible]	[illegible]	[illegible]	[illegible]
[illegible]	[illegible]	[illegible]	[illegible]	[illegible]	[illegible]	[illegible]	[illegible]	[illegible]	[illegible]	[illegible]	[illegible]	[illegible]	[illegible]
[illegible]	[illegible]	[illegible]	[illegible]	[illegible]	[illegible]	[illegible]	[illegible]	[illegible]	[illegible]	[illegible]	[illegible]	[illegible]	[illegible]
[illegible]	[illegible]	[illegible]	[illegible]	[illegible]	[illegible]	[illegible]	[illegible]	[illegible]	[illegible]	[illegible]	[illegible]	[illegible]	[illegible]
[illegible]	[illegible]	[illegible]	[illegible]	[illegible]	[illegible]	[illegible]	[illegible]	[illegible]	[illegible]	[illegible]	[illegible]	[illegible]	[illegible]
[illegible]	[illegible]	[illegible]	[illegible]	[illegible]	[illegible]	[illegible]	[illegible]	[illegible]	[illegible]	[illegible]	[illegible]	[illegible]	[illegible]
[illegible]	[illegible]	[illegible]	[illegible]	[illegible]	[illegible]	[illegible]	[illegible]	[illegible]	[illegible]	[illegible]	[illegible]	[illegible]	[illegible]
[illegible]	[illegible]	[illegible]	[illegible]	[illegible]	[illegible]	[illegible]	[illegible]	[illegible]	[illegible]	[illegible]	[illegible]	[illegible]	[illegible]
[illegible]	[illegible]	[illegible]	[illegible]	[illegible]	[illegible]	[illegible]	[illegible]	[illegible]	[illegible]	[illegible]	−6·3	[illegible]	[illegible]
[illegible]	[illegible]	[illegible]	[illegible]	[illegible]	[illegible]	[illegible]	[illegible]	[illegible]	[illegible]	[illegible]	[illegible]	[illegible]	[illegible]
[illegible]	[illegible]	[illegible]	[illegible]	[illegible]	[illegible]	[illegible]	[illegible]	[illegible]	[illegible]	[illegible]	[illegible]	[illegible]	[illegible]
[illegible]	[illegible]	[illegible]	[illegible]	[illegible]	[illegible]	[illegible]	[illegible]	[illegible]	[illegible]	[illegible]	[illegible]	[illegible]	[illegible]
[illegible]	[illegible]	[illegible]	[illegible]	[illegible]	[illegible]	[illegible]	[illegible]	[illegible]	[illegible]	[illegible]	[illegible]	[illegible]	12·78

λ = − 115° 43′ 50″ = − 7h. 42m. 55s. *April* 1883.

3	4	5	6	7	8	9	10	11	12	Means.	Maximum.	Minimum.	Difference.
[illegible]	[illegible]	[illegible]	[illegible]	[illegible]	[illegible]	[illegible]	[illegible]	[illegible]	[illegible]	[illegible]	[illegible]	[illegible]	[illegible]
[illegible]	[illegible]	[illegible]	[illegible]	[illegible]	[illegible]	[illegible]	[illegible]	[illegible]	[illegible]	[illegible]	[illegible]	[illegible]	[illegible]
[illegible]	[illegible]	[illegible]	[illegible]	[illegible]	[illegible]	[illegible]	[illegible]	[illegible]	[illegible]	[illegible]	[illegible]	[illegible]	[illegible]
[illegible]	[illegible]	[illegible]	[illegible]	[illegible]	[illegible]	[illegible]	[illegible]	[illegible]	[illegible]	[illegible]	[illegible]	−33·7	[illegible]
[illegible]	[illegible]	[illegible]	[illegible]	[illegible]	[illegible]	[illegible]	[illegible]	[illegible]	[illegible]	−16·67	[illegible]	[illegible]	[illegible]
[illegible]	[illegible]	[illegible]	[illegible]	[illegible]	[illegible]	[illegible]	[illegible]	[illegible]	[illegible]	[illegible]	[illegible]	[illegible]	[illegible]
[illegible]	[illegible]	[illegible]	[illegible]	[illegible]	[illegible]	[illegible]	[illegible]	[illegible]	[illegible]	[illegible]	[illegible]	[illegible]	[illegible]
[illegible]	[illegible]	[illegible]	[illegible]	[illegible]	[illegible]	[illegible]	[illegible]	[illegible]	[illegible]	[illegible]	[illegible]	[illegible]	[illegible]
[illegible]	[illegible]	[illegible]	[illegible]	[illegible]	[illegible]	[illegible]	[illegible]	[illegible]	[illegible]	[illegible]	[illegible]	[illegible]	[illegible]
[illegible]	[illegible]	[illegible]	[illegible]	[illegible]	[illegible]	[illegible]	[illegible]	[illegible]	[illegible]	[illegible]	[illegible]	[illegible]	[illegible]
[illegible]	[illegible]	[illegible]	[illegible]	[illegible]	[illegible]	[illegible]	[illegible]	[illegible]	[illegible]	[illegible]	[illegible]	[illegible]	[illegible]
[illegible]	[illegible]	[illegible]	[illegible]	[illegible]	[illegible]	[illegible]	[illegible]	[illegible]	[illegible]	[illegible]	[illegible]	[illegible]	[illegible]
[illegible]	[illegible]	[illegible]	[illegible]	[illegible]	[illegible]	[illegible]	[illegible]	[illegible]	[illegible]	[illegible]	[illegible]	[illegible]	[illegible]
[illegible]	[illegible]	[illegible]	[illegible]	[illegible]	[illegible]	[illegible]	[illegible]	[illegible]	[illegible]	[illegible]	[illegible]	[illegible]	[illegible]
[illegible]	[illegible]	[illegible]	[illegible]	[illegible]	[illegible]	[illegible]	[illegible]	[illegible]	[illegible]	[illegible]	[illegible]	[illegible]	[illegible]
[illegible]	[illegible]	[illegible]	[illegible]	[illegible]	[illegible]	[illegible]	[illegible]	[illegible]	[illegible]	[illegible]	[illegible]	[illegible]	[illegible]
[illegible]	[illegible]	[illegible]	[illegible]	[illegible]	[illegible]	[illegible]	[illegible]	[illegible]	[illegible]	[illegible]	[illegible]	[illegible]	[illegible]
[illegible]	[illegible]	[illegible]	[illegible]	[illegible]	[illegible]	[illegible]	[illegible]	[illegible]	[illegible]	[illegible]	[illegible]	[illegible]	[illegible]
[illegible]	[illegible]	[illegible]	[illegible]	[illegible]	[illegible]	[illegible]	[illegible]	[illegible]	[illegible]	[illegible]	[illegible]	[illegible]	[illegible]
[illegible]	[illegible]	[illegible]	[illegible]	[illegible]	[illegible]	[illegible]	[illegible]	[illegible]	[illegible]	[illegible]	[illegible]	[illegible]	[illegible]
[illegible]	[illegible]	[illegible]	[illegible]	[illegible]	[illegible]	[illegible]	[illegible]	[illegible]	[illegible]	[illegible]	[illegible]	[illegible]	[illegible]
[illegible]	[illegible]	[illegible]	[illegible]	[illegible]	[illegible]	[illegible]	[illegible]	[illegible]	[illegible]	[illegible]	[illegible]	[illegible]	[illegible]
[illegible]	[illegible]	[illegible]	[illegible]	[illegible]	[illegible]	[illegible]	[illegible]	[illegible]	[illegible]	[illegible]	[illegible]	[illegible]	[illegible]
[illegible]	[illegible]	[illegible]	[illegible]	[illegible]	[illegible]	[illegible]	[illegible]	[illegible]	[illegible]	[illegible]	[illegible]	[illegible]	[illegible]
[illegible]	[illegible]	[illegible]	[illegible]	[illegible]	[illegible]	[illegible]	[illegible]	[illegible]	[illegible]	[illegible]	[illegible]	[illegible]	[illegible]
[illegible]	[illegible]	[illegible]	[illegible]	[illegible]	[illegible]	[illegible]	[illegible]	[illegible]	[illegible]	2·00	7·4	[illegible]	[illegible]
[illegible]	[illegible]	[illegible]	[illegible]	[illegible]	[illegible]	[illegible]	[illegible]	[illegible]	[illegible]	[illegible]	[illegible]	[illegible]	[illegible]
[illegible]	[illegible]	[illegible]	[illegible]	[illegible]	[illegible]	[illegible]	[illegible]	[illegible]	[illegible]	[illegible]	[illegible]	[illegible]	[illegible]
[illegible]	[illegible]	[illegible]	[illegible]	[illegible]	[illegible]	[illegible]	[illegible]	[illegible]	[illegible]	[illegible]	[illegible]	[illegible]	[illegible]
[illegible]	[illegible]	[illegible]	[illegible]	[illegible]	[illegible]	[illegible]	[illegible]	[illegible]	[illegible]	[illegible]	[illegible]	[illegible]	[illegible]
−2·39	[illegible]	[illegible]	[illegible]	[illegible]	[illegible]	[illegible]	[illegible]	[illegible]	[illegible]	[illegible]	[illegible]	[illegible]	[illegible]

May 1883. Height of the Thermometers

Days.	1	2	3	4	5	6	7	8	9	10	11	Noon.	1	2
1	[illegible]	[illegible]	[illegible]	[illegible]	[illegible]	[illegible]	[illegible]	[illegible]	[illegible]	[illegible]	[illegible]	[illegible]	[illegible]	[illegible]
2	[illegible]	[illegible]	[illegible]	[illegible]	[illegible]	[illegible]	[illegible]	[illegible]	[illegible]	[illegible]	[illegible]	[illegible]	[illegible]	[illegible]
3	[illegible]	[illegible]	[illegible]	[illegible]	[illegible]	[illegible]	[illegible]	[illegible]	[illegible]	[illegible]	[illegible]	[illegible]	[illegible]	[illegible]
4	[illegible]	[illegible]	[illegible]	[illegible]	[illegible]	[illegible]	[illegible]	[illegible]	[illegible]	[illegible]	[illegible]	[illegible]	[illegible]	[illegible]
5	[illegible]	[illegible]	[illegible]	[illegible]	[illegible]	[illegible]	[illegible]	[illegible]	[illegible]	[illegible]	[illegible]	[illegible]	[illegible]	[illegible]
6	[illegible]	[illegible]	[illegible]	[illegible]	[illegible]	[illegible]	[illegible]	[illegible]	[illegible]	[illegible]	[illegible]	[illegible]	[illegible]	[illegible]
7	[illegible]	[illegible]	[illegible]	[illegible]	[illegible]	[illegible]	[illegible]	[illegible]	[illegible]	[illegible]	[illegible]	[illegible]	[illegible]	[illegible]
8	[illegible]	[illegible]	[illegible]	[illegible]	[illegible]	[illegible]	[illegible]	[illegible]	[illegible]	[illegible]	[illegible]	[illegible]	[illegible]	[illegible]
9	[illegible]	[illegible]	[illegible]	[illegible]	[illegible]	[illegible]	[illegible]	[illegible]	[illegible]	[illegible]	[illegible]	[illegible]	[illegible]	[illegible]
10	[illegible]	[illegible]	[illegible]	[illegible]	[illegible]	[illegible]	[illegible]	[illegible]	[illegible]	[illegible]	[illegible]	[illegible]	[illegible]	[illegible]
11	[illegible]	[illegible]	[illegible]	[illegible]	[illegible]	[illegible]	[illegible]	[illegible]	[illegible]	[illegible]	[illegible]	[illegible]	[illegible]	[illegible]
12	[illegible]	[illegible]	[illegible]	[illegible]	[illegible]	[illegible]	[illegible]	[illegible]	[illegible]	[illegible]	[illegible]	[illegible]	[illegible]	[illegible]
13	[illegible]	[illegible]	[illegible]	[illegible]	[illegible]	[illegible]	[illegible]	[illegible]	[illegible]	[illegible]	[illegible]	[illegible]	[illegible]	[illegible]
14	[illegible]	[illegible]	[illegible]	[illegible]	[illegible]	[illegible]	[illegible]	[illegible]	[illegible]	[illegible]	[illegible]	[illegible]	[illegible]	[illegible]
15	[illegible]	[illegible]	[illegible]	[illegible]	[illegible]	[illegible]	[illegible]	[illegible]	[illegible]	[illegible]	[illegible]	[illegible]	[illegible]	[illegible]
16	[illegible]	[illegible]	[illegible]	[illegible]	[illegible]	[illegible]	[illegible]	[illegible]	[illegible]	[illegible]	[illegible]	[illegible]	[illegible]	[illegible]
17	[illegible]	[illegible]	[illegible]	[illegible]	[illegible]	[illegible]	[illegible]	[illegible]	[illegible]	[illegible]	[illegible]	[illegible]	[illegible]	[illegible]
18	[illegible]	[illegible]	[illegible]	[illegible]	[illegible]	[illegible]	[illegible]	[illegible]	[illegible]	[illegible]	[illegible]	[illegible]	[illegible]	[illegible]
19	[illegible]	[illegible]	[illegible]	[illegible]	[illegible]	[illegible]	[illegible]	[illegible]	[illegible]	[illegible]	[illegible]	[illegible]	[illegible]	[illegible]
20	[illegible]	[illegible]	[illegible]	[illegible]	[illegible]	[illegible]	[illegible]	[illegible]	[illegible]	[illegible]	[illegible]	[illegible]	[illegible]	[illegible]
21	[illegible]	[illegible]	[illegible]	[illegible]	[illegible]	[illegible]	[illegible]	[illegible]	[illegible]	[illegible]	[illegible]	[illegible]	[illegible]	[illegible]
22	[illegible]	[illegible]	[illegible]	[illegible]	[illegible]	[illegible]	[illegible]	[illegible]	[illegible]	[illegible]	[illegible]	[illegible]	[illegible]	[illegible]
23	[illegible]	[illegible]	[illegible]	[illegible]	[illegible]	[illegible]	[illegible]	[illegible]	[illegible]	[illegible]	[illegible]	[illegible]	[illegible]	[illegible]
24	[illegible]	[illegible]	[illegible]	[illegible]	[illegible]	[illegible]	[illegible]	[illegible]	[illegible]	[illegible]	[illegible]	[illegible]	[illegible]	[illegible]
25	[illegible]	[illegible]	[illegible]	[illegible]	[illegible]	[illegible]	[illegible]	[illegible]	[illegible]	[illegible]	[illegible]	[illegible]	[illegible]	[illegible]
26	[illegible]	[illegible]	[illegible]	[illegible]	[illegible]	[illegible]	[illegible]	[illegible]	[illegible]	[illegible]	[illegible]	[illegible]	[illegible]	[illegible]
27	[illegible]	[illegible]	[illegible]	[illegible]	[illegible]	[illegible]	[illegible]	[illegible]	[illegible]	[illegible]	[illegible]	[illegible]	[illegible]	[illegible]
28	[illegible]	[illegible]	[illegible]	[illegible]	[illegible]	[illegible]	[illegible]	[illegible]	[illegible]	[illegible]	[illegible]	[illegible]	[illegible]	[illegible]
29	[illegible]	[illegible]	[illegible]	[illegible]	[illegible]	[illegible]	[illegible]	[illegible]	[illegible]	[illegible]	[illegible]	[illegible]	[illegible]	[illegible]
30	[illegible]	[illegible]	[illegible]	[illegible]	[illegible]	[illegible]	[illegible]	[illegible]	[illegible]	[illegible]	[illegible]	[illegible]	[illegible]	[illegible]
31	[illegible]	[illegible]	[illegible]	[illegible]	[illegible]	[illegible]	[illegible]	[illegible]	[illegible]	[illegible]	[illegible]	[illegible]	[illegible]	[illegible]
Mean .	[illegible]	−1·56	[illegible]	−2·11	[illegible]	[illegible]	[illegible]	[illegible]	[illegible]	[illegible]	[illegible]	[illegible]	[illegible]	6·44

June 1883. $\varphi = + 62° 38' 52''$.

Days.	1	2	3	4	5	6	7	8	9	10	11	Noon.	1	2
1	[illegible]	[illegible]	[illegible]	[illegible]	[illegible]	[illegible]	[illegible]	[illegible]	[illegible]	[illegible]	[illegible]	[illegible]	[illegible]	[illegible]
2	[illegible]	[illegible]	[illegible]	[illegible]	[illegible]	[illegible]	[illegible]	[illegible]	[illegible]	[illegible]	[illegible]	[illegible]	[illegible]	[illegible]
3	[illegible]	[illegible]	[illegible]	[illegible]	[illegible]	[illegible]	[illegible]	[illegible]	[illegible]	[illegible]	[illegible]	[illegible]	[illegible]	[illegible]
4	[illegible]	[illegible]	[illegible]	[illegible]	[illegible]	[illegible]	[illegible]	[illegible]	[illegible]	[illegible]	[illegible]	[illegible]	[illegible]	[illegible]
5	[illegible]	[illegible]	[illegible]	[illegible]	[illegible]	[illegible]	[illegible]	[illegible]	[illegible]	[illegible]	[illegible]	[illegible]	[illegible]	[illegible]
6	[illegible]	[illegible]	[illegible]	[illegible]	[illegible]	[illegible]	[illegible]	[illegible]	[illegible]	[illegible]	[illegible]	[illegible]	[illegible]	[illegible]
7	[illegible]	[illegible]	[illegible]	[illegible]	[illegible]	[illegible]	[illegible]	[illegible]	[illegible]	[illegible]	[illegible]	[illegible]	[illegible]	[illegible]
8	[illegible]	[illegible]	[illegible]	[illegible]	[illegible]	[illegible]	[illegible]	[illegible]	[illegible]	[illegible]	[illegible]	[illegible]	[illegible]	[illegible]
9	[illegible]	[illegible]	[illegible]	[illegible]	[illegible]	[illegible]	[illegible]	[illegible]	[illegible]	[illegible]	[illegible]	[illegible]	[illegible]	[illegible]
10	[illegible]	[illegible]	[illegible]	[illegible]	[illegible]	[illegible]	[illegible]	[illegible]	[illegible]	[illegible]	[illegible]	[illegible]	[illegible]	[illegible]
11	[illegible]	[illegible]	[illegible]	[illegible]	[illegible]	[illegible]	[illegible]	[illegible]	[illegible]	[illegible]	[illegible]	[illegible]	[illegible]	[illegible]
12	[illegible]	[illegible]	[illegible]	[illegible]	[illegible]	[illegible]	[illegible]	[illegible]	[illegible]	[illegible]	[illegible]	[illegible]	[illegible]	[illegible]
13	[illegible]	[illegible]	[illegible]	[illegible]	[illegible]	[illegible]	[illegible]	[illegible]	[illegible]	[illegible]	[illegible]	[illegible]	[illegible]	[illegible]
14	[illegible]	[illegible]	[illegible]	[illegible]	[illegible]	[illegible]	[illegible]	[illegible]	[illegible]	[illegible]	[illegible]	[illegible]	[illegible]	[illegible]
15	[illegible]	[illegible]	[illegible]	[illegible]	[illegible]	[illegible]	[illegible]	[illegible]	[illegible]	[illegible]	[illegible]	[illegible]	[illegible]	[illegible]
16	[illegible]	[illegible]	[illegible]	[illegible]	[illegible]	[illegible]	[illegible]	[illegible]	[illegible]	[illegible]	[illegible]	[illegible]	[illegible]	[illegible]
17	[illegible]	[illegible]	[illegible]	[illegible]	[illegible]	[illegible]	[illegible]	[illegible]	[illegible]	[illegible]	[illegible]	[illegible]	[illegible]	[illegible]
18	[illegible]	[illegible]	[illegible]	[illegible]	[illegible]	[illegible]	[illegible]	[illegible]	[illegible]	[illegible]	[illegible]	[illegible]	[illegible]	[illegible]
19	[illegible]	[illegible]	[illegible]	[illegible]	[illegible]	[illegible]	[illegible]	[illegible]	[illegible]	[illegible]	[illegible]	[illegible]	[illegible]	[illegible]
20	[illegible]	[illegible]	[illegible]	[illegible]	[illegible]	[illegible]	[illegible]	[illegible]	[illegible]	[illegible]	[illegible]	[illegible]	[illegible]	[illegible]
21	[illegible]	[illegible]	[illegible]	[illegible]	[illegible]	[illegible]	[illegible]	[illegible]	[illegible]	[illegible]	[illegible]	[illegible]	[illegible]	[illegible]
22	[illegible]	[illegible]	[illegible]	[illegible]	[illegible]	[illegible]	[illegible]	[illegible]	[illegible]	[illegible]	[illegible]	[illegible]	[illegible]	[illegible]
23	[illegible]	[illegible]	[illegible]	[illegible]	[illegible]	[illegible]	[illegible]	[illegible]	[illegible]	[illegible]	[illegible]	[illegible]	[illegible]	[illegible]
24	[illegible]	[illegible]	[illegible]	[illegible]	[illegible]	[illegible]	[illegible]	[illegible]	[illegible]	[illegible]	[illegible]	[illegible]	[illegible]	[illegible]
25	[illegible]	[illegible]	[illegible]	[illegible]	[illegible]	[illegible]	[illegible]	[illegible]	[illegible]	[illegible]	[illegible]	[illegible]	[illegible]	[illegible]
26	[illegible]	[illegible]	[illegible]	[illegible]	[illegible]	[illegible]	[illegible]	[illegible]	[illegible]	[illegible]	[illegible]	[illegible]	[illegible]	[illegible]
27	[illegible]	[illegible]	[illegible]	[illegible]	[illegible]	[illegible]	[illegible]	[illegible]	[illegible]	[illegible]	[illegible]	[illegible]	[illegible]	[illegible]
28	[illegible]	[illegible]	[illegible]	[illegible]	[illegible]	[illegible]	[illegible]	[illegible]	[illegible]	[illegible]	[illegible]	[illegible]	[illegible]	[illegible]
29	[illegible]	[illegible]	[illegible]	[illegible]	[illegible]	[illegible]	[illegible]	[illegible]	[illegible]	[illegible]	[illegible]	[illegible]	[illegible]	[illegible]
30	[illegible]	[illegible]	[illegible]	[illegible]	[illegible]	[illegible]	[illegible]	[illegible]	[illegible]	[illegible]	[illegible]	[illegible]	[illegible]	[illegible]
Mean .	[illegible]	[illegible]	6·89	[illegible]	[illegible]	[illegible]	[illegible]	[illegible]	[illegible]	[illegible]	[illegible]	[illegible]	[illegible]	[illegible]

above the ground 1·78 m.

May 1883.

3	4	5	6	7	8	9	10	11	12	Mean	Maximum	Minimum	Difference
[illegible]	[illegible]	[illegible]	[illegible]	[illegible]	[illegible]	[illegible]	[illegible]	[illegible]	[illegible]	[illegible]	4·0	− 6·4	10·4
[illegible]	[illegible]	[illegible]	[illegible]	[illegible]	[illegible]	[illegible]	[illegible]	[illegible]	[illegible]	[illegible]	[illegible]	[illegible]	10·7
[illegible]	[illegible]	[illegible]	[illegible]	[illegible]	[illegible]	[illegible]	[illegible]	[illegible]	[illegible]	[illegible]	− 5·3	− 16·3	[illegible]
[illegible]	[illegible]	[illegible]	[illegible]	[illegible]	[illegible]	[illegible]	[illegible]	[illegible]	[illegible]	[illegible]	− 7·3	− 17·9	10·6
[illegible]	[illegible]	[illegible]	[illegible]	[illegible]	[illegible]	[illegible]	[illegible]	[illegible]	[illegible]	[illegible]	1·7	− 13·8	15·5
[illegible]	[illegible]	[illegible]	[illegible]	[illegible]	[illegible]	[illegible]	[illegible]	[illegible]	[illegible]	[illegible]	0·2	− 10·1	10·3
[illegible]	[illegible]	[illegible]	[illegible]	[illegible]	[illegible]	[illegible]	[illegible]	[illegible]	[illegible]	[illegible]	− 0·6	− 11·6	11·0
[illegible]	[illegible]	[illegible]	[illegible]	[illegible]	[illegible]	[illegible]	[illegible]	[illegible]	[illegible]	[illegible]	1·9	− 9·6	11·5
[illegible]	[illegible]	[illegible]	[illegible]	[illegible]	[illegible]	[illegible]	[illegible]	[illegible]	[illegible]	[illegible]	2·4	− 9·1	11·5
[illegible]	[illegible]	[illegible]	[illegible]	[illegible]	[illegible]	[illegible]	[illegible]	[illegible]	[illegible]	[illegible]	5·5	− 4·4	9·9
[illegible]	[illegible]	[illegible]	[illegible]	[illegible]	[illegible]	[illegible]	[illegible]	[illegible]	[illegible]	[illegible]	7·3	− 4·0	11·3
[illegible]	[illegible]	[illegible]	[illegible]	[illegible]	[illegible]	[illegible]	[illegible]	[illegible]	[illegible]	[illegible]	8·6	− 4·5	13·1
[illegible]	[illegible]	[illegible]	[illegible]	[illegible]	[illegible]	[illegible]	[illegible]	[illegible]	[illegible]	[illegible]	10·1	− 0·9	11·0
[illegible]	[illegible]	[illegible]	[illegible]	[illegible]	[illegible]	[illegible]	[illegible]	[illegible]	[illegible]	[illegible]	9·0	− 2·8	11·8
[illegible]	[illegible]	[illegible]	[illegible]	[illegible]	[illegible]	[illegible]	[illegible]	[illegible]	[illegible]	[illegible]	8·3	− 1·1	9·4
[illegible]	[illegible]	[illegible]	[illegible]	[illegible]	[illegible]	[illegible]	[illegible]	[illegible]	[illegible]	[illegible]	11·7	− 0·2	11·9
[illegible]	[illegible]	[illegible]	[illegible]	[illegible]	[illegible]	[illegible]	[illegible]	[illegible]	[illegible]	[illegible]	12·9	1·3	11·6
[illegible]	[illegible]	[illegible]	[illegible]	[illegible]	[illegible]	[illegible]	[illegible]	[illegible]	[illegible]	[illegible]	8·2	1·1	7·1
[illegible]	[illegible]	[illegible]	[illegible]	[illegible]	[illegible]	[illegible]	[illegible]	[illegible]	[illegible]	[illegible]	15·5	1·6	13·9
[illegible]	[illegible]	[illegible]	[illegible]	[illegible]	[illegible]	[illegible]	[illegible]	[illegible]	[illegible]	[illegible]	18·4	3·3	15·1
[illegible]	[illegible]	[illegible]	[illegible]	[illegible]	[illegible]	[illegible]	[illegible]	[illegible]	[illegible]	[illegible]	17·7	1·9	15·8
[illegible]	[illegible]	[illegible]	[illegible]	[illegible]	[illegible]	[illegible]	[illegible]	[illegible]	[illegible]	[illegible]	9·6	0·8	8·8
[illegible]	[illegible]	[illegible]	[illegible]	[illegible]	[illegible]	[illegible]	[illegible]	[illegible]	[illegible]	[illegible]	12·8	− 0·8	13·6
[illegible]	[illegible]	[illegible]	[illegible]	[illegible]	[illegible]	[illegible]	[illegible]	[illegible]	[illegible]	[illegible]	14·4	− 1·1	15·5
[illegible]	[illegible]	[illegible]	[illegible]	[illegible]	[illegible]	[illegible]	[illegible]	[illegible]	[illegible]	[illegible]	9·4	1·8	7·6
[illegible]	[illegible]	[illegible]	[illegible]	[illegible]	[illegible]	[illegible]	[illegible]	[illegible]	[illegible]	[illegible]	13·7	1·0	12·7
[illegible]	[illegible]	[illegible]	[illegible]	[illegible]	[illegible]	[illegible]	[illegible]	[illegible]	[illegible]	[illegible]	14·5	0·3	14·2
[illegible]	[illegible]	[illegible]	[illegible]	[illegible]	[illegible]	[illegible]	[illegible]	[illegible]	[illegible]	[illegible]	13·8	2·0	11·8
[illegible]	[illegible]	[illegible]	[illegible]	[illegible]	[illegible]	[illegible]	[illegible]	[illegible]	[illegible]	10·59	18·5	1·2	17·3
[illegible]	[illegible]	[illegible]	[illegible]	[illegible]	[illegible]	[illegible]	[illegible]	[illegible]	[illegible]	[illegible]	7·3	− 0·3	7·6
[illegible]	[illegible]	[illegible]	[illegible]	[illegible]	[illegible]	[illegible]	[illegible]	[illegible]	[illegible]	[illegible]	6·5	− 1·2	7·7
[illegible]	[illegible]	[illegible]	[illegible]	[illegible]	[illegible]	[illegible]	[illegible]	[illegible]	[illegible]	[illegible]	[illegible]	[illegible]	11·51

λ = − 115° 43′ 50″ = 7h. 43m. 55s.

June 1883.

3	4	5	6	7	8	9	11	11	12	Mean	Maximum	Minimum	Difference
[illegible]	[illegible]	[illegible]	[illegible]	[illegible]	[illegible]	[illegible]	[illegible]	[illegible]	[illegible]	[illegible]	[illegible]	− 2·3	[illegible]
[illegible]	[illegible]	[illegible]	[illegible]	[illegible]	[illegible]	[illegible]	[illegible]	[illegible]	[illegible]	[illegible]	[illegible]	[illegible]	[illegible]
[illegible]	[illegible]	[illegible]	[illegible]	[illegible]	[illegible]	[illegible]	[illegible]	[illegible]	[illegible]	[illegible]	[illegible]	[illegible]	[illegible]
[illegible]	[illegible]	[illegible]	[illegible]	[illegible]	[illegible]	[illegible]	[illegible]	[illegible]	[illegible]	[illegible]	[illegible]	[illegible]	[illegible]
[illegible]	[illegible]	[illegible]	[illegible]	[illegible]	[illegible]	[illegible]	[illegible]	[illegible]	[illegible]	[illegible]	[illegible]	[illegible]	[illegible]
[illegible]	[illegible]	[illegible]	[illegible]	[illegible]	[illegible]	[illegible]	[illegible]	[illegible]	[illegible]	[illegible]	[illegible]	[illegible]	[illegible]
[illegible]	[illegible]	[illegible]	[illegible]	[illegible]	[illegible]	[illegible]	[illegible]	[illegible]	[illegible]	[illegible]	[illegible]	[illegible]	[illegible]
[illegible]	[illegible]	[illegible]	[illegible]	[illegible]	[illegible]	[illegible]	[illegible]	[illegible]	[illegible]	6·17	[illegible]	[illegible]	[illegible]
[illegible]	[illegible]	[illegible]	[illegible]	[illegible]	[illegible]	[illegible]	[illegible]	[illegible]	[illegible]	[illegible]	[illegible]	[illegible]	[illegible]
[illegible]	[illegible]	[illegible]	[illegible]	[illegible]	[illegible]	[illegible]	[illegible]	[illegible]	[illegible]	[illegible]	[illegible]	[illegible]	[illegible]
[illegible]	[illegible]	[illegible]	[illegible]	[illegible]	[illegible]	[illegible]	[illegible]	[illegible]	[illegible]	[illegible]	[illegible]	[illegible]	[illegible]
[illegible]	[illegible]	[illegible]	[illegible]	[illegible]	[illegible]	[illegible]	[illegible]	[illegible]	[illegible]	[illegible]	[illegible]	[illegible]	[illegible]
[illegible]	[illegible]	[illegible]	[illegible]	[illegible]	[illegible]	[illegible]	[illegible]	[illegible]	[illegible]	[illegible]	[illegible]	[illegible]	[illegible]
[illegible]	[illegible]	[illegible]	[illegible]	[illegible]	[illegible]	[illegible]	[illegible]	[illegible]	[illegible]	[illegible]	[illegible]	[illegible]	[illegible]
[illegible]	[illegible]	[illegible]	[illegible]	[illegible]	[illegible]	[illegible]	[illegible]	[illegible]	[illegible]	[illegible]	[illegible]	[illegible]	[illegible]
[illegible]	[illegible]	[illegible]	[illegible]	[illegible]	[illegible]	[illegible]	[illegible]	[illegible]	[illegible]	[illegible]	[illegible]	[illegible]	[illegible]
[illegible]	[illegible]	[illegible]	[illegible]	[illegible]	[illegible]	[illegible]	[illegible]	[illegible]	[illegible]	[illegible]	[illegible]	[illegible]	[illegible]
[illegible]	[illegible]	[illegible]	[illegible]	[illegible]	[illegible]	[illegible]	[illegible]	[illegible]	[illegible]	[illegible]	[illegible]	[illegible]	[illegible]
[illegible]	[illegible]	[illegible]	[illegible]	[illegible]	[illegible]	[illegible]	[illegible]	[illegible]	[illegible]	[illegible]	[illegible]	[illegible]	[illegible]
[illegible]	[illegible]	[illegible]	[illegible]	[illegible]	[illegible]	[illegible]	[illegible]	[illegible]	[illegible]	[illegible]	[illegible]	[illegible]	[illegible]
[illegible]	[illegible]	[illegible]	[illegible]	[illegible]	[illegible]	[illegible]	[illegible]	[illegible]	[illegible]	[illegible]	[illegible]	[illegible]	[illegible]
[illegible]	[illegible]	[illegible]	[illegible]	[illegible]	[illegible]	[illegible]	[illegible]	[illegible]	[illegible]	[illegible]	[illegible]	[illegible]	[illegible]
[illegible]	[illegible]	[illegible]	[illegible]	[illegible]	[illegible]	[illegible]	[illegible]	[illegible]	[illegible]	[illegible]	[illegible]	[illegible]	[illegible]
[illegible]	[illegible]	[illegible]	[illegible]	[illegible]	[illegible]	[illegible]	[illegible]	[illegible]	[illegible]	[illegible]	[illegible]	[illegible]	[illegible]
[illegible]	[illegible]	[illegible]	[illegible]	[illegible]	[illegible]	[illegible]	[illegible]	[illegible]	[illegible]	[illegible]	[illegible]	[illegible]	[illegible]
[illegible]	[illegible]	[illegible]	[illegible]	[illegible]	[illegible]	[illegible]	[illegible]	[illegible]	[illegible]	[illegible]	[illegible]	[illegible]	[illegible]
[illegible]	[illegible]	[illegible]	[illegible]	[illegible]	[illegible]	[illegible]	[illegible]	[illegible]	[illegible]	19·44	24·7	[illegible]	[illegible]
[illegible]	[illegible]	[illegible]	[illegible]	[illegible]	[illegible]	[illegible]	[illegible]	[illegible]	[illegible]	[illegible]	[illegible]	[illegible]	[illegible]
[illegible]	[illegible]	[illegible]	[illegible]	[illegible]	[illegible]	[illegible]	[illegible]	[illegible]	[illegible]	[illegible]	[illegible]	[illegible]	[illegible]
[illegible]	[illegible]	[illegible]	[illegible]	[illegible]	[illegible]	[illegible]	[illegible]	[illegible]	[illegible]	[illegible]	[illegible]	[illegible]	[illegible]
[illegible]	14·33	[illegible]	[illegible]	[illegible]	[illegible]	[illegible]	[illegible]	[illegible]	[illegible]	[illegible]	[illegible]	[illegible]	[illegible]

July 1883. Height of the Thermometers

Days.	1	2	3	4	5	6	7	8	9	10	11	Noon.	1	2
1	14·1	13·4	12·8	13·7	14·6	15·7	16·3	18·2	18·8	19·2	19·6	19·6	20·2	19·7
2	15·8	15·3	15·3	14·2	15·6	16·8	19·6	24·3	24·3	24·8	21·6	23·0	24·8	20·6
3	15·7	14·5	15·2	13·3	13·4	16·3	16·2	19·7	20·0	20·2	20·8	20·3	19·7	15·6
4	10·1	9·3	9·1	9·1	9·7	10·4	9·7	10·9	10·2	12·3	13·0	14·1	14·6	15·0
5	10·5	10·1	10·1	10·8	10·7	11·2	11·4	12·7	13·4	13·7	14·1	14·1	14·1	14·6
6	11·7	10·6	11·0	11·3	12·3	14·0	11·3	16·7	13·5	15·1	14·5	20·7	18·3	20·5
7	14·2	14·1	13·8	14·6	15·8	17·0	17·4	19·5	20·0	20·8	19·8	22·7	22·3	21·8
8	14·1	13·3	13·6	14·6	13·2	16·3	16·8	17·6	18·6	20·9	20·7	28·8	28·3	23·3
9	16·3	15·1	15·7	16·7	18·9	18·8	17·4	18·9	20·1	24·3	22·6	28·6	24·6	24·1
10	15·1	14·1	14·1	14·1	14·1	14·8	15·3	16·3	16·7	16·2	16·4	16·7	17·5	16·9
11	10·7	9·3	9·6	9·1	9·0	9·4	9·6	9·6	10·0	10·1	10·3	10·7	9·6	10·3
12	10·6	9·6	8·9	9·0	10·7	10·3	10·1	13·6	9·3	18·3	10·2	19·7	[illegible]	15·4
13	11·8	11·3	11·1	11·6	11·9	14·3	16·3	12·7	12·0	15·3	18·9	17·9	17·1	13·1
14	11·8	12·0	11·5	11·9	12·9	14·6	14·2	15·7	16·2	17·6	18·0	17·9	19·9	20·0
15	11·8	10·7	10·4	11·0	12·6	16·0	13·4	16·3	16·4	18·6	18·5	19·1	19·8	20·1
16	11·8	11·3	10·8	11·5	14·0	15·7	16·3	15·1	13·6	19·0	19·6	19·8	19·7	20·4
17	12·8	12·8	12·9	13·0	14·3	15·3	16·2	17·4	17·4	17·9	19·0	20·1	19·3	19·0
18	11·9	14·1	14·3	12·3	14·9	15·9	16·9	17·5	17·5	18·9	18·5	18·9	20·1	20·3
19	17·4	14·6	13·5	13·2	15·8	15·9	17·1	18·8	17·8	18·6	15·3	20·5	23·4	22·2
20	14·9	14·6	14·4	14·6	16·2	16·8	17·9	18·1	19·6	19·3	19·7	22·0	22·1	22·5
21	16·4	15·7	17·9	15·7	16·8	16·4	18·2	20·2	21·1	21·3	21·8	22·1	22·3	22·8
22	15·7	16·0	15·4	14·3	15·1	15·7	16·3	15·3	17·2	17·9	18·2	16·8	19·2	19·7
23	14·7	14·5	14·1	14·0	13·8	13·6	15·2	16·9	18·0	18·6	20·7	21·3	22·5	23·3
24	12·1	10·9	11·8	11·7	11·8	12·5	12·9	15·0	14·1	15·1	12·9	15·2	15·1	17·6
25	12·2	11·3	11·8	11·2	11·5	11·3	10·5	10·1	10·7	11·1	11·5	12·5	13·1	12·3
26	10·7	10·7	10·1	10·1	11·5	12·0	12·9	13·3	14·1	14·5	16·3	16·2	16·5	17·4
27	10·5	10·6	10·3	11·2	10·2	10·5	11·2	12·2	13·1	15·1	15·3	15·6	14·7	17·9
28	10·3	9·7	9·6	8·9	9·6	10·9	12·6	12·0	13·1	15·2	16·3	17·6	17·6	18·6
29	11·1	10·2	10·2	10·4	12·8	13·6	15·3	17·3	17·8	18·5	16·6	20·7	21·3	21·8
30	15·7	14·9	15·1	15·1	15·3	16·3	16·9	17·3	18·1	19·1	19·6	20·8	23·1	24·4
31	16·5	16·3	16·4	16·2	15·7	15·6	15·7	16·6	15·7	15·2	16·3	16·3	15·9	19·1
Mean	13·17	12·61	12·44	12·67	13·32	14·33	15·06	16·11	16·83	17·56	17·11	18·56	19·06	15·11

August 1883. $\varphi = + 62^\circ 58' 52''$.

Days.	1	2	3	4	5	6	7	8	9	10	11	Noon.	1	2
1	15·3	15·4	14·8	14·9	14·9	15·3	16·3	16·8	17·3	17·4	18·7	19·6	20·2	20·4
2	17·7	17·2	16·3	16·3	15·8	15·2	15·1	15·4	15·4	17·4	17·3	17·5	19·1	20·2
3	16·8	17·6	17·3	16·7	16·9	16·7	17·1	17·4	19·8	21·4	23·8	24·8	23·4	24·8
4	15·5	13·3	13·6	13·1	13·4	14·7	17·6	14·8	15·2	15·3	16·0	18·7	19·6	20·9
5	11·5	13·5	11·3	12·7	11·9	15·4	14·5	15·6	17·4	18·0	17·3	20·7	[illegible]	19·1
6	16·3	15·8	15·4	15·1	15·2	14·7	15·4	17·1	17·9	16·7	17·5	18·3	15·2	17·1
7	14·6	14·7	14·8	14·8	13·3	14·6	15·6	13·6	11·8	12·1	13·7	14·6	15·7	15·7
8	10·9	11·2	11·7	11·7	11·6	11·3	11·7	11·3	12·9	14·2	14·4	15·7	15·6	17·1
9	12·3	13·4	11·1	11·1	11·1	12·2	13·6	14·0	15·7	17·6	17·4	16·7	16·2	17·9
10	12·3	12·3	12·5	12·8	12·4	13·6	15·8	16·3	15·9	16·9	17·2	17·4	18·5	18·7
11	15·1	15·8	15·7	14·6	14·7	15·0	15·8	16·3	16·5	17·5	15·6	18·5	18·7	19·4
12	15·7	15·7	17·2	15·2	15·0	14·9	16·5	17·0	16·3	16·4	17·0	18·5	19·2	17·4
13	10·3	15·8	16·1	15·8	15·7	15·7	15·5	13·4	16·1	17·8	16·2	16·5	17·2	17·5
14	15·2	14·6	14·1	13·7	13·8	14·1	14·7	15·4	15·1	15·1	14·3	14·4	13·7	17·6
15	12·3	10·7	11·7	10·2	11·8	12·3	13·1	12·1	13·2	13·4	16·4	16·4	17·7	17·4
16	7·9	7·9	8·4	8·4	8·6	9·0	10·2	11·2	11·8	15·3	12·6	12·6	12·6	13·4
17	10·7	10·7	10·7	10·7	10·7	11·1	12·2	12·1	13·3	14·8	15·3	15·3	16·6	17·0
18	10·2	9·9	9·6	9·5	10·8	11·5	13·1	14·6	16·2	17·6	17·5	17·4	17·6	17·7
19	12·7	12·4	11·8	11·5	11·5	12·2	11·8	12·4	12·5	12·4	12·3	12·8	12·8	14·9
20	7·9	7·6	7·6	7·4	6·5	7·3	7·9	8·2	8·7	9·8	9·4	10·5	12·0	10·6
21	5·2	4·1	3·8	3·4	5·6	5·4	6·7	8·7	9·8	10·4	11·3	13·5	12·7	12·6
22	7·8	7·7	7·6	7·7	7·9	8·5	8·7	9·7	11·7	13·4	14·3	14·1	15·7	16·0
23	8·4	8·4	7·6	6·9	7·9	9·1	9·6	11·6	12·9	14·5	15·4	16·0	16·1	16·9
24	7·9	6·8	6·3	5·9	6·4	7·4	7·8	9·6	12·1	13·6	13·7	13·0	14·3	14·2
25	11·2	11·1	11·5	9·6	8·9	10·9	10·7	11·8	13·4	12·7	16·3	14·7	16·3	15·3
26	8·6	7·4	6·9	5·9	6·8	7·4	9·7	10·6	11·2	12·4	21·7	15·3	15·8	15·2
27	9·6	8·9	8·2	8·0	7·9	8·4	9·8	11·6	13·4	14·7	16·3	15·7	16·1	15·2
28	9·3	10·5	3·7	5·8	5·1	10·4	11·8	12·4	14·0	16·2	16·6	17·5	17·5	17·4
29	5·3	6·3	5·2	4·7	5·0	6·7	8·1	10·2	10·7	11·0	12·6	14·4	15·5	15·7
30	6·9	7·0	7·4	6·8	5·9	6·2	6·2	7·9	9·2	10·7	10·1	10·5	10·7	9·3
31	7·0	6·8	5·4	4·3	4·7	5·3	6·8	8·4	10·1	11·8	11·6	11·8	15·0	14·1
Mean	11·50	11·18	10·81	10·56	10·61	11·28	12·06	13·04	13·89	14·78	15·56	15·94	16·33	16·50

above the ground 1·78 m. *July* 1883.

3	4	5	6	7	8	9	10	11	12	Means.	Maximum.	Minimum.	Difference.
21·7	21·9	21·2	21·8	22·5	19·2	17·4	15·2	15·1	14·2	17·67	21·5	11·0	10·5
21·7	22·5	22·6	21·3	20·1	17·4	16·8	16·3	15·9	15·9	18·67	23·5	13·1	10·4
17·5	17·4	17·8	17·4	17·4	16·8	15·8	15·2	14·1	11·2	16·94	22·2	12·2	10·0
15·4	15·8	15·9	15·4	15·1	14·2	12·0	10·2	9·7	10·7	12·22	16·6	8·9	7·7
15·2	15·3	15·7	14·7	14·0	14·2	13·8	13·3	12·9	11·8	13·04	15·7	9·7	6·0
22·5	22·8	22·6	20·7	16·1	15·6	15·7	15·4	16·0	15·4	17·06	**24·7**	10·6	14·1
23·6	23·2	23·2	21·4	21·4	20·2	18·5	17·3	15·6	15·6	19·00	23·9	13·8	10·1
22·7	23·8	20·2	20·7	19·4	18·5	17·7	16·8	16·0	15·9	18·17	23·2	12·7	10·5
24·0	23·3	21·8	23·6	21·3	20·7	19·0	18·5	17·4	15·2	**19·72**	24·6	15·2	9·4
16·4	16·5	16·3	15·7	15·8	15·8	14·9	14·6	13·5	11·3	15·33	17·8	11·3	6·5
11·7	12·7	12·3	12·3	13·3	12·3	12·2	11·8	11·7	11·2	**10·78**	12·3	8·9	3·4
20·7	20·7	20·4	19·8	19·6	19·2	16·7	14·8	14·3	12·9	16·06	21·2	**8·7**	12·5
19·8	20·2	20·6	19·2	18·6	16·7	15·1	14·2	13·6	12·8	16·00	21·2	11·0	10·2
19·1	18·5	18·9	20·0	19·3	17·2	15·4	13·9	13·6	13·0	15·94	20·4	11·6	8·8
20·1	20·0	19·7	19·3	15·6	17·7	16·3	14·9	13·5	12·9	16·33	20·6	10·3	10·3
20·7	20·1	19·6	19·3	18·3	17·4	16·6	15·1	13·7	13·6	16·65	21·1	10·2	10·9
19·3	19·2	18·6	18·0	17·4	16·8	15·8	15·6	15·2	14·8	16·56	19·7	12·7	7·0
21·2	20·4	20·6	19·9	19·1	18·7	17·3	17·0	16·8	15·3	17·44	21·3	11·9	9·4
22·5	21·8	21·3	19·6	19·1	18·6	18·0	18·0	17·5	16·3	18·39	23·9	13·3	10·6
22·1	21·5	22·3	20·2	20·0	19·6	17·9	17·3	16·4	16·7	18·50	22·8	14·3	8·5
20·7	20·7	20·6	20·5	19·9	19·2	18·3	17·4	16·4	16·6	19·00	23·3	15·4	7·9
21·4	20·7	20·6	19·4	19·1	18·7	17·0	16·6	14·8	15·2	17·44	21·8	14·2	7·6
20·2	16·8	17·9	16·8	15·8	15·6	14·9	14·3	14·1	13·3	16·01	22·6	13·3	9·3
16·2	17·4	16·7	13·3	14·2	13·5	12·3	11·4	12·1	12·4	13·72	17·8	10·9	6·9
12·6	13·1	13·4	14·1	14·1	13·6	12·9	12·7	12·3	12·4	12·28	14·3	9·9	4·4
16·8	16·3	17·8	16·2	14·6	12·9	11·8	11·7	10·7	10·4	13·61	19·2	10·1	9·1
10·8	11·6	11·8	11·8	11·6	11·0	10·6	10·3	10·8	10·7	11·89	17·2	10·1	7·1
18·5	18·6	18·5	15·5	17·4	16·3	14·6	13·0	12·4	11·7	14·28	19·5	8·8	10·7
21·9	21·3	20·7	19·7	18·6	17·4	16·3	15·3	15·2	15·3	16·72	22·4	10·2	12·2
21·1	20·7	20·6	19·7	19·1	15·5	16·9	16·3	17·3	16·9	18·06	21·9	14·8	7·1
19·7	19·6	19·1	18·5	17·9	17·4	16·8	17·2	16·3	15·8	17·06	19·9	15·2	4·7
19·22	19·11	19·00	18·33	17·67	16·72	15·67	14·89	14·33	13·78	16·47	20·59	11·75	8·84

λ = − 115° 43′ 50″ = − 7h. 42m. 55s. *August* 1883.

3	4	5	6	7	8	9	10	11	12	Means.	Maximum.	Minimum.	Difference.
20·7	20·8	20·3	19·1	18·6	18·4	17·6	17·6	17·8	17·6	17·78	20·9	14·8	6·1
21·1	20·3	18·1	18·1	18·5	19·6	18·1	17·9	17·7	17·4	17·72	21·5	15·0	6·5
23·6	24·7	14·3	23·9	21·9	20·2	18·1	17·9	16·4	15·3	**19·89**	**25·6**	15·2	10·4
20·8	20·9	20·7	20·6	19·3	15·0	15·0	15·7	14·6	14·1	16·61	21·3	13·2	8·1
21·7	21·4	20·8	19·1	18·5	17·9	16·5	16·7	17·1	16·3	17·00	22·2	10·7	11·5
17·4	16·3	18·6	17·0	18·2	16·9	15·1	14·1	14·1	12·7	16·50	18·9	14·1	4·8
17·3	17·4	17·4	16·8	15·2	13·5	11·3	9·8	9·6	10·1	13·94	17·8	9·5	8·3
17·5	18·4	17·4	15·7	11·9	13·0	12·9	12·3	11·6	11·4	13·56	18·5	10·9	7·6
17·5	17·0	16·7	15·8	15·4	15·2	14·5	13·7	12·9	12·3	14·50	18·9	11·0	7·9
16·4	17·3	16·5	17·2	16·5	15·7	15·2	15·2	15·3	15·3	15·44	18·9	12·2	6·7
19·3	19·2	18·9	18·1	16·8	15·9	15·6	15·4	15·2	15·7	16·72	19·6	14·0	5·6
20·7	20·7	20·2	19·6	18·5	17·9	16·8	17·2	16·8	16·5	17·44	21·2	14·8	6·4
19·6	19·5	21·8	19·6	19·7	18·5	17·8	16·2	15·7	15·7	17·22	22·3	15·3	7·0
13·5	13·5	14·2	13·5	14·1	13·6	13·5	13·2	12·9	12·4	14·00	15·4	12·4	3·0
17·3	17·7	16·8	15·7	13·9	11·8	10·2	9·1	9·0	8·1	13·61	17·7	8·1	9·6
13·2	12·7	12·8	12·2	10·7	10·6	10·7	10·4	10·6	10·7	12·69	14·1	7·8	6·3
16·3	16·7	16·3	16·0	14·9	14·2	12·9	11·7	11·2	10·2	13·39	17·3	10·2	7·1
17·5	17·4	16·4	15·8	16·1	16·2	15·8	15·5	14·7	13·5	14·67	18·6	9·1	9·5
11·8	11·7	12·6	10·7	10·0	9·6	9·3	8·4	7·0	8·1	12·15	13·8	7·9	5·9
10·1	10·6	10·2	9·0	8·0	6·8	6·5	6·1	5·8	5·1	**8·33**	11·3	5·1	6·2
12·7	12·7	13·7	11·7	11·1	10·2	9·6	7·9	7·1	7·4	8·89	13·1	**3·3**	9·8
16·9	16·9	16·7	15·1	13·7	12·1	10·7	10·4	9·1	9·0	11·78	17·8	7·2	10·6
16·7	16·0	15·9	14·5	12·9	11·1	10·1	10·1	9·1	7·9	11·89	17·3	6·9	10·4
11·2	13·0	12·2	12·2	12·8	12·0	11·8	11·2	11·2	11·3	10·61	14·5	5·6	8·9
16·8	16·3	15·8	16·5	13·8	13·6	12·4	11·3	10·4	9·5	13·00	17·5	5·8	11·7
14·6	15·4	15·1	13·3	10·7	9·5	9·1	10·1	10·6	10·2	11·00	15·6	5·8	9·8
12·8	14·5	14·6	14·4	13·2	11·3	11·5	10·7	10·2	9·6	12·11	16·4	7·5	8·9
17·4	17·4	16·2	14·1	12·9	10·8	10·2	9·6	8·1	7·7	12·67	17·9	7·7	10·2
14·6	14·7	13·6	12·3	11·4	10·7	9·8	5·9	8·4	8·3	10·22	15·2	4·1	11·1
9·6	10·0	10·2	10·1	9·6	9·6	9·0	8·4	7·0	7·4	8·61	11·0	5·8	5·2
14·9	14·6	14·1	13·5	10·3	9·6	9·6	9·3	9·2	5·5	9·89	14·9	4·7	10·2
16·56	**16·61**	16·39	15·36	14·50	13·72	12·63	12·33	11·04	11·36	13·61	17·66	9·66	8·00

September 1882. Height of the Thermometers

Days	1		2		3		4		5		6		7		8		9		10		11		Noon	
	m.m.	p.c.	m.m.	p.c.	m.m.	p.c.	m.m.	p.c.	m.m.	p.c.	m.m.	p.c.	m.m.	p.c.	m.m.	p.c.	m.m.	p.c.	m.m.	p.c.	m.m.	p.c.	m.m.	p.c.
1	7·4	69	7·3	74	6·5	76	7·7	93	7·4	99	6·8	96	8·2	89	8·2	87	8·4	78	6·2	86	8·1	69	6·0	62
2	5·9	73	6·8	78	6·4	78	6·7	74	6·4	81	6·9	84	7·1	88	7·2	87	6·8	87	7·4	88	6·3	87	5·8	84
3	4·7	50	3·8	63	4·0	71	4·1	73	4·1	71	4·1	78	4·6	88	4·1	69	4·9	66	4·6	59	4·1	63	4·7	49
4	4·6	77	4·5	66	4·5	79	4·3	84	3·5	71	4·5	86	4·7	83	5·0	77	4·9	63	5·3	74	4·9	63	4·9	56
5	4·1	78	4·3	66	4·5	74	5·0	65	4·6	80	4·7	74	4·8	71	4·1	64	4·7	70	4·9	69	4·8	66	5·0	64
6	5·2	89	5·0	79	5·5	78	5·3	75	5·6	78	5·9	80	5·5	76	5·8	79	5·9	75	6·1	84	6·7	94	6·3	73
7	6·0	89	5·6	78	5·8	87	6·0	91	6·3	94	6·3	91	6·9	93	6·4	84	6·4	87	6·5	77	7·2	75	7·0	76
8	6·5	93	6·1	85	6·7	95	6·9	93	9·1	100	6·4	100	7·0	87	6·6	77	7·3	69	7·7	67	6·8	61	7·1	66
9	5·8	83	5·7	83	5·7	86	5·9	100	5·6	90	6·2	83	6·9	81	6·5	73	6·7	83	7·5	70	8·8	77	10·1	83
10	7·0	97	7·4	85	7·6	65	7·7	94	7·8	95	8·0	90	5·2	84	8·5	87	6·5	89	8·9	85	5·8	83	8·8	84
11	8·5	93	8·6	95	8·9	96	8·9	95	8·8	96	8·9	96	8·8	93	8·9	98	8·8	80	8·2	87	8·9	86	8·9	88
12	9·3	94	9·3	97	9·7	98	9·8	97	9·7	98	9·8	98	9·8	97	9·7	99	9·6	99	9·9	99	9·6	96	9·3	97
13	6·2	77	6·6	84	6·6	85	6·7	91	7·0	90	6·4	89	6·0	84	6·1	78	6·2	80	6·7	79	6·5	70	6·6	80
14	5·0	83	5·5	93	4·5	86	4·7	86	5·8	93	5·2	94	5·2	93	5·2	82	5·8	81	6·1	89	5·9	65	5·5	79
15	5·6	88	4·5	79	5·4	85	5·7	100	5·4	93	5·4	98	5·9	87	6·0	79	6·1	76	5·7	86	6·1	67	5·6	74
16	5·6	86	5·6	85	5·6	85	5·6	85	5·9	88	5·7	86	6·0	90	6·2	85	6·0	85	6·1	82	6·0	77	6·1	68
17	5·5	96	5·0	85	5·6	100	5·5	100	5·5	97	5·5	97	5·9	92	5·9	82	5·6	73	6·4	77	6·2	73	6·6	80
18	6·6	87	7·2	94	7·2	94	7·2	95	7·5	95	7·5	94	7·5	89	7·4	87	7·4	88	7·3	87	7·2	83	7·5	78
19	7·6	86	7·4	83	7·7	92	7·9	93	7·8	91	7·7	92	7·7	82	8·1	81	8·2	78	8·8	73	7·6	87	7·2	48
20	6·4	76	6·1	74	6·3	87	6·4	85	6·3	85	6·3	80	6·7	79	7·3	87	7·0	77	7·8	91	7·8	93	7·1	93
21	5·2	80	4·7	72	5·2	78	5·1	81	5·1	84	4·9	82	5·2	80	5·0	76	5·0	80	5·0	84	5·4	61	5·0	57
22	4·5	90	4·6	76	4·7	93	4·8	63	4·4	95	4·6	89	5·8	93	6·1	90	6·1	85	5·9	75	6·0	74	6·1	72
23	6·2	94	6·5	90	6·5	97	6·7	98	6·1	86	6·2	94	6·2	90	6·4	86	6·4	82	6·7	77	6·5	73	6·4	70
24	5·8	86	6·1	80	6·0	90	5·9	87	6·0	83	6·0	89	4·5	67	6·0	84	6·3	84	6·7	70	6·7	75	7·1	82
25	7·1	84	6·9	77	6·7	88	6·6	74	6·1	83	6·4	78	6·1	67	6·1	59	6·2	57	6·3	58	6·6	54	6·5	70
26	7·2	93	6·8	93	6·5	55	5·6	70	5·5	72	5·3	84	4·0	77	4·9	68	5·0	60	5·1	74	4·6	69	4·7	72
27	3·8	78	3·8	77	3·8	73	3·9	73	3·7	78	3·9	87	3·3	73	3·4	69	3·1	63	3·2	53	3·0	54	3·2	50
28	1·8	43	2·6	54	2·7	73	2·5	67	2·7	70	3·0	83	2·6	60	2·9	65	3·4	62	3·3	54	3·1	51	3·0	47
29	2·8	68	2·8	67	3·0	77	3·0	77	3·4	80	3·0	74	3·1	84	3·2	81	2·9	61	3·5	45	3·2	54	3·6	55
30	2·5	64	2·8	67	2·5	63	3·0	69	3·3	73	3·1	72	3·4	73	4·2	94	3·6	72	3·4	62	3·3	60	3·2	57
Mean	5·65	81·4	5·64	81·4	5·71	83·9	5·96	86·1	5·73	86·6	5·81	87·7	5·77	83·6	5·97	80·9	6·04	76·0	6·24	75·6	6·14	72·4	6·17	69·0

October 1882. $\varphi = + 62° 38' 52''$.

Days	1		2		3		4		5		6		7		8		9		10		11		Noon	
	m.m.	p.c.	m.m.	p.c.	m.m.	p.c.	m.m.	p.c.	m.m.	p.c.	m.m.	p.c.	m.m.	p.c.	m.m.	p.c.	m.m.	p.c.	m.m.	p.c.	m.m.	p.c.	m.m.	p.c.
1	3·9	81	3·6	83	3·6	83	4·2	84	3·1	49	3·6	75	4·3	79	3·1	69	3·3	66	4·2	73	3·1	52	3·0	47
2	3·4	76	3·6	81	3·5	81	3·5	75	3·4	81	3·4	81	3·7	84	3·3	82	3·6	66	3·2	49	3·5	57	3·6	50
3	3·9	82	3·9	83	3·8	86	3·9	86	3·9	86	3·4	81	3·4	67	4·1	69	4·1	66	5·4	72	4·9	59	4·6	50
4	4·5	89	4·5	86	4·8	94	4·8	92	5·1	96	4·8	96	4·8	83	5·0	82	5·3	83	5·2	69	5·1	69	5·2	54
5	5·1	78	5·3	85	4·8	94	4·8	90	5·3	95	5·0	94	4·8	87	4·4	78	4·7	78	4·9	94	4·8	87	4·7	85
6	4·8	93	5·2	93	5·2	98	5·0	99	4·6	91	4·7	93	4·2	86	4·7	94	5·0	97	5·2	68	5·1	97	5·0	94
7	5·0	93	5·4	94	5·4	94	5·4	94	5·3	94	5·8	99	5·4	91	5·4	93	5·4	95	5·4	92	5·6	90	5·5	88
8	5·6	95	5·4	95	5·0	90	5·2	93	5·3	99	5·1	97	5·1	90	5·1	97	5·3	79	5·3	90	5·8	86	5·5	80
9	4·9	96	4·7	91	4·7	90	5·0	92	5·0	96	5·0	94	5·1	91	5·4	86	5·6	77	5·5	74	6·1	67	5·6	65
10	5·0	93	5·0	91	4·8	93	4·7	97	4·2	83	4·7	94	4·8	93	4·9	90	4·8	92	5·0	99	4·9	83	4·9	81
11	4·0	83	4·1	87	4·2	88	4·1	87	4·1	87	4·0	87	4·1	83	4·2	85	4·2	85	4·3	81	4·3	75	4·5	75
12	4·3	91	4·9	91	5·0	97	5·0	94	5·2	99	5·4	98	5·4	97	5·5	97	5·8	97	6·0	97	6·0	91	6·0	89
13	5·0	87	4·8	70	4·9	84	5·0	85	5·0	84	4·8	82	4·7	80	4·9	82	4·7	78	4·5	82	4·8	79	4·7	77
14	4·5	89	4·5	89	4·5	95	4·6	95	4·4	92	4·4	93	4·3	92	4·4	94	4·4	94	3·9	87	3·8	88	3·7	81
15	4·0	96	3·9	98	4·8	98	4·8	98	4·8	95	4·3	97	4·5	96	4·2	96	4·6	90	4·5	88	4·2	82	4·3	78
16	3·6	84	3·5	86	3·6	84	3·6	83	3·7	83	3·5	81	3·0	79	3·2	73	3·7	73	3·4	61	3·1	53	3·0	66
17	2·9	73	2·4	73	2·9	73	2·6	80	2·4	81	2·5	86	2·6	85	2·5	85	2·5	76	2·3	67	2·6	68	2·7	64
18	3·2	84	3·5	90	3·7	94	4·0	95	3·7	91	4·1	90	4·3	97	4·2	95	4·1	86	4·8	83	4·1	86	4·1	82
19	4·0	84	4·0	85	4·0	85	4·4	90	4·4	95	3·9	93	3·9	90	4·0	97	3·8	89	3·9	90	3·7	84	3·8	88
20	3·6	94	3·6	92	3·6	94	3·6	91	3·5	92	3·3	92	3·4	88	3·4	87	3·4	86	3·5	83	3·9	91	3·9	93
21	3·4	93	3·3	89	3·3	89	3·4	87	3·6	82	4·3	96	4·1	97	4·0	88	4·1	92	4·3	96	3·8	89	3·8	84
22	4·4	90	4·5	92	4·4	99	4·4	99	4·4	99	4·3	99	4·4	95	4·2	93	4·2	88	3·9	79	3·8	74	3·8	76
23	4·3	90	4·3	89	4·8	93	4·3	99	4·2	95	4·1	97	4·1	97	4·0	85	4·3	87	4·1	82	4·0	83	4·1	87
24	3·5	90	3·2	84	3·4	88	3·3	85	3·4	93	3·2	88	3·1	83	3·2	83	3·1	83	3·2	79	3·4	86	3·4	81
25	2·8	77	2·8	82	2·8	82	2·6	73	2·7	84	2·7	82	2·6	81	2·6	80	2·3	69	2·5	68	2·6	72	3·0	76
26	3·1	79	3·3	84	3·3	79	3·1	79	3·0	76	3·4	81	3·4	82	3·5	83	3·8	94	4·0	95	4·1	96	4·3	94
27	3·2	74	3·4	78	3·2	78	3·3	79	3·4	81	3·4	81	3·3	83	3·0	76	2·5	63	3·3	81	3·6	83	3·9	93
28	4·1	87	4·3	85	4·6	90	4·2	93	4·5	95	4·3	88	4·4	89	4·3	87	4·2	85	4·7	84	4·4	85	4·4	84
29	4·5	94	4·5	94	4·6	99	4·5	97	4·3	98	4·3	98	4·3	99	4·5	99	4·6	98	4·7	97	3·9	97	3·9	87
30	2·0	84	2·1	83	2·4	83	2·0	77	2·2	80	2·0	78	2·0	76	2·2	77	2·2	76	2·4	74	2·4	77	2·2	72
31	2·5	86	2·1	73	1·4	83	2·2	79	1·9	70	1·9	74	2·1	80	2·0	77	1·8	78	1·9	77	1·8	68	1·8	74
Mean	4·01	86·6	4·01	87·9	4·04	89·5	4·01	88·5	3·96	88·2	3·99	89·5	3·94	87·7	4·01	86·6	4·04	83·5	4·14	82·3	4·11	78·5	4·04	76·2

above the ground 1·78 m.

September 1882.

1		2		3		4		5		6		7		8		9		10		11		12		Means.	
m. m.	p. c.	m. m.	p. c.	m. m.	p. c.	m. m.	p. c.	m. m.	p. c.	m. m.	p. c.	m. m.	p. c.	m. m.	p. c.	m. m.	p. c.	m. m.	p. c.	m. m.	p. c.	m. m.	p. c.	m. m.	p. c.
6·2	53	6·1	48	6·0	52	[illegible]	[illegible]	[illegible]	[illegible]	[illegible]	[illegible]	[illegible]	[illegible]	[illegible]	[illegible]	[illegible]	[illegible]	[illegible]	[illegible]	[illegible]	[illegible]	[illegible]	[illegible]	[illegible]	[illegible]
5·8	85	5·4	84	5·6	76	[illegible]	[illegible]	[illegible]	[illegible]	[illegible]	[illegible]	[illegible]	[illegible]	[illegible]	[illegible]	[illegible]	[illegible]	[illegible]	[illegible]	[illegible]	[illegible]	[illegible]	[illegible]	[illegible]	[illegible]
4·7	[illegible]	4·7	56	4·7	60	[illegible]	[illegible]	[illegible]	[illegible]	[illegible]	[illegible]	[illegible]	[illegible]	[illegible]	[illegible]	[illegible]	[illegible]	[illegible]	[illegible]	[illegible]	[illegible]	[illegible]	[illegible]	[illegible]	[illegible]
4·9	61	4·8	57	4·8	58	[illegible]	[illegible]	[illegible]	[illegible]	[illegible]	[illegible]	[illegible]	[illegible]	[illegible]	[illegible]	[illegible]	[illegible]	[illegible]	[illegible]	[illegible]	[illegible]	[illegible]	[illegible]	[illegible]	[illegible]
5·4	[illegible]	5·1	59	5·3	63	[illegible]	[illegible]	[illegible]	[illegible]	[illegible]	[illegible]	[illegible]	[illegible]	[illegible]	[illegible]	[illegible]	[illegible]	[illegible]	[illegible]	[illegible]	[illegible]	[illegible]	[illegible]	[illegible]	[illegible]
6·1	[illegible]	6·0	65	6·4	81	[illegible]	[illegible]	[illegible]	[illegible]	[illegible]	[illegible]	[illegible]	[illegible]	[illegible]	[illegible]	[illegible]	[illegible]	[illegible]	[illegible]	[illegible]	[illegible]	[illegible]	[illegible]	[illegible]	[illegible]
7·0	79	7·0	82	7·6	95	[illegible]	[illegible]	[illegible]	[illegible]	[illegible]	[illegible]	[illegible]	[illegible]	[illegible]	[illegible]	[illegible]	[illegible]	[illegible]	[illegible]	[illegible]	[illegible]	[illegible]	[illegible]	[illegible]	[illegible]
7·2	[illegible]	7·6	89	7·4	61	[illegible]	[illegible]	[illegible]	[illegible]	[illegible]	[illegible]	[illegible]	[illegible]	[illegible]	[illegible]	[illegible]	[illegible]	[illegible]	[illegible]	[illegible]	[illegible]	[illegible]	[illegible]	[illegible]	[illegible]
10·6	87	10·3	92	10·1	96	[illegible]	[illegible]	[illegible]	[illegible]	[illegible]	[illegible]	[illegible]	[illegible]	[illegible]	[illegible]	[illegible]	[illegible]	[illegible]	[illegible]	[illegible]	[illegible]	[illegible]	[illegible]	[illegible]	[illegible]
8·8	[illegible]	8·7	79	8·8	81	[illegible]	[illegible]	[illegible]	[illegible]	[illegible]	[illegible]	[illegible]	[illegible]	[illegible]	[illegible]	[illegible]	[illegible]	[illegible]	[illegible]	[illegible]	[illegible]	[illegible]	[illegible]	[illegible]	[illegible]
8·8	84	9·1	85	9·1	85	[illegible]	[illegible]	[illegible]	[illegible]	[illegible]	[illegible]	[illegible]	[illegible]	[illegible]	[illegible]	[illegible]	[illegible]	[illegible]	[illegible]	[illegible]	[illegible]	[illegible]	[illegible]	8·97	90·6
9·5	91	9·1	89	8·9	78	[illegible]	[illegible]	[illegible]	[illegible]	[illegible]	[illegible]	[illegible]	[illegible]	[illegible]	[illegible]	[illegible]	[illegible]	[illegible]	[illegible]	[illegible]	[illegible]	[illegible]	[illegible]	[illegible]	[illegible]
6·5	78	6·3	75	6·0	69	[illegible]	[illegible]	[illegible]	[illegible]	[illegible]	[illegible]	[illegible]	[illegible]	[illegible]	[illegible]	[illegible]	[illegible]	[illegible]	[illegible]	[illegible]	[illegible]	[illegible]	[illegible]	[illegible]	[illegible]
5·8	63	5·8	56	6·2	61	[illegible]	[illegible]	[illegible]	[illegible]	[illegible]	[illegible]	[illegible]	[illegible]	[illegible]	[illegible]	[illegible]	[illegible]	[illegible]	[illegible]	[illegible]	[illegible]	[illegible]	[illegible]	[illegible]	[illegible]
5·5	52	5·6	46	5·8	59	[illegible]	[illegible]	[illegible]	[illegible]	[illegible]	[illegible]	[illegible]	[illegible]	[illegible]	[illegible]	[illegible]	[illegible]	[illegible]	[illegible]	[illegible]	[illegible]	[illegible]	[illegible]	[illegible]	[illegible]
6·0	54	6·1	61	6·0	64	[illegible]	[illegible]	[illegible]	[illegible]	[illegible]	[illegible]	[illegible]	[illegible]	[illegible]	[illegible]	[illegible]	[illegible]	[illegible]	[illegible]	[illegible]	[illegible]	[illegible]	[illegible]	[illegible]	[illegible]
6·3	69	6·0	65	6·6	74	[illegible]	[illegible]	[illegible]	[illegible]	[illegible]	[illegible]	[illegible]	[illegible]	[illegible]	[illegible]	[illegible]	[illegible]	[illegible]	[illegible]	[illegible]	[illegible]	[illegible]	[illegible]	[illegible]	[illegible]
7·5	72	7·1	69	7·2	71	[illegible]	[illegible]	[illegible]	[illegible]	[illegible]	[illegible]	[illegible]	[illegible]	[illegible]	[illegible]	[illegible]	[illegible]	[illegible]	[illegible]	[illegible]	[illegible]	[illegible]	[illegible]	[illegible]	[illegible]
7·3	47	6·7	40	6·5	42	[illegible]	[illegible]	[illegible]	[illegible]	[illegible]	[illegible]	[illegible]	[illegible]	[illegible]	[illegible]	[illegible]	[illegible]	[illegible]	[illegible]	[illegible]	[illegible]	[illegible]	[illegible]	[illegible]	[illegible]
7·1	90	6·7	82	6·5	71	[illegible]	[illegible]	[illegible]	[illegible]	[illegible]	[illegible]	[illegible]	[illegible]	[illegible]	[illegible]	[illegible]	[illegible]	[illegible]	[illegible]	[illegible]	[illegible]	[illegible]	[illegible]	[illegible]	[illegible]
4·9	52	4·9	56	4·8	54	[illegible]	[illegible]	[illegible]	[illegible]	[illegible]	[illegible]	[illegible]	[illegible]	[illegible]	[illegible]	[illegible]	[illegible]	[illegible]	[illegible]	[illegible]	[illegible]	[illegible]	[illegible]	[illegible]	[illegible]
5·5	59	5·2	55	5·4	64	[illegible]	[illegible]	[illegible]	[illegible]	[illegible]	[illegible]	[illegible]	[illegible]	[illegible]	[illegible]	[illegible]	[illegible]	[illegible]	[illegible]	[illegible]	[illegible]	[illegible]	[illegible]	[illegible]	[illegible]
6·4	69	6·6	71	6·7	75	[illegible]	[illegible]	[illegible]	[illegible]	[illegible]	[illegible]	[illegible]	[illegible]	[illegible]	[illegible]	[illegible]	[illegible]	[illegible]	[illegible]	[illegible]	[illegible]	[illegible]	[illegible]	[illegible]	[illegible]
6·9	77	6·9	72	6·9	74	[illegible]	[illegible]	[illegible]	[illegible]	[illegible]	[illegible]	[illegible]	[illegible]	[illegible]	[illegible]	[illegible]	[illegible]	[illegible]	[illegible]	[illegible]	[illegible]	[illegible]	[illegible]	[illegible]	[illegible]
6·4	49	6·1	49	6·2	54	[illegible]	[illegible]	[illegible]	[illegible]	[illegible]	[illegible]	[illegible]	[illegible]	[illegible]	[illegible]	[illegible]	[illegible]	[illegible]	[illegible]	[illegible]	[illegible]	[illegible]	[illegible]	[illegible]	[illegible]
4·5	68	4·5	61	4·3	59	[illegible]	[illegible]	[illegible]	[illegible]	[illegible]	[illegible]	[illegible]	[illegible]	[illegible]	[illegible]	[illegible]	[illegible]	[illegible]	[illegible]	[illegible]	[illegible]	[illegible]	[illegible]	[illegible]	[illegible]
2·8	52	2·8	49	2·6	47	[illegible]	[illegible]	[illegible]	[illegible]	[illegible]	[illegible]	[illegible]	[illegible]	[illegible]	[illegible]	[illegible]	[illegible]	[illegible]	[illegible]	[illegible]	[illegible]	[illegible]	[illegible]	[illegible]	[illegible]
3·2	[illegible]	3·1	55	3·3	60	[illegible]	[illegible]	[illegible]	[illegible]	[illegible]	[illegible]	[illegible]	[illegible]	[illegible]	[illegible]	[illegible]	[illegible]	[illegible]	[illegible]	[illegible]	[illegible]	[illegible]	[illegible]	2·89	63·7
3·5	66	3·1	54	3·4	76	[illegible]	[illegible]	[illegible]	[illegible]	[illegible]	[illegible]	[illegible]	[illegible]	[illegible]	[illegible]	[illegible]	[illegible]	[illegible]	[illegible]	[illegible]	[illegible]	[illegible]	[illegible]	[illegible]	[illegible]
3·2	56	3·2	57	3·3	60	[illegible]	[illegible]	[illegible]	[illegible]	[illegible]	[illegible]	[illegible]	[illegible]	[illegible]	[illegible]	[illegible]	[illegible]	[illegible]	[illegible]	[illegible]	[illegible]	[illegible]	[illegible]	[illegible]	[illegible]
6·14	66·1	6·04	64·9	6·09	67·1	6·09	70·1	5·99	69·5	5·99	75·9	[illegible]	[illegible]	[illegible]	[illegible]	[illegible]	[illegible]	[illegible]	[illegible]	[illegible]	[illegible]	5·58	[illegible]	[illegible]	[illegible]

λ = — 115° 43′ 50″ = — 7h. 42m. 55s.

October 1882.

1		2		3		4		5		6		7		8		9		10		11		12		Means.	
m. m.	p. c.	m. m.	p. c.	m. m.	p. c.	m. m.	p. c.	m. m.	p. c.	m. m.	p. c.	m. m.	p. c.	m. m.	p. c.	m. m.	p. c.	m. m.	p. c.	m. m.	p. c.	m. m.	p. c.	m. m.	p. c.
[illegible]	46	[illegible]	[illegible]	[illegible]	[illegible]	[illegible]	[illegible]	[illegible]	[illegible]	[illegible]	[illegible]	[illegible]	[illegible]	[illegible]	[illegible]	[illegible]	[illegible]	[illegible]	[illegible]	[illegible]	[illegible]	[illegible]	[illegible]	[illegible]	[illegible]
[illegible]	46	[illegible]	[illegible]	[illegible]	[illegible]	[illegible]	[illegible]	[illegible]	[illegible]	[illegible]	[illegible]	[illegible]	[illegible]	[illegible]	[illegible]	[illegible]	[illegible]	[illegible]	[illegible]	[illegible]	[illegible]	[illegible]	[illegible]	[illegible]	60·3
[illegible]	[illegible]	[illegible]	[illegible]	[illegible]	[illegible]	[illegible]	[illegible]	[illegible]	[illegible]	[illegible]	[illegible]	[illegible]	[illegible]	[illegible]	[illegible]	[illegible]	[illegible]	[illegible]	[illegible]	[illegible]	[illegible]	[illegible]	[illegible]	[illegible]	[illegible]
[illegible]	[illegible]	[illegible]	[illegible]	[illegible]	[illegible]	[illegible]	[illegible]	[illegible]	[illegible]	[illegible]	[illegible]	[illegible]	[illegible]	[illegible]	[illegible]	[illegible]	[illegible]	[illegible]	[illegible]	[illegible]	[illegible]	[illegible]	[illegible]	[illegible]	[illegible]
[illegible]	[illegible]	[illegible]	[illegible]	[illegible]	[illegible]	[illegible]	[illegible]	[illegible]	[illegible]	[illegible]	[illegible]	[illegible]	[illegible]	[illegible]	[illegible]	[illegible]	[illegible]	[illegible]	[illegible]	[illegible]	[illegible]	[illegible]	[illegible]	[illegible]	[illegible]
[illegible]	[illegible]	[illegible]	[illegible]	[illegible]	[illegible]	[illegible]	[illegible]	[illegible]	[illegible]	[illegible]	[illegible]	[illegible]	[illegible]	[illegible]	[illegible]	[illegible]	[illegible]	[illegible]	[illegible]	[illegible]	[illegible]	[illegible]	[illegible]	[illegible]	[illegible]
[illegible]	[illegible]	[illegible]	[illegible]	[illegible]	[illegible]	[illegible]	[illegible]	[illegible]	[illegible]	[illegible]	[illegible]	[illegible]	[illegible]	[illegible]	[illegible]	[illegible]	[illegible]	[illegible]	[illegible]	[illegible]	[illegible]	[illegible]	[illegible]	5·51	[illegible]
[illegible]	[illegible]	[illegible]	[illegible]	[illegible]	[illegible]	[illegible]	[illegible]	[illegible]	[illegible]	[illegible]	[illegible]	[illegible]	[illegible]	[illegible]	[illegible]	[illegible]	[illegible]	[illegible]	[illegible]	[illegible]	[illegible]	[illegible]	[illegible]	[illegible]	[illegible]
6·1	[illegible]	[illegible]	[illegible]	[illegible]	[illegible]	[illegible]	[illegible]	[illegible]	[illegible]	[illegible]	[illegible]	[illegible]	[illegible]	[illegible]	[illegible]	[illegible]	[illegible]	[illegible]	[illegible]	[illegible]	[illegible]	[illegible]	[illegible]	[illegible]	[illegible]
[illegible]	[illegible]	[illegible]	[illegible]	[illegible]	[illegible]	[illegible]	[illegible]	[illegible]	[illegible]	[illegible]	[illegible]	[illegible]	[illegible]	[illegible]	[illegible]	[illegible]	[illegible]	[illegible]	[illegible]	[illegible]	[illegible]	[illegible]	[illegible]	[illegible]	[illegible]
[illegible]	[illegible]	[illegible]	[illegible]	[illegible]	[illegible]	[illegible]	[illegible]	[illegible]	[illegible]	[illegible]	[illegible]	[illegible]	[illegible]	[illegible]	[illegible]	[illegible]	[illegible]	[illegible]	[illegible]	[illegible]	[illegible]	[illegible]	[illegible]	[illegible]	[illegible]
6·1	[illegible]	[illegible]	[illegible]	[illegible]	[illegible]	[illegible]	[illegible]	[illegible]	[illegible]	[illegible]	[illegible]	[illegible]	[illegible]	[illegible]	[illegible]	[illegible]	[illegible]	[illegible]	[illegible]	[illegible]	[illegible]	[illegible]	[illegible]	[illegible]	[illegible]
[illegible]	[illegible]	[illegible]	[illegible]	[illegible]	[illegible]	[illegible]	[illegible]	[illegible]	[illegible]	[illegible]	[illegible]	[illegible]	[illegible]	[illegible]	[illegible]	[illegible]	[illegible]	[illegible]	[illegible]	[illegible]	[illegible]	[illegible]	[illegible]	[illegible]	[illegible]
[illegible]	[illegible]	[illegible]	[illegible]	[illegible]	[illegible]	[illegible]	[illegible]	[illegible]	[illegible]	[illegible]	[illegible]	[illegible]	[illegible]	[illegible]	[illegible]	[illegible]	[illegible]	[illegible]	[illegible]	[illegible]	[illegible]	[illegible]	[illegible]	[illegible]	[illegible]
[illegible]	[illegible]	[illegible]	[illegible]	[illegible]	[illegible]	[illegible]	[illegible]	[illegible]	[illegible]	[illegible]	[illegible]	[illegible]	[illegible]	[illegible]	[illegible]	[illegible]	[illegible]	[illegible]	[illegible]	[illegible]	[illegible]	[illegible]	[illegible]	[illegible]	[illegible]
[illegible]	[illegible]	[illegible]	[illegible]	[illegible]	[illegible]	[illegible]	[illegible]	[illegible]	[illegible]	[illegible]	[illegible]	[illegible]	[illegible]	[illegible]	[illegible]	[illegible]	[illegible]	[illegible]	[illegible]	[illegible]	[illegible]	[illegible]	[illegible]	[illegible]	[illegible]
[illegible]	[illegible]	[illegible]	[illegible]	[illegible]	[illegible]	[illegible]	[illegible]	[illegible]	[illegible]	[illegible]	[illegible]	[illegible]	[illegible]	[illegible]	[illegible]	[illegible]	[illegible]	[illegible]	[illegible]	[illegible]	[illegible]	[illegible]	[illegible]	[illegible]	[illegible]
[illegible]	[illegible]	[illegible]	[illegible]	[illegible]	[illegible]	[illegible]	[illegible]	[illegible]	[illegible]	[illegible]	[illegible]	[illegible]	[illegible]	[illegible]	[illegible]	[illegible]	[illegible]	[illegible]	[illegible]	[illegible]	[illegible]	[illegible]	[illegible]	[illegible]	[illegible]
[illegible]	[illegible]	[illegible]	[illegible]	[illegible]	[illegible]	[illegible]	[illegible]	[illegible]	[illegible]	[illegible]	[illegible]	[illegible]	[illegible]	[illegible]	[illegible]	[illegible]	[illegible]	[illegible]	[illegible]	[illegible]	[illegible]	[illegible]	[illegible]	[illegible]	[illegible]
[illegible]	[illegible]	[illegible]	[illegible]	[illegible]	[illegible]	[illegible]	[illegible]	[illegible]	[illegible]	[illegible]	[illegible]	[illegible]	[illegible]	[illegible]	[illegible]	[illegible]	[illegible]	[illegible]	[illegible]	[illegible]	[illegible]	[illegible]	[illegible]	[illegible]	[illegible]
[illegible]	[illegible]	[illegible]	[illegible]	[illegible]	[illegible]	[illegible]	[illegible]	[illegible]	[illegible]	[illegible]	[illegible]	[illegible]	[illegible]	[illegible]	[illegible]	[illegible]	[illegible]	[illegible]	[illegible]	[illegible]	[illegible]	[illegible]	[illegible]	[illegible]	[illegible]
[illegible]	[illegible]	[illegible]	[illegible]	[illegible]	[illegible]	[illegible]	[illegible]	[illegible]	[illegible]	[illegible]	[illegible]	[illegible]	[illegible]	[illegible]	[illegible]	[illegible]	[illegible]	[illegible]	[illegible]	[illegible]	[illegible]	[illegible]	[illegible]	[illegible]	[illegible]
[illegible]	[illegible]	[illegible]	[illegible]	[illegible]	[illegible]	[illegible]	[illegible]	[illegible]	[illegible]	[illegible]	[illegible]	[illegible]	[illegible]	[illegible]	[illegible]	[illegible]	[illegible]	[illegible]	[illegible]	[illegible]	[illegible]	[illegible]	[illegible]	[illegible]	93·7
[illegible]	[illegible]	[illegible]	[illegible]	[illegible]	[illegible]	[illegible]	[illegible]	[illegible]	[illegible]	[illegible]	[illegible]	[illegible]	[illegible]	[illegible]	[illegible]	[illegible]	[illegible]	[illegible]	[illegible]	[illegible]	[illegible]	[illegible]	[illegible]	[illegible]	[illegible]
[illegible]	[illegible]	[illegible]	[illegible]	[illegible]	[illegible]	[illegible]	[illegible]	[illegible]	[illegible]	[illegible]	[illegible]	[illegible]	[illegible]	[illegible]	[illegible]	[illegible]	[illegible]	[illegible]	[illegible]	[illegible]	[illegible]	[illegible]	[illegible]	[illegible]	[illegible]
[illegible]	[illegible]	[illegible]	[illegible]	[illegible]	[illegible]	[illegible]	[illegible]	[illegible]	[illegible]	[illegible]	[illegible]	[illegible]	[illegible]	[illegible]	[illegible]	[illegible]	[illegible]	[illegible]	[illegible]	[illegible]	[illegible]	[illegible]	[illegible]	[illegible]	[illegible]
[illegible]	[illegible]	[illegible]	[illegible]	[illegible]	[illegible]	[illegible]	[illegible]	[illegible]	[illegible]	[illegible]	[illegible]	[illegible]	[illegible]	[illegible]	[illegible]	[illegible]	[illegible]	[illegible]	[illegible]	[illegible]	[illegible]	[illegible]	[illegible]	[illegible]	[illegible]
[illegible]	[illegible]	[illegible]	[illegible]	[illegible]	[illegible]	[illegible]	[illegible]	[illegible]	[illegible]	[illegible]	[illegible]	[illegible]	[illegible]	[illegible]	[illegible]	[illegible]	[illegible]	[illegible]	[illegible]	[illegible]	[illegible]	[illegible]	[illegible]	[illegible]	[illegible]
[illegible]	[illegible]	[illegible]	[illegible]	[illegible]	[illegible]	[illegible]	[illegible]	[illegible]	[illegible]	[illegible]	[illegible]	[illegible]	[illegible]	[illegible]	[illegible]	[illegible]	[illegible]	[illegible]	[illegible]	[illegible]	[illegible]	[illegible]	[illegible]	[illegible]	[illegible]
[illegible]	[illegible]	[illegible]	[illegible]	[illegible]	[illegible]	[illegible]	[illegible]	[illegible]	[illegible]	[illegible]	[illegible]	[illegible]	[illegible]	[illegible]	[illegible]	[illegible]	[illegible]	[illegible]	[illegible]	1·1	[illegible]	[illegible]	[illegible]	1·75	[illegible]
[illegible]	[illegible]	[illegible]	[illegible]	[illegible]	[illegible]	[illegible]	[illegible]	[illegible]	[illegible]	[illegible]	[illegible]	[illegible]	[illegible]	[illegible]	[illegible]	[illegible]	[illegible]	[illegible]	[illegible]	[illegible]	[illegible]	[illegible]	[illegible]	[illegible]	[illegible]
[illegible]	[illegible]	[illegible]	75·2	[illegible]	[illegible]	[illegible]	[illegible]	[illegible]	[illegible]	[illegible]	[illegible]	[illegible]	[illegible]	[illegible]	[illegible]	3·89	[illegible]	3·89	[illegible]	[illegible]	[illegible]	3·89	[illegible]	[illegible]	[illegible]

November 1882. Height of the thermometers

Days.	1		2		3		4		5		6		7		8		9		10		11		Noon.	
	m.m.	p.c.	m.m.	p.c.	m.m.	p.c.	m.m.	p.c.	m.m.	p.c.	m.m.	p.c.	m.m.	p.c.	m.m.	p.c.	m.m.	p.c.	m.m.	p.c.	m.m.	p.c.	m.m.	p.c.
1	1·3	74	1·5	62	1·0	71	0·9	69	0·9	71	0·9	69	0·9	67	1·1	72	1·2	72	1·2	70	1·0	54	1·2	55
2	1·8	57	1·9	57	2·2	68	2·2	65	2·2	63	2·5	67	2·0	64	2·1	70	2·2	75	2·4	80	2·3	74	2·3	70
3	1·7	66	1·5	55	1·0	42	1·5	55	1·0	52	0·9	54	1·2	70	1·1	67	1·0	64	1·2	73	1·2	61	1·2	61
4	2·1	77	2·4	81	2·4	79	2·6	81	2·6	81	2·7	84	2·8	86	2·9	89	2·7	82	2·7	82	2·4	55	2·0	58
5	0·9	48	1·3	74	1·3	76	1·2	76	1·2	73	1·2	75	1·2	65	1·1	65	1·1	65	1·2	64	1·2	65	1·1	60
6	0·8	65	0·8	66	0·9	63	0·7	59	0·7	61	0·8	67	0·8	67	0·8	63	0·9	66	1·0	71	1·0	66	1·2	72
7	0·5	67	0·8	62	0·7	65	0·5	58	0·5	55	0·4	50	0·4	48	0·4	48	0·4	48	0·4	48	0·5	55	0·5	60
8	0·4	45	0·3	38	0·3	37	0·1	19	0·1	19	0·1	16	0·1	15	0·1	14	0·3	38	0·3	44	0·4	50	0·4	45
9	1·0	70	0·9	66	0·8	66	0·5	62	1·0	69	0·8	68	0·7	65	0·6	64	0·8	67	0·8	65	0·8	64	1·0	72
10	1·3	71	1·4	77	1·1	73	1·3	67	1·4	75	1·4	73	1·5	77	1·6	75	1·7	76	1·5	61	1·1	43	1·1	47
11	2·1	69	2·1	69	2·7	83	2·2	74	2·3	85	2·2	80	2·4	82	2·6	77	2·0	84	1·8	64	1·5	45	1·5	61
12	1·8	71	1·1	71	1·9	74	1·0	70	1·0	72	1·0	70	1·0	72	1·0	72	1·2	73	1·3	71	1·6	75	1·7	79
13	4·7	94	4·1	93	4·3	91	4·1	91	1·7	93	3·9	87	3·2	84	2·0	80	2·0	83	1·7	70	1·5	57	1·4	76
14	0·9	67	0·9	67	1·0	72	1·1	71	1·1	72	1·2	75	1·3	73	1·4	77	1·5	77	1·7	78	1·7	79	1·8	80
15	1·9	80	1·0	81	2·0	84	2·1	83	2·1	84	2·3	85	2·7	89	2·6	89	2·5	88	2·4	83	2·3	88	2·1	76
16	2·1	50	2·7	60	2·5	63	2·3	67	3·0	79	3·1	75	3·5	88	3·8	88	3·2	80	3·6	84	3·3	72	3·8	77
17	1·3	74	1·8	70	2·0	73	1·1	73	1·0	70	1·0	72	1·1	73	1·2	73	1·3	78	1·3	75	1·3	74	1·4	77
18	1·7	79	1·8	79	2·1	83	2·1	88	2·1	83	2·0	87	2·0	83	1·9	78	2·2	83	2·2	85	2·2	76	2·6	84
19	2·1	81	2·1	81	2·2	80	2·5	85	2·3	80	2·4	80	2·5	84	2·4	78	2·5	81	2·5	81	2·5	81	2·4	55
20	1·3	74	1·3	74	1·3	76	1·3	73	1·3	74	1·3	76	1·2	72	1·2	74	1·2	75	2·2	75	1·3	70	1·2	69
21	0·8	65	0·8	67	0·9	63	1·0	72	0·8	67	0·8	60	1·0	70	0·9	68	1·2	70	1·2	73	1·4	74	2·2	58
22	0·6	49	0·4	45	0·4	49	0·4	45	0·5	51	0·5	59	0·7	66	0·8	67	0·9	68	1·0	70	1·3	77	1·4	77
23	1·5	77	1·5	77	1·6	76	1·7	79	1·6	77	1·7	79	1·8	80	1·7	73	1·8	79	2·0	83	2·0	82	2·1	83
24	2·0	83	1·8	77	1·9	80	2·0	83	2·0	83	1·8	74	1·7	72	1·7	74	1·6	72	1·5	70	1·6	73	1·7	74
25	1·8	77	1·7	72	1·7	71	1·7	68	1·8	72	2·0	83	1·7	70	1·6	68	1·7	75	1·6	68	1·5	66	1·4	59
26	1·4	73	1·4	73	1·5	77	1·4	73	1·5	77	1·5	77	1·4	71	1·4	72	1·5	71	1·4	68	1·5	72	1·5	72
27	0·7	65	0·7	65	0·4	49	0·4	49	0·4	45	0·4	48	0·4	48	0·4	48	0·3	45	0·3	45	0·3	38	0·3	40
28	0·1	19	0·2	29	0·3	35	0·3	31	0·4	43	0·4	49	0·5	57	0·7	66	0·8	65	0·8	67	0·9	68	1·0	71
29	0·7	65	0·6	60	0·5	57	0·5	57	0·3	37	0·7	65	0·7	65	0·7	65	0·6	60	0·5	57	0·6	59	0·6	60
30	0·1	18	0·1	15	0·1	14	0·1	9	0·1	16	0·1	11	0·1	9	0·1	10	0·1	11	0·1	11	0·1	10	0·1	9
Mean	1·35	66·2	1·35	66·0	1·30	66·6	1·35	65·4	1·37	67·1	1·35	67·1	1·33	67·8	1·35	67·6	1·40	69·1	1·42	68·5	1·42	65·6	1·42	65·9

December 1882. $\varphi = + 62° 38' 52''$.

Days.	1		2		3		4		5		6		7		8		9		10		11		Noon.	
	m.m.	p.c.	m.m.	p.c.	m.m.	p.c.	m.m.	p.c.	m.m.	p.c.	m.m.	p.c.	m.m.	p.c.	m.m.	p.c.	m.m.	p.c.	m.m.	p.c.	m.m.	p.c.	m.m.	p.c.
1	0·1	39	0·2	100	0·3	100	0·3	100	0·3	100	0·3	100	0·3	100	0·3	100	0·4	100	0·4	100	0·4	94	0·5	100
2	0·5	88	0·5	89	0·5	100	0·4	86	0·4	86	0·4	93	0·4	79	0·4	86	0·5	100	0·5	100	0·5	100	0·5	94
3	0·6	70	0·8	96	0·7	92	0·7	100	0·6	100	0·7	100	0·7	87	0·5	78	0·6	82	0·6	77	0·6	91	0·6	86
4	0·3	100	0·3	100	0·3	100	0·3	100	0·4	100	0·4	100	0·3	63	0·3	78	0·4	94	0·4	75	0·5	100	0·4	78
5	0·3	100	0·3	100	0·9	89	0·3	100	0·3	100	0·3	100	0·3	100	0·3	100	0·3	100	0·3	100	0·3	100	0·3	82
6	0·2	100	0·2	100	0·2	100	0·2	100	0·2	100	0·3	100	0·3	100	0·3	91	0·4	100	0·4	86	0·7	55	0·2	57
7	0·5	100	0·5	100	0·4	94	0·5	100	0·4	82	0·5	94	0·5	100	0·3	71	0·2	41	0·4	100	0·4	100	0·5	100
8	0·6	82	0·6	82	0·5	66	0·6	83	0·6	83	0·6	82	0·6	91	0·6	81	0·5	78	0·5	84	0·4	63	0·5	100
9	0·4	78	0·5	84	0·6	65	0·5	94	0·5	100	0·5	100	0·5	94	0·5	88	0·5	88	0·5	94	0·5	94	0·5	84
10	0·4	100	0·4	100	0·4	100	0·4	100	0·3	100	0·3	100	0·3	100	0·3	100	0·4	83	0·3	100	0·3	100	0·3	100
11	0·3	100	0·3	100	0·3	100	0·3	100	0·3	100	0·3	100	0·3	100	0·3	100	0·3	100	0·3	100	0·3	100	0·4	100
12	0·4	100	0·4	100	0·4	100	0·3	100	0·3	100	0·3	100	0·3	100	0·3	100	0·3	100	0·3	100	0·4	100	0·3	84
13	0·3	100	0·3	100	0·3	100	0·3	100	0·2	100	0·2	100	0·2	100	0·2	100	0·2	100	0·2	100	0·3	100	0·2	100
14	0·1	70	0·1	70	0·1	56	0·2	100	0·1	89	0·1	56	0·1	31	0·1	43	0·1	40	0·2	100	0·1	54	0·2	58
15	0·3	74	0·2	72	0·3	62	0·1	43	0·2	50	0·2	61	0·3	64	0·3	50	0·2	40	0·2	40	0·3	63	0·3	54
16	0·3	78	0·2	50	0·3	84	0·4	92	0·3	59	0·4	79	0·3	53	0·3	63	0·5	100	0·3	68	0·4	64	0·3	50
17	0·7	80	0·7	83	0·7	84	0·7	82	0·7	84	0·6	75	0·8	100	0·8	96	0·7	71	0·8	74	0·6	87	0·7	87
18	0·5	84	0·5	84	0·5	94	0·8	100	0·3	94	0·3	100	0·3	94	0·4	100	0·4	100	0·4	100	0·4	86	0·3	66
19	0·2	100	0·1	62	0·2	100	0·2	100	0·2	100	0·2	100	0·2	100	0·2	100	0·3	100	0·2	100	0·2	100	0·2	100
20	0·2	100	0·2	100	0·2	100	0·3	100	0·1	19	0·2	72	0·3	100	0·2	63	0·4	100	0·5	100	0·3	100	0·4	51
21	0·5	100	0·5	75	0·6	100	0·5	80	0·5	76	0·5	73	0·6	87	0·6	87	0·6	72	0·8	100	0·5	92	0·7	92
22	0·7	92	0·6	87	0·7	84	0·7	82	0·8	86	0·9	85	0·8	70	0·9	73	1·0	78	1·0	77	1·0	75	1·9	75
23	1·5	83	1·4	79	1·4	75	1·4	77	1·3	71	1·1	75	1·2	71	1·2	84	1·1	78	1·0	77	0·8	76	0·8	71
24	0·5	81	0·4	76	0·5	100	0·8	100	0·5	100	0·4	88	0·4	100	0·4	100	0·4	100	0·4	100	0·5	100	0·5	94
25	1·5	84	1·3	87	1·2	78	1·2	78	1·2	77	1·2	84	1·1	93	1·0	94	0·8	93	0·9	100	1·0	97	0·9	100
26	1·3	78	1·3	80	1·0	82	0·7	69	1·3	78	1·3	74	1·4	75	1·8	70	1·3	73	1·3	73	1·7	74	1·6	75
27	1·4	74	1·4	70	0·7	55	1·8	56	1·6	69	1·9	82	1·7	72	1·5	70	1·5	74	1·1	55	1·6	66	1·5	55
28	1·2	57	1·0	70	0·3	74	0·8	56	0·7	19	0·7	85	0·6	71	0·7	58	0·7	84	0·6	53	0·6	76	0·7	87
29	0·4	86	0·4	100	0·4	100	0·4	100	0·4	100	0·2	100	0·4	100	0·4	100	0·4	100	0·4	100	0·5	88	0·4	87
30	0·5	76	0·6	71	0·6	86	0·6	100	0·6	100	0·6	100	0·6	91	0·6	80	0·7	81	0·7	90	0·3	73	0·9	79
31	0·3	100	0·3	100	0·3	100	0·3	100	0·2	89	0·3	100	0·2	100	0·3	100	0·2	100	0·2	100	0·5	100	0·2	71
Mean	0·50	85·1	0·50	87·3	0·53	90·4	0·55	92·4	0·50	86·2	0·53	85·9	0·53	88·3	0·50	85·5	0·50	84·2	0·53	89·1	0·55	86·2	0·53	82·6

above the ground 1·78 m. *November* 1882.

1		2		3		4		5		6		7		8		9		10		11		12		Means.	
m. m.	p. c.	m. m.	p. c.	m. m.	p. c.	m. m.	p. c.	m. m.	p. c.	m. m.	p. c.	m. m.	p. c.	m. m.	p. c.	m. m.	p. c.	m. m.	p. c.	m. m.	p. c.	m. m.	p. c.	m. m.	p. c.
0·8	36	0·8	36	1·2	55	1·4	55	2·5	60	1·5	60	1·5	56	0·6	57	1·6	59	1·6	51	1·5	60	2·5	60	1·11	61·5
2·2	68	2·5	66	2·3	72	1·7	52	2·5	43	2·7	50	2·4	74	2·6	80	2·5	71	2·5	66	2·0	68	1·6	59	2·12	62·2
1·0	53	1·1	51	1·1	55	1·2	69	2·3	59	2·5	68	1·6	46	2·2	74	2·0	68	2·4	83	2·3	83	2·1	72	1·85	68·3
1·2	72	2·0	73	1·0	78	1·9	77	1·6	77	1·3	65	1·4	77	1·5	77	1·4	77	1·2	74	0·9	48	0·9	52	1·30	70·2
1·1	61	1·2	65	1·3	76	1·1	70	1·1	73	1·1	71	1·1	72	1·0	71	0·9	71	0·9	68	0·9	68	0·9	64	1·12	68·6
1·0	62	1·2	74	1·1	73	1·1	72	1·1	73	1·0	72	1·0	72	0·9	67	1·0	72	0·9	70	0·9	67	0·5	60	0·94	69·5
0·6	62	0·7	67	0·5	59	0·6	59	0·8	58	0·7	65	0·5	53	0·4	49	0·5	55	0·4	48	0·3	59	0·4	46	0·50	55·4
0·3	47	0·4	50	0·6	54	0·7	66	0·6	64	0·7	65	0·8	61	0·8	67	0·9	67	0·9	65	0·6	65	1·0	67	[illegible]	[illegible]
0·7	65	1·0	66	1·2	73	0·9	70	1·0	70	1·1	70	1·2	73	1·1	74	1·2	74	1·3	76	1·3	74	1·3	74	0·92	70·6
1·5	63	1·8	72	1·5	59	1·7	63	1·8	66	1·6	58	1·9	68	2·0	73	2·3	77	2·1	72	2·2	71	2·5	72	1·82	68·0
2·0	71	1·8	74	1·4	67	2·1	69	1·4	77	2·3	73	2·5	77	1·4	76	1·5	77	1·3	71	1·2	72	1·1	75	1·70	73·0
1·9	76	1·6	78	2·2	76	2·5	78	2·6	81	2·6	84	2·8	79	3·4	81	1·4	84	3·3	84	4·2	91	4·1	81	2·78	76·4
1·2	73	1·1	71	1·0	70	1·0	72	0·8	64	0·8	67	0·7	66	0·6	60	0·6	59	0·5	58	0·7	67	0·8	65	0·83	67·7
1·6	75	1·5	73	1·4	67	1·4	67	1·4	75	1·5	77	1·3	74	1·4	77	1·4	76	1·4	76	1·5	76	1·5	76	1·17	74·0
2·3	82	2·3	83	3·1	83	3·2	78	2·0	78	2·4	83	2·0	83	1·9	80	1·8	65	1·9	66	1·8	83	2·2	80	2·13	79·1
4·1	87	4·7	73	4·3	73	3·0	71	2·7	73	2·7	86	2·1	77	1·9	80	1·7	79	1·5	75	1·4	77	1·2	74	2 74	75·8
1·3	73	1·4	70	1·5	75	1·5	74	1·3	73	1·7	79	2·1	63	1·3	76	1·7	80	1·7	80	1·7	79	1·6	77	1·57	74·5
2·3	55	2·1	80	2·2	78	1·9	71	2·1	60	2·3	81	2·3	83	2·2	81	2·2	76	2·2	76	2·2	76	2·1	80	2·14	73·6
2·1	74	1·9	73	1·4	81	1·9	81	1·8	70	1·7	79	1·7	80	1·6	77	1·6	77	1·5	77	1·4	75	1·3	74	1·63	74·5
1·2	64	1·1	50	1·2	73	1·2	72	1·0	71	0·9	69	0·9	72	0·9	67	0·8	68	0·8	67	0·8	65	0·8	67	1·11	70·0
0·9	43	0·7	34	1·0	72	0·8	67	0·8	68	0·7	66	0·6	61	0·6	59	0·5	57	0·5	55	0·4	50	0·4	50	0·81	63·0
1·5	77	1·9	80	1·7	79	1·7	78	1·7	77	1·7	79	1·7	79	1·7	79	1·5	77	1·5	75	1·5	77	1·6	77	1·69	69·2
2·2	83	2·2	81	2·2	83	2·2	83	2·2	55	2·2	83	2·2	83	2·2	84	2·2	85	2·2	83	2·1	82	2·1	83	2·92	81·0
1·6	69	1·7	72	1·8	78	1·8	77	1·7	71	1·7	71	1·8	77	1·9	80	1·9	80	1·9	78	1·9	77	1·8	74	1·77	75·2
1·5	77	1·7	77	1·7	77	1·6	76	1·7	79	1·7	79	1·6	78	1·6	77	1·5	77	1·4	76	1·4	75	1·5	77	1·65	77·3
1·5	73	1·3	77	1·4	75	1·4	77	1·3	74	1·1	73	1·0	70	0·9	67	0·9	68	0·8	63	0·7	67	0·9	65	1·27	72·5
0·4	45	0·2	36	0·1	18	0·1	18	0·1	14	0·1	12	0·1	9	0·1	12	0·1	10	0·1	13	0·1	14	0·1	17	0·25	33·5
1·1	72	1·2	72	1·0	70	1·1	72	1·1	73	1·1	73	1·0	71	1·0	70	0·9	70	0·8	67	0·7	63	0·7	67	0·93	60·6
0·6	60	0·3	36	0·5	38	0·4	48	0·4	50	0·4	46	0·2	30	0·2	14	0·3	33	0·2	27	0·1	19	0·1	10	0·47	49·9
0·0	10	0·0	10	0·0	12	0·0	11	0·0	12	0·0	11	0·0	11	0·0	11	0·0	11	0·0	12	0·0	11	0 0	13	0 05	11·4
1·45	65·2	1·42	65·3	1·40	66·8	1·35	66·4	1·32	66·2	1·35	67·3	1·31	65·9	1·15	67·2	1·35	67·4	1·32	63·8	1·10	63·9	1·27	63·6	1·37	66·4

λ = − 115° 43′ 30″ = − 7h. 12m. 55s. *December* 1882.

1		2		3		4		5		6		7		8		9		10		11		12		Means.	
m. m.	p. c.	m. m.	p. c.	m. m.	p. c.	m. m.	p. c.	m. m.	p. c.	m. m.	p. c.	m. m.	p. c.	m. m.	p. c.	m. m.	p. c.	m. m.	p. c.	m. m.	p. c.	m. m.	p. c.	m. m.	p. c.
0·5	94	0·5	94	0·5	100	0·5	93	0·6	100	0·5	80	0·6	100	0·5	80	0·5	90	1·5	79	0·5	84	0·5	83	0·43	92·4
0·2	100	0·6	100	0·6	80	0·8	100	0·7	85	0·7	80	0·7	80	0·7	85	0·7	75	0·7	78	0·1	74	0·5	59	0·55	88·3
0·5	89	0·5	100	0·5	100	0·4	100	0·4	100	0·4	100	0·4	100	0·4	100	0·4	100	0·3	100	0·4	100	0·4	100	0·53	94·1
0·4	78	0·3	78	0·4	75	0·3	100	0·5	100	0·4	100	0·4	100	0·4	100	0·4	100	0·5	100	0·5	100	0·3	100	0·38	92·6
0·3	83	0·3	82	0·3	100	0·3	100	0·1	100	0·3	100	0·3	100	0·3	100	0·3	100	0·3	100	0·1	33	0·2	100	0·35	94·6
0·3	49	0·3	64	0·4	47	0·4	51	0·4	83	0·5	85	0·5	100	0·5	100	0·4	87	0·5	100	0·5	94	0·5	94	0·37	79·3
0·5	100	0·4	88	0·4	95	0·4	80	0·5	94	0·4	77	0·5	84	0·6	95	0·5	81	0·7	96	0·6	85	0·6	87	0·45	89·4
0·4	87	0·3	100	0·4	83	0·5	94	0·5	100	0·5	91	0·5	100	0·5	85	0·4	83	0·5	80	0·6	100	0·6	100	0·52	97·0
0·5	74	0·4	71	0·5	94	0·5	100	0·4	86	0·4	97	0·4	100	0·4	86	0·4	100	0·4	100	0·4	100	0·4	100	0·45	93·4
0·3	100	0·3	100	0·3	100	0·4	100	0·4	100	0·3	100	0·3	100	0·3	100	0·3	100	0·3	100	0·3	100	0·3	100	0·36	97·3
0·3	100	0·3	100	0·3	100	0·3	100	0·3	100	0·3	100	0·3	100	0·3	100	0·3	100	0·3	91	0·4	100	0·4	100	0·33	99·6
0·3	82	0·4	100	0·4	100	0·3	84	0·4	100	0·4	100	0·3	100	0·3	100	0·3	100	0·3	100	0·2	100	0·3	100	0·33	95·0
0·2	100	0·2	100	0·2	100	0·2	100	0·2	100	0·2	100	0·2	100	0·2	100	0·2	100	0·2	100	0·3	100	0·2	100	0·20	100 0
0·3	65	0·3	64	0·3	59	0·3	61	0·3	64	0·3	64	0·3	84	0·3	82	0·2	54	0·2	72	0·2	47	0·1	72	0 18	68·7
0·3	65	0·3	73	0·3	71	0·2	36	0·3	65	0·3	68	0·3	62	0·3	65	0·3	56	0·3	68	0·3	74	0·3	56	0·15	62 1
0·5	74	0·6	92	0·5	85	0·5	73	0·5	73	0·4	61	0·4	64	0·5	74	0·6	79	0·6	80	0·7	92	0·8	92	0·41	74·1
0·2	96	0·6	100	0·6	100	0·5	100	0·5	100	0·5	94	0·5	100	0·6	90	0·7	87	0·7	87	0·6	87	0·3	84	0·60	97·8
0·3	50	0·3	69	0·3	100	0·3	100	0·3	100	0·3	100	0·3	100	0·3	100	0·3	100	0·2	100	0·2	100	0·2	100	0·35	92·5
0·2	100	0·2	74	0·3	74	0·3	83	0·4	100	0·3	100	0·3	100	0·3	100	0·3	100	0·3	100	0·3	100	0·2	67	0·33	94·5
0·5	100	0·2	81	0·4	57	0·4	80	0·5	94	0·4	86	0·4	100	0·4	100	0·4	100	0·4	100	0·4	86	0·4	78	0·38	88·3
0·5	85	0·7	57	0·6	87	0·9	100	0·7	87	0·5	77	0·7	100	0·7	88	0·7	80	0·7	80	0·7	98	0·8	96	0·63	86·5
1·2	73	1·3	70	1·3	74	1·2	68	1·5	69	1·3	72	1·6	81	1·5	79	1·5	73	1·5	75	1·4	75	1·4	80	1·14	78·4
0·7	65	0·7	80	0·7	81	0·7	93	0·7	93	0·6	91	0·6	100	0·6	95	0·5	89	0·6	100	0·6	100	0·7	90	0·41	81·8
0·4	56	0·4	56	0·5	78	0·5	65	0·7	92	0·8	74	0·8	71	0·8	67	1·0	72	1·0	69	1·4	72	1·2	72	0·60	84·3
1·0	97	0·7	69	0·9	80	1·0	100	0·8	90	0·8	97	0·9	94	1·1	97	1·0	97	1·2	94	1·1	69	1·2	72	1·04	88·0
1·5	65	1·5	73	1·7	83	1·7	83	1·7	81	1·4	75	1·4	67	1·4	77	1·5	82	1·3	74	1·5	75	1·6	77	1·41	75·6
1·3	64	1·7	65	1·6	67	1·4	77	1·2	72	1·5	77	1·7	75	2·4	76	1·1	73	1·2	76	1·5	77	1·2	60	1 45	71·3
0·7	80	0·7	100	0·4	78	0·4	76	0·5	100	0·4	82	0·5	100	0·5	100	0·4	100	0·4	95	0·4	95	0·4	95	0·60	80·1
0·4	100	0·4	86	0·4	100	0·5	100	0·5	100	0·5	100	0·5	89	0·6	95	0·6	89	0·5	93	0·6	85	0·6	11	0·43	85·7
0·8	71	0·5	75	0·6	76	0·5	53	0·5	100	0·3	100	0·1	76	0·4	75	0·4	100	0·3	100	0·3	100	0·3	100	0·33	[illegible]
0·3	84	0·3	59	0·3	80	0·3	100	0·1	35	0·3	100	0·2	100	0·2	100	0·2	100	0·2	85	0·2	100	0·1	100	0·25	80·2
0·53	80 9	0·53	83·2	0·55	85·3	0·58	[illegible]	0·51	[illegible]	0·50	85·1	0·55	90·1	0·51	92·5	0·51	88·3	0·53	87·6	0·51	[illegible]	0·55	[illegible]	0·57	[illegible]

January 1883. Height of the Thermometers = +62° 38′ 52″.

Days.	1 m.m.	1 p.c.	2 m.m.	2 p.c.	3 m.m.	3 p.c.	4 m.m.	4 p.c.	5 m.m.	5 p.c.	6 m.m.	6 p.c.	7 m.m.	7 p.c.	8 m.m.	8 p.c.	9 m.m.	9 p.c.	10 m.m.	10 p.c.	11 m.m.	11 p.c.	Noon m.m.	Noon p.c.
1	0·2	100	0·2	100	0·2	100	0·2	100	0·2	100	0·2	100	0·2	100	0·2	100	0·2	100	0·2	100	0·2	100	0·2	100
2	0·1	100	0·1	76	0·1	84	0·1	93	0·1	76	0·1	76	0·1	100	0·1	42	0·1	50	0·1	50	0·1	60	0·1	78
3	0·1	56	0·1	50	0·1	55	0·1	63	0·1	63	0·1	55	0·1	48	0·1	60	0·1	60	0·1	91	0·1	100	0·2	100
4	0·1	60	0·1	65	0·1	80	0·1	65	0·1	65	0·1	60	0·1	89	0·1	84	0·1	65	0·1	76	0·1	92	0·1	72
5	0·1	80	0·2	100	0·1	70	0·1	44	0·1	37	0·1	50	0·1	46	0·1	46	0·1	50	0·1	60	0·1	67	0·2	100
6	0·1	47	0·2	47	0·2	100	0·2	90	0·1	43	0·1	47	0·1	47	0·1	46	0·1	69	0·1	54	0·2	100	0·2	100
7	0·2	100	0·2	73	0·1	37	0·2	74	0·1	30	0·2	74	0·1	50	0·1	62	0·1	61	0·2	55	0·2	89	0·3	100
8	0·3	75	0·3	77	0·3	73	0·2	64	0·3	57	0·3	62	0·2	43	0·2	47	0·2	62	0·3	71	0·3	65	0·3	74
9	0·3	69	0·3	68	0·3	74	0·3	74	0·3	68	0·4	81	0·3	68	0·3	65	0·4	86	0·3	64	0·3	66	0·4	73
10	0·4	72	0·4	78	0·5	100	0·5	94	0·3	61	0·5	88	0·5	100	0·5	100	0·4	86	0·5	92	0·5	95	0·4	64
11	0·2	54	0·4	100	0·3	77	0·3	71	0·4	94	0·3	69	0·3	51	0·5	94	0·3	61	0·4	68	0·5	79	0·6	91
12	0·2	50	0·1	15	0·3	57	0·3	57	0·1	22	0·2	50	0·4	100	0·3	61	0·3	73	0·4	87	0·5	100	0·5	100
13	0·4	72	0·3	45	0·4	78	0·4	72	0·4	66	0·4	72	0·3	63	0·3	63	0·3	36	0·5	100	0·5	100	0·5	100
14	0·3	100	0·3	82	0·3	75	0·2	31	0·2	50	0·2	31	0·2	39	0·1	40	0·2	65	0·2	71	0·4	100	0·4	80
15	0·2	56	0·3	71	0·2	42	0·3	53	0·4	78	0·1	19	0·4	78	0·4	81	0·3	72	0·4	100	0·3	83	0·3	91
16	0·2	87	0·2	100	0·2	62	0·3	80	0·1	18	0·2	71	0·2	49	0·1	42	0·2	89	0·3	90	0·2	51	0·2	61
17	0·3	100	0·3	100	0·3	90	0·2	80	0·1	30	0·1	35	0·1	32	0·1	43	0·1	51	0·1	51	0·1	40	0·1	29
18	0·1	60	0·1	63	0·1	65	0·1	73	0·1	70	0·1	95	0·1	55	0·1	55	0·1	60	0·2	76	0·1	80	0·2	100
19	0·2	65	0·2	66	0·2	58	0·3	74	0·2	66	0·3	84	0·3	55	0·2	55	0·2	64	0·2	58	0·4	80	0·3	57
20	0·2	58	0·3	74	0·2	63	0·2	72	0·3	81	0·2	58	0·1	22	0·2	59	0·3	90	0·3	90	0·2	55	0·2	40
21	0·1	44	0·2	89	0·2	100	0·1	29	0·1	59	0·1	41	0·2	100	0·1	60	0·2	100	0·2	100	0·2	100	0·2	75
22	0·1	48	0·1	40	0·1	65	0·1	70	0·1	100	0·2	100	0·1	61	0·1	73	0·1	55	0·2	100	0·1	80	0·1	39
23	0·1	65	0·1	65	0·1	60	0·1	50	0·1	64	0·1	64	0·1	65	0·1	81	0·1	65	0·1	54	0·1	47	0·1	44
24	0·1	80	0·1	80	0·1	70	0·1	51	0·1	60	0·2	90	0·1	56	0·1	77	0·2	53	0·2	100	0·3	100	0·3	100
25	0·3	100	0·3	100	0·3	100	0·3	100	0·3	100	0·3	100	0·3	100	0·3	100	0·3	100	0·3	100	0·3	61	0·3	60
26	0·8	89	0·7	80	0·8	100	0·8	92	0·8	93	0·9	93	0·8	80	0·8	77	1·0	97	0·9	87	1·0	94	1·0	89
27	0·6	95	0·6	91	0·6	87	0·7	87	0·7	88	0·6	74	0·8	89	0·7	73	0·7	79	0·8	83	0·8	78	1·0	94
28	0·8	74	0·9	87	0·5	77	0·7	69	0·8	90	0·8	90	0·8	89	0·8	89	0·7	89	0·7	81	0·7	55	0·6	71
29	0·5	100	0·5	100	0·4	100	0·4	100	0·4	100	0·3	100	0·3	100	0·3	100	0·3	100	0·3	100	0·3	100	0·3	100
30	0·2	100	0·2	100	0·2	100	0·2	100	0·2	100	0·2	100	0·2	100	0·2	100	0·2	100	0·3	100	0·2	44	0·3	76
31	0·3	100	0·3	90	0·2	80	0·2	89	0·1	54	0·3	90	0·2	52	0·3	80	0·2	51	0·2	63	0·2	64	0·2	51
Mean	0·25	76·6	0·25	76·6	0·25	75·8	0·25	74·3	0·23	69·8	0·25	72·2	0·25	72·3	0·23	70·7	0·25	75·1	0·25	80·9	0·30	79·3	0·30	77·8

February 1883.

Days.	1 m.m.	1 p.c.	2 m.m.	2 p.c.	3 m.m.	3 p.c.	4 m.m.	4 p.c.	5 m.m.	5 p.c.	6 m.m.	6 p.c.	7 m.m.	7 p.c.	8 m.m.	8 p.c.	9 m.m.	9 p.c.	10 m.m.	10 p.c.	11 m.m.	11 p.c.	12 m.m.	12 p.c.
1	0·1	77	0·1	77	0·1	54	0·1	38	0·1	49	0·1	72	0·1	74	0·1	63	0·1	90	0·1	64	0·2	100	0·2	88
2	0·3	91	0·2	62	0·2	63	0·2	68	0·1	40	0·2	87	0·1	34	0·0	17	0·2	100	0·3	100	0·2	66	0·2	71
3	0·9	93	1·0	91	1·0	80	0·8	80	0·7	83	0·6	71	0·6	75	0·5	68	0·5	70	0·5	75	0·5	70	0·5	68
4	0·5	68	0·6	82	0·5	72	0·6	87	0·6	87	0·7	87	0·7	92	0·8	93	0·8	96	1·0	86	1·2	91	1·0	67
5	1·4	80	1·3	84	1·1	78	1·0	66	1·0	66	0·9	52	0·9	56	0·9	58	1·1	71	0·9	58	1·0	56	1·2	65
6	0·5	88	0·5	94	0·5	78	0·5	100	0·5	100	0·5	100	0·5	100	0·4	100	0·5	100	0·5	85	0·5	68	0·5	74
7	1·9	80	1·8	70	1·4	77	1·1	75	1·1	80	1·2	80	0·8	74	0·7	69	0·7	88	0·6	74	0·6	74	0·6	69
8	0·7	96	0·7	96	0·6	79	0·7	87	0·7	87	0·6	75	0·6	86	0·5	81	0·6	86	0·5	81	0·6	83	0·4	48
9	0·9	79	0·8	83	0·8	90	0·7	78	0·7	80	0·7	70	0·9	94	0·9	57	0·9	74	1·1	81	1·3	72	1·0	58
10	0·3	100	0·2	100	0·1	41	0·3	100	0·3	100	0·2	100	0·2	100	0·2	100	0·2	100	0·3	100	0·3	100	0·3	100
11	0·7	85	0·7	100	0·5	80	0·4	73	0·4	73	0·5	100	0·4	82	0·5	100	0·5	100	0·4	78	0·5	94	0·6	95
12	0·4	100	0·4	100	0·4	100	0·4	100	0·3	77	0·4	100	0·4	100	0·4	100	0·3	84	0·3	73	0·3	69	0·4	70
13	0·3	100	0·3	100	0·3	100	0·3	100	0·2	100	0·2	100	0·2	100	0·2	100	0·3	100	0·3	100	0·3	100	0·3	100
14	0·2	100	0·2	100	0·2	100	0·2	100	0·2	100	0·2	100	0·2	100	0·1	70	0·2	100	0·3	100	0·3	100	0·4	100
15	0·2	100	0·2	100	0·2	100	0·2	100	0·3	100	0·3	100	0·3	100	0·3	77	0·4	100	0·5	100	0·5	60	0·4	59
16	0·3	100	0·3	100	0·3	100	0·3	100	0·3	100	0·3	100	0·3	100	0·4	100	0·4	100	0·3	69	0·5	68	0·4	48
17	0·8	90	0·8	80	0·6	64	0·6	64	0·6	64	0·6	64	0·7	63	0·7	57	0·7	59	0·8	65	0·7	54	0·7	54
18	0·5	88	0·5	94	0·5	100	0·5	100	0·5	100	0·4	82	0·5	100	0·4	100	0·6	100	0·7	96	0·5	58	0·5	47
19	0·6	83	0·7	87	0·6	91	0·7	100	0·7	93	0·8	96	0·6	66	0·7	74	0·7	73	0·7	63	0·7	59	0·7	51
20	0·8	58	0·7	54	0·9	58	0·8	65	0·8	54	0·8	65	0·8	65	0·9	68	1·0	58	1·2	69	0·6	55	0·3	15
21	0·7	75	0·8	80	0·9	94	0·9	93	0·7	89	0·7	100	0·7	100	0·7	87	0·8	100	0·9	93	0·9	57	1·0	91
22	0·8	71	0·9	90	1·0	97	0·8	96	0·7	88	0·8	86	0·8	76	0·9	73	0·9	73	0·9	79	0·8	68	0·9	73
23	0·8	100	0·7	100	0·5	80	0·6	71	0·6	68	0·7	78	0·7	88	0·4	40	0·6	51	0·7	87	0·6	75	0·5	59
24	0·4	100	0·4	100	0·4	100	0·4	100	0·3	100	0·3	100	0·3	100	0·3	100	0·4	100	0·3	100	0·5	54	0·5	79
25	0·6	83	0·6	75	0·6	83	0·7	96	0·7	96	0·6	83	0·5	75	0·7	80	0·7	50	0·8	89	0·8	91	0·9	94
26	0·9	85	0·9	85	0·9	82	0·9	79	0·8	76	0·5	76	0·8	72	0·9	83	1·0	83	0·9	[illegible]	1·0	80	0·9	78
27	0·6	95	0·6	86	0·5	76	0·5	78	0·6	100	0·5	85	0·6	90	0·6	96	0·5	76	0·6	77	0·6	82	0·6	87
28	0·6	72	0·7	88	0·7	87	0·6	87	0·7	96	0·6	87	0·6	86	0·5	81	0·6	82	0·5	78	0·6	56	0·6	82
Mean	0·63	87·0	0·60	87·8	0·58	82·6	0·55	85·0	0·53	83·8	0·53	86·0	0·50	81·9	0·50	79·9	0·58	86·5	0·60	82·6	0·58	76·5	0·58	70·4

above the ground 1·78 m. *January* 1883.

1	2	3	4	5	6	7	8	9	10	11	12	Means.
m.m. p.c.	m.m. p.c.	m.m. p.c.	m.m. p.c.	m.m. p.c.	m.m. p.c.	m.m. p.c.	m.m. p.c.	m.m. p.c.	m.m. p.c.	m.m. p.c.	m.m. p.c.	m.m. p.c.
0·1 61	0·1 52	0·2 100	0·2 100	0·2 100	0·2 100	0·1 100	0·1 52	0·1 84	0·4 60	0·1 68	0·1 63	0·15 89·1
0·1 46	0·1 58	0·1 53	0·1 67	0·2 56	0·1 40	0·1 44	0·1 44	0·2 68	0·1 52	0·1 100	0·1 100	0·10 67·0
0·1 58	0·1 43	0·1 77	0·1 100	0·1 55	0·1 100	0·1 72	0·1 65	0·2 65	0·1 65	0·1 55	0·1 80	0·08 69·0
0·2 100	0·1 69	0·1 70	0·1 45	0·1 64	0·1 54	0·1 37	0·1 45	0·1 55	0·1 42	0·1 46	0·1 41	0·08 63·5
0·1 40	0·1 35	0·1 37	0·1 29	0·1 75	0·2 100	0·1 70	0·1 47	0·1 80	0·1 90	0·1 69	0·1 65	0·10 61·5
0·2 100	0·1 49	0·1 36	0·2 61	0·1 62	0·2 75	0·2 75	0·2 75	0·1 37	0·1 56	0·1 31	0·2 81	0·13 63·2
0·3 100	0·2 62	0·3 50	0·2 72	0·2 50	0·2 50	0·3 90	0·2 68	0·2 45	0·3 90	0·3 80	0·3 82	0·18 71·2
0·3 69	0·4 81	0·4 82	0·4 75	0·3 68	0·3 56	0·4 86	0·2 41	0·3 71	0·3 73	0·4 80	0·2 50	0·18 67·3
0·2 36	0·4 76	0·3 64	0·3 75	0·4 92	0·0 4	0·3 64	0·3 83	0·3 70	0·3 71	0·3 67	0·4 70	0·20 67·9
0·3 45	0·3 45	0·3 61	0·3 74	0·3 55	0·3 85	0·3 78	0·3 78	0·3 85	0·2 45	0·3 72	0·3 63	0·25 75·7
0·5 72	0·5 68	0·4 59	0·3 49	0·2 63	0·6 82	0·5 72	0·5 70	0·5 73	0·5 72	0·5 89	0·3 52	0·40 72·2
0·6 100	0·5 100	0·3 74	0·3 61	0·3 65	0·2 48	0·2 47	0·3 62	0·3 57	0·4 76	0·3 47	0·3 59	0·30 65·5
0·5 89	0·4 83	0·4 76	0·3 64	0·3 59	0·4 70	0·4 82	0·4 81	0·5 94	0·3 92	0·4 100	0·1 36	0·38 74·8
0·2 44	0·3 65	0·3 53	0·3 102	0·3 90	0·2 71	0·2 45	0·2 80	0·2 71	0·2 63	0·2 40	0·2 54	0·23 71·4
0·3 90	0·2 66	0·1 52	0·2 87	0·2 100	0·2 100	0·1 63	0·2 100	0·2 100	0·2 100	0·1 33	0·2 100	0·21 75·7
0·1 27	0·1 26	0·2 43	0·3 100	0·3 100	0·2 77	0·2 41	0·2 61	0·2 71	0·2 79	0·3 100	0·3 90	0·20 66·9
0·1 26	0·1 27	0·2 48	0·1 52	0·1 59	0·1 68	0·2 73	0·1 65	0·1 68	0·1 65	0·1 65	0·2 65	0·15 57·6
0·1 49	0·1 36	0·2 22	0·1 23	0·1 30	0·2 100	0·2 38	0·1 33	0·2 60	0·2 72	0·2 62	0·1 35	0·10 62·4
0·3 48	0·2 46	0·3 53	0·2 35	0·1 24	0·2 47	0·3 84	0·3 84	0·4 100	0·1 27	0·3 82	0·3 75	0·23 63·5
0·2 47	0·1 21	0·1 42	0·1 66	0·3 100	0·3 100	0·1 35	0·1 25	0·1 50	0·2 100	0·1 22	0·1 38	0·18 59·9
0·2 38	0·2 87	0·1 49	0·1 63	0·1 21	0·1 60	0·1 69	0·1 45	0·1 70	0·1 52	0·1 37	0·1 46	0·13 67·5
0·1 25	0·1 24	0·1 100	0·1 65	0·1 82	0·1 70	0·1 55	0·1 72	0·1 73	0·1 48	0·1 70	0·1 65	0·08 66·6
0·1 33	0·1 23	0·1 77	0·1 52	0·1 92	0·1 35	0·1 59	0·1 54	0·1 66	0·1 67	0·1 65	0·1 52	0·08 56·4
0·2 78	0·3 100	0·2 89	0·2 61	0·2 66	0·3 100	0·2 58	0·3 80	0·3 77	0·3 73	0·2 47	0·2 70	0·18 77·1
0·2 29	0·2 29	0·5 94	0·5 84	0·6 100	0·6 95	0·6 87	0·6 78	0·6 83	0·7 80	0·7 80	0·8 100	0·40 85·9
1·2 96	1·0 83	0·8 65	1·2 100	0·9 93	0·8 93	0·7 84	0·8 100	0·6 100	0·7 100	0·7 100	0·7 100	0·84 90·8
0·8 72	0·9 79	0·9 82	0·8 74	0·8 68	0·8 74	1·0 35	1·0 88	0·9 82	1·0 97	0·8 75	0·9 85	0·79 82·8
0·6 66	0·7 77	0·7 81	0·7 84	0·7 92	0·7 92	0·7 88	0·7 87	0·6 87	0·6 100	0·6 100	0·5 100	0·63 85·2
0·3 82	0·3 100	0·2 58	0·2 100	0·2 100	0·2 102	0·2 100	0·2 100	0·2 100	0·3 100	0·3 100	0·2 100	0·28 97·5
0·1 22	0·1 10	0·1 41	0·3 100	0·3 100	0·3 100	0·3 100	0·3 100	0·3 100	0·3 100	0·3 100	0·3 100	0·20 87·2
0·2 46	0·2 59	0·3 74	0·2 62	0·3 80	0·2 89	0·2 88	0·1 32	0·1 48	0·2 100	0·2 100	0·1 64	0·20 72·1
0·25 60·5	0·25 57·0	0·25 63·6	0·25 70·5	0·25 73·0	0·25 75·3	0·25 72·2	0·25 67·8	0·25 73·3	0·25 73·8	0·25 70·4	0·23 6·97	0·25 71·9

λ = − 115° 43′ 50″ = − 7h. 42m. 55s. *February* 1883.

1	2	3	4	5	6	7	8	9	10	11	12	Means.
m.m. p.c.	m.m. p.c.	m.m. p.c.	m.m. p.c.	m.m. p.c.	m.m. p.c.	m.m. p.c.	m.m. p.c.	m.m. p.c.	m.m. p.c.	m.m. p.c.	m.m. p.c.	m.m. p.c.
0·3 80	0·3 100	0·1 42	0·1 40	0·2 66	0·2 59	0·2 79	0·3 90	0·3 50	0·3 90	0·2 62	0·2 72	0·18 72·3
0·2 71	0·2 58	0·1 35	0·3 100	0·2 89	0·3 50	0·2 71	0·2 71	0·3 82	0·5 100	0·6 95	0·6 75	0·23 72·3
0·5 69	0·3 35	0·3 54	0·3 62	0·3 73	0·3 62	0·4 64	0·5 100	0·3 63	0·4 73	0·4 71	0·5 79	0·50 72·3
1·3 56	1·6 61	1·4 53	1·7 74	1·8 72	1·6 75	1·7 79	1·6 68	1·6 74	1·7 79	1·5 77	1·4 76	1·16 76·9
1·3 72	0·9 50	1·0 69	0·8 56	0·6 45	0·6 66	0·8 96	0·7 96	0·7 100	0·6 100	0·6 90	0·6 95	0·91 72·1
0·5 65	0·6 72	0·7 85	0·7 80	0·8 92	0·8 96	0·7 73	0·7 80	1·7 75	1·9 73	1·8 72	1·4 41	0·73 82·9
0·5 57	0·5 55	0·5 62	0·5 82	0·6 100	0·5 95	0·5 100	0·4 93	0·4 100	0·5 100	0·7 100	0·7 96	0·76 81·5
0·7 87	0·7 85	0·7 93	0·6 87	0·7 100	0·9 100	0·9 97	1·0 100	0·8 84	0·8 68	0·8 70	0·9 78	0·68 84·8
1·4 72	1·4 79	1·4 87	1·1 75	0·9 82	0·8 90	0·6 82	0·6 100	0·4 88	0·4 100	0·4 100	0·3 100	0·84 82·5
0·4 100	0·4 100	0·4 86	0·4 100	0·3 71	0·4 97	0·4 87	0·5 100	0·4 70	0·6 100	0·6 91	0·7 100	0·33 91·4
0·5 70	0·6 100	0·4 83	0·4 83	0·5 88	0·4 94	0·4 100	0·5 100	0·4 100	0·3 85	0·4 100	0·3 35	0·48 89·5
0·4 66	0·4 66	0·4 70	0·4 93	0·5 100	0·5 100	0·4 50	0·4 93	0·4 100	0·4 100	0·3 100	0·3 100	0·38 84·4
0·4 100	0·4 100	0·4 100	0·3 100	0·3 100	0·3 100	0·3 100	0·3 100	0·3 100	0·2 100	0·2 100	0·2 100	0·28 100·0
0·4 100	0·5 100	0·2 50	0·2 46	0·3 100	0·3 100	0·3 100	0·3 100	0·3 100	0·2 100	0·1 50	0·2 100	0·23 92·3
0·3 37	0·5 75	0·5 55	0·5 100	0·4 100	0·4 100	0·4 100	0·3 100	0·4 100	0·3 100	0·3 100	0·3 100	0·33 90·2
0·4 44	0·5 52	0·5 54	0·5 55	0·5 61	0·5 63	0·5 61	0·8 86	0·7 64	0·6 59	0·7 79	0·6 72	0·45 76·5
0·7 50	0·8 63	0·8 62	0·7 58	0·8 77	0·6 66	0·7 37	0·6 87	0·6 100	0·5 100	0·4 100	0·4 100	0·65 72·0
0·5 49	0·7 64	0·6 61	0·6 64	0·7 82	0·8 100	0·6 70	0·6 79	0·6 79	0·6 72	0·6 72	0·5 66	0·55 80·5
0·7 49	0·6 39	0·6 47	0·7 65	0·7 68	0·7 69	0·7 80	0·5 65	0·8 61	0·8 64	0·8 65	0·8 61	0·70 69·7
0·4 16	0·5 15	0·5 17	0·7 34	0·7 42	0·7 47	0·7 54	0·8 55	0·7 56	0·8 80	0·7 62	0·5 61	0·70 50·1
0·9 77	0·8 68	0·9 78	0·8 67	1·0 76	1·0 74	1·0 67	1·0 66	1·1 72	1·1 81	1·1 90	1·0 82	0·89 81·9
1·0 76	1·0 73	1·0 75	0·9 72	0·9 70	0·9 70	1·0 72	1·0 74	0·9 70	0·8 71	0·9 85	0·9 97	0·89 75·0
0·5 55	0·4 45	0·5 55	0·6 80	0·5 85	0·6 100	0·5 100	0·5 100	0·5 100	0·5 100	0·4 100	0·4 100	0·55 82·0
0·5 75	0·3 38	0·3 37	0·5 79	0·5 89	0·6 100	0·5 84	0·5 84	0·5 84	0·5 90	0·5 76	0·6 79	0·43 87·0
0·7 57	0·8 65	0·8 71	0·8 81	0·8 74	0·8 78	0·8 75	0·9 83	0·9 85	0·9 82	0·9 82	0·9 85	0·76 81·3
1·0 86	1·0 80	1·0 81	0·9 92	0·8 82	0·8 90	0·7 80	0·6 80	0·7 96	0·7 100	0·6 82	0·6 91	0·84 85·3
0·7 81	0·7 75	0·7 78	0·7 81	0·7 85	0·7 84	0·7 80	0·7 80	0·6 72	0·7 80	0·7 88	0·7 80	0·60 83·1
0·6 82	0·6 87	0·6 52	0·6 82	0·6 82	0·6 90	0·5 100	0·3 74	0·4 100	0·4 100	0·4 92	0·4 100	0·53 86·5
0·60 67·8	0·63 67·9	0·60 64·9	0·61 74·5	0·60 80·3	0·63 85·0	0·60 81·1	0·60 85·9	0·63 84·1	0·63 87·5	0·61 84·0	0·52 84·8	0·58 80·9

March 1883. Height of the Thermometers

Day.	1		2		3		4		5		6		7		8		9		10		11		Noon.	
	m. m.	p. c.	m. m.	p. c.	m. m.	p. c.	m. m.	p. c.	m. m.	p. c.	m. m.	p. c.	m. m.	p. c.	m. m.	p. c.	m. m.	p. c.	m. m.	p. c.	m. m.	p. c.	m. m.	p. c.
1	0·3	91	0·3	100	0·3	100	0·3	100	0·3	100	0·3	100	0·3	100	0·3	100	0·3	100	0·4	100	0·4	100	0·5	100
2	0·3	90	0·5	95	0·4	83	0·3	100	0·5	100	0·4	86	0·4	94	0·5	100	0·6	100	0·5	84	0·7	100	0·6	82
3	0·4	100	0·4	100	0·4	100	0·3	100	0·3	100	0·3	100	0·3	100	0·4	100	0·4	100	0·5	94	0·4	70	0·3	57
4	0·1	34	0·3	100	0·2	100	0·3	100	0·2	100	0·2	100	0·2	100	0·2	100	0·3	100	0·3	100	0·4	100	0·2	53
5	0·3	100	0·3	100	0·3	100	0·3	100	0·2	100	0·2	100	0·2	100	0·3	100	0·3	100	0·4	100	0·3	47	0·1	15
6	0·3	100	0·3	100	0·3	100	0·3	100	0·3	100	0·3	100	0·4	100	0·4	100	0·2	42	0·5	88	0·5	84	0·5	73
7	0·6	83	0·5	76	0·5	85	0·5	76	0·5	76	0·5	76	0·5	78	0·7	80	0·6	64	0·7	65	0·7	66	1·0	88
8	0·7	100	0·8	91	1·0	91	1·0	94	0·6	59	0·6	61	0·9	79	0·9	79	1·0	80	0·8	59	0·8	58	0·9	64
9	0·8	100	0·3	44	0·6	90	0·6	86	0·5	80	0·5	85	0·5	84	0·7	100	0·8	100	0·7	80	0·8	80	0·8	64
10	0·9	97	0·7	75	0·6	68	0·8	81	0·8	86	0·8	83	0·7	80	0·8	83	1·0	100	1·0	94	1·1	90	1·0	76
11	0·9	84	1·1	87	0·9	70	1·1	97	1·1	83	1·2	87	1·1	75	1·1	78	1·2	75	1·2	73	1·1	69	1·1	71
12	0·7	70	0·7	64	1·0	91	0·9	88	0·9	94	0·8	81	0·9	82	1·0	85	0·9	79	1·0	82	1·1	80	1·2	78
13	1·2	80	1·2	81	1·2	73	1·1	75	1·0	77	0·9	73	0·9	80	1·1	84	1·2	87	1·2	75	0·9	54	1·0	52
14	0·4	75	0·4	82	0·4	81	0·5	100	0·4	80	0·4	100	0·5	100	0·6	91	0·9	100	0·1	13	0·8	100	0·8	100
15	0·3	95	0·5	79	0·5	100	0·5	100	0·4	100	0·4	93	0·5	89	0·5	84	0·5	74	0·6	71	0·5	57	0·6	57
16	0·5	72	0·5	73	0·7	66	0·7	69	0·7	70	0·8	56	0·7	82	0·6	76	0·6	66	0·6	67	0·6	73	0·7	81
17	0·2	100	0·1	100	0·2	100	0·2	100	0·2	100	0·2	100	0·2	100	0·2	100	0·2	100	0·3	100	0·2	67	0·4	56
18	0·3	64	0·4	100	0·3	75	0·4	100	0·3	100	0·3	100	0·4	100	0·6	100	0·6	100	0·4	51	0·5	62	0·3	51
19	0·3	54	0·3	85	0·4	92	0·3	66	0·4	82	0·4	82	0·4	69	0·5	69	0·6	79	0·8	59	0·6	64	0·8	68
20	0·9	74	0·9	74	0·8	74	0·8	74	0·7	72	0·9	82	1·0	80	0·9	70	1·0	61	1·0	64	0·9	54	0·8	43
21	0·6	83	0·7	92	0·5	85	0·6	100	0·5	100	0·5	100	0·6	100	0·8	100	0·6	72	0·6	61	0·6	53	0·6	51
22	0·6	61	0·8	86	0·6	83	0·6	82	0·5	90	0·7	92	0·7	73	0·7	70	0·9	82	0·6	58	0·6	46	0·6	47
23	0·4	100	0·4	100	0·4	100	0·4	100	0·4	100	0·3	100	0·3	100	0·5	100	0·3	41	0·4	73	0·4	62	0·4	53
24	0·3	100	0·3	100	0·3	100	0·3	100	0·3	100	0·3	100	0·4	100	0·5	100	0·5	100	0·3	59	0·2	35	0·3	47
25	0·4	100	0·4	100	0·4	100	0·3	100	0·4	100	0·3	100	0·4	100	0·4	100	0·5	100	0·6	100	0·6	53	0·5	89
26	0·5	88	0·5	94	0·5	100	0·4	70	0·4	100	0·4	100	0·5	100	0·5	100	0·7	100	0·6	87	0·7	89	0·8	53
27	0·6	82	0·5	81	0·6	90	0·6	90	0·6	90	0·6	95	0·7	100	0·8	100	0·8	93	0·6	62	0·5	68	0·8	65
28	0·6	83	0·6	83	0·5	81	0·4	100	0·6	100	0·6	90	0·8	100	0·8	100	0·9	93	0·7	63	0·7	57	0·6	56
29	0·7	88	0·7	92	0·7	89	0·7	87	0·7	92	0·7	100	1·0	100	1·0	97	0·9	68	0·8	55	0·6	42	0·9	56
30	0·7	59	0·6	86	0·6	100	0·4	83	0·6	90	0·5	100	0·6	100	0·8	86	0·7	59	0·9	77	0·8	67	0·8	57
31	0·4	69	0·5	100	0·5	100	0·3	100	0·5	100	0·6	100	0·6	100	0·5	67	0·5	64	0·4	31	1·0	72	1·1	72
Mean	0·55	84·2	0·55	88·0	0·53	89·3	0·53	91·0	0·50	90·9	0·50	92·0	0·55	91·8	0·63	90·4	0·65	83·2	0·60	72·2	0·63	69·0	0·68	64·0

April 1883. $\varphi = + 62^\circ 38' 32''$

Days.	1		2		3		4		5		6		7		8		9		10		11		Noon.	
	m. m.	p. c.	m. m.	p. c.	m. m.	p. c.	m. m.	p. c.	m. m.	p. c.	m. m.	p. c.	m. m.	p. c.	m. m.	p. c.	m. m.	p. c.	m. m.	p. c.	m. m.	p. c.	m. m.	p. c.
1	0·8	89	0·7	66	0·8	67	1·1	96	0·9	76	0·9	71	1·4	100	1·2	97	1·2	83	1·0	70	1·1	70	1·3	66
2	1·1	96	0·9	94	0·8	80	0·8	84	0·9	90	0·8	90	0·9	80	1·0	78	1·1	66	1·1	60	1·2	63	1·4	63
3	1·4	76	1·6	82	1·3	74	1·2	72	1·1	73	1·1	77	1·1	72	1·1	75	1·2	73	1·0	64	0·9	53	1·1	52
4	0·7	96	0·8	96	0·6	91	0·6	87	0·5	75	0·7	78	0·8	86	0·8	65	0·8	51	0·5	31	1·0	69	0·3	27
5	0·9	100	0·8	93	0·7	100	0·7	100	0·7	100	0·3	100	0·7	100	0·8	93	0·9	100	0·9	77	1·0	77	1·1	28
6	1·0	83	1·0	89	0·9	82	0·9	74	0·7	54	0·9	74	0·9	60	0·7	38	0·6	36	0·9	52	0·8	37	0·8	34
7	0·7	67	0·6	72	0·8	89	0·7	88	0·7	92	0·7	100	1·1	97	0·5	42	1·1	72	0·9	51	0·8	36	0·8	35
8	0·9	68	0·8	74	0·9	85	1·0	90	0·7	73	0·9	88	1·1	94	1·0	79	0·9	63	0·7	47	0·7	43	0·6	33
9	1·1	92	1·1	86	1·1	83	1·1	83	1·1	80	1·2	74	1·1	73	1·3	76	1·4	74	0·6	27	0·8	31	0·9	33
10	1·4	70	1·3	74	1·5	97	1·0	72	1·1	86	1·3	94	1·1	72	1·3	92	1·6	89	1·5	80	1·3	69	1·8	72
11	1·1	70	1·1	70	1·2	73	1·2	65	1·2	66	1·4	76	1·2	58	1·2	53	1·5	54	1·2	44	1·4	50	1·3	41
12	1·7	92	1·6	82	1·4	77	1·2	78	1·6	92	1·4	77	1·3	61	1·3	50	1·4	51	1·4	51	1·7	40	1·7	46
13	1·2	55	1·2	57	1·2	62	1·2	63	1·4	73	1·2	58	1·2	55	1·7	73	1·7	65	1·6	59	1·8	59	2·1	65
14	1·1	78	1·0	75	1·1	90	1·2	97	1·2	100	1·2	100	1·2	96	1·2	84	1·0	63	1·0	57	1·1	51	1·1	49
15	1·3	69	1·2	60	1·1	57	1·3	66	1·5	78	1·6	86	1·4	66	1·7	77	1·5	53	1·8	63	2·0	64	2·3	63
16	1·6	97	1·4	93	1·2	84	1·2	97	1·2	97	1·4	100	1·5	100	1·2	68	1·1	46	1·1	47	1·2	43	1·4	42
17	1·6	83	1·5	100	1·2	75	1·2	87	1·4	100	1·5	100	1·5	86	1·2	57	1·2	52	1·2	48	1·3	42	1·6	44
18	1·5	71	1·7	56	1·4	67	1·8	100	1·2	73	1·7	90	1·3	61	1·2	57	1·3	56	1·4	43	1·5	43	1·8	32
19	1·3	59	1·1	57	1·3	69	1·3	74	1·2	66	1·4	70	1·3	54	1·5	55	1·5	56	1·5	47	2·1	61	2·7	70
20	1·7	70	1·7	67	1·6	74	1·6	78	1·4	65	1·8	72	1·6	60	2·0	62	2·5	57	2·7	64	3·6	72	3·5	63
21	4·5	97	4·6	97	4·7	99	4·6	98	4·6	98	4·6	99	4·7	95	4·8	99	4·8	90	4·8	98	4·8	93	4·5	99
22	4·7	97	4·7	99	4·8	99	4·7	99	4·4	98	4·5	99	4·2	100	3·0	76	2·7	70	2·5	66	2·4	62	2·5	62
23	1·9	63	1·7	62	1·7	66	1·5	74	1·7	79	1·7	70	1·9	70	1·7	60	2·3	76	1·7	54	2·1	63	2·6	72
24	2·4	83	1·9	74	2·0	78	2·2	83	2·1	83	2·1	75	2·5	80	2·6	73	3·4	81	3·7	82	3·8	75	4·5	88
25	3·2	84	3·1	84	3·3	89	2·9	83	2·9	89	3·7	93	3·4	86	3·5	84	3·7	71	4·3	84	4·8	84	5·0	66
26	3·4	86	3·0	77	3·7	82	2·8	81	3·2	82	3·5	82	3·6	67	4·5	84	4·6	77	4·7	74	4·9	75	4·9	73
27	3·3	71	3·1	73	2·9	75	2·8	95	3·2	81	3·6	55	3·5	77	4·3	80	4·2	75	4·3	76	4·8	78	4·5	76
28	3·9	56	4·0	87	4·1	90	4·1	90	4·1	89	4·1	57	4·0	82	3·9	76	3·8	72	4·1	81	4·0	79	4·1	78
29	4·1	80	4·1	80	3·9	80	4·6	88	4·0	91	3·4	78	3·6	81	3·7	81	3·7	79	3·5	66	3·5	64	3·8	70
30	2·5	81	3·1	88	3·1	92	3·5	100	2·9	90	2·0	65	2·8	57	1·9	55	2·2	59	2·5	67	3·0	76	3·5	80
Mean	1·92	80·3	1·87	79·8	1·85	80·9	1·87	84·1	1·82	82·7	1·87	83·6	1·87	77·6	1·93	71·5	2·00	68·0	2·03	61·0	2·18	61·1	2·33	60·3

above the ground 178 m.

1		2		3		4		5		6		7		8		9		10		11	
m. m.	p. c.	m. m.	p. c.	m. m.	p. c.	m. m.	p. c.	m. m.	p. c.	m. m.	p. c.	m. m.	p. c.	m. m.	p. c.	m. m.	p. c.	m. m.	p. c.	m. m.	p. c.
0·6	100	0·6	100	0·6	100	0·5	100	0·5	79	0·6	100	0·6	100	0·6	91	0·6	87	0·6	90	0·5	85
0·5	71	0·4	56	0·5	78	0·5	78	0·4	88	0·5	100	0·4	93	0·3	78	0·4	56	0·4	100	0·4	100
0·5	74	0·4	56	0·4	60	0·5	76	0·5	100	0·4	100	0·4	100	0·3	74	0·3	100	0·3	100	0·3	100
0·4	57	0·4	76	0·6	100	0·5	100	0·5	100	0·5	100	0·4	100	0·4	100	0·4	100	0·4	100	0·3	100
0·2	29	0·2	23	0·1	7	0·5	76	0·5	89	0·4	93	0·4	93	0·4	100	0·4	100	0·4	100	0·3	100
0·5	76	0·7	85	0·6	70	0·6	74	0·6	80	0·7	75	0·8	89	0·7	70	0·7	67	0·8	90	0·8	92
0·8	71	0·8	74	0·7	66	0·9	69	0·8	74	0·9	73	1·0	85	0·9	82	1·0	97	0·9	94	0·7	85
0·9	56	0·8	47	0·7	45	0·8	48	0·6	37	0·8	67	0·8	78	0·7	73	0·6	68	0·6	68	0·5	31
0·8	37	1·0	69	0·9	66	0·8	58	0·8	70	0·9	84	0·6	89	0·6	65	0·8	86	0·7	76	0·5	90
1·0	72	1·1	75	1·1	55	1·3	87	1·3	84	1·3	76	1·7	74	1·4	74	1.5	77	1·2	72	1·2	73
1·0	64	1·1	66	1·1	67	1·2	75	1·1	74	1·0	82	0·9	73	1·0	85	0·8	83	1·0	85	0·8	74
1·3	84	1·3	81	1·1	78	1·3	61	1·2	77	1·2	51	1·1	75	1·1	78	1·3	97	1·2	90	1·2	87
0·9	42	1·0	48	0·7	42	0·5	31	0·8	67	1·0	86	0·6	72	0·6	87	0·7	100	0·6	90	0·6	95
0·6	72	0·7	82	0·7	79	0·7	52	0·7	89	0·6	83	0·6	86	0·6	95	0·5	95	0·6	95	0·5	89
0·7	62	0·6	51	0·6	44	0·7	54	0·7	57	0·8	67	0·8	67	0·5	67	0·8	68	0·8	67	0·8	74
0·6	69	0·6	83	0·4	52	0·4	54	0·4	68	0·3	68	0·3	78	0·3	92	0·2	71	0·3	100	0·3	100
0·3	74	0·4	67	0·4	63	0·4	64	0·3	40	0·3	62	0·3	84	0·4	100	0·3	92	0·3	98	0·4	100
0·5	46	0·5	46	0·4	35	0·4	46	0·3	28	0·4	50	0·4	62	0·5	74	0·4	75	0·4	100	0·4	100
0·6	50	0·7	54	0·8	67	0·7	52	0·8	62	0·7	63	1·0	88	0·8	67	0·9	66	0·8	66	0·8	69
0·7	36	0·7	34	0·7	41	0·7	38	0·6	35	0·8	58	0·8	64	0·7	73	0·8	86	0·7	69	0·6	66
0·5	34	0·4	25	0·6	45	0·6	46	0·5	42	0·6	57	0·6	63	0·5	61	0·8	100	0·5	61	0·7	88
0·6	44	0·7	46	0·6	45	0·6	47	0·5	79	0·6	64	0·7	78	0·5	67	0·5	68	0·5	100	0·5	100
0·4	47	0·4	47	0·4	44	0·4	44	0·4	80	0·4	48	0·5	75	0·3	57	0·4	68	0·5	94	0·4	100
0·6	87	0·5	68	0·7	84	0·7	88	0·3	68	0·5	63	0·4	77	0·3	64	0·3	64	0·3	74	0·4	94
0·7	80	0·8	77	0·9	90	0·7	74	0·7	67	1·0	97	0·6	83	0·6	95	0·5	95	0·5	84	0·5	98
0·7	73	0·7	73	0·8	77	0·7	73	0·9	78	1·0	100	0·8	100	0·8	100	0·7	100	0·6	93	0·1	11
0·7	48	0·6	40	0·9	56	0·9	61	0·5	35	0·8	67	0·6	60	0·8	89	0·6	59	0·8	96	0·7	78
0·5	25	0·5	26	0·5	22	0·6	23	0·6	24	0·9	53	0·8	48	0·7	54	0·9	87	0·8	74	0·6	54
0·7	40	0·7	33	0·5	38	0·9	46	1·0	57	1·1	71	1·0	70	0·9	68	0·8	67	0·9	90	0·8	90
0·9	54	1·0	58	1·1	68	1·1	69	1·0	67	0·8	57	0·9	69	0·8	63	0·7	82	0·6	62	0·8	74
0·7	37	0·7	35	0·9	42	0·5	24	0·7	32	0·9	50	0·8	52	0·9	71	0·8	65	0·9	71	0·7	77
0·65	60·2	0·61	57·8	0·68	59·5	0·70	63·3	0·65	62·9	0·73	74·0	0·68	78·2	0·65	78·2	0·65	82·4	0·65	85·2	0·58	82·8

λ = − 115° 43′ 30″ = − 7h. 42m. 53s.

1		2		3		4		5		6		7		8		9		10		11	
m. m.	p. c.	m. m.	p. c.	m. m.	p. c.	m. m.	p. c.	m. m.	p. c.	m. m.	p. c.	m. m.	p. c.	m. m.	p. c.	m. m.	p. c.	m. m.	p. c.	m. m.	p. c.
1·2	54	1·1	46	1·1	51	1·2	53	1·4	68	1·3	72	1·3	76	1·3	84	1·1	78	1·0	80	1·1	93
1·3	58	1·5	63	1·4	61	1·4	66	1·4	73	1·4	73	1·1	55	1·3	71	1·4	70	1·4	71	1·3	82
1·1	56	1·0	50	1·0	50	1·0	57	1·2	53	1·1	67	1·1	83	1·1	96	0·9	88	0·9	93	0·6	96
0·6	29	0·6	29	0·6	26	0·5	26	0·6	31	0·8	50	0·8	70	0·7	58	0·7	69	0·9	85	0·8	90
1·1	66	1·0	54	1·0	57	1·2	65	1·1	61	0·9	58	0·9	59	0·8	48	0·8	47	0·9	72	0·8	61
0·6	27	0·6	27	0·6	27	0·8	37	1·4	74	1·4	77	1·2	63	1·2	73	1·2	78	1·0	72	1·0	72
0·8	30	0·6	21	1·0	32	1·0	30	0·8	31	0·9	38	0·9	40	0·9	44	1·0	48	1·1	63	1·2	73
0·7	37	0·7	36	0·8	37	0·9	42	1·1	58	1·0	59	0·9	55	1·0	72	1·2	83	1·0	77	1·1	94
1·0	34	0·9	31	1·5	38	0·9	26	1·3	38	1·2	37	1·4	50	1·2	53	1·4	61	1·4	62	1·4	80
1·6	66	1·6	61	1·6	61	1·5	57	1·4	54	1·3	54	1·2	58	1·3	72	1·2	73	1·1	70	1·1	67
1·2	34	1·5	42	2·0	52	2·4	66	2·1	59	1·7	51	1·6	49	1·8	60	1·4	59	1·4	58	1·7	59
1·9	48	1·9	51	2·1	54	2·6	61	2·0	48	1·7	43	1·6	52	1·5	56	1·7	72	1·1	48	1·2	46
2·2	60	2·1	50	2·0	53	2·0	56	1·8	54	1·8	55	1·5	53	1·3	56	1·4	65	1·4	73	1·5	100
1·0	35	1·0	34	1·0	30	1·5	49	1·6	51	1·4	56	1·3	58	1·4	71	1·6	92	1·3	76	1·3	72
1·9	47	2·7	54	3·0	65	3·0	70	2·4	58	2·2	57	2·3	64	2·2	68	2·0	68	1·7	65	1·9	100
1·7	48	2·2	53	3·1	62	3·6	74	2·5	53	2·9	64	2·6	66	2·3	64	2·2	66	2·0	68	2·2	83
2·1	53	3·0	62	2·9	58	3·4	68	3·2	66	2·7	59	2·2	55	1·8	52	1·2	40	1·4	44	2·1	50
1·9	53	1·7	45	2·3	56	2·2	51	2·2	58	1·9	56	2·0	73	1·8	74	1·6	57	1·2	41	1·2	44
3·2	71	3·7	78	3·8	79	3·8	79	3·5	80	3·0	77	2·6	76	2·2	74	2·0	71	1·9	74	1·5	77
4·4	79	4·1	75	4·1	72	4·0	75	4·4	93	4·5	96	4·6	98	4·7	99	4·6	97	4·7	99	4·5	95
4·8	98	4·8	99	4·8	95	4·8	97	4·6	95	4·8	98	4·7	94	4·6	96	4·6	96	4·6	97	4·6	97
2·8	65	2·8	65	2·8	66	2·8	66	2·6	63	2·3	60	2·1	61	2·1	60	2·3	67	1·5	57	2·1	65
2·8	74	2·8	75	3·0	77	3·0	77	3·0	79	2·9	80	2·0	69	2·4	83	2·4	85	2·2	83	2·0	84
4·3	77	4·2	78	4·7	90	4·5	89	5·0	99	4·8	99	4·2	93	4·0	88	4·3	99	4·3	99	3·7	86
4·9	84	4·8	82	4·8	87	4·7	84	5·4	92	4·7	90	4·3	92	4·0	87	3·9	84	3·8	98	3·6	84
4·8	76	4·9	75	4·9	72	5·1	66	5·0	69	5·1	72	4·9	84	4·3	75	4·6	93	3·9	93	4·3	100
4·5	76	4·6	73	4·6	74	4·6	78	4·5	83	4·3	84	4·1	88	3·6	83	4·3	97	4·2	94	4·4	88
4·2	74	4·4	75	4·2	72	4·3	76	4·5	83	4·4	81	4·3	78	4·2	78	4·1	82	4·6	95	4·2	86
3·7	67	3·8	66	4·0	68	4·2	74	3·9	72	3·8	75	3·8	76	3·2	71	3·5	86	3·3	84	3·0	79
3·5	78	3·8	84	3·8	83	2·6	58	3·0	66	2·9	66	3·6	94	2·8	62	2·3	74	2·7	84	2·3	82
2·38	58·6	2·48	58·3	2·62	60·2	2·64	62·4	2·62	65·4	2·52	66·9	2·36	69·2	2·22	70·9	2·23	74·9	2·11	74·8	2·13	80·2

May 1883.

Height of the Thermometers

Days.	1		2		3		4		5		6		7		8		9		10		11		Noon.	
	m. m.	p. c.	m. m.	p. c.	m. m.	p. c.	m. m.	p. c.	m. m.	p. c.	m. m.	p. c.	m. m.	p. c.	m. m.	p. c.	m. m.	p. c.	m. m.	p. c.	m. m.	p. c.	m. m.	p. c.
1	1·9	63	1·4	44	1·9	66	1·6	65	2·3	78	2·2	68	2·3	70	2·5	68	3·2	73	3·4	73	4·8	92	4·4	80
2	3·4	81	3·4	[illegible]	4·4	9[illegible]	3·2	89	3·2	[illegible]	2·9	89	2·4	68	2·3	67	2·1	56	2·1	55	2·6	60	2·5	60
3	1·0	48	1·2	66	1·0	64	1·1	70	1·2	75	1·1	75	1·1	64	0·9	53	1·0	48	1·0	48	1·0	45	1·2	50
4	0·8	62	0·8	75	0·8	73	0·8	74	1·1	83	1·1	78	1·0	67	1·0	64	1·1	65	1·1	61	1·1	51	1·0	44
5	1·1	75	1·2	84	1·2	74	1·2	72	1·2	64	1·2	61	1·3	58	1·5	57	1·6	59	1·9	59	2·5	60	3·1	67
6	2·0	73	1·3	56	1·6	69	1·6	63	1·8	85	1·5	56	1·1	42	1·3	44	1·2	37	1·8	52	2·6	77	1·8	43
7	1·4	67	1·8	70	1·4	77	1·3	72	1·4	70	1·2	53	1·3	53	1·4	49	1·4	44	1·6	46	1·8	49	1·6	40
8	1·3	55	1·2	61	1·3	69	1·1	60	2·2	48	1·1	42	1·3	45	1·4	44	1·5	44	1·9	59	2·4	59	2·1	46
9	1·8	66	1·5	61	1·8	[illegible]	1·7	74	3·1	81	1·9	68	1·7	54	2·0	57	2·1	58	3·0	82	3·2	76	2·8	63
10	3·3	73	3·3	74	3·3	79	2·7	63	2·9	68	2·9	65	4·2	88	3·8	76	4·5	53	3·6	62	3·7	58	3·9	61
11	2·9	75	2·9	76	2·3	64	2·9	77	3·3	76	3·7	77	3·6	72	3·7	69	4·2	74	4·4	74	4·5	72	4·4	70
12	2·6	81	2·9	8[illegible]	2·7	73	2·6	74	3·2	75	3·6	72	3·9	71	4·4	75	4·4	73	4·6	70	4·4	67	4·7	66
13	3·8	69	3·7	73	3·3	70	3·1	72	3·4	75	3·5	72	3·9	78	4·3	77	4·4	75	4·6	71	4·7	71	4·7	61
14	3·2	72	3·2	76	3·0	79	2·8	65	3·7	74	3·7	70	4·0	69	4·2	70	4·4	70	4·7	68	4·8	61	5·0	62
15	2·9	62	2·8	64	2·9	61	2·9	68	3·2	72	3·6	76	3·6	70	4·3	76	4·5	78	4·3	69	4·7	78	4·8	74
16	3·7	84	3·7	77	3·7	77	3·8	78	4·1	83	4·2	76	4·7	73	4·7	69	5·0	69	5·3	71	5·5	72	5·4	63
17	5·7	80	5·5	86	5·2	94	4·9	96	4·9	86	5·1	80	5·3	72	5·8	73	6·1	74	6·4	77	6·7	86	6·9	75
18	6·3	99	5·8	97	5·2	99	5·0	89	5·4	84	5·4	86	5·6	86	5·8	91	5·5	89	5·5	87	5·9	93	6·0	78
19	5·0	91	4·9	91	4·8	92	4·5	91	4·8	92	4·9	96	4·8	85	5·4	92	5·1	81	5·7	82	6·0	73	5·8	50
20	5·4	73	5·3	74	5·1	72	5·2	73	5·3	74	5·5	65	6·0	64	6·2	62	6·1	56	6·3	50	6·1	59	6·1	55
21	5·3	88	5·5	87	5·6	86	5·0	95	5·4	79	5·9	70	5·8	72	6·1	66	6·2	60	7·0	55	7·2	50	6·5	50
22	5·7	88	5·5	100	5·0	93	5·0	94	5·0	86	5·4	88	5·3	89	5·7	90	6·2	86	5·8	83	5·6	80	6·7	86
23	4·5	96	4·3	93	3·9	88	3·8	85	4·1	84	4·4	85	4·6	81	4·7	79	4·9	72	5·1	65	5·3	62	5·7	58
24	4·4	83	4·1	86	3·8	82	3·7	87	4·1	81	4·9	77	5·4	79	5·5	74	5·8	71	5·7	67	6·0	62	6·4	59
25	4·7	89	4·8	91	4·8	93	4·8	91	4·8	94	4·8	91	4·8	85	5·2	92	5·2	93	5·4	90	5·6	92	6·0	77
26	4·7	86	4·6	85	4·7	86	4·8	86	5·2	79	5·7	83	5·4	77	5·4	70	4·9	59	5·0	56	5·2	54	5·3	49
27	4·0	85	4·1	79	4·3	88	4·6	85	4·8	82	5·0	80	5·2	76	5·6	63	5·6	52	6·1	57	6·1	52	5·5	55
28	5·9	79	5·9	96	5·2	91	4·9	92	5·0	85	5·4	85	5·5	78	5·4	76	5·2	70	5·5	67	5·7	62	5·7	60
29	4·9	90	4·5	89	4·5	89	4·7	84	4·9	77	5·7	76	5·8	68	6·2	62	6·3	56	6·2	49	6·5	46	6·4	41
30	5·6	89	5·6	85	5·5	76	5·3	71	5·3	75	5·3	78	5·3	69	5·4	83	5·2	83	4·8	92	4·5	87	4·5	81
31	2·5	57	2·6	59	2·6	61	2·5	57	2·8	63	3·1	65	3·6	71	3·5	67	3·6	65	3·8	62	4·1	59	4·0	56
Mean -	3·60	76·8	3·56	77·5	3·45	78·7	3·38	78·2	3·58	77·3	3·73	74·1	3·86	70·7	4·04	69·4	4·14	66·6	4·31	65·8	4·52	65·5	4·51	60·7

June 1883.

$\varphi = + 62° 38' 52''$.

Days.	1		2		3		4		5		6		7		8		9		10		11		Noon.	
	m. m.	p. c.	m. m.	p. c.	m. m.	p. c.	m. m.	p. c.	m. m.	p. c.	m. m.	p. c.	m. m.	p. c.	m. m.	p. c.	m. m.	p. c.	m. m.	p. c.	m. m.	p. c.	m. m.	p. c.
1	3·1	79	3·2	81	2·8	70	3·1	79	3·2	78	3·7	80	4·1	81	4·5	78	4·5	80	5·2	74	4·9	72	5·2	68
2	5·4	74	5·3	78	5·2	75	5·6	72	5·9	79	5·7	76	6·1	64	5·5	59	6·1	53	6·2	53	6·1	56	6·1	46
3	6·4	79	6·4	74	6·7	90	5·9	87	6·4	84	6·9	70	7·1	69	7·7	64	7·0	63	7·5	56	8·0	64	7·6	49
4	4·9	84	4·9	87	5·3	87	5·8	86	5·6	79	5·6	76	5·9	75	7·2	66	7·6	66	7·2	67	7·3	62	7·1	67
5	5·7	96	5·8	97	5·5	93	5·2	89	5·5	84	5·3	83	5·6	78	5·6	75	5·3	76	6·0	69	5·7	70	6·0	67
6	5·2	82	4·9	78	4·5	78	4·5	79	4·5	77	4·5	77	4·3	73	4·6	68	4·7	65	4·8	61	4·9	64	5·1	67
7	5·3	78	5·2	77	5·2	77	5·2	76	5·4	79	5·4	79	5·7	82	5·7	75	5·4	68	5·4	70	5·4	66	5·4	63
8	4·9	92	4·6	84	4·7	85	4·8	87	4·9	82	5·1	84	5·3	84	5·4	85	5·6	87	5·7	89	5·8	79	5·9	80
9	5·9	94	6·0	93	5·9	94	6·1	92	6·6	87	6·9	87	6·6	75	7·1	70	7·7	63	8·0	57	7·7	52	7·4	47
10	6·0	80	5·8	75	5·8	80	6·2	78	7·0	72	7·3	73	7·0	73	6·4	52	6·3	52	6·6	53	6·5	49	6·2	45
11	4·4	68	4·3	66	4·7	75	4·7	77	4·7	72	5·0	71	4·8	64	5·1	64	4·9	56	5·0	54	4·9	48	5·3	50
12	4·6	67	4·5	75	4·5	77	4·3	71	4·4	65	4·5	60	4·6	59	4·7	56	4·8	55	4·7	47	4·9	50	4·6	46
13	4·7	72	4·9	76	4·6	72	4·7	70	4·5	63	4·6	57	4·6	58	4·9	59	5·6	54	5·8	59	5·9	53	5·9	48
14	6·4	81	5·8	78	5·6	78	5·5	80	5·5	76	5·5	76	5·5	72	5·5	72	5·4	69	5·8	68	5·8	60	6·0	61
15	5·9	74	5·6	73	5·8	73	5·6	69	5·6	69	5·7	61	5·7	57	6·0	60	6·2	60	6·5	59	6·5	58	6·6	60
16	7·2	88	5·7	71	4·9	64	4·9	61	4·7	60	4·7	56	5·0	57	5·5	55	6·0	58	6·5	55	7·1	64	7·2	62
17	7·4	90	7·2	93	7·2	92	7·0	89	7·3	84	7·3	82	7·8	81	8·0	78	7·1	88	7·5	94	7·1	90	7·4	80
18	7·2	93	7·1	95	7·1	95	7·1	91	7·1	90	7·0	90	6·1	82	5·7	82	6·3	58	6·4	79	7·4	82	7·0	74
19	5·4	71	5·3	72	5·2	71	5·2	71	5·6	70	5·7	62	5·6	58	5·7	56	5·7	53	5·4	50	5·6	48	5·6	48
20	4·9	73	5·1	74	5·3	73	5·1	73	5·4	72	5·3	68	5·3	63	5·5	62	5·4	64	5·6	63	6·0	67	5·9	66
21	6·1	75	5·7	71	5·6	69	5·3	65	5·4	68	5·7	73	5·9	74	6·0	73	6·3	72	6·6	72	7·2	73	7·3	74
22	6·4	60	6·1	62	6·2	62	6·4	66	6·5	68	6·5	67	7·2	73	7·1	69	7·6	70	8·0	68	7·9	62	7·2	56
23	9·2	92	8·5	93	8·3	95	8·2	91	8·6	89	8·5	91	8·4	84	9·0	79	9·0	75	9·1	76	9·0	75	9·6	74
24	8·7	88	8·9	85	8·9	86	9·1	86	8·9	84	9·4	81	9·9	81	9·9	76	9·4	73	10·0	71	10·0	74	10·3	75
25	10·6	83	10·7	86	10·4	87	9·8	90	9·2	86	9·5	85	10·1	83	10·0	81	10·2	76	10·6	77	10·3	72	10·7	68
26	10·5	91	10·1	91	10·3	88	10·3	84	11·0	82	11·2	69	11·8	70	12·0	62	12·1	62	11·9	60	12·3	57	12·0	59
27	8·9	82	8·8	82	8·6	83	8·1	81	7·2	76	7·1	78	6·7	76	6·6	77	6·6	77	6·6	79	6·2	70	6·5	67
28	5·3	74	5·5	80	5·2	81	5·5	76	5·6	70	5·6	63	5·9	63	5·9	58	5·9	55	5·8	54	5·9	52	5·9	50
29	5·7	65	5·9	65	6·3	69	6·7	69	6·7	66	6·5	66	6·6	65	6·8	66	6·7	65	6·8	70	7·2	75	7·6	79
30	7·2	99	7·8	95	7·9	94	8·0	87	8·9	86	9·1	84	9·1	85	8·9	79	9·1	75	9·3	71	9·2	68	9·5	64
Mean -	6·35	80·6	6·19	80·3	6·12	80·5	6·12	78·9	6·24	76·6	6·38	74·2	6·48	71·9	6·63	68·6	6·70	67·4	6·83	66·1	6·95	64·6	6·98	61·6

above the ground 1·78 m. *May* 1883.

	1		2		3		4		5		6		7		8		9		10		11		12		Means.	
	m. m.	p. c.	m. m.	p. c.	m. m.	p. c.	m. m.	p. c.	m. m.	p. c.	m. m.	p. c.	m. m.	p. c.	m. m.	p. c.	m. m.	p. c.	m. m.	p. c.	m. m.	p. c.	m. m.	p. c.	m. m.	p. c.
1	4·1	77	4·7	77	4·6	82	4·6	80	4·4	81	4·3	83	4·1	55	4·1	89	3·9	86	4·4	100	3·4	82	3·8	86	3·40	86·6
2	3·7	65	2·8	66	2·7	86	2·4	64	2·4	63	2·8	74	1·6	59	1·7	69	2·3	82	1·7	74	2·4	65	2·1	55	2·46	67·4
3	0·8	58	2·1	48	0·9	42	0·9	42	0·9	40	0·8	38	0·8	41	0·9	53	0·9	35	0·8	37	1·0	39	0·8	37	0·96	35·9
4	2·7	47	2·2	45	1·2	50	1·5	50	2·3	47	1·3	38	1·3	69	1·3	51	2·4	35	1·3	48	1·0	26	2·0	59	1·59	52·6
5	3·0	75	2·9	55	2·2	61	2·9	56	3·2	42	2·8	61	2·9	45	1·6	58	2·5	41	1·6	40	2·3	40	2·7	46	2·95	59·0
6	2·3	51	3·7	55	4·4	47	3·5	58	2·7	65	3·3	66	2·4	44	2·7	59	2·6	62	2·4	61	2·6	62	2·5	[illegible]	2·65	57·6
7	2·2	50	2·4	57	2·0	46	2·1	50	2·5	48	2·9	48	2·3	48	2·5	45	1·5	41	1·1	35	2·3	46	1·4	41	1·51	52·0
8	2·0	43	2·6	53	4·5	55	3·0	59	3·2	65	2·7	60	2·4	55	2·1	61	2·6	71	2·1	67	2·1	53	2·9	[illegible]	2·92	54·9
9	3·3	70	3·5	62	3·3	69	3·1	64	3·4	69	3·6	71	3·0	71	3·2	76	3·5	75	3·5	84	3·6	77	3·4	78	3·59	72·2
10	4·2	64	4·2	68	4·4	67	4·2	71	4·3	72	4·6	73	4·3	70	4·3	78	4·1	77	4·1	59	3·9	84	3·9	71	3·89	71·2
11	4·6	70	4·3	67	4·3	63	4·6	71	4·7	71	4·5	74	4·7	76	4·2	78	4·2	82	3·0	78	4·9	[illegible]	3·4	76	3·75	72·5
12	4·9	67	4·6	68	4·6	65	4·3	66	4·7	72	4·3	67	4·5	69	4·2	69	4·1	72	3·4	74	4·0	[illegible]	3·5	71	4·04	71·7
13	4·7	64	4·6	61	4·3	64	4·5	64	4·7	59	4·3	57	4·6	62	4·5	68	4·2	71	3·7	71	4·0	[illegible]	3·6	82	4·11	61·9
14	4·9	61	4·9	65	4·0	63	4·7	61	4·1	53	4·7	62	4·6	61	4·2	70	3·9	60	3·6	69	3·4	[illegible]	3·5	70	4·21	67·0
15	4·4	64	5·1	63	5·5	66	4·4	60	4·9	65	4·9	70	4·7	75	4·4	70	4·1	65	4·1	67	4·2	70	4·0	64	4·36	67·3
16	5·9	60	5·5	63	5·6	64	5·0	66	5·4	61	5·4	64	5·6	61	5·4	67	6·3	53	5·6	58	5·9	71	5·6	71	5·05	71·0
17	6·9	67	6·8	70	6·5	53	6·1	53	6·3	73	7·4	74	7·4	80	7·0	74	6·8	72	6·2	87	6·0	97	6·4	65	6·22	73·4
18	5·6	79	5·2	83	5·7	90	5·0	80	5·9	79	6·2	71	5·2	83	5·9	87	5·7	84	5·6	82	5·2	84	5·0	80	5·61	81·1
19	5·6	[illegible]	5·6	48	5·5	56	5·0	62	5·5	63	5·7	76	5·5	79	5·4	68	5·1	53	5·4	68	5·3	71	5·4	68	5·33	[illegible]
20	5·5	55	6·2	53	6·4	49	6·3	50	6·3	55	6·3	61	6·3	67	6·9	70	6·2	70	6·1	73	6·9	79	5·9	75	5·99	63·5
21	5·4	[illegible]	6·6	54	7·4	70	6·6	62	6·7	74	6·1	64	6·4	73	6·1	70	6·4	86	5·6	92	5·5	[illegible]	5·7	89	6·07	72·1
22	5·9	62	5·2	65	5·2	84	[illegible]	87	5·2	93	5·1	96	5·2	93	4·9	93	4·8	91	4·9	93	4·6	[illegible]	4·6	95	5·08	89·6
23	5·7	55	5·4	51	5·6	52	5·6	52	5·4	56	5·4	59	5·0	64	5·1	65	5·6	79	5·3	91	4·9	75	4·6	82	5·00	73·4
24	6·2	62	6·1	57	6·4	53	6·2	57	6·2	54	6·3	56	6·3	60	6·2	69	5·7	76	5·2	62	5·1	84	4·7	76	5·46	70·0
25	5·8	55	6·3	55	[illegible]	55	5·6	74	6·4	76	6·0	76	6·4	75	6·5	75	6·1	94	5·5	[illegible]	5·4	[illegible]	5·1	85	5·51	74·8
26	5·4	48	5·5	47	5·7	48	5·4	48	4·5	52	5·6	52	5·9	57	5·6	62	5·5	66	4·7	88	4·4	80	4·0	79	5·24	61·5
27	5·8	63	6·7	55	6·3	61	6·2	55	5·5	60	5·9	73	6·0	64	5·9	69	6·0	76	6·7	84	6·1	79	5·9	74	5·55	69·5
28	5·6	58	5·4	55	6·2	57	6·7	53	6·6	56	6·7	61	6·8	68	6·8	67	5·8	55	4·9	77	4·9	75	4·8	80	5·65	61·0
29	6·6	41	6·2	59	6·1	45	6·4	48	5·2	48	6·4	55	6·1	60	6·2	65	5·8	65	6·2	74	6·6	75	6·0	74	5·99	61·9
30	3·5	66	3·2	66	3·5	66	3·4	69	3·1	59	3·2	62	2·9	58	3·0	61	3·1	65	3·0	67	[illegible]	81	3·3	62	3·14	71·6
31	4·2	65	4·3	69	4·1	67	4·4	74	3·5	75	4·4	78	4·5	84	4·7	91	3·8	86	3·4	74	3·6	85	3·4	79	3·65	69·2
	4·51	59·8	4·60	60·3	4·60	62·9	4·57	63·2	4·62	63·9	4·54	65·5	4·51	66·5	4·39	70·5	4·24	73·7	4·04	71·4	3·84	75·5	[illegible]	74·8	4·41	69·6

λ = − 115° 43′ 50″ = − 7h. 42m. 55s. *June* 1883.

	1		2		3		4		5		6		7		8		9		10		11		12		Means.	
	m. m.	p. c.	m. m.	p. c.	m. m.	p. c.	m. m.	p. c.	m. m.	p. c.	m. m.	p. c.	m. m.	p. c.	m. m.	p. c.	m. m.	p. c.	m. m.	p. c.	m. m.	p. c.	m. m.	p. c.	m. m.	p. c.
1	6·3	67	5·3	53	6·0	47	[illegible]	47	5·8	48	[illegible]	49	5·6	52	5·9	[illegible]	6·2	65	[illegible]	64	[illegible]	[illegible]	[illegible]	72	4·92	[illegible]
2	6·1	59	6·6	53	7·2	50	[illegible]	52	[illegible]	[illegible]	[illegible]	[illegible]	[illegible]	50	[illegible]	[illegible]	[illegible]	58	[illegible]	[illegible]	[illegible]	[illegible]	6·8	[illegible]	[illegible]	[illegible]
3	7·6	66	7·4	52	7·3	53	[illegible]	58	[illegible]	56	[illegible]	[illegible]	[illegible]	61	[illegible]	[illegible]	[illegible]	79	[illegible]	[illegible]	[illegible]	[illegible]	[illegible]	[illegible]	[illegible]	[illegible]
4	7·4	62	8·4	52	8·5	62	[illegible]	67	[illegible]	68	8·5	[illegible]	8·8	72	[illegible]	[illegible]	[illegible]	[illegible]	[illegible]	[illegible]	[illegible]	[illegible]	[illegible]	[illegible]	[illegible]	[illegible]
5	[illegible]	64	5·6	63	[illegible]	64	5·8	61	[illegible]	[illegible]	[illegible]	[illegible]	[illegible]	71	5·5	[illegible]	[illegible]	[illegible]	[illegible]	[illegible]	[illegible]	[illegible]	[illegible]	[illegible]	[illegible]	[illegible]
6	5·3	69	5·7	[illegible]	5·5	69	5·8	[illegible]	[illegible]	[illegible]	[illegible]	[illegible]	5·1	[illegible]	5·6	[illegible]	[illegible]	[illegible]	[illegible]	[illegible]	[illegible]	[illegible]	[illegible]	[illegible]	[illegible]	[illegible]
7	[illegible]	66	5·4	66	5·4	66	[illegible]	[illegible]	[illegible]	68	[illegible]	[illegible]	4·8	[illegible]	[illegible]	[illegible]	[illegible]	[illegible]	[illegible]	[illegible]	[illegible]	[illegible]	[illegible]	[illegible]	[illegible]	[illegible]
8	[illegible]	[illegible]	5·4	[illegible]	[illegible]	74	[illegible]	[illegible]	[illegible]	[illegible]	[illegible]	[illegible]	[illegible]	55	[illegible]	[illegible]	[illegible]	[illegible]	[illegible]	[illegible]	[illegible]	[illegible]	[illegible]	[illegible]	[illegible]	84·3
9	[illegible]	[illegible]	[illegible]	44	[illegible]	[illegible]	[illegible]	[illegible]	[illegible]	[illegible]	[illegible]	51	[illegible]	[illegible]	6·6	61	[illegible]	[illegible]	[illegible]	[illegible]	[illegible]	[illegible]	[illegible]	[illegible]	[illegible]	[illegible]
10	[illegible]	[illegible]	[illegible]	41	5·6	[illegible]	[illegible]	[illegible]	[illegible]	[illegible]	[illegible]	[illegible]	[illegible]	[illegible]	[illegible]	[illegible]	6·1	68	[illegible]	[illegible]	[illegible]	[illegible]	[illegible]	[illegible]	[illegible]	[illegible]
11	[illegible]	[illegible]	[illegible]	[illegible]	[illegible]	[illegible]	[illegible]	[illegible]	[illegible]	[illegible]	[illegible]	[illegible]	[illegible]	[illegible]	[illegible]	[illegible]	[illegible]	[illegible]	[illegible]	[illegible]	[illegible]	[illegible]	[illegible]	[illegible]	[illegible]	[illegible]
12	[illegible]	[illegible]	[illegible]	[illegible]	[illegible]	[illegible]	[illegible]	[illegible]	[illegible]	[illegible]	[illegible]	[illegible]	[illegible]	[illegible]	[illegible]	[illegible]	[illegible]	[illegible]	[illegible]	[illegible]	[illegible]	[illegible]	[illegible]	[illegible]	4·87	[illegible]
13	[illegible]	61	[illegible]	[illegible]	6·4	[illegible]	[illegible]	[illegible]	[illegible]	[illegible]	[illegible]	[illegible]	[illegible]	[illegible]	[illegible]	[illegible]	[illegible]	[illegible]	[illegible]	[illegible]	[illegible]	[illegible]	[illegible]	[illegible]	[illegible]	[illegible]
14	[illegible]	66	[illegible]	[illegible]	[illegible]	[illegible]	[illegible]	[illegible]	[illegible]	[illegible]	[illegible]	[illegible]	[illegible]	[illegible]	[illegible]	[illegible]	[illegible]	[illegible]	[illegible]	[illegible]	[illegible]	[illegible]	[illegible]	[illegible]	[illegible]	[illegible]
15	[illegible]	[illegible]	[illegible]	53	[illegible]	[illegible]	[illegible]	[illegible]	[illegible]	[illegible]	[illegible]	[illegible]	[illegible]	[illegible]	[illegible]	[illegible]	[illegible]	[illegible]	[illegible]	[illegible]	[illegible]	[illegible]	[illegible]	[illegible]	[illegible]	[illegible]
16	[illegible]	[illegible]	[illegible]	[illegible]	[illegible]	[illegible]	[illegible]	[illegible]	[illegible]	[illegible]	[illegible]	[illegible]	[illegible]	[illegible]	[illegible]	[illegible]	[illegible]	[illegible]	[illegible]	[illegible]	[illegible]	[illegible]	[illegible]	[illegible]	[illegible]	[illegible]
17	[illegible]	74	[illegible]	[illegible]	[illegible]	[illegible]	[illegible]	[illegible]	[illegible]	[illegible]	[illegible]	[illegible]	[illegible]	[illegible]	[illegible]	[illegible]	[illegible]	[illegible]	[illegible]	86	[illegible]	[illegible]	[illegible]	[illegible]	[illegible]	[illegible]
18	[illegible]	[illegible]	[illegible]	[illegible]	[illegible]	[illegible]	[illegible]	[illegible]	[illegible]	[illegible]	[illegible]	[illegible]	[illegible]	[illegible]	[illegible]	[illegible]	[illegible]	[illegible]	[illegible]	[illegible]	[illegible]	[illegible]	[illegible]	[illegible]	[illegible]	[illegible]
19	5·8	[illegible]	[illegible]	[illegible]	[illegible]	[illegible]	[illegible]	[illegible]	[illegible]	[illegible]	[illegible]	[illegible]	[illegible]	[illegible]	[illegible]	[illegible]	[illegible]	[illegible]	[illegible]	[illegible]	[illegible]	[illegible]	[illegible]	[illegible]	[illegible]	57·0
20	[illegible]	[illegible]	[illegible]	[illegible]	[illegible]	[illegible]	[illegible]	[illegible]	[illegible]	[illegible]	[illegible]	[illegible]	[illegible]	[illegible]	[illegible]	[illegible]	[illegible]	[illegible]	[illegible]	[illegible]	[illegible]	[illegible]	[illegible]	[illegible]	[illegible]	[illegible]
21	[illegible]	[illegible]	[illegible]	[illegible]	[illegible]	[illegible]	[illegible]	[illegible]	[illegible]	[illegible]	[illegible]	[illegible]	[illegible]	[illegible]	[illegible]	[illegible]	[illegible]	[illegible]	[illegible]	[illegible]	[illegible]	[illegible]	[illegible]	[illegible]	[illegible]	[illegible]
22	[illegible]	[illegible]	[illegible]	[illegible]	[illegible]	[illegible]	[illegible]	[illegible]	[illegible]	[illegible]	[illegible]	[illegible]	[illegible]	[illegible]	[illegible]	[illegible]	[illegible]	[illegible]	[illegible]	[illegible]	[illegible]	[illegible]	[illegible]	[illegible]	[illegible]	[illegible]
23	[illegible]	[illegible]	[illegible]	[illegible]	[illegible]	[illegible]	[illegible]	[illegible]	[illegible]	[illegible]	[illegible]	[illegible]	[illegible]	[illegible]	[illegible]	[illegible]	[illegible]	[illegible]	[illegible]	[illegible]	[illegible]	[illegible]	[illegible]	[illegible]	[illegible]	[illegible]
24	[illegible]	[illegible]	[illegible]	[illegible]	[illegible]	[illegible]	[illegible]	[illegible]	[illegible]	[illegible]	[illegible]	[illegible]	[illegible]	[illegible]	[illegible]	[illegible]	[illegible]	[illegible]	[illegible]	[illegible]	[illegible]	[illegible]	[illegible]	[illegible]	[illegible]	[illegible]
25	[illegible]	[illegible]	[illegible]	[illegible]	[illegible]	[illegible]	[illegible]	[illegible]	[illegible]	[illegible]	[illegible]	[illegible]	[illegible]	[illegible]	[illegible]	[illegible]	[illegible]	[illegible]	[illegible]	[illegible]	[illegible]	[illegible]	[illegible]	[illegible]	[illegible]	[illegible]
26	9·9	[illegible]	[illegible]	[illegible]	[illegible]	[illegible]	[illegible]	[illegible]	[illegible]	[illegible]	[illegible]	[illegible]	[illegible]	[illegible]	[illegible]	[illegible]	[illegible]	[illegible]	[illegible]	[illegible]	[illegible]	[illegible]	[illegible]	[illegible]	[illegible]	[illegible]
27	[illegible]	[illegible]	13·1	[illegible]	[illegible]	[illegible]	[illegible]	[illegible]	[illegible]	[illegible]	[illegible]	[illegible]	[illegible]	[illegible]	[illegible]	[illegible]	[illegible]	[illegible]	[illegible]	[illegible]	[illegible]	[illegible]	[illegible]	[illegible]	11·22	[illegible]
28	[illegible]	[illegible]	[illegible]	[illegible]	[illegible]	[illegible]	[illegible]	[illegible]	[illegible]	[illegible]	[illegible]	[illegible]	[illegible]	[illegible]	[illegible]	[illegible]	[illegible]	[illegible]	[illegible]	[illegible]	[illegible]	[illegible]	[illegible]	[illegible]	[illegible]	[illegible]
29	[illegible]	[illegible]	[illegible]	[illegible]	[illegible]	[illegible]	[illegible]	[illegible]	[illegible]	[illegible]	[illegible]	[illegible]	[illegible]	[illegible]	[illegible]	[illegible]	[illegible]	[illegible]	[illegible]	[illegible]	[illegible]	[illegible]	[illegible]	[illegible]	[illegible]	[illegible]
30	[illegible]	[illegible]	[illegible]	[illegible]	[illegible]	[illegible]	[illegible]	[illegible]	[illegible]	[illegible]	[illegible]	[illegible]	[illegible]	[illegible]	[illegible]	[illegible]	[illegible]	[illegible]	[illegible]	[illegible]	[illegible]	[illegible]	[illegible]	[illegible]	[illegible]	[illegible]
	[illegible]	[illegible]	[illegible]	[illegible]	[illegible]	59·0	[illegible]	[illegible]	[illegible]	[illegible]	[illegible]	[illegible]	[illegible]	[illegible]	7·36	[illegible]	[illegible]	[illegible]	[illegible]	[illegible]	[illegible]	[illegible]	[illegible]	[illegible]	[illegible]	[illegible]

July 1883. Height of the Thermometers

Days.	1		2		3		4		5		6		7		8		9		10		11		Noon.	
	m. m.	p. c.	m. m.	p. c.	m. m.	p. c.	m. m.	p. c.	m. m.	p. c.	m. m.	p. c.	m. m.	p. c.	m. m.	p. c.	m. m.	p. c.	m. m.	p. c.	m. m.	p. c.	m. m.	p. c.
1	8·4	71	8·0	75	7·7	72	7·7	68	8·1	46	7·7	55	8·1	59	7·8	50	7·6	47	7·7	46	8·1	47	7·8	46
2	6·9	59	6·9	59	6·6	58	6·4	53	6·6	50	7·4	52	7·7	45	9·4	50	9·6	40	9·3	49	9·9	52	10·4	53
3	10·4	79	11·0	85	10·5	82	10·5	82	10·1	79	10·0	74	10·2	69	10·6	67	10·2	58	11·1	62	11·6	64	10·4	57
4	6·0	65	6·8	76	6·7	78	6·7	75	6·4	72	6·0	65	6·6	73	6·2	65	6·2	63	6·0	56	6·0	55	6·7	56
5	6·4	68	6·4	69	6·4	70	6·2	64	6·1	64	6·4	66	6·3	64	6·4	62	6·9	64	6·9	59	6·7	57	6·8	56
6	6·3	62	6·6	69	7·1	72	7·7	74	7·0	66	8·0	67	8·6	66	9·4	67	9·7	60	10·1	58	10·6	54	10·4	56
7	11·8	93	11·2	94	11·4	97	11·2	91	11·8	90	12·5	86	12·1	81	12·6	75	12·6	73	12·6	69	11·8	65	12·1	63
8	9·0	75	9·9	86	9·1	82	9·0	73	9·2	72	9·2	60	9·6	68	10·0	66	10·2	64	9·2	50	9·1	52	9·3	48
9	10·1	74	11·1	88	10·3	77	10·4	74	11·1	77	12·1	78	11·4	77	11·3	70	11·2	60	11·7	62	11·6	57	12·2	64
10	7·6	50	8·4	70	8·7	73	8·4	71	8·4	71	8·6	70	8·7	69	9·6	71	8·7	64	8·3	60	8·0	57	8·2	55
11	7·1	75	7·3	83	7·6	86	7·5	88	7·0	93	8·0	91	8·3	93	8·9	100	8·2	90	8·1	89	8·4	61	8·5	89
12	7·3	77	6·5	73	6·4	74	6·4	75	6·7	70	7·2	68	7·5	62	8·1	61	7·5	52	7·4	47	8·0	48	7·8	43
13	7·5	73	7·3	74	6·4	66	6·8	67	7·1	65	7·8	64	7·7	56	8·0	52	7·1	46	7·9	50	8·0	56	7·4	48
14	7·4	72	7·0	68	7·3	72	7·8	75	7·5	71	8·1	66	8·0	67	8·1	61	8·0	58	7·6	53	7·4	48	7·4	48
15	7·7	70	7·8	81	8·2	87	8·2	82	8·3	72	9·3	70	9·8	75	8·2	59	8·0	57	8·2	51	8·1	50	8·0	48
16	8·0	87	8·6	86	8·3	86	7·9	78	9·0	75	9·2	71	9·3	68	9·7	67	8·9	56	8·5	50	9·3	55	8·6	50
17	8·4	77	8·9	81	9·5	86	8·8	75	9·6	79	9·9	77	9·4	69	9·4	63	11·4	77	11·0	72	9·5	58	9·2	57
18	9·1	58	8·6	72	8·5	70	8·8	82	9·0	72	9·2	68	9·6	67	10·0	68	9·8	66	9·9	62	10·7	68	11·0	65
19	8·8	60	8·7	71	8·3	72	8·7	73	8·8	66	9·0	68	9·7	65	9·5	60	9·7	64	10·0	63	11·0	69	11·4	64
20	10·6	84	9·8	80	8·6	71	9·6	78	9·1	67	9·4	66	9·0	59	9·1	59	9·6	56	10·8	64	11·0	64	9·1	48
21	9·4	69	9·5	72	9·0	68	8·9	67	9·2	68	9·2	67	9·4	60	10·4	59	10·2	55	10·1	53	9·3	47	9·3	45
22	10·2	77	9·9	74	9·0	69	8·6	72	9·0	72	8·7	66	8·2	59	8·6	64	8·2	56	7·1	46	7·3	47	7·3	47
23	7·6	61	7·9	64	8·4	71	8·4	70	7·5	64	7·5	65	7·7	53	7·3	51	7·8	51	7·8	45	8·0	44	8·4	43
24	9·0	86	8·8	93	8·9	87	9·1	88	9·0	87	9·2	86	8·9	82	8·8	75	9·3	77	8·8	69	8·8	70	8·5	66
25	9·3	88	9·0	88	9·2	89	9·4	89	9·4	88	9·2	92	8·4	96	8·0	87	7·8	80	7·4	75	7·1	71	7·1	66
26	7·6	80	7·1	75	7·4	81	7·4	81	7·9	79	7·9	73	8·3	75	8·7	76	8·3	69	8·5	65	8·2	59	8·1	57
27	8·0	86	7·8	82	7·9	84	8·1	81	8·5	92	8·9	92	8·5	86	8·2	77	8·5	76	8·3	64	8·2	62	8·6	64
28	8·7	94	8·5	95	8·3	94	8·1	95	8·3	97	8·7	89	8·9	86	8·9	81	8·7	71	9·0	70	8·7	64	9·1	60
29	8·7	88	8·6	93	9·0	97	9·1	96	9·0	84	9·3	79	9·3	74	8·9	60	9·6	61	9·5	60	9·6	56	11·0	60
30	9·1	71	10·2	81	9·7	76	9·9	75	9·2	71	9·8	72	10·2	71	10·1	68	9·8	61	9·2	57	9·0	53	9·4	52
31	10·4	73	10·2	75	9·9	72	9·8	73	9·7	73	9·7	74	9·9	75	9·9	71	9·8	74	9·8	76	9·8	72	9·8	71
Mean -	8·48	73·5	8·51	78·3	8·38	78·0	8·41	77·1	8·56	74·5	8·76	72·5	8·56	69·9	9·04	66·5	8·09	63·2	8·97	60·2	9·02	58·4	9·02	56·7

August 1883. φ = +62° 38′ 32″.

Days.	1		2		3		4		5		6		7		8		9		10		11		Noon.	
	m. m.	p. c.	m. m.	p. c.	m. m.	p. c.	m. m.	p. c.	m. m.	p. c.	m. m.	p. c.	m. m.	p. c.	m. m.	p. c.	m. m.	p. c.	m. m.	p. c.	m. m.	p. c.	m. m.	p. c.
1	10·5	81	12·3	82	10·8	87	10·7	85	10·2	81	10·1	78	10·4	77	12·3	80	11·4	77	11·0	71	11·3	71	11·1	65
2	11·4	76	11·8	82	11·8	87	11·9	87	11·7	87	11·9	93	11·2	88	11·2	85	11·1	85	11·0	75	11·6	77	12·4	79
3	13·4	95	12·3	81	12·7	86	12·8	91	13·4	94	13·3	94	12·6	87	13·1	88	13·9	81	14·2	81	13·7	59	14·2	61
4	10·0	83	10·0	87	10·3	89	9·9	88	9·8	85	9·7	82	9·4	77	9·3	75	9·0	71	9·4	70	9·2	64	9·6	61
5	9·5	83	9·2	79	9·2	92	8·7	91	8·9	85	8·8	77	9·1	75	9·0	68	9·7	65	9·9	62	9·9	59	10·5	57
6	9·4	69	9·8	73	10·0	76	10·2	80	10·3	82	11·0	89	11·2	86	10·6	73	11·2	73	11·6	82	11·7	79	11·7	75
7	10·2	82	10·0	81	10·0	80	10·1	83	9·4	82	9·2	75	8·8	76	8·4	76	7·7	74	7·6	73	8·2	71	8·0	65
8	7·2	76	8·0	80	8·0	80	8·1	79	7·7	75	8·3	53	8·2	80	8·3	80	8·6	78	8·9	74	9·1	74	9·2	70
9	7·9	79	7·8	77	8·0	80	8·0	82	8·1	82	8·3	79	8·6	74	8·2	69	7·4	56	8·2	55	8·6	59	7·9	56
10	7·5	71	7·5	71	7·9	74	8·1	75	8·4	79	8·8	77	8·9	70	10·0	74	10·0	70	9·7	68	10·6	73	10·0	68
11	9·8	78	10·5	82	10·5	55	10·7	87	10·7	86	10·5	82	10·5	79	10·5	77	10·4	74	10·0	67	9·4	59	9·5	60
12	11·1	84	11·0	84	11·[illegible]	55	11·3	86	11·4	96	11·5	91	11·6	82	12·2	83	11·9	87	12·1	83	12·1	82	12·4	79
13	11·1	79	11·1	85	11·5	83	11·5	86	11·3	86	11·2	84	11·4	89	11·9	92	12·1	89	12·1	92	12·5	92	12·9	90
14	10·8	83	10·5	85	10·4	87	10·3	88	10·2	87	10·4	87	10·6	86	10·7	82	10·4	82	10·0	78	10·0	80	10·0	82
15	9·3	87	9·2	86	9·1	89	9·1	89	8·9	86	8·6	81	8·6	87	8·8	73	8·8	68	8·9	69	9·1	66	8·5	63
16	7·2	92	7·2	91	7·2	91	6·9	86	7·2	87	7·4	87	7·5	81	7·5	76	7·9	77	8·1	75	8·0	72	8·0	74
17	8·8	97	8·9	93	8·9	93	8·2	86	8·5	85	9·2	91	9·3	94	9·4	89	9·4	83	9·8	82	9·8	75	9·9	72
18	8·5	92	8·2	94	8·7	98	7·6	86	8·6	93	9·3	92	9·5	85	9·5	77	9·7	78	10·3	69	11·4	77	11·4	78
19	9·0	83	8·6	80	8·8	85	8·4	83	8·5	84	8·9	85	9·1	89	12·0	93	10·3	92	10·0	93	9·5	89	9·1	81
20	5·8	74	5·8	74	5·6	74	5·6	73	5·7	77	5·6	74	5·7	72	5·7	70	6·3	75	5·8	64	5·6	63	5·6	59
21	5·1	75	5·2	88	5·3	89	4·2	55	5·1	87	5·5	82	5·3	72	5·5	66	5·6	62	5·8	63	5·9	60	5·6	52
22	5·0	75	6·0	78	6·4	81	6·2	79	6·3	80	6·3	78	6·5	80	7·1	79	6·9	68	7·5	66	7·3	64	6·8	53
23	7·0	94	7·3	89	7·4	94	7·3	98	7·6	93	8·2	94	7·7	86	7·7	76	8·3	75	8·3	69	8·4	64	8·2	61
24	6·5	82	6·4	86	6·6	93	6·4	93	6·5	90	6·6	86	6·0	80	7·3	82	7·5	72	8·0	74	7·2	61	7·3	65
25	8·3	84	8·5	86	7·9	84	7·8	88	7·4	88	7·6	87	7·8	81	8·0	78	9·1	80	8·7	68	8·5	64	9·4	76
26	6·6	80	6·2	78	6·5	85	6·2	89	6·7	85	6·7	82	7·0	78	6·8	71	6·5	69	7·2	67	7·5	66	7·4	60
27	7·7	82	7·4	88	7·0	87	6·9	87	7·0	89	6·7	82	6·5	72	7·1	71	7·6	69	8·0	64	8·4	61	9·1	69
28	7·6	87	7·9	87	7·6	91	7·9	88	7·9	98	7·5	82	7·9	76	8·0	74	8·0	67	8·5	62	8·4	59	7·3	50
29	5·3	67	5·2	73	5·2	79	5·3	53	5·3	80	5·5	78	5·0	72	6·1	66	6·1	64	6·9	71	6·1	55	6·1	51
30	5·7	76	5·8	76	5·6	74	5·7	77	5·8	85	5·6	79	5·8	78	5·9	76	6·3	74	6·7	72	6·6	72	6·7	71
31	6·6	89	6·5	84	5·9	88	5·8	90	5·8	91	6·0	91	5·8	79	6·2	76	6·1	69	7·2	70	6·6	61	6·6	64
Mean -	8·43	82·1	8·38	82·4	8·43	85·3	8·32	85·6	8·35	85·8	8·53	83·9	8·56	80·2	8·73	77·3	8·89	74·1	9·09	72·0	9·12	68·0	9·12	66·5

above the ground 1·78 m. *July* 1883.

1		2		3		4		5		6		7		8		9		10		11		12		Means	
m.m.	p.c.	m.m.	p.c.	m.m.	p.c.	m.m.	p.c.	m.m.	p.c.	m.m.	p.c.	m.m.	p.c.	m.m.	p.c.	m.m.	p.c.	m.m.	p.c.	m.m.	p.c.	m.m.	p.c.	m.m.	p.c.
[illegible]	[illegible]	[illegible]	[illegible]	[illegible]	[illegible]	[illegible]	[illegible]	[illegible]	[illegible]	[illegible]	[illegible]	[illegible]	[illegible]	[illegible]	[illegible]	[illegible]	[illegible]	[illegible]	[illegible]	[illegible]	[illegible]	[illegible]	[illegible]	[illegible]	[illegible]
[illegible]	[illegible]	[illegible]	[illegible]	[illegible]	[illegible]	[illegible]	[illegible]	[illegible]	[illegible]	[illegible]	[illegible]	[illegible]	[illegible]	[illegible]	[illegible]	[illegible]	[illegible]	[illegible]	[illegible]	[illegible]	[illegible]	[illegible]	[illegible]	[illegible]	[illegible]
[illegible]	[illegible]	[illegible]	[illegible]	[illegible]	[illegible]	[illegible]	[illegible]	[illegible]	[illegible]	[illegible]	[illegible]	[illegible]	[illegible]	[illegible]	[illegible]	[illegible]	[illegible]	[illegible]	[illegible]	[illegible]	[illegible]	[illegible]	[illegible]	[illegible]	[illegible]
[illegible]	[illegible]	[illegible]	[illegible]	[illegible]	[illegible]	[illegible]	[illegible]	[illegible]	[illegible]	[illegible]	[illegible]	[illegible]	[illegible]	[illegible]	[illegible]	[illegible]	[illegible]	[illegible]	[illegible]	[illegible]	[illegible]	[illegible]	[illegible]	6·55	[illegible]
[illegible]	[illegible]	[illegible]	[illegible]	[illegible]	[illegible]	[illegible]	[illegible]	[illegible]	[illegible]	[illegible]	[illegible]	[illegible]	[illegible]	[illegible]	[illegible]	[illegible]	[illegible]	[illegible]	[illegible]	[illegible]	[illegible]	[illegible]	[illegible]	[illegible]	[illegible]
[illegible]	[illegible]	[illegible]	[illegible]	[illegible]	[illegible]	[illegible]	[illegible]	[illegible]	[illegible]	[illegible]	[illegible]	[illegible]	[illegible]	[illegible]	[illegible]	[illegible]	[illegible]	[illegible]	[illegible]	[illegible]	[illegible]	[illegible]	[illegible]	[illegible]	[illegible]
[illegible]	[illegible]	[illegible]	[illegible]	[illegible]	[illegible]	[illegible]	[illegible]	[illegible]	[illegible]	[illegible]	[illegible]	[illegible]	[illegible]	[illegible]	[illegible]	[illegible]	[illegible]	[illegible]	[illegible]	[illegible]	[illegible]	[illegible]	[illegible]	11·35	[illegible]
[illegible]	[illegible]	[illegible]	[illegible]	[illegible]	[illegible]	[illegible]	[illegible]	[illegible]	[illegible]	[illegible]	[illegible]	[illegible]	[illegible]	[illegible]	[illegible]	[illegible]	[illegible]	[illegible]	[illegible]	[illegible]	[illegible]	[illegible]	[illegible]	[illegible]	[illegible]
[illegible]	[illegible]	[illegible]	[illegible]	[illegible]	[illegible]	[illegible]	[illegible]	[illegible]	[illegible]	[illegible]	[illegible]	[illegible]	[illegible]	13·4	[illegible]	[illegible]	[illegible]	[illegible]	[illegible]	[illegible]	[illegible]	[illegible]	[illegible]	[illegible]	[illegible]
[illegible]	[illegible]	[illegible]	[illegible]	[illegible]	[illegible]	[illegible]	[illegible]	[illegible]	[illegible]	[illegible]	[illegible]	[illegible]	[illegible]	[illegible]	[illegible]	[illegible]	[illegible]	[illegible]	[illegible]	[illegible]	[illegible]	[illegible]	[illegible]	[illegible]	[illegible]
[illegible]	[illegible]	[illegible]	[illegible]	[illegible]	[illegible]	[illegible]	[illegible]	[illegible]	[illegible]	[illegible]	[illegible]	[illegible]	[illegible]	[illegible]	[illegible]	[illegible]	[illegible]	[illegible]	[illegible]	[illegible]	[illegible]	[illegible]	[illegible]	[illegible]	86·4
[illegible]	[illegible]	[illegible]	[illegible]	[illegible]	[illegible]	[illegible]	[illegible]	[illegible]	[illegible]	[illegible]	[illegible]	[illegible]	[illegible]	[illegible]	[illegible]	[illegible]	[illegible]	[illegible]	[illegible]	[illegible]	[illegible]	[illegible]	[illegible]	[illegible]	[illegible]
[illegible]	[illegible]	[illegible]	[illegible]	[illegible]	[illegible]	[illegible]	[illegible]	[illegible]	[illegible]	[illegible]	[illegible]	[illegible]	[illegible]	[illegible]	[illegible]	[illegible]	[illegible]	[illegible]	[illegible]	[illegible]	[illegible]	[illegible]	[illegible]	[illegible]	[illegible]
[illegible]	[illegible]	[illegible]	[illegible]	[illegible]	[illegible]	[illegible]	[illegible]	[illegible]	[illegible]	[illegible]	[illegible]	[illegible]	[illegible]	[illegible]	[illegible]	[illegible]	[illegible]	[illegible]	[illegible]	[illegible]	[illegible]	[illegible]	[illegible]	[illegible]	[illegible]
[illegible]	[illegible]	[illegible]	[illegible]	[illegible]	[illegible]	[illegible]	[illegible]	[illegible]	[illegible]	[illegible]	[illegible]	[illegible]	[illegible]	[illegible]	[illegible]	[illegible]	[illegible]	[illegible]	[illegible]	[illegible]	[illegible]	[illegible]	[illegible]	[illegible]	[illegible]
[illegible]	[illegible]	[illegible]	[illegible]	[illegible]	[illegible]	[illegible]	[illegible]	[illegible]	[illegible]	[illegible]	[illegible]	[illegible]	[illegible]	[illegible]	[illegible]	[illegible]	[illegible]	[illegible]	[illegible]	[illegible]	[illegible]	[illegible]	[illegible]	[illegible]	[illegible]
[illegible]	[illegible]	[illegible]	[illegible]	[illegible]	[illegible]	[illegible]	[illegible]	[illegible]	[illegible]	[illegible]	[illegible]	[illegible]	[illegible]	[illegible]	[illegible]	[illegible]	[illegible]	[illegible]	[illegible]	[illegible]	[illegible]	[illegible]	[illegible]	[illegible]	[illegible]
[illegible]	[illegible]	[illegible]	[illegible]	[illegible]	[illegible]	[illegible]	[illegible]	[illegible]	[illegible]	[illegible]	[illegible]	[illegible]	[illegible]	[illegible]	[illegible]	[illegible]	[illegible]	[illegible]	[illegible]	[illegible]	[illegible]	[illegible]	[illegible]	[illegible]	[illegible]
[illegible]	[illegible]	[illegible]	[illegible]	[illegible]	[illegible]	[illegible]	[illegible]	[illegible]	[illegible]	[illegible]	[illegible]	[illegible]	[illegible]	[illegible]	[illegible]	[illegible]	[illegible]	[illegible]	[illegible]	[illegible]	[illegible]	[illegible]	[illegible]	[illegible]	[illegible]
[illegible]	[illegible]	[illegible]	[illegible]	[illegible]	[illegible]	[illegible]	[illegible]	[illegible]	[illegible]	[illegible]	[illegible]	[illegible]	[illegible]	[illegible]	[illegible]	[illegible]	[illegible]	[illegible]	[illegible]	[illegible]	[illegible]	[illegible]	[illegible]	[illegible]	[illegible]
[illegible]	[illegible]	[illegible]	[illegible]	[illegible]	[illegible]	[illegible]	[illegible]	[illegible]	[illegible]	[illegible]	[illegible]	[illegible]	[illegible]	[illegible]	[illegible]	[illegible]	[illegible]	[illegible]	[illegible]	[illegible]	[illegible]	[illegible]	[illegible]	[illegible]	[illegible]
[illegible]	[illegible]	[illegible]	[illegible]	[illegible]	37	[illegible]	[illegible]	[illegible]	[illegible]	[illegible]	[illegible]	[illegible]	[illegible]	[illegible]	[illegible]	[illegible]	[illegible]	[illegible]	[illegible]	[illegible]	[illegible]	[illegible]	[illegible]	[illegible]	54·5
[illegible]	[illegible]	[illegible]	[illegible]	[illegible]	[illegible]	[illegible]	[illegible]	[illegible]	[illegible]	[illegible]	[illegible]	[illegible]	[illegible]	[illegible]	[illegible]	[illegible]	[illegible]	[illegible]	[illegible]	[illegible]	[illegible]	[illegible]	[illegible]	[illegible]	[illegible]
[illegible]	[illegible]	[illegible]	[illegible]	[illegible]	[illegible]	[illegible]	[illegible]	[illegible]	[illegible]	[illegible]	[illegible]	[illegible]	[illegible]	[illegible]	[illegible]	[illegible]	[illegible]	[illegible]	[illegible]	[illegible]	[illegible]	[illegible]	[illegible]	[illegible]	[illegible]
[illegible]	[illegible]	[illegible]	[illegible]	[illegible]	[illegible]	[illegible]	[illegible]	[illegible]	[illegible]	[illegible]	[illegible]	[illegible]	[illegible]	[illegible]	[illegible]	[illegible]	[illegible]	[illegible]	[illegible]	[illegible]	[illegible]	[illegible]	[illegible]	[illegible]	[illegible]
[illegible]	[illegible]	[illegible]	[illegible]	[illegible]	[illegible]	[illegible]	[illegible]	[illegible]	[illegible]	[illegible]	[illegible]	[illegible]	[illegible]	[illegible]	[illegible]	[illegible]	[illegible]	[illegible]	[illegible]	[illegible]	[illegible]	[illegible]	[illegible]	[illegible]	[illegible]
[illegible]	[illegible]	[illegible]	[illegible]	[illegible]	[illegible]	[illegible]	[illegible]	[illegible]	[illegible]	[illegible]	[illegible]	[illegible]	[illegible]	[illegible]	[illegible]	[illegible]	[illegible]	[illegible]	[illegible]	[illegible]	[illegible]	[illegible]	[illegible]	[illegible]	[illegible]
[illegible]	[illegible]	[illegible]	[illegible]	[illegible]	[illegible]	[illegible]	[illegible]	[illegible]	[illegible]	[illegible]	[illegible]	[illegible]	[illegible]	[illegible]	[illegible]	[illegible]	[illegible]	[illegible]	[illegible]	[illegible]	[illegible]	[illegible]	[illegible]	[illegible]	[illegible]
[illegible]	[illegible]	[illegible]	[illegible]	[illegible]	[illegible]	[illegible]	[illegible]	[illegible]	[illegible]	[illegible]	[illegible]	[illegible]	[illegible]	[illegible]	[illegible]	[illegible]	[illegible]	[illegible]	[illegible]	[illegible]	[illegible]	[illegible]	[illegible]	[illegible]	[illegible]
[illegible]	[illegible]	[illegible]	[illegible]	[illegible]	[illegible]	[illegible]	[illegible]	[illegible]	[illegible]	[illegible]	[illegible]	[illegible]	[illegible]	[illegible]	[illegible]	[illegible]	[illegible]	[illegible]	[illegible]	[illegible]	[illegible]	[illegible]	[illegible]	[illegible]	[illegible]
[illegible]	[illegible]	[illegible]	[illegible]	[illegible]	[illegible]	[illegible]	[illegible]	[illegible]	[illegible]	[illegible]	[illegible]	[illegible]	[illegible]	[illegible]	[illegible]	[illegible]	[illegible]	[illegible]	[illegible]	[illegible]	[illegible]	[illegible]	[illegible]	[illegible]	[illegible]
[illegible]	55·0	[illegible]	[illegible]	[illegible]	[illegible]	[illegible]	[illegible]	[illegible]	[illegible]	[illegible]	[illegible]	[illegible]	[illegible]	[illegible]	[illegible]	9·42	[illegible]	[illegible]	[illegible]	[illegible]	[illegible]	[illegible]	[illegible]	[illegible]	[illegible]

λ = −115° 43′ 50″ = −7h. 42m. 55s. *August* 1883.

1		2		3		4		5		6		7		8		9		10		11		12		Means	
m.m.	p.c.	m.m.	p.c.	m.m.	p.c.	m.m.	p.c.	m.m.	p.c.	m.m.	p.c.	m.m.	p.c.	m.m.	p.c.	m.m.	p.c.	m.m.	p.c.	m.m.	p.c.	m.m.	p.c.	m.m.	p.c.
[illegible]	[illegible]	[illegible]	[illegible]	[illegible]	[illegible]	[illegible]	[illegible]	[illegible]	[illegible]	[illegible]	[illegible]	[illegible]	[illegible]	[illegible]	[illegible]	[illegible]	[illegible]	[illegible]	[illegible]	[illegible]	[illegible]	[illegible]	[illegible]	[illegible]	[illegible]
[illegible]	[illegible]	[illegible]	[illegible]	[illegible]	[illegible]	[illegible]	[illegible]	[illegible]	[illegible]	[illegible]	[illegible]	[illegible]	[illegible]	[illegible]	[illegible]	[illegible]	[illegible]	[illegible]	[illegible]	[illegible]	[illegible]	[illegible]	[illegible]	[illegible]	[illegible]
[illegible]	[illegible]	[illegible]	[illegible]	15·3	[illegible]	[illegible]	[illegible]	[illegible]	[illegible]	[illegible]	[illegible]	[illegible]	[illegible]	[illegible]	[illegible]	[illegible]	[illegible]	[illegible]	[illegible]	[illegible]	[illegible]	[illegible]	[illegible]	12·98	[illegible]
[illegible]	[illegible]	[illegible]	[illegible]	[illegible]	[illegible]	[illegible]	[illegible]	[illegible]	[illegible]	[illegible]	[illegible]	[illegible]	[illegible]	[illegible]	[illegible]	[illegible]	[illegible]	[illegible]	[illegible]	[illegible]	[illegible]	[illegible]	[illegible]	[illegible]	[illegible]
[illegible]	[illegible]	[illegible]	[illegible]	[illegible]	[illegible]	[illegible]	[illegible]	[illegible]	[illegible]	[illegible]	[illegible]	[illegible]	[illegible]	[illegible]	[illegible]	[illegible]	[illegible]	[illegible]	[illegible]	[illegible]	[illegible]	[illegible]	[illegible]	[illegible]	[illegible]
[illegible]	[illegible]	[illegible]	[illegible]	[illegible]	[illegible]	[illegible]	[illegible]	[illegible]	[illegible]	[illegible]	[illegible]	[illegible]	[illegible]	[illegible]	[illegible]	[illegible]	[illegible]	[illegible]	[illegible]	[illegible]	[illegible]	[illegible]	[illegible]	[illegible]	[illegible]
[illegible]	[illegible]	[illegible]	[illegible]	[illegible]	[illegible]	[illegible]	[illegible]	[illegible]	[illegible]	[illegible]	[illegible]	[illegible]	[illegible]	[illegible]	[illegible]	[illegible]	[illegible]	[illegible]	[illegible]	[illegible]	[illegible]	[illegible]	[illegible]	[illegible]	[illegible]
[illegible]	[illegible]	[illegible]	[illegible]	[illegible]	[illegible]	[illegible]	[illegible]	[illegible]	[illegible]	[illegible]	[illegible]	[illegible]	[illegible]	[illegible]	[illegible]	[illegible]	[illegible]	[illegible]	[illegible]	[illegible]	[illegible]	[illegible]	[illegible]	[illegible]	[illegible]
[illegible]	[illegible]	[illegible]	[illegible]	[illegible]	[illegible]	[illegible]	[illegible]	[illegible]	[illegible]	[illegible]	[illegible]	[illegible]	[illegible]	[illegible]	[illegible]	[illegible]	[illegible]	[illegible]	[illegible]	[illegible]	[illegible]	[illegible]	[illegible]	[illegible]	64·7
[illegible]	[illegible]	[illegible]	[illegible]	[illegible]	[illegible]	[illegible]	[illegible]	[illegible]	[illegible]	[illegible]	[illegible]	[illegible]	[illegible]	[illegible]	[illegible]	[illegible]	[illegible]	[illegible]	[illegible]	[illegible]	[illegible]	[illegible]	[illegible]	[illegible]	[illegible]
[illegible]	[illegible]	[illegible]	[illegible]	[illegible]	[illegible]	[illegible]	[illegible]	[illegible]	[illegible]	[illegible]	[illegible]	[illegible]	[illegible]	[illegible]	[illegible]	[illegible]	[illegible]	[illegible]	[illegible]	[illegible]	[illegible]	[illegible]	[illegible]	[illegible]	[illegible]
[illegible]	[illegible]	[illegible]	[illegible]	[illegible]	[illegible]	[illegible]	[illegible]	[illegible]	[illegible]	[illegible]	[illegible]	[illegible]	[illegible]	[illegible]	[illegible]	[illegible]	[illegible]	[illegible]	[illegible]	[illegible]	[illegible]	[illegible]	[illegible]	[illegible]	[illegible]
[illegible]	[illegible]	[illegible]	[illegible]	[illegible]	[illegible]	[illegible]	[illegible]	[illegible]	[illegible]	[illegible]	[illegible]	[illegible]	[illegible]	[illegible]	[illegible]	[illegible]	[illegible]	[illegible]	[illegible]	[illegible]	[illegible]	[illegible]	[illegible]	[illegible]	[illegible]
[illegible]	[illegible]	[illegible]	[illegible]	[illegible]	[illegible]	[illegible]	[illegible]	[illegible]	[illegible]	[illegible]	[illegible]	[illegible]	[illegible]	[illegible]	[illegible]	[illegible]	[illegible]	[illegible]	[illegible]	[illegible]	[illegible]	[illegible]	[illegible]	[illegible]	85·4
[illegible]	[illegible]	[illegible]	[illegible]	[illegible]	[illegible]	[illegible]	[illegible]	[illegible]	[illegible]	[illegible]	[illegible]	[illegible]	[illegible]	[illegible]	[illegible]	[illegible]	[illegible]	[illegible]	[illegible]	[illegible]	[illegible]	[illegible]	[illegible]	[illegible]	[illegible]
[illegible]	[illegible]	[illegible]	[illegible]	[illegible]	[illegible]	[illegible]	[illegible]	[illegible]	[illegible]	[illegible]	[illegible]	[illegible]	[illegible]	[illegible]	[illegible]	[illegible]	[illegible]	[illegible]	[illegible]	[illegible]	[illegible]	[illegible]	[illegible]	[illegible]	[illegible]
[illegible]	[illegible]	[illegible]	[illegible]	[illegible]	[illegible]	[illegible]	[illegible]	[illegible]	[illegible]	[illegible]	[illegible]	[illegible]	[illegible]	[illegible]	[illegible]	[illegible]	[illegible]	[illegible]	[illegible]	[illegible]	[illegible]	[illegible]	[illegible]	[illegible]	[illegible]
[illegible]	[illegible]	[illegible]	[illegible]	[illegible]	[illegible]	[illegible]	[illegible]	[illegible]	[illegible]	[illegible]	[illegible]	[illegible]	[illegible]	[illegible]	[illegible]	[illegible]	[illegible]	[illegible]	[illegible]	[illegible]	[illegible]	[illegible]	[illegible]	[illegible]	[illegible]
[illegible]	[illegible]	[illegible]	[illegible]	[illegible]	[illegible]	[illegible]	[illegible]	[illegible]	[illegible]	[illegible]	[illegible]	[illegible]	[illegible]	[illegible]	[illegible]	[illegible]	[illegible]	[illegible]	[illegible]	[illegible]	[illegible]	[illegible]	[illegible]	[illegible]	[illegible]
[illegible]	[illegible]	[illegible]	[illegible]	[illegible]	[illegible]	[illegible]	[illegible]	[illegible]	[illegible]	5·1	[illegible]	[illegible]	[illegible]	[illegible]	[illegible]	[illegible]	[illegible]	[illegible]	[illegible]	[illegible]	[illegible]	5·1	[illegible]	5·56	[illegible]
[illegible]	[illegible]	[illegible]	[illegible]	[illegible]	[illegible]	[illegible]	[illegible]	[illegible]	[illegible]	[illegible]	[illegible]	[illegible]	[illegible]	[illegible]	[illegible]	[illegible]	[illegible]	[illegible]	[illegible]	[illegible]	[illegible]	[illegible]	[illegible]	[illegible]	[illegible]
[illegible]	[illegible]	[illegible]	[illegible]	[illegible]	[illegible]	[illegible]	[illegible]	[illegible]	[illegible]	[illegible]	[illegible]	[illegible]	[illegible]	[illegible]	[illegible]	[illegible]	[illegible]	[illegible]	[illegible]	[illegible]	[illegible]	[illegible]	[illegible]	[illegible]	[illegible]
[illegible]	[illegible]	[illegible]	[illegible]	[illegible]	[illegible]	[illegible]	[illegible]	[illegible]	[illegible]	[illegible]	[illegible]	[illegible]	[illegible]	[illegible]	[illegible]	[illegible]	[illegible]	[illegible]	[illegible]	[illegible]	[illegible]	[illegible]	[illegible]	[illegible]	[illegible]
[illegible]	[illegible]	[illegible]	[illegible]	[illegible]	[illegible]	[illegible]	[illegible]	[illegible]	[illegible]	[illegible]	[illegible]	[illegible]	[illegible]	[illegible]	[illegible]	[illegible]	[illegible]	[illegible]	[illegible]	[illegible]	[illegible]	[illegible]	[illegible]	[illegible]	[illegible]
[illegible]	[illegible]	[illegible]	[illegible]	[illegible]	[illegible]	[illegible]	[illegible]	[illegible]	[illegible]	[illegible]	[illegible]	[illegible]	[illegible]	[illegible]	[illegible]	[illegible]	[illegible]	[illegible]	[illegible]	[illegible]	[illegible]	[illegible]	[illegible]	[illegible]	[illegible]
[illegible]	[illegible]	[illegible]	[illegible]	[illegible]	[illegible]	[illegible]	[illegible]	[illegible]	[illegible]	[illegible]	[illegible]	[illegible]	[illegible]	[illegible]	[illegible]	[illegible]	[illegible]	[illegible]	[illegible]	[illegible]	[illegible]	[illegible]	[illegible]	[illegible]	[illegible]
[illegible]	[illegible]	[illegible]	[illegible]	[illegible]	[illegible]	[illegible]	[illegible]	[illegible]	[illegible]	[illegible]	[illegible]	[illegible]	[illegible]	[illegible]	[illegible]	[illegible]	[illegible]	[illegible]	[illegible]	[illegible]	[illegible]	[illegible]	[illegible]	[illegible]	[illegible]
[illegible]	[illegible]	[illegible]	[illegible]	[illegible]	[illegible]	[illegible]	43	[illegible]	[illegible]	[illegible]	[illegible]	[illegible]	[illegible]	[illegible]	[illegible]	[illegible]	[illegible]	[illegible]	[illegible]	[illegible]	[illegible]	[illegible]	[illegible]	[illegible]	[illegible]
[illegible]	[illegible]	[illegible]	[illegible]	[illegible]	[illegible]	[illegible]	[illegible]	[illegible]	[illegible]	[illegible]	[illegible]	[illegible]	[illegible]	[illegible]	[illegible]	[illegible]	[illegible]	[illegible]	[illegible]	[illegible]	[illegible]	[illegible]	[illegible]	[illegible]	[illegible]
[illegible]	[illegible]	[illegible]	[illegible]	[illegible]	[illegible]	[illegible]	[illegible]	[illegible]	[illegible]	[illegible]	[illegible]	[illegible]	[illegible]	[illegible]	[illegible]	[illegible]	[illegible]	[illegible]	[illegible]	[illegible]	[illegible]	[illegible]	[illegible]	[illegible]	[illegible]
[illegible]	[illegible]	[illegible]	[illegible]	[illegible]	[illegible]	[illegible]	[illegible]	[illegible]	[illegible]	[illegible]	[illegible]	[illegible]	[illegible]	[illegible]	[illegible]	[illegible]	[illegible]	[illegible]	[illegible]	[illegible]	[illegible]	[illegible]	[illegible]	[illegible]	[illegible]
[illegible]	[illegible]	[illegible]	[illegible]	[illegible]	[illegible]	[illegible]	65·2	[illegible]	[illegible]	[illegible]	[illegible]	9·27	[illegible]	[illegible]	[illegible]	[illegible]	[illegible]	[illegible]	[illegible]	[illegible]	[illegible]	[illegible]	[illegible]	[illegible]	[illegible]

September 1882. Direction and Velocity

Days.	1 D.	1 V.	2 D.	2 V.	3 D.	3 V.	4 D.	4 V.	5 D.	5 V.	6 D.	6 V.	7 D.	7 V.	8 D.	8 V.	9 D.	9 V.	10 D.	10 V.	11 D.	11 V.	Noon D.	Noon V.
1	NNW	5	WNW	2	W	11	WNW	2	NNW	14	WNW	6	W	2	NNW	6	NNW	1	NNW	9	NNE	3	NNW	0
2	SW	3	SW	7	SW	5	SW	2	SSW	2	S	3	SSW	4	WSW	3	WSW	2	SW	3	SW b W	5	SW b W	6
3	NW	4	NW	4	WNW	3	NNW	1	WNW	7	NNW	1	NW	3	NW	3	NNW	1	WNW	3	NW	3	NNW	3
4	NNW	2	,,	2	N	3	NNE	2	NNE	4	ENE	1	ENE	2	NNW	1	N	3	N	2	N	2	N	2
5	,,	4	NNW	7	NNW	2	NNW	3	NNW	3	NNW	7	NNW	3	ENE	1	ENE	3	ENE	3	ENE	7	NNE	3
6	N	2	N	2	,,	3	NNE	3	E	3	E	3	E	3	SSE	2	SSE	4	S	2	SE	3	SE	4
7	SE	2	SE	2	SE	1	SE	2	SE	2	SE	3	SE	3	SE	1	SE	2	SE	2	,,	2	ESE	2
8	W	2	W	2	W	2	W	1	W	1	C	0	W	1	W	1	SW	1	C	0	E	1	E	2
9	S	2	S	3	S	2	S	2	E	1	E	1	SE	2	SE	2	SE	2	E	2	,,	3	,,	3
10	ESE	2	ESE	2	ESE	3	ESE	2	ESE	3	ESE	2	ESE	2	ESE	2	ESE	2	ESE	3	ESE	4	,,	6
11	,,	3	,,	3	,,	3	,,	3	,,	4	SE	3	SE	5	SE	4	SE	5	,,	5	,,	6	ESE	5
12	E	2	E	2	E	2	E	2	E	3	E	2	E	4	ESE	2	ESE	3	,,	2	,,	2	,,	3
13	S	4	S	5	S	7	S	7	S	4	SSW	6	SSW	-	SSW	2	SW b S	5	SW b S	-	SW b S	7	SSW	6
14	SW	3	SW	3	,,	3	,,	3	,,	3	,,	3	,,	3	,,	3	SSW	2	SSW	1	SSW	2	,,	2
15	W	1	W	1	C	0	WNW	1	WNW	1	WNW	1	WNW	1	WNW	1	SW	2	SW	2	NW	2	WNW	2
16	NW	1	NW	1	NW	1	NW	2	NW	2	NW	2	NE	2	ENE	1	ENE	2	ENE	2	NE	3	NW	1
17	,,	1	,,	1	,,	3	,,	1	N	2	N	2	N	2	N	2	NW	2	NW	2	N	2	,,	1
18	SSE	5	SSE	5	SSE	5	SSE	4	SSE	5	SSE	5	SSE	5	SSE	4	SSE	5	SSE	5	ESE	6	ESE	6
19	ESE	5	ESE	4	ESE	4	ESE	5	ESE	2	ESE	9	ESE	4	ESE	4	ESE	3	ESE	1	SW	2	SW	4
20	NW	1	NW	3	NW	3	WSW	2	NW	3	SW	3	NW	3	NW	1	NW	2	NW	4	NW	4	NW	5
21	,,	4	,,	5	,,	6	NW	6	,,	4	,,	5	WNW	5	WNW	5	,,	5	,,	5	,,	5	,,	4
22	C	0	C	0	C	0	C	0	NNE	1	NNE	1	ENE	2	ENE	2	ESE	2	ESE	2	ESE	3	ESE	3
23	SE	5	SE	4	SE	4	SE	4	ESE	5	ESE	4	ESE	5	ESE	5		5	,,	6	,,	7	,,	-
24	ESE	4	E	4	E	4	,,	4	SE	4	E	3	,,	3	,,	4	,,	3	,,	3	,,	3	,,	3
25	SE	3	SSE	3	SSE	4	SSW	4	SW	4	SW	3	WSW	5	W	5	WNW	5	NW	5	NW	3	NW	4
26	NW	3	NW	4	NW	4	NNW	5	NNW	6	NNW	5	NNW	6	NNW	4	NNW	5	NNW	5	NNW	5	NNW	5
27	NNE	2	NNE	2	N	2	N	2	N	3	N	2	N	2	NNE	3	NNE	2	NNE	2	NNE	2	NNE	2
28	ENE	1	ENE	1	NE	1	NE	2	ENE	1	ENE	2	ENE	3	ENE	2	ENE	2	NNW	2	NW	1	NW	1
29	NNE	2	NNE	2	N	3	NNW	3	NNE	3	NNE	4	NNE	3	N	3	NNE	2	NNE	2	NNE	2	NNE	3
30	ENE	2	C	0	C	0	WNW	2	NW	1	NNW	2	NE	2	NNW	3	NNW	4	NNW	3	NNW	4	N	4
Mean		2·5		2·6		2·9		2·7		3·2		3·1		3·2		3·2		3·1		3·3		3·4		3·5

October 1882. $\varphi = + 62^\circ\ 38'\ 52''$.

Days.	1 D.	1 V.	2 D.	2 V.	3 D.	3 V.	4 D.	4 V.	5 D.	5 V.	6 D.	6 V.	7 D.	7 V.	8 D.	8 V.	9 D.	9 V.	10 D.	10 V.	11 D.	11 V.	Noon D.	Noon V.
1	WNW	2	WNW	2	WNW	1	WNW	1	WNW	1	WNW	2	WSW	1	SSW	1	SSW	3	SSW	3	SSW	3	SSW	4
2	SSW	5	SSW	4	SSW	5	S	3	S	3	S	4	S	5	S	5	,,	6	,,	2	,,	4	,,	3
3	,,	2	,,	2	,,	2	C	0	C	0	SSW	1	SSW	1	SSW	1	S	1	SSE	2	SE	2	,,	3
4	S	3	S	3	S	3	S	2	S	2	SSE	3	SSE	4	SSE	3	SE	3	SE	3	SSE	3	S	4
5	SSE	1	C	0	NW	2	NW	1	NW	1	NW	3	NW	3	NW	3	NW	3	NW	5	NNW	4	NNW	4
6	E	3	ESE	3	E	4	E	4	E	5	E	5	ESE	5	ESE	5	ESE	5	ESE	5	ESE	5	ESE	5
7	ESE	2	,,	3	ESE	2	ESE	3	SSE	3	SSE	3	SSE	3	SSE	3	SSE	3	SSE	4	SSE	2	SSE	3
8	E	1	E	1	E	1	E	2	E	1	E	2	ENE	2	SSW	2	SSW	2	SSW	1	E	2	SE	2
9	SSE	1	SSE	1	SSE	1	SSE	2	SSE	2	SSE	2	SSE	3	SSE	4	SSE	3	SSE	3	SSE	2	S	2
10	SE	2	SE	1	,,	2	,,	2	WSW	1	WNW	2	NNW	3	NNW	5	NNW	3	NNW	4	NNW	4	NNW	4
11	NNW	4	NNW	1	N	1	N	4	N	3	N	3	N	3	N	1	N	1	NNE	3	NNE	3	NNE	3
12	ENE	3	ENE	3	ENE	2	ENE	2	ENE	2	NE	1	NE	2	NE	3	NE	3	NE	2	ENE	3	ENE	3
13	E	2	E	2	E	3	E	2	,,	3	ENE	2	ENE	2	ENE	2	E	3	ENE	4	E	3	,,	3
14	,,	2	,,	2	,,	2	,,	2	E	2	E	3	E	3	E	3	,,	2	ESE	4	ESE	4	ESE	4
15	ESE	3	ESE	3	SE	2	SSE	3	SSE	4	SSE	4	SSE	4	SSE	4	SSE	4	SSE	4	SSE	4	SSE	4
16	C	0	C	0	C	0	C	0	C	0	NW	1	NW	1	NW	1	NW	2	NNW	2	NNW	3	NNW	3
17	WNW	3	WNW	3	WNW	3	WNW	2	WNW	2	WNW	2	WNW	1	WNW	1	WNW	1	WNW	1	WNW	1	WNW	1
18	E	2	E	2	E	2	E	2	E	1	E	2	E	2	ENE	2	ESE	2	E	3	E	4	E	4
19	NNW	3	NNW	2	NNW	3	NNW	2	NNW	3	NNW	2	NNW	3	NNW	4	NNW	3	NNW	2	NNW	4	NNW	4
20	C	0	C	0	C	0	C	0	C	0	,,	1	NW	1	NW	2	NW	2	NW	1	NW	1	,,	1
21	E	3	E	4	E	5	E	3	E	5	E	4	ESE	3	ESE	2	ESE	4	ESE	3	ESE	4	SE	3
22	,,	2	,,	3	,,	2	,,	1	,,	1	,,	1	C	0	ENE	2	ENE	1	ENE	1	C	0	C	0
23	C	0	C	0	C	0	C	0	C	0	C	0	,,	0	C	0	C	0	C	0	,,	0	,,	0
24	NNW	1	NNW	1	NNW	1	NNW	1	NNW	1	NNW	1	NNW	1	NNW	1	NNW	1	ENE	1	ENE	1	ENE	1
25	ESE	2	ESE	2	ESE	2	ESE	1	ESE	2	ESE	1	E	2	E	2	E	2	E	2	ESE	2	ESE	2
26	ENE	4	,,	4	E	3	,,	4	,,	4	,,	4	ESE	5	ESE	4	SSE	3	SE	2	SE	3	SE	2
27	ESE	4	,,	5	,,	5	,,	5	,,	5	,,	6	,,	5	,,	4	ESE	5	ESE	4	ESE	5	ESE	5
28	SE	5	SE	4	SE	6	SE	6	SE	6	,,	6	,,	7	,,	7	,,	6	,,	5	,,	5	SE	6
29	ESE	4	ESE	3	,,	7	ESE	5	ESE	4	,,	4	SE	4	SE	5	SE	3	SE	5	SW	3	SW	2
30	NNW	3	NNW	3	NNW	1	NNW	2	NNW	3	NNW	3	NNW	3	NNW	3	NW	4	NNW	3	NNW	5	NNW	5
31	,,	5	,,	5	,,	5	,,	5	,,	5	,,	5	,,	5	,,	4	N	5	,,	5	,,	3	,,	5
Mean		2·5		2·5		2·5		2·5		2·4		2·7		2·8		2·9		3·1		3·0		3·1		3·2

in metres per second. *September* 1882.

1 D.	V.	2 D.	V.	3 D.	V.	4 D.	V.	5 D.	V.	6 D.	V.	7 D.	V.	8 D.	V.	9 D.	V.	10 D.	V.	11 D.	V.	Midnight D.	V.	Mean Velocity.
WNW	4	WNW	3	W	4	W	2	W	3	W	[illegible]	W	[illegible]	SE	2	SW	2	SW	2	SW	3	SW	3	[illegible]
SW b W	[illegible]	SW b W	[illegible]	SW b W	4	NW b W	[illegible]	NW b W	1	NW b W	[illegible]	NW b W	1	NNW	4	NNW	4	NNW	[illegible]	NNW	[illegible]	NW	[illegible]	[illegible]
WSW	1	NNW	2	NNW	2	NNW	2	NNW	2	NNW	2	NNW	2	„	[illegible]	„	[illegible]	„	1	„	[illegible]	NNW	2	[illegible]
ENE	7	ENE	7	ENE	5	ENE	3	ENE	7	ENE	4	ENE	2	NNE	[illegible]	NNE	[illegible]	NNE	[illegible]	NE	[illegible]	„	[illegible]	[illegible]
„	3	„	7	NW	2	NNE	2	N	2	N	2	N	1	C	0	C	0	N	1	N	1	N	1	[illegible]
SE	4	SE	2	SE	4	S	[illegible]	SE	5	SE	4	SE	2	S	4	S	3	S	2	SSE	2	S	1	[illegible]
ESE	2	ESE	2	E	2	E	1	C	0	NW	1	NW	1	NW	2	NW	2	NW	2	NNW	2	W	1	[illegible]
E	2	E	2	„	2	SE	2	SE	2	SE	1	E	1	E	1	C	0	S	4	S	1	S	1	[illegible]
„	4	„	5	„	3	E	2	E	4	E	4	„	2	„	3	E	2	ESE	3	ESE	3	ESE	2	[illegible]
ESE	5	ESE	4	ESE	4	ESE	3	ESE	4	ESE	5	ESE	2	ESE	2	ESE	4	„	2	„	2	„	2	[illegible]
„	5	„	4	„	4	„	[illegible]	„	[illegible]	„	3	„	2	„	2	„	1	„	2	„	1	„	2	[illegible]
WSW	3	WSW	4	WSW	3	SSW	5	SSW	3	SSW	3	SSW	3	SSW	3	SW	4	SW	4	S	2	S	2	[illegible]
SSW	4	SW	5	SW	6	SW	5	„	6	SW	6	SW	5	SW	5	„	4	„	4	SW	4	SW	4	[illegible]
„	2	SSW	2	SSW	2	SSW	2	SW	1	SSW	2	NW	1	W	1	W	1	W	1	W	1	W	1	[illegible]
WNW	2	NW	2	ENE	1	ENE	2	ENE	1	C	0	„	1	NW	1	NW	1	NW	2	NW	2	NW	1	[illegible]
NE	3	NNE	2	NNW	2	NNE	2	NE	2	NW	1	„	1	N	2	N	1	N	1	N	1	N	1	[illegible]
W	2	SE	1	SE	2	SE	3	SSE	2	SSE	2	SSE	2	SSE	3	SSE	2	SSE	3	SSE	3	SE	6	[illegible]
E	5	ESE	5	ESE	5	ESE	5	ESE	4	ESE	7	SE	3	SE	2	ESE	3	ESE	5	ESE	4	ESE	2	[illegible]
SW	4	W	5	WSW	6	WSW	5	WNW	5	WNW	2	WNW	4	SW	1	SW	3	SW	4	NW	3	NW	1	[illegible]
NW	5	NW	5	NW	5	NW	5	NW	6	NW	5	NW	6	NW	5	NW	6	NW	4	„	4	„	5	[illegible]
NNW	4	NNW	4	NNW	4	NNW	4	NNW	3	NNW	2	NNW	2	N	2	NNE	2	NNE	1	C	0	C	0	[illegible]
ESE	3	ESE	3	ESE	3	ESE	3	ESE	4	SE	4	SE	10	SE	5	SE	4	SE	3	SE	2	SE	4	[illegible]
„	[illegible]	„	6	„	5	SE	6	„	6	„	5	„	5	„	3	ESE	4	ESE	4	ESE	1	E	2	[illegible]
„	3	„	1	„	1	ESE	4	SE	3	„	5	ESE	6	ESE	4	„	4	„	[illegible]	„	[illegible]	ESE	4	[illegible]
NW	4	WNW	4	WNW	3	NNW	2	SW	2	NNW	2	NNW	2	NNW	2	NW	2	NW	3	NW	2	NW	3	[illegible]
NNW	3	NNW	5	NNW	4	N	4	N	3	N	3	N	3	N	3	N	3	N	3	NNE	4	NNE	2	[illegible]
N	3	NNE	3	NNE	3	NNE	3	NNE	3	NNE	3	„	3	NE	2	NNE	2	NE	1	ENE	4	ENE	4	[illegible]
NW	4	NNW	2	N	2	„	[illegible]	„	[illegible]	„	3	NNE	2	N	2	N	1	N	2	NNE	2	NNE	2	[illegible]
NE	3	NE	3	NE	2	„	[illegible]	ENE	2	ENE	2	ENE	2	ENE	1	ENE	1	ENE	2	ENE	1	ENE	2	[illegible]
NNW	3	NNW	3	NNW	3	NNW	2	NNW	2	NNW	2	NW	2	NW	2	N	2	NW	2	NNW	2	WNW	2	[illegible]
	3·6		3·4		3·3		3·1		3·1		2·9		2·6		2·3		2·4		2·8		2·1		2·2	3·0

$\lambda = -115° 43' 50'' = -7h. 42m. 55s.$ *October* 1882.

1 D.	V.	2 D.	V.	3 D.	V.	4 D.	V.	5 D.	V.	6 D.	V.	7 D.	V.	8 D.	V.	9 D.	V.	10 D.	V.	11 D.	V.	Midnight D.	V.	Mean Velocity.
SSW	4	S	5	SSW	6	S	6	S	6	S	3	S	5	S	6	S	5	S	5	SSW	6	SSW	5	[illegible]
„	7	SSW	6	„	5	SSW	5	SSW	3	SSW	6	SSW	5	SSW	4	SSW	3	SSW	2	„	1	„	1	[illegible]
„	3	„	2	SW	2	SW	2	„	2	ESE	2	ESE	2	ESE	2	ESE	1	SE	1	SSE	2	SSE	2	[illegible]
S	5	S	6	S	2	SSE	5	SSE	7	SSE	1	SSE	4	SSE	4	SSE	2	SSE	1	„	1	„	1	[illegible]
NNW	5	NNW	5	NNW	2	NNE	2	NNE	3	NNE	2	NE	2	NE	2	E	1	E	1	E	1	E	4	[illegible]
ESE	5	ESE	5	ESE	4	ESE	4	ESE	6	ESE	5	ESE	5	ESE	4	ESE	4	ESE	3	ESE	5	ESE	4	[illegible]
SSE	2	SE	2	E	3	E	2	E	2	E	2	E	2	E	2	E	1	E	3	E	2	E	2	[illegible]
SE	2	SSE	3	SSE	2	SSE	2	„	1	„	1	„	2	„	2	ESE	1	ESE	3	ESE	2	ESE	2	[illegible]
ESE	2	ESE	2	ESE	6	„	5	SSE	2	SSE	5	SSE	3	SE	3	SE	2	SE	2	SE	2	SE	1	[illegible]
NNW	3	NNW	4	NNW	3	NNW	3	NNW	3	NNW	3	NNW	3	NNW	3	NNW	2	NNW	3	NNW	3	NNW	3	[illegible]
NNE	4	NNE	3	NNE	3	NNE	3	NNE	3	NNE	1	NNE	3	NNE	3	NNE	3	NNE	2	ENE	3	ENE	3	[illegible]
ENE	3	ENE	3	ENE	2	ENE	2	ENE	2	ENE	2	ENE	2	ENE	3	E	3	E	2	E	1	E	2	[illegible]
„	2	„	2	E	2	„	2	„	2	„	4	„	[illegible]	„	[illegible]	ENE	2	„	3	„	2	„	2	[illegible]
ESE	4	ESE	4	ESE	4	ESE	4	ESE	4	ESE	4	SE	4	ESE	4	ESE	2	ESE	5	ESE	2	ESE	4	[illegible]
SSE	4	SSE	5	SSE	6	SSE	4	SSE	5	SSE	4	SSE	3	SSE	5	SSE	3	SSE	4	SSE	2	S	2	[illegible]
NNW	3	NW	3	NNW	3	NNW	3	W	3	WNW	2	WNW	2	WNW	2	NW	3	NW	3	NNW	3	NNW	3	[illegible]
ESE	1	ESE	1	ESE	2	SSE	2	SSE	2	SSE	2	SSE	3	SSE	2	SSE	2	SSE	2	ESE	2	E	2	[illegible]
E	4	ENE	4	ENE	3	ENE	2	ENE	2	ENE	2	ENE	1	ENE	1	E	1	ESE	2	NNW	1	NNW	2	[illegible]
NNW	4	NNW	4	NNW	3	N	4	NNW	2	NNW	2	NNW	3	NNW	2	NNW	3	NNW	3	„	2	„	1	[illegible]
N	2	N	2	N	2	„	1	N	2	NNE	4	ESE	2	SE	2	ESE	3	E	3	E	2	E	2	[illegible]
SE	3	SE	3	ESE	4	ESE	4	ESE	3	ESE	3	E	3	E	4	E	4	ENE	3	„	3	„	4	[illegible]
ENE	2	NNW	1	NNW	1	C	0	C	0	C	0	C	0	NNW	2	NNW	2	NNW	1	C	0	C	0	[illegible]
C	0	„	1	„	1	NNW	2	„	2	NNW	1	„	0	„	1	„	1	„	1	NNW	2	NNW	2	[illegible]
ENE	2	ENE	2	ENE	2	ESE	1	ENE	2	ENE	1	E	1	E	1	ENE	2	ENE	2	ENE	2	E	1	[illegible]
ESE	3	ESE	3	ESE	3	ESE	4	ESE	4	ESE	4	ESE	5	ESE	5	E	5	„	4	„	4	ENE	4	[illegible]
SE	4	SE	3	SE	6	„	5	„	5	„	5	„	5	„	5	ESE	5	ESE	4	ESE	4	ESE	6	[illegible]
ESE	5	ESE	5	SSE	5	SSE	5	„	5	SE	6	SE	5	SE	4	„	5	„	5	„	4	SE	4	[illegible]
SSE	3	SE	3	SE	4	SE	4	SE	4	„	3	„	3	„	4	SE	3	SE	3	SE	4	ESE	3	[illegible]
NW	2	NW	2	NW	2	NW	2	NNW	2	NNW	2	NNW	2	NNW	2	NNW	3	NNW	3	NNW	3	NNW	3	[illegible]
NNW	5	NNW	4	NNW	3	NNW	4	„	3	„	5	„	4	„	4	„	4	„	4	„	3	„	6	[illegible]
„	5	„	5	„	5	„	5	„	4	„	4	„	4	„	4	„	3	„	2	WNW	2	WNW	4	[illegible]
	3·3		3·3		3·4		3·3		3·2		3·1		3·4		3·0		2·7		2·9		2·7		2·8	2·9

November 1882. Direction and Velocity

Days.	1		2		3		4		5		6		7		8		9		10		11		Noon.	
	D.	V.	D.	V.	D.	V.	D.	V.	D.	V.	D.	V.	D.	V.	D.	V.	D.	V.	D.	V.	D.	V.	D.	V.
1	WNW	1	WNW	2	SW	1	S	2	SW	1	S	1	SSW	0	SSW	2	SSW	3	SSW	1	SSW	2	SSW	3
2	S	7	SSW	9	SSW	8	SSW	6	S	5	SSW	4		5	„	4	SW	5	SW	5	„	3	„	3
3	NNW	5	NNW	6	NNW	5	NNW	5	NNW	5	NNW	3	NNE	5	NNE	2	NNE	2	NNE	2	NNE	2	NNE	1
4	NE	1	NE	1	NE	1	NE	1	C	0	NNE	1	„	1	NE	1	NE	1	N	1	NNW	3	NNW	5
5	NW	6	NW	6	NW	7	NW	6	NW	5	NW	5	N	5	NNE	4	N	5	NNW	5	N	5	N	5
6	N	3	N	3	N	2	N	3	N	1	N	2	„	3	N	3	„	2	N	2	„	1	„	1
7	„	4	NNW	3	NW	2	NW	3	NW	2	NW	2	WNW	3	WNW	3	NW	3	NW	3	NW	3	WNW	3
8	NW	2	NW	2	NW	2	C	0	C	0	C	0	C	0	C	0	C	0	SSE	1	SSE	2	SSE	2
9	C	0	NNE	1	NNE	1	NNE	1	NNE	1	NNE	2	NNW	1	NNW	1	NNW	1	NNW	1	SSW	1	SSW	2
10	SSW	1	SSW	2	SSE	3	SSE	3	SSE	3	ESE	3	SE	3	SE	3	SE	3	SE	2	SE	2	SE	2
11	SW	1	SW	1	SW	1	SW	1	C	0	C	0	C	0	C	0	C	0	C	0	C	0	S	1
12	SE	1	C	0	SE	1	SE	1	„	0	SE	1	SE	1	ESE	1	ESE	1	ESE	1	ESE	2	ESE	3
13	SW	5	WSW	6	WSW	2	WSW	6	NW	5	NW	5	NW	7	NW	7	NW	7	NW	7	NW	8	NW	9
14	E	2	E	2	E	2	E	2	E	3	E	3	E	1	E	1	E	2	ESE	3	ESE	4	ESE	3
15	C	0	SE	2	SE	3	SE	3	ESE	4	ESE	3	SSE	3	S	4	S	3	S	3	S	4	S	4
16	SSE	7	SSE	3	SSW	6	SSW	8	SSW	7	SSW	6	SSW	4	SW	4	SW	6	SW	6	SW	5	W	4
17	N	1	N	1	N	1	N	1	N	2	C	0	C	0	C	0	C	0	C	0	ESE	1	ESE	2
18	E	1	SE	1	C	0	C	0	C	0	„	0	„	0	„	0	„	0	„	0	C	0	C	0
19	ESE	1	ESE	1	ESE	1	ESE	1	E	2	ENE	1	ENE	1	ENE	1	ENE	1	NNW	2	NNW	1	NNW	2
20	NNW	2	NNW	2	NNW	2	N	2	N	3	N	2	NNW	1	NNW	1	NNW	1	„	1	C	0	C	0
21	NNE	1	NE	1	ESE	1	ESE	1	ESE	1	ESE	1	ESE	1	C	0	ESE	1	ESE	1	C	0	„	0
22	C	0	C	0	ENE	1	ENE	1	C	0	C	0	C	0	„	0	C	0	C	0	„	0	„	0
23	ESE	3	E	1	E	2	E	1	E	1	E	2	E	1	„	0	„	0	„	0	ENE	1	„	0
24	SSE	2	SSE	2	SSE	1	SSE	1	ESE	1	ESE	3	ESE	3	SSE	3	SSE	3	SSE	3	SSE	2	SSE	2
25	ESE	1	C	0	C	0	SE	2	SE	1	SSE	2	SSW	3	SSW	3	SSW	2	S	2	SW	2	WSW	3
26	„	2	ESE	2	NNE	3	NNE	4	NNE	3	NNE	3	NNE	2	NNE	3	NNE	3	NNE	3	NNE	3	NNE	3
27	NW	5	NW	4	NW	5*	WNW	4	WNW	4	WNW	5	NW	4	NW	4	WNW	3	WNW	2	NW	2	WNW	1
28	C	0	C	0	C	0	C	0	C	0	C	0	C	0	C	0	ENE	2	ENE	4	ENE	4	ENE	4
29	NNW	8	NNW	8	NNW	8	NNW	7	NNW	5	NNW	6	NNW	7	NNW	6	NNW	5	NW	5	NW	3	NNW	3
30	„	8	„	4	„	4	„	2	„	2	„	2	„	3	„	2	„	1	NNW	2	NNW	2	„	1
Mean		2·6		1·7		2·4		2·6		2·3		2·2		2·3		2·1		2·2		2·2		2·3		2·3

* One hemispherical cup found broken off.

December 1882. $\varphi = + 62^{\circ}\ 38'\ 52''$.

Days.	1		2		3		4		5		6		7		8		9		10		11		Noon.	
	D.	V.	D.	V.	D.	V.	D.	V.	D.	V.	D.	V.	D.	V.	D.	V.	D.	V.	D.	V.	D.	V.	D.	V.
1	N	1	N	1	N	1	N	1	N	1	N	1	N	1	N	1	C	0	C	0	C	0	C	0
2	C	0	C	0	NE	2	C	0	C	0	C	0	C	0	C	0	„	0	„	0	„	0	„	0
3	ENE	1	ENE	1	NNE	1	„	0	NNE	1	NNE	1	N	1	N	1	N	1	N	1	N	1	NNW	2
4	C	0	NNW	1	NNW	1	NNW	1	WNW	1	WNW	1	WNW	1	WNW	2	NW	3	NW	2	NW	2	NW	2
5	NNW	5	„	5	„	5	„	5	NNW	5	NNW	6	NNW	6	NNW	6	NNW	4	NNW	4	NNW	3	„	3
6	SW	1	SW	1	SSE	1	SSE	2	SSE	3	SSE	3	SSE	2	S	2	S	3	S	2	S	3	S	2
7	ESE	2	ESE	1	ESE	1	ESE	1	ESE	1	ESE	2	ESE	5	ESE	5	ESE	5	ESE	5	ESE	3	ESE	3
8	C	0	C	0	C	0	C	0	NNW	1	NNW	1	NNW	1	NNW	1	NW	1	NNW	2	NW	1	NW	2
9	NNW	3	NNW	2	NNW	2	NNW	3	„	2	„	3	„	3	„	2	NNW	3	„	3	NNW	4	NNW	4
10	NNE	4	NNE	3	„	3	„	3	„	2	„	3	„	3	„	2	NNW	2	„	1	„	2	„	2
11	N	2	N	2	N	3	N	3	N	2	N	3	N	1	N	1	N	2	N	2	N	1	N	1
12	C	0	C	0	C	0	C	0	C	0	C	0	C	0	C	0	C	0	C	0	C	0	C	0
13	N	1	N	1	N	1	N	1	N	1	N	1	„	0	„	0	„	0	„	0	„	0	„	0
14	C	0	C	0	C	0	C	0	C	0	C	0	„	0	„	0	„	0	„	0	SSE	1	„	0
15	E	1	„	0	„	0	„	0	„	0	„	0	E	1	ESE	2	ESE	2	E	3	E	3	E	4
16	NNW	3	NNW	2	NNW	1	NNW	1	NNW	1	NNW	1	C	0	C	0	C	0	C	0	C	0	C	0
17	C	0	C	0	C	0	C	0	C	0	C	0	„	0	„	0	„	0	„	0	„	0	„	0
18	NNW	2	NNW	1	„	0	NNW	1	„	0	NNW	1	NNW	1	NNW	2	NNW	1	NNW	1	NNW	1	NNW	1
19	„	1	„	1	NNW	2	„	1	„	0	C	0	„	1	C	0	„	1	C	0	C	0	C	0
20	C	0	C	0	C	0	C	0	„	0	„	0	C	0	„	0	C	0	„	0	„	0	„	0
21	ESE	1	ESE	1	ESE	1	ESE	2	ESE	2	ESE	2	ESE	2	ESE	1	ESE	3	ESE	1	ESE	3	ESE	2
22	„	1	„	1	„	1	„	1	„	1	„	2	„	3	„	1	„	3	„	1	„	4	„	3
23	C	0	C	0	C	0	C	0	WNW	1	WNW	2	WNW	1	WNW	1	WNW	1	WNW	2	WNW	4	WNW	2
24	„	0	„	0	„	0	„	0	C	0	C	0	C	0	C	0	C	0	ESE	1	ESE	1	ESE	1
25	„	0	„	0	„	0	„	0	„	0	„	0	„	0	„	0	„	0	C	0	C	0	C	0
26	ESE	6	ESE	7	ESE	7	SE	4	SE	5	SE	5	SE	4	ESE	3	ESE	3	ESE	1	ESE	2	ESE	1
27	SSW	2	SSW	2	SSW	2	SSW	4	SSW	5	SSW	5	SSW	4	SSW	3	SSW	2	WSW	2	W	3	WNW	2
28	NNW	7	NNW	6	NNW	7	NNW	7	NNW	6	NNW	6	NNW	4	NNW	4	NNW	4	NNW	4	NNW	5	NNW	5
29	„	1	„	1	„	1	C	0	C	0	„	1	C	0	C	0	C	0	C	0	C	0	C	0
30	C	0	C	0	C	0	NNW	1	NNW	4	NNW	4	NNW	4	NNW	3	NNW	2	NNW	3	NNW	4	NNW	5
31	NNW	2	NNW	2	NNW	2	„	1	„	1	„	1	„	1	„	1	„	1	C	0	„	1	C	0
Mean		1·5		1·9		1·3		1·4		2·5		1·8		1·6		1·4		1·6		1·6		1·7		1·5

in metres per second. *November* 1882.

1		2		3		4		5		6		7		8		9		10		11		Midnight		Mean Velocity
D.	V.	D.	V.	D.	V.	D.	V.	D.	V.	D.	V.	D.	V.	D.	V.	D.	V.	D.	V.	D.	V.	D.	V.	
[illegible]																								

† Anemometer repaired.

λ = − 115° 43′ 50″ = − 7h. 42m. 55s. *December* 1882.

1		2		3		4		5		6		7		8		9		10		11		Midnight		Mean Velocity.
D.	V.	D.	V.	D.	V.	D.	V.	D.	V.	D.	V.	D.	V.	D.	V.	D.	V.	D.	V.	D.	V.	D.	V.	
[illegible]																								

January 1883. Direction and Velocity

Days	1 D.	1 V.	2 D.	2 V.	3 D.	3 V.	4 D.	4 V.	5 D.	5 V.	6 D.	6 V.	7 D.	7 V.	8 D.	8 V.	9 D.	9 V.	10 D.	10 V.	11 D.	11 V.	Noon D.	Noon V.
1	NNW	4	NNW	6	C	0	NNW	1	NNW	1	NNW	1	C	0	NNW	4	NNW	2	NNW	3	NNW	3	NNW	4
2	„	3	„	2	NNW	3	„	2	„	3	„	3	NNW	3	„	2	„	3	„	3	„	0	„	2
3	C	0	C	0	C	0	C	0	C	0	C	0	C	0	C	0	C	0	C	0	C	0	C	0
4	ENE	1	„	0	„	0	„	0	„	0	„	0	ESE	1	ESE	2	ESE	4	ESE	2	ESE	3	ESE	3
5	ESE	2	ESE	3	ESE	4	ESE	3	ESE	3	ESE	2	„	3	„	4	„	2	„	3	„	3	„	3
6	„	1	C	0	C	0	„	1	C	0	„	1	„	3	„	3	„	3	„	1	„	1	„	2
7	„	3	ESE	3	ESE	3	„	3	ESE	2	„	1	„	1	„	1	„	3	„	2	„	2	„	3
8	„	1	„	2	„	3	„	1	C	0	C	0	C	0	C	0	C	0	C	0	C	0	C	0
9	NNW	5	NNW	5	NNW	4	NNW	4	NNW	4	NNW	4	NNW	4	NNW	3	NNW	3	NNW	3	NNW	3	NNW	3
10	C	0	C	0	C	0	C	0	C	0	C	0	C	0	C	0	C	0	C	0	C	0	C	0
11	NNW	1	NNW	1	NNW	2	„	0	„	0	„	0	„	0	„	0	„	0	„	2	„	0	„	0
12	C	0	C	0	C	0	„	0	„	0	„	0	„	0	„	0	„	0	ESE	1	„	0	„	0
13	ESE	2	ESE	2	ESE	3	ESE	2	ESE	3	ESE	3	ESE	1	ESE	1	ESE	1	C	0	„	0	„	0
14	C	0	C	0	C	0	C	0	C	0	C	0	C	0	C	0	N	1	ESE	3	„	0	„	0
15	„	0	NNW	1	NW	2	NW	1	N	1	NNW	9	NNW	9	NNW	9	NNW	12	WNW	12	NNW	10	NNW	10
16	NNW	1	„	2	NNW	2	NNW	1	NNW	1	„	2	„	1	„	1	NW	1	C	0	NW	1	C	0
17	WNW	2	WNW	2	WNW	3	WNW	2	WNW	1	WNW	1	N	1	N	1	N	1	NNW	1	N	1	N	1
18	C	0	C	0	C	0	C	0	C	0	NNW	1	SE	2	SE	1	SE	2	SE	2	SE	2	SE	5
19	SSE	2	SSE	1	„	0	„	0	WNW	1	WNW	3	NNW	1	NNW	2	NNW	1	NNW	1	NNW	1	NNW	4
20	NW	2	NW	3	NNW	3	NNW	3	NNW	4	NNW	3	„	3	„	3	„	3	„	2	„	1	„	1
21	C	0	C	0	C	0	C	0	C	0	C	0	NNW	1	„	1	C	0	C	0	C	0	NW	1
22	„	0	„	0	„	0	„	0	„	0	„	0	C	0	C	0	„	0	„	0	„	0	C	0
23	„	0	NNW	1	NNW	1	NNW	1	NNW	1	NNW	1	NNW	2	NNW	2	NNW	2	NNW	2	NNW	1	NNW	1
24	„	0	ESE	1	ESE	1	ESE	1	ESE	3	ESE	1	SE	2	SE	1	ESE	2	ESE	2	ESE	3	ESE	3
25	N	1	N	1	N	1	N	3	N	1	N	1	N	1	N	2	N	2	N	2	N	2	N	2
26	C	0	C	0	C	0	C	0	C	0	C	0	C	0	C	0	C	0	C	0	C	0	C	0
27	ESE	1	ESE	1	ESE	1	ESE	1	ESE	1	ESE	2	E	2	E	2	ESE	1	ESE	2	ESE	1	„	0
28	NNW	4	NNW	2	NNW	4	NNW	4	NNW	3	NNW	3	NNW	3	NNW	4	NNW	1	NNW	3	NNW	2	NNW	1
29	C	0	„	2	N	6	N	5	N	1	N	1	C	2	„	2	„	1	„	1	„	1	„	1
30	N	1	C	0	C	0	C	0	C	0	C	0	„	0	C	0	C	0	C	0	C	0	C	0
31	NNW	2	NNW	3	NNW	3	NNW	3	NNW	2	NNW	2	NNW	5	NNW	4	NNW	4	NNW	5	NNW	6	NNW	6
Mean		1·2		1·3		1·3		1·3		2·1		1·5		1·5		1·5		1·6		1·5		1·5		1·5

February 1883. φ = +62° 38′ 52″.

Days	1 D.	1 V.	2 D.	2 V.	3 D.	3 V.	4 D.	4 V.	5 D.	5 V.	6 D.	6 V.	7 D.	7 V.	8 D.	8 V.	9 D.	9 V.	10 D.	10 V.	11 D.	11 V.	Noon D.	Noon V.
1	NNW	1	NNW	2	NNW	1	NNW	1	C	0	C	0	C	0	C	0	C	0	C	0	ESE	1	ESE	2
2	SE	1	ESE	1	ESE	1	ESE	1	ESE	1	„	0	„	0	„	0	„	0	„	0	SSW	1	NNW	1
3	W	2	WNW	2	NW	5	NW	5	NNW	4	NNW	3	NNW	6	NNW	6	NNW	5	NNW	3	„	2	„	2
4	SSW	3	SSE	2	C	0	C	0	SSE	1	SSE	1	SSW	1	C	0	C	0	C	0	C	0	C	0
5	NNW	13	NNW	14	NNW	13	NNW	10	NNW	10	NNW	8	NNW	10	NNW	6	NNW	9	NNW	6	NNW	4	NNW	8
6	„	2	„	8	„	5	„	2	„	1	„	1	C	0	C	0	C	0	C	0	C	0	SSW	1
7	„	6	„	5	„	5	„	5	„	3	„	7	N	7	N	3	N	6	N	6	N	5	N	5
8	NW	1	C	0	C	0	C	0	C	0	C	0	C	0	C	0	C	0	ESE	1	ESE	1	ESE	2
9	NNW	6	NNW	5	NNW	5	NNW	3	WNW	2	WSW	2	WNW	3	WNW	3	WNW	1	SSW	1	W	1	NNW	2
10	N	1	C	0	C	0	C	0	C	0	C	0	ENE	1	C	0	C	0	ESE	1	SE	1	ESE	2
11	NNW	5	NNW	10	NNW	9	NNW	7	NNW	6	NNW	5	NNW	2	NNW	7	NNW	3	NNW	3	NNW	2	NNW	4
12	„	3	„	3	„	3	„	4	„	4	„	4	NW	4	NW	3	NW	3	NW	3	NW	4	„	6
13	C	0	C	0	C	0	C	0	C	0	C	0	C	0	C	0	C	0	C	0	ESE	1	ESE	4
14	ESE	1	ESE	1	„	0	ESE	1	„	0	„	0	„	0	„	0	„	0	„	0	C	0	C	0
15	C	0	C	0	„	0	C	0	N	1	„	0	NNE	1	„	0	„	0	„	0	„	0	„	0
16	„	0	„	0	„	0	„	0	NNW	1	NNW	1	C	0	NNW	1	NW	1	NW	1	NW	1	WNW	2
17	WNW	5	WNW	5	WNW	5	WNW	5	WNW	4	WNW	2	WNW	5	WNW	5	WNW	5	WNW	5	WNW	6	„	4
18	NNW	1	NNW	2	C	0	C	0	C	0	C	0	SSE	1	SSE	1	C	0	C	0	„	1	„	1
19	WNW	3	WNW	2	WNW	1	WNW	1	WNW	2	WNW	3	WNW	3	NW	7	NW	7	NW	1	„	2	„	2
20	„	1	„	1	„	2	„	2	„	2	WSW	7	WSW	1	SW	2	WNW	1	WNW	2	„	2	„	1
21	C	0	NE	1	ENE	2	ESE	7	ESE	7	ESE	7	ESE	3	ESE	4	ESE	3	ESE	3	ESE	2	ESE	3
22	ESE	3	ESE	1	C	0	NE	1	NNE	1	NNE	1	NNE	1	NNW	1	NNW	2	NNW	4	NNW	4	NNW	5
23	NW	3	NW	2	NW	3	WNW	3	WNW	3	WNW	3	WNW	3	WNW	7	WNW	5	WNW	3	WNW	2	NW	2
24	NNW	1	NNW	2	C	0	C	0	C	0	C	0	N	1	NNW	1	NNW	1	NNW	1	C	0	C	0
25	NE	2	NE	2	ENE	2	ENE	3	ENE	1	ENE	1	ENE	1	ENE	1	ENE	1	ENE	1	ENE	1	ENE	1
26	ENE	1	ENE	1	„	1	„	1	C	0	„	1	„	1	„	1	N	1	NNW	2	NNW	3	NNW	3
27	NNW	2	NNW	3	NNW	3	N	1	N	1	N	1	N	1	N	1	„	1	N	1	N	1	N	1
28	C	0	C	0	N	1	C	0	C	0	C	0	C	0	C	0	„	1	„	1	NNW	1	NNW	2
Mean		2·6		2·5		2·4		2·2		2·0		1·9		2·0		1·9		1·8		1·9		2·1		2·3

in metres per second. *January* 1883.

1	2	3	4	5	6	7	8	9	10	11	Midnight	Mean Velocity
[illegible]	[illegible]	[illegible]	[illegible]	[illegible]	[illegible]	[illegible]	[illegible]	[illegible]	[illegible]	[illegible]	[illegible]	[illegible]

λ = −115° 43′ 50″ = −7h. 42m. 55s. *February* 1883.

1	2	3	4	5	6	7	8	9	10	11	Midnight	Mean Velocity.
[illegible]	[illegible]	[illegible]	[illegible]	[illegible]	[illegible]	[illegible]	[illegible]	[illegible]	[illegible]	[illegible]	[illegible]	[illegible]

March 1883. Direction and Velocity

Days	1 D.	1 V.	2 D.	2 V.	3 D.	3 V.	4 D.	4 V.	5 D.	5 V.	6 D.	6 V.	7 D.	7 V.	8 D.	8 V.	9 D.	9 V.	10 D.	10 V.	11 D.	11 V.	Noon D.	Noon V.
1	[illegible]	[illegible]	[illegible]	[illegible]	[illegible]	[illegible]	[illegible]	[illegible]	[illegible]	[illegible]	ESE	1	ESE	[illegible]	ESE	2	ESE	[illegible]	ENE	3	ENE	4	ENE	4
2	[illegible]	[illegible]	[illegible]	[illegible]	[illegible]	[illegible]	[illegible]	[illegible]	[illegible]	[illegible]	C	0	NNW	1	C	0	[illegible]	[illegible]	NNW	1	N	3	NNW	3
3	[illegible]	[illegible]	[illegible]	[illegible]	[illegible]	[illegible]	[illegible]	[illegible]	[illegible]	[illegible]	NNW	2	[illegible]	1	NNW	1	NNW	[illegible]	[illegible]	[illegible]	[illegible]	1	[illegible]	1
4	[illegible]	[illegible]	[illegible]	[illegible]	[illegible]	[illegible]	[illegible]	[illegible]	[illegible]	[illegible]	ESE	2	ESE	1	ESE	3	ESE	[illegible]	ESE	[illegible]	ESE	4	ESE	[illegible]
5	[illegible]	[illegible]	[illegible]	[illegible]	[illegible]	[illegible]	[illegible]	[illegible]	[illegible]	[illegible]	C	0	C	0	C	0	C	[illegible]	C	[illegible]	[illegible]	[illegible]	C	[illegible]
6	[illegible]	[illegible]	[illegible]	[illegible]	[illegible]	[illegible]	[illegible]	[illegible]	[illegible]	[illegible]	ESE	6	SE	5	ESE	3	ESE	[illegible]	SE	6	SE	[illegible]	SE	[illegible]
7	[illegible]	[illegible]	[illegible]	[illegible]	[illegible]	[illegible]	[illegible]	[illegible]	[illegible]	[illegible]	C	0	C	0	C	0	C	[illegible]	ESE	1	ESE	1	ESE	2
8	[illegible]	[illegible]	[illegible]	[illegible]	[illegible]	[illegible]	[illegible]	[illegible]	[illegible]	[illegible]	NNE	[illegible]	NNW	5	NNW	3	NNW	1	NNW	3	NNW	[illegible]	NNW	5
9	[illegible]	[illegible]	[illegible]	[illegible]	[illegible]	[illegible]	[illegible]	[illegible]	[illegible]	[illegible]	ESE	[illegible]	ESE	2	ESE	1	ESE	[illegible]	ESE	1	ESE	[illegible]	ESE	2
10	[illegible]	[illegible]	[illegible]	[illegible]	[illegible]	[illegible]	[illegible]	[illegible]	[illegible]	[illegible]	SE	6	SE	7	SE	6	SE	[illegible]	[illegible]	[illegible]	[illegible]	6	SE	[illegible]
11	[illegible]	[illegible]	[illegible]	[illegible]	[illegible]	[illegible]	[illegible]	[illegible]	[illegible]	[illegible]	NNW	[illegible]	NNW	4	NNW	6	NNW	6	NNW	[illegible]	NNW	[illegible]	NNW	[illegible]
12	[illegible]	[illegible]	[illegible]	[illegible]	[illegible]	[illegible]	[illegible]	[illegible]	[illegible]	[illegible]	ESE	3	ESE	4	ESE	3	ESE	[illegible]	SE	4	SE	4	SE	4
13	[illegible]	[illegible]	[illegible]	[illegible]	[illegible]	[illegible]	[illegible]	[illegible]	[illegible]	[illegible]	NNW	7	NW	5	NW	5	WNW	[illegible]	WNW	4	WNW	4	NNW	6
14	[illegible]	[illegible]	[illegible]	[illegible]	[illegible]	[illegible]	[illegible]	[illegible]	[illegible]	[illegible]	C	0	C	0	C	0	C	[illegible]	C	0	C	0	ESE	1
15	[illegible]	[illegible]	[illegible]	[illegible]	[illegible]	[illegible]	[illegible]	[illegible]	[illegible]	[illegible]	NNE	1	N	5	NNW	2	NNW	[illegible]	NNW	3	NNW	3	NW	3
16	[illegible]	[illegible]	[illegible]	[illegible]	[illegible]	[illegible]	[illegible]	[illegible]	[illegible]	[illegible]	NNW	3	NNW	3	"	4	"	4	N	4	"	4	[illegible]	5
17	[illegible]	[illegible]	[illegible]	[illegible]	[illegible]	[illegible]	[illegible]	[illegible]	[illegible]	[illegible]	N	1	[illegible]	1	"	2	"	[illegible]	NNW	4	"	2	NNW	[illegible]
18	[illegible]	[illegible]	[illegible]	[illegible]	[illegible]	[illegible]	[illegible]	[illegible]	[illegible]	[illegible]	C	0	C	0	C	0	C	[illegible]	[illegible]	0	C	0	C	[illegible]
19	[illegible]	[illegible]	[illegible]	[illegible]	[illegible]	[illegible]	[illegible]	[illegible]	[illegible]	[illegible]	SE	4	SE	6	SE	7	SE	[illegible]	ESE	5	SE	6	SE	6
20	[illegible]	[illegible]	[illegible]	[illegible]	[illegible]	[illegible]	[illegible]	[illegible]	[illegible]	[illegible]	C	0	[illegible]	0	NNW	1	NNW	[illegible]	NNW	3	NNW	3	NNW	[illegible]
21	[illegible]	[illegible]	[illegible]	[illegible]	[illegible]	[illegible]	[illegible]	[illegible]	[illegible]	[illegible]	NNW	1	NNW	1	C	0	"	1	"	[illegible]	"	2	"	[illegible]
22	[illegible]	[illegible]	[illegible]	[illegible]	[illegible]	[illegible]	[illegible]	[illegible]	[illegible]	[illegible]	C	0	C	0	"	0	"	1	"	[illegible]	"	2	"	[illegible]
23	[illegible]	[illegible]	[illegible]	[illegible]	[illegible]	[illegible]	[illegible]	[illegible]	[illegible]	[illegible]	NNW	3	N	3	NNW	2	N	2	"	[illegible]	"	3	"	[illegible]
24	[illegible]	[illegible]	[illegible]	[illegible]	[illegible]	[illegible]	[illegible]	[illegible]	[illegible]	[illegible]	C	0	C	0	C	0	C	0	C	[illegible]	C	0	C	[illegible]
25	[illegible]	[illegible]	[illegible]	[illegible]	[illegible]	[illegible]	[illegible]	[illegible]	[illegible]	[illegible]	ESE	1	ESE	3	ESE	2	ESE	2	ESE	[illegible]	ESE	3	ESE	[illegible]
26	[illegible]	[illegible]	[illegible]	[illegible]	[illegible]	[illegible]	[illegible]	[illegible]	[illegible]	[illegible]	"	3	"	2	"	4	"	4	"	4	"	4	"	[illegible]
27	[illegible]	[illegible]	[illegible]	[illegible]	[illegible]	[illegible]	[illegible]	[illegible]	[illegible]	[illegible]	"	2	"	2	"	2	"	3	"	2	"	2	"	[illegible]
28	[illegible]	[illegible]	[illegible]	[illegible]	[illegible]	[illegible]	[illegible]	[illegible]	[illegible]	[illegible]	"	2	"	2	"	3	"	2	"	1	"	2	"	[illegible]
29	[illegible]	[illegible]	[illegible]	[illegible]	[illegible]	[illegible]	[illegible]	[illegible]	[illegible]	[illegible]	C	0	C	0	C	0	C	0	C	0	C	0	NE	[illegible]
30	[illegible]	[illegible]	[illegible]	[illegible]	[illegible]	[illegible]	[illegible]	[illegible]	[illegible]	[illegible]	"	0	"	0	"	0	"	0	ESE	1	ESE	2	ESE	[illegible]
31	[illegible]	[illegible]	[illegible]	[illegible]	[illegible]	[illegible]	[illegible]	[illegible]	[illegible]	[illegible]	"	0	"	0	"	0	"	0	C	0	C	0	C	[illegible]
Mean	[illegible]		[illegible]		[illegible]		[illegible]		[illegible]		[illegible]		[illegible]		[illegible]		[illegible]		[illegible]		[illegible]		[illegible]	

April 1883. $\varphi = +62° 38' 52''$.

Days	1 D.	1 V.	2 D.	2 V.	3 D.	3 V.	4 D.	4 V.	5 D.	5 V.	6 D.	6 V.	7 D.	7 V.	8 D.	8 V.	9 D.	9 V.	10 D.	10 V.	11 D.	11 V.	Noon D.	Noon V.
1	[illegible]	[illegible]	[illegible]	[illegible]	[illegible]	[illegible]	[illegible]	[illegible]	[illegible]	[illegible]	[illegible]	[illegible]	C	0	C	0	ESE	1	ESE	[illegible]	ESE	2	[illegible]	[illegible]
2	[illegible]	[illegible]	[illegible]	[illegible]	[illegible]	[illegible]	[illegible]	[illegible]	[illegible]	[illegible]	[illegible]	[illegible]	ESE	1	ESE	1	"	[illegible]	[illegible]	[illegible]	[illegible]	3	[illegible]	[illegible]
3	[illegible]	[illegible]	[illegible]	[illegible]	[illegible]	[illegible]	[illegible]	[illegible]	[illegible]	[illegible]	[illegible]	[illegible]	NNW	7	NNW	7	NNW	[illegible]	NNW	[illegible]	NNW	7	[illegible]	[illegible]
4	[illegible]	[illegible]	[illegible]	[illegible]	[illegible]	[illegible]	[illegible]	[illegible]	[illegible]	[illegible]	[illegible]	[illegible]	C	0	C	0	"	[illegible]	C	[illegible]	[illegible]	1	[illegible]	[illegible]
5	[illegible]	[illegible]	[illegible]	[illegible]	[illegible]	[illegible]	[illegible]	[illegible]	[illegible]	[illegible]	[illegible]	[illegible]	ESE	1	ESE	2	ESE	[illegible]	ESE	[illegible]	[illegible]	3	[illegible]	[illegible]
6	[illegible]	[illegible]	[illegible]	[illegible]	[illegible]	[illegible]	[illegible]	[illegible]	[illegible]	[illegible]	[illegible]	[illegible]	NNE	1	C	0	C	0	NNW	[illegible]	NNW	2	[illegible]	[illegible]
7	[illegible]	[illegible]	[illegible]	[illegible]	[illegible]	[illegible]	[illegible]	[illegible]	[illegible]	[illegible]	[illegible]	[illegible]	C	0	"	0	ESE	[illegible]	ESE	1	ESE	2	[illegible]	[illegible]
8	[illegible]	[illegible]	[illegible]	[illegible]	[illegible]	[illegible]	[illegible]	[illegible]	[illegible]	[illegible]	[illegible]	[illegible]	"	0	"	0	E	[illegible]	E	1	E	1	[illegible]	[illegible]
9	[illegible]	[illegible]	[illegible]	[illegible]	[illegible]	[illegible]	[illegible]	[illegible]	[illegible]	[illegible]	[illegible]	[illegible]	ESE	2	ESE	2	ESE	[illegible]	ESE	1	WNW	1	[illegible]	[illegible]
10	[illegible]	[illegible]	[illegible]	[illegible]	[illegible]	[illegible]	[illegible]	[illegible]	[illegible]	[illegible]	[illegible]	[illegible]	"	2	"	3	"	[illegible]	"	4	ESE	4	[illegible]	[illegible]
11	[illegible]	[illegible]	[illegible]	[illegible]	[illegible]	[illegible]	[illegible]	[illegible]	[illegible]	[illegible]	[illegible]	[illegible]	ESE	4	"	3	"	3	"	3	"	4	[illegible]	[illegible]
12	[illegible]	[illegible]	[illegible]	[illegible]	[illegible]	[illegible]	[illegible]	[illegible]	[illegible]	[illegible]	[illegible]	[illegible]	N	3	NNW	3	NNW	3	NNW	4	NNW	5	[illegible]	[illegible]
13	[illegible]	[illegible]	[illegible]	[illegible]	[illegible]	[illegible]	[illegible]	[illegible]	[illegible]	[illegible]	[illegible]	[illegible]	NNE	1	NNE	1	NNE	2	NNE	2	ENE	1	[illegible]	[illegible]
14	[illegible]	[illegible]	[illegible]	[illegible]	[illegible]	[illegible]	[illegible]	[illegible]	[illegible]	[illegible]	[illegible]	[illegible]	ENE	2	ENE	1	ESE	1	ESE	2	ESE	2	[illegible]	[illegible]
15	[illegible]	[illegible]	[illegible]	[illegible]	[illegible]	[illegible]	[illegible]	[illegible]	[illegible]	[illegible]	[illegible]	[illegible]	E	2	E	1	ENE	1	ENE	2	ENE	2	[illegible]	[illegible]
16	[illegible]	[illegible]	[illegible]	[illegible]	[illegible]	[illegible]	[illegible]	[illegible]	[illegible]	[illegible]	[illegible]	[illegible]	NNW	2	NNW	2	NNW	2	NNW	2	NNW	3	[illegible]	[illegible]
17	[illegible]	[illegible]	[illegible]	[illegible]	[illegible]	[illegible]	[illegible]	[illegible]	[illegible]	[illegible]	[illegible]	[illegible]	NNE	1	NNE	1	N	2	"	2	"	2	[illegible]	[illegible]
18	[illegible]	[illegible]	[illegible]	[illegible]	[illegible]	[illegible]	[illegible]	[illegible]	[illegible]	[illegible]	[illegible]	[illegible]	E	1	E	1	E	[illegible]	ESE	2	ESE	3	[illegible]	[illegible]
19	[illegible]	[illegible]	[illegible]	[illegible]	[illegible]	[illegible]	[illegible]	[illegible]	[illegible]	[illegible]	[illegible]	[illegible]	ESE	4	ESE	5	ESE	[illegible]	"	5	"	5	[illegible]	[illegible]
20	[illegible]	[illegible]	[illegible]	[illegible]	[illegible]	[illegible]	[illegible]	[illegible]	[illegible]	[illegible]	[illegible]	[illegible]	"	5	"	3	"	[illegible]	SE	4	"	4	[illegible]	[illegible]
21	[illegible]	[illegible]	[illegible]	[illegible]	[illegible]	[illegible]	[illegible]	[illegible]	[illegible]	[illegible]	[illegible]	[illegible]	"	3	"	2	"	3	[illegible]	3	"	[illegible]	[illegible]	[illegible]
22	[illegible]	[illegible]	[illegible]	[illegible]	[illegible]	[illegible]	[illegible]	[illegible]	[illegible]	[illegible]	[illegible]	[illegible]	NW	5	NW	7	NNW	8	NNW	7	NNW	[illegible]	[illegible]	[illegible]
23	[illegible]	[illegible]	[illegible]	[illegible]	[illegible]	[illegible]	[illegible]	[illegible]	[illegible]	[illegible]	[illegible]	[illegible]	NNW	1	NNW	1	"	4	"	1	ENE	1	[illegible]	[illegible]
24	[illegible]	[illegible]	[illegible]	[illegible]	[illegible]	[illegible]	[illegible]	[illegible]	[illegible]	[illegible]	[illegible]	[illegible]	ESE	3	ESE	4	ESE	4	ESE	4	ESE	[illegible]	[illegible]	[illegible]
25	[illegible]	[illegible]	[illegible]	[illegible]	[illegible]	[illegible]	[illegible]	[illegible]	[illegible]	[illegible]	[illegible]	[illegible]	"	2	"	1	"	2	"	2	"	[illegible]	[illegible]	[illegible]
26	[illegible]	[illegible]	[illegible]	[illegible]	[illegible]	[illegible]	[illegible]	[illegible]	[illegible]	[illegible]	[illegible]	[illegible]	NNW	3	NNW	3	NNW	4	NNW	[illegible]	NNW	[illegible]	[illegible]	[illegible]
27	[illegible]	[illegible]	[illegible]	[illegible]	[illegible]	[illegible]	[illegible]	[illegible]	[illegible]	[illegible]	[illegible]	[illegible]	ENE	2	ENE	1	ESE	2	ESE	[illegible]	ESE	[illegible]	[illegible]	[illegible]
28	[illegible]	[illegible]	[illegible]	[illegible]	[illegible]	[illegible]	[illegible]	[illegible]	[illegible]	[illegible]	[illegible]	[illegible]	SE	4	SE	5	"	5	SE	[illegible]	SE	[illegible]	[illegible]	[illegible]
29	[illegible]	[illegible]	[illegible]	[illegible]	[illegible]	[illegible]	[illegible]	[illegible]	[illegible]	[illegible]	[illegible]	[illegible]	ESE	4	ESE	4	SE	4	"	[illegible]	[illegible]	[illegible]	[illegible]	[illegible]
30	[illegible]	[illegible]	[illegible]	[illegible]	[illegible]	[illegible]	[illegible]	[illegible]	[illegible]	[illegible]	[illegible]	[illegible]	"	4	SE	5	"	4	"	[illegible]	[illegible]	[illegible]	[illegible]	[illegible]
Mean	[illegible]		[illegible]		[illegible]		[illegible]		[illegible]		[illegible]		2·2		2·3		[illegible]		[illegible]		[illegible]		[illegible]	

in metres per second. *March* 1883.

1	2	3	4	5	6	7	8	9	10	11	Midnight	Mean Velocity
D. V.	D. V.	D. V.	D. V.	D. V.	D. V.	D. V.	D. V.	D. V.	D. V.	D. V.	D. V.	
[illegible]	[illegible]	[illegible]	[illegible]	[illegible]	[illegible]	[illegible]	[illegible]	[illegible]	[illegible]	[illegible]	[illegible]	[illegible]
[illegible]	[illegible]	[illegible]	[illegible]	[illegible]	[illegible]	[illegible]	[illegible]	[illegible]	[illegible]	[illegible]	[illegible]	[illegible]

λ = −115° 43′ 50″ = −7h. 42m. 55s. *April* 1883.

1	2	3	4	5	6	7	8	9	10	11	Midnight	Mean Velocity
D. V.	D. V.	D. V.	D. V.	D. V.	D. V.	D. V.	D. V.	D. V.	D. V.	D. V.	D. V.	
[illegible]	[illegible]	[illegible]	[illegible]	[illegible]	[illegible]	[illegible]	[illegible]	[illegible]	[illegible]	[illegible]	[illegible]	1·5
[illegible]	[illegible]	[illegible]	[illegible]	[illegible]	[illegible]	[illegible]	[illegible]	[illegible]	[illegible]	[illegible]	[illegible]	2·0
[illegible]	[illegible]	[illegible]	[illegible]	[illegible]	[illegible]	[illegible]	[illegible]	[illegible]	[illegible]	[illegible]	[illegible]	4·5
[illegible]	[illegible]	[illegible]	[illegible]	[illegible]	[illegible]	[illegible]	[illegible]	[illegible]	[illegible]	[illegible]	[illegible]	0·5
[illegible]	[illegible]	[illegible]	[illegible]	[illegible]	[illegible]	[illegible]	[illegible]	[illegible]	[illegible]	[illegible]	[illegible]	1·6
[illegible]	[illegible]	[illegible]	[illegible]	[illegible]	[illegible]	[illegible]	[illegible]	[illegible]	[illegible]	[illegible]	[illegible]	1·0
[illegible]	[illegible]	[illegible]	[illegible]	[illegible]	[illegible]	[illegible]	[illegible]	[illegible]	[illegible]	[illegible]	[illegible]	1·0
[illegible]	[illegible]	[illegible]	[illegible]	[illegible]	[illegible]	[illegible]	[illegible]	[illegible]	[illegible]	[illegible]	[illegible]	1·2
[illegible]	[illegible]	[illegible]	[illegible]	[illegible]	[illegible]	[illegible]	[illegible]	[illegible]	[illegible]	[illegible]	[illegible]	1·2
[illegible]	[illegible]	[illegible]	[illegible]	[illegible]	[illegible]	[illegible]	[illegible]	[illegible]	[illegible]	[illegible]	[illegible]	3·5
[illegible]	[illegible]	[illegible]	[illegible]	[illegible]	[illegible]	[illegible]	[illegible]	[illegible]	[illegible]	[illegible]	[illegible]	2·7
[illegible]	[illegible]	[illegible]	[illegible]	[illegible]	[illegible]	[illegible]	[illegible]	[illegible]	[illegible]	[illegible]	[illegible]	2·5
[illegible]	[illegible]	[illegible]	[illegible]	[illegible]	[illegible]	[illegible]	[illegible]	[illegible]	[illegible]	[illegible]	[illegible]	3·7
[illegible]	[illegible]	[illegible]	[illegible]	[illegible]	[illegible]	[illegible]	[illegible]	[illegible]	[illegible]	[illegible]	[illegible]	1·4
[illegible]	[illegible]	[illegible]	[illegible]	[illegible]	[illegible]	[illegible]	[illegible]	[illegible]	[illegible]	[illegible]	[illegible]	1·3
[illegible]	[illegible]	[illegible]	[illegible]	[illegible]	[illegible]	[illegible]	[illegible]	[illegible]	[illegible]	[illegible]	[illegible]	1·8
[illegible]	[illegible]	[illegible]	[illegible]	[illegible]	[illegible]	[illegible]	[illegible]	[illegible]	[illegible]	[illegible]	[illegible]	1·0
[illegible]	[illegible]	[illegible]	[illegible]	[illegible]	[illegible]	[illegible]	[illegible]	[illegible]	[illegible]	[illegible]	[illegible]	1·8
[illegible]	[illegible]	[illegible]	[illegible]	[illegible]	[illegible]	[illegible]	[illegible]	[illegible]	[illegible]	[illegible]	[illegible]	3·8
[illegible]	[illegible]	[illegible]	[illegible]	[illegible]	[illegible]	[illegible]	[illegible]	[illegible]	[illegible]	[illegible]	[illegible]	3·4
[illegible]	[illegible]	[illegible]	[illegible]	[illegible]	[illegible]	[illegible]	[illegible]	[illegible]	[illegible]	[illegible]	[illegible]	4·7
[illegible]	[illegible]	[illegible]	[illegible]	[illegible]	[illegible]	[illegible]	[illegible]	[illegible]	[illegible]	[illegible]	[illegible]	4·7
[illegible]	[illegible]	[illegible]	[illegible]	[illegible]	[illegible]	[illegible]	[illegible]	[illegible]	[illegible]	[illegible]	[illegible]	3·9
[illegible]	[illegible]	[illegible]	[illegible]	[illegible]	[illegible]	[illegible]	[illegible]	[illegible]	[illegible]	[illegible]	[illegible]	3·9
[illegible]	[illegible]	[illegible]	[illegible]	[illegible]	[illegible]	[illegible]	[illegible]	[illegible]	[illegible]	[illegible]	[illegible]	2·1
[illegible]	[illegible]	[illegible]	[illegible]	[illegible]	[illegible]	[illegible]	[illegible]	[illegible]	[illegible]	[illegible]	[illegible]	2·2
[illegible]	[illegible]	[illegible]	[illegible]	[illegible]	[illegible]	[illegible]	[illegible]	[illegible]	[illegible]	[illegible]	[illegible]	1·7
[illegible]	[illegible]	[illegible]	[illegible]	[illegible]	[illegible]	[illegible]	[illegible]	[illegible]	[illegible]	[illegible]	[illegible]	3·5
[illegible]	[illegible]	[illegible]	[illegible]	[illegible]	[illegible]	[illegible]	[illegible]	[illegible]	[illegible]	[illegible]	[illegible]	3·2
[illegible]	[illegible]	[illegible]	[illegible]	[illegible]	[illegible]	[illegible]	[illegible]	[illegible]	[illegible]	[illegible]	[illegible]	3·5
[illegible]	[illegible]	[illegible]	[illegible]	[illegible]	[illegible]	[illegible]	[illegible]	[illegible]	[illegible]	[illegible]	[illegible]	2·1

May 1883. Direction and Velocity

Days.	1 D.	V.	2 D.	V.	3 D.	V.	4 D.	V.	5 D.	V.	6 D.	V.	7 D.	V.	8 D.	V.	9 D.	V.	10 D.	V.	11 D.	V.	Noon D.	V.
1	ESE	1	ESE	2	ESE	3	ESE	5	ESE	3	ESE	3	ESE	4	ESE	5	ESE	5	ESE	5	ESE	5	ESE	5
2	E	4	E	4	NNW	5	NNW	3	NNW	6	NNW	[illegible]	NNW	6	NNW	6	NNW	6	NNW	6	NNW	6	NNW	5
3	NNW	7	NNW	6	„	6	„	[illegible]	„	[illegible]	„	5	„	6	„	6	„	[illegible]	„	[illegible]	„	[illegible]	„	6
4	C	0	C	0	C	[illegible]	C	[illegible]	C	[illegible]	ENE	[illegible]	ENE	1	ENE	4	ESE	[illegible]	ESE	[illegible]	ESE	[illegible]	ESE	[illegible]
5	ESE	1	ESE	1	ESE	1	ESE	2	ESE	2	ESE	3	ESE	3	ESE	3	SE	[illegible]	SE	2	SE	2	SE	2
6	„	1	„	2	„	1	„	1	E	[illegible]	„	2	„	[illegible]	„	[illegible]	„	[illegible]	SSE	[illegible]	SSE	7	SSE	7
7	„	3	„	4	„	1	„	2	ESE	2	„	2	„	3	„	3	ESE	3	ESE	[illegible]	SSE	4	ESE	4
8	„	3	„	2	„	1	„	2	„	3	„	2	„	[illegible]	„	2	„	[illegible]	„	3	SSE	3	SSE	3
9	„	2	„	3	„	2	„	1	„	2	„	3	SE	5	SE	6	SE	7	SE	[illegible]	SE	[illegible]	SE	7
10	SE	3	„	4	„	5	„	5	„	4	SE	6	„	[illegible]	„	[illegible]	„	[illegible]	SSE	6	SSE	5	SSE	2
11	ESE	1	„	3	„	1	„	1	„	1	ESE	3	ESE	4	„	[illegible]	ESE	[illegible]	„	[illegible]	„	[illegible]	SE	4
12	C	0	„	1	„	1	„	1	C	0	SE	4	SE	3	„	4	ESE	4	ESE	3	ESE	4	ESE	4
13	ESE	1	„	2	„	2	„	2	ESE	2	ESE	7	ESE	3	ESE	3	„	3	„	3	SE	2	SE	3
14	C	0	C	0	C	0	C	0	C	0	„	1	„	3	„	3	„	3	„	3	ESE	3	ESE	3
15	ESE	2	ESE	2	ESE	3	ESE	3	ESE	4	„	1	„	4	„	4	„	4	„	3	„	3	„	5
16	„	3	„	3	„	3	„	4	„	2	E	2	E	2	„	3	„	3	„	3	„	3	„	2
17	ENE	2	ENE	2	NNE	2	NNE	1	C	5	NNE	1	C	1	C	[illegible]	„	[illegible]	„	1	„	1	„	1
18	ESE	1	C	0	C	0	C	0	„	0	C	0	ESE	1	ESE	1	ESE	1	„	2	„	2	„	3
19	E	4	E	4	E	4	E	3	E	4	E	1	„	3	„	1	„	3	E	2	„	2	SE	3
20	SSE	1	SSE	3	S	2	SSE	2	SSE	2	SSE	1	SE	2	SE	1	„	1	ESE	3	E	2	ESE	2
21	NE	1	C	0	C	0	C	0	NE	1	NNE	1	NNE	1	NNW	1	NNW	1	N	1	N	1	N	1
22	NNW	1	NNW	1	NNW	1	NNW	1	N	1	NNW	1	NNW	1	„	1	„	1	NNW	1	NNW	1	„	2
23	„	2	„	3	„	2	„	1	NNW	3	„	1	„	1	„	1	NNW	1	„	1	„	1	NNW	1
24	NNE	1	NNE	1	N	1	N	1	„	1	N	1	N	1	N	3	N	2	„	2	„	2	„	2
25	E	1	ESE	2	ESE	1	ESE	2	ESE	2	ESE	1	ESE	1	ESE	2	ESE	3	ESE	2	ESE	3	ESE	2
26	ESE	1	„	1	„	1	C	0	C	0	„	0	„	1	„	1	„	1	SE	1	SSE	1	SSE	1
27	„	3	„	2	„	1	ESE	1	ESE	1	ESE	1	SSE	1	WSW	2	WSW	1	SSW	1	„	1	„	1
28	ENE	3	ENE	1	ENE	1	ENE	4	C	0	C	5	ESE	1	ESE	1	SSE	1	SSE	1	SSW	1	WNW	1
29	SSW	2	SW	1	SSW	1	C	0	„	0	„	0	SSW	1	C	0	WNW	1	NW	1	NW	1	W	1
30	NW	2	NNW	1	WNW	1	NNW	1	N	1	NNW	1	NNW	4	NNW	4	NNW	2	NNW	1	NNW	1	NNW	6
31	N	3	N	2	N	2	N	1	„	1	N	1	N	2	N	1	„	1	WNW	2	WNW	2	NNE	1
Mean		2·0		1·8		1·7		1·8		1·8		2·1		2·5		2·5		2·5		3·2		3·2		3·1

June 1883. φ = +62° 38′ 52″.

Days.	1 D.	V.	2 D.	V.	3 D.	V.	4 D.	V.	5 D.	V.	6 D.	V.	7 D.	V.	8 D.	V.	9 D.	V.	10 D.	V.	11 D.	V.	Noon D.	V.
1	ESE	2	ESE	3	ESE	2	E	3	E	2	E	2	E	3	E	3	E	3	ESE	3	ESE	2	E	0
2	E	2	E	1	E	3	ENE	3	ENE	1	„	[illegible]	„	3	„	1	ESE	1	E	2	E	2	„	2
3	NNW	1	NNE	1	NNE	4	C	0	NNW	1	NE	1	C	0	„	1	ESE	1	SSE	1	ENE	1	ESE	2
4	ESE	4	ESE	2	ESE	2	ENE	1	C	0	ENE	1	E	1	„	1	C	0	E	1	E	1	E	2
5	NNW	3	NNW	3	NNW	4	NNW	2	NNW	2	NNW	4	NNW	1	NNW	4	NNW	4	NNW	5	NNW	4	NNW	5
6	N	3	N	3	N	3	N	2	N	3	N	3	N	0	N	1	N	4	N	5	N	5	N	5
7	ENE	1	ENE	4	ENE	4	ENE	4	E	2	E	2	E	1	ESE	1	ESE	2	E	3	E	3	E	3
8	„	3	E	3	E	3	E	3	„	1	„	3	ESE	1	„	4	„	4	ESE	1	ESE	3	ESE	2
9	C	6	N	1	C	0	NNW	1	NNW	1	NNW	2	NNW	2	NNW	2	NNW	1	NNW	1	WNW	1	WNW	1
10	SSW	3	SSW	3	SSW	1	„	1	„	1	WNW	1	„	2	„	4	N	3	„	4	NNW	4	NNW	3
11	NNW	4	NNW	4	WNW	3	„	1	„	1	NW	3	NW	3	WNW	3	NNW	3	„	3	„	2	„	2
12	NE	1	NE	3	ENE	3	ENE	3	ENE	3	ENE	3	ENE	3	ESE	3	SSE	1	ENE	1	SSW	1	S	1
13	SSW	3	SSW	3	SSW	4	SSW	4	SSW	2	SSW	3	S	1	SW	3	WNW	1	SSW	1	E	1	ENE	2
14	ESE	3	ENE	4	ENE	4	E	4	E	1	ESE	4	ESE	1	ESE	1	ESE	1	ESE	3	SE	1	SE	1
15	E	1	E	2	E	1	„	1	„	1	ENE	2	ENE	3	„	1	„	1	„	1	„	1	SSE	1
16	ESE	2	ESE	3	ESE	4	ESE	4	ESE	3	ESE	2	ESE	1	SE	1	„	1	„	1	E	1	N	1
17	SSW	1	SSW	1	„	1	SSW	1	SSW	1	SSW	1	SSW	1	WSW	1	NNW	1	NNW	1	NNW	1	NNW	1
18	C	0	C	0	„	0	C	0	C	0	NNE	1	NNE	1	NNE	1	NNE	1	NNE	1	„	1	„	1
19	NNW	2	NNW	1	NNE	2	NNE	3	NNE	3	„	2	„	2	N	2	„	1	N	1	NNE	1	„	1
20	NNE	2	NE	2	NE	3	NE	2	NE	4	NE	4	NE	1	NE	2	NE	1	NE	1	ENE	1	E	1
21	ESE	4	ESE	4	ESE	6	ESE	6	ESE	6	ESE	6	ESE	4	ESE	4	ESE	4	ESE	3	E	4	„	4
22	SSE	6	SSE	9	SSE	9	SSE	9	SSE	7	SSE	5	SSE	3	SSE	3	SE	2	„	3	SSE	6	S	1
23	ESE	3	ESE	2	ESE	3	ESE	3	ESE	3	ESE	3	ESE	3	ESE	3	E	3	E	4	ENE	3	ENE	3
24	E	1	E	3	E	3	E	3	E	3	E	2	„	2	„	1	ESE	4	ESE	4	ESE	3	ESE	3
25	C	0	SW	1	SSE	1	„	1	„	1	ESE	1	E	3	„	1	ENE	2	ENE	3	ENE	3	ENE	4
26	ESE	1	ENE	1	ESE	1	C	0	C	0	„	1	C	1	C	1	WNW	1	WNW	1	NW	1	NW	1
27	NNE	2	NNE	2	NNE	3	NE	3	NE	1	ENE	1	ENE	4	ENE	2	NNE	1	NNE	4	ENE	4	NNE	4
28	ENE	3	ENE	3	ENE	4	ENE	3	ENE	2	„	2	SSE	3	ESE	3	SSW	2	S	2	SSE	3	SSE	3
29	ESE	3	ESE	4	ESE	4	ESE	3	ESE	3	ESE	6	„	3	„	6	ESE	5	SSE	5	„	5	ESE	3
30	NW	1	NNW	1	NW	1	NW	1	NNW	1	NNW	1	NNW	1	NNW	2	NNW	1	NW	2	WNW	2	WNW	3
Mean		2·3		2·6		2·6		2·6		2·6		2·7		2·7		3·0		2·9		2·9		3·0		3·1

in metres per second.

May 1883.

1		2		3		4		5		6		7		8		9		10		11		Midnight		Mean Velocity
D.	V.	D.	V.	D.	V.	D.	V.	D.	V.	D.	V.	D.	V.	D.	V.	D.	V.	D.	V.	D.	V.	D.	V.	
[illegible]	[illegible]	[illegible]	[illegible]	[illegible]	[illegible]	[illegible]	[illegible]	[illegible]	[illegible]	[illegible]	[illegible]	[illegible]	[illegible]	[illegible]	[illegible]	[illegible]	[illegible]	[illegible]	[illegible]	[illegible]	[illegible]	[illegible]	[illegible]	[illegible]

λ = −115° 43′ 50″ = −7h. 42m. 55s.

June 1883.

1		2		3		4		5		6		7		8		9		10		11		Midnight		Mean Velocity
D.	V.	D.	V.	D.	V.	D.	V.	D.	V.	D.	V.	D.	V.	D.	V.	D.	V.	D.	V.	D.	V.	D.	V.	
[illegible]	[illegible]	[illegible]	[illegible]	[illegible]	[illegible]	[illegible]	[illegible]	[illegible]	[illegible]	[illegible]	[illegible]	[illegible]	[illegible]	[illegible]	[illegible]	[illegible]	[illegible]	[illegible]	[illegible]	[illegible]	[illegible]	[illegible]	[illegible]	[illegible]

July 1883. Direction and Velocity

Days.	1 D.	V.	2 D.	V.	3 D.	V.	4 D.	V.	5 D.	V.	6 D.	V.
1	ENE	1	ENE	2	ENE	2	ENE	3	ENE	3	ENE	2
2	SW	5	SW	5	SW	1	SW	4	WSW	5	WSW	4
3	NNW	7	NNW	1	NNW	3	NNW	7	NNW	7	NNW	3
4	..	7	..	8	..	6	WNW	8	..	8	..	8
5	ESE	3	SSE	2	SSE	1	SE	3	SE	4	SE	6
6	S	3	S	3	..	4	SSE	1	SSE	4	SSE	4
7	WSW	1	NW	1	C	0	NNW	1	NNW	1	NNW	1
8	NNE	1	C	0	NNE	1	..	2	N	2	NNE	2
9	WNW	1	WNW	1	WNW	1	WNW	1	WNW	1	WNW	1
10	ESE	7	ESE	7	ESE	4	ESE	6	SE	3	SE	6
11	E	6	E	6	E	6	E	6	E	5	ESE	5
12	ENE	1	NE	5	NE	4	ENE	3	ENE	3	ENE	2
13	NNE	2	NNE	1	NNE	2	NNE	1	NNE	2	NNE	1
14	NE	2	ENE	2	ENE	3	E	3	ESE	3	E	3
15	S	2	S	1	S	0	S	0	C	0	C	0
16	SSE	1	C	0	..	0	WSW	1	..	0	..	0
17	..	2	SSE	1	SSE	1	ESE	2	ESE	2	ESE	3
18	..	1	SE	3	ESE	2	E	2	E	2	..	3
19	ESE	2	ENE	2	ENE	1	ENE	1	ESE	1	..	3
20	ENE	1	C	0	..	1	..	2	..	2	..	1
21	SSE	3	SSE	2	SSE	2	SSE	2	..	1	..	1
22	..	3	..	2	..	3	S	1	SW	1	WSW	1
23	S	3	..	3	..	3	SSE	3	SSW	3	SSW	3
24	W	3	WNW	3	WNW	3	WNW	3	WNW	3	WNW	3
25	WNW	3	NNW	3	NNW	3	N	4	N	3	N	4
26	NNW	2	..	2	..	1	..	2	..	2	..	1
27	C	0	C	0	C	0	C	0	C	0	C	0
28	..	0	..	0	..	0	..	0	..	0	..	0
29	..	0	..	0	..	0	..	0	..	0	..	0
30	ESE	1	ESE	1	ESE	3	ESE	3	SE	3	ESE	3
31	..	3	..	3	..	4	..	5	ESE	4	..	3
Mean		2·5		2·4		2·1		2·6		2·3		2·7

Days.	7 D.	V.	8 D.	V.	9 D.	V.	10 D.	V.	11 D.	V.	Noon D.	V.
1	E	3	ENE	3	NE	3	E	3	SE	2	SSE	2
2	WSW	3	WSW	1	WNW	2	ESE	2	ESE	1	ESE	3
3	NNW	4	NW	2	..	7	WNW	3	WNW	4	WNW	5
4	..	6	NNW	6	NNW	7	NNW	6	NNW	6	NNW	5
5	SE	4	SE	2	SSE	7	ESE	3	ESE	4	ESE	4
6	SSE	4	..	4	SSE	1	SSE	4	SSE	3	SSE	3
7	NNW	1	N	1	N	1	NNW	2	NNW	1	NNW	3
8	NW	1	NNW	2	NNW	1	..	3	..	1	..	4
9	WNW	1	WNW	1	WNW	1	NW	2	NW	3	NW	2
10	ESE	5	ESE	5	ESE	3	ESE	6	SSE	4	SSE	6
11	..	3	..	4	..	3	E	5	ESE	3	E	5
12	NNE	2	NNE	2	ENE	3	NNE	3	NNE	3	NNE	3
13	..	3	NE	3	..	3	..	2	ESE	2	E	2
14	E	3	E	2	ESE	2	SE	2	SSE	2	SSE	2
15	SE	1	SE	2	..	3	..	2	ESE	2	..	3
16	SSW	1	SSE	2	SSE	3	ESE	2	..	1	ESE	3
17	ESE	1	ESE	1	ESE	3	..	4	..	4	..	3
18	..	3	..	1	..	2	..	4	..	4	E	4
19	..	3	..	2	..	1	..	2	..	1	ESE	1
20	..	4	..	4	..	4	E	1	E	4	..	4
21	SSE	1	SSE	2	SSW	2	SSE	2	SSE	5	SSE	4
22	SW	2	SSW	4	S	4	..	4	SSW	5	S	4
23	SSW	4	..	4	ESE	4	SW	4	WSW	3	SSW	3
24	NW	3	NW	3	NW	3	NW	3	NNW	4	NNW	3
25	N	4	N	4	N	3	N	5	N	1	N	4
26	C	0	C	0	C	0	NNW	1	NNW	1	NNW	1
27	..	0	..	0	..	0	SSE	1	SE	2	ESE	2
28	..	0	..	0	..	0	C	0	C	0	C	0
29	..	0	..	0	SSE	1	SSE	1	SSE	1	SSE	1
30	E	2	ESE	3	ESE	3	SE	1	SE	5	SE	5
31	ESE	4	..	5	..	5	ESE	5	ESE	5	ESE	5
Mean		2·7		2·7		2·6		3·0		3·4		3·3

August 1883. $\varphi = +62° 38' 32''$.

Days.	1 D.	V.	2 D.	V.	3 D.	V.	4 D.	V.	5 D.	V.	6 D.	V.
1	ESE	3	ESE	3	ESE	3	ESE	3	ESE	3	ESE	3
2	S	3	..	4	..	4	..	3	..	2	..	2
3	NNW	2	ENE	2	ENE	2	E	3	E	2	E	2
4	..	5	NNW	4	WNW	3	WNW	3	WNW	4	WNW	2
5	WNW	1	N	2	NNE	2	NNE	1	NNE	1	ENE	1
6	SSE	4	SSE	4	SSE	4	SSE	3	SSE	3	ESE	2
7	WNW	4	WNW	2	NW	5	N	4	N	4	N	4
8	C	0	C	0	SSE	1	SSE	1	SE	2	SE	3
9	WSW	3	WSW	2	SSW	3	SSW	1	C	0	SSW	1
10	SSE	5	SSE	6	SSE	5	SSE	4	SSE	3	SSE	4
11	ESE	4	ESE	4	ESE	4	ESE	5	ESE	4	ESE	5
12	..	5	..	4	..	4	..	4	..	5	..	4
13	..	4	..	5	..	2	SE	3	SE	5	..	2
14	WNW	3	WNW	3	WNW	3	WNW	5	WNW	4	WNW	4
15	..	5	..	5	..	6	..	5	NW	4	..	4
16	NNE	1	NNE	1	NNE	2	NNE	2	NNE	2	NE	2
17	N	1	N	2	N	2	N	3	NNW	1	NNW	1
18	SW	2	SW	3	SSW	2	SSW	3	SSE	3	SSE	3
19	SSE	2	SSE	2	SSE	2	SSE	3	SSW	1	SSW	1
20	NNW	5	NNW	5	NNW	6	NNW	2	NNW	5	NNW	7
21	..	3	WNW	1	WNW	1	WNW	1	C	0	WNW	1
22	SSW	4	SSW	4	SSW	3	SSW	1	SSW	2	WSW	2
23	C	0	C	0	N	1	NNW	1	NNW	1	NNW	1
24	NNE	1	NNE	1	NNE	1	NNE	1	NNE	1	ESE	2
25	ESE	3	ESE	3	SE	2	S	2	S	2	SSW	2
26	N	1	NNE	1	NE	1	NE	1	NNW	1	NNE	1
27	ESE	1	C	0	C	0	ESE	1	C	0	SSE	1
28	C	0	WNW	1	W	1	NNW	1	NNW	1	C	0
29	E	2	E	2	ENE	2	ENE	3	ENE	3	ENE	2
30	ENE	1	ENE	1	..	2	..	2	..	2	..	1
31	..	2	..	2	NE	2	NE	2	NE	1	NNE	1
Mean		2·5		2·4		2·0		2·1		2·4		2·0

Days.	7 D.	V.	8 D.	V.	9 D.	V.	10 D.	V.	11 D.	V.	Noon D.	V.
1	ESE	3	ESE	3	ESE	4	ESE	3	ESE	5	ESE	5
2	..	3	..	3	..	3	..	4	..	4	E	5
3	..	3	..	2	..	2	E	2	S	1	NNE	1
4	WNW	4	WNW	3	WNW	5	WNW	5	WNW	5	WNW	5
5	NNE	1	NNE	1	NNE	1	E	1	ESE	1	ESE	1
6	ESE	5	SE	5	SE	3	ESE	3	..	4	E	3
7	NNW	4	NW	6	NNW	6	NNW	5	NW	3	NW	5
8	SE	3	SSE	4	SSW	1	C	0	ESE	2	C	0
9	SSW	3	SSW	3	S	3	SSE	3	SSE	3	SE	3
10	SE	3	SE	4	ESE	3	ESE	4	ESE	4	ESE	3
11	ESE	5	ESE	5	..	4	..	4	..	5	..	6
12	..	3	E	3	E	3	E	3	E	5	E	5
13	..	2	ESE	3	ESE	1	ESE	1	ESE	3	ESE	4
14	WNW	4	WNW	4	WNW	5	WNW	5	WNW	5	WNW	5
15	NW	5	NW	4	NW	4	NNW	3	NNW	4	NNW	4
16	NE	1	NE	2	NE	2	NE	2	NE	1	NNE	2
17	NNW	2	NNW	2	NNW	2	NNW	1	NNW	1	NNW	1
18	SSE	4	SSE	4	SSE	3	SE	3	E	3	E	4
19	WSW	1	WSW	1	W	3	NW	3	NW	4	WNW	4
20	NNW	7	NNW	7	NNW	7	NNW	6	NNW	7	NNW	5
21	W	1	SW	1	S	2	SSE	2	SE	2	SE	2
22	WSW	3	W	2	W	1	WNW	1	C	0	C	0
23	NNW	1	NNW	1	NNW	1	NNW	2	NNW	2	NNW	2
24	ESE	1	C	0	C	0	C	0	E	0	E	3
25	WSW	2	W	1	SSW	1	..	0	C	0	SSE	1
26	NNE	1	NNE	4	N	1	NNW	1	NNW	1	WNW	1
27	SSE	3	SSE	1	S	1	ESE	2	ESE	1	E	1
28	NNW	1	NNW	1	WNW	1	NW	1	NNW	1	NNW	2
29	E	3	ENE	3	ENE	3	ENE	2	ESE	2	ESE	2
30	ENE	1	..	3	E	3	ESE	2	ENE	2	..	1
31	NNE	2	NNE	2	NNE	2	NNE	1	NNE	1	NNE	1
Mean		2·7		2·7		2·3		2·7		2·9		3·0

in metres per second.

1		2		3		4		5		6		7		8		9		10		11	
D.	V.	D.	V.	D.	V.	D.	V.	D.	V.	D.	V.	D.	V.	D.	V.	D.	V.	D.	V.	D.	V.
WSW	2	WSW	2	WSW	2	WSW	2	WSW	1	WSW	1	WSW	1	WSW	1	WSW	1	WSW	2	SSW	3
ENE	3	E	1	E	2	E	2	E	2	ESE	1	NNE	3	NNE	4	SSE	1	..	1	WSW	2
NNW	6	WNW	7	WNW	5	NNW	5	NW	5	WNW	6	WNW	7	WNW	7	WNW	6	WNW	6	NNW	6
..	4	NNW	5	NNW	5	..	5	NNW	4	NNW	3	NNE	2	NNE	2	NNE	2	NE	1	NE	3
ESE	4	ESE	3	ESE	4	ESE	4	ESE	4	ESE	4	ESE	4	ESE	5	SSE	5	SSE	3	SSE	4
SSE	3	..	4	SSE	4	SSW	5	SSW	5	SSW	3	N	4	NNE	3	ESE	2	ESE	1	NW	2
NNW	3	NNW	4	NNE	3	NNE	3	NNW	3	NNW	3	NNW	1	NNW	2	C	0	C	0	NNW	1
..	4	..	3	NNW	3	NNW	2	..	2	..	3	..	1	..	1	..	0	..	0	C	0
NW	1	SSW	1	SSW	2	SSE	2	SSE	2	SSE	2	SSE	1	SSE	1	SSE	1	SSE	2	SSE	2
SSE	6	SSE	6	SSE	6	SE	5	..	5	ESE	3	E	5	E	5	E	6	ENE	4	E	3
ENE	4	ENE	4	E	5	ESE	5	ESE	5	..	3	ESE	4	..	3	..	2	NE	2	ENE	3
NNE	3	NNE	2	NNE	3	NNE	3	NNE	3	NNE	1	NNE	2	NNE	2	NNE	3	NNE	2	NNE	2
SE	1	WNW	2	WNW	2	WNW	2	WNW	1	WNW	2	WNW	1	C	0	C	0	C	0	..	2
SSE	2	SSE	1	..	2	..	2	..	1	..	2	..	1	S	1	..	0	..	0	C	0
..	2	..	1	SSE	3	SSE	2	SSE	2	SSE	2	SSE	1	SSE	2	..	0	..	0	..	0
ESE	4	ESE	3	ESE	3	SE	4	SE	4	..	3	ESE	3	ESE	4	SSE	4	S	4	SSE	3
..	5	..	5	..	5	ESE	4	ESE	4	ESE	3	..	3	..	3	ESE	2	ESE	3	..	3
..	4	..	4	..	4	..	4	..	3	..	3	..	3	..	2	..	1	..	1	ESE	3
..	2	..	2	..	2	..	2	E	2	..	3	E	2	E	2	E	1	E	1	E	2
..	4	..	4	..	4	..	4	ESE	4	..	3	ESE	3	ESE	3	ESE	1	SSE	1	SSE	1
SSE	6	SSE	7	SSE	7	SSE	5	SSE	6	SSE	6	SSE	5	SSE	4	SSE	3	..	3	..	2
S	5	S	6	SSW	6	SSW	7	SSW	7	SSW	6	SSW	5	SSW	4	SSW	3	SW	3	..	4
SW	2	SSW	2	NNW	3	WSW	3	NW	1	NW	1	NW	1	W	1	W	1	WSW	1	WSW	3
NW	3	NNW	4	..	3	NNW	3	NNW	3	..	2	..	3	NW	3	NW	3	WNW	2	WNW	2
N	4	N	4	N	4	N	3	N	3	N	1	NNW	4	NNW	4	NNW	3	NNW	2	NNW	2
NNE	1	NNW	1	WNW	1	NW	2	NNW	2	NNE	2	NE	2	NNE	1	C	0	C	0	C	0
ESE	2	NE	3	NE	1	ESE	1	SE	4	SE	3	SE	3	SSE	3	SSE	3	SSW	1	W	1
N	1	N	1	N	1	N	1	N	2	N	1	N	1	C	0	C	0	C	0	C	0
SSE	1	SSE	2	SSE	3	SSE	1	E	1	E	1	ESE	1	ESE	2	ESE	2	ESE	1	ESE	1
SE	4	SE	3	SE	2	SE	3	SE	3	ESE	2	SE	1	SE	2	..	2	..	1	..	1
ESE	4	ESE	3	ESE	4	ESE	3	ESE	4	..	3	ESE	3	ESE	4	..	4	SSE	3	SE	3
	3·3		3·4		3·3		3·2		3·1		2·9		2·6		2·5		2·0		1·8		2·1

λ = −115° 43′ 50″ = −7h. 42m. 55s.

1		2		3		4		5		6		7		8		9		10		11	
D.	V.	D.	V.	D.	V.	D.	V.	D.	V.	D.	V.	D.	V.	D.	V.	D.	V.	D.	V.	D.	V.
ESE	5	ESE	4	ESE	5	ESE	4	ESE	4	E	2	E	3	ESE	3	ESE	3	ESE	3	ESE	3
E	5	..	4	..	3	E	3	E	3	ENE	3	..	3	E	2	E	1	E	1	E	2
..	2	E	1	N	1	N	2	N	2	N	2	NNW	2	NNW	2	C	0	C	0	WNW	1
WNW	5	WNW	4	WNW	4	WNW	4	WNW	2	WNW	3	WNW	2	NW	1	..	0	W	1	C	0
ESE	1	ESE	1	ESE	1	SE	1	SE	1	C	0	SSE	1	SE	1	SE	2	SSE	2	SSE	3
..	3	..	3	E	3	..	2	C	0	..	0	C	0	C	0	C	0	C	0	C	0
NW	5	NW	5	NNW	4	NNW	4	NNW	4	NNW	3	N	2	NNE	2	NNE	1	..	0	..	0
C	0	C	0	C	0	C	0	C	0	C	0	C	0	C	0	SE	1	S	1	SSW	1
SE	4	SE	5	S	5	S	5	S	6	S	6	SSE	5	SSE	5	SSE	6	SSE	6	SSE	5
ESE	5	ESE	5	ESE	5	ESE	4	ESE	4	ESE	4	ESE	4	ESE	3	ESE	3	ESE	2	ESE	4
..	6	..	6	..	5	..	4	..	5	..	4	..	3	..	2	..	3	..	3	..	3
E	4	E	5	..	4	..	4	..	4	..	4	..	4	..	3	..	3	..	4	..	3
ESE	3	ESE	3	..	4	..	3	SSW	3	W	3	SSE	1	WSW	3	WSW	2	WNW	3	WNW	3
WNW	5	WNW	5	WNW	6	WNW	6	WNW	6	WNW	6	WNW	6	WNW	6	WNW	6	..	5	..	5
NNW	3	NNW	3	NNW	3	NNW	3	N	3	N	2	NNE	2	NNE	1	C	0	C	0	NNE	1
NNE	2	ESE	1	C	0	NNE	1	..	1	NNW	2	N	2	N	3	N	2	N	1	N	2
C	0	C	0	SSW	1	SSW	1	SSW	1	SSW	2	SSW	3	SSW	2	SW	2	SW	2	SW	2
ESE	3	ESE	4	ESE	4	ESE	4	E	4	E	3	ESE	2	SE	2	SSE	4	SSE	5	SSE	4
WNW	4	WNW	6	WNW	5	NW	5	NW	5	NW	6	NNW	6	NNW	6	NNW	5	NNW	5	NNW	6
NNW	7	NNW	8	NNW	8	NNW	9	NNW	8	NNW	7	N	6	N	6	..	4	..	5	..	4
ESE	2	E	3	E	3	E	2	ESE	3	SE	3	SE	3	SSE	4	SSE	5	SSE	4	SSW	3
WNW	1	NW	1	NW	1	NNW	1	..	0	C	0	C	0	C	0	C	0	C	0	C	0
NNW	3	NNW	3	NNW	3	..	3	NNW	3	NNW	3	N	2	N	1	NNE	1	NNE	2	NNE	2
E	3	E	3	NNE	3	E	4	SE	4	SE	4	SE	5	SSE	5	SSE	5	SW	2	ESE	2
ESE	1	ENE	1	ENE	1	C	0	C	0	C	0	C	0	C	0	N	2	N	2	N	2
WNW	2	WNW	2	WNW	1	NNW	1	NNE	2	..	0	NNE	1	NNE	1	NE	1	E	1	E	2
E	4	E	3	ESE	2	ESE	2	ESE	2	ESE	2	ESE	2	ESE	1	C	0	C	0	C	0
NNW	3	N	2	NNE	2	NNE	2	NNW	1	NNW	1	NNW	1	N	1	NNE	1	ENE	3	ENE	3
ESE	2	ESE	2	ESE	2	ESE	2	ESE	1	ESE	2	ESE	1	ENE	1	ENE	3	..	3	..	1
E	3	E	2	E	2	ENE	1	C	0	C	0	C	0	C	0	C	0	..	1	C	0
NNW	1	WNW	1	WNW	1	WNW	1	NNW	1	..	0	..	0	..	0	WSW	1	SW	2	SSW	3
	3·1		3·1		3·0		2·8		2·6		2·5		2·3		2·2		2·2		2·2		2·1

September 1882.

Day	1	2	3	4	5	6
1	8 Cirr NW —	8 Cum NW —	5 Cum NW —	5 Cum NW	7 Cumus NW —	7 Cirr NW
2	5 Cumus — —	10 Nim	9 Cumus — —	9 Cumus — —	9 Cumus — —	9 Cumus — —
3	10 Cum — —	10 Str — —	10 Str — —	10 Str — —	9 Str — —	Cir-s 4 Cumus NW — —
4	9 Str — —	7 Cum — —	2 Cir-c NE —	1 Cumus — —	Cir-c 1 Cumus NNE — —	Cum 10 Cumus — —
5	7 Cum — —	Cir-s 8 Cumus NNW — —	9 Str — —	8 Cumus — —	10 Cumus — —	10 Cumus — —
6	10 Str — —	10 Str — —	9 Str — —	9 Str — —	8 Str — —	Cir-c 10 Cirr, Cumus E —
7	Cir-s 1 Str SE — —	8 Str — —	6 Str — —	8 Cumus — —	3 Cumus — —	3 Cumus — —
8	7 Str —	7 Str —	7 Str —	6 Cumus — —	5 Cumus — —	Cir-c 3 Str E —
9	3 Str —	[illegible] — —	0 —	0 —	1 Cir-c — —	4 Str SE —
10	0 — —	0 — —	0 — —	1 Str — —	2 Str — —	Cir-s 7 Str SE — —
11	4 Str —	3 Str —	1 Str —	7 Str — —	7 Cir-s SE —	10 Nim —
12	10 Nim —	10 Nim —	10 Nim —	10 Nim —	10 Nim —	10 Nim —
13	8 Cum —	9 Cum —	9 Str —	Nim 10 Str —	10 Nim —	10 Nim —
14	7 Str —	7 Str —	4 Cumus —	1 Str — —	2 Cir-s SW	Cir-c 7 Str W —
15	0 — —	0 — —	0 —	1 Str — —	4 Cir-s — —	5 Cumus — —
16	2 Cumus — —	1 Cumus — —	6 Str — —	7 Str — —	5 Str — —	Cir-s 2 Str NW — —
17	4 Str —	3 Str — —	0 — —	1 Cumus — —	1 Cumus — —	1 Cumus — —
18	5 Str — —	7 Str —	5 Cumus — —	9 Cumus — —	9 Cumus — —	6 Cumus — —
19	6 Str — —	4 Str — —	2 Str —	Cir-s 6 — W — —	6 Cir-s W —	7 Cir-s SW —
20	2 Str —	3 Str —	0 —	0 — —	4 Str — —	2 Str — —
21	0 — —	2 Str —	5 Cumus — —	4 Cumus — —	4 Cumus — —	3 Cumus — —
22	0 — —	0 — —	0 — —	0 — —	4 Cumus —	2 Cumus — —
23	1 Str — —	3 Str — —	4 Str —	4 Cum — —	Cir-s 3 Str E — —	Cir-c 3 Cum SE — —
24	7 Str — —	7 Str — —	3 Str — —	4 Str — —	7 Str — —	6 Str — —
25	5 Cum —	5 Cum — —	7 Str —	4 Str — —	Cir-c 6 Str W — —	5 Cumus — —
26	Cir-s 3 — N —	Cir-s 5 Str NW — —	10 Str — —	10 Str — —	10 Str —	Cir-s 5 Cumus — —
27	10 Str — —	9 Str — —	9 Str — —	5 Str —	9 Cumus — —	10 Cumus — —
28	Cir-s 5 Str NW — —	4 Str — —	3 Str —	5 Str — —	4 Str — —	3 Cumus — —
29	10 Str — —	10 Str — —	10 Str — —	Cir-c 7 Str NW —	5 Str —	5 Str — —
30	9 Cumus — —	10 Str — —	10 Cumus — —	10 Cumus — —	10 Cumus — —	10 Cumus — —
Mean	5·4	5·5	5·4	5·6	6·1	5·9

September 1882.

7	8	9	10	11	Noon.	Daily Amount of Downfall.
3 Cum NW —	6 Cum NW —	7 Cum NW —	3 Cum NW —	2 Cum NW —	4 Cum NW —	·3
9 Nim — ●	Cir-s 9 Cum-s — ●	8 Nim — ●	10 Nim — —	10 Nim — —	10 Nim — —	·3
Cum-s 3 Str — —	Cum-s 5 Str — —	4 Cum — —	5 Cum — —	Cum 9 Cum-s — —	Cum 6 Cum-s — —	·1
7 Cum — —	Cir-e 4 Cum-s S — —	Cir-e 5 Cum, Str S — —	6 Cum — —	7 Cum — —	5 Cum-s — —	—
10 Cum-s —	Cir-s 7 Cum-s, Cum ENE — —	Cir-s 7 Cum, Cum-s ENE — —	Cum 9 Cum-s — —	Cir-e 8 Cum ENE — —	9 Cum — —	—
Cir-e 9 Cum, Cum-s E — —	9 Cum-s — —	Cum 9 Cum-s — —	Cum-s 10 Nim, Str — ●	10 Nim — ●	9 Cum-s — —	—
9 Cum-s — —	8 Cum-s — —	Cum 9 Cum-s — —	9 Cum — —	Cir-e 9 Cum, Cum-s SE — —	Cum 10 Cum-s — —	·4
Cir-s 3 Cum-s SW — —	Cir-s 3 Cum-s — —	Cir-s 2 Cum-s SW — —	Cir-s 2 Cum-s — —	Cir-s 1 Cum-s — —	Cir-s 1 Cum-s — —	·2
2 Cir-s SE —	Cir-s 2 Str SE — —	2 Cir — —	0 — —	1 Cir-s N —	1 Cir-s E —	..
3 Cir-s SSE —	1 Cir-s S —	1 Cir-s WSW —	1 Cir-s SW —	1 Cir-s E —	1 Cir-s S —	·4
10 Cum-s — ∞	10 Cum-s — ∞	9 Str — ∞	Cir-e 9 Str ESE — ∞	Cir-e 9 Str SE — ∞	Cir-e 9 Str S — ∞	1
10 Nim — ●	10 Nim — ●	10 Nim — ● ∞	10 Nim — ● ∞	10 Nim — ● ∞	10 Nim — ●	·6
10 Nim — —	10 Nim — ●	10 Nim — ●	10 Nim — ●	Cum-s 10 Nim — —	Cum-s 10 Nim — —	·5
Cir-e 3 Str W —	Cir-e 7 Cum W — —	Cir-e 2 Cum-s W — —	Cir-s 4 Cum-s W — —	Cir-e 6 Cum-s W — —	Cir-e 6 Cum-s W — —	—
Cir-e 2 Str W — —	1 Cir-s — —	1 Cir-s — —	Cir-s 1 Cum-s SW — —	Cir-s 3 Cum N — —	Cir-s 3 Cum N — —	..
Cir-e 5 Str N — —	Cir-e 8 Cum-s E — —	Cir-e 7 Cum-s N — —	Cir-e 5 Cum-s NW — —	Cir-e 8 Cum-s NW — —	Cir-e 7 Cum N — —	..
2 Cum — —	1 Cum — —	2 Cum — —	7 Cum — —	8 Cum — —	9 Cum — —	—
Cir-s 7 SW — —	Cir-s 9 Cum SW — —	8 Cir-s SSE —	9 Cir-s SSE —	Cir-s 5 Str S — —	6 Cir-e ESE —	—
4 Cir-e SW —	2 Cir-s W —	2 Cir-s SW —	6 Cir-s W —	7 Cir-s S —	4 Cir-s S —	—
Cir-e 2 Str N — —	Cir-s 3 Str NW — —	9 Cum-s — —	9 Nim — ●	10 Nim — ●	10 Nim — ●	—
2 Cum-s — —	2 Cum-s — —	3 Cum-s — —	4 Cum-s — —	4 Cum — —	6 Cum — —	1·6
1 Str — —	Cir-e 5 Str SW — —	6 Cir-e SW —	3 Cir N —	Cir-e 1 Cir-s NE SE —	2 Cir-e SE —	—
1 Cum-s — —	1 Cum — —	1 Cum-s — —	1 Cum — —	2 Cum-s — —	Cir-s 1 Cum W — —	—
8 Str — —	8 Str — —	9 Str — —	Cir-s 5 Str W — —	Cir-s 5 Str W — —	Cir-s 8 Str N — —	—
1 Str — —	1 Cir SE —	Cir 1 Cir-s N NW —	2 Cir-s NW —	1 Cir-e W —	2 Cir SW —	—
4 Cum-s — —	7 Cum-s — —	6 Cum-s — —	Cum-s 7 Nim — —	7 Cum-s — —	9 Cum-s — —	—
3 Cum-s — —	3 Cum-s — —	9 Cum-s — —	9 Cum-s — —	Nim 10 Str — *	Cum-s 10 Nim — —	—
6 Cum-s — —	Cir-e 7 Str N — —	1 Cum-s — —	Cir-s 2 Cum-s — —	Cum 3 Cum-s — —	Cum 5 Cum-s — —	—
9 Str — —	7 Str — —	6 Str — —	9 Cum-s — —	10 Cum-s — *	9 Cum-s — *	—
8 Cum-s — —	9 Str — —	9 Cum-s — —	9 Cum-s — —	9 Cum-s — —	9 Cum-s — —	·5
5·7	5·7	5·5	6·0	6·4	6·4	10·9

September 1882—*continued.*

Day.	1	2	3	4	5	6
1	4 Cum — —	2 Cum — —	Cir 2 Cum-s — —	Cir W 2 Cum, Str — —	Cir W 2 Cum-s, Str — —	Cir W 4 Cir-c, Str — —
2	10 Nim — ●	10 Nim — ●	10 Cum-s — —	10 Cum-s — —	Cir-c NW 7 Cum-s — —	Cir-c NW 8 Cum-s — —
3	9 Cum — —	7 Cum — —	7 Cum — —	6 Cum — —	Cir NNW 4 Cum — —	Cum 8 Cum-s — ⌒
4	9 Cum-s — —	9 Cum-s — —	Cir-s ENE 9 Cum-s — —	10 Cum-s — —	10 Cum-s — —	10 Cum-s — —
5	Cum 9 Cum-s — —	Cum 9 Cum-s — —	Cum 9 Cum-s — —	9 Cum — —	10 Cum-s — —	10 Cum-s — —
6	9 Cum-s — —	10 Nim — ●	9 Cum-s — —	9 Cum-s — —	9 Cum-s — —	9 Cum-s — —
7	10 Cum — —	10 Nim — ●	10 Nim — ●	10 Nim — ●	Cum 9 Cum-s — —	Cum 9 Cum-s — —
8	Cir-s 2 Cum — —	Cir-s 2 Cum — —	Cir-s SW 1 Cum — —	Cir-s 1 Cum — —	Cir-s 1 Cum — —	Cir-s SW 1 Str — —
9	1 Cir-s S —	1 Cir-s S —	1 Cir-s S —	1 Cir-s — —	1 Cir-s S —	2 Cir-s — —
10	1 Cir-s S —	2 Cir-s W —	2 Cir-s SW —	1 Cir-s SW —	1 Cir-s SW —	2 Cir-s SW —
11	9 Str — ∞	Cir-s SW 8 Str — ∞	Cir-s W 8 Str — ∞	10 Str — —	Cir-c ESE 9 Str — ∞	10 Nim — ●
12	10 Nim — ●	Cum 9 Cum-s — ∞	Cir-c SE 7 Cum-s — —	Cum 5 Nim — —	Cum 9 Nim — —	Cum 8 Cum-s — —
13	Cum-s 10 Nim — —	10 Nim — ●	Cum-s 10 Str — —	Cir-s SW 6 Cum-s, Nim — —	Cir-c W 7 Cum-s, Nim — ●	Cir-c SW 6 Cum-s — —
14	Cir-c W 6 Cum — —	Cir-c W 5 Cum — —	Cir-c SW 5 Cum-s — —	Cir-c SW 3 Cum-s — —	Cir-c SW 6 Cum-s — —	Cir-c SW 4 Cum-s — —
15	Cir-s N 3 Cum — —	Cir-s N 3 Cum — —	Cir-c N 6 Cum — —	Cum 8 Str — —	Cum 9 Str — —	Cir-s N 8 Str — —
16	Cir-c S 6 Cum-s — —	Cir-s N 6 Cum — —	Cir-c N 6 Cum — —	Cir-c 5 Cum — —	Cir-c SE 7 Cum-s — —	Cir-s NW 8 Cum-s — —
17	9 Cum — —	9 Cum — —	9 Cum — —	Cir-c SW 9 Cum-s — —	Cir-c SW 9 Cum-s — —	9 Cum-s — —
18	1 Cir-c SW —	1 Cir-s SW —	1 Cir-s SW —	2 Cir-s SW —	3 Cir-s SW —	4 Cir-s SW —
19	1 Cir-s S —	1 Cir-s SSE —	1 Cir-s S —	1 Cir-s S —	1 Cir-s S —	Cir-s E 1 Str — —
20	10 Nim — ●	9 Cum-s — —	Cir-s NW 7 Cum-s — —	Cir-s NW 5 Cum-s — —	Cir-s SW 4 Cum-s — —	Cir-s NW 5 Cum-s — —
21	Cir SE 7 Cum — —	Cir NW 7 Cum — —	Cir NW 6 Cum — —	Cir NW 4 Cum — —	Cir SW 3 Cum — —	Cir-c NW 3 Str — —
22	1 Cir-s S —	1 Cir-s S —	1 Cir-s SW —	1 Cir-s SW —	1 Cir-s SW —	1 Cir-s W —
23	2 Cir-s — —	2 Cir-s SW —	2 Cir-s SW —	3 Cir E —	5 Cir-s SW —	3 Cir-s SW —
24	Cir-s ESE 8 Cum-s — —	Cir SW 7 Str — —	7 Cir-s SW —	4 Cir-c SW —	Cir-c W 5 Str — —	Cir-c 7 Str — —
25	5 Cir-c W —	Cum-s 9 Str — —	Cum-s 10 Nim — ●	10 Nim — ●	Nim 9 Str — ●	Cum-s 6 Str — —
26	Cir NNW 8 Cum-s — —	Cum 7 Cum-s — —	Cir NNW 5 Cum-s — —	Cum 5 Cum-s — —	Cir-s SE 5 Cum-s — —	9 Cum-s — —
27	10 Cum-s — —	9 Cum-s — —	9 Cum-s — —	Cir-c NE 9 Cum-s — —	8 Cum-s — —	10 Cum-s — —
28	Cum 6 Cum-s — —	Cum 8 Cum-s — —	Cum-s 9 Nim — ✱	9 Cum-s — △	9 Str — —	9 Str — —
29	8 Cum-s — —	8 Cum-s — —	8 Cum-s — —	Cir SE 6 Cum-s — —	Cir SE 6 Cum-s — —	8 Str — —
30	9 Cum-s — △	Cum-s 9 Str — —	Cum-s 9 Str — —	9 Str — —	9 Str — —	9 Str — —
Mean -	6·[illegible]	6·3	6·2	6·0	5·9	6·4

Sums of Hydrometeors: 4[illegible] ●, 4 ✱, 5 ‿, 1 ≏, 14 ∞, 1 △.

September 1882—continued.

7	8	9	10	11	Midnight.	Mean Daily Amount of Cloud.
Cir, Cir-c 6 Str — —	Cum 8 Str — —	Cum 7 Cum-s — —	8 Cum-s — —	9 Cum-s — —	8 Cum-s — —	5·6
Cir-c 9 Cum-s NW — —	5 Cum-s — —	3 Cum-s — ♕	Cir 3 Cum NNW — ♕	Cir-c, Cir-s 3 Cum, Str N — ♕	9 Cum — ♕	5·1
Cir-s 5 Cum, Cum-s NNW — —	9 Cum — —	4 Cum-s — —	10 Cum-s — —	10 Str — —	10 Cum-s — —	7·4
10 Cum-s — —	5 Cum-s — —	Cum 2 Cum-s — —	9 Cum — —	9 Cum — —	8 Cum — —	6·7
Cir-c 10 Cum-s NE — —	9 Str — —	7 Str — —	9 Str — ♕	9 Str — —	10 Str — —	5·7
8 Cum-s — ●	Cum-s 7 Str — —	2 Cum-s — —	4 Str — ♕	1 Str — ♕	Cum 3 Str — —	5·0
Nim 10 Str — ●	9 Cum-s — —	8 Cum-s — —	4 Cum-s — ♕	Cir-c 5 Cum-s ENE — ♕	9 Cum-s — ♕	8·1
2 Str — —	2 Str — —	2 Str — ♕	1 Str — ♕	0 — — ♕	0 — — ♕	2·5
1 Cir-s S —	1 Cum-s — —	1 Str — ♕	0 — — ♕	0 — — ♕	0 — — ♕	1·0
2 Cir-s SW —	Cir-s 1 Str ESE — ♕	0 — — ♕	0 — — ♕	1 Str — ♕	2 Str — ♕	1·2
Cum-s 9 Str — ∞	10 Str — —	10 Str — —	10 Str — —	10 Str — —	10 Str — —	8·3
Cum 9 Cum-s — —	9 Cum-s — ♕	8 Cum — ♕	1 Str — ♕	7 Cum-s — ♕	8 Cum-s — ♕	8·9
10 Str — —	10 Str — —	9 Str — ♕	8 Str — ♕	2 Str — ♕	2 Str — ♕	8·6
1 Cir-s — —	1 Str — —	1 Str — ♕	0 — — ♕	1 Cir-e SW ♕	0 — — ♕	3·0
8 Cum-s — —	5 Cir-s — —	1 Str — —	0 — — —	7 Cum-s — —	8 Cum-s — —	5·4
8 Cum — —	9 Cum-s — —	8 Cum-s — ♕	8 Cum-s — ♕	9 Str — ♕	2 Str — ♕	7·2
9 Str — —	9 Str — —	6 Str — —	3 Str — —	2 Str — —	0 — — —	5·5
2 Cir-s SW —	1 Str — —	1 Str — ♕	0 — — ♕	6 Str — ♕	6 Str — —	5·2
1 Str — —	1 Str — —	0 — — —	0 — — —	0 — — ♕	0 — — ♕	2·6
Cir-e 8 Cum-s NW — —	Cir-e 4 Cum-s NW — —	0 — — ♕	6 Str — ♕	0 — — ♕	0 — — ♕	4·7
Cir-e 2 — NW — —	1 Str — —	0 — — —	0 — — —	0 — — —	0 — — ♕	3·1
1 Cir-e SW —	1 Cir-e SW —	1 Cir-s SW —	0 — — —	1 Str — ♕	1 Str — ♕	1·3
5 Str — —	5 Str — —	3 Str — Ψ	3 Str — —	4 Str — Ψ	4 Str — ♕	2·5
3 Str — ♕	3 Str — ♕	9 Str — —	10 Str — —	10 Str — ♕	10 Str — —	6·7
6 Cum-s — —	6 Cum-s — —	5 Cum-s — ♕	7 Cum-s — —	Cir-e 9 Str — —	3 Cir-e — ♕	5·4
7 Str Ψ ♕	8 Str — ♕	Cir-e 7 Str — ♕	8 Str — ♕	8 Str — Ψ	Cir-s 7 Str N — Ψ	6·7
9 Cum-s — —	10 Str — —	10 Str — —	10 Str — —	10 Str — —	Cir-e 8 Str SW — ♕ Φ	9·2
9 Str — —	9 Str — —	9 Str — —	9 Str — —	9 Str — —	10 Str — —	7·0
9 Str — —	9 Str — —	Cum-s 9 Str — —	8 Cum-s — —	9 Str — —	9 Cum-s — —	8·3
9 Str — —	9 Str — —	Cir-e 5 Str N — Φ	Cir-e 2 Str — —	1 Str — ♕	1 Str — ♕	5·0
6·3	5·8	4·8	4·7	5·1	4·9	5·8

October 1882.

Day.	1			2			3			4			5			6		
1	1 Str	—	⊔	1 Str	—	⊕	1 Str	—	—	Cum-s 5 Str	—	—	1 Str	—	—	1 Str	—	—
2	0 —	—	⊔	0 —	—	⊔	0 —	—	⊔	0 —	—	⊔	0 —	—	—	0 —	—	—
3	0 —	—	⊔	0 —	—	—	0 —	—	—	0 —	—	—	0 —	—	—	1 Str	—	—
4	0 —	—	⊔	0 —	—	⊔	0 —	—	⊔	0 —	—	⊔	5 Str	—	—	5 Str	—	≡
5	9 Nim	—	⊔ ●	6 Nim	—	⊔ ●	2 Str	—	⊔	2 Str	—	⊔	2 Str	—	—	2 Str	—	—
6	10 Str	—	—	10 Str	—	—	10 Nim	—	●	10 Nim	—	●	10 Cum-s	—	—	10 Cum-s	—	∞
7	10 Str	—	—	10 Str	—	—	10 Str	—	—	10 Str	—	—	10 Str	—	—	10 Str	—	—
8	6 Str	—	⊔	9 Str	—	⊔	9 Str	—	⊔	7 Str	—	—	3 Str	—	—	3 Str	—	—
9	0 —	—	⊔	0 —	—	—	0 —	—	—	0 —	—	—	0 —	—	—	0 —	—	—
10	0 —	—	⊔	0 —	—	⊔	1 Str	—	⊔	0 —	—	⊔	1 Str	—	—	1 Str	—	—
11	9 Str	—	⊔	3 Str	—	⊔	8 Str	—	—	5 Str	—	—	6 Str	—	—	9 Str	—	—
12	10 Nim	—	●	10 Nim	—	●	10 Nim	—	●	10 Nim	—	●	10 Nim	—	●	10 Nim	—	●
13	10 Str	—	—	10 Str	—	—	10 Str	—	—	10 Str	—	—	10 Str	—	—	10 Str	—	—
14	10 Str	—	—	10 Str	—	—	10 Nim	—	✳	10 Nim	—	✳	10 Nim	—	✳	10 Nim	—	✳
15	10 Nim	—	●	10 Str	—	—	9 Str	—	—	10 Str	—	—	9 Str	—	—	10 Str	—	—
16	9 Str	—	—	9 Str	—	—	9 Str	—	⊔	9 Str	—	⊔	9 Str	—	⊔	Cum-s 6 Str	—	—
17	10 Str	—	⊔	9 Str	—	⊔	8 Str	—	⊔	9 Str	—	—	9 Str	—	—	10 Str	—	—
18	10 Nim	—	✳	9 Str	—	⊔	9 Str	—	—	8 Str	—	—	7 Str	—	—	9 Str	—	—
19	9 Str	—	—	10 Str	—	—	10 Str	—	—	10 Str	—	—	9 Str	—	—	Cum-s 1 Str	—	—
20	10 Nim	—	✳	10 Nim	—	✳	10 Nim	—	✳	10 Nim	—	✳	10 Nim	—	✳	10 Nim	—	✳
21	7 Str	—	—	10 Str	—	—	10 Str	—	—	10 Str	—	—	10 Str	—	—	10 Str	—	—
22	10 Nim	—	● ✳	10 Nim	—	● ✳	10 Str	—	—	10 Str	—	⊔	10 Str	—	⊔	10 Str	—	—
23	10 Str	—	—	10 Str	—	—	10 Str	—	—	10 Str	—	—	10 Str	—	—	10 Str	—	—
24	10 Str	—	⊔	10 Str	—	⊔	10 Str	—	—	10 Nim	—	✳	10 Nim	—	✳	10 Str	—	—
25	8 Str	—	—	2 Str	—	—	9 Str	—	—	10 Str	—	—	9 Str	—	—	8 Str	—	—
26	3 Str	—	—	Cum 8 Cum-s	—	—	Cum-s 9 Str	—	—	10 Str	—	—	10 Str	—	—	10 Nim	—	● ✳
27	10 Nim	—	✳	9 Str	—	—	10 Str	—	—	10 Cum-s	—	—	10 Cum-s	—	—	9 Cum-s	—	—
28	6 Cir-c	SE	Ψ	6 Cir-c	SE	—	9 Str	—	—	10 Str	—	—	8 Str	—	Ψ	Cir-c 7 Str	SW	—
29	10 Nim	—	✳	10 Nim	—	✳	10 Nim	—	✳	10 Nim	—	✳	10 Nim	—	✳	10 Nim	—	✳
30	10 Nim	—	✳	10 Nim	—	✳	6 Str	—	Ψ	4 Str	—	Ψ	0 —	—	—	0 —	—	—
31	10 Nim	—	┼ ✳	10 Nim	—	┼ ✳	10 Str	—	┼	5 Str	—	┼ Ψ	5 Str	—	┼ Ψ	4 Str	—	┼ Ψ
Mean	7·5			7·5			7·3			7·3			6·8			6·9		

October 1882.

7	8	9	10	11	Noon.	Daily Amount of Downfall
						m.m.
1 Str — —	1 Str — —	1 Str — —	2 Cum-s — —	4 Str — —	3 Cum-s — —	—
0 — — —	0 — — —	1 Ci-s SW —	1 Ci-s SW —	0 — — —	0 — — —	—
1 Str — —	1 Str — —	1 Str — —	1 Str — —	1 Str — —	1 Str — —	—
0 — — ≡	Ci-s 1 Str S — —	1 Str — —	Ci-s 1 Str S — —	1 Ci-s S —	Cir 1 Cir-s S S —	—
1 Cir SW —	1 Cir SW —	Cir 1 Str SW — —	9 Str — —	9 Str — —	9 Str — —	0·4
10 Nim — ●	10 Nim — ●	10 Str — —	Cum-s 10 Str — —	Cum-s 10 Str — —	Cum-s 9 Str — —	—
10 Str — —	10 Str — —	10 Nim — ●	Nim 10 Str — —	10 Str — —	10 Str — —	—
Cir-s 5 Str SW — △	Cir-s 5 Str SW — △	Cir-s 5 Str SW — —	Cir-s 4 Str SW — —	Cir-s 5 Str SW — —	Cir-s 7 Str SW — —	—
2 Str — —	2 Str — —	1 Str — —	1 Str — —	1 Cir-s SW —	3 Cir-s SW —	—
10 Str — ≡	10 Str — ≡	10 Str — ≡	10 Str — ≡	Cum-s 7 Str — —	Cir 5 Str SW — —	—
8 Str — —	10 Str — —	10 Str — —	10 Str — —	10 Str — —	10 Str — —	—
10 Nim — ●	10 Str — ∞	10 Str — —	10 Str — —	10 Str — —	10 Str — —	1·2
10 Str — —	9 Str — —	9 Str — —	10 Str — —	10 Str — —	10 Str — —	—
10 Nim — ✳	10 Nim — ✳	10 Nim — ✳	10 Nim — ✳	10 Nim — ● ✳	10 Nim — ● ✳	0·3
10 Str — —	10 Str — —	10 Str — —	10 Str — —	Cum-s 9 Str — —	9 Cum-s — —	0·4
4 Str — —	Cir 4 Str E — —	Cir-s 4 Str SE — —	Cir-s 3 Cum-s SE — —	Cir-s 4 Cum-s NW — —	Cir, Cir-s 7 Cum, Str NW — —	—
10 Str — —	9 Cum-s — —	9 Cum-s — —	9 Cum-s — —	9 Cum-s — —	3 Cum-s — —	—
9 Str — —	10 Str — —	9 Str — —	10 Str — —	10 Str — —	10 Str — —	0·4
9 Str — —	Cir-s 6 Str NE — —	Cum-s 9 Str — —	9 Str — —	Cir-s & Cum-s SE — —	Cum-s 9 Str — —	—
10 Str — —	10 Nim — ✳	10 Nim — ✳	10 Nim — —	10 Nim — ✳	10 Nim — ✳	1·4
10 Nim — ✳	10 Nim — —	10 Str — —	9 Str — —	10 Str — —	10 Str — —	0·2
9 Str — —	9 Str — —	9 Str — —	10 Str — —	10 Str — —	3 Str — —	0·5
10 Str — —	10 Str — —	10 Str — —	10 Str — —	10 Str — —	10 Nim — ✳	—
10 Nim — ✳	10 Nim — ✳	10 Nim — ✳	10 Str — —	10 Str — —	10 Str — —	0·4
9 Str — —	9 Str — —	9 Str — —	9 Str — —	10 Nim — ● ✳	10 Str — —	—
10 Cum-s — —	10 Nim — —	10 Nim — ✳	10 Nim — ✳	10 Nim — ✳	10 Nim — ✳	1·1
10 Nim — ✳	9 Str — —	10 Nim — ✳	10 Nim — ✳	10 Nim — ✳	10 Nim — ✳	4·6
Cum-s 9 Str — —	Cir, Cir-s 6 Str SE — —	Cum-s 9 Str — —	Cir-s 9 Str SE — —	10 Str — —	10 Str — —	0·2
10 Nim — ✳	10 Nim — ● ✳	10 Nim — ● ✳	10 Nim — ● ✳	10 Nim — ● ✳	10 Nim — ✳	0·1
10 Nim — ✳	10 Nim — ✳	10 Nim — ✳	10 Nim — ✳	10 Nim — ✳	10 Nim — —	3·5
10 Str — —	9 Str — —	9 Str — —	6 Str — —	9 Str — —	10 Str — —	4·1
8·0	7·5	7·7	7·9	7·2	7·9	15·7

October 1882—continued.

Day.	1		2		3		4		5		6	
1	Cir-c 2 Cum-s	S — —	Cum 2 Cum-s	— —	2 Cum-s	— —	Cum 1 Cum-s	— —	1 Cum-s	— —	1 Cum	— —
2	5 Cir-s	SE —	5 Cir	SE	0 —	— —	0 —	— —	1 Cum-s	— —	1 Str	— —
3	1 Str	— —	1 Str	— —	0 —	— —	1 Str	— —	1 Cir-s	S —	1 Cir-s	S —
4	Cir 5 Cir-s	S SE —	Cir 1 Str	SW — —	Cir 4 Cir-s	N NW —	1 Cir-s	NW —	Cir-s 1 Str	NW — —	Cir-s 2 Str	N — —
5	Cir-s 9 Str	— —	Cir-s 9 Str	SW — —	Cir-s 9 Str	SW — —	Cum-s 9 Str	— —	9 Str	— —	9 Str	— —
6	Cum-s 9 Str	— —	Cum-s 9 Str	— —	10 Str	— —	10 Str	— —	10 Str	— —	10 Str	— —
7	Cum-s 9 Str	— —	Cum-s 9 Str	— —	Cir-c 5 Str	SE — —	Cir-c 3 Str	E — —	Cir-c 3 Str	SW — —	Cir-c 4 Str	S — —
8	Cir-c 3 Str	SW — —	Cir-c 4 Str	SW — —	Cir-c 4 Str	SW — —	Cir-c 5 Str	SW — —	Cir-c 2 Str	SW — —	1 Str	— —
9	Cir 1 Cir-s	SW —	1 Cir-s	W —	Cir 4 Cir-s	SW —	Cir, Cum 7 Cir-s	— —	Cir-s 6 Str	— —	5 Str	— —
10	Cir 5 Cum	SW — —	Cir-s 4 Cum-s	SE — —	Cum-s 5 Str	SE — —	Cir-s 6 Str	SW — —	9 Str	— —	4 Str	— —
11	10 Str	— —	10 Str	— —	9 Str	— —	9 Str	— —	10 Str	— —	10 Nim	— △
12	10 Str	— —	10 Str	— —	10 Str	— —	10 Str	— —	10 Str	— —	10 Nim	— ●
13	9 Str	— —	8 Str	— —	10 Nim	— ●	10 Str	— —	Nim 10 Str	— ●	10 Str	— —
14	9 Nim	— ● ✳	Cir-c 9 Nim	SE — ●	10 Nim	— —	Nim 9 Str	— —	10 Str	— —	10 Str	— —
15	8 Cum-s	— —	8 Cum	— —	9 Cum-s	— —	10 Nim	— ✳	10 Str	— —	9 Nim	— ✳
16	Cum-s 9 Str	— —	9 Str	— —	9 Str	— —	9 Str	— —	10 Str	— —	10 Str	— —
17	6 Cum-s	— —	Cir-c 7 Cum-s	— —	Cir-c 5 Cum-s, Str	SE — —	Cir 6 Str	SE — —	Cir-c 7 Str	S — —	7 Str	— —
18	10 Str	— —	10 Str	— —	10 Str	— —	10 Str	— —	10 Str	— —	10 Str	— —
19	Cum-s 9 Str	— —	Cir-s 8 Cum-s, Str	NW — —	Cir-s 4 Cum-s, Str	NW — —	Cir-s 3 Cum-s, Str	NW — —	9 Str	— —	10 Str	— —
20	10 Nim	— —	10 Nim	— ✳	10 Nim	— —	10 Str	— —	10 Str	— —	10 Str	— —
21	10 Str	— —	10 Str	— —	10 Str	— —	10 Nim	— ● ✳	10 Nim	— ● ✳	10 Nim	— ●
22	10 Nim	— ● ✳	Cir-c 8 Cum-s, Str	NW — —	9 Str	— —	10 Str	— —	10 Str	— —	10 Str	— —
23	10 Nim	— ✳	10 Str	— —	10 Str	— —	10 Str	— —	10 Str	— —	10 Str	— —
24	9 Str	— —	9 Str	— —	Cum-s 9 Str	— —	9 Str	— —	9 Str	— —	10 Str	— —
25	9 Str	— —	Cum-s 7 Str	— —	Cir-c 6 Cum-s, Str	SE — —	9 Str	— —	10 Nim	— ● ✳	10 Nim	— ● ✳
26	9 Nim	— —	8 Cum-s	— —	9 Cum-s	— —	10 Nim	— ✳	10 Nim	— ✳	10 Cum-s	— —
27	10 Str	— —	10 Nim	— ✳	10 Str	— —	10 Str	— —	10 Str	— —	10 Str	— —
28	10 Str	— —	10 Str	— —	10 Str	— —	10 Str	— —	10 Str	— —	10 Nim	— ●
29	10 Nim	— ✳	10 Nim	— ✳	10 Nim	— ✳	10 Nim	— ✳	10 Nim	— ✳	10 Nim	— ✳
30	10 Nim	— + ✳	10 Nim	— + ✳	10 Nim	— + ✳	10 Nim	— + ✳	10 Str	— +	10 Str	— +
31	10 Str	— —	10 Str	— —	Cir-c 6 Str	NW — —	Cir-s 6 Str	NW — —	4 Str	— —	1 Str	— —
Mean	7·9		7·6		7·3		7·3		7·8		7·7	

Sums of Hydrometeors: 28 ●, 126 ✳, 12 +, 12 ⌣, 2 ∞, 6 ≡, 3 ⌂, 4 △.

7			8			9			10			11
1 Str	—	—	1 Str	—	[illegible]	[illegible] —	—	—	[illegible] —	—	♕	[illegible] —
[illegible] —	—	♕	[illegible]	—	♕	[illegible] —	—	♕	[illegible] —	—	♕	[illegible] —
1 Cirr	—	♕	[illegible] —	—	♕	—	—	♕	[illegible] —	—	♕	—
4 Str	—	—	4 Str	-	♕	4 Str	—	♕	[illegible] Cum-s	—	♕	[illegible] Str
9 Str	—	—	10 Str	—	—	10 Str	—	♕	9 Str	—	♕	[illegible] Str
10 Str	—	—	10 Str	—	—	10 Str	—	—	10 Str	—	—	10 Str
4 Str	—	—	[illegible] Str	-	-	6 Str	—	—	[illegible] Str	—	[illegible]	9 Str
1 Str	—	♕	[illegible]	—	♕	1 Str	—	♕	1 Str	—	♕	1 Str
9 Str		—	6 Str	—	♕	[illegible] Str	—	♕	2 Str	—	♕	1 Str
6 Str	—	♕	[illegible] Str	—	♕	4 Str	—	♕	5 Str	—	♕	4 Str
10 Nim	—	△	10 Nim	—	△	10 Nim	—	△	10 Nim	—●	✳	10 Str
10 Nim	—	●	10 Nim	—	●	10 Str	—	—	10 Str	—	—	10 Str
10 Nim	—	●	10 Nim	—	●	Cum 10 Str	—	—	Cum 10 Str	—	—	10 Str
10 Str	—	—	10 Nim	—	✳	10 Nim	—●	✳	10 Nim	—●	✳	10 Cum-s
9 Str	—	—	10 Str	—	♕	9 Str	—	♕	[illegible] Str	—	—	5 Str
10 Str	—	—	9 Str	-	♕	9 Str	—	♕	10 Str	—	♕	9 Str
1 Str	—	♕	9 Str	—	♕	9 Str	—	♕	10 Str	—	—	10 Str
9 Str	—	—	10 Nim	—	✳	10 Nim	—	✳	5 Str	—	♕	10 Str
10 Str	—	—	10 Nim	—	✳	9 Nim	—	✳	10 Nim	—	✳	10 Nim
10 Nim	—	✳	10 Nim	—	✳	10 Nim	—	✳	10 Nim	—	✳	10 Str
10 Nim	—	●	10 Nim	—	●	10 Nim	—●	✳	10 Nim	—●	✳	10 Nim
9 Str	—	—	9 Str	—	—	10 Str	—	—	10 Str	—	—	10 Str
10 Str	—	—	10 Str	—	—	10 Str	—	—	10 Str	—	—	10 Nim
10 Str	—	—	10 Str	—	—	10 Str	—	—	9 Str	—	♕	9 Str
Cum-s 9 Str	—	—	5 Cum-s	⛉	♕	6 Cum-s	—	⛉	10 Cum-s	—	—	9 Str
10 Str	—	—	10 Nim	—	✳	10 Nim	—	✳	10 Nim	—	✳	10 Str
10 Str	—	—	10 Str	—	—	Cum-s 6 Str	—	—	Cir-c 5 Str	SE —⛉	♕	5 Cir-c
10 Nim	—●	✳	10 Nim	—●	✳	10 Nim	—	✳	10 Nim	—	✳	10 Nim
10 Nim	—	✳	10 Nim	—	✳	10 Nim	—	✳	10 Nim	—	✳	10 Nim
10 Nim	--	✳	10 Nim	—	✳	7 Str	—	—	10 Str	—	—	10 Str
1 Str	—	—	1 Str	—	♕	1 Str	—	—	10 Str	—	—	10 Str
7·5			7·8			7·5			5·6			7·6

November 1882.

Day.	1	2	3	4	5	6
1	10 Nim — ✳	2 Str — ⛉	3 Str — ⛉	0 — — —	0 — — —	0 — — —
2	10 Str — —	10 Str — —	10 Str — —	10 Str — —	10 Str — —	10 Str — —
3	10 Str — —	10 Str — —	10 Str — —	10 Str — —	Cir-c 2 Str N — —	2 Str — —
4	10 Nim — ✳	10 Nim — ✳	10 Nim — ✳	10 Nim — ✳	10 Nim — ✳	10 Nim — ✳
5	10 Str — ♛	10 Str — ♛	10 Str — —	10 Str — —	10 Str — —	10 Str — —
6	0 — — ♛	0 — — —	0 — — —	1 Str — ♛	1 Str — ♛	1 Str — —
7	10 Nim — ✳	3 Str — ♛	0 — — ♛	2 Str — —	0 — — ♛	2 Str — —
8	1 Str — ♛	0 — — ♛	0 — — ♛	0 — — ♛	0 — — ♛	0 — — ♛
9	10 Nim — ✳	8 Str — —	3 Nim — ✳ ♛	3 Str — ♛	3 Nim — ✳ ♛	10 Str — —
10	8 Nim — ✳	10 Nim — ✳	10 Str — —	10 Str — —	10 Str — —	9 Str — ♛
11	10 Str — —	10 Str — —	10 Str — —	10 Str — —	5 Str — —	7 Str — —
12	1 Str — ♛	0 — — ♛	0 — — ♛	0 — — ♛	0 — — ♛	0 — — ♛
13	10 Str — ♛	10 Str — ♛	6 Str — ♛	4 Str — ♛	2 Str — ♛	1 Str — ♛
14	10 Str — —	10 Str — —	10 Str — —	10 Str — —	10 Str — —	10 Nim — ✳
15	10 Nim — ✳	10 Nim — ✳	10 Nim — ✳	10 Str — —	10 Str — —	10 Str — —
16	10 Str — —	10 Str — —	7 Str — —	4 Str — ♛	4 Str — ♛	8 Str — —
17	3 Str — ♛	3 Str — ♛	2 Str — ♛	2 Str — ♛	0 — — ♛	0 — — —
18	7 Str — ♛	9 Str — ♛	8 Str — ♛	3 Str — ♛	3 Str — ♛	4 Str — ♛
19	9 Str — —	9 Str — —	9 Str — —	9 Str — —	10 Str — —	10 Str — —
20	3 Str — —	7 Str — ♛	5 Str — ♛	7 Str — —	7 Str — —	7 Str — ♛
21	3 Str — ⛉	Cir-c 7 Str — ⛉	3 Str — —	4 Str — —	1 Str — ♛	2 Str — —
22	2 Cir-s NW ⛉	1 Str — ⛉	5 Str — —	0 — — ♛	0 — — —	0 — — —
23	10 Str — —	10 Str — —	10 Str — —	10 Str — —	10 Str — —	10 Str — —
24	10 Str — —	10 Str — —	10 Str — —	10 Str — —	10 Str — —	10 Str — —
25	10 Str — —	10 Str — —	10 Str — —	10 Str — —	10 Str — —	10 Str — —
26	10 Str — —	10 Str — —	10 Str — —	10 Str — —	10 Str — —	10 Str — —
27	7 Str — ⛉	7 Str — ⛉	2 Str — ♛	6 Str — —	6 Str — —	9 Str — —
28	10 Nim — ✳ ⛉	10 Str — —	10 Str — —	10 Nim — ✳	10 Nim — ✳	10 Nim — ✳
29	10 — — ✢	10 — — ✢	1 Cir-s NNW ⛉ ♛	0 — — —	Cir-c 2 Str NNW — ✢ ⛉	10 Str — ✢
30	0 — — ♛	0 — — ♛	0 — — ♛	0 — — ♛	0 — — —	0 — — —
Mean	7·5	7·1	6·0	6·0	5·5	6·2

7	8	9	10	11	Noon	Daily Amount of Downfall
0 — — —	4 Str — —	Cir-s 5 Str — —	Cir 1 Cir-s SW —	1 Cir-s — —	1 Cir-s — —	2·3
10 Str — —	10 Str — —	Cir-s 10 Str — —	Cir-s 10 Str SW —	Cir-s 10 Str SW —	Cir-s 10 Str SW —	—
6 Str — —	7 Str — —	10 Str Mirage	10 Str — —	10 Str — —	10 Str — —	0·2
10 Nim — —	10 Str — —	10 Str — —	10 Str — ✳	10 Nim — ✳	10 Nim — ✳	2·5
10 Str — —	10 Str — —	10 Str — —	10 Nim — ✳	10 Nim — ✳	10 Nim — ✳	2·8
10 Str — —	10 Nim — ✳	10 Nim — ✳	10 Nim — ✳	10 Nim — ✳	10 Nim — ✳	1·3
0 — — —	6 Str — —	7 Str — —	7 Str — —	7 Str — —	7 Str — —	3·1
1 Str — —	1 Str — —	Cir-s 1 Str — —	2 Cir-s — —	2 Cir-s — —	Cir-s 5 Cum ESE — —	—
5 Str — —	Cir-c 4 Str N — —	Cir-c 3 Str N — —	Cir-c 9 Str NE — —	10 Nim — ✳	10 Nim — ✳	0·5
9 Str — —	9 Str — —	9 Str — —	8 Str — —	5 Str — —	Cir-c 7 Str SW — —	0·5
Cir-s 6 Str SW — —	Cir-s 7 Str SW — —	Cir-s 7 Str SW — —	Cir-c, Cir-s 4 Str W — —	Cir-c, Cir-s 3 Str W — —	Cir-c, Cir-s 7 Str W — —	—
1 Str — —	1 Str — —	1 Cir-s S —	1 Cir-s S —	2 Cir-s SW —	3 Cir-s SW —	—
4 Str — —	4 Str — —	4 Str — —	3 Str — —	1 Str — ⊕	1 Str — ⊕	—
10 Str — —	10 Str — —	10 Str — —	10 Str — ⊕	10 Str — —	10 Str — —	0·2
10 Str — —	10 Str — ∞	10 Str — ∞	10 Str — ∞	10 Str — —	10 Str — —	—
7 Str — —	8 Str — —	7 Str — —	6 Str — —	1 Str — —	1 Str — —	—
10 Str — — ≡	10 Str — ≡ ✳	10 Str — ≡ ✳	10 Str — ≡ ✳	10 Str — ≡ ✳	10 Str — ≡ ✳	—
9 Str — —	5 Str — —	7 Cir SW —	Cir 6 Cir-s SW —	Cir, Cir-s 8 Str SW — —	10 Str — —	0·1
10 Str — —	10 Str — —	10 Str — —	10 Str — —	10 Str — —	10 Str — —	—
3 Str — —	10 Str — —	Cir, Cir-s 6 Str SW — —	Cir, Cir-s 6 Str SW — —	Cir-s 10 Str — —	Cir-s 10 Str — —	—
1 Str — —	3 Str — —	Cir-s 1 Str — —	Cir-s 2 Str SE — —	Cir-s 1 Str SE — —	Cir-s 1 Str — —	—
10 Str — ≡	10 Str — ≡	5 Str — ≡	10 Str — ≡	10 Str — ≡	10 Str — ≡	—
10 Str — —	10 Str — ≡	10 Nim — ∞ ✳	10 Nim — ∞ ✳	10 Nim — ∞ ✳	10 Nim — ∞ ✳	—
10 Str — —	10 Str — —	10 Str — —	10 Str — —	10 Str — —	10 Str — —	0·1
10 Str — —	10 Nim — ✳	10 Nim — ✳	10 Nim — ✳	10 Nim — ✳	10 Nim — ✳	—
10 Str — —	10 Str — —	10 Str — —	10 Nim — ✳	10 Nim — ✳	10 Nim — ✳	0·5
10 Str — —	10 Str — —	10 Str — —	Cir-c 9 Str NW — —	Cir-c 8 Str NW — —	Cir-c 7 Str NW — —	2·5
10 Str — —	10 Str — —	10 Str — ⊕ ✳	10 Str — —	10 Str — —	10 Nim — ⊕ ✳	1·0
10 Str — ⊕	10 Str — ⊕ ≡	4 Cir-c, Cir-s NW —	5 Cir-s — —	4 Cir-s — —	1 Cir-s — —	11·9
1 Str — ♛	Cir-s 2 Str SE — —	8 Cir-s — —	8 Cir-s NW —	2 Cir-s NW —	1 Cir-s — —	—
7·1	8·0	7·5	7·3	7·4	7·3	25·9

November 1882—*continued.*

Day.	1	2	3	4	5	6
1	1 Cir-s — —	1 Cir-s — —	1 Cir-s — —	7 Str — —	9 Str — —	9 Str — —
2	Cir-s 10 Str — —	Cir-s 10 Str — —	Cir-s 10 Str — —	Cir-s 10 Str — —	10 Str — —	10 Str — —
3	10 Str — —	10 Str — —	10 Str — —	10 Str — —	10 Str — —	10 Nim — ✱
4	10 Nim — ✱	10 Nim — ✱	10 Nim — ✱	10 Nim — ✱	10 Nim — ✱	8 Str — —
5	10 Nim — ✱	10 Nim — ✱	10 Nim — ✱	10 Nim — ✱	10 Str — —	10 Nim — ✱
6	10 Nim — ✱	10 Nim — ✱	10 Nim — ✱	10 Nim — ✱	10 Nim — ✱	10 Nim — ✱
7	Cir-s NW 7 Str — —	Cir-s WNW 7 Str — ○	Cir WNW 8 Str — —	Cir-s 8 Str — —	8 Str — —	8 Str — —
8	Cir-c 6 Cir-s ESE —	Cir-c 8 Cir-s NW —	Cir-c 8 Cir-s ESE —	Cir-c 10 Cir-s — ∞	10 Str — —	10 Str — —
9	10 Nim — ✱	10 Nim — ✱	10 Nim — ✱	9 Str — —	10 Str — ♕	10 Str — —
10	3 Str — —	9 Str — —	9 Str — —	9 Str — —	9 Str — —	9 Str — —
11	Cir-s 2 Cir-s W —	Cir-c 2 Cir-s W —	Cir-c 6 Cir-s NW —	Cir-c, Cir-s NW 8 Str — —	1 Str — ♕	1 Str — ♕
12	Cir, Cir-s SW 4 Str — —	Cir-s SE 8 Str — —	Cir-c NE 7 Str — —	6 Str — ♕	1 Str — ♕	2 Str — —
13	1 Str — ✚	1 Str — ✚	1 Str — —	1 Str — —	1 Str — ♕	0 — — ♕
14	10 Str — —	10 Str — —	10 Str — —	10 Str — —	10 Str — —	10 Str — —
15	10 Str — ∞	10 Str — ∞	10 Str — —	10 Str — —	8 Str — —	8 Str — —
16	5 Str — —	9 Str — —	6 Str — —	9 Str — —	7 Str — ♕	1 Str — ♕
17	10 Str — ≡ ✱	Cir-s 8 Str — ∞	10 Str — ≡	7 Str — ⊕	5 Str — —	8 Str — —
18	10 Str — ○	10 Str — —	10 Str — —	10 Str — —	10 Str — —	10 Str — —
19	10 Cum-s — —	Cir-c SW 9 Cum-s — —	Cir-c SW 8 Str — ⊕	9 Str — —	9 Str — —	7 Str — ⊕
20	3 Cir-s SW —	Cir-c 5 Cir-s NNW —	Cir 3 Cir-s S W —	1 Str — —	1 Str — ♕	1 Str — ♕
21	0 — — —	1 Cir-s — —	0 — — —	1 Cir-s — —	1 Str — ♕	0 — — —
22	10 Str — —	10 Str — —	10 Str — —	10 Str — —	10 Str — —	10 Str — —
23	10 Nim — ≡ ✱	10 Nim — ≡ ✱	10 Str — —	10 Str — —	10 Str — —	10 Str — —
24	10 Str — —	10 Str — —	10 Str — —	10 Str — —	10 Str — —	10 Str — —
25	10 Nim — ✱	10 Nim — ✱	10 Nim — ✱	10 Nim — ✱	10 Nim — ✱	10 Str — —
26	10 Nim — ✱	10 Nim — ✱	10 Nim — ✱	10 Nim — ✱	10 Nim — ✚ ✱	10 Nim — ✱
27	Cir-s 2 Str — —	Cir-s 2 Str — —	Cir-s 2 Str — —	2 Str — —	1 Str — —	0 — — ♕
28	10 Nim — ✚ ✱	10 Nim — ✚ ✱	10 Nim — ✚ ✱	10 Nim — ✚ ✱	10 Nim — ✚ ✱	10 Nim — ✚ ✱
29	1 Cir-s NW ○	Cir-c 5 Cir-s NW ○	Cir-c 8 Cir-s NW ○	Cir-s NW 4 Str — —	10 Str — —	3 Str — —
30	3 Cir-s NW —	Cir 4 Cir-s NW —	Cir-s 5 Str — —	5 Str — —	2 Str — ♕	2 Str — ♕
Mean	5·4	7·5	7·6	8·3	7·6	6·9

Sums of Hydrometeors: 112 ✱, 1 ●, 11 ∞, 18 ≡, 29 ✚, 5 —.

November 1882—*continued.*

7	8	9	10	11	Midnight.	Mean Daily Amount of Cloud
10 Str — —	10 Str — —	7 Str — —	10 Str — —	10 Str — —	10 Str — —	4·6
10 Str — —	10 Nim — ● ✳	10 Nim — ● ✳	10 Nim — ● ✳	10 Str — —	10 Str — —	10·0
10 Nim — ✳	10 Nim — ✳	10 Nim — ✳	10 Nim — ✳	10 Nim — ✳	10 Nim — ✳	9·5
3 Str — ♔	3 Str — + ♔	2 Str — ♔	2 Str — ♔	6 Str — ♔	3 Str — —	5·6
0 — — ♔	5 Str — ♔	0 — — ♔	0 — — —	0 — — —	0 — — ♔	7·6
7 Str — —	10 Str — —	10 Nim — ✳	10 Nim — ✳	10 Nim — ✳	10 Nim — ✳	7·7
1 Str — ♔	1 Str — ♔	8 Str — ♔	7 Str — —	7 Str — ♔	2 Str — ♔	4·8
10 Str — —	10 Str — ♔	10 Str — —	10 Str — —	10 Str — —	10 Str — —	7·3
10 Str — —	10 Str — —	10 Str — —	10 Str — —	10 Str — —	10 Nim — ✳	7·4
10 Str — —	10 Str — —	10 Str — —	10 Str — —	10 Str — —	10 Str — —	9·3
0 — — ♔	1 Str — ♔	1 Str — ♔	1 Str — ♔	1 Str — ♔	0 — — ♔	4·5
4 Str — ♔	2 Str — ♔	7 Str — ♔	5 Str — ♔	5 Str — ♔	5 Str — ♔	3·3
0 — — ♔	0 — — ♔	0 — — ♔	1 Str — ♔	10 Str — ♔	10 Str — —	7·2
10 Str — —	10 Str — —	10 Str — —	10 Str — —	10 Str — —	10 Str — —	10·0
6 Str — ♔	1 Str — —	1 Str — —	3 Str — —	10 Str — —	10 Str — —	9·0
0 — — ♔	0 — — ♔	0 — — ♔	0 — — —	0 — — ♔	0 — — ♔	5·5
5 Str — ♔	4 Str — ♔	3 Str — ♔	4 Str — ♔	4 Str — ♔	3 Str — ♔	6·1
10 Str — —	10 Str — —	10 Str — —	10 Str — —	10 Str — —	5 Str — —	5·3
Cirr-s 1 Str — ⊔	7 Str — —	6 Str — —	5 Str — ♔	1 Str — ♔	1 Str — —	5·8
3 Str — ♔	0 — — ♔	0 — — ♔	2 Cirr-s — ⊔ ♔	Cirr-s 7 Str — —	Cirr-s 2 Str — —	4·9
0 — — —	0 — — —	0 — — —	0 — — ♔	0 — — ⊔ ♔	1 Cirr-s NW ⊔ ♔	1·1
10 Str — —	10 Str — —	10 Str — /	10 Str — /	10 Str — —	10 Str — —	7·5
10 Str — —	10 Str — —	10 Str — —	10 Str — —	10 Str — —	10 Str — —	10·0
10 Str — —	10 Str — —	10 Str — —	10 Str — —	10 Str — —	10 Str — —	10·0
10 Nim — ✳	10 Nim — ✳	10 Nim — ✳	10 Nim — ✳	10 Str — —	10 Str — /	10·0
10 Nim — + ✳	10 Str — +	10 Str — + ♔	5 Str — +	7 Str — +	7 Str — ♔	9·7
1 Str — ♔	1 Cirr-s — —	2 Str — —	1 Str — —	3 Str — ♔	3 Str — ♔	5·7
10 Nim — + ✳	10 Nim — + ✳	10 Nim — + ✳	10 Str — +	9 Str — +	10 Str — +	10·0
1 Str — —	7 Str — —	0 — — ♔	0 — — ♔	0 — — ♔	0 — — ♔	4·6
3 Str — ♔	1 Str — ♔	3 Str — ♔	4 Str — ♔	2 Str — ♔	2 Str — ⊔ ♔	1·4
6·4	6·2	6·4	6·5	6·3	6·7	6·6

December 1882.

Day.	1	2	3	4	5	6
1	9 Str — —	10 Str — —	10 Str — —	10 Str — —	10 Str — —	10 Str — —
2	0 — — —	10 Str — —	Cir-c SE 9 Str — ⊓	Cir-c SE 5 Str — Ш	Cir-c SE 4 Str — Ш	10 Str — —
3	7 Str — —	10 Str — ∞	0 — — Ш	1 Str — Ш	3 Str — Ψ	7 Str — Ψ
4	0 — — Ш	1 Str — Ш	1 Str — Ш	1 Str — Ш	1 Str — Ш	4 Str — Ш
5	0 — — Ш	0 — — —	3 — — —	0 — — Ш	0 — — Ш	0 — — —
6	0 — — Ш	0 — — Ш	0 — — Ш	0 — — Ш	0 — — —	0 — — Ш
7	0 — — Ш	0 — — Ш	0 — — Ш	0 — — Ш	0 — — —	0 — — —
8	10 Str — —	10 Str — —	10 Str — —	10 Nim — ✳	10 Str — —	10 Str — —
9	7 Str — —	8 Str — —	10 Str — —	9 Str — +	6 Str — +	2 Str — +
10	0 — — Ш	0 — — Ш	0 — — —	0 — — —	4 Str — Ш	2 — — Ш
11	0 — — Ш	1 Str — Ш	5 Str — Ш	6 Str — Ш	7 Str — Ш	7 Str — —
12	5 Str — —	4 Str — Ш	2 Nim —Ш ✳	2 Nim —Ш ✳	5 Str — Ш	5 Nim — ✳
13	2 Str — Ш	2 Nim — ✳	2 Nim — ✳	2 Nim — ✳	4 Str — —	1 Str — Ш
14	0 — — Ш	0 — — Ш	0 — — —	0 — — Ш	0 — — Ш	0 — — Ш
15	0 — — —	0 — — Ш	3 Str — —	6 Str — —	5 Str — —	9 Str — —
16	6 Str — Ш	5 Str — Ш	3 Str — Ш	2 Str — Ш	5 Str — —	3 Str — Ш
17	7 Str — —	9 Str — —	0 — — —	0 — — —	0 — — —	10 Str — —
18	5 Str — Ш	3 Str — —	2 Str — —	1 Str — —	6 Str — —	3 Str — —
19	0 — — Ш	2 Str — Ш	2 Str — Ш	7 Str — Ш	2 Str — Ш	1 Str — Ш
20	2 Str — Ш	2 Str — Ш	0 — — Ш	1 Str — —	2 Str — Ш	3 Str — Ш
21	5 Str — Ψ	2 Str — —	7 Str —≡ Ψ	7 Str — ≡	7 Str — ≡	9 Str — ≡
22	0 — — Ш	0 — — Ш	1 Str — —	1 Str — —	1 Str — ○	4 Str — ○
23	10 Nim — ✳	10 Nim — ✳	10 Nim — ✳	10 Cum-s — —	10 Cum-s — —	10 Cum-s — —
24	6 Cum-s Cum — Ш	3 Str — Ш	2 Str — —	5 Str — —	7 Str — —	6 Cum-s — —
25	9 Str — —	10 Str — —	10 Str — —	10 Str — —	Cum 9 Cum-s — —	7 Str — —
26	Cir-s SW 6 Str ⊓ Ш	Cum-s 4 Str — —	4 Str — —	7 Str — Ψ	9 Cum-s — Ψ	9 Cum-s — —
27	1 Str — Ш	1 Str — Ш	1 Str — Ш	2 Str — Ш	3 Str — —	1 Str — —
28	10 Str — +	10 Str — +	10 Str — +	10 Str —⊓ +	10 Str — +	Cir-s NW 6 Str — —
29	0 — — Ш	0 — — Ш	0 — — Ш	3 Str — Ш	5 Str — ·	5 Str — Ш
30	7 Str — —	7 Str — Ψ	7 Str — Ψ	8 Str — Ψ	9 Str — Ψ	9 Str — Ψ
31	1 Str — Ш	0 — — Ш	0 — — —	0 — — Ш	0 — — Ш	0 — — Ш
Mean -	3·6	4·1	3·6	3·9	4·7	4·9

7			8			9			10			11			Noon.			Daily Amount of Downfall.
																		Inches.
10 Str	—	—	10 Str	—	—	10 Str	—	—	10 Nim	—	✳	10 Str	—	—	10 Str	—	—	—
10 Str	—	—	10 Str	—	—	10 Str	—	—	Cir-s / 10 Str	—	—	Cir-c / 8 Cir-s	NW / —	—	Cir-s / 9 Cir-s	NW / —	—	0·6
10 Str	—	—	10 Str	—	—	10 Nim	—	✳	Cir, Cir-c / 7 Nim	—	◯	Cir-c / 9 Str	NW / —	—	Cir, Cir-c / 6 Str	NW / —	—	0·4
6 Str	—	—	6 Str	—	—	10 Str	—	∞	10 Str	—	∞	10 Nim	—	∞ ✳	10 Nim	—	∞ ✳	—
1 Str	—	—	2 Str	—	—	2 Str	—	—	2 Str —	—	—	1 Str	—	—	0 —	—	—	—
0 —	—	—	0 —	—	—	4 Cir-s	—	—	0 —	—	—	0 —	—	—	0 —	—	—	—
0 —	—	✢	0 —	—	✢	1 Cir-s	NE	✢	2 Cir-s	NE	✢	1 Cir-s	—	◯ ✢	1 Cir-s	NE	—	—
10 Str	—	—	10 Str	—	—	6 Str	—	—	Cir-c / 5 Cir-s	NNW	—	Cir-c, Cir-s / 4 Str	NW / —	—	Cir-s / 5 Str	NW / —	—	—
7 Str	—	♛	10 Nim	—	✳	10 Nim	—	—	Cir-s / 9 Nim	—	✳	Cir, Cir-s / 8 Str	NW / —	—	Cir-c / 3 Str	NW / —	—	0·5
9 Str	—	—	1 Str	—	—	3 Str	—	—	4 Str	—	—	5 Str	—	—	4 Str	—	—	—
10 Str	—	—	10 Str	—	—	10 Nim	—	✳	10 Nim	—	✳	10 Nim	—	✳	10 Nim	—	✳	—
4 Str	—	—	10 Str	—	—	10 Nim	—	✳	10 Nim	—	✳	10 Nim	—	✳	10 Nim	—	✳	1·1
4 Str	—	—	4 Str	—	—	5 Str	—	—	5 Str	—	—	4 Cum-s	—	—	Cir-s / 5 Cum-s	NE / —	—	0·9
1 Str	—	—	1 Str	—	—	4 Cir-s	—	—	Cir-s / 7 Str	NW / —	—	10 Str	—	—	10 Str	—	—	0·1
7 Str	—	—	10 Str	—	—	10 Str	—	—	10 Nim	—	✳	10 Nim	—	✳	10 Nim	—	✳	0·3
4 Str	—	♛	6 Str	—	—	9 Str	—	—	9 Cum-s	—	—	10 Cum-s	—	—	10 Str	—	—	0·3
10 Str	—	—	10 Str	—	—	10 Str	—	—	10 Nim	—	✳	10 Nim	—	✳	Cir-s / 9 Nim	—	✳	3·7
5 Str	—	—	Cir-s / 6 Str	NW / —	—	Cir-s / 7 Str	NW / —	—	Cir, Cir-s / 5 Str	NW / —	—	Cir-s / 5 Str	NW / —	—	Cir, Cir-s / 5 Str	NW / —	—	0·1
4 Str	—	—	4 Str	—	—	7 Str	—	—	Cir / 9 Str	—	—	Cir / 7 Str	—	—	Cir, Cir-s / 6 —	—	—	—
5 Str	—	—	10 Str	—	—	10 Str	—	—	Cir-c / 6 Cir-s	ENE / —	—	Cir / 5 Cir-s	ENE / —	—	Cir / 5 Cir-s	NE / —	—	—
5 Str	—	—	10 Str	—	✢	10 Str	—	✢	9 Str	—	◯	Cir-s / 6 Str	—	—	Cir-s / 4 Str	—	—	—
5 Str	—	♛	4 Cum-s	—	—	5 Cum-s	—	—	5 Cum-s	—	—	4 Cum-s	—	—	3 Cum-s	—	—	—
10 Nim	—	✳	10 Nim	—	✳	10 Nim	—	✳	7 Nim	— ◯	✳	Cir-c / 6 Cir-s	NW / —	◯	Cir-c / 5 Cir-s	—	◯	1·8
1 Str	—	—	1 Str	—	—	Cir-s / 2 Str	SE / —	—	Cir-s / 2 Str	SE / —	—	Cir-s / 4 Str	—	—	Cir-s / 5 Str	—	—	—
4 Str	—	—	4 Str	—	—	4 Str	—	—	8 Str	—	—	8 Str	—	—	7 Str	—	—	0·6
10 Str	—	—	10 Str	—	—	10 Str	—	—	Cum-s / 9 Str	—	—	Cir-s / 6 Cum-s	—	—	Cir-s / 7 Cum-s	—	—	—
1 Str	—	—	1 Str	—	—	2 Str	—	—	Cir / 3 Str	WSW / —	—	Cir, Cir-s / 2 Str	SW / —	—	Cir, Cir-s / 1 Str	SW / —	—	—
4 Str	—	—	4 Str	—	—	5 Str	—	—	6 Str	—	—	3 Str	—	—	5 Str	—	—	0·2
7 Str	—	♛	7 Str	—	—	5 Str	—	—	Cir-c / 5 Cir-s	SE / —	—	2 Cir-s	SE	—	2 Cir-s	—	—	—
7 Str	—	—	10 Str	—	—	10 Str	—	—	10 Str	—	✢	10 Str	—	—	10 Str	—	✢	—
0 —	—	—	0 —	—	—	0 —	—	—	0 —	—	—	0 —	—	—	0 —	—	—	—
5·2			6·3			6·2			6·1			6·1			[illegible]			14·4

December 1882—*continued.*

Day.	1	2	3	4	5	6
1	Cir-c, 8 Cir-s NW — —	10 Nim — ✳	10 Nim — ✳	10 Nim — ✳	10 Nim — ✳	10 Nim — ✳
2	Cir-s, 9 Str — —	10 Str — —	10 Str — —	10 Str — —	10 Str — —	10 Str — —
3	Cir-c, 3 Cir-s NW —	Cir, Cir-s, 4 Str NW — —	Cir-c, Cir-s, 4 — NW — —	3 Str — —	1 Str — ♛	1 Str — ♛
4	10 Nim — ∞ ✳	Cir, 9 Nim SW — ∞ ✳	10 Str — —	9 Str — —	7 Str — —	4 Str — —
5	0 — — —	0 — — —	1 Str — —	1 Str — —	0 — — —	0 — — —
6	0 — — —	0 — — —	1 Str — —	0 — — —	0 — — ♛	0 — — ♛
7	Cir-s, 3 Str NE — —	Cir-s, 4 Str NE — —	Cir-s, 4 Str NE — —	4 Str — —	6 Str — —	9 Str — —
8	Cir-s, 7 Str NW — —	Cir, 6 Cir-s — —	10 Str — —	3 Str — —	6 Str — —	1 Str — —
9	Cir-s, Cir-c, 7 Str — —	Cir, Cir-s, 6 Str NW — —	Cir-s, 3 Str NW — —	Cir-s, 7 Str NW — —	1 Str — ♛	0 — — ♛
10	7 Str — —	7 Str — —	9 Str — —	3 Str — —	3 Str — —	3 Str — ♛
11	8 Nim — ✳	10 Nim — ✳	10 Nim — ✳	10 Nim — ✳	7 Nim — ✳	6 Nim — ✳ ♛
12	Cir-s, 9 Nim — ✳	10 Nim — ✳	10 Nim — ✳	10 Nim — ✳	6 Nim — ✳	3 Nim — ✳
13	Cir-s, 5 Str NE — ○	3 Cir-c — —	2 Str — —	1 Str — —	1 Str — ♛	0 — — ♛
14	10 Str — —	10 Str — —	10 Str — ∞ ╪	10 Nim — ✳	9 Nim — ✳	6 Nim — Ʊ ♛
15	10 Nim — ✳	10 Nim — ✳	10 Nim — ✳	10 Str — —	10 Str — —	10 Nim — ✳
16	10 Str — —	10 Str — —	10 Nim — ✳	10 Nim — ╪ ✳	10 Nim — ✳	10 Nim — ✳
17	6 Cir-s — ✳ ○	Cir-c, 4 Cir-s NW —	Cir-c, 5 Str NW — —	3 Str — Ʊ	10 Str — —	10 Str — —
18	Cir, 4 Cir-s NW —	Cir, 5 Cir-s NW —	3 Cir-s NW —	1 Str — ♛	1 Str — —	0 — — ♛
19	Cir, 7 Str — —	7 Str — —	2 Str — —	7 Str — —	6 Str — Ʊ	1 Str — —
20	Cir, 4 Cir-s — —	2 Cir-s — —	1 Cir-s — —	2 Str — Ʊ	3 Str — ♛	3 Str — —
21	Cir-s, 7 Str — —	Cir-s, 4 Str SE — —	Cir-s, 3 Str — —	Cir-s, 4 Str — Ʊ	Cir-s, 2 Str — —	Cir-c, 2 Str — Ʊ
22	4 Cum-s — —	10 Cum-s — —	10 Cum-s — —	10 Cum-s — —	10 Cum-s — —	10 Nim — ✳
23	8 Nim — ○ ✳	Cir-c, 7 Cir-s — ╪	Cir-c, 8 Str — —	4 Str — —	Cir-c, 4 Str — —	2 Str — —
24	Cum-s, 9 Str — —	10 Str — —	10 Str — —	10 Str — —	10 Str — —	10 Str — —
25	6 Str — —	5 Str — —	5 Str — —	9 Str — —	5 Str — —	7 Str — —
26	Cir-s, 8 Cum — —	Cir, Cir-s, 5 Cum SW — —	Cir-s, 8 Str — —	5 Str — —	2 Str — ♛	1 Str — ♛
27	Cir, Cir-s, 3 Str SW — ○	Cir, Cir-s, 7 Str WNW — —	4 Str — —	Cir-c, 4 Str NW — —	4 Str — ♛	10 Str — —
28	1 Str — —	1 Str — —	1 Str — —	0 — — —	0 — — ♛	0 — — ♛
29	Cir, 2 Cir-s NW —	Cir, 3 Cir-s NW — —	3 Str — —	7 Str — —	4 Str — ♛	2 Str — ♛
30	10 Str — ╪	10 Str — ╪	Cum-s, 3 Str — ╪	Cum-s, 4 Str — ╪	2 Str — ╪ ♛	0 — — ♛
31	0 — — —	0 — — —	0 — — —	0 — — —	0 — — ♛	0 — — ♛
Mean	6·2	6·1	6·0	5·5	4·8	4·2

Sum of Hydrometeors: 93 ✳, 1 ─, 8 ∞, 4 ≡, 27 ╪.

7		8		9		10		11		Midnight.		Mean Daily Amount of Cloud.
3 Nim	— ♛ ✳	3 Nim	— ✳	2 Nim	— ✳	4 Nim	— ♛ ✳	6 Nim	✳	5 Nim	— ✳	5·4
10 Str	— —	15 Nim	— ✳	12 Nim	— ✳	15 Nim	— ✳	9 Str	— —	9 Str	—	[illegible]
2 Str	— ♛	0 —	— ♛	0 —	— ♛	0 —	— ♛	0 —	— ♛	0 —	— ♛	4·3
0 —	— ♛	1 Str	— ♛	1 Str	— ♛	2 Str	— ♛	0 —	— ♛	0 —	— ♛	4·7
0 —	— —	0 —	— —	0 —	— —	0 —	— ♛	0 —	♛	0 —	— ♛	0·6
0 —	— ♛	0 —	— ♛	0 —	♛	0 —	— ♛	0 —	— ♛	0 —	♛	[illegible]
10 Str	— —	10 Str	— —	10 Str	—	10 Str	— —	10 Str	— —	10 Str	— —	5·9
2 Str	— ♛	0 —	— —	0 —	— ♛	4 Str	— ♛	6 Str	— ♛	6 Str	— —	[illegible]
0 —	— ♛	0 —	— ♛	0 —	♛	0 —	— ♛	0 —	— ♛	0 —	— ♛	4·7
0 —	— ♛	0 —	— ♛	0 —	— ♛	0 —	— ♛	0 —	— ♛	0 —	— —	2·2
3 Nim	— ✳	5 Nim	— ✳	6 Nim	— ♛ ✳	4 Nim	— ✳	6 Str	— ♛	5 Str	— —	[illegible]
0 —	— —	0 —	— —	2 Str	— ♛	2 Str	— ♛ ✳	1 Str	— —	2 Str	— ♛ ✳	5·5
0 —	— ♛	1 Str	— ♛	0 —	— ♛	0 —	— ♛	0 —	— ♛	0 —	— ♛	2·3
1 Str	— ⓤ	2 Str	— —	0 —	— —	1 —	— —	0 —	— —	0 —	— —	[illegible]
10 Str	— —	10 Str	— —	10 Str	— —	10 Str	— —	9 Str	— —	8 Str	— ♛	8·2
10 Nim	— ✳	10 Nim	— ✳	9 Nim	— ✳	10 Nim	— ✳	6 Nim	— ✳	4 Str	— —	7·5
9 Str	— —	9 Str	— —	Cir-s 9 Str	NW — ⓤ ♛	Cir-c 6 Str	NW — —	5 Str	— —	5 Str	— ♛	6·9
0 —	— ♛	0 —	— ♛	0 —	— ♛	0 —	— ♛	0 —	— ♛	0 —	— ♛	3·7
1 Str	— ♛	2 Str	— —	0 —	— ♛	0 —	— ♛	1 Str	— ♛	1 Str	— ♛	3·6
3 Str	— ♛	Cir-s 9 Str	— ⓤ	7 Str	— ♛	3 Str	— ♛	5 Str	— ⓤ ♛	8 Str	— ⓤ ♛	3·9
4 Cum-s	— —	3 Str	— ♛	1 Str	— ♛	0 —	— ♛	0 —	— ♛	0 —	— ♛	4·8
10 Nim	— ✳	10 Nim	— ✳	10 Nim	— ✳	10 Nim	— ✳	10 Str	— —	10 Nim	— ✳	7·2
1 Str	— —	2 Str	— ♛	3 Str	— —	Cum-s 9 Str	— —	9 Cum-s	— —	10 Cum-s	— —	7·2
10 Str	— —	10 Str	— —	10 Str	— —	10 Nim	— ✳	10 Str	— —	10 Nim	— ✳	6·8
9 Str	— —	9 Str	— —	10 Str	— —	10 Str	— —	9 Str	— ♛	9 Str	— +	6·7
1 Str	— —	Cir-s 6 Str	— ♛	7 Str	— ♛	Cir-c 1 Str	ESE — ♛	1 Str	— ♛	1 Str	— ♛	[illegible]
10 Str	— —	10 Str	— —	10 Str	— —	10 Str	— +	10 Str	— +	10 Str	— +	4·7
1 Str	— ♛	1 Str	— ♛	1 Str	— ♛	1 Str	— ♛	0 —	— ♛	0 —	— ♛	3·5
0 —	— ♛	0 —	— ♛	0 —	— ♛	2 Str	— ♛	6 Str	— ♛	6 Str	— ♛	3·1
0 —	— ♛	0 —	— ♛	0 —	— ♛	0 —	— ♛	0 —	— ♛	0 —	— ♛	[illegible]
1 Str	— ♛	1 Str	— ♛	1 Str	— ♛	2 Str	— ♛	0 —	— ♛	0 —	— ♛	[illegible]

January 1883.

Day	1	2	3	4	5	6
1	0 — — ♛	0 — — ♛	0 — — ♛	0 — — ♛	0 — — ♛	0 — ♛
2	0 — — ♛	0 — — ♛	0 — — ♛	0 — — ♛	0 — — ♛	2 Str — ♛
3	0 — — ♛	0 — — ♛	0 — — —	0 — — —	0 — — ♛	0 — — ♛
4	0 — — ♛	0 — — ♛	0 — — ♛	0 — — ♛	0 — — ♛	0 — — —
5	0 — — ♛	0 — — ♛	0 — — ♛	0 — — ♛	0 — — —	0 — — —
6	0 — — ♛	0 — — ♛	0 — — ♛	0 — — ♛	0 — — ♛	0 — — ♛
7	0 — — ♛	0 — — —	0 — — ♛	0 — — ♛	0 — — ♛	0 — — ♛
8	6 Str — ♛	6 Str — ♛	5 Str — ♛	7 Str — ♛	7 Str — ♛	4 Str — ♛
9	8 Str — ♛	8 Str — ♛	8 Str — —	6 Str — ♛	5 Str — ♛	5 Str — —
10	10 Str — —	5 Str — ♛	7 Str — —	6 Str — —	6 Str — —	5 Str — —
11	8 Str —	6 Str —	8 Str — —	10 Nim — ✳	10 Str — —	10 Str — —
12	2 Str — ♛	5 Str — ♛	3 Str — ♛	2 Str — ♛	1 Str — —	0 — — —
13	1 Str — —	3 Str — ♛	5 Str — ♛	4 Str — —	4 Str — —	4 Str — ♛
14	3 Str — —	3 Str — ♛	2 Str — ♛	0 — — ♛	0 — — ♛	2 Str — ♛
15	10 Nim — ✳	10 Str — —	10 Str — —	9 Str — —	10 Nim — + ✳	10 Nim — + ✳
16	1 Str — ♛	0 — — ♛	0 — — ♛	0 — — ♛	2 Str — ♛	1 Str — ♛
17	0 — — ♛	6 Str — ♛	7 Str — ♛	4 Str — ♛	5 Str — ♛	5 Str — ♛
18	0 — — ♛	0 — — ♛	0 — — ♛	1 Str — ♛	0 — — ♛	0 — — ♛
19	6 Str — Ψ	10 Str — —	10 Str — —	9 Cum-s — —	9 Cum-s — —	10 Str — —
20	1 Str — ♛	0 — — ♛	0 — — ♛	0 — — ♛	0 — — ♛	0 — — ♛
21	0 — — ♛	0 — — ♛	0 — — ♛	0 — — ♛	0 — — ♛	1 Str — ♛
22	0 — — —	1 Str — —	1 Str — —	1 Str — ♛	1 Str — ♛	1 Str — ♛
23	0 — — ♛	0 — — ♛	0 — — —	0 — — —	0 — — —	0 — — —
24	0 — — ♛	0 — — —	0 — — —	0 — — —	0 — — —	0 — — Ψ
25	1 Str — ♛	0 — — ♛	0 — — ♛	0 — — ♛	0 — — ♛	1 Str — ♛
26	9 Str — —	9 Str — —	9 Str — —	10 Str — —	10 Nim — ✳	10 Nim — ✳
27	7 Str — ♛	9 Str — —	9 Str — —	9 Str — —	10 Str — —	10 Str — —
28	12 Str — —	10 Str — —	10 Cum-s — —	10 Cum-s — —	15 Str — —	10 Str — —
29	5 Str — ♛	7 Str — —	Cum-s 6 Str — —	4 Cum-s — —	3 Str — ♛	1 Str — ♛
30	1 Str — —	1 Str — —	0 — — —	0 — — —	0 — — —	0 — — —
31	0 — — ♛	0 — — ♛	0 — — ♛	0 — — ♛	0 — — —	5 Cum-s — —
Mean	3·2	3·4	3·2	3·0	3·0	3·4

January 1883.

7	8	9	10	11	Noon	Daily Amount of Downfall
0 —	1 Str	1 Str	3 Str	4 Str	0 —	0·0
0 Str ♛	2 Str ♛	2 Str Ψ	4 Cir-s 1 Str SE	1 Cir-s	1 Cir-s ESE	—
0 —	0 —	0 —	0 —	0 —	0 —	—
0 —	0 —	0 —	1 Str E	0 — ○	0 —	—
0 —	1 —	1 —	0 —	0 —	0 —	—
0 — ♛	0 —	0 —	0 —	0 —	0 —	—
4 Str	2 Cir-s N	1 Cir-s N	4 Cir-s N	4 Cir-s N	1 Cir-s N	—
8 Str ♛	5 Str	10 Str	9 Str	10 Str	10 Str	—
2 Str	6 Str	3 Str	4 Cir-s 5 Str	4 Cir-s 3 Str	4 Cir-s 3 Str	—
8 Str	3 Cum-s	4 Cir-s NW	4 Cir-s NW	4 Cir-s NW	2 Cir-s NW	—
10 Nim ✳	10 Str	10 Nim ✳	10 Nim ✳	10 Nim ✳	10 Nim ✳	0·1
8 Str	1 Str	1 Str	2 Str	1 Str	0 —	—
1 Str	2 Str	Cir-s 2 Str SSE	Cir-s 1 Str SSE	3 Cir-s SSE	3 Cir-s SSE	—
1 Str	3 Str	4 Str	Cir-s 4 Str SE	Cir-s 1 Str SE	4 Cir-s SE	—
10 Nim ✛ ✳	10 Nim ✛ ✳	10 Str ✳	10 Str ✛	10 Str ✛	10 Str ✛	0·1
1 Str	1 Str	7 Str	Cir-s 7 — NW ○	9 Cum-s ✳	9 Cum-s ○ ✳	0·0
2 Str ♛	1 Str	1 Str	0 —	0 —	0 —	0·0
0 —	1 Str	Cir 1 Str NW	Cir 1 Str NW	Cir 1 Str NW	1 Str	—
10 Str	6 Str	7 Str	1 Cum-s	1 Cum-s	1 Cum-s ✛	—
2 Str ♛	1 Str	1 Str	1 Str	2 Str ○	4 Str ○	—
1 Str	7 Str	4 Str	Cir 4 Str	Cir 7 Str	Cir 5 Str	—
4 Str	2 Str	4 Str	3 Cir-s NW	4 Cir-s NW	3 Cir-s NW	—
0 —	1 Str	0 —	0 —	0 —	0 —	—
1 Str	1 Str	Cir-s 2 Str	Cir-s 5 Str	Cir-s 1 Str	Cir-s 1 Str	—
4 Str ♛	Cum-s 2 Str	Cir-s 1 Str NE	Cir-s 2 Str NE	1 Cir-s N	Cir-s 3 Cum-s N	—
10 Str	10 Str	10 Str	10 Nim ✳	10 Nim ∞ ✳	10 Nim ∞ ✳	0·1
9 Str	9 Str	9 Str	10 Nim ✳	10 Str	10 Str	—
10 Str	9 Str	9 Str	9 Str	10 Str	10 Str	—
1 Str	1 Str	1 Str	1 Cir-s SSE	1 Cir-s	1 Cir-s	—
0 —	0 —	1 Str	1 Str	2 Str	1 Cum-s	—
2 Str	2 Str	Cum-s 7 Str	1 Cum-s ✛	2 Cum-s ✛	Cir-s 1 Cum NW ✛	—
3·9	3·3	3·9	3·4	3·1	3·6	0·3

January 1883 continued.

Day.	1	2	3	4	5	6
1	1 Cir-s — —	1 Cir-s — —	7 Str — —	4 Str — —	5 Str —	4 Str — —
2	4 Cir-s — —	0 — — —	4 Cir-s — —	4 Cir-s E —	0 — — —	0 — — —
3	0 — — —	0 — — —	0 — — —	0 — — —	0 — — —	0 — — —
4	0 — — —	0 — — ○	0 — — —	0 — — —	0 — — —	0 — — ♛
5	0 — — —	0 — — —	Cir-s 1 Str — —	0 — — —	0 — — ♛	0 — — ♛
6	0 — — —	0 — — ○	1 Cir-s — —	1 Cir-s — —	0 — — —	0 — — —
7	2 Cir-s N —	1 Cir-s N —	1 Cir-s N —	1 Cir-s N —	1 Str — ♛	1 Str — —
8	10 Str — —	10 Str — —	10 Str — —	10 Str — —	10 Str — —	7 Str — —
9	3 Cir-s NNW —	2 Cir-s NNW —	Cir-s 2 Str — —	2 Str — —	1 Str — —	2 Str — —
10	2 Cir-s N —	1 Cir-s N ○	4 Cir-s N —	Cir-s 7 Str N —	6 Str — —	4 Str — —
11	10 Nim — ✱	10 Nim — ✱	10 Str — —	10 Str — —	10 Str — —	10 Str — —
12	0 — —	5 Str — —	Cir-s 5 Str — —	Cir-s 2 Str — —	2 Str — —	1 Str — —
13	Cir 3 Cir-s SE —	Cir 5 Cir-s SE —	7 Cir-s SE —	Cir-s 5 Str E —	5 Str — —	1 Cir-s 4 Str SE —
14	4 Cir-s SE —	2 Str — —	2 Str — —	2 Str — —	2 Str — —	4 Str — —
15	10 Str — ✢	5 Cum-s — ✢	Cum-s 8 Str — —	5 Str — —	1 Str — —	1 Str — —
16	Cir-s 4 Str NW — ○	2 Cir-s NW —	3 Cir-s NW —	5 Str — —	1 Str — —	5 Str — —
17	0 — — —	0 — — —	0 — — —	0 — — —	0 — — —	0 — — —
18	Cir 5 Str NW — —	Cir 5 Str NW — —	Cir 5 Str NW — —	6 Str — —	7 Str — —	3 Cum-s — —
19	2 Cir-s SW ✢	2 Cir-s NW ✢	Cir-s 2 Str NW — ✢	2 Str — ✢	2 Str — —	0 — — —
20	1 Str — —	Cir-s 1 Str — —	Cir-s 1 Str — —	2 Str — —	2 Str — —	7 Nim — ✱
21	Cir-s 7 Str — —	Cir-s 6 Str — —	Cir 6 Str NNW — —	4 Str — —	1 Str — —	0 — — —
22	1 Cir-s NW —	1 Cir-s NW —	2 Cir-s NW —	2 Cir-s NW —	2 Str — —	Cir-s 5 Str — —
23	0 — — —	0 — — —	0 — — —	0 — — —	0 — — —	0 — — —
24	Cir-s 3 Str — —	Cir-s 7 Str — —	Cir-s 4 Str — —	Cir 3 Str — —	1 Str — —	8 Str — ♛
25	3 Cum-s — —	Cir-s 9 Cum-s — —	9 Str — —	10 Nim — ✱	10 Nim — ✱	10 Str — —
26	10 Nim — ✱	9 Nim — ✱	Cum-s 9 Nim — ✱	Cum-s 7 Str — —	9 Str — —	4 Nim — ✱
27	10 Str — —	10 Str — —	10 Nim — ✱	10 Nim — —	10 Nim — —	10 Nim — ✱
28	9 Str — —	9 Nim — ✱	8 Nim — ✱	10 Str — —	5 Str — —	9 Str — —
29	Cir-s 4 Str — —	Cir, Cir-s 2 Str SW — —	Cir-s 2 Str NW — —	Cir-s 7 Str NW — —	Cum-s 7 Str — —	5 Str — —
30	4 Cum-s — —	3 Cum-s — —	2 Str — —	1 Str — —	1 Str — —	1 Str — ♛
31	7 Cir-s NW ✢	2 Cir-s NW ✢	3 Cir-s NW ✢	10 Str — —	7 Str — —	1 Str — ♛
Mean	3·5	3·5	3·[illegible]	4·0	3·5	4·5

Sum of Hydrometeors: 41 ✱, 6 —, 25 ✢.

January 1883 continued.

7	8	9	10	11	Midnight	Mean Daily Amount of Cloud
0 — — ♛	0 — — ♛	0 — — ♛	0 — — ♛	0 — — ♛	0 — — ♛	0·8
0 — — —	0 — — —	0 — — —	0 — — —	0 — — —	0 — — ♛	0·5
0 — — —	0 — — —	0 — — —	0 — — —	0 — — —	0 — ♛	0·0
0 — — ♛	0 — — ♛	0 — — ♛	0 — — ♛	0 — — ♛	0 — — ♛	0·2
0 — — ♛	0 — ♛	0 — — ♛	0 — — ♛	0 — — ♛	0 — — ♛	0·1
0 — —	0 — — ♛	0 — — ♛	0 — — ♛	0 — — ♛	0 — — ♛	0·2
0 — — ♛	0 — — ♛	0 — — ♛	0 — — ♛	4 Str — ♛	3 Str — ♛	0·9
7 Str — ♛	7 Str — —	8 Str — —	8 Str — —	8 Str — —	8 Str — —	7·9
4 Str — —	5 Str — —	3 Str — ♛	2 Str — ♛	9 Str — ♛	4 Str — ♛	4·5
4 Str — —	3 Str — —	8 Nim — ✱	9 Nim — ✱	4 Nim — ✱	8 Cum-s — —	5·0
9 Str — —	8 Str — —	9 Str — —	8 Str — ♛	3 Str — ♛	2 Str — ♛	8·4
1 Str — —	4 Str — —	5 Str — —	4 Str — ♛	2 Str — —	3 Str — —	4·0
Cir-s 2 Str SE — —	2 Str — ψ	1 Str — —	1 Str — —	1 Str — —	3 Str — ♛	3·2
3 Str — —	3 Str — ψ	4 Str — —	9 Str — —	10 Str — —	10 Str — —	3·0
1 Str — —	0 — — —	0 — — —	0 — — ♛	0 — — ♛	0 — — ♛	6·3
6 Str — ψ	9 Str — ψ	5 Str — ψ	4 Str — ♛	5 Str — ♛	0 — — ♛	3·4
0 — — —	0 — — —	0 — — ♛	0 — — ♛	0 — — ♛	0 — — ♛	1·3
Cum-s 8 Str NW — ψ	9 Cum-s NW —	Cum-s 9 Str — —	9 Str — ψ	Cum-s 3 Str — —	Cir-s 9 Str SW — —	4·2
1 Str — —	0 — — ✚	0 — —	0 — — —	3 Str — ♛	3 Str — ♛	3·3
0 — — ♛	0 — — ♛	0 — ♛	0 — — ♛	0 — — ♛	0 — — ♛	0·9
0 — — —	0 — — —	0 — — —	0 — — —	0 — — —	0 — — —	2·2
10 Cum-s — —	Cir-s 4 Str SE — ψ	5 Str — —	2 Str — —	3 — — —	2 — — ♛	1·5
0 — — —	0 — — —	0 — — —	0 — — —	3 — — —	0 — — —	0·5
1 Str — —	3 Cum-s — —	9 Str — —	9 Str — —	3 Str — —	1 Str — ♛	2·4
6 Str — —	9 Str — ♛	10 Nim — ✱	10 Str — —	10 Nim — ✱	10 Nim — ✱	5·5
4 Str — ♛	5 Str — ♛	6 Str — ♛	Cir 3 Str — ♛	3 Str — ♛	4 Str — ♛	7·9
10 Nim — ✱	10 Nim — ♛ ✱	10 Nim — ✱	10 Str — —	10 Str — —	10 Nim — ✱	9·6
10 Str — —	4 Str — —	7 Str — ♛	2 Str — ♛	5 Str — ♛	2 Str — ♛	8·5
4 Str — —	7 Str — —	10 Str — —	10 Str — —	0 — — ♛	0 — — ♛	3·4
0 — — ♛	0 — — ♛	0 — — ♛	0 — — ♛	1 Str — ♛	0 — — ♛	[illegible]
0 — — ♛	0 — — ♛	0 — — ♛	0 — — ♛	0 — — ♛	0 — — ♛	[illegible]
3·0	3·5	3·5	3·1	3·5	3·5	3·3

February 1883.

Day	1			2			3			4			5			6		
1	0 —	—	ɯ	0 —	—	ɯ	0 —	—	ɯ	0 —	—	ɯ	0 —	—	ɯ	0 —	—	ɯ
2	4 Str	—	ɯ	4 Str	—	ɯ	4 Str	—	ɯ	4 Str	—	ɯ	3 Str	—	ɯ	3 Str	—	ɯ
3	8 Str	—	ɯ	10 Nim	—	✱	10 Nim	—	+ ✱	4 Str	—	ɯ	2 Str	—	ɯ	3 Str	—	ɯ
4	7 Str	—	ɯ	7 Str	—	—	3 Str	—	ɯ	3 Str	—	ɯ	2 Str	—	ɯ	3 Str	—	—
5	2 Str	—	+ ɯ	2 Str	—	+	0 —	—	+	2 Str	—	+	3 Str	—	+	10 Str	—	+
6	0 —	—	ɯ	0 —	—	ɯ	0 —	—	ɯ	0 —	—	ɯ	0 —	—	ɯ	0 —	—	ɯ
7	6 Cirro-s	—	ɯ	7 Nim	—	✱ ɯ	10 Nim	—	✱	5 Str	—	ɯ	10 Nim	—	+ ✱	2 Str	—	ɯ
8	10 Str	—	—	10 Str	—	—	10 Nim	—	✱	10 Nim	—	✱	7 Nim	—	✱	2 Nim	—	✱ ɯ
9	6 Str	—	+ ɯ	1 Str	—	ɯ	1 Str	—	ɯ	0 —	—	ɯ	1 Str	—	ɯ	6 Str	—	—
10	0 —	—	ɯ	0 —	—	ɯ	0 —	—	ɯ	0 —	—	ɯ	0 —	—	ɯ	0 —	—	ɯ
11	7 Str	—	+ ɯ	7 Str	—	+ ɯ	4 Str	—	+ ɯ	6 Str	—	+ ɯ	7 Str	—	—	4 Str	—	—
12	0 —	—	ɯ	0 —	—	ɯ	0 —	—	—	0 —	—	ɯ	0 —	—	ɯ	0 —	—	—
13	0 —	—	ɯ	0 —	—	—	0 —	—	—	0 —	—	ɯ	0 —	—	ɯ	0 —	—	ɯ
14	0 —	—	ɯ	0 —	—	ɯ	0 —	—	ɯ	0 —	—	ɯ	0 —	—	ɯ	1 Str	—	ɯ
15	1 Str	—	ɯ	1 Str	—	—	3 Str	—	—	2 Str	—	—	0 —	—	—	2 Str	—	—
16	4 Str	—	—	2 Str	—	ɯ	0 —	—	ɯ	0 —	—	ɯ	0 —	—	ɯ	0 —	—	—
17	1 Str	—	ɯ	1 Str	—	ɯ	1 Str	—	—	Cirro-s 3 Str	NW —	—	3 Str	—	ɯ	4 Str	—	—
18	10 Str	—		10 Str	—	—	5 Str	—	—	3 Str	—	—	9 Str	—	—	6 Str	—	—
19	1 Str	—	—	1 Str	—	—	3 Str	—	—	1 Str	—	—	2 Str	—	ɯ	10 Str	—	—
20	0 —	—	ɯ	0 —	—	ɯ	1 Str	—	ɯ	Cir-s 6 Str	NW —	ɯ	8 Cirro-s	—	—	2 Str	—	ɯ
21	7 Str	—	ɯ	2 Str	—	ɯ	3 Str	—	—	4 Str	—	Ш	1 Str	—	Ш	7 Str	—	—
22	3 Str	—	ɯ	3 Str	—	ɯ	2 Str	—	—	7 Str	—	ɯ	4 Cirro-s	—	ɯ	10 Str	—	—
23	Cir-s 4 Str	N —	—	10 Str	—	ɯ	10 Str	—	—	10 Str	—	—	10 Str	—	—	10 Str	—	—
24	3 Str	—	—	2 Str	—	ɯ	2 Str	—	ɯ	2 Str	—	—	2 Str	—	—	3 Str	—	ɯ
25	10 Nim	—	✱	10 Nim	—	✱	9 Nim	—	✱	10 Nim	—	✱	10 Nim	—	✱	10 Nim	—	✱
26	10 Nim	—	✱	10 Nim	—	—	10 Nim	—	✱	10 Nim	—	✱	10 Nim	—	✱	10 Str	—	—
27	10 Str			10 Str	—	—	10 Str	—	—	10 Str	—	—	10 Nim	—	✱	10 Nim	—	✱
28	10 Nim	—	✱	10 Nim	—	✱	10 Nim	—	✱	10 Nim	—	✱	10 Nim	—	✱	10 Nim	—	✱
Means .	4·2			4·3			4·0			4·5			4·5			4·7		

7			8			9			10			11			Noon			Daily Average of Intensity
0 —	—	—	0 —	—	—	0 —	—	—	1 Cirs	ESE	—	1 Cirs	ESE	—	1 Cirs	N	[illegible]	[illegible]
3 Str	—	—	1 Str	—	—	1 Str	—	—	0 —	—	—	0 —	—	—	0 —	—	—	[illegible]
2 Str	—	✢	1 Str	—	✢	1 Str	—	—	0 —	—	—	4 Cirs	N	—	4 Cirs	N	—	[illegible]
6 Str	—	—	10 Str	—	—	10 Nim	—	✻	10 Nim	—	✻	10 Nim	—	✻	10 Nim	—	✻	[illegible]
10 Str	—	✢	10 Str	—	✢	10 Str	—	✢	1 Cumus	—	✢	9 Cumus	—	✢	9 Cirs	—	✢	[illegible]
2 Str	—	—	3 Cirs	—	—	6 Cirs	—	—	9 Cirs	NW	—	10 Str	—	—	10 Str	—	—	[illegible]
3 Str	—	✢	3 Str	—	✢	Cirs 1 Str	NW	✢	Cirs 2 Str	NW	✢	Cirs 2 Str	NW	✢	Cirs 2 Str	NW	✢	[illegible]
6 Str	—	—	8 Str	—	—	9 Str	—	—	10 Str	—	—	10 Cumus	—	—	10 Nim	—	✻	[illegible]
5 Str	—	—	10 Nim	—	✻	8 Nim	—	✻	9 Nim	—	✻	10 Nim	—	✻	9 Nim	—	✻	[illegible]
1 Str	—	—	4 Str	—	—	Cir, Cirs 5 Str	SE	—	9 Str	—	—	10 Str	—	—	9 Str	—	—	[illegible]
10 Str	—	—	9 Str	—	—	10 Str	—	—	10 Str	—	⁄	3 Str	—	—	4 Cumus	—	—	[illegible]
2 Str	—	—	4 Str	—	—	Cirs 5 Cirs	NW	—	5 Cirs	NW	—	5 Cirs	NW	—	5 Cirs	NW	—	—
0 —	—	—	0 —	—	—	0 —	— Mirage		0 —	—	—	0 —	—	—	0 —	—	—	—
2 Str	—	—	1 Str	—	—	1 Str	—	—	2 Str	—	—	3 Str	—	—	1 Str	—	—	—
1 Str	—	—	1 Str	—	—	1 Str	—	—	0 —	—	—	1 Cirs	N	—	1 Cirs	N	—	[illegible]
1 Str	—	—	1 Str	—	—	2 Cirs	N	—	2 Cirs	SE	—	3 Cirs	N	—	3 Cirs	N	—	—
6 Str	—	—	8 Str	—	—	1 Str	—	—	1 Str	—	—	9 Cumus	—	—	7 Cumus	—	—	—
6 Str	—	—	3 Cirs	—	—	2 Cirs	E	—	2 Cirs	E	—	3 Cirs	N	—	Cirs 7 Cumus	NW	—	—
10 Str	—	—	Cumus 9 Str	—	—	1 Str	—	—	1 Str	—	—	1 Str	—	—	—	—	—	—
2 Str	—	—	2 Str	—	—	1 Str	—	—	0 —	—	—	0 —	—	—	0 —	—	—	—
8 Str	—	—	8 Str	—	—	4 Cirs 6 Cirs	N	—	Cirs 5 Cirs	N	—	Cirs 1 Cirs	—	—	2 Cirs	—	—	—
10 Str	—	—	10 Str	—	—	10 Str	—	—	Cirs 6 Str	N	—	Cirs 3 Str	NW	—	Cirs 5 Str	NW	—	—
10 Str	—	—	10 Str	—	—	10 Str	—	—	3 Cumus	—	—	3 Str	—	—	2 Str	—	—	—
4 Str	—	—	3 Cirs	—	—	4 Cirs	—	—	4 Cirs	N	—	2 Cirs	N	—	3 Cirs	N	—	—
10 Nim	—	✻	10 Nim	—	✻	10 Nim	—	✻	10 Nim	—	✻	10 Nim	—	✻	10 Nim	—	✻	[illegible]
10 Nim	—	✻	10 Nim	—	✻	10 Nim	—	✻	10 Nim	—	✻	10 Nim	—	✻	10 Nim	—	✻	—
10 Nim	—	✻	10 Nim	—	✻	10 Nim	—	✻	10 Nim	—	✻	10 Nim	—	✻	2 Nim	—	✻	[illegible]
10 Nim	—	✻	10 Nim	—	✻	10 Nim	—	✻	10 Nim	—	✻	Cumus 9 Str	—	—	Cirs 1 Str	NW	—	[illegible]
5·5			6·[illegible]			[illegible]			5·1			[illegible]			[illegible]			[illegible]

February 1883—continued.

Day.	1	2	3	4	5	6
1	2 Cir-s — —	2 Cir-s — —	2 Cir-s — ○	9 Str — —	10 Str — —	3 Str — —
2	0 — — —	3 Str — —	6 Str — —	6 Str — —	3 Str — —	7 Str — —
3	1 Cir-s N —	5 Cir-s N —	2 Cir-s N —	3 Cir-s N —	2 Str — —	2 Str — —
4	Cir-s 5 Cum-s NW — ✚	10 Str — ✚	10 Str — ✚	Cum-s 5 Str — ✚	Cum-s 9 Str — ✚	5 Str — ♕ ✚
5	10 Nim — ✱ ✚	4 Cum-s — ✚	3 Cum-s — ✚	4 Cum-s — —	10 Nim — ✚ ✱	4 Cum-s — ✚
6	10 Str — —	10 Nim — ✱	10 Nim — ✱	10 Nim NW ✱	5 Str NW —	3 Nim — ✱
7	2 Cir-s NW —	1 Cir-s NW —	4 Cir-s SW —	1 Cir-s NW —	1 Str — —	1 Str — —
8	10 Nim — ✱	10 Nim — ✱	10 Nim — ✱	9 Cum-s — —	8 Str — —	10 Str — —
9	10 Nim — ✱	10 Nim — ✱	10 Nim — ✱	9 Nim — ✚ ✱	2 Str — ✚	4 Str — ✚ ♕
10	10 Str — —	10 Str — —	10 Str — —	10 Nim — ✱	10 Nim — ✱	10 Nim — ✱
11	4 Cum-s — —	7 Cum-s — —	7 Cum-s — —	9 Cum-s — ✚	8 Cum-s — —	3 Cum-s — —
12	2 Cir-s NW —	2 Cir-s — —	3 Cir-s — —	4 Cir-s N —	4 Str — —	9 Str — ⛉
13	0 — — —	0 — — —	0 — — —	1 Cir-s SW, N —	1 Str — —	1 Str — —
14	Cir-s 3 Str — —	Cir-s 5 Str — —	Cir-s 5 Str — —	Cir-s 5 Str — —	5 Str — —	7 Str — —
15	2 Cir-s SW —	3 Cir-s SW —	3 Cir-s SW —	Cir-s 2 Str SW — ○	2 Str — —	1 Str — —
16	Cir-s, Cir-s 4 Str NW — —	Cir 5 Cir-s NW ✚	Cir-s 7 Str NW — ✚ ○	Cir-s 4 Str N — ✚ ○	5 Str — ✚	Cum-s 4 Str — ✚
17	8 Str — —	8 Cum-s — —	8 Cum-s — —	9 Cum-s — —	6 Cum-s — —	7 Cum-s — —
18	Cum-s 9 Str — —	9 Str — —	Cir-s 3 Cum-s — —	9 Cum-s — —	6 Str — —	3 Str — —
19	0 — — —	4 Cir-s NW —	1 Str — —	Cir 1 Cir-s NW —	Cir-s 3 Str NW — —	2 Str — —
20	0 — — —	0 — — —	0 — — —	0 — — —	1 Str — —	5 Str — —
21	2 Cir-s — —	1 Cir-s — —	Cir-s 7 Cum-s — —	9 Cum-s — —	10 Str — —	10 Str — —
22	10 Str — —	10 Str — —	10 Str — —	9 Str — —	10 Str — —	10 Str — —
23	1 Str — —	1 Str — —	2 Str — —	2 Str — —	2 Str — —	1 Str — —
24	3 Cir-s N ○	2 Cir-s N —	3 Cir-s N —	5 Cir-s N —	10 Str — —	9 Str — —
25	10 Nim — ✱	10 Str — —	10 Str — —	10 Nim — ✱	10 Nim — ✱	9 Nim — ✱
26	10 Cum-s — ✚	10 Cum-s — ✚	10 Cum-s — ✚	10 Nim — ✚ ✱	10 Nim — ✚ ✱	10 Nim — ✚ ✱
27	9 Nim — —	9 Nim — ✱	10 Nim — ✱	10 Nim — ✱	10 Nim — ✱	10 Nim — ✱
28	Cir-s 7 Str NW — —	Cum-s 9 Str — —	Cum-s 9 Str — —	Cum-s 9 Str — —	8 Cum-s — —	9 Cum-s — —
Mean	5·2	5·4	5·8	6·3	6·2	5·6

Sums of Hydrometeors: 119 ✱, 3 ♕, 67 ✚.

February 1883—*continued.*

7	8	9	10	11	Midnight.	Mean Daily Amount of Cloud.
4 Str — ♕	5 Str — ♕	5 Str — ♕	5 Str — ♕	4 Str — ♕	1 Str — ♕	5·2
9 Str — —	5 Str — —	7 Str — ♕	10 Str — —	10 Str — —	10 Nim — ✱	4·5
2 Str — ♕	2 Str — ♕	2 Str — ♕	0 — — ♕	6 Str — ♕	7 Str — —	3·2
10 Nim — ✱ ♕	9 Str — ✢	10 Nim — ✱ ✢	10 Nim — ✱ ✢	10 Nim — ✱ ✢	7 Str — ✢ ♕	7·7
3 Str — ♕	1 Str — ♕	0 — — ♕	0 — — ♕	0 — — ♕	2 — — ♕	5·2
9 Nim — ✱	9 Str — —	10 Nim — ✱	10 Nim — ✱	9 Str — —	5 Str — —	5·8
3 Str — ♕	3 Str — ♕	4 Str — ♕	7 Str — —	9 Str — —	10 Str — —	4·6
8 Str — ♕	5 Nim — ✱	9 Nim — ✢ ✱	6 Str — ✢	10 Nim — ✢ ✱	10 Str — ✢	8·3
1 Str — ♕	1 Str — ✢ ♕	0 — — ♕	0 — — ♕	0 — — ♕	0 — — ♕	3·0
8 Nim — ✱	10 Nim — ✱	9 Nim — ✱	10 Nim — ✢ ✱	9 Str — —	8 Str — —	6·3
0 — — —	5 Str — —	0 — — ♕	0 — — ♕	0 — — ♕	0 — — ♕	3·3
7 Str — Ⓤ	6 Str — Ⓤ	2 Str — —	0 — — —	1 Str — —	1 Str — —	3·0
0 — — —	0 — — —	0 — — —	0 — — —	0 — — ♕	0 — — Ⓤ ♕	0·1
0 — — ♕	0 — — —	1 Str — —	1 Str — —	3 Nim — ✱ Ⓤ	4 Nim — ✱	1·8
Cir-s 4 Str NW — ♕	2 Str — ♕	0 — — ♕	4 Str — —	4 Str — ♕	4 Str — —	1·9
4 Cum-s — —	8 Cum-s — —	10 Cum-s — —	6 Str — —	4 Str — ♕	2 Str — ♕	3·2
5 Cum-s — —	5 Cum-s — —	1 Str — —	4 Cum-s — —	3 Str — —	Cum-s 9 Str — ♕	3·2
2 Str — —	2 Str — —	1 Str — ♕	Cum-s 7 Str — Ⓤ	3 Str — —	3 Str — ♕	3·7
2 Str — —	2 Str — —	3 Str — —	3 Str — —	3 Str — ♕	1 Str — ♕	2·5
2 Str — —	1 Str — —	0 — — —	0 — — —	0 — — —	1 Str — ♕	1·3
10 Str — —	10 Str — —	Cum-s 5 Str — —	2 Str — ♕	3 Str — ♕	4 Str — ♕	3·5
10 Str — —	10 Str — —	9 Cum-s — —	9 Cum-s — —	7 Nim — ✱	6 Str — ♕	7·5
1 Str — ♕	0 — — ♕	0 — — ♕	0 — — ♕	0 — — ♕	0 — — ♕	4·3
6 Str — ♕	4 Str — —	4 Str — ♕	10 Nim — ✱	10 Nim — ✱	10 Nim — ✱	4·7
10 Nim — ✱	10 Nim — ✱	10 Nim — ✱	10 Nim — ✱	10 Nim — ✱	10 Nim — ✱	9·9
4 Str — ✢ ♕	8 Str — ✢ ♕	9 Str — ✢ ♕	4 Str — ♕	4 Str — ♕	6 Str — ♕	9·0
10 Nim — ✱	10 Nim — ✱	9 Nim — ✱	8 Nim — ♕ ✱	9 Str — ♕	10 Nim — ✱	[illegible]
7 Cir-s — ♕	4 Str — ♕	1 Str — ♕	0 — — ♕	0 — — ♕	0 — — ♕	2·5
4·8	4·9	4·4	4·5	4·6	4·5	5·0

March 1883.

Day.	1	2	3	4	5	6
1	0 — — ♕	0 — — ♕	0 — — ♕	1 Str — ♕	1 Str — ♕	3 Str —⎵♕
2	6 Str — ♕	7 Str — ♕	4 Str — ♕	2 Str — ♕	1 Str — ♕	3 Str — —
3	0 — — ♕	0 — — ♕	0 — — ♕	0 — — ♕	0 — — ♕	2 Str — —
4	0 — — ♕	0 — — ♕	0 — — ♕	0 — — ♕	0 — — ♕	1 Str — —
5	0 — — ♕	0 — — ♕	0 — — ♕	0 — — ♕	0 — — ♕	0 — — —
6	0 — — ♕	0 — — ♕	0 — — ♕	0 — — ♕	2 Str — ✛ ♕	2 Str — ✛
7	2 Str — ♕	2 Str — ♕	2 Str — ♕	1 Str — ♕	9 Str — ♕	10 Str — —
8	1 Str — ♕	Cum-s 9 Str —⎵♕	10 Str — —	10 Str — —	10 Str — —	8 Cum-s — —
9	4 Str — ♕	4 Str — ♕	0 — — ♕	2 Str —⎵♕	1 Str — —	3 Str — —
10	0 — — ♕	0 — — ♕	4 Str — ♕	5 Str — —	8 — — —	9 Str — —
11	3 Cum-s — ♕	1 Str — ♕	0 — — ♕	0 — — ♕	3 Str — —	Cir, Cir-s 3 Str — —
12	7 Cum-s — —	10 Str — —	10 Str — —	10 Str — —	8 Str — —	10 Str — —
13	10 Nim — ✳	10 Nim — ✛ ✳	10 Str — ✛	6 Str — ✛ ♕	6 Str — ✛ ♕	2 Str — ✛
14	0 — — ♕	0 — — ♕	0 — — ♕	0 — — ♕	0 — — —	0 — — —
15	1 Str — ♕	1 Str — ♕	1 Str — —	1 Str —⎵♕	4 Str — —	5 Cum-s — —
16	10 Str — —	10 Str — —	10 Str — —	10 Str — —	10 Cum-s — —	Cum-s 9 Str — —
17	2 Str — ♕	0 — — ♕	0 — — —	0 — — —	0 — — —	0 — — —
18	0 — — —	0 — — —	0 — — ♕	0 — — ♕	0 — — —	0 — — —
19	2 Str — ♕	4 Str — Ψ ♕	3 Str — Ψ	4 Str — ♕	9 Str — —	Cir-s 6 Str — —
20	10 Nim — ✳	10 Nim — ✳	7 Str — —	9 Str — —	10 Str — —	10 Nim — ✳
21	6 Cum-s — —	5 Cum-s — ♕	4 Str — ♕	1 Str — ♕	2 Str — —	1 Str — —
22	1 Str — ♕	1 Str — ♕	1 Str — ♕	7 Cum-s —⎵♕	Cum-s 4 Str — — — Mirage	10 Str — Mirage
23	0 — — ♕	0 — — ♕	0 — — ♕	0 — — —	0 — — —	0 — — —
24	0 — — —	0 — — —	0 — — —	0 — —⎵	0 — — —	0 — — —
25	0 — — ♕	0 — — ♕	0 — — ♕	0 — — —	0 — —⎵	0 — — —
26	0 — — ♕	0 — — ♕	0 — — ♕	1 Str — ♕	1 Str — —	Cir-s 5 Str — —
27	0 — — ♕	1 Str — ♕	1 Str — Ψ ♕	1 Str — ♕	1 Str — —	1 Str — —
28	0 — — ♕	0 — — ♕	0 — — ♕	0 — — ♕	0 — — —	0 — — —
29	1 Str — ♕	1 Str — ♕	1 Str —⎵♕	2 Str — —	2 Str — —	1 Str — —
30	0 — — ♕	0 — — ♕	0 — — —	0 — — —	0 — — —	0 — — —
31	0 — — ♕	0 — — ♕	0 — — ♕	1 Str —⎵	1 Str — —	1 Str — —
Mean -	2·2	2·3	2·2	2·5	3·0	3·5

8	9	10	11	Noon.	Daily Amount of Downfall.
2 Str — —	3 Str — —	3 Cir-s — —	3 Cir-s — —	3 Cir-s — —	[illegible] —
4 Cir-s NE —	4 Cir-s N —	2 Cir-s N —	2 Cir-s N —	6 Cir-s N —	—
2 Str — —	3 Cir-s NW —	2 Cir-s NW —	2 Cir-s NW —	2 Cir-s NW —	—
2 Cir-s — —	1 Cir-s — —	0 — — —	0 — — —	0 — — —	—
0 — — —	0 — — —	0 — — —	0 — — —	0 — — —	—
2 Cir-s NE ○	Cir-s, Cir-c 4 Str NE — +	10 Str — +	4 Str — ○ +	Cir-s 5 Str E — +	—
9 Str — —	7 Cum-s — —	5 Str — —	Cir-s 4 Str SSE — —	2 Str — —	—
2 Cir-s N —	2 Cum-s — —	2 Cum-s — —	2 Cum-s — —	1 Cum — —	—
3 Cir-s E —	5 Cir-s ESE —	4 Cir-s NW —	6 Cir-s — —	7 Cir-s NW —	—
9 Str — —	9 Str — +	10 Str — +	10 Str — +	Cir-s 10 Str — +	—
8 Nim — + ✳	Cum 7 Nim — ✳	9 Cum-s — —	10 Str — —	9 Str — —	0·1
0 Str — —	10 Str — —	10 Str — —	10 Str — —	10 Cum-s — —	—
1 Str — ○	2 Str — —	1 Str — —	Cir-s 1 Str — —	0 — — +	0·5
1 Str — —	1 Cir-s SW —	1 Cir-s NW —	2 Cir-s — —	2 Cir-s — —	—
0 Str — —	10 Str — ○	5 Cir-s NW ○	Cir-s, Cir-c 6 Str NW — —	Cir-s, Cir-c 5 Str NW — —	—
9 Str — —	8 Str — —	8 Cum-s — —	7 Cum-s — —	Cir-s 2 Str W — —	—
0 — — —	0 — — —	0 — — —	0 — — —	0 — — —	—
0 — — —	1 Cir-s WNW —	6 Cir-s NW —	3 Cir-s NNW —	6 Cir-s NNW —	—
7 Str — —	7 Str — —	Cir-s 5 Cum-s — —	4 Cir-s — —	8 Cir-s — ○	—
0 Nim — ✳	8 Cum-s — —	4 Cum-s — —	1 Cum-s — —	1 Cir-s NW —	0·3
Cir-s 5 Str NW — —	1 Cir-s — —	0 — — —	0 — — —	0 — — —	—
7 Cum-s — —	5 Cum-s — —	3 Str — —	1 Str — —	1 Str — —	—
0 — — —	0 — — —	0 — — —	0 — — —	0 — — —	—
0 — — —	0 — — —	0 — — —	0 — — —	0 — — —	—
0 — — —	0 — — —	0 — — —	0 — — —	0 — — —	—
Cir 6 Cir-s NW — —	Cir 5 Cir-s NW — —	Cir 6 Cir-s NW — —	3 Cir-s — —	3 Cir-s — —	—
0 — — —	0 — — —	0 — — —	0 — — —	0 — — —	—
0 — — —	0 — — —	0 — — —	0 — — —	0 — — —	—
1 Str — —	1 Cir-s — —	2 Cir-s — —	2 Cir-s — —	2 Cir-s — —	—
0 — — —	1 Cir-s ESE —	1 Str — —	1 Str — —	0 — — —	—
1 Cir-s — —	1 Cir-s — —	1 Cir-s — —	1 Cir-s — —	4 Cir-s — —	—
3·6	3·4	3·2	2·5	3·0	0·9

March 1883—*continued.*

Day.	1	2	3	4	5	6
1	3 Cir-s — —	6 Cir-s NE Mirage	6 Cir-s — —	Cir-s 3 Str N ○	6 Str — —	5 Str — —
2	Cir-s N 4 Cum — —	Cir-s N 4 Cum — —	8 Cir-s N —	8 Cir-s N ○	9 Cir-s — —	10 Str — —
3	3 Cir-s NW —	2 Cir-s NW —	2 Cir-s NW —	Cir-s NW 3 Str — —	Cir-s NW 3 Str — —	3 Str — —
4	0 — — —	0 — — —	0 — — —	0 — — —	0 — — —	0 — — —
5	0 — — —	0 — — —	0 — — —	0 — — —	0 — — —	1 Str — —
6	4 Cir-s E ✢	10 Str — ✢	Cum-s 9 Str — ✢	Cir-s E 4 Str — —	Cum-s 8 Str — —	10 Str — —
7	3 Cir-s WSW —	4 Cir-s WSW —	8 Cum-s — —	9 Cum-s — —	9 Str — ○	8 Str — —
8	1 Cum — —	Cir-s NW 1 Cum — —	1 Cir-s NW —	1 Cir-s NW —	2 Cir-s NW —	1 Str — —
9	5 Cir-s — —	6 Cir-s — —	6 Cir-s SW —	6 Cir-s SW —	Cir-s SE 7 Str — —	3 Str — —
10	Cir WNW 5 Str — ✢	Cir, Cir-s WNW 8 Str — —	Cir WNW 8 Cum-s — —	Cir WNW 9 Cum-s, Str — —	Cir WNW 9 Str — —	Cir-s, Cir-s WNW 9 Str — —
11	5 Cum-s — —	8 Cum-s — —	9 Cum-s — —	10 Str — —	5 Cum-s — —	4 Str — —
12	10 Str — —	10 Cum-s — —	Cir-s SE 5 Cum-s — —	9 Cum-s — —	9 Cum-s — —	Cum-s 9 Str — —
13	Cum 2 Cum-s — ✢	Cum 3 Cum-s — ✢	4 Cum-s — ✢	9 Cum-s — ✢	5 Cum-s — ✢	9 Str — ✢
14	4 Cir-s — —	5 Cir-s NW —	5 Cir-s NW —	2 Cir-s NW —	1 Cir-s — —	2 Cir-s — —
15	9 Cum-s — —	Cir-s 9 Cum — —	Cum 9 Cum-s — —	10 Str — —	10 Cum-s — —	10 Str — —
16	Cir-s W 7 Str — —	Cir WNW 5 Str — —	Cir WNW 5 Str — —	Cir-s WNW 4 Str — —	Cir-s WNW 4 Str — —	5 Str — ○
17	0 — — —	0 — — —	0 — — —	0 — — —	0 — —	0 — — —
18	6 Cir-s NNW —	2 Cir-s N —	4 Cir NNW —	Cir — — 4 Cir-s N	2 Cir-s NE —	1 Cir-s S —
19	Cir-s 8 Cum-s — ○	Cir-s 6 Cum-s — —	Cir 8 Str — —	10 Str — —	Cir 10 Str — ○	10 Str — —
20	1 Cir-s — —	1 Cir-s NW —	1 Cir-s — ✢	1 Str — —	2 Str — —	2 Str — —
21	0 — — —	0 — — —	1 Cir-s — —	1 Cir-s — —	1 Cir-s — —	4 Str — —
22	1 Str — —	1 Str — —	6 Cum-s — —	3 Cum-s — —	1 Str — —	1 Str — —
23	0 — — —	0 — — —	0 — — —	0 — — —	0 — — —	0 — — —
24	0 — — —	0 — — —	0 — — —	0 — — —	0 — — —	0 — — —
25	0 — — —	0 — — —	0 — — —	0 — — —	0 — — —	0 — — —
26	4 Cir-s — —	4 Cir-s N —	5 Cir-s — —	3 Cir-s — —	Cir N 3 Cir-s — —	Cir-s, Cir N 4 Str — —
27	0 — — —	0 — — —	0 — — —	0 — — —	0 — — —	1 Cir-s — —
28	0 — — —	0 — — —	0 — — —	0 — — —	1 Str — —	1 Str — —
29	2 Cir-s — —	1 Cir-s — —	1 Cir-s — —	1 Cir-s — —	1 Cir-s — —	1 Cir-s — —
30	0 — — —	0 — — —	0 — — —	0 — — —	0 — — —	0 — — —
31	1 Cir-s — —	0 — — —	0 — — —	0 — — —	1 Str — —	3 Str — —
Mean	3·1	3·1	3·4	3·2	3·2	3·7

Sums of Hydrometeors: 10 ✱, 10 ⌣, 33 ✢.

March 1883—continued.

(7)		8			9			10			11			Midnight.			Mean Daily Amount of Cloud.
—	♕	4 Str	—	♕	2 Str	—	♕	0 —	—	♕	1 Str	—	♕	2 Str	—	♕	2·8
—	♕	1 Str	—	♕	3 Str	—	♕	3 Str	—	♕	0 —	—	♕	0 —	—	♕	4·0
—	♕	3 Str	—	♕	2 Str	—	♕	2 Str	—	♕	0 —	—	♕	0 —	—	♕	1·7
—	♕	0 —	—	♕	0 —	—	♕	0 —	—	♕	0 —	—	—	0 —	—	—	0·9
—	—	0 —	—	♕	0 —	—	♕	0 —	—	♕	0 —	—	♕	0 —	—	♕	0·1
—	—	8 Str	—	—	7 Str	—	♕	7 Str	—	♕	5 Str	—	♕	4 Str	—	♕	4·7
—	♕	4 Cum-s	—	♕	2 Str	—	♕	0 —	—	♕	0 —	—	♕	2 Str	—	♕	5·6
—	♕	1 Str	—	♕	4 Str	—	♕	2 Str	—	♕	1 Str	—	♕	1 Str	—	♕	3·3
—	♕	3 Str	—	♕	3 Str	—	♕	2 Str	—	♕	0 —	—	♕	0 —	—	♕	3·2
—	—	2 Str	—	—	4 Str	—	—	1 Str	—	♕	2 Str	—	♕	Cum-s 9 Str	—	♕	6·7
—	—	3 Cum-s	—	—	0 —	—	—	1 Str	—	—	1 Str	—	♕	3 Str	—	♕	5·2
—	—	9 Str	—	—	8 Str	—	♕	8 Str	—	♕	10 Str	—	—	10 Nim	—	✳	9·2
—	+	10 Str	—	+	1 Str	—	+	2 Str	— +	♕	2 Str	—	♕	0 —	—	♕	4·6
—	—	1 Str	—	♕	0 —	—	♕	1 Str	—	♕	1 Str	—	♕	1 Str	—	♕	1·3
—	—	10 Str	—	—	10 Str	—	—	10 Str	—	—	10 Str	—	—	10 Str	—	—	9·5
—	—	3 Str	— Ψ	♕	1 Str	—	Ψ	3 Str	—	Ψ	4 Str	—	—	4 Str	—	♕	6·6
—	—	0 —	—	—	0 —	—	♕	0 —	—	♕	0 —	—	—	0 —	—	♕	1·2
—	—	1 Str	—	—	0 —	—	♕	0 —	—	—	1 Str	—	♕	1 Str	—	♕	1·6
—	—	10 Str	—	—	10 Str	—	—	9 Str	—	Ψ	8 Str	—	Ψ	9 Str	—	Ψ	7·3
—	—	9 Cum-s	—	Ψ	10 Str	—	—	10 Str	—	—	9 Cum-s	—	—	9 Cum-s	—	—	6·1
—	—	0 —	—	♕	0 —	—	♕	0 —	—	♕	0 —	—	♕	0 —	—	♕	1·2
—	—	1 Str	—	♕	1 Str	—	♕	0 —	—	♕	0 —	—	♕	0 —	—	♕	2·7
—	—	0 —	—	♕	0 —	—	♕	0 —	—	♕	0 —	—	♕	0 —	—	♕	0·0
—	—	0 —	—	♕	0 —	—	♕	0 —	—	♕	0 —	—	♕	0 —	—	♕	0·0
—	—	1 Str	—	♕	0 —	—	♕	0 —	—	♕	0 —	—	♕	0 —	—	♕	0·3
N —	♕	1 Str	—	♕	1 Str	—	♕	1 Str	—	—	0 —	—	♕	0 —	—	♕	2·7
—	♕	0 —	—	♕	0 —	—	♕	0 —	—	♕	0 —	—	♕	0 —	—	♕	0·2
—	—	1 Str	—	♕	1 Str	—	♕	1 Str	—	♕	1 Str	—	♕	1 Str	—	♕	0·3
—	—	1 Str	—	♕	0	—	♕	0 —	—	♕	0 —	—	♕	0 —	—	♕	1·2
—	—	0 —	—	♕	0 —	—	—	0 —	—	—	0 —	—	♕	0 —	—	♕	0·2
—	—	2 Str	—	—	1 Str	—	—	0 —	—	♕	1 Str	—	♕	4 Str	—	♕	1·0
		2·9			2·2			2·0			1·9			2·4			3·1

Amount, Form, and Direction of Clouds, &c. 7a

April 1883.

Days.	1	2	3	4	5	6
1	9 Str — ♛	10 Str — ♛	10 Str — —	10 Str — —	9 Str — —	5 Cum-s — —
2	3 Str — ♛	5 Str — ♛	3 Str — ♛	5 Str — —	10 Str — —	10 Str — —
3	9 Str — —	10 Str — ♛	10 Str — —	10 Str — —	10 Str — —	Cum-s 9 Str — —
4	0 — — ♛	0 — — ♛	0 — — ♛	0 — — —	0 — — —	1 Str — —
5	0 — — ♛	0 — — ♛	0 — — ♛	1 Str — ⌴	1 Str — —	1 Str — —
6	3 Nim — ✱	5 Nim — ✱	10 Nim — ✱	10 Str — —	10 Str — —	10 Cum-s — —
7	0 — — ♛	1 Str — ♛	6 Str — —	4 Str — —	4 Str — —	Cir-cu 4 Str — —
8	3 Str — ♛	5 Str — ♛	8 Str — ♛	3 Str — —	7 Str — —	8 Cum-s — —
9	6 Str — ♛	7 Nim — ✱	10 Nim — ✱	10 Nim — ✱	10 Str — —	10 Str — —
10	1 Str — —	1 Str — —	2 Str — ⌴	3 Str — —	Cir, Cir-s NNW 5 Str — —	Cir-s NNW 3 Str — —
11	0 — — ♛	0 — — ♛	2 Str — ♛	1 Str — —	2 Str — —	2 Str — —
12	2 Str — ♛	2 Str — ♛	4 Str — ⌴	10 Str — —	7 Str — —	Cum 9 Cum-s — —
13	10 Str — —	10 Str — —	10 Cum-s — —	9 Cum-s — —	Cum-s 9 Str — —	9 Cum-s — —
14	4 Str — ∪	4 Str — —	5 Str — —	5 Str — —	7 Str — —	6 Str — ○
15	10 Str — —	10 Str — —	10 Str — —	10 Str — —	1 Str — —	10 Nim — ✱
16	0 — — —	1 Str — ♛	3 Str — ⌴ ♛	3 Str — ♛	3 Str — —	3 Str — —
17	2 Str — ♛	3 Str — ∪ ♛	7 Str — —	7 Str — —	10 Str — —	7 Str — —
18	0 — — ♛	0 — — ♛	0 — — ⌴	0 — — —	0 — — —	0 — — —
19	1 Str — ♛	2 Str — ♛	1 Str — —	1 Cir — —	3 Cir — —	2 Cir — —
20	2 Str — ♛	1 Str — ♛	4 Str — —	4 Str — —	4 Str — —	4 Str — —
21	10 Str — —	10 Str — —	10 Str — —	10 Str — —	10 Str — ∞	10 Str — ∞
22	10 Nim — ● ✱	10 Nim — ● ✱	10 Nim — ● ✱	10 Nim — ● ✱	10 Nim — ✱	10 Cum-s — —
23	10 Str — —	10 Str — —	10 Str — —	10 Str — —	10 Str — —	10 Nim — ✱
24	9 Cum-s — —	9 Cum-s — —	9 Cum-s — —	4 Cum-s — ⌴	1 Cum-s — —	1 Cum-s — —
25	3 Str — ♛	1 Str — ♛	4 Str — —	2 Str — —	4 Str — —	3 Str — —
26	1 Str — ♛	1 Str — —	1 Str — —	1 Str — ⌴	4 Str — —	4 Str — —
27	Cum-s 5 Str — ♛	5 Cum-s — —	10 Cum-s — ⌴	9 Cum-s — —	8 Cum-s — —	4 Cum-s — —
28	7 Str — —	10 Str — —	10 Cum-s — —	10 Cum-s — —	10 Cum-s — —	9 Cum-s — —
29	8 Cum-s — —	7 Cum-s — —	8 Str — —	7 Str — —	[illegible] Cum-s — —	6 Cum-s — —
30	Cum-s 5 Str — —	10 Str — —	10 Str — —	Cum-s 5 Str — —	[illegible] Cum-s — —	[illegible] Cum-s — —
Means	4·7	5·1	4·8	5·9	6·2	5·8

		8			9			10			11			Noon			Daily Amount of Downfall
																	m.m.
ESE —	—	Cir-s 5 Cum-s	ESE —	—	Cir 5 Cum-s	ESE —	—	5 Cum-s	—	—	5 Cum-s	—	—	10 Cum-s	—	—	—
—	—	10 Cum-s	—	—	9 Cum-s	—	—	9 Cum-s	—	—	3 Cum-s	—	—	4 Cum-s	—	—	—
—	✳	Cir, Cir-c 9 Cum-s	NW —	—	Cir, Cir-c 9 Str	NW —	—	Cir-s 6 Str	NNW —	—	Cir-s 5 Cum-s	NNW —	—	Cir-s 6 Cum-s	NNW —	—	—
—	—	1 Cir-s	N	—	1 Cir-s	—	—	2 Cir-s	—	—	6 Cum-s	—	—	Cum 3 Cum-s	—	—	—
—	—	10 Str	—	○	4 Str	—	○	Cir-s 4 Str	—	○	Cir-s 6 Str	—	○	Cir-s 9 Str	—	○	—
—	—	9 Cum-s	—	—	7 Cum-s	—	—	6 Cum-s	—	—	6 Cum-s	—	—	6 Cum-s	—	—	—
—	—	5 Cum-s	—	—	5 Cum-s	—	—	5 Cum-s	—	—	Cum-s 5 Str	—	—	Cum-s 3 Str	—	—	—
—	✳	6 Cum-s	—	—	10 Cum-s	—	—	10 Cum-s	—	—	10 Cum-s	—	—	10 Cum-s	—	—	—
—	—	9 Str	—	—	9 Cum-s	—	—	9 Cum-s	—	—	9 Cum-s	—	—	Cir-c 5 Cum-s	NW —	—	—
—	—	4 Cir-s	SE	—	1 Cir-s	—	—	1 Cir-s	—	—	1 Cir-s	—	—	1 Cir-s	—	—	—
—	—	Cir-s 2 Cum-s	—	—	Cir 2 Cir-s	SE —	—	2 Cir-s	—	—	1 Cir-s	—	—	1 Cir-s	—	—	
—	—	Cum 6 Cum-s	—	—	Cir-s, Cir-c 5 Cum-s	—	—	Cir, Cir-c 5 Cum-s	—	—	Cir-c 7 Cum-s	NNW —	—	Cir 5 Cum-s	NNW —	—	
—	—	10 Str	—	—	10 Str	—	—	10 Str	—	—	10 Str	—	—	9 Str	—	—	...
—	—	10 Cum-s	—	—	10 Cum-s	—	—	10 Cum-s	—	—	10 Cum-s	—	—	9 Cum-s	—	—	—
—	—	10 Cum-s	—	—	10 Cum-s	—	—	9 Cum-s	—	—	10 Cum-s	—	—	9 Cum-s	—	—	—
—	—	Cir-s 3 Str	—	—	3 Cir-s	—	—	2 Cir-s	—	—	1 Cir-s	—	—	1 Cir-s	—	—	—
—	—	9 Str	—	○	Cir-s 5 Str	—	—	9 Str	—	○	8 Str	—	○	8 Str	—	○	—
—	—	0 —	—	—	0 —	—	—	0 —	—	—	0 —	—	—	0 —	—	—	—
—	—	1 Cir-s	—	—	3 Cir-s	—	—	2 Cir-s	—	—	2 Cir-s	—	—	Cir 3 Cir-s	NNW —	—	—
—	—	1 Str	—	—	2 Cir-s	—	—	7 Cum-s	—	—	9 Cum-s	—	—	10 Cum-s	—	—	—
—	—	10 Str	—	∞	10 Str	—	∞	10 Nim	—	∞ ○	10 Str	—	∞	10 Str	—	∞	2·8
—	✳	10 Str	—	—	8 Cum-s	—	—	9 Cum-s	—	—	8 Cum-s	—	—	8 Cum-s	—	—	1·1
—	—	10 Str	—	—	10 Str	—	—	10 Str	—	—	10 Str	—	—	Cir-c 7 Cum-s	W —	—	—
—	—	4 Cum-s	—	—	Cir-s 4 Cum-s	—	—	Cir-s 4 Str	—	—	6 Str	—	—	9 Str	—	○	—
—	—	5 Cir-s	—	—	4 Cir-s	—	—	1 Cir-s	—	—	1 Cir-s	—	—	1 Cir-s	—	—	—
—	—	1 Str	—	—	1 Cir-s	—	—	Cir-s 1 Str	—	—	1 Cir-s	W	—	Cir 4 Cir-s	W	—	—
—	—	6 Cum-s	—	—	6 Cum-s	—	—	6 Cum-s	—	—	7 Cum-s	—	—	9 Cum-s	—	—	—
—	—	9 Cum-s	—	—	9 Cum-s	—	—	9 Cum-s	—	—	9 Str	—	—	9 Cum-s	—	—	—
—	—	Cum-s 6 Str	—	—	Cum-s 7 Str	—	—	Cir-c 4 Cum-s, Str	ESE —	—	Cir-c 4 Cum-s, Str	ESE —	—	Cir-s, Cir-c 5 Cum-s	E —	—	—
—	—	9 Cum-s	—	—	7 Cum-s	—	—	Cir-s 3 Str	—	—	Cir-s 2 Str	—	—	Cir-s 2 Str	—	—	—
		6·5			6·9			5·9			6·0			6·0			3·9

April 1883—continued.

Day.	1			2			3			4			5			6
1	9 Cum-s	— —		9 Cum-s	— —		9 Cum-s	— —		7 Cum-s	— —		7 Cum-s	— —		8 Cum-s
2	Cir-s 3 Str	— —		4 Cum-s	— —		8 Cum-s	— —		8 Cum-s	— —		10 Cum-s	— —		10 Cum-s
3	Cir 6 Cum-s	NNW — —		Cir 7 Cum-s	NNW — —		8 Cum-s	— —		8 Cum-s	— —		9 Cum-s	— —		Cir, Cir-s 5 Cum-s
4	Cum 1 Cum-s	— —		1 Cum	— —		1 Cum	— —		0 —	— —		0 —	— —		0 —
5	10 Str	—	○	8 Str	—	○	9 Str	—	○	Cir-s, Cir 9 Str	NW — —		Cir 9 Str	NW — —		7 Str
6	Cir-s 7 Cum-s	— —		8 Cum-s	— —		8 Cum-s	— —		9 Cum-s	— —		9 Cum-s	— —		9 Cum-s
7	Cir-s 4 Str	— —		Cir-s 5 Str	— —		Cir-s 5 Str	— —		Cir-s 5 Str	—	○	Cir-s 8 Str	—	○	9 Str
8	10 Cum-s	— —		9 Cum-s	— —		9 Cum-s	— —		9 Cum-s	— —		Cum-s 9 Str	— —		Cir-s 6 Str
9	5 Cum-s	— —		Cir-s 4 Cum-s	NW — —		6 Cum-s	— —		6 Cum-s	— —		7 Cum-s	— —		9 Cum-s
10	Cir-s 2 Cum	— —		Cir-c 3 Cir-s	— —		Cir-s 3 Cum	— —		1 Cir-s	— —		1 Cir-s	— —		2 Cir-s
11	1 Cir-s	— —		1 Cir-s	— —		1 Cir-s	— —		1 Cir-s	— —		1 Cir-s	— —		2 Cir-s
12	8 Cum-s	— —		Cir-c 9 Cum-s	NNW — —		Cum 8 Cum-s	— —		Cum 7 Cum-s	— —		5 Cum-s	— —		Cir-s 5 Cum-s
13	9 Cum-s	— —		9 Cum-s	— —		9 Cum-s	— —		9 Cum-s	— —		8 Cum-s	— —		8 Cum-s
14	8 Cum-s	— —		7 Cum-s	— —		Cum-s 4 Str	—	○	Cir-s 4 Cum-s	—	○	3 Cum-s	—	○	Cir-s, Cir-c 4 Str
15	9 Cum-s	— —		8 Cum-s	— —		8 Cum-s	— —		9 Cum-s	— —		9 Cum-s	— —		9 Cum-s
16	1 Cir-s	— —		1 Cir-s	— —		1 Cir-s	— —		1 Cir-s	— —		1 Cir-s	— —		1 Cir-s
17	8 Str	—	○	Cir-s 7 Str	—	○	Cir 5 Cir-s	NW — —		2 Cir-s	— —		Cir-s 2 Str	— —		Cir-s 2 Str
18	0 —	— —		0 —	— —		0 —	— —		0 —	— —		1 Str	— —		1 Str
19	Cir 2 Cir-s	— —		Cir 3 Cir-s	— —		Cir 2 Cir-s	— —		Cir 1 Cir-s	— —		Cir 1 Cir-s	— —		1 Cir-s
20	10 Cum-s	— —		10 Str	— —		10 Str	— —		10 Str	— —		10 Nim	—	✱	10 Nim
21	10 Str	—	∞	10 Str	—	∞	10 Str	—	∞	10 Cum-s	— —		10 Cum-s	— —		10 Nim
22	6 Cum-s	— —		10 Str	— —		6 Cum-s	— —		6 Cum-s	— —		7 Cum-s	— —		8 Cum-s
23	1 Cir-s	— —		1 Cir-s	— —		Cir 2 Cir-s	S —		Cir-c 2 Cir-s	SE — —		1 Cir-s	— —		1 Cir-s
24	Cir-c 9 Str	—	○	10 Cum-s	— —		10 Cum-s	— —		Cir-c 10 Cum-s	— —		9 Cum-s	— —		Cir 9 Cum-s
25	1 Cir-s	— —		1 Cir-s	— —		1 Cir-s	— —		1 Cir-s	— —		1 Cir-s	— —		1 Cir-s
26	Cir-s 4 Cum	W — —		6 Cir-s	—	○	Cir-s 3 Str	W — —		Cir-s 4 Str	W — —		Cir-c, Cir-s 7 Cum-s	— —		Cir 6 Cum-s
27	9 Cum-s	— —		9 Cum-s	— —		9 Cum-s	— —		8 Cum-s	— —		7 Cum-s	— —		9 Cum-s
28	9 Cum-s	— —		8 Cum-s	— —		9 Cum-s	— —		9 Str	— —		9 Cum-s	— —		9 Cum-s
29	Cir-c 6 Cir-s	SE — —		Cir-c, Cir-s 6 Cum-s	SE — —		Cir-c, Str 5 Cum-s	NW — —		Cir-c 6 Cir-s	NW — —		Cir-c 5 Cir-s	NW — —		Cir-c 4 Str, Cum-s
30	Cir-s 2 Str	— —		Cir-s 2 Str	— —		1 Str	— —		3 Str	— —		Cir-s 5 Str	— —		Cir-s 5 Cum-s
Mean -	5·7			5·8			5·7			5·5			5·6			5·6

Sums of Hydrometeors: 24 ✱, 8 ●, 10 ⌴, 10 ∞.

April 1883—continued.

	10		11		Midnight		Mean Daily Amount of Cloud
— Ш	5 Cum-s	— Ш	4 Str	— Ш	5 Str	— — Ш	[illegible]
— —	10 Cum-s	— —	10 Cum-s	— —	10 Cum-s	— —	9·1
— Ш	0 —	— Ш	1 Str	— Ш	1 Str	— Ш	[illegible]
— Ш	0 —	— Ш	0 —	— Ш	0 —	— Ш	0·7
— Ш	8 Str	— Ш	5 Str	— Ш	3 Str	— Ш	[illegible]
— —	4 Str	— —	0 —	— Ш	0 —	— Ш	[illegible]
— —	4 Str	— Ш	4 Str	— Ш	4 Str	— Ш	5·5
— —	8 Str	— —	3 Str	— Ш	4 Str	— Ш	7·8
— —	8 Str	— —	5 Str	— —	4 Str	— Ш	7·7
— —	0 —	— Ш	0 —	— Ш	0 —	— Ш	1·6
— —	4 Str	— Ш	2 Str	— Ш	2 Str	— Ш	3·0
— —	5 Str	— —	9 Cum-s	— —	10 Str	— Ш	6·4
— Ш	Cum-s 2 Str	— —	5 Str	— Ψ Ш	4 Str	— Ψ Ш	8·1
— —	6 Cum-s	— —	10 Str	— —	10 Str	— —	6·3
— —	1 Str	— Ш	1 Str	— —	1 Str	— Ш	7·7
— —	1 Str	— Ш	1 Str	— Ш	1 Str	— Ш	1·6
— —	1 Str	— —	0 —	— Ш	0 —	— —	4·6
— Ш	1 Str	— Ш	1 Str	— Ш	1 Str	— Ш	0·3
— Ш	1 Str	— Ш	0 —	— Ш	0 —	— Ш	1·4
— ∗	10 Str	— —	10 Str	— —	10 Str	— —	6·1
— ●	10 Nim	— ∗	10 Nim	— ∗	10 Nim	— ● ∗	10·0
— —	10 Str	— —	10 Str	— —	10 Str	— —	9·0
— —	5 Str	— —	5 Str	— —	5 Str	— —	9·5
— —	9 Str	— Ш	4 Str	— Ш	1 Str	— Ψ Ш	6·8
— Ш	1 Str	— Ш	0 —	— Ш	0 —	— Ш	1·6
— Ш	3 Str	— Ш	1 Str	— Ш	Cum-s 4 Str	— Ш	2·7
— —	10 Str	— —	10 Str	— —	10 Str	— —	8·2
— —	Cum-s 7 Str	— —	9 Cum-s	— Ш	9 Cum-s	— Ш	8·9
— —	6 Str	— —	6 Str	— Ш	Cum-s 7 Str	— Ш	6·0
— —	4 Str	— Ш	Cum-s 3 Str	— —	3 Str	— —	4·9
	4·6		4·7		4·4		5·7

May 1883.

Day.	1	2	3	4	5	6
1	3 Str — ш	1 Str — —	5 Str — —	6 Str — —	8 Str — —	7 Cum-s — —
2	9 Cum-s — —	9 Cum-s — —	9 Str — —	9 Cum-s — —	10 Str — —	10 Nim — ✱
3	9 Str — —	Cir-s 2 Str — ш	9 Str — —	5 Cum-s — —	10 Str — —	10 Str — —
4	1 Str — —	1 Str — ⌣ ш	2 Str — —	2 Str — —	1 Str — —	1 Str — —
5	6 Str — —	7 Cum-s — —	9 Cum-s — ⌣	9 Cum-s — —	9 Cum-s — —	9 Cum-s — —
6	10 Str — —	9 Cum-s — —	7 Cum-s — —	Cir-s 3 Cum-s WNW — —	Cir-s 7 Cum-s, Str WNW — —	Cir-s 5 Str — —
7	1 Str — —	1 Str — —	2 Str — —	2 Str — —	2 Str — —	5 Str — —
8	7 Str — —	7 Str — —	8 Str — —	8 Cum-s — —	Cum 7 Cum-s — —	7 Cum-s — —
9	2 Cum-s — —	2 Cum-s — —	Cum-s 2 Str — —	Cir-s 1 Str — —	4 Str — —	1 Str — —
10	9 Str — —	9 Str — —	7 Str — —	7 Cum-s — —	7 Cum-s — —	7 Cum-s — —
11	1 Str — —	1 Str — —	1 Str — ⌣	1 Str — ∞	1 Str — ∞	2 Str — ∞
12	0 — — —	0 — — —	0 — — —	0 — — —	0 — — —	1 Str — —
13	5 Cum-s — —	5 Cum-s — —	7 Cum-s — —	1 Cum-s — —	Cir-s 1 Cum-s — —	0 — — —
14	0 — — —	0 — — —	0 — — —	0 — — ∞	0 — — ∞	0 — — ∞
15	2 Str — —	2 Str — —	2 Str — —	1 Str — ⌣	1 Str — —	0 — — —
16	1 Str — ш	0 — — —	1 Str — —	2 Str — —	2 Str — —	3 Str — —
17	7 Str — —	4 Cum-s — —	8 Cum-s — —	7 Cum-s — —	7 Cum-s — —	Cum 9 Cum-s — —
18	1 Str — ⌒	8 Str — —	Cum-s 5 Str — —	6 Cum-s — —	10 Str — —	10 Str — —
19	10 Cum-s — —	10 Nim — ●	10 Nim — ●	10 Cum-s — —	10 Cum-s — —	10 Str — —
20	5 Cum-s — —	5 Cum-s — —	Cum-s 5 Str — —	Cum-s 8 Str — —	Cir-s 6 Cum-s — —	Cir-s 6 Cum-s NW — —
21	Cum-s 2 Str — —	2 Cum-s — —	1 Str — —	Cir-s 3 Str NE — —	Cum-s 4 Str — —	Cir-s 3 Cum-s — —
22	Cum-s 9 Nim — —	9 Cum-s — —	9 Cum-s SW —	Cum-s 9 Str — —	Cum-s 9 Nim — —	Cum-s 9 Nim — —
23	4 Cum-s — —	4 Str — —	Cir-s 6 Str — ⌣	Cir-s 5 Str N — —	4 Cir-s — —	2 Cir-s — —
24	Cum-s 5 Str — —	Cir-s 4 Cum-s — —	Cir-s 3 Cum-s — ⌣	Cir-s 2 Str — —	Cir-s 1 Str — —	Cir-s 3 Str — —
25	9 Cum-s WSW —	10 Str WNW —	9 Cum-s WNW —	Cum-s 9 Str WSW —	Cum-s 9 Nim WNW ⌒ ● △	Cum-s 9 Nim — —
26	Cum-s 7 Str — —	Cum-s 7 Str — —	Cum-s 8 Str — —	Cir-s 6 Cum-s — —	Cir-s 1 Cum-s — —	Cir-s 3 Cum-s — —
27	Cum-s 3 Str — —	Cum-s 6 Str — —	Cum-s 4 Str — —	Cum-s 8 Str — —	7 Cum-s — —	9 Cum-s — —
28	4 Str — —	1 Str — —	6 Str — —	Cum-s 3 Str — —	3 Cum-s — —	Cum-s 7 Str — —
29	Cir-s 4 Str — —	Cir-s 5 Str — —	Cir-s 6 Str — ⌣	2 Cir-s — ∞	1 Cir-s — ∞	1 Cir-s — ∞
30	5 Nim — < ●	Nim 3 Str — ●	Cir, Cir-s 6 Cum-s, Str NW — —	Cir, Cir-s 6 Cum-s NW — —	5 Cum-s — —	Cir-s 5 Cum-s, Str NW — —
31	10 Str — —	10 Str — —	10 Str — —	10 Str — —	10 Str — —	10 Str — —
Mean	6·6	5·1	5·1	4·6	5·2	5·3

7	8	9	10	11	Noon	Daily Amount of Downfall
						in.
Cum 5 Cum-s — —	Cir-s 6 Str — —	Cir-s, Cir-c NW 7 Cum — —	Cir-c NW 5 Cir-s — —	Cir-c NW 4 Cir-s — —	Cir-s 4 Cir-s — —	—
Cum-s 7 Str — +	10 Str — +	10 Str — +	9 Str — —	10 Str — —	10 Str — —	2·3
5 Cum-s — —	Cum 5 Cum-s — —	5 Rolled Cum — —	Cum 6 Cum-s — —	7 Cum-s — —	9 Cum-s — —	—
1 Cir-s — —	1 Cir-s — —	2 Cir-s — —	Cir NW 6 Cir-s — —	Cir NW 5 Cir-s — —	Cir NW 5 Cir-s — —	—
9 Cum-s — —	7 Cum-s — —	8 Cum-s — —	9 Cum-s — —	9 Cum-s — —	7 Cum-s — —	—
Cir-s 5 Str — —	Cir-s 4 Str — ○	Cir-s 7 Str — ○	Cir-s 1 Str — —	1 Cir-s — —	1 Cir-s — —	—
7 Cir-s NW —	8 Cir-s NW —	8 Cir-s NW —	Cir-c W 8 Cir-s N —	Cir-c NW 9 Cir-s — —	Cir-c NW 8 Cir-s — —	—
8 Cum-s — —	9 Cum-s — —	8 Cum-s — —	Cir-c NW 7 Cum-s — —	Cir-s, Cir-s NW 7 Str — —	Cir-s, Cir-c NW 5 Cum-s — —	—
2 Str — —	2 Str — —	2 Str — —	3 Str — —	4 Str — —	Cum-s 4 Str WSW —	—
5 Cum-s — —	4 Cum-s — —	3 Cum — —	6 Cum — —	Cir-s 3 Cum-s — —	1 Cir-s — —	
0 — — —	0 — — —	0 — — ∞	0 — — ∞	0 — — ∞	0 — — ∞	—
0 — — —	0 — — —	0 — — —	0 — — —	0 — — —	1 Cir — —	—
0 — — —	0 — — —	0 — — —	0 — — ∞	0 — — ∞	0 — — ∞	—
0 — — —	0 — — —	0 — — —	0 — — —	0 — — —	1 Cum — —	—
0 — — —	1 Str — —	1 Str — —	1 Cum — —	1 Cum — —	2 Str — —	—
1 Cir-s — —	0 — — ∞	0 — — ∞	0 — — ∞	0 — — ∞	1 Str — ∞	—
Cum 6 Cum-s — —	10 Cum-s — —	10 Str — ∞	10 Str — ∞	10 Str — ∞	10 Str — ∞	—
10 Str — —	10 Str — —	10 Cum-s — —	10 Cum-s — —	10 Cum-s — —	9 Cum-s — —	—
10 Str — —	Cir-c 8 Cum-s — —	Cir-c, Cir-s SSW 6 Cum-s — —	4 Cir-s SW —	7 Cir-s SW —	Cum 7 Cum-s — —	0·2
Cir-c SE 4 Cum-s — —	1 Cum-s — —	1 Cum-s — —	Cum 1 Cum-s — —	Cum 2 Cum-s — —	Cum 3 Cum-s — <	—
2 Cum-s — —	2 Cum-s — —	2 Cum-s — —	Cir-s, Cum 3 Cum-s — —	4 Cum — —	Cum, Nim 5 Cum-s — —	—
Cum-s 9 Str — —	10 Nim — ●	9 Nim — ●	Cum 9 Cum-s — —	Cum 9 Cum-s — —	Nim 9 Cum-s SW —	0·1
1 Cir-s — —	5 Cir-s NNW —	Cir, Cir-s NNW 3 Cum-s — —	Cir-s, Cum 3 Cum-s — —	Cum 2 Cum-s — —	Cum 3 Cum-s — —	0·8
Cir-s 3 Str — —	Cum 7 Str — —	Cum 2 Str — —	Cum 2 Str — —	7 Cum — —	4 Cum — —	—
9 Cum-s — —	Cum-s 10 Str — ●	Cum-s 9 Nim — ●	Cum-s 9 Nim NW ●	Cum-s 8 Nim NW ●	Cir-c SW 6 Cum-s — —	0·5
Cir-s 2 Str — —	Cir-s ESE 1 Str — —	Cir-s ESE 1 Cum-s — —	Cir-s NW 4 Cum-s — —	Cir-s NW 3 Cum, Cum-s — —	Cir-s NW 2 Cum, Cum-s — —	0·2
8 Cum-s — —	7 Cum-s — —	Cum 7 Cum-s — —	6 Cum-s — —	8 Cum-s — —	Cir-c, Nim 7 Cum-s WNW Mirage	—
9 Cum-s — —	9 Cum-s — —	Cum 4 Cum-s — —	6 Cum-s — —	5 Cum-s NW ∞	Cir-s 6 Cum-s NW ∞	—
1 Cir-s — —	1 Cir-s — —	Cir-s 1 Cum — —	Cir-s 1 Cum — —	Cir-s 1 Cum — —	Cir-s 1 Cum — —	—
Cum-s 9 Nim — ●	Cum-s 9 Nim — ●	Cum-s 10 Str — —	10 Nim — ✱ ●	10 Cum-s — —	10 Nim — ✱ ●	0·5
10 Str — —	Cum-s 10 Str — —	Cum 9 Cum-s — —	Cum 7 Cum-s — ○	Cir-c, Cir-s NW 7 Cum — ○	Cir-s, Cir-c NW 8 Cum — —	0·8
4·8	4·9	4·6	4·7	4·5	4·7	6·0

May 1883—continued.

Day.	1	2	3	4	5	6
1	Cir-s 5 Str — —	Cir-s 6 Str — ○	9 Cum-s — —	9 Str — —	Cir-s 9 Str — —	Cir-s 9 Str — —
2	10 Str — —	10 Str — —	10 Str — —	Cum-s 9 Str — —	6 Cum-s — —	10 Nim — ✳ ✚
3	7 Cum-s — —	6 Cum-s — —	9 Cum-s — —	9 Cum-s — —	5 Cum-s — —	9 Cum-s — —
4	Cir NW 5 Cir-s — —	Cir 7 Cir-s — —	Cir NW 7 Cir-s — —	Cir NW 6 Cir-s — —	Cir NW 7 Cir-c — —	Cir, Cir-c NW 2 Cir-s — —
5	Cum, Cir-c NW 6 Cum-s — —	Cir-s 3 Cum-s — —	Cir-c NW 3 Cum-s — —	Cum 7 Cum-s NW —	Cir-c NW 4 Cum-s, Str — —	Cir-c NW 5 Cum-s, Str — —
6	1 Cir-s — —	1 Cir-s — —	1 Cir-s — —	1 Cir-s — —	Cir-s 1 Str — ○	1 Str — —
7	Cum 8 Cum-s NW —	9 Cum-s NW —	9 Cum-s — —	9 Cum-s — —	9 Str — ○	9 Cum-s — ○
8	Cir-c NW 5 Cum-s, Str — —	Cir-c NW 6 Cum-s, Str — —	9 Cum-s NW —	Cir-c NNW 7 Cum-s — —	Cir-c NNW 9 Cum-s — —	9 Cum-s — —
9	6 Cum-s — —	7 Cum-s — —	8 Cum-s — —	9 Cum-s — —	8 Cum-s — —	9 Cum-s — —
10	1 Cir-s — —	1 Cir-s — —	1 Cir-s — —	0 — — —	0 — — —	0 — — —
11	0 — — ∞	0 — — ∞	0 — — ∞	0 — — —	0 — — —	0 — — —
12	Cir 3 Cir-s NE —	4 Cir-s NE —	4 Cir-s NE —	Cir 4 Cir-s ESE —	2 Cir-s ESE —	1 Cir — —
13	0 — — ∞	0 — — ∞	0 — — ∞	0 — — ∞	0 — — ∞	1 Cir-s — ∞
14	1 Cum — —	1 Cum — —	1 Cum — —	1 Cum — —	1 Cum — —	1 Cir-s — —
15	Cum 1 Str — —	Cum 1 Str — —	Cum 1 Str — —	1 Cir-s — —	1 Cir-s — —	1 Cir-s — —
16	1 Cum — ∞	1 Cum — ∞	1 Cum — ∞	1 Cum — ∞	1 Cum — ∞	1 Cum-s — ∞
17	Cum 5 Cum-s — ∞	Cum 4 Cum-s — ∞	10 Str — ∞	10 Str — ∞	10 Str — —	Cum 8 Cum-s — —
18	10 Cum-s — —	10 Cum-s — —	10 Cum-s — —	10 Cum-s — —	8 Cum-s — —	9 Cum-s — —
19	3 Cum — —	7 Cum-s — —	5 Cum-s — —	3 Cum-s — —	4 Cum-s — —	4 Cum-s — —
20	Cum 6 Cum-s — —	Cum 5 Nim ESE ●	9 Cum-s — —	Cum-s 6 Nim ESE T	6 Cum-s — —	Cir-s NW 4 Cum-s — —
21	Cum, Cum-s 6 Nim — T	Cum-s 7 Nim — —	Cum-s 8 Nim — —	Cum-s 9 Nim — —	9 Cum-s — —	Cir-s 9 Cum-s, Str — ○
22	Cum 8 Cum-s — —	9 Nim — ●	9 Cum-s — —	9 Cum-s — —	10 Nim — ●	9 Nim — ●
23	Cum 2 Cum-s — —	Cum 2 Cum-s — —	4 Cum-s — —	Cum 1 Cum-s — —	Cum 1 Cum-s — —	Cir-s 1 Cum-s — —
24	3 Cum — —	3 Cum — —	4 Cum — —	4 Cum — —	Cum 3 Cum-s — —	Cir-s, Cum 4 Cum-s — —
25	Cir-s 4 Cum-s — —	Cir-s 8 Cum-s — —	Cir-s 7 Cum-s — —	Cir-s NW 9 Cum-s — —	9 Cum-s — —	9 Cum-s — —
26	Cir-s NW 2 Cum, Cum-s — —	Cir-s NW 2 Cum, Cum-s — —	Cum 3 Cum-s — —	Cum 2 Cum-s — —	Cum 2 Cum-s — —	Cum 2 Cum-s — —
27	Cum-s 5 Nim — ●	9 Cum-s — —	9 Cum-s — —	9 Cum-s — —	9 Cum-s — —	9 Cum-s — —
28	Cir-s WSW 5 Cum-s NW ∞	Cir-s 5 Cum-s — ∞	Cir-s 3 Cum-s — ∞	Cir W 3 Cum-s — ∞	Cir WNW 3 Cum-s — ∞	Cir-s 5 Cum-s — ∞
29	Cir-s 3 Cum — —	Cir-s NW 5 Cum — —	Cir, Cir-s NW 7 Cum, Cum-s — ○	Cum, Cir-s NW 8 Cum-s — ∞	Cum, Cir-s NW 9 Cum-s — ○	Cum, Cir-s NW 9 Cum-s — —
30	10 Cum-s — —	10 Cum-s — —	Cum-s 10 Str — —	Cum-s 10 Str — —	Cum-s 10 Str — —	Cum-s 10 Str — —
31	Cir NW 6 Cir-s — —	Cir NW 7 Cir-s — —	Cir NW 5 Cir-s — —	Cir NW 5 Cir-s — —	Cir NW 3 Cir-s — —	Cir NW 2 Cir-s — ∞
Mean	4·6	5·2	5·6	5·5	5·2	5·3

Sums of Hydrometeors: 15 ●, 1 △, 1 ✳, 4 ✚, 8 ⌣, 1 ⌂, 58 ∞.

8			9			10			11			Midnight			Mean Daily Amount of Cloud.
9 Str	—	—	8 Str	—	—	Cum-s 4 Str	—	—	Cum-s 5 Str	—	♕	Cum-s 6 Str	—	—	6·1
9 Cum-s	—	—	10 Cum-s	—	—	10 Cum-s	—	—	10 Str	—	—	10 Str	—	—	9·4
3 Str	—	—	1 Str	—	—	1 Str	—	—	1 Str	—	—	1 Str	—	—	6·2
Cir, Cir-c 7 Cir-s, Str	NW —	 —	1 Str	—	—	2 Str	—	—	3 Str	—	♕	3 Str	—	♕	3·8
3 Cum-s	NW	—	4 Cum-s	—	—	4 Cum-s	—	—	8 Cum-s	—	—	9 Cum-s	—	—	6·6
Cir, Cir-s 4 Str	NW —	 —	2 Str	—	—	1 Str	—	—	4 Str	—	♕	1 Str	—	—	3·1
Cir-s 2 Cum-s, Str	NW —	 —	8 Cum-s	NNW	—	Cum-s 5 Str	NNW	—	9 Cum-s	—	—	5 Str	—	—	6·7
Cir, Cir-c 3 Str	NW —	 —	Cir-c 3 Str	NW —	 —	3 Cum-s	—	—	4 Str	—	—	Cum-s 5 Str	—	♕	6·5
10 Str	—	—	10 Str	—	—	10 Str	—	—	10 Str	—	—	9 Str	—	♕	5·5
3 Str	—	—	1 Str	—	—	1 Str	—	—	1 Str	—	—	1 Str	—	♕	3·1
0 —	—	—	0 —	—	—	0 —	—	—	0 —	—	♕	0 —	—	♕	0·3
1 Cir-s	—	—	1 Cir-s	—	—	Cir-s 3 Str	—	—	2 Str	—	♕	5 Cum-s	—	♕	1·3
1 Cum-s	—	—	1 Str	—	—	1 Str	—	—	0 —	—	—	0 —	—	—	1·0
2 Cum-s	—	—	Cir-c 1 Str	—	—	1 Str	—	—	2 Str	—	—	2 Str	—	♕	0·7
1 Cir-s	—	—	1 Str	—	—	1 Str	—	—	1 Str	—	—	1 Str	—	—	1·0
1 Cum-s	—	∞	1 Str	—	∞	1 Cum-s	—	∞	2 Str	—	—	1 Str	—	—	1·0
Cir-c 7 Cum-s	—	—	7 Cum-s	—	—	4 Cum-s	—	—	1 Cum-s	—	—	2 Str	—	⌓	6·7
Cir-c 9 Cum-s	NW SE	—	8 Cum-s	—	—	3 Cum-s	—	—	Cum-s 3 Str	—	—	Cum-s 6 Str	—	—	8·0
Cum-s 2 Str	—	—	2 Str	—	—	2 Str	—	—	Cir-c 3 Cum-s	—	—	4 Cum-s	—	—	5·7
5 Cum-s	—	—	5 Cum-s	—	—	5 Cum-s	—	—	Cum 3 Cum-s	—	—	Cum 6 Cum-s	—	♕	5·0
Cum-s 3 Str	—	—	Cir-s 9 Cum-s, Str	—	○	9 Str	—	—	Cum-s 8 Str	—	—	9 Cum-s	—	○ ●	5·5
Cum-s 9 Nim	—	●	9 Str	—	—	9 Nim	—	●	Cum-s 7 Str	—	—	Cum-s 6 Str	—	—	8·9
Cir-s 1 Cum-s	—	—	Cir-s 1 Str	—	—	Cir-s 1 Str	—	—	Cir-s 6 Cum-s	—	—	Cir-s 6 Str	—	—	5·7
Cir-s 4 Cum-s	—	—	Cir-s, Cir 6 Cum-s	NW —	 —	9 Cum-s	—	—	9 Str	WNW	—	8 Cum-s	WNW	—	7·9
Cir-s 7 Cum-s	NW —	 —	Cir-c 6 Cum-s, Str	NW —	 —	Cum-s 8 Str	—	—	Cum-s 7 Str	—	—	Cum-s 7 Str	—	—	8·3
4 Cum-s	—	—	Cum-s 4 Str	—	—	Cum-s 7 Str	—	Mirage	4 Cum-s	—	—	3 Cum-s	—	—	3·8
10 Cum-s	—	—	9 Cum-s	—	—	Cum-s 6 Str	—	—	Cum-s 5 Str	—	—	9 Cum-s	—	—	7·5
Cir-s, Cir 4 Str	NW —	 —	Cir-s 5 Str	—	—	5 Str	—	—	Cir-s 5 Str	—	—	Cir-s 4 Str	—	—	5·2
Cum-s 9 Str	—	—	Cir-s, Cir-c 9 Cum-s, Str	NW —	 —	9 Cum-s	NW	—	9 Nim	—	R ●	Cum-s 8 Nim	—	R Δ	4·9
Cum-s 10 Str	—	—	Cum-s 10 Str	—	—	Cum-s 10 Str	—	—	Cum-s 10 Str	—	—	Cum-s 10 Str	—	—	9·2
1 Cir-s	—	—	1 Cir-s	—	—	1 Cir-s	—	—	1 Cir-s	—	—	1 Str	—	—	6·1
4·8			4·7			4·5			4·4			4·9			5·0

June 1883.

Day.	1	2	3	4	5	6
1	1 Str — —	1 Str — —	1 Str — —	0 — — ∞	0 — — ∞	0 — — ∞
2	Cum-s 8 Str — —	Cum-s 3 Str — —	Cum-s 2 Str — —	Cir-s 3 Cum-s — —	Cir, Cir-s WSW 3 Cum-s, Str — —	Cir-s 8 Cum-s — —
3	8 Cum-s — —	6 Cum-s — —	Cir-s 6 Cum-s — —	6 Cum-s — —	Cir 5 Cum-s — —	5 Cum-s — —
4	2 Cum-s — —	4 Str — —	3 Str — —	Cum-s 3 Str — —	Cir-s SW 3 Cum-s — —	Cum 5 Cum-s — —
5	Cum-s 4 Str — —	Cum-s 4 Str — —	Cum-s 3 Str — ⌒	7 Cum-s — —	8 Cum-s — —	6 Cum-s — —
6	10 Nim — ●	10 Str — —	Cum-s 9 Str — —	3 Str — —	Cum-s 9 Str — —	Cum-s 10 Str — —
7	10 Cum-s — —	10 Cum-s — —	10 Cum-s — —	10 Cum-s — —	10 Cum-s — —	10 Cum-s — —
8	10 Nim — ●	10 Nim — ●	Cum-s 9 Str — —	10 Str — —	10 Str — —	9 Str — —
9	3 Str — —	4 Str — —	1 Str — —	2 Str — —	4 Str — —	4 Str — —
10	8 Cum-s NW —	7 Cum-s — —	Cir-s NW 6 Cum-s — —	Cir-s NW 6 Cum-s — —	7 Cum-s — —	Cir-s, Cum 5 Cum-s NW —
11	Cum-s 5 Str — —	3 Str — —	1 Str — —	4 Str — —	4 Str — —	4 Cir-s — —
12	1 Str — —	Cir-s 2 Str — —	4 Cir-s — —	2 Cir-s — —	3 Cir-s — —	3 Cir-s — —
13	Cir-s 6 Str — —	Cir-s 6 Str — —	Cir-s 8 Cum-s, Str NW —	Cir-s 8 Cum-s, Str NW —	Cir-s 5 Cum-s NW —	Cir-s 8 Cum-s NW —
14	10 Nim NW ●	10 Nim NW — ●	Cum-s 8 Str NW —	Cum-s 9 Str NW —	Cum-s 3 Str NW —	10 Str NW —
15	5 Cum-s — —	10 Cum-s — —	Cum-s 9 Str — —	9 Cum-s — —	8 Cum-s — —	8 Cum-s — —
16	9 Cum-s N —	Cum-s 9 Str N —	Cum-s 7 Str N —	9 Cum-s N —	9 Cum-s N —	Cir-s 9 Cum-s N —
17	Cum-s 6 Str — —	Cum-s 6 Str — —	Cir-s 8 Cum-s, Str NW —	Cir-s 8 Cum-s NW —	9 Cum-s NW —	10 Str NW —
18	Cum-s 8 Str — ⌒	Cum-s 8 Str — —	7 Cum-s — —	8 Cum-s — —	9 Cum-s — —	9 Nim — —
19	Cir-s WNW 9 Str — —	Cir-s 9 Str — —	Cir-s WNW 9 Str — —	7 Cir-s WNW —	4 Cir-s WNW —	3 Cir-s WNW —
20	9 Cum-s NW —	9 Cum-s NW —	10 Str — —	10 Str — —	10 Str — —	10 Str — —
21	10 Cum-s NW —	10 Cum-s NW —	10 Cum-s WNW —	10 Cum-s WNW —	10 Cum-s — —	10 Cum-s — —
22	8 Str — —	Cum-s 8 Str — —	9 Str — —	9 Str — —	8 Str — —	9 Str — —
23	Cum-s 6 Str SSW —	Cir-s NNW 3 Cum-s, Str — —	Cir-s NNW 3 Cum-s, Str — —	Cir-s NNW 4 Cum-s — —	4 Cum-s — —	2 Cum-s — —
24	4 Cum-s — —	6 Cum-s — —	7 Cum-s — —	Cir W 9 Cum-s — —	Cir W 9 Cum-s — —	Cir SW 8 Cum-s — —
25	9 Cum-s — —	9 Cum-s — —	8 Cum-s — —	Cir-s SW 3 Cum-s — —	2 Cum-s — —	2 Cum-s — —
26	Cum-s 9 Str — —	Cum-s 7 Str — —	Cir-s NNW 3 Cum-s, Str — ⌒	Cir-s NNW 4 Cum-s, Str — —	Cir-s NNW 3 Cum-s — —	Cir-s NNW 3 Cum-s — —
27	10 Str — —	10 Str — —	10 Str — —	10 Str — —	10 Str — —	10 Str — —
28	0 — — —	0 — — —	0 — — —	0 — — ∞	0 — — ∞	4 Cir-s — ∞
29	Cum 8 Str — —	7 Str — —	Cum-s 8 Str — —	Cum-s 8 Str — —	Cum-s 8 Str — —	10 Str — —
30	4 Str — —	4 Str — —	3 Cum-s — —	3 Cum-s — —	3 Cum — —	4 Cum — —
Mean	6·2	6·1	6·1	6·0	5·8	6·2

7	8	9	10	11	Noon	Daily Amount of Dewfall.
1 Cir-s — ∞	1 Cir-s — ∞	1 Cir-s — ∞	1 Cir-s — —	1 Cir-s — —	1 Cir-s — —	in. —
3 Cum-s — —	Cir, Cir-c 3 Cum-s — —	Cir-s 3 Cum-s — —	3 Cum-s — —	Cum 5 Cum-s — Mirage	Cum 4 Cum-s — Mirage	—
Cir-s 5 Cum-s — —	Cir-s, Cum 7 Cum-s NW —	Cum 8 Cum-s — —	Cir-c NW 7 Cum-s — —	Cir-c, Nim NW 8 Cum-s — ●	Cir-c, Cir-s 8 Cum-s — —	—
Cum 3 Cum-s — —	Cir, Cir-s WSW 6 Cum, Cum-s — —	Cir, Cir-s WSW 7 Cum-s — —	Cir, Cir-s WSW 6 Cum, Cum-s — —	Cir, Cir-s SW 5 Cum, Cum-s Mirage	Cir-s 5 Cum, Cum-s, Mirage [WNW —	—
Cum-s 4 Str — —	4 Cum-s — —	4 Cum-s — —	6 Cum-s — —	Cir-c, Cum 5 Cum-s — —	Cir-c, Cum 7 Cum-s — —	—
Cum 7 Cum-s — —	Cum 8 Cum-s — —	Cum 9 Cum-s — —	Cum 9 Cum-s — —	9 Cum-s — —	10 Cum-s — —	—
9 Cum-s — —	9 Cum-s — —	9 Cum-s — —	Cir-s E 4 Cum-s — —	Cir-s SSW 5 Cum-s — —	Cir-s SSW 6 Cum-s — —	—
Cum-s 10 Str — —	Cum-s 9 Str — —	Cum-s 10 Str — —	10 Nim — ●	10 Cum-s — —	10 Cum-s — —	0·2
1 Cum-s — —	2 Cum-s — —	4 Cum-s — —	Cum 6 Cum-s — —	Cum 5 Cum-s — —	Cum 5 Cum-s — —	—
Cum 7 Cum-s — —	10 Nim — ●	7 Cum-s NW —	Cir-s, Cir-c NW 5 Cum-s — —	Cir-s NW 4 Cum-s — —	Cir-s NW 4 Cum-s — —	—
1 Cir-s — —	Cir-s — 1 Cum — —	1 Cum — —	2 Cum — —	2 Cum — —	3 Cum — —	—
2 Cir-s — —	4 Cir-s NW —	2 Cir-s NW —	3 Cir-s NW —	3 Cir-s NW —	2 Cir-s NW —	—
10 Str — —	10 Nim — ●	10 Str — —	Cum-s 9 Str — —	Cum-s 9 Str — —	Cum-s 9 Str — —	—
Cum-s 9 Str — —	Cum-s 9 Str — —	Cum-s 10 Str — —	Cum-s 9 Str — —	Cum-s 9 Str — —	Cum-s 9 Str — —	0·5
Cum 8 Cum-s — —	Cum, Cir-s SW 8 Cum-s — —	Cir-s 8 Cum-s — —	Cir-s WNW 8 Cum-s — —	Cir-s WNW 9 Cum-s — —	Cir-s WNW 9 Cum-s — —	0·1
7 Cum-s NW —	Cir-s NW 3 Cum-s, Str — —	Cir-s NW 2 Cum-s, Str — —	Cir-s NW 3 Cum-s, Str — —	Cum — 6 Cum-s NW —	Cir-c NW 7 Cum, Cum-s — —	—
10 Nim — ●	10 Nim — ●	10 Nim WSW ●	10 Nim WSW ●	Cum-s 9 Nim WNW —	9 Cum-s WNW —	0·8
10 Nim — ●	10 Nim — ●	Cum-s 9 Nim — ●	Cum 9 Cum-s — —	Cir-c NW 8 Cum-s — —	Cir-c WSW 8 Cum-s — —	9·0
2 Cir-s — —	Cir-s W 2 Cum-s — —	Cum, Cir-s W 3 Cum-s — —	Cum, Cir-s W 2 Cum-s — —	Cum, Cir-s W 2 Cum-s — —	Cum, Cir-s W 3 Cum-s — —	0·2
10 Cum-s — —	9 Cum-s — —	Cum-s — 9 Nim — ●	10 Cum-s W —	10 Nim W ●	10 Nim W ●	—
10 Cum-s — —	10 Cum-s — —	9 Cum-s — —	Cum-s 9 Str — —	Cir-s NW 8 Cum-s — —	Cir-s NW 7 Cum-s — —	0·4
9 Cum-s — —	Cum-s — 10 Str — —	Cum-s — 9 Str — —	Cum-s 9 Str — —	Cum-s — 9 Str — —	Cum-s 9 Str — —	0·4
1 Str — —	1 Str — —	1 Cum-s — —	2 Cum-s WSW —	3 Cum WSW —	4 Cum-s WSW —	—
Cir-s SW 6 Cum-s — ∞	Cir-s WSW 7 Cum, Cum-s — ∞	Cir-s WSW 5 Cum-s — ∞	Cir-s WSW 3 Cum-s — ∞	Cir-c 3 Cum-s — ∞	Cir-c, Cir-s SW 5 Cum-s — ∞	—
Cir-c 1 Cir-s W —	1 Cir-s — —	Cir-s 1 Cum-s WNW —	Cir-s 1 Cum WNW —	Cir-s 2 Cum WNW —	Cum 3 Cum-s WNW —	—
Cir-s 7 Cum-s — —	Cir-s 7 Cum-s — —	Cir-s 8 Cum-s — —	Cir-s 8 Cum-s — ○	Cir-s 8 Cum-s — ○	Cum-s 9 Nim — ●	—
10 Str — —	10 Str — —	10 Str — —	10 Str — —	10 Str — —	10 Str — —	—
1 Cum-s — —	1 Cum — —	Cum 1 Cum-s — —	Cum 1 Cum-s — —	1 Cum-s — —	Cir-s 1 Cum-s — —	—
9 Str — —	9 Str — —	9 Str — —	10 Nim — ●	10 Cum-s — —	10 Nim — ●	—
3 Cum-s — —	3 Cum-s — —	Cir-s 4 Cum-s — —	3 Cum-s — —	2 Cum — —	Cir-s 4 Cum — —	2·8
5·9	6·1	6·1	5·9	5·9	6·4	14·3

June 1883—*continued.*

Day.	1	2	3	4	5	6
1	Cir-s 1 Cum-s — —	Cir-s 2 Cum-s — —	Cir-s NW 2 Cum-s — ∞	Cir-s NW 2 Cum-s — —	Cir-s NW 2 Cum-s — —	Cir-s NW 2 Cum-s — —
2	Cum 4 Cum-s — —	Cum-s 8 Nim — —	Cum 8 Cum-s — T ●	Cum-s 7 Nim — —	7 Cum-s — —	7 Cum-s — —
3	Cir-s 7 Cum-s — —	Cum 8 Cum-s — —	Cum 7 Cum-s — —	5 Cum-s — —	4 Cum-s — —	Cir-c 5 Cum-s — Mirage
4	Cir, Cir-s 6 Cum, Cum-s WNW —	Cum, Cir-s 8 Cum-s WNW —	8 Cum-s WNW —	9 Cum-s WNW —	9 Cum-s WNW —	8 Cum-s WNW —
5	8 Cum-s — —	Cum-s 5 Str — —	Cum-s 7 Str — —	8 Cum-s — —	8 Cum-s — —	Cum-s 9 Str — —
6	10 Cum-s — —	10 Cum-s — —	10 Cum-s — —	10 Nim — ●	9 Nim — ●	Nim 9 Cum-s — ●
7	Cir-s 4 Cum-s SSW —	Cir-s 3 Cum-s SSW —	Cir-s 2 Cum-s SSW —	Cir-s, Cir-c 2 Cum-s SSW —	Cir-s, Cir-c 7 Cum-s SSW —	Cum-s 9 Str SSW —
8	10 Cum-s — —	10 Cum-s — —	10 Cum-s — —	Nim 10 Cum-s — ●	9 Cum-s — —	9 Cum-s — —
9	Cum 5 Cum-s — —	Cum 7 Cum-s — —	Cum 7 Cum-s — —	Cum 6 Cum-s NW —	Cum 5 Cum-s NW —	Cum 5 Cum-s NW —
10	Cir, Cir-s 3 Cum, Cum-s NW —	Cum, Cir-s 3 Cum-s NW —	Cum, Cir-s 2 Cum-s NW —	Cum 2 Cum-s NW —	Cum 2 Cum-s NW —	Cum 2 Cum-s NW —
11	3 Cum — —	3 Cum — —	3 Cum — —	2 Cum — —	2 Cum — —	1 Cum — —
12	1 Cir-s — —	1 Cir-s — —	1 Cum — —	1 Cum — —	1 Cum-s — —	1 Cum-s — —
13	Cum-s 9 Str NW —	10 Nim NW ●	Cum-s 9 Str NW —	Cum-s 10 Str NW —	10 Str NW —	10 Str — —
14	Cum-s 9 Str — —	10 Nim — ●	Cum-s 9 Nim — —	9 Cum-s — —	9 Cum-s — —	10 Nim — ●
15	Cir-s WNW 9 Cum-s, Str — —	Cir-s WNW 9 Cum-s — —	Cir-s WNW 9 Cum-s — —	Cir-s WNW 9 Cum-s — —	Cir-s WNW 9 Cum-s — —	Cir-s WNW 9 Cum-s — —
16	9 Cum-s NW —	9 Cum-s NW —	9 Cum-s NW —	Cum 5 Cum-s NW —	Cum 6 Cum-s NW —	10 Cum-s — —
17	9 Cum-s — —	7 Cum-s — —	Cum-s 9 Nim — ●	6 Cum-s — —	5 Cum-s — —	Cir-s 5 Cum-s — —
18	Cir-c WSW 7 Cum-s — —	Cir-c WSW 5 Cum-s — —	Cir WNW 6 Cum-s — —	Cum, Cir WNW 5 Cum-s — —	Cir-s, Cir WNW 6 Cum-s — —	Cir-s, Cir WNW 7 Cum-s — —
19	Cir-s W 3 Cum, Cum-s — —	Cum, Cir-s W 3 Cum-s — —	Cum, Cir-s W 3 Cum-s — —	Cum, Cir-s W 3 Cum-s — —	Cum, Cir-s SW 3 Cum-s — —	Cum, Cir-s SW 3 Cum-s — —
20	10 Cum-s W —	10 Nim W ●	10 Cum-s W —	10 Nim W ●	10 Nim W ●	9 Nim W ●
21	Cum-s 9 Nim — ●	Cum-s 9 Nim — ●	Cum 7 Cum-s — —	Cir NW 6 Cum-s — —	Cum 6 Cum-s — —	Cum-s 9 Str — —
22	Cum-s 8 Str — —	Cir-c SE 6 Cum-s — —	Cum 6 Cum-s — —	Cum 7 Cum-s — —	Cum 6 Cum-s — —	Cum-s 7 Nim — ●
23	Cum-s 7 Nim — —	Cum-s 8 Nim — ●	Cum-s 8 Nim — ●	5 Cum-s — —	Cir 8 Cum-s — —	Cir 8 Cum-s — —
24	Cir-s S 8 Cum-s — ∞	Cir-s S 8 Cum-s — ∞	Cir-s S 9 Cum-s — ∞	Cir-s WNW 9 Cum-s — ∞	Cir-s 9 Cum-s — ∞	Cir-s, Cir-c SSE 9 Cum-s — ∞
25	Cum 3 Cum-s WNW —	Cum 3 Cum-s WNW —	Cum, Cir-c 4 Cum-s WNW —	Cir-c, Cir-s 5 Cum, Cum-s WNW —	Cum, Cir-c 7 Cum-s WNW —	Cir-s, Cir-c 7 Cum, Cum-s WNW —
26	Cum 9 Cum-s — T	Cum 9 Cum-s NE —	Cum-s 9 Nim E —	Cum-s 9 Nim — —	9 Cum-s — —	9 Cum-s — —
27	10 Str — —	10 Str — —	9 Cum-s — —	Cum 9 Cum-s — —	Cum 6 Cum-s — —	Cum 6 Cum-s — —
28	Cir-s 1 Cum-s — —	Cir-s 1 Cum-s — —	Cir-s 1 Cum-s — —	Cir-s 1 Cum-s — —	Cir-s 1 Cum-s — —	Cir-s 1 Cum-s — —
29	10 Nim — ●	10 Nim — ●	10 Nim — ●	10 Cum-s — —	10 Cum-s — —	10 Cum-s — —
30	Cir-s, Cir 8 Cum — ○	Cir-s, Cir 8 Cum — ○	Cir-s, Cir 7 Cum — —	Cir-s, Cir 8 Cum — ○	Cir-s, Cir 8 Cum-s — —	Cir-s, Cir 8 Cum-s — —
Mean	6·7	6·8	6·7	6·5	6·4	6·3

Sum of Hydrometeors: 36 ●, 3 ⌓, 2 ⌣, 23 ∞.

7			8			9			10			11			Midnight.			Mean Daily Amount of Cloud.
Cir-c 4 Cum-s	—	—	5 Cum-s	—	—	4 Cum-s	—		Cir-c 5 Cum-s, Str	—	—	Cum-s 3 Str	NW		Cum-s 2 Str	NW	—	1·7
Cir-s 6 Cum-s	NW	—	4 Cum-s	—	—	3 Cum-s	—	—	5 Cum-s	NW	—	Cum-s 7 Str	NW	—	9 Cum-s	NW	—	4·6
Cir-c 5 Cum-s	WNW	—	Cir-c 6 Cum-s	WNW	— Mirage	Cir-s 4 Cum-s	WNW	— Mirage	5 Cum-s	—	—	Cir-c 4 Cum-s	SW	—	3 Cum-s	—	—	5·9
5 Cum-s	WNW	—	5 Cum-s	—	—	Cum-s 7 Str	—	—	Cum-s 4 Str	—	—	Cum-s 4 Str	—	—	Cum-s 4 Str	—	—	5·6
9 Cum-s	—	—	10 Str	—	—	10 Str	—	—	10 Str	—	—	Cum-s 10 Str	—	—	10 Nim	—	●	6·8
Cum-s 9 Str	—	—	Cum-s 9 Str	—	—	Cum-s 9 Str	—	—	10 Cum-s	—	—	10 Cum-s	—	—	10 Cum-s	—	—	4·9
Cum-s 9 Str	SSW	—	Cum-s 9 Str	SSW	—	Cum-s 9 Str	SSW	—	Cir-c 10 Cum-s, Str	—	—	Cum-s 10 Str	—	—	10 Str	—	—	7·8
Cum-s 9 Str	—	—	Cir-c 9 Cum-s, Str	NW	—	Cum-s 9 Nim	NW	●	Cum-s 9 Str	—	—	Cum-s 9 Str	—	—	7 Str	—	—	9·5
Cum 4 Cum-s	NW	—	Cum 4 Cum-s	NW	—	Cir-s 6 Cum-s, Str	NW	—	Cum-s 6 Str	NW	—	Cum-s 9 Nim	NW	—	9 Cum-s	NW	—	4·4
Cum 5 Cum-s	—	—	5 Cum-s	—	—	Cum-s 5 Str	—	—	Cum-s 7 Str	—	—	Cum-s 6 Str	—	—	Cum-s 5 Str	—	—	4·5
Cir-s 1 Cum	—	—	1 Cum	—	—	1 Cum-s	—	—	Cum-s 2 Str	—	—	1 Str	—	—	1 Str	—	—	4·7
Cir-s 1 Cum-s	—	—	Cir-s 1 Cum-s	—	—	Cir, Cir-s 4 Str	NW	—	Cir-s 4 Str	NW	—	Cir-s 3 Str	—	—	Cir-s 6 Str	—	—	3·5
10 Nim	—	●	10 Cum-s	—	—	10 Cum-s	—	—	10 Nim	—	●	10 Nim	NW	●	10 Nim	NW	●	8·1
10 Str	—	—	10 Str	—	—	10 Nim	—	●	Nim 10 Str	—	●	Cum-s 10 Str	—	—	Cum-s 10 Str	—	—	9·4
Cir-s 7 Cum-s	NW	—	8 Cum-s	—	—	7 Cum-s	—	—	8 Cum-s	—	—	9 Cum-s	N	—	9 Cum-s	N	—	8·3
5 Cum-s	NW	—	Cir-s 6 Cum-s	NW	—	Cir-s 8 Cum-s	NW	—	Cir-s 5 Cum-s, Str	NW	—	Cum 8 Cum-s, Str	NW	—	Cum-s 9 Str	NW	—	7·2
Cum 5 Cum-s	—	—	3 Cum-s	—	—	Cir-s 7 Cum-s	NW	—	Cum 8 Cum-s	NW	—	Cum-s 3 Str	NW	—	Cum-s 2 Str	—	—	6·8
Cir, Cir-s 7 Cum-s	WNW	—	Cir, Cir-s 8 Cum-s	WNW	—	Cir, Cir-s 8 Cum-s	WNW	—	Cir-s 6 Str	WNW	—	Cir-s 8 Str	WNW	—	Cir-s 9 Str	WNW	—	7·2
Cum, Cir-s 5 Cum-s	—	—	Cir-s 4 Cum-s	—	—	Cir-s 4 Str	—	—	4 Str	NW	—	Cum 6 Cum-s, Str	NW	—	Cum-s 7 Str	NW	—	4·3
9 Cum-s	NW	—	10 Cum-s	NW	—	9 Cum-s	NW	—	10 Cum-s	NW	—	10 Cum-s	NW	—	10 Cum-s	NW	—	9·7
Cum-s 10 Str	—	—	9 Cum-s	—	—	9 Cum-s	—	—	8 Cum-s	—	—	Cum-s 9 Str	—	—	Cum-s 10 Str	—	—	8·9
Cum-s 8 Nim	—	●	Cum-s 9 Nim	—	—	9 Cum-s	SW	—	Cum-s 9 Nim	SW	●	9 Str	SSW	—	Cum-s 7 Str	SSW	—	8·2
Cir-c 5 Cum-s, Str	WNW	—	Cum 9 Cum-s, Str	—	—	Cum-s 9 Str	—	—	10 Str	—	—	Cum-s 10 Str	—	—	8 Cum-s	—	—	8·4
Cir-c 9 Cum-s	SSE	∞	12 Nim	—	●	Cum-s 10 Str	—	—	Cum-s 10 Str	—	—	Cum-s 10 Nim	—	●	9 Cum-s	SW	—	7·6
Cir-s, Cir-c 8 Cum-s	SW	—	Cir-s, Cir-c 5 Cum-s	SW	—	Cir-s 9 Cum-s	SW	—	9 Cum-s	—	—	Cum-s 9 Str	—	—	Cum-s 9 Str	—	—	5·2
Cir-s 9 Cum-s	—	—	Cum-s 9 Str	—	—	Cum-s 9 Str	—	—	Cum-s 9 Str	—	—	Cum-s 10 Str	—	☈	10 Str	—	—	7·9
Cum 3 Cum-s	—	—	Cum-s 1 Str	—	—	Cum-s 1 Str	—	—	1 Str	—	—	1 Cum	—	—	1 Str	—	—	2·4
Cir-s 2 Cum-s	—	—	Cir-s 2 Cum-s	—	—	3 Str	—	—	2 Str	—	—	3 Str	—	—	6 Str	—	—	1·1
9 Cum-s	NW	—	9 Cum-s	NW	—	Cum-s 8 Str	NW	—	Cum-s 5 Str	—	—	2 Str	—	—	2 Str	—	—	5·4
Cum-s 10 Str	—	—	Cum-s 9 Nim	—	●	9 Cum-s	—	—	Cum-s 7 Str	—	—	9 Cum-s	—	—	Cum-s 9 Str	—	—	5·6
6·8			6·8			6·8			7·0			7·1			6·9			6·4

Amount, Form, and Direction of Clouds, &c.

July 1883.

Days.	1			2			3			4			5			6		
1	Cum-s 8 Str	—	—	Cum-s 8 Str	—	—	Cum 3 Str	—	—	Cum 8 Str	—	—	Cir-s 5 Cum-s	—	—	Cir-s, Cir 5 Cum-s	—	—
2	7 Str	—	—	5 Str	—	—	4 Str	—	—	1 Str	—	—	4 Str	—	—	1 Str	—	—
3	Cum-s 9 Str	—	—	10 Str	—	—	Cum-s 8 Str	—	—	Cir-s 7 Str	—	—	Cir-s 9 Str	—	—	Cir-s 8 Cum	—	—
4	4 Str	—	—	Cum-s 6 Str	—	—	Cir 7 Cum-s	NW	—	Cir 8 Cum-s	N	—	8 Cum-s	—	—	Cum 3 Cum-s	—	—
5	Cum 9 Str	NW	—	Cum 9 Str	NW	—	8 Cum-s	NW	—	9 Cum-s	NW	—	9 Cum-s	NW	—	Cum-s 10 Str	NW	—
6	1 Str	—	—	2 Str	—	—	Cir-c 9 Str	NW	—	5 Cum-s	NW	—	Cum, Cir-s 7 Cum-s	NW	—	4 Cum-s	NW	—
7	3 Cum-s	NW	—	4 Str	—	—	7 Str	—	—	Cir-s 5 Str	—	—	Cir-s 7 Str	—	—	Cir-c 4 Cum-s	NW	—
8	Cum-s 6 Str	—	—	Cum-s 6 Str	—	—	Cir-c 5 Cum-s, Str	N	≡	Cir-c 6 Cum-s, Str	N	—	Cir-c 5 Cum-s, Str	N	—	9 Cum-s	—	—
9	Cum-s 3 Str	—	—	Cum-s 5 Str	—	—	Cum-s 5 Str	—	—	Cum-s 9 Str	—	—	9 Cum-s	—	—	9 Cum-s	—	—
10	5 Cum-s	—	—	3 Cum-s	—	—	5 Cum-s	—	—	Cum-s 5 Str	—	—	Cum-s 5 Str	—	—	Cum-s 5 Str	—	∞
11	10 Nim	—	●	10 Nim	—	●	10 Nim	—	⌒ ●	10 Nim	—	●	10 Nim	—	●	10 Nim	—	●
12	Cum-s 3 Str	—	—	Cum-s 7 Str	—	—	4 Str	—	—	4 Str	—	—	Cum-s 3 Str	—	—	Cum-s 4 Str	—	—
13	3 Cum-s	SW	—	4 Cum-s	—	—	3 Cum-s	—	—	3 Cum-s	—	—	3 Cum-s	—	—	3 Cum-s	—	—
14	Cum-s 9 Str	—	—	9 Cum-s	—	—	Cum-s, Str 6 Cum-s	—	—	Cum 6 Cum-s	—	—	Cum, Cir-s 5 Cum-s	—	—	Cum 5 Cum-s	—	—
15	Cum-s 4 Str	—	⊔	Cum-s 6 Str	—	≏	4 Str	—	—	Cir-c 4 Str	ENE	—	Cir-c 4 Cum-s	ENE	—	Cir-s 4 Cum-s	—	—
16	1 Str	—	—	4 Str	—	≏	4 Str	—	—	2 Str	—	—	4 Cir-s	—	—	4 Cir-s	—	—
17	Cum-s 4 Str	—	—	Cum-s 4 Str	—	≏	Cum 1 Str	—	—	Cum 5 Str	—	—	Cum-s 4 Str	—	—	4 Cum-s	—	—
18	0 —	—	—	0 —	—	—	0 —	—	∞	0 —	—	∞	0 —	—	∞	0 —	—	∞
19	Cir-s 5 Cum-s	—	—	Cir-s 5 Cum-s	—	—	Cir-c 7 Cum-s	NW	—	Cir-c 7 Cum-s	NW	—	Cir-c 5 Cum-s	NW	—	Cir-s 3 Cum-s	—	—
20	10 Str	—	≏ ∞	3 Str	—	∞	4 Str	—	∞	2 Str	—	∞	1 Str	—	∞	10 Str	—	∞
21	10 Str	—	∞	10 Str	—	∞	10 Str	—	—	10 Str	—	—	9 Str	—	—	Cir, Cir-c 9 Cum-s, Str	—	—
22	7 Cum-s	—	—	7 Cum-s	—	—	9 Cum-s	—	—	Cir-c 7 Cum-s	SW	—	Cum-s 9 Str	—	∞	Cum-s 9 Str	—	—
23	Cum-s 10 Str	—	—	Cum-s 10 Str	—	—	Cum-s 10 Str	—	—	Cum-s 9 Str	—	—	Cum 9 Cum-s	—	—	Cir-s 6 Cum-s	—	—
24	Cum-s 7 Str	—	—	Cum-s 7 Str	—	—	8 Cum-s	—	—	Cum-s 9 Nim	—	●	9 Cum-s	—	—	9 Cum-s	—	—
25	9 Cum-s	—	—	9 Cum-s	—	—	Cum-s 9 Str	—	—	Cum-s 9 Str	—	—	10 Nim	—	●	10 Nim	—	●
26	Cum-s 6 Str	—	⊔	Cum 3 Str	—	—	Cum-s 7 Str	—	—	Cir, Cir-s 2 Str	NW	—	Cir-s 2 Str	SW	—	Cum-s 3 Str	—	—
27	9 Str	—	—	10 Str	—	—	9 Cum-s	—	—	Nim 9 Cum-s	—	●	Cum-s 9 Nim	—	●	Cum-s 9 Nim	—	●
28	4 Cum-s	—	—	4 Cum-s	—	—	Cum-s 6 Str	—	—	6 Str	—	≏ ≡	Cum-s 3 Str	—	∞	Cum-s 3 Str	—	∞
29	1 Str	—	⊔	8 Str	—	—	1 Str	—	—	8 Str	—	≏	3 Str	—	—	1 Cir-s	—	—
30	1 Str	—	⊔	5 Str	—	—	Cir-s 5 Str	—	—	Cir-s 4 Str	—	—	Cir, Cir-s 6 Str	—	—	Cir, Cir-s 4 Str	—	—
31	3 Str	—	—	8 Str	—	—	7 Str	—	—	4 Str	—	∞	Cum-s 9 Str	—	∞	Cum-s 9 Str	—	∞
Mean .	5·8			5·8			5·6			5·7			5·7			6·0		

7	8	9	10	11	Noon.	Daily Amount of Downfall.
Cir-s NW 7 Str — —	Cir-s NW 8 Str — —	Cir-s NW 7 Str — —	Cir, Cir-s NW 7 Str — —	Cir, Cir-s NW 6 Str — —	Cir, Cir-s NW 6 Str — —	in. —
0 — — —	0 — — —	1 Cum — —	1 Cum W —	Cir-s 3 Cum W —	Cir 4 Cum W —	—
Cir-s 8 Cum — —	Cir-s 7 Cum — —	Cir-s, Cir-c NW 9 Cum — —	Cum 9 Cum-s — —	Cum 9 Cum-s NW —	Cum, Cir-s 9 Cum-s NW —	—
Cum 9 Cum-s — —	Cum 6 Cum-s — —	Cum 2 Cum-s — —	4 Cum — —	4 Cum — —	4 Cum — —	—
Cum-s 9 Str NW —	Cum-s 9 Str NW —	Cum-s 9 Str NW —	9 Str NW —	Cir-c 8 Cum-s, Str WNW —	Cum-s 9 Str WNW —	—
Cir-s 2 Cum — —	Cir-s 2 Cum — —	5 Cir-s SW —	Cir NW & S 5 Cum — —	Cir S & WNW 8 Cum — —	Cir S 8 Cum — —	—
Cir-s NW 2 Str — —	Cir-s NW 3 Cum-s — —	Cir-s, Cir-c NW 4 Cum-s — —	Cir-c NW 6 Cum-s — —	Cum, Cir-c NW 6 Cum-s — —	Cir, Cir-c NW 6 Cum, Cum-s — —	1·8
8 Cum-s — —	9 Cum-s — —	9 Cum-s — —	Cir, Cir-c NW 5 Cum, Cum-s — —	Cir, Cir-c NW 8 Cum, Cum-s — —	Cir, Cir-c NW 8 Cum, Cum-s ENE —	—
9 Cum-s — —	Cum 3 Cum-s — —	3 Cum-s — —	Cum 4 Cum-s — —	Cum 3 Cum-s — —	Cum 6 Cum-s — —	—
Cir-s W 6 Cum-s — ∞	Cir-s W 7 Cum-s — ∞	Cir-s W 3 Cum-s, Str — ∞	Cum-s 9 Str — —	Cum-s 9 Str — —	Cum-s 10 Str — —	—
10 Nim — ●	10 Nim — ●	10 Nim — ●	10 Nim — ●	10 Nim — ●	10 Nim — ●	7·5
Cum 5 Cum-s — —	Cum 5 Cum-s — —	Cum 3 Cum-s — —	Cum 2 Cum-s — —	Cum 2 Cum-s — —	Cum 2 Cum-s — —	1·3
Cum 2 Cum-s — —	Cum 4 Cum-s — —	Cum 6 Cum-s ESE —	Cum 9 Cum-s ESE ●	Cum 3 Cum-s — —	Cum 3 Cum-s — —	—
Cum 7 Cum-s — —	Cir-s ESE 7 Cum — —	Cir-s ESE 3 Cum NE —	Cir-c 8 Cum NE —	Cir-c 8 Cum NE —	Cir-c 8 Cum NE —	—
8 Cum — —	5 Cum-s NE —	3 Cum NE —	5 Cum NE —	Cir-c 7 Cum ENE —	Cir-c 8 Cum — —	—
1 Cir-s — —	1 Cum — —	2 Cum — —	2 Cum — —	5 Cum — —	3 Cum — —	—
1 Cum-s — —	1 Cum-s — —	2 Cum — —	3 Cum — —	4 Cum — ∞	4 Cum — ∞	—
1 Cir-s — ∞	1 Cir-s — ∞	Cir-s 1 Cum — ∞	2 Cum — ∞	3 Cum — ∞	3 Cum — ∞	—
Cum-s 9 Str — ∞	Cum-s 9 Str — ∞	Cum-s 10 Str — ∞	Cum-s 10 Str — ∞	Cum-s 10 Str — ∞	Cum-s 9 Str — ∞	—
4 Str — ∞	4 Str — ∞	3 Str — ∞	Cir-s 4 Str — ∞	Cir-s 3 Str — ∞	Cir-s 5 Str — ∞	—
Cir-c 9 Str — ∞	Cir-c 9 Cum-s — ∞	Cir-s 9 Cum-s — ∞	Cir-c SW 9 Cum-s — ∞	Cir-s, Cir-c SW 9 Cum-s — ∞	Cir S 9 Cum-s — ∞	—
10 Str — —	Cum 9 Cum-s — —	Cum 5 Cum-s — —	Cir-c, Cir-s SSW 7 Cum, Cum-s — —	Cum-s 10 Str — —	Cum-s 9 Str — —	—
Cir-c SW 6 Cum-s — —	Cir-s SW 6 Str — —	Cir-c SW 5 Str — —	Cir-c, Cir-s SW 6 Cum, Str — —	Cir-s SW 5 Cum-s — —	Cir-s SW 6 Cum — —	—
9 Cum-s — —	Cum 9 Cum-s — —	Cum 9 Cum-s — —	Cum 8 Cum-s — —	Cum 8 Cum-s — —	Cum 8 Cum-s — —	2·4
10 Nim — ●	10 Nim — ●	10 Str — —	10 Str — —	10 Str — —	10 Str — —	9·8
Cum-s 8 Str — —	Cum-s 9 Str — —	Cum-s 9 Str — —	9 Cum-s — —	9 Cum — —	8 Cum — —	—
Cum-s 9 Nim — ●	6 Cum-s — —	Cir-c 7 Cum-s — —	Cir-c WNW 7 Cum — —	Cir-c WNW 8 Cum — —	Cir-c WNW 7 Cum — —	0·9
1 Cum — —	2 Cum — —	2 Cum — —	3 Cum — —	3 Cum — —	3 Cum — —	3·9
1 Cir-s — —	1 Cir-s — —	1 Cir-s — —	1 Cir-s — —	1 Cir-s — —	1 Cir-s — —	—
Cir 2 Cir-s — —	Cir-s 2 Cum — —	Cir-s 2 Cum-s — —	Cir 2 Cir-s — —	Cir 2 Cir-s — —	Cir 2 Cir-s — —	—
Cum-s 9 Str — ∞	Cum-s 9 Str — ∞	Cum-s 10 Str — ∞	Cum-s 10 Str S ∞	Cum-s 9 Str S ∞	Cum-s 8 Cum S ∞	—
5·8	5·8	5·9	6·3	6·1	6·5	18·8

July 1883—continued.

Day.	1	2	3	4	5	6
1	Cir 7 Cir-s — —	Cir 7 Cir-s SW —	Cir 7 Cir-s — —	Cir 6 Cir-s — —	Cir 4 Cir-s SW —	Cir 3 Cir-s SW —
2	Cir 5 Cum W —	Cir-s 6 Cum W —	Cir-s 6 Cum W —	Cir-s, Cum 7 Cum-s W —	Cir-s, Cum 7 Cum-s W —	Cir-s 8 Cum W —
3	10 Nim — ●	Cum-s 10 Nim — ●	Cum 9 Cum-s — —	Cum 8 Cum-s — —	Cum, Cir-c NW 9 Cum-s — —	Cum, Cir-s 8 Cum-s — —
4	4 Cum — —	4 Cum — —	4 Cum — —	3 Cum — —	3 Cum — —	Cum 7 Cum-s — —
5	Cum-s 8 Str WNW —	9 Cum-s WNW —	5 Cum-s WNW —	8 Cum-s WNW —	8 Cum-s WNW —	7 Cum-s WNW —
6	Cir-s 9 Cum SW —	Cir-s 9 Cum-s SW —	Cir-s 9 Cum SW —	Cir-s 9 Cum-s SW —	Cir-s 9 Cum-s — —	Cum-s 9 Str — —
7	Cir, Cir-c NW 5 Cum, Cum-s — —	Cir, Cir-c NW 6 Cum, Cum-s — —	Cir, Cir-c NW 8 Cum, Cum-s — —	Cir, Cir-c NW 7 Cum-s — —	Cir, Cir-c NW 4 Cum-s — —	Cir-c NW 6 Cum-s — —
8	Cir NW 7 Cum-s, Cum ENE —	Cir-c, Cum 7 Cum-s — —	Cum 3 Cum-s — —	5 Cum-s — —	3 Cum-s — —	7 Cum-s — —
9	Cum 7 Cum-s — —	Cum 6 Cum-s — —	Cum 5 Cum-s — —	Cum 4 Cum-s — —	3 Cum — —	3 Cum — —
10	10 Str — —	10 Str — —	10 Str — —	10 Str — —	10 Nim — ●	10 Nim — ●
11	10 Nim — ●	10 Nim — —	10 Cum-s — —	10 Cum-s — —	10 Cum-s — —	10 Cum-s — —
12	Cum 1 Cum-s — —	Cum 1 Cum-s — —	Cum 1 Cum-s — —	Cum 1 Cum-s — —	2 Cum — —	5 Cum — —
13	Cum 5 Cum-s — —	Cum 5 Cum-s E —	Cum 7 Cum-s E —	Cum 7 Cum-s E —	Cum 7 Cum-s E —	Cum 5 Cum-s E —
14	Cir-c 5 Cum NE —	Cir-c 5 Cum NE —	Cir-c 8 Cum NE —	Cir-s 8 Cum — —	Cir, Cir-s 7 Cum — —	Cir, Cir-s 7 Cum — —
15	4 Cum —	[illegible] Cum NE —	6 Cum NE —	Cir-s 6 Cum NE —	Cir-s 4 Cum — —	Cir-s 3 Cum — —
16	3 Cum — —	5 Cum — —	3 Cum — —	2 Cum — —	2 Cum — —	2 Cum — —
17	4 Cum — —	3 Cum — —	3 Cum — —	3 Cum — —	3 Cum — —	2 Cum — —
18	Cir-s 3 Cum — ∞	Cir-s 3 Cum — ∞	Cir-s 4 Cum — ∞	Cir-s, Cir SW 6 Cum — ∞	Cir-s, Cir WSW 9 Cum — —	Cir-s, Cir 9 Cum — —
19	Cir-c NW 5 Cum, Cum-s — ∞	Cir-c NW 4 Cum, Cum-s — ∞	Cir-c NW 5 Cum, Cum-s — ∞	Cum 8 Cum-s — ∞	Cir-s 6 Cum, Cum-s — ∞	Cum-s 6 Str — ∞
20	Cir-s 5 Str — ∞	Cir-s 5 Str — ∞	Cir-s 6 Str — ∞	Cir-s 6 Str — ∞	Cir-s 7 Str — ∞	Cir-s 5 Str — ∞
21	Cir-s 9 Cum-s — ∞	Cir-s 9 Cum-s — ∞	Cir-s 9 Cum-s — —	Cir-s 9 Cum-s — —	Cir-s 9 Cum-s — —	Cir-s 9 Cum-s, Str — —
22	Cum-s 10 Str — —	Cir-s, Cir-c SSW 9 Cum, Cum-s — —	Cir-s, Cir-c WSW 5 Cum — —	Cir-s WSW 4 Cum — —	Cir-s SW 5 Cum — —	Cir-s, Cir-c SSW 6 Cum — —
23	5 Cum — —	Cum 8 Cum-s — —	Cum 9 Cum-s — —	Cum-s 9 Nim — ●	Cum-s 9 Nim — —	Cum-s 9 Nim — —
24	Cum 8 Cum-s — —	Cir WNW 7 Cum — —	6 Cum — —	Cir-c WNW 7 Cum — —	Cir-c WNW 6 Cum — —	Cum 7 Nim — ●
25	10 Str — —	10 Str — —	10 Str — —	10 Str — —	10 Str — —	10 Str — —
26	8 Cum — —	Cir-s WNW 8 Cum — —	Cir-s WNW 8 Cum — —	Cir-s 9 Cum — —	Cir-s 9 Cum-s — —	Cir-s, Cir-c 8 Cum-s — —
27	Cum 9 Cum-s — T	Nim 9 Cum-s — R ●	Nim 10 Str — ●	Cum-s 10 Nim — ●	Cum-s 10 Nim — ●	Cum-s 9 Nim — ●
28	3 Cum — —	2 Cum — —	2 Cum — —	2 Cum — —	Cum 2 Cum-s — —	Cum 1 Cum-s — —
29	1 Cir-s — —	Cir NW 1 Cir-s — —	Cir NW 2 Cir-s — —	Cir NW 2 Cir-s — —	Cir 3 Cir-s — —	Cir 2 Cir-s — —
30	Cir-s 2 Cum-s — —	Cir-s 2 Cum-s — —	Cir-s 2 Cum-s — —	Cir-s 2 Cum-s — —	Cir-s 3 Cum-s — —	Cir, Cir-s SW 6 Cum-s — —
31	Cir-c S 2 Cum, Cum-s — —	Cir-c S 4 Cum-s — —	Cir-c S 4 Cum-s — —	Cir-c S 4 Cum-s — —	Cir-s, Cir-c 2 Str — —	Cir-s [illegible] Str — —
Mean	6·4	6·2	6·3	6·3	6·1	6·4

Sums of Hydrometeors: 46 ●, 10 ⩍, 1 ⊢, 96 ∞, 1 ≣.

July 1883—continued.

7	8	9	10	11	Midnight	Mean Daily Amount of Cloud.
Cir 2 Cir-s WSW —	Cir 3 Cir-s WSW —	Cir 2 Cir-s W —	Cir-s W 4 Str — —	Cir-s W 5 Str — —	1 Str — —	6·5
Cum-s 9 Nim NW ●	Cum-s 9 Nim NW ☈ ●	Cum-s 9 Nim NW ●	Cum 9 Cum-s — —	Cum-s 10 Str NW —	Cum-s 9 Str — —	4·7
Cir-s, Cir-c NW 6 Cum, Cum-s — —	Cir-s NW 7 Cum, Cum-s — —	Cum 4 Cum-s — ⌒	Cum 3 Cum-s — —	2 Cum-s — —	Cir-s, Cum-s 5 Str — —	3·5
2 Cum — —	2 Cum — —	2 Str — —	5 Str — —	1 Str — —	Cum-s 2 Str NW —	4·2
Cir-c 3 Cum-s WSW —	8 Cum-s NW —	7 Cum-s NW ○	4 Cum-s — —	Cum-s 1 Str — —	1 Str — —	[illegible]
10 Cum — ● ☈	Cum-s 9 Str — —	Cum-s 7 Str — ⌒ T ○	Cir-c NW 4 Cum-s, Str — —	Cum-s 9 Nim — ☈	Cum-s 7 Nim — ●	6·5
Cir-s NW 7 Cum-s — —	Cir-s, Cir-c NW 6 Cum-s — —	Cir-c NW 8 Cum-s — —	Cum-s 8 Str — —	Cum-s 8 Str — —	Cum-s 7 Str — —	5·4
8 Cum-s — —	Cum 9 Cum-s — —	Cum 9 Cum-s — —	Cum 9 Cum-s — ⌓	Cum-s 9 Str — —	Cum-s 9 Str — —	7·7
Cum 5 Cum-s NW —	Cir-s 3 Cum, Cum-s NW —	Cir, Cir-s 6 Cum-s NW —	Cir-s, Cum 1 Cum-s WNW —	3 Cum-s — —	5 Cum-s — —	5·5
Cum-s 10 Str — —	10 Nim — ●	Nim 10 Str — ●	Cum-s 10 Nim — —	Nim 10 Str — ●	10 Nim — ●	7·9
10 Cum-s — —	Cum-s 9 Str SE —	Cum-s 9 Str SE —	10 Str SE —	10 Str — —	10 Str — —	9·9
6 Cum — —	Cum 6 Cum-s — —	Cum 6 Cum-s — —	Cum 5 Cum-s — —	6 Cum-s NW —	5 Cum-s NW —	4·0
7 Cum-s NE —	7 Cum-s NE —	7 Cum-s NE —	8 Cum-s NE —	Cum-s 8 Str — —	Cum-s 9 Str — —	6·1
Cir, Cir-s 6 Cum — —	Cir-s 6 Cum-s — —	Cir-s 5 Cum-s NNE —	Cum-s 6 Str — —	Cum-s 5 Str — ♕	Cum-s 6 Str NNE —	7·6
2 Cum — —	Cum-s 1 Str — —	Cum-s 2 Str — —	1 Str — —	1 Str — —	1 Str — —	4·5
2 Cum-s — —	3 Cum-s — —	2 Cum-s — —	Cum-s 4 Str — —	Cum-s 4 Str — —	Cum-s 5 Str — ♕	2·2
2 Cum-s — ∞	2 Cum-s — ∞	1 Cum-s — ∞	Cum-s 2 Str — ∞	1 Str — ∞	1 Str — ∞ ♕	3·2
Cir, Cir-s WSW 7 Cum — —	Cir, Cir-s WSW 8 Cum-s — —	Cir-s 7 Cum-s — —	6 Cum-s — —	4 Cum-s — —	5 Cum-s — —	3·4
Cir-s 9 Cum-s — ∞	9 Cum-s — ∞	10 Cum-s — ∞	10 Cum-s — ∞	10 Cum-s — ∞	9 Str — ∞	7·8
Cir-s 9 Str — ∞	Cir-s 7 Str — ∞	Cum 8 Str — ∞	9 Str — ∞	7 Str — ∞	8 Str — ∞	6·9
Cum-s 8 Str — —	Cir-c, Cir-s SSW 7 Cum-s, Str — —	Cir-c SSW 5 Cum-s, Str — —	4 Str — —	5 Cum-s — —	5 Cum-s — —	5·7
Cir-s SSW 7 Cum — —	Cir SSW 5 Cum-s — —	5 Cum-s — —	Cum-s 5 Nim — ●	Cum-s SW 8 Nim — ♕	Cum-s 9 Str — —	[illegible]
Cum 8 Cum-s — —	Cum 9 Cum-s — —	Cir-c SW 9 Cum-s — —	Cum-s 9 Str — —	Cum-s 5 Str — ♕	Cir-s 9 Str — —	7·9
Cum, Cir-c NW 6 Cum-s — —	Cir-c NW 5 Cum-s, Str — —	Cir-s NW 4 Str — —	Cum-s 3 Str — —	Cum-s 3 Str — —	8 Cum-s — —	7·5
9 Str — —	9 Str — —	9 Str — —	8 Str — —	Cum-s 8 Str — —	Cum-s 7 Str — ♕	9·2
Cir-c NW 3 Cum-s — —	Cir-c 8 Cum-s NW —	Cum-s 2 Str NW —	Cum-s 9 Str NW —	Cum-s 10 Str — —	10 Str — ●	7·4
Cir-s, Cir-c NW 8 Cum-s, Str — ⌒	Cum-s 9 Str — —	Cum-s 10 Str — —	Cum-s 9 Str — —	9 Nim — ●	9 Cum-s — —	8·7
1 Cum — —	1 Cum — —	1 Cum — —	1 Cum — ⌓	1 Str — ♕	1 Str — ♕	2·6
Cir 3 Cir-s — —	Cir 3 Cir-s — —	Cir-s 5 Str — —	3 Str — ⌓	1 Str — ♕	1 Str — ♕	1·7
Cir-s, Cir-c SW 7 Cum-s — —	Cir-s 5 Str — —	Cir-s 5 Str — —	3 Str — —	7 Str — —	7 Str — ♕	3·2
Cir-s 8 Str — ∞	Cir-s 9 Str — ∞	Cir-s 8 Str — ∞	Cir-s 7 Str — ∞	7 Str — ∞	6 Str — ∞	7·4
6·5	5·4	6·2	6·3	6·0	6·1	6·1

August 1883.

Day.	1			2			3			4			5			6		
1	5 Str	—	∞	5 Str	—	∞	Cir-s 4 Str	—	∞	Cir-s 5 Str	—	∞	3 Str	—	∞	2 Str	—	∞
2	Cum-s 9 Str	—	∞	Cum-s 8 Str	SW	∞	Cum-s 8 Str	SW	∞	Cum-s 9 Str	SW	∞	Cum-s 9 Str	SW	∞	10 Nim	SW	●
3	10 Nim	—	T	10 Nim	—	—	10 Str	— ∞	R	Nim 10 Str	— ∞	●	10 Nim	—	●	Nim 10 Str	—	●
4	Cum 7 Cum-s	—	♕	Cum 7 Cum-s	—	—	Cum 8 Cum-s	SW	—	Cum 4 Str	SW	—	Cum 1 Str	—	—	4 Cum	WSW	—
5	0 —	—	♕	Cir-s 4 Str	—	♕	Cir-s 6 Str	—	—	Cir-s 8 Str	— ○	⌓	Cir, Cir-s 8 Str	—	—	Cir, Cir-s 7 Str	—	—
6	10 Cum-s	—	—	10 Cum-s	—	—	10 Str	—	∞	10 Str	—	∞	10 Str	—	∞	10 Nim	—	●
7	Cir-s 8 Cum-s, Str	—	—	Cum-s 9 Str	—	—	Cum-s 10 Str	—	—	Cum-s 9 Str	—	—	Cir, Cir-s 7 Cum-s, Str	NW —	—	Cir, Cir-c, Cir-s 7 Cum, Cum-s	NW —	—
8	10 Str	—	—	10 Str	—	●	10 Nim	—	●	10 Nim	—	●	10 Nim	—	●	9 Nim	—	●
9	8 Cum-s	NW	—	8 Cum-s	NW	—	9 Cum-s	NW	—	8 Cum-s	NW	—	Cum 7 Cum-s	NW	—	Cum 6 Cum-s	NW	—
10	Cir-s 3 Str	—	∞	Cir-s 5 Str	NW —	∞	1 Str	—	—	Cir-s 3 Str	NW —	—	Cir-s 1 Str	NW —	⌓	Cir-s 2 Cum	NW —	∞
11	9 Str	—	—	Cum-s 9 Str	NW	—	Cum-s 9 Str	NW	∞	Cir-c 9 Cum-s	NW	∞	8 Str	NW	∞	8 Str	NW	∞
12	Cum-s 2 Str	—	♕	9 Str	—	—	Cum-s 8 Str	—	∞	Cum-s 9 Str	—	∞	Cum-s 8 Str	—	—	Cum 8 Cum-s	— ⌓	∞
13	2 Str	— ∞	♕	4 Str	— ♕	∞	Cum 8 Cum-s	SSW	—	Cum 9 Cum-s	—	∞	Cum-s 10 Str	— ⌓	∞	10 Str	—	∞
14	4 Str	—	♕	Cum-s 5 Str	—	♕	6 Str	—	—	9 Cum-s	—	—	9 Cum-s	—	—	Cum-s 9 Str	—	—
15	Cum-s 9 Str	—	—	Cum-s 9 Str	—	—	Cum-s 8 Str	—	—	Cum-s 9 Str	—	—	10 Str	—	—	Cum 8 Cum-s	—	—
16	3 Str	—	♕	5 Str	—	⌓	8 Str	—	—	Cir-s 9 Str	—	—	10 Str	—	—	10 Str	—	—
17	10 Nim	—	●	10 Nim	—	●	10 Str	—	—	10 Nim	—	●	10 Nim	—	●	9 Str	—	—
18	1 Str	—	♕	1 Str	—	♕	1 Str	—	—	2 Str	—	⌓	Cir-s 3 Str	—	—	Cir-s 3 Str	—	—
19	Cir-c 3 Str	—	Ψ	Cir-s 3 Str	—	Ψ	4 Str	—	—	Cir-s 8 Cum-s, Str	—	⌓	Cir-c 9 Cum-s, Str	—	⌒	10 Nim	— ⌒	●
20	10 Str	—	—	Cir-c 8 Cum-s, Str	NSW —	—	Cum-s 9 Str	—	—	Cum-s 9 Str	—	—	Cir-s 9 Str, Cum	S —	—	Cir-s 8 Cum, Str	S —	—
21	2 Str	—	—	1 Str	—	—	1 Str	—	Ⓓ	1 Str	—	—	Cum 2 Str	—	—	Cum 2 Str	—	—
22	10 Str	—	—	10 Str	—	—	10 Str	—	—	10 Str	—	—	10 Str	—	—	Cum-s 9 Str	—	—
23	1 Str	—	♕	1 Str	—	—	2 Str	—	—	Cir-s 4 Str	—	—	Cir-s 4 Cum-s	—	—	Cir-s 2 Cum	—	—
24	2 Str	—	♕	Cir-s 4 Str	—	♕	Cir-s 6 Str	—	Ⓓ	Cir-s 6 Str	—	—	Cum-s 9 Str	—	⌒	Nim 9 Str	—	●
25	Nim 10 Str	— ●	♕	Cum-s 9 Str	—	—	Cum-s 10 Str	—	—	Cum-s 7 Str	—	—	Cir-s, Cir-c 8 Cum-s, Str	W —	—	Cir-c 8 Cum-s	WSW —	—
26	0 —	—	♕	0 —	—	♕	1 Str	— ⌓	♕	4 Str	—	—	4 Str	—	—	5 Str	—	—
27	2 Str	—	—	5 Cum-s	W	—	7 Cum-s	SW	—	8 Cum-s	SW	—	8 Cum-s	SW	—	8 Cum-s	SW	—
28	1 Str	—	♕	1 Str	—	♕	1 Str	—	—	Cum 1 Str	—	⌓	Cum 1 Str	—	—	Cum 1 Str	—	—
29	Cum-s 4 Str	—	♕	2 Str	—	—	2 Str	—	—	1 Str	—	—	2 Str	—	—	2 Str	—	—
30	9 Cum-s	—	—	9 Cum-s	—	—	9 Str	—	—	9 Str	—	—	7 Cum-s	SE	—	9 Cum-s	SE	—
31	1 Str	—	—	4 Str	—	—	3 Str	—	—	2 Str	—	—	1 Str	—	—	1 Str	—	—
Mean	5·6			6·0			6·4			6·5			6·5			6·8		

7	8	9	10	11	Noon.	Daily Amount of Downfall
						m. m.
5 Cir-s — ∞	5 Cir-s — ∞	5 Cir-s — ∞	5 Cir-s — ∞	5 Cir-s — ∞	4 Cir-s SW ∞	
Cum-s / 10 Str SW ∞	Cum / 9 Cum-s SW ∞	Cir-e SW / 9 Cum-s — ∞	Cir-e SW / 7 Cum — ∞	4 Cir-s, Cir-e SW / 7 Cum — ∞	3 Cir S & SW ∞	0·3
Cum-s / 8 Str — ∞	Cum-s / 9 Str — ∞	Cum-s / 8 Str SW ∞	Cum-s / 6 Str SW ∞	Cir-e / 4 Cum-s, Str SW ∞	Cum-s / 4 Str SW ∞	0·5
4 Cum WNW —	6 Cum WNW —	8 Cum — —	3 Cum — —	7 Cum — —	5 Cum — —	3·2
Cir NW / 7 Cir-s — —	Cir NW / 6 Cir-s — —	Cir NW / 6 Cir-s — —	Cir NW / 6 Cir-s — —	Cir NW / 6 Cir-s — —	Cir NW / 4 Cir-s — —	—
10 Str — ∞	Cum-s / 9 Str — ∞	Cir-s WNW / 7 Cum-s, Str — ∞	Cir-s SSE / 6 Cum-s — ∞	Cir-s SSE / 5 Cum-s — ∞	Cir-s SSE / 6 Cum-s, Cum — ∞	0·8
Cir-s NW / 7 Str — —	Cir-s NW / 7 Cum, Str — —	8 Cum-s — —	5 Cum-s — —	Cir-s NW / 7 Cum — —	Cir-s NW / 4 Cum — —	4·6
9 Nim — ●	Cum / 8 Cum-s S —	9 Cum-s SE —	Cir-e W / 9 Cum, Cum-s — —	Cum / 9 Cum-s — —	Cum / 5 Cum-s — —	5·5
Cum / 9 Cum-s NW —	Cum / 7 Cum-s NW —	Cir-e NW / 5 Cum, Cum-s — —	Cir-e NW / 6 Cum, Cum-s — —	Cir, Cir-e NW / 6 Cum, Cum-s — —	Cir-s, Cir-e NNW / 8 Cum — —	0·4
Cir-s NW / 2 Cum — ∞	3 Cir-s NW ∞	3 Cir-s NW ∞	Cir-s, Cir-e NW / 6 Str — ∞	Cir-s, Cir-e NW / 5 Str — ∞	Cir-s NW / 8 Str — ∞	—
Cum / 8 Cum-s — ∞	Cir-s NW ∞ / 9 Cum-s —	Cir-s / 8 Cir-s NW ∞	Cir-e / 3 Cir-s NW ∞	Cir-s / 3 Cir-s NW ∞	Cir-e / 3 Cum-s NW ∞	—
Cum / 8 Cum-s S ∞	Cum-s / 9 Str S ∞	Cum / 8 Cum-s S ∞	Cir-s S / 4 Cum, Cum-s — ∞	Cir-s, Cir-e S / 3 Cum — ∞	Cir-s S / 2 Cum — ∞	—
10 Nim — ∞ ●	10 Str — ∞	10 Cum-s — ∞	10 Nim — T ● ∞	10 Nim SSE ● ∞	10 Nim SSE ● ∞	
Cum-s / 9 Str — —	Cum-s / 10 Str — —	Nim / 10 Str — ●	Cum-s / 10 Str — —	Cum-s / 10 Str — —	Nim / 10 Str — ●	1·5
Cir-e NW / 4 Cum, Cum-s — —	Cir-e NW / 6 Cum-s — —	Cir-e NW / 6 Cum — —	4 Cum — —	4 Cum — —	4 Cum — —	1·9
9 Str — —	10 Str — —	10 Cum-s — —	10 Cum-s — —	10 Str — —	10 Cum-s — —	—
Cum-s / 9 Str — —	Cum-s / 8 Str — —	Cum-s / 8 Str — —	Cum-s / 8 Str — —	Cum-s / 7 Str — —	Cir-s SW / 7 Cum-s, Str — —	5·1
Cir-s / 2 Str — —	Cir-s / 2 Cum — —	Cir-s / 2 Cum — —	Cir-s / 2 Cum — —	Cir-s / 2 Cum — —	Cir-s / 2 Cum — ○ ∞	—
9 Nim WNW ●	10 Nim — ●	10 Nim — ●	10 Nim NW ●	Cir-s / 9 Cum-s — —	9 Cum-s — —	3·0
Cir-s / 7 Cum — —	Cir-s / 8 Cum — —	Cir-s, Cir-e / 7 Cum — —	Cir SE / 7 Cum — —	Cir-e, Cir SE / 7 Cum — —	Cir SE / 7 Cum — —	1·8
Cir-s / 2 Cum — —	Cir-s / 2 Cum — —	2 Cir-s — —	2 Cir-s — —	Cir-s NW / 2 Cum — —	Cir-s NW / 2 Cum — —	—
9 Str NW —	9 Str NW —	9 Str NW —	9 Str N —	Cir-e / 7 Cum, Str — —	Cir-s / 8 Cum, Str — —	—
Cir-s / 2 Cum — ⌓	Cir-s / 2 Cum — —	Cir-s / 2 Cum — —	Cir-s / 4 Cum — —	Cir-s, Cir / 5 Cum — —	Cir-s, Cir WSW / 5 Cum — —	—
Cum-s / 9 Str — —	Cir-e W / 8 Cum-s, Str — —	Cir, Cir-e, Cir-s W / 8 Cum-s — ○	Cir, Cir-e, Cir-s W / 7 Cum-s — —	Cum-s W / 10 Str — ○	Cir, Cir-e, Cir-s W / 9 Cum, Cum-s — —	—
9 Cum-s WSW —	7 Cum-s WSW —	8 Cum-s WSW —	9 Cum-s WSW —	8 Cum SW —	8 Cum SW —	1·5
Cir-s, Cir SW / 6 Cum-s — —	Cir-s, Cir / 6 Cum-s — —	Cir-s, Cir / 5 Cum-s — —	Cir-s NW / 2 Cum-s — —	Cir-e SW / 2 Cum-s — —	Cir-e SW / 6 Cum-s — —	—
9 Cum-s SW —	Cir-s / 5 Cum-s SW —	Cir-s, Cir-e / 7 Cum-s WSW —	Cir-s, Cir-e / 8 Cum-s W ∞	Cir-s, Cir-e / 9 Cum-s W —	Cir-s, Cir-e / 8 Cum-s W —	—
Cir-s / 2 Cum-s — —	Cir-s / 2 Cum-s — —	Cir-s / 2 Cum — —	Cir-s / 2 Cum — —	Cir-s / 3 Cum — —	Cir-s / 2 Cum — —	—
Cir-e NW / 4 Cum-s — —	Cir-s, Cir-e NW / 6 Cum-s — —	Cir-s, Cir-e NW / 6 Cum — —	Cir-s, Cir-e NW / 7 Cum — —	Cir-s, Cir-e NW / 7 Cum — —	Cir-s, Cir WNW / 7 Cum — —	—
10 Str — —	10 Str — —	Cir-e SE / 9 Cum-s, Str — —	Cum-s / 10 Str — ○	10 Str — —	10 Str — —	—
1 Str — —	1 Cum — —	Cir-s / 2 Cum — —	Cir-s / 2 Cum — —	Cir-s, Cir-e N / 3 Cum — —	Cir-s, Cir-e N / 5 Str — —	2·5
6·7	6·8	6·5	6·3	6·2	6·2	35·6

August 1883—continued.

Day.	1	2	3	4	5	6
1	5 Cir-s SW ∞	Cir 4 Cir-s SW ∞	4 Cir-s SW ∞	Cir-s SW 3 Cum ∞	Cir-s SW 3 Cum — ∞	Cir-s 4 Cum-s — ∞
2	Cir 7 Cir-s SW ∞	Cir, Cir-s SW 3 Cum — ∞	Cir-s 3 Cir-s SW ∞	Cir-s, Cir-s SW 7 Cum — ∞	Cir-s SW 10 Cum-s — ∞	Nim 10 Str — ∞
3	5 Cum SW ∞	5 Cum SW ∞	Cum — 5 Cum-s SW ∞	2 Cir-s SW ∞	4 Cum SW ∞	Cir-s SW 4 Cum — ∞
4	6 Cum — —	6 Cum — —	6 Cum — —	5 Cum — —	4 Cum — —	5 Cum — —
5	Cir-s, Cir-c SW 8 Cum — —	Cir, Cir-c, Cum-s SW 7 Cum — —	Cir, Cir-s WSW 3 Cum — —	Cir, Cir-c, Cir-s WSW 8 Cum — —	Cir-s, Cir WSW 7 Cum-s — —	Cir-s, Cir-c WSW 7 Cum-s — —
6	Cum, Cir-s SSE 4 Cum-s — ∞	Cum, Cir-s SSE 7 Cum-s — ∞ T	Cum — 9 Cum-s — ∞	Cum-s 5 Nim — ∞ K ●	Cir-s, Cir-c 6 Cum-s — ∞	Cir-s, Cir-c SW 8 Cum, Cum-s — ∞
7	Cir-s NW 4 Cum — —	Cir-s, Cir NW 4 Cum — —	Cir-s, Cir NW 3 Cum — —	Cir-s, Cir NW 4 Cum — —	Cir-s, Cir NW 3 Cum — —	Cir NW 8 Cum — —
8	Cum 7 Cum-s NW —	Cum 4 Cum-s — —	Cum 6 Cum-s — ●	Cum 6 Cum-s — —	Cum 5 Cum-s — —	Cum 6 Cum-s — ⌒
9	Cir-s WNW 9 Cum, Cum-s — —	Cir, Cir-c NNW 8 Cum, Cum-s — —	Cir-s NW 9 Cum, Cum-s — —	10 Cum-s — —	10 Cum-s — —	10 Str — —
10	Cir-s NW 3 Str — ∞	3 Str — ∞	3 Str WNW ●	3 Cum-s WNW	Cir-s 7 Cum-s WNW —	Cir-s, Cir-c 7 Cum-s WNW —
11	Cir-s NW 3 Cir-s — ∞	Cir-s 3 Cum — ∞	3 Cum — ∞	1 Cir-s — ∞	1 Cir-s — ∞	3 Cir-s — ∞
12	Cir-s 3 Cum-s — —	Cir-s 3 Cum-s S ∞	Cir 2 Cir-s S ∞	Cir, Cir-c 7 Cir-s SSW ∞	Cir-s, Cir-c, Cir 6 Cum-s SSW ∞	Cir-s, Cir-c, Cir 6 Cum-s SSW ∞
13	10 Nim SW ∞ ●	7 Str SW ∞	Cum 7 Cum-s SW ∞	Cum 6 Cum-s SW ∞	6 Cum SSW ∞	7 Cum SW ∞
14	10 Nim — ●	10 Nim — ●	10 Nim — ●	Cum-s 10 Nim — ●	10 Nim — ●	Cum-s 10 Nim — ●
15	Cir-s 3 Cum — —	Cir-s, Cir SW 4 Cum — —	Cir-s 4 Cum — —	Cir-s, Cir WSW 5 Cum — —	Cir-s, Cir WSW 5 Cum — —	Cir-s, Cir WSW 3 Cum — —
16	10 Cum-s — —	10 Cum-s — —	10 Nim — ●	10 Str — —	10 Str — —	10 Str — —
17	Cum-s 8 Str WSW —	Cum-s 9 Str WSW —	Cum-s 8 Str WSW —	Cum-s 8 Str WSW —	Cum-s 5 Str WSW —	Cum-s 8 Str WSW —
18	Cir-s SW 3 Cum — ∞	Cir-s, Cir-c SW 4 Cum — ∞	Cir-s SW 3 Cum — ∞	Cir-s SW 7 Cum — —	Cir-s, Cir-c SW 1 Cum — ◯	Cum, Cir-s SW 4 Cum-s — —
19	10 Cum-s — —	10 Nim — ●	10 Cum-s — —	10 Cum-s — —	10 Str — —	10 Str — —
20	Cir SE 7 Cum — —	Cir SE 7 Cum — —	7 Cum — —	7 Cum — —	7 Cum — —	Cum 7 Cum-s — —
21	Cir-s NW 2 Cum — —	Cir-s NW 2 Cum — —	Cir-s NW 2 Cum — —	Cir-s, Cir NW 2 Cum — —	Cir-s, Cir-c SW 2 Cum — —	Cir-s, Cir-s SW 5 Cum — —
22	Cir-s 6 Cum, Str — ◯	Cum 9 Str — ◯	Cir-s NW 9 Cum — ◯	Cir-s NW 5 Cum — —	7 Cum WNW —	7 Cum WNW —
23	Cir-s, Cir WSW 4 Cum — —	Cir-s, Cir WSW 4 Cum — ◯	Cir-s 4 Cum — —	Cir-s, Cir 3 Cum — —	Cir-s, Cir WSW 6 Cum — —	Cir-s, Cir WSW 4 Cum — —
24	Cir-s, Cir-c W 9 Cum, Cum-s — —	Cir-s WNW 9 Cum, Cum-s — T	10 Nim WNW K ●	Cum-s 9 Str WNW ◯	Cir-s, Cir-c 9 Cum, Cum-s WSW ◯	Cum-s 9 Str WNW —
25	3 Cum SW —	7 Cum SW —	6 Cum SW —	6 Cum SW —	6 Cum-s SW —	6 Cum-s WNW —
26	Cir-s, Cir-c SW 6 Cum — —	Cir-s, Cir-c SW 4 Cum — —	Cir-s, Cir-c SW 3 Cum-s — —	Cir-s, Cir-c SW 7 Cum-s — —	Cir-c SW 3 Cum-s — —	Cir-c SW 7 Cum-s NW —
27	Cir, Cir-s W 5 Cum-s — —	Cir, Cir-s W 8 Cum-s — —	Cir-s W 6 Cum-s, Str — —	Cir-s W 9 Str — —	Cir-s W 9 Str — —	Cir-s, Cir-c W 9 Str — —
28	Cir-s 3 Cum — —	Cir-s 3 Cum — —	Cir-s, Cir 8 Cum-s — —	Cir-s, Cir 2 Cum-s — —	Cir-s, Cir 3 Cum-s — —	Cir-s, Cir 4 Str — —
29	Cir, Cir-s WNW 7 Cum-s — —	Cir-s, Cir WNW 7 Cum-s — —	Cir-s, Cir WNW 5 Cum-s — ◯	Cir-s, Cir-c WNW 7 Cum-s — —	Cir-s, Cir-c WNW 5 Cum-s — —	Cir-s, Cir-c WNW 8 Cum-s — —
30	10 Nim — ●	10 Nim — ●	10 Nim — ●	10 Str — —	10 Str — —	10 Nim — ●
31	Cir-s N 2 Str — —	Cir-s 2 Str — —	Cir-s 2 Str — —	Cir-s N 3 Str — —	Cir-s N 3 Str — —	Cir-c N 5 Str — —
Mean -	6·4	6·3	6·3	6·2	6·2	6·5

Sum of Hydrometeors: 59 ●, 11 ⌒, 1 [illegible], 153 ∞.

August 1883—continued.

7	8	9	10	11	Midnight	Mean Daily Amount of Cloud
Cir-s, Cir SW 8 Cum-s — ∞	Cir-s, Cir-s NW 9 Cum-s — ∞	Cir-s NW 9 Cum-s, Str — ∞	Cir-s 9 Str — ∞	3 Str — ∞	Cum-s [illegible] — ∞	[illegible]
10 Nim SW ∞ ●	Cum-s 10 Str SW ∞	10 Nim SW ∞ ●	10 Str SW ∞	10 Nim — ●	10 Cum-s	[illegible]
Cir-s 8 Cum-s SW ∞	3 Cum-s SW T	8 Cum-s SW T	8 Cum-s SW R	9 Nim T ●	Cum [illegible] — ♕ R	[illegible]
1 Cum — —	Cir-s 4 Cum — ∞	Cir-s 4 Cum — —	4 Cum — —	4 Str — ♕	[illegible]	[illegible]
Cir-s SW 8 Cum-s, Str — —	Cum-s 10 Str — —	10 Nim — ●	10 Nim — ●	10 Cum-s — —	10 Cum-s — —	[illegible]
Cir-s SW 7 Cum, Cum-s — ∞	6 Cum-s NW ∞	7 Cum-s NW ∞	8 Cum-s NW ♕ ∞	Cir-s 8 Cum-s — ♕ R	Cum-s [illegible] R	[illegible]
Cir 1 Cir-s — —	Cir, Cir-s 4 Str — —	Cir-s 2 Str — —	2 Str — ♕	3 Str — ♕	[illegible] ♕	[illegible]
Cir-s NW 4 Cum, Cum-s — —	Cum NW 3 Cum-s, Str — —	Cir-s NW 4 Cum-s, Str — —	Cum-s 7 Str NW ♕	5 Cum-s NW —	3 Cum-s NW	[illegible]
9 Str NW —	9 Cum-s NW —	8 Str NW —	7 Str NW —	3 Str	Cir-s [illegible]	[illegible]
Cir-s, Cir NW 2 Cum-s — —	Cir-s, Cir NW 3 Cum-s — —	Cir NW 8 Cum-s, Str — —	9 Str NW ♕	2 Str — ♕	[illegible] ♕	[illegible]
Cir-s NW 8 Str — ∞	Cir, Cir-s NW 2 Str — ∞	2 Str — —	Cum-s 6 Str — —	Cum-s 6 Str — ♕	Cum-s [illegible] — —	[illegible]
Cir, Cir-s SW 8 Cum-s — ∞	Cir-s SW 2 Str — ∞	6 Str — ∞	6 Str — ∞	3 Str — ∞	[illegible] — ∞ ♕	[illegible]
Cum 7 Cum-s — ∞	Cir-s SW 4 Cum-s — ∞	Cir-s WSW 7 Cum-s — ∞	3 Str ∞ ♕	Cum-s 5 Str — ♕	Cum-s [illegible]	[illegible]
Cum-s 9 Str — —	Cum-s 9 Str — —	Cum-s 9 Str — —	Cum-s 10 Str — —	Cum-s 9 Str — —	[illegible] — —	[illegible]
Cir-s 3 Cum — —	Cir-s 3 Str — —	2 Str — —	3 Str — —	4 Str — ♕	[illegible] — ♕	[illegible]
10 Nim — ●	Cum-s 10 Nim — ●	10 Nim — ●	10 Nim — ●	10 Nim — ●	[illegible]	[illegible]
Cir-s WSW 9 Cum, Cum-s — —	Cum-s 9 Cum-s — —	Cum-s 2 Str — —	1 Str — —	4 Str — ♕	[illegible] — ♕	[illegible]
Cir-s SW 6 Cum-s — —	Cir-s SW 8 Str — —	Cir-s SW 6 Str — —	Cir-s 6 Str — ♕	Cir-s 6 Str — [illegible] ♕	Cir-s [illegible] — [illegible] ♕	[illegible]
10 Str — —	Cum-s 10 Str — —	10 Str — —	3 Str — —	Cum-s 6 Str — ♕	[illegible] [illegible] ♕	[illegible]
Cum 9 Cum-s — —	Cum-s 7 Str — —	Cum 2 Str — —	Cum-s 2 Str — ♕	2 Cum — ♕	[illegible] — ♕	[illegible]
Cir-s SW 3 Str — —	6 Str — —	8 Str — —	6 Str — —	Cum 2 Str NW [illegible]	[illegible] — —	[illegible]
Cum 7 Str WNW —	Cum 2 Str WNW —	Cum 6 Str — —	3 Str — ♕	2 Str ♕	[illegible] ♕	[illegible]
Cir, Cir-s WSW 3 Cum-s — —	Cir-s WSW 4 Str — —	Cir-s W 8 Str — ♕	4 Str — ♕	Cir-s 4 Str — ♕	Cir-s [illegible] — ♕	[illegible]
10 Cum-s WNW —	10 Cum-s WSW	10 Cum-s — ●	10 Nim — ●	[illegible] Str — ♕	10 Nim — ●	[illegible]
8 Cum-s WNW	Cum-s 6 Str WNW —	Cum 7 Cum-s WNW —	2 Str NW —	3 Str — ♕	[illegible] — ♕	[illegible]
Cum-s 5 Str NW —	Cum-s 8 Str NW —	Cum-s 4 Str NW —	2 Str — ♕	3 Str — ♕	[illegible] — ♕	[illegible]
Cir W 9 Str — —	8 Str — —	8 Str — —	7 Str — —	4 Str — < ♕	[illegible] — —	[illegible]
Cir WNW 7 Str — —	Cir WNW 3 Str — —	Cir-s 6 Str	5 Str — ♕	7 Str — ♕	[illegible] — ♕	[illegible]
Cir, Cir-s WNW 7 Cum-s, Str — —	Cir-s WNW 7 Cum-s, Str — —	3 Str — ♕	3 Str — ♕	5 Cum-s — ♕	[illegible] Cum-s — ♕	[illegible]
9 Str — —	9 Nim — < ●	3 Str — —	2 Str — —	4 Str — ♕	[illegible] ♕	[illegible]
Cir-s N 5 Cum-s, Str — —	Cum-s 3 Str — —	Cum-s 9 Str — —	Cum 2 Str — —	Cum-s 2 Str — —	Cum-s [illegible] Str	[illegible]
6·3	6·8	6·5	6·1	5·3	[illegible]	[illegible]

September 1882.

A.M.

Days.	1	2	3	4	
1	o	o	c	o	
2	o	o	o	o	
3	o	o	o	o	
4	o	c		b	
5	c	o	o	o	
6	o	o	o	o	
7	c	c	c	c	
8	V. 2	V. 1	I. 2	c	
9	I. 2	b	I. 2	b	
10	I. 3	V. 1	I. 3	b	
11	I. 1	c	b	o	
12	o	o	o	o	
13	A	A	o	o	
14	I. 1	V. 1	V. 2	b	
15	V. 1	I. 1	I. 1	b	
16	o	o	c	o	
17	I. II. 2	c	b	b	
18	c	V. 1	o	o	
19	c	II. V. 1	V. 1	c	
20	II. V. 4	V. 2	II. V. 3	V. 1	
21	II. 3	II. 4	c	c	
22	I. II. 1	I. 2	I. 2	b	
23	c	c	V. 1	b	
24	c	c	c	c	
25	A	o	c	c	
26	V. 1	c	o	o	
27	o	o	o	o	
28	c	c	c	c	
29	o	o	o	V. 2	
30	o	o	o	o	
Sums - -	13	10	9	2	

October 1882.

A.M.

Days.	1	2	3	4	5	
1	I. 1	V. 1	I. 1	c	b	
2	I. 1	V. 2	II. 2	I. 1	b	
3	I. 3	b	b	b	b	
4	I. 2	I. 2	V. 2	V. 1	c	
5	o	V. 1	V. 1	I. 1	b	
6	o	o	o	o	o	
7	o	o	o	o	o	
8	I. 1	A	A	c	c	
9	I. 3	b	b	I. 2	b	
10	I. 1	I.* 3	I. V. 2	V. 2	b	
11	A	A	o	o	c	
12	o	o	o	o	o	
13	o	o	o	o	o	
14	o	o	o	o	o	
15	A	A	A	A	A	
16	o	o	A	A	A	
17	A	A	V. 1	o	o	
18	o	A	o	o	o	
19	o	o	o	o	o	
20	o	o	o	o	o	
21	c	o	o	o	o	
22	o	o	o	A	A	
23	o	A	o	o	o	
24	A	A	o	o	o	
25	o	o	o	o	o	
26	o	c	o	o	o	
27	o	o	o	o	o	
28	c	c	o	o	o	
29	o	o	o	o	o	
30	o	o	c	c	b	
31	o	o	o	o	c	
Sums - -	11	12	9	8	3	

* S.S.E.

September 1882.

P.M.

7	8	9	10	11	Midnight.	Sums.
o	o	c	o	o	o	o
o	c	V. 2	I 3	c	o	3
c	o	o	o	o	o	0
o	c	c	o	o	o	0
o	o	c	o	o	o	0
o	c	c	I. 2	I. 2	c	2
o	c	o	c	I. 3	A	2
c	c	I. 2	I. 2	I 1	I. 1	7
b	b	V. 1	I. 2	I. II. 2	I. 1	6
c	I. 1	I. 2	V. 3	V. 1	I. 2	8
o	o	o	o	o	o	1
o	o	A	II. 1	A	A	4
o	c	A	A	I. 3	V. 2	6
b	b	II. 2	I. II. 2	I V. 1	I. 2	7
o	c	b	b	c	o	3
o	c	A	A	A	V. 1	4
o	o	c	c	c	b	1
c	b	V. 1	I. 1	I. 1	c	4
b	I. 1	I. 1	I. II. 2	I. II. III. 3	I. 1	7
o	c	I. 2	V. 1	I. V. 3	V 1	8
c	b	b	b	b	I. II.* 3	3
b	I. 1	V. 1	I. 1	VII. 2	V. 1	8
c	c	c	c	c	V. 1	2
c	I. 2	o	o	A	o	2
c	c	I. 1	c	o	V. 1	3
V. 1	A	c	A	o	c	4
o	o	o	o	o	I. 2	1
o	o	o	o	o	o	0
o	o	o	o	o	o	1
o	o	c	II. 1	II. 1	V. 1	3
1	5	13	15	15	16	99

* 17.15.

October 1882.

P.M.

6	7	8	9	10	11	Midnight.	Sums.
b	b	b	b	I. 2	V 2	I. III. 2	6
b	I. 2	I. 2	III. V. 3	I. 1	I. 1	I. 2	10
b	I.* 2	I. II. 2	I. 2	I. 3	I. 3	II. V. 3	7
c	c	I. 1	I. 1	V. 2	A	o	8
o	o	o	A	A	I. II. 3	o	6
o	o	o	o	o	o	o	0
c	c	c	A	c	o	c	1
b	I. 1	I. 2	I. 1	I. 1	II. V. 2	I. 1	9
o	o	V. 1	A	V. 1	I. 1	IV. 4	7
c	II. 1	II. 2	I. 1	A	A*	I. V. 2	10
o	o	o	o	o	o	o	2
o	o	o	o	o	o	o	0
o	o	o	o	A	A	A	3
o	o	o	o	A	A	A	3
o	o	A	A	c	A	o	8
o	o	A	A	A	A	o	7
c	I. II. 3	A	A	o	c	o	6
o	o	o	o	A	o	A*	3
o	o	o	o	o	o	o	0
o	o	c	o	o	o	o	0
o	o	o	o	o	o	o	0
o	o	o	o	o	o	o	2
o	o	o	o	o	o	o	1
o	o	o	o	A	o	o	3
o	o	A	o	o	o	o	1
o	o	o	o	c	c	c	0
o	o	o	o	A	o	o	1
o	o	o	o	o	o	o	0
o	o	o	o	o	o	o	0
b	b	b	b	o	o	o	0
I. II. 2	I. II. 2	I. 1	b	o	o	c	3
1	6	11	22	14	12	9	107

* 7.15.   * 11.25   * 12.15.

November 1882.

A.M.

Days	1	2	3	4	5	6	7
1	o	I. 1	V. 1	b	b	b	b
2	o	o	o	o	o	c	c
3	o	c	o	o	I. 2	V. 2	b
4	o	c	o	o	o	o	o
5	A	A	o	o	o	o	o
6	II. 1	b	b	V. 2	I. 2	c	o
7	o	I. 1	V. 1	c	I. II. 2	c	b
8	I. II. 2	I. 1	b	I. 1	I. V. 2	V. 1	b
9	o	o	II. 1	V. 1	I. V. 1	o	c
10	o	o	o	o	o	A	c
11	o	o	o	o	o	c	c
12	I. V. 1	V. 3	V. 1	I. II. 3	I. V. 1	II. V. 2	b
13	A	A	V. 1	I. V. 2	II. V. 2	I. II. 2	c
14	c	o	o	o	o	c	o
15	A	A	o	o	o	c	o
16	o	A	o	V. 2	II. 1	c	c
17	I. 1	V. 1	II. 4	V. 3	V. 1	V. 1	o
18	I. 2	A	A	A	II. 2	V. 3	c
19	o	o	o	o	o	o	o
20	c	A	V. 1	c	c	IV. 1	o
21	c	c	c	c	V. 2	c	b
22	c	b	c	V. 1	b	b	c
23	o	o	o	o	o	o	o
24	o	o	o	o	o	o	c
25	o	o	o	o	o	o	c
26	o	o	o	o	o	o	o
27	c	c	V. 2		c	c	c
28	o	o	A	o	o	c	c
29	o	o	b	b	o	o	o
30	V. 1	I. 1	I. II. 3	V. 1	b	b	II. 2
Sums	9	12	11	10	11	8	1

December 1882.

A.M.

Days	1	2	3	4	5	6	7
1	o	o	o	o	o	o	o
2	b	o	o	c	I. 1	o	o
3	c	o	I. 1	V. 1	c	c	o
4	I. V. 1	I. 2	I. 2	I. 2	II. 1	V. 1	c
5	V. 1	b	b	I. II. 1	I. 1	b	b
6	I. 3	V. 1	V. 1	II. 2	b	I. 2	I. 1
7	I. 1	II. 1	I. V. 2	V. 2	b	b	b
8	o	o	o	o	o	o	o
9	c	o	o	o	c	c	V. 1
10	II. 1	V. 2	I. 1	I. V. 1	b	b	b
11	I. 3	I. V. 1	A	A	V. 2	V. 2	o
12	c	V. 1	I. 3	V. 2	A	c	c
13	I. II. 1	c	c	c	b	V. 1	c
14	I. 1	I. 2	b	I. 2	I. 1	V. 2	V. 1
15	b	I. 4	c	c	II. 1	o	c
16	V. 1	I. V. 3	I. II. V. 2	I. V. 1	o	I. II. 1	II. 1
17	c	o	c	b	b	o	c
18	A	c	c	b	c	c	c
19	II. V. 2	I. V. 3	I. V. 3	I. II. 1	V. 1	I. 1	c
20	I. 1	V. 1	V. 1	b	V. 1	V. 1	I. II. 2
21	c	c	c	c	c	o	c
22	II. 1	I. II. 1	b	b	b	c	I. 1
23	o	o	o	o	o	o	o
24	I. 3	II. 2	c	c	c	c	b
25	c	o	c	o	o	c	
26	A	c	c	c	o	o	
27	I. V. 2	I. 3	I. II. 1	I. 3	c	b	b
28	o	o	o	o	o	c	
29	V. 2	II. V. 2	I. 1	II. 2	V. 1	c	V. 1
30	c	c	c	o	o	c	c
31	II. V. 2	I. 3	b	I. V. 1	I. 2	I. 1	b
Sums	18	16	12	14	11	9	7

November 1882.

P.M.

5	6	7	8	9	10	11	Midnight.	Sums.
o	o	o	o	o	o	o	–	2
o	o	o	o	o	o	o	o	0
o	o	o	o	o	o	o	o	7
o	o	o	c	I. 1	I. 2	V. 4	o	3
o	o	I. 2	V. 2	V. 4	b	b	I. 1	6
o	o	c	o	o	o	o	o	3
c	c	I. 1	I. 1	c	V. 3	I. V. 2	I. 1	8
o	o	o	A	o	o	o	o	6
A	o	o	o	o	o	o	o	4
o	o	o	o	o	o	o	o	4
II. 2	V. 2	II. V. 2	I. II. 3	I. 5	I. II. 1	I. II. III.* 4	V. 1	8
I. 2	I. II. 3	II. 1	A	A	A	A	II. V. 3	14
b	I. 2	I. II. 2	I. 3	I. V. 2	V. 2	A	o	12
o	o	I. 2	o	o	A	A	A	4
o	o	I. 1	c	c	o	o	o	3
I. II. 2	V. 1	II. 1	II. V. 2	I. II. 2	b	V. 1	I. II. V. 2	10
o	o	I. V. 3	II. V. 1	V. II. 1	II. V. 2	V. 1	II. V. 3	12
o	o	o	o	o	o	o	o	6
o	c	c	o	o	II. 3	V. 1	c	2
I. 2	I. II. 2	I. 2	I. 2	I. 1	I. 1	c	c	9
I. 1	b	b	b	b	I. 2	I. II. 2	I. 1	5
o	o	o	o	o		o	o	1
o	o	o	o	o	o	o	o	0
o	o	o	o	o	c	c	o	0
o	o	o	o	o	o	o	o	0
o	o	o	A	o	o	c	V. 2	2
b	I. 1	I. 2	b	c	c	V. 2	II. 3	5
o	o	o	o	o	o	o	o	1
c	c	c	c	V. 1	I. V. 2	I. 1	V. 1	4
I. 2	c	I. 3	I. 1	I. 2	I. 2	I. 1	V. 1	12
7	6	12	11	10	12	13	12	143

* 10.45 P.M.

December 1882.

P.M.

4	5	6	7	8	9	10	11	Midnight.	Sums.
o	o	o	II. 1	c	c	I. 1	c	c	2
o	o	o	o	o	o	o	o	o	1
c	II. 1	I. 2	I. 1	I. II. 2	I. 2	I. 2	I. 2	I. V. 3	10
o	c	c	I. 1	b	I. 1	V. 1	I. 2	I. 2	11
b	b	b	b	b	b	I. 1	II. 3	V. 2	6
b	I. 2	I. II. 2	I. 2	I. II. 4	I. II. 4	I. 1	V. 2	I. 2	14
c	c	o	o	o	o	o	o	o	4
o	c	b	V. 1	b	I. 1	I. V. 2	A	c	4
c	II. 1	II. 3	I. 1	I. 1	I. V. 1	I. 2	I. II. 2	I. II. 2	9
c	c	c	II. 2	I. 2	V. 1	I. 2	II. 2	I. 1	10
o	c	c	c	c	I. 1	I. 2	V. 1	c	9
o	c	c	b	b	I. 1	II. 1	V. 1	I. V. 1	8
b	I. 2	I. II. 2	II. 1	I. 1	I. 1	I. 1	I. 1	I. II. 2	10
o	o	c	b	c	b	V. 1	I. V. 1	b	8
o	o	o	o	o	o	o	o	A	8
o	o	o	o	o	o	o	c	c	6
c	o	o	o	o	V. 1	c	c	I. V. 2	7
II. 1	b	II. V. 2	II. 3	V. 2	I. V. 2	VIII. 4	I. V. 3	I. 2	9
c	c	c	I. 1	c	I. 3	I. 1	II. V. 1	II. IV. 4	11
c	II.* 1	I.* 2	I. II. 3	o	I. V. 2	V. 1	I. 2	V. 1	13
c	c	c	c	I. 2	I.* 3	V. 2	I. II. III. 2	I. V. 2	5
o	o	o	o	o	o	o	o	o	3
c	c	c	b	V. 1	c	o	o	o	1
o	o	o	o	o	o	o	o	o	2
o	I. 1	c	o	o	o	o	A	o	2
c	I. III. 2	I. III. 2	b	II. V. 1	I. V. 2	I. 1	II. V. 2	I. 2	8
c	V. 1	o	o	o	o	o	o	o	1
b	I. 1	I. 2	I. II. 2	I. III. 2	I. 1	I. 2	I. 1	I. 2	8
c	I. 1	I. II. 2	I. III. 2	I. 2	I. 2	I. V. 1	I. 1	o	11
c	V. 1	V. 1	V. 1	I. 2	I. 2	I. 2	I. V. 1	I. 2	8
b	I.‡ 2	I. 2	I. 1	I. V. 2	I. 2	I. 1	I. 1	I. II. 2	11
2	17	21	15	13	19	31	21	18	218

* 5.15. ‡ 4.45. * 6.15. * 9.45.

January 1883.

A.M.

Days.	1	2	3	4	5	6	7
1	I. 1	I. V. 3	I. V. 2	V. 1	V. 1	II. V. 2	b
2	I. 1	I. 1	V. 1	V. 1	V. 1	c	V. 1
3	I. III. 2	II. 2	b	b	I. V. 1	II. V. 1	b
4	I. 2	I. 3	I. 2	I. V. 2	V. 2	b	b
5	I. 2	I. 2	I. III. 1	II. 2	b	b	b
6	I. II. 3	II. 1	I. V. 2	I. V. 2	I. V. 1	I. V. 2	II. 2
7	I. 2	I. II. 3	II. V. 3	I. V. 2	I. 2	I. 1	II. 1
8	I. 2	II. 1	A	A	A	V. 1	V. 1
9	A	A	o	II. 1	I. 1	c	c
10	A	A	c	c	c	o	c
11	c	c	c	o	o	o	o
12	I. II. 1	V. 1	V. 1	V. 1	b	b	b
13	c	I. 1	A	c	c	I. 1	II. 2
14	I. 3	I. 2	I. II. 1	I. II. 2	I. II. 3	I. II. 2	b
15	o	o	A	o	o	o	o
16	I. 1	II. 1	I. 1	I. 1	I. V. 1	V. 1	b
17	V. 1	V. 1	I. 1	I. II. V. 1	I. 2	I. II. V. 2	V. 1
18	I. 3	I. 1	I. 1	I. II. 1	I. V. 1	I. 1	b
19	c	o	o	o	o	o	o
20	V. 2	I. 1	II. 2	V. 2	V. 2	I. II. 2	I. II. V. 3
21	I. II. 2	V. 2	I. 1	V. 2	II. V. 1	V. 1	b
22	b	b	b	V. 1	V. 1	b	b
23	VIII. 4	I. II. 2	II. 2	b	b	b	b
24	I. 1	b	b	b	b	b	b
25	I. 3	II. 1	II. 2	V. 2	II. 1	V. 1	II. 2
26	o	o	o	o	o	o	o
27	I. 2	A	o	o	o	o	o
28	o	o	o	o	o	o	o
29	I. 2	c	c	c	I. II. 2	I. 3	b
30	II. V. 2	I. 2	V. 2	V. 2	b	b	b
31	I. III. V. 3	I. 3	I. 2	V. 1	b	o	c
Sums - -	24	23	20	19	17	14	8

February 1883.

A.M.

Days.	1	2	3	4	5	6
1	I. 1	I. 1	I. II. 3	I. 2	I. V. 2	I. II. 1
2	II. V. 1	I. V. 2	V. 2	A	I. II. 2	I. II. V. 2
3	A	o	o	V. 2	I. II. V. 2	I. V. 2
4	V. 2	c	I. II. 1	I. II. 1	c	II. 1
5	I. II. 2	I. 2	I. V. 2	c	o	o
6	I. 2	I. 1	I. 1	I. II. 1	V. 1	V. 1
7	I. 2	A	o	V. 1	o	V. 1
8	o	o	o	o	c	I. 1
9	A	I. 2	I. 1	I. 1	I. 2	c
10	I. 2	V. 3	I. V. 1	I. 2	I. II. III. V. 2	I. II. 2
11	I. 2	I. V. 2	V. 1	II. 1	c	c
12	I. 1	I. 1	b	II. V. 2	I. 1	b
13	II. 1	b	b	I. 1	I. II. V. 2	II. 1
14	I. 1	I. II. 2	I. II. 1	I. 2	I. II. V. 2	II. V. 2
15	II. 2	b	c	I. 2	b	c
16	c	V. 1	I. 2	I. III. 2	I. II. 1	b
17	V. 2	I. 2	b	c	I. 1	c
18	o	o	c	o	o	o
19	b	b	c	c	I. 1	o
20	I. 2	I. 3	II. 1	II. 3	o	II. 1
21	I. 2	V. 2	c	c	c	c
22	I. 1	I. 3	c	I. 1	I. 2	o
23	c	A	o	o	o	o
24	c	I. 1	c	c	c	I. 2
25	o	o	o	o	o	o
26	o	o	o	o	o	o
27	o	o	o	o	o	o
28	o	o	o	o	o	o
Sums - -	18	17	11	16	13	12

January 1883

P.M.

5	6	7	8	9	10	11	Midnight.	Sums.
I. 1	I. 1	I. 2	I. 1	I. 2	I. 2	I. 1	I 2	14
b	b	b	b	b	b	b	I. 2	7
b	b	b	b	b	b	b	I 1	5
b	II. V. 1	I. 1	I. 3	I. 3	I. V. 1	I. V. 3	II. V. 2	12
II. V. 1	I. V. 1	I. 2	I. 2	I. 1	I 2	I. II. 2	I. 2	12
b	b	b	I. II. 1	I. III. 2	I. V. 3	I. V. 3	I. V. 3	12
II. 2	I. II. 1	II. 2	I. 1	I. 1	I. V. 2	A	A	15
o	c	c	c	o	o	c	o	7
b	b	c	c	I. V. 2	I. 1	A	A	8
c	b	c	c	o	o	o	o	2
o	o	o	o	o	A	I. 1	I. V. 1	3
c	o	c	c	c	A	c	c	5
c	c	c	c	b	b	c	I. 1	5
c	b	c	c	c	o	o	o	6
b	b	b	b	b	II. V. 1	I. 2	II. V. 3	4
c	c	o	o	c	I. 1	c	V 1	8
b	b	b	b	I. 1	I. 2	I. 2	I. II. 2	11
c	o	o	o	o	o	o	o	6
c	b	b	b	b	b	I 1	II. 1	2
c	c	I. 3	I. 2	I. 2	I. 2	I. 2	I. II. III. 2	13
b	b	b	b	b	b	b	b	6
c	c	o	c	c	c	b	II. 1	3
b	b	b	b	b	b	b	b	3
b	I 2	b	o	o	o	c	I. II. III. 1	3
o	o	c	A	o	o	o	o	8
o	c	I. 2	I. 3	I. 2	I. 1	I. V. 1	I. 1	6
o	o	o	A	o	o	o	o	3
o	o	o	o	V. 1	V. 2	I. 2	I. 2	4
c	c	V. 2	c	o	o	I. II. 2	V. 1	6
b	I. 2	I. II. 2	I. III. 3	I. 2	I. V. 2	I. V. 3	I. V. 3	11
c	I. II. 2	V. 1	b	I 1	I. 2	I. 1	V. 1	10
3	7	9	10	11	16	16	22	240

February 1883.

P.M.

6	7	8	9	10	11	Midnight.	Sums.
I. II. 2	V. 2	V. 1	II 2	II. V. 2	I. 1	I. 2	11
c	o	c	I. 1	o	A	o	8
c	I. 2	I. 2	I. 1	I. 2	I. 1	c	9
A	o	o	o	o	o	I. V. 1	6
c	V. 1	I. V. 2	I. 2	I. 2	I. 3	I. III. 3	9
c	o	o	o	o	o	c	6
b	I. V. 1	I. 1	I. 1	c	o	o	7
o	I. II. 2	c	o	c	o	o	3
I 1	I. II. 2	I. III. 2	I. 2	V. 3	I. 2	I. 2	12
o	o	o	o	o	o	o	6
c	b	c	I. 1	I. 1	I. 2	I. 1	8
o	c	c	c	b	b	b	4
b	b	b	b	b	I. 1	I. III. 3	6
c	I. II. 1	I. II. III. 1	b	b	c	III. V. 2	9
b	II. 2	I. II. 3	I. 1	c	V 2	I. 2	7
c	c	o	o	c	I. 2	I. 2	6
c	c	c	b	c	II. 1	o	4
c	c	c	II. 4	c	c	I. 2	2
c	c	c	c	c	I. 1	I. III. 2	4
c	c	b	b	b	b	I. 2	6
o	o	o	o	I. 2	I. 1	I. II. 3	5
o	o	c	o	o	c	A	5
b	I. 2	I. 2	I. 2	I. III. 2	I. 2	V. 2	7
o	I. V. 1	I. V. 2	I. 2	o	o	o	5
o	o	o	o	o	o	o	0
o	A	A	A	I. 1	I. 1	I. 1	6
o	u	o	o	A	A	o	2
o	I. II. V. 3	I. II. V. 1	I. III. 2	I. II. 3	I 2	I. 3	6
3	12	11	13	10	16	17	169

March 1883.

A.M.

Days	1		2		3		4		5	
1	I. V.	1	V.	1	V.	2	I. III	2	V.	1
2	V.	2	V.	1	I. III	2	II. V.	2	I.	2
3	V.	2	I. V.	2	V.	1	II. V.	1	II. V.	1
4	I. II.	3	I. II.	1	I.	1	I. II.	1	I.	1
5	I. II. V.	2	V.	3	II.	2	II. V.	2	I.	1
6	I.	2	I.	2	I.	1	I.	3	I.	1
7	I. II.	1	I. V.	2	I. II	2	I. V.	2	A	
8	V.	2	A		o		o		o	
9	I.	1	I.	2	I. II.	4	I. V.	2	b	
10	V.	2	V.	1	V.	1	o		o	
11	II. V.	3	I. II.	3	I.	1	I.	2	c	
12	o		o		o		o		o	
13	o		o		o		II. V.	1	II.	
14	I. II.	2	I. V.	1	I.	2	V.	2	b	
15	V.	2	I.	1	I.	1	II.	1	c	
16	o		o		o		o		o	
17	V.	1	I. II.	1	I. II.	1	b		b	
18	b		b		II.	1	I. II.	1	b	
19	I.	2	II. V.	2	c		V.	1	o	
20	o		o		c		o		o	
21	c		I.	1	I.	2	I. II.	2	b	
22	V.	2	I.	1	II. V.	1	II. V.	1	c	
23	I.	3	V.	1	I.	2	b		b	
24	I.	1	b		b		b		b	
25	I.	2	V.	2	V.	1	b		b	
26	I. II. V.	2	I.	1	V.	1	I.	2	b	
27	I. V.	4	V.	2	V.	2	II. V.	2	b	
28	II. V.	2	I.	1	II. V.	1	I.	1	b	
29	I. V.	2	II. V.	2	II.	2	c		c	
30	I.	2	V.	1	I. II.	1	b		b	
31	V.	3	I. III	2	V.	2	b		b	
Sums	46		23		24		19		8	

April 1883.

A.M.

Days	1		2		3	
1	A		A		o	
2	IV. V.	4	II. V.	1	II. V.	2
3	A		o		o	
4	I. V.	1	I. V.	1	I. V.	1
5	I.	3	V.	1	I.	1
6	I.	3	V.	1	o	
7	I.	2	V.	1	c	
8	V.	3	V.	1	A	
9	V.	2	c		o	
10	b		c		c	
11	V.	2	I.	1	I. V.	2
12	II. V.	2	I.	2	c	
13	o		o		o	
14	c		c		o	
15	o		o		o	
16	b		II.	2	I.	2
17	I.	1	c		c	
18	I. II.	3	II. III. V.	2	b	
19	II.	2	I. II.	2	b	
20	I.	2	II.	4	b	
21	c		o		o	
22	o		o		o	
23	c		c		c	
24	c		c		o	
25	V.	2	V.	2	b	
26	II. V.	1	b		b	
27	A		o		o	
28	c		o		o	
29	o		c		o	
30	o		c		o	
Sums	48		14		6	

March 1883.

P.M.

7	8	9	10	11	Midnight	Sums
I. 1	I. 2	I. II. 1	I. II. 2	I. II 3	II. V. 2	11
I. 1	I. 1	I. 1	I. 3	V. 2	V. 2	11
I. 1	I. 2	I. 3	V. 2	I. V. 1	I. 2	11
I. V. 1	I. V. 2	I. II. 2	I. II. 2	II. III. 3	I. II 3	11
b	I. 1	I. 2	I. 2	I. 2	I. 1	10
c	o	A	A	I. V. 1	II. V. 2	9
c	I. III. 2	I. II. 2	I. V. 2	I. 2	I. II. V. 3	10
I. II. III. 1	I. II. III. 3	I. II. III. V. 3	I. V. 3	I. 2	I. 2	8
I. 1	I. II. 2	I. 3	I. 2	I. V. 1	I. V. 1	10
o	c	c	II. 1	V. 1	A	6
o	c	b	b	II 1	I. 1	6
o	o	I. 5	IV. 3	o	o	2
o	o	b	I. 2	I. II. 1	I. II. III. V. 2	5
b	I. 1	I. 2	I. II. 2	I 3	I 1	9
o	o	o	o	o	o	4
c	I. V. 2	b	c	c	II. V. 2	2
b	b	I. 1	V. 2	o	b	5
b	b	b	I. 2	I. III. 2	I. 1	5
o	o	o	o	o	o	3
c	o	o	o	o	o	0
b	V. 2	V. 2	V. 2	I. II. 3	I. V. 4	8
b	I. 2	I. 1	I. V. 3	V. 1	V. 1	9
b	I. 1	I. 2	V. 1	II. 3	I. V. 2	8
b	I. 2	I. 2	I. 3	V. 1	I 2	6
b	I. 1	I. V. 2	I. 1	I. 2	II. V. 1	8
c	II. V. 3	I. II. 1	I. III. V. 2	II.* 2	I. II. 3	9
b	I. 2	I. 3	I. 3	I. V. 2	I. II. V 3	9
b	I. III. 2	II. V. 2	V. 2	I. II. III. V. 1	II. V. 2	9
b	I. 2	I. II. 2	II. V. 1	I. 2	I. 2	8
b	I. 1	I. 1	b	I. II 1	II. V. 1	7
c	c	I. V. 2	I. 6	I. II. V. 2	II. V. 2	7
6	30	23	25	23	26	226

* 11.10 P.M.

April 1883.

P.M.

	8	9	10	11	Midnight	Sums
	c	I. 2	I. 4	I. V. 1	I. 3	6
	o	o	o	A	A	5
	I. III. 1	I. 2	I. V. 2	I. 3	I. II. 3	6
	b	I. 1	I. II. 2	I 2	I. 2	7
	o	A	A	V 3	V. 1	7
	o	o	b	I. II. 1	I. II. 2	4
	o	c	I. II. 1	I. 1	I. V. 2	5
	o	o	o	I. V. 2	I. 1	5
	c	o	o	V 1	c	2
	b	b	I. 1	I. V. 2	I. V. 2	3
	a	c	I. 2	I. II. III. 2	I. II. 2	6
	c	c	c	o	A	3
	c	I. 1	c	I. 1	I. 1	3
	c	c	c	o	o	0
	c	b	II. 1	b	III. V. 1	2
	b	b	II. 2	I. 1	I. 1	5
	b	b	b	II. 2	b	3
	b	b	I. III. 2	I. II. IV. 3	I. II. 1	5
	b	I. 2	V. 1	V. 2	I. 2	6
	o	o	o	o	o	2
	o	o	o	o	o	0
	o	o	o	o	o	0
	c	c	c	c	c	0
	o	o	A	V. 1	I. II. 2	3
	b	I. II. 2	b	I. II. V. 2	I. 2	5
	c	c	I. 2	I. II. V 1	I. III. 2	4
	o	c	o	o	o	1
	o	c	c	A	A	1
	c	c	c	I 1	I. 1	2
	c	c	I. II 3	I 1	c	1
	1	7	14	22	21	103

May 1883.

A.M.

Days.	1	2
1	I. 3	c
2	o	o
3	o	II. 5
4	b	I. 4
5	c	c
6	o	o
7	b	b
8	c	c
9	c	c
10	o	c
11	b	b
12	b	b
13	o	c
14	b	b
15	c	c
16	I. 1	b
17	c	o
18	b	o
19	c	c
20	c	c
21	c	c
22	o	o
23	c	c
24	c	c
25	a	a
26	c	c
27	c	c
28	c	c
29	c	c
30	c	c
31	o	o
Sums - -	2	3

July 1883.

A.M.

Days.	1
1	o
2	c
3	o
4	c
5	o
6	b
7	c
8	c
9	o
10	c
11	a
12	a
13	c
14	b
15	c
16	b
17	c
18	b
19	c
20	o
21	o
22	c
23	o
24	c
25	o
26	c
27	o
28	c
29	I. 2
30	I. 1
31	c
Sums - -	2

May 1883.

P.M. 11			Midnight.			Sums.
I.		1		c		1
	o			o		0
	b			b		1
I.		1	I.		1	3
	o			o		0
II.		1		b		1
	o			o		0
	b		I. II.		3	1
	o			o		0
	b		I. V.		3	1
I.		2	I. II.		2	2
II.		2	II.		2	2
	b			b		0
	c		I.		2	1
	b			b		0
	c			b		1
	b			c		0
	o			c		0
	c			c		0
	c		V.		3	1
	o			o		0
	c			c		0
	c			c		0
	o			o		0
	c			c		0
	c			c		0
	c			o		0
	c			c		0
	o			o		0
	o			o		0
	b			b		0
	8			7		16

July 1883.

P.M. 11			Midnight.			Sums.
	c			c		0
	o			o		0
	o			c		0
	b			c		0
	b			b		0
	o			c		0
	o			c		0
	o			o		0
	c			c		0
	o			o		0
	o			o		0
	c			c		0
	o		II.*		4	1
	c		II.		1	1
	b			b		0
	c			c		0
	b			b		0
II.		2		c		1
	o			o		0
	c			o		0
	c			c		0
	λ			o		1
II.		4		o		1
	o			o		0
	o		I.		2	1
	o			o		0
	o			o		0
V.		2	V.		2	2
II.		1	II.		2	2
	c		I.		2	1
	c			c		0
	5			6		13

* 11.45 A.M.

August 1883.

A.M.

Days.	1	2	3
1	o	o	c
2	o	c	o
3	o	o	o
4	c	o	o
5	II. 3	II. 2	c
6	o	o	o
7	o	o	
8	o	o	o
9	o	o	o
10	c	c	b
11	o	o	o
12	I. 1	o	o
13	II. 1	II. 1	o
14	c	V. 1	c
15	o	o	o
16	II. 2	c	c
17	o		o
18	II. IV. V. 3	I. 2	b
19	c	c	c
20	o	o	o
21	I. 2	b	b
22	o	o	o
23	I. 1	b	c
24	V. 2	V. 1	c
25	A	o	o
26	I. 1	I. 2	II 1
27	I. II. 3	[illegible]	c
28	I. II. V. 2	II. 2	b
29	I. III. V. 1	c	c
30	o	o	o
31	I. 2	II. 1	o
Sums - -	14	8	1

The preceding tables are compiled from the journal of hourly auroral observations.

The form of the aurora is expressed by Roman figures, according to Weyprecht's scale, viz:—

I. Arch.	V. Patches, or undefined light.
II. Streamers.	VI. Dark segment.
III. Striæ.	VII. Polar light.
IV. Corona.	VIII. Sheaves.

The brilliancy is shown by Arabic numerals on the scale 1—4, 1 being very faint, and 4 very bright, aurora.

The letter A denotes that aurora was observed, but that it was more or less concealed by clouds.

At hours when no aurora was recorded the state of the sky is shown by the letters b, c, o.

The dotted lines mark the beginning and end of twilight.

August 1883.

P.M.

	9	10	11	Midnight.	Sums
	o	o	o	o	0
	o	o	o	o	0
	c	o	o	I. 1	1
	b	b	V. 1	b	1
	o	o	o	o	2
	c	I. 1	II. V 2	o	1
	c	I. II. III. V. 1	I. 2	V. 2	1
	c	c	V. 1	o	1
	o	c	c	c	0
	o	II. V. 1	I. IV. 2	II. 1	3
	c	c	A	o	1
	c	c	b	V. 1	1
	c	I. 1	I. 1	o	4
	o	o	o	c	1
	c	c	II. 1	II. 2	2
	o	o	c	o	1
	c	b	I. 2	I. 2	2
	c	I. 3	V. 2	II. 1	5
	o	o	II. 3	A	7
	c	I. 2	I. 2	I. 2	3
	c	c	c	o	1
	c	I. II. III. 3	I. II. V. 2	V. 1	3
	V. 2	I. III. 2	I. 2	I. 3	5
	o	o	A	o	3
	c	c	I. 2	II. IV. 3	5
	c	I. 2	V. 3	I. 4	6
	c	c	I. 2	I. V. 2	3
	c	II. 1	I. II 3	I. III. 1	5
	I. 1	I. III. V. 2	A	o	4
	o	o	V. 1	I. 1	2
	A	A	A	o	5
	3	12	22	16	76

Corrected Readings of a MAXIMUM BLACK-BULB THERMOMETER *in vacuo* exposed to Sunshine at FORT RAE, 1882-3.

Days.	Sept.	Oct.	Nov.	Dec.	Jan.	Feb.	March.	April.	May.	June.	July.	August.
	°	°	°	°	°	°	°	°	°	°	°	°
1	—	34·1	19·1	−30·6	−17·3	−5·4	15·1	34·1	30·7	45·1	52·7	50·5
2	—	35·5	3·1	−21·6	−13·4	−4·1	12·3	35·9	38·9	49·3	54·1	52·2
3	—	36·1	−2·6	−19·1	−24·7	5·9	17·4	36·3	32·3	53·3	53·8	53·6
4	—	37·3	0·3	−11·3	−20·0	6·2	13·9	31·9	29·2	54·7	48·2	55·2
5	22·7	18·9	−9·5	−14·4	−17·2	11·7	24·7	31·8	39·9	42·8	51·7	54·1
6	41·3	12·8	−4·5	−6·4	−16·1	−12·2	22·1	35·3	33·6	44·3	56·4	51·1
7	37·7	14·7	0·1	−7·0	−13·3	9·3	22·5	39·1	42·9	47·7	54·8	48·1
8	43·7	34·3	6·7	−13·9	−24·5	−11·4	24·1	33·9	41·6	37·9	53·5	51·8
9	42·3	36·6	0·6	−14·3	−8·1	22·6	23·5	41·1	43·0	50·9	56·8	52·3
10	42·4	33·7	23·1	−20·6	−6·9	−9·1	27·5	37·8	44·9	47·3	45·6	50·8
11	27·2	9·6	17·4	−26·4	−19·2	3·9	24·6	36·6	38·8	44·0	34·3	46·8
12	30·4	8·4	13·8	−27·3	−5·3	3·8	29·2	44·1	40·7	41·5	49·2	48·0
13	28·9	10·4	13·9	−30·0	−6·4	3·9	25·9	29·4	40·7	48·4	57·2	47·8
14	46·8	8·6	−2·0	−28·2	−7·7	4·9	21·4	38·7	40·6	47·1	56·9	39·3
15	40·0	34·2	4·3	−26·1	−24·7	9·7	27·9	41·2	40·1	49·5	56·2	49·8
16	47·3	32·9	17·4	−23·3	−11·7	17·1	24·3	36·1	43·6	47·2	50·3	51·4
17	36·2	24·3	−0·2	−7·3	−14·9	5·4	16·8	36·1	46·2	48·0	48·9	51·1
18	42·6	4·9	2·9	−10·8	−12·3	13·4	24·3	34·7	42·7	45·3	50·0	47·4
19	47·7	20·9	−0·8	−24·9	−3·2	16·4	25·9	36·7	49·3	43·9	53·9	40·4
20	34·8	3·8	−1·8	−10·2	−7·1	21·2	30·4	36·5	53·5	35·7	52·9	46·5
21	45·6	5·2	8·5	−11·4	−20·3	15·8	23·6	23·4	52·2	49·3	56·4	45·4
22	38·4	8·7	−6·4	−10·9	−12·9	16·6	26·6	41·9	42·3	34·5	53·9	51·0
23	38·6	4·0	−4·6	−0·3	−12·1	13·8	21·8	37·1	42·6	60·2	56·8	45·6
24	36·2	7·7	−6·0	−19·4	−7·2	5·4	20·9	37·0	42·6	55·2	51·2	43·9
25	45·3	5·4	−5·9	−3·6	0·0	−2·6	25·1	36·1	43·4	50·6	51·1	49·7
26	38·2	26·7	−6·7	6·7	−6·0	−0·2	27·4	37·8	43·2	52·8	53·2	44·9
27	20·7	5·9	−4·6	10·3	−13·3	9·5	28·2	40·5	49·2	43·3	56·4	43·6
28	39·7	8·3	−12·2	−4·9	−12·4	14·2	29·6	39·6	42·0	44·0	42·5	46·7
29	38·0	6·0	0·2	−10·4	−5·9	—	30·9	44·4	48·6	32·2	50·4	48·7
30	17·4	1·0	−8·5	−11·7	−0·8	—	27·0	33·5	26·9	45·8	50·4	25·9
31	—	5·4	—	−13·7	−2·6	—	29·7	—	41·8	—	50·9	43·5

Solar Radiation, or the excess of a MAXIMUM BLACK BULB THERMOMETER *in vacuo* exposed to Sunshine *above* the Maximum Temperature in the shade at FORT RAE, 1882-3.

Days.	Sept.	Oct.	Nov.	Dec.	Jan.	Feb.	March.	April.	May.	June.	July.	August.
	°	°	°	°	°	°	°	°	°	°	°	°
1	—	17·1	23·3	5·7	17·7	26·0	40·1	42·5	32·7	28·3	29·9	29·6
2	—	26·2	7·4	2·8	19·2	26·5	32·9	44·2	39·8	29·4	30·6	30·7
3	—	23·8	1·3	1·4	14·0	28·3	40·2	46·5	46·7	33·8	32·6	28·1
4	—	24·7	4·1	14·1	18·3	11·4	39·2	41·4	36·4	35·3	31·7	31·8
5	12·3	23·0	0·0	14·1	17·7	23·1	36·3	42·0	38·2	32·3	36·0	31·9
6	30·4	8·3	7·8	17·9	17·4	7·6	41·5	42·1	33·4	35·8	31·8	32·1
7	37·0	16·6	19·1	20·6	18·4	29·3	38·5	43·3	43·5	34·3	32·8	30·2
8	28·1	27·2	24·2	12·2	2·4	10·3	36·6	43·6	40·7	20·4	35·3	33·3
9	26·7	24·2	14·2	13·4	15·8	29·1	37·9	47·3	41·8	32·1	32·2	33·4
10	27·9	25·8	29·8	10·9	17·6	19·0	40·1	44·9	39·1	30·6	30·8	31·9
11	13·8	5·6	19·2	4·4	4·1	19·8	37·3	38·[illegible]	31·6	28·2	21·9	27·7
12	16·6	2·6	20·0	3·1	20·2	29·5	42·6	44·0	33·1	28·1	27·9	26·8
13	18·9	5·9	23·2	4·1	18·6	31·7	39·1	42·3	30·2	31·3	36·0	25·6
14	34·6	6·4	7·2	0·0	19·3	31·4	41·2	43·0	31·6	33·8	36·5	13·9
15	24·4	28·3	9·3	1·6	−0·3	31·8	42·3	41·8	31·7	33·8	35·7	32·1
16	32·8	27·4	16·0	1·0	15·7	32·6	44·9	34·8	31·9	32·7	29·2	17·3
17	23·7	21·8	0·9	14·3	22·0	20·5	41·2	34·0	33·3	33·6	29·2	33·8
18	28·4	3·1	8·2	17·3	21·5	20·4	41·3	35·[illegible]	34·4	30·5	25·7	28·9
19	27·3	20·1	4·2	6·7	22·4	30·6	40·7	36·0	33·8	29·1	32·0	26·6
20	24·1	6·9	6·9	16·3	22·2	24·7	40·8	33·5	35·1	25·2	30·1	31·5
21	33·4	7·4	14·8	9·6	15·6	32·4	39·7	22·1	34·7	32·6	33·1	32·3
22	26·1	6·6	1·6	1·1	22·8	31·9	40·7	42·7	32·7	36·6	31·2	33·2
23	27·6	3·1	3·1	17·4	21·4	34·1	40·6	38·4	29·7	29·3	34·2	28·3
24	27·2	8·4	0·7	7·6	25·9	28·3	42·1	34·1	28·2	33·6	33·4	30·4
25	29·1	6·2	1·3	14·0	26·3	17·8	43·7	31·7	34·0	28·2	26·7	32·2
26	29·6	25·9	2·6	15·1	9·6	26·5	43·6	30·3	29·5	33·1	31·9	29·3
27	11·5	6·7	23·1	15·0	4·2	29·8	41·2	15·8	34·7	28·7	34·2	29·2
28	31·6	6·1	2·1	16·3	8·0	35·2	37·8	16·1	28·2	29·7	23·0	28·8
29	32·5	5·5	19·3	17·5	25·9	—	41·2	45·9	30·1	20·4	28·1	32·9
30	17·4	6·7	21·2	5·9	20·4	—	41·3	32·8	22·4	29·4	26·5	19·9
31	—	10·2	—	17·5	27·7	—	38·2	—	33·7	—	32·0	28·4

Readings of a MINIMUM THERMOMETER exposed on the Ground to the Sky at FORT RAE, 1882-3.

Days.	Sept.	Oct.	Nov.	Dec.	Jan.	Feb.	March.	April.	May.	June.	July.	August.
	°	°	°	°	°	°	°	°	°	°	°	°
1	—	−12·5	−20·0	−38·6	−41·4	−43·5	−57·6	−25·7	−8·9	−5·4	8·7	9·4
2	—	−5·6	−14·1	−32·8	—	−40·0	−51·6	−22·5	−4·3*	−0·6	8·3	7·8
3	—	−12·6	−15·2	−26·6	−46·7	−25·9	−35·6	−15·6	−12·7	0·9	12·4	10·3
4	—	−8·1	−11·9	−34·9	−40·8	—	−28·3	−29·8	−21·1	−1·7	7·4	7·1
5	—	−5·0	−14·0	−35·0	−40·0	—	−36·8	−28·3	−13·4	1·1	3·9	1·1
6	—	−7·8	−22·4	−37·8	−39·4	−31·4	−34·2	−19·4	−13·4	1·4	7·2	11·3
7	—	1·5	—	−33·3	−35·6	−23·3	−30·6	−27·2	−13·7	4·1	6·1	3·2
8	−2·3	−3·6	−37·5	−30·7	−30·6	−31·2	−25·3	−32·2	−21·7	1·1	2·2	−2·8
9	−6·5	−7·5	−23·1	−28·6	−29·4	−25·6	−29·8	−17·8	−12·0	−4·3	6·7	1·8
10	1·7	−7·2	−18·8	−33·8	−32·2	−41·5	−21·6	−18·3	−3·4	2·7	5·4	3·6
11	5·0	−2·3	−16·7	−34·5	—	—	−18·9	−16·2	−10·4	0·6	7·8	10·0
12	8·9	0·8	−21·6	−32·7	−29·7	—	−21·0	−14·9	−11·7	−0·6	4·3	11·1
13	5·0	1·9	−17·3	−38·4	−20·0	−43·1	−18·5	−14·3	−9·4	0·3	0·9	7·2
14	−1·1	0·1	−26·9	−43·6	−35·7	−43·8	−32·1	−19·1	−12·1	4·4	3·6	11·6
15	−5·6	−0·1	−12·8	−37·5	—	−41·7	−30·4	−15·1	−4·4	5·2	−2·8	12·0
16	−0·6	−9·3	−11·4	−33·2	−36·3	−45·2	−30·9	−28·1	−4·4	4·4	−2·3	−2·4
17	−3·3	−6·0	−18·9	−24·9	−43·4	−21·1	−40·4	−17·5	−1·4	−1·3	0·1	9·1
18	4·7	−7·5	−16·1	−31·2	−43·9	−32·2	−35·9	−17·7	−2·6	−3·1	−1·5	1·3
19	6·4	−4·2	−14·5	−39·2	−33·3	−25·3	−32·7	−13·4	1·0	1·3	2·1	3·3
20	−0·3	−9·1	−17·1	−38·9	−33·4	−30·8	−22·6	−14·8	−1·2	−0·1	1·6	4·7
21	1·4	−7·8	−25·0	−31·7	−30·4	−26·6	−29·1	0·0	−4·6	5·6	3·2	−3·1
22	−9·4	−7·9	−28·9	−27·3	−45·2	−25·0	−28·9	−1·2	0·5	9·8	7·6	1·7
23	2·5	−1·7	−17·3	−16·7	−22·2	−23·5	−30·9	−7·2	−3·6	6·5	5·4	−4·5
24	7·9	−3·3	−10·7	−32·0	−37·6	−13·9	−37·3	−8·3	−7·8	7·7	5·7	−1·1
25	3·9	−5·0	−10·6	−31·2	−33·2	−24·6	−13·8	−8·1	0·6	8·4	9·1	4·9
26	1·4	−4·7	−12·2	−26·2	—	−18·3	−30·4	−7·4	−3·3	7·4	6·1	−2·6
27	−1·9	−1·7	−24·4	−16·7	—	—	−27·0	−7·2	−5·3	10·1	2·2	−1·0
28	−13·6	−2·2	−34·0	−23·4	—	—	−27·2	−2·1	−3·3	−0·1	1·7	−2·3
29	−4·7	0·1	−22·6	−32·3	−36·2	—	−29·0	−3·4	−5·9	4·4	−2·8	−0·9
30	−9·4	−6·7	−34·7	−33·8	−40·3	—	−31·2	−5·6	−0·6	0·1	3·0	1·8
31	—	−6·8	—	−36·7	−33·1	—	−32·1	—	−2·4	—	5·7	4·6

* Covered with snow.

Terrestial Radiation or the defect of a MINIMUM THERMOMETER exposed on the ground to the sky *below* the Minimum Temperature in the shade at FORT RAE, 1882-3.

Days.	Sept.	Oct.	Nov.	Dec.	Jan.	Feb.	March.	April.	May.	June.	July.	August.
	°	°	°	°	°	°	°	°	°	°	°	°
1	—	8·9	1·9	2·9	3·7	3·4	4·7	4·5	2·5	3·1	1·7	5·4
2	—	9·7	2·7	1·8	—	3·4	3·3	0·8	+0·4	6·4	4·8	4·2
3	—	8·9	2·8	+0·9	3·7	1·7	2·3	1·2	0·7	4·6	2·6	4·9
4	—	8·1	+1·1	2·9	0·0	—	2·3	6·1	7·2	4·1	1·8	8·0
5	—	6·7	1·1	0·9	0·5	—	2·2	4·9	1·6	2·2	5·8	9·6
6	—	7·5	4·1	2·1	0·9	3·2	0·9	1·1	3·3	1·6	7·4	7·4
7	—	0·0	[illegible]	3·7	0·2	1·9	5·5	4·4	2·1	1·3	7·5	8·8
8	6·1	5·0	10·2	1·2	+2·3	7·3	1·6	2·3	2·2	0·8	10·5	12·3
9	9·8	8·3	1·2	1·7	0·5	5·7	4·5	0·8	2·9	7·9	8·7	7·2
10	7·8	7·5	1·2	1·6	5·9	2·1	0·5	1·8	3·1	3·4	5·4	6·6
11	4·7	2·2	6·8	1·8	—	—	1·7	1·4	6·7	3·3	1·2	4·9
12	1·7	0·0	6·0	0·3	1·5	—	3·9	1·4	7·2	3·9	4·5	5·8
13	1·1	1·4	3·2	2·7	1·7	6·4	1·0	1·4	3·6	4·2	10·1	5·2
14	3·1	0·0	7·0	4·4	1·6	3·9	3·9	1·6	9·9	1·5	8·1	2·1
15	8·1	0·2	0·8	1·2	—	4·8	1·4	2·4	3·3	2·1	13·2	1·3
16	5·6	6·7	2·9	3·2	2·8	6·8	+0·2	1·1	4·2	3·4	13·0	10·2
17	5·6	0·2	3·4	+0·6	4·4	1·6	0·6	1·9	3·7	9·9	12·6	2·3
18	2·5	1·5	3·7	1·5	0·7	3·0	4·0	2·0	3·7	9·2	17·7	6·6
19	2·2	3·2	6·9	1·8	2·0	1·1	3·2	1·3	0·6	4·8	11·2	7·8
20	6·9	2·4	3·8	2·5	0·2	1·0	4·0	1·6	7·3	5·7	12·7	2·2
21	2·2	+0·5	7·2	1·3	0·7	3·7	2·3	0·2	6·6	1·4	12·2	6·6
22	12·3	3·1	6·7	2·6	2·8	1·5	3·9	+0·9	1·4	0·5	6·6	5·6
23	2·5	0·6	1·4	0·8	0·0	0·4	+0·3	+1·0	7·7	2·7	5·2	11·2
24	1·4	+0·6	0·9	2·5	0·3	2·4	7·4	0·2	6·7	3·6	3·6	6·7
25	3·3	0·3	0·5	1·4	0·2	+1·4	1·7	1·3	4·2	3·9	0·9	3·9
26	2·8	0·0	0·7	5·5	—	0·2	0·7	1·5	3·1	5·3	4·8	5·4
27	2·2	0·0	1·9	3·6	—	—	1·7	4·4	3·6	+1·1	7·8	8·7
28	10·0	0·3	5·3	1·2	—	—	1·3	0·3	7·3	5·3	7·1	13·4
29	1·9	0·0	2·2	2·1	1·3	—	5·7	1·7	7·2	+4·4	13·0	5·6
30	6·9	+1·4	3·4	3·7	2·3	—	3·2	0·3	4·9	5·3	11·3	3·4
31	—	+0·9	—	2·2	0·7	—	3·7	—	3·4	—	9·8	0·4

Corrected Readings of a THERMOMETER exposed

Days		1	2	3	4	5	6	7	8	9	10	11	Noon.
		—	—	—	—	—	—	—	—	—	—	—	—
Jan.	22	—	—	—	—	—	—	—	43·5	40·6	—	—	41·4
	23	41·3	44·5	44·2	44·3	44·[illegible]	44·0	43·8	43·5	41·7	43·5	41·3	40·0
	24	40·5	40·5	40·0	40·0	39·[illegible]	34·5	35·6	34·6	35·0	36·0	—	—
	25	—	—	—	—	—	—	—	—	35·5	—	—	—
	29	—	—	—	—	—	36·6	35·0	36·0	38·5	33·5	17·2	35·1
	30	39·5	—	39·0	—	42·6	41·6	43·6	34·4	34·9	—	—	—
	31	34·9	34·9	34·9	36·4	36·9	—	36·4	34·7	—	—	—	—
Feb.	1	—	—	43·4	—	43·1	48·3	43·5	36·7	43·0	48·6	39·7	37·6
	2	—	—	—	—	—	—	—	41·3	43·6	39·3	37·4	—
	3	—	—	—	—	—	—	—	—	—	—	—	—
	5	—	—	—	—	—	47·4	—	—	—	—	—	—
	6	—	—	—	—	—	—	36·4	51·8	—	—	—	—
	10	36·4	44·1	38·2	37·3	37·6	30·7	48·7	42·3	47·2	—	—	—
	11	—	—	—	—	—	—	—	—	—	—	—	—
	12	34·9	—	31·3	38·7	34·6	32·3	31·6	38·4	32·5	32·3	—	—
	13	38·6	39·3	39·9	43·1	45·9	46·2	46·1	46·4	44·1	34·7	35·4	36·4
	14	38·5	42·3	40·5	42·3	46·7	41·7	43·1	47·3	43·1	47·1	37·0	34·4
	15	43·2	44·0	43·6	42·5	35·5	39·2	42·5	43·6	41·5	32·9	—	39·4
	16	41·8	40·5	44·3	40·0	38·0	37·4	39·0	33·9	33·6	—	—	—
	17	—	—	—	—	—	—	—	—	—	—	—	—
	18	—	—	—	—	—	—	—	35·9	36·9	29·8	26·3	—
	19	24·4	19·8	24·8	27·5	24·1	—	—	—	25·4	—	26·7	19·7
	20	21·9	18·7	27·2	—	—	19·1	19·2	17·6	22·4	17·7	—	—
	21	24·8	26·7	22·2	22·5	—	—	—	—	—	20·1	18·6	18·1
	22	24·1	—	26·4	25·7	25·7	—	—	—	—	—	—	—
	23	—	—	—	—	—	—	—	—	—	—	—	—
	24	36·7	34·9	37·3	39·3	38·9	37·6	35·4	38·9	37·6	—	—	—
	26	—	—	—	—	—	—	—	—	—	—	—	—
Mar.	1	42·6	42·1	42·7	36·9	36·7	35·9	—	—	—	—	—	—
	2	—	—	38·9	32·8	31·4	31·8	—	30·8	28·0	—	—	—
	3	31·5	38·9	32·9	36·3	32·7	33·8	36·9	33·4	—	—	31·1	29·6
	4	35·3	38·1	39·8	38·2	33·0	38·5	38·5	—	—	—	—	—
	5	35·2	40·1	38·0	33·3	37·7	38·0	38·0	36·9	33·9	—	—	—
	6	34·4	—	33·4	—	—	—	—	—	—	—	—	—
	7	26·7	30·6	30·7	26·8	—	—	—	—	—	—	—	—
	8	27·8	—	—	—	—	—	—	—	—	—	—	—
	9	28·8	—	—	—	—	—	—	—	—	—	—	—
	11	27·6	17·6	27·2	28·0	—	—	—	—	—	—	—	—
	12	—	—	—	35·6	32·3	32·9	31·8	38·8	—	—	—	—
	16	—	—	—	—	—	—	—	—	—	—	—	—
	17	41·3	42·3	42·6	44·8	41·1	33·3	41·6	—	—	—	—	—
	18	31·2	38·0	33·9	32·2	35·4	36·9	33·4	—	—	—	—	—
	21	—	—	—	29·7	29·1	28·7	—	—	—	—	—	—
	22	27·3	29·8	31·7	—	—	—	—	—	—	—	—	—
	23	—	—	—	—	—	—	—	—	—	—	—	—
	24	36·9	41·8	35·9	36·4	34·0	40·9	—	—	—	—	—	—
	25	34·4	34·6	35·0	34·2	34·2	34·9	—	—	—	—	—	—
	26	29·9	29·8	36·0	25·6	30·4	30·2	—	—	—	—	—	—
	28	—	—	—	—	—	—	—	—	—	—	—	—
	29	27·2	30·5	28·7	30·8	31·3	32·7	—	—	—	—	—	—
	30	25·7	30·8	31·1	34·1	33·1	32·8	—	—	—	—	—	—
	31	31·1	32·1	33·7	32·6	34·8	35·4	—	—	—	—	—	—
Apr.	3	—	—	—	—	—	—	—	—	—	—	—	—
	4	24·8	25·2	29·6	30·8	28·4	30·8	—	—	—	—	—	—
	5	27·3	27·7	26·0	26·8	27·5	27·5	—	—	—	—	—	—
	6	28·4	—	—	—	—	—	—	—	—	—	—	—
	10	—	17·6	17·2	18·2	18·6	—	—	—	—	—	—	—
	12	22·9	13·4	13·9	—	—	—	—	—	—	—	—	—
	15	—	—	—	—	—	—	—	—	—	—	—	—
	16	16·5	—	17·6	13·0	17·3	—	—	—	—	—	—	—
	17	—	—	—	17·2	—	—	—	—	—	—	—	—
	18	—	—	17·3	15·2	19·3	—	—	—	—	—	—	—
May	3	—	—	—	—	—	—	—	—	—	—	—	—
	4	20·2	20·6	20·3	—	—	—	—	—	—	—	—	—
	6	—	—	—	—	—	—	—	—	—	—	—	—
	7	—	13·4	15·8	—	—	—	—	—	—	—	—	—
	8	—	—	—	—	—	—	—	—	—	—	—	—
	9	9·3	9·5	18·4	10·4	—	—	—	—	—	—	—	—
	10	—	—	—	—	—	—	—	—	—	—	—	—
	11	4·8	—	10·1	—	—	—	—	—	—	—	—	—
	12	10·1	7·1	8·8	8·7	—	—	—	—	—	—	—	—
	13	—	—	—	—	—	—	—	—	—	—	—	—
	14	10·4	11·4	11·2	—	—	—	—	—	—	—	—	—

on the Ground to the clear Sky, at Fort Rae, 1883.

Days.		1	2	3	4	5	6	7	8	9	10	11	Midnight.
		— °	— °	— °	— °	— °	— °	—	—	— °	— °	— °	—
Jan.	22	41·6	—	45·0	45·8	45·3	45·6	42·5	—	44·1	44·9	45·1	44·5
	23	41·5	45·2	44·4	45·5	44·3	43·9	44·0	45·4	41·6	41·7	45·6	45·9
	24	—	—	—	—	—	—	—	—	—	—	—	—
	25	—	—	—	—	—	—	—	—	—	—	—	—
	29	36·2	36·4	36·9	36·9	—	—	39·0	—	—	—	—	39·3
	30	—	—	—	—	—		35·4	36·9	35·2	37·6	30·1	31·2
	31	—	—	—	—	—		—	—	37·9	—	39·1	—
Feb.	1	33·9	36·9	36·8	—	35·2	—	—	—	—	—	—	—
	2	—	—	—	—	—	—	—	—	—	—	—	—
	3	26·7	26·6	29·1	35·2	36·3	34·0	33·4	33·4	32·1	33·1	—	—
	4	—	—	—	—	—	—	—	—	—	—	—	—
	6	—	—	—	—	—	—	—	—	—	—	—	—
	10	—	—	—	—	—	—	—	—	—	—	—	—
	11	—	—	—	—	—	—	—	30·6	30·4	31·8	32·0	—
	12	27·7	27·8	—	—	25·8	—	—	—	32·2	33·4	36·9	38·0
	13	34·7	33·4	32·9	34·4	34·4	36·4	37·6	38·2	35·2	38·0	38·5	37·7
	14	31·8	31·8	32·4	—	—	—	40·8	—	43·6	—	42·1	—
	15	—	—	—	—	40·7	43·6	41·7	41·5	44·7	45·9	40·6	40·6
	16	—	—	—	—	—	—	—	—	—	—	—	—
	17	—	—	—	—	—	—	—	—	—	35·7	36·7	—
	18	—	—	—	—	—	26·9	27·3	26·7	23·7	—	24·2	26·2
	19	18·4	—	—	—	22·7	25·7	26·7	20·2	19·7	19·9	19·2	19·3
	20	—	—	—	—	21·7	—	26·2	25·5	22·9	25·9	24·2	27·8
	21	—	15·4	—	—	—	—	—	—	—	—	20·1	25·1
	22	—	—	—	—	—	—	—	—	—	—	—	—
	23	—	—	—	—	39·4	34·4	36·6	37·2	35·7	33·9	36·9	38·7
	24	—	—	—	—	—	—	—	27·8	35·7	—	—	—
	28	—	—	—	—	—	—	—	—	33·5	38·2	40·7	41·3
Mar.	1	—	—	—	—	—	—	—	—	25·6	47·1	26·0	28·3
	2	—	—	—	—	—	—	—	—	29·3	39·9	30·2	30·0
	3	—	—	—	—	38·9	41·4	41·6	41·6	43·1	42·5	40·8	40·9
	4	—	—	—	—	—	—	31·9	34·2	35·0	33·4	34·6	35·0
	5	—	—	—	—	—	31·9	32·9	34·4	34·2	33·7	34·7	—
	6		—	—	—	—	—	—	—	—	—	—	—
	7	—	—	—	—	—	—	—	—	—	22·9	25·4	27·5
	8	—	—	—	—	—	25·2	26·3	30·6	30·8	32·9	32·9	29·6
	9	—	—	—	—	—	24·6	25·1	22·7	—	—	—	—
	11	—	—	—	—	—	—	—	—	22·2	19·8	20·2	—
	14	—	—	—	—	—	—	—	—	—	—	—	—
	16	—	—	—	—	—	—	—	—	—	37·9	38·5	38·3
	17	—	—	—	—	—	—	35·3	36·7	36·4	33·9	34·5	31·8
	18	—	—	—	—	—	—	28·3	30·3	30·8	—	32·4	—
	21	—	—	—	—	—	—	23·5	24·7	25·2	25·2	24·4	25·2
	22	—	—	—	—	—	—	—	—	—	—	—	—
	23	—	—	—	—	—	—	34·9	33·7	31·1	27·6	35·4	35·8
	24	—	—	—	—	—	—	30·3	30·8	31·9	28·4	33·3	33·8
	25	—	—	—	—	—	—	—	—	—	29·3	20·3	29·4
	26	—	—	—	—	—	—	—	—	—	—	—	26·0
	28	—	—	—	—	—	—	18·8	21·4	22·6	—	—	26·3
	29	—	—	—	—	—	—	22·5	24·8	24·2	—	24·4	19·9
	30	—	—	—	—	—	—	22·6	25·7	28·0	—	26·7	—
	31	—	—	—	—	—	—	—	—	25·1	22·9	26·7	—
Apr.	3	—	—	—	—	—	—	—	—	—	—	21·4	21·7
	4	—	—	—	—	—	—	20·8	24·2	26·7	25·8	27·7	29·3
	5	—	—	—	—	—	—	—	—	—	—	—	—
	6	—	—	—	—	—	—	—	—	—	—	—	—
	10	—	—	—	—	—	—	—	—	—	—	—	—
	12	—	—	—	—	—	—	—	—	—	—	—	—
	15	—	—	—	—	—	—	—	—	—	—	—	17·7
	16	—	—	—	—	—	—	—	—	—	—	—	—
	17	—	—	—	—	—	—	—	—	—	—	12·9	16·9
	18	—	—	—	—	—	—	—	—	22·5	10·9	—	—
May	3	—	—	—	—	—	—	—	—	16·3	16·3	17·8	19·6
	4	—	—	—	—	—	—	—	—	—	—	—	12·0
	6	—	—	—	—	—	—	—	—	—	—	—	—
	7	—	—	—	—	—	—	—	—	—	6·8	8·3	8·3
	8	—	—	—	—	—	—	—	—	—	—	—	—
	9	—	—	—	—	—	—	—	—	—	—	—	5·8
	10	—	—	—	—	—	—	—	—	—	—	9·4	11·9
	11	—	—	—	—	—	—	—	—	—	7·3	8·6	8·5
	12	—	—	—	—	—	—	—	—	—	2·3	4·2	10·1
	13	—	—	—	—	—	—	—	—	—	—	—	—
	14	—	—	—	—	—	—	—	—	—	—	—	—

Earth Temperatures observed at Fort Rae, 1882–3.

Days.	September.				October.				November.				December.			
	1 ft.	2 ft.	3 ft.	4 ft.	1 ft.	2 ft.	3 ft.	4 ft.	1 ft.	2 ft.	3 ft.	4 ft.	1 ft.	2 ft.	3 ft.	4 ft.
									−	−	−	−	−	−	−	−
1	—	—	—	—	0·4	1·1	1·1	0·5	3·7	1·0	0·6	0·1	8·0	2·6	0·5	0·4
2	—	—	—	—	1·3	0·5	1·2	0·4	3·7	1·2	0·8	0·5	(7·5	2·7	1·0	0·4)
3	—	—	—	—	1·7	1·2	1·4	0·3	3·9	1·7	0·7	0·6	5·0	2·9	1·0	0·3
4	—	—	—	—	1·2	1·1	0·8	0·6	2·8	1·2	0·6	0·5	—	—	—	—
5	—	—	—	—	1·7	1·2	1·1	0·4	3·1	0·4	0·4	0·4	10·1	3·4	1·3	0·4
6	—	—	—	—	1·4	0·9	0·6	0·3	3·6	1·0	0·4	0·3	—	—	—	—
7	5·2	3·7	2·3	2·6	1·7	1·1	0·9	0·8	3·9	1·4	0·8	0·9	11·1	5·5	1·7	0·6
8	5·8	4·0	2·8	2·7	1·1	0·7	0·7	0·6	5·9	1·4	0·5	0·4	—	—	—	—
9	6·9	4·7	2·9	2·7	1·1	1·2	1·2	1·4	5·8	1·0	0·4	0·4	10·6	4·1	1·6	0·5
10	7·2	4·6	3·5	2·7	0·8	0·8	0·6	0·3	5·0	1·6	0·6	0·5	—	—	—	—
11	6·9	4·0	2·8	1·9	0·6	0·7	0·4	0·3	4·0	1·4	0·5	0·3	12·1	4·8	1·8	0·5
12	7·2	4·0	2·8	2·7	1·9	1·3	0·3	0·6	4·9	1·4	0·4	0·3	—	—	—	—
13	6·1	4·0	2·6	1·7	1·7	1·1	0·6	0·3	3·9	1·6	0·6	0·6	10·6	4·5	2·1	0·6
14	4·6	3·1	2·1	1·4	0·9	0·7	0·6	0·3	4·4	1·6	0·6	0·3	—	—	—	—
15	4·2	3·4	2·2	1·4	1·1	0·9	0·7	0·3	4·2	1·6	0·4	0·3	11·7	5·5	2·1	0·6
16	4·1	2·9	1·9	1·4	0·5	0·7	0·3	0·3	3·1	1·6	0·6	0·4	—	—	—	—
17	3·9	3·2	2·2	1·4	−0·6	−0·2	−0·2	−0·3	4·2	1·5	0·5	0·4	9·4	4·7	2·3	0·7
18	6·4	3·7	2·8	1·7	−0·3	0·7	0·6	0·3	4·6	1·6	0·5	0·3	—	—	—	—
19	6·9	4·6	2·5	1·7	−0·4	0·1	0·1	0·2	3·9	1·5	0·6	0·4	8·9	4·4	2·2	0·7
20	6·1	4·0	2·8	1·9	−0·4	−0·1	0·0	−0·1	4·6	1·7	0·6	0·3	—	—	—	—
21	4·2	3·2	1·9	1·4	−0·2	−0·1	0·0	−0·1	3·4	1·8	0·6	0·3	9·7	4·6	2·1	0·8
22	3·3	2·0	1·9	1·4	−0·3	−0·1	0·1	0·0	7·6	2·3	0·6	0·3	—	—	—	—
23	4·2	2·9	2·5	1·6	−0·3	0·1	0·1	0·1	5·1	1·6	0·6	0·1	7·9	4·3	2·2	0·8
24	5·0	3·2	2·5	1·4	−0·6	−0·2	−0·1	−0·1	4·7	2·1	0·6	0·3	—	—	—	—
25	6·4	3·4	2·5	1·4	−1·2	−0·4	−0·1	−0·1	4·4	2·1	0·7	0·5	6·4	2·3	1·2	1·1
26	4·4	3·2	2·5	0·8	−0·9	−0·3	−0·1	−0·1	4·6	1·9	0·7	0·3	—	—	—	—
27	2·5	2·3	1·7	0·8	−1·1	−0·4	−0·4	−0·4	5·1	2·0	0·8	0·3	6·7	3·7	2·0	0·9
28	1·5	1·0	1·7	1·1	−0·2	−0·2	−0·1	−0·1	6·2	2·2	0·9	0·6	—	—	—	—
29	0·8	1·5	1·5	1·2	−0·5	−0·2	0·0	0·0	5·6	2·4	1·6	0·3	8·1	3·7	1·5	0·8
30	1·1	1·5	1·2	0·7	−1·7	−1·0	−0·8	−0·5	5·9	2·6	0·8	0·3	—	—	—	—
31	—	—	—	—	−3·2	−0·9	−0·6	−0·5	—	—	—	—	9·3	4·3	1·9	1·1
Mean	+4·8	+3·3	+2·3	+1·4	+0·3	+0·4	+0·3	+0·2	−4·5	−1·6	−0·6	−0·4	−9·0	−4·1	−1·8	−0·7

Days.	January.				February.				March.				April.			
	1 ft.	2 ft.	3 ft.	4 ft.	1 ft.	2 ft.	3 ft.	4 ft.	1 ft.	2 ft.	3 ft.	4 ft.	1 ft.	2 ft.	3 ft.	4 ft.
	−	−	−	−	−	−	−	−	−	−	−	−	−	−	−	−
1	—	—	—	—	14·8	6·4	3·6	2·6	9·7	5·4	4·7	3·7	12·1	6·5	5·9	4·6
2	13·6	5·2	2·2	0·9	(14·3	6·5	4·0	2·7)	—	—	—	—	—	—	—	—
3	—	—	—	—	13·1	6·8	4·1	2·5	11·3	5·6	4·7	3·7	11·4	6·3	5·8	4·6
4	14·2	6·8	2·7	1·1	—	—	—	—	—	—	—	—	—	—	—	—
5	—	—	—	—	10·9	6·4	4·3	2·8	13·1	6·1	4·8	3·8	11·9	6·1	5·8	4·6
6	14·4	6·6	3·2	1·4	—	—	—	—	—	—	—	—	—	—	—	—
7	—	—	—	—	10·3	6·0	4·3	3·1	12·6	6·7	4·9	3·8	11·5	6·0	5·7	4·6
8	13·8	6·5	2·5	1·6	—	—	—	—	—	—	—	—	—	—	—	—
9	—	—	—	—	10·2	6·1	4·3	3·2	12·7	6·2	4·9	3·9	12·8	5·9	5·5	4·6
10	12·6	6·4	2·4	1·7	—	—	—	—	—	—	—	—	—	—	—	—
11	—	—	—	—	9·3	5·4	4·2	3·1	11·3	6·0	5·1	3·9	9·9	5·5	5·5	4·5
12	—	—	—	—	—	—	—	—	—	—	—	—	—	—	—	—
13	—	—	—	—	11·8	5·4	4·1	3·1	10·4	5·9	5·1	4·2	8·8	5·0	5·2	4·4
14	12·0	6·2	2·1	1·8	—	—	—	—	—	—	—	—	—	—	—	—
15	14·8	7·7	3·8	1·7	12·6	5·7	4·3	3·2	12·4	5·9	5·2	4·1	8·8	4·9	5·2	4·4
16	(11·5	7·2	3·5	2·6)	—	—	—	—	—	—	—	—	—	—	—	—
17	12·1	6·4	3·4	2·5	12·1	6·0	4·3	3·3	14·5	6·1	5·1	4·1	7·9	4·6	4·9	4·3
18	(14·8	9·0	3·3	2·1)	—	—	—	—	—	—	—	—	—	—	—	—
19	15·7	7·7	4·3	2·2	12·1	6·0	4·6	3·4	13·8	6·4	5·3	4·2	4·7	2·5	4·3	3·8
20	(14·9	6·2	3·4	2·2)	—	—	—	—	—	—	—	—	—	—	—	—
21	12·1	6·6	5·1	1·7	11·2	5·9	4·6	3·4	12·6	6·4	5·4	4·3	3·9	2·9	3·8	3·4
22	(13·2	6·2	3·7	1·9)	—	—	—	—	—	—	—	—	—	—	—	—
23	14·2	6·4	3·8	2·2	11·8	5·9	4·7	3·3	13·2	6·4	5·4	4·3	3·9	2·3	3·8	3·2
24	(12·1	7·3	3·8	2·3)	—	—	—	—	—	—	—	—	—	—	—	—
25	14·2	7·6	3·9	2·2	12·1	6·0	4·7	3·5	14·2	6·6	5·4	4·4	3·4	1·9	3·2	2·8
26	(13·1	7·2	3·9	2·5)	—	—	—	—	—	—	—	—	—	—	—	—
27	12·1	7·2	4·1	2·4	9·9	5·8	4·6	3·6	13·7	6·7	5·6	4·4	2·9	0·8	2·5	2·6
28	(11·1	6·6	4·1	2·3)	—	—	—	—	—	—	—	—	—	—	—	—
29	11·2	6·2	4·2	2·8	—	—	—	—	13·0	6·7	5·9	4·5	2·5	0·2	0·8	1·1
30	(12·6	6·6	3·9	2·6)	—	—	—	—	—	—	—	—	2·2	0·2	0·9	1·2
31	11·5	7·2	4·2	2·7	—	—	—	—	12·6	6·5	5·8	4·6	—	—	—	—
Means	−13·2	−6·7	−3·5	−1·9	−11·6	−6·0	−4·1	−3·2	−12·6	−6·2	−5·2	−4·1	−7·3	−3·8	−4·8	−3·7

N.B.—The observations with brackets have not been used in taking the means.

Earth Temperatures observed at Fort Rae, 1882-3—*continued.*

Days.	May.				June.				July.				August.			
	1 ft.	2 ft.	3 ft.	4 ft.	1 ft.	2 ft.	3 ft.	4 ft.	1 ft.	2 ft.	3 ft.	4 ft.	1 ft.	2 ft.	3 ft.	4 ft.
			−	−												
1	−2·2	−0·2	0·8	1·3	1·4	0·7	−0·7	−0·6	8·1	4·[illegible]	2·8	[illegible]	4·8	6·[illegible]	[illegible]	2·2
2	(−2·1	−0·2	0·9	1·2)	—	—	—	—	—	—	—	—	—	—	—	—
3	−2·8	−0·3	1·1	1·2	5·5	1·1	−0·6	−0·5	9·6	4·2	2·2	1·7	8·2	5·8	[illegible]	2·1
4	(−2·3	−1·4	0·9	1·2)	—	—	—	—	—	—	—	—	—	—	—	—
5	−2·3	−0·2	1·1	1·2	6·2	1·6	−0·6	−0·5	5·1	4·6	2·1	0·8	9·4	6·1	3·9	2·3
6	(−2·3	−0·3	1·2	1·2)	—	—	—	—	—	—	—	—	—	—	—	—
7	−2·2	−0·2	1·1	1·1	5·7	1·7	−0·6	−0·4	9·3	4·6	2·2	1·9	9·6	6·1	3·8	2·3
8	—	—	—	—	—	—	—	—	—	—	—	—	—	—	—	—
9	−2·6	−0·2	1·1	1·1	5·3	1·9	−0·5	−0·3	9·3	4·6	2·6	1·1	8·8	5·8	3·5	2·5
10	—	—	—	—	—	—	—	—	—	—	—	—	—	—	—	—
11	−0·7	−0·2	1·1	1·1	6·2	0·7	−0·6	−0·4	8·5	5·2	2·1	1·1	8·7	4·8	3·9	2·6
12	—	—	—	—	—	—	—	—	—	—	—	—	—	—	—	—
13	0·9	−0·1	1·2	1·0	6·5	2·5	−0·3	−0·3	8·6	4·8	2·6	1·1	9·4	6·1	3·8	2·4
14	—	—	—	—	—	—	—	—	—	—	—	—	—	—	—	—
15	1·0	−0·1	1·1	1·1	6·3	2·4	0·0	−0·2	9·0	5·2	2·5	1·1	8·9	5·9	3·8	2·6
16	—	—	—	—	—	—	—	—	—	—	—	—	—	—	—	—
17	2·1	−0·1	1·1	1·0	6·[illegible]	2·9	0·0	−0·4	9·4	5·2	2·8	1·2	8·0	5·2	3·9	2·7
18	—	—	—	—	—	—	—	—	—	—	—	—	—	—	—	—
19	2·3	0·1	0·9	0·8	6·2	3·7	0·1	−0·2	9·9	5·5	3·[illegible]	1·6	9·2	5·2	3·8	2·6
20	—	—	—	—	—	—	—	—	—	—	—	—	—	—	—	—
21	3·7	0·1	1·1	0·9	6·[illegible]	3·0	0·6	−0·2	11·6	5·8	3·[illegible]	1·7	8·1	5·2	3·7	2·6
22	—	—	—	—	—	—	—	—	—	—	—	—	—	—	—	—
23	5·7	0·1	1·1	0·8	6·8	3·2	0·8	−0·2	9·[illegible]	5·5	3·3	1·8	7·2	5·1	3·6	2·6
24	—	—	—	—	—	—	—	—	—	—	—	—	—	—	—	—
25	3·8	0·2	0·8	0·6	8·3	3·1	1·2	−0·2	8·8	5·6	3·3	1·8	7·1	4·8	3·3	2·3
26	—	—	—	—	—	—	—	—	—	—	—	—	—	—	—	—
27	4·4	0·3	1·0	0·6	9·0	4·6	3·4	0·0	8·3	5·2	3·2	1·9	7·1	4·8	3·3	2·3
28	—	—	—	—	—	—	—	—	—	—	—	—	—	—	—	—
29	4·7	0·6	0·8	0·6	7·7	4·2	1·5	0·4	7·9	4·9	3·1	1·8	6·7	5·2	3·5	2·6
30	—	—	—	—	—	—	—	—	10·2	5·1	3·0	1·8	—	—	—	—
31	3·3	0·8	0·6	0·5	—	—	—	—	8·6	5·3	2·9	1·8	6·2	4·6	3·2	2·3
Mean	+1·1	+0·0	−1·0	−0·9	+6·2	+2·5	−0·2	−0·3	+8·9	+5·0	+2·8	+1·7	+8·2	+5·5	+3·6	+2·4

FORT RAE.

MAGNETICAL OBSERVATIONS.

MAGNETIC OBSERVATIONS.

The Observations made on Terrestrial Magnetism were of two kinds, Absolute and Variation or Differential.

ABSOLUTE OBSERVATIONS AND ADJUSTMENTS.

The observatory in which the absolute observations were made was a log hut about 15 ft. (4·5 m.) × 8 ft. (2·5 m.) with a mud fireplace in one corner. No iron was used in its construction.

Absolute observations were made in the neighbourhood of the observatory with satisfactory results, no sign of any local magnetic influence being observed.

Horizontal Intensity (X).

The absolute value of the horizontal component of the Earth's magnetic force was found by means of vibrations and deflections with the unifilar magnetometer No. 102, by Jones, London. During every observation the bifilar was read at short intervals, and the mean of these readings was assumed to correspond with the value of the horizontal force X found by means of the absolute observation.

The following are the instrumental constants of the unifilar which were ascertained at Kew before its departure, and verified on the return of the instrument.

Graduation of deflection bar;—

Apparent distance from centre of instrument.		True distance at temp. 0° Cent.
0·20 metre	=	0·199925 metre
0·25 ,,	=	0·249925 ,,
0·30 ,,	=	0·299925 ,,
0·35 ,,	=	0·349925 ,,
0·40 ,,	=	0·399925 ,,

Deflection apparatus, angular value of one scale division = 2′ 1″.

Vibration magnet, angular value of one scale division = 2′·25.

The deflecting magnet employed was marked — X 5.

The suspended ,, ,, — X a.

For deflecting magnet:

Correction to 0° Cent. $= 0·000224\,(t_c - 0°) + 0·0000018\,(t_c - 0°)^2$.

Induction coefficient $\mu = 0·00000637$.

Log. π^2 K at 0° Cent. = 9·50076.

Dimensions of inertia cylinder;	length	= 0·163617 metre.
,, ,, ,,	diameter	= 0·00998 metre.
,, ,, ,,	weight	= 68·2799 grammes.

The following table gives the results of the observations, each value of X being obtained from a pair of observations, one of vibration and one of deflection; m being the magnetic moment of the magnetic needle used, and X the Earth's magnetic horizontal force.

TABLE 1.

Date.		m	X.	Corresponding British Measures.	Bifilar reading.	X reduced to 420 Bifilar Scale.	Corresponding British Measures.
1882.		C.G.S.	C.G.S.	Foot Grain Sec.	Scale divisions.	C.G.S.	Foot Grain Sec.
Sept.	29	·00068707	·076545	1·6558	425	·076270	1·6537
Nov.	11	617	6430	·6576	413	504	·6605
"	16	472	6596	·6569	410	585	·6610
"	30	458	6762	·6648	422	743	·6644
Dec.	8	626	6533	·6599	419	552	·6603
"	25	539	6570	·6607	416	646	·6623
1883.							
Feb.	7	584	6721	·6596	423	464	·6582
March	5	557	6844	·6665	425	746	·6645
April	6	405	6765	·6605	408	794	·6655
May	12	457	6644	·6623	415	721	·6637
June	8	323	6579	·6609	417	636	·6621
"	12	281	6786	·6653	422	748	·6643
July	12	262	6644	·6623	424	568	·6606
"	31	220	6710	·6537	424	634	·6620
Aug.	14	237	6435	·6577	439	454	·6581
"	16	287	6683	·6651	431	549	·6622
"	28	328	7012	·6703	440	630	·6620
					Mean -	·076604	1·6614

The values, as reduced to the same bifilar reading (420), were plotted down to scale and a curve drawn through them.

From this curve the following corrections were obtained for the change of zero of the bifilar.

TABLE 2.

						Scale Divisions.
1882.	Sept.	1	to	Oct.	2 (3 a.m.)	− 15
1883.	Feb.	9	"	Feb.	13	+ 1
"	"	14	"	"	16	+ 2
"	"	17	"	"	19	+ 3
"	"	20	"	"	21	+ 4
"	"	22	"	"	23	+ 5
"	"	24	"	"	26	+ 6
"	"	27	"	March	2	+ 7
"	Mar.	3	"	"	7	+ 8
"	"	7	"	"	14	+ 9
"	"	14	"	April	21	+ 10
"	April	21	"	"	29	+ 9
"	"	30	"	May	6	+ 8
"	May	7	"	June	16	+ 7
"	June	17	"	"	19	+ 6
"	"	20	"	"	22	+ 5
"	"	23	"	"	26	+ 4
"	"	27	"	"	30	+ 3
"	July	1	"	July	5	+ 2
"	"	6	"	"	10	+ 1
"	"	10	"	Aug.	31	0

There was reason to believe that the bifilar subsequent to its adjustment at the beginning of September received a shock on the morning of October 2, at 3 a.m. This is corroborated by the low value of X given by the observation of 29th September, and by the sudden change in the readings at that time.

The mean of the values of X from the last column of table 1 is ·076604, which corresponds to 420 of the bifilar scale; when the bifilar readings are corrected by Table 2, this mean becomes ·076577.

The bifilar scale reading 400 was accordingly assumed to be = ·076200, and with the scale value found from deflections as mentioned below, p. 124, table 3 was computed for the reduction of the variation observations.

It appears from Table 1 that the value of m regularly decreased throughout the year, an assumption *a priori* probable, as the magnet was kept at a fairly even temperature, and never received any shock or blow.

In order to utilise observations of vibration unaccompanied by an observation of deflection, and *vice versâ*, so as to compare the observations with one another, and with the corresponding bifilar readings, the value of m was assumed to diminish uniformly, and the amount $t\,(\delta\, m)$ of the diminution after a time t, was obtained from the observed values of m, each value yielding an equation of condition, of the form $m = M - t\,(\delta\, m)$.

The probable values of M and $\delta\, m$ having been found from these equations, a value of m was computed for every day on which an observation was made, and from it a value of X derived. These values being reduced to the standard bifilar reading, the mean of 23 vibration observations was found to be ·076599, and of 19 observations of deflection ·076621. Giving half weight to the deflection observations, on account of their greater liability to error, the mean amounts to ·076606.

When the corrections from Table 2 are applied to the bifilar readings, this mean becomes ·076578, thus agreeing very closely with the value found above.

The probable error of a single observation of vibration is ·000052, and of an observation of deflection ·00008.

TABLE 3.

Corrected Scale Reading.	Absolute Horizontal Force, C.G.S.	Corrected Scale Reading.	Absolute Horizontal Force, C.G.S.
Div.		Div.	
−600	0·05921	+100	0·07067
−500	·06073	+200	·07247
−400	·06230	+300	·07431
−300	·06389	+400	·07620
−200	·06553	+500	·07814
−100	·06720	+600	·08012
0	·06893	+700	·08216

ABSOLUTE DECLINATION.

Observations for absolute declination were made with the above-mentioned unifilar, the declinometer being read simultaneously.

Each observation consisted of three or more readings of the collimator magnet with its "scale erect;" it was then turned 180° on its axis, and a like number of readings taken with the "scale inverted." The torsion was always removed from the suspension thread before commencing observations.

The astronomical meridian was determined by star observations with the transit theodolite to within a few seconds, and then indicated by fixed marks both north and south. As the same pillar was used both for the transit instrument and the unifilar, the observed magnetic declination could be referred directly to the meridian.

The following table gives the results of these observations, the readings being reduced to the declinometer scale reading 330.

TABLE 4.

Date.		Local Mean Time.	Absolute Declination.
1882.		h. m.	° ′ ″
September	24	1 39 p.m.	40 16 58 East
October	14	12 45 ,,	40 22 37
,,	15	12 40 ,,	40 20 48
1883.			
February	15	12 50 ,,	40 20 49
May	1	11 3 a.m.	40 16 50
,,	15	4 26 ,,	40 18 2
,,	15	11 53 ,,	40 17 16
June	4	—	40 16 22
,,	14	6 5 p.m.	40 10 0
,,	15	3 38 ,,	40 9 16
July	2	3 30 ,,	40 4 52
,,	15	12 12 ,,	40 3 38
,,	22	12 30 ,,	40 3 16
August	2	3 30 ,,	40 2 26
,,	12	4 30 ,,	40 2 45
,,	24	3 14 ,,	40 0 13
,,	30	12 45 ,,	40 0 18
		Mean - -	40 10 58

TABLE 5.

Observations of Inclination. (See p. 122.)

Date.	Needle.	Observed Inclination.	Date.	Needle.	Observed Inclination.
1882. d. h. m.		° ′	1883. d. h. m.		° ′
Sept. 14 11 50 a.m.	1	82 58·25	May 16 12 52 p.m.	2	82 53·4
,, 24 5 45 p.m.	2	,, 51·7	,, 22 12 37 ,,	1	,, 54·8
,, 29 1 55 ,,	1	,, 50·7	,, 22 6 32 ,,	1	,, 51·9
Oct. 13 11 15 a.m.	2	,, 57·8	,, 24 5 22 ,,	1	,, 48·0
,, 25 12 30 p.m.	1	,, 56·8	,, 25 6 22 ,,	1	,, 52·6
,, 29 12 30 ,,	1	,, 56·4	,, 26 12 37 ,,	1	,, 51·2
Nov. 4 11 15 a.m.	1	83 0·8	,, 26 5 12 ,,	1	,, 52·25
,, 14 3 0 p.m.	1	82 55·1	,, 28 11 7 a.m.	2	,, 57·2
,, 27 1 45 ,,	1	,, 58·9	,, 28 6 27 p.m.	2	,, 51·6
Dec. 3 12 0 noon	1	,, 59·0	,, 29 12 17 ,,	2	,, 54·2
,, 13 12 0 ,,	1	83 1·3	,, 29 6 12 ,,	2	,, 51·6
,, 22 1 25 p.m.	1	82 59·4	June 5 11 25 a.m.	1	,, 55·0
,, 23 1 0 ,,	1	,, 58·2	,, 13 10 35 ,,	2	,, 57·0
1883.			,, 22 1 30 p.m.	2	,, 55·4
Jan. 5 11 45 a.m.	1	,, 56·1	,, 26 12 30 ,,	1	,, 53·2
,, 9 12 25 ,,	1	,, 55·5	,, 27 11 50 ,,	2	,, 54·3
,, 17 1 45 p.m.	1	,, 52·5	,, 27 4 7 ,,	2	,, 49·8
,, 27 12 55 p.m.	1	,, 53·1	,, 29 12 25 ,,	1	,, 54·5
Feb. 5 1 55 p.m.	1	,, 51·2	July 5 6 30 ,, d.	2	,, 45·9
,, 5 1 10 ,,	1	,, 55·0	,, 6 4 32 ,,	2	,, 50·5
,, 13 12 45 ,,	1	,, 54·6	,, 11 3 7 ,,	2	,, 50·7
,, 20 12 35 ,,	1	,, 51·9	,, 18 5 20 ,,	1	,, 47·5
Mar. 2 1 0 p.m.	1	,, 54·2	,, 19 12 12 ,,	1	,, 54·3
,, 5 12 0 noon	1	,, 53·9	,, 25 12 5 ,,	1	,, 56·0
,, 12 11 50 a.m.	1	,, 53·3	,, 25 6 25 ,,	1	,, 51·1
,, 19 11 30 ,,	1	,, 58·4	,, 30 10 33 a.m. d.	1	83 0·25
,, 27 3 15 p.m.	1	,, 49·7	,, 31 10 43 ,, d.	1	,, 15·1
,, 31 4 45 ,,	2	,, 46·4	Aug. 7 1 5 p.m.	1	82 55·9
Apr. 5 4 30 ,,	2	,, 52·4	,, 13 3 20 ,,	1	,, 52·7
,, 12 1 25 ,,	1	,, 52·5	,, 13 7 5 ,,	1	,, 53·9
,, 20 5 30 ,,	1	,, 47·2	,, 21 6 52 ,,	1	,, 52·8
,, 28 5 10 ,,	1	,, 49·0	,, 25 3 52 ,,	2	,, 53·7
May 1 3 15 ,,	1	,, 48·8	,, 29 11 2 a.m.	2	,, 54·8
,, 9 11 40 a.m.	1	,, 56·6	,, 29 3 12 p.m.	2	,, 53·2
,, 10 4 40 p.m.	1	,, 49·9			
			Mean - - -		82 54·07

d. Magnetic disturbance was observed to be in progress during these observations.

The observations indicated that the zero value of the declinometer scale began to change slowly in April, and continued to move in the same direction until July. This was probably due to a movement of rotation in the wooden pillar caused by absorption of moisture in the spring. I noticed a movement in the same direction with the transit instrument, which, when directed to a fixed mark on one day, was often found on the following day to be pointing two or more minutes to the eastward of it.

Inclination.

For observations of inclination a dip circle by Barrow, London, with $3\frac{1}{2}$-inch (9 cms.) needles was used.

Table 5 gives the results of these observations. At every observation both ends of the needle were read in each of the usual four positions; the poles were then reversed and the readings repeated.

When the inclination was observed at Kew with this instrument, before leaving England, an almost identical value was afforded by needles 1 and 2, and no difference in the results obtained from them was observed at Fort Rae. The instrument was so much injured on its journey back that it was not possible to make any observations with it after its return to Kew.

An inspection of the observations showed that the value of the inclination varied at different times of the day, and they were accordingly grouped by hours with the following results.

Table 6.

Hourly Means of Inclination.

Hour.	Mean inclination.	$\tan^{-1}\frac{Y}{X}$
10 a.m.		82° 57'·0
10 to 11 ,,	82° 57'·0	
11 ,,		,, 56·2
11 to 12 ,,	,, 55·7	
12 ,,		,, 55·6
12 to 1 p.m.	,, 54·8	
1 ,,		,, 55·2
1 to 2 ,,	,, 55·1	
2 ,,		,, 54·2
3 ,,		,, 53·6
3 to 4 ,,	,, 52·0	
4 ,,		,, 53·2
4 to 5 ,,	,, 49·8	
5 ,,		,, 52·8
5 to 6 ,,	,, 48·9	
6 ,,		,, 54·7
6 to 7 ,,	,, 51·1	
7 ,,		,, 53·4
7 to 8 ,,	,, 55·9	
8 ,,		,, 53·5

The last column of the above table gives the value of the inclination as calculated from the absolute horizontal and vertical forces, X and Y being the mean values of the whole of the year's observations at those hours.

It corroborates the fact of the great diurnal variation of the inclination, and the mean value for the month or year will probably be more accurately found from the mean values of the vertical and horizontal forces than from the observations of inclination, which are too few in number and are not fairly distributed over the 24 hours.

Vertical Intensity (Y).

The absolute value of the vertical component of the Earth's magnetic force Y corresponding to a given reading of the balance magnetometer, was found from each value of the inclination δ, in conjunction with the corresponding value of the horizontal intensity X by the formula,

$$Y = X \tan. \delta.$$

These 61 values of Y were reduced to the same scale reading of the balance magnetometer; five of them were rejected by Pierce's criterion, and the mean of the remainder, 0·6176, was adopted as corresponding to the scale reading 1500, and with the scale value found below, Table 11 was computed for the reduction of the variation observations.

The probable error of this mean was found to be ·0004.

VARIATION OBSERVATIONS.

The observatory for the variation instruments was a log hut, 19 ft. 9 in. (6 m.) × 16 ft. 6 in. (5 m.), and from 7 ft. 6 in. (2·5 m.) to 15 ft. (4·5 m.) in height.

The floor was fastened with wooden pegs, the windows with copper nails. The walls were of wood and mud, the fireplace of mud and stone, which latter had no effect on the magnets.

The projection of the fireplace on either side screened the balance magnetometer and declinometer from the direct heat rays of the fire; the bifilar was screened by a table, which was nailed to the floor. The accompanying plan shows these details and the position and distance apart of the different instruments, which were mounted on wooden pillars about 0·2 metre in diameter, sunk about 1 m. in the ground.

Bifilar Magnetometer.

The horizontal intensity was recorded by means of the bifilar. A transportable Weber magnetometer with 3-inch (7 cm.) needle, hung in a loop of unspun silk fibre, was adjusted by placing the instrument with the telescope to the North, and in the magnetic meridian, the interval between the suspending threads being so regulated that when the torsion circle was turned through 138°, the reflection of the centre division of the scale coincided with the cross wire of the telescope.

Although it was found that the instrument thus adjusted was slightly too sensitive, it was thought best to leave it untouched, rather than to break the continuity of the observations by altering the adjustment.

The following deflections of the bifilar magnet with the unifilar magnet (N 5) were observed for the determination of the scale value of the instrument.

TABLE 7.

Date		Temp. Cent.	Mean deflection in scale divisions. At 562 mm.	At 560 mm.	At 555 mm.	At 550 mm.	At 540 mm.
1882.		°	Sc. Div.	Sc. Div.	Sc. Div.	Sc. Div.	Sc. Div.
Sept.	11	14·7	420·25	407·25		435·5	
,,	12	12·4		410		434·1	
Oct.	12	12·0		407·75		433	
Nov.	10	9·2		405		429·25	
Dec.	12	6·8		404	422	433·5	
1883.							
Feb.	7	2·5		407·4		431	
April	6	12·4		405·1		425·9	450
May	12	14·7				426·1	
June	10	18·9		404·4		425·8	450
,,	10	16·8		401·2		427·75	449·4
July	20	23·0				424·5	
August	16	17·6	398·45	402·4	415	425·3	449
,,	30	15·0		403·75		425·7	450·6

The scale value appears therefore to have been practically constant throughout the whole period of the observations, and = ·000251 X.

DECLINOMETER.

The declinometer, one on Lamont's principle, having a cylindrical magnet 2·5 in (6 cm.) in length was adjusted by suspending the magnet by a bundle of unspun silk fibres and (after the instrument had been levelled and the torsion removed from the suspension thread) bringing the reflection of the central division of the scale into coincidence with the cross wire of the telescope.

Each division of the scale was = 60″·6, and since of the coefficient of torsion $\frac{\text{H}}{\text{F}}$ varied from ·00266 to ·0044, the value of one scale division ranged between 60″·76 and 60″·87.

In the reduction of these observations the scale divisions have been taken as minutes; the recorded deviations are therefore too small by about 1·3 per cent.

Once finally adjusted, this instrument, like the bifilar, was left untouched until dismounted on the morning of the 1st September 1883.

BALANCE MAGNETOMETER.

The instrument for observing the variations of vertical intensity was a Lloyd's balance magnetometer with 12-inch (30 cm.) magnet. It was adjusted by levelling the base slab and bringing the magnet into the plane of the magnetic meridian.

It was soon found that the magnet was largely affected by changes of declination, and required continual re-adjustment to bring it back into the meridian.

The slow oscillation of this long magnet was a frequent source of error in reading off its scale.

The scale value was determined from the times of vibration of the magnet observed both in the vertical and horizontal planes, which were 16 (t') and 10 (t) seconds respectively. The value of the ratio $\frac{t'^2}{t^2}$ was therefore 2·56, and the resulting value of one division of the scale ·0000063 Y.

The variation instruments were read at each hour of local mean time in the order, bifilar, declinometer, balance magnetometer, at one minute before each hour, at the hour, and at one minute past, until the 11th October 1882, but on and after that date the readings were made at two minutes' interval, *i.e.*, at 58m., 0., 2m., as it was found that with only one minute's interval between the reading there was a certain amount of hurry, and consequent liability to error, in recording the observations. The bifilar was read at the exact second, the declinometer 12 seconds later, and the balance magnetometer 40 seconds after each minute, but this latter instrument took more or less time to read according to the distance it was necessary to move the micrometer screw to obtain a correct setting.

On days of disturbance observations were also made at the Göttingen hours in the same manner.

NOTES ON THE REDUCTION OF THE DIFFERENTIAL OR VARIATION OBSERVATIONS; BY G. M. WHIPPLE, B.SC., SUPERINTENDENT OF THE KEW OBSERVATORY.

During the period of observation at Fort Rae all the differential or variation instruments were read three times at each hour, two minutes being allowed to elapse between the consecutive readings, and the mean of the three readings has been accepted throughout as the true value for the hour. This does not, however, obtain on term days when the tri-horary readings were not made, but the actual reading at the instant of the hour was only taken.

The observations were all entered according to local time, care being exercised on term days to correct the readings for difference in time when transcribing them from the term day to the ordinary observation book.

DECLINATION.

The values used in the reductions are given in the following table, one scale division of the declinometer being assumed to be equal to 60″ of arc. (*See* p. 124.)

TABLE 8.

Date.	Scale divisions.	Corresponding Declinations.
		° ′
From September 1882 to April 1883	330	40 20 East
From April 15 „	330	40 19
„ May 1 „	330	40 18
„ „ 15 „	330	40 18
„ June 1 „	330	40 17
„ „ 15 „	330	40 10
„ July 1 „	330	40 5
„ „ 15 „	330	40 4
„ August 1 „	330	40 2
„ „ 15 „	330	40 2

From this table other tables were computed, giving the true values in arc of the readings for every tenth scale division from 70 to 790.

Forms having been prepared in accordance with the model adopted by the Vienna Conference, the mean hourly readings were converted into declination values and entered as such in their respective columns, together with the corresponding movement symbols* as determined by the changes occurring in the four minutes during which the instrument was under observation.

* ⇑ Readings rising by oscillations.
⇓ „ falling „
↑ „ rising by jerks.
↓ „ falling „
⇡ Readings rising steadily.
⇣ „ falling „
‡ „ stationary.
? Movement uncertain.

The highest and lowest readings noted at any time during the day were then entered as the extreme values for the twenty-four hours, and the differences taken. Hourly, daily, and monthly means were then finally computed.

This set of tables is contained on pp. 130 to 141.

Term Day Observations.

On certain selected days, called term days, a list of which is here given:—

September		15	1882.
October	1 and	15	„
November	1 „	15	„
December	1 „	15	„
January	2 „	15	1883.
February	1 „	15	„
March	1 „	15	„
April	1 „	15	„
May	1 „	15	„
June	1 „	15	„
July	1 „	15	„
August	1 „	15	„

readings of the declinometer were made every five minutes from midnight up to 11.55 p.m., Göttingen mean time, with the addition of certain other readings made for one previously selected hour, as given in the following list, during which the instrument was read every 20 seconds.

September	15	1882	3 p.m.	and	4 p.m.,	Göttingen mean time.
October	1 and 15	„	4 p.m.	„	5 p.m.	„
November	1 „ 15	„	6 p.m.	„	7 p.m.	„
December	1 „ 15	„	8 p.m.	„	9 p.m.	„
January	2 „ 15	1883	10 p.m.	„	11 p.m.	„
February	1 „ 15	„	midnight	„	1 a.m.	„
March	1 „ 15	„	2 a.m.	„	3 a.m.	„
April	1 „ 15	„	4 a.m.	„	5 a.m.	„
May	1 „ 15	„	6 a.m.	„	7 a.m.	„
June	1 „ 15	„	8 a.m.	„	9 a.m.	„
July	1 „ 15	„	10 a.m.	„	11 a.m.	„
August	1 „ 15	„	noon	„	1 p.m.	„

These observations having been reduced to absolute value and tabulated, form the tables on pp. 166 to 223; they are also represented as plotted in curves forming plates 1 to 28. No calculation of means or differences have been made from them.

HORIZONTAL INTENSITY (BIFILAR MAGNETOMETER).

(*See* p. 123.)

The scale value of this instrument and the temperature corrections of its magnet were determined at Kew, and the latter was also re-examined on its return, but the corrections so found were seen, by a preliminary reduction of the readings, to be very inadequate for the purpose of reducing the observations made when the instrument was fixed *in situ*, and measures were taken to deduce the true corrections from the observations themselves.

The first step in the reductions was to find the mean scale reading for the hour from the three observations, as in the case of the declination.

These values were then extracted for the hours of 11 a.m., noon, and 1 p.m. (being the period of least variation) on such days as the magnets were fairly steady, with the corresponding observed temperatures ranging from about − 15° to + 25° cent. From these the mean values for every change of 10° was computed, and corrected for change of zero of the instrument.

The observations as corrected by this preliminary determination of the temperature effect were plotted in a curve, and irregular readings being then rejected, a new value was found. In this way a final temperature correction was arbitrarily determined, and the values given below adopted for the reduction of the observations to a common temperature.

TABLE 9.

Temperature. Cent.	Corrections in scale divisions.	Temperature. Cent.	Corrections in scale divisions.
°			
− 15	− 25	+ 10	+ 11
− 10	− 16	+ 15	+ 14
− 5	− 8	+ 20	+ 19
0	0	+ 25	+ 23
+ 5	+ 7		

The mean hourly readings having been reduced to temperature 0° by the above table, were converted into absolute values by Table 3, calculated by Capt. Dawson from the Absolute Observations, and additional corrections (Table 2) for change of zero being applied, the results were entered for every hour in abstracts on the forms adopted by the International Polar Commission. They form the tables on pp. 142 to 153 of hourly absolute values of the horizontal intensity, and are accompanied by symbols giving the nature of the movements at the time of observation determined as has already been described in the case of the declination, p. 125.

Similarly daily, hourly, and monthly means have been computed, and the maximum, minimum, and diurnal range calculated.

TERM DAY OBSERVATIONS.

The values of the horizontal intensity have been computed for every five minutes on the term days already referred to, and plotted as curves. (Plates 1–23.)

Term hour observations of this instrument were not made.

VERTICAL INTENSITY (LLOYD'S BALANCE MAGNETOMETER).

The instrumental readings as recorded are those of a micrometer placed opposite the South end of the magnet, and are such that one division represents a change of ·00001 C.G.S. units of force, but on account of the instrumental defects already enumerated, p. 124, the last figure has not been taken into account. The reductions and values are thus only given to ·0001 C.G.S.

The first step in the reductions was to make a preliminary determination of the temperature correction; this was done in the same manner as for the bifilar by ascertaining the change in the scale readings when temperature altered greatly,—but corresponding readings of the other instruments showed a comparative absence of magnetic disturbance,—the value so found was roughly calculated to be ± 6·5 divisions for ± 1° centigrade.

Having constructed a table from this value the hourly readings for each day were reduced to the mean temperature of the day, and the daily means for both scale readings and temperature computed.

Next, the change in readings produced by each re-adjustment of the instrument was estimated both by comparison of readings before and after such re-adjustment, which values were generally noted in the journal, and also by comparison of daily means for adjacent days at the time of the adjustment. The values finally adopted were as follows :—

TABLE 10.

Corrections for change of zero produced by lifting of the Magnet of the Balance Magnetometer.

Date.		Scale Divisions.	Date.		Scale Divisions.	Date.		Scale Divisions.
1882.			1883.			1883.		
October	14	+58	February	23	+ 9	May	22	+15
,,	22	+38	March	2	+18	June	25	− 5
,,	28	+40	,,	8	+ 7	,,	27	+ 4
November	27	+65	,,	16	+18	July	8	+ 2
December	7	+80	,,	20	+12	,,	15	+ 7
,,	14	+50	,,	26	+13	,,	24	+ 8
			,,	31	+ 5	,,	31	+ 3
1883.			April	4	+ 4	August	7	+ 7
January	19	+40	,,	14	+ 5	,,	10	+ 4
,,	22	+10	,,	20	+13	,,	13	+ 2
,,	29	+ 3	,,	28	+11	,,	17	+ 4
February	7	+12	May	2	+14	,,	20	+ 2
,,	20	+40	,,	9	+10	,,	25	+ 2

The assumption was then made that the change in the scale readings was proportional between the different shiftings of the zero and a table drawn up giving a suitable proportionate correction for every day (with the exception of January 5, when the instrument was bodily disarranged, and on May 25th, when the balance of the magnet was entirely altered).

These corrections being applied to the daily means, 5-day averages of both scale readings and temperature were calculated and the results plotted in a curve; measurements were then made from this curve and a final temperature correction of ± 1° centigrade = ± 4·5 scale divisions found.

The 5-day means and their corresponding temperatures were then again copied and the new temperature correction applied; another plotting of the second set of 5-day means was then performed and the smoothing of this curve afforded materials for a better estimation of the effects of the re-adjustment of the magnet. Finally a table was drawn up giving corrections to be applied to the daily readings of the magnetometer so as to bring them into one uniform continuous series.

The means of the tri-horary readings were then taken, copied out, reduced to temperature 0°, and corrected for adjustment. The same reductions were also applied to term day readings.

A selection was then made of corrected and reduced scale readings for the times at which absolute determination of the vertical force had been computed by Captain Dawson from his unifilar and dip observations, and from these the following table was prepared for converting scale readings into absolute units.

TABLE 11.

Scale Divisions.	Vertical Force.	Corresponding Measures in British Units.
	C.G.S.	Foot. Grain. Secs.
50 read off as 500	0·6119	13·271
100 ,, ,, 1000	0·6147	13·333
150 ,, ,, 1500	0·6176	13·395
200 ,, ,, 2000	0·6205	13·457
250 ,, ,, 2500	0·6233	13·518

The corrected hourly means having been reduced by this table, the values were entered into the International Schedules with corresponding movement symbols.*

The extreme values and daily range were extracted from these results only, not from the individual observations, as in the case of the other two instruments. Daily, hourly, and monthly averages were then finally computed.

The readings on term days were merely copied into the Schedules after correction and reduction, and plotted as curves. (Plates 1 to 23.)

OBSERVATIONS ON SELECTED DAYS.

In conformity with the decision of the Vienna Conference, the instrumental readings on certain days enumerated by Dr. Wild have been copied out, reduced, and measured, in order to give the undisturbed diurnal variation of the magnetic elements. These observations have been entered according to Göttingen mean time, although they were not made precisely at the Göttingen hours, excepting in the case of term days.

The rule followed throughout has been to enter observations at 1h., 2h., 3h., a.m., &c., Fort Rae mean time as 9h. 23m., 10h. 23m., 11h. 23, a.m., &c., Göttingen mean time.

These observations have been grouped in pairs of months in compliance with Circular No. 39 issued by Dr. Wild, and the final curves of diurnal variation drawn from them. (Plates 29 to 32.)

Table 12 exhibits the average values of the Horizontal, Vertical, and Total intensities as well as the Inclination and Declination at Fort Rae, for the year 1882–83, as derived from the means of these selected days.

TABLE 12.

Units.	Electrical.	Gaussian.	British.
	C.G.S.	Metre. Gramme. Sec.	Foot. Grain. Sec.
Inclination - - -	82° 55'·3		
Declination - - -	40° 19'·9 E.		
Horizontal Intensity (X) - -	0·07688	0·7688	1·6632
Vertical Intensity (Y) - -	0·61760	6·1760	13·395
Total Intensity - -	0·62234	6·2234	13·497

For selected days of disturbance the corresponding values have been extracted from the Schedules and entered to the corresponding Göttingen mean time, including also the reduced additional observations made at Fort Rae when a disturbance was seen to be taking place.

Kew Observatory,
April 4, 1885.

G. M. WHIPPLE.

* See p. 125.

September 1882. 36°+ ⇕ = + 62° 38′ 52″.

Days.	1	2	3	4	5	6	7	8	9	10	11	Noon.	1	2
1														
2														
3														
4	4 18	4 29	4 31	4 27	4 39	4 38	4 44	4 13	4 46	4 41	4 39	4 25	4 18	4 44
5	4 21	4 51	4 29	4 14	4 16	5 15	4 46	5 16	5 37	4 20	4 33	4 32	4 29	4 28
6	4 11*	4 59	4 38	4 50	5 24	5 13	4 40	5 31	4 59	4 34	4 47	4 19	4 30	4 20
7														
8	*													
9	4 34	4 39	4 39	4 49	4 40	5 4	5 1	4 9	4 42	4 49	5 1	4 46	4 35	4 34
10	4 39	4 47	4 36	4 33	4 52	4 46	5 7	5 6	4 36	4 37	4 46	4 36	4 36	4 37
11	4 22	4 39	4 32	4 40	4 50	4 56	4 59	5 3	5 6	5 4	5 13	4 21	5 6	4 24
12	4 36	4 52	4 33	4 47	4 49	4 48	5 2	4 7	5 3	5 19	4 53	4 57	4 33	4 29
13	5 49	4 9	4 23	4 45	4 46	5 16	5 25	5 9	5 2	4 58	4 48	4 28	4 45	4 41
14	4 28	5 4	4 46	4 48	4 43	5 3	5 36	5 38	4 48	4 36	4 36	4 47	4 31	4 24
15	4 51	4 44	4 32	4 57	4 56	4 46	4 48	4 44	4 41	4 44	4 52	4 28	4 30	4 30
16	4 52	4 39	4 34	4 34	4 35	4 39	4 44	4 59	4 49	4 46	4 38	4 34	4 32	4 33
17	4 47	4 39	4 32	4 36	4 49	4 57	4 44	4 46	4 51	4 43	4 40	4 39	4 28	4 28
18	4 32	4 34	4 34	4 18	4 35	4 38	4 51	5 9	5 4	4 46	4 30	4 23	4 19	4 18
19	4 30	4 38	4 37	4 57	4 33	4 59	5 7	5 1	4 49	4 34	4 33	4 32	4 25	4 26
20	4 40	4 58	4 39	4 33	4 21	4 48	4 31	4 51	4 44	4 40	4 39	4 39	4 32	4 24
21	4 33	4 38	4 41	4 38	4 53	4 38	4 45	4 40	4 41	4 41	4 33	4 24	4 26	4 26
22	4 41	4 41	4 35	4 34	4 40	4 45	4 42	4 44	4 46	4 45	4 40	4 30	4 29	4 29
23	4 28	4 30	4 33	4 25	4 33	5 54	6 13	5 55	4 49	4 41	4 31	4 26	4 20	4 22
24	4 25	4 50	4 31	[illegible]	4 44	4 41	4 40	4 40	4 40	4 41	4 33	4 30	4 28	4 24
25	4 26	4 52	4 24	5 3	4 41	4 36	[illegible]	4 35	4 35	4 34	4 49	4 31	4 33	4 41
26	4 50	4 22	4 47	4 57	4 50	4 44	4 46	4 47	4 44	4 47	4 35	4 35	4 31	4 28
27	4 38	4 43	4 44	4 26	4 54	5 1	4 51	4 38	4 45	4 40	4 37	4 36	4 26	4 23
28	4 35	4 34	4 36	4 24	4 43	4 35	4 40	4 52	4 41	4 33	4 32	4 28	4 27	4 37
29	4 32	4 48	4 19	4 28	4 39	[illegible]	4 50	4 45	4 41	4 40	4 34	4 25	4 32	4 18
30	4 16	4 47	4 47	4 28	4 33	4 45	5 4	5 1	4 42	4 32	4 30	4 28	4 17	4 17
Mean	4 39·1	4 34·9	4 40·4	4 41·8	4 46·3	4 53·4	5 1·3	4 59·9	4 54·0	4 46·3	4 40·4	4 31·2	4 29·9	4 26·6

October 1882. 38°+ ⇕ = + 62° 38′ 52″.

Days.	1	2	3	4	5	6	7	8	9	10	11	Noon.	1	2
1	2 8	2 30	2 48	2 50	2 46	2 37	2 46	2 54	[illegible]	[illegible]	[illegible]	[illegible]	[illegible]	[illegible]
2	2 9	[illegible]	2 36	[illegible]	[illegible]	2 38	2 33	2 28	[illegible]	[illegible]	(56 10)	[illegible]	[illegible]	[illegible]
3	2 38	[illegible]	2 33	[illegible]	[illegible]	[illegible]	2 58	[illegible]	[illegible]	[illegible]	[illegible]	[illegible]	[illegible]	[illegible]
4	2 24	2 36	2 46	[illegible]	2 48	[illegible]	[illegible]	[illegible]	[illegible]	[illegible]	[illegible]	[illegible]	[illegible]	[illegible]
5	[illegible]	2 36	2 16	2 40	[illegible]	[illegible]	2 43	[illegible]	[illegible]	[illegible]	[illegible]	[illegible]	[illegible]	[illegible]
6	[illegible]	1 57	2 34	[illegible]	[illegible]	[illegible]	2 47	2 41	[illegible]	[illegible]	[illegible]	[illegible]	[illegible]	[illegible]
7	[illegible]	[illegible]	2 36	[illegible]	[illegible]	[illegible]	2 49	[illegible]	[illegible]	[illegible]	[illegible]	[illegible]	[illegible]	[illegible]
8	[illegible]	[illegible]	2 30	[illegible]	[illegible]	[illegible]	2 30	2 38	[illegible]	[illegible]	[illegible]	[illegible]	[illegible]	[illegible]
9	[illegible]	2 36	[illegible]	[illegible]	[illegible]	[illegible]	[illegible]	2 49	[illegible]	[illegible]	[illegible]	[illegible]	[illegible]	[illegible]
10	2 14	[illegible]	2 57	2 56	2 48	[illegible]	2 55	2 35	[illegible]	[illegible]	[illegible]	[illegible]	[illegible]	[illegible]
11	2 24	2 26	[illegible]	[illegible]	[illegible]	[illegible]	2 48	[illegible]	[illegible]	[illegible]	[illegible]	[illegible]	[illegible]	[illegible]
12	[illegible]	[illegible]	2 30	[illegible]	[illegible]	[illegible]	2 44	2 38	[illegible]	[illegible]	[illegible]	[illegible]	[illegible]	[illegible]
13	[illegible]	[illegible]	[illegible]	[illegible]	[illegible]	[illegible]	2 46	2 37	[illegible]	[illegible]	[illegible]	[illegible]	[illegible]	[illegible]
14	2 24	2 29	[illegible]	2 46	[illegible]	[illegible]	[illegible]	2 58	[illegible]	[illegible]	[illegible]	[illegible]	[illegible]	[illegible]
15	[illegible]	[illegible]	[illegible]	[illegible]	[illegible]	[illegible]	2 32	2 35	[illegible]	[illegible]	[illegible]	[illegible]	[illegible]	[illegible]
16	2 4	[illegible]	[illegible]	[illegible]	[illegible]	2 12	2 44	2 56	[illegible]	[illegible]	[illegible]	[illegible]	[illegible]	[illegible]
17	2 54	[illegible]	2 26	[illegible]	[illegible]	[illegible]	2 41	2 42	[illegible]	[illegible]	[illegible]	[illegible]	[illegible]	[illegible]
18	[illegible]	[illegible]	[illegible]	[illegible]	[illegible]	[illegible]	[illegible]	[illegible]	[illegible]	[illegible]	[illegible]	[illegible]	[illegible]	[illegible]
19	[illegible]	[illegible]	[illegible]	[illegible]	[illegible]	[illegible]	[illegible]	[illegible]	[illegible]	[illegible]	[illegible]	[illegible]	[illegible]	[illegible]
20	[illegible]	[illegible]	[illegible]	[illegible]	[illegible]	[illegible]	[illegible]	[illegible]	[illegible]	[illegible]	[illegible]	[illegible]	[illegible]	[illegible]
21	[illegible]	[illegible]	[illegible]	[illegible]	[illegible]	[illegible]	[illegible]	[illegible]	[illegible]	[illegible]	[illegible]	[illegible]	[illegible]	[illegible]
22	[illegible]	[illegible]	[illegible]	[illegible]	[illegible]	[illegible]	[illegible]	[illegible]	[illegible]	[illegible]	[illegible]	[illegible]	[illegible]	[illegible]
23	[illegible]	[illegible]	[illegible]	[illegible]	[illegible]	[illegible]	[illegible]	[illegible]	[illegible]	[illegible]	[illegible]	[illegible]	[illegible]	[illegible]
24	[illegible]	[illegible]	[illegible]	[illegible]	[illegible]	[illegible]	[illegible]	[illegible]	[illegible]	[illegible]	[illegible]	[illegible]	[illegible]	[illegible]
25	[illegible]	[illegible]	[illegible]	[illegible]	[illegible]	[illegible]	[illegible]	[illegible]	[illegible]	[illegible]	[illegible]	[illegible]	[illegible]	[illegible]
26	[illegible]	[illegible]	[illegible]	[illegible]	[illegible]	[illegible]	[illegible]	[illegible]	[illegible]	[illegible]	[illegible]	[illegible]	[illegible]	[illegible]
27	[illegible]	[illegible]	[illegible]	[illegible]	[illegible]	[illegible]	[illegible]	[illegible]	[illegible]	[illegible]	[illegible]	[illegible]	[illegible]	[illegible]
28	[illegible]	[illegible]	[illegible]	[illegible]	[illegible]	[illegible]	[illegible]	[illegible]	[illegible]	[illegible]	[illegible]	[illegible]	[illegible]	[illegible]
29	[illegible]	[illegible]	[illegible]	[illegible]	[illegible]	[illegible]	[illegible]	[illegible]	[illegible]	[illegible]	[illegible]	[illegible]	[illegible]	[illegible]
30	[illegible]	[illegible]	[illegible]	[illegible]	[illegible]	[illegible]	[illegible]	[illegible]	[illegible]	[illegible]	[illegible]	[illegible]	[illegible]	[illegible]
31	[illegible]	[illegible]	[illegible]	[illegible]	[illegible]	[illegible]	[illegible]	[illegible]	[illegible]	[illegible]	[illegible]	[illegible]	[illegible]	[illegible]
Mean	2 51·3	2 47·3	2 36·3	2 38·0	2 42·9	2 52·6	2 51·8	2 48·6	2 48·3	2 36·8	2 33·5	2 30·7	2 26·4	2 23·6

* For the greater part of these two days the mirror attached to the magnet just grazed the bottom of the box, the suspension thread having stretched.

λ = − 115° 43′ 50″ W. = − 7h. 42m. 55s. Local Mean Time. *September* 1882.

3	4	5	6	7	8	9	10	11	12	[illegible]	Highest Reading.	Lowest Reading.	Difference.
[illegible]	[illegible]	[illegible]	[illegible]	[illegible]	[illegible]	[illegible]	[illegible]	[illegible]	[illegible]	[illegible]	[illegible]	[illegible]	[illegible]

λ = − 115° 43′ 50″ W. = − 7h. 42m. 55s. *October* 1882.

3	4	5	6	7	8	9	10	11	12	[illegible]	Highest Reading.	Lowest Reading.	Difference.
[illegible]	[illegible]	[illegible]	[illegible]	[illegible]	[illegible]	[illegible]	[illegible]	[illegible]	[illegible]	[illegible]	[illegible]	[illegible]	[illegible]

November 1882. 37° + ⊄ = + 62° 38′ 52″.

Days.	1	2	3	4	5	6	7	8	9	10	11	Noon.	1	2
1	3 30	3 30	3 42	3 38	3 36	3 48	4 10	4 10	3 40	3 48	3 27	3 14	3 46	3 20
2	3 23	3 22	3 34	4 5	3 14	3 30	3 31	3 37	3 35	3 38	3 36	3 26	3 33	3 22
3	3 25	3 16	3 29	3 31	4 1	4 4	3 45	3 33	3 38	3 37	3 33	3 25	3 26	3 24
4	3 24	3 26	3 36	3 34	3 32	3 32	3 52	3 39	3 43	3 36	3 36	3 31	3 28	3 29
5	3 21	3 25	3 32	3 33	3 30	3 31	3 36	3 39	3 37	3 35	3 29	3 46	3 14	3 33
6	3 24	3 30	3 31	3 39	3 37	3 34	3 38	3 36	3 51	3 38	3 26	3 21	3 20	3 25
7	3 29	3 31	3 27	3 41	3 21	4 13	4 23	5 11	4 57	4 36	3 43	3 33	3 19	3 20
8	3 35	3 39	3 53	3 49	3 57	4 3	3 56	3 45	3 45	3 32	3 34	3 58	3 21	3 20
9	3 16	3 30	4 8	3 56	4 20	4 50	4 31	4 48	4 8	4 24	4 25	3 26	3 37	3 19
10	3 27	3 23	3 33	3 34	3 35	3 42	3 46	3 36	3 37	3 32	3 29	3 30	3 29	3 25
11	3 29	3 28	3 28	3 29	3 35	3 37	3 35	3 36	3 37	3 32	3 30	3 30	3 33	3 17
12	3 1	4 18	3 11	4 5	5 41	5 57	3 54	5 11	4 29	3 28	3 34	3 28	3 40	3 18
13	4 0	3 22	6 7	4 13	5 50	4 10	5 49	5 44	6 12	5 33	4 33	3 43	3 20	3 48
14	3 41	3 8	4 13	3 51	3 43	4 3	5 26	5 56	5 16	5 54	4 34	3 45	3 48	3 50
15	0 20	2 53	3 38	4 2	3 36	4 27	6 9	3 56	4 14	4 25	3 38	3 29	3 48	3 13
16	2 5	2 28	3 49	2 55	3 22	3 31	3 48	3 39	3 36	3 36	3 29	3 33	3 27	3 23
17	3 15	4 7	0 12	0 51	3 36	3 21	3 43	4 47	3 30	7 50*	7 7	4 17	4 46	3 17
18	4 29	5 41	4 20	2 33	3 39	3 24	4 15	3 52	4 19	3 37	4 43	4 0	3 29	4 38
19	3 36	2 44	3 30	4 11	5 4	2 47	3 5	5 30	4 31	4 48	3 42	3 34	3 23	3 35
20	[illegible]	1 37	5 30	4 7	4 51	3 34	4 35	3 38	4 10	4 6	4 37	4 33	3 52	3 35
21	3 10	3 23	2 26	3 36	3 50	4 12	3 33	5 10	5 13	4 37	4 43	4 39	4 27	4 9
22	3 9	3 24	3 42	3 40	3 32	3 28	3 30	3 31	3 37	3 44	3 24	3 23	3 25	3 25
23	3 38	3 41	3 42	3 24	4 18	4 19	4 4	3 36	3 42	3 47	3 11	3 24	3 20	3 18
24	3 5	2 40	3 31	3 23	3 38	3 45	3 41	3 50	3 35	3 22	3 26	3 21	3 20	3 24
25	3 1	3 28	3 20	3 34	4 14	5 8	4 41	4 55	4 57	3 42	5 11	3 28	3 16	3 35
26	3 20	3 22	3 22	3 31	3 52	4 13	4 23	4 43	3 53	3 54	3 32	3 36	3 25	3 6
27	2 54	3 10	3 42	3 43	3 31	3 37	3 35	3 31	3 33	3 29	3 25	3 22	3 20	3 10
28	3 25	3 36	3 38	3 37	3 39	4 3	3 35	3 25	3 33	3 29	3 29	3 26	3 21	3 15
29	3 17	3 22	3 24	3 15	3 30	3 26	3 26	3 26	3 26	3 27	3 26	3 22	3 20	3 19
30	3 51	3 15	3 40	3 18	3 46	3 49	4 10	3 41	3 37	3 24	3 22	3 17	3 23	3 16
Mean	3 11·9	3 20·6	3 35·9	3 35·9	3 56·5	4 7·4	3 56·1	4 8·5	4 2·5	4 1·2	3 53·8	3 35·8	3 28·8	3 26·5

December 1882. 38° + ⊄ = + 62° 38′ 52″.

Days.	1	2	3	4	5	6	7	8	9	10	11	Noon.	1	2
1	1 56	2 48	2 24	2 28	2 42	3 14	2 50	2 39	2 31	2 27	2 36	2 24	2 16	2 23
2	2 22	2 22	2 21	2 21	2 29	2 26	2 32	2 34	2 34	2 58	2 25	2 22	2 20	2 18
3	2 34	2 21	2 27	2 24	2 27	2 30	2 37	2 31	2 32	2 34	2 33	3 13	2 17	2 23
4	2 57	2 17	2 3	2 39	2 50	3 2	2 18	2 56	3 53	2 17	2 11	2 5	2 19	2 13
5	2 6	2 11	2 24	2 31	2 28	2 47	2 30	2 57	2 25	2 22	2 20	2 19	2 18	2 10
6	2 31	2 25	2 18	2 13	2 22	2 26	2 25	2 21	2 27	2 21	2 31	2 37	2 20	2 19
7	2 18	2 18	2 21	2 13	2 23	2 37	2 42	2 26	2 37	2 25	2 24	2 23	2 13	2 9
8	2 20	2 20	2 19	2 22	2 34	2 25	2 23	2 22	2 22	2 23	2 21	2 17	2 19	2 17
9	2 19	2 13	2 23	2 22	2 30	2 22	2 36	2 48	2 8	2 54	2 24	2 9	2 10	2 11
10	2 7	2 13	2 19	2 18	2 32	2 21	2 18	2 20	2 22	2 37	2 20	2 17	2 17	2 16
11	2 18	2 28	2 29	2 30	2 52	2 27	2 43	2 29	2 56	4 18	2 20	2 19	2 19	4 39
12	2 13	2 48	2 25	3 3	2 17	2 26	2 38	2 46	2 57	2 37	2 18	2 13	2 13	2 16
13	1 52	2 16	2 19	2 30	2 32	2 21	2 27	2 23	2 26	2 26	2 21	2 20	2 46	2 14
14	2 19	2 21	2 19	2 23	2 25	2 35	2 28	2 21	2 25	2 23	2 20	2 17	2 16	2 14
15	2 19	2 20	2 20	2 28	2 36	2 34	2 26	2 31	2 38	2 28	2 20	2 24	2 34	2 0
16	0 32	2 48	2 53	1 34	2 53	2 47	2 30	3 1	3 22	2 40	2 16	2 38	2 5	2 9
17	2 26	2 24	2 29	2 26	2 30	2 36	2 24	2 27	2 26	2 23	2 27	2 20	2 21	2 19
18	2 49	2 28	2 21	2 21	2 23	2 24	2 22	2 26	2 25	2 24	2 23	2 20	2 20	2 27
19	2 50	2 50	2 59	2 31	2 16	2 23	2 29	2 23	2 23	2 25	2 24	2 21	2 21	2 20
20	2 14	2 38	2 31	2 44	2 56	3 29	4 0	3 56	2 51	2 24	2 41	1 50	2 11	2 34
21	2 49	3 45	3 43	2 23	2 45	3 43	3 33	3 40	2 30	2 43	2 32	2 21	2 8	2 17
22	1 10	2 38	2 39	2 41	3 2	3 8	2 54	2 35	2 46	2 18	2 19	2 18	2 19	2 18
23	1 46	2 7	1 57	3 13	2 58	2 58	3 8	2 58	2 37	2 17	2 16	2 14	2 17	2 11
24	2 18	0 49	2 51	2 58	2 33	3 14	3 28	3 50	2 57	2 20	2 21	2 10	2 16	2 19
25	2 16	1 22	2 47	2 48	2 43	2 48	2 34	2 29	2 25	2 22	2 28	2 16	2 15	2 20
26	2 20	2 37	2 22	2 39	2 31	2 33	2 41	2 34	2 27	2 21	2 23	2 17	2 11	2 11
27	2 16	2 10	2 16	2 31	2 20	2 24	2 25	2 27	2 24	2 24	2 22	2 24	2 19	2 19
28	1 57	2 16	1 30	2 34	1 56	2 48	2 14	2 20	2 25	2 25	2 19	2 20	2 20	2 14
29	1 57	1 34	2 51	3 57	3 41	2 39	3 13	2 44	2 50	2 33	2 47	2 14	2 8	2 8
30	2 10	2 46	2 30	2 34	3 4	2 50	2 35	2 29	2 41	2 33	2 43	2 12	2 8	2 14
31	1 59	2 5	2 20	2 50	3 21	2 41	2 43	2 47	2 31	2 36	2 21	2 11	2 13	2 3
Mean	2 9·4	2 15·3	2 23·3	2 34·2	2 36·9	2 39·8	2 40·4	2 39·0	2 29·0	2 28·4	2 23·6	2 17·1	2 16·6	2 15·1

* Approximate.

λ = − 115° 43′ 50″ W. = − 7h. 42m. 55s. Local Mean Time. *November* 1882.

3	4	5	6	7	8	9	10	11	12	Daily and Monthly Means.	Highest Reading.	Lowest Reading.	Difference.
3 20	3 19	3 21	3 29	3 20	3 22	3 22	3 28	3 18	3 19	3 37·0	4 10	3 24	1 36
3 22	3 24	3 11	3 10	3 12	3 3	3 6	3 20	3 19	3 30	3 24·3	4 6	3 28	1 8
3 25	3 25	3 27	3 23	3 34	3 26	3 25	3 28	3 26	3 38	3 30·8	4 12	3 13	0 59
3 28	3 28	3 27	3 28	3 28	3 28	3 17	3 27	3 16	3 18	3 30·2	3 44	3 14	0 30
3 15	3 28	3 10	3 13	3 23	3 18	3 29	3 23	3 34	3 22	3 27·3	3 47	3 7	0 40
3 26	3 10	3 26	3 25	3 27	3 28	3 22	3 21	3 34	3 42	3 34·0	3 56	3 18	0 38
3 17	3 11	3 24	3 23	3 26	3 30	3 21	3 32	3 7	3 9	3 42·1	3 38	2 18	1 10
3 50	3 29	3 20	3 28	3 23	3 29	3 20	3 12	3 22	3 23	3 38·0	4 6	2 40	1 27
3 12	3 16	3 28	3 28	3 24	3 28	3 30	3 28	3 26	3 26	3 45·1	4 33	3 10	1 45
3 34	3 18	3 27	3 11	3 29	3 28	3 28	3 28	3 28	3 28	3 30·2	3 47	3 21	0 26
3 48	3 21	3 25	3 20	3 22	3 29	3 19	3 7	6 50	4 3	3 34·9	6 4	3 6	3 38
3 30	3 24	3 21	3 1	2 36	2 10	3 9	3 1	3 27	3 6	3 16·4	6 52	2 2	4 45
3 53	3 27	3 24	3 19	3 20	3 2	4 1	3 30	3 39	3 31	4 6·1	6 48	2 15	4 33
3 39	3 47	3 43	3 42	3 51	1 51	2 26	4 10	2 46	3 16	3 56·2	5 0	1 51	3 9
3 34	3 18	3 18	3 14	3 12	3 15	3 16	3 18	3 16	2 52	3 24·8	4 37	0 20	4 17
3 24	3 15	3 10	3 24	3 15	3 28	3 15	3 12	3 24	3 7	3 17·4	3 57	1 56	2 1
4 4	3 52	4 37	3 54	0 36	3 4	3 36	2 45	3 15	3 22	3 38·4	8 12	−2 7	10 29
4 11	3 39	3 17	3 12	3 48	4 30	2 38	3 38	3 48	3 33	3 53·5	6 30	1 54	4 36
3 30	3 32	4 17	4 14	4 33	3 28	2 56	3 16	3 49	2 13	3 53·4	8 40	−1 2	9 38
3 39	3 21	3 19	3 14	3 46	3 42	3 29	3 47	2 36	2 29	3 43·0	11 35*	0 10	11 25
3 9	3 31	3 33	3 26	3 28	3 21	3 20	3 25	1 33	2 26	3 42·3	5 20	1 16	4 4
3 24	3 25	3 17	3 25	3 43	3 22	3 34	3 30	3 30	3 12	3 28·2	3 46	3 1	0 45
3 22	3 22	3 29	3 21	3 27	3 23	3 36	4 59	3 16	2 50	3 33·8	5 10	2 46	2 24
3 24	3 9	3 15	3 18	3 14	3 33	3 40	3 36	3 58	3 36	3 22·6	3 53	2 15	1 38
3 22	3 51	3 7	3 7	3 28	3 38	3 38	3 24	3 8	3 24	3 42·8	5 17	2 44	2 33
3 20	3 17	3 21	3 16	3 10	3 30	3 26	3 29	3 11	3 22	3 35·6	4 38	2 50	2 8
3 14	3 17	3 24	3 17	3 22	3 38	3 36	3 37	3 29	3 3	3 33·6	3 55	2 49	1 6
3 18	3 20	3 19	3 18	3 19	3 16	3 32	3 29	3 12	3 19	3 27·1	4 5	3 6	0 59
3 18	3 20	3 18	3 21	3 21	3 26	3 16	3 24	3 30	2 54	3 21·2	3 32	2 48	0 44
3 13	3 14	3 16	3 18	3 14	3 22	3 21	3 18	3 20	3 21	3 22·2	4 20	2 45	1 35
3 15·4	3 25·1	3 25·6	3 22·9	3 19·3	3 21·0	3 19·8	3 27·1	3 21·6	3 14·6	40 34·7	48 15	34 53	13 42

λ = − 115° 43′ 50″ W. = − 7h. 42m. 55s. *December* 1882.

3	4	5	6	7	8	9	10	11	12	Daily and Monthly Means.	Highest Reading.	Lowest Reading.	Difference.
2 11	2 37	2 17	2 6	2 12	2 18	2 12	2 12	2 20	2 17	2 25·0	3 14	2 5	1 9
2 16	2 16	2 15	2 17	2 16	2 13	2 11	2 37	2 2	2 16	2 21·7	2 40	2 1	0 39
2 10	2 17	2 14	2 17	3 4	2 16	2 17	2 11	2 14	2 18	2 21·7	2 36	2 1	0 35
2 1	2 12	2 13	2 18	2 13	2 19	2 18	2 18	2 32	2 20	2 26·8	4 3	1 56	2 7
2 17	2 23	2 15	2 18	2 17	2 18	2 18	2 17	2 14	1 29	2 17·6	2 33	1 21	1 12
2 13	2 15	2 14	2 19	2 18	2 17	2 17	2 15	2 19	2 18	2 20·7	2 36	2 12	0 24
2 15	2 16	2 15	2 15	2 19	2 19	2 20	2 19	2 18	2 20	2 21·2	2 44	2 9	0 35
2 12	2 13	2 16	2 18	2 18	2 43	2 8	2 11	2 13	2 8	2 18·4	2 34	2 4	0 30
2 2	2 16	2 10	2 38	2 18	2 18	2 11	2 14	2 15	2 14	2 21·6	3 12	1 56	1 16
2 17	2 17	2 28	2 18	2 15	2 24	2 37	2 12	4 10	2 18	2 23·0	4 38	2 6	2 32
2 12	2 8	2 14	2 10	2 5	2 3	2 12	2 22	2 21	2 6	2 21·1	3 2	1 55	1 6
2 16	2 13	2 17	2 11	2 19	2 15	2 36	2 15	2 16	2 30	2 28·9	3 30	2 7	1 13
2 17	2 14	2 13	2 16	2 19	2 20	2 18	2 18	2 18	2 4	2 18·8	2 38	1 54	0 44
2 15	2 17	2 18	2 17	2 19	2 18	2 20	2 19	2 20	2 15	2 20·0	2 36	2 14	0 22
2 8	2 22	2 11	2 38	2 39	2 37	2 0	2 8	2 8	1 59	2 18·0	2 46	1 7	1 39
2 8	2 9	2 20	2 17	2 14	2 19	2 29	2 27	2 14	2 19	2 15·7	3 31	0 36	2 55
2 21	2 18	2 17	2 36	2 15	2 2	2 7	2 28	2 22	2 20	2 21·4	2 44	2 0	0 44
2 23	2 21	2 9	2 17	2 17	2 16	2 39	2 51	2 31	2 46	2 17·0	2 40	1 22	1 18
2 18	2 18	2 17	2 18	2 18	2 15	2 13	2 18	2 14	2 16	2 22·8	4 40	2 9	2 31
2 18	2 38	2 28	2 18	4 3	2 33	3 43	3 48	2 13	2 8	2 43·5	6 10	0 14	5 56
2 39	2 18	2 10	2 20	2 16	2 19	2 41	2 37	2 21	2 20	2 36·4	5 51	−1 6	[illegible]
2 8	2 16	2 16	2 18	2 18	2 23	2 15	2 30	2 20	2 3	2 22·8	3 40	0 55	2 45
2 19	2 18	2 8	2 19	2 20	2 20	2 19	2 18	2 24	2 10	2 20·9	3 18	1 45	1 33
2 20	2 18	2 19	2 18	2 14	2 19	2 22	2 20	2 16	2 51	2 26·4	4 1	0 51	3 10
2 19	2 18	2 19	2 19	2 19	2 21	2 20	2 20	2 20	2 21	2 21·1	2 50	1 17	1 33
2 19	2 26	2 17	2 16	2 18	2 15	2 22	2 15	2 10	2 5	2 20·7	2 43	2 4	0 39
2 16	2 17	2 8	2 13	2 17	2 13	2 34	1 50	2 31	2 54	2 17·8	3 0	1 30	1 30
2 22	2 16	2 33	2 10	2 4	2 14	2 7	2 10	2 7	2 42	2 16·2	3 12	1 54	1 32
2 14	2 11	2 11	2 12	2 12	2 7	2 15	2 20	2 33	2 59	2 24·2	4 4	1 38	2 33
1 53	2 18	2 1	2 10	2 14	2 9	2 51	2 13	2 16	2 18	2 33·2	3 10	1 49	1 28
1 58	2 1	2 12	2 12	2 16	2 21	2 9	2 14	2 16	2 11	2 21·2	2 54	1 15	1 28
2 13·6	2 16·8	2 14·5	2 15·4	2 19·5	2 14·6	2 27·9	2 18·0	2 17·9	2 21·4	40 12·4	44 10	36 54	7 16

* Approximate.

January 1883. 39' + Φ = + 62° 38' 52".

Days.	1	2	3	4	5	6	7	8	9	10	11	Noon.	1	2
1	[illegible]	[illegible]	[illegible]	[illegible]	[illegible]	[illegible]	[illegible]	[illegible]	[illegible]	[illegible]	[illegible]	[illegible]	[illegible]	[illegible]
2	[illegible]	[illegible]	[illegible]	[illegible]	[illegible]	[illegible]	[illegible]	[illegible]	[illegible]	[illegible]	[illegible]	[illegible]	[illegible]	[illegible]
3	[illegible]	[illegible]	[illegible]	[illegible]	[illegible]	[illegible]	[illegible]	[illegible]	[illegible]	[illegible]	[illegible]	[illegible]	[illegible]	[illegible]
4	[illegible]	[illegible]	[illegible]	[illegible]	[illegible]	[illegible]	[illegible]	[illegible]	[illegible]	[illegible]	[illegible]	[illegible]	[illegible]	[illegible]
5	[illegible]	[illegible]	[illegible]	[illegible]	[illegible]	[illegible]	[illegible]	[illegible]	[illegible]	[illegible]	[illegible]	[illegible]	[illegible]	[illegible]
6	[illegible]	[illegible]	[illegible]	[illegible]	[illegible]	[illegible]	[illegible]	[illegible]	[illegible]	[illegible]	[illegible]	[illegible]	[illegible]	[illegible]
7	[illegible]	[illegible]	[illegible]	[illegible]	[illegible]	[illegible]	[illegible]	[illegible]	[illegible]	[illegible]	[illegible]	[illegible]	[illegible]	[illegible]
8	[illegible]	[illegible]	[illegible]	[illegible]	[illegible]	[illegible]	[illegible]	[illegible]	[illegible]	[illegible]	[illegible]	[illegible]	[illegible]	[illegible]
9	[illegible]	[illegible]	[illegible]	[illegible]	[illegible]	[illegible]	[illegible]	[illegible]	[illegible]	[illegible]	[illegible]	[illegible]	[illegible]	[illegible]
10	[illegible]	[illegible]	[illegible]	[illegible]	[illegible]	[illegible]	[illegible]	[illegible]	[illegible]	[illegible]	[illegible]	[illegible]	[illegible]	[illegible]
11	[illegible]	[illegible]	[illegible]	[illegible]	[illegible]	[illegible]	[illegible]	[illegible]	[illegible]	[illegible]	[illegible]	[illegible]	[illegible]	[illegible]
12	[illegible]	[illegible]	[illegible]	[illegible]	[illegible]	[illegible]	[illegible]	[illegible]	[illegible]	[illegible]	[illegible]	[illegible]	[illegible]	[illegible]
13	[illegible]	[illegible]	[illegible]	[illegible]	[illegible]	[illegible]	[illegible]	[illegible]	[illegible]	[illegible]	[illegible]	[illegible]	[illegible]	[illegible]
14	[illegible]	[illegible]	[illegible]	[illegible]	[illegible]	[illegible]	[illegible]	[illegible]	[illegible]	[illegible]	[illegible]	[illegible]	[illegible]	[illegible]
15	[illegible]	[illegible]	[illegible]	[illegible]	[illegible]	[illegible]	[illegible]	[illegible]	[illegible]	[illegible]	[illegible]	[illegible]	[illegible]	[illegible]
16	[illegible]	[illegible]	[illegible]	[illegible]	[illegible]	[illegible]	[illegible]	[illegible]	[illegible]	[illegible]	[illegible]	[illegible]	[illegible]	[illegible]
17	[illegible]	[illegible]	[illegible]	[illegible]	[illegible]	[illegible]	[illegible]	[illegible]	[illegible]	[illegible]	[illegible]	[illegible]	[illegible]	[illegible]
18	[illegible]	[illegible]	[illegible]	[illegible]	[illegible]	[illegible]	[illegible]	[illegible]	[illegible]	[illegible]	[illegible]	[illegible]	[illegible]	[illegible]
19	[illegible]	[illegible]	[illegible]	[illegible]	[illegible]	[illegible]	[illegible]	[illegible]	[illegible]	[illegible]	[illegible]	[illegible]	[illegible]	[illegible]
20	[illegible]	[illegible]	[illegible]	[illegible]	[illegible]	[illegible]	[illegible]	[illegible]	[illegible]	[illegible]	[illegible]	[illegible]	[illegible]	[illegible]
21	[illegible]	[illegible]	[illegible]	[illegible]	[illegible]	[illegible]	[illegible]	[illegible]	[illegible]	[illegible]	[illegible]	[illegible]	[illegible]	[illegible]
22	[illegible]	[illegible]	[illegible]	[illegible]	[illegible]	[illegible]	[illegible]	[illegible]	[illegible]	[illegible]	[illegible]	[illegible]	[illegible]	[illegible]
23	[illegible]	[illegible]	[illegible]	[illegible]	[illegible]	[illegible]	[illegible]	[illegible]	[illegible]	[illegible]	[illegible]	[illegible]	[illegible]	[illegible]
24	[illegible]	[illegible]	[illegible]	[illegible]	[illegible]	[illegible]	[illegible]	[illegible]	[illegible]	[illegible]	[illegible]	[illegible]	[illegible]	[illegible]
25	[illegible]	[illegible]	[illegible]	[illegible]	[illegible]	[illegible]	[illegible]	[illegible]	[illegible]	[illegible]	[illegible]	[illegible]	[illegible]	[illegible]
26	[illegible]	[illegible]	[illegible]	[illegible]	[illegible]	[illegible]	[illegible]	[illegible]	[illegible]	[illegible]	[illegible]	[illegible]	[illegible]	[illegible]
27	[illegible]	[illegible]	[illegible]	[illegible]	[illegible]	[illegible]	[illegible]	[illegible]	[illegible]	[illegible]	[illegible]	[illegible]	[illegible]	[illegible]
28	[illegible]	[illegible]	[illegible]	[illegible]	[illegible]	[illegible]	[illegible]	[illegible]	[illegible]	[illegible]	[illegible]	[illegible]	[illegible]	[illegible]
29	[illegible]	[illegible]	[illegible]	[illegible]	[illegible]	[illegible]	[illegible]	[illegible]	[illegible]	[illegible]	[illegible]	[illegible]	[illegible]	[illegible]
30	[illegible]	[illegible]	[illegible]	[illegible]	[illegible]	[illegible]	[illegible]	[illegible]	[illegible]	[illegible]	[illegible]	[illegible]	[illegible]	[illegible]
31	[illegible]	[illegible]	[illegible]	[illegible]	[illegible]	[illegible]	[illegible]	[illegible]	[illegible]	[illegible]	[illegible]	[illegible]	[illegible]	[illegible]
Mean	1 14·0	1 16·9	1 20·0	[illegible]	[illegible]	1 36·4	1 38·6	1 38·6	[illegible]	1 28·8	1 24·6	1 17·0	1 13·0	1 9·4

February 1883. 38' + Φ + = 62° 38' 52".

Days.	1	2	3	4	5	6	7	8	9	10	11	Noon.	1	2
1	[illegible]	[illegible]	[illegible]	[illegible]	[illegible]	[illegible]	[illegible]	[illegible]	[illegible]	[illegible]	[illegible]	[illegible]	[illegible]	[illegible]
2	[illegible]	[illegible]	[illegible]	[illegible]	[illegible]	[illegible]	[illegible]	[illegible]	[illegible]	[illegible]	[illegible]	[illegible]	[illegible]	[illegible]
3	[illegible]	[illegible]	[illegible]	[illegible]	[illegible]	[illegible]	[illegible]	[illegible]	[illegible]	[illegible]	[illegible]	[illegible]	[illegible]	[illegible]
4	[illegible]	[illegible]	[illegible]	[illegible]	[illegible]	[illegible]	[illegible]	[illegible]	[illegible]	[illegible]	[illegible]	[illegible]	[illegible]	[illegible]
5	[illegible]	[illegible]	[illegible]	[illegible]	[illegible]	[illegible]	[illegible]	[illegible]	[illegible]	[illegible]	[illegible]	[illegible]	[illegible]	[illegible]
6	[illegible]	[illegible]	[illegible]	[illegible]	[illegible]	[illegible]	[illegible]	[illegible]	[illegible]	[illegible]	[illegible]	[illegible]	[illegible]	[illegible]
7	[illegible]	[illegible]	[illegible]	[illegible]	[illegible]	[illegible]	[illegible]	[illegible]	[illegible]	[illegible]	[illegible]	[illegible]	[illegible]	[illegible]
8	[illegible]	[illegible]	[illegible]	[illegible]	[illegible]	[illegible]	[illegible]	[illegible]	[illegible]	[illegible]	[illegible]	[illegible]	[illegible]	[illegible]
9	[illegible]	[illegible]	[illegible]	[illegible]	[illegible]	[illegible]	[illegible]	[illegible]	[illegible]	[illegible]	[illegible]	[illegible]	[illegible]	[illegible]
10	[illegible]	[illegible]	[illegible]	[illegible]	[illegible]	[illegible]	[illegible]	[illegible]	[illegible]	[illegible]	[illegible]	[illegible]	[illegible]	[illegible]
11	[illegible]	[illegible]	[illegible]	[illegible]	[illegible]	[illegible]	[illegible]	[illegible]	[illegible]	[illegible]	[illegible]	[illegible]	[illegible]	[illegible]
12	[illegible]	[illegible]	[illegible]	[illegible]	[illegible]	[illegible]	[illegible]	[illegible]	[illegible]	[illegible]	[illegible]	[illegible]	[illegible]	[illegible]
13	[illegible]	[illegible]	[illegible]	[illegible]	[illegible]	[illegible]	[illegible]	[illegible]	[illegible]	[illegible]	[illegible]	[illegible]	[illegible]	[illegible]
14	[illegible]	[illegible]	[illegible]	[illegible]	[illegible]	[illegible]	[illegible]	[illegible]	[illegible]	[illegible]	[illegible]	[illegible]	[illegible]	[illegible]
15	[illegible]	[illegible]	[illegible]	[illegible]	[illegible]	[illegible]	[illegible]	[illegible]	[illegible]	[illegible]	[illegible]	[illegible]	[illegible]	[illegible]
16	[illegible]	[illegible]	[illegible]	[illegible]	[illegible]	[illegible]	[illegible]	[illegible]	[illegible]	[illegible]	[illegible]	[illegible]	[illegible]	[illegible]
17	[illegible]	[illegible]	[illegible]	[illegible]	[illegible]	[illegible]	[illegible]	[illegible]	[illegible]	[illegible]	[illegible]	[illegible]	[illegible]	[illegible]
18	[illegible]	[illegible]	[illegible]	[illegible]	[illegible]	[illegible]	[illegible]	[illegible]	[illegible]	[illegible]	[illegible]	[illegible]	[illegible]	[illegible]
19	[illegible]	[illegible]	[illegible]	[illegible]	[illegible]	[illegible]	[illegible]	[illegible]	[illegible]	[illegible]	[illegible]	[illegible]	[illegible]	[illegible]
20	[illegible]	[illegible]	[illegible]	[illegible]	[illegible]	[illegible]	[illegible]	[illegible]	[illegible]	[illegible]	[illegible]	[illegible]	[illegible]	[illegible]
21	[illegible]	[illegible]	[illegible]	[illegible]	[illegible]	[illegible]	[illegible]	[illegible]	[illegible]	[illegible]	[illegible]	[illegible]	[illegible]	[illegible]
22	[illegible]	[illegible]	[illegible]	[illegible]	[illegible]	[illegible]	[illegible]	[illegible]	[illegible]	[illegible]	[illegible]	[illegible]	[illegible]	[illegible]
23	[illegible]	[illegible]	[illegible]	[illegible]	[illegible]	[illegible]	[illegible]	[illegible]	[illegible]	[illegible]	[illegible]	[illegible]	[illegible]	[illegible]
24	[illegible]	[illegible]	[illegible]	[illegible]	[illegible]	[illegible]	[illegible]	[illegible]	[illegible]	[illegible]	[illegible]	[illegible]	[illegible]	[illegible]
25	[illegible]	[illegible]	[illegible]	[illegible]	[illegible]	[illegible]	[illegible]	[illegible]	[illegible]	[illegible]	[illegible]	[illegible]	[illegible]	[illegible]
26	[illegible]	[illegible]	[illegible]	[illegible]	[illegible]	[illegible]	[illegible]	[illegible]	[illegible]	[illegible]	[illegible]	[illegible]	[illegible]	[illegible]
27	[illegible]	[illegible]	[illegible]	[illegible]	[illegible]	[illegible]	[illegible]	[illegible]	[illegible]	[illegible]	[illegible]	[illegible]	[illegible]	[illegible]
28	[illegible]	[illegible]	[illegible]	[illegible]	[illegible]	[illegible]	[illegible]	[illegible]	[illegible]	[illegible]	[illegible]	[illegible]	[illegible]	[illegible]
Mean	2 10·6	2 10·5	2 19·4	2 26·6	2 29·7	2 40·1	2 41·8	2 51·6	2 57·6	2 48·8	2 33·8	2 18·2	2 18·2	2 15·1

λ = − 115° 43′ 50″ W. = − 7h. 42m. 55s. Local Mean Time. *January* 1883.

3	4	5	6	7	8	9	10	11	12	Daily mean	Highest Reading	Lowest Reading	Difference
[illegible]	[illegible]	[illegible]	[illegible]	[illegible]	[illegible]	[illegible]	[illegible]	[illegible]	[illegible]	[illegible]	[illegible]	[illegible]	[illegible]

λ = − 115° 43′ 50″ W. = − 7h. 42m. 55s. *February* 1883.

3	4	5	6	7	8	9	10	11	12	Daily mean	Highest Reading	Lowest Reading	Difference
[illegible]	[illegible]	[illegible]	[illegible]	[illegible]	[illegible]	[illegible]	[illegible]	[illegible]	[illegible]	[illegible]	[illegible]	[illegible]	[illegible]

March 1883. 38° + ϕ = + 62° 38′ 52″.

Days.	1	2	3	4	5	6	7	8	9	10	11	Noon.	1	2
1	2 49	4 5	2 16	3 28	4 6	3 54	2 50	3 28	3 42	3 41	2 50	2 21	2 10	2 16
2	0 43	2 22	2 35	3 4	2 44	3 50	2 9	4 2	6 8	2 31	2 9	2 24	2 2	2 24
3	2 32	2 17	2 16	2 25	2 28	3 37	3 19	3 16	3 5	2 41	2 48	2 8	2 18	2 13
4	2 26	2 17	2 21	2 37	2 30	2 20	2 40	2 43	2 36	2 29	2 32	2 18	2 7	2 12
5	1 59	2 12	2 18	2 35	2 24	2 33	2 34	1 47	2 22	2 28	2 20	2 13	2 14	2 13
6	2 11	2 17	2 19	2 29	2 32	2 30	2 38	2 2	2 26	2 22	2 18	2 7	1 57	1 59
7	2 4	2 19	2 49	2 51	2 38	2 49	2 24	2 37	2 33	3 5	2 14	2 12	2 13	2 9
8	1 56	2 6	2 25	2 28	2 40	2 21	3 10	3 28	2 28	2 27	2 25	2 9	2 19	2 11
9	2 11	2 18	2 21	3 27	2 32	2 15	2 27	2 30	2 45	2 48	2 30	2 14	2 10	2 10
10	2 40	2 25	2 25	3 37	2 30	2 34	2 46	2 54	2 45	2 36	2 26	2 15	2 8	2 9
11	2 7	2 18	2 22	2 42	2 37	2 42	2 50	2 40	2 38	2 20	2 22	2 16	2 11	2 8
12	2 8	2 16	2 16	2 18	2 12	2 14	2 39	2 53	2 29	2 23	2 7	2 11	2 23	2 1
13	2 0	2 2	3 3	2 41	2 25	3 24	2 12	2 9	2 26	2 27	2 13	2 9	2 11	2 13
14	2 51	2 18	2 16	2 54	4 36	2 59	2 22	2 23	2 43	2 27	2 29	2 17	2 16	2 9
15	2 59	2 22	2 23	2 26	2 24	2 19	2 18	2 24	2 22	2 23	2 18	2 18	2 13	2 15
16	2 9	2 12	2 24	2 13	2 20	2 22	2 22	2 38	2 38	2 26	2 17	2 17	2 14	2 9
17	2 8	2 14	2 22	2 24	2 25	2 22	2 20	2 23	2 26	2 31	2 13	2 17	2 9	2 14
18	2 10	2 13	2 12	2 15	2 24	3 3	2 24	2 30	2 24	2 29	2 19	2 17	2 6	2 9
19	2 10	2 10	2 13	2 19	2 14	2 16	2 18	2 20	2 31	2 21	2 15	2 12	2 8	2 8
20	2 9	2 16	2 9	2 10	2 12	2 16	2 19	2 21	2 24	2 22	2 20	2 14	2 8	2 7
21	2 6	2 4	2 10	2 16	2 35	2 44	2 52	3 6	2 42	2 36	2 32	2 24	1 59	2 7
22	2 7	1 45	2 24	2 41	2 7	3 8	2 38	3 6	3 18	2 47	2 19	2 2	2 10	1 57
23	2 13	2 7	2 13	2 18	2 11	2 54	2 38	2 54	2 37	2 29	2 19	2 14	2 6	2 7
24	2 8	2 12	2 14	2 11	2 11	2 16	2 24	2 27	2 35	2 27	2 19	2 17	2 13	2 8
25	2 13	2 9	2 13	2 14	2 16	2 31	2 33	2 36	2 27	2 31	2 14	2 9	2 1	2 0
26	2 0	1 49	2 6	2 19	2 24	2 26	2 38	2 26	2 34	2 36	2 28	2 32	2 16	2 23
27	1 47	2 24	3 41	3 37	2 37	2 54	4 36	3 39	2 55	4 20	3 0	2 21	2 28	2 31
28	1 57	2 2	2 2	2 51	2 24	2 45	3 15	3 4	3 37	3 40	2 35	2 33	2 12	2 11
29	1 37	2 40	2 21	2 59	2 30	2 34	3 34	3 32	4 0	2 45	2 10	2 34	2 7	2 59
30	1 43	2 30	2 42	2 29	2 29	2 37	2 20	2 37	2 20	2 49	2 17	2 26	2 15	2 8
31	2 5	2 18	2 38	2 28	2 41	2 33	2 40	3 1	2 44	2 30	2 16	2 14	2 9	2 4
Mean	2 4·6	2 12·8	2 21·1	2 38·2	2 37·0	2 41·4	2 43·1	2 48·1	2 47·8	2 38·9	2 23·3	2 16·2	2 10·8	2 9·5

April 1883. 38 + ϕ = + 62° 38′ 52″.

Days.	1	2	3	4	5	6	7	8	9	10	11	Noon.	1	2
1	1 55	1 58	2 10	2 21	2 31	2 40	2 24	2 34	2 29	2 20	2 13	2 13	2 12	2 7
2	2 26	2 2	2 22	2 27	2 36	2 36	3 34	2 30	2 41	2 43	2 16	2 24	2 3	2 9
3	2 40	2 33	2 20	3 3	2 28	2 25	3 13	4 6	4 6	2 39	2 51	2 27	2 45	2 28
4	2 33	2 3	2 5	2 20	2 30	2 26	3 33	3 30	2 36	3 11	2 50	2 30	2 7	2 7
5	2 39	2 31	2 16	2 8	2 17	2 37	3 50	2 49	2 14	2 19	2 27	2 29	2 18	2 9
6	1 58	1 43	2 26	2 17	2 27	2 26	2 40	2 33	2 33	2 25	2 20	2 18	2 9	2 6
7	2 6	2 11	2 12	2 15	2 14	2 14	2 17	2 22	2 23	2 34	2 22	2 18	2 11	2 8
8	2 2	2 5	2 22	2 16	2 38	2 29	3 5	2 37	2 46	2 26	2 28	2 17	2 10	2 3
9	2 3	2 7	2 29	2 4	2 12	3 13	2 38	2 35	2 31	2 27	2 16	2 13	2 17	2 0
10	2 10	2 10	2 8	2 6	2 30	2 22	2 28	2 26	2 27	2 31	2 25	2 20	2 9	2 6
11	1 59	2 24	2 20	2 22	2 19	2 12	2 21	2 25	2 24	2 31	2 22	2 20	2 8	2 6
12	2 3	2 13	2 8	2 33	2 47	3 4	2 39	2 27	2 24	2 32	2 14	2 14	2 7	2 3
13	2 36	2 27	2 26	2 10	2 35	2 32	2 41	2 27	2 18	2 34	2 34	2 4	2 7	2 5
14	2 11	2 9	2 12	2 11	2 10	2 22	2 21	2 28	2 27	2 27	2 21	2 11	2 9	2 8
15	2 8	2 9	2 37	2 20	2 13	2 14	2 45	3 0	2 35	2 27	2 16	2 20	2 13	2 7
16	2 5	2 6	2 16	2 36	2 20	2 29	2 20	2 25	2 28	2 25	2 40	2 18	2 3	1 58
17	2 6	2 9	2 8	2 21	2 25	2 28	2 25	2 23	2 22	2 23	2 22	2 13	2 6	2 2
18	2 9	2 21	2 7	2 14	2 14	2 53	2 50	2 51	2 41	2 30	2 5	2 9	2 9	2 3
19	2 15	2 59	2 3	2 40	1 40	2 45	3 10	4 25	4 5	2 53	2 26	2 36	2 25	2 25
20	2 33	2 9	2 24	2 0	2 15	2 41	2 45	2 17	2 53	4 0	2 58	2 9	2 0	2 8
21	2 12	2 9	2 17	2 22	2 24	2 28	2 33	2 29	2 26	2 25	2 22	2 20	2 14	2 12
22	2 31	2 18	2 14	2 9	2 22	2 33	2 32	2 31	2 35	2 28	2 24	2 14	2 17	2 13
23	2 11	2 10	2 22	2 14	2 19	2 24	2 34	2 38	2 27	2 28	2 23	2 28	2 9	2 9
24	2 7	2 9	2 11	2 13	2 19	2 4	2 25	2 44	2 55	2 59	2 5	2 29	2 16	2 17
25	1 54	2 4	2 22	2 6	2 14	2 48	2 51	2 53	2 36	2 40	2 36	2 29	2 11	2 15
26	2 3	2 16	2 12	2 20	2 24	2 39	2 37	2 38	3 43	3 33	2 30	2 23	2 25	2 10
27	2 9	2 15	2 28	2 31	2 31	3 15	3 8	2 45	2 36	2 30	2 24	2 24	2 13	2 17
28	1 31	2 13	2 9	2 24	2 45	2 37	2 41	2 29	2 28	2 25	2 25	2 16	2 11	2 11
29	2 20	2 27	2 15	2 23	2 38	2 56	3 50	2 54	2 29	2 27	2 24	2 24	2 14	2 9
30	2 19	2 20	2 16	2 29	2 50	2 47	3 8	2 36	2 42	2 36	2 43	2 32	2 9	2 13
Mean	2 4·2	2 13·1	2 15·2	2 17·9	2 25·6	2 34·1	2 44·1	2 45·3	2 49·6	2 35·7	2 27·7	2 19·9	2 14·4	2 10·9

λ = − 115° 43′ 50″ W. = − 7h. 42m. 55s. Local Mean Time. *March* 1883.

3	4	5	6	7	8	9	10	11	12	Daily and Monthly Means.	Highest Reading.	Lowest Reading.	Difference.
[illegible]	[illegible]	[illegible]	[illegible]	[illegible]	[illegible]	[illegible]	[illegible]	[illegible]	[illegible]	[illegible]	[illegible]	[illegible]	[illegible]
[illegible]	[illegible]	[illegible]	[illegible]	[illegible]	[illegible]	[illegible]	[illegible]	[illegible]	[illegible]	[illegible]	6 45	[illegible]	6 9
[illegible]	[illegible]	[illegible]	[illegible]	[illegible]	[illegible]	[illegible]	[illegible]	[illegible]	[illegible]	[illegible]	[illegible]	[illegible]	[illegible]
[illegible]	[illegible]	[illegible]	[illegible]	[illegible]	[illegible]	[illegible]	[illegible]	[illegible]	[illegible]	[illegible]	[illegible]	[illegible]	[illegible]
[illegible]	[illegible]	[illegible]	[illegible]	[illegible]	[illegible]	[illegible]	[illegible]	[illegible]	[illegible]	[illegible]	[illegible]	[illegible]	[illegible]
[illegible]	[illegible]	[illegible]	[illegible]	[illegible]	[illegible]	[illegible]	[illegible]	[illegible]	[illegible]	[illegible]	[illegible]	[illegible]	[illegible]
[illegible]	[illegible]	[illegible]	[illegible]	[illegible]	[illegible]	[illegible]	[illegible]	[illegible]	[illegible]	[illegible]	[illegible]	[illegible]	[illegible]
[illegible]	[illegible]	[illegible]	[illegible]	[illegible]	[illegible]	[illegible]	[illegible]	[illegible]	[illegible]	[illegible]	[illegible]	[illegible]	[illegible]
[illegible]	[illegible]	[illegible]	[illegible]	[illegible]	[illegible]	[illegible]	[illegible]	[illegible]	[illegible]	[illegible]	[illegible]	[illegible]	[illegible]
[illegible]	[illegible]	[illegible]	[illegible]	[illegible]	[illegible]	[illegible]	[illegible]	[illegible]	[illegible]	[illegible]	[illegible]	[illegible]	[illegible]
[illegible]	[illegible]	[illegible]	[illegible]	[illegible]	[illegible]	[illegible]	[illegible]	[illegible]	[illegible]	[illegible]	[illegible]	[illegible]	[illegible]
[illegible]	[illegible]	[illegible]	[illegible]	[illegible]	[illegible]	[illegible]	[illegible]	[illegible]	[illegible]	[illegible]	[illegible]	[illegible]	[illegible]
[illegible]	[illegible]	[illegible]	[illegible]	[illegible]	[illegible]	[illegible]	[illegible]	[illegible]	[illegible]	[illegible]	[illegible]	[illegible]	[illegible]
[illegible]	[illegible]	[illegible]	[illegible]	[illegible]	[illegible]	[illegible]	[illegible]	[illegible]	[illegible]	[illegible]	[illegible]	[illegible]	[illegible]
[illegible]	[illegible]	[illegible]	[illegible]	[illegible]	[illegible]	[illegible]	[illegible]	[illegible]	[illegible]	[illegible]	[illegible]	[illegible]	[illegible]
[illegible]	[illegible]	[illegible]	[illegible]	[illegible]	[illegible]	[illegible]	[illegible]	[illegible]	[illegible]	[illegible]	[illegible]	2 7	[illegible]
[illegible]	[illegible]	[illegible]	[illegible]	[illegible]	[illegible]	[illegible]	[illegible]	[illegible]	[illegible]	[illegible]	[illegible]	[illegible]	[illegible]
[illegible]	[illegible]	[illegible]	[illegible]	[illegible]	[illegible]	[illegible]	[illegible]	[illegible]	[illegible]	[illegible]	[illegible]	[illegible]	[illegible]
[illegible]	[illegible]	[illegible]	[illegible]	[illegible]	[illegible]	[illegible]	[illegible]	[illegible]	[illegible]	[illegible]	2 23	[illegible]	0 17
[illegible]	[illegible]	[illegible]	[illegible]	[illegible]	[illegible]	[illegible]	[illegible]	[illegible]	[illegible]	[illegible]	[illegible]	[illegible]	[illegible]
[illegible]	[illegible]	[illegible]	[illegible]	[illegible]	[illegible]	[illegible]	[illegible]	[illegible]	[illegible]	[illegible]	[illegible]	[illegible]	[illegible]
[illegible]	[illegible]	[illegible]	[illegible]	[illegible]	[illegible]	[illegible]	[illegible]	[illegible]	[illegible]	[illegible]	[illegible]	[illegible]	[illegible]
[illegible]	[illegible]	[illegible]	[illegible]	[illegible]	[illegible]	[illegible]	[illegible]	[illegible]	[illegible]	[illegible]	[illegible]	[illegible]	[illegible]
[illegible]	[illegible]	[illegible]	[illegible]	[illegible]	[illegible]	[illegible]	[illegible]	[illegible]	[illegible]	2 9·1	[illegible]	[illegible]	[illegible]
[illegible]	[illegible]	[illegible]	[illegible]	[illegible]	[illegible]	[illegible]	[illegible]	[illegible]	[illegible]	[illegible]	[illegible]	[illegible]	[illegible]
[illegible]	[illegible]	[illegible]	[illegible]	[illegible]	[illegible]	[illegible]	[illegible]	[illegible]	[illegible]	[illegible]	[illegible]	[illegible]	[illegible]
[illegible]	[illegible]	[illegible]	[illegible]	[illegible]	[illegible]	[illegible]	[illegible]	[illegible]	[illegible]	2 39·7	[illegible]	[illegible]	[illegible]
[illegible]	[illegible]	[illegible]	[illegible]	[illegible]	[illegible]	[illegible]	[illegible]	[illegible]	[illegible]	[illegible]	[illegible]	0 12	[illegible]
[illegible]	[illegible]	[illegible]	[illegible]	[illegible]	[illegible]	[illegible]	[illegible]	[illegible]	[illegible]	[illegible]	[illegible]	[illegible]	[illegible]
[illegible]	[illegible]	[illegible]	[illegible]	[illegible]	[illegible]	[illegible]	[illegible]	[illegible]	[illegible]	[illegible]	[illegible]	[illegible]	[illegible]
[illegible]	[illegible]	[illegible]	[illegible]	[illegible]	[illegible]	[illegible]	[illegible]	[illegible]	[illegible]	[illegible]	[illegible]	[illegible]	[illegible]
[illegible]	[illegible]	[illegible]	[illegible]	[illegible]	[illegible]	[illegible]	[illegible]	[illegible]	[illegible]	[illegible]	[illegible]	[illegible]	[illegible]

λ = − 115° 43′ 50″ W. = − 7h. 42m. 55s. *April* 1883.

3	4	5	6	7	8	9	10	11	12	Daily and Monthly Means.	Highest Reading.	Lowest Reading.	Difference.
[illegible]	[illegible]	[illegible]	[illegible]	[illegible]	[illegible]	[illegible]	[illegible]	[illegible]	[illegible]	[illegible]	[illegible]	[illegible]	[illegible]
[illegible]	[illegible]	[illegible]	[illegible]	[illegible]	[illegible]	[illegible]	[illegible]	[illegible]	[illegible]	[illegible]	[illegible]	[illegible]	[illegible]
[illegible]	[illegible]	[illegible]	[illegible]	[illegible]	[illegible]	[illegible]	[illegible]	[illegible]	[illegible]	2 26·3	[illegible]	0 20	[illegible]
[illegible]	[illegible]	[illegible]	[illegible]	[illegible]	[illegible]	[illegible]	[illegible]	[illegible]	[illegible]	[illegible]	[illegible]	[illegible]	[illegible]
[illegible]	[illegible]	[illegible]	[illegible]	[illegible]	[illegible]	[illegible]	[illegible]	[illegible]	[illegible]	[illegible]	[illegible]	[illegible]	[illegible]
[illegible]	[illegible]	[illegible]	[illegible]	[illegible]	[illegible]	[illegible]	[illegible]	[illegible]	[illegible]	[illegible]	[illegible]	[illegible]	[illegible]
[illegible]	[illegible]	[illegible]	[illegible]	[illegible]	[illegible]	[illegible]	[illegible]	[illegible]	[illegible]	[illegible]	2 25	[illegible]	[illegible]
[illegible]	[illegible]	[illegible]	[illegible]	[illegible]	[illegible]	[illegible]	[illegible]	[illegible]	[illegible]	[illegible]	[illegible]	[illegible]	[illegible]
[illegible]	[illegible]	[illegible]	[illegible]	[illegible]	[illegible]	[illegible]	[illegible]	[illegible]	[illegible]	[illegible]	[illegible]	[illegible]	[illegible]
[illegible]	[illegible]	[illegible]	[illegible]	[illegible]	[illegible]	[illegible]	[illegible]	[illegible]	[illegible]	[illegible]	[illegible]	[illegible]	[illegible]
[illegible]	[illegible]	[illegible]	[illegible]	[illegible]	[illegible]	[illegible]	[illegible]	[illegible]	[illegible]	[illegible]	[illegible]	[illegible]	[illegible]
[illegible]	[illegible]	[illegible]	[illegible]	[illegible]	[illegible]	[illegible]	[illegible]	[illegible]	[illegible]	[illegible]	[illegible]	[illegible]	[illegible]
[illegible]	[illegible]	[illegible]	[illegible]	[illegible]	[illegible]	[illegible]	[illegible]	[illegible]	[illegible]	[illegible]	[illegible]	[illegible]	[illegible]
[illegible]	[illegible]	[illegible]	[illegible]	[illegible]	[illegible]	[illegible]	[illegible]	[illegible]	[illegible]	[illegible]	[illegible]	[illegible]	0 22
[illegible]	[illegible]	[illegible]	[illegible]	[illegible]	[illegible]	[illegible]	[illegible]	[illegible]	[illegible]	[illegible]	[illegible]	[illegible]	[illegible]
[illegible]	[illegible]	[illegible]	[illegible]	[illegible]	[illegible]	[illegible]	[illegible]	[illegible]	[illegible]	[illegible]	[illegible]	[illegible]	[illegible]
[illegible]	[illegible]	[illegible]	[illegible]	[illegible]	[illegible]	[illegible]	[illegible]	[illegible]	[illegible]	[illegible]	[illegible]	[illegible]	[illegible]
[illegible]	[illegible]	[illegible]	[illegible]	[illegible]	[illegible]	[illegible]	[illegible]	[illegible]	[illegible]	2 3·6	[illegible]	[illegible]	[illegible]
[illegible]	[illegible]	[illegible]	[illegible]	[illegible]	[illegible]	[illegible]	[illegible]	[illegible]	[illegible]	[illegible]	4 59	[illegible]	4 9
[illegible]	[illegible]	[illegible]	[illegible]	[illegible]	[illegible]	[illegible]	[illegible]	[illegible]	[illegible]	[illegible]	[illegible]	[illegible]	[illegible]
[illegible]	[illegible]	[illegible]	[illegible]	[illegible]	[illegible]	[illegible]	[illegible]	[illegible]	[illegible]	[illegible]	[illegible]	2 7	[illegible]
[illegible]	[illegible]	[illegible]	[illegible]	[illegible]	[illegible]	[illegible]	[illegible]	[illegible]	[illegible]	[illegible]	[illegible]	[illegible]	[illegible]
[illegible]	[illegible]	[illegible]	[illegible]	[illegible]	[illegible]	[illegible]	[illegible]	[illegible]	[illegible]	[illegible]	[illegible]	[illegible]	[illegible]
[illegible]	[illegible]	[illegible]	[illegible]	[illegible]	[illegible]	[illegible]	[illegible]	[illegible]	[illegible]	[illegible]	[illegible]	[illegible]	[illegible]
[illegible]	[illegible]	[illegible]	[illegible]	[illegible]	[illegible]	[illegible]	[illegible]	[illegible]	[illegible]	[illegible]	[illegible]	[illegible]	[illegible]
[illegible]	[illegible]	[illegible]	[illegible]	[illegible]	[illegible]	[illegible]	[illegible]	[illegible]	[illegible]	[illegible]	[illegible]	[illegible]	[illegible]
[illegible]	[illegible]	[illegible]	[illegible]	[illegible]	[illegible]	[illegible]	[illegible]	[illegible]	[illegible]	[illegible]	[illegible]	[illegible]	[illegible]
[illegible]	[illegible]	[illegible]	[illegible]	[illegible]	[illegible]	[illegible]	[illegible]	[illegible]	[illegible]	[illegible]	[illegible]	[illegible]	[illegible]
[illegible]	[illegible]	[illegible]	[illegible]	[illegible]	[illegible]	[illegible]	[illegible]	[illegible]	[illegible]	[illegible]	[illegible]	[illegible]	[illegible]
[illegible]	[illegible]	[illegible]	[illegible]	[illegible]	[illegible]	[illegible]	[illegible]	[illegible]	[illegible]	[illegible]	[illegible]	[illegible]	[illegible]
[illegible]	[illegible]	[illegible]	[illegible]	[illegible]	[illegible]	[illegible]	[illegible]	[illegible]	[illegible]	[illegible]	[illegible]	[illegible]	[illegible]

May 1883. 39' + ♁ = + 62° 38' 52''.

Days.	1	2	3	4	5	6	7	8	9	10	11	Noon.	1	2
1	[illegible]	[illegible]	[illegible]	[illegible]	[illegible]	[illegible]	[illegible]	[illegible]	[illegible]	[illegible]	[illegible]	[illegible]	[illegible]	[illegible]
2	[illegible]	[illegible]	[illegible]	[illegible]	[illegible]	[illegible]	[illegible]	[illegible]	[illegible]	[illegible]	[illegible]	[illegible]	[illegible]	[illegible]
3	[illegible]	[illegible]	[illegible]	[illegible]	[illegible]	[illegible]	[illegible]	[illegible]	[illegible]	[illegible]	[illegible]	[illegible]	[illegible]	[illegible]
4	[illegible]	[illegible]	[illegible]	[illegible]	[illegible]	[illegible]	[illegible]	[illegible]	[illegible]	[illegible]	[illegible]	[illegible]	[illegible]	[illegible]
5	[illegible]	[illegible]	[illegible]	[illegible]	[illegible]	[illegible]	[illegible]	[illegible]	[illegible]	[illegible]	[illegible]	[illegible]	[illegible]	[illegible]
6	[illegible]	[illegible]	[illegible]	[illegible]	[illegible]	[illegible]	[illegible]	[illegible]	[illegible]	[illegible]	[illegible]	[illegible]	[illegible]	[illegible]
7	[illegible]	[illegible]	[illegible]	[illegible]	[illegible]	[illegible]	[illegible]	[illegible]	[illegible]	[illegible]	[illegible]	[illegible]	[illegible]	[illegible]
8	[illegible]	[illegible]	[illegible]	[illegible]	[illegible]	[illegible]	[illegible]	[illegible]	[illegible]	[illegible]	[illegible]	[illegible]	[illegible]	[illegible]
9	[illegible]	[illegible]	[illegible]	[illegible]	[illegible]	[illegible]	[illegible]	[illegible]	[illegible]	[illegible]	[illegible]	[illegible]	[illegible]	[illegible]
10	[illegible]	[illegible]	[illegible]	[illegible]	[illegible]	[illegible]	[illegible]	[illegible]	[illegible]	[illegible]	[illegible]	[illegible]	[illegible]	[illegible]
11	[illegible]	[illegible]	[illegible]	[illegible]	[illegible]	[illegible]	[illegible]	[illegible]	[illegible]	[illegible]	[illegible]	[illegible]	[illegible]	[illegible]
12	[illegible]	[illegible]	[illegible]	[illegible]	[illegible]	[illegible]	[illegible]	[illegible]	[illegible]	[illegible]	[illegible]	[illegible]	[illegible]	[illegible]
13	[illegible]	[illegible]	[illegible]	[illegible]	[illegible]	[illegible]	[illegible]	[illegible]	[illegible]	[illegible]	[illegible]	[illegible]	[illegible]	[illegible]
14	[illegible]	[illegible]	[illegible]	[illegible]	[illegible]	[illegible]	[illegible]	[illegible]	[illegible]	[illegible]	[illegible]	[illegible]	[illegible]	[illegible]
15	[illegible]	[illegible]	[illegible]	[illegible]	[illegible]	[illegible]	[illegible]	[illegible]	[illegible]	[illegible]	[illegible]	[illegible]	[illegible]	[illegible]
16	[illegible]	[illegible]	[illegible]	[illegible]	[illegible]	[illegible]	[illegible]	[illegible]	[illegible]	[illegible]	[illegible]	[illegible]	[illegible]	[illegible]
17	[illegible]	[illegible]	[illegible]	[illegible]	[illegible]	[illegible]	[illegible]	[illegible]	[illegible]	[illegible]	[illegible]	[illegible]	[illegible]	[illegible]
18	[illegible]	[illegible]	[illegible]	[illegible]	[illegible]	[illegible]	[illegible]	[illegible]	[illegible]	[illegible]	[illegible]	[illegible]	[illegible]	[illegible]
19	[illegible]	[illegible]	[illegible]	[illegible]	[illegible]	[illegible]	[illegible]	[illegible]	[illegible]	[illegible]	[illegible]	[illegible]	[illegible]	[illegible]
20	[illegible]	[illegible]	[illegible]	[illegible]	[illegible]	[illegible]	[illegible]	[illegible]	[illegible]	[illegible]	[illegible]	[illegible]	[illegible]	[illegible]
21	[illegible]	[illegible]	[illegible]	[illegible]	[illegible]	[illegible]	[illegible]	[illegible]	[illegible]	[illegible]	[illegible]	[illegible]	[illegible]	[illegible]
22	[illegible]	[illegible]	[illegible]	[illegible]	[illegible]	[illegible]	[illegible]	[illegible]	[illegible]	[illegible]	[illegible]	[illegible]	[illegible]	[illegible]
23	[illegible]	[illegible]	[illegible]	[illegible]	[illegible]	[illegible]	[illegible]	[illegible]	[illegible]	[illegible]	[illegible]	[illegible]	[illegible]	[illegible]
24	[illegible]	[illegible]	[illegible]	[illegible]	[illegible]	[illegible]	[illegible]	[illegible]	[illegible]	[illegible]	[illegible]	[illegible]	[illegible]	[illegible]
25	[illegible]	[illegible]	[illegible]	[illegible]	[illegible]	[illegible]	[illegible]	[illegible]	[illegible]	[illegible]	[illegible]	[illegible]	[illegible]	[illegible]
26	[illegible]	[illegible]	[illegible]	[illegible]	[illegible]	[illegible]	[illegible]	[illegible]	[illegible]	[illegible]	[illegible]	[illegible]	[illegible]	[illegible]
27	[illegible]	[illegible]	[illegible]	[illegible]	[illegible]	[illegible]	[illegible]	[illegible]	[illegible]	[illegible]	[illegible]	[illegible]	[illegible]	[illegible]
28	[illegible]	[illegible]	[illegible]	[illegible]	[illegible]	[illegible]	[illegible]	[illegible]	[illegible]	[illegible]	[illegible]	[illegible]	[illegible]	[illegible]
29	[illegible]	[illegible]	[illegible]	[illegible]	[illegible]	[illegible]	[illegible]	[illegible]	[illegible]	[illegible]	[illegible]	[illegible]	[illegible]	[illegible]
30	[illegible]	[illegible]	[illegible]	[illegible]	[illegible]	[illegible]	[illegible]	[illegible]	[illegible]	[illegible]	[illegible]	[illegible]	[illegible]	[illegible]
31	[illegible]	[illegible]	[illegible]	[illegible]	[illegible]	[illegible]	[illegible]	[illegible]	[illegible]	[illegible]	[illegible]	[illegible]	[illegible]	[illegible]
Mean .	[illegible]	[illegible]	1 18·9	[illegible]	[illegible]	[illegible]	[illegible]	[illegible]	[illegible]	1 28·9	[illegible]	[illegible]	1 10·9	[illegible]

June 1883. 39' + ♁ + 62° 38' 52''.

Days.	1	2	3	4	5	6	7	8	9	10	11	Noon.	1	2
1	[illegible]	[illegible]	[illegible]	[illegible]	[illegible]	[illegible]	[illegible]	[illegible]	[illegible]	[illegible]	[illegible]	[illegible]	[illegible]	[illegible]
2	[illegible]	[illegible]	[illegible]	[illegible]	[illegible]	[illegible]	[illegible]	[illegible]	[illegible]	[illegible]	[illegible]	[illegible]	[illegible]	[illegible]
3	[illegible]	[illegible]	[illegible]	[illegible]	[illegible]	[illegible]	[illegible]	[illegible]	[illegible]	[illegible]	[illegible]	[illegible]	[illegible]	[illegible]
4	[illegible]	[illegible]	[illegible]	[illegible]	[illegible]	[illegible]	[illegible]	[illegible]	[illegible]	[illegible]	[illegible]	[illegible]	[illegible]	[illegible]
5	[illegible]	[illegible]	[illegible]	[illegible]	[illegible]	[illegible]	[illegible]	[illegible]	[illegible]	[illegible]	[illegible]	[illegible]	[illegible]	[illegible]
6	[illegible]	[illegible]	[illegible]	[illegible]	[illegible]	[illegible]	[illegible]	[illegible]	[illegible]	[illegible]	[illegible]	[illegible]	[illegible]	[illegible]
7	[illegible]	[illegible]	[illegible]	[illegible]	[illegible]	[illegible]	[illegible]	[illegible]	[illegible]	[illegible]	[illegible]	[illegible]	[illegible]	[illegible]
8	[illegible]	[illegible]	[illegible]	[illegible]	[illegible]	[illegible]	[illegible]	[illegible]	[illegible]	[illegible]	[illegible]	[illegible]	[illegible]	[illegible]
9	[illegible]	[illegible]	[illegible]	[illegible]	[illegible]	[illegible]	[illegible]	[illegible]	[illegible]	[illegible]	[illegible]	[illegible]	[illegible]	[illegible]
10	[illegible]	[illegible]	[illegible]	[illegible]	[illegible]	[illegible]	[illegible]	[illegible]	[illegible]	[illegible]	[illegible]	[illegible]	[illegible]	[illegible]
11	[illegible]	[illegible]	[illegible]	[illegible]	[illegible]	[illegible]	[illegible]	[illegible]	[illegible]	[illegible]	[illegible]	[illegible]	[illegible]	[illegible]
12	[illegible]	[illegible]	[illegible]	[illegible]	[illegible]	[illegible]	[illegible]	[illegible]	[illegible]	[illegible]	[illegible]	[illegible]	[illegible]	[illegible]
13	[illegible]	[illegible]	[illegible]	[illegible]	[illegible]	[illegible]	[illegible]	[illegible]	[illegible]	[illegible]	[illegible]	[illegible]	[illegible]	[illegible]
14	[illegible]	[illegible]	[illegible]	[illegible]	[illegible]	[illegible]	[illegible]	[illegible]	[illegible]	[illegible]	[illegible]	[illegible]	[illegible]	[illegible]
15	[illegible]	[illegible]	[illegible]	[illegible]	[illegible]	[illegible]	[illegible]	[illegible]	[illegible]	[illegible]	[illegible]	[illegible]	[illegible]	[illegible]
16	[illegible]	[illegible]	[illegible]	[illegible]	[illegible]	[illegible]	[illegible]	[illegible]	[illegible]	[illegible]	[illegible]	[illegible]	[illegible]	[illegible]
17	[illegible]	[illegible]	[illegible]	[illegible]	[illegible]	[illegible]	[illegible]	[illegible]	[illegible]	[illegible]	[illegible]	[illegible]	[illegible]	[illegible]
18	[illegible]	[illegible]	[illegible]	[illegible]	[illegible]	[illegible]	[illegible]	[illegible]	[illegible]	[illegible]	[illegible]	[illegible]	[illegible]	[illegible]
19	[illegible]	[illegible]	[illegible]	[illegible]	[illegible]	[illegible]	[illegible]	[illegible]	[illegible]	[illegible]	[illegible]	[illegible]	[illegible]	[illegible]
20	[illegible]	[illegible]	[illegible]	[illegible]	[illegible]	[illegible]	[illegible]	[illegible]	[illegible]	[illegible]	[illegible]	[illegible]	[illegible]	[illegible]
21	[illegible]	[illegible]	[illegible]	[illegible]	[illegible]	[illegible]	[illegible]	[illegible]	[illegible]	[illegible]	[illegible]	[illegible]	[illegible]	[illegible]
22	[illegible]	[illegible]	[illegible]	[illegible]	[illegible]	[illegible]	[illegible]	[illegible]	[illegible]	[illegible]	[illegible]	[illegible]	[illegible]	[illegible]
23	[illegible]	[illegible]	[illegible]	[illegible]	[illegible]	[illegible]	[illegible]	[illegible]	[illegible]	[illegible]	[illegible]	[illegible]	[illegible]	[illegible]
24	[illegible]	[illegible]	[illegible]	[illegible]	[illegible]	[illegible]	[illegible]	[illegible]	[illegible]	[illegible]	[illegible]	[illegible]	[illegible]	[illegible]
25	[illegible]	[illegible]	[illegible]	[illegible]	[illegible]	[illegible]	[illegible]	[illegible]	[illegible]	[illegible]	[illegible]	[illegible]	[illegible]	[illegible]
26	[illegible]	[illegible]	[illegible]	[illegible]	[illegible]	[illegible]	[illegible]	[illegible]	[illegible]	[illegible]	[illegible]	[illegible]	[illegible]	[illegible]
27	[illegible]	[illegible]	[illegible]	[illegible]	[illegible]	[illegible]	[illegible]	[illegible]	[illegible]	[illegible]	[illegible]	[illegible]	[illegible]	[illegible]
28	[illegible]	[illegible]	[illegible]	[illegible]	[illegible]	[illegible]	[illegible]	[illegible]	[illegible]	[illegible]	[illegible]	[illegible]	[illegible]	[illegible]
29	[illegible]	[illegible]	[illegible]	[illegible]	[illegible]	[illegible]	[illegible]	[illegible]	[illegible]	[illegible]	[illegible]	[illegible]	[illegible]	[illegible]
30	[illegible]	[illegible]	[illegible]	[illegible]	[illegible]	[illegible]	[illegible]	[illegible]	[illegible]	[illegible]	[illegible]	[illegible]	[illegible]	[illegible]
Mean .	[illegible]	[illegible]	[illegible]	1 30·2	[illegible]	[illegible]	1 39·0	[illegible]	[illegible]	[illegible]	1 30·2	[illegible]	1 39·0	1 10·2

λ = − 115° 43′ 50″ W. = − 7h 42m 35s. Local Mean Time. *May* 1883.

3	4	5	6	7	8	9	10	11	12	Daily and Monthly Means	Highest Reading	Lowest Reading	Difference
[illegible]	[illegible]	[illegible]	[illegible]	[illegible]	[illegible]	[illegible]	[illegible]	[illegible]	[illegible]	[illegible]	[illegible]	[illegible]	[illegible]
[illegible]	[illegible]	[illegible]	[illegible]	[illegible]	[illegible]	[illegible]	[illegible]	[illegible]	[illegible]	[illegible]	3 42	[illegible]	[illegible]
[illegible]	[illegible]	[illegible]	[illegible]	[illegible]	[illegible]	[illegible]	[illegible]	[illegible]	[illegible]	[illegible]	[illegible]	[illegible]	[illegible]
[illegible]	[illegible]	[illegible]	[illegible]	[illegible]	[illegible]	[illegible]	[illegible]	[illegible]	[illegible]	[illegible]	[illegible]	[illegible]	[illegible]
[illegible]	[illegible]	[illegible]	[illegible]	[illegible]	[illegible]	[illegible]	[illegible]	[illegible]	[illegible]	[illegible]	[illegible]	[illegible]	[illegible]
[illegible]	[illegible]	[illegible]	[illegible]	[illegible]	[illegible]	[illegible]	[illegible]	[illegible]	[illegible]	[illegible]	[illegible]	[illegible]	[illegible]
[illegible]	[illegible]	[illegible]	[illegible]	[illegible]	[illegible]	[illegible]	[illegible]	[illegible]	[illegible]	[illegible]	[illegible]	[illegible]	[illegible]
[illegible]	[illegible]	[illegible]	[illegible]	[illegible]	[illegible]	[illegible]	[illegible]	[illegible]	[illegible]	[illegible]	[illegible]	[illegible]	[illegible]
[illegible]	[illegible]	[illegible]	[illegible]	[illegible]	[illegible]	[illegible]	[illegible]	[illegible]	[illegible]	[illegible]	[illegible]	[illegible]	[illegible]
[illegible]	[illegible]	[illegible]	[illegible]	[illegible]	[illegible]	[illegible]	[illegible]	[illegible]	[illegible]	[illegible]	1 26	[illegible]	0 33
[illegible]	[illegible]	[illegible]	[illegible]	[illegible]	[illegible]	[illegible]	[illegible]	[illegible]	[illegible]	[illegible]	[illegible]	[illegible]	[illegible]
[illegible]	[illegible]	[illegible]	[illegible]	[illegible]	[illegible]	[illegible]	[illegible]	[illegible]	[illegible]	[illegible]	[illegible]	[illegible]	[illegible]
[illegible]	[illegible]	[illegible]	[illegible]	[illegible]	[illegible]	[illegible]	[illegible]	[illegible]	[illegible]	[illegible]	[illegible]	[illegible]	[illegible]
[illegible]	[illegible]	[illegible]	[illegible]	[illegible]	[illegible]	[illegible]	[illegible]	[illegible]	[illegible]	[illegible]	[illegible]	[illegible]	[illegible]
[illegible]	[illegible]	[illegible]	[illegible]	[illegible]	[illegible]	[illegible]	[illegible]	[illegible]	[illegible]	[illegible]	[illegible]	[illegible]	[illegible]
[illegible]	[illegible]	[illegible]	[illegible]	[illegible]	[illegible]	[illegible]	[illegible]	[illegible]	[illegible]	[illegible]	[illegible]	[illegible]	[illegible]
[illegible]	[illegible]	[illegible]	[illegible]	[illegible]	[illegible]	[illegible]	[illegible]	[illegible]	[illegible]	[illegible]	[illegible]	[illegible]	[illegible]
[illegible]	[illegible]	[illegible]	[illegible]	[illegible]	[illegible]	[illegible]	[illegible]	[illegible]	[illegible]	[illegible]	[illegible]	[illegible]	[illegible]
[illegible]	[illegible]	[illegible]	[illegible]	[illegible]	[illegible]	[illegible]	[illegible]	[illegible]	[illegible]	[illegible]	[illegible]	1 3	[illegible]
[illegible]	[illegible]	[illegible]	[illegible]	[illegible]	[illegible]	[illegible]	[illegible]	[illegible]	[illegible]	1 9·3	[illegible]	[illegible]	[illegible]
[illegible]	[illegible]	[illegible]	[illegible]	[illegible]	[illegible]	[illegible]	[illegible]	[illegible]	[illegible]	1 32·0	[illegible]	−0 24	4 6
[illegible]	[illegible]	[illegible]	[illegible]	[illegible]	[illegible]	[illegible]	[illegible]	[illegible]	[illegible]	[illegible]	[illegible]	[illegible]	[illegible]
[illegible]	[illegible]	[illegible]	[illegible]	[illegible]	[illegible]	[illegible]	[illegible]	[illegible]	[illegible]	[illegible]	[illegible]	[illegible]	[illegible]
[illegible]	[illegible]	[illegible]	[illegible]	[illegible]	[illegible]	[illegible]	[illegible]	[illegible]	[illegible]	[illegible]	[illegible]	[illegible]	[illegible]
[illegible]	[illegible]	[illegible]	[illegible]	[illegible]	[illegible]	[illegible]	[illegible]	[illegible]	[illegible]	[illegible]	[illegible]	[illegible]	[illegible]
[illegible]	[illegible]	[illegible]	[illegible]	[illegible]	[illegible]	[illegible]	[illegible]	[illegible]	[illegible]	[illegible]	[illegible]	[illegible]	[illegible]
[illegible]	[illegible]	[illegible]	[illegible]	[illegible]	[illegible]	[illegible]	[illegible]	[illegible]	[illegible]	[illegible]	[illegible]	[illegible]	[illegible]
[illegible]	[illegible]	[illegible]	[illegible]	[illegible]	[illegible]	[illegible]	[illegible]	[illegible]	[illegible]	[illegible]	[illegible]	[illegible]	[illegible]
[illegible]	[illegible]	[illegible]	[illegible]	[illegible]	[illegible]	[illegible]	[illegible]	[illegible]	[illegible]	[illegible]	[illegible]	[illegible]	[illegible]
[illegible]	[illegible]	[illegible]	[illegible]	[illegible]	[illegible]	[illegible]	[illegible]	[illegible]	[illegible]	[illegible]	[illegible]	[illegible]	[illegible]
[illegible]	[illegible]	[illegible]	[illegible]	[illegible]	[illegible]	[illegible]	[illegible]	[illegible]	[illegible]	[illegible]	[illegible]	[illegible]	[illegible]
1 6·4	1 5·5	1 3·4	1 2·6	1 4·0	1 4·5	1 5·0	1 4·5	0 59·0	1 5·0	[illegible]	[illegible]	[illegible]	[illegible]

λ = − 115° 43′ 50″ W. = − 7h 42m 35s. *June* 1883.

3	4	5	6	7	8	9	10	11	12	Daily and Monthly Means	Highest Reading	Lowest Reading	Difference
[illegible]	[illegible]	[illegible]	[illegible]	[illegible]	[illegible]	[illegible]	[illegible]	[illegible]	[illegible]	[illegible]	[illegible]	[illegible]	[illegible]
[illegible]	[illegible]	[illegible]	[illegible]	[illegible]	[illegible]	[illegible]	[illegible]	[illegible]	[illegible]	[illegible]	3 13	[illegible]	[illegible]
[illegible]	[illegible]	[illegible]	[illegible]	[illegible]	[illegible]	[illegible]	[illegible]	[illegible]	[illegible]	[illegible]	[illegible]	[illegible]	[illegible]
[illegible]	[illegible]	[illegible]	[illegible]	[illegible]	[illegible]	[illegible]	[illegible]	[illegible]	[illegible]	[illegible]	[illegible]	1 5	[illegible]
[illegible]	[illegible]	[illegible]	[illegible]	[illegible]	[illegible]	[illegible]	[illegible]	[illegible]	[illegible]	[illegible]	[illegible]	[illegible]	[illegible]
[illegible]	[illegible]	[illegible]	[illegible]	[illegible]	[illegible]	[illegible]	[illegible]	[illegible]	[illegible]	[illegible]	[illegible]	[illegible]	[illegible]
[illegible]	[illegible]	[illegible]	[illegible]	[illegible]	[illegible]	[illegible]	[illegible]	[illegible]	[illegible]	[illegible]	[illegible]	[illegible]	[illegible]
[illegible]	[illegible]	[illegible]	[illegible]	[illegible]	[illegible]	[illegible]	[illegible]	[illegible]	[illegible]	[illegible]	[illegible]	[illegible]	[illegible]
[illegible]	[illegible]	[illegible]	[illegible]	[illegible]	[illegible]	[illegible]	[illegible]	[illegible]	[illegible]	[illegible]	[illegible]	[illegible]	[illegible]
[illegible]	[illegible]	[illegible]	[illegible]	[illegible]	[illegible]	[illegible]	[illegible]	[illegible]	[illegible]	[illegible]	[illegible]	[illegible]	[illegible]
[illegible]	[illegible]	[illegible]	[illegible]	[illegible]	[illegible]	[illegible]	[illegible]	[illegible]	[illegible]	[illegible]	[illegible]	[illegible]	[illegible]
[illegible]	[illegible]	[illegible]	[illegible]	[illegible]	[illegible]	[illegible]	[illegible]	[illegible]	[illegible]	[illegible]	[illegible]	[illegible]	[illegible]
[illegible]	[illegible]	[illegible]	[illegible]	[illegible]	[illegible]	[illegible]	[illegible]	[illegible]	[illegible]	[illegible]	[illegible]	[illegible]	[illegible]
[illegible]	[illegible]	[illegible]	[illegible]	[illegible]	[illegible]	[illegible]	[illegible]	[illegible]	[illegible]	[illegible]	[illegible]	[illegible]	[illegible]
[illegible]	[illegible]	[illegible]	[illegible]	[illegible]	[illegible]	[illegible]	[illegible]	[illegible]	[illegible]	[illegible]	1 28	[illegible]	0 20
[illegible]	[illegible]	[illegible]	[illegible]	[illegible]	[illegible]	[illegible]	[illegible]	[illegible]	[illegible]	0 58·0	[illegible]	−0 49	[illegible]
[illegible]	[illegible]	[illegible]	[illegible]	[illegible]	[illegible]	[illegible]	[illegible]	[illegible]	[illegible]	[illegible]	[illegible]	[illegible]	[illegible]
[illegible]	[illegible]	[illegible]	[illegible]	[illegible]	[illegible]	[illegible]	[illegible]	[illegible]	[illegible]	[illegible]	[illegible]	[illegible]	[illegible]
[illegible]	[illegible]	[illegible]	[illegible]	[illegible]	[illegible]	[illegible]	[illegible]	[illegible]	[illegible]	[illegible]	[illegible]	[illegible]	[illegible]
[illegible]	[illegible]	[illegible]	[illegible]	[illegible]	[illegible]	[illegible]	[illegible]	[illegible]	[illegible]	[illegible]	[illegible]	[illegible]	[illegible]
[illegible]	[illegible]	[illegible]	[illegible]	[illegible]	[illegible]	[illegible]	[illegible]	[illegible]	[illegible]	[illegible]	[illegible]	[illegible]	[illegible]
[illegible]	[illegible]	[illegible]	[illegible]	[illegible]	[illegible]	[illegible]	[illegible]	[illegible]	[illegible]	[illegible]	[illegible]	[illegible]	[illegible]
[illegible]	[illegible]	[illegible]	[illegible]	[illegible]	[illegible]	[illegible]	[illegible]	[illegible]	[illegible]	[illegible]	[illegible]	[illegible]	[illegible]
[illegible]	[illegible]	[illegible]	[illegible]	[illegible]	[illegible]	[illegible]	[illegible]	[illegible]	[illegible]	[illegible]	[illegible]	[illegible]	[illegible]
[illegible]	[illegible]	[illegible]	[illegible]	[illegible]	[illegible]	[illegible]	[illegible]	[illegible]	[illegible]	[illegible]	[illegible]	[illegible]	[illegible]
[illegible]	[illegible]	[illegible]	[illegible]	[illegible]	[illegible]	[illegible]	[illegible]	[illegible]	[illegible]	[illegible]	[illegible]	[illegible]	[illegible]
[illegible]	[illegible]	[illegible]	[illegible]	[illegible]	[illegible]	[illegible]	[illegible]	[illegible]	[illegible]	1 29·0	[illegible]	[illegible]	[illegible]
[illegible]	[illegible]	[illegible]	[illegible]	[illegible]	[illegible]	[illegible]	[illegible]	[illegible]	[illegible]	[illegible]	[illegible]	[illegible]	[illegible]
[illegible]	[illegible]	[illegible]	[illegible]	[illegible]	[illegible]	[illegible]	[illegible]	[illegible]	[illegible]	[illegible]	[illegible]	[illegible]	[illegible]
[illegible]	[illegible]	[illegible]	[illegible]	[illegible]	[illegible]	[illegible]	[illegible]	[illegible]	[illegible]	[illegible]	[illegible]	[illegible]	[illegible]
[illegible]	[illegible]	[illegible]	[illegible]	[illegible]	[illegible]	[illegible]	[illegible]	[illegible]	[illegible]	[illegible]	[illegible]	[illegible]	[illegible]

July 1883. 38′ + ♁ = +62° 38′ 52″.

Days.	1	2	3	4	5	6	7	8	9	10	11	Noon.	1	2
1	2 39	1 2	2 2	2 42	2 5	2 31	3 14	4 1	3 49	3 7	2 69	2 33	2 27	2 21
2	2 7	1 57	2 9	2 19	2 14	2 19	2 11	2 27	2 30	2 38	2 44	2 17	2 7	2 6
3	1 38	2 36	2 29	2 38	2 45	2 54	3 3	2 58	2 16	2 11	2 31	2 19	2 13	2 4
4	1 53	1 47	1 48	2 28	2 35	2 49	3 14	2 52	2 34	2 26	2 20	2 17	2 7	2 5
5	2 13	2 12	2 48	2 28	2 39	2 54	3 2	3 23	2 20	3 0	2 20	2 18	2 7	2 42
6	1 44	2 13	2 7	2 14	2 26	2 33	2 28	2 38	2 39	2 38	2 27	2 18	2 19	2 8
7	2 6	2 16	2 59	2 27	2 31	2 36	2 29	2 53	3 3	3 15	3 7	2 33	2 3	2 14
8	1 36	1 42	2 0	1 48	2 47	2 56	3 27	3 3	3 18	2 29	2 32	2 8	2 6	2 10
9	2 13	2 9	2 38	2 24	2 38	2 34	2 33	2 38	2 31	2 38	2 23	2 27	2 14	2 9
10	2 13	2 43	2 41	2 55	2 22	2 37	2 59	2 36	2 32	2 39	2 18	2 14	2 33	2 30
11	2 15	2 39	2 21	2 24	2 31	2 30	2 47	2 38	2 34	2 38	2 17	2 10	2 15	1 54
12	2 17	2 25	2 20	2 47	2 46	2 26	2 45	2 40	2 31	2 39	2 25	2 24	2 13	2 20
13	2 34	2 15	2 18	2 42	2 37	2 48	3 42	3 28	2 58	2 33	2 23	2 47	2 15	2 21
14	2 11	2 2	2 42	2 8	2 47	2 50	3 56	5 9	3 10	2 26	2 20	2 16	2 11	2 9
15	2 7	2 10	2 22	2 22	2 38	2 37	2 40	3 32	5 3	4 8	1 43	2 20	2 19	2 24
16	1 59	2 10	2 9	2 27	2 32	2 45	3 5	4 2	3 34	3 4	2 33	2 17	2 8	2 10
17	2 8	2 8	2 15	2 15	2 28	2 36	2 36	2 51	2 33	2 37	2 46	2 14	2 14	2 10
18	2 5	2 21	2 26	2 22	2 37	3 51	3 12	2 45	2 42	2 41	2 56	2 10	1 56	2 7
19	2 17	2 2	2 16	2 11	2 38	2 34	2 31	2 46	2 44	2 27	2 34	2 24	2 24	2 31
20	2 6	2 35	2 14	2 21	2 25	2 42	2 44	2 36	2 34	2 33	2 22	2 16	2 14	2 6
21	2 3	2 10	2 18	2 26	2 23	2 12	2 16	2 31	2 32	2 30	2 26	2 15	2 8	2 5
22	2 17	2 16	2 19	2 19	2 25	2 27	2 35	2 33	2 33	2 27	2 22	2 19	2 17	2 11
23	2 29	2 18	2 15	2 21	2 19	2 26	2 50	2 32	2 31	2 31	2 31	2 20	2 6	2 4
24	2 42	2 50	2 8	2 44	2 26	2 39	2 57	3 18	4 23	3 21	2 25	2 10	2 3	2 10
25	2 3	2 5	2 16	2 28	2 34	2 32	3 9	2 52	2 32	2 27	2 12	2 13	2 11	2 13
26	2 14	2 8	2 14	2 41	2 55	3 8	2 43	3 19	3 16	2 54	2 48	2 19	2 24	2 23
27	2 13	2 14	2 16	2 27	3 3	2 58	2 41	2 24	2 38	2 25	2 13	2 18	2 13	2 10
28	2 14	2 15	2 19	2 21	2 16	2 33	2 49	2 49	2 33	2 30	2 28	2 14	2 13	2 12
29	2 59	2 19	2 21	2 24	2 27	2 34	2 59	2 39	2 28	2 24	2 25	2 14	2 4	2 8
30	2 14	2 16	2 17	1 55	3 59	2 41	3 18	3 10	3 11	4 38	3 30	3 39	2 39	2 17
31	2 55	4 58	2 2	2 23	2 23	2 14	3 56	4 3	3 15	4 55	4 38	2 15	2 16	2 35
Mean -	2 7·6	2 7·2	2 14·5	2 18·8	2 33·0	2 39·4	2 53·7	3 3·2	2 56·4	2 49·7	2 34·4	2 22·4	2 12·7	2 14·3

August 1883. 39′ + ♁ = +62° 38′ 52″.

Days.	1	2	3	4	5	6	7	8	9	10	11	Noon.	1	2
1	0 56	1 24	1 28	1 36	0 48	1 38	1 42	1 46	1 19	1 47	1 20	1 8	1 31	1 24
2	1 6	1 45	1 33	1 30	1 37	1 39	1 43	1 39	1 35	1 31	1 38	1 11	1 20	1 12
3	1 4	1 12	1 17	1 30	1 30	1 31	1 36	1 38	1 33	1 37	1 28	1 23	1 24	1 18
4	1 15	1 14	1 17	1 18	1 31	1 45	1 38	1 44	1 33	1 39	1 18	1 20	1 12	1 9
5	1 19	1 18	1 20	1 23	1 28	1 48	1 34	1 38	1 38	1 37	1 30	1 19	1 7	0 59
6	1 3	0 44	1 35	0 38	1 5	1 24	1 7	1 22	1 33	1 35	1 36	1 28	1 26	1 33
7	0 58	1 28	1 15	1 13	1 16	1 36	1 24	1 43	1 44	1 28	1 12	1 6	1 18	0 55
8	1 24	1 19	1 10	1 17	1 6	1 10	1 3	1 42	1 42	1 29	1 21	1 9	1 16	1 16
9	1 18	1 18	1 19	1 19	1 23	1 30	1 37	1 38	1 33	1 30	1 22	1 18	1 13	1 15
10	1 17	1 17	1 20	1 19	1 27	1 27	1 33	1 36	1 37	1 31	1 7	1 13	1 13	1 12
11	1 18	1 9	1 34	1 35	1 37	1 3	2 39	1 56	1 46	1 33	1 48	1 16	1 7	1 0
12	1 18	1 11	1 19	1 26	1 32	1 36	1 39	1 35	1 36	1 40	1 21	1 11	1 9	1 10
13	1 13	1 16	1 29	1 39	1 34	1 31	1 40	1 41	1 41	1 29	1 27	1 21	1 17	1 8
14	1 18	1 10	1 4	1 38	1 28	1 38	1 44	1 44	1 45	1 65	1 44	1 25	1 5	1 3
15	1 18	1 16	0 56	1 23	1 36	1 39	1 38	1 37	1 50	1 20	1 12	1 10	1 6	1 13
16	1 19	1 19	1 19	1 24	1 32	1 19	1 33	1 38	1 28	1 26	1 18	1 17	1 12	1 14
17	1 20	1 19	1 19	1 21	1 25	1 26	1 38	1 32	1 37	1 35	1 26	1 19	1 12	1 2
18	1 12	1 23	1 15	1 19	1 38	1 39	1 42	1 37	1 33	1 25	1 40	1 42	1 11	1 25
19	1 15	1 19	1 13	1 18	1 36	1 42	1 34	1 32	1 34	1 32	1 24	1 18	1 13	1 14
20	1 9	1 11	1 21	1 32	1 24	1 39	1 50	1 24	1 30	1 31	1 29	1 18	1 7	1 6
21	1 26	1 17	1 27	1 20	1 30	1 43	1 49	1 48	1 31	1 32	1 25	1 16	1 7	1 12
22	1 15	1 8	1 14	1 26	1 32	1 48	1 30	1 44	1 31	1 42	1 29	1 6	1 10	1 12
23	1 12	1 11	1 23	1 41	1 23	1 34	1 29	1 59	1 46	1 40	1 32	1 9	1 17	1 10
24	1 4	1 38	1 3	1 56	1 34	1 34	1 46	1 47	1 40	1 19	1 14	1 19	1 12	1 6
25	0 57	1 18	1 20	1 20	1 24	1 30	1 36	1 42	1 38	1 32	1 21	1 18	1 13	1 10
26	1 8	1 21	1 22	1 24	1 28	1 35	1 36	1 33	1 30	1 13	1 17	1 12	1 9	1 8
27	1 6	1 19	1 16	1 16	1 20	1 10	1 31	1 30	1 36	1 41	1 17	1 13	1 14	1 14
28	1 1	1 19	1 16	1 14	1 32	1 38	1 43	1 42	1 36	1 35	1 12	1 12	1 12	1 7
29	1 16	1 18	1 10	1 42	2 3	1 48	1 41	1 4	1 24	1 29	1 30	1 9	1 3	1 5
30	1 8	1 14	1 18	1 18	1 48	1 38	1 51	1 44	1 35	1 30	1 21	1 11	1 9	1 6
31	1 13	1 13	1 17	1 19	1 24	1 24	1 22	1 30	1 23	1 31	1 14	1 11	1 6	1 7
Mean -	1 11·4	1 17·8	1 22·6	1 24·4	1 26·9	1 36·8	1 36·3	1 40·7	1 42·7	1 32·5	1 23·3	1 16·5	1 13·1	1 10·8

λ = − 115° 43′ 50″ W. = − 7h. 42m. 55s. Local Mean Time. *July* 1883.

3	4	5	6	7	8	9	10	11	12	Daily and Monthly Means.	Highest Reading.	Lowest Reading.	Difference.
2 25	1 47	1 55	1 53	1 50	0 46	1 42	1 41	1 40	2 1	2 16·9	4 8	0 35	3 36
2 3	2 5	2 7	2 4	1 59	2 11	2 2	2 4	2 7	1 35	2 21·8	3 31	1 20	2 11
1 57	1 26	1 53	1 57	2 4	2 0	2 6	2 42	2 6	1 32	2 29·1	3 3	1 49	1 14
2 11	2 5	2 8	2 13	2 21	2 5	2 11	1 59	1 59	2 12	2 16·2	3 14	1 35	1 29
2 5	2 1	2 2	1 41	1 46	2 3	1 42	1 42	2 2	1 54	2 18·4	3 27	1 33	1 54
2 8	2 9	1 50	1 57	2 4	2 16	2 25	2 30	2 3	2 8	2 14·1	3 38	1 39	0 59
2 9	2 0	2 2	2 3	2 6	2 7	2 21	1 57	2 10	2 16	2 18·0	3 41	0 59	2 42
1 46	1 55	2 0	2 1	1 54	2 6	2 9	2 10	2 13	2 15	2 14·9	3 44	1 28	2 16
2 3	2 3	2 10	1 58	2 0	1 44	1 57	2 14	2 43	2 26	2 17·9	3 45	1 1	1 44
2 10	2 8	2 2	1 57	2 2	1 49	2 13	2 13	2 12	2 7	2 19·6	3 37	1 45	1 52
2 25	2 18	2 39	1 59	2 9	2 12	2 2	2 12	1 59	2 46	2 19·6	3 11	1 36	1 35
2 15	2 12	2 16	2 16	2 18	2 19	2 22	2 14	1 34	2 0	2 20·2	3 45	2 45	1 0
2 20	2 12	2 7	1 54	2 2	2 8	2 13	2 13	2 13	2 8	2 26·2	4 24	1 55	2 29
2 8	2 7	2 9	2 9	2 13	2 15	2 17	2 15	2 11	2 32	**2 29·0**	5 49	1 32	3 47
2 21	2 4	2 5	2 2	2 38	1 53	1 47	1 37	1 37	1 54	2 25·2	5 3	1 8	3 55
2 5	2 33	2 3	1 54	1 46	1 40	1 51	1 32	1 53	1 32	2 19·3	4 7	1 2	3 5
2 4	2 6	2 7	2 11	2 9	2 9	2 12	2 9	2 8	1 54	2 16·6	2 57	1 54	1 3
2 8	1 17	1 25	1 23	1 32	2 31	1 54	1 53	2 27	2 1	2 19·0	3 57	1 10	2 58
1 42	1 51	1 30	1 43	2 2	1 57	2 4	1 36	2 6	2 12	2 13·3	3 49	1 24	2 15
2 4	2 2	2 2	2 2	2 11	2 14	2 25	2 11	2 12	1 51	2 16·3	2 47	1 46	1 1
2 2	2 1	2 2	2 10	2 9	2 12	2 16	2 14	2 14	2 14	2 14·0	**2 32**	2 0	**0 32**
2 7	2 4	2 6	1 36	2 3	2 6	2 8	2 8	2 15	2 14	2 16·0	2 36	1 54	0 42
2 2	2 4	2 5	2 0	1 54	1 51	1 53	1 45	1 41	1 46	2 11·0	2 42	1 46	[illegible]
2 8	2 10	1 59	1 40	1 55	1 38	1 46	2 2	1 52	2 2	2 17·9	4 50	1 37	3 13
2 8	2 2	2 11	2 8	2 2	2 13	2 11	2 11	2 4	2 10	2 19·1	3 10	**2 2**	1 8
2 10	2 2	2 7	2 8	2 8	1 8	2 10	2 28	2 27	3 4	2 23·3	3 59	2 24	1 35
2 11	2 12	2 24	2 19	2 16	2 16	2 16	2 13	2 13	2 15	2 20·4	3 26	2 2	1 24
2 10	2 13	1 14	2 17	2 11	2 14	2 18	2 12	2 2	1 53	2 18·9	3 10	1 48	1 2
2 10	2 10	1 59	0 36	−0 2	0 27	1 20	0 25	1 28	1 34	**1 54·3**	2 32	−0 2	2 34
2 27	1 31	1 45	1 48	1 57	2 7	2 31	1 40	1 44	1 42	2 28·6	**6 14**	1 18	4 56
1 54	2 3	2 36	2 4	2 3	0 7	0 23	2 6	2 16	2 3	2 24·0	4 16	**−0 30**	**5 46**
2 7·8	2 3·8	2 3·0	1 57·1	1 58·1	1 56·0	2 0·4	2 0·8	1 58·2	2 1·5	40 17·9	44 44	37 30	6 44

λ = − 115° 43′ 50″ W. = − 7h. 42m. 55s. *August* 1883.

3	4	5	6	7	8	9	10	11	12	Daily and Monthly Means.	Highest Reading.	Lowest Reading.	Difference.
0 48	1 10	0 53	1 20	0 35	1 52	0 37	0 53	0 47	1 12	1 24·9	**4 4**	0 29	**3 35**
1 9	1 10	1 14	1 9	1 4	1 11	1 12	1 18	1 16	1 11	1 20·8	1 46	1 2	0 44
1 11	1 8	1 7	1 9	1 11	1 13	1 14	1 16	1 11	1 22	1 20·8	1 39	1 4	0 35
1 9	1 9	1 12	1 8	1 15	1 14	1 16	1 13	1 8	1 14	1 19·2	1 47	1 6	0 41
0 53	1 8	1 2	0 52	0 54	0 53	0 49	0 53	0 57	0 42	1 18·3	1 44	0 37	1 7
1 31	1 2	1 9	0 59	1 2	1 8	1 10	1 35	1 1	0 54	1 25·8	2 45	**0 16**	2 29
1 6	1 2	0 55	0 51	0 51	1 1	1 8	1 14	1 14	1 20	1 16·3	1 36	0 38	[illegible]
1 15	1 19	1 19	1 17	1 18	1 16	1 20	1 13	1 51	1 3	1 24·7	2 4	0 58	1 6
1 12	1 14	1 16	1 12	1 11	1 12	1 15	1 14	1 19	1 18	1 20·8	1 40	1 1	0 39
1 8	1 9	0 56	1 1	1 6	0 52	0 51	1 46	0 59	0 47	1 14·1	1 53	0 32	1 21
1 8	1 10	1 10	1 10	1 10	1 13	1 20	1 14	1 12	1 17	1 24·2	1 52	0 56	1 36
1 6	1 9	1 7	1 14	1 13	1 15	1 14	1 12	1 10	1 16	1 30·8	1 58	1 6	0 52
1 8	1 8	1 14	1 16	1 15	1 16	1 8	1 4	1 3	1 1	1 20·1	1 46	1 0	0 46
0 50	1 1	0 43	1 4	1 3	0 47	1 20	1 9	1 11	1 14	1 16·0	1 46	0 47	0 59
1 12	1 13	1 16	1 17	1 16	1 18	1 16	1 16	1 18	1 15	1 19·1	1 39	0 50	0 49
1 14	1 13	1 16	1 14	1 14	1 13	1 17	1 18	1 18	1 21	1 19·8	**1 34**	**1 14**	**0 20**
1 10	1 14	1 16	1 15	1 18	1 18	1 23	1 18	1 18	0 33	1 20·2	1 38	0 50	0 48
1 46	0 59	0 51	0 51	0 36	1 4	0 38	1 7	1 10	1 14	**1 29·4**	3 14	0 49	2 24
1 4	1 7	1 2	1 9	1 3	1 6	1 19	1 15	1 22	1 26	1 19·5	3 3	1 2	2 1
1 9	1 13	1 18	1 24	1 17	1 17	1 13	1 20	1 13	1 20	1 19·6	1 31	1 3	0 48
1 11	1 11	1 6	1 7	1 13	1 15	1 14	1 13	1 7	1 2	1 20·0	1 54	1 2	0 52
0 57	1 14	1 2	1 2	1 0	1 14	1 10	1 6	1 1	1 8	1 18·0	1 33	0 42	0 58
1 4	1 13	0 59	1 10	1 9	1 11	1 18	1 8	1 2	1 21	1 20·1	2 2	0 54	1 8
1 3	1 6	1 25	1 15	1 12	1 16	1 22	1 16	1 17	1 10	1 23·1	2 22	0 23	1 59
1 13	1 15	1 18	1 19	1 19	1 18	1 16	1 18	1 17	1 10	1 20·0	1 43	0 34	0 47
1 10	1 14	1 27	1 17	1 15	1 14	1 23	1 21	1 5	1 3	1 17·2	1 26	1 2	0 34
1 14	1 13	1 18	1 15	1 13	1 14	1 23	1 23	1 12	1 12	1 17·9	1 43	1 6	0 37
1 3	1 10	1 14	1 15	1 11	1 9	1 10	1 8	1 12	1 14	1 17·6	1 44	0 59	0 45
0 44	0 53	1 9	0 49	1 6	1 10	1 4	1 3	1 20	1 3	1 17·3	2 6	0 48	1 18
1 4	1 11	1 10	1 10	1 10	1 10	1 12	1 12	1 12	1 12	1 16·3	1 44	1 3	0 41
1 8	1 6	1 7	1 7	1 6	1 10	1 3	1 5	1 10	1 6	**1 13·7**	1 35	1 2	0 33
1 8·3	1 9·2	1 7·4	1 9·0	1 7·7	1 11·4	1 10·6	1 12·9	1 11·7	1 9·2	40 19·7	43 4	39 56	3 48

September 1882. 0·07000 + (C. G. S. Units). $\phi = +62° 58' 52''$.

Days.	1	2	3	4	5	6	7	8	9	10	11	Noon.	1	2
1														
2														
3														
4														
5	603	478	680	589	430	603	734	649	676	665	658	684	718	764
6	724	729	589	419	414	692	579	520	697	691	646	649	691	691
7	660	684	567	286	668	636	703	703	697	689	678	689	680	702
8	424	416	419	746	687	684	710	774	695	679	691	683	689	687
9	857	847	809	855	841	852	841	1023	1101	1029	1344	638	683	648
10	567	374	632	638	627	588	563	616	628	633	634	698	624	646
11	651	682	630	633	588	603	592	603	607	609	516	597	701	643
12	660	681	649	622	619	677	389	628	956	588	477	649	730	672
13	544	599	643	618	647	570	578	619	397	601	550	641	692	737
14	677	484	586	669	658	610	840	493	684	664	633	651	678	669
15	326	601	584	535	576	612	651	697	681	668	648	651	632	659
16	635	649	649	656	636	635	654	649	656	651	657	650	628	656
17	643	673	654	633	568	603	626	660	616	620	634	662	638	654
18	661	649	660	636	628	614	635	603	591	591	607	654	605	597
19	661	676	666	668	664	681	717	672	643	635	659	627	697	633
20	631	632	643	645	457	623	651	643	660	674	641	643	618	724
21	618	659	672	645	670	668	660	664	643	647	645	633	643	642
22	570	728	643	631	647	630	635	638	645	641	659	634	609	633
23	673	668	660	626	661	739	735	434	684	619	654	633	647	643
24	676	677	664	658	677	684	676	664	674	661	614	645	656	662
25	601	516	416	489	526	654	484	503	500	620	645	641	702	716
26	497	524	624	635	628	662	664	664	674	635	649	647	655	653
27	618	618	584	559	536	600	607	703	662	674	666	666	765	697
28	566	623	645	625	558	678	666	615	619	612	639	635	632	670
29	599	449	493	654	517	465	595	669	649	635	641	642	648	631
30	622	685	533	616	614	676	548	493	628	668	649	641	639	645
Mean -	·076315	6330	6354	6363	6447	6492	6194	6465	6379	6365	6337	6463	6693	6725

October 1882. $\phi = +62° 58' 52''$.

Days.	1	2	3	4	5	6	7	8	9	10	11	Noon.	1	2
1	620	635	487	660	673	664	634	626	643	641	638	630	631	635
2	629	637	[>1116]	476	512	802	591	687	814	697	[<000]	658	631	629
3	708	661	642	692	660	677	654	632	629	628	643	643	678	680
4	370	463	637	411	569	674	924	697	440	346	487	697	701	719
5	641	643	726	591	649	672	681	533	336	637	382	535	560	643
6	−021	463	530	279	574	598	678	743	449	569	695	687	703	697
7	672	674	661	661	678	640	643	691	643	687	654	666	663	685
8	681	683	641	681	656	663	679	634	638	647	651	689	641	704
9	679	683	676	641	665	670	574	624	648	655	653	637	331	788
10	639	736	339	589	596	499	633	693	674	650	544	661	369	670
11	569	670	396	624	576	676	659	463	662	644	569	651	670	694
12	687	664	384	676	656	670	637	662	633	681	636	660	666	676
13	613	707	691	675	679	651	589	644	675	643	642	643	736	668
14	676	628	563	419	607	623	280	616	615	567	263	660	675	669
15	503	504	614	546	439	577	701	515	580	658	643	687	676	676
16	416	470	607	624	743	708	687	645	680	646	593	668	744	767
17	317	433	748	704	666	633	688	659	696	685	670	683	651	676
18	673	480	857	672	666	666	679	681	662	660	653	666	668	662
19	638	674	679	628	639	669	643	644	628	655	641	649	643	634
20	601	684	681	669	672	666	658	660	658	662	658	636	674	666
21	616	666	672	664	674	663	676	674	670	668	660	638	664	666
22	660	638	681	487	662	616	601	660	482	601	697	669	781	501
23	393	081	438	591	563	603	628	634	679	664	653	664	649	676
24	810	491	624	641	641	493	631	631	690	460	687	679	614	679
25	296	586	726	710	461	614	637	612	668	681	666	681	694	729
26	699	663	658	664	599	616	603	624	838	645	687	672	707	678
27	683	694	660	680	685	664	651	624	639	619	683	666	693	697
28	676	684	693	660	579	313	203	490	645	612	645	699	743	858
29	106	590	767	641	699	683	637	649	691	605	660	619	724	783
30	584	357	605	584	595	628	548	666	676	647	698	601	681	695
31	388	599	388	656	624	678	678	684	685	670	691	618	687	675
Mean -	·075711	5676	6085	6457	6228	6103	6164	6330	6291	6409	6370	6598	6703	6804

λ = − 115° 43′ 30″ = − 7h. 42m. 55s. Local Mean Time (Bifilar Magnetometer). *September* 1882.

3	4	5	6	7	8	9	10	11	12	Daily and Monthly Means.	Highest Reading.	Lowest Reading.	Difference.
[illegible]	[illegible]	[illegible]	[illegible]	[illegible]	[illegible]	[illegible]	[illegible]	[illegible]	[illegible]	[illegible]	[illegible]	[illegible]	[illegible]

λ = − 115° 43′ 30″ = − 7h. 42m. 55s. *October* 1882.

3	4	5	6	7	8	9	10	11	12	Daily and Monthly Means.	Highest Reading.	Lowest Reading.	Difference.
[illegible]	[illegible]	[illegible]	[illegible]	[illegible]	[illegible]	[illegible]	[illegible]	[illegible]	[illegible]	[illegible]	[illegible]	[illegible]	[illegible]

* [illegible] and 11 a.m.

November 1882. 0·07000 + (C. G. S. Units). ⇕ = +62° 38′ 52″.

Days.	1	2	3	4	5	6	7	8	9	10	11	Noon.	1	2
1	639	689	578	633	645	584	557	484	633	678	658	631	683	676
2	708	676	685	444	718	712	681	703	683	676	662	679	683	693
3	685	687	701	697	674	661	447	699	674	664	660	663	677	681
4	684	691	668	662	633	668	664	643	661	662	676	658	670	672
5	703	710	685	677	693	677	576	688	685	679	677	658	769	641
6	699	677	666	691	668	681	679	693	672	676	708	681	674	666
7	632	588	649	636	641	753	546	578	590	589	705	679	710	738
8	603	597	484	586	584	487	597	664	670	666	666	668	699	726
9	677	624	570	416	587	350	410	546	481	454	412	599	645	687
10	681	681	672	666	666	647	648	664	660	666	664	666	681	683
11	679	679	679	676	656	660	656	664	643	645	649	651	682	647
12	538	676	449	649	745	−002	915	697	260	724	794	693	757	800
13	814	536	212	904	949	388	668	474	358	733	693	609	769	749
14	261	696	521	524	603	533	−381	119	398	296	467	645	668	586
15	401	647	489	601	681	523	578	589	570	549	647	663	678	643
16	908	601	599	883	744	687	701	679	689	664	672	643	649	632
17	630	457	(>1080)	429	537	457	850	728	1083	879	−108	439	169	681
18	331	589	−119	635	710	732	812	710	635	647	310	628	296	570
19	403	572	437	480	269	(>1082)	−293	−051	597	622	674	695	710	578
20	(>1080)	−246	107	−101	496	854	716	855	966	925	633	730	639	804
21	683	674	666	618	550	527	679	375	570	582	687	664	643	603
22	603	605	580	630	641	649	648	45	624	637	647	643	649	662
23	399	614	340	616	459	353	316	469	570	601	659	643	653	677
24	500	507	121	677	626	601	641	582	650	613	683	687	668	676
25	464	533	626	586	305	364	727	522	351	924	440	588	622	651
26	612	658	639	639	548	499	440	467	603	626	649	666	656	759
27	663	688	478	140	651	628	599	580	664	678	638	659	684	712
28	416	516	591	610	602	578	681	697	645	662	651	681	636	662
29	676	653	662	666	631	664	662	676	659	676	670	636	655	660
30	558	664	767	689	649	667	697	643	705	698	670	659	664	672
Mean -	·071743	5810	5420	5836	5451	4927	4213	5624	6040	6160	6142	6511	6607	6735

December 1882. ⇕ = +62° 38′ 52″.

Days.	1	2	3	4	5	6	7	8	9	10	11	Noon.	1	2
1	649	634	645	647	559	533	595	633	647	664	660	649	651	643
2	624	664	633	649	641	637	638	647	639	647	653	649	638	672
3	665	668	653	649	643	639	643	653	658	636	701	673	647	662
4	548	693	697	578	544	557	612	480	547	419	676	677	647	734
5	662	676	643	604	634	620	643	658	662	628	636	636	634	627
6	576	580	636	638	663	660	651	679	651	685	653	670	677	677
7	672	678	656	660	670	662	612	635	633	624	620	687	636	689
8	676	666	658	662	610	646	666	672	638	666	662	636	626	658
9	666	647	636	636	631	626	620	561	459	516	510	689	718	687
10	691	685	668	637	620	670	666	666	670	668	658	696	636	664
11	479	333	626	542	566	660	620	658	542	689	714	618	612	734
12	666	626	401	583	687	677	628	578	593	571	634	683	676	654
13	638	689	666	637	391	654	666	672	679	636	668	658	664	670
14	633	654	673	668	636	631	668	685	677	677	636	664	662	666
15	668	668	683	663	681	628	685	672	630	668	662	664	649	591
16	313	540	525	605	626	664	666	630	574	504	609	693	714	683
17	634	627	633	639	638	609	677	660	663	658	651	656	656	660
18	676	676	662	664	664	662	661	668	668	670	662	658	658	656
19	435	478	645	635	609	675	651	664	666	674	662	664	641	663
20	564	552	565	430	497	524	693	421	524	788	741	607	714	716
21	110	296	542	637	612	394	467	589	674	588	670	703	610	726
22	411	589	393	833	540	407	597	658	626	668	666	660	647	633
23	597	610	672	449	630	631	470	574	591	666	626	695	660	677
24	480	584	463	605	633	469	318	368	478	635	645	718	631	651
25	480	657	593	531	351	588	638	643	654	662	645	662	634	674
26	666	521	639	591	631	633	614	633	666	668	656	685	649	633
27	674	669	668	683	692	679	679	672	679	674	676	672	726	664
28	691	651	635	370	435	544	706	695	672	674	634	666	663	687
29	418	597	645	326	435	444	495	591	582	598	666	378	732	660
30	672	658	649	580	521	603	571	674	612	521	378	393	677	677
31	647	679	614	569	388	474	570	620	647	641	633	689	638	699
Mean -	·075839	5861	6166	5893	5977	5957	5969	6142	6146	6371	6530	6687	6623	6782

λ = − 115° 43′ 50″ = − 7h. 42m. 55s. Local Mean Time (Bifilar Magnetometer). *November* 1882.

3	4	5	6	7	8	9	10	11	12	Daily and Monthly Means	Highest Reading	Lowest Reading	Difference
660	710	[illegible]	[illegible]	[illegible]	[illegible]	[illegible]	[illegible]	[illegible]	[illegible]	[illegible]	[illegible]	[illegible]	[illegible]
670	695	[illegible]	[illegible]	[illegible]	[illegible]	[illegible]	[illegible]	[illegible]	[illegible]	[illegible]	[illegible]	[illegible]	[illegible]
[illegible]	683	[illegible]	[illegible]	[illegible]	[illegible]	[illegible]	[illegible]	[illegible]	[illegible]	[illegible]	[illegible]	[illegible]	[illegible]
[illegible]	685	[illegible]	[illegible]	[illegible]	[illegible]	[illegible]	[illegible]	[illegible]	[illegible]	[illegible]	[illegible]	653	[illegible]
679	649	[illegible]	[illegible]	[illegible]	[illegible]	[illegible]	[illegible]	[illegible]	[illegible]	710	[illegible]	[illegible]	[illegible]
664	689	[illegible]	[illegible]	[illegible]	[illegible]	[illegible]	[illegible]	[illegible]	[illegible]	[illegible]	[illegible]	[illegible]	[illegible]
742	706	[illegible]	[illegible]	[illegible]	[illegible]	[illegible]	[illegible]	[illegible]	[illegible]	[illegible]	[illegible]	[illegible]	[illegible]
710	720	[illegible]	[illegible]	[illegible]	[illegible]	[illegible]	[illegible]	[illegible]	[illegible]	[illegible]	[illegible]	[illegible]	[illegible]
755	716	[illegible]	[illegible]	[illegible]	[illegible]	[illegible]	[illegible]	[illegible]	[illegible]	[illegible]	[illegible]	[illegible]	[illegible]
672	673	[illegible]	[illegible]	[illegible]	[illegible]	[illegible]	[illegible]	[illegible]	[illegible]	[illegible]	[illegible]	[illegible]	98
674	670	[illegible]	[illegible]	[illegible]	[illegible]	[illegible]	[illegible]	[illegible]	[illegible]	[illegible]	[illegible]	[illegible]	[illegible]
635	593	[illegible]	[illegible]	[illegible]	[illegible]	[illegible]	[illegible]	[illegible]	[illegible]	[illegible]	[illegible]	[illegible]	[illegible]
555	695	[illegible]	[illegible]	[illegible]	[illegible]	[illegible]	[illegible]	[illegible]	[illegible]	[illegible]	[illegible]	[illegible]	[illegible]
742	1047	[illegible]	[illegible]	[illegible]	[illegible]	[illegible]	[illegible]	[illegible]	[illegible]	[illegible]	[illegible]	[illegible]	[illegible]
678	703	[illegible]	[illegible]	[illegible]	[illegible]	[illegible]	[illegible]	[illegible]	[illegible]	[illegible]	[illegible]	[illegible]	[illegible]
693	810	[illegible]	[illegible]	[illegible]	[illegible]	[illegible]	[illegible]	[illegible]	[illegible]	[illegible]	[illegible]	[illegible]	[illegible]
538	410	[illegible]	[illegible]	[illegible]	[illegible]	[illegible]	[illegible]	[illegible]	[illegible]	[illegible]	1107	−974*	2081
421	455	[illegible]	[illegible]	[illegible]	[illegible]	[illegible]	[illegible]	[illegible]	[illegible]	[illegible]	[illegible]	[illegible]	[illegible]
649	641	[illegible]	[illegible]	[illegible]	[illegible]	[illegible]	[illegible]	[illegible]	[illegible]	273	[illegible]	[illegible]	[illegible]
681	742	[illegible]	[illegible]	[illegible]	[illegible]	[illegible]	[illegible]	[illegible]	[illegible]	[illegible]	[illegible]	[illegible]	[illegible]
705	666	[illegible]	[illegible]	[illegible]	[illegible]	[illegible]	[illegible]	[illegible]	[illegible]	[illegible]	[illegible]	[illegible]	[illegible]
681	649	[illegible]	[illegible]	[illegible]	[illegible]	[illegible]	[illegible]	[illegible]	[illegible]	[illegible]	[illegible]	[illegible]	[illegible]
646	676	[illegible]	[illegible]	[illegible]	[illegible]	[illegible]	[illegible]	[illegible]	[illegible]	[illegible]	693	[illegible]	[illegible]
670	812	[illegible]	[illegible]	[illegible]	[illegible]	[illegible]	[illegible]	[illegible]	[illegible]	[illegible]	[illegible]	[illegible]	[illegible]
786	610	[illegible]	[illegible]	[illegible]	[illegible]	[illegible]	[illegible]	[illegible]	[illegible]	[illegible]	[illegible]	[illegible]	[illegible]
732	738	[illegible]	[illegible]	[illegible]	[illegible]	[illegible]	[illegible]	[illegible]	[illegible]	[illegible]	[illegible]	[illegible]	[illegible]
693	693	[illegible]	[illegible]	[illegible]	[illegible]	[illegible]	[illegible]	[illegible]	[illegible]	[illegible]	[illegible]	[illegible]	[illegible]
668	664	[illegible]	[illegible]	[illegible]	[illegible]	[illegible]	[illegible]	[illegible]	[illegible]	[illegible]	[illegible]	[illegible]	[illegible]
668	672	[illegible]	[illegible]	[illegible]	[illegible]	[illegible]	[illegible]	[illegible]	[illegible]	[illegible]	[illegible]	[illegible]	[illegible]
691	740	[illegible]	[illegible]	[illegible]	[illegible]	[illegible]	[illegible]	[illegible]	[illegible]	[illegible]	[illegible]	[illegible]	[illegible]
673.8	688.5	[illegible]	[illegible]	[illegible]	[illegible]	[illegible]	[illegible]	[illegible]	[illegible]	[illegible]	[illegible]	[illegible]	[illegible]

λ = − 115° 43′ 50″ = − 7h. 42m. 55s. *December* 1882.

3	4	5	6	7	8	9	10	11	12	Daily and Monthly Means	Highest Reading	Lowest Reading	Difference
697	664	[illegible]	[illegible]	[illegible]	[illegible]	[illegible]	[illegible]	[illegible]	[illegible]	[illegible]	[illegible]	[illegible]	[illegible]
681	685	[illegible]	[illegible]	[illegible]	[illegible]	[illegible]	[illegible]	[illegible]	[illegible]	[illegible]	[illegible]	[illegible]	[illegible]
718	671	[illegible]	[illegible]	[illegible]	[illegible]	[illegible]	[illegible]	[illegible]	[illegible]	[illegible]	[illegible]	[illegible]	[illegible]
787	712	[illegible]	[illegible]	[illegible]	[illegible]	[illegible]	[illegible]	[illegible]	[illegible]	[illegible]	[illegible]	[illegible]	[illegible]
666	702	[illegible]	[illegible]	[illegible]	[illegible]	[illegible]	[illegible]	[illegible]	[illegible]	[illegible]	[illegible]	[illegible]	[illegible]
699	683	[illegible]	[illegible]	[illegible]	[illegible]	[illegible]	[illegible]	[illegible]	[illegible]	[illegible]	[illegible]	[illegible]	[illegible]
679	[illegible]	[illegible]	[illegible]	[illegible]	[illegible]	[illegible]	[illegible]	[illegible]	[illegible]	[illegible]	[illegible]	[illegible]	[illegible]
664	[illegible]	[illegible]	[illegible]	[illegible]	[illegible]	[illegible]	[illegible]	[illegible]	[illegible]	[illegible]	[illegible]	[illegible]	[illegible]
761	[illegible]	[illegible]	[illegible]	[illegible]	[illegible]	[illegible]	[illegible]	[illegible]	[illegible]	[illegible]	[illegible]	[illegible]	[illegible]
668	[illegible]	[illegible]	[illegible]	[illegible]	[illegible]	[illegible]	[illegible]	[illegible]	[illegible]	[illegible]	[illegible]	[illegible]	[illegible]
706	[illegible]	[illegible]	[illegible]	[illegible]	[illegible]	[illegible]	[illegible]	[illegible]	[illegible]	[illegible]	[illegible]	[illegible]	[illegible]
677	[illegible]	[illegible]	[illegible]	[illegible]	[illegible]	[illegible]	[illegible]	[illegible]	[illegible]	[illegible]	[illegible]	[illegible]	[illegible]
677	[illegible]	[illegible]	[illegible]	[illegible]	[illegible]	[illegible]	[illegible]	[illegible]	[illegible]	[illegible]	[illegible]	[illegible]	[illegible]
679	[illegible]	[illegible]	[illegible]	[illegible]	[illegible]	[illegible]	[illegible]	[illegible]	[illegible]	[illegible]	[illegible]	[illegible]	75
690	1012	[illegible]	[illegible]	[illegible]	[illegible]	[illegible]	[illegible]	[illegible]	[illegible]	717	1091	[illegible]	[illegible]
695	[illegible]	[illegible]	[illegible]	[illegible]	[illegible]	[illegible]	[illegible]	[illegible]	[illegible]	[illegible]	[illegible]	[illegible]	[illegible]
[illegible]	[illegible]	[illegible]	[illegible]	[illegible]	[illegible]	[illegible]	[illegible]	[illegible]	[illegible]	[illegible]	[illegible]	[illegible]	[illegible]
[illegible]	[illegible]	[illegible]	[illegible]	[illegible]	[illegible]	[illegible]	[illegible]	[illegible]	[illegible]	[illegible]	[illegible]	[illegible]	[illegible]
[illegible]	[illegible]	[illegible]	[illegible]	[illegible]	[illegible]	[illegible]	[illegible]	[illegible]	[illegible]	[illegible]	[illegible]	[illegible]	[illegible]
[illegible]	[illegible]	[illegible]	[illegible]	[illegible]	[illegible]	[illegible]	[illegible]	[illegible]	[illegible]	487	[illegible]	−212	1000
[illegible]	[illegible]	[illegible]	[illegible]	[illegible]	[illegible]	[illegible]	[illegible]	[illegible]	[illegible]	[illegible]	[illegible]	[illegible]	[illegible]
[illegible]	[illegible]	[illegible]	[illegible]	[illegible]	[illegible]	[illegible]	[illegible]	[illegible]	[illegible]	[illegible]	685	[illegible]	[illegible]
[illegible]	[illegible]	[illegible]	[illegible]	[illegible]	[illegible]	[illegible]	[illegible]	[illegible]	[illegible]	[illegible]	[illegible]	[illegible]	[illegible]
[illegible]	[illegible]	[illegible]	[illegible]	[illegible]	[illegible]	[illegible]	[illegible]	[illegible]	[illegible]	[illegible]	[illegible]	[illegible]	[illegible]
[illegible]	[illegible]	[illegible]	[illegible]	[illegible]	[illegible]	[illegible]	[illegible]	[illegible]	[illegible]	[illegible]	[illegible]	[illegible]	[illegible]
681	[illegible]	[illegible]	[illegible]	[illegible]	[illegible]	[illegible]	[illegible]	[illegible]	[illegible]	[illegible]	[illegible]	657	[illegible]
687	[illegible]	[illegible]	[illegible]	[illegible]	[illegible]	[illegible]	[illegible]	[illegible]	[illegible]	[illegible]	[illegible]	[illegible]	[illegible]
691	[illegible]	[illegible]	[illegible]	[illegible]	[illegible]	[illegible]	[illegible]	[illegible]	[illegible]	[illegible]	[illegible]	[illegible]	[illegible]
798	[illegible]	[illegible]	[illegible]	[illegible]	[illegible]	[illegible]	[illegible]	[illegible]	[illegible]	[illegible]	[illegible]	[illegible]	[illegible]
716	[illegible]	[illegible]	[illegible]	[illegible]	[illegible]	[illegible]	[illegible]	[illegible]	[illegible]	[illegible]	[illegible]	[illegible]	[illegible]
[illegible]	[illegible]	[illegible]	[illegible]	[illegible]	[illegible]	[illegible]	[illegible]	[illegible]	[illegible]	[illegible]	[illegible]	[illegible]	[illegible]

* November 17. Off Scale at 3 a.m.
" 19. " 6 a.m.
" 22. " 1 a.m.

January 1883. 0·07000 + (C. G. S. Units). $\varphi = + 62° 38' 52''$.

Days.	1	2	3	4	5	6	7	8	9	10	11	Noon.	1	2
1	[illegible]	[illegible]	[illegible]	[illegible]	[illegible]	[illegible]	[illegible]	[illegible]	[illegible]	[illegible]	[illegible]	[illegible]	[illegible]	[illegible]
2	[illegible]	[illegible]	[illegible]	[illegible]	[illegible]	[illegible]	[illegible]	[illegible]	[illegible]	[illegible]	[illegible]	[illegible]	[illegible]	[illegible]
3	[illegible]	[illegible]	[illegible]	[illegible]	[illegible]	[illegible]	[illegible]	[illegible]	[illegible]	[illegible]	[illegible]	[illegible]	[illegible]	[illegible]
4	[illegible]	[illegible]	[illegible]	[illegible]	[illegible]	[illegible]	[illegible]	[illegible]	[illegible]	[illegible]	[illegible]	[illegible]	[illegible]	[illegible]
5	[illegible]	[illegible]	[illegible]	[illegible]	[illegible]	[illegible]	[illegible]	[illegible]	[illegible]	[illegible]	[illegible]	[illegible]	[illegible]	[illegible]
6	[illegible]	[illegible]	[illegible]	[illegible]	[illegible]	[illegible]	[illegible]	[illegible]	[illegible]	[illegible]	[illegible]	[illegible]	[illegible]	[illegible]
7	[illegible]	[illegible]	[illegible]	[illegible]	[illegible]	[illegible]	[illegible]	[illegible]	[illegible]	[illegible]	[illegible]	[illegible]	[illegible]	[illegible]
8	[illegible]	[illegible]	[illegible]	[illegible]	[illegible]	[illegible]	[illegible]	[illegible]	[illegible]	[illegible]	[illegible]	[illegible]	[illegible]	[illegible]
9	[illegible]	[illegible]	[illegible]	[illegible]	[illegible]	[illegible]	[illegible]	[illegible]	[illegible]	[illegible]	[illegible]	[illegible]	[illegible]	[illegible]
10	[illegible]	[illegible]	[illegible]	[illegible]	[illegible]	[illegible]	[illegible]	[illegible]	[illegible]	[illegible]	[illegible]	[illegible]	[illegible]	[illegible]
11	[illegible]	[illegible]	[illegible]	[illegible]	[illegible]	[illegible]	[illegible]	[illegible]	[illegible]	[illegible]	[illegible]	[illegible]	[illegible]	[illegible]
12	[illegible]	[illegible]	[illegible]	[illegible]	[illegible]	[illegible]	[illegible]	[illegible]	[illegible]	[illegible]	[illegible]	[illegible]	[illegible]	[illegible]
13	[illegible]	[illegible]	[illegible]	[illegible]	[illegible]	[illegible]	[illegible]	[illegible]	[illegible]	[illegible]	[illegible]	[illegible]	[illegible]	[illegible]
14	[illegible]	[illegible]	[illegible]	[illegible]	[illegible]	[illegible]	[illegible]	[illegible]	[illegible]	[illegible]	[illegible]	[illegible]	[illegible]	[illegible]
15	[illegible]	[illegible]	[illegible]	[illegible]	[illegible]	[illegible]	[illegible]	[illegible]	[illegible]	[illegible]	[illegible]	[illegible]	[illegible]	[illegible]
16	[illegible]	[illegible]	[illegible]	[illegible]	[illegible]	[illegible]	[illegible]	[illegible]	[illegible]	[illegible]	[illegible]	[illegible]	[illegible]	[illegible]
17	[illegible]	[illegible]	[illegible]	[illegible]	[illegible]	[illegible]	[illegible]	[illegible]	[illegible]	[illegible]	[illegible]	[illegible]	[illegible]	[illegible]
18	[illegible]	[illegible]	[illegible]	[illegible]	[illegible]	[illegible]	[illegible]	[illegible]	[illegible]	[illegible]	[illegible]	[illegible]	[illegible]	[illegible]
19	[illegible]	[illegible]	[illegible]	[illegible]	[illegible]	[illegible]	[illegible]	[illegible]	[illegible]	[illegible]	[illegible]	[illegible]	[illegible]	[illegible]
20	[illegible]	[illegible]	[illegible]	[illegible]	[illegible]	[illegible]	[illegible]	[illegible]	[illegible]	[illegible]	[illegible]	[illegible]	[illegible]	[illegible]
21	[illegible]	[illegible]	[illegible]	[illegible]	[illegible]	[illegible]	[illegible]	[illegible]	[illegible]	[illegible]	[illegible]	[illegible]	[illegible]	[illegible]
22	[illegible]	[illegible]	[illegible]	[illegible]	[illegible]	[illegible]	[illegible]	[illegible]	[illegible]	[illegible]	[illegible]	[illegible]	[illegible]	[illegible]
23	[illegible]	[illegible]	[illegible]	[illegible]	[illegible]	[illegible]	[illegible]	[illegible]	[illegible]	[illegible]	[illegible]	[illegible]	[illegible]	[illegible]
24	[illegible]	[illegible]	[illegible]	[illegible]	[illegible]	[illegible]	[illegible]	[illegible]	[illegible]	[illegible]	[illegible]	[illegible]	[illegible]	[illegible]
25	[illegible]	[illegible]	[illegible]	[illegible]	[illegible]	[illegible]	[illegible]	[illegible]	[illegible]	[illegible]	[illegible]	[illegible]	[illegible]	[illegible]
26	[illegible]	[illegible]	[illegible]	[illegible]	[illegible]	[illegible]	[illegible]	[illegible]	[illegible]	[illegible]	[illegible]	[illegible]	[illegible]	[illegible]
27	[illegible]	[illegible]	[illegible]	[illegible]	[illegible]	[illegible]	[illegible]	[illegible]	[illegible]	[illegible]	[illegible]	[illegible]	[illegible]	[illegible]
28	[illegible]	[illegible]	[illegible]	[illegible]	[illegible]	[illegible]	[illegible]	[illegible]	[illegible]	[illegible]	[illegible]	[illegible]	[illegible]	[illegible]
29	[illegible]	[illegible]	[illegible]	[illegible]	[illegible]	[illegible]	[illegible]	[illegible]	[illegible]	[illegible]	[illegible]	[illegible]	[illegible]	[illegible]
30	[illegible]	[illegible]	[illegible]	[illegible]	[illegible]	[illegible]	[illegible]	[illegible]	[illegible]	[illegible]	[illegible]	[illegible]	[illegible]	[illegible]
31	[illegible]	[illegible]	[illegible]	[illegible]	[illegible]	[illegible]	[illegible]	[illegible]	[illegible]	[illegible]	[illegible]	[illegible]	[illegible]	[illegible]
Mean	·076132	6258	5900	5274	5848	5789	5538	6456	6103	6512	6333	6491	6619	6596

February 1883. $\varphi = + 62° 38' 52''$.

Days.	1	2	3	4	5	6	7	8	9	10	11	Noon.	1	2
1	[illegible]	[illegible]	[illegible]	[illegible]	[illegible]	[illegible]	[illegible]	[illegible]	[illegible]	[illegible]	[illegible]	[illegible]	[illegible]	[illegible]
2	[illegible]	[illegible]	[illegible]	[illegible]	[illegible]	[illegible]	[illegible]	[illegible]	[illegible]	[illegible]	[illegible]	[illegible]	[illegible]	[illegible]
3	[illegible]	[illegible]	[illegible]	[illegible]	[illegible]	[illegible]	[illegible]	[illegible]	[illegible]	[illegible]	[illegible]	[illegible]	[illegible]	[illegible]
4	[illegible]	[illegible]	[illegible]	[illegible]	[illegible]	[illegible]	[illegible]	[illegible]	[illegible]	[illegible]	[illegible]	[illegible]	[illegible]	[illegible]
5	[illegible]	[illegible]	[illegible]	[illegible]	[illegible]	[illegible]	[illegible]	[illegible]	[illegible]	[illegible]	[illegible]	[illegible]	[illegible]	[illegible]
6	[illegible]	[illegible]	[illegible]	[illegible]	[illegible]	[illegible]	[illegible]	[illegible]	[illegible]	[illegible]	[illegible]	[illegible]	[illegible]	[illegible]
7	[illegible]	[illegible]	[illegible]	[illegible]	[illegible]	[illegible]	[illegible]	[illegible]	[illegible]	[illegible]	[illegible]	[illegible]	[illegible]	[illegible]
8	[illegible]	[illegible]	[illegible]	[illegible]	[illegible]	[illegible]	[illegible]	[illegible]	[illegible]	[illegible]	[illegible]	[illegible]	[illegible]	[illegible]
9	[illegible]	[illegible]	[illegible]	[illegible]	[illegible]	[illegible]	[illegible]	[illegible]	[illegible]	[illegible]	[illegible]	[illegible]	[illegible]	[illegible]
10	[illegible]	[illegible]	[illegible]	[illegible]	[illegible]	[illegible]	[illegible]	[illegible]	[illegible]	[illegible]	[illegible]	[illegible]	[illegible]	[illegible]
11	[illegible]	[illegible]	[illegible]	[illegible]	[illegible]	[illegible]	[illegible]	[illegible]	[illegible]	[illegible]	[illegible]	[illegible]	[illegible]	[illegible]
12	[illegible]	[illegible]	[illegible]	[illegible]	[illegible]	[illegible]	[illegible]	[illegible]	[illegible]	[illegible]	[illegible]	[illegible]	[illegible]	[illegible]
13	[illegible]	[illegible]	[illegible]	[illegible]	[illegible]	[illegible]	[illegible]	[illegible]	[illegible]	[illegible]	[illegible]	[illegible]	[illegible]	[illegible]
14	[illegible]	[illegible]	[illegible]	[illegible]	[illegible]	[illegible]	[illegible]	[illegible]	[illegible]	[illegible]	[illegible]	[illegible]	[illegible]	[illegible]
15	[illegible]	[illegible]	[illegible]	[illegible]	[illegible]	[illegible]	[illegible]	[illegible]	[illegible]	[illegible]	[illegible]	[illegible]	[illegible]	[illegible]
16	[illegible]	[illegible]	[illegible]	[illegible]	[illegible]	[illegible]	[illegible]	[illegible]	[illegible]	[illegible]	[illegible]	[illegible]	[illegible]	[illegible]
17	[illegible]	[illegible]	[illegible]	[illegible]	[illegible]	[illegible]	[illegible]	[illegible]	[illegible]	[illegible]	[illegible]	[illegible]	[illegible]	[illegible]
18	[illegible]	[illegible]	[illegible]	[illegible]	[illegible]	[illegible]	[illegible]	[illegible]	[illegible]	[illegible]	[illegible]	[illegible]	[illegible]	[illegible]
19	[illegible]	[illegible]	[illegible]	[illegible]	[illegible]	[illegible]	[illegible]	[illegible]	[illegible]	[illegible]	[illegible]	[illegible]	[illegible]	[illegible]
20	[illegible]	[illegible]	[illegible]	[illegible]	[illegible]	[illegible]	[illegible]	[illegible]	[illegible]	[illegible]	[illegible]	[illegible]	[illegible]	[illegible]
21	[illegible]	[illegible]	[illegible]	[illegible]	[illegible]	[illegible]	[illegible]	[illegible]	[illegible]	[illegible]	[illegible]	[illegible]	[illegible]	[illegible]
22	[illegible]	[illegible]	[illegible]	[illegible]	[illegible]	[illegible]	[illegible]	[illegible]	[illegible]	[illegible]	[illegible]	[illegible]	[illegible]	[illegible]
23	[illegible]	[illegible]	[illegible]	[illegible]	[illegible]	[illegible]	[illegible]	[illegible]	[illegible]	[illegible]	[illegible]	[illegible]	[illegible]	[illegible]
24	[illegible]	[illegible]	[illegible]	[illegible]	[illegible]	[illegible]	[illegible]	[illegible]	[illegible]	[illegible]	[illegible]	[illegible]	[illegible]	[illegible]
25	[illegible]	[illegible]	[illegible]	[illegible]	[illegible]	[illegible]	[illegible]	[illegible]	[illegible]	[illegible]	[illegible]	[illegible]	[illegible]	[illegible]
26	[illegible]	[illegible]	[illegible]	[illegible]	[illegible]	[illegible]	[illegible]	[illegible]	[illegible]	[illegible]	[illegible]	[illegible]	[illegible]	[illegible]
27	[illegible]	[illegible]	[illegible]	[illegible]	[illegible]	[illegible]	[illegible]	[illegible]	[illegible]	[illegible]	[illegible]	[illegible]	[illegible]	[illegible]
28	[illegible]	[illegible]	[illegible]	[illegible]	[illegible]	[illegible]	[illegible]	[illegible]	[illegible]	[illegible]	[illegible]	[illegible]	[illegible]	[illegible]
Mean	·075752	5850	6018	6315	6001	5842	5240	5528	5401	5687	5981	6383	6606	6775

λ = – 115° 43′ 50″ = – 7h. 42m. 55s. Local Mean Time (Bifilar Magnetometer). *January* 1883.

3	4	5	6	7	8	9	10	11	12	Daily and Monthly Means	Highest Reading	Lowest Reading	Difference
[illegible]	[illegible]	[illegible]	[illegible]	[illegible]	[illegible]	[illegible]	[illegible]	[illegible]	[illegible]	[illegible]	[illegible]	[illegible]	[illegible]
[illegible]	[illegible]	[illegible]	[illegible]	[illegible]	[illegible]	[illegible]	[illegible]	[illegible]	[illegible]	[illegible]	[illegible]	[illegible]	[illegible]
[illegible]	[illegible]	[illegible]	[illegible]	[illegible]	[illegible]	[illegible]	[illegible]	[illegible]	[illegible]	[illegible]	674	[illegible]	[illegible]
[illegible]	[illegible]	[illegible]	[illegible]	[illegible]	[illegible]	[illegible]	[illegible]	[illegible]	[illegible]	[illegible]	[illegible]	[illegible]	[illegible]
[illegible]	[illegible]	[illegible]	[illegible]	[illegible]	[illegible]	[illegible]	[illegible]	[illegible]	[illegible]	656	[illegible]	[illegible]	[illegible]
[illegible]	[illegible]	[illegible]	[illegible]	[illegible]	[illegible]	[illegible]	[illegible]	[illegible]	[illegible]	[illegible]	[illegible]	[illegible]	[illegible]
[illegible]	[illegible]	[illegible]	[illegible]	[illegible]	[illegible]	[illegible]	[illegible]	[illegible]	[illegible]	573	[illegible]	[illegible]	[illegible]
[illegible]	[illegible]	[illegible]	[illegible]	[illegible]	[illegible]	[illegible]	[illegible]	[illegible]	[illegible]	[illegible]	[illegible]	[illegible]	[illegible]
[illegible]	[illegible]	[illegible]	[illegible]	[illegible]	[illegible]	[illegible]	[illegible]	[illegible]	[illegible]	[illegible]	[illegible]	[illegible]	[illegible]
[illegible]	[illegible]	[illegible]	[illegible]	[illegible]	[illegible]	[illegible]	[illegible]	[illegible]	[illegible]	[illegible]	[illegible]	[illegible]	[illegible]
[illegible]	[illegible]	[illegible]	[illegible]	[illegible]	[illegible]	[illegible]	[illegible]	[illegible]	[illegible]	[illegible]	[illegible]	651	67
[illegible]	[illegible]	[illegible]	[illegible]	[illegible]	[illegible]	[illegible]	[illegible]	[illegible]	[illegible]	[illegible]	[illegible]	[illegible]	[illegible]
[illegible]	[illegible]	[illegible]	[illegible]	[illegible]	[illegible]	[illegible]	[illegible]	[illegible]	[illegible]	[illegible]	[illegible]	[illegible]	[illegible]
[illegible]	[illegible]	[illegible]	[illegible]	[illegible]	[illegible]	[illegible]	[illegible]	[illegible]	[illegible]	[illegible]	[illegible]	[illegible]	[illegible]
[illegible]	[illegible]	[illegible]	[illegible]	[illegible]	[illegible]	[illegible]	[illegible]	[illegible]	[illegible]	[illegible]	[illegible]	[illegible]	[illegible]
[illegible]	[illegible]	[illegible]	[illegible]	[illegible]	[illegible]	[illegible]	[illegible]	[illegible]	[illegible]	[illegible]	[illegible]	[illegible]	[illegible]
[illegible]	[illegible]	[illegible]	[illegible]	[illegible]	[illegible]	[illegible]	[illegible]	[illegible]	[illegible]	[illegible]	[illegible]	[illegible]	[illegible]
[illegible]	[illegible]	[illegible]	[illegible]	[illegible]	[illegible]	[illegible]	[illegible]	[illegible]	[illegible]	[illegible]	[illegible]	[illegible]	[illegible]
[illegible]	[illegible]	[illegible]	[illegible]	[illegible]	[illegible]	[illegible]	[illegible]	[illegible]	[illegible]	[illegible]	[illegible]	[illegible]	[illegible]
[illegible]	[illegible]	[illegible]	[illegible]	[illegible]	[illegible]	[illegible]	[illegible]	[illegible]	[illegible]	[illegible]	[illegible]	[illegible]	[illegible]
[illegible]	[illegible]	[illegible]	[illegible]	[illegible]	[illegible]	[illegible]	[illegible]	[illegible]	[illegible]	[illegible]	[illegible]	[illegible]	[illegible]
[illegible]	[illegible]	[illegible]	[illegible]	[illegible]	[illegible]	[illegible]	[illegible]	[illegible]	[illegible]	[illegible]	[illegible]	[illegible]	[illegible]
[illegible]	[illegible]	[illegible]	[illegible]	[illegible]	[illegible]	[illegible]	[illegible]	[illegible]	[illegible]	[illegible]	[illegible]	[illegible]	[illegible]
[illegible]	[illegible]	[illegible]	[illegible]	[illegible]	[illegible]	[illegible]	[illegible]	[illegible]	[illegible]	[illegible]	[illegible]	[illegible]	[illegible]
[illegible]	[illegible]	[illegible]	[illegible]	[illegible]	[illegible]	[illegible]	[illegible]	[illegible]	[illegible]	[illegible]	[illegible]	[illegible]	[illegible]
[illegible]	[illegible]	[illegible]	[illegible]	[illegible]	[illegible]	[illegible]	[illegible]	[illegible]	[illegible]	[illegible]	915	7	834
[illegible]	[illegible]	[illegible]	[illegible]	[illegible]	[illegible]	[illegible]	[illegible]	[illegible]	[illegible]	[illegible]	[illegible]	[illegible]	[illegible]
[illegible]	[illegible]	[illegible]	[illegible]	[illegible]	[illegible]	[illegible]	[illegible]	[illegible]	[illegible]	[illegible]	[illegible]	[illegible]	[illegible]
[illegible]	[illegible]	[illegible]	[illegible]	[illegible]	[illegible]	[illegible]	[illegible]	[illegible]	[illegible]	[illegible]	[illegible]	[illegible]	[illegible]
[illegible]	[illegible]	[illegible]	[illegible]	[illegible]	[illegible]	[illegible]	[illegible]	[illegible]	[illegible]	[illegible]	[illegible]	[illegible]	[illegible]
[illegible]	[illegible]	[illegible]	[illegible]	[illegible]	[illegible]	[illegible]	[illegible]	[illegible]	[illegible]	[illegible]	[illegible]	[illegible]	[illegible]
[illegible]	[illegible]	[illegible]	[illegible]	[illegible]	[illegible]	[illegible]	[illegible]	[illegible]	[illegible]	[illegible]	[illegible]	[illegible]	[illegible]

λ = – 115° 43′ 50″ = – 7h. 42m. 55s. *February* 1883.

3	4	5	6	7	8	9	10	11	12	Daily and Monthly Means	Highest Reading	Lowest Reading	Difference
[illegible]	[illegible]	[illegible]	[illegible]	[illegible]	[illegible]	[illegible]	[illegible]	[illegible]	[illegible]	[illegible]	[illegible]	[illegible]	[illegible]
[illegible]	[illegible]	[illegible]	[illegible]	[illegible]	[illegible]	[illegible]	[illegible]	[illegible]	[illegible]	[illegible]	[illegible]	[illegible]	[illegible]
[illegible]	[illegible]	[illegible]	[illegible]	[illegible]	[illegible]	[illegible]	[illegible]	[illegible]	[illegible]	[illegible]	[illegible]	[illegible]	[illegible]
[illegible]	[illegible]	[illegible]	[illegible]	[illegible]	[illegible]	[illegible]	[illegible]	[illegible]	[illegible]	[illegible]	[illegible]	[illegible]	[illegible]
[illegible]	[illegible]	[illegible]	[illegible]	[illegible]	[illegible]	[illegible]	[illegible]	[illegible]	[illegible]	[illegible]	[illegible]	[illegible]	[illegible]
[illegible]	[illegible]	[illegible]	[illegible]	[illegible]	[illegible]	[illegible]	[illegible]	[illegible]	[illegible]	[illegible]	[illegible]	[illegible]	[illegible]
[illegible]	[illegible]	[illegible]	[illegible]	[illegible]	[illegible]	[illegible]	[illegible]	[illegible]	[illegible]	[illegible]	[illegible]	[illegible]	[illegible]
[illegible]	[illegible]	[illegible]	[illegible]	[illegible]	[illegible]	[illegible]	[illegible]	[illegible]	[illegible]	[illegible]	[illegible]	[illegible]	[illegible]
[illegible]	[illegible]	[illegible]	[illegible]	[illegible]	[illegible]	[illegible]	[illegible]	[illegible]	[illegible]	697	[illegible]	[illegible]	[illegible]
[illegible]	[illegible]	[illegible]	[illegible]	[illegible]	[illegible]	[illegible]	[illegible]	[illegible]	[illegible]	[illegible]	[illegible]	[illegible]	[illegible]
[illegible]	[illegible]	[illegible]	[illegible]	[illegible]	[illegible]	[illegible]	[illegible]	[illegible]	[illegible]	[illegible]	[illegible]	[illegible]	[illegible]
[illegible]	[illegible]	[illegible]	[illegible]	[illegible]	[illegible]	[illegible]	[illegible]	[illegible]	[illegible]	[illegible]	653	[illegible]	[illegible]
[illegible]	[illegible]	[illegible]	[illegible]	[illegible]	[illegible]	[illegible]	[illegible]	[illegible]	[illegible]	[illegible]	[illegible]	[illegible]	[illegible]
[illegible]	[illegible]	[illegible]	[illegible]	[illegible]	[illegible]	[illegible]	[illegible]	[illegible]	[illegible]	[illegible]	[illegible]	[illegible]	[illegible]
[illegible]	[illegible]	[illegible]	[illegible]	[illegible]	[illegible]	[illegible]	[illegible]	[illegible]	[illegible]	[illegible]	[illegible]	[illegible]	[illegible]
[illegible]	[illegible]	[illegible]	[illegible]	[illegible]	[illegible]	[illegible]	[illegible]	[illegible]	[illegible]	[illegible]	[illegible]	[illegible]	[illegible]
[illegible]	[illegible]	[illegible]	[illegible]	[illegible]	[illegible]	[illegible]	[illegible]	[illegible]	[illegible]	[illegible]	[illegible]	[illegible]	[illegible]
[illegible]	[illegible]	[illegible]	[illegible]	[illegible]	[illegible]	[illegible]	[illegible]	[illegible]	[illegible]	[illegible]	[illegible]	[illegible]	[illegible]
[illegible]	[illegible]	[illegible]	[illegible]	[illegible]	[illegible]	[illegible]	[illegible]	[illegible]	[illegible]	[illegible]	[illegible]	651	52
[illegible]	[illegible]	[illegible]	[illegible]	[illegible]	[illegible]	[illegible]	[illegible]	[illegible]	[illegible]	[illegible]	[illegible]	[illegible]	[illegible]
[illegible]	[illegible]	[illegible]	[illegible]	[illegible]	[illegible]	[illegible]	[illegible]	[illegible]	[illegible]	[illegible]	[illegible]	[illegible]	[illegible]
[illegible]	[illegible]	[illegible]	[illegible]	[illegible]	[illegible]	[illegible]	[illegible]	[illegible]	[illegible]	[illegible]	[illegible]	470	[illegible]
[illegible]	[illegible]	[illegible]	[illegible]	[illegible]	[illegible]	[illegible]	[illegible]	[illegible]	[illegible]	[illegible]	[illegible]	[illegible]	[illegible]
[illegible]	[illegible]	[illegible]	[illegible]	[illegible]	[illegible]	[illegible]	[illegible]	[illegible]	[illegible]	[illegible]	[illegible]	[illegible]	[illegible]
[illegible]	[illegible]	[illegible]	[illegible]	[illegible]	[illegible]	[illegible]	[illegible]	[illegible]	[illegible]	[illegible]	[illegible]	[illegible]	[illegible]
[illegible]	[illegible]	[illegible]	[illegible]	[illegible]	[illegible]	[illegible]	[illegible]	[illegible]	[illegible]	[illegible]	[illegible]	[illegible]	[illegible]
[illegible]	[illegible]	[illegible]	[illegible]	[illegible]	[illegible]	[illegible]	[illegible]	[illegible]	[illegible]	[illegible]	[illegible]	[illegible]	[illegible]
[illegible]	[illegible]	[illegible]	[illegible]	[illegible]	[illegible]	[illegible]	[illegible]	[illegible]	[illegible]	[illegible]	[illegible]	[illegible]	[illegible]
[illegible]	[illegible]	[illegible]	[illegible]	[illegible]	[illegible]	[illegible]	[illegible]	[illegible]	[illegible]	[illegible]	[illegible]	[illegible]	[illegible]

March 1883. 0·07000 + (C. G. S. Units). ♦ = + 62° 38′ 52″.

Days.	1	2	3	4	5	6	7	8	9	10	11	Noon.	1	2
1	[illegible]	[illegible]	[illegible]	[illegible]	[illegible]	[illegible]	[illegible]	[illegible]	[illegible]	[illegible]	[illegible]	[illegible]	[illegible]	[illegible]
2	[illegible]	[illegible]	[illegible]	[illegible]	[illegible]	[illegible]	[illegible]	[illegible]	[illegible]	[illegible]	[illegible]	[illegible]	[illegible]	[illegible]
3	[illegible]	[illegible]	[illegible]	[illegible]	[illegible]	[illegible]	[illegible]	[illegible]	[illegible]	[illegible]	[illegible]	[illegible]	[illegible]	[illegible]
4	[illegible]	[illegible]	[illegible]	[illegible]	[illegible]	[illegible]	[illegible]	[illegible]	[illegible]	[illegible]	[illegible]	[illegible]	[illegible]	[illegible]
5	[illegible]	[illegible]	[illegible]	[illegible]	[illegible]	[illegible]	[illegible]	[illegible]	[illegible]	[illegible]	[illegible]	[illegible]	[illegible]	[illegible]
6	[illegible]	[illegible]	[illegible]	[illegible]	[illegible]	[illegible]	[illegible]	[illegible]	[illegible]	[illegible]	[illegible]	[illegible]	[illegible]	[illegible]
7	[illegible]	[illegible]	[illegible]	[illegible]	[illegible]	[illegible]	[illegible]	[illegible]	[illegible]	[illegible]	[illegible]	[illegible]	[illegible]	[illegible]
8	[illegible]	[illegible]	[illegible]	[illegible]	[illegible]	[illegible]	[illegible]	[illegible]	[illegible]	[illegible]	[illegible]	[illegible]	[illegible]	[illegible]
9	[illegible]	[illegible]	[illegible]	[illegible]	[illegible]	[illegible]	[illegible]	[illegible]	[illegible]	[illegible]	[illegible]	[illegible]	[illegible]	[illegible]
10	[illegible]	[illegible]	[illegible]	[illegible]	[illegible]	[illegible]	[illegible]	[illegible]	[illegible]	[illegible]	[illegible]	[illegible]	[illegible]	[illegible]
11	[illegible]	[illegible]	[illegible]	[illegible]	[illegible]	[illegible]	[illegible]	[illegible]	[illegible]	[illegible]	[illegible]	[illegible]	[illegible]	[illegible]
12	[illegible]	[illegible]	[illegible]	[illegible]	[illegible]	[illegible]	[illegible]	[illegible]	[illegible]	[illegible]	[illegible]	[illegible]	[illegible]	[illegible]
13	[illegible]	[illegible]	[illegible]	[illegible]	[illegible]	[illegible]	[illegible]	[illegible]	[illegible]	[illegible]	[illegible]	[illegible]	[illegible]	[illegible]
14	[illegible]	[illegible]	[illegible]	[illegible]	[illegible]	[illegible]	[illegible]	[illegible]	[illegible]	[illegible]	[illegible]	[illegible]	[illegible]	[illegible]
15	[illegible]	[illegible]	[illegible]	[illegible]	[illegible]	[illegible]	[illegible]	[illegible]	[illegible]	[illegible]	[illegible]	[illegible]	[illegible]	[illegible]
16	[illegible]	[illegible]	[illegible]	[illegible]	[illegible]	[illegible]	[illegible]	[illegible]	[illegible]	[illegible]	[illegible]	[illegible]	[illegible]	[illegible]
17	[illegible]	[illegible]	[illegible]	[illegible]	[illegible]	[illegible]	[illegible]	[illegible]	[illegible]	[illegible]	[illegible]	[illegible]	[illegible]	[illegible]
18	[illegible]	[illegible]	[illegible]	[illegible]	[illegible]	[illegible]	[illegible]	[illegible]	[illegible]	[illegible]	[illegible]	[illegible]	[illegible]	[illegible]
19	[illegible]	[illegible]	[illegible]	[illegible]	[illegible]	[illegible]	[illegible]	[illegible]	[illegible]	[illegible]	[illegible]	[illegible]	[illegible]	[illegible]
20	[illegible]	[illegible]	[illegible]	[illegible]	[illegible]	[illegible]	[illegible]	[illegible]	[illegible]	[illegible]	[illegible]	[illegible]	[illegible]	[illegible]
21	[illegible]	[illegible]	[illegible]	[illegible]	[illegible]	[illegible]	[illegible]	[illegible]	[illegible]	[illegible]	[illegible]	[illegible]	[illegible]	[illegible]
22	[illegible]	[illegible]	[illegible]	[illegible]	[illegible]	[illegible]	[illegible]	[illegible]	[illegible]	[illegible]	[illegible]	[illegible]	[illegible]	[illegible]
23	[illegible]	[illegible]	[illegible]	[illegible]	[illegible]	[illegible]	[illegible]	[illegible]	[illegible]	[illegible]	[illegible]	[illegible]	[illegible]	[illegible]
24	[illegible]	[illegible]	[illegible]	[illegible]	[illegible]	[illegible]	[illegible]	[illegible]	[illegible]	[illegible]	[illegible]	[illegible]	[illegible]	[illegible]
25	[illegible]	[illegible]	[illegible]	[illegible]	[illegible]	[illegible]	[illegible]	[illegible]	[illegible]	[illegible]	[illegible]	[illegible]	[illegible]	[illegible]
26	[illegible]	[illegible]	[illegible]	[illegible]	[illegible]	[illegible]	[illegible]	[illegible]	[illegible]	[illegible]	[illegible]	[illegible]	[illegible]	[illegible]
27	[illegible]	[illegible]	[illegible]	[illegible]	[illegible]	[illegible]	[illegible]	[illegible]	[illegible]	[illegible]	[illegible]	[illegible]	[illegible]	[illegible]
28	[illegible]	[illegible]	[illegible]	[illegible]	[illegible]	[illegible]	[illegible]	[illegible]	[illegible]	[illegible]	[illegible]	[illegible]	[illegible]	[illegible]
29	[illegible]	[illegible]	[illegible]	[illegible]	[illegible]	[illegible]	[illegible]	[illegible]	[illegible]	[illegible]	[illegible]	[illegible]	[illegible]	[illegible]
30	[illegible]	[illegible]	[illegible]	[illegible]	[illegible]	[illegible]	[illegible]	[illegible]	[illegible]	[illegible]	[illegible]	[illegible]	[illegible]	[illegible]
31	[illegible]	[illegible]	[illegible]	[illegible]	[illegible]	[illegible]	[illegible]	[illegible]	[illegible]	[illegible]	[illegible]	[illegible]	[illegible]	[illegible]
Means	·076293	5934	6424	6001	5930	5650	5960	5929	6624	6509	6486	6594	6346	6333

April 1883. ♦ = + 62° 38′ 52″.

Days.	1	2	3	4	5	6	7	8	9	10	11	Noon.	1	2
1	[illegible]	[illegible]	[illegible]	[illegible]	[illegible]	[illegible]	[illegible]	[illegible]	[illegible]	[illegible]	[illegible]	[illegible]	[illegible]	[illegible]
2	[illegible]	[illegible]	[illegible]	[illegible]	[illegible]	[illegible]	[illegible]	[illegible]	[illegible]	[illegible]	[illegible]	[illegible]	[illegible]	[illegible]
3	[illegible]	[illegible]	[illegible]	[illegible]	[illegible]	[illegible]	[illegible]	[illegible]	[illegible]	[illegible]	[illegible]	[illegible]	[illegible]	[illegible]
4	[illegible]	[illegible]	[illegible]	[illegible]	[illegible]	[illegible]	[illegible]	[illegible]	[illegible]	[illegible]	[illegible]	[illegible]	[illegible]	[illegible]
5	[illegible]	[illegible]	[illegible]	[illegible]	[illegible]	[illegible]	[illegible]	[illegible]	[illegible]	[illegible]	[illegible]	[illegible]	[illegible]	[illegible]
6	[illegible]	[illegible]	[illegible]	[illegible]	[illegible]	[illegible]	[illegible]	[illegible]	[illegible]	[illegible]	[illegible]	[illegible]	[illegible]	[illegible]
7	[illegible]	[illegible]	[illegible]	[illegible]	[illegible]	[illegible]	[illegible]	[illegible]	[illegible]	[illegible]	[illegible]	[illegible]	[illegible]	[illegible]
8	[illegible]	[illegible]	[illegible]	[illegible]	[illegible]	[illegible]	[illegible]	[illegible]	[illegible]	[illegible]	[illegible]	[illegible]	[illegible]	[illegible]
9	[illegible]	[illegible]	[illegible]	[illegible]	[illegible]	[illegible]	[illegible]	[illegible]	[illegible]	[illegible]	[illegible]	[illegible]	[illegible]	[illegible]
10	[illegible]	[illegible]	[illegible]	[illegible]	[illegible]	[illegible]	[illegible]	[illegible]	[illegible]	[illegible]	[illegible]	[illegible]	[illegible]	[illegible]
11	[illegible]	[illegible]	[illegible]	[illegible]	[illegible]	[illegible]	[illegible]	[illegible]	[illegible]	[illegible]	[illegible]	[illegible]	[illegible]	[illegible]
12	[illegible]	[illegible]	[illegible]	[illegible]	[illegible]	[illegible]	[illegible]	[illegible]	[illegible]	[illegible]	[illegible]	[illegible]	[illegible]	[illegible]
13	[illegible]	[illegible]	[illegible]	[illegible]	[illegible]	[illegible]	[illegible]	[illegible]	[illegible]	[illegible]	[illegible]	[illegible]	[illegible]	[illegible]
14	[illegible]	[illegible]	[illegible]	[illegible]	[illegible]	[illegible]	[illegible]	[illegible]	[illegible]	[illegible]	[illegible]	[illegible]	[illegible]	[illegible]
15	[illegible]	[illegible]	[illegible]	[illegible]	[illegible]	[illegible]	[illegible]	[illegible]	[illegible]	[illegible]	[illegible]	[illegible]	[illegible]	[illegible]
16	[illegible]	[illegible]	[illegible]	[illegible]	[illegible]	[illegible]	[illegible]	[illegible]	[illegible]	[illegible]	[illegible]	[illegible]	[illegible]	[illegible]
17	[illegible]	[illegible]	[illegible]	[illegible]	[illegible]	[illegible]	[illegible]	[illegible]	[illegible]	[illegible]	[illegible]	[illegible]	[illegible]	[illegible]
18	[illegible]	[illegible]	[illegible]	[illegible]	[illegible]	[illegible]	[illegible]	[illegible]	[illegible]	[illegible]	[illegible]	[illegible]	[illegible]	[illegible]
19	[illegible]	[illegible]	[illegible]	[illegible]	[illegible]	[illegible]	[illegible]	[illegible]	[illegible]	[illegible]	[illegible]	[illegible]	[illegible]	[illegible]
20	[illegible]	[illegible]	[illegible]	[illegible]	[illegible]	[illegible]	[illegible]	[illegible]	[illegible]	[illegible]	[illegible]	[illegible]	[illegible]	[illegible]
21	[illegible]	[illegible]	[illegible]	[illegible]	[illegible]	[illegible]	[illegible]	[illegible]	[illegible]	[illegible]	[illegible]	[illegible]	[illegible]	[illegible]
22	[illegible]	[illegible]	[illegible]	[illegible]	[illegible]	[illegible]	[illegible]	[illegible]	[illegible]	[illegible]	[illegible]	[illegible]	[illegible]	[illegible]
23	[illegible]	[illegible]	[illegible]	[illegible]	[illegible]	[illegible]	[illegible]	[illegible]	[illegible]	[illegible]	[illegible]	[illegible]	[illegible]	[illegible]
24	[illegible]	[illegible]	[illegible]	[illegible]	[illegible]	[illegible]	[illegible]	[illegible]	[illegible]	[illegible]	[illegible]	[illegible]	[illegible]	[illegible]
25	[illegible]	[illegible]	[illegible]	[illegible]	[illegible]	[illegible]	[illegible]	[illegible]	[illegible]	[illegible]	[illegible]	[illegible]	[illegible]	[illegible]
26	[illegible]	[illegible]	[illegible]	[illegible]	[illegible]	[illegible]	[illegible]	[illegible]	[illegible]	[illegible]	[illegible]	[illegible]	[illegible]	[illegible]
27	[illegible]	[illegible]	[illegible]	[illegible]	[illegible]	[illegible]	[illegible]	[illegible]	[illegible]	[illegible]	[illegible]	[illegible]	[illegible]	[illegible]
28	[illegible]	[illegible]	[illegible]	[illegible]	[illegible]	[illegible]	[illegible]	[illegible]	[illegible]	[illegible]	[illegible]	[illegible]	[illegible]	[illegible]
29	[illegible]	[illegible]	[illegible]	[illegible]	[illegible]	[illegible]	[illegible]	[illegible]	[illegible]	[illegible]	[illegible]	[illegible]	[illegible]	[illegible]
30	[illegible]	[illegible]	[illegible]	[illegible]	[illegible]	[illegible]	[illegible]	[illegible]	[illegible]	[illegible]	[illegible]	[illegible]	[illegible]	[illegible]
Means =	·075983	6263	6386	6433	6255	6434	6196	6339	6611	6565	6532	6672	6668	6879

λ = − 115° 43′ 30″ = − 7h. 42m. 55s. Local Mean Time (Bifilar Magnetometer).

3	4	5	6	7	8	9	10	11	12	Daily and Monthly Means	Highest Readings
738	755	782	780	722	610	641	588	605	596	570	755
676	786	741	769	724	730	618	448	614	595	581	756
745	722	721	740	706	748	666	700	637	602	643	757
689	776	701	736	716	788	732	628	489	544	654	755
677	672	731	679	691	692	733	728	733	591	663	718
722	720	761	712	765	740	699	474	636	469	664	800
669	776	760	647	741	718	469	712	641	634	638	763
608	712	779	710	695	679	487	733	689	664	651	876
695	693	676	693	708	747	745	745	710	671	659	761
738	774	687	695	672	683	683	685	689	693	649	728
668	676	670	671	670	677	685	687	689	677	649	691
705	679	676	676	679	685	628	−072	524	521	628	708
666	681	664	676	670	695	687	670	643	622	641	710
677	672	679	676	693	724	691	670	662	586	627	712
664	685	668	666	670	676	679	693	553	507	628	695
668	666	674	683	693	699	697	701	683	593	667	708
641	681	691	683	697	679	706	695	687	685	660	714
670	668	666	664	664	670	671	697	693	697	637	701
666	668	670	678	683	691	695	697	692	409	673	699
681	683	681	679	679	699	691	647	440	462	669	710
743	777	824	703	548	638	597	546	674	292	625	824
677	697	714	796	749	708	695	281	309	666	620	828
683	691	724	756	710	724	756	701	593	565	640	741
687	691	681	701	751	761	687	664	691	647	674	761
653	660	662	683	712	699	681	683	626	425	642	716
703	796	660	745	622	491	800	728	636	388	664	806
771	791	730	779	720	668	499	591	362	−134	528	848
712	683	740	788	814	691	470	518	628	676	637	839
683	756	779	780	771	697	756	689	666	597	611	808
678	676	714	718	741	489	726	697	693	693	635	740
685	645	717	712	736	755	788	679	519	622	635	788
6984	7048	7077	7139	7037	6917	6679	6331	6138	5768	·076498	·078389

λ = − 115° 43′ 30″ = − 7h. 42m. 55s.

3	4	5	6	7	8	9	10	11	12	Daily and Monthly Means	Highest Readings
664	676	679	673	678	708	753	650	730	618	667	732
703	726	749	691	678	681	685	684	664	561	633	709
683	626	638	668	782	595	710	620	631	611	624	810
749	679	701	734	701	746	691	666	636	395	642	751
708	722	693	660	764	695	743	644	383	625	638	724
641	679	703	674	676	674	678	683	695	645	649	703
660	676	691	661	689	708	716	744	736	693	683	745
676	744	693	687	682	681	683	708	667	687	642	744
653	654	689	695	689	697	675	696	678	679	648	744
689	722	723	764	790	736	736	626	612	380	685	790
664	670	676	701	691	744	697	687	422	486	660	744
658	658	662	662	672	681	691	680	691	644	648	693
691	678	738	710	760	707	716	707	695	697	658	740
676	648	666	678	678	683	685	689	689	698	676	697
681	674	773	743	744	755	789	747	764	699	625	764
651	664	676	678	703	703	708	643	591	691	663	708
664	673	668	676	676	684	681	683	681	693	673	693
822	771	812	841	791	666	613	590	630	613	637	841
843	681	865	661	614	647	588	216	542	184	587	865
691	660	681	696	725	714	633	658	641	676	645	741
670	674	672	674	678	687	681	684	685	680	678	776
662	666	681	681	689	678	681	684	679	670	678	709
672	676	683	678	700	689	693	701	712	708	679	712
610	614	679	594	580	685	676	747	693	707	667	801
810	759	701	509	714	643	470	459	508	511	659	810
798	784	825	771	758	701	692	603	397	741	685	825
745	693	724	739	728	774	697	643	624	561	651	774
667	756	708	736	694	694	695	695	703	643	665	774
777	723	740	671	681	700	734	741	685	644	668	741
687	647	673	674	703	740	745	661	685	430	661	842
6981	6967	6968	6992	7033	6941	6835	6651	6374	6419	·076383	·07864

May 1883. 0·07000 + (C. G. S. Units). φ = +62° 38' 52".

Days.	1	2	3	4	5	6	7	8	9	10	11	Noon.	1	2
1	[illegible]	[illegible]	[illegible]	[illegible]	[illegible]	[illegible]	[illegible]	[illegible]	[illegible]	[illegible]	[illegible]	[illegible]	[illegible]	[illegible]
2	[illegible]	[illegible]	[illegible]	[illegible]	[illegible]	[illegible]	[illegible]	[illegible]	[illegible]	[illegible]	[illegible]	[illegible]	[illegible]	[illegible]
3	[illegible]	[illegible]	[illegible]	[illegible]	[illegible]	[illegible]	[illegible]	[illegible]	[illegible]	[illegible]	[illegible]	[illegible]	[illegible]	[illegible]
4	[illegible]	[illegible]	[illegible]	[illegible]	[illegible]	[illegible]	[illegible]	[illegible]	[illegible]	[illegible]	[illegible]	[illegible]	[illegible]	[illegible]
5	[illegible]	[illegible]	[illegible]	[illegible]	[illegible]	[illegible]	[illegible]	[illegible]	[illegible]	[illegible]	[illegible]	[illegible]	[illegible]	[illegible]
6	[illegible]	[illegible]	[illegible]	[illegible]	[illegible]	[illegible]	[illegible]	[illegible]	[illegible]	[illegible]	[illegible]	[illegible]	[illegible]	[illegible]
7	[illegible]	[illegible]	[illegible]	[illegible]	[illegible]	[illegible]	[illegible]	[illegible]	[illegible]	[illegible]	[illegible]	[illegible]	[illegible]	[illegible]
8	[illegible]	[illegible]	[illegible]	[illegible]	[illegible]	[illegible]	[illegible]	[illegible]	[illegible]	[illegible]	[illegible]	[illegible]	[illegible]	[illegible]
9	[illegible]	[illegible]	[illegible]	[illegible]	[illegible]	[illegible]	[illegible]	[illegible]	[illegible]	[illegible]	[illegible]	[illegible]	[illegible]	[illegible]
10	[illegible]	[illegible]	[illegible]	[illegible]	[illegible]	[illegible]	[illegible]	[illegible]	[illegible]	[illegible]	[illegible]	[illegible]	[illegible]	[illegible]
11	[illegible]	[illegible]	[illegible]	[illegible]	[illegible]	[illegible]	[illegible]	[illegible]	[illegible]	[illegible]	[illegible]	[illegible]	[illegible]	[illegible]
12	[illegible]	[illegible]	[illegible]	[illegible]	[illegible]	[illegible]	[illegible]	[illegible]	[illegible]	[illegible]	[illegible]	[illegible]	[illegible]	[illegible]
13	[illegible]	[illegible]	[illegible]	[illegible]	[illegible]	[illegible]	[illegible]	[illegible]	[illegible]	[illegible]	[illegible]	[illegible]	[illegible]	[illegible]
14	[illegible]	[illegible]	[illegible]	[illegible]	[illegible]	[illegible]	[illegible]	[illegible]	[illegible]	[illegible]	[illegible]	[illegible]	[illegible]	[illegible]
15	[illegible]	[illegible]	[illegible]	[illegible]	[illegible]	[illegible]	[illegible]	[illegible]	[illegible]	[illegible]	[illegible]	[illegible]	[illegible]	[illegible]
16	[illegible]	[illegible]	[illegible]	[illegible]	[illegible]	[illegible]	[illegible]	[illegible]	[illegible]	[illegible]	[illegible]	[illegible]	[illegible]	[illegible]
17	[illegible]	[illegible]	[illegible]	[illegible]	[illegible]	[illegible]	[illegible]	[illegible]	[illegible]	[illegible]	[illegible]	[illegible]	[illegible]	[illegible]
18	[illegible]	[illegible]	[illegible]	[illegible]	[illegible]	[illegible]	[illegible]	[illegible]	[illegible]	[illegible]	[illegible]	[illegible]	[illegible]	[illegible]
19	[illegible]	[illegible]	[illegible]	[illegible]	[illegible]	[illegible]	[illegible]	[illegible]	[illegible]	[illegible]	[illegible]	[illegible]	[illegible]	[illegible]
20	[illegible]	[illegible]	[illegible]	[illegible]	[illegible]	[illegible]	[illegible]	[illegible]	[illegible]	[illegible]	[illegible]	[illegible]	[illegible]	[illegible]
21	[illegible]	[illegible]	[illegible]	[illegible]	[illegible]	[illegible]	[illegible]	[illegible]	[illegible]	[illegible]	[illegible]	[illegible]	[illegible]	[illegible]
22	[illegible]	[illegible]	[illegible]	[illegible]	[illegible]	[illegible]	[illegible]	[illegible]	[illegible]	[illegible]	[illegible]	[illegible]	[illegible]	[illegible]
23	[illegible]	[illegible]	[illegible]	[illegible]	[illegible]	[illegible]	[illegible]	[illegible]	[illegible]	[illegible]	[illegible]	[illegible]	[illegible]	[illegible]
24	[illegible]	[illegible]	[illegible]	[illegible]	[illegible]	[illegible]	[illegible]	[illegible]	[illegible]	[illegible]	[illegible]	[illegible]	[illegible]	[illegible]
25	[illegible]	[illegible]	[illegible]	[illegible]	[illegible]	[illegible]	[illegible]	[illegible]	[illegible]	[illegible]	[illegible]	[illegible]	[illegible]	[illegible]
26	[illegible]	[illegible]	[illegible]	[illegible]	[illegible]	[illegible]	[illegible]	[illegible]	[illegible]	[illegible]	[illegible]	[illegible]	[illegible]	[illegible]
27	[illegible]	[illegible]	[illegible]	[illegible]	[illegible]	[illegible]	[illegible]	[illegible]	[illegible]	[illegible]	[illegible]	[illegible]	[illegible]	[illegible]
28	[illegible]	[illegible]	[illegible]	[illegible]	[illegible]	[illegible]	[illegible]	[illegible]	[illegible]	[illegible]	[illegible]	[illegible]	[illegible]	[illegible]
29	[illegible]	[illegible]	[illegible]	[illegible]	[illegible]	[illegible]	[illegible]	[illegible]	[illegible]	[illegible]	[illegible]	[illegible]	[illegible]	[illegible]
30	[illegible]	[illegible]	[illegible]	[illegible]	[illegible]	[illegible]	[illegible]	[illegible]	[illegible]	[illegible]	[illegible]	[illegible]	[illegible]	[illegible]
31	[illegible]	[illegible]	[illegible]	[illegible]	[illegible]	[illegible]	[illegible]	[illegible]	[illegible]	[illegible]	[illegible]	[illegible]	[illegible]	[illegible]
Mean	·0758146	6447	[illegible]	[illegible]	[illegible]	[illegible]	6148	6241	[illegible]	[illegible]	[illegible]	[illegible]	6644	[illegible]

June 1883. φ = +62° 38' 52".

Days.	1	2	3	4	5	6	7	8	9	10	11	Noon.	1	2
1	[illegible]	[illegible]	[illegible]	[illegible]	[illegible]	[illegible]	[illegible]	[illegible]	[illegible]	[illegible]	[illegible]	[illegible]	[illegible]	[illegible]
2	[illegible]	[illegible]	[illegible]	[illegible]	[illegible]	[illegible]	[illegible]	[illegible]	[illegible]	[illegible]	[illegible]	[illegible]	[illegible]	[illegible]
3	[illegible]	[illegible]	[illegible]	[illegible]	[illegible]	[illegible]	[illegible]	[illegible]	[illegible]	[illegible]	[illegible]	[illegible]	[illegible]	[illegible]
4	[illegible]	[illegible]	[illegible]	[illegible]	[illegible]	[illegible]	[illegible]	[illegible]	[illegible]	[illegible]	[illegible]	[illegible]	[illegible]	[illegible]
5	[illegible]	[illegible]	[illegible]	[illegible]	[illegible]	[illegible]	[illegible]	[illegible]	[illegible]	[illegible]	[illegible]	[illegible]	[illegible]	[illegible]
6	[illegible]	[illegible]	[illegible]	[illegible]	[illegible]	[illegible]	[illegible]	[illegible]	[illegible]	[illegible]	[illegible]	[illegible]	[illegible]	[illegible]
7	[illegible]	[illegible]	[illegible]	[illegible]	[illegible]	[illegible]	[illegible]	[illegible]	[illegible]	[illegible]	[illegible]	[illegible]	[illegible]	[illegible]
8	[illegible]	[illegible]	[illegible]	[illegible]	[illegible]	[illegible]	[illegible]	[illegible]	[illegible]	[illegible]	[illegible]	[illegible]	[illegible]	[illegible]
9	[illegible]	[illegible]	[illegible]	[illegible]	[illegible]	[illegible]	[illegible]	[illegible]	[illegible]	[illegible]	[illegible]	[illegible]	[illegible]	[illegible]
10	[illegible]	[illegible]	[illegible]	[illegible]	[illegible]	[illegible]	[illegible]	[illegible]	[illegible]	[illegible]	[illegible]	[illegible]	[illegible]	[illegible]
11	[illegible]	[illegible]	[illegible]	[illegible]	[illegible]	[illegible]	[illegible]	[illegible]	[illegible]	[illegible]	[illegible]	[illegible]	[illegible]	[illegible]
12	[illegible]	[illegible]	[illegible]	[illegible]	[illegible]	[illegible]	[illegible]	[illegible]	[illegible]	[illegible]	[illegible]	[illegible]	[illegible]	[illegible]
13	[illegible]	[illegible]	[illegible]	[illegible]	[illegible]	[illegible]	[illegible]	[illegible]	[illegible]	[illegible]	[illegible]	[illegible]	[illegible]	[illegible]
14	[illegible]	[illegible]	[illegible]	[illegible]	[illegible]	[illegible]	[illegible]	[illegible]	[illegible]	[illegible]	[illegible]	[illegible]	[illegible]	[illegible]
15	[illegible]	[illegible]	[illegible]	[illegible]	[illegible]	[illegible]	[illegible]	[illegible]	[illegible]	[illegible]	[illegible]	[illegible]	[illegible]	[illegible]
16	[illegible]	[illegible]	[illegible]	[illegible]	[illegible]	[illegible]	[illegible]	[illegible]	[illegible]	[illegible]	[illegible]	[illegible]	[illegible]	[illegible]
17	[illegible]	[illegible]	[illegible]	[illegible]	[illegible]	[illegible]	[illegible]	[illegible]	[illegible]	[illegible]	[illegible]	[illegible]	[illegible]	[illegible]
18	[illegible]	[illegible]	[illegible]	[illegible]	[illegible]	[illegible]	[illegible]	[illegible]	[illegible]	[illegible]	[illegible]	[illegible]	[illegible]	[illegible]
19	[illegible]	[illegible]	[illegible]	[illegible]	[illegible]	[illegible]	[illegible]	[illegible]	[illegible]	[illegible]	[illegible]	[illegible]	[illegible]	[illegible]
20	[illegible]	[illegible]	[illegible]	[illegible]	[illegible]	[illegible]	[illegible]	[illegible]	[illegible]	[illegible]	[illegible]	[illegible]	[illegible]	[illegible]
21	[illegible]	[illegible]	[illegible]	[illegible]	[illegible]	[illegible]	[illegible]	[illegible]	[illegible]	[illegible]	[illegible]	[illegible]	[illegible]	[illegible]
22	[illegible]	[illegible]	[illegible]	[illegible]	[illegible]	[illegible]	[illegible]	[illegible]	[illegible]	[illegible]	[illegible]	[illegible]	[illegible]	[illegible]
23	[illegible]	[illegible]	[illegible]	[illegible]	[illegible]	[illegible]	[illegible]	[illegible]	[illegible]	[illegible]	[illegible]	[illegible]	[illegible]	[illegible]
24	[illegible]	[illegible]	[illegible]	[illegible]	[illegible]	[illegible]	[illegible]	[illegible]	[illegible]	[illegible]	[illegible]	[illegible]	[illegible]	[illegible]
25	[illegible]	[illegible]	[illegible]	[illegible]	[illegible]	[illegible]	[illegible]	[illegible]	[illegible]	[illegible]	[illegible]	[illegible]	[illegible]	[illegible]
26	[illegible]	[illegible]	[illegible]	[illegible]	[illegible]	[illegible]	[illegible]	[illegible]	[illegible]	[illegible]	[illegible]	[illegible]	[illegible]	[illegible]
27	[illegible]	[illegible]	[illegible]	[illegible]	[illegible]	[illegible]	[illegible]	[illegible]	[illegible]	[illegible]	[illegible]	[illegible]	[illegible]	[illegible]
28	[illegible]	[illegible]	[illegible]	[illegible]	[illegible]	[illegible]	[illegible]	[illegible]	[illegible]	[illegible]	[illegible]	[illegible]	[illegible]	[illegible]
29	[illegible]	[illegible]	[illegible]	[illegible]	[illegible]	[illegible]	[illegible]	[illegible]	[illegible]	[illegible]	[illegible]	[illegible]	[illegible]	[illegible]
30	[illegible]	[illegible]	[illegible]	[illegible]	[illegible]	[illegible]	[illegible]	[illegible]	[illegible]	[illegible]	[illegible]	[illegible]	[illegible]	[illegible]
Mean	[illegible]	[illegible]	[illegible]	[illegible]	[illegible]	[illegible]	[illegible]	[illegible]	[illegible]	[illegible]	[illegible]	6793	6686	7120

λ = − 115° 43′ 50″ = − 7h. 42m. 55s. Local Mean Time (Bifilar Magnetometer). *May* 1883.

3	4	5	6	7	8	9	10	11	12	[illegible] Monthly Means.	Highest Reading.	Lowest Reading.	Difference.
[illegible]	[illegible]	[illegible]	[illegible]	[illegible]	[illegible]	[illegible]	[illegible]	[illegible]	[illegible]	[illegible]	[illegible]	[illegible]	[illegible]
[illegible]	[illegible]	[illegible]	[illegible]	[illegible]	[illegible]	[illegible]	[illegible]	[illegible]	[illegible]	[illegible]	[illegible]	[illegible]	[illegible]
[illegible]	[illegible]	[illegible]	[illegible]	[illegible]	[illegible]	[illegible]	[illegible]	[illegible]	[illegible]	[illegible]	[illegible]	[illegible]	[illegible]
[illegible]	[illegible]	[illegible]	[illegible]	[illegible]	[illegible]	[illegible]	[illegible]	[illegible]	[illegible]	[illegible]	[illegible]	[illegible]	[illegible]
[illegible]	[illegible]	[illegible]	[illegible]	[illegible]	[illegible]	[illegible]	[illegible]	[illegible]	[illegible]	[illegible]	[illegible]	[illegible]	[illegible]
[illegible]	[illegible]	[illegible]	[illegible]	[illegible]	[illegible]	[illegible]	[illegible]	[illegible]	[illegible]	[illegible]	[illegible]	[illegible]	[illegible]
[illegible]	[illegible]	[illegible]	[illegible]	[illegible]	[illegible]	[illegible]	[illegible]	[illegible]	[illegible]	[illegible]	[illegible]	[illegible]	[illegible]
[illegible]	[illegible]	[illegible]	[illegible]	[illegible]	[illegible]	[illegible]	[illegible]	[illegible]	[illegible]	[illegible]	[illegible]	[illegible]	[illegible]
[illegible]	[illegible]	[illegible]	[illegible]	[illegible]	[illegible]	[illegible]	[illegible]	[illegible]	[illegible]	[illegible]	[illegible]	[illegible]	[illegible]
[illegible]	[illegible]	[illegible]	[illegible]	[illegible]	[illegible]	[illegible]	[illegible]	[illegible]	[illegible]	[illegible]	[illegible]	612	[illegible]
[illegible]	[illegible]	[illegible]	[illegible]	[illegible]	[illegible]	[illegible]	[illegible]	[illegible]	[illegible]	[illegible]	[illegible]	[illegible]	[illegible]
[illegible]	[illegible]	[illegible]	[illegible]	[illegible]	[illegible]	[illegible]	[illegible]	[illegible]	[illegible]	[illegible]	714	[illegible]	128
[illegible]	[illegible]	[illegible]	[illegible]	[illegible]	[illegible]	[illegible]	[illegible]	[illegible]	[illegible]	[illegible]	[illegible]	[illegible]	[illegible]
[illegible]	[illegible]	[illegible]	[illegible]	[illegible]	[illegible]	[illegible]	[illegible]	[illegible]	[illegible]	[illegible]	[illegible]	[illegible]	[illegible]
[illegible]	[illegible]	[illegible]	[illegible]	[illegible]	[illegible]	[illegible]	[illegible]	[illegible]	[illegible]	[illegible]	[illegible]	[illegible]	[illegible]
[illegible]	[illegible]	[illegible]	[illegible]	[illegible]	[illegible]	[illegible]	[illegible]	[illegible]	[illegible]	[illegible]	[illegible]	[illegible]	[illegible]
[illegible]	[illegible]	[illegible]	[illegible]	[illegible]	[illegible]	[illegible]	[illegible]	[illegible]	[illegible]	716	1019	[illegible]	[illegible]
[illegible]	[illegible]	[illegible]	[illegible]	[illegible]	[illegible]	[illegible]	[illegible]	[illegible]	[illegible]	[illegible]	[illegible]	[illegible]	[illegible]
[illegible]	[illegible]	[illegible]	[illegible]	[illegible]	[illegible]	[illegible]	[illegible]	[illegible]	[illegible]	[illegible]	[illegible]	[illegible]	[illegible]
[illegible]	[illegible]	[illegible]	[illegible]	[illegible]	[illegible]	[illegible]	[illegible]	[illegible]	[illegible]	[illegible]	[illegible]	[illegible]	[illegible]
[illegible]	[illegible]	[illegible]	[illegible]	[illegible]	[illegible]	[illegible]	[illegible]	[illegible]	[illegible]	595	[illegible]	−058	992
[illegible]	[illegible]	[illegible]	[illegible]	[illegible]	[illegible]	[illegible]	[illegible]	[illegible]	[illegible]	[illegible]	[illegible]	[illegible]	[illegible]
[illegible]	[illegible]	[illegible]	[illegible]	[illegible]	[illegible]	[illegible]	[illegible]	[illegible]	[illegible]	[illegible]	[illegible]	[illegible]	[illegible]
[illegible]	[illegible]	[illegible]	[illegible]	[illegible]	[illegible]	[illegible]	[illegible]	[illegible]	[illegible]	[illegible]	[illegible]	[illegible]	[illegible]
[illegible]	[illegible]	[illegible]	[illegible]	[illegible]	[illegible]	[illegible]	[illegible]	[illegible]	[illegible]	[illegible]	[illegible]	[illegible]	[illegible]
[illegible]	[illegible]	[illegible]	[illegible]	[illegible]	[illegible]	[illegible]	[illegible]	[illegible]	[illegible]	[illegible]	[illegible]	[illegible]	[illegible]
[illegible]	[illegible]	[illegible]	[illegible]	[illegible]	[illegible]	[illegible]	[illegible]	[illegible]	[illegible]	[illegible]	[illegible]	[illegible]	[illegible]
[illegible]	[illegible]	[illegible]	[illegible]	[illegible]	[illegible]	[illegible]	[illegible]	[illegible]	[illegible]	[illegible]	[illegible]	[illegible]	[illegible]
[illegible]	[illegible]	[illegible]	[illegible]	[illegible]	[illegible]	[illegible]	[illegible]	[illegible]	[illegible]	[illegible]	[illegible]	[illegible]	[illegible]
[illegible]	[illegible]	[illegible]	[illegible]	[illegible]	[illegible]	[illegible]	[illegible]	[illegible]	[illegible]	[illegible]	[illegible]	[illegible]	[illegible]
[illegible]	[illegible]	[illegible]	[illegible]	[illegible]	[illegible]	[illegible]	[illegible]	[illegible]	[illegible]	[illegible]	[illegible]	[illegible]	[illegible]
[illegible]	[illegible]	[illegible]	[illegible]	[illegible]	[illegible]	[illegible]	[illegible]	[illegible]	[illegible]	[illegible]	[illegible]	[illegible]	[illegible]

λ = − 115° 43′ 50″ = − 7h. 42m. 55s. *June* 1883.

3	4	5	6	7	8	9	10	11	12	[illegible] Monthly Means.	Highest Reading.	Lowest Reading.	Difference.
[illegible]	[illegible]	[illegible]	[illegible]	[illegible]	[illegible]	[illegible]	[illegible]	[illegible]	[illegible]	[illegible]	[illegible]	[illegible]	[illegible]
[illegible]	[illegible]	[illegible]	[illegible]	[illegible]	[illegible]	[illegible]	[illegible]	[illegible]	[illegible]	[illegible]	[illegible]	−174	1100
[illegible]	[illegible]	[illegible]	[illegible]	[illegible]	[illegible]	[illegible]	[illegible]	[illegible]	[illegible]	[illegible]	[illegible]	[illegible]	[illegible]
[illegible]	[illegible]	[illegible]	[illegible]	[illegible]	[illegible]	[illegible]	[illegible]	[illegible]	[illegible]	[illegible]	[illegible]	[illegible]	[illegible]
[illegible]	[illegible]	[illegible]	[illegible]	[illegible]	[illegible]	[illegible]	[illegible]	[illegible]	[illegible]	[illegible]	[illegible]	635	[illegible]
[illegible]	[illegible]	[illegible]	[illegible]	[illegible]	[illegible]	[illegible]	[illegible]	[illegible]	[illegible]	[illegible]	[illegible]	[illegible]	[illegible]
[illegible]	[illegible]	[illegible]	[illegible]	[illegible]	[illegible]	[illegible]	[illegible]	[illegible]	[illegible]	713	[illegible]	[illegible]	[illegible]
[illegible]	[illegible]	[illegible]	[illegible]	[illegible]	[illegible]	[illegible]	[illegible]	[illegible]	[illegible]	[illegible]	[illegible]	[illegible]	[illegible]
[illegible]	[illegible]	[illegible]	[illegible]	[illegible]	[illegible]	[illegible]	[illegible]	[illegible]	[illegible]	[illegible]	[illegible]	[illegible]	[illegible]
[illegible]	[illegible]	[illegible]	[illegible]	[illegible]	[illegible]	[illegible]	[illegible]	[illegible]	[illegible]	[illegible]	[illegible]	[illegible]	[illegible]
[illegible]	[illegible]	[illegible]	[illegible]	[illegible]	[illegible]	[illegible]	[illegible]	[illegible]	[illegible]	[illegible]	716	[illegible]	[illegible]
[illegible]	[illegible]	[illegible]	[illegible]	[illegible]	[illegible]	[illegible]	[illegible]	[illegible]	[illegible]	[illegible]	[illegible]	[illegible]	[illegible]
[illegible]	[illegible]	[illegible]	[illegible]	[illegible]	[illegible]	[illegible]	[illegible]	[illegible]	[illegible]	[illegible]	[illegible]	[illegible]	[illegible]
[illegible]	[illegible]	[illegible]	[illegible]	[illegible]	[illegible]	[illegible]	[illegible]	[illegible]	[illegible]	[illegible]	[illegible]	[illegible]	[illegible]
[illegible]	[illegible]	[illegible]	[illegible]	[illegible]	[illegible]	[illegible]	[illegible]	[illegible]	[illegible]	[illegible]	[illegible]	[illegible]	[illegible]
[illegible]	[illegible]	[illegible]	[illegible]	[illegible]	[illegible]	[illegible]	[illegible]	[illegible]	[illegible]	[illegible]	1057	[illegible]	[illegible]
[illegible]	[illegible]	[illegible]	[illegible]	[illegible]	[illegible]	[illegible]	[illegible]	[illegible]	[illegible]	[illegible]	[illegible]	[illegible]	[illegible]
[illegible]	[illegible]	[illegible]	[illegible]	[illegible]	[illegible]	[illegible]	[illegible]	[illegible]	[illegible]	[illegible]	[illegible]	[illegible]	[illegible]
[illegible]	[illegible]	[illegible]	[illegible]	[illegible]	[illegible]	[illegible]	[illegible]	[illegible]	[illegible]	[illegible]	[illegible]	[illegible]	[illegible]
[illegible]	[illegible]	[illegible]	[illegible]	[illegible]	[illegible]	[illegible]	[illegible]	[illegible]	[illegible]	[illegible]	[illegible]	[illegible]	[illegible]
[illegible]	[illegible]	[illegible]	[illegible]	[illegible]	[illegible]	[illegible]	[illegible]	[illegible]	[illegible]	[illegible]	[illegible]	[illegible]	05
[illegible]	[illegible]	[illegible]	[illegible]	[illegible]	[illegible]	[illegible]	[illegible]	[illegible]	[illegible]	[illegible]	[illegible]	[illegible]	[illegible]
[illegible]	[illegible]	[illegible]	[illegible]	[illegible]	[illegible]	[illegible]	[illegible]	[illegible]	[illegible]	[illegible]	[illegible]	[illegible]	[illegible]
[illegible]	[illegible]	[illegible]	[illegible]	[illegible]	[illegible]	[illegible]	[illegible]	[illegible]	[illegible]	[illegible]	[illegible]	[illegible]	[illegible]
[illegible]	[illegible]	[illegible]	[illegible]	[illegible]	[illegible]	[illegible]	[illegible]	[illegible]	[illegible]	[illegible]	[illegible]	[illegible]	[illegible]
[illegible]	[illegible]	[illegible]	[illegible]	[illegible]	[illegible]	[illegible]	[illegible]	[illegible]	[illegible]	610	[illegible]	[illegible]	[illegible]
[illegible]	[illegible]	[illegible]	[illegible]	[illegible]	[illegible]	[illegible]	[illegible]	[illegible]	[illegible]	[illegible]	[illegible]	[illegible]	[illegible]
[illegible]	[illegible]	[illegible]	[illegible]	[illegible]	[illegible]	[illegible]	[illegible]	[illegible]	[illegible]	[illegible]	[illegible]	[illegible]	[illegible]
[illegible]	[illegible]	[illegible]	[illegible]	[illegible]	[illegible]	[illegible]	[illegible]	[illegible]	[illegible]	[illegible]	[illegible]	[illegible]	[illegible]
[illegible]	[illegible]	[illegible]	[illegible]	[illegible]	[illegible]	[illegible]	[illegible]	[illegible]	[illegible]	[illegible]	[illegible]	[illegible]	[illegible]
[illegible]	[illegible]	[illegible]	[illegible]	[illegible]	[illegible]	[illegible]	[illegible]	[illegible]	[illegible]	[illegible]	[illegible]	[illegible]	[illegible]

July 1883. 0·07000 (C. G. S. Units). $\phi = +\ 62°\ 38'\ 52''$.

Days.	1	2	3	4	5	6	7	8	9	10	11	Noon.	1	2
1	[illegible]	[illegible]	[illegible]	[illegible]	[illegible]	[illegible]	[illegible]	[illegible]	[illegible]	[illegible]	[illegible]	[illegible]	[illegible]	[illegible]
2	[illegible]	[illegible]	[illegible]	[illegible]	[illegible]	[illegible]	[illegible]	[illegible]	[illegible]	[illegible]	[illegible]	[illegible]	[illegible]	[illegible]
3	[illegible]	[illegible]	[illegible]	[illegible]	[illegible]	[illegible]	[illegible]	[illegible]	[illegible]	[illegible]	[illegible]	[illegible]	[illegible]	[illegible]
4	[illegible]	[illegible]	[illegible]	[illegible]	[illegible]	[illegible]	[illegible]	[illegible]	[illegible]	[illegible]	[illegible]	[illegible]	[illegible]	[illegible]
5	[illegible]	[illegible]	[illegible]	[illegible]	[illegible]	[illegible]	[illegible]	[illegible]	[illegible]	[illegible]	[illegible]	[illegible]	[illegible]	[illegible]
6	[illegible]	[illegible]	[illegible]	[illegible]	[illegible]	[illegible]	[illegible]	[illegible]	[illegible]	[illegible]	[illegible]	[illegible]	[illegible]	[illegible]
7	[illegible]	[illegible]	[illegible]	[illegible]	[illegible]	[illegible]	[illegible]	[illegible]	[illegible]	[illegible]	[illegible]	[illegible]	[illegible]	[illegible]
8	[illegible]	[illegible]	[illegible]	[illegible]	[illegible]	[illegible]	[illegible]	[illegible]	[illegible]	[illegible]	[illegible]	[illegible]	[illegible]	[illegible]
9	[illegible]	[illegible]	[illegible]	[illegible]	[illegible]	[illegible]	[illegible]	[illegible]	[illegible]	[illegible]	[illegible]	[illegible]	[illegible]	[illegible]
10	[illegible]	[illegible]	[illegible]	[illegible]	[illegible]	[illegible]	[illegible]	[illegible]	[illegible]	[illegible]	[illegible]	[illegible]	[illegible]	[illegible]
11	[illegible]	[illegible]	[illegible]	[illegible]	[illegible]	[illegible]	[illegible]	[illegible]	[illegible]	[illegible]	[illegible]	[illegible]	[illegible]	[illegible]
12	[illegible]	[illegible]	[illegible]	[illegible]	[illegible]	[illegible]	[illegible]	[illegible]	[illegible]	[illegible]	[illegible]	[illegible]	[illegible]	[illegible]
13	[illegible]	[illegible]	[illegible]	[illegible]	[illegible]	[illegible]	[illegible]	[illegible]	[illegible]	[illegible]	[illegible]	[illegible]	[illegible]	[illegible]
14	[illegible]	[illegible]	[illegible]	[illegible]	[illegible]	[illegible]	[illegible]	[illegible]	[illegible]	[illegible]	[illegible]	[illegible]	[illegible]	[illegible]
15	[illegible]	[illegible]	[illegible]	[illegible]	[illegible]	[illegible]	[illegible]	[illegible]	[illegible]	[illegible]	[illegible]	[illegible]	[illegible]	[illegible]
16	[illegible]	[illegible]	[illegible]	[illegible]	[illegible]	[illegible]	[illegible]	[illegible]	[illegible]	[illegible]	[illegible]	[illegible]	[illegible]	[illegible]
17	[illegible]	[illegible]	[illegible]	[illegible]	[illegible]	[illegible]	[illegible]	[illegible]	[illegible]	[illegible]	[illegible]	[illegible]	[illegible]	[illegible]
18	[illegible]	[illegible]	[illegible]	[illegible]	[illegible]	[illegible]	[illegible]	[illegible]	[illegible]	[illegible]	[illegible]	[illegible]	[illegible]	[illegible]
19	[illegible]	[illegible]	[illegible]	[illegible]	[illegible]	[illegible]	[illegible]	[illegible]	[illegible]	[illegible]	[illegible]	[illegible]	[illegible]	[illegible]
20	[illegible]	[illegible]	[illegible]	[illegible]	[illegible]	[illegible]	[illegible]	[illegible]	[illegible]	[illegible]	[illegible]	[illegible]	[illegible]	[illegible]
21	[illegible]	[illegible]	[illegible]	[illegible]	[illegible]	[illegible]	[illegible]	[illegible]	[illegible]	[illegible]	[illegible]	[illegible]	[illegible]	[illegible]
22	[illegible]	[illegible]	[illegible]	[illegible]	[illegible]	[illegible]	[illegible]	[illegible]	[illegible]	[illegible]	[illegible]	[illegible]	[illegible]	[illegible]
23	[illegible]	[illegible]	[illegible]	[illegible]	[illegible]	[illegible]	[illegible]	[illegible]	[illegible]	[illegible]	[illegible]	[illegible]	[illegible]	[illegible]
24	[illegible]	[illegible]	[illegible]	[illegible]	[illegible]	[illegible]	[illegible]	[illegible]	[illegible]	[illegible]	[illegible]	[illegible]	[illegible]	[illegible]
25	[illegible]	[illegible]	[illegible]	[illegible]	[illegible]	[illegible]	[illegible]	[illegible]	[illegible]	[illegible]	[illegible]	[illegible]	[illegible]	[illegible]
26	[illegible]	[illegible]	[illegible]	[illegible]	[illegible]	[illegible]	[illegible]	[illegible]	[illegible]	[illegible]	[illegible]	[illegible]	[illegible]	[illegible]
27	[illegible]	[illegible]	[illegible]	[illegible]	[illegible]	[illegible]	[illegible]	[illegible]	[illegible]	[illegible]	[illegible]	[illegible]	[illegible]	[illegible]
28	[illegible]	[illegible]	[illegible]	[illegible]	[illegible]	[illegible]	[illegible]	[illegible]	[illegible]	[illegible]	[illegible]	[illegible]	[illegible]	[illegible]
29	[illegible]	[illegible]	[illegible]	[illegible]	[illegible]	[illegible]	[illegible]	[illegible]	[illegible]	[illegible]	[illegible]	[illegible]	[illegible]	[illegible]
30	[illegible]	[illegible]	[illegible]	[illegible]	[illegible]	[illegible]	[illegible]	[illegible]	[illegible]	[illegible]	[illegible]	[illegible]	[illegible]	[illegible]
31	[illegible]	[illegible]	[illegible]	[illegible]	[illegible]	[illegible]	[illegible]	[illegible]	[illegible]	[illegible]	[illegible]	[illegible]	[illegible]	[illegible]
Mean =	[illegible]	6475	6538	6692	6724	6470	6603	5953	6058	6128	6464	6718	6881	6985

August 1883. $\phi = +\ 62°\ 38'\ 52''$.

Days.	1	2	3	4	5	6	7	8	9	10	11	Noon.	1	2
1	[illegible]	[illegible]	[illegible]	[illegible]	[illegible]	[illegible]	[illegible]	[illegible]	[illegible]	[illegible]	[illegible]	[illegible]	[illegible]	[illegible]
2	[illegible]	[illegible]	[illegible]	[illegible]	[illegible]	[illegible]	[illegible]	[illegible]	[illegible]	[illegible]	[illegible]	[illegible]	[illegible]	[illegible]
3	[illegible]	[illegible]	[illegible]	[illegible]	[illegible]	[illegible]	[illegible]	[illegible]	[illegible]	[illegible]	[illegible]	[illegible]	[illegible]	[illegible]
4	[illegible]	[illegible]	[illegible]	[illegible]	[illegible]	[illegible]	[illegible]	[illegible]	[illegible]	[illegible]	[illegible]	[illegible]	[illegible]	[illegible]
5	[illegible]	[illegible]	[illegible]	[illegible]	[illegible]	[illegible]	[illegible]	[illegible]	[illegible]	[illegible]	[illegible]	[illegible]	[illegible]	[illegible]
6	[illegible]	[illegible]	[illegible]	[illegible]	[illegible]	[illegible]	[illegible]	[illegible]	[illegible]	[illegible]	[illegible]	[illegible]	[illegible]	[illegible]
7	[illegible]	[illegible]	[illegible]	[illegible]	[illegible]	[illegible]	[illegible]	[illegible]	[illegible]	[illegible]	[illegible]	[illegible]	[illegible]	[illegible]
8	[illegible]	[illegible]	[illegible]	[illegible]	[illegible]	[illegible]	[illegible]	[illegible]	[illegible]	[illegible]	[illegible]	[illegible]	[illegible]	[illegible]
9	[illegible]	[illegible]	[illegible]	[illegible]	[illegible]	[illegible]	[illegible]	[illegible]	[illegible]	[illegible]	[illegible]	[illegible]	[illegible]	[illegible]
10	[illegible]	[illegible]	[illegible]	[illegible]	[illegible]	[illegible]	[illegible]	[illegible]	[illegible]	[illegible]	[illegible]	[illegible]	[illegible]	[illegible]
11	[illegible]	[illegible]	[illegible]	[illegible]	[illegible]	[illegible]	[illegible]	[illegible]	[illegible]	[illegible]	[illegible]	[illegible]	[illegible]	[illegible]
12	[illegible]	[illegible]	[illegible]	[illegible]	[illegible]	[illegible]	[illegible]	[illegible]	[illegible]	[illegible]	[illegible]	[illegible]	[illegible]	[illegible]
13	[illegible]	[illegible]	[illegible]	[illegible]	[illegible]	[illegible]	[illegible]	[illegible]	[illegible]	[illegible]	[illegible]	[illegible]	[illegible]	[illegible]
14	[illegible]	[illegible]	[illegible]	[illegible]	[illegible]	[illegible]	[illegible]	[illegible]	[illegible]	[illegible]	[illegible]	[illegible]	[illegible]	[illegible]
15	[illegible]	[illegible]	[illegible]	[illegible]	[illegible]	[illegible]	[illegible]	[illegible]	[illegible]	[illegible]	[illegible]	[illegible]	[illegible]	[illegible]
16	[illegible]	[illegible]	[illegible]	[illegible]	[illegible]	[illegible]	[illegible]	[illegible]	[illegible]	[illegible]	[illegible]	[illegible]	[illegible]	[illegible]
17	[illegible]	[illegible]	[illegible]	[illegible]	[illegible]	[illegible]	[illegible]	[illegible]	[illegible]	[illegible]	[illegible]	[illegible]	[illegible]	[illegible]
18	[illegible]	[illegible]	[illegible]	[illegible]	[illegible]	[illegible]	[illegible]	[illegible]	[illegible]	[illegible]	[illegible]	[illegible]	[illegible]	[illegible]
19	[illegible]	[illegible]	[illegible]	[illegible]	[illegible]	[illegible]	[illegible]	[illegible]	[illegible]	[illegible]	[illegible]	[illegible]	[illegible]	[illegible]
20	[illegible]	[illegible]	[illegible]	[illegible]	[illegible]	[illegible]	[illegible]	[illegible]	[illegible]	[illegible]	[illegible]	[illegible]	[illegible]	[illegible]
21	[illegible]	[illegible]	[illegible]	[illegible]	[illegible]	[illegible]	[illegible]	[illegible]	[illegible]	[illegible]	[illegible]	[illegible]	[illegible]	[illegible]
22	[illegible]	[illegible]	[illegible]	[illegible]	[illegible]	[illegible]	[illegible]	[illegible]	[illegible]	[illegible]	[illegible]	[illegible]	[illegible]	[illegible]
23	[illegible]	[illegible]	[illegible]	[illegible]	[illegible]	[illegible]	[illegible]	[illegible]	[illegible]	[illegible]	[illegible]	[illegible]	[illegible]	[illegible]
24	[illegible]	[illegible]	[illegible]	[illegible]	[illegible]	[illegible]	[illegible]	[illegible]	[illegible]	[illegible]	[illegible]	[illegible]	[illegible]	[illegible]
25	[illegible]	[illegible]	[illegible]	[illegible]	[illegible]	[illegible]	[illegible]	[illegible]	[illegible]	[illegible]	[illegible]	[illegible]	[illegible]	[illegible]
26	[illegible]	[illegible]	[illegible]	[illegible]	[illegible]	[illegible]	[illegible]	[illegible]	[illegible]	[illegible]	[illegible]	[illegible]	[illegible]	[illegible]
27	[illegible]	[illegible]	[illegible]	[illegible]	[illegible]	[illegible]	[illegible]	[illegible]	[illegible]	[illegible]	[illegible]	[illegible]	[illegible]	[illegible]
28	[illegible]	[illegible]	[illegible]	[illegible]	[illegible]	[illegible]	[illegible]	[illegible]	[illegible]	[illegible]	[illegible]	[illegible]	[illegible]	[illegible]
29	[illegible]	[illegible]	[illegible]	[illegible]	[illegible]	[illegible]	[illegible]	[illegible]	[illegible]	[illegible]	[illegible]	[illegible]	[illegible]	[illegible]
30	[illegible]	[illegible]	[illegible]	[illegible]	[illegible]	[illegible]	[illegible]	[illegible]	[illegible]	[illegible]	[illegible]	[illegible]	[illegible]	[illegible]
31	[illegible]	[illegible]	[illegible]	[illegible]	[illegible]	[illegible]	[illegible]	[illegible]	[illegible]	[illegible]	[illegible]	[illegible]	[illegible]	[illegible]
Mean =	[illegible]	6171	6296	6433	6442	6602	6446	6345	6499	6521	6630	6685	6815	7102

λ = − 115° 43′ 50″ = − 7h. 42m. 55s. Local Mean Time (Bifilar Magnetometer). *July* 1883.

3	4	5	6	7	8	9	10	11	12	Daily and Hourly Means	Highest Reading	Lowest Reading	Difference
[illegible]	[illegible]	[illegible]	[illegible]	[illegible]	[illegible]	[illegible]	[illegible]	[illegible]	[illegible]	[illegible]	[illegible]	[illegible]	[illegible]
[illegible]	[illegible]	[illegible]	[illegible]	[illegible]	[illegible]	[illegible]	[illegible]	[illegible]	[illegible]	[illegible]	[illegible]	[illegible]	[illegible]
[illegible]	[illegible]	[illegible]	[illegible]	[illegible]	[illegible]	[illegible]	[illegible]	[illegible]	[illegible]	[illegible]	[illegible]	[illegible]	[illegible]
[illegible]	[illegible]	[illegible]	[illegible]	[illegible]	[illegible]	[illegible]	[illegible]	[illegible]	[illegible]	[illegible]	[illegible]	[illegible]	[illegible]
[illegible]	[illegible]	[illegible]	[illegible]	[illegible]	[illegible]	[illegible]	[illegible]	[illegible]	[illegible]	[illegible]	[illegible]	[illegible]	[illegible]
[illegible]	[illegible]	[illegible]	[illegible]	[illegible]	[illegible]	[illegible]	[illegible]	[illegible]	[illegible]	[illegible]	[illegible]	653	[illegible]
[illegible]	[illegible]	[illegible]	[illegible]	[illegible]	[illegible]	[illegible]	[illegible]	[illegible]	[illegible]	[illegible]	[illegible]	[illegible]	[illegible]
[illegible]	[illegible]	[illegible]	[illegible]	[illegible]	[illegible]	[illegible]	[illegible]	[illegible]	[illegible]	[illegible]	[illegible]	[illegible]	[illegible]
[illegible]	[illegible]	[illegible]	[illegible]	[illegible]	[illegible]	[illegible]	[illegible]	[illegible]	[illegible]	[illegible]	[illegible]	[illegible]	[illegible]
[illegible]	[illegible]	[illegible]	[illegible]	[illegible]	[illegible]	[illegible]	[illegible]	[illegible]	[illegible]	[illegible]	[illegible]	[illegible]	[illegible]
[illegible]	[illegible]	[illegible]	[illegible]	[illegible]	[illegible]	[illegible]	[illegible]	[illegible]	[illegible]	[illegible]	[illegible]	[illegible]	[illegible]
[illegible]	[illegible]	[illegible]	[illegible]	[illegible]	[illegible]	[illegible]	[illegible]	[illegible]	[illegible]	[illegible]	693	[illegible]	[illegible]
[illegible]	[illegible]	[illegible]	[illegible]	[illegible]	[illegible]	[illegible]	[illegible]	[illegible]	[illegible]	[illegible]	[illegible]	[illegible]	[illegible]
[illegible]	[illegible]	[illegible]	[illegible]	[illegible]	[illegible]	[illegible]	[illegible]	[illegible]	[illegible]	[illegible]	[illegible]	[illegible]	[illegible]
[illegible]	[illegible]	[illegible]	[illegible]	[illegible]	[illegible]	[illegible]	[illegible]	[illegible]	[illegible]	[illegible]	[illegible]	[illegible]	[illegible]
[illegible]	[illegible]	[illegible]	[illegible]	[illegible]	[illegible]	[illegible]	[illegible]	[illegible]	[illegible]	[illegible]	[illegible]	[illegible]	[illegible]
[illegible]	[illegible]	[illegible]	[illegible]	[illegible]	[illegible]	[illegible]	[illegible]	[illegible]	[illegible]	[illegible]	[illegible]	[illegible]	[illegible]
[illegible]	[illegible]	[illegible]	[illegible]	[illegible]	[illegible]	[illegible]	[illegible]	[illegible]	[illegible]	[illegible]	[illegible]	[illegible]	[illegible]
[illegible]	[illegible]	[illegible]	[illegible]	[illegible]	[illegible]	[illegible]	[illegible]	[illegible]	[illegible]	700	[illegible]	[illegible]	[illegible]
[illegible]	[illegible]	[illegible]	[illegible]	[illegible]	[illegible]	[illegible]	[illegible]	[illegible]	[illegible]	[illegible]	[illegible]	[illegible]	136
[illegible]	[illegible]	[illegible]	[illegible]	[illegible]	[illegible]	[illegible]	[illegible]	[illegible]	[illegible]	[illegible]	[illegible]	[illegible]	[illegible]
[illegible]	[illegible]	[illegible]	[illegible]	[illegible]	[illegible]	[illegible]	[illegible]	[illegible]	[illegible]	[illegible]	[illegible]	[illegible]	[illegible]
[illegible]	[illegible]	[illegible]	[illegible]	[illegible]	[illegible]	[illegible]	[illegible]	[illegible]	[illegible]	[illegible]	[illegible]	[illegible]	[illegible]
[illegible]	[illegible]	[illegible]	[illegible]	[illegible]	[illegible]	[illegible]	[illegible]	[illegible]	[illegible]	[illegible]	[illegible]	[illegible]	[illegible]
[illegible]	[illegible]	[illegible]	[illegible]	[illegible]	[illegible]	[illegible]	[illegible]	[illegible]	[illegible]	[illegible]	[illegible]	[illegible]	[illegible]
[illegible]	[illegible]	[illegible]	[illegible]	[illegible]	[illegible]	[illegible]	[illegible]	[illegible]	[illegible]	[illegible]	[illegible]	[illegible]	[illegible]
[illegible]	[illegible]	[illegible]	[illegible]	[illegible]	[illegible]	[illegible]	[illegible]	[illegible]	[illegible]	[illegible]	[illegible]	[illegible]	[illegible]
[illegible]	[illegible]	[illegible]	[illegible]	[illegible]	[illegible]	[illegible]	[illegible]	[illegible]	[illegible]	[illegible]	[illegible]	[illegible]	[illegible]
[illegible]	[illegible]	[illegible]	[illegible]	[illegible]	[illegible]	[illegible]	[illegible]	[illegible]	[illegible]	[illegible]	[illegible]	−292	[illegible]
[illegible]	[illegible]	[illegible]	[illegible]	[illegible]	[illegible]	[illegible]	[illegible]	[illegible]	[illegible]	[illegible]	1097	[illegible]	1379
[illegible]	[illegible]	[illegible]	[illegible]	[illegible]	[illegible]	[illegible]	[illegible]	[illegible]	[illegible]	550	[illegible]	[illegible]	[illegible]
[illegible]	[illegible]	[illegible]	[illegible]	[illegible]	[illegible]	[illegible]	[illegible]	[illegible]	[illegible]	[illegible]	[illegible]	[illegible]	[illegible]

λ = − 115° 43′ 50″ = − 7h. 42m. 55s. *August* 1883.

3	4	5	6	7	8	9	10	11	12	Daily and Hourly Means	Highest Reading	Lowest Reading	Difference
[illegible]	[illegible]	[illegible]	[illegible]	[illegible]	[illegible]	[illegible]	[illegible]	[illegible]	[illegible]	[illegible]	[illegible]	628	841
[illegible]	[illegible]	[illegible]	[illegible]	[illegible]	[illegible]	[illegible]	[illegible]	[illegible]	[illegible]	[illegible]	[illegible]	[illegible]	[illegible]
[illegible]	[illegible]	[illegible]	[illegible]	[illegible]	[illegible]	[illegible]	[illegible]	[illegible]	[illegible]	[illegible]	[illegible]	[illegible]	[illegible]
[illegible]	[illegible]	[illegible]	[illegible]	[illegible]	[illegible]	[illegible]	[illegible]	[illegible]	[illegible]	[illegible]	[illegible]	[illegible]	[illegible]
[illegible]	[illegible]	[illegible]	[illegible]	[illegible]	[illegible]	[illegible]	[illegible]	[illegible]	[illegible]	[illegible]	[illegible]	[illegible]	[illegible]
[illegible]	[illegible]	[illegible]	[illegible]	[illegible]	[illegible]	[illegible]	[illegible]	[illegible]	[illegible]	[illegible]	[illegible]	[illegible]	[illegible]
[illegible]	[illegible]	[illegible]	[illegible]	[illegible]	[illegible]	[illegible]	[illegible]	[illegible]	[illegible]	[illegible]	[illegible]	[illegible]	[illegible]
[illegible]	[illegible]	[illegible]	[illegible]	[illegible]	[illegible]	[illegible]	[illegible]	[illegible]	[illegible]	[illegible]	[illegible]	[illegible]	[illegible]
[illegible]	[illegible]	[illegible]	[illegible]	[illegible]	[illegible]	[illegible]	[illegible]	[illegible]	[illegible]	[illegible]	691	[illegible]	[illegible]
[illegible]	[illegible]	[illegible]	[illegible]	[illegible]	[illegible]	[illegible]	[illegible]	[illegible]	[illegible]	[illegible]	[illegible]	[illegible]	[illegible]
[illegible]	[illegible]	[illegible]	[illegible]	[illegible]	[illegible]	[illegible]	[illegible]	[illegible]	[illegible]	[illegible]	[illegible]	[illegible]	[illegible]
[illegible]	[illegible]	[illegible]	[illegible]	[illegible]	[illegible]	[illegible]	[illegible]	[illegible]	[illegible]	[illegible]	[illegible]	[illegible]	[illegible]
[illegible]	[illegible]	[illegible]	[illegible]	[illegible]	[illegible]	[illegible]	[illegible]	[illegible]	[illegible]	[illegible]	[illegible]	[illegible]	[illegible]
[illegible]	[illegible]	[illegible]	[illegible]	[illegible]	[illegible]	[illegible]	[illegible]	[illegible]	[illegible]	710	938	[illegible]	[illegible]
[illegible]	[illegible]	[illegible]	[illegible]	[illegible]	[illegible]	[illegible]	[illegible]	[illegible]	[illegible]	[illegible]	[illegible]	570	[illegible]
[illegible]	[illegible]	[illegible]	[illegible]	[illegible]	[illegible]	[illegible]	[illegible]	[illegible]	[illegible]	[illegible]	[illegible]	[illegible]	46
[illegible]	[illegible]	[illegible]	[illegible]	[illegible]	[illegible]	[illegible]	[illegible]	[illegible]	[illegible]	[illegible]	[illegible]	[illegible]	[illegible]
[illegible]	[illegible]	[illegible]	[illegible]	[illegible]	[illegible]	[illegible]	[illegible]	[illegible]	[illegible]	[illegible]	[illegible]	[illegible]	[illegible]
[illegible]	[illegible]	[illegible]	[illegible]	[illegible]	[illegible]	[illegible]	[illegible]	[illegible]	[illegible]	[illegible]	[illegible]	[illegible]	[illegible]
[illegible]	[illegible]	[illegible]	[illegible]	[illegible]	[illegible]	[illegible]	[illegible]	[illegible]	[illegible]	[illegible]	[illegible]	[illegible]	[illegible]
[illegible]	[illegible]	[illegible]	[illegible]	[illegible]	[illegible]	[illegible]	[illegible]	[illegible]	[illegible]	[illegible]	[illegible]	[illegible]	[illegible]
[illegible]	[illegible]	[illegible]	[illegible]	[illegible]	[illegible]	[illegible]	[illegible]	[illegible]	[illegible]	[illegible]	[illegible]	[illegible]	[illegible]
[illegible]	[illegible]	[illegible]	[illegible]	[illegible]	[illegible]	[illegible]	[illegible]	[illegible]	[illegible]	[illegible]	[illegible]	[illegible]	[illegible]
[illegible]	[illegible]	[illegible]	[illegible]	[illegible]	[illegible]	[illegible]	[illegible]	[illegible]	[illegible]	628	[illegible]	[illegible]	[illegible]
[illegible]	[illegible]	[illegible]	[illegible]	[illegible]	[illegible]	[illegible]	[illegible]	[illegible]	[illegible]	[illegible]	[illegible]	[illegible]	[illegible]
[illegible]	[illegible]	[illegible]	[illegible]	[illegible]	[illegible]	[illegible]	[illegible]	[illegible]	[illegible]	[illegible]	[illegible]	[illegible]	[illegible]
[illegible]	[illegible]	[illegible]	[illegible]	[illegible]	[illegible]	[illegible]	[illegible]	[illegible]	[illegible]	[illegible]	[illegible]	[illegible]	[illegible]
[illegible]	[illegible]	[illegible]	[illegible]	[illegible]	[illegible]	[illegible]	[illegible]	[illegible]	[illegible]	[illegible]	[illegible]	[illegible]	[illegible]
[illegible]	[illegible]	[illegible]	[illegible]	[illegible]	[illegible]	[illegible]	[illegible]	[illegible]	[illegible]	[illegible]	[illegible]	[illegible]	[illegible]
[illegible]	[illegible]	[illegible]	[illegible]	[illegible]	[illegible]	[illegible]	[illegible]	[illegible]	[illegible]	[illegible]	[illegible]	[illegible]	[illegible]
[illegible]	[illegible]	[illegible]	[illegible]	[illegible]	[illegible]	[illegible]	[illegible]	[illegible]	[illegible]	[illegible]	[illegible]	[illegible]	[illegible]
[illegible]	[illegible]	[illegible]	[illegible]	[illegible]	[illegible]	[illegible]	[illegible]	[illegible]	[illegible]	[illegible]	[illegible]	[illegible]	[illegible]

September 1882. 0·6100 + (C. G. S. Units). ϑ = + 62° 38′ 52″.

Days.	1	2	3	4	5	6	7	8	9	10	11	Noon.	1	2
1														
2														
3														
4														
5														
6														
7														
8	86	81	72	67	69	72	77	72	75	78	79	89	95	102
9	64	62	74	72	70	78	75	71	73	72	73	77	81	80
10	75	73	75	[illegible]	[illegible]	[illegible]	[illegible]	[illegible]	[illegible]	83	82	83	84	84
11	77	83	84	86	84	84	82	82	82	82	83	79	81	83
12	84	84	86	86	85	87	83	83	84	82	81	82	81	84
13	87	81	95	93	96	91	87	84	83	79	83	87	86	86
14	84	107	93	88	85	85	83	90	83	82	83	84	84	84
15	91	85	84	88	88	81	80	82	81	80	80	79	85	81
16	80	80	78	80	83	80	77	78	78	80	80	78	79	79
17	79	80	79	81	81	82	81	80	80	78	80	81	83	82
18	79	80	80	81	81	81	81	77	78	75	78	80	81	82
19	82	81	82	81	83	82	80	80	80	80	80	80	81	84
20	93	88	84	88	86	83	81	82	82	83	82	82	82	84
21	84	93	86	84	85	84	83	84	85	81	81	83	84	84
22	80	97	85	85	84	82	81	82	83	82	83	83	84	82
23	83	83	83	85	90	98	97	85	80	81	82	83	85	84
24	80	84	81	81	83	83	81	81	84	82	81	81	81	83
25	90	118	110	105	109	91	124	109	110	83	80	85	81	82
26	102	87	85	84	82	80	82	83	81	82	73	80	78	78
27	83	91	86	86	91	83	80	80	80	79	80	80	79	82
28	82	75	77	79	77	76	73	75	78	74	74	75	76	77
29	79	89	91	94	85	80	77	71	75	78	72	76	77	76
30	80	80	83	76	77	76	80	78	77	75	77	77	76	77
Mean	0·61871	850	840	840	834	821	819	808	800	796	797	803	819	826

October 1882. ϑ = + 62° 38′ 52″.

Days.	1	2	3	4	5	6	7	8	9	10	11	Noon.	1	2
1	75	78	81	76	74	77	76	72	77	75	74	77	77	77
2	81	84	121	123	122	120	117	89	92	102	100	117	127	118
3	77	80	80	72	80	82	75	78	74	79	78	80	78	80
4	75	77	88	97	77	72	77	90	77	69	73	82	77	82
5	79	80	78	81	79	80	78	82	77	78	72	77	79	81
6	103	102	103	103	104	102	102	103	104	87	84	87	81	85
7	79	78	78	76	76	72	78	78	78	79	80	76	77	78
8	78	80	78	80	80	80	80	79	79	78	78	78	75	78
9	77	78	81	84	84	81	82	78	77	76	75	76	77	78
10	81	83	98	98	98	89	81	77	79	81	82	81	77	80
11	81	82	87	81	85	85	80	72	78	78	78	81	80	81
12	78	81	84	77	81	78	78	78	78	80	79	78	78	78
13	81	85	78	78	78	79	77	77	74	82	75	77	78	78
14	80	81	74	71	63	64	64	63	65	61	63	67	75	74
15	85	70	86	113	100	92	76	91	76	72	74	76	73	78
16	77	113	102	98	81	77	77	74	77	80	71	74	78	71
17	107	82	83	83	78	77	78	83	92	74	72	78	79	80
18	61	96	89	81	79	76	79	79	80	80	79	79	78	80
19	78	77	77	79	81	77	77	74	74	74	78	73	76	76
20	75	74	74	73	74	75	74	78	75	75	75	76	76	77
21	72	73	73	73	71	72	73	71	72	71	72	72	73	74
22	77	77	77	90	83	84	91	91	80	72	80	79	[77]	69
23	77	94	93	72	77	75	71	65	69	68	70	74	79	72
24	80	67	72	90	84	84	68	66	67	67	68	68	68	68
25	66	64	86	84	77	77	73	69	68	69	68	68	69	68
26	64	69	66	67	78	66	67	65	68	66	67	68	68	71
27	73	77	73	73	68	69	68	65	65	61	63	66	69	68
28	79	74	73	80	91	93	91	91	71	74	78	83	73	78
29	80	87	100	84	76	73	75	72	75	78	74	77	80	82
30	67	72	82	84	84	74	77	74	74	74	76	77	77	78
31	77	82	78	75	77	77	78	78	78	79	79	79	80	80
Mean	0·61781	816	837	837	810	803	786	775	762	751	758	771	772	778

* Magnet accidentally displaced.

λ = − 115° 43′ 50″ = − 7h. 42m. 55s. Local Mean Time (Balance Magnetometer). *September* 1882.

3	4	5	6	7	8	9	10	11	12	Daily Means.	Highest Reading.	Lowest Reading.	Difference.
102	103	106	109	77	74	74	73	68	67	84	106	67	·0039
80	84	87	88	87	85	84	82	80	77	88	88	62	·0026
83	84	85	94	86	88	77	96	78	84	85	96	73	·0023
86	82	82	74	72	64	69	83	87	82	81	87	64	·0023
85	85	84	80	77	69	70	78	30	69	77	86	50	·0036
85	85	84	83	85	79	79	80	85	65	84	93	68	·0025
85	84	84	95	83	82	80	76	64	58	83	107	58	·0049
80	81	82	92	80	80	77	83	80	81	81	93	77	·0016
81	79	82	94	80	83	77	70	77	81	79	94	70	·0024
83	83	84	83	82	81	81	82	81	81	82	84	78	·0006
86	83	84	84	83	84	81	77	80	83	81	86	75	·0011
83	84	83	86	83	84	84	80	82	81	82	89	85	·0006
83	81	81	80	84	83	82	80	78	81	83	93	78	·0015
85	84	84	84	84	84	84	83	84	85	84	93	83	·0012
84	84	85	83	85	85	82	80	81	82	83	90	80	·0010
85	82	83	84	84	86	85	84	83	79	84	98	70	·0019
82	84	84	81	71	61	74	76	78	85	80	84	61	·0024
84	84	87	83	83	79	71	66	69	94	88	118	66	·0052
80	79	77	66	71	67	69	82	81	85	73	101	66	·0036
81	79	77	80	78	78	75	74	72	66	80	91	66	·0025
78	78	79	77	76	77	76	77	65	68	75	82	65	·0019
77	77	77	77	76	77	77	77	71	70	78	94	70	·0024
75	78	78	76	73	73	74	78	72	71	78	82	71	·0011
832	815	833	849	800	785	778	787	736	771	·6384	·6248	·6170	·0068

λ = − 115° 43′ 50″ = − 7h. 42m. 55s. *October* 1882.

3	4	5	6	7	8	9	10	11	12	Daily Means.	Highest Reading.	Lowest Reading.	Difference.
77	78	78	76	80	78	78	76	80	88	77	88	73	·0015
75	59	69	74	64	69	73	72	80	77	25	131	25	·0106
80	81	81	80	83	83	77	74	76	81	78	83	72	·0011
81	81	82	78	81	81	78	80	70	101	80	102	63	·0039
76	79	77	66	71	73	78	78	84	102	74	101	38	·0063
80	69	79	79	59	80	79	78	79	80	88	105	78	·0027
79	81	81	81	81	81	81	83	80	79	78	81	56	·0003
83	85	80	81	81	79	71	79	79	78	79	84	78	·0005
76	78	77	78	78	77	78	77	56	63	76	86	66	·0019
81	81	81	81	77	78	76	61	74	78	81	95	64	·0034
88	81	79	78	71	78	78	81	63	76	78	87	61	·0026
80	78	79	78	77	73	73	73	72	83	78	84	72	·0012
79	80	80	84	81	82	84	84	81	81	79	84	72	·0010
77	77	73	79	66	69	64	71	82	96	74	96	59	·0037
78	78	71	80	78	77	77	73	76	64	80	113	63	·0049
68	62	71	63	69	66	68	87	67	92	77	117	64	·0053
80	72	78	80	78	78	77	77	82	48	79	107	58	·0049
79	78	70	78	78	80	79	78	77	78	79	96	64	·0032
77	78	76	77	77	78	78	75	73	73	74	81	71	·0010
73	75	78	78	73	73	77	78	73	73	74	78	57	·0005
73	74	74	76	73	77	69	63	64	76	72	75	64	·0011
63	54	67	69	67	71	75	64	58	68	74	91	34	·0057
72	78	73	71	72	66	69	87	70	79	74	94	63	·0029
61	68	61	67	68	68	64	76	86	93	72	93	60	·0035
68	68	72	66	63	62	78	84	72	69	73	96	54	·0040
82	68	68	68	67	64	60	62	72	72	66	82	37	·0043
75	69	69	59	70	57	74	84	62	74	64	84	57	·0027
78	77	57	77	77	70	78	63	65	73	74	93	58	·0033
77	78	74	75	75	74	77	61	60	70	75	100	51	·0046
78	78	72	78	78	76	76	78	78	77	76	88	67	·0063
81	81	81	81	81	80	81	78	73	77	78	82	73	·0020
784	779	753	745	747	739	791	749	737	784	·6123	·6231	·6135	·0196

November 1882. 0·6100 + (C. G. S. Units). ζ = + 62° 38′ 52″.

Days.	1	2	3	4	5	6	7	8	9	10	11	Noon	1	2
1	[illegible]	[illegible]	[illegible]	[illegible]	[illegible]	[illegible]	[illegible]	[illegible]	[illegible]	[illegible]	[illegible]	[illegible]	[illegible]	[illegible]
2	[illegible]	[illegible]	[illegible]	[illegible]	[illegible]	[illegible]	[illegible]	[illegible]	[illegible]	[illegible]	[illegible]	[illegible]	[illegible]	[illegible]
3	[illegible]	[illegible]	[illegible]	[illegible]	[illegible]	[illegible]	[illegible]	[illegible]	[illegible]	[illegible]	[illegible]	[illegible]	[illegible]	[illegible]
4	[illegible]	[illegible]	[illegible]	[illegible]	[illegible]	[illegible]	[illegible]	[illegible]	[illegible]	[illegible]	[illegible]	[illegible]	[illegible]	[illegible]
5	[illegible]	[illegible]	[illegible]	[illegible]	[illegible]	[illegible]	[illegible]	[illegible]	[illegible]	[illegible]	[illegible]	[illegible]	[illegible]	[illegible]
6	[illegible]	[illegible]	[illegible]	[illegible]	[illegible]	[illegible]	[illegible]	[illegible]	[illegible]	[illegible]	[illegible]	[illegible]	[illegible]	[illegible]
7	[illegible]	[illegible]	[illegible]	[illegible]	[illegible]	[illegible]	[illegible]	[illegible]	[illegible]	[illegible]	[illegible]	[illegible]	[illegible]	[illegible]
8	[illegible]	[illegible]	[illegible]	[illegible]	[illegible]	[illegible]	[illegible]	[illegible]	[illegible]	[illegible]	[illegible]	[illegible]	[illegible]	[illegible]
9	[illegible]	[illegible]	[illegible]	[illegible]	[illegible]	[illegible]	[illegible]	[illegible]	[illegible]	[illegible]	[illegible]	[illegible]	[illegible]	[illegible]
10	[illegible]	[illegible]	[illegible]	[illegible]	[illegible]	[illegible]	[illegible]	[illegible]	[illegible]	[illegible]	[illegible]	[illegible]	[illegible]	[illegible]
11	[illegible]	[illegible]	[illegible]	[illegible]	[illegible]	[illegible]	[illegible]	[illegible]	[illegible]	[illegible]	[illegible]	[illegible]	[illegible]	[illegible]
12	[illegible]	[illegible]	[illegible]	[illegible]	[illegible]	[illegible]	[illegible]	[illegible]	[illegible]	[illegible]	[illegible]	[illegible]	[illegible]	[illegible]
13	[illegible]	[illegible]	[illegible]	[illegible]	[illegible]	[illegible]	[illegible]	[illegible]	[illegible]	[illegible]	[illegible]	[illegible]	[illegible]	[illegible]
14	[illegible]	[illegible]	[illegible]	[illegible]	[illegible]	[illegible]	[illegible]	[illegible]	[illegible]	[illegible]	[illegible]	[illegible]	[illegible]	[illegible]
15	[illegible]	[illegible]	[illegible]	[illegible]	[illegible]	[illegible]	[illegible]	[illegible]	[illegible]	[illegible]	[illegible]	[illegible]	[illegible]	[illegible]
16	[illegible]	[illegible]	[illegible]	[illegible]	[illegible]	[illegible]	[illegible]	[illegible]	[illegible]	[illegible]	[illegible]	[illegible]	[illegible]	[illegible]
17	[illegible]	[illegible]	[illegible]	[illegible]	[illegible]	[illegible]	[illegible]	[illegible]	[illegible]	[illegible]	[illegible]	[illegible]	[illegible]	[illegible]
18	[illegible]	[illegible]	[illegible]	[illegible]	[illegible]	[illegible]	[illegible]	[illegible]	[illegible]	[illegible]	[illegible]	[illegible]	[illegible]	[illegible]
19	[illegible]	[illegible]	[illegible]	[illegible]	[illegible]	[illegible]	[illegible]	[illegible]	[illegible]	[illegible]	[illegible]	[illegible]	[illegible]	[illegible]
20	[illegible]	[illegible]	[illegible]	[illegible]	[illegible]	[illegible]	[illegible]	[illegible]	[illegible]	[illegible]	[illegible]	[illegible]	[illegible]	[illegible]
21	[illegible]	[illegible]	[illegible]	[illegible]	[illegible]	[illegible]	[illegible]	[illegible]	[illegible]	[illegible]	[illegible]	[illegible]	[illegible]	[illegible]
22	[illegible]	[illegible]	[illegible]	[illegible]	[illegible]	[illegible]	[illegible]	[illegible]	[illegible]	[illegible]	[illegible]	[illegible]	[illegible]	[illegible]
23	[illegible]	[illegible]	[illegible]	[illegible]	[illegible]	[illegible]	[illegible]	[illegible]	[illegible]	[illegible]	[illegible]	[illegible]	[illegible]	[illegible]
24	[illegible]	[illegible]	[illegible]	[illegible]	[illegible]	[illegible]	[illegible]	[illegible]	[illegible]	[illegible]	[illegible]	[illegible]	[illegible]	[illegible]
25	[illegible]	[illegible]	[illegible]	[illegible]	[illegible]	[illegible]	[illegible]	[illegible]	[illegible]	[illegible]	[illegible]	[illegible]	[illegible]	[illegible]
26	[illegible]	[illegible]	[illegible]	[illegible]	[illegible]	[illegible]	[illegible]	[illegible]	[illegible]	[illegible]	[illegible]	[illegible]	[illegible]	[illegible]
27	[illegible]	[illegible]	[illegible]	[illegible]	[illegible]	[illegible]	[illegible]	[illegible]	[illegible]	[illegible]	[illegible]	[illegible]	[illegible]	[illegible]
28	[illegible]	[illegible]	[illegible]	[illegible]	[illegible]	[illegible]	[illegible]	[illegible]	[illegible]	[illegible]	[illegible]	[illegible]	[illegible]	[illegible]
29	[illegible]	[illegible]	[illegible]	[illegible]	[illegible]	[illegible]	[illegible]	[illegible]	[illegible]	[illegible]	[illegible]	[illegible]	[illegible]	[illegible]
30	[illegible]	[illegible]	[illegible]	[illegible]	[illegible]	[illegible]	[illegible]	[illegible]	[illegible]	[illegible]	[illegible]	[illegible]	[illegible]	[illegible]
Mean	[illegible]	[illegible]	[illegible]	[illegible]	[illegible]	[illegible]	[illegible]	[illegible]	[illegible]	[illegible]	[illegible]	[illegible]	[illegible]	[illegible]

December 1882. ζ = + 62° 38′ 52″.

Days.	1	2	3	4	5	6	7	8	9	10	11	Noon	1	2
1	[illegible]	[illegible]	[illegible]	[illegible]	[illegible]	[illegible]	[illegible]	[illegible]	[illegible]	[illegible]	[illegible]	[illegible]	[illegible]	[illegible]
2	[illegible]	[illegible]	[illegible]	[illegible]	[illegible]	[illegible]	[illegible]	[illegible]	[illegible]	[illegible]	[illegible]	[illegible]	[illegible]	[illegible]
3	[illegible]	[illegible]	[illegible]	[illegible]	[illegible]	[illegible]	[illegible]	[illegible]	[illegible]	[illegible]	[illegible]	[illegible]	[illegible]	[illegible]
4	[illegible]	[illegible]	[illegible]	[illegible]	[illegible]	[illegible]	[illegible]	[illegible]	[illegible]	[illegible]	[illegible]	[illegible]	[illegible]	[illegible]
5	[illegible]	[illegible]	[illegible]	[illegible]	[illegible]	[illegible]	[illegible]	[illegible]	[illegible]	[illegible]	[illegible]	[illegible]	[illegible]	[illegible]
6	[illegible]	[illegible]	[illegible]	[illegible]	[illegible]	[illegible]	[illegible]	[illegible]	[illegible]	[illegible]	[illegible]	[illegible]	[illegible]	[illegible]
7	[illegible]	[illegible]	[illegible]	[illegible]	[illegible]	[illegible]	[illegible]	[illegible]	[illegible]	[illegible]	[illegible]	[illegible]	[illegible]	[illegible]
8	[illegible]	[illegible]	[illegible]	[illegible]	[illegible]	[illegible]	[illegible]	[illegible]	[illegible]	[illegible]	[illegible]	[illegible]	[illegible]	[illegible]
9	[illegible]	[illegible]	[illegible]	[illegible]	[illegible]	[illegible]	[illegible]	[illegible]	[illegible]	[illegible]	[illegible]	[illegible]	[illegible]	[illegible]
10	[illegible]	[illegible]	[illegible]	[illegible]	[illegible]	[illegible]	[illegible]	[illegible]	[illegible]	[illegible]	[illegible]	[illegible]	[illegible]	[illegible]
11	[illegible]	[illegible]	[illegible]	[illegible]	[illegible]	[illegible]	[illegible]	[illegible]	[illegible]	[illegible]	[illegible]	[illegible]	[illegible]	[illegible]
12	[illegible]	[illegible]	[illegible]	[illegible]	[illegible]	[illegible]	[illegible]	[illegible]	[illegible]	[illegible]	[illegible]	[illegible]	[illegible]	[illegible]
13	[illegible]	[illegible]	[illegible]	[illegible]	[illegible]	[illegible]	[illegible]	[illegible]	[illegible]	[illegible]	[illegible]	[illegible]	[illegible]	[illegible]
14	[illegible]	[illegible]	[illegible]	[illegible]	[illegible]	[illegible]	[illegible]	[illegible]	[illegible]	[illegible]	[illegible]	[illegible]	[illegible]	[illegible]
15	[illegible]	[illegible]	[illegible]	[illegible]	[illegible]	[illegible]	[illegible]	[illegible]	[illegible]	[illegible]	[illegible]	[illegible]	[illegible]	[illegible]
16	[illegible]	[illegible]	[illegible]	[illegible]	[illegible]	[illegible]	[illegible]	[illegible]	[illegible]	[illegible]	[illegible]	[illegible]	[illegible]	[illegible]
17	[illegible]	[illegible]	[illegible]	[illegible]	[illegible]	[illegible]	[illegible]	[illegible]	[illegible]	[illegible]	[illegible]	[illegible]	[illegible]	[illegible]
18	[illegible]	[illegible]	[illegible]	[illegible]	[illegible]	[illegible]	[illegible]	[illegible]	[illegible]	[illegible]	[illegible]	[illegible]	[illegible]	[illegible]
19	[illegible]	[illegible]	[illegible]	[illegible]	[illegible]	[illegible]	[illegible]	[illegible]	[illegible]	[illegible]	[illegible]	[illegible]	[illegible]	[illegible]
20	[illegible]	[illegible]	[illegible]	[illegible]	[illegible]	[illegible]	[illegible]	[illegible]	[illegible]	[illegible]	[illegible]	[illegible]	[illegible]	[illegible]
21	[illegible]	[illegible]	[illegible]	[illegible]	[illegible]	[illegible]	[illegible]	[illegible]	[illegible]	[illegible]	[illegible]	[illegible]	[illegible]	[illegible]
22	[illegible]	[illegible]	[illegible]	[illegible]	[illegible]	[illegible]	[illegible]	[illegible]	[illegible]	[illegible]	[illegible]	[illegible]	[illegible]	[illegible]
23	[illegible]	[illegible]	[illegible]	[illegible]	[illegible]	[illegible]	[illegible]	[illegible]	[illegible]	[illegible]	[illegible]	[illegible]	[illegible]	[illegible]
24	[illegible]	[illegible]	[illegible]	[illegible]	[illegible]	[illegible]	[illegible]	[illegible]	[illegible]	[illegible]	[illegible]	[illegible]	[illegible]	[illegible]
25	[illegible]	[illegible]	[illegible]	[illegible]	[illegible]	[illegible]	[illegible]	[illegible]	[illegible]	[illegible]	[illegible]	[illegible]	[illegible]	[illegible]
26	[illegible]	[illegible]	[illegible]	[illegible]	[illegible]	[illegible]	[illegible]	[illegible]	[illegible]	[illegible]	[illegible]	[illegible]	[illegible]	[illegible]
27	[illegible]	[illegible]	[illegible]	[illegible]	[illegible]	[illegible]	[illegible]	[illegible]	[illegible]	[illegible]	[illegible]	[illegible]	[illegible]	[illegible]
28	[illegible]	[illegible]	[illegible]	[illegible]	[illegible]	[illegible]	[illegible]	[illegible]	[illegible]	[illegible]	[illegible]	[illegible]	[illegible]	[illegible]
29	[illegible]	[illegible]	[illegible]	[illegible]	[illegible]	[illegible]	[illegible]	[illegible]	[illegible]	[illegible]	[illegible]	[illegible]	[illegible]	[illegible]
30	[illegible]	[illegible]	[illegible]	[illegible]	[illegible]	[illegible]	[illegible]	[illegible]	[illegible]	[illegible]	[illegible]	[illegible]	[illegible]	[illegible]
31	[illegible]	[illegible]	[illegible]	[illegible]	[illegible]	[illegible]	[illegible]	[illegible]	[illegible]	[illegible]	[illegible]	[illegible]	[illegible]	[illegible]
Mean	[illegible]	[illegible]	[illegible]	[illegible]	[illegible]	[illegible]	[illegible]	[illegible]	[illegible]	[illegible]	[illegible]	[illegible]	[illegible]	[illegible]

* Needle displaced accidentally.

λ = − 115° 43′ 50″ = − 7h. 42m. 55s. Local Mean Time (Balance Magnetometer). *November* 1882.

3	4	5	6	7	8	9	10	11	12	Daily Mean	Highest Reading	Lowest Reading	Deflection
[illegible]	[illegible]	[illegible]	[illegible]	[illegible]	[illegible]	[illegible]	[illegible]	[illegible]	[illegible]	[illegible]	[illegible]	[illegible]	[illegible]
[illegible]	[illegible]	[illegible]	[illegible]	[illegible]	[illegible]	[illegible]	[illegible]	[illegible]	[illegible]	[illegible]	[illegible]	80	[illegible]
[illegible]	[illegible]	[illegible]	[illegible]	[illegible]	[illegible]	[illegible]	[illegible]	[illegible]	[illegible]	[illegible]	[illegible]	[illegible]	[illegible]
[illegible]	[illegible]	[illegible]	[illegible]	[illegible]	[illegible]	[illegible]	[illegible]	[illegible]	[illegible]	[illegible]	[illegible]	[illegible]	[illegible]
[illegible]	[illegible]	[illegible]	[illegible]	[illegible]	[illegible]	[illegible]	[illegible]	[illegible]	[illegible]	[illegible]	[illegible]	[illegible]	[illegible]
[illegible]	[illegible]	[illegible]	[illegible]	[illegible]	[illegible]	[illegible]	[illegible]	[illegible]	[illegible]	[illegible]	64	[illegible]	[illegible]
[illegible]	[illegible]	[illegible]	[illegible]	[illegible]	[illegible]	[illegible]	[illegible]	[illegible]	[illegible]	[illegible]	[illegible]	[illegible]	[illegible]
[illegible]	[illegible]	[illegible]	[illegible]	[illegible]	[illegible]	[illegible]	[illegible]	[illegible]	[illegible]	[illegible]	[illegible]	[illegible]	[illegible]
[illegible]	[illegible]	[illegible]	[illegible]	[illegible]	[illegible]	[illegible]	[illegible]	[illegible]	[illegible]	[illegible]	[illegible]	[illegible]	[illegible]
[illegible]	[illegible]	[illegible]	[illegible]	[illegible]	[illegible]	[illegible]	[illegible]	[illegible]	[illegible]	[illegible]	[illegible]	[illegible]	[illegible]
[illegible]	[illegible]	[illegible]	[illegible]	[illegible]	[illegible]	[illegible]	[illegible]	[illegible]	[illegible]	[illegible]	[illegible]	[illegible]	·0004
[illegible]	[illegible]	[illegible]	[illegible]	[illegible]	[illegible]	[illegible]	[illegible]	[illegible]	[illegible]	[illegible]	[illegible]	[illegible]	[illegible]
[illegible]	[illegible]	[illegible]	[illegible]	[illegible]	[illegible]	[illegible]	[illegible]	[illegible]	[illegible]	100	141	[illegible]	[illegible]
[illegible]	[illegible]	[illegible]	[illegible]	[illegible]	[illegible]	[illegible]	[illegible]	[illegible]	[illegible]	[illegible]	[illegible]	[illegible]	[illegible]
[illegible]	[illegible]	[illegible]	[illegible]	[illegible]	[illegible]	[illegible]	[illegible]	[illegible]	[illegible]	[illegible]	[illegible]	[illegible]	[illegible]
[illegible]	[illegible]	[illegible]	[illegible]	[illegible]	[illegible]	[illegible]	[illegible]	[illegible]	[illegible]	49	[illegible]	[illegible]	[illegible]
[illegible]	[illegible]	[illegible]	[illegible]	[illegible]	[illegible]	[illegible]	[illegible]	[illegible]	[illegible]	[illegible]	[illegible]	21	·0086
[illegible]	[illegible]	[illegible]	[illegible]	[illegible]	[illegible]	[illegible]	[illegible]	[illegible]	[illegible]	[illegible]	[illegible]	[illegible]	[illegible]
[illegible]	[illegible]	[illegible]	[illegible]	[illegible]	[illegible]	[illegible]	[illegible]	[illegible]	[illegible]	[illegible]	[illegible]	[illegible]	[illegible]
[illegible]	[illegible]	[illegible]	[illegible]	[illegible]	[illegible]	[illegible]	[illegible]	[illegible]	[illegible]	[illegible]	[illegible]	[illegible]	[illegible]
[illegible]	[illegible]	[illegible]	[illegible]	[illegible]	[illegible]	[illegible]	[illegible]	[illegible]	[illegible]	[illegible]	[illegible]	[illegible]	[illegible]
[illegible]	[illegible]	[illegible]	[illegible]	[illegible]	[illegible]	[illegible]	[illegible]	[illegible]	[illegible]	[illegible]	[illegible]	[illegible]	[illegible]
[illegible]	[illegible]	[illegible]	[illegible]	[illegible]	[illegible]	[illegible]	[illegible]	[illegible]	[illegible]	[illegible]	[illegible]	[illegible]	[illegible]
[illegible]	[illegible]	[illegible]	[illegible]	[illegible]	[illegible]	[illegible]	[illegible]	[illegible]	[illegible]	[illegible]	[illegible]	[illegible]	[illegible]
[illegible]	[illegible]	[illegible]	[illegible]	[illegible]	[illegible]	[illegible]	[illegible]	[illegible]	[illegible]	[illegible]	[illegible]	[illegible]	[illegible]
[illegible]	[illegible]	[illegible]	[illegible]	[illegible]	[illegible]	[illegible]	[illegible]	[illegible]	[illegible]	[illegible]	[illegible]	[illegible]	[illegible]
[illegible]	[illegible]	[illegible]	[illegible]	[illegible]	[illegible]	[illegible]	[illegible]	[illegible]	[illegible]	[illegible]	[illegible]	[illegible]	[illegible]
[illegible]	[illegible]	[illegible]	[illegible]	[illegible]	[illegible]	[illegible]	[illegible]	[illegible]	[illegible]	[illegible]	[illegible]	[illegible]	[illegible]
[illegible]	[illegible]	[illegible]	[illegible]	[illegible]	[illegible]	[illegible]	[illegible]	[illegible]	[illegible]	[illegible]	[illegible]	[illegible]	[illegible]
[illegible]	[illegible]	[illegible]	[illegible]	[illegible]	[illegible]	[illegible]	[illegible]	[illegible]	[illegible]	[illegible]	[illegible]	[illegible]	[illegible]
[illegible]	[illegible]	[illegible]	[illegible]	[illegible]	[illegible]	[illegible]	[illegible]	[illegible]	[illegible]	[illegible]	[illegible]	[illegible]	[illegible]
[illegible]	[illegible]	[illegible]	[illegible]	[illegible]	[illegible]	[illegible]	[illegible]	[illegible]	[illegible]	[illegible]	[illegible]	[illegible]	[illegible]

λ = − 115° 43′ 50″ = − 7h. 42m. 55s. *December* 1882.

3	4	5	6	7	8	9	10	11	12	Daily Mean	Highest Reading	Lowest Reading	Deflection
[illegible]	[illegible]	[illegible]	[illegible]	[illegible]	[illegible]	[illegible]	[illegible]	[illegible]	[illegible]	[illegible]	[illegible]	[illegible]	[illegible]
[illegible]	[illegible]	[illegible]	[illegible]	[illegible]	[illegible]	[illegible]	[illegible]	[illegible]	[illegible]	92	[illegible]	88	[illegible]
[illegible]	[illegible]	[illegible]	[illegible]	[illegible]	[illegible]	[illegible]	[illegible]	[illegible]	[illegible]	[illegible]	[illegible]	[illegible]	[illegible]
[illegible]	[illegible]	[illegible]	[illegible]	[illegible]	[illegible]	[illegible]	[illegible]	[illegible]	[illegible]	[illegible]	[illegible]	[illegible]	[illegible]
[illegible]	[illegible]	[illegible]	[illegible]	[illegible]	[illegible]	[illegible]	[illegible]	[illegible]	[illegible]	[illegible]	[illegible]	[illegible]	[illegible]
[illegible]	[illegible]	[illegible]	[illegible]	[illegible]	[illegible]	[illegible]	[illegible]	[illegible]	[illegible]	[illegible]	[illegible]	[illegible]	[illegible]
[illegible]	[illegible]	[illegible]	[illegible]	[illegible]	[illegible]	[illegible]	[illegible]	[illegible]	[illegible]	[illegible]	[illegible]	[illegible]	·0007
[illegible]	[illegible]	[illegible]	[illegible]	[illegible]	[illegible]	[illegible]	[illegible]	[illegible]	[illegible]	[illegible]	[illegible]	[illegible]	[illegible]
[illegible]	[illegible]	[illegible]	[illegible]	[illegible]	[illegible]	[illegible]	[illegible]	[illegible]	[illegible]	68	68	[illegible]	[illegible]
[illegible]	[illegible]	[illegible]	[illegible]	[illegible]	[illegible]	[illegible]	[illegible]	[illegible]	[illegible]	[illegible]	[illegible]	[illegible]	[illegible]
[illegible]	[illegible]	[illegible]	[illegible]	[illegible]	[illegible]	[illegible]	[illegible]	[illegible]	[illegible]	[illegible]	[illegible]	[illegible]	[illegible]
[illegible]	[illegible]	[illegible]	[illegible]	[illegible]	[illegible]	[illegible]	[illegible]	[illegible]	[illegible]	[illegible]	[illegible]	[illegible]	[illegible]
[illegible]	[illegible]	[illegible]	[illegible]	[illegible]	[illegible]	[illegible]	[illegible]	[illegible]	[illegible]	[illegible]	[illegible]	[illegible]	[illegible]
[illegible]	[illegible]	[illegible]	[illegible]	[illegible]	[illegible]	[illegible]	[illegible]	[illegible]	[illegible]	[illegible]	[illegible]	[illegible]	[illegible]
[illegible]	[illegible]	[illegible]	[illegible]	[illegible]	[illegible]	[illegible]	[illegible]	[illegible]	[illegible]	[illegible]	[illegible]	18	[illegible]
[illegible]	[illegible]	[illegible]	[illegible]	[illegible]	[illegible]	[illegible]	[illegible]	[illegible]	[illegible]	[illegible]	[illegible]	[illegible]	[illegible]
[illegible]	[illegible]	[illegible]	[illegible]	[illegible]	[illegible]	[illegible]	[illegible]	[illegible]	[illegible]	[illegible]	[illegible]	[illegible]	[illegible]
[illegible]	[illegible]	[illegible]	[illegible]	[illegible]	[illegible]	[illegible]	[illegible]	[illegible]	[illegible]	[illegible]	[illegible]	[illegible]	[illegible]
[illegible]	[illegible]	[illegible]	[illegible]	[illegible]	[illegible]	[illegible]	[illegible]	[illegible]	[illegible]	[illegible]	[illegible]	[illegible]	[illegible]
[illegible]	[illegible]	[illegible]	[illegible]	[illegible]	[illegible]	[illegible]	[illegible]	[illegible]	[illegible]	[illegible]	120	[illegible]	·0094
[illegible]	[illegible]	[illegible]	[illegible]	[illegible]	[illegible]	[illegible]	[illegible]	[illegible]	[illegible]	[illegible]	[illegible]	[illegible]	[illegible]
[illegible]	[illegible]	[illegible]	[illegible]	[illegible]	[illegible]	[illegible]	[illegible]	[illegible]	[illegible]	[illegible]	[illegible]	[illegible]	[illegible]
[illegible]	[illegible]	[illegible]	[illegible]	[illegible]	[illegible]	[illegible]	[illegible]	[illegible]	[illegible]	[illegible]	[illegible]	[illegible]	[illegible]
[illegible]	[illegible]	[illegible]	[illegible]	[illegible]	[illegible]	[illegible]	[illegible]	[illegible]	[illegible]	[illegible]	[illegible]	[illegible]	[illegible]
[illegible]	[illegible]	[illegible]	[illegible]	[illegible]	[illegible]	[illegible]	[illegible]	[illegible]	[illegible]	[illegible]	[illegible]	[illegible]	[illegible]
[illegible]	[illegible]	[illegible]	[illegible]	[illegible]	[illegible]	[illegible]	[illegible]	[illegible]	[illegible]	[illegible]	[illegible]	[illegible]	[illegible]
[illegible]	[illegible]	[illegible]	[illegible]	[illegible]	[illegible]	[illegible]	[illegible]	[illegible]	[illegible]	[illegible]	[illegible]	[illegible]	[illegible]
[illegible]	[illegible]	[illegible]	[illegible]	[illegible]	[illegible]	[illegible]	[illegible]	[illegible]	[illegible]	[illegible]	[illegible]	[illegible]	[illegible]
[illegible]	[illegible]	[illegible]	[illegible]	[illegible]	[illegible]	[illegible]	[illegible]	[illegible]	[illegible]	[illegible]	[illegible]	[illegible]	[illegible]
[illegible]	[illegible]	[illegible]	[illegible]	[illegible]	[illegible]	[illegible]	[illegible]	[illegible]	[illegible]	[illegible]	[illegible]	[illegible]	[illegible]
[illegible]	[illegible]	[illegible]	[illegible]	[illegible]	[illegible]	[illegible]	[illegible]	[illegible]	[illegible]	[illegible]	[illegible]	[illegible]	[illegible]
[illegible]	[illegible]	[illegible]	[illegible]	[illegible]	[illegible]	[illegible]	[illegible]	[illegible]	[illegible]	[illegible]	[illegible]	[illegible]	[illegible]

January 1883. 0·6100 + (C. G. S. Units). $\phi = +62° 38' 52''$.

Days.	1	2	3	4	5	6	7	8	9	10	11	Noon.	1	2
1	[illegible]	[illegible]	[illegible]	[illegible]	[illegible]	[illegible]	[illegible]	[illegible]	[illegible]	[illegible]	[illegible]	[illegible]	[illegible]	[illegible]
2	[illegible]	[illegible]	[illegible]	[illegible]	[illegible]	[illegible]	[illegible]	[illegible]	[illegible]	[illegible]	[illegible]	[illegible]	[illegible]	[illegible]
3	[illegible]	[illegible]	[illegible]	[illegible]	[illegible]	[illegible]	[illegible]	[illegible]	[illegible]	[illegible]	[illegible]	[illegible]	[illegible]	[illegible]
4	[illegible]	[illegible]	[illegible]	[illegible]	[illegible]	[illegible]	[illegible]	[illegible]	[illegible]	[illegible]	[illegible]	[illegible]	[illegible]	[illegible]
5	[illegible]	[illegible]	[illegible]	[illegible]	[illegible]	[illegible]	[illegible]	[illegible]	[illegible]	[illegible]	[illegible]	[illegible]	[illegible]	[illegible]
6	[illegible]	[illegible]	[illegible]	[illegible]	[illegible]	[illegible]	[illegible]	[illegible]	[illegible]	[illegible]	[illegible]	[illegible]	[illegible]	[illegible]
7	[illegible]	[illegible]	[illegible]	[illegible]	[illegible]	[illegible]	[illegible]	[illegible]	[illegible]	[illegible]	[illegible]	[illegible]	[illegible]	[illegible]
8	[illegible]	[illegible]	[illegible]	[illegible]	[illegible]	[illegible]	[illegible]	[illegible]	[illegible]	[illegible]	[illegible]	[illegible]	[illegible]	[illegible]
9	[illegible]	[illegible]	[illegible]	[illegible]	[illegible]	[illegible]	[illegible]	[illegible]	[illegible]	[illegible]	[illegible]	[illegible]	[illegible]	[illegible]
10	[illegible]	[illegible]	[illegible]	[illegible]	[illegible]	[illegible]	[illegible]	[illegible]	[illegible]	[illegible]	[illegible]	[illegible]	[illegible]	[illegible]
11	[illegible]	[illegible]	[illegible]	[illegible]	[illegible]	[illegible]	[illegible]	[illegible]	[illegible]	[illegible]	[illegible]	[illegible]	[illegible]	[illegible]
12	[illegible]	[illegible]	[illegible]	[illegible]	[illegible]	[illegible]	[illegible]	[illegible]	[illegible]	[illegible]	[illegible]	[illegible]	[illegible]	[illegible]
13	[illegible]	[illegible]	[illegible]	[illegible]	[illegible]	[illegible]	[illegible]	[illegible]	[illegible]	[illegible]	[illegible]	[illegible]	[illegible]	[illegible]
14	[illegible]	[illegible]	[illegible]	[illegible]	[illegible]	[illegible]	[illegible]	[illegible]	[illegible]	[illegible]	[illegible]	[illegible]	[illegible]	[illegible]
15	[illegible]	[illegible]	[illegible]	[illegible]	[illegible]	[illegible]	[illegible]	[illegible]	[illegible]	[illegible]	[illegible]	[illegible]	[illegible]	[illegible]
16	[illegible]	[illegible]	[illegible]	[illegible]	[illegible]	[illegible]	[illegible]	[illegible]	[illegible]	[illegible]	[illegible]	[illegible]	[illegible]	[illegible]
17	[illegible]	[illegible]	[illegible]	[illegible]	[illegible]	[illegible]	[illegible]	[illegible]	[illegible]	[illegible]	[illegible]	[illegible]	[illegible]	[illegible]
18	[illegible]	[illegible]	[illegible]	[illegible]	[illegible]	[illegible]	[illegible]	[illegible]	[illegible]	[illegible]	[illegible]	[illegible]	[illegible]	[illegible]
19	[illegible]	[illegible]	[illegible]	[illegible]	[illegible]	[illegible]	[illegible]	[illegible]	[illegible]	[illegible]	[illegible]	[illegible]	[illegible]	[illegible]
20	[illegible]	[illegible]	[illegible]	[illegible]	[illegible]	[illegible]	[illegible]	[illegible]	[illegible]	[illegible]	[illegible]	[illegible]	[illegible]	[illegible]
21	[illegible]	[illegible]	[illegible]	[illegible]	[illegible]	[illegible]	[illegible]	[illegible]	[illegible]	[illegible]	[illegible]	[illegible]	[illegible]	[illegible]
22	[illegible]	[illegible]	[illegible]	[illegible]	[illegible]	[illegible]	[illegible]	[illegible]	[illegible]	[illegible]	[illegible]	[illegible]	[illegible]	[illegible]
23	[illegible]	[illegible]	[illegible]	[illegible]	[illegible]	[illegible]	[illegible]	[illegible]	[illegible]	[illegible]	[illegible]	[illegible]	[illegible]	[illegible]
24	[illegible]	[illegible]	[illegible]	[illegible]	[illegible]	[illegible]	[illegible]	[illegible]	[illegible]	[illegible]	[illegible]	[illegible]	[illegible]	[illegible]
25	[illegible]	[illegible]	[illegible]	[illegible]	[illegible]	[illegible]	[illegible]	[illegible]	[illegible]	[illegible]	[illegible]	[illegible]	[illegible]	[illegible]
26	[illegible]	[illegible]	[illegible]	[illegible]	[illegible]	[illegible]	[illegible]	[illegible]	[illegible]	[illegible]	[illegible]	[illegible]	[illegible]	[illegible]
27	[illegible]	[illegible]	[illegible]	[illegible]	[illegible]	[illegible]	[illegible]	[illegible]	[illegible]	[illegible]	[illegible]	[illegible]	[illegible]	[illegible]
28	[illegible]	[illegible]	[illegible]	[illegible]	[illegible]	[illegible]	[illegible]	[illegible]	[illegible]	[illegible]	[illegible]	[illegible]	[illegible]	[illegible]
29	[illegible]	[illegible]	[illegible]	[illegible]	[illegible]	[illegible]	[illegible]	[illegible]	[illegible]	[illegible]	[illegible]	[illegible]	[illegible]	[illegible]
30	[illegible]	[illegible]	[illegible]	[illegible]	[illegible]	[illegible]	[illegible]	[illegible]	[illegible]	[illegible]	[illegible]	[illegible]	[illegible]	[illegible]
31	[illegible]	[illegible]	[illegible]	[illegible]	[illegible]	[illegible]	[illegible]	[illegible]	[illegible]	[illegible]	[illegible]	[illegible]	[illegible]	[illegible]
Mean	61712	[illegible]	829	818	826	816	796	767	779	744	750	749	756	762

February 1883. $\phi = +62° 38' 52''$.

Days.	1	2	3	4	5	6	7	8	9	10	11	Noon.	1	2
1	[illegible]	[illegible]	[illegible]	[illegible]	[illegible]	[illegible]	[illegible]	[illegible]	[illegible]	[illegible]	[illegible]	[illegible]	[illegible]	[illegible]
2	[illegible]	[illegible]	[illegible]	[illegible]	[illegible]	[illegible]	[illegible]	[illegible]	[illegible]	[illegible]	[illegible]	[illegible]	[illegible]	[illegible]
3	[illegible]	[illegible]	[illegible]	[illegible]	[illegible]	[illegible]	[illegible]	[illegible]	[illegible]	[illegible]	[illegible]	[illegible]	[illegible]	[illegible]
4	[illegible]	[illegible]	[illegible]	[illegible]	[illegible]	[illegible]	[illegible]	[illegible]	[illegible]	[illegible]	[illegible]	[illegible]	[illegible]	[illegible]
5	[illegible]	[illegible]	[illegible]	[illegible]	[illegible]	[illegible]	[illegible]	[illegible]	[illegible]	[illegible]	[illegible]	[illegible]	[illegible]	[illegible]
6	[illegible]	[illegible]	[illegible]	[illegible]	[illegible]	[illegible]	[illegible]	[illegible]	[illegible]	[illegible]	[illegible]	[illegible]	[illegible]	[illegible]
7	[illegible]	[illegible]	[illegible]	[illegible]	[illegible]	[illegible]	[illegible]	[illegible]	[illegible]	[illegible]	[illegible]	[illegible]	[illegible]	[illegible]
8	[illegible]	[illegible]	[illegible]	[illegible]	[illegible]	[illegible]	[illegible]	[illegible]	[illegible]	[illegible]	[illegible]	[illegible]	[illegible]	[illegible]
9	[illegible]	[illegible]	[illegible]	[illegible]	[illegible]	[illegible]	[illegible]	[illegible]	[illegible]	[illegible]	[illegible]	[illegible]	[illegible]	[illegible]
10	[illegible]	[illegible]	[illegible]	[illegible]	[illegible]	[illegible]	[illegible]	[illegible]	[illegible]	[illegible]	[illegible]	[illegible]	[illegible]	[illegible]
11	[illegible]	[illegible]	[illegible]	[illegible]	[illegible]	[illegible]	[illegible]	[illegible]	[illegible]	[illegible]	[illegible]	[illegible]	[illegible]	[illegible]
12	[illegible]	[illegible]	[illegible]	[illegible]	[illegible]	[illegible]	[illegible]	[illegible]	[illegible]	[illegible]	[illegible]	[illegible]	[illegible]	[illegible]
13	[illegible]	[illegible]	[illegible]	[illegible]	[illegible]	[illegible]	[illegible]	[illegible]	[illegible]	[illegible]	[illegible]	[illegible]	[illegible]	[illegible]
14	[illegible]	[illegible]	[illegible]	[illegible]	[illegible]	[illegible]	[illegible]	[illegible]	[illegible]	[illegible]	[illegible]	[illegible]	[illegible]	[illegible]
15	[illegible]	[illegible]	[illegible]	[illegible]	[illegible]	[illegible]	[illegible]	[illegible]	[illegible]	[illegible]	[illegible]	[illegible]	[illegible]	[illegible]
16	[illegible]	[illegible]	[illegible]	[illegible]	[illegible]	[illegible]	[illegible]	[illegible]	[illegible]	[illegible]	[illegible]	[illegible]	[illegible]	[illegible]
17	[illegible]	[illegible]	[illegible]	[illegible]	[illegible]	[illegible]	[illegible]	[illegible]	[illegible]	[illegible]	[illegible]	[illegible]	[illegible]	[illegible]
18	[illegible]	[illegible]	[illegible]	[illegible]	[illegible]	[illegible]	[illegible]	[illegible]	[illegible]	[illegible]	[illegible]	[illegible]	[illegible]	[illegible]
19	[illegible]	[illegible]	[illegible]	[illegible]	[illegible]	[illegible]	[illegible]	[illegible]	[illegible]	[illegible]	[illegible]	[illegible]	[illegible]	[illegible]
20	[illegible]	[illegible]	[illegible]	[illegible]	[illegible]	[illegible]	[illegible]	[illegible]	[illegible]	[illegible]	[illegible]	[illegible]	[illegible]	[illegible]
21	[illegible]	[illegible]	[illegible]	[illegible]	[illegible]	[illegible]	[illegible]	[illegible]	[illegible]	[illegible]	[illegible]	[illegible]	[illegible]	[illegible]
22	[illegible]	[illegible]	[illegible]	[illegible]	[illegible]	[illegible]	[illegible]	[illegible]	[illegible]	[illegible]	[illegible]	[illegible]	[illegible]	[illegible]
23	[illegible]	[illegible]	[illegible]	[illegible]	[illegible]	[illegible]	[illegible]	[illegible]	[illegible]	[illegible]	[illegible]	[illegible]	[illegible]	[illegible]
24	[illegible]	[illegible]	[illegible]	[illegible]	[illegible]	[illegible]	[illegible]	>120	[illegible]	[illegible]	[illegible]	[illegible]	[illegible]	[illegible]
25	[illegible]	[illegible]	[illegible]	[illegible]	[illegible]	[illegible]	[illegible]	[illegible]	80	80	80	[illegible]	[illegible]	[illegible]
26	[illegible]	[illegible]	[illegible]	[illegible]	[illegible]	[illegible]	[illegible]	[illegible]	[illegible]	[illegible]	[illegible]	[illegible]	[illegible]	[illegible]
27	[illegible]	[illegible]	[illegible]	[illegible]	[illegible]	[illegible]	[illegible]	[illegible]	[illegible]	[illegible]	[illegible]	[illegible]	[illegible]	[illegible]
28	[illegible]	[illegible]	[illegible]	[illegible]	[illegible]	120	[illegible]	[illegible]	[illegible]	[illegible]	[illegible]	[illegible]	[illegible]	[illegible]
Mean	61744	780	826	823	810	825	831	769	752	738	738	738	733	746

λ = − 115° 43′ 50″ = − 7h. 42m. 55s. Local Mean Time (Balance Magnetometer). *January* 1883.

3	4	5	6	7	8	9	10	11	12	Daily Means.	Highest Reading.	Lowest Reading.	Difference.
[illegible]	[illegible]	[illegible]	[illegible]	[illegible]	[illegible]	[illegible]	[illegible]	[illegible]	[illegible]	[illegible]	[illegible]	[illegible]	[illegible]
[illegible]	[illegible]	[illegible]	[illegible]	[illegible]	[illegible]	[illegible]	[illegible]	[illegible]	[illegible]	[illegible]	[illegible]	[illegible]	[illegible]
[illegible]	[illegible]	[illegible]	[illegible]	[illegible]	[illegible]	[illegible]	[illegible]	[illegible]	[illegible]	[illegible]	[illegible]	[illegible]	·0007
[illegible]	[illegible]	[illegible]	[illegible]	[illegible]	[illegible]	[illegible]	[illegible]	[illegible]	[illegible]	58	[illegible]	[illegible]	[illegible]
[illegible]	[illegible]	[illegible]	[illegible]	[illegible]	[illegible]	[illegible]	[illegible]	[illegible]	[illegible]	[illegible]	[illegible]	[illegible]	[illegible]
[illegible]	[illegible]	[illegible]	[illegible]	[illegible]	[illegible]	[illegible]	[illegible]	[illegible]	[illegible]	[illegible]	[illegible]	[illegible]	[illegible]
[illegible]	[illegible]	[illegible]	[illegible]	[illegible]	[illegible]	[illegible]	[illegible]	[illegible]	[illegible]	[illegible]	[illegible]	18	·0032
[illegible]	[illegible]	[illegible]	[illegible]	[illegible]	[illegible]	[illegible]	[illegible]	[illegible]	[illegible]	[illegible]	[illegible]	[illegible]	[illegible]
[illegible]	[illegible]	[illegible]	[illegible]	[illegible]	[illegible]	[illegible]	[illegible]	[illegible]	[illegible]	[illegible]	[illegible]	[illegible]	[illegible]
[illegible]	[illegible]	[illegible]	[illegible]	[illegible]	[illegible]	[illegible]	[illegible]	[illegible]	[illegible]	[illegible]	[illegible]	[illegible]	[illegible]
[illegible]	[illegible]	[illegible]	[illegible]	[illegible]	[illegible]	[illegible]	[illegible]	[illegible]	[illegible]	[illegible]	74	[illegible]	[illegible]
[illegible]	[illegible]	[illegible]	[illegible]	[illegible]	[illegible]	[illegible]	[illegible]	[illegible]	[illegible]	[illegible]	[illegible]	[illegible]	[illegible]
[illegible]	[illegible]	[illegible]	[illegible]	[illegible]	[illegible]	[illegible]	[illegible]	[illegible]	[illegible]	[illegible]	[illegible]	[illegible]	[illegible]
[illegible]	[illegible]	[illegible]	[illegible]	[illegible]	[illegible]	[illegible]	[illegible]	[illegible]	[illegible]	[illegible]	[illegible]	[illegible]	[illegible]
[illegible]	[illegible]	[illegible]	[illegible]	[illegible]	[illegible]	[illegible]	[illegible]	[illegible]	[illegible]	[illegible]	[illegible]	[illegible]	[illegible]
[illegible]	[illegible]	[illegible]	[illegible]	[illegible]	[illegible]	[illegible]	[illegible]	[illegible]	[illegible]	[illegible]	[illegible]	[illegible]	[illegible]
[illegible]	[illegible]	[illegible]	[illegible]	[illegible]	[illegible]	[illegible]	[illegible]	[illegible]	[illegible]	[illegible]	[illegible]	[illegible]	[illegible]
[illegible]	[illegible]	[illegible]	[illegible]	[illegible]	[illegible]	[illegible]	[illegible]	[illegible]	[illegible]	[illegible]	[illegible]	[illegible]	[illegible]
[illegible]	[illegible]	[illegible]	[illegible]	[illegible]	[illegible]	[illegible]	[illegible]	[illegible]	[illegible]	[illegible]	[illegible]	[illegible]	[illegible]
[illegible]	[illegible]	[illegible]	[illegible]	[illegible]	[illegible]	[illegible]	[illegible]	[illegible]	[illegible]	[illegible]	[illegible]	[illegible]	[illegible]
[illegible]	[illegible]	[illegible]	[illegible]	[illegible]	[illegible]	[illegible]	[illegible]	[illegible]	[illegible]	[illegible]	[illegible]	[illegible]	[illegible]
[illegible]	[illegible]	[illegible]	[illegible]	[illegible]	[illegible]	[illegible]	[illegible]	[illegible]	[illegible]	[illegible]	[illegible]	77	[illegible]
[illegible]	[illegible]	[illegible]	[illegible]	[illegible]	[illegible]	[illegible]	[illegible]	[illegible]	[illegible]	[illegible]	[illegible]	[illegible]	[illegible]
[illegible]	[illegible]	[illegible]	[illegible]	[illegible]	[illegible]	[illegible]	[illegible]	[illegible]	[illegible]	[illegible]	[illegible]	[illegible]	[illegible]
[illegible]	[illegible]	[illegible]	[illegible]	[illegible]	[illegible]	[illegible]	[illegible]	[illegible]	[illegible]	[illegible]	[illegible]	[illegible]	[illegible]
[illegible]	[illegible]	[illegible]	[illegible]	[illegible]	[illegible]	[illegible]	[illegible]	[illegible]	[illegible]	83	116	[illegible]	[illegible]
[illegible]	[illegible]	[illegible]	[illegible]	[illegible]	[illegible]	[illegible]	[illegible]	[illegible]	[illegible]	[illegible]	[illegible]	[illegible]	[illegible]
[illegible]	[illegible]	[illegible]	[illegible]	[illegible]	[illegible]	[illegible]	[illegible]	[illegible]	[illegible]	[illegible]	[illegible]	[illegible]	[illegible]
[illegible]	[illegible]	[illegible]	[illegible]	[illegible]	[illegible]	[illegible]	[illegible]	[illegible]	[illegible]	[illegible]	[illegible]	[illegible]	[illegible]
[illegible]	[illegible]	[illegible]	[illegible]	[illegible]	[illegible]	[illegible]	[illegible]	[illegible]	[illegible]	[illegible]	[illegible]	[illegible]	[illegible]
[illegible]	[illegible]	[illegible]	[illegible]	[illegible]	[illegible]	[illegible]	[illegible]	[illegible]	[illegible]	[illegible]	[illegible]	[illegible]	[illegible]
[illegible]	[illegible]	[illegible]	[illegible]	[illegible]	[illegible]	[illegible]	[illegible]	[illegible]	[illegible]	[illegible]	[illegible]	[illegible]	[illegible]

λ = − 115° 43′ 50″ = − 7h. 42m. 55s. *February* 1883.

3	4	5	6	7	8	9	10	11	12	Daily Means.	Highest Reading.	Lowest Reading.	Difference.
[illegible]	[illegible]	[illegible]	[illegible]	[illegible]	[illegible]	[illegible]	[illegible]	[illegible]	[illegible]	[illegible]	[illegible]	[illegible]	[illegible]
[illegible]	[illegible]	[illegible]	[illegible]	[illegible]	[illegible]	[illegible]	[illegible]	[illegible]	[illegible]	[illegible]	[illegible]	[illegible]	[illegible]
[illegible]	[illegible]	[illegible]	[illegible]	[illegible]	[illegible]	[illegible]	[illegible]	[illegible]	[illegible]	[illegible]	[illegible]	23	[illegible]
[illegible]	[illegible]	[illegible]	[illegible]	[illegible]	[illegible]	[illegible]	[illegible]	[illegible]	[illegible]	[illegible]	[illegible]	[illegible]	[illegible]
[illegible]	[illegible]	[illegible]	[illegible]	[illegible]	[illegible]	[illegible]	[illegible]	[illegible]	[illegible]	[illegible]	[illegible]	[illegible]	[illegible]
[illegible]	[illegible]	[illegible]	[illegible]	[illegible]	[illegible]	[illegible]	[illegible]	[illegible]	[illegible]	[illegible]	[illegible]	[illegible]	[illegible]
[illegible]	[illegible]	[illegible]	[illegible]	[illegible]	[illegible]	[illegible]	[illegible]	[illegible]	[illegible]	[illegible]	[illegible]	74	[illegible]
[illegible]	[illegible]	[illegible]	[illegible]	[illegible]	[illegible]	[illegible]	[illegible]	[illegible]	[illegible]	[illegible]	[illegible]	[illegible]	[illegible]
[illegible]	[illegible]	[illegible]	[illegible]	[illegible]	[illegible]	[illegible]	[illegible]	[illegible]	[illegible]	[illegible]	[illegible]	[illegible]	[illegible]
[illegible]	[illegible]	[illegible]	[illegible]	[illegible]	[illegible]	[illegible]	[illegible]	[illegible]	[illegible]	[illegible]	[illegible]	[illegible]	[illegible]
[illegible]	[illegible]	[illegible]	[illegible]	[illegible]	[illegible]	[illegible]	[illegible]	[illegible]	[illegible]	[illegible]	[illegible]	[illegible]	[illegible]
[illegible]	[illegible]	[illegible]	[illegible]	[illegible]	[illegible]	[illegible]	[illegible]	[illegible]	[illegible]	[illegible]	[illegible]	[illegible]	[illegible]
[illegible]	[illegible]	[illegible]	[illegible]	[illegible]	[illegible]	[illegible]	[illegible]	[illegible]	[illegible]	[illegible]	[illegible]	[illegible]	[illegible]
[illegible]	[illegible]	[illegible]	[illegible]	[illegible]	[illegible]	[illegible]	[illegible]	[illegible]	[illegible]	[illegible]	[illegible]	[illegible]	[illegible]
[illegible]	[illegible]	[illegible]	[illegible]	[illegible]	[illegible]	[illegible]	[illegible]	[illegible]	[illegible]	[illegible]	[illegible]	[illegible]	[illegible]
[illegible]	[illegible]	[illegible]	[illegible]	[illegible]	[illegible]	[illegible]	[illegible]	[illegible]	[illegible]	[illegible]	[illegible]	[illegible]	[illegible]
[illegible]	[illegible]	[illegible]	[illegible]	[illegible]	[illegible]	[illegible]	[illegible]	[illegible]	[illegible]	[illegible]	[illegible]	[illegible]	[illegible]
[illegible]	[illegible]	[illegible]	[illegible]	[illegible]	[illegible]	[illegible]	[illegible]	[illegible]	[illegible]	57	[illegible]	[illegible]	[illegible]
[illegible]	[illegible]	[illegible]	[illegible]	[illegible]	[illegible]	[illegible]	[illegible]	[illegible]	[illegible]	[illegible]	[illegible]	[illegible]	·0005
[illegible]	[illegible]	[illegible]	[illegible]	[illegible]	[illegible]	[illegible]	[illegible]	[illegible]	[illegible]	[illegible]	[illegible]	[illegible]	[illegible]
[illegible]	[illegible]	[illegible]	[illegible]	[illegible]	[illegible]	[illegible]	[illegible]	[illegible]	[illegible]	[illegible]	[illegible]	[illegible]	[illegible]
[illegible]	[illegible]	[illegible]	[illegible]	[illegible]	[illegible]	[illegible]	[illegible]	[illegible]	[illegible]	[illegible]	[illegible]	[illegible]	[illegible]
[illegible]	[illegible]	[illegible]	[illegible]	[illegible]	[illegible]	[illegible]	[illegible]	[illegible]	[illegible]	[illegible]	[illegible]	[illegible]	[illegible]
[illegible]	[illegible]	[illegible]	[illegible]	[illegible]	[illegible]	[illegible]	[illegible]	[illegible]	[illegible]	[illegible]	150	[illegible]	·0101
[illegible]	[illegible]	[illegible]	[illegible]	[illegible]	[illegible]	[illegible]	[illegible]	[illegible]	[illegible]	[illegible]	[illegible]	[illegible]	[illegible]
[illegible]	[illegible]	[illegible]	[illegible]	[illegible]	[illegible]	[illegible]	[illegible]	[illegible]	[illegible]	[illegible]	[illegible]	[illegible]	[illegible]
[illegible]	[illegible]	[illegible]	[illegible]	[illegible]	[illegible]	[illegible]	[illegible]	[illegible]	[illegible]	[illegible]	[illegible]	[illegible]	[illegible]
[illegible]	[illegible]	[illegible]	[illegible]	[illegible]	[illegible]	[illegible]	[illegible]	[illegible]	[illegible]	83	[illegible]	[illegible]	[illegible]
[illegible]	[illegible]	[illegible]	[illegible]	[illegible]	[illegible]	[illegible]	[illegible]	[illegible]	[illegible]	[illegible]	[illegible]	[illegible]	[illegible]

Vertical Intensity.

March 1883. 0·6100 + (C. G. S. Units). $\Phi = +62° 38' 52''$.

Days.	1	2	3	4	5	6	7	8	9	10	11	Noon.	1	2
1	45	81	89	101	117	110	[illegible]	110	62	68	72	65	75	76
2	77	105	91	104	102	139	115	101	96	76	78	77	81	81
3	110	104	87	82	84	84	86	86	73	74	69	78	77	77
4	83	89	86	86	81	87	81	80	77	78	80	79	80	80
5	83	81	99	105	92	86	78	77	77	80	80	80	70	70
6	81	80	83	84	80	83	80	88	76	77	78	81	81	83
7	78	88	82	83	83	77	77	77	77	77	81	83	81	81
8	87	89	101	96	118	99	112	84	73	78	77	80	[illegible]	[illegible]
9	83	86	96	115	89	78	78	79	76	74	77	78	[illegible]	79
10	76	79	84	88	81	81	80	79	76	74	72	77	77	83
11	64	80	81	83	93	86	73	75	74	79	80	81	80	77
12	82	80	81	81	81	78	78	80	[illegible]	78	78	79	75	82
13	96	91	105	123	110	114	82	82	[illegible]	79	79	80	76	[illegible]
14	98	85	83	101	103	83	82	79	74	[illegible]	[illegible]	78	[illegible]	[illegible]
15	76	81	83	78	[illegible]	76	[illegible]	76	[illegible]	[illegible]	78	[illegible]	76	78
16	73	78	80	79	[illegible]	[illegible]	[illegible]	76	73	[illegible]	[illegible]	[illegible]	79	81
17	78	84	86	81	82	79	81	78	78	80	77	78	[illegible]	78
18	78	[illegible]	80	82	84	81	[illegible]	[illegible]	76	[illegible]	[illegible]	[illegible]	[illegible]	[illegible]
19	[illegible]	[illegible]	82	84	78	[illegible]	[illegible]	78	78	[illegible]	[illegible]	[illegible]	[illegible]	[illegible]
20	78	78	78	76	[illegible]	74	78	76	[illegible]	[illegible]	76	74	75	75
21	86	84	86	84	84	86	[illegible]	73	66	[illegible]	68	69	[illegible]	74
22	104	91	109	87	117	100	[illegible]	84	70	[illegible]	[illegible]	78	81	81
23	[illegible]	87	81	83	90	111	[illegible]	74	74	[illegible]	[illegible]	76	78	78
24	[illegible]	77	76	76	77	73	78	74	78	[illegible]	[illegible]	78	71	[illegible]
25	[illegible]	76	[illegible]	78	78	[illegible]	78	[illegible]	[illegible]	[illegible]	[illegible]	74	[illegible]	74
26	78	79	88	84	84	95	[illegible]	74	72	[illegible]	[illegible]	71	80	81
27	112	93	106	98	105	112	119	123	118	90	84	69	74	[illegible]
28	80	76	80	100	102	97	101	101	78	76	68	81	[illegible]	78
29	82	88	98	108	78	100	99	110	82	74	74	[illegible]	[illegible]	80
30	83	81	89	92	[illegible]	[illegible]	[illegible]	79	[illegible]	78	[illegible]	79	[illegible]	80
31	79	88	85	84	76	81	78	75	78	76	79	[illegible]	78	81
Mean -	·6184	845	875	896	918	904	872	819	768	767	759	767	776	[illegible]

April 1883. $\Phi = +62° 38' 52''$.

Days.	1	2	3	4	5	6	7	8	9	10	11	Noon.	1	2
1	71	81	82	84	93	84	79	76	83	83	83	81	83	83
2	103	88	86	85	92	92	81	82	87	78	81	85	85	82
3	76	93	102	113	113	104	110	115	117	84	91	87	84	73
4	113	98	91	92	93	98	113	100	84	81	79	78	82	82
5	85	87	94	88	88	98	98	85	83	86	85	84	84	83
6	88	103	89	86	83	81	86	82	82	82	81	85	80	84
7	84	82	84	83	83	82	84	84	83	83	82	82	83	83
8	86	84	92	92	98	93	93	82	71	[illegible]	81	83	82	84
9	78	86	98	88	94	103	83	81	81	82	84	83	85	85
10	84	83	84	83	90	84	82	83	84	83	83	83	84	86
11	84	92	100	92	88	82	83	85	82	82	83	83	81	84
12	89	90	86	95	90	91	81	87	82	83	82	83	84	83
13	93	84	91	88	88	86	84	83	81	85	81	84	83	84
14	84	84	84	80	83	83	84	83	83	84	82	83	82	86
15	83	79	80	83	87	83	88	88	78	84	81	82	84	80
16	82	82	93	94	85	88	82	83	81	84	81	81	80	80
17	83	83	83	86	89	83	81	87	83	83	80	82	81	80
18	91	91	93	89	93	104	93	80	77	[illegible]	80	82	84	84
19	139	104	93	98	89	93	98	122	69	[illegible]	[illegible]	[illegible]	73	69
20	112	95	91	96	105	103	103	98	111	105	88	81	80	83
21	80	81	85	84	81	[illegible]	80	80	80	80	80	78	78	74
22	78	82	80	83	83	78	[illegible]	78	74	78	[illegible]	[illegible]	[illegible]	78
23	[illegible]	[illegible]	80	80	84	81	[illegible]	78	78	78	76	[illegible]	[illegible]	78
24	[illegible]	76	70	79	78	83	83	60	[illegible]	83	72	73	60	[illegible]
25	92	97	100	100	88	96	83	81	83	78	78	78	78	77
26	102	85	78	84	86	84	81	[illegible]	81	67	73	78	82	78
27	76	70	95	95	91	91	78	80	[illegible]	[illegible]	78	79	79	82
28	64	[illegible]	75	83	83	86	76	[illegible]	78	78	80	80	78	[illegible]
29	70	[illegible]	74	[illegible]	80	86	76	66	73	73	74	73	73	78
30	69	71	78	80	81	78	70	60	64	66	71	77	73	75
Mean -	·6186½	848	874	806	899	890	864	879	813	807	797	801	799	792

λ = − 115° 43′ 50″ = − 7h. 42m. 55s. Local Mean Time (Balance Magnetometer).

3	4	5	6	7	8	9	10	11	12	Daily Means.	Highest Reading.
[illegible]	[illegible]	[illegible]	[illegible]	[illegible]	[illegible]	[illegible]	[illegible]	[illegible]	[illegible]	[illegible]	120
[illegible]	[illegible]	[illegible]	[illegible]	[illegible]	[illegible]	[illegible]	[illegible]	[illegible]	[illegible]	[illegible]	139
[illegible]	[illegible]	[illegible]	[illegible]	[illegible]	[illegible]	[illegible]	[illegible]	68	[illegible]	[illegible]	119
[illegible]	[illegible]	[illegible]	[illegible]	[illegible]	[illegible]	[illegible]	[illegible]	[illegible]	[illegible]	[illegible]	89
[illegible]	[illegible]	[illegible]	[illegible]	[illegible]	[illegible]	[illegible]	[illegible]	[illegible]	[illegible]	[illegible]	102
[illegible]	[illegible]	[illegible]	[illegible]	[illegible]	[illegible]	[illegible]	[illegible]	[illegible]	[illegible]	[illegible]	93
[illegible]	[illegible]	[illegible]	[illegible]	[illegible]	[illegible]	[illegible]	[illegible]	[illegible]	[illegible]	[illegible]	88
[illegible]	[illegible]	[illegible]	< [illegible]	[illegible]	[illegible]	< [illegible]	[illegible]	[illegible]	[illegible]	[illegible]	124
[illegible]	[illegible]	[illegible]	[illegible]	[illegible]	[illegible]	[illegible]	[illegible]	[illegible]	[illegible]	[illegible]	115
[illegible]	[illegible]	[illegible]	[illegible]	[illegible]	[illegible]	[illegible]	80	[illegible]	[illegible]	[illegible]	84
[illegible]	[illegible]	[illegible]	[illegible]	[illegible]	[illegible]	[illegible]	[illegible]	[illegible]	[illegible]	[illegible]	95
[illegible]	[illegible]	[illegible]	[illegible]	[illegible]	[illegible]	[illegible]	< [illegible]	[illegible]	[illegible]	[illegible]	102
[illegible]	[illegible]	[illegible]	[illegible]	[illegible]	[illegible]	[illegible]	[illegible]	[illegible]	[illegible]	[illegible]	127
[illegible]	[illegible]	[illegible]	[illegible]	[illegible]	[illegible]	[illegible]	[illegible]	[illegible]	[illegible]	[illegible]	129
[illegible]	80	[illegible]	[illegible]	[illegible]	[illegible]	[illegible]	[illegible]	[illegible]	[illegible]	[illegible]	87
[illegible]	[illegible]	[illegible]	[illegible]	[illegible]	[illegible]	[illegible]	[illegible]	[illegible]	[illegible]	[illegible]	81
[illegible]	[illegible]	[illegible]	[illegible]	[illegible]	[illegible]	[illegible]	[illegible]	[illegible]	[illegible]	[illegible]	86
[illegible]	[illegible]	[illegible]	[illegible]	[illegible]	[illegible]	[illegible]	[illegible]	[illegible]	[illegible]	[illegible]	84
[illegible]	[illegible]	[illegible]	[illegible]	[illegible]	[illegible]	[illegible]	[illegible]	[illegible]	[illegible]	[illegible]	82
[illegible]	[illegible]	[illegible]	[illegible]	[illegible]	[illegible]	[illegible]	[illegible]	[illegible]	[illegible]	[illegible]	89
[illegible]	< [illegible]	[illegible]	< [illegible]	[illegible]	< [illegible]	[illegible]	[illegible]	[illegible]	[illegible]	[illegible]	93
[illegible]	[illegible]	[illegible]	[illegible]	[illegible]	[illegible]	[illegible]	[illegible]	[illegible]	[illegible]	[illegible]	117
[illegible]	[illegible]	[illegible]	[illegible]	[illegible]	[illegible]	[illegible]	[illegible]	[illegible]	[illegible]	[illegible]	114
[illegible]	[illegible]	[illegible]	[illegible]	[illegible]	[illegible]	[illegible]	[illegible]	[illegible]	[illegible]	[illegible]	78
[illegible]	[illegible]	[illegible]	[illegible]	[illegible]	[illegible]	[illegible]	[illegible]	[illegible]	[illegible]	[illegible]	87
[illegible]	< [illegible]	[illegible]	[illegible]	[illegible]	[illegible]	[illegible]	[illegible]	[illegible]	[illegible]	[illegible]	97
[illegible]	[illegible]	[illegible]	[illegible]	[illegible]	[illegible]	[illegible]	[illegible]	[illegible]	[illegible]	88	135
[illegible]	[illegible]	[illegible]	< [illegible]	< [illegible]	< [illegible]	< [illegible]	[illegible]	[illegible]	[illegible]	[illegible]	125
[illegible]	[illegible]	[illegible]	[illegible]	[illegible]	[illegible]	[illegible]	[illegible]	[illegible]	[illegible]	[illegible]	110
[illegible]	[illegible]	[illegible]	[illegible]	[illegible]	[illegible]	[illegible]	[illegible]	[illegible]	[illegible]	[illegible]	91
[illegible]	[illegible]	[illegible]	[illegible]	[illegible]	[illegible]	[illegible]	[illegible]	[illegible]	[illegible]	[illegible]	88
[illegible]	[illegible]	[illegible]	[illegible]	[illegible]	[illegible]	[illegible]	[illegible]	[illegible]	[illegible]	[illegible]	[illegible]

λ = − 115° 43′ 50″ = − 7h. 42m. 55s.

3	4	5	6	7	8	9	10	11	12	Daily Means.	Highest Reading.
[illegible]	[illegible]	[illegible]	[illegible]	[illegible]	[illegible]	[illegible]	[illegible]	[illegible]	[illegible]	[illegible]	97
[illegible]	[illegible]	[illegible]	[illegible]	[illegible]	[illegible]	[illegible]	[illegible]	[illegible]	[illegible]	[illegible]	131
[illegible]	[illegible]	[illegible]	[illegible]	[illegible]	[illegible]	[illegible]	[illegible]	[illegible]	[illegible]	80	135
[illegible]	[illegible]	[illegible]	[illegible]	[illegible]	[illegible]	[illegible]	[illegible]	[illegible]	[illegible]	[illegible]	[illegible]
[illegible]	[illegible]	[illegible]	[illegible]	[illegible]	[illegible]	[illegible]	[illegible]	[illegible]	[illegible]	[illegible]	[illegible]
[illegible]	[illegible]	[illegible]	[illegible]	[illegible]	[illegible]	[illegible]	[illegible]	[illegible]	[illegible]	[illegible]	[illegible]
[illegible]	[illegible]	[illegible]	[illegible]	[illegible]	[illegible]	[illegible]	[illegible]	[illegible]	[illegible]	[illegible]	[illegible]
[illegible]	[illegible]	[illegible]	[illegible]	[illegible]	[illegible]	[illegible]	[illegible]	[illegible]	[illegible]	[illegible]	[illegible]
[illegible]	[illegible]	[illegible]	[illegible]	[illegible]	[illegible]	[illegible]	[illegible]	[illegible]	[illegible]	[illegible]	[illegible]
[illegible]	[illegible]	[illegible]	[illegible]	[illegible]	[illegible]	[illegible]	[illegible]	[illegible]	[illegible]	[illegible]	[illegible]
[illegible]	[illegible]	[illegible]	[illegible]	[illegible]	[illegible]	[illegible]	[illegible]	< [illegible]	[illegible]	[illegible]	[illegible]
[illegible]	[illegible]	[illegible]	[illegible]	[illegible]	[illegible]	[illegible]	[illegible]	[illegible]	[illegible]	[illegible]	[illegible]
[illegible]	[illegible]	[illegible]	[illegible]	[illegible]	[illegible]	[illegible]	[illegible]	[illegible]	[illegible]	[illegible]	[illegible]
[illegible]	[illegible]	[illegible]	[illegible]	[illegible]	[illegible]	[illegible]	[illegible]	[illegible]	[illegible]	[illegible]	[illegible]
[illegible]	[illegible]	[illegible]	[illegible]	[illegible]	[illegible]	[illegible]	[illegible]	[illegible]	[illegible]	[illegible]	[illegible]
[illegible]	[illegible]	[illegible]	[illegible]	[illegible]	[illegible]	[illegible]	[illegible]	[illegible]	[illegible]	[illegible]	[illegible]
[illegible]	[illegible]	[illegible]	[illegible]	[illegible]	[illegible]	[illegible]	[illegible]	[illegible]	[illegible]	[illegible]	[illegible]
[illegible]	[illegible]	[illegible]	[illegible]	[illegible]	[illegible]	[illegible]	< [illegible]	[illegible]	[illegible]	[illegible]	[illegible]
[illegible]	[illegible]	[illegible]	[illegible]	< [illegible]	[illegible]	[illegible]	[illegible]	[illegible]	[illegible]	[illegible]	[illegible]
[illegible]	[illegible]	[illegible]	[illegible]	[illegible]	[illegible]	[illegible]	[illegible]	[illegible]	[illegible]	[illegible]	[illegible]
[illegible]	[illegible]	[illegible]	[illegible]	[illegible]	[illegible]	[illegible]	[illegible]	[illegible]	[illegible]	[illegible]	[illegible]
[illegible]	[illegible]	[illegible]	[illegible]	[illegible]	[illegible]	[illegible]	[illegible]	[illegible]	[illegible]	[illegible]	81
< [illegible]	< [illegible]	< [illegible]	< [illegible]	< [illegible]	< [illegible]	[illegible]	[illegible]	[illegible]	[illegible]	70	[illegible]
[illegible]	[illegible]	[illegible]	[illegible]	[illegible]	[illegible]	< [illegible]	[illegible]	[illegible]	[illegible]	[illegible]	[illegible]
[illegible]	[illegible]	[illegible]	[illegible]	[illegible]	[illegible]	[illegible]	[illegible]	< [illegible]	[illegible]	[illegible]	[illegible]
[illegible]	[illegible]	[illegible]	[illegible]	[illegible]	[illegible]	[illegible]	[illegible]	[illegible]	[illegible]	[illegible]	[illegible]
[illegible]	[illegible]	[illegible]	[illegible]	[illegible]	[illegible]	[illegible]	[illegible]	[illegible]	[illegible]	[illegible]	[illegible]
[illegible]	[illegible]	[illegible]	[illegible]	[illegible]	[illegible]	[illegible]	[illegible]	[illegible]	[illegible]	[illegible]	[illegible]
[illegible]	[illegible]	[illegible]	[illegible]	[illegible]	[illegible]	[illegible]	[illegible]	[illegible]	[illegible]	[illegible]	88
[illegible]	[illegible]	[illegible]	[illegible]	[illegible]	[illegible]	[illegible]	[illegible]	[illegible]	[illegible]	[illegible]	[illegible]

May 1883. 0·6100 + (C. G. S. Units). ⇕ = + 62° 38′ 52″.

Days.	1	2	3	4	5	6	7	8	9	10	11	Noon.	1	2
1	77	83	84	85	78	74	74	73	73	69	70	78	73	78
2	86	85	80	80	103	110	84	73	78	74	76	79	80	81
3	81	94	93	93	90	80	80	80	79	80	77	78	78	78
4	80	82	82	87	83	80	80	80	82	82	81	79	80	82
5	77	78	76	77	83	81	81	77	73	75	74	77	76	77
6	80	82	81	81	96	96	89	76	78	76	88	77	77	82
7	83	81	89	85	88	83	83	79	78	71	76	76	76	80
8	77	84	88	85	88	83	76	77	75	74	75	78	78	78
9	78	77	79	83	72	79	80	80	79	79	78	77	78	79
10	77	78	79	80	79	78	77	77	76	76	74	75	77	77
11	92	90	89	89	91	77	75	76	77	77	77	77	77	77
12	78	80	79	78	78	77	77	78	76	77	77	76	77	77
13	88	81	82	82	84	86	82	75	70	78	78	77	78	76
14	81	80	92	84	84	88	83	77	77	77	77	76	75	76
15	92	85	80	84	80	78	78	78	77	76	80	77	78	78
16	76	81	82	97	93	97	96	104	77	73	78	75	75	77
17	74	102	91	81	80	78	78	78	74	75	77	78	78	76
18	76	74	77	90	81	81	78	76	76	77	77	77	77	79
19	74	77	83	103	102	93	89	80	70	77	75	76	78	77
20	75	76	81	80	80	75	77	76	74	73	78	77	78	74
21	77	84	98	108	100	100	73	84	78	78	81	73	68	<66
22	80	88	87	95	99	81	86	73	76	76	75	76	81	81
23	<64	82	81	91	89	82	80	81	<72	74	74	77	77	77
24	87	84	86	82	82	73	71	77	70	78	74	76	82	79
25	81	81	82	85	74	81	80	74	78	78	79	79	79	80
26	98	87	91	98	107	81	77	71	71	77	74	77	75	79
27	98	91	81	85	96	76	78	79	76	76	74	74	74	77
28	84	79	75	83	84	75	78	82	83	77	77	77	77	80
29	101	90	80	86	87	89	80	76	77	76	75	76	76	77
30	77	78	88	88	84	78	81	78	69	73	77	77	79	81
31	82	83	86	90	82	78	76	73	77	77	77	77	77	77
Mean -	·61846	856	840	863	869	864	802	775	754	755	767	762	770	776

June 1883. ⇕ = + 62° 38′ 52″.

Days.	1	2	3	4	5	6	7	8	9	10	11	Noon.	1	2
1	80	79	84	92	81	80	77	71	71	77	77	75	78	81
2	87	101	95	93	101	120	>140	>142	131	138	83	77	78	80
3	101	101	93	90	88	81	80	93	83	78	78	77	77	81
4	88	86	84	86	91	81	80	78	78	77	77	77	77	76
5	77	81	84	89	79	78	77	78	77	78	76	75	74	76
6	81	122	107	128	90	96	98	63	62	67	72	80	80	76
7	81	80	80	90	79	77	71	75	75	77	77	83	78	80
8	76	80	83	89	91	90	96	77	70	75	78	78	81	83
9	74	82	89	98	91	104	85	77	69	69	73	72	79	78
10	85	84	83	81	85	78	73	74	78	77	78	77	77	81
11	73	84	84	80	87	86	78	78	78	78	78	76	76	73
12	81	80	80	80	91	91	80	77	81	77	78	78	79	79
13	81	81	82	82	80	80	81	81	81	77	77	77	78	78
14	91	78	81	85	83	73	78	73	75	78	77	78	79	78
15	78	79	80	80	79	80	78	79	78	78	72	78	77	78
16	80	78	79	82	79	80	80	79	78	77	76	71	73	77
17	81	89	77	95	86	81	102	92	69	74	75	78	84	80
18	98	77	108	95	95	89	92	82	76	78	81	82	81	78
19	73	77	113	94	86	94	81	78	71	77	81	78	80	82
20	73	76	91	80	88	80	78	73	77	74	78	78	80	82
21	77	80	82	84	82	80	81	80	78	78	77	77	77	80
22	78	80	83	81	94	81	76	70	66	69	72	72	77	76
23	83	104	119	110	116	103	89	79	77	75	78	78	75	78
24	78	79	77	81	81	80	77	76	75	77	77	78	78	79
25	77	81	78	82	85	84	90	84	81	73	77	74	72	74
26	90	97	83	94	75	78	75	89	67	71	71	71	78	74
27	81	95	112	131	>140	100	84	78	74	78	77	82	89	80
28	76	74	82	95	89	82	76	79	73	73	76	75	74	73
29	82	78	81	73	76	75	74	74	73	77	78	78	79	81
30	98	102	112	108	>137	>131	>113	94	91	81	73	72	72	75
Mean -	·61846	849	873	893	900	877	844	808	769	770	763	762	778	782

λ = − 115° 43′ 30″ = − 7h. 42m. 55s. Local Mean Time (Balance Magnetometer). *May* 1883.

3	4	5	6	7	8	9	10	11	12	Daily Means.	Highest Reading.	Lowest Reading.	Difference.
74	68	61	<55	67	66	[illegible]	[illegible]	[illegible]	80	73	98	55	·0043
81	80	77	78	78	87	75	79	75	84	80	110	64	·0046
78	84	81	81	78	73	73	76	78	76	80	93	73	·0020
83	84	82	83	82	83	74	75	74	78	80	87	73	·0014
77	78	77	77	75	77	78	<66	74	73	76	87	66	·0021
79	80	81	79	80	73	73	77	80	88	81	96	73	·0023
78	79	78	78	79	80	78	76	78	76	79	89	77	·0012
79	81	77	77	78	80	78	78	77	<66	78	88	50	·0038
81	80	80	78	80	79	76	76	74	77	78	82	74	·0008
79	80	79	82	80	78	78	77	77	67	77	82	67	·0015
78	78	81	84	80	68	77	71	78	73	79	92	68	·0024
77	77	78	80	78	78	77	77	75	71	77	80	71	·0009
78	79	81	75	75	84	<67	64	69	75	77	88	64	·0024
77	77	78	78	77	79	73	75	77	83	79	90	73	·0018
78	78	79	80	79	78	77	74	77	74	78	92	71	·0020
76	76	77	76	77	77	78	78	76	76	81	104	73	·0031
79	80	<74	74	78	73	60	76	77	73	78	105	69	·0036
81	80	80	78	77	78	75	<67	77	77	78	99	62	·0038
75	78	78	78	78	77	78	75	77	74	79	123	72	·0051
59	71	<68	<68	<69	<68	<68	84	96	101	77	102	68	·0035
60	<66	<64	<65	<62	<62	<62	<62	78	78	76	108	62	·0046
79	76	77	77	75	67	64	73	110	93	81	110	62	·0048
78	78	78	78	77	76	<74	76	73	76	78	91	64	·0027
78	81	75	<71	<71	<71	<74	<71	83	<71	77	87	72	·0015
83	77	75	78	78	<73	73	68	77	<70	78	85	68	·0017
76	78	77	77	73	75	74	80	73	72	78	107	59	·0048
69	73	63	72	80	71	67	72	77	80	77	98	65	·0033
79	81	78	76	71	73	73	67	93	81	78	93	67	·0026
77	79	77	77	78	73	77	77	77	77	79	103	75	·0028
84	87	81	84	80	80	73	69	71	77	78	88	66	·0022
78	78	81	81	78	77	71	71	71	76	78	90	71	·0019
770	779	764	762	762	758	737	734	777	767	·64787	·6519	·6455	·0033

λ = − 115° 43′ 30″ = − 7h. 42m. 55s. *June* 1883.

3	4	5	6	7	8	9	10	11	12	Daily Means.	Highest Reading.	Lowest Reading.	Difference.
83	83	80	78	60	76	75	82	68	74	77	93	68	·0024
88	79	77	80	73	76	78	79	81	86	94	142	73	·0069
81	81	80	78	80	79	77	77	64	83	82	103	64	·0041
77	79	80	80	78	74	78	78	78	73	80	97	73	·0026
77	77	78	77	77	78	73	73	78	81	77	84	72	·0012
77	80	68	78	76	63	77	79	77	86	81	133	63	·0074
80	81	81	76	81	78	77	74	77	77	78	81	73	·0008
81	81	82	81	81	84	76	64	76	80	80	95	64	·0037
80	81	81	80	80	78	80	80	79	80	80	104	69	·0035
79	82	80	80	77	77	77	77	77	74	77	84	74	·0013
74	78	78	78	79	78	78	77	77	77	78	86	72	·0014
78	77	77	76	77	79	80	64	80	79	78	93	61	·0037
78	81	84	78	77	77	77	74	77	68	78	84	68	·0016
77	78	79	79	77	79	78	78	77	78	78	91	73	·0018
79	79	81	82	80	78	78	78	79	79	78	82	77	·0005
79	81	81	80	61	66	67	66	74	81	76	87	63	·0020
81	77	68	73	69	68	76	80	75	51	74	102	37	·0065
73	81	74	78	70	84	66	80	65	72	80	101	54	·0038
80	77	78	76	80	78	62	84	72	91	80	113	55	·0058
82	77	78	67	79	78	74	91	77	80	78	91	67	·0024
82	81	84	79	78	79	77	79	77	78	79	84	77	·0007
81	84	56	69	83	46	66	79	108	61	76	118	53	·0065
74	73	77	63	74	80	72	61	77	70	82	116	63	·0053
79	80	81	78	78	80	78	78	78	75	78	83	74	·0009
73	74	73	73	73	77	77	77	73	77	76	90	74	·0016
77	76	72	76	76	78	77	65	68	77	76	97	78	·0019
73	76	65	67	67	63	79	77	70	77	82	142	64	·0078
77	78	78	76	76	79	77	77	76	77	77	91	73	·0018
84	82	80	80	81	83	81	70	76	100	79	103	72	·0029
99	70	42	47	40	64	71	64	72	87	81	132	29	·0103
783	762	738	739	730	740	744	724	754	787	·64795	·6247	·6429	[illegible]

July 1883. 0·6100 + (C. G. S. Units). $\phi = +62° 38' 52''$.

Days.	1	2	3	4	5	6	7	8	9	10	11	Noon.	1	2
1	[illegible]	[illegible]	[illegible]	[illegible]	[illegible]	[illegible]	[illegible]	[illegible]	[illegible]	[illegible]	[illegible]	[illegible]	[illegible]	81
2	[illegible]	[illegible]	[illegible]	[illegible]	[illegible]	[illegible]	[illegible]	[illegible]	[illegible]	[illegible]	[illegible]	[illegible]	[illegible]	76
3	[illegible]	[illegible]	[illegible]	[illegible]	[illegible]	[illegible]	[illegible]	[illegible]	[illegible]	[illegible]	[illegible]	[illegible]	[illegible]	86
4	[illegible]	[illegible]	[illegible]	[illegible]	[illegible]	[illegible]	[illegible]	[illegible]	[illegible]	[illegible]	[illegible]	[illegible]	[illegible]	80
5	[illegible]	[illegible]	[illegible]	[illegible]	[illegible]	[illegible]	[illegible]	[illegible]	[illegible]	[illegible]	[illegible]	[illegible]	[illegible]	81
6	[illegible]	[illegible]	[illegible]	[illegible]	[illegible]	[illegible]	[illegible]	[illegible]	[illegible]	[illegible]	[illegible]	[illegible]	[illegible]	[illegible]
7	[illegible]	[illegible]	[illegible]	[illegible]	[illegible]	[illegible]	[illegible]	[illegible]	[illegible]	[illegible]	[illegible]	[illegible]	[illegible]	77
8	[illegible]	[illegible]	[illegible]	[illegible]	[illegible]	[illegible]	[illegible]	[illegible]	[illegible]	[illegible]	[illegible]	[illegible]	[illegible]	78
9	[illegible]	[illegible]	[illegible]	[illegible]	[illegible]	[illegible]	[illegible]	[illegible]	[illegible]	[illegible]	[illegible]	[illegible]	[illegible]	[illegible]
10	[illegible]	[illegible]	[illegible]	[illegible]	[illegible]	[illegible]	[illegible]	[illegible]	[illegible]	[illegible]	[illegible]	[illegible]	[illegible]	84
11	[illegible]	[illegible]	[illegible]	[illegible]	[illegible]	[illegible]	[illegible]	[illegible]	[illegible]	[illegible]	[illegible]	[illegible]	[illegible]	82
12	[illegible]	[illegible]	[illegible]	[illegible]	[illegible]	[illegible]	[illegible]	[illegible]	[illegible]	[illegible]	[illegible]	[illegible]	[illegible]	80
13	[illegible]	[illegible]	[illegible]	[illegible]	[illegible]	[illegible]	[illegible]	[illegible]	[illegible]	[illegible]	[illegible]	[illegible]	[illegible]	79
14	[illegible]	[illegible]	[illegible]	[illegible]	[illegible]	[illegible]	[illegible]	[illegible]	[illegible]	[illegible]	[illegible]	[illegible]	[illegible]	[illegible]
15	[illegible]	[illegible]	[illegible]	[illegible]	[illegible]	[illegible]	[illegible]	[illegible]	[illegible]	[illegible]	[illegible]	[illegible]	[illegible]	75
16	[illegible]	[illegible]	[illegible]	[illegible]	[illegible]	[illegible]	[illegible]	[illegible]	[illegible]	[illegible]	[illegible]	[illegible]	[illegible]	75
17	[illegible]	[illegible]	[illegible]	[illegible]	[illegible]	[illegible]	[illegible]	[illegible]	[illegible]	[illegible]	[illegible]	[illegible]	[illegible]	76
18	[illegible]	[illegible]	[illegible]	[illegible]	[illegible]	[illegible]	[illegible]	[illegible]	[illegible]	[illegible]	[illegible]	[illegible]	[illegible]	74
19	[illegible]	[illegible]	[illegible]	[illegible]	[illegible]	[illegible]	[illegible]	[illegible]	[illegible]	[illegible]	[illegible]	[illegible]	[illegible]	73
20	[illegible]	[illegible]	[illegible]	[illegible]	[illegible]	[illegible]	[illegible]	[illegible]	[illegible]	[illegible]	[illegible]	[illegible]	[illegible]	74
21	[illegible]	[illegible]	[illegible]	[illegible]	[illegible]	[illegible]	[illegible]	[illegible]	[illegible]	[illegible]	[illegible]	[illegible]	[illegible]	75
22	[illegible]	[illegible]	[illegible]	[illegible]	[illegible]	[illegible]	[illegible]	[illegible]	[illegible]	[illegible]	[illegible]	[illegible]	[illegible]	[illegible]
23	[illegible]	[illegible]	[illegible]	[illegible]	[illegible]	[illegible]	[illegible]	[illegible]	[illegible]	[illegible]	[illegible]	[illegible]	[illegible]	[illegible]
24	[illegible]	[illegible]	[illegible]	[illegible]	[illegible]	[illegible]	[illegible]	[illegible]	[illegible]	[illegible]	[illegible]	[illegible]	[illegible]	[illegible]
25	[illegible]	[illegible]	[illegible]	[illegible]	[illegible]	[illegible]	[illegible]	[illegible]	[illegible]	[illegible]	[illegible]	[illegible]	[illegible]	78
26	[illegible]	[illegible]	[illegible]	[illegible]	[illegible]	[illegible]	[illegible]	[illegible]	[illegible]	[illegible]	[illegible]	[illegible]	[illegible]	84
27	[illegible]	[illegible]	[illegible]	[illegible]	[illegible]	[illegible]	[illegible]	[illegible]	[illegible]	[illegible]	[illegible]	[illegible]	[illegible]	78
28	[illegible]	[illegible]	[illegible]	[illegible]	[illegible]	[illegible]	[illegible]	[illegible]	[illegible]	[illegible]	[illegible]	[illegible]	[illegible]	[illegible]
29	[illegible]	[illegible]	[illegible]	[illegible]	[illegible]	[illegible]	[illegible]	[illegible]	[illegible]	[illegible]	[illegible]	[illegible]	[illegible]	76
30	[illegible]	[illegible]	[illegible]	[illegible]	[illegible]	[illegible]	[illegible]	[illegible]	[illegible]	[illegible]	[illegible]	[illegible]	[illegible]	81
31	[illegible]	[illegible]	[illegible]	[illegible]	[illegible]	[illegible]	[illegible]	[illegible]	[illegible]	[illegible]	[illegible]	[illegible]	[illegible]	80
Mean	[illegible]	[illegible]	[illegible]	[illegible]	[illegible]	[illegible]	[illegible]	[illegible]	[illegible]	[illegible]	[illegible]	[illegible]	[illegible]	[illegible]

August 1883. $\phi = +62° 38' 52''$.

Days.	1	2	3	4	5	6	7	8	9	10	11	Noon.	1	2
1	[illegible]	[illegible]	[illegible]	[illegible]	[illegible]	[illegible]	[illegible]	[illegible]	[illegible]	[illegible]	[illegible]	[illegible]	[illegible]	[illegible]
2	[illegible]	[illegible]	[illegible]	[illegible]	[illegible]	[illegible]	[illegible]	[illegible]	[illegible]	[illegible]	[illegible]	[illegible]	[illegible]	[illegible]
3	[illegible]	[illegible]	[illegible]	[illegible]	[illegible]	[illegible]	[illegible]	[illegible]	[illegible]	[illegible]	[illegible]	[illegible]	[illegible]	[illegible]
4	[illegible]	[illegible]	[illegible]	[illegible]	[illegible]	[illegible]	[illegible]	[illegible]	[illegible]	[illegible]	[illegible]	[illegible]	[illegible]	[illegible]
5	[illegible]	[illegible]	[illegible]	[illegible]	[illegible]	[illegible]	[illegible]	[illegible]	[illegible]	[illegible]	[illegible]	[illegible]	[illegible]	[illegible]
6	[illegible]	[illegible]	[illegible]	[illegible]	[illegible]	[illegible]	[illegible]	[illegible]	[illegible]	[illegible]	[illegible]	[illegible]	[illegible]	[illegible]
7	[illegible]	[illegible]	[illegible]	[illegible]	[illegible]	[illegible]	[illegible]	[illegible]	[illegible]	[illegible]	[illegible]	[illegible]	[illegible]	[illegible]
8	[illegible]	[illegible]	[illegible]	[illegible]	[illegible]	[illegible]	[illegible]	[illegible]	[illegible]	[illegible]	[illegible]	[illegible]	[illegible]	[illegible]
9	[illegible]	[illegible]	[illegible]	[illegible]	[illegible]	[illegible]	[illegible]	[illegible]	[illegible]	[illegible]	[illegible]	[illegible]	[illegible]	[illegible]
10	[illegible]	[illegible]	[illegible]	[illegible]	[illegible]	[illegible]	[illegible]	[illegible]	[illegible]	[illegible]	[illegible]	[illegible]	[illegible]	[illegible]
11	[illegible]	[illegible]	[illegible]	[illegible]	[illegible]	[illegible]	[illegible]	[illegible]	[illegible]	[illegible]	[illegible]	[illegible]	[illegible]	[illegible]
12	[illegible]	[illegible]	[illegible]	[illegible]	[illegible]	[illegible]	[illegible]	[illegible]	[illegible]	[illegible]	[illegible]	[illegible]	[illegible]	[illegible]
13	[illegible]	[illegible]	[illegible]	[illegible]	[illegible]	[illegible]	[illegible]	[illegible]	[illegible]	[illegible]	[illegible]	[illegible]	[illegible]	[illegible]
14	[illegible]	[illegible]	[illegible]	[illegible]	[illegible]	[illegible]	[illegible]	[illegible]	[illegible]	[illegible]	[illegible]	[illegible]	[illegible]	[illegible]
15	[illegible]	[illegible]	[illegible]	[illegible]	[illegible]	[illegible]	[illegible]	[illegible]	[illegible]	[illegible]	[illegible]	[illegible]	[illegible]	[illegible]
16	[illegible]	[illegible]	[illegible]	[illegible]	[illegible]	[illegible]	[illegible]	[illegible]	[illegible]	[illegible]	[illegible]	[illegible]	[illegible]	[illegible]
17	[illegible]	[illegible]	[illegible]	[illegible]	[illegible]	[illegible]	[illegible]	[illegible]	[illegible]	[illegible]	[illegible]	[illegible]	[illegible]	[illegible]
18	[illegible]	[illegible]	[illegible]	[illegible]	[illegible]	[illegible]	[illegible]	[illegible]	[illegible]	[illegible]	[illegible]	[illegible]	[illegible]	[illegible]
19	[illegible]	[illegible]	[illegible]	[illegible]	[illegible]	[illegible]	[illegible]	[illegible]	[illegible]	[illegible]	[illegible]	[illegible]	[illegible]	[illegible]
20	[illegible]	[illegible]	[illegible]	[illegible]	[illegible]	[illegible]	[illegible]	[illegible]	[illegible]	[illegible]	[illegible]	[illegible]	[illegible]	[illegible]
21	[illegible]	[illegible]	[illegible]	[illegible]	[illegible]	[illegible]	[illegible]	[illegible]	[illegible]	[illegible]	[illegible]	[illegible]	[illegible]	[illegible]
22	[illegible]	[illegible]	[illegible]	[illegible]	[illegible]	[illegible]	[illegible]	[illegible]	[illegible]	[illegible]	[illegible]	[illegible]	[illegible]	[illegible]
23	[illegible]	[illegible]	[illegible]	[illegible]	[illegible]	[illegible]	[illegible]	[illegible]	[illegible]	[illegible]	[illegible]	[illegible]	[illegible]	[illegible]
24	[illegible]	[illegible]	[illegible]	[illegible]	[illegible]	[illegible]	[illegible]	[illegible]	[illegible]	[illegible]	[illegible]	[illegible]	[illegible]	[illegible]
25	[illegible]	[illegible]	[illegible]	[illegible]	[illegible]	[illegible]	[illegible]	[illegible]	[illegible]	[illegible]	[illegible]	[illegible]	[illegible]	[illegible]
26	[illegible]	[illegible]	[illegible]	[illegible]	[illegible]	[illegible]	[illegible]	[illegible]	[illegible]	[illegible]	[illegible]	[illegible]	[illegible]	[illegible]
27	[illegible]	[illegible]	[illegible]	[illegible]	[illegible]	[illegible]	[illegible]	[illegible]	[illegible]	[illegible]	[illegible]	[illegible]	[illegible]	[illegible]
28	[illegible]	[illegible]	[illegible]	[illegible]	[illegible]	[illegible]	[illegible]	[illegible]	[illegible]	[illegible]	[illegible]	[illegible]	[illegible]	[illegible]
29	[illegible]	[illegible]	[illegible]	[illegible]	[illegible]	[illegible]	[illegible]	[illegible]	[illegible]	[illegible]	[illegible]	[illegible]	[illegible]	[illegible]
30	[illegible]	[illegible]	[illegible]	[illegible]	[illegible]	[illegible]	[illegible]	[illegible]	[illegible]	[illegible]	[illegible]	[illegible]	[illegible]	[illegible]
31	[illegible]	[illegible]	[illegible]	[illegible]	[illegible]	[illegible]	[illegible]	[illegible]	[illegible]	[illegible]	[illegible]	[illegible]	[illegible]	[illegible]
Mean	[illegible]	[illegible]	[illegible]	[illegible]	[illegible]	[illegible]	[illegible]	[illegible]	[illegible]	[illegible]	[illegible]	[illegible]	[illegible]	[illegible]

λ = − 115° 43′ 50″ = − 7h. 42m. 55s. Local Mean Time (Balance Magnetometer) *July* 1883.

3	4	5	6	7	8	9	10	11	12	Daily Means.	Highest Reading.	Lowest Reading.	Difference.
74	46	[illegible]	[illegible]	[illegible]	[illegible]	[illegible]	[illegible]	[illegible]	[illegible]	[illegible]	[illegible]	[illegible]	[illegible]
76	[illegible]	[illegible]	[illegible]	[illegible]	[illegible]	[illegible]	[illegible]	[illegible]	[illegible]	[illegible]	[illegible]	[illegible]	[illegible]
77	[illegible]	[illegible]	[illegible]	[illegible]	[illegible]	[illegible]	[illegible]	[illegible]	[illegible]	[illegible]	[illegible]	[illegible]	[illegible]
83	[illegible]	[illegible]	[illegible]	[illegible]	74	[illegible]	[illegible]	[illegible]	[illegible]	[illegible]	[illegible]	[illegible]	[illegible]
84	[illegible]	[illegible]	[illegible]	[illegible]	[illegible]	[illegible]	[illegible]	[illegible]	[illegible]	[illegible]	[illegible]	[illegible]	[illegible]
77	[illegible]	[illegible]	[illegible]	[illegible]	[illegible]	[illegible]	[illegible]	[illegible]	[illegible]	[illegible]	[illegible]	[illegible]	[illegible]
75	[illegible]	[illegible]	[illegible]	[illegible]	[illegible]	[illegible]	[illegible]	[illegible]	[illegible]	[illegible]	[illegible]	[illegible]	[illegible]
82	[illegible]	[illegible]	[illegible]	[illegible]	[illegible]	[illegible]	[illegible]	[illegible]	[illegible]	[illegible]	[illegible]	[illegible]	[illegible]
74	[illegible]	[illegible]	[illegible]	[illegible]	[illegible]	[illegible]	[illegible]	[illegible]	[illegible]	[illegible]	[illegible]	[illegible]	[illegible]
83	[illegible]	[illegible]	[illegible]	[illegible]	[illegible]	[illegible]	[illegible]	[illegible]	[illegible]	[illegible]	[illegible]	[illegible]	[illegible]
88	[illegible]	[illegible]	[illegible]	[illegible]	[illegible]	[illegible]	[illegible]	[illegible]	[illegible]	[illegible]	[illegible]	[illegible]	[illegible]
80	[illegible]	[illegible]	[illegible]	[illegible]	[illegible]	[illegible]	[illegible]	[illegible]	[illegible]	[illegible]	[illegible]	[illegible]	[illegible]
78	[illegible]	[illegible]	[illegible]	[illegible]	[illegible]	[illegible]	[illegible]	[illegible]	[illegible]	[illegible]	[illegible]	[illegible]	[illegible]
75	[illegible]	[illegible]	[illegible]	[illegible]	[illegible]	[illegible]	[illegible]	[illegible]	[illegible]	[illegible]	[illegible]	[illegible]	[illegible]
69	[illegible]	[illegible]	[illegible]	[illegible]	[illegible]	[illegible]	[illegible]	[illegible]	[illegible]	[illegible]	[illegible]	[illegible]	[illegible]
76	[illegible]	[illegible]	[illegible]	68	[illegible]	[illegible]	[illegible]	[illegible]	[illegible]	[illegible]	[illegible]	[illegible]	[illegible]
76	[illegible]	[illegible]	[illegible]	[illegible]	[illegible]	[illegible]	[illegible]	[illegible]	[illegible]	[illegible]	[illegible]	[illegible]	[illegible]
77	[illegible]	[illegible]	[illegible]	[illegible]	[illegible]	[illegible]	[illegible]	[illegible]	[illegible]	[illegible]	[illegible]	[illegible]	[illegible]
60	[illegible]	[illegible]	[illegible]	[illegible]	[illegible]	[illegible]	[illegible]	[illegible]	[illegible]	[illegible]	[illegible]	[illegible]	[illegible]
76	[illegible]	[illegible]	[illegible]	[illegible]	[illegible]	[illegible]	[illegible]	[illegible]	[illegible]	[illegible]	[illegible]	[illegible]	[illegible]
76	[illegible]	[illegible]	[illegible]	[illegible]	[illegible]	[illegible]	[illegible]	[illegible]	[illegible]	[illegible]	79	[illegible]	[illegible]
77	[illegible]	[illegible]	[illegible]	[illegible]	[illegible]	[illegible]	[illegible]	[illegible]	[illegible]	[illegible]	[illegible]	73	0006
75	[illegible]	[illegible]	[illegible]	[illegible]	[illegible]	[illegible]	[illegible]	[illegible]	[illegible]	[illegible]	[illegible]	[illegible]	[illegible]
80	[illegible]	[illegible]	[illegible]	[illegible]	[illegible]	[illegible]	[illegible]	[illegible]	[illegible]	[illegible]	[illegible]	[illegible]	[illegible]
79	[illegible]	[illegible]	[illegible]	[illegible]	[illegible]	[illegible]	[illegible]	[illegible]	[illegible]	[illegible]	[illegible]	[illegible]	[illegible]
88	[illegible]	[illegible]	[illegible]	[illegible]	[illegible]	[illegible]	[illegible]	[illegible]	[illegible]	[illegible]	[illegible]	[illegible]	[illegible]
78	[illegible]	[illegible]	[illegible]	[illegible]	[illegible]	[illegible]	[illegible]	[illegible]	[illegible]	[illegible]	[illegible]	[illegible]	[illegible]
77	[illegible]	[illegible]	[illegible]	[illegible]	[illegible]	[illegible]	[illegible]	[illegible]	[illegible]	[illegible]	[illegible]	[illegible]	[illegible]
77	[illegible]	[illegible]	[illegible]	[illegible]	[illegible]	[illegible]	[illegible]	[illegible]	[illegible]	[illegible]	72	[illegible]	33	[illegible]
65	[illegible]	[illegible]	[illegible]	[illegible]	[illegible]	[illegible]	[illegible]	[illegible]	[illegible]	88	[illegible]	[illegible]	[illegible]
78	[illegible]	[illegible]	[illegible]	[illegible]	[illegible]	[illegible]	[illegible]	[illegible]	[illegible]	[illegible]	149	[illegible]	0118
779	746	[illegible]	743	[illegible]	[illegible]	728	[illegible]	747	[illegible]	[illegible]	[illegible]	[illegible]	[illegible]

λ = − 115° 43′ 50″ = − 7h. 42m. 55s. *August* 1883.

3	4	5	6	7	8	9	10	11	12	Daily Means.	Highest Reading.	Lowest Reading.	Difference.
[illegible]	[illegible]	[illegible]	[illegible]	68	[illegible]	[illegible]	[illegible]	[illegible]	[illegible]	86	[illegible]	[illegible]	[illegible]
[illegible]	[illegible]	[illegible]	[illegible]	[illegible]	[illegible]	[illegible]	[illegible]	[illegible]	[illegible]	[illegible]	[illegible]	[illegible]	[illegible]
[illegible]	[illegible]	[illegible]	[illegible]	[illegible]	[illegible]	[illegible]	[illegible]	[illegible]	[illegible]	[illegible]	[illegible]	[illegible]	[illegible]
[illegible]	[illegible]	[illegible]	[illegible]	[illegible]	[illegible]	[illegible]	[illegible]	[illegible]	[illegible]	[illegible]	[illegible]	78	[illegible]
[illegible]	[illegible]	[illegible]	[illegible]	[illegible]	[illegible]	[illegible]	[illegible]	[illegible]	[illegible]	[illegible]	[illegible]	[illegible]	[illegible]
[illegible]	[illegible]	[illegible]	[illegible]	[illegible]	[illegible]	[illegible]	[illegible]	[illegible]	[illegible]	[illegible]	[illegible]	36	[illegible]
[illegible]	[illegible]	[illegible]	[illegible]	[illegible]	[illegible]	[illegible]	[illegible]	[illegible]	[illegible]	[illegible]	[illegible]	[illegible]	[illegible]
[illegible]	[illegible]	[illegible]	[illegible]	[illegible]	[illegible]	[illegible]	[illegible]	[illegible]	[illegible]	[illegible]	[illegible]	[illegible]	[illegible]
[illegible]	[illegible]	[illegible]	[illegible]	[illegible]	[illegible]	[illegible]	[illegible]	[illegible]	[illegible]	[illegible]	[illegible]	[illegible]	[illegible]
[illegible]	[illegible]	[illegible]	[illegible]	[illegible]	[illegible]	[illegible]	[illegible]	[illegible]	[illegible]	[illegible]	[illegible]	[illegible]	[illegible]
[illegible]	[illegible]	[illegible]	[illegible]	[illegible]	[illegible]	[illegible]	[illegible]	[illegible]	[illegible]	[illegible]	[illegible]	[illegible]	[illegible]
[illegible]	[illegible]	[illegible]	[illegible]	[illegible]	[illegible]	[illegible]	[illegible]	[illegible]	[illegible]	[illegible]	[illegible]	[illegible]	[illegible]
[illegible]	[illegible]	[illegible]	[illegible]	[illegible]	[illegible]	[illegible]	[illegible]	[illegible]	[illegible]	[illegible]	[illegible]	[illegible]	[illegible]
[illegible]	[illegible]	[illegible]	[illegible]	[illegible]	[illegible]	[illegible]	[illegible]	[illegible]	[illegible]	[illegible]	[illegible]	[illegible]	[illegible]
[illegible]	[illegible]	[illegible]	[illegible]	[illegible]	[illegible]	[illegible]	[illegible]	[illegible]	[illegible]	[illegible]	[illegible]	[illegible]	[illegible]
[illegible]	[illegible]	[illegible]	[illegible]	[illegible]	[illegible]	[illegible]	[illegible]	[illegible]	[illegible]	[illegible]	[illegible]	[illegible]	[illegible]
[illegible]	[illegible]	[illegible]	[illegible]	[illegible]	[illegible]	[illegible]	[illegible]	[illegible]	[illegible]	[illegible]	[illegible]	[illegible]	0004
[illegible]	[illegible]	[illegible]	[illegible]	[illegible]	[illegible]	[illegible]	[illegible]	[illegible]	[illegible]	[illegible]	[illegible]	[illegible]	[illegible]
[illegible]	[illegible]	[illegible]	[illegible]	[illegible]	[illegible]	[illegible]	[illegible]	[illegible]	[illegible]	[illegible]	[illegible]	[illegible]	[illegible]
[illegible]	[illegible]	[illegible]	[illegible]	[illegible]	[illegible]	[illegible]	[illegible]	[illegible]	[illegible]	[illegible]	132	[illegible]	0086
[illegible]	[illegible]	[illegible]	[illegible]	[illegible]	[illegible]	[illegible]	[illegible]	[illegible]	[illegible]	[illegible]	[illegible]	[illegible]	[illegible]
[illegible]	[illegible]	[illegible]	[illegible]	[illegible]	[illegible]	[illegible]	[illegible]	[illegible]	[illegible]	[illegible]	[illegible]	[illegible]	[illegible]
[illegible]	[illegible]	[illegible]	[illegible]	[illegible]	[illegible]	[illegible]	[illegible]	[illegible]	[illegible]	[illegible]	[illegible]	[illegible]	[illegible]
[illegible]	[illegible]	[illegible]	[illegible]	[illegible]	[illegible]	[illegible]	[illegible]	[illegible]	[illegible]	[illegible]	[illegible]	[illegible]	[illegible]
[illegible]	[illegible]	[illegible]	[illegible]	[illegible]	[illegible]	[illegible]	[illegible]	[illegible]	[illegible]	[illegible]	[illegible]	[illegible]	[illegible]
[illegible]	[illegible]	[illegible]	[illegible]	[illegible]	[illegible]	[illegible]	[illegible]	[illegible]	[illegible]	[illegible]	[illegible]	[illegible]	[illegible]
[illegible]	[illegible]	[illegible]	[illegible]	[illegible]	[illegible]	[illegible]	[illegible]	[illegible]	[illegible]	[illegible]	[illegible]	[illegible]	[illegible]
[illegible]	[illegible]	[illegible]	[illegible]	[illegible]	[illegible]	[illegible]	[illegible]	[illegible]	[illegible]	[illegible]	[illegible]	[illegible]	[illegible]
[illegible]	[illegible]	[illegible]	[illegible]	[illegible]	[illegible]	[illegible]	[illegible]	[illegible]	[illegible]	[illegible]	[illegible]	[illegible]	[illegible]
[illegible]	[illegible]	[illegible]	[illegible]	[illegible]	[illegible]	[illegible]	[illegible]	[illegible]	[illegible]	[illegible]	[illegible]	[illegible]	[illegible]
[illegible]	[illegible]	[illegible]	[illegible]	[illegible]	[illegible]	[illegible]	[illegible]	[illegible]	[illegible]	66	69	[illegible]	[illegible]
[illegible]	[illegible]	[illegible]	[illegible]	[illegible]	[illegible]	[illegible]	[illegible]	[illegible]	[illegible]	[illegible]	[illegible]	[illegible]	[illegible]

FORT RAE.

TERM DAY OBSERVATIONS.

September 15, 1882. $\phi = + 62° 38' 52''$.

Horizontal Intensity. 0·07000 (C.G.S.) +

Minutes.	Midnight.	1 a.m.	2	3	4	5	6	7	8	9	10	11
0	652	641	[illegible]	[illegible]	658	631	548	589	569	318	546	576
5	662	637	674	677	672	689	546	603	612	343	603	597
10	645	641	683	661	[illegible]	651	574	636	460	314	615	509
15	691	702	689	[illegible]	[illegible]	650	525	622	355	327	601	554
20	704	701	699	668	672	666	487	544	291	468	382	560
25	720	696	669	667	639	656	459	526	337	432	607	535
30	704	699	691	[illegible]	[illegible]	691	434	[illegible]	590	368	620	559
35	[illegible]	691	675	[illegible]	[illegible]	659	666	[illegible]	556	408	[illegible]	526
40	[illegible]	691	668	[illegible]	[illegible]	[illegible]	589	537	[illegible]	376	622	544
45	668	[illegible]	679	[illegible]	[illegible]	[illegible]	672	518	078	580	633	512
50	[illegible]	691	672	[illegible]	[illegible]	[illegible]	620	[illegible]	213	610	625	538
55	[illegible]	679	681	[illegible]	652	649	586	544	073	344	607	502

Declination. 39° +

Minutes.	Midnight.	1 a.m.	2	3	4	5	6	7	8	9	10	11
	° ′	° ′	° ′	° ′	° ′	° ′	° ′	° ′	° ′	° ′	° ′	° ′
0	1 25	1 26	1 31	1 27	1 22	1 20	1 59	1 57	−0 6	1 12	1 14	1 36
5	1 21	1 38	1 33	1 29	1 32	1 31	1 52	1 [illegible]	+0 41	0 51	1 12	1 33
10	1 20	1 36	1 30	1 30	1 30	1 33	1 48	1 23	0 2	0 47	1 3	1 33
15	1 21	1 26	1 30	1 33	[illegible]	1 38	1 40	1 26	[illegible]	1 34	1 25	1 14
20	1 40	1 21	1 25	1 24	[illegible]	1 44	2 [illegible]	1 48	[illegible]	1 32	1 44	1 [illegible]
25	1 24	1 32	1 25	1 34	[illegible]	1 59	2 16	1 16	1 0	1 4	1 34	1 40
30	1 [illegible]	1 34	1 28	1 31	[illegible]	[illegible]	2 35	1 29	1 4	1 3	1 36	1 40
35	1 [illegible]	1 37	1 28	1 31	[illegible]	[illegible]	3 [illegible]	0 58	1 [illegible]	[illegible]	1 33	1 40
40	1 34	1 35	1 33	1 32	[illegible]	[illegible]	3 [illegible]	0 54	0 30	1 12	1 20	1 36
45	1 17	1 36	1 30	1 30	[illegible]	1 43	2 39	1 0	0 1[illegible]	1 10	1 38	1 44
50	1 31	1 29	1 30	1 23	[illegible]	1 47	2 19	3 9	1 43	1 21	1 36	1 41
55	1 27	1 36	1 29	1 16	[illegible]	[illegible]	1 54	0 29	0 5[illegible]	1 3[illegible]	1 40	1 43

Vertical Intensity. 0·6100 (C.G.S.) +

Minutes.	Midnight.	1 a.m.	2	3	4	5	6	7	8	9	10	11
0	83	53	83	70	87	84	75	62	85	55	59	84
5	83	84	83	81	82	80	75	64	62	57	[illegible]	97
10	83	81	85	81	[illegible]	[illegible]	[illegible]	61	64	[illegible]	85	57
15	[illegible]	54	94	[illegible]	81	[illegible]	75	[illegible]	58	60	56	81
20	[illegible]	73	86	[illegible]	81	[illegible]	[illegible]	[illegible]	[illegible]	[illegible]	80	76
25	57	85	84	[illegible]	[illegible]	[illegible]	66	64	61	85	84	80
30	88	81	78	[illegible]	[illegible]	83	78	63	68	84	81	80
35	83	[illegible]	69	84	[illegible]	[illegible]	54	54	[illegible]	65	51	[illegible]
40	83	84	79	[illegible]	[illegible]	[illegible]	64	[illegible]	[illegible]	87	75	85
45	72	84	74	82	84	62	58	56	64	63	84	85
50	67	84	78	83	[illegible]	[illegible]	60	73	74	[illegible]	61	74
55	63	73	78	84	[illegible]	38	59	84	98	87	85	81

Auroral Observations.

h. m.
A.M.
5 50 Faint light in S.E. to 30° alt.?
5 [illegible] Arch (?) S.E. to N.W., brightest in S.E., alt. to 12°.
5 [illegible] Light more diffused, faint streamers in N.W.
[illegible] Very indistinct arch, S.E. through Cassiopeia and [illegible] Ursæ Majoris.
5 4 Arch brighter, lower edge, through Capella, sharply [illegible].
[illegible] A [illegible] mass of curtain-shaped aurora (?) below arch, on horizon to E.S.E.
3 12 Above curtain brighter and moving to E.
[illegible] The Pleiades now in the centre of this patch of aurora; some curves in N.W., three parallel curtains.
[illegible] Narrow streak of aurora, from near β Persei through zenith to within 10° of Arcturus.
[illegible] Curved aurora from N.N.W. on horizon through ζ and η Ursæ Majoris to the E. of Cassiopeia.
[illegible] Bright patch of aurora between Cassiopeia and Saturn; wave of bright light moving towards Ursa Major.
[illegible] A small patch of rapidly-moving aurora with faint vertical streamers near the horizon, below and to the N. of Capella. Aurora in N.W. passing between ζ Ursæ Majoris and Arcturus and above Ursa Major to Cassiopeia, moving to S., through zenith at 5.55, through α Lyræ at 6.2.
6 [illegible] Another arch halfway between Ursa Major and horizon [illegible].
6 [illegible] Small patch (?) near Arcturus; the rest of the arch has a striated structure.
6 1[illegible] Arch from [illegible] to Arcturus, and from Aquila to [illegible], and [illegible] S.E. horizon; another from latter point, through Cassiopeia and ζ Ursæ Majoris to N.W. horizon; an irregular curve from Cassiopeia through [illegible] towards S.E. horizon; all moving slowly towards S.W.
6 [illegible] Streamers on horizon to E.
6 [illegible] Aurora on horizon, [illegible], striated and with rapid motion, [illegible] less bright southernmost now 5° S.W. of Altair.
6 [illegible] Cloud of aurora [illegible] in width, in south and [illegible] S.E., S., and N.W.
6 [illegible] Sky more or less covered with faint aurora, except in S.W., from horizon to about 15° alt.
6 [illegible] Aurora rather brighter and extending from zenith to E. and S. to 30° alt. [illegible] in N. and W.
6 [illegible] Arch (?) from N.W. to S.E. through zenith. Also Arch (?) from N.W. to E.

Horizontal Intensity.

Noon.	1	2	3	4	5	6	7	8	9	10	11
471	548	593	647	693	647	660	645	651	643	656	643
476	551	591	647	679	633	616	639	654	649	650	635
493	561	624	658	687	683	662	647	669	658	645	651
573	566	612	632	697	654	660	643	658	654	659	650
574	565	618	663	718	679	638	647	659	656	622	635
540	607	613	662	649	681	652	641	654	658	625	651
532	592	628	618	681	665	647	658	652	658	626	643
574	579	637	654	675	[illegible]	654	647	656	660	616	640
571	583	670	666	687	664	659	653	672	664	648	651
548	574	635	655	691	643	645	654	673	672	650	643
534	576	612	675	681	650	645	654	660	674	673	643
561	556	658	691	673	659	645	661	658	664	653	—

Declination.

° ′	° ′	° ′	° ′	° ′	° ′	° ′	° ′	° ′	° ′	° ′	° ′
1 58	1 54	1 54	1 51	1 50	1 42	1 43	1 49	1 31	1 31	1 32	1 28
2 0	2 [illegible]	1 54	1 52	1 45	1 [illegible]	1 44	1 44	1 [illegible]	1 27	1 35	1 28
2 8	1 56	1 49	1 50	1 44	1 43	1 44	1 38	1 29	1 29	1 32	1 32
1 42	1 55	1 55	1 48	1 47	1 44	1 44	1 34	1 30	1 32	1 30	1 32
1 52	1 57	1 48	1 43	1 44	1 47	1 44	1 31	1 36	1 30	1 30	1 31
2 8	1 58	1 51	1 46	1 44	1 34	1 45	1 30	1 29	1 35	1 30	1 31
2 8	1 58	1 50	1 51	1 47	1 41	1 48	1 32	1 32	1 29	1 32	1 34
1 54	1 55	1 52	1 50	1 46	1 41	1 45	1 30	1 32	1 29	1 28	1 31
1 51	2 1	[illegible]	1 49	1 43	1 48	1 45	1 [illegible]	1 31	1 29	1 28	1 32
1 45	2 [illegible]	1 52	1 53	1 41	1 41	1 44	1 32	1 34	1 36	1 30	1 31
1 50	2 1	1 55	1 51	1 39	1 32	1 45	1 30	1 31	1 30	1 31	1 29
1 52	2 [illegible]	1 50	1 47	1 [illegible]	1 41	1 50	1 30	1 32	1 32	1 29	—

Vertical Intensity.

80	86	83	78	79	77	77	78	78	79	81	82
82	84	83	79	81	77	77	77	78	79	81	80
83	86	82	79	81	77	77	77	78	79	82	80
80	87	84	79	80	80	78	79	77	79	80	81
81	86	79	78	80	77	79	76	78	79	80	81
82	86	77	78	80	77	78	76	78	79	77	80
86	87	79	78	81	77	78	77	77	80	79	80
83	86	78	78	79	77	78	77	79	80	79	82
87	86	77	79	79	77	78	77	79	81	80	81
86	85	77	76	79	77	77	77	79	79	80	79
84	84	77	79	77	78	77	77	72	79	80	80
85	84	78	80	76	77	78	76	78	81	81	—

Auroral Observations.

h. m.
a.m.

- [illegible] Aurora very faint, except in S.E. 7.7. Aurora very faint in all directions.
- [illegible] Arch in N.E. [illegible] band of auroral light [illegible].
- [illegible] The arch in E. [illegible] almost disappeared.
- [illegible] Faint auroral light in N. and S.W. [illegible] disappeared.
- [illegible] Arch from N.W. to S.E. [illegible] except in N.W. [illegible] patches [illegible] in S.E.
- [illegible] Serpentine aurora [illegible] from S.E. to N.W. [illegible] in N.W.
- [illegible] Serpentine aurora disappeared except from N.W. [illegible] in N.W. [illegible]
- [illegible] Aurora disappeared, except a patch [illegible] in N.W.; faint patch in S.E.
- [illegible] [illegible] except in N.W.
- [illegible] Curtain-shaped aurora [illegible] in N.W. [illegible] formed into an arch [illegible] to S.E. [illegible]
- [illegible] Arch [illegible] N.E. to S.W. [illegible] Arch disappeared.
- [illegible] Faint aurora from N. to S.E. [illegible]
- [illegible] [illegible] from N.W. to S. and from N. to E.
- [illegible] Aurora nearly disappeared except a patch in N.E.
- [illegible] Faint patches in S.E., N., and S.W. [illegible] Aurora disappeared.
- [illegible] Arch [illegible] N. to E. [illegible] Aurora entirely disappeared. [illegible] Auroral light in N. and [illegible] in N.W.
- [illegible] Auroral light in N.E. [illegible] Faint patch in N. and S.E. [illegible] Auroral light in N. [illegible] Very faint patch in N.W. [illegible]
- [illegible] Auroral light in N. [illegible] to E. [illegible] disappeared except [illegible] patch in N.
- [illegible] Auroral band from N. to E. [illegible] Faint patch in N.E. [illegible]
- [illegible] [illegible]
- [illegible] [illegible] from N.W. to E. [illegible] Auroral light in N.W. [illegible]

October 1, 1882. △ = -62 38' 52".

Horizontal Intensity. 0·07000 (C.G.S.) +

Minutes.	Midnight.	1 a.m.	2	3	4	5	6	7	8	9	10	11
0	656	662	655	672	665	670	674	656	652	624	621	452
5	654	664	660	670	666	671	676	658	638	609	642	444
10	652	663	660	668	660	657	674	654	647	625	641	450
15	656	663	660	666	674	651	674	651	633	626	626	471
20	658	661	660	666	679	679	670	649	657	620	657	480
25	655	664	665	666	679	679	662	643	647	624	673	511
30	655	662	672	662	679	679	658	647	646	628	570	500
35	660	663	670	663	676	679	660	659	638	620	510	518
40	662	660	670	666	674	679	662	640	620	620	504	522
45	662	662	674	666	677	675	667	654	625	635	450	570
50	660	662	670	666	675	677	654	647	635	641	465	567
55	655	663	670	665	679	674	655	654	624	647	455	645

Declination. 40 +

Minutes.	Midnight.	1 a.m.	2	3	4	5	6	7	8	9	10	11
	° ′	° ′	° ′	° ′	° ′	° ′	° ′	° ′	° ′	° ′	° ′	° ′
0	0 16	0 18	0 18	0 16	0 17	0 19	0 17	0 17	0 22	0 12	0 22	1 0
5	0 17	0 18	0 17	0 16	0 18	0 19	0 18	0 18	0 20	0 18	0 20	1 1
10	0 18	0 18	0 17	0 16	0 17	0 18	0 18	0 19	0 22	0 6	0 18	0 50
15	0 18	0 19	0 17	0 18	0 16	0 16	0 18	0 20	0 21	0 4	0 14	0 55
20	0 18	0 19	0 17	0 17	0 16	0 15	0 19	0 21	0 21	0 8	0 30	0 55
25	0 17	0 18	0 16	0 17	0 16	0 18	0 18	0 22	0 25	0 17	0 26	0 46
30	0 18	0 18	0 16	0 17	0 16	0 15	0 20	0 20	0 20	0 20	0 32	0 44
35	0 16	0 18	0 15	0 16	0 18	0 17	0 19	0 22	0 20	0 21	0 34	0 45
40	0 17	0 18	0 15	0 17	0 18	0 17	0 18	0 22	0 20	0 16	0 30	0 42
45	0 18	0 19	0 15	0 17	0 18	0 16	0 16	0 20	0 20	0 12	1 19	0 39
50	0 18	0 18	0 15	0 17	0 19	0 17	0 18	0 14	0 25	0 15	0 47	0 33
55	0 18	0 18	0 16	0 18	0 19	0 16	0 18	0 17	0 15	0 28	0 45	0 29

Vertical Intensity. 0·6100 (C.G.S.) +

Minutes.	Midnight.	1 a.m.	2	3	4	5	6	7	8	9	10	11
0	75	75	75	73	73	74	74	71	71	73	77	80
5	75	75	75	73	75	74	75	71	71	74	77	81
10	75	75	75	72	74	73	73	71	68	74	75	77
15	75	73	75	72	73	74	74	73	70	75	79	82
20	75	75	74	71	73	74	73	73	70	75	80	84
25	75	75	74	73	73	74	74	73	72	75	83	83
30	75	74	74	71	73	74	74	74	71	77	83	81
35	75	74	72	73	72	74	73	71	74	77	85	80
40	75	74	76	73	74	74	73	73	75	75	85	80
45	76	75	73	74	73	74	73	73	76	76	84	79
50	76	76	73	74	72	74	73	71	73	76	90	78
55	75	76	73	73	74	74	73	70	75	75	80	77

Auroral Observations.

h. m. a.m.	
5 58	Faint patches of aurora in zenith about 10° wide.
6 22	Faint streak about 5° from zenith to N.W. horizon, about 20° alt.
6 27	Faint arch through zenith from N.W. to S.E. (·5). Parallel arch (·5) 5° to S.
7 8	Arch (1) 30° alt. in N.W. through zenith to about 30° alt. in S.E.
7 17	A few faint streamers in S.E. between the moon and horizon.
7 52	Very faint.
7 57	Patch (1) in E., about 5° alt. Faint patch in zenith.
8 8	Broad arch (1) about 20° alt. in N.W. to zenith, and extending in two arches to S.E. and E. horizon.
8 27	Faint patches in zenith and N.W. horizon.
8 30	Faint streamers in N.W.
8 45	Aurora disappeared except a faint broad patch about 10° alt. in N.W.
8 57	Serpentine arch in N.W., about 10° alt. extending to zenith, and from thence in vertical streamers (1).
9 0	„ disappeared.
9 4	Broad diffused patch in zenith (1).
9 5	Faint arch from N.W. to zenith.
9 15	Large circular patch (1) in zenith, patch in E.
9 20	„ extending in a V-shape toward S.E., and in vertical streamers to N.
9 24	Irregular arch (·5) through zenith.
9 27	Faint aurora through zenith.
9 31	Streamers (1) from 40° alt. in N.W. to 5° S.W. of zenith.
9 52	Aurora disappeared except a faint patch 20° alt. in W.

Horizontal Intensity.

Noon.	1	2	3	4	5	6	7	8	9	10	11
650	668	656	630	624	631	647	636	631	635	637	642
649	670	668	632	635	640	645	638	630	625	637	643
636	679	663	629	616	651	643	637	635	632	639	642
638	657	660	629	614	647	645	637	630	630	635	640
660	679	664	637	626	645	643	633	630	632	635	648
662	665	666	630	636	651	643	635	628	633	635	643
672	663	673	638	638	643	630	635	625	632	638	643
672	666	663	626	635	643	639	632	628	632	633	641
654	666	664	612	652	649	659	631	626	632	631	643
674	664	655	635	654	652	639	634	626	635	641	—
674	666	645	622	658	649	649	634	625	635	639	—
678	666	631	622	647	647	637	633	628	639	641	—

Declination.

° ′	° ′	° ′	° ′	° ′	° ′	° ′	° ′	° ′	° ′	° ′	° ′
0 25	0 27	0 31	0 40	0 44	0 39	0 32	0 31	0 22	0 19	0 17	0 15
0 23	0 30	0 30	0 39	0 42	0 38	0 32	0 30	0 22	0 20	0 17	0 14
0 20	0 37	0 24	0 38	0 46	0 36	0 33	0 31	0 20	0 20	0 17	0 16
0 20	0 36	0 37	0 41	0 46	0 36	0 33	0 30	0 23	0 20	0 17	0 17
0 20	0 36	0 37	0 40	0 44	0 36	0 31	0 30	0 21	0 20	0 15	0 17
0 24	0 35	0 29	0 40	0 44	0 36	0 30	0 26	0 20	0 16	0 15	0 16
0 17	0 30	0 29	0 37	0 43	0 36	0 30	0 25	0 22	0 17	0 16	0 17
0 18	0 30	0 37	0 39	0 44	0 36	0 30	0 26	0 19	0 17	0 15	0 17
0 18	0 31	0 35	0 39	0 40	0 34	0 31	0 25	0 20	0 18	0 16	0 16
0 18	0 32	0 35	0 42	0 44	0 33	0 32	0 25	0 21	0 19	0 16	—
0 20	0 30	0 35	0 45	0 38	0 34	0 31	0 25	0 20	0 19	0 15	—
0 20	0 31	0 35	0 46	0 38	0 33	0 30	0 25	0 19	0 18	0 16	—

Vertical Intensity.

76	74	76	76	73	73	74	76	76	76	77	76
75	74	76	75	71	73	74	75	76	76	76	76
75	74	76	76	71	72	74	74	76	76	76	75
75	74	76	76	71	73	74	74	76	75	76	76
74	74	76	76	71	73	75	75	76	77	76	76
74	75	76	77	71	73	75	75	76	78	76	76
74	75	77	77	71	73	75	75	75	75	76	76
74	75	77	76	71	73	75	75	75	75	76	76
74	75	77	76	72	73	75	76	76	75	76	76
74	75	78	76	72	74	75	76	76	77	76	—
74	75	78	75	72	74	76	76	76	77	76	—
74	76	77	75	73	74	76	76	76	77	76	—

Auroral Observations.

h. m. L.M.	
10 12	Streamers (1) on W. horizon.
10 20	Streamers (1) 10° alt. in W.
10 23	Patches (1) from W. to S.E., 3° W. of zenith.
10 27	Aurora (1) from W. to N.E.
10 29	" diffused and slightly prismatic (2).
10 35	Irregular masses of aurora (1) in N.W. moving towards S.E.
10 39	Aurora from W. to N.E., 20° alt. in N.E., with streamers (2).
10 45	Patches on N.W. horizon.
10 47	" very faint and moving towards S.W.
10 50	" disappeared except a small patch on N.W. horizon.
10 55	Faint irregular arch from N.W. to 25° alt. N.E.
10 57	" disappeared.
11 3	Auroral light on N.W. horizon.
11 5	Faint arch N.W. to N.E.
11 17	Patches of auroral light 15° alt. in N.W.
11 19	" extending in irregular form towards N.E. horizon.
11 30	Very faint arch from W. to N.E., 15° N. of zenith.
11 38	Faint patch on N.W. horizon.
11 39	" disappeared, clouds increasing.
11 47	Patch 5° alt. in N.W. moving towards S.
12 5	Faint streamers in N.W.

October 15, 1882. ♁ = + 62° 38′ 52″.

Horizontal Intensity. 0·07000 (C.G.S.) +

Minutes.	Midnight.	1 a.m.	2	3	4	5	6	7	8	9	10	11
0	708	703	755	707	658	683	664	536	379	261	588	457
5	718	769	757	710	681	678	660	533	212	546	578	533
10	735	771	759	636	679	665	686	495	267	532	532	527
15	720	757	743	642	716	656	711	433	305	522	415	563
20	723	767	728	674	651	660	633	482	105	403	450	643
25	716	767	748	622	744	651	677	503	165	408	504	652
30	705	780	710	589	761	656	683	596	349	394	529	636
35	722	764	704	643	765	660	699	485	261	448	514	628
40	722	757	697	630	728	660	672	557	191	515	508	603
45	730	765	669	627	734	640	604	422	353	570	517	552
50	727	765	695	666	691	714	597	413	357	610	455	574
55	752	763	732	689	679	660	533	320	318	578	482	430

Declination. 39° +

Minutes.	Midnight.	1 a.m.	2	3	4	5	6	7	8	9	10	11
	° ′	° ′	° ′	° ′	° ′	° ′	° ′	° ′	° ′	° ′	° ′	° ′
0	1 19	1 5	1 12	1 21	1 26	1 30	1 32	1 18	2 11	2 14	1 24	1 50
5	1 17	1 10	1 18	1 18	1 27	1 22	1 34	1 18	2 18	1 23	1 22	1 50
10	1 18	1 2	1 10	1 20	1 19	1 19	1 34	1 33	3 10	1 1	1 28	1 44
15	1 16	1 13	1 12	1 34	1 27	1 13	1 33	1 21	2 58	1 45	1 48	1 51
20	1 20	1 12	1 18	1 39	1 28	1 18	1 26	1 26	2 28	1 36	2 10	1 30
25	1 26	1 2	1 12	2 5	1 16	1 27	1 31	1 25	2 38	1 46	1 43	1 52
30	1 19	1 10	1 8	2 30	1 8	1 20	1 36	0 53	2 30	1 50	1 30	1 42
35	1 19	1 12	1 14	1 44	1 13	1 27	1 24	0 53	2 39	1 51	2 0	1 46
40	1 17	1 14	1 14	1 34	1 31	1 29	1 28	1 4	2 34	1 58	1 54	1 49
45	1 16	1 13	1 16	1 30	1 16	1 40	1 35	0 57	2 2	1 30	2 15	2 5
50	1 22	1 10	1 14	1 56	1 24	0 0	1 5	1 15	2 11	1 27	1 29	2 5
55	1 11	1 12	1 12	1 34	1 19	1 46	1 14	1 50	2 28	1 30	1 42	2 12

Vertical Intensity. 0·6100 (C.G.S.) +

Minutes.	Midnight.	1 a.m.	2	3	4	5	6	7	8	9	10	11
0	73	75	71	67	61	67	66	84	85	92	90	76
5	76	75	72	68	64	63	66	84	113	79	94	73
10	76	75	73	65	63	65	65	84	93	53	90	73
15	75	75	71	65	60	64	64	83	79	76	74	83
20	74	74	71	66	60	61	64	82	83	66	77	84
25	76	72	69	66	56	64	70	84	94	79	77	85
30	76	73	70	66	56	63	66	93	100	75	79	86
35	76	74	67	61	63	70	66	94	87	49	92	88
40	76	73	67	63	62	62	63	96	89	52	83	89
45	76	73	66	62	62	63	62	68	92	58	83	94
50	76	72	64	64	63	63	75	82	80	56	79	100
55	76	73	69	64	64	62	72	87	94	91	80	108

Auroral Observations.

h. m. A.M.	
6 20	Sky overcast, but faint light all over the sky, showing yellow auroral line in spectroscope.
7 55	Faint masses of auroral light in zenith and S.W., about 30° alt.
9 15	Sky dark and clouded, light entirely disappeared.
10 15	Sky overcast, but faint light from E. to N.W. horizon.
10 25	Patch of aurora (1) about 30° alt. in S.E.

λ = − 115° 43′ 50″ = − 7h. 42m. 55s. Göttingen Mean Time. *October 15, 1882.*

Horizontal Intensity.

Noon.	1	2	3	4	5	6	7	8	9	10	11
401	439	399	332	242	414	620	664	653	654	666	699
303	489	412	318	245	500	651	619	651	660	666	729
269	480	420	362	267	480	650	643	656	663	662	713
296	419	409	342	323	407	641	618	664	657	674	687
285	437	375	342	355	536	641	639	664	662	654	650
346	439	377	301	315	539	654	641	627	676	676	666
351	411	318	335	344	569	653	629	770	685	678	668
407	368	281	278	332	626	670	679	669	670	707	669
461	334	362	302	383	635	640	649	670	658	693	671
484	373	342	258	407	609	633	649	641	664	693	678
474	355	327	300	355	597	622	616	643	670	689	679
454	335	322	300	388	591	660	652	637	670	681	679

Declination.

° ′	° ′	° ′	° ′	° ′	° ′	° ′	° ′	° ′	° ′	° ′	° ′
1 49	2 23	2 31	3 24	2 46	2 27	1 34	1 29	1 26	1 19	1 18	1 18
2 50	2 21	2 50	2 18	2 50	2 40	1 36	1 38	1 24	1 18	1 13	1 13
2 38	2 42	2 30	4 8	2 50	3 4	1 32	1 33	1 22	1 17	1 16	1 13
3 50	2 4	3 10	3 40	3 8	2 26	1 36	1 28	1 20	1 15	1 11	1 18
3 38	2 54	3 4	2 52	2 25	2 6	1 42	1 35	1 19	1 19	1 2	1 21
3 8	2 0	2 46	2 35	3 3	2 40	1 40	1 33	1 20	1 15	1 18	1 20
3 17	1 48	3 15	2 20	3 3	2 47	1 38	1 30	1 28	1 14	1 12	1 20
2 19	1 56	2 50	2 48	3 16	2 41	1 36	1 24	1 20	1 15	1 11	1 20
2 27	2 24	4 10	2 30	2 47	2 23	1 33	1 30	1 16	1 17	1 13	1 19
2 16	2 54	3 46	3 20	3 50	1 42	1 32	1 25	1 20	1 18	1 20	1 20
2 3	2 5	3 26	3 10	2 33	1 30	1 30	1 18	1 18	1 10	1 18	1 22
3 3	2 24	3 56	2 40	2 56	1 33	1 35	1 24	1 16	1 18	1 22	1 20

Vertical Intensity.

93	107	114	98	77	69	76	73	75	76	75	79
80	100	106	71	85	66	75	75	75	76	75	79
102	106	99	71	92	84	72	71	76	76	75	79
89	113	103	95	99	77	75	75	78	75	76	79
98	104	100	91	94	75	74	73	76	75	76	77
113	104	92	75	90	75	74	74	75	76	76	77
128	105	102	79	90	73	76	74	75	75	76	77
106	100	98	85	85	75	73	75	75	76	77	77
106	108	90	78	70	75	73	76	75	76	78	77
105	105	94	74	75	76	73	75	74	76	77	77
104	93	93	89	75	76	75	75	74	76	79	77
105	98	89	96	81	75	74	77	73	76	79	77

Auroral Observations.

H. M.	
A.M.	
10 50	Patches in zenith visible between clouds.
11 25	Masses of aurora in zenith and about 5° S. of zenith. Sky cloudy.
P.M.	
12 15	Patches visible through clouds in S.E. horizon.
1 10	Bright aurora (2) from S.W. to N.W. horizon, partly visible between clouds.
1 30	Bright patch in S.W. about 50° alt.

November 1, 1882. △ = + 62° 38′ 52″.

Horizontal Intensity. 0·07000 (C.G.S.) +

Minutes.	Midnight.	1 A.M.	2	3	4	5	6	7	8	9	10	11
0	670	683	714	722	726	724	691	703	656	707	651	607
5	674	685	720	720	728	712	678	697	654	659	656	594
10	679	679	714	723	732	701	667	703	667	641	674	563
15	678	693	714	712	730	699	699	699	674	649	683	561
20	679	695	718	716	732	703	703	706	670	639	689	578
25	681	699	718	730	728	699	701	697	660	612	681	584
30	687	696	720	724	710	695	697	691	674	632	676	597
35	683	693	710	734	730	691	689	687	685	645	614	603
40	681	698	714	720	749	691	689	683	701	635	630	643
45	683	703	726	701	743	695	697	681	657	660	618	666
50	687	705	732	697	730	697	707	684	639	658	610	678
55	685	708	722	712	722	697	706	686	648	660	604	696

Declination. 40° +

Minutes.	Midnight.	1 A.M.	2	3	4	5	6	7	8	9	10	11
	° ′	° ′	° ′	° ′	° ′	° ′	° ′	° ′	° ′	° ′	° ′	° ′
0	0 26	0 26	0 22	0 29	0 36	0 26	0 26	0 22	0 70	0 35	0 38	0 74
5	0 24	0 27	0 23	0 22	0 35	0 24	0 26	0 24	0 75	0 36	0 37	0 18
10	0 24	0 23	0 22	0 26	0 32	0 25	0 24	0 24	0 46	0 37	0 40	0 12
15	0 26	0 25	0 27	0 27	0 26	0 18	0 25	0 25	0 46	0 35	0 35	0 42
20	0 15	0 24	0 26	0 25	0 22	0 23	0 34	0 27	0 45	0 35	0 30	0 48
25	0 14	0 25	0 36	0 26	0 24	0 20	0 32	0 21	0 57	0 34	0 31	0 47
30	0 24	0 22	0 36	0 26	0 24	0 22	0 27	0 23	0 44	0 36	0 36	0 45
35	0 25	0 23	0 28	0 25	0 20	0 25	0 26	0 25	0 42	0 36	0 46	0 42
40	0 25	0 24	0 22	0 35	0 44	0 26	0 24	0 26	0 26	0 35	0 58	0 12
45	0 24	0 24	0 28	0 44	0 46	0 26	0 23	0 26	0 54	0 52	0 44	0 50
50	0 24	0 23	0 24	0 43	0 22	0 26	0 22	0 26	0 50	0 27	0 43	0 29
55	0 26	0 24	0 27	0 40	0 31	0 26	0 21	0 26	0 31	0 29	0 43	0 30

Vertical Intensity. 0·6100 (C.G.S.) +

Minutes.	Midnight.	1 A.M.	2	3	4	5	6	7	8	9	10	11
0	80	80	80	79	76	82	79	76	76	77	84	92
5	80	80	82	79	77	81	79	76	74	76	84	91
10	80	80	80	79	77	81	79	75	71	77	84	92
15	79	81	81	79	78	80	78	76	70	79	81	89
20	80	80	81	80	79	81	77	74	71	79	83	89
25	80	80	80	79	79	79	77	75	69	82	84	89
30	80	80	80	79	77	80	77	76	70	81	85	88
35	80	84	80	77	78	79	79	76	72	83	90	88
40	80	81	79	77	80	80	78	77	74	85	90	87
45	79	84	80	77	81	80	77	77	74	83	90	86
50	80	80	80	78	82	79	77	76	74	82	90	84
55	80	80	80	77	82	79	77	77	75	84	92	85

Auroral Observations.

h.	m.	
A.M.		
2	5	Faint arch (1) from N.N.W. to N.E., 15° alt.
2	17	,, almost disappeared. Faint streamers in N.N.W. (·5).
2	27	Arch brighter and lower, passing through Pleiades, brightest in N.E.
2	35	,, disappeared except a faint patch in N.E.
2	40	Arch reappeared (1).
2	58	,, increasing in width. Faint streamers in N.N.W.
3	15	Arch very faint, except in N.E.
3	30	Arch bright (1) and streamers in N.W.
4	0	Arch very irregular (1), bright broad patch (2) in E.N.E.
4	25	Aurora very faint from N.W. to N.E.
5	5	Faint auroral light in S.S.W. at the edge of a cloud. Arch in N.E. disappeared except a very faint light in N.N.W.
5	25	Aurora entirely disappeared.

λ = − 115° 43′ 50″ = − 7h. 42m. 55s. Göttingen Mean Time. *November* 1, 1882.

Horizontal Intensity.

Noon.	1	2	3	4	5	6	7	8	9	10	11
661	638	633	444	424	676	664	656	649	664	687	662
670	652	641	414	480	674	656	636	653	676	676	674
668	641	628	351	453	674	663	641	661	681	676	681
673	654	614	344	500	649	664	640	664	657	670	685
653	643	584	336	484	633	673	658	651	631	676	602
633	641	559	338	551	622	674	656	653	638	664	730
655	659	549	370	560	653	672	668	653	653	680	703
647	650	480	357	613	666	660	651	658	631	662	718
601	618	452	361	632	664	666	654	656	679	662	718
640	638	439	351	664	662	661	651	658	674	655	670
624	626	—	355	674	650	662	654	651	679	643	710
626	618	437	358	670	649	662	658	651	687	653	709

Declination.

° ′	° ′	° ′	° ′	° ′	° ′	° ′	° ′	° ′	° ′	° ′	° ′
0 34	0 42	0 44	1 21	1 6	0 54	0 34	0 31	0 18	0 10	0 30	0 25
0 32	0 42	0 42	1 12	1 36	0 54	0 35	0 26	0 14	0 21	0 20	0 22
0 31	0 30	0 41	1 28	1 24	0 51	0 34	0 26	0 16	0 18	0 29	0 26
0 36	0 35	0 46	2 14	1 22	0 51	0 32	0 24	0 2	0 18	0 22	0 20
0 38	0 30	0 43	1 50	1 20	0 40	0 36	0 27	0 14	0 16	0 19	0 20
0 33	0 38	0 57	1 40	1 0	0 39	0 25	0 24	0 16	0 18	0 21	0 18
0 39	0 37	1 04	1 54	1 0	0 34	0 34	0 30	0 17	0 15	0 22	0 18
0 42	0 38	1 13	2 50	0 55	0 31	0 33	0 32	0 26	0 17	0 23	0 16
0 46	0 41	1 24	3 0	0 50	0 35	0 26	0 28	0 14	0 18	0 24	0 32
0 46	0 40	1 32	1 58	0 44	0 34	0 40	0 24	0 4	0 19	0 25	0 29
0 44	0 37		2 48	0 50	0 32	0 29	0 22	0 10	0 28	0 26	0 20
0 44	0 30	1 40	1 53	0 38	0 31	0 34	0 24	0 18	0 20	0 34	0 31

Vertical Intensity.

82	83	87	106	79	78	77	80	83	83	86	86
82	82	88	104	74	80	77	81	83	84	86	86
82	82	89	95	76	79	79	80	83	84	86	84
83	83	92	92	75	78	80	81	81	85	85	84
83	84	94	86	81	78	80	82	81	85	85	85
83	84	99	86	83	77	81	82	81	85	84	85
83	85	103	86	84	77	81	83	82	85	84	85
84	86	103	82	83	77	82	84	82	85	84	85
84	87	108	80	83	77	82	84	85	85	84	84
83	87	106	85	82	77	82	84	82	86	85	86
82	87	not read	82	81	77	81	84	83	85	84	86
83	87	104	80	80	77	82	85	84	85	85	87

Auroral Observations.

h. m.	
A.M.	
10 20	Diffused arch (2) from S.E. through zenith to N.W. horizon.
10 30	Arch disappeared.
10 35	Diffused light in N.W. drifting towards S.W., slightly prismatic.
10 40	" disappeared except a few faint streamers in N.W. horizon.
10 50	" disappeared.
11 0	Auroral light in zenith (1).
11 8	Bright patch (2) on N.W. horizon.
11 50	Faint arch from E.S.E. through zenith to W.N.W. (1) in N.N.W.
P.M.	
12 10	Aurora disappeared.
2 25	Streak of auroral light on N.E. horizon.

November 15, 1882. ☿ = + 62° 38′ 52″.

Horizontal Intensity. 0·07000 (C.G.S.) +

Minutes.	Midnight.	1 a.m.	2	3	4	5	6	7	8	9	10	11
0	1,069	1,025	1,110	984	966	841	725	609	714	216	691	667
5	1,112	1,000	1,077	1,047	816	716	609	590	730	337	749	512
10	1,069	916	1,043	953	952	806	605	572	657	283	660	517
15	1,094	920	1,068	703	976	831	675	678	651	307	748	465
20	1,047	931	1,093	736	936	800	631	544	638	425	643	489
25	1,019	988	1,097	720	820	726	759	607	439	472	653	516
30	956	1,002	1,097	707	913	757	745	722	− 224	393	730	509
35	966	976	1,057	702	952	697	728	741	300	664	761	500
40	958	1,133	1,059	695	1,153	680	753	753	324	509	694	581
45	960	1,122	984	781	1,067	646	747	765	309	705	660	504
50	1,002	1,138	976	736	948	712	741	725	305	667	612	506
55	1,065	1,037	844	767	869	567	648	738	413	693	625	569

Declination. 37° +

Minutes.	Midnight.	1 a.m.	2	3	4	5	6	7	8	9	10	11
	° ′	° ′	° ′	° ′	° ′	° ′	° ′	° ′	° ′	° ′	° ′	° ′
0	3 59	3 20	3 47	3 7	2 59	1 22	3 29	3 45	2 53	1 20	2 57	3 0
5	4 9	3 14	3 45	3 0	2 24	1 57	3 31	3 19	3 3	1 40	3 0	3 14
10	3 56	3 24	3 39	3 33	2 26	2 42	3 46	3 20	2 20	0 40	3 14	3 6
15	3 54	3 24	3 47	4 8	2 7	2 11	3 56	3 3	3 23	0 52	3 0	3 34
20	3 47	3 42	3 42	3 51	1 54	2 16	4 20	2 46	2 46	0 20	2 33	3 35
25	3 50	3 38	3 31	3 19	1 55	2 45	4 12	3 1	1 25	2 1	3 17	3 58
30	3 37	3 30	3 27	2 55	1 40	2 20	3 56	2 33	1 0	2 5	2 40	3 41
35	3 32	3 7	3 30	2 54	1 20	2 24	3 46	2 43	1 56	2 0	3 14	3 56
40	3 38	3 18	3 35	2 57	1 20	2 12	3 33	2 54	0 32	2 5	2 23	3 46
45	3 28	4 9	3 10	3 3	1 58	2 34	3 48	2 6	0 48	2 5	2 32	3 56
50	3 48	3 58	3 17	3 6	1 14	3 13	3 6	2 19	1 27	2 24	3 19	4 3
55	3 19	3 54	3 12	2 54	0 20	3 22	2 53	2 40	1 11	2 37	3 10	4 6

Vertical Intensity. 0·6100 (C.G.S.) +

Minutes.	Midnight.	1 a.m.	2	3	4	5	6	7	8	9	10	11
0	106	103	92	79	52	48	80	79	94	99	67	64
5	101	98	89	73	48	51	86	79	98	99	69	64
10	95	99	91	57	60	63	86	81	98	99	73	66
15	100	100	93	62	59	62	85	79	94	99	69	70
20	101	102	85	61	62	69	88	79	96	98	63	70
25	101	94	85	63	64	72	83	85	100	98	54	74
30	103	93	86	60	55	75	79	87	99	98	49	75
35	102	98	83	52	77	79	81	86	99	98	58	79
40	101	96	85	57	74	82	80	84	99	98	66	79
45	103	93	80	66	74	85	80	95	99	—	76	77
50	101	89	86	64	69	82	78	96	99	80	67	74
55	98	93	84	56	63	63	82	93	99	71	66	77

Auroral Observations.

h. m.	
A.M.	
6 0	Sky overcast but very light, aurora probably behind clouds.
P.M.	
12 20	Sky became dark.

λ = − 115° 43′ 50″ = − 7h. 42m. 55s. Gottingen Mean Time. November 15, 1882.

Horizontal Intensity.

Noon.	1	2	3	4	5	6	7	8	9	10	11
573	695	531	551	643	603	557	[illegible]	663	667	665	[illegible]
532	754	507	636	579	614	503	664	672	660	660	722
554	741	559	656	758	524	548	658	674	671	659	693
632	726	507	642	757	544	551	643	666	625	638	[illegible]
602	658	527	558	559	570	519	637	661	612	598	[illegible]
603	585	540	583	564	533	572	651	674	679	679	[illegible]
643	559	545	556	561	565	586	664	666	659	697	691
635	617	512	649	559	633	626	650	681	676	683	695
652	626	561	578	550	617	647	647	695	664	697	724
687	634	557	531	542	647	662	643	685	662	724	664
672	553	579	617	744	524	656	680	657	601	713	679
687	784	582	656	673	553	633	684	679	655	693	723

Declination.

° ′	° ′	° ′	° ′	° ′	° ′	° ′	° ′	° ′	° ′	° ′	° ′
4 12	4 18	4 47	3 49	3 57	3 55	4 26	3 41	3 25	[illegible]	3 10	3 12
4 15	3 44	4 23	3 51	4 2	3 56	4 10	3 36	3 32	3 1[illegible]	3 25	3 9
4 9	3 58	4 20	3 46	4 5	4 0	4 20	3 38	3 34	3 11	3 9	3 13
4 2	3 55	4 22	3 59	4 7	3 51	4 17	3 32	3 20	3 1[illegible]	3 27	3 10
4 2	3 56	4 27	4 9	3 5[illegible]	4 14	4 13	3 38	3 29	3 15	3 41	3 24
4 35	4 6	4 26	4 14	4 2	4 13	4 13	3 40	3 27	3 2[illegible]	3 24	3 24
4 34	3 50	4 12	3 51	4 6	4 13	4 7	3 35	3 25	3 1[illegible]	3 11	3 17
4 45	3 44	4 22	3 52	3 52	4 11	3 56	3 35	3 19	3 23	3 20	3 15
4 19	3 44	4 9	4 4	4 14	4 2	3 51	3 32	3 17	3 13	3 22	3 14
4 13	4 24	4 10	4 2	4 16	3 52	3 41	3 27	3 30	3 9	3 22	3 17
4 49	4 20	4 3	3 40	4 20	4 3	3 56	3 33	3 20	3 12	3 27	3 10
4 22	3 50	3 56	3 44	4 21	4 6	3 44	3 30	3 22	3 12	3 28	3 23

Vertical Intensity.

72	58	70	53	47	40	48	43	47	46	51	54
69	52	61	43	46	39	45	40	44	47	52	51
74	55	59	51	48	39	44	41	44	47	53	50
72	53	64	51	46	41	44	43	44	47	50	51
73	60	56	49	40	41	41	42	45	45	52	50
73	66	54	50	46	39	40	45	45	49	48	54
69	65	64	51	40	43	40	43	45	49	51	52
72	65	52	45	42	44	41	46	46	4[illegible]	53	5[illegible]
70	71	51	49	41	47	41	40	40	50	51	57
63	69	47	45	42	40	40	45	45	50	52	51
61	65	51	47	43	45	42	45	40	[illegible]	51	51
60	64	49	49	44	44	42	46	45	52	53	54

December 1, 1882. $\delta = + 62° 38' 52''$.

Horizontal Intensity. 0·07000 (C.G.S.) +

Minutes.	Midnight.	1 a.m.	2	3	4	5	6	7	8	9	10	11
0	753	701	721	712	677	679	641	641	679	636	654	662
5	[illegible]	[illegible]	654	[illegible]	651	[illegible]	613	650	679	610	654	666
10	720	691	694	699	651	671	641	[illegible]	643	620	647	668
15	704	707	703	[illegible]	672	680	643	622	651	633	643	656
20	720	701	661	701	676	654	676	647	666	649	672	615
25	708	712	653	667	[illegible]	651	642	655	668	636	680	659
30	749	748	702	677	656	651	664	651	633	664	638	605
35	747	[illegible]	734	679	647	641	654	628	671	660	679	614
40	746	750	722	659	650	652	649	635	674	606	658	641
45	780	703	761	686	651	651	554	630	670	600	647	649
50	697	701	761	692	649	647	522	609	562	670	631	645
55	707	[illegible]	754	673	647	641	563	620	605	674	649	595

Declination. 39° +

Minutes.	Midnight.	1 a.m.	2	3	4	5	6	7	8	9	10	11
	° ′	° ′	° ′	° ′	° ′	° ′	° ′	° ′	° ′	° ′	° ′	° ′
0	1 19	1 26	1 14	1 17	1 20	1 22	1 14	0 55	1 11	1 14	1 11	1 22
5	1 16	1 17	1 15	[illegible]	1 18	1 20	1 16	[illegible]	1 27	1 11	1 13	1 19
10	1 14	1 17	1 16	1 10	1 18	1 18	1 17	1 20	1 22	1 12	1 15	1 21
15	1 22	1 12	1 16	1 13	1 14	1 17	1 16	1 24	1 24	1 13	1 17	1 20
20	1 14	1 16	1 18	1 14	1 32	1 24	1 18	[illegible]	1 21	1 16	1 15	1 21
25	[illegible]	1 9	[illegible]	1 22	1 22	1 19	1 16	1 21	1 26	1 18	1 18	1 25
30	[illegible]	0 55	1 10	1 10	1 21	1 20	1 18	[illegible]	[illegible]	1 12	1 18	1 16
35	[illegible]	1 9	1 12	1 12	1 18	1 22	1 20	1 26	1 16	1 20	1 20	1 23
40	1 12	1 16	1 4	1 17	1 24	1 16	1 23	1 27	[illegible]	1 11	1 20	1 25
45	1 12	1 13	0 50	1 20	1 13	1 16	1 34	1 22	[illegible]	1 10	1 22	1 26
50	1 13	1 15	0 51	1 11	1 22	1 16	[illegible]	1 24	[illegible]	1 14	1 21	1 31
55	1 12	1 14	[illegible]	1 22	1 20	1 16	1 2	1 13	1 27	1 22	1 22	1 20

Vertical Intensity. 0·6100 (C.G.S.) +

Minutes.	Midnight.	1 a.m.	2	3	4	5	6	7	8	9	10	11
0	72	72	72	69	69	78	75	70	78	70	76	75
5	75	70	73	69	69	73	74	65	79	73	77	75
10	69	70	69	[illegible]	69	78	75	65	79	74	77	78
15	70	70	69	[illegible]	70	78	74	71	79	76	76	75
20	72	69	70	68	73	76	74	72	77	77	76	76
25	[illegible]	66	70	[illegible]	72	75	73	71	72	78	78	77
30	73	64	70	[illegible]	[illegible]	78	73	72	74	77	76	79
35	72	[illegible]	69	68	72	76	73	72	75	77	76	79
40	73	72	69	68	[illegible]	77	77	76	73	77	76	81
45	73	70	68	67	71	76	75	75	78	77	76	81
50	70	70	69	68	73	74	70	73	78	77	76	81
55	72	72	69	68	73	75	72	79	78	77	76	76

Auroral Observations.

h. m.
A.M.

1 25 Faint arch (·5) E.S.E. to W.N.W., 20° alt.
1 38 " disappeared. Bright streak (1) in N., 10° alt.
1 50 Faint light in N.W. (·5), 15° alt.
2 50 Arch (2) from E. to N.W., 2° N. of zenith.
3 0 " through zenith.
3 20 Bright diffused arch (2) from E.S.E. through zenith to W.N.W.
3 40 Band (1) from S.E. to N.W., 6° S.W. of zenith.
4 0 Curtain of aurora through zenith from N.W. to S.E. (·8), about 10° in extent.
4 15 Aurora disappeared, except a faint arch (·5) from E.S.E. to W.N.W., 20° S. of zenith.
4 20 Arch (·5) drifting towards S., slightly diffused in E.S.E.
4 25 Diffused arch (·5) from E.S.E. to W.N.W., 1° S.W. of zenith.
4 35 " drifting towards zenith.
4 55 Above arch very faint and through zenith.
5 10 " brighter towards W.N.W.
5 25 " bright (1) and 2° S.W. of zenith.
5 35 " disappeared.

λ = − 115° 43′ 50″ = − 7h. 42m. 55s. Göttingen Mean Time. *December* 1, 1882.

Horizontal Intensity.

Noon.	1	2	3	4	5	6	7	8	9	10	11
648	607	431	592	561	635	664	659	639	664	659	[illegible]
668	889	480	594	582	675	670	648	645	436	649	[illegible]
666	386	495	559	598	624	660	627	641	458	647	[illegible]
638	870	465	595	597	633	656	642	631	651	742	[illegible]
647	859	553	505	653	641	664	660	640	651	645	[illegible]
645	556	500	548	636	651	656	650	649	643	629	[illegible]
637	514	552	559	626	647	656	635	577	647	649	[illegible]
633	492	555	528	674	662	660	651	557	645	658	[illegible]
649	495	382	531	632	655	642	656	554	658	657	[illegible]
634	474	533	590	633	652	643	662	534	733	722	[illegible]
633	472	540	531	641	657	633	583	617	841	723	703
644	345	394	554	641	664	651	651	649	649	739	[illegible]

Declination.

Noon.	1	2	3	4	5	6	7	8	9	10	11
° ′	° ′	° ′	° ′	° ′	° ′	° ′	° ′	° ′	° ′	° ′	° ′
1 43	1 45	2 11	1 54	1 47	1 43	2 40	1 13	[illegible]	2 27	1 38	1 31
1 45	1 48	2 13	1 51	1 45	1 43	1 27	1 22	1 12	1 27	1 16	1 14
1 34	1 47	2 6	1 48	1 43	1 14	1 21	1 30	1 10	1 26	1 22	1 24
1 35	1 42	2 10	1 52	1 42	1 42	1 24	1 22	1 15	1 24	1 27	1 41
1 28	1 42	2 14	1 55	1 39	1 33	1 37	1 16	1 14	1 26	1 28	1 21
1 29	1 42	2 9	1 50	1 35	1 38	1 27	1 06	1 12	1 16	1 19	1 7
1 32	1 50	1 56	2 3	1 13	1 41	1 24	1 53	1 14	1 13	1 22	1 12
1 34	1 54	1 57	2 2	1 44	1 40	1 23	1 27	1 27	1 24	1 13	1 5
1 36	2 2	1 55	2 1	1 22	1 32	1 24	1 20	1 19	1 28	1 15	1 22
1 30	2 0	1 51	1 38	1 44	1 54	1 28	1 19	1 15	1 31	1 6	1 14
1 39	2 8	1 52	1 57	1 40	1 30	1 15	1 21	1 24	1 32	1 12	1 19
1 40	1 38	1 55	2 1	1 48	1 27	1 24	1 48	1 03	1 34	1 37	1 23

Vertical Intensity.

Noon.	1	2	3	4	5	6	7	8	9	10	11
58	75	off scale	91	88	81	61	79	52	52	53	63
55	69	95	91	84	82	51	71	45	85	63	33
57	86	off scale	78	81	81	53	81	45	57	54	57
87	85	94	94	79	84	82	82	13	52	54	52
86	81	92	94	81	81	81	81	59	55	52	53
86	54	95	91	80	80	81	81	41	47	58	59
86	84	96	97	82	80	81	82	53	57	74	61
87	81	95	off scale	84	72	59	53	51	61	58	52
89	82	95	,,	87	82	51	81	60	81	54	53
83	off scale	96	,,	83	81	66	82	58	61	55	63
83	95	92	92	82	78	71	83	57	61	52	61
85	off scale	97	91	73	73	51	84	53	52	52	59

Auroral Observations.

h. m. A.M.	
5 15	Faint patch in E.S.E., 5° alt.
6 0	Faint auroral light in S.W., 30° alt.
6 10	,, diffused.
6 20	Irregular arch (1) from S.E. to W., 40° alt.
6 40	Arch (2) from E.S.E. to W., 6° S.W. of zenith.
6 45	Aurora much diffused, drifting through zenith, with much quivering motion, and slightly prismatic.
6 55	Band (1) from E., through Ursa Major, to N.W.
7 5	Band as above, and a diffused light in zenith. Very faint.
7 25	Band less bright, and light disappeared.
7 35	Above band disappeared.
7 40	Faint auroral light from W.N.W. through zenith.
8 25	Faint auroral light in zenith and in N.N.W.
8 35	Patch of aurora (1) in N.N.W., 15° alt.
8 45	Faint arch (·5) from E. to N.W., 40° alt.
8 55	Aurora disappeared. Sky nearly overcast.

December 15, 1882. $\phi = +\ 62°\ 38'\ 52''$.

Horizontal Intensity. 0·07000 (C.G.S.) +

Minutes.	Midnight.	1 A.M.	2	3	4	5	6	7	8	9	10	11
0	689	691	691	687	695	680	665	679	691	666	66[illegible]	647
5	679	695	689	697	685	689	655	654	655	668	676	681
10	679	681	693	693	691	691	678	654	674	666	676	695
15	681	679	691	691	697	681	661	664	657	666	660	693
20	685	67[illegible]	695	698	699	683	679	679	687	665	668	685
25	673	697	695	691	694	689	679	653	687	670	684	678
30	671	681	699	690	695	680	685	682	652	672	665	683
35	667	691	707	695	685	681	652	651	670	673	672	681
40	657	697	691	691	685	684	685	684	672	676	666	689
45	691	694	695	698	687	683	685	685	662	673	670	697
50	689	691	697	689	697	689	679	663	654	670	678	685
55	683	691	687	659	680	685	681	653	654	668	665	683

Declination. 39° +

Minutes.	Midnight.	1 A.M.	2	3	4	5	6	7	8	9	10	11
	° ′	° ′	° ′	° ′	° ′	° ′	° ′	° ′	° ′	° ′	° ′	° ′
0	1 16	1 17	1 18	1 18	1 18	1 20	1 19	1 21	1 16	1 13	1 19	1 20
5	1 16	1 18	1 18	1 13	1 19	1 19	1 20	1 2[illegible]	1 10	1 15	1 20	1 17
10	1 17	1 17	1 16	1 16	1 18	1 20	1 22	1 19	1 13	1 19	1 28	1 16
15	1 17	1 17	1 17	1 19	1 19	1 20	1 20	1 25	1 14	1 13	1 20	1 27
20	1 1[illegible]	1 18	1 17	1 19	1 18	1 20	1 19	1 20	1 15	1 19	1 20	1 20
25	1 17	1 16	1 17	1 15	1 18	1 21	1 19	1 19	1 15	1 18	1 20	1 23
30	1 17	1 17	1 18	1 17	1 18	1 20	1 27	1 19	1 11	1 20	1 28	1 25
35	1 16	1 16	1 15	1 19	1 17	1 20	1 20	1 30	1 12	1 29	1 31	1 24
40	1 15	1 16	1 17	1 20	1 19	1 24	1 20	1 20	1 07	1 19	1 22	1 21
45	1 15	1 17	1 17	1 20	1 19	1 27	1 30	1 19	1 11	1 20	1 21	1 15
50	1 18	1 17	1 18	1 19	1 18	1 19	1 20	1 16	1 16	1 19	1 30	1 17
55	1 15	1 15	1 18	1 18	1 20	1 20	1 29	1 26	1 16	1 13	1 19	1 24

Vertical Intensity. 0·6100 (C.G.S.) +

Minutes.	Midnight.	1 A.M.	2	3	4	5	6	7	8	9	10	11
0	7[illegible]	75	75	76	75	73	73	73	74	75	75	75
5	76	7[illegible]	75	76	75	73	74	73	71	75	74	75
10	76	75	75	76	75	74	74	73	72	75	73	75
15	75	74	76	76	75	74	73	73	73	73	73	75
20	76	74	76	75	75	73	73	73	73	73	73	75
25	75	72	75	76	75	74	73	73	73	73	73	74
30	75	74	76	75	75	74	73	73	73	73	73	73
35	75	74	76	75	73	74	73	73	72	73	74	74
40	75	74	78	75	74	74	73	73	74	73	74	73
45	77	74	76	75	74	74	73	73	74	75	74	74
50	75	75	76	75	74	74	73	73	75	76	74	75
55	71	75	76	75	73	73	73	73	75	75	74	74

Auroral Observations.

h. m. A.M.	
5 50	Faint band from N.E. to N.W., about 20° alt.
6 0	,, brighter (1) in N.E.
6 10	Ditto.
6 20	,, disappeared, except in N.E. Faint patches in zenith.
6 30	Aurora very faint. Patches in zenith drifted to 10° alt. N.E.
6 45	,, disappeared except a streak in N.W.
7 0	Bright irregular-shaped arch (1) from E. to N.E., 10° alt. Bright streak (1) in N.W.
7 5	Aurora faint. Above arch, 15° alt. Faint streak in E.S.E.
7 10	Streaks disappeared. Faint arch from E.S.E. through zenith to W.N.W. Arch from E. to N.E. very faint.
7 20	,, disappeared. Arch from E.S.E. to W.N.W. very faint. Faint arch (·2) through Cygnus, Cassiopeia, and Gemini, slightly brighter patch in Leo.
7 40	Arch (·5) through Leo, passing halfway between Ursa Major and N. horizon.
7 50	Aurora very faint.

λ = − 115° 43' 50'' = − 7h. 42m. 55s. Göttingen Mean Time. *December* 15, 1882.

Horizontal Intensity.

Noon.	1	2	3	4	5	6	7	8	9	10	11
653	703	654	653	687	679	556	654	640	668	[illegible]	[illegible]
670	693	654	663	695	678	654	630	652	675	[illegible]	[illegible]
652	670	636	653	679	676	670	662	658	672	[illegible]	[illegible]
[illegible]	684	648	694	636	655	660	656	663	645	[illegible]	[illegible]
662	681	658	658	674	680	668	662	664	649	[illegible]	[illegible]
674	692	670	691	679	676	664	645	656	635	[illegible]	[illegible]
676	721	657	659	676	663	682	647	660	670	[illegible]	[illegible]
666	693	665	687	660	672	663	647	662	620	[illegible]	[illegible]
668	683	670	537	664	672	660	651	666	628	[illegible]	[illegible]
660	660	655	687	674	666	660	643	676	612	[illegible]	[illegible]
664	652	668	691	636	666	666	647	670	653	[illegible]	[illegible]
[illegible]	664	659	659	668	670	654	641	660	[illegible]	[illegible]	[illegible]

Declination.

Noon.	1	2	3	4	5	6	7	8	9	10	11
° '	° '	° '	° '	° '	° '	° '	° '	° '	° '	° '	° '
1 28	1 15	1 30	1 27	1 25	1 28	1 32	1 21	1 28	1 32	1 11	[illegible]
1 24	1 20	1 34	1 26	1 28	1 34	1 30	1 29	1 23	1 30	1 12	1 33
1 23	1 29	1 42	1 28	1 29	1 30	1 29	1 23	1 18	1 31	1 0	1 3
1 24	1 28	1 25	1 33	1 38	1 40	1 32	1 35	1 15	1 37	1 0	1 5
1 28	1 26	1 31	1 26	2 31	1 38	1 28	1 20	1 24	1 34	1 0	1 5
1 25	1 25	1 29	1 24	1 28	1 32	1 25	1 17	1 28	1 33	1 2	1 2
1 23	1 33	1 32	1 26	1 29	1 33	1 27	1 24	1 30	1 27	0 53	1 3
1 37	1 24	1 30	1 28	1 29	1 37	1 24	1 22	1 24	1 26	0 56	0 58
1 23	1 20	1 35	1 25	1 31	1 31	1 20	1 30	1 21	1 24	0 56	1 6
1 24	1 33	1 32	1 28	1 29	1 35	1 24	1 37	1 21	1 26	0 48	0 58
1 22	1 31	1 32	1 24	1 36	1 33	1 30	1 24	1 32	1 20	0 55	1 6
1 17	1 29	1 31	1 29	1 34	1 29	1 24	1 30	1 31	1 18	1 6	1 8

Vertical Intensity.

Noon.	1	2	3	4	5	6	7	8	9	10	11
75	75	77	74	73	74	74	71	69	73	[illegible]	[illegible]
75	76	74	75	73	75	73	71	70	74	[illegible]	[illegible]
75	76	74	74	73	74	74	72	70	73	[illegible]	[illegible]
75	75	72	73	73	74	74	71	70	73	[illegible]	[illegible]
75	75	73	74	73	75	73	71	70	73	[illegible]	[illegible]
74	75	72	74	72	73	73	71	71	73	[illegible]	[illegible]
76	74	73	75	73	74	73	72	74	72	[illegible]	[illegible]
76	73	73	74	73	75	73	70	72	73	[illegible]	[illegible]
75	74	73	74	72	74	73	69	71	72	[illegible]	[illegible]
76	75	73	74	75	74	72	69	72	73	[illegible]	[illegible]
76	74	74	75	74	74	72	69	72	75	[illegible]	[illegible]
75	73	74	74	74	74	72	69	72	71	[illegible]	[illegible]

Auroral Observations.

h. m.	
A.M.	
8 5	Arch (1) from N.E. to N.W., 45° alt., and arch (·5) from S.E. to W., 2° S. of zenith.
8 15	Aurora disappeared, except a faint patch 20° N.W. of zenith, and a brighter patch (·5) in E. and S.E.
8 25	Aurora disappeared.
10 10	Arch (1) from N.W. to E., through zenith.
10 20	„ 5° S.W. of zenith (·5).
10 35	„ irregular in shape, and through zenith (·5 to 1); brightest in N.W.
10 50	„ uniform and (·5).
10 55	Aurora disappeared.
11 10	Faint streak in zenith.
P.M.	
1 30	„ in E.N.E., 40° alt.
1 33	„ disappeared.

January 2, 1883. $\phi = +62^{\circ}\ 38'\ 52''$.

Horizontal Intensity. 0·07000 (C.G.S.) +

Minutes.	Midnight.	1 A.M.	2	3	4	5	6	7	8	9	10	11
0	679	651	662	722	723	703	712	708	697	683	674	674
5	692	651	657	723	712	692	712	695	697	681	677	679
10	691	649	658	720	706	709	711	679	693	681	674	656
15	657	676	669	716	710	713	700	703	689	684	672	673
20	660	678	687	718	710	705	708	708	699	683	674	678
25	697	674	678	715	708	643	703	705	679	677	670	664
30	651	655	622	714	710	703	691	699	681	670	670	660
35	594	677	691	712	706	706	701	701	682	670	677	674
40	551	677	691	705	701	706	701	701	677	677	677	665
45	676	677	659	714	697	710	703	699	681	666	672	666
50	673	673	700	717	701	710	701	704	672	658	676	663
55	692	674	697	719	697	712	703	692	679	677	676	660

Declination. 40° +

Minutes.	Midnight.	1 A.M.	2	3	4	5	6	7	8	9	10	11
	° ′	° ′	° ′	° ′	° ′	° ′	° ′	° ′	° ′	° ′	° ′	° ′
0	0 13	0 14	0 14	0 12	0 13	0 16	0 14	0 18	0 19	0 16	0 14	0 18
5	0 11	0 13	0 13	0 10	0 11	0 15	0 12	0 22	0 20	0 23	0 13	0 13
10	0 13	0 13	0 12	0 14	0 15	0 20	0 14	0 20	0 26	0 21	0 16	0 15
15	0 12	0 12	0 15	0 12	0 16	0 19	0 16	0 17	0 13	0 24	0 16	0 16
20	0 14	0 16	0 12	0 11	0 14	0 17	0 14	0 23	0 17	0 16	0 17	0 15
25	0 12	0 19	0 14	0 10	0 16	0 20	0 14	0 26	0 24	0 16	0 12	0 11
30	0 9	0 16	0 14	0 12	0 14	0 17	0 18	0 27	0 23	0 16	0 12	0 18
35	0 13	0 15	0 14	0 11	0 13	0 16	0 12	0 19	0 20	0 15	0 11	0 20
40	0 9	0 13	0 16	0 10	0 19	0 16	0 16	0 20	0 16	0 16	0 13	0 15
45	0 12	0 15	0 13	0 11	0 16	0 13	0 16	0 12	0 16	0 17	0 13	0 16
50	0 12	0 14	0 15	0 9	0 16	0 17	0 17	0 15	0 15	0 14	0 18	0 18
55	0 14	0 13	0 14	0 12	0 13	0 19	0 17	0 15	0 13	0 15	0 13	0 10

Vertical Intensity. 0·6100 (C.G.S.) +

Minutes.	Midnight.	1 A.M.	2	3	4	5	6	7	8	9	10	11
0	77	79	79	81	79	78	75	79	77	77	76	77
5	78	79	79	79	79	77	76	74	77	77	75	77
10	79	79	79	79	77	76	76	76	77	77	75	77
15	77	79	79	79	78	79	76	76	77	77	75	77
20	79	79	79	78	79	77	76	76	77	77	77	77
25	79	79	78	77	79	77	76	76	77	77	77	76
30	78	79	79	77	77	78	78	76	78	76	77	77
35	79	78	79	77	79	75	77	76	77	77	77	77
40	79	77	80	78	78	75	76	76	77	75	77	76
45	78	78	80	78	78	78	76	76	77	75	77	77
50	79	79	80	79	78	77	77	77	77	76	77	76
55	77	79	80	79	78	79	77	77	77	76	77	76

Auroral Observations.

h. m.
A.M.
1 00 Arch (2) from E.N.E. to N.N.W., 8° alt. 1.35 Arch disappeared.
1 41 Faint arch (3) from E. to E.N.E., 5° alt., till 1.58.
1 55 Faint arch from E.N.E. to N.N.W., 7° alt.
2 10 „ irregular in shape and (1). 2.18 Faint arch (3).
2 30 Arch (3) from same points, 10° alt.
2 40 „ [illegible] diffused and irregular in shape.
2 50 „ „ (1) to N.N.W.
3 0 Above arch continued, and from N. to E., 5° alt.
3 15 „ from E.S.E. to N.N.W., 15° alt., and a streak (3) in N.N.W., [illegible] alt.
3 30 Streak disappeared and arch very irregular.
3 35 Arch (1) about 15° alt.
3 45 „ (1). Another arch about 2° below, and a few bright streaks in N.N.W., 15° alt.
4 0 Lower arch disappeared. Upper arch (1) slightly diffused.
4 20 Arch very faint and uniform till [illegible].
5 0 „ (1) alt.
5 15 „ diffused and irregular (0 to 1).
5 30 „ disappeared. Patches [illegible] in E.N.E. and N.N.E.
5 37 Faint arch from E. to N.W., [illegible] alt. till 5.44.
5 55 „ diffused and [illegible] alt.
6 10 „ regular (1 to 2), [illegible] alt.
6 15 Double arch (2) from E. to N.W., 12° alt., passing [illegible], and just below ε Ursæ Majoris.
6 20 Arch now about 5° alt. (0 to 1).
6 32 „ faint in N.W.
6 40 „ (1). Arch at 6.55.

λ = − 115° 43′ 50″ = − 7h. 42m. 55s. Göttingen Mean Time. *January 2, 1883.*

Horizontal Intensity.

Noon.	1	2	3	4	5	6	7	8	9	10	11
645	640	487	520	624	574	636	652	654	594	610	619
660	591	471	529	637	652	614	610	617	607	[illegible]	615
633	582	463	550	658	641	624	618	643	601	655	665
617	587	500	550	701	650	616	650	633	654	653	657
651	576	500	581	698	640	607	646	659	653	648	654
641	518	492	571	689	613	594	653	647	632	653	635
610	517	470	492	708	645	605	644	654	633	643	627
653	540	467	523	693	623	610	655	659	639	646	630
630	529	474	616	651	649	590	627	657	659	610	655
628	524	398	630	660	631	629	634	654	658	634	660
612	487	420	650	649	651	627	656	652	655	643	619
523	476	444	616	672	628	592	648	641	631	644	619

Declination.

Noon.	1	2	3	4	5	6	7	8	9	10	11
° ′	° ′	° ′	° ′	° ′	° ′	° ′	° ′	° ′	° ′	° ′	° ′
0 35	0 34	0 46	0 48	0 34	0 37	0 38	0 54	0 19	0 11	0 8	0 17
0 22	0 35	0 46	0 47	0 33	0 30	0 42	0 32	0 14	0 16	0 10	0 42
0 22	0 36	0 45	0 48	0 36	0 35	0 42	0 34	0 15	0 19	0 12	0 19
0 20	0 15	0 41	0 43	0 32	0 31	0 40	0 25	0 13	0 10	0 10	0 16
0 21	0 36	0 35	0 35	0 25	0 34	0 43	0 20	0 19	0 9	0 12	0 13
0 23	0 36	0 36	0 45	0 24	0 36	0 45	0 18	0 14	0 9	0 6	0 20
0 26	0 42	0 41	0 56	0 28	[illegible]	0 44	0 10	0 12	0 17	0 20	0 42
0 35	0 33	0 53	0 55	0 27	0 17	0 43	0 47	0 10	0 10	0 16	0 42
0 35	0 36	1 0	0 36	0 39	0 34	0 37	0 33	0 7	0 16	0 14	0 14
0 25	0 37	1 11	0 38	0 38	1 26	0 36	0 45	0 8	0 24	0 18	0 11
0 31	0 47	1 8	0 59	0 42	0 18	1 36	0 48	0 10	0 20	0 18	0 12
0 33	0 40	0 56	0 47	0 28	0 32	0 33	0 43	0 11	0 50	0 15	0 8

Vertical Intensity.

Noon.	1	2	3	4	5	6	7	8	9	10	11
76	83	75	69	72	73	74	71	73	75	77	75
76	82	76	70	71	73	74	71	73	74	76	76
76	83	75	72	70	70	74	71	72	75	77	76
76	82	76	73	71	73	75	72	71	76	78	75
77	81	77	70	73	71	78	73	73	75	78	[illegible]
78	78	75	69	73	72	74	74	74	7[illegible]	79	75
80	77	74	77	74	73	73	73	79	73	[illegible]	77
81	79	73	73	73	74	71	74	66	[illegible]	[illegible]	76
82	76	71	69	72	74	[illegible]	74	71	74	76	76
83	77	68	69	71	74	71	74	75	75	[illegible]	76
83	77	69	71	72	72	73	73	73	75	76	73
84	75	69	71	71	73	75	71	73	75	77	74

Auroral Observations.

h. m.
6 50
7 25 [illegible] from N.E. to N.W., 20° alt. to N.
7 40 [illegible] N. [illegible] alt.
7 50 [illegible] parallel to the first.
8 25 Arch (?) from E. to N.W. about 15° alt.
8 30 „ [illegible]
8 40 [illegible] in N.N.W. [illegible] drifting towards W.
9 15 Arch now defined [illegible] from N.N.E. to W.N.W., alt. 16°.
9 25 „ [illegible] N.W., alt. 16°.
10 20 „ [illegible] Disappeared.
10 50 Arch (?) from E.S.E. [illegible] to N.W. [illegible] Very faint.
11 0 „ [illegible]
11 [illegible] „ [illegible] N.N.W. horizon.
11 30 [illegible]
11 45 „ Disappeared. [illegible] N.N.W., [illegible]
11 50 [illegible] in N.N.W., [illegible]
11 55 [illegible] in N.N.W., [illegible]
12 0 [illegible] from N.N.W. [illegible] Disappeared.
a.m.
12 [illegible] [illegible] E. [illegible] alt.
12 40 [illegible] N.N.W. [illegible] W.N.W. [illegible]
12 50 [illegible]
1 0 „ Disappeared. [illegible] N.N.W. [illegible] alt.
1 20 [illegible] in N.N.W. [illegible] alt. [illegible] Disappeared.
1 50 Faint Bands [illegible] from N.N.E. to N.W., 10° alt. [illegible] Disappeared.

January 15, 1883. $\phi = +62° 38' 52''$.

Horizontal Intensity. 0·07000 (C.G.S.) +

Minutes	Midnight	1 a.m.	2	3	4	5	6	7	8	9	10	11
0	671	674	689	679	683	689	683	674	670	676	685	665
5	668	667	683	676	685	687	657	672	673	677	655	670
10	672	691	685	679	683	687	652	672	672	681	655	672
15	670	676	697	678	687	685	679	670	670	676	679	662
20	672	684	676	678	689	681	679	665	672	677	674	659
25	676	674	674	666	693	686	676	672	665	679	670	659
30	675	673	677	679	683	695	674	673	664	681	674	648
35	674	672	678	683	677	689	677	673	666	677	671	640
40	671	678	681	679	683	689	676	664	668	672	674	641
45	654	683	677	681	683	685	679	666	665	681	666	648
50	654	687	681	681	679	689	677	668	672	685	672	657
55	673	687	681	683	685	685	677	672	673	685	670	574

Declination. 39° +

Minutes	Midnight	1 a.m.	2	3	4	5	6	7	8	9	10	11
	° ′	° ′	° ′	° ′	° ′	° ′	° ′	° ′	° ′	° ′	° ′	° ′
0	1 15	1 14	1 12	1 14	1 16	1 24	1 16	1 16	1 15	1 14	1 13	1 19
5	1 14	1 12	1 14	1 15	1 18	1 25	1 16	1 17	1 16	1 14	1 13	1 19
10	1 15	1 10	1 12	1 16	1 17	1 24	1 18	1 18	1 16	1 14	1 14	1 19
15	1 [illegible]	1 10	1 13	1 16	1 15	1 25	1 16	1 19	1 15	1 15	1 14	1 19
20	1 [illegible]	1 10	1 14	1 16	1 24	1 24	1 18	1 16	1 14	1 14	1 15	1 20
25	1 14	1 11	1 15	1 16	1 24	1 22	1 18	1 15	1 15	1 12	1 15	1 21
30	1 14	1 10	1 14	1 16	1 24	1 12	1 16	1 14	1 13	1 10	1 10	1 26
35	1 12	1 10	1 14	1 16	1 16	1 26	1 16	1 16	1 16	1 10	1 10	1 27
40	1 13	1 14	1 15	1 16	1 15	1 14	1 16	1 18	1 16	1 11	1 11	1 24
45	1 [illegible]	1 13	1 23	1 17	1 16	1 24	1 14	1 15	1 15	1 13	1 14	1 28
50	1 12	1 12	1 18	1 16	1 16	1 16	1 15	1 16	1 15	1 13	1 14	1 30
55	1 13	1 12	1 15	1 16	1 15	1 16	1 15	1 16	1 15	1 13	1 15	1 36

Vertical Intensity. 0·0100 (C.G.S.) +

Minutes	Midnight	1 a.m.	2	3	4	5	6	7	8	9	10	11
0	74	74	76	77	77	76	77	77	77	76	76	78
5	74	74	77	77	77	76	77	77	76	76	76	75
10	74	74	77	77	77	77	77	77	76	76	77	76
15	74	75	77	77	77	77	77	76	76	76	76	75
20	74	75	77	77	79	76	77	76	76	76	76	79
25	74	75	77	77	78	77	77	77	76	75	76	79
30	73	75	77	77	77	77	76	77	76	75	76	79
35	74	76	77	77	73	77	76	77	76	75	75	80
40	74	76	77	77	77	76	76	77	76	76	76	79
45	74	76	77	78	77	77	77	77	76	76	75	79
50	74	77	77	77	76	78	77	77	76	76	75	80
55	73	77	77	77	76	78	77	76	76	76	75	81

Auroral Observations.

h. m. A.M.	
10 15	Arch (1) from 60° alt. N.N.W. through zenith to 60° alt. E.S.E. Sky nearly overcast.
10 55	Sky overcast. Aurora disappeared.
11 30	Masses of aurora (·5) in N.N.W., alt. 50°, visible between clouds.
11 40	„ disappeared.

$\lambda = -115° 43' 50'' = -7h. 42m. 55s.$ Göttingen Mean Time. *January* 15, 1883.

Horizontal Intensity.

Noon.	1	2	3	4	5	6	7	8	9	10	11
[illegible]	[illegible]	[illegible]	[illegible]	[illegible]	[illegible]	[illegible]	[illegible]	[illegible]	[illegible]	[illegible]	[illegible]
[illegible]	[illegible]	[illegible]	[illegible]	[illegible]	[illegible]	[illegible]	[illegible]	[illegible]	[illegible]	[illegible]	[illegible]
[illegible]	[illegible]	[illegible]	[illegible]	[illegible]	[illegible]	[illegible]	[illegible]	[illegible]	[illegible]	[illegible]	[illegible]
[illegible]	[illegible]	[illegible]	[illegible]	[illegible]	[illegible]	[illegible]	[illegible]	[illegible]	[illegible]	[illegible]	[illegible]
[illegible]	[illegible]	[illegible]	[illegible]	[illegible]	[illegible]	[illegible]	[illegible]	[illegible]	[illegible]	[illegible]	[illegible]
[illegible]	[illegible]	[illegible]	[illegible]	[illegible]	[illegible]	[illegible]	[illegible]	[illegible]	[illegible]	[illegible]	[illegible]
[illegible]	[illegible]	[illegible]	[illegible]	[illegible]	[illegible]	[illegible]	[illegible]	[illegible]	[illegible]	[illegible]	[illegible]
[illegible]	[illegible]	[illegible]	[illegible]	[illegible]	[illegible]	[illegible]	[illegible]	[illegible]	[illegible]	[illegible]	[illegible]
[illegible]	[illegible]	[illegible]	[illegible]	[illegible]	[illegible]	[illegible]	[illegible]	[illegible]	[illegible]	[illegible]	[illegible]
[illegible]	[illegible]	[illegible]	[illegible]	[illegible]	[illegible]	[illegible]	[illegible]	[illegible]	[illegible]	[illegible]	[illegible]
[illegible]	[illegible]	[illegible]	[illegible]	[illegible]	[illegible]	[illegible]	[illegible]	[illegible]	[illegible]	[illegible]	[illegible]
[illegible]	[illegible]	[illegible]	[illegible]	[illegible]	[illegible]	[illegible]	[illegible]	[illegible]	[illegible]	[illegible]	[illegible]

Declination.

° '	° '	° '	° '	° '	° '	° '	° '	° '	° '	° '	° '
[illegible]	[illegible]	[illegible]	[illegible]	[illegible]	[illegible]	[illegible]	[illegible]	[illegible]	[illegible]	[illegible]	[illegible]
[illegible]	[illegible]	[illegible]	[illegible]	[illegible]	[illegible]	[illegible]	[illegible]	[illegible]	[illegible]	[illegible]	[illegible]
[illegible]	[illegible]	[illegible]	[illegible]	[illegible]	[illegible]	[illegible]	[illegible]	[illegible]	[illegible]	[illegible]	[illegible]
[illegible]	[illegible]	[illegible]	[illegible]	[illegible]	[illegible]	[illegible]	[illegible]	[illegible]	[illegible]	[illegible]	[illegible]
[illegible]	[illegible]	[illegible]	[illegible]	[illegible]	[illegible]	[illegible]	[illegible]	[illegible]	[illegible]	[illegible]	[illegible]
[illegible]	[illegible]	[illegible]	[illegible]	[illegible]	[illegible]	[illegible]	[illegible]	[illegible]	[illegible]	[illegible]	[illegible]
[illegible]	[illegible]	[illegible]	[illegible]	[illegible]	[illegible]	[illegible]	[illegible]	[illegible]	[illegible]	[illegible]	[illegible]
[illegible]	[illegible]	[illegible]	[illegible]	[illegible]	[illegible]	[illegible]	[illegible]	[illegible]	[illegible]	[illegible]	[illegible]
[illegible]	[illegible]	[illegible]	[illegible]	[illegible]	[illegible]	[illegible]	[illegible]	[illegible]	[illegible]	[illegible]	[illegible]
[illegible]	[illegible]	[illegible]	[illegible]	[illegible]	[illegible]	[illegible]	[illegible]	[illegible]	[illegible]	[illegible]	[illegible]
[illegible]	[illegible]	[illegible]	[illegible]	[illegible]	[illegible]	[illegible]	[illegible]	[illegible]	[illegible]	[illegible]	[illegible]
[illegible]	[illegible]	[illegible]	[illegible]	[illegible]	[illegible]	[illegible]	[illegible]	[illegible]	[illegible]	[illegible]	[illegible]

Vertical Intensity.

80	[illegible]	[illegible]	[illegible]	[illegible]	[illegible]	[illegible]	[illegible]	[illegible]	[illegible]	[illegible]	[illegible]
81	[illegible]	[illegible]	[illegible]	[illegible]	[illegible]	[illegible]	[illegible]	[illegible]	[illegible]	[illegible]	[illegible]
82	[illegible]	[illegible]	[illegible]	[illegible]	[illegible]	[illegible]	[illegible]	[illegible]	[illegible]	[illegible]	[illegible]
84	[illegible]	82	[illegible]	[illegible]	[illegible]	[illegible]	[illegible]	[illegible]	[illegible]	[illegible]	[illegible]
86	[illegible]	[illegible]	[illegible]	[illegible]	[illegible]	[illegible]	[illegible]	[illegible]	[illegible]	[illegible]	[illegible]
86	[illegible]	[illegible]	[illegible]	[illegible]	[illegible]	[illegible]	[illegible]	[illegible]	[illegible]	[illegible]	[illegible]
84	[illegible]	[illegible]	[illegible]	[illegible]	[illegible]	[illegible]	[illegible]	[illegible]	[illegible]	[illegible]	[illegible]
86	[illegible]	[illegible]	[illegible]	[illegible]	[illegible]	[illegible]	[illegible]	[illegible]	[illegible]	[illegible]	[illegible]
85	[illegible]	[illegible]	[illegible]	[illegible]	[illegible]	[illegible]	[illegible]	[illegible]	[illegible]	[illegible]	[illegible]
86	[illegible]	[illegible]	[illegible]	[illegible]	[illegible]	[illegible]	[illegible]	[illegible]	[illegible]	[illegible]	[illegible]
86	[illegible]	[illegible]	[illegible]	[illegible]	[illegible]	[illegible]	[illegible]	[illegible]	[illegible]	[illegible]	[illegible]
89	[illegible]	[illegible]	[illegible]	[illegible]	[illegible]	[illegible]	[illegible]	[illegible]	[illegible]	[illegible]	[illegible]

February 1, 1883. $\phi = +62° 38' 52''$.

Horizontal Intensity. 0·07000 (C.G.S.) +

Minutes.	Midnight.	1 A.M.	2	3	4	5	6	7	8	9	10	11
0	[illegible]	[illegible]	712	[illegible]	681	718	685	684	664	659	646	668
5	[illegible]	[illegible]	708	[illegible]	685	719	685	678	664	658	653	666
10	[illegible]	[illegible]	708	[illegible]	683	722	679	689	654	662	650	664
15	[illegible]	[illegible]	702	[illegible]	683	724	684	688	662	662	650	668
20	[illegible]	[illegible]	742	[illegible]	686	745	687	678	[illegible]	664	633	645
25	[illegible]	[illegible]	740	[illegible]	688	731	687	672	656	666	[illegible]	660
30	[illegible]	[illegible]	704	[illegible]	690	724	687	668	668	666	[illegible]	648
35	[illegible]	[illegible]	699	[illegible]	681	[illegible]	689	665	664	664	[illegible]	671
40	[illegible]	[illegible]	698	[illegible]	697	728	692	682	558	661	658	676
45	[illegible]	[illegible]	689	631	689	693	693	666	[illegible]	666	666	680
50	[illegible]	[illegible]	686	[illegible]	703	647	685	666	[illegible]	665	656	568
55	[illegible]	[illegible]	687	[illegible]	700	697	689	682	[illegible]	666	556	529

Declination. 30° +

Minutes.	Midnight.	1 A.M.	2	3	4	5	6	7	8	9	10	11
	° ′	° ′	° ′	° ′	° ′	° ′	° ′	° ′	° ′	° ′	° ′	° ′
0	1 0	1 8	1 12	1 9	[illegible]	[illegible]	1 27	1 26	1 16	1 26	1 16	1 18
5	0 58	1 4	1 8	1 10	[illegible]	[illegible]	1 26	1 27	1 15	1 26	1 15	1 16
10	0 57	1 6	1 9	1 11	[illegible]	[illegible]	1 26	1 26	1 15	1 27	1 16	1 17
15	0 56	1 4	1 9	1 14	[illegible]	[illegible]	1 28	1 26	[illegible]	1 26	1 15	1 22
20	1 0	1 2	1 8	1 10	[illegible]	[illegible]	1 25	1 27	[illegible]	1 26	1 15	1 24
25	1 3	1 3	1 10	1 10	[illegible]	[illegible]	1 24	1 26	1 16	1 27	1 15	1 36
30	1 0	1 2	1 11	1 12	1 44	[illegible]	1 24	1 27	[illegible]	1 27	1 14	1 50
35	0 59	1 5	1 11	1 13	[illegible]	[illegible]	[illegible]	1 26	[illegible]	1 26	1 14	1 47
40	0 57	1 6	1 13	1 11	[illegible]	[illegible]	1 19	1 26	[illegible]	1 26	1 14	[illegible]
45	0 56	1 11	1 11	1 13	[illegible]	[illegible]	1 16	1 26	1 16	1 26	1 14	[illegible]
50	1 0	1 12	1 11	1 12	[illegible]	[illegible]	1 25	1 26	[illegible]	1 26	1 14	[illegible]
55	1 0	1 14	1 [illegible]	1 14	[illegible]	[illegible]	1 15	1 26	[illegible]	1 26	1 15	1 44

Vertical Intensity. 0·6100 (C.G.S.) +

Minutes.	Midnight.	1 A.M.	2	3	4	5	6	7	8	9	10	11
0	77	79	76	77	[illegible]	79	75	73	74	76	76	77
5	76	77	75	78	78	78	[illegible]	76	74	75	75	[illegible]
10	76	77	75	77	[illegible]	78	74	76	73	75	76	77
15	77	77	76	77	[illegible]	79	74	73	73	75	75	78
20	77	76	76	78	[illegible]	[illegible]	74	[illegible]	74	75	75	79
25	77	77	76	77	[illegible]	79	75	75	75	75	76	93
30	78	76	79	78	[illegible]	79	75	75	75	[illegible]	78	94
35	79	77	77	78	[illegible]	79	76	74	75	76	78	[illegible]
40	79	78	78	79	74	[illegible]	75	74	75	77	79	81
45	79	[illegible]	78	79	79	77	75	74	75	77	78	83
50	78	77	78	79	[illegible]	77	75	74	75	77	77	82
55	77	75	78	73	[illegible]	79	75	74	75	77	77	89

Auroral Observations.

h. m.
A.M.

[illegible] Arch (1) from N.N.W. to E.S.E., 10° alt. A few streamers in N.N.W., [illegible] alt.
[illegible] Streamers disappeared except a very faint patch in E.S.E. [illegible]
[illegible] Faint streak [illegible] in N.N.W. A few streamers in E.S.E., [illegible]
[illegible] Streamers disappeared. Stood as before. Faint patches in E.S.E. [illegible] Faint arch from N.W. to S.E., [illegible] alt.
[illegible] disappeared. Very faint patch in E.N.E., [illegible]
[illegible] Arch [illegible] from E. to N.N.W., [illegible] alt., developed to [illegible] arch [illegible] from N.W. to S.E., [illegible]
[illegible] [illegible], not of uniform brightness [illegible]
[illegible] Arch from E. to N.N.W. [illegible] Streamers from E. to N.N.W. [illegible] Arch from S.E. to N.W. as before, [illegible]
[illegible] Two parallel streaks from N.W. towards S.E. [illegible], 50° alt.
[illegible] Streaks now from W.N.W., pointing to zenith. Faint [illegible] from S.E. towards zenith, [illegible]
[illegible] Faint diffused arch [illegible] from S.E. through zenith to N.W.
[illegible] Faint segment of arch [illegible] from E.S.E. through zenith to N.N.W., diffused and brightest in N.N.W. A few streamers [illegible] in N.N.W. [illegible]
[illegible] Streamers disappeared. Arch very faint in N.N.W. and [illegible] in E.S.E.
[illegible] disappeared. Arch from E.S.E. to N.N.E., [illegible] alt., [illegible] to E.S.E. to [illegible] alt., but faint.
[illegible] Faint arch [illegible] from E.S.E. to N.N.W., [illegible] alt. Faint streak [illegible] W.N.W. [illegible]
[illegible] disappeared. Arch [illegible] from S.E. through zenith [illegible] to N.W. [illegible] Arch very faint.
[illegible] disappeared from zenith to N.W. [illegible] Through zenith to [illegible] to N.W. [illegible] Disappeared. Faint streak through zenith.
[illegible] Faint arch [illegible] from S.E. to W.N.W. [illegible]
[illegible] Faint streamer [illegible] in E., [illegible]
[illegible] Faint patch in N.W., [illegible], and faint light from S.E. [illegible] The same.
[illegible] Patch of [illegible] Irregular arch (1) from N.N.W. to E.S.E. [illegible]
[illegible] [illegible] and a few detached streamers [illegible] in N., [illegible] alt.

λ = − 115° 43′ 50″ = − 7h. 42m. 55s. Göttingen Mean Time. *February* 1, 1883.

Horizontal Intensity.

Noon.	1	2	3	4	5	6	7	8	9	10	11
[illegible]	[illegible]	[illegible]	[illegible]	[illegible]	[illegible]	[illegible]	[illegible]	[illegible]	[illegible]	[illegible]	[illegible]
[illegible]	[illegible]	[illegible]	[illegible]	[illegible]	[illegible]	[illegible]	[illegible]	[illegible]	[illegible]	[illegible]	[illegible]
[illegible]	[illegible]	[illegible]	[illegible]	[illegible]	[illegible]	[illegible]	[illegible]	[illegible]	[illegible]	[illegible]	[illegible]
[illegible]	[illegible]	[illegible]	[illegible]	[illegible]	[illegible]	[illegible]	[illegible]	[illegible]	[illegible]	[illegible]	[illegible]
[illegible]	[illegible]	[illegible]	[illegible]	[illegible]	[illegible]	[illegible]	[illegible]	[illegible]	[illegible]	[illegible]	[illegible]
[illegible]	[illegible]	[illegible]	[illegible]	[illegible]	[illegible]	[illegible]	[illegible]	[illegible]	[illegible]	[illegible]	[illegible]
[illegible]	[illegible]	[illegible]	[illegible]	[illegible]	[illegible]	[illegible]	[illegible]	[illegible]	[illegible]	[illegible]	[illegible]
[illegible]	[illegible]	[illegible]	[illegible]	[illegible]	[illegible]	[illegible]	[illegible]	[illegible]	[illegible]	[illegible]	[illegible]
[illegible]	[illegible]	[illegible]	[illegible]	[illegible]	[illegible]	[illegible]	[illegible]	[illegible]	[illegible]	[illegible]	[illegible]
[illegible]	[illegible]	[illegible]	[illegible]	[illegible]	[illegible]	[illegible]	[illegible]	[illegible]	[illegible]	[illegible]	[illegible]
[illegible]	[illegible]	[illegible]	[illegible]	[illegible]	[illegible]	[illegible]	[illegible]	[illegible]	[illegible]	[illegible]	[illegible]
[illegible]	[illegible]	[illegible]	[illegible]	[illegible]	[illegible]	[illegible]	[illegible]	[illegible]	[illegible]	[illegible]	[illegible]

Declination.

° ′	° ′	° ′	° ′	° ′	° ′	° ′	° ′	° ′	° ′	° ′	° ′
[illegible]	[illegible]	[illegible]	[illegible]	[illegible]	[illegible]	[illegible]	[illegible]	[illegible]	[illegible]	[illegible]	1 3
[illegible]	[illegible]	[illegible]	[illegible]	[illegible]	[illegible]	[illegible]	[illegible]	[illegible]	[illegible]	[illegible]	0 46
[illegible]	[illegible]	[illegible]	[illegible]	[illegible]	[illegible]	[illegible]	[illegible]	[illegible]	[illegible]	[illegible]	0 59
[illegible]	[illegible]	[illegible]	[illegible]	[illegible]	[illegible]	[illegible]	[illegible]	[illegible]	[illegible]	[illegible]	1 3
[illegible]	[illegible]	[illegible]	[illegible]	[illegible]	[illegible]	[illegible]	[illegible]	[illegible]	[illegible]	[illegible]	0 52
[illegible]	[illegible]	[illegible]	[illegible]	[illegible]	[illegible]	[illegible]	[illegible]	[illegible]	[illegible]	[illegible]	0 48
[illegible]	[illegible]	[illegible]	[illegible]	[illegible]	[illegible]	[illegible]	[illegible]	[illegible]	[illegible]	[illegible]	1 2
[illegible]	[illegible]	[illegible]	[illegible]	[illegible]	[illegible]	[illegible]	[illegible]	[illegible]	[illegible]	[illegible]	0 59
[illegible]	[illegible]	[illegible]	[illegible]	[illegible]	[illegible]	[illegible]	[illegible]	[illegible]	[illegible]	[illegible]	0 56
[illegible]	[illegible]	[illegible]	[illegible]	[illegible]	[illegible]	[illegible]	[illegible]	[illegible]	[illegible]	[illegible]	[illegible]
[illegible]	[illegible]	[illegible]	[illegible]	[illegible]	[illegible]	[illegible]	[illegible]	[illegible]	[illegible]	[illegible]	[illegible]
[illegible]	[illegible]	[illegible]	[illegible]	[illegible]	[illegible]	[illegible]	[illegible]	[illegible]	[illegible]	[illegible]	0 59

Vertical Intensity.

[illegible]	[illegible]	[illegible]	[illegible]	[illegible]	[illegible]	[illegible]	[illegible]	[illegible]	[illegible]	[illegible]	[illegible]
[illegible]	[illegible]	[illegible]	[illegible]	[illegible]	[illegible]	[illegible]	[illegible]	[illegible]	[illegible]	[illegible]	[illegible]
[illegible]	[illegible]	[illegible]	[illegible]	[illegible]	[illegible]	[illegible]	[illegible]	[illegible]	[illegible]	[illegible]	[illegible]
[illegible]	[illegible]	[illegible]	[illegible]	[illegible]	[illegible]	[illegible]	[illegible]	[illegible]	[illegible]	[illegible]	[illegible]
[illegible]	[illegible]	[illegible]	[illegible]	[illegible]	[illegible]	[illegible]	[illegible]	[illegible]	[illegible]	[illegible]	[illegible]
[illegible]	[illegible]	[illegible]	[illegible]	[illegible]	[illegible]	[illegible]	[illegible]	[illegible]	[illegible]	[illegible]	[illegible]
[illegible]	[illegible]	[illegible]	[illegible]	[illegible]	[illegible]	[illegible]	[illegible]	[illegible]	[illegible]	[illegible]	[illegible]
[illegible]	[illegible]	[illegible]	[illegible]	[illegible]	[illegible]	[illegible]	[illegible]	[illegible]	[illegible]	[illegible]	[illegible]
[illegible]	[illegible]	[illegible]	[illegible]	[illegible]	[illegible]	[illegible]	[illegible]	[illegible]	[illegible]	[illegible]	[illegible]
[illegible]	[illegible]	[illegible]	[illegible]	[illegible]	[illegible]	[illegible]	[illegible]	[illegible]	[illegible]	[illegible]	[illegible]
[illegible]	[illegible]	[illegible]	[illegible]	[illegible]	[illegible]	[illegible]	[illegible]	[illegible]	[illegible]	[illegible]	[illegible]
[illegible]	[illegible]	[illegible]	[illegible]	[illegible]	[illegible]	[illegible]	[illegible]	[illegible]	[illegible]	[illegible]	[illegible]

Auroral Observations.

[illegible]

February 15, 1883. [illegible] = 1 62 38′ 52″.

Horizontal Intensity. 0·07000 (C.G.S.) +

Minutes	Midnight	1 a.m.	2	3	4	5	6	7	8	9	10	11
0	659	[illegible]	693	705	718	654	670	670	645	613	624	650
5	654	[illegible]	[illegible]	715	710	651	671	6[illegible]0	643	664	657	661
10	[illegible]	[illegible]	71[illegible]	736	701	655	673	672	651	663	649	664
15	641	[illegible]	724	[illegible]	693	[illegible]	663	674	653	646	631	664
20	651	[illegible]	726	[illegible]	659	[illegible]	67[illegible]	676	654	666	650	639
25	[illegible]	695	710	[illegible]	699	663	674	676	575	670	635	649
30	648	[illegible]	705	[illegible]	704	659	672	6[illegible]0	567	672	646	645
35	[illegible]	674	691	[illegible]	702	674	673	666	570	656	622	645
40	[illegible]	664	713	720	633	674	676	656	605	668	626	647
45	[illegible]	699	708	720	637	670	674	662	626	668	628	633
50	655	699	712	716	657	671	668	657	652	670	672	612
55	666	695	740	716	651	670	662	657	653	645	670	632

Declination. 39° +

Minutes	Midnight	1 a.m.	2	3	4	5	6	7	8	9	10	11
	° ′	° ′	° ′	° ′	° ′	° ′	° ′	° ′	° ′	° ′	° ′	° ′
0	1 7	1 15	1 45	1 5	1 43	1 23	1 16	1 15	1 11	1 21	1 24	1 12
5	1 9	1 1[illegible]	1 42	1 6	1 14	1 16	1 27	1 15	1 11	1 25	1 15	1 12
10	1 9	1 9	1 33	1 1	1 36	1 25	1 13	1 14	1 12	1 24	1 10	1 14
15	1 8	1 11	1 40	[illegible]	1 [illegible]	1 11	1 18	1 13	1 10	1 26	1 18	1 18
20	1 [illegible]	1 9	1 30	1 1	1 [illegible]	1 14	1 18	1 12	1 14	1 28	1 17	1 20
25	1 6	1 31	1 03	1 3	1 24	1 14	1 18	1 12	1 47	1 15	1 17	1 23
30	1 5	1 24	1 30	1 6	1 15	1 15	1 15	1 11	1 50	1 18	1 16	1 26
35	1 2	1 28	1 21	1 6	1 13	1 16	1 17	1 12	1 9	1 18	1 12	1 28
40	1 23	1 29	1 8	1 5	1 17	1 1[illegible]	1 16	1 12	1 8	1 18	1 15	1 24
45	1 43	1 28	1 6	1 5	1 13	1 1[illegible]	1 16	1 42	1 12	1 19	1 14	1 26
50	1 4[illegible]	1 35	1 9	1 6	1 17	1 16	1 15	1 12	1 18	1 16	1 16	1 31
55	1 [illegible]	1 16	1 5	1 10	1 13	1 16	1 13	1 12	1 15	1 19	1 17	1 35

Vertical Intensity. 0·6100 (C.G.S.) +

Minutes	Midnight	1 a.m.	2	3	4	5	6	7	8	9	10	11
0	67	67	64	67	68	66	67	68	67	63	72	73
5	67	65	67	67	66	66	67	67	67	66	72	73
10	66	[illegible]	67	[illegible]	65	65	67	68	66	72	71	69
15	[illegible]	63	67	65	66	65	67	67	66	70	70	69
20	[illegible]	67	65	65	[illegible]	67	67	67	66	69	70	70
25	67	[illegible]	65	63	67	68	67	67	63	70	70	69
30	[illegible]	[illegible]	67	63	64	66	67	67	68	70	[illegible]	73
35	63	67	66	63	66	67	67	66	69	69	[illegible]	72
40	[illegible]	63	63	[illegible]	65	67	67	67	71	70	71	73
45	66	67	65	64	67	65	67	67	73	69	[illegible]	73
50	68	65	68	63	66	65	67	66	72	68	69	74
55	67	67	67	63	68	65	68	67	68	71	[illegible]	74

Auroral Observations.

h. m.	
5 25	Faint arch from N.N.W. through Ursa Major to E.S.E., and a few streaks (·5) in N.N.W., 8° alt.
5 35	Arch as above. Another arch from same points through the tail star of Ursa Major, and a streak (·5) from N.N.W. horizon to zenith.
[illegible] 45	Both arches as above. Streak disappeared.
[illegible] 0	One faint diffused arch (·5) passing through Leo and Ursa Major to N.W.
[illegible] 15	,, Streak from Cassiopeia adjoining the arch in N.W.
[illegible] 25	Arch (·5) stretched from N.N.W., just above Ursa Major to E.S.E., and several streamers (·5) in N.
[illegible] 35	Arch (·5) from N.N.W. to E.S.E., 15° alt., streamers (1) as above.
[illegible] 50	Segment of arch (·7) in E.S.E., 5° alt. Faint streak (·5) in N.N.E., 40° alt.
[illegible] 0	Streak disappeared. Faint arch (·5) from E.S.E. to N. 45 alt., till [illegible].
[illegible] 45	Faint streak in N.N.W., 45° alt., till [illegible].
[illegible] 50	Diffused streaks (·5) from E.S.E. to S.E., 25° alt., till [illegible].
[illegible]	Bright corona-shaped aurora (1) from 70° alt. in S.E. to zenith. Faint streak in N.N.W. from horizon to 50° alt.
[illegible] 25	The whole zenith covered with aurora, striated, and quivering (1·5).
[illegible] 30	,, ,, ,, (·5).
[illegible] 35	,, disappeared except a very faint patch in zenith. Faint streak (·3) in N.N.W. to 30° alt.
[illegible]	Faint curtain-shaped aurora (·7) from E.S.E. to zenith.
[illegible] 50	Diffused arch (1) from E.S.E. to W., 50° alt.

λ = − 115° 43′ 50″ = − 7h. 42m. 55s. Göttingen Mean Time. *February* 15, 1883.

Horizontal Intensity.

Noon.	1	2	3	4	5	6	7	8	9	10	11
630	674	[illegible]	676	681	670	[illegible]	667	[illegible]	664	664	[illegible]
626	676	[illegible]	674	681	674	[illegible]	666	[illegible]	660	[illegible]	[illegible]
622	664	[illegible]	678	663	[illegible]	[illegible]	666	[illegible]	[illegible]	[illegible]	[illegible]
659	660	672	679	[illegible]	[illegible]	[illegible]	661	[illegible]	[illegible]	[illegible]	[illegible]
619	664	656	678	[illegible]	[illegible]	[illegible]	664	[illegible]	[illegible]	[illegible]	[illegible]
626	665	654	670	[illegible]	[illegible]	[illegible]	661	664	664	[illegible]	[illegible]
630	660	658	676	[illegible]	[illegible]	[illegible]	664	[illegible]	662	[illegible]	[illegible]
624	666	[illegible]	681	676	670	[illegible]	[illegible]	[illegible]	[illegible]	664	[illegible]
656	666	[illegible]	679	[illegible]	[illegible]	[illegible]	664	[illegible]	[illegible]	[illegible]	[illegible]
631	671	[illegible]	683	[illegible]	[illegible]	664	662	[illegible]	[illegible]	[illegible]	[illegible]
641	662	[illegible]	655	[illegible]	[illegible]	[illegible]	664	[illegible]	[illegible]	[illegible]	[illegible]
649	666	672	685	[illegible]	[illegible]	[illegible]	662	[illegible]	[illegible]	[illegible]	[illegible]

Declination.

° ′	° ′	° ′	° ′	° ′	° ′	° ′	° ′	° ′	° ′	° ′	° ′
2 23	1 22	1 59	2 17	2 16	1 [illegible]	2 17	[illegible]	1 [illegible]	1 [illegible]	1 [illegible]	1 12
2 22	1 23	1 [illegible]	2 56	2 17	1 [illegible]	1 [illegible]	[illegible]	1 [illegible]	1 [illegible]	1 [illegible]	1 13
2 27	1 40	1 27	2 18	2 18	1 [illegible]	2 19	1 49	1 [illegible]	1 [illegible]	1 [illegible]	1 15
2 35	1 30	1 56	2 16	1 [illegible]	1 [illegible]	2 [illegible]	1 [illegible]	1 16	1 [illegible]	1 [illegible]	1 15
2 25	1 28	1 50	2 46	1 [illegible]	1 [illegible]	1 [illegible]	1 [illegible]	1 [illegible]	1 [illegible]	1 [illegible]	1 4
2 27	1 26	1 14	2 28	1 [illegible]	1 [illegible]	2 [illegible]	1 [illegible]	1 [illegible]	1 [illegible]	1 [illegible]	1 8
2 24	1 29	1 16	2 18	1 [illegible]	1 [illegible]	1 [illegible]	1 [illegible]	1 24	1 [illegible]	1 [illegible]	1 5
2 23	1 49	1 [illegible]	2 [illegible]	1 [illegible]	1 [illegible]	2 [illegible]	1 [illegible]	1 [illegible]	1 [illegible]	1 [illegible]	1 0
2 26	1 29	1 16	2 23	2 [illegible]	1 [illegible]	1 [illegible]	1 [illegible]	1 [illegible]	1 [illegible]	1 [illegible]	1 1
2 35	1 21	1 17	2 18	1 [illegible]	1 [illegible]	1 [illegible]	1 [illegible]	1 [illegible]	1 [illegible]	1 [illegible]	1 0
2 25	1 20	1 [illegible]	2 28	2 19	1 [illegible]	1 [illegible]	1 [illegible]	1 [illegible]	1 [illegible]	1 [illegible]	1 1
2 24	1 21	1 13	1 47	2 [illegible]	1 [illegible]	1 [illegible]	1 [illegible]	1 [illegible]	1 [illegible]	1 [illegible]	1 1

Vertical Intensity.

71	66	69	69	[illegible]	[illegible]	[illegible]	[illegible]	69	[illegible]	[illegible]	[illegible]
70	66	69	69	[illegible]	[illegible]	[illegible]	69	[illegible]	[illegible]	[illegible]	[illegible]
70	[illegible]	[illegible]	66	[illegible]	[illegible]	[illegible]	69	69	69	[illegible]	[illegible]
68	67	66	69	[illegible]	[illegible]	[illegible]	69	[illegible]	[illegible]	[illegible]	[illegible]
69	67	[illegible]	69	[illegible]	[illegible]	[illegible]	[illegible]	69	[illegible]	[illegible]	[illegible]
63	[illegible]	68	70	[illegible]	[illegible]	[illegible]	[illegible]	[illegible]	[illegible]	[illegible]	[illegible]
64	[illegible]	67	69	[illegible]	[illegible]	[illegible]	[illegible]	[illegible]	69	69	[illegible]
66	[illegible]	64	69	[illegible]	[illegible]	69	67	68	69	[illegible]	[illegible]
66	69	64	71	[illegible]	[illegible]	[illegible]	[illegible]	69	[illegible]	69	69
67	68	69	72	[illegible]	[illegible]	[illegible]	69	69	[illegible]	[illegible]	[illegible]
66	[illegible]	[illegible]	73	[illegible]	[illegible]	69	69	[illegible]	[illegible]	[illegible]	[illegible]
67	69	[illegible]	73	[illegible]	[illegible]	69	69	69	69	[illegible]	[illegible]

Auroral Observations.

h. m.	
A.M.	
9 0	Diffused arch very faint and from S.E. to Moon.
9 10	" disappeared.
9 20	A few bright streamers (1) in N.N.W., and a parallel streak (1) in S.W., 45° alt., [illegible]
9 30	Aurora (1) from 20° alt. in S.E. to Moon, through [illegible]
10 0	Bright diffused and irregular arch (1.5 to 2), with [illegible] streamers in E.S.E., from [illegible] to W.N.W. [illegible]
10 6	" disappeared, except a very faint streak in E.S.E., 20° alt.
10 10	Streak disappeared.
11 15	Diffused light (1) [illegible] to 10° alt. in N.W. [illegible]
11 [illegible]	Streak disappeared. Bright diffused arch (1) with [illegible] N.N.W., [illegible]
11 55	Arch disappeared, except faint streaks (1) in E.S.E. and [illegible]
P.M.	
12 5	Arch (1), from [illegible] in E.S.E. to W.N.W. [illegible]
12 10	" disappeared. [illegible] diffused light from N.W. to N. [illegible]
12 15	Above disappeared. [illegible] arch (3) from E.S.E. through [illegible] to W.N.W. till 12.45.
1 50	Patch in W.N.W. (1), 10° to 25° alt.
2 0	Several streamers (1.5) from N.N.W. to N., 30° alt., till 2.15.

March 1, 1883. $\phi = +62° 38' 52''$.

Horizontal Intensity. 0·07000 (C.G.S.) +

Minutes.	Midnight.	1 a.m.	2	3	4	5	6	7	8	9	10	11
0	751	[illegible]	[illegible]	603	524	619	556	504	550	471	497	563
5	760	[illegible]	[illegible]	[illegible]	585	632	507	455	533	546	520	563
10	751	[illegible]	[illegible]	[illegible]	832	639	609	478	553	702	525	570
15	751	[illegible]	[illegible]	[illegible]	813	695	620	461	553	766	454	584
20	714	[illegible]	770	[illegible]	820	662	502	443	544	447	457	603
25	734	[illegible]	[illegible]	729	804	659	461	457	509	340	439	607
30	733	[illegible]	[illegible]	564	754	696	624	416	518	444	439	512
35	720	[illegible]	[illegible]	620	722	633	740	435	[illegible]	335	396	572
40	[illegible]	[illegible]	[illegible]	[illegible]	701	666	544	451	[illegible]	432	500	517
45	736	[illegible]	[illegible]	[illegible]	741	659	769	555	523	470	467	559
50	676	[illegible]	[illegible]	536	764	666	736	540	378	485	549	569
55	700	[illegible]	757	781	752	658	624	571	572	433	554	587

Declination. 38' +

Minutes.	Midnight.	1 a.m.	2	3	4	5	6	7	8	9	10	11
0	[illegible]	[illegible]	[illegible]	[illegible]	1 4	2 14	1 22	3 31	1 51	[illegible]	2 16	3 18
5	3 3	[illegible]	1 10	2 17	1 2	2 16	1 27	2 56	1 43	1 6	2 51	3 24
10	4 33	[illegible]	[illegible]	[illegible]	1 20	2 20	1 40	3 47	[illegible]	2 22	0 56	3 29
15	1 55	[illegible]	[illegible]	[illegible]	1 8	2 17	1 20	3 46	[illegible]	2 24	2 24	2 20
20	[illegible]	[illegible]	[illegible]	[illegible]	[illegible]	2 16	1 51	2 36	[illegible]	2 49	[illegible]	3 40
25	[illegible]	[illegible]	[illegible]	[illegible]	2 1	2 22	1 45	[illegible]	[illegible]	[illegible]	2 40	2 26
30	[illegible]	[illegible]	[illegible]	[illegible]	2 9	2 13	1 39	[illegible]	[illegible]	[illegible]	2 57	3 16
35	[illegible]	[illegible]	[illegible]	[illegible]	2 4	2 22	0 44	[illegible]	[illegible]	[illegible]	2 47	3 34
40	[illegible]	[illegible]	[illegible]	[illegible]	[illegible]	2 23	1 26	[illegible]	[illegible]	[illegible]	[illegible]	2 16
45	[illegible]	[illegible]	[illegible]	[illegible]	[illegible]	[illegible]	1 21	[illegible]	1 58	[illegible]	2 33	[illegible]
50	[illegible]	[illegible]	[illegible]	[illegible]	[illegible]	[illegible]	1 36	2 6	[illegible]	2 20	2 35	[illegible]
55	2 7	[illegible]	[illegible]	[illegible]	1 6	[illegible]	0 44	1 54	1 43	[illegible]	2 44	[illegible]

Vertical Intensity. 0·6100 (C.G.S.) +

Minutes.	Midnight.	1 a.m.	2	3	4	5	6	7	8	9	10	11
0	[illegible]	[illegible]	[illegible]	[illegible]	[illegible]	64	69	[illegible]	65	57	90	84
5	[illegible]	[illegible]	68	61	52	64	71	67	68	47	91	85
10	[illegible]	[illegible]	69	[illegible]	50	64	74	[illegible]	[illegible]	46	83	91
15	70	71	[illegible]	[illegible]	[illegible]	[illegible]	76	[illegible]	[illegible]	[illegible]	86	90
20	69	71	[illegible]	59	60	63	83	[illegible]	[illegible]	[illegible]	80	87
25	[illegible]	70	[illegible]	63	[illegible]	62	67	74	71	55	75	88
30	[illegible]	[illegible]	[illegible]	[illegible]	[illegible]	61	63	[illegible]	[illegible]	52	72	92
35	70	65	66	[illegible]	56	62	74	[illegible]	55	65	79	93
40	[illegible]	[illegible]	62	[illegible]	[illegible]	61	57	64	[illegible]	57	82	99
45	[illegible]	68	65	[illegible]	[illegible]	58	45	65	75	87	84	100
50	71	70	67	[illegible]	50	63	43	64	74	80	85	104
55	71	65	65	60	[illegible]	67	47	67	[illegible]	87	87	106

Auroral Observations.

h. m. M.T.

[illegible]

λ = − 115° 43′ 50″ = − 7h. 42m. 55s. Göttingen Mean Time. *March* 1, 1883.

Horizontal Intensity.

Noon	1	2	3	4	5	6	7	8	9	10	11
[illegible]	[illegible]	[illegible]	[illegible]	[illegible]	[illegible]	[illegible]	[illegible]	[illegible]	[illegible]	[illegible]	[illegible]
[illegible]	[illegible]	[illegible]	[illegible]	[illegible]	[illegible]	[illegible]	[illegible]	[illegible]	[illegible]	[illegible]	[illegible]
[illegible]	[illegible]	[illegible]	[illegible]	[illegible]	[illegible]	[illegible]	[illegible]	[illegible]	[illegible]	[illegible]	[illegible]
[illegible]	[illegible]	[illegible]	[illegible]	[illegible]	[illegible]	[illegible]	[illegible]	[illegible]	[illegible]	[illegible]	[illegible]
[illegible]	[illegible]	[illegible]	[illegible]	[illegible]	[illegible]	[illegible]	[illegible]	[illegible]	[illegible]	[illegible]	[illegible]
[illegible]	[illegible]	[illegible]	[illegible]	[illegible]	[illegible]	[illegible]	[illegible]	[illegible]	[illegible]	[illegible]	[illegible]
[illegible]	[illegible]	[illegible]	[illegible]	[illegible]	[illegible]	[illegible]	[illegible]	[illegible]	[illegible]	[illegible]	[illegible]
[illegible]	[illegible]	[illegible]	[illegible]	[illegible]	[illegible]	[illegible]	[illegible]	[illegible]	[illegible]	[illegible]	[illegible]
[illegible]	[illegible]	[illegible]	[illegible]	[illegible]	[illegible]	[illegible]	[illegible]	[illegible]	[illegible]	[illegible]	[illegible]
[illegible]	[illegible]	[illegible]	[illegible]	[illegible]	[illegible]	[illegible]	[illegible]	[illegible]	[illegible]	[illegible]	[illegible]
[illegible]	[illegible]	[illegible]	[illegible]	[illegible]	[illegible]	[illegible]	[illegible]	[illegible]	[illegible]	[illegible]	[illegible]
[illegible]	[illegible]	[illegible]	[illegible]	[illegible]	[illegible]	[illegible]	[illegible]	[illegible]	[illegible]	[illegible]	[illegible]

Declination.

Noon	1	2	3	4	5	6	7	8	9	10	11
[illegible]	[illegible]	[illegible]	[illegible]	[illegible]	[illegible]	[illegible]	[illegible]	[illegible]	[illegible]	[illegible]	2 19
[illegible]	[illegible]	[illegible]	[illegible]	[illegible]	[illegible]	[illegible]	[illegible]	[illegible]	[illegible]	[illegible]	2 23
[illegible]	[illegible]	[illegible]	[illegible]	[illegible]	[illegible]	[illegible]	[illegible]	[illegible]	[illegible]	[illegible]	2 19
[illegible]	[illegible]	[illegible]	[illegible]	[illegible]	[illegible]	[illegible]	[illegible]	[illegible]	[illegible]	[illegible]	2 9
[illegible]	[illegible]	[illegible]	[illegible]	[illegible]	[illegible]	[illegible]	[illegible]	[illegible]	[illegible]	[illegible]	2 4
[illegible]	[illegible]	[illegible]	[illegible]	[illegible]	[illegible]	[illegible]	[illegible]	[illegible]	[illegible]	[illegible]	2 0
[illegible]	[illegible]	[illegible]	[illegible]	[illegible]	[illegible]	[illegible]	[illegible]	[illegible]	[illegible]	[illegible]	2 13
[illegible]	[illegible]	[illegible]	[illegible]	[illegible]	[illegible]	[illegible]	[illegible]	[illegible]	[illegible]	[illegible]	2 17
[illegible]	[illegible]	[illegible]	[illegible]	[illegible]	[illegible]	[illegible]	[illegible]	[illegible]	[illegible]	[illegible]	2 16
[illegible]	[illegible]	[illegible]	[illegible]	[illegible]	[illegible]	[illegible]	[illegible]	[illegible]	[illegible]	[illegible]	2 9
[illegible]	[illegible]	[illegible]	[illegible]	[illegible]	[illegible]	[illegible]	[illegible]	[illegible]	[illegible]	[illegible]	2 16
[illegible]	[illegible]	[illegible]	[illegible]	[illegible]	[illegible]	[illegible]	[illegible]	[illegible]	[illegible]	[illegible]	2 6

Vertical Intensity.

Noon	1	2	3	4	5	6	7	8	9	10	11
[illegible]	[illegible]	[illegible]	[illegible]	[illegible]	[illegible]	[illegible]	[illegible]	[illegible]	[illegible]	[illegible]	74
[illegible]	[illegible]	[illegible]	[illegible]	[illegible]	[illegible]	[illegible]	[illegible]	[illegible]	[illegible]	[illegible]	71
[illegible]	[illegible]	[illegible]	[illegible]	[illegible]	[illegible]	[illegible]	[illegible]	[illegible]	[illegible]	[illegible]	74
[illegible]	[illegible]	[illegible]	[illegible]	[illegible]	[illegible]	[illegible]	[illegible]	[illegible]	[illegible]	[illegible]	71
[illegible]	[illegible]	[illegible]	[illegible]	[illegible]	[illegible]	[illegible]	[illegible]	[illegible]	[illegible]	[illegible]	74
[illegible]	[illegible]	[illegible]	[illegible]	[illegible]	[illegible]	[illegible]	[illegible]	[illegible]	[illegible]	[illegible]	73
[illegible]	[illegible]	[illegible]	[illegible]	[illegible]	[illegible]	[illegible]	[illegible]	[illegible]	[illegible]	[illegible]	76
[illegible]	[illegible]	[illegible]	[illegible]	[illegible]	[illegible]	[illegible]	[illegible]	[illegible]	[illegible]	[illegible]	75
[illegible]	[illegible]	[illegible]	[illegible]	[illegible]	[illegible]	[illegible]	[illegible]	[illegible]	[illegible]	[illegible]	78
[illegible]	[illegible]	[illegible]	[illegible]	[illegible]	[illegible]	[illegible]	[illegible]	[illegible]	[illegible]	[illegible]	73
[illegible]	[illegible]	[illegible]	[illegible]	[illegible]	[illegible]	[illegible]	[illegible]	[illegible]	[illegible]	[illegible]	72
[illegible]	[illegible]	[illegible]	[illegible]	[illegible]	[illegible]	[illegible]	[illegible]	[illegible]	[illegible]	[illegible]	75

Auroral Observations

h. m.
A.M.

[illegible]

March 15, 1883. $\phi = +62° 38' 52''$.

Horizontal Intensity. 0·07000 (C.G.S.) +

Minute.	Midnight.	1 a.m.	2	3	4	5	6	7	8	9	10	11
0	[illegible]	[illegible]	[illegible]	[illegible]	[illegible]	[illegible]	667	654	614	637	637	668
5	[illegible]	[illegible]	[illegible]	[illegible]	[illegible]	[illegible]	647	645	559	631	[illegible]	648
10	[illegible]	[illegible]	[illegible]	[illegible]	[illegible]	[illegible]	650	635	559	714	649	656
15	[illegible]	[illegible]	[illegible]	[illegible]	[illegible]	[illegible]	654	643	465	712	659	654
20	[illegible]	[illegible]	[illegible]	[illegible]	[illegible]	[illegible]	670	660	580	666	[illegible]	651
25	[illegible]	[illegible]	[illegible]	[illegible]	[illegible]	[illegible]	683	652	620	620	[illegible]	664
30	[illegible]	[illegible]	[illegible]	[illegible]	[illegible]	[illegible]	694	661	454	614	[illegible]	[illegible]
35	[illegible]	[illegible]	[illegible]	[illegible]	[illegible]	[illegible]	670	651	490	591	658	647
40	[illegible]	[illegible]	[illegible]	[illegible]	[illegible]	[illegible]	668	665	500	607	[illegible]	657
45	[illegible]	[illegible]	[illegible]	[illegible]	[illegible]	[illegible]	668	653	542	642	[illegible]	654
50	[illegible]	[illegible]	[illegible]	[illegible]	[illegible]	[illegible]	670	641	535	605	676	649
55	[illegible]	[illegible]	[illegible]	[illegible]	[illegible]	[illegible]	660	650	584	599	685	658

Declination. 39° +

Minute.	Midnight.	1 a.m.	2	3	4	5	6	7	8	9	10	11
0	[illegible]	[illegible]	[illegible]	[illegible]	[illegible]	[illegible]	1 43	1 19	1 15	1 6	1 13	1 32
5	[illegible]	[illegible]	[illegible]	[illegible]	[illegible]	[illegible]	1 16	1 23	1 26	1 16	1 25	1 26
10	[illegible]	[illegible]	[illegible]	[illegible]	[illegible]	[illegible]	1 16	1 26	1 36	0 53	1 13	1 22
15	[illegible]	[illegible]	[illegible]	[illegible]	[illegible]	[illegible]	1 17	1 31	2 4	0 38	1 22	1 35
20	[illegible]	[illegible]	[illegible]	[illegible]	[illegible]	[illegible]	1 18	1 34	1 23	0 59	1 28	1 47
25	[illegible]	[illegible]	[illegible]	[illegible]	[illegible]	[illegible]	1 16	1 32	1 21	0 52	1 19	1 25
30	[illegible]	[illegible]	[illegible]	[illegible]	[illegible]	[illegible]	1 16	1 31	1 22	0 48	1 20	1 23
35	[illegible]	[illegible]	[illegible]	[illegible]	[illegible]	[illegible]	1 15	1 26	1 39	1 6	1 13	1 22
40	[illegible]	[illegible]	[illegible]	[illegible]	[illegible]	[illegible]	1 14	1 23	1 36	1 7	1 10	1 23
45	[illegible]	[illegible]	[illegible]	[illegible]	[illegible]	[illegible]	1 14	1 16	1 10	1 13	1 24	1 15
50	[illegible]	[illegible]	[illegible]	[illegible]	[illegible]	[illegible]	1 17	1 19	0 46	1 10	1 27	1 24
55	[illegible]	[illegible]	[illegible]	[illegible]	[illegible]	[illegible]	1 18	1 20	0 17	1 21	1 25	1 26

Vertical Intensity. 0·6100 (C.G.S.) +

Minute.	Midnight.	1 a.m.	2	3	4	5	6	7	8	9	10	11
0	[illegible]	[illegible]	[illegible]	[illegible]	[illegible]	[illegible]	75	72	80	82	81	81
5	[illegible]	[illegible]	[illegible]	[illegible]	[illegible]	[illegible]	77	76	84	80	81	80
10	[illegible]	[illegible]	[illegible]	[illegible]	[illegible]	[illegible]	71	75	90	73	82	82
15	[illegible]	[illegible]	[illegible]	[illegible]	[illegible]	[illegible]	73	74	93	74	82	83
20	[illegible]	[illegible]	[illegible]	[illegible]	[illegible]	[illegible]	77	71	85	75	81	82
25	[illegible]	[illegible]	[illegible]	[illegible]	[illegible]	[illegible]	71	71	86	71	82	84
30	[illegible]	[illegible]	[illegible]	[illegible]	[illegible]	[illegible]	74	76	82	74	82	81
35	[illegible]	[illegible]	[illegible]	[illegible]	[illegible]	[illegible]	71	77	[illegible]	80	81	82
40	[illegible]	[illegible]	[illegible]	[illegible]	[illegible]	[illegible]	74	75	85	83	79	82
45	[illegible]	[illegible]	[illegible]	[illegible]	[illegible]	[illegible]	73	74	87	83	77	80
50	[illegible]	[illegible]	[illegible]	[illegible]	[illegible]	[illegible]	73	70	87	84	73	82
55	[illegible]	[illegible]	[illegible]	[illegible]	[illegible]	[illegible]	73	75	90	83	73	83

Auroral Observations.

[illegible]

Horizontal Intensity.

Noon.	1	2	3	4	5	6	7	8	9	10	11
654	643	662	[illegible]	[illegible]	[illegible]	[illegible]	[illegible]	[illegible]	[illegible]	[illegible]	[illegible]
653	645	668	[illegible]	[illegible]	[illegible]	[illegible]	[illegible]	[illegible]	[illegible]	[illegible]	[illegible]
656	637	679	[illegible]	[illegible]	[illegible]	[illegible]	[illegible]	[illegible]	[illegible]	[illegible]	[illegible]
651	654	690	[illegible]	[illegible]	[illegible]	[illegible]	[illegible]	[illegible]	[illegible]	[illegible]	[illegible]
647	648	687	[illegible]	[illegible]	[illegible]	[illegible]	[illegible]	[illegible]	[illegible]	[illegible]	[illegible]
654	668	661	[illegible]	[illegible]	[illegible]	[illegible]	[illegible]	[illegible]	[illegible]	[illegible]	[illegible]
658	655	668	[illegible]	[illegible]	[illegible]	[illegible]	[illegible]	[illegible]	[illegible]	[illegible]	[illegible]
647	635	662	[illegible]	[illegible]	[illegible]	[illegible]	[illegible]	[illegible]	[illegible]	[illegible]	[illegible]
628	628	654	[illegible]	[illegible]	[illegible]	[illegible]	[illegible]	[illegible]	[illegible]	[illegible]	[illegible]
620	632	6-8	[illegible]	[illegible]	[illegible]	[illegible]	[illegible]	[illegible]	[illegible]	[illegible]	[illegible]
614	643	691	[illegible]	[illegible]	[illegible]	[illegible]	[illegible]	[illegible]	[illegible]	[illegible]	[illegible]
632	647	695	[illegible]	[illegible]	[illegible]	[illegible]	[illegible]	[illegible]	[illegible]	[illegible]	[illegible]

Declination.

Noon	1	2	3	4	5	6	7	8	9	10	11
° ′	° ′	° ′	° ′	° ′	° ′	° ′	° ′	° ′	° ′	° ′	° ′
1 24	[illegible]	[illegible]	[illegible]	[illegible]	[illegible]	[illegible]	[illegible]	[illegible]	[illegible]	[illegible]	1 14
1 24	[illegible]	[illegible]	[illegible]	[illegible]	[illegible]	[illegible]	[illegible]	[illegible]	[illegible]	[illegible]	1 11
1 24	[illegible]	[illegible]	[illegible]	[illegible]	[illegible]	[illegible]	[illegible]	[illegible]	[illegible]	[illegible]	1 11
1 24	[illegible]	[illegible]	[illegible]	[illegible]	[illegible]	[illegible]	[illegible]	[illegible]	[illegible]	[illegible]	1 11
1 25	[illegible]	[illegible]	[illegible]	[illegible]	[illegible]	[illegible]	[illegible]	[illegible]	[illegible]	[illegible]	[illegible]
1 26	[illegible]	[illegible]	[illegible]	[illegible]	[illegible]	[illegible]	[illegible]	[illegible]	[illegible]	[illegible]	1 13
1 22	[illegible]	[illegible]	[illegible]	[illegible]	[illegible]	[illegible]	[illegible]	[illegible]	[illegible]	[illegible]	1 14
[illegible]	[illegible]	[illegible]	[illegible]	[illegible]	[illegible]	[illegible]	[illegible]	[illegible]	[illegible]	[illegible]	1 12
[illegible]	[illegible]	[illegible]	[illegible]	[illegible]	[illegible]	[illegible]	[illegible]	[illegible]	[illegible]	[illegible]	1 12
1 24	[illegible]	[illegible]	[illegible]	[illegible]	[illegible]	[illegible]	[illegible]	[illegible]	[illegible]	[illegible]	1 12
1 20	[illegible]	[illegible]	[illegible]	[illegible]	[illegible]	[illegible]	[illegible]	[illegible]	[illegible]	[illegible]	1 11
1 22	[illegible]	[illegible]	[illegible]	[illegible]	[illegible]	[illegible]	[illegible]	[illegible]	[illegible]	[illegible]	1 12

Vertical Intensity.

Noon	1	2	3	4	5	6	7	8	9	10	11
80	[illegible]	[illegible]	[illegible]	[illegible]	[illegible]	[illegible]	[illegible]	[illegible]	[illegible]	[illegible]	[illegible]
79	[illegible]	[illegible]	[illegible]	[illegible]	[illegible]	[illegible]	[illegible]	[illegible]	[illegible]	[illegible]	[illegible]
78	[illegible]	[illegible]	[illegible]	[illegible]	[illegible]	[illegible]	[illegible]	[illegible]	[illegible]	[illegible]	[illegible]
77	[illegible]	[illegible]	[illegible]	[illegible]	[illegible]	[illegible]	[illegible]	[illegible]	[illegible]	[illegible]	[illegible]
76	[illegible]	[illegible]	[illegible]	[illegible]	[illegible]	[illegible]	[illegible]	[illegible]	[illegible]	[illegible]	[illegible]
76	[illegible]	[illegible]	[illegible]	[illegible]	[illegible]	[illegible]	[illegible]	[illegible]	[illegible]	[illegible]	[illegible]
76	[illegible]	[illegible]	[illegible]	[illegible]	[illegible]	[illegible]	[illegible]	[illegible]	[illegible]	[illegible]	[illegible]
76	[illegible]	[illegible]	[illegible]	[illegible]	[illegible]	[illegible]	[illegible]	[illegible]	[illegible]	[illegible]	[illegible]
[illegible]	[illegible]	[illegible]	[illegible]	[illegible]	[illegible]	[illegible]	[illegible]	[illegible]	[illegible]	[illegible]	[illegible]
78	[illegible]	[illegible]	[illegible]	[illegible]	[illegible]	[illegible]	[illegible]	[illegible]	[illegible]	[illegible]	[illegible]
79	[illegible]	[illegible]	[illegible]	[illegible]	[illegible]	[illegible]	[illegible]	[illegible]	[illegible]	[illegible]	[illegible]
78	[illegible]	[illegible]	[illegible]	[illegible]	[illegible]	[illegible]	[illegible]	[illegible]	[illegible]	[illegible]	[illegible]

Auroral Observations.

[illegible]

April 1, 1883. φ = +62° 38′ 52″.

Horizontal Intensity. 0·07000 (C.G.S.) +

Minutes.	Midnight.	1 a.m.	2	3	4	5	6	7	8	9	10	11
0	670	[illegible]	681	718	714	761	730	632	653	673	661	641
5	663	[illegible]	618	701	714	[illegible]	716	642	654	650	651	635
10	660	[illegible]	651	745	754	784	699	592	720	669	667	665
15	654	[illegible]	701	710	738	751	698	548	756	656	622	658
20	644	[illegible]	727	737	749	752	657	[illegible]	606	654	664	662
25	643	[illegible]	711	736	754	758	685	[illegible]	616	664	656	664
30	662	[illegible]	754	751	747	764	672	621	597	638	660	670
35	649	[illegible]	747	736	748	728	683	580	664	682	674	672
40	643	697	769	744	753	777	673	579	662	607	643	663
45	642	676	731	748	749	773	663	666	663	662	676	654
50	646	676	738	734	764	735	676	652	654	667	653	652
55	646	647	745	732	755	740	649	599	639	678	641	691

Declination. 38° +

Minutes.	Midnight.	1 a.m.	2	3	4	5	6	7	8	9	10	11
	° ′	° ′	° ′	° ′	° ′	° ′	° ′	° ′	° ′	° ′	° ′	° ′
0	2 3	2 5	2 1	2 18	2 6	1 54	2 0	2 10	2 43	2 8	1 52	2 30
5	2 3	2 4	[illegible]	2 13	2 4	1 5[illegible]	2 0	2 3	2 33	2 14	1 56	2 15
10	2 6	2 2	[illegible]	2 7	2 0	1 57	2 0	1 46	2 [illegible]	2 20	1 47	2 3
15	2 [illegible]	2 [illegible]	1 58	2 4	2 2	1 56	2 0	1 58	2 14	2 9	1 54	2 13
20	2 [illegible]	2 [illegible]	1 [illegible]	2 1	2 4	1 56	2 0	2 19	[illegible]	2 [illegible]	2 4	2 11
25	2 6	2 4	1 [illegible]	2 1	2 8	1 55	2 2	2 31	[illegible]	2 [illegible]	1 55	2 10
30	2 [illegible]	2 4	1 48	2 [illegible]	2 6	1 51	2 1	1 58	2 [illegible]	1 56	2 6	2 8
35	2 [illegible]	2 2	1 [illegible]	2 1	2 4	1 58	2 1	1 54	2 1	1 58	2 9	2 10
40	2 6	2 4	2 [illegible]	1 55	2 2	1 56	2 3	1 46	2 [illegible]	1 52	2 [illegible]	2 10
45	2 6	2 2	2 2	1 58	1 57	1 54	2 2	1 48	2 8	2 8	2 10	2 13
50	2 6	2 6	[illegible]	1 57	1 52	2 [illegible]	2 5	1 50	2 9	2 8	2 20	2 13
55	2 6	2 [illegible]	1 40	[illegible]	1 53	2 3	2 0	1 54	2 4	2 7	2 15	2 14

Vertical Intensity. 0·6100 (C.G.S.) +

Minutes.	Midnight.	1 a.m.	2	3	4	5	6	7	8	9	10	11
0	78	77	79	73	75	77	74	68	[illegible]	49	65	63
5	78	72	79	77	77	77	83	65	57	74	69	85
10	75	77	77	75	[illegible]	[illegible]	74	69	56	93	58	59
15	78	79	78	74	[illegible]	[illegible]	74	48	55	76	51	82
20	83	79	81	74	77	77	74	64	62	63	58	54
25	75	76	79	75	82	76	74	63	82	72	53	83
30	76	77	81	74	[illegible]	73	74	67	65	72	50	52
35	77	77	81	76	55	74	73	74	54	76	54	54
40	77	76	79	77	79	74	73	[illegible]	53	75	62	83
45	77	78	77	76	77	74	73	72	58	75	67	82
50	77	79	78	74	78	74	74	77	59	55	53	62
55	77	79	76	74	77	81	72	78	51	54	62	61

Auroral Observations.

h. m. A.M.	
4 57	Arch (1) from E.S.E. to N.N.W., 15° alt.
5 10	Arch (·5 to 1) from E.S.E. to N.N.W., 20° alt., brightest in N.N.W.
5 21	„ very faint. Striated streak (·5) in N.N.W., 16° to 20° alt.
5 26	Masses of aurora (1) in E.S.E. Arch (·5) from E.S.E. to N.N.W., 29° alt.
5 35	Above arch diffused and irregular (1), 68° alt. Faint aurora (·5) from E.S.E. to S.W., 30° alt.
5 47	Arch from E.S.E. to N.N.W. very faint, except at extremities (·7), curtain-shaped in N.N.W., the other arch as before. Masses of aurora now (·7).
5 51	Streamers at N.N.W. end of above arch (1) and to 36° alt.
6 1	Arch (·5) from E.S.E. to N.N.W., diffused, striated, and through zenith. Arch from E.S.E. to S.W. very faint and 20° alt. in S.W. Another arch (·5 to ·7) from E.N.E. to E.S.E., where brightest, 5° alt.
6 12	Above disappeared. Two arches from E.S.E. to N.N.W., one passing about 5° S. of zenith, the other about 4° N.E. of zenith, slightly diffused (·7).
6 25	Above arches (·7) at one and through zenith, where about 16° wide. 6.32. Drifting towards S.
6 33	„ (1·5) in E.S.E. and (1) in other parts.
6 40	„ through zenith, and much diffused; (2) from E.S.E. to zenith, the rest (1·5).
6 56	„ regular in brightness (1) except from E.S.E. to 15° alt., where (2) and slightly prismatic; lower edge of arch about 70° alt. in S.W.
7 0	„ about 20° wide and irregular, prismatic streamers on N.E. edge, quivering and in rapid motion (1·5 to 2·5), brightest on N.E. edge.
7 6	„ very irregular (1), and about 30° wide. Bright irregular masses on horizon from E.S.E. towards E., prismatic (2) and about 15° alt.
7 10	Above arch (·5) except in N.N.W., where (2), with prismatic streamers. Bright masses (1·5) on horizon from E.S.E. to E. to 5° alt.
7 15	The whole sky from 15° alt. E.S.E. to S.W. and 5° S. of zenith, more or less covered with aurora (·7). Arch (·5) with prismatic streamers from N.N.W. to E., 7° alt.

λ = −115° 43′ 50″ = − 7h. 42m. 55s. Göttingen Mean Time. [illegible] 1, 1883.

Horizontal Intensity.

[illegible]	1	2	3	4	5	6	7	8	9	10	11
632	632	[illegible]	643	643	[illegible]	674	[illegible]	[illegible]	[illegible]	[illegible]	[illegible]
657	636	[illegible]	652	635	[illegible]	678	[illegible]	[illegible]	[illegible]	[illegible]	[illegible]
654	620	[illegible]	635	651	[illegible]	631	[illegible]	[illegible]	[illegible]	[illegible]	[illegible]
660	638	[illegible]	635	656	[illegible]	681	[illegible]	[illegible]	[illegible]	[illegible]	[illegible]
665	609	[illegible]	[illegible]	674	692	637	[illegible]	[illegible]	[illegible]	[illegible]	[illegible]
633	602	[illegible]	654	647	689	634	[illegible]	[illegible]	[illegible]	[illegible]	[illegible]
633	[illegible]	[illegible]	664	651	[illegible]	674	[illegible]	[illegible]	[illegible]	[illegible]	[illegible]
647	540	[illegible]	658	[illegible]	684	672	[illegible]	[illegible]	[illegible]	[illegible]	[illegible]
637	529	[illegible]	640	[illegible]	606	[illegible]	[illegible]	[illegible]	[illegible]	[illegible]	[illegible]
630	528	[illegible]	653	[illegible]	664	631	[illegible]	[illegible]	[illegible]	[illegible]	[illegible]
634	521	[illegible]	651	[illegible]	664	641	[illegible]	[illegible]	[illegible]	[illegible]	[illegible]
624	532	[illegible]	651	724	664	[illegible]	[illegible]	[illegible]	[illegible]	[illegible]	[illegible]

Declination.

° ′	° ′	° ′	° ′	° ′	° ′	° ′	° ′	° ′	° ′	° ′	° ′
2 33	2 28	[illegible]	2 24	2 36	2 18	2 24	[illegible]	[illegible]	[illegible]	[illegible]	2 6
2 28	2 26	[illegible]	2 22	2 34	2 15	2 24	[illegible]	[illegible]	[illegible]	[illegible]	[illegible]
2 20	2 26	[illegible]	2 20	2 25	2 10	2 28	[illegible]	[illegible]	[illegible]	[illegible]	2 5
[illegible]	2 25	[illegible]	2 20	[illegible]	2 10	2 23	[illegible]	[illegible]	[illegible]	[illegible]	2 4
2 24	2 29	[illegible]	2 38	2 23	2 13	[illegible]	[illegible]	[illegible]	[illegible]	[illegible]	2 5
2 24	2 31	[illegible]	2 24	2 34	2 19	[illegible]	[illegible]	[illegible]	[illegible]	[illegible]	2 6
2 19	[illegible]	[illegible]	2 37	2 24	[illegible]	2 27	[illegible]	[illegible]	[illegible]	[illegible]	2 5
2 33	[illegible]	[illegible]	[illegible]	[illegible]	2 42	2 28	[illegible]	[illegible]	[illegible]	[illegible]	2 5
[illegible]	2 41	[illegible]	2 28	2 23	2 28	[illegible]	[illegible]	[illegible]	[illegible]	[illegible]	2 4
2 22	[illegible]	[illegible]	[illegible]	2 47	2 55	[illegible]	[illegible]	[illegible]	[illegible]	[illegible]	2 3
2 23	2 44	[illegible]	2 32	[illegible]	2 54	[illegible]	[illegible]	[illegible]	[illegible]	[illegible]	2 3
[illegible]	2 47	[illegible]	2 33	2 18	2 24	2 34	[illegible]	[illegible]	[illegible]	[illegible]	[illegible]

Vertical Intensity.

84	[illegible]	[illegible]	[illegible]	[illegible]	[illegible]	84	[illegible]	[illegible]	[illegible]	[illegible]	[illegible]
83	[illegible]	[illegible]	[illegible]	[illegible]	[illegible]	[illegible]	[illegible]	[illegible]	[illegible]	[illegible]	[illegible]
84	91	[illegible]	[illegible]	[illegible]	[illegible]	82	83	[illegible]	[illegible]	[illegible]	[illegible]
84	92	[illegible]	[illegible]	[illegible]	[illegible]	82	[illegible]	[illegible]	[illegible]	[illegible]	[illegible]
88	92	[illegible]	[illegible]	[illegible]	[illegible]	[illegible]	[illegible]	[illegible]	[illegible]	[illegible]	[illegible]
[illegible]	92	[illegible]	[illegible]	[illegible]	[illegible]	[illegible]	[illegible]	[illegible]	[illegible]	[illegible]	[illegible]
85	91	[illegible]	[illegible]	[illegible]	[illegible]	[illegible]	84	[illegible]	[illegible]	[illegible]	[illegible]
86	91	[illegible]	[illegible]	[illegible]	[illegible]	[illegible]	84	[illegible]	[illegible]	[illegible]	[illegible]
87	[illegible]	[illegible]	[illegible]	[illegible]	[illegible]	[illegible]	[illegible]	[illegible]	[illegible]	[illegible]	[illegible]
[illegible]	[illegible]	[illegible]	[illegible]	[illegible]	[illegible]	[illegible]	[illegible]	[illegible]	[illegible]	[illegible]	[illegible]
[illegible]	[illegible]	[illegible]	[illegible]	[illegible]	[illegible]	[illegible]	[illegible]	[illegible]	[illegible]	[illegible]	[illegible]
88	[illegible]	[illegible]	[illegible]	[illegible]	81	[illegible]	[illegible]	[illegible]	[illegible]	[illegible]	[illegible]

Auroral Observations.

h. m. A.M.	
7 20	Above aurora (·5) except in N.W., where irregular and (1). Arch (1).
7 27	Double arch (1·5) with streamers from E. to N.N.W., 15° alt. Faint masses (·3) from E.S.E. to zenith and extending to about 5° alt. S.W.
7 35	Faint broad irregular masses from E.S.E. to N.W. (·3), except in N.W., where (1). Single arch (1) from E.S.E. to N., where striated, 5° alt.
7 40	Aurora very faint and extending to 20° S. of zenith. Arch (1·5) and alt. 7°.
7 45	Aurora disappeared, except arch from N. to E.S.E. (2) and irregular. Very faint arch from E.S.E. to W.N.W., alt. 15° to S.
7 50	First arch now from N.N.W. to E. (2), 5° alt., other arch as before. Faint streamers (·5) in N.N.W., 15° alt.
7 55	Arches as before, E. end of arch partly hidden behind clouds. Streamers (·7) from 15° alt. to 60° alt. [illegible]. Faint masses (·5) on N.N.W. horizon.
8 0	Faint streak (·5) in N.E. and zenith.
8 5	Arch from N.N.W. to E. (1), other arch as before. Streaks disappeared.
8 10	Arch now from N.N.W. to E.S.E., where visible through clouds, (1·5) in N.N.W. and 5° alt. Faint [illegible] (·5) in E.S.E., 7° alt.
8 15	Corona in zenith (·5) drifting towards N.W.
8 20	Folds of aurora (1·5) in N.N.W., 15° alt. Faint aurora in N. between clouds. Faint streamers in zenith [illegible].
8 25	Auroral light nearly all over the sky, brightest in N.N.W.; sky rapidly clouding over.
8 29	Bright aurora (2) from N. to N.N.E., 3° alt.
8 35	Aurora (1) visible between clouds, till 10.25.
11 55	Bank of aurora (1) from N.N.W. to E.S.E., 5° to 15° alt., partly visible between clouds.

April 15, 1883. $\Phi = + 62° 38' 52''$.

Horizontal Intensity. 0·07000 (C.G.S.) +

Minutes.	Midnight.	1 a.m.	2	3	4	5	6	7	8	9	10	11
0	635	662	650	656	669	691	659	657	657	655	631	612
5	654	660	670	656	659	657	659	692	650	676	642	536
10	657	662	670	673	658	654	659	672	657	67[illegible]	589	658
15	655	664	672	675	653	653	657	692	673	685	629	668
20	660	663	678	[illegible]	654	653	659	662	658	653	579	568
25	655	666	678	669	654	658	659	659	658	655	582	550
30	662	665	673	664	654	655	657	659	655	657	570	557
35	662	666	679	684	653	655	659	659	659	657	510	563
40	662	667	683	683	653	668	657	657	692	687	539	558
45	660	666	679	675	653	657	657	675	692	689	567	537
50	651	666	679	675	692	659	659	653	668	612	516	556
55	652	650	676	653	693	657	657	653	647	622	537	531

Declination. 39° +

Minutes.	Midnight.	1 a.m.	2	3	4	5	6	7	8	9	10	11
	° ′	° ′	° ′	° ′	° ′	° ′	° ′	° ′	° ′	° ′	° ′	° ′
0	1 7	1 5	1 6	1 8	1 10	1 9	1 8	1 9	1 9	1 5	1 3	1 27
5	1 6	1 5	1 6	1 9	1 9	1 9	1 8	1 8	1 9	1 5	1 4	1 15
10	1 5	1 5	1 6	1 8	1 10	1 9	1 8	1 8	1 8	1 7	1 28	1 14
15	1 4	1 5	1 6	1 9	1 10	1 9	1 8	1 8	1 6	1 7	1 11	1 11
20	1 5	1 5	1 5	1 9	1 9	1 9	1 9	1 8	1 7	1 7	1 1	1 13
25	1 5	1 5	1 5	1 7	1 9	1 8	1 9	1 8	1 7	1 8	1 9	1 27
30	1 5	1 5	1 4	1 9	1 10	1 9	1 6	1 8	1 7	1 8	1 13	1 33
35	1 5	1 5	1 6	1 8	1 9	1 8	1 9	1 8	1 7	1 9	1 21	1 26
40	1 6	1 5	1 6	1 9	1 9	1 9	1 9	1 9	1 8	1 8	1 22	1 25
45	1 6	1 5	1 6	1 9	1 10	1 9	1 9	1 9	1 8	1 7	1 25	1 23
50	1 7	1 6	1 7	1 8	1 9	1 9	1 9	1 9	1 7	1 10	1 21	1 27
55	1 5	1 6	1 7	1 9	1 9	1 8	1 9	1 9	1 10	0 59	1 22	1 25

Vertical Intensity. 0·6100 (C.G.S.) +

Minutes.	Midnight.	1 a.m.	2	3	4	5	6	7	8	9	10	11
0	79	79	82	84	83	81	82	83	82	81	82	89
5	79	77	82	83	84	79	82	82	81	82	87	90
10	79	81	81	80	83	80	82	83	80	81	84	90
15	78	81	81	81	84	82	82	83	81	82	81	88
20	80	81	81	81	83	82	82	83	80	82	77	88
25	78	82	83	81	83	82	82	83	81	83	75	79
30	79	82	82	82	81	82	83	82	81	83	83	72
35	81	79	82	82	82	82	82	82	81	85	86	74
40	80	80	83	85	80	82	82	82	81	82	86	77
45	79	82	83	85	82	83	82	82	81	82	85	82
50	79	80	82	83	82	80	81	82	82	78	86	80
55	79	81	83	84	81	82	81	82	80	79	88	79

Auroral Observations.

h. m. A.M.	
8 50	Faint arch from E.S.E. through zenith to N.N.W., partly visible through clouds. Sky overcast.
9 5	„ disappeared.

λ = − 115° 43′ 50″ = − 7h. 42m. 55s. Göttingen Mean Time. *April* 15, 1883.

Horizontal Intensity

Noon.	1	2	3	4	5	6	7	8	9	10	11
560	[illegible]	[illegible]	[illegible]	[illegible]	[illegible]	[illegible]	[illegible]	[illegible]	[illegible]	[illegible]	[illegible]
565	[illegible]	[illegible]	[illegible]	[illegible]	[illegible]	[illegible]	[illegible]	[illegible]	[illegible]	[illegible]	[illegible]
561	[illegible]	[illegible]	[illegible]	[illegible]	[illegible]	[illegible]	[illegible]	[illegible]	[illegible]	[illegible]	[illegible]
603	[illegible]	[illegible]	[illegible]	[illegible]	[illegible]	[illegible]	[illegible]	[illegible]	[illegible]	[illegible]	[illegible]
618	[illegible]	[illegible]	[illegible]	[illegible]	[illegible]	[illegible]	[illegible]	[illegible]	[illegible]	[illegible]	[illegible]
632	[illegible]	[illegible]	[illegible]	[illegible]	[illegible]	[illegible]	[illegible]	[illegible]	[illegible]	[illegible]	[illegible]
645	[illegible]	[illegible]	[illegible]	[illegible]	[illegible]	[illegible]	[illegible]	[illegible]	[illegible]	[illegible]	[illegible]
654	[illegible]	[illegible]	[illegible]	[illegible]	[illegible]	[illegible]	[illegible]	[illegible]	[illegible]	[illegible]	[illegible]
656	[illegible]	[illegible]	[illegible]	[illegible]	[illegible]	[illegible]	[illegible]	[illegible]	[illegible]	[illegible]	[illegible]
664	[illegible]	[illegible]	[illegible]	[illegible]	[illegible]	[illegible]	[illegible]	[illegible]	[illegible]	[illegible]	[illegible]
672	[illegible]	[illegible]	[illegible]	[illegible]	[illegible]	[illegible]	[illegible]	[illegible]	[illegible]	[illegible]	[illegible]
678	[illegible]	[illegible]	[illegible]	[illegible]	[illegible]	[illegible]	[illegible]	[illegible]	[illegible]	[illegible]	[illegible]

Declination.

° ′	° ′	° ′	° ′	° ′	° ′	° ′	° ′	° ′	° ′	° ′	° ′
1 27	1 12	[illegible]	[illegible]	[illegible]	[illegible]	[illegible]	[illegible]	[illegible]	[illegible]	[illegible]	1 2
1 27	1 13	[illegible]	1 31	[illegible]	[illegible]	[illegible]	[illegible]	[illegible]	[illegible]	[illegible]	1 9
1 29	1 13	[illegible]	[illegible]	[illegible]	[illegible]	[illegible]	[illegible]	[illegible]	[illegible]	[illegible]	[illegible]
1 29	1 13	[illegible]	[illegible]	[illegible]	[illegible]	[illegible]	[illegible]	[illegible]	[illegible]	[illegible]	1 1
1 26	1 14	[illegible]	[illegible]	[illegible]	[illegible]	[illegible]	[illegible]	[illegible]	[illegible]	[illegible]	1 1
[illegible]	1 13	[illegible]	[illegible]	[illegible]	[illegible]	[illegible]	[illegible]	[illegible]	[illegible]	[illegible]	1 1
[illegible]	1 12	[illegible]	[illegible]	[illegible]	[illegible]	[illegible]	[illegible]	[illegible]	[illegible]	[illegible]	[illegible]
1 19	1 12	[illegible]	[illegible]	[illegible]	[illegible]	[illegible]	[illegible]	[illegible]	[illegible]	[illegible]	[illegible]
[illegible]	1 12	[illegible]	[illegible]	[illegible]	[illegible]	[illegible]	[illegible]	[illegible]	[illegible]	[illegible]	[illegible]
[illegible]	1 11	[illegible]	[illegible]	[illegible]	[illegible]	[illegible]	[illegible]	[illegible]	[illegible]	[illegible]	[illegible]
[illegible]	1 11	[illegible]	1 43	[illegible]	[illegible]	[illegible]	[illegible]	[illegible]	[illegible]	[illegible]	[illegible]
1 14	1 14	[illegible]	1 45	[illegible]	[illegible]	[illegible]	[illegible]	[illegible]	[illegible]	[illegible]	[illegible]

Vertical Intensity.

78	[illegible]	83	83	[illegible]	[illegible]	[illegible]	[illegible]	[illegible]	[illegible]	[illegible]	82
81	[illegible]	83	85	[illegible]	[illegible]	[illegible]	[illegible]	[illegible]	[illegible]	[illegible]	82
82	[illegible]	83	86	[illegible]	[illegible]	[illegible]	[illegible]	[illegible]	[illegible]	[illegible]	82
82	[illegible]	82	84	[illegible]	[illegible]	[illegible]	[illegible]	[illegible]	[illegible]	[illegible]	82
82	[illegible]	82	86	[illegible]	[illegible]	[illegible]	[illegible]	[illegible]	[illegible]	[illegible]	82
82	[illegible]	83	[illegible]	[illegible]	[illegible]	[illegible]	[illegible]	[illegible]	[illegible]	[illegible]	82
82	[illegible]	82	[illegible]	[illegible]	[illegible]	[illegible]	[illegible]	[illegible]	[illegible]	[illegible]	81
81	[illegible]	83	[illegible]	[illegible]	[illegible]	[illegible]	[illegible]	[illegible]	[illegible]	[illegible]	81
81	[illegible]	83	[illegible]	[illegible]	[illegible]	[illegible]	[illegible]	[illegible]	[illegible]	[illegible]	81
82	[illegible]	83	[illegible]	[illegible]	[illegible]	[illegible]	[illegible]	[illegible]	[illegible]	[illegible]	81
83	[illegible]	83	[illegible]	[illegible]	[illegible]	[illegible]	[illegible]	[illegible]	[illegible]	[illegible]	81
83	[illegible]	84	[illegible]	[illegible]	[illegible]	[illegible]	[illegible]	[illegible]	[illegible]	[illegible]	81

May 1, 1883. ϕ = + 62° 38′ 52″.

Horizontal Intensity. 0·07000 (C.G.S.) +

Minutes	Midnight	1 a.m.	2	3	4	5	6	7	8	9	10	11
0	664	660	683	697	734	741	697	656	607	611	660	681
5	658	[illegible]	683	697	733	745	668	676	609	633	662	679
10	657	668	683	708	738	751	666	679	551	679	645	677
15	673	664	665	703	736	751	664	679	576	670	658	668
20	647	680	683	704	734	755	660	676	548	658	661	651
25	647	672	671	703	740	747	662	688	570	676	647	651
30	653	674	688	710	721	745	673	647	588	630	635	647
35	659	672	689	713	731	740	694	471	698	630	649	656
40	[illegible]	666	697	716	749	755	702	525	637	635	648	660
45	658	668	693	719	750	724	703	467	620	677	679	664
50	660	670	617	719	749	721	670	417	647	660	684	650
55	653	685	701	723	753	712	662	516	654	637	681	622

Declination. 39 +

Minutes	Midnight	1 a.m.	2	3	4	5	6	7	8	9	10	11
	° ′	° ′	° ′	° ′	° ′	° ′	° ′	° ′	° ′	° ′	° ′	° ′
0	1 6	1 5	1 5	1 4	1 0	1 8	1 9	0 56	1 8	1 2	1 5	1 16
5	1 2	1 6	1 8	1 4	0 57	1 1	1 14	0 52	1 13	1 0	1 8	1 16
10	1 1	1 5	1 6	1 4	0 59	1 2	1 1	0 53	1 15	0 53	1 10	1 18
15	1 7	1 7	1 6	1 3	1 1	1 4	1 1	0 54	1 12	0 54	1 8	1 20
20	1 6	1 8	1 6	1 2	[illegible]	1 1	0 56	0 56	1 15	1 12	1 11	1 21
25	1 5	1 6	1 6	[illegible]	[illegible]	1 1	0 46	1 0	1 16	1 5	1 14	1 22
30	1 4	1 9	1 4	1 2	[illegible]	0 59	0 44	1 2	1 18	1 17	1 12	1 32
35	1 7	1 8	1 6	1 2	[illegible]	0 56	0 48	0 35	1 12	1 3	1 13	1 33
40	1 2	1 6	1 4	1 1	[illegible]	[illegible]	0 44	1 0	1 8	0 54	1 7	1 30
45	1 6	1 5	1 6	1 2	1 1	1 0	0 52	1 17	1 5	0 58	1 16	1 35
50	1 7	1 2	1 6	1 2	1 1	1 4	0 38	1 12	1 2	1 5	1 18	1 33
55	1 6	1 4	1 6	0 59	1 0	1 6	0 54	1 11	1 3	1 1	1 16	1 34

Vertical Intensity. 0·6100 (C.G.S.) +

Minutes	Midnight	1 a.m.	2	3	4	5	6	7	8	9	10	11
0	77	77	77	74	73	73	64	73	91	83	96	80
5	77	76	75	75	74	63	63	73	87	81	79	80
10	77	76	76	75	73	60	63	72	82	79	81	81
15	76	76	76	75	75	60	62	75	85	78	81	81
20	77	77	76	75	74	60	64	76	86	79	83	81
25	76	76	76	74	74	69	63	77	86	76	82	80
30	76	76	76	74	73	67	65	93	86	78	80	79
35	75	76	75	74	71	69	67	90	81	79	79	76
40	77	76	75	75	72	67	66	106	86	82	80	77
45	77	75	75	74	71	69	67	94	85	81	81	81
50	77	77	75	74	70	69	71	102	82	81	80	82
55	77	76	74	74	70	65	70	100	83	77	81	83

Auroral Observations.

h. m. A.M.	
6 0	Aurora from E.N.E. to zenith, passing through [illegible] ζ η Ursa Majoris ('2).
6 5	„ and streamers in N.W. ('3). 6.5. Fainter. 6.6. Disappeared.
h. m. s.	
6 12 20	Faint segment from E.N.E. to β Ursæ Minoris ('2).
6 13 30	Segment ('3), from E. of Arcturus towards Ursa Major. 6.16. Segment brighter ('3) and extending towards N.W.
6 17 0	„ broader and nearer zenith. 6.18. Fainter ('1) and through Ursa Major.
6 19 0	„ brighter ('5) and a streamer in E.N.E., 50° to 60° alt.
6 [illegible] 30	Fainter ('3) and more diffused in E.N.E.
6 27 0	A streak (1) slightly arched in E.N.E., alt. 30° to zenith.
6 [illegible] 20	Irregular arch ('7) through Ursa Major and Capella, streamers in N. [illegible]
6 29 40	Aurora in N.E. fainter. 33.00. Aurora disappeared except irregular patch in N.W. ('6), 45° alt.
6 [illegible] 0	Segment in E.N.E. ('3), 50° alt., and streamers ('5) between Capella and a and β Cassiopeiæ.
6 35 0	Arch from 50° alt. in E.N.E. to Polaris; faint patch [illegible] in N.W.
6 [illegible] 54	„ ('5) extending from 50° alt. in E.N.E. to Capella, [illegible] between Polaris and Ursa Major.
6 [illegible] 0	„ disappeared except patch [illegible] in E.N.E.
6 50 0	Faint arch ('3) through zenith in E.N.E. 50.54. Fainter and 2° [illegible] to N.W.
6 [illegible] 0	Aurora disappeared.
6 [illegible] 30	„ from Ursa Major to E. horizon. [illegible] Aurora extending to Capella ('6). 6.59. Aurora fainter and more diffused.
6? [illegible] 0	Narrow streak ('9) through ζ, ζ η Ursa Majoris. Faint light in N.W., 20° alt.
6? [illegible] [illegible]	„ fainter, and light in N.W. disappeared. [illegible] Arch through [illegible]
6? [illegible] 0	A good deal of diffused light ('2) N.W., N. and N.E. of zenith. Streamer ('2) in N.E.
[illegible]	Faint streamers ('1) scattered in Ursa Major.
[illegible]	„ disappeared leaving no diffused light.
[illegible]	Streamer (1) in Ophiuchus. Nebulous arch ('3) thence through Ursa Minor towards Auriga. Patch ('3) in W.S.W., 50° alt.

λ = − 115° 43′ 50″ = − 7h. 42m. 55s. Göttingen Mean Time. *May* 1, 1883.

Horizontal Intensity.

Noon.	1	2	3	4	5	6	7	8	9	10	11
603	640	656	607	616	654	679	654	691	710	740	791
583	630	609	609	672	670	641	[illegible]	695	722	736	779
546	630	6[illegible]	674	651	652	653	674	647	740	7[illegible]	810
556	647	6[illegible]	664	651	660	647	683	708	730	747	774
499	654	6[illegible]	672	651	655	643	679	704	723	741	794
521	647	629	679	653	650	635	691	731	730	747	710
542	641	639	683	656	660	659	683	713	732	755	844
517	647	631	688	662	667	647	673	691	712	749	817
544	640	651	679	665	653	643	683	699	734	773	853
567	668	6[illegible]	674	652	659	650	693	701	752	719	843
591	666	653	672	672	653	650	699	708	747	762	839
601	680	651	662	674	673	633	692	703	764	762	810

Declination.

Noon.	1	2	3	4	5	6	7	8	9	10	11
° ′	° ′	° ′	° ′	° ′	° ′	° ′	° ′	° ′	° ′	° ′	° ′
1 36	1 34	1 33	1 26	1 33	1 36	1 46	1 29	1 12	1 20	1 19	1 16
1 47	1 34	1 34	1 26	1 33	1 36	1 44	1 25	1 14	1 22	1 15	1 14
1 30	1 27	1 23	1 23	1 34	1 51	1 40	1 24	1 21	1 20	1 20	1 6
1 26	1 26	1 25	1 31	1 36	1 35	1 40	1 18	1 22	1 20	1 8	1 7
1 34	1 30	1 36	1 30	1 24	1 40	1 40	1 25	1 13	1 21	1 20	1 12
1 33	1 33	1 22	1 29	1 36	1 25	1 30	1 25	1 16	1 16	1 19	1 1
1 32	1 32	1 27	1 29	1 27	1 29	1 42	1 23	1 10	1 13	1 20	1 2
1 40	1 40	1 26	1 30	1 15	1 31	1 23	1 26	1 9	1 15	1 20	0 58
1 49	1 30	1 23	1 19	1 17	1 25	1 10	1 33	1 8	1 17	1 19	1 2
1 35	1 29	1 30	1 29	1 18	1 34	1 30	1 23	1 6	1 17	1 13	1 11
1 34	1 27	1 31	1 31	1 18	1 49	1 36	1 27	1 5	1 16	1 12	1 10
1 43	1 30	1 28	1 34	1 14	1 40	1 36	1 26	1 12	1 10	1 16	1 10

Vertical Intensity.

Noon.	1	2	3	4	5	6	7	8	9	10	11
75	76	74	74	74	77	69	68	70	77	74	74
74	77	73	75	74	73	69	69	70	74	74	74
76	77	73	75	74	73	69	69	70	74	73	73
75	75	73	74	74	73	69	69	70	73	75	72
75	74	73	75	73	72	68	69	70	74	75	72
74	75	74	78	77	72	65	70	71	74	74	73
74	75	71	75	73	71	65	70	71	74	74	74
77	76	71	74	73	71	68	70	71	77	73	73
76	74	74	75	73	70	65	71	72	75	74	74
77	75	73	75	73	69	62	70	70	76	75	76
76	75	74	75	73	70	68	70	71	75	75	74
77	74	75	74	73	69	68	70	73	75	74	74

Auroral Observations.

h. m. s.	
A.M.	
6 37 30	Above arch slightly brighter, streamers disappeared.
6 50 40	„ through Ursa Major about [illegible] broad. [illegible] Through [illegible].
6 59 0	„ more diffused, [illegible] Arcturus. Diffused light in E.N.E.
7 0 0	„ disappeared. [illegible] just below β Cassiopeiae.
7 5 0	Diffused mass in E.S.E. [illegible]
7 10 0	„ and arch (1) from S.E. to S.W., 14 alt.
7 15 0	Arch now (3). [illegible] Now [illegible] in the centre.
7 30 0	Curtain-shaped streamer aurora (2) from E.S.E. to N.N.W. to zenith, in rapid motion.
h. m.	
7 25	Corona (3) in zenith, prismatic. 7.33. More or less aurora (1 to 3), brightest in N.N.W.
7 45	Arch (1) from N.N.E. to S.W., with streamers N.N.E. to S.W. [illegible] in zenith.
7 50	Diffused aurora from S.W. [illegible] to zenith (1). Faint aurora from zenith to N.N.E.
7 55	Aurora very faint. [illegible] Disappeared except faint patches from S. to E.N.E. [illegible]
8 15	Streak (1) from E.N.E. to zenith. 8.25. Disappeared.
8 31	Very faint streamers in N.N.W. [illegible]
8 37	Curtain in zenith (1), streamers (1) from 20 alt. in N.N.W. to 30 alt. in E.S.E., passing [illegible] N.E. of zenith.
8 45	„ disappeared except a few streamers (1) in N. 70 alt.
8 54	Faint aurora in zenith (1).
9 5	Diffused arch (1) from E.S.E. through zenith to N.N.W., [illegible]
9 10	„ [illegible] (1) and drifting towards N.E. 9.15. Through zenith [illegible]
9 20	„ 70 alt., partly [illegible] through Cassiopeia. 9.30. Very faint.
9 35	„ disappeared except a faint streak (1) in N.N.E., [illegible]
9 41	Faint masses (1) in N.N.W., 30 alt., faint band (1) from S.E. to S.S.W., 10 alt. 9.50. Disappeared.

May 15, 1883. $\phi = + 62° 38' 52''$.

Horizontal Intensity. 0·07000 (C.G.S.) +

Minutes.	Midnight.	1 a.m.	2	3	4	5	6	7	8	9	10	11
0	657	657	697	673	703	720	706	662	652	579	612	512
5	651	653	692	694	722	726	706	666	654	577	628	541
10	671	654	693	659	722	734	714	676	654	555	641	615
15	655	657	693	677	740	726	707	[illegible]	656	567	627	556
20	643	653	693	687	725	730	701	673	645	559	613	599
25	652	658	695	682	726	745	697	671	655	543	635	597
30	651	657	697	691	722	740	659	672	628	589	645	592
35	654	657	695	694	722	741	651	677	589	568	620	610
40	647	659	663	701	743	734	672	674	616	571	637	597
45	651	664	663	705	723	724	637	[illegible]	656	564	616	593
50	649	657	695	703	756	720	691	[illegible]	585	549	567	628
55	651	654	691	703	738	748	676	663	517	559	602	610

Declination. 39° +

Minutes.	Midnight.	1 a.m.	2	3	4	5	6	7	8	9	10	11
	° ′	° ′	° ′	° ′	° ′	° ′	° ′	° ′	° ′	° ′	° ′	° ′
0	1 5	1 5	1 2	1 11	1 11	1 7	1 9	1 1	1 6	1 14	1 24	1 18
5	1 7	1 7	1 8	1 10	1 8	1 7	1 4	1 2	1 5	1 17	1 18	1 24
10	1 7	1 8	1 9	1 11	1 6	1 8	1 6	1 4	1 7	1 29	1 9	1 24
15	1 7	1 6	1 12	1 12	1 5	1 7	1 7	1 4	1 9	1 26	1 5	1 24
20	1 6	1 8	1 10	1 12	1 4	1 8	1 6	1 2	0 52	1 22	1 7	1 27
25	1 6	1 5	1 10	1 22	1 5	1 7	1 7	1 1	1 [illegible]	1 18	1 11	1 32
30	1 7	1 5	1 10	1 22	1 6	1 4	1 7	1 3	1 [illegible]	0 56	1 6	1 16
35	1 7	1 8	1 10	1 12	1 7	1 6	1 8	1 4	0 53	1 4	1 11	1 12
40	1 7	1 8	1 12	1 10	1 7	1 6	1 2	1 5	0 45	1 9	1 10	1 21
45	1 7	1 8	1 12	1 10	1 5	1 1	1 4	1 8	0 58	1 6	1 6	1 19
50	1 7	1 8	1 10	1 20	1 6	1 1	1 6	1 9	1 2	1 8	1 9	1 15
55	1 7	1 5	1 11	1 11	1 6	1 2	1 2	1 10	1 11	1 10	1 11	1 10

Vertical Intensity. 0·6100 (C.G.S) +

Minutes.	Midnight.	1 a.m.	2	3	4	5	6	7	8	9	10	11
0	76	78	77	77	77	73	71	75	73	91	55	55
5	77	80	77	76	77	75	72	74	74	89	83	84
10	76	78	79	77	78	75	71	71	77	73	84	84
15	76	77	77	77	77	74	71	73	73	92	87	73
20	77	77	73	76	77	74	72	75	83	64	85	82
25	76	77	77	76	78	71	72	76	85	68	93	79
30	77	77	77	77	79	70	72	76	84	56	77	80
35	78	76	77	77	78	71	73	75	87	67	85	74
40	77	77	77	77	77	72	73	77	85	85	80	84
45	78	78	77	75	76	73	72	76	92	52	59	57
50	77	77	76	77	77	74	71	75	93	84	67	84
55	75	76	77	77	77	78	74	73	94	57	56	84

Auroral Observations.

h. m. s. G.M.	
7 42 0	Faint arch (·3) in S.W., 20° alt.
7 43 30	„ disappeared.
7 47 0	Segment of arch (·8) from E.S.E. to 60° alt.
7 49 20	Faint streamers (·7) in S.E.
7 50 40	Slightly brighter.
7 51 10	„ serpentine (1) and light more concentrated.
7 53 0	„ extending to 45° alt. (·9).
7 54 20	„ extending to above Arcturus (·5).
7 55 40	„ disappeared except nebulous light (·2) in S.E.
7 56 20	„ reappeared as at 53 m. with patch (1), alt. 5°.
7 58 0	Patch (·7) alone visible.
7 59 0	As at 53m. 40s.
8 2 0	„ and (·6).
8 5 0	Arch (1) from S.E. to W.N.W., 10° S. of zenith.

Horizontal Intensity.

Noon.	1	2	3	4	5	6	7	8	9	10	11
635	636	645	644	647	613	670	687	701	674	[illegible]	[illegible]
626	610	643	630	643	654	670	697	693	673	[illegible]	[illegible]
599	624	643	635	645	647	666	693	683	672	[illegible]	[illegible]
593	622	649	619	651	647	666	691	695	670	[illegible]	[illegible]
595	609	[illegible]	639	653	649	672	695	695	674	[illegible]	[illegible]
603	603	[illegible]	653	651	649	681	695	697	674	[illegible]	[illegible]
624	622	668	647	658	638	679	698	695	675	670	[illegible]
620	630	656	659	656	653	681	708	685	676	658	[illegible]
595	620	661	643	654	662	669	697	691	674	659	641
618	626	670	647	658	683	685	697	691	666	679	643
626	632	633	645	653	670	685	695	691	674	681	651
613	619	622	651	664	672	677	697	679	672	653	653

Declination.

° ′	° ′	° ′	° ′	° ′	° ′	° ′	° ′	° ′	° ′	° ′	° ′
1 26	1 43	1 41	1 49	1 48	1 36	1 30	1 33	1 16	1 0	1 6	1 [illegible]
1 22	1 46	1 41	1 42	1 48	1 37	1 30	1 20	1 16	1 4	1 [illegible]	1 2
1 24	1 47	1 36	1 45	1 48	1 37	1 31	1 19	1 26	1 4	1 [illegible]	1 [illegible]
1 23	1 48	1 36	1 48	1 44	1 39	1 29	1 18	1 16	1 5	1 [illegible]	1 [illegible]
1 26	1 48	1 34	1 49	1 40	1 39	1 24	1 17	1 21	1 4	1 [illegible]	1 [illegible]
1 25	1 51	1 34	1 52	1 38	1 38	1 33	1 17	1 24	1 4	1 10	1 [illegible]
1 27	1 44	1 34	1 55	1 35	1 36	1 32	1 18	1 15	1 4	1 12	1 [illegible]
1 30	1 52	1 36	1 56	1 36	1 37	1 32	1 18	1 15	1 5	1 9	1 [illegible]
1 29	1 51	1 40	1 55	1 36	1 35	1 23	1 16	1 26	1 6	1 12	1 [illegible]
1 40	1 53	1 36	1 52	1 35	1 34	1 22	1 16	1 8	1 6	1 10	1 [illegible]
1 39	1 48	1 50	1 54	1 35	1 32	1 20	1 17	1 5	1 6	1 10	1 [illegible]
1 34	1 52	1 53	1 48	1 37	1 31	1 22	1 18	1 2	1 5	1 10	1 9

Vertical Intensity.

83	83	76	74	71	73	74	77	77	77	[illegible]	[illegible]
86	82	75	74	72	74	74	77	77	77	[illegible]	[illegible]
87	82	77	74	72	73	75	78	77	77	[illegible]	[illegible]
86	82	76	74	73	73	75	79	77	78	[illegible]	[illegible]
83	82	76	75	72	73	75	78	77	77	[illegible]	[illegible]
85	79	77	74	72	73	75	78	77	[illegible]	[illegible]	[illegible]
84	81	76	73	73	73	75	77	77	[illegible]	[illegible]	[illegible]
83	81	75	73	73	74	75	77	77	[illegible]	[illegible]	[illegible]
83	78	77	73	72	74	76	77	77	[illegible]	[illegible]	[illegible]
85	77	77	73	73	74	76	76	77	[illegible]	[illegible]	[illegible]
85	77	75	71	73	74	76	76	77	[illegible]	[illegible]	[illegible]
81	78	75	72	73	74	76	77	76	[illegible]	[illegible]	[illegible]

Auroral Observations.

h. m. A.M.	
8 15	Above arch disappeared. Patch (1) in S.E., 25° alt.
8 20	Arch (1·5) from S.E. to W.N.W., upper edge through Ursa Major, lower passing the Moon.
8 25	Arch (1) partly disappeared, passing halfway between zenith and Moon.
8 30	Arch (1·5) from E.S.E. passing Ursa Major to N.W., where diffused.
8 36	Diffused prismatic arch (2), with streamers in rapid motion from E.S.E. to N.W.
8 41	„ disappeared except a streak (1) in N.W. from horizon to 20° alt.
8 45	Streak in N.W. disappeared. Faint streak in zenith.
8 50	„ disappeared.
9 0	Irregular aurora (2) from E.S.E. to E. prismatic, 5° to 15° alt.
9 5	„ disappeared.

June 1, 1883. ± = + 62° 38′ 52″.

Horizontal Intensity. 0·07000 (C.G.S.) +

Minutes.	Midnight.	1 a.m.	2	3	4	5	6	7	8	9	10	11
0	676	680	769	[illegible]	763	818	712	760	716	691	691	678
5	687	676	757	761	778	814	637	781	730	691	689	679
10	659	703	753	751	712	706	540	757	738	693	689	676
15	657	721	764	758	734	755	506	722	710	695	680	681
20	670	730	759	784	769	757	584	719	716	691	685	674
25	693	716	769	784	784	745	510	727	711	689	681	670
30	695	740	764	756	810	710	555	734	708	689	684	674
35	716	771	767	781	846	720	597	754	705	687	685	674
40	[illegible]	751	767	773	872	657	651	740	708	685	676	656
45	704	738	761	769	858	678	758	752	708	691	679	431
50	695	757	767	747	841	651	753	754	718	687	674	419
55	708	763	769	751	841	708	744	713	697	687	674	566

Declination. 39° +

Minutes.	Midnight.	1 a.m.	2	3	4	5	6	7	8	9	10	11
	° ′	° ′	° ′	° ′	° ′	° ′	° ′	° ′	° ′	° ′	° ′	° ′
0	[illegible]	1 8	1 3	0 38	1 15	0 59	1 13	0 53	1 15	1 17	1 10	1 4
5	2 5	1 7	1 3	0 50	1 19	1 3	1 9	0 45	1 15	1 11	1 8	1 3
10	1 5	1 10	1 7	1 4	1 20	1 4	0 54	0 49	1 14	1 11	1 8	1 5
15	1 5	1 5	1 4	1 5	1 19	1 5	0 18	1 4	1 17	1 11	1 8	1 6
20	1 6	1 1	1 4	1 2	1 13	1 5	0 12	1 5	1 15	1 11	1 9	1 7
25	0 57	0 56	1 2	0 55	1 14	1 6	0 50	1 11	1 13	1 12	1 [illegible]	1 3
30	1 6	0 59	1 0	0 50	1 3	1 6	0 47	1 12	1 17	1 13	1 12	1 7
35	1 6	1 4	1 5	0 58	1 1	1 7	0 44	1 11	1 10	1 15	1 13	2 4
40	1 8	1 5	1 2	1 5	0 59	1 4	0 41	1 [illegible]	1 12	1 13	1 9	1 13
45	1 [illegible]	1 6	0 58	1 3	1 0	1 5	0 54	1 [illegible]	1 12	1 13	1 9	2 3
50	1 10	1 7	0 59	1 8	1 0	1 6	0 44	1 11	1 17	1 17	1 5	1 51
55	1 7	1 8	1 0	1 13	1 2	1 7	0 48	1 13	1 12	1 12	1 5	2 15

Vertical Intensity. 0·6100 (C.G.S.) +

Minutes.	Midnight.	1 a.m.	2	3	4	5	6	7	8	9	10	11
0	79	81	83	79	73	71	71	71	76	78	80	82
5	79	81	83	79	73	71	65	69	77	79	81	83
10	80	82	83	78	74	72	61	71	77	78	79	83
15	80	81	83	78	75	73	64	73	76	78	78	84
20	80	81	83	76	77	73	61	75	76	76	77	84
25	78	82	81	77	76	72	76	74	75	76	80	84
30	79	82	81	77	76	71	51	77	74	79	79	84
35	81	83	80	79	77	70	54	74	74	80	70	84
40	81	82	79	79	76	74	57	75	74	81	81	86
45	81	88	79	77	73	72	72	76	74	80	81	106
50	82	83	79	77	73	77	72	76	79	81	82	81
55	81	83	79	74	70	73	71	77	75	80	82	86

Auroral Observations.

None.

$\lambda = -115° 43' 50'' = -$ 7h. 42m. 55s. Gottingen Mean Time. *June* 1, 1883.

Horizontal Intensity.

Noon.	1	2	3	4	5	6	7	8	9	10	11
342	592	714	660	619	634	633	635	645	676	651	718
338	582	712	645	616	613	654	625	619	679	667	718
348	640	710	648	609	635	622	649	640	519	665	723
414	647	710	654	618	648	639	669	613	665	693	734
470	668	714	657	614	634	647	658	616	666	697	748
353	679	703	632	603	647	633	653	613	656	713	727
409	651	691	632	591	645	630	633	664	664	706	716
381	658	699	613	601	643	613	621	616	666	708	722
392	703	693	624	601	637	620	645	644	665	714	734
433	726	668	652	646	636	659	645	658	668	713	754
467	710	663	614	630	635	630	656	646	679	712	751
502	710	668	659	624	636	624	651	670	654	718	739

Declination.

Noon.	1	2	3	4	5	6	7	8	9	10	11
° ′	° ′	° ′	° ′	° ′	° ′	° ′	° ′	° ′	° ′	° ′	° ′
1 35	1 32	1 35	1 37	1 53	1 52	1 57	1 42	1 19	1 11	1 3	1 0
1 23	1 29	1 29	1 41	1 57	1 48	1 55	1 48	1 14	1 14	1 9	1 7
1 48	1 24	1 25	1 40	1 59	1 50	1 55	1 45	1 14	1 11	1 7	1 4
1 52	1 20	1 26	1 42	1 59	1 50	1 49	1 41	1 10	1 12	1 6	1 3
1 39	1 25	1 29	1 45	2 4	1 54	1 47	1 36	1 17	1 11	1 6	1 5
1 52	1 25	1 28	1 34	2 5	1 55	1 55	1 23	1 10	1 4	1 9	1 4
1 33	1 27	1 33	1 38	2 4	1 43	2 6	1 23	1 17	1 3	1 9	1 0
2 2	1 27	1 27	1 51	2 1	1 46	1 51	1 25	1 17	1 0	1 11	1 1
1 55	1 25	1 31	1 53	1 53	1 52	1 48	1 18	1 13	1 5	1 10	1 2
1 43	1 24	1 32	1 54	1 56	1 37	1 47	1 17	1 10	1 5	1 7	1 4
1 54	1 25	1 33	1 56	1 59	1 38	1 43	1 18	1 9	1 5	1 3	1 5
1 56	1 31	1 36	1 53	1 51	1 54	1 43	1 19	1 13	1 5	1 6	1 4

Vertical Intensity.

Noon.	1	2	3	4	5	6	7	8	9	10	11
88	87	81	79	74	70	72	71	75	75	80	82
86	83	81	79	73	69	71	71	75	75	82	83
89	83	81	79	73	69	71	71	76	79	81	83
91	83	81	79	73	72	72	71	76	77	81	82
87	83	81	78	72	70	72	70	75	77	82	82
92	82	81	77	72	71	73	72	73	78	82	83
86	81	80	77	70	71	73	73	75	77	82	83
90	80	79	76	69	72	73	73	76	79	83	83
92	80	80	75	70	71	72	73	77	79	81	83
87	80	81	75	69	71	71	71	77	79	81	83
90	80	81	74	70	71	71	73	77	80	81	83
88	81	79	74	71	70	71	74	77	81	82	83

June 15, 1883. δ = + 62° 38′ 52″.

Horizontal Intensity. 0·07000 (C.G.S.) +

Minutes.	Midnight.	1 a.m.	2	3	4	5	6	7	8	9	10	11
0	684	705	708	755	710	703	685	701	697	689	705	701
5	684	703	714	757	701	699	687	701	697	689	703	701
10	671	699	740	767	701	693	691	701	697	685	699	699
15	706	704	730	780	708	689	695	699	693	689	697	697
20	703	701	736	743	706	685	687	699	691	687	691	699
25	699	701	716	753	699	685	691	699	693	693	691	701
30	715	697	743	743	701	683	691	692	691	704	697	697
35	712	703	724	732	706	683	693	694	687	701	699	695
40	705	702	716	720	712	683	695	697	683	691	697	697
45	706	699	712	714	722	685	691	697	685	693	695	694
50	706	704	722	714	716	683	697	693	695	697	697	691
55	703	703	735	712	710	683	699	697	685	703	699	689

Declination. 39° +

Minutes.	Midnight.	1 a.m.	2	3	4	5	6	7	8	9	10	11
	° ′	° ′	° ′	° ′	° ′	° ′	° ′	° ′	° ′	° ′	° ′	° ′
0	1 7	1 5	1 6	1 5	1 10	1 12	1 12	1 12	1 10	1 10	1 10	1 10
5	1 7	1 4	1 4	1 8	1 11	1 12	1 12	1 11	1 10	1 10	1 8	1 10
10	1 4	1 5	0 58	1 4	1 10	1 12	1 11	1 11	1 12	1 10	1 8	1 10
15	1 2	1 5	1 3	1 4	1 8	1 13	1 10	1 11	1 11	1 10	1 8	1 10
20	1 0	1 4	1 6	1 5	1 8	1 13	1 10	1 11	1 10	1 11	1 10	1 10
25	1 1	1 4	1 4	1 10	1 9	1 14	1 10	1 12	1 11	1 12	1 10	1 10
30	1 4	1 7	1 3	1 10	1 12	1 15	1 12	1 11	1 11	1 11	1 9	1 10
35	1 5	1 7	1 9	1 9	1 12	1 14	1 12	1 10	1 9	1 10	1 9	1 10
40	1 7	1 7	1 11	1 8	1 10	1 14	1 11	1 12	1 8	1 11	1 10	1 10
45	1 3	1 8	1 11	1 7	1 10	1 13	1 11	1 11	1 9	1 12	1 10	1 10
50	1 4	1 8	1 9	1 8	1 10	1 14	1 10	1 11	1 5	1 10	1 11	1 12
55	1 5	1 6	1 6	1 10	1 12	1 13	1 10	1 11	1 8	1 10	1 10	1 12

Vertical Intensity. 0·6100 (C.G.S.) +

Minutes.	Midnight.	1 a.m.	2	3	4	5	6	7	8	9	10	11
0	79	79	79	81	77	78	77	79	79	76	79	80
5	78	79	79	80	77	79	78	79	79	77	77	80
10	78	79	79	78	77	79	78	79	78	78	79	80
15	79	79	81	77	78	79	78	79	78	79	79	81
20	79	79	80	79	79	79	78	79	79	79	79	82
25	78	79	79	79	80	78	78	78	79	79	79	80
30	78	79	79	77	81	79	79	78	79	79	79	81
35	78	79	81	76	82	79	79	78	79	78	80	82
40	79	79	81	76	79	79	79	79	77	79	81	80
45	79	79	81	76	79	78	79	79	78	79	80	79
50	79	79	81	77	78	78	79	79	78	79	79	79
55	79	78	82	77	78	78	79	79	79	79	79	80

Auroral Observations.

None.

Horizontal Intensity.

Noon.	1	2	3	4	5	6	7	8	9	10	11
653	698	705	700	701	695	674	679	[illegible]	[illegible]	[illegible]	[illegible]
644	695	703	701	701	679	676	671	659	[illegible]	[illegible]	[illegible]
663	697	703	703	699	685	676	668	[illegible]	[illegible]	[illegible]	[illegible]
694	701	701	695	706	677	699	660	672	[illegible]	[illegible]	[illegible]
698	705	705	699	693	659	674	647	654	[illegible]	[illegible]	[illegible]
694	701	708	695	695	659	669	637	[illegible]	[illegible]	[illegible]	[illegible]
695	703	706	699	695	685	651	639	641	[illegible]	[illegible]	[illegible]
698	703	705	698	689	677	673	632	[illegible]	[illegible]	[illegible]	[illegible]
695	703	706	693	685	672	674	635	[illegible]	[illegible]	[illegible]	[illegible]
697	705	706	693	691	665	653	633	637	[illegible]	[illegible]	[illegible]
693	700	705	695	687	668	664	635	641	[illegible]	[illegible]	[illegible]
693	706	703	693	689	670	674	648	[illegible]	[illegible]	[illegible]	[illegible]

Declination.

Noon.	1	2	3	4	5	6	7	8	9	10	11
° ′	° ′	° ′	° ′	° ′	° ′	° ′	° ′	° ′	° ′	° ′	° ′
1 13	1 19	1 21	1 22	1 29	1 [illegible]	1 23	1 36	1 25	1 [illegible]	1 4	1 6
1 13	1 20	1 21	1 22	1 26	1 31	1 18	1 22	1 18	0 58	1 4	1 7
1 14	1 19	1 22	1 22	1 26	1 25	1 27	1 31	1 10	0 57	1 4	1 6
1 14	1 18	1 23	1 23	1 23	1 34	1 34	1 32	1 2	0 56	1 4	1 5
1 14	1 19	1 24	1 22	1 24	1 36	1 35	1 24	1 1	1 1	1 4	1 4
1 14	1 20	1 22	1 33	1 24	1 27	1 38	1 38	1 6	1 2	1 4	1 3
1 14	1 19	1 27	1 20	1 24	1 29	1 42	1 28	1 10	1 1	1 5	1 3
1 17	1 20	1 21	1 26	1 23	1 28	1 36	1 30	1 14	1 4	1 5	1 4
1 16	1 18	1 31	1 25	1 25	1 33	1 40	1 32	1 12	1 4	1 5	1 4
1 17	1 19	1 31	1 27	1 25	1 [illegible]	1 30	1 35	1 13	1 1	1 5	1 2
1 18	1 18	1 41	1 27	1 21	1 28	1 29	1 32	1 12	1 5	1 6	1 2
1 19	1 19	1 24	1 29	1 26	1 29	1 27	1 29	1 13	1 2	1 4	1 1

Vertical Intensity.

Noon.	1	2	3	4	5	6	7	8	9	10	11
78	79	79	77	76	[illegible]	76	76	79	77	77	79
79	77	79	77	77	79	77	76	79	[illegible]	77	78
79	[illegible]	78	78	77	77	77	77	78	[illegible]	77	79
79	79	79	[illegible]	[illegible]	[illegible]	77	76	78	[illegible]	76	78
79	79	77	77	78	77	77	76	78	78	77	78
79	79	79	78	78	[illegible]	77	76	77	[illegible]	79	79
79	79	79	78	[illegible]	[illegible]	[illegible]	76	77	78	79	78
79	79	78	78	[illegible]	[illegible]	76	76	78	[illegible]	79	78
78	79	[illegible]	[illegible]	[illegible]	[illegible]	76	77	[illegible]	[illegible]	79	78
79	79	[illegible]	[illegible]	77	[illegible]	[illegible]	[illegible]	78	[illegible]	78	78
78	79	[illegible]	78	[illegible]	[illegible]	76	75	[illegible]	[illegible]	78	78
78	79	77	76	[illegible]	76	76	75	[illegible]	[illegible]	79	78

July 1, 1883. ζ = + 62° 38′ 32″.

Horizontal Intensity. 0·07000 (C.G.S.) +

Minutes.	Midnight.	1 a.m.	2	3	4	5	6	7	8	9	10	11
[illegible]	[illegible]	[illegible]	[illegible]	[illegible]	[illegible]	[illegible]	[illegible]	[illegible]	[illegible]	[illegible]	[illegible]	[illegible]
[illegible]	[illegible]	[illegible]	[illegible]	[illegible]	[illegible]	[illegible]	[illegible]	[illegible]	[illegible]	[illegible]	[illegible]	[illegible]
[illegible]	[illegible]	[illegible]	[illegible]	[illegible]	[illegible]	[illegible]	[illegible]	[illegible]	[illegible]	[illegible]	[illegible]	[illegible]
[illegible]	[illegible]	[illegible]	[illegible]	[illegible]	[illegible]	[illegible]	[illegible]	[illegible]	[illegible]	[illegible]	[illegible]	[illegible]
[illegible]	[illegible]	[illegible]	[illegible]	[illegible]	[illegible]	[illegible]	[illegible]	[illegible]	[illegible]	[illegible]	[illegible]	[illegible]
[illegible]	[illegible]	[illegible]	[illegible]	[illegible]	[illegible]	[illegible]	[illegible]	[illegible]	[illegible]	[illegible]	[illegible]	[illegible]
[illegible]	[illegible]	[illegible]	[illegible]	[illegible]	[illegible]	[illegible]	[illegible]	[illegible]	[illegible]	[illegible]	[illegible]	[illegible]
[illegible]	[illegible]	[illegible]	[illegible]	[illegible]	[illegible]	[illegible]	[illegible]	[illegible]	[illegible]	[illegible]	[illegible]	[illegible]
[illegible]	[illegible]	[illegible]	[illegible]	[illegible]	[illegible]	[illegible]	[illegible]	[illegible]	[illegible]	[illegible]	[illegible]	[illegible]
[illegible]	[illegible]	[illegible]	[illegible]	[illegible]	[illegible]	[illegible]	[illegible]	[illegible]	[illegible]	[illegible]	[illegible]	[illegible]
[illegible]	[illegible]	[illegible]	[illegible]	[illegible]	[illegible]	[illegible]	[illegible]	[illegible]	[illegible]	[illegible]	[illegible]	[illegible]
[illegible]	[illegible]	[illegible]	[illegible]	[illegible]	[illegible]	[illegible]	[illegible]	[illegible]	[illegible]	[illegible]	[illegible]	[illegible]

Declination. 38° +

Minutes.	Midnight.	1 a.m.	2	3	4	5	6	7	8	9	10	11
[illegible]	[illegible]	[illegible]	[illegible]	[illegible]	[illegible]	[illegible]	[illegible]	[illegible]	[illegible]	[illegible]	[illegible]	[illegible]
[illegible]	[illegible]	[illegible]	[illegible]	[illegible]	[illegible]	[illegible]	[illegible]	[illegible]	[illegible]	[illegible]	[illegible]	[illegible]
[illegible]	[illegible]	[illegible]	[illegible]	[illegible]	[illegible]	[illegible]	[illegible]	[illegible]	[illegible]	[illegible]	[illegible]	[illegible]
[illegible]	[illegible]	[illegible]	[illegible]	[illegible]	[illegible]	[illegible]	[illegible]	[illegible]	[illegible]	[illegible]	[illegible]	[illegible]
[illegible]	[illegible]	[illegible]	[illegible]	[illegible]	[illegible]	[illegible]	[illegible]	[illegible]	[illegible]	[illegible]	[illegible]	[illegible]
[illegible]	[illegible]	[illegible]	[illegible]	[illegible]	[illegible]	[illegible]	[illegible]	[illegible]	[illegible]	[illegible]	[illegible]	[illegible]
[illegible]	[illegible]	[illegible]	[illegible]	[illegible]	[illegible]	[illegible]	[illegible]	[illegible]	[illegible]	[illegible]	[illegible]	[illegible]
[illegible]	[illegible]	[illegible]	[illegible]	[illegible]	[illegible]	[illegible]	[illegible]	[illegible]	[illegible]	[illegible]	[illegible]	[illegible]
[illegible]	[illegible]	[illegible]	[illegible]	[illegible]	[illegible]	[illegible]	[illegible]	[illegible]	[illegible]	[illegible]	[illegible]	[illegible]
[illegible]	[illegible]	[illegible]	[illegible]	[illegible]	[illegible]	[illegible]	[illegible]	[illegible]	[illegible]	[illegible]	[illegible]	[illegible]
[illegible]	[illegible]	[illegible]	[illegible]	[illegible]	[illegible]	[illegible]	[illegible]	[illegible]	[illegible]	[illegible]	[illegible]	[illegible]
[illegible]	[illegible]	[illegible]	[illegible]	[illegible]	[illegible]	[illegible]	[illegible]	[illegible]	[illegible]	[illegible]	[illegible]	[illegible]

Vertical Intensity. 0·6100 (C.G.S.) +

Minutes.	Midnight.	1 a.m.	2	3	4	5	6	7	8	9	10	11
[illegible]	[illegible]	[illegible]	[illegible]	[illegible]	[illegible]	[illegible]	[illegible]	[illegible]	[illegible]	[illegible]	[illegible]	[illegible]
[illegible]	[illegible]	[illegible]	[illegible]	[illegible]	[illegible]	[illegible]	[illegible]	[illegible]	[illegible]	[illegible]	[illegible]	[illegible]
[illegible]	[illegible]	[illegible]	[illegible]	[illegible]	[illegible]	[illegible]	[illegible]	[illegible]	[illegible]	[illegible]	[illegible]	[illegible]
[illegible]	[illegible]	[illegible]	[illegible]	[illegible]	[illegible]	[illegible]	[illegible]	[illegible]	[illegible]	[illegible]	[illegible]	[illegible]
[illegible]	[illegible]	[illegible]	[illegible]	[illegible]	[illegible]	[illegible]	[illegible]	[illegible]	[illegible]	[illegible]	[illegible]	[illegible]
[illegible]	[illegible]	[illegible]	[illegible]	[illegible]	[illegible]	[illegible]	[illegible]	[illegible]	[illegible]	[illegible]	[illegible]	[illegible]
[illegible]	[illegible]	[illegible]	[illegible]	[illegible]	[illegible]	[illegible]	[illegible]	[illegible]	[illegible]	[illegible]	[illegible]	[illegible]
[illegible]	[illegible]	[illegible]	[illegible]	[illegible]	[illegible]	[illegible]	[illegible]	[illegible]	[illegible]	[illegible]	[illegible]	[illegible]
[illegible]	[illegible]	[illegible]	[illegible]	[illegible]	[illegible]	[illegible]	[illegible]	[illegible]	[illegible]	[illegible]	[illegible]	[illegible]
[illegible]	[illegible]	[illegible]	[illegible]	[illegible]	[illegible]	[illegible]	[illegible]	[illegible]	[illegible]	[illegible]	[illegible]	[illegible]
[illegible]	[illegible]	[illegible]	[illegible]	[illegible]	[illegible]	[illegible]	[illegible]	[illegible]	[illegible]	[illegible]	[illegible]	[illegible]
[illegible]	[illegible]	[illegible]	[illegible]	[illegible]	[illegible]	[illegible]	[illegible]	[illegible]	[illegible]	[illegible]	[illegible]	[illegible]

Auroral Observations.

None.

λ = − 115° 43′ 50″ = − 7h. 42m. 55s. Göttingen Mean Time. *July* 1, 1883.

Horizontal Intensity.

Noon.	1	2	3	4	5	6	7	8	9	10	11
639	436	624	553	457	425	549	574	[illegible]	710	779	565
593	551	624	449	389	435	510	569	628	708	779	510
691	588	631	358	379	459	549	575	643	593	610	515
651	646	635	583	380	470	563	647	554	580	613	534
619	612	611	418	390	527	495	646	535	547	544	514
641	599	637	467	310	523	480	631	540	550	539	522
643	586	646	480	325	537	572	559	658	525	843	554
576	603	609	517	364	533	563	507	561	545	541	527
610	607	595	546	362	543	540	578	556	551	539	545
563	607	579	521	374	563	554	586	566	553	555	560
559	613	565	478	209	531	534	578	557	548	571	579
542	650	556	451	481	572	541	556	724	554	573	540

Declination.

Noon.	1	2	3	4	5	6	7	8	9	10	11
° ′	° ′	° ′	° ′	° ′	° ′	° ′	° ′	° ′	° ′	° ′	° ′
2 38	1 36	2 16	3 23	3 34	2 23	3 20	3 3	2 33	2 15	2 59	1 27
2 24	1 46	2 33	3 47	3 55	4 31	3 24	3 2	2 27	2 4	2 54	1 52
2 15	1 34	2 23	3 21	3 41	4 32	3 19	2 59	2 6	2 21	2 39	1 33
2 5	1 9	2 17	3 43	3 42	4 33	3 18	2 51	2 27	2 33	2 30	1 14
2 8	1 1	2 22	3 40	3 50	3 50	3 10	2 56	2 52	2 23	2 44	1 22
2 13	1 3	2 32	3 11	4 1	3 40	3 7	2 56	2 55	2 31	2 34	1 35
2 5	1 15	2 37	3 41	3 43	3 35	3 15	2 55	2 27	2 15	2 15	1 15
2 9	1 28	2 52	3 17	4 1	3 17	3 3	2 5	2 20	2 2	2 13	1 12
2 4	1 29	3 2	3 17	4 6	3 35	3 6	2 50	2 14	2 23	2 20	1 33
2 11	1 26	2 43	3 8	3 49	3 35	3 2	2 10	2 33	2 24	2 23	1 35
2 30	1 21	2 52	3 31	3 19	3 40	3 7	2 32	2 19	2 47	2 33	1 17
2 31	2 27	3 21	3 49	3 50	3 37	2 57	2 33	2 34	2 13	2 33	1 30

Vertical Intensity.

Noon.	1	2	3	4	5	6	7	8	9	10	11
104	108	104	111	120	70	64	69	75	81	84	76
104	110	104	107	112	73	66	69	76	81	82	77
107	110	113	109	104	74	67	72	77	82	82	79
102	109	112	105	102	58	65	70	76	83	83	81
102	107	111	109	95	71	68	76	76	80	81	79
103	104	109	111	96	70	65	78	77	82	85	74
103	103	104	104	80	69	69	78	76	78	84	69
106	103	103	110	87	66	67	73	79	80	82	70
105	102	104	110	92	70	65	73	78	77	80	67
104	104	101	108	84	67	68	73	79	76	77	67
103	104	92	106	81	71	69	73	84	76	77	66
104	103	102	115	76	71	70	75	71	71	75	65

July 15, 1883. $\zeta = +62^\circ\ 38'\ 52''$.

Horizontal Intensity.

0·07000 (C.G.S.) +

Minutes.	Midnight.	1 A.M.	2	3	4	5	6	7	8	9	10	11
0	673	666	679	661	656	650	670	683	651	561	639	682
5	654	662	666	670	671	678	670	685	620	646	624	668
10	660	658	666	670	674	665	672	685	478	593	612	660
15	662	[illegible]	670	670	673	666	677	681	450	622	656	658
20	664	663	682	666	677	673	673	683	558	668	670	658
25	666	[illegible]	683	671	672	676	670	685	556	653	674	664
30	663	662	666	674	671	677	676	687	561	685	663	664
35	662	656	674	677	674	677	676	687	637	684	655	673
40	660	658	672	668	679	677	676	685	647	683	658	677
45	663	661	658	674	668	676	679	681	637	622	665	677
50	670	671	670	670	674	672	679	685	598	624	679	681
55	662	673	676	672	668	681	679	685	557	654	677	685

Declination.

39° +

Minutes.	Midnight.	1 A.M.	2	3	4	5	6	7	8	9	10	11
	° ′	° ′	° ′	° ′	° ′	° ′	° ′	° ′	° ′	° ′	° ′	° ′
0	1 7	1 6	1 7	1 11	1 14	1 14	1 17	1 14	1 6	1 12	0 55	1 18
5	1 8	1 6	1 8	1 10	1 12	1 16	1 16	1 15	1 4	1 4	0 57	1 21
10	1 8	1 5	1 6	1 11	1 13	1 17	1 15	1 14	2 2	1 4	1 1	1 21
15	1 7	1 4	1 6	1 12	1 12	1 16	1 14	1 13	1 46	1 9	1 4	1 21
20	1 6	1 6	1 7	1 12	1 13	1 15	1 14	1 12	1 56	1 7	1 6	1 22
25	1 6	1 3	1 9	1 12	1 14	1 16	1 14	1 10	1 56	1 0	1 10	1 22
30	1 6	1 5	1 9	1 12	1 14	1 16	1 14	1 10	0 55	1 10	1 15	1 21
35	1 6	1 6	1 10	1 13	1 13	1 15	1 15	1 8	0 58	1 12	1 20	1 20
40	1 6	1 4	1 10	1 12	1 14	1 16	1 14	1 8	1 4	1 9	1 13	1 23
45	1 7	1 3	1 10	1 12	1 14	1 15	1 14	1 7	1 9	0 36	1 16	1 21
50	1 5	1 5	1 11	1 13	1 15	1 15	1 15	1 9	1 6	1 3	1 18	1 18
55	1 5	1 6	1 11	1 14	1 15	1 14	1 14	1 8	1 9	0 54	1 15	1 19

Vertical Intensity.

0·6100 (C.G.S.) +

Minutes.	Midnight.	1 A.M.	2	3	4	5	6	7	8	9	10	11
0	74	75	76	76	77	77	77	77	77	68	79	79
5	75	75	75	75	77	77	77	77	82	75	77	79
10	74	74	75	75	76	77	77	76	77	81	78	80
15	75	74	76	75	77	77	76	76	67	84	79	80
20	74	76	76	76	78	77	76	76	68	82	70	79
25	75	74	76	76	78	78	77	76	75	81	79	79
30	75	76	76	76	76	78	77	76	77	78	77	78
35	75	75	76	76	76	77	77	76	79	77	78	78
40	75	74	76	76	77	77	77	75	79	78	81	78
45	74	70	76	76	77	76	77	75	78	81	79	78
50	74	75	76	76	77	76	77	76	81	81	81	78
55	74	75	75	76	77	76	77	76	75	81	79	79

Auroral Observations.

h. m. A.M.	
8 16	Faint streak (·5) from W.N.W. from 60° alt. to 5° from zenith, drifting towards S.E. and becoming very faint.
8 44	Aurora (1) from about 20° alt. in E.S.E. towards S.E. and curved towards zenith.
8 46	„ disappeared.
8 56	Streaks (1) at short intervals from E.S.E. horizon to 20° towards zenith, and immediately becoming very faint.
8 59	„ disappeared.

λ = − 115° 43′ 50″ = − 7h. 42m. 55s. Gottingen Mean Time July 15, 1883.

Horizontal Intensity.

Noon.	1	2	3	4	5	6	7	8	9	10	11
684	677	697	681	546	132	074	546	635	738	630	812
682	677	695	677	522	109	067	563	616	716	632	812
681	695	678	668	538	238	009	584	670	711	635	845
679	701	703	656	546	182	153	645	643	655	664	851
679	693	707	643	477	158	137	714	661	645	672	809
683	693	708	637	493	128	124	734	664	659	723	892
681	695	692	639	458	173	278	780	691	632	744	875
679	689	691	637	442	171	342	780	708	631	732	901
679	697	697	643	556	167	452	708	713	630	726	936
681	695	697	640	418	138	437	738	710	626	726	945
681	697	709	642	438	[illegible]	452	714	710	630	706	972
681	695	691	585	369	113	313	708	710	631	697	974

Declination.

Noon.	1	2	3	4	5	6	7	8	9	10	11
° ′	° ′	° ′	° ′	° ′	° ′	° ′	° ′	° ′	° ′	° ′	° ′
1 22	1 17	1 33	1 55	1 53	3 13	4 51	0 38	1 11	1 41	1 30	1 27
1 21	1 29	1 [illegible]	1 36	2 7	3 14	4 46	1 35	1 14	1 22	1 [illegible]	1 41
1 24	1 15	1 29	1 42	2 30	3 35	3 46	1 36	1 21	1 32	1 14	1 47
1 32	1 40	1 32	1 50	2 42	4 17	4 9	1 35	1 24	1 21	1 30	1 47
1 35	1 36	1 34	1 44	2 43	3 56	3 8	1 28	1 16	1 14	1 21	1 25
1 24	1 28	1 37	1 40	2 35	4 [illegible]	3 3	1 13	1 [illegible]	1 40	1 28	1 27
1 33	1 50	1 33	1 41	2 47	4 47	3 16	1 43	1 46	1 20	1 39	1 32
1 35	1 51	1 35	1 43	2 49	4 [illegible]	2 35	1 46	1 19	1 32	1 14	1 34
1 24	1 50	1 36	1 51	3 13	4 [illegible]	2 18	1 10	1 [illegible]	1 33	1 [illegible]	1 42
1 53	1 50	1 34	2 0	3 1	5 13	2 31	1 15	1 3	1 22	1 31	1 47
2 15	1 51	1 34	1 59	2 51	3 28	2 1	1 33	1 8	1 44	1 11	1 47
1 54	1 37	1 35	1 40	3 0	4 39	1 47	1 20	1 9	1 45	1 13	1 7

Vertical Intensity.

Noon.	1	2	3	4	5	6	7	8	9	10	11
79	80	81	79	80	88	80	71	75	71	76	77
79	73	82	79	81	94	80	85	77	74	70	75
79	74	82	81	82	94	81	73	77	76	73	75
79	80	79	79	83	97	81	73	76	75	76	75
79	77	82	79	84	97	70	71	75	76	78	73
79	80	79	79	84	92	69	73	76	76	77	73
79	80	81	79	80	93	67	75	74	73	73	74
79	81	79	80	84	96	67	73	74	76	79	72
80	79	79	81	90	88	83	74	73	80	81	73
80	79	78	76	92	81	83	83	73	71	81	73
80	81	79	77	88	94	63	78	73	73	79	76
80	79	79	78	90	97	63	77	74	74	73	

August 1, 1883. $\zeta = + 62° 38' 52''$.

Horizontal Intensity. 0·07000 (C.G.S.) +

Minutes	Midnight.	1 a.m.	2	3	4	5	6	7	8	9	10	11
0	835	602	658	[illegible]	593	732	681	575	741	620	599	135
5	804	705	570	575	692	742	699	674	37	516	657	104
10	782	776	593	736	631	581	530	693	680	633	559	139
15	779	660	664	532	−143	582	689	691	695	573	528	422
20	763	634	652	572	590	565	688	633	689	605	561	274
25	744	633	692	558	487	524	652	887	631	78	667	273
30	672	612	668	732	670	593	660	693	660	621	−168	353
35	620	597	615	78	847	749	643	731	641	637	−171	304
40	618	658	653	741	733	742	635	597	632	636	079	309
45	600	650	616	726	571	736	579	505	624	784	010	142
50	616	647	612	774	635	742	662	536	618	443	000	457
55	641	643	684	745	683	697	670	736	614	586	035	533

Declination. 38° +

Minutes	Midnight.	1 a.m.	2	3	4	5	6	7	8	9	10	11
	° ′	° ′	° ′	° ′	° ′	° ′	° ′	° ′	° ′	° ′	° ′	° ′
0	1 43	2 22	3 48	3 18	2 0	0 56	1 42	2 43	3 00	3 0	3 51	4 28
5	1 57	2 40	2 40	3 4	1 57	0 35	1 43	1 2	3 10	1 57	2 38	1 44
10	2 7	2 13	3 14	2 [illegible]	0 45	1 43	1 11	1 5	2 6	1 33	1 38	3 22
15	1 57	2 32	2 10	2 4	1 51	0 17	1 57	1 4	2 5	1 53	1 29	1 18
20	1 43	2 36	2 5	1 54	0 51	0 4	1 54	1 10	2 1	1 50	1 45	2 54
25	1 38	2 33	1 55	1 6	−0 45	0 38	1 6	1 13	2 4	1 37	5 4	4 2
30	2 45	2 20	2 2	1 [illegible]	0 50	1 2	1 4	1 15	2 6	1 44	3 19	2 51
35	2 31	2 8	1 45	1 36	0 2	1 38	2 12	1 43	1 58	1 33	3 17	3 31
40	2 20	2 52	1 34	1 55	0 56	2 44	1 14	1 7	2 5	1 40	3 15	3 37
45	2 16	2 0	1 83	1 45	1 0	2 47	1 40	1 43	2 2	1 51	1 43	3 22
50	2 28	2 8	1 55	1 38	0 40	1 51	2 22	2 32	2 2	2 34	1 5	3 33
55	1 34	2 1	2 11	1 54	0 52	1 43	1 31	2 35	2 11	2 59	3 48	3 24

Vertical Intensity. 0·6400 (C.G.S.) +

Minutes	Midnight.	1 a.m.	2	3	4	5	6	7	8	9	10	11
0	80	43	52	71	64	71	56	62	71	79	86	112
5	40	43	54	51	63	51	59	65	70	79	85	134
10	51	46	55	53	64	45	50	61	69	65	91	139
15	44	46	53	53	69	65	62	66	73	54	100	116
20	47	46	54	51	73	72	65	68	74	78	110	92
25	50	46	54	53	37	61	60	61	76	91	63	111
30	48	45	52	54	37	52	67	69	74	59	63	103
35	43	45	54	56	54	54	68	50	76	65	90	93
40	36	43	63	55	64	52	65	70	80	55	114	104
45	44	51	52	59	43	51	61	59	61	57	92	108
50	19	50	51	62	55	58	66	65	80	90	91	104
55	47	49	50	63	67	56	63	72	76	56	94	103

Auroral Observations.

None.

$\lambda = -115^{\circ}\ 43'\ 50'' = -7h.\ 42m.\ 55s.$ Göttingen Mean Time. *August* 1, 1883.

Horizontal Intensity.

Noon	1	2	3	4	5	6	7	8	9	10	11
[illegible]	[illegible]	[illegible]	[illegible]	[illegible]	[illegible]	[illegible]	[illegible]	[illegible]	[illegible]	[illegible]	[illegible]
[illegible]	[illegible]	[illegible]	[illegible]	[illegible]	[illegible]	[illegible]	[illegible]	[illegible]	[illegible]	[illegible]	[illegible]
[illegible]	[illegible]	[illegible]	[illegible]	[illegible]	[illegible]	[illegible]	[illegible]	[illegible]	[illegible]	[illegible]	[illegible]
[illegible]	[illegible]	[illegible]	[illegible]	[illegible]	[illegible]	[illegible]	[illegible]	[illegible]	[illegible]	[illegible]	[illegible]
[illegible]	[illegible]	[illegible]	[illegible]	[illegible]	[illegible]	[illegible]	[illegible]	[illegible]	[illegible]	[illegible]	[illegible]
[illegible]	[illegible]	[illegible]	[illegible]	[illegible]	[illegible]	[illegible]	[illegible]	[illegible]	[illegible]	[illegible]	[illegible]
[illegible]	[illegible]	[illegible]	[illegible]	[illegible]	[illegible]	[illegible]	[illegible]	[illegible]	[illegible]	[illegible]	[illegible]
[illegible]	[illegible]	[illegible]	[illegible]	[illegible]	[illegible]	[illegible]	[illegible]	[illegible]	[illegible]	[illegible]	[illegible]
[illegible]	[illegible]	[illegible]	[illegible]	[illegible]	[illegible]	[illegible]	[illegible]	[illegible]	[illegible]	[illegible]	[illegible]
[illegible]	[illegible]	[illegible]	[illegible]	[illegible]	[illegible]	[illegible]	[illegible]	[illegible]	[illegible]	[illegible]	[illegible]
[illegible]	[illegible]	[illegible]	[illegible]	[illegible]	[illegible]	[illegible]	[illegible]	[illegible]	[illegible]	[illegible]	[illegible]
[illegible]	[illegible]	[illegible]	[illegible]	[illegible]	[illegible]	[illegible]	[illegible]	[illegible]	[illegible]	[illegible]	[illegible]

Declination.

Noon	1	2	3	4	5	6	7	8	9	10	11
[illegible]	[illegible]	[illegible]	[illegible]	[illegible]	[illegible]	[illegible]	[illegible]	[illegible]	[illegible]	[illegible]	[illegible]
[illegible]	[illegible]	[illegible]	[illegible]	[illegible]	[illegible]	[illegible]	[illegible]	[illegible]	[illegible]	[illegible]	[illegible]
[illegible]	[illegible]	[illegible]	[illegible]	[illegible]	[illegible]	[illegible]	[illegible]	[illegible]	[illegible]	[illegible]	[illegible]
[illegible]	[illegible]	[illegible]	[illegible]	[illegible]	[illegible]	[illegible]	[illegible]	[illegible]	[illegible]	[illegible]	[illegible]
[illegible]	[illegible]	[illegible]	[illegible]	[illegible]	[illegible]	[illegible]	[illegible]	[illegible]	[illegible]	[illegible]	[illegible]
[illegible]	[illegible]	[illegible]	[illegible]	[illegible]	[illegible]	[illegible]	[illegible]	[illegible]	[illegible]	[illegible]	[illegible]
[illegible]	[illegible]	[illegible]	[illegible]	[illegible]	[illegible]	[illegible]	[illegible]	[illegible]	[illegible]	[illegible]	[illegible]
[illegible]	[illegible]	[illegible]	[illegible]	[illegible]	[illegible]	[illegible]	[illegible]	[illegible]	[illegible]	[illegible]	[illegible]
[illegible]	[illegible]	[illegible]	[illegible]	[illegible]	[illegible]	[illegible]	[illegible]	[illegible]	[illegible]	[illegible]	[illegible]
[illegible]	[illegible]	[illegible]	[illegible]	[illegible]	[illegible]	[illegible]	[illegible]	[illegible]	[illegible]	[illegible]	[illegible]
[illegible]	[illegible]	[illegible]	[illegible]	[illegible]	[illegible]	[illegible]	[illegible]	[illegible]	[illegible]	[illegible]	[illegible]
[illegible]	[illegible]	[illegible]	[illegible]	[illegible]	[illegible]	[illegible]	[illegible]	[illegible]	[illegible]	[illegible]	[illegible]

Vertical Intensity.

Noon	1	2	3	4	5	6	7	8	9	10	11
[illegible]	[illegible]	[illegible]	[illegible]	[illegible]	[illegible]	[illegible]	[illegible]	[illegible]	[illegible]	[illegible]	[illegible]
[illegible]	[illegible]	[illegible]	[illegible]	[illegible]	[illegible]	[illegible]	[illegible]	[illegible]	[illegible]	[illegible]	[illegible]
[illegible]	[illegible]	[illegible]	[illegible]	[illegible]	[illegible]	[illegible]	[illegible]	[illegible]	[illegible]	[illegible]	[illegible]
[illegible]	[illegible]	[illegible]	[illegible]	[illegible]	[illegible]	[illegible]	[illegible]	[illegible]	[illegible]	[illegible]	[illegible]
[illegible]	[illegible]	[illegible]	[illegible]	[illegible]	[illegible]	[illegible]	[illegible]	[illegible]	[illegible]	[illegible]	[illegible]
[illegible]	[illegible]	[illegible]	[illegible]	[illegible]	[illegible]	[illegible]	[illegible]	[illegible]	[illegible]	[illegible]	[illegible]
[illegible]	[illegible]	[illegible]	[illegible]	[illegible]	[illegible]	[illegible]	[illegible]	[illegible]	[illegible]	[illegible]	[illegible]
[illegible]	[illegible]	[illegible]	[illegible]	[illegible]	[illegible]	[illegible]	[illegible]	[illegible]	[illegible]	[illegible]	[illegible]
[illegible]	[illegible]	[illegible]	[illegible]	[illegible]	[illegible]	[illegible]	[illegible]	[illegible]	[illegible]	[illegible]	[illegible]
[illegible]	[illegible]	[illegible]	[illegible]	[illegible]	[illegible]	[illegible]	[illegible]	[illegible]	[illegible]	[illegible]	[illegible]
[illegible]	[illegible]	[illegible]	[illegible]	[illegible]	[illegible]	[illegible]	[illegible]	[illegible]	[illegible]	[illegible]	[illegible]
[illegible]	[illegible]	[illegible]	[illegible]	[illegible]	[illegible]	[illegible]	[illegible]	[illegible]	[illegible]	[illegible]	[illegible]

August 15, 1883. φ = + 62° 38′ 52″.

Horizontal Intensity. 0·07000 (C.G.S.) +

Minutes	Midnight	1 a.m.	2	3	4	5	6	7	8	9	10	11
0	867	966	808	748	744	755	767	718	691	707	701	758
5	932	960	788	718	764	751	760	724	693	695	701	755
10	940	988	767	708	774	740	755	712	687	695	703	697
15	868	984	742	740	739	745	759	730	703	699	703	718
20	855	998	745	722	737	749	743	726	715	703	705	751
25	824	998	758	730	775	751	751	724	703	704	734	757
30	816	1,033	738	706	769	772	747	714	691	703	720	757
35	804	990	726	691	775	759	743	720	698	704	727	745
40	794	961	784	717	801	759	745	718	697	701	721	758
45	847	899	716	691	770	767	738	712	690	705	755	763
50	847	865	703	693	[illegible]	756	720	707	701	701	751	691
55	912	882	720	706	787	763	723	699	708	703	743	672

Declination. 29° +

Minutes	Midnight	1 a.m.	2	3	4	5	6	7	8	9	10	11
	° ′	° ′	° ′	° ′	° ′	° ′	° ′	° ′	° ′	° ′	° ′	° ′
0	0 55	0 48	0 59	1 3	1 [illegible]	1 4	1 10	1 17	1 12	1 15	1 28	1 5
5	0 31	0 50	1 1	1 3	1 2	1 5	1 3	1 15	1 11	1 17	1 17	1 5
10	1 4	0 47	1 5	1 3	1 3	1 8	1 9	1 15	1 10	1 17	1 15	1 18
15	1 6	0 52	1 8	1 3	0 58	1 12	1 4	1 13	1 11	1 16	1 18	1 9
20	1 2	0 44	1 6	1 7	0 56	1 15	1 8	1 11	1 13	1 17	1 18	1 4
25	1 0	0 48	1 5	1 6	0 55	1 27	1 10	1 10	1 16	1 18	1 24	0 50
30	0 48	0 52	1 4	1 10	0 55	1 23	1 6	1 10	1 15	1 16	1 16	0 54
35	0 55	0 53	1 6	1 11	0 57	1 22	1 6	1 10	1 17	1 16	1 1	1 0
40	0 41	1 5	1 6	1 9	1 7	1 20	1 7	1 10	1 14	1 15	0 59	1 11
45	0 42	0 56	1 4	1 11	1 0	1 24	1 10	1 11	1 15	1 14	1 6	1 21
50	0 58	0 53	1 4	1 10	1 0	1 14	1 11	1 11	1 14	1 16	1 6	1 23
55	0 54	0 58	1 4	1 9	1 [illegible]	1 0	1 14	1 13	1 6	1 18	1 2	1 15

Vertical Intensity. 0·6100 (C.G.S.) +

Minutes	Midnight	1 a.m.	2	3	4	5	6	7	8	9	10	11
0	56	61	74	73	75	68	70	70	75	74	74	73
5	69	63	75	73	75	70	71	72	75	74	74	71
10	67	65	74	73	73	62	71	73	73	73	73	73
15	67	69	74	75	74	69	73	71	75	74	74	73
20	69	65	74	73	74	70	73	73	73	74	74	71
25	71	65	73	79	74	74	73	71	74	74	73	74
30	75	66	74	70	70	70	71	75	75	74	74	76
35	73	67	74	74	70	69	72	71	76	73	70	74
40	73	71	74	75	68	69	73	73	75	74	73	77
45	72	71	74	75	72	69	74	73	74	73	71	72
50	61	73	74	74	68	73	73	71	75	73	71	77
55	56	76	75	75	65	70	73	74	76	73	73	76

Auroral Observations.

None.

λ = − 115° 43′ 50″ = − 7h. 42m. 55s. Göttingen Mean Time. *August* 15, 1883.

Horizontal Intensity.

Noon.	1	2	3	4	5	6	7	8	9	10	11
708	714	712	706	706	693	687	682	676	677	681	683
732	710	726	693	699	695	681	681	672	674	651	679
730	720	716	691	697	695	683	676	685	676	676	677
714	708	710	708	697	692	685	677	681	679	687	653
708	706	693	708	689	693	681	676	685	681	651	687
705	705	706	705	693	691	685	677	679	681	681	689
698	708	718	695	699	691	679	677	676	670	691	683
724	718	701	697	703	687	665	677	674	681	681	683
710	716	690	701	703	689	681	677	672	670	685	683
701	730	705	706	705	684	677	676	679	685	681	687
693	716	705	701	699	685	681	679	677	697	681	687
724	722	705	696	687	683	673	676	683	687	655	689

Declination.

° ′	° ′	° ′	° ′	° ′	° ′	° ′	° ′	° ′	° ′	° ′	° ′
1 18	1 28	1 30	1 41	1 45	1 33	1 25	1 10	1 6	1 6	1 11	1 14
1 16	1 30	1 29	1 46	1 35	1 33	1 24	1 13	1 11	1 8	1 11	1 12
1 14	1 29	1 30	1 32	1 37	1 38	1 23	1 13	1 10	1 9	1 10	1 13
1 16	1 31	1 35	1 37	1 37	1 30	1 20	1 12	1 12	1 9	1 13	1 12
1 18	1 34	1 40	1 29	1 38	1 28	1 21	1 12	1 10	1 8	1 13	1 13
1 24	1 35	1 38	1 38	1 36	1 32	1 18	1 11	1 10	1 9	1 12	1 13
1 28	1 36	1 36	1 38	1 36	1 29	1 20	1 10	1 10	1 10	1 14	1 14
1 14	1 34	1 39	1 38	1 36	1 29	1 17	1 10	1 11	1 8	1 15	1 14
1 24	1 29	1 40	1 39	1 37	1 28	1 17	1 10	1 12	1 9	1 13	1 13
1 28	1 26	1 40	1 40	1 35	1 26	1 15	1 13	1 12	1 12	1 14	1 14
1 32	1 31	1 41	1 41	1 37	1 26	1 13	1 11	1 12	1 11	1 14	1 14
1 29	1 26	1 40	1 39	1 36	1 22	1 12	1 11	1 12	1 12	1 14	1 14

Vertical Intensity.

73	75	76	75	74	73	74	75	75	75	75	75
76	76	77	72	74	74	75	74	75	75	73	74
73	76	77	73	74	73	74	75	76	75	76	73
71	76	75	72	74	71	75	75	75	74	77	74
76	77	77	74	73	74	75	75	75	74	75	74
76	76	76	75	74	74	75	75	76	74	75	74
76	76	76	74	74	72	75	75	75	74	74	74
73	76	75	74	75	74	76	75	75	74	75	74
76	76	75	74	74	74	75	74	75	74	74	74
76	76	75	74	75	75	74	75	76	75	75	74
75	76	75	74	74	76	75	75	74	75	75	74
73	76	76	73	74	75	74	75	74	76	74	74

40 +

Readings of Declinometer at 20 second intervals.

Commencing the 15th day of *September* 1882, at 3 p.m., Göttingen Mean Time.

Time.		Reading.	Time.		Reading.	Time.		Reading.	Time.		Reading.	Time.		Reading.	Time.		Reading.
Min.	Sec.	′	Min.	Sec.	′	Min.	Sec.	′	Min.	Sec.	′	Min.	Sec.	′	Min.	Sec.	′
0	0	51	9	40	52	19	20	48	29	0	49	38	40	52	48	20	51
	20	51	10	0	50		40	48		20	50	39	0	51		40	51
	40	53		20	50	20	0	48		40	51		20	51	49	0	50
1	0	53		40	50		20	46	30	0	51		40	56		20	53
	20	49	11	0	49		40	48		20	50	40	0	49		40	53
	40	50		20	50	21	0	47		40	50		20	48	50	0	53
2	0	50		40	50		20	47	31	0	49		40	50		20	50
	20	51	12	0	50		40	47		20	50	41	0	49		40	51
	40	50		20	50	22	0	46		40	49		20	48	51	0	50
3	0	51		40	49		20	46	32	0	50		40	48		20	49
	20	51	13	0	49		40	47		20	49	42	0	48		40	49
	40	50		20	48	23	0	47		40	49		20	48	52	0	48
4	0	51		40	48		20	47	33	0	49		40	50		20	49
	20	51	14	0	48		40	47		20	50	43	0	50		40	50
	40	51		20	48	24	0	47		40	52		20	51	53	0	50
5	0	42		40	48		20	47	34	0	50		40	51		20	50
	20	47	15	0	48		40	46		20	49	44	0	43		40	50
	40	51		20	48	25	0	46		40	55		20	44	54	0	50
6	0	50		40	48		20	46	35	0	50		40	43		20	49
	20	50	16	0	49		40	45		20	47	45	0	42		40	48
	40	40		20	48	26	0	45		40	46		20	43	55	0	47
7	0	50		40	47		20	45	36	0	51		40	51		20	46
	20	50	17	0	47		40	51		20	54	46	0	51		40	45
	40	50		20	47	27	0	49		40	52		20	50	56	0	46
8	0	53		40	47		20	49	37	0	50		40	51		20	47
	20	50	18	0	47		40	49		20	49	47	0	50			
	40	51		20	48	28	0	49		40	49		20	51			
9	0	50		40	48		20	49	38	0	49		40	50			
	20	50	19	0	48		40	49		20	50	48	0	51			

40° +

Commencing the 1st day of *October* 1882, at 4 p.m., Göttingen Mean Time.

Time.		Reading.	Time.		Reading.	Time.		Reading.	Time.		Reading.	Time.		Reading.	Time.		Reading.
Min.	Sec.	′	Min.	Sec.	′	Min.	Sec.	′	Min.	Sec.	′	Min.	Sec.	′	Min.	Sec.	′
0	0	44	6	40	46	13	20	46	20	0	44	26	40	43	33	20	44
	20	43	7	0	45		40	46		20	44	27	0	43		40	44
	40	43		20	44	14	0	46		40	44		20	43	34	0	44
1	0	44		40	46		20	46	21	0	44		40	43		20	44
	20	45	8	0	46		40	46		20	44	28	0	43		40	43
	40	45		20	46	15	0	46		40	44		20	43	35	0	44
2	0	43		40	47		20	46	22	0	44		40	43		20	44
	20	43	9	0	46		40	46		20	44	29	0	43		40	44
	40	43		20	47	16	0	47		40	44		20	43	36	0	44
3	0	44		40	46		20	47	23	0	44		40	43		20	44
	20	45	10	0	46		40	47		20	43	30	0	43		40	44
	40	44		20	46	17	0	46		40	44		20	44	37	0	44
4	0	45		40	45		20	48	24	0	44		40	44		20	44
	20	42	11	0	46		40	48		20	43	31	0	44		40	44
	40	42		20	46	18	0	47		40	43		20	44	38	0	44
5	0	42		40	46		20	46	25	0	44		40	44		20	43
	20	43	12	0	47		40	46		20	44	32	0	45		40	43
	40	44		20	46	19	0	44		40	43		20	44	39	0	43
6	0	45		40	46		20	44	26	0	43		40	44		20	42
	20	45	13	0	46		40	44		20	43	33	0	44		40	41

Readings of Declinometer at 20 second intervals.

Commencing the 15th day of *October* 1882, at 5 p.m., Göttingen Mean Time.

Time. Min.	Sec.	Reading.	Time. Min.	Sec.	Reading.	Time. Min.	Sec.	Reading.	Time. Min.	Sec.	Reading.	Time. Min.	Sec.	Reading.	Time. Min.	Sec.	Reading.
0	0	[illegible]	10	0	[illegible]	20	0	[illegible]	30	0	[illegible]	40	0	[illegible]	50	0	[illegible]
	20	[illegible]		20	[illegible]		20	[illegible]		20	[illegible]		20	[illegible]		20	[illegible]
	40	[illegible]		40	[illegible]		40	[illegible]		40	[illegible]		40	[illegible]		40	[illegible]
1	0	[illegible]	11	0	[illegible]	21	0	[illegible]	31	0	[illegible]	41	0	[illegible]	51	0	[illegible]
	20	[illegible]		20	[illegible]		20	[illegible]		20	[illegible]		20	[illegible]		20	[illegible]
	40	[illegible]		40	[illegible]		40	[illegible]		40	[illegible]		40	[illegible]		40	[illegible]
2	0	[illegible]	12	0	[illegible]	22	0	[illegible]	32	0	[illegible]	42	0	[illegible]	52	0	[illegible]
	20	[illegible]		20	[illegible]		20	[illegible]		20	[illegible]		20	[illegible]		20	[illegible]
	40	[illegible]		40	[illegible]		40	[illegible]		40	[illegible]		40	[illegible]		40	[illegible]
3	0	[illegible]	13	0	[illegible]	23	0	[illegible]	33	0	[illegible]	43	0	[illegible]	53	0	[illegible]
	20	[illegible]		20	[illegible]		20	[illegible]		20	[illegible]		20	[illegible]		20	[illegible]
	40	[illegible]		40	[illegible]		40	[illegible]		40	[illegible]		40	[illegible]		40	[illegible]
4	0	[illegible]	14	0	[illegible]	24	0	[illegible]	34	0	[illegible]	44	0	[illegible]	54	0	[illegible]
	20	[illegible]		20	[illegible]		20	[illegible]		20	[illegible]		20	[illegible]		20	[illegible]
	40	[illegible]		40	[illegible]		40	[illegible]		40	[illegible]		40	[illegible]		40	[illegible]
5	0	[illegible]	15	0	[illegible]	25	0	[illegible]	35	0	[illegible]	45	0	[illegible]	55	0	[illegible]
	20	[illegible]		20	[illegible]		20	[illegible]		20	[illegible]		20	[illegible]		20	[illegible]
	40	[illegible]		40	[illegible]		40	[illegible]		40	[illegible]		40	[illegible]		40	[illegible]
6	0	[illegible]	16	0	[illegible]	26	0	[illegible]	36	0	[illegible]	46	0	[illegible]	56	0	[illegible]
	20	[illegible]		20	[illegible]		20	[illegible]		20	[illegible]		20	[illegible]		20	[illegible]
	40	[illegible]		40	[illegible]		40	[illegible]		40	[illegible]		40	[illegible]		40	[illegible]
7	0	[illegible]	17	0	[illegible]	27	0	[illegible]	37	0	[illegible]	47	0	[illegible]	57	0	[illegible]
	20	[illegible]		20	[illegible]		20	[illegible]		20	[illegible]		20	[illegible]		20	[illegible]
	40	[illegible]		40	[illegible]		40	[illegible]		40	[illegible]		40	[illegible]		40	[illegible]
8	0	[illegible]	18	0	[illegible]	28	0	[illegible]	38	0	[illegible]	48	0	[illegible]	58	0	[illegible]
	20	[illegible]		20	[illegible]		20	[illegible]		20	[illegible]		20	[illegible]		20	[illegible]
	40	[illegible]		40	[illegible]		40	[illegible]		40	[illegible]		40	[illegible]		40	[illegible]
9	0	[illegible]	19	0	[illegible]	29	0	[illegible]	39	0	[illegible]	49	0	[illegible]	59	0	[illegible]
	20	[illegible]		20	[illegible]		20	[illegible]		20	[illegible]		20	[illegible]		20	[illegible]
	40	[illegible]		40	[illegible]		40	[illegible]		40	[illegible]		40	[illegible]		40	[illegible]

40 4

Commencing the 1st day of *November* 1882, at 0 p.m., Göttingen Mean Time.

Time. Min.	Sec.	Reading.	Time. Min.	Sec.	Reading.	Time. Min.	Sec.	Reading.	Time. Min.	Sec.	Reading.	Time. Min.	Sec.	Reading.	Time. Min.	Sec.	Reading.
0	0	[illegible]	10	0	[illegible]	20	0	[illegible]	30	0	[illegible]	40	0	[illegible]	50	0	[illegible]
	20	[illegible]		20	[illegible]		20	[illegible]		20	[illegible]		20	[illegible]		20	[illegible]
	40	[illegible]		40	[illegible]		40	[illegible]		40	[illegible]		40	[illegible]		40	[illegible]
1	0	[illegible]	11	0	[illegible]	21	0	[illegible]	31	0	[illegible]	41	0	[illegible]	51	0	[illegible]
	20	[illegible]		20	[illegible]		20	[illegible]		20	[illegible]		20	[illegible]		20	[illegible]
	40	[illegible]		40	[illegible]		40	[illegible]		40	[illegible]		40	[illegible]		40	[illegible]
2	0	[illegible]	12	0	[illegible]	22	0	[illegible]	32	0	[illegible]	42	0	[illegible]	52	0	[illegible]
	20	[illegible]		20	[illegible]		20	[illegible]		20	[illegible]		20	[illegible]		20	[illegible]
	40	[illegible]		40	[illegible]		40	[illegible]		40	[illegible]		40	[illegible]		40	[illegible]
3	0	[illegible]	13	0	[illegible]	23	0	[illegible]	33	0	[illegible]	43	0	[illegible]	53	0	[illegible]
	20	[illegible]		20	[illegible]		20	[illegible]		20	[illegible]		20	[illegible]		20	[illegible]
	40	[illegible]		40	[illegible]		40	[illegible]		40	[illegible]		40	[illegible]		40	[illegible]
4	0	[illegible]	14	0	[illegible]	24	0	[illegible]	34	0	[illegible]	44	0	[illegible]	54	0	[illegible]
	20	[illegible]		20	[illegible]		20	[illegible]		20	[illegible]		20	[illegible]		20	[illegible]
	40	[illegible]		40	[illegible]		40	[illegible]		40	[illegible]		40	[illegible]		40	[illegible]
5	0	[illegible]	15	0	[illegible]	25	0	[illegible]	35	0	[illegible]	45	0	[illegible]	55	0	[illegible]
	20	[illegible]		20	[illegible]		20	[illegible]		20	[illegible]		20	[illegible]		20	[illegible]
	40	[illegible]		40	[illegible]		40	[illegible]		40	[illegible]		40	[illegible]		40	[illegible]
6	0	[illegible]	16	0	[illegible]	26	0	[illegible]	36	0	[illegible]	46	0	[illegible]	56	0	[illegible]
	20	[illegible]		20	[illegible]		20	[illegible]		20	[illegible]		20	[illegible]		20	[illegible]
	40	[illegible]		40	[illegible]		40	[illegible]		40	[illegible]		40	[illegible]		40	[illegible]
7	0	[illegible]	17	0	[illegible]	27	0	[illegible]	37	0	[illegible]	47	0	[illegible]	57	0	[illegible]
	20	[illegible]		20	[illegible]		20	[illegible]		20	[illegible]		20	[illegible]		20	[illegible]
	40	[illegible]		40	[illegible]		40	[illegible]		40	[illegible]		40	[illegible]		40	[illegible]
8	0	[illegible]	18	0	[illegible]	28	0	[illegible]	38	0	[illegible]	48	0	[illegible]	58	0	[illegible]
	20	[illegible]		20	[illegible]		20	[illegible]		20	[illegible]		20	[illegible]		20	[illegible]
	40	[illegible]		40	[illegible]		40	[illegible]		40	[illegible]		40	[illegible]		40	[illegible]
9	0	[illegible]	19	0	[illegible]	29	0	[illegible]	39	0	[illegible]	49	0	[illegible]	59	0	[illegible]
	20	[illegible]		20	[illegible]		20	[illegible]		20	[illegible]		20	[illegible]		20	[illegible]
	40	[illegible]		40	[illegible]		40	[illegible]		40	[illegible]		40	[illegible]		40	[illegible]

Commencing the 15th day *November* 1882, at 7 p.m., Göttingen Mean Time.

Time. Min.	Sec.	Reading. ′	Time. Min.	Sec.	Reading. ′	Time. Min.	Sec.	Reading. ′	Time. Min.	Sec.	Reading. ′	Time. Min.	Sec.	Reading. ′	Time. Min.	Sec.	Reading. ′
0	0	43	10	0	38	20	0	38	30	0	26	40	0	12	50	0	23
	20	43		20	34		20	37		20	29		20	19		20	22
	40	41		40	32		40	38		40	29		40	26		40	24
1	0	42	11	0	33	21	0	42	31	0	30	41	0	23	51	0	22
	20	44		20	33		20	42		20	29		20	22		20	23
	40	45		40	33		40	42		40	29		40	23		40	26
2	0	38	12	0	34	22	0	39	32	0	28	42	0	21	52	0	28
	20	38		20	35		20	36		20	26		20	21		20	31
	40	40		40	36		40	42		40	26		40	21		40	32
3	0	44	13	0	37	23	0	33	33	0	25	43	0	19	53	0	32
	20	45		20	37		20	36		20	26		20	19		20	34
	40	43		40	36		40	38		40	27		40	20		40	34
4	0	43	14	0	38	24	0	39	34	0	28	44	0	24	54	0	32
	20	40		20	35		20	40		20	30		20	26		20	30
	40	38		40	34		40	39		40	31		40	28		40	29
5	0	36	15	0	32	25	0	40	35	0	34	45	0	27	55	0	30
	20	33		20	33		20	42		20	36		20	27		20	31
	40	32		40	32		40	40		40	36		40	24		40	32
6	0	38	16	0	32	26	0	39	36	0	33	46	0	22	56	0	34
	20	36		20	34		20	39		20	32		20	20		20	34
	40	33		40	34		40	39		40	26		40	18		40	34
7	0	35	17	0	33	27	0	38	37	0	22	47	0	18	57	0	33
	20	38		20	36		20	38		20	20		20	19		20	32
	40	39		40	35		40	33		40	21		40	20		40	28
8	0	36	18	0	35	28	0	33	38	0	23	48	0	21	58	0	26
	20	40		20	34		20	32		20	29		20	24		20	29
	40	44		40	36		40	30		40	32		40	26		40	30
9	0	44	19	0	36	29	0	27	39	0	33	49	0	26	59	0	30
	20	42		20	36		20	25		20	36		20	25		20	30
	40	40		40	36		40	23		40	35		40	21		40	30

40° +   Commencing the 1st day of *December* 1882, at 8 p.m., Göttingen Mean Time.

Time. Min.	Sec.	Reading. ′	Time. Min.	Sec.	Reading. ′	Time. Min.	Sec.	Reading. ′	Time. Min.	Sec.	Reading. ′	Time. Min.	Sec.	Reading. ′	Time. Min.	Sec.	Reading. ′
0	0	19	10	0	20	20	0	24	30	0	24	40	0	24	50	0	24
	20	19		20	20		20	24		20	24		20	24		20	23·5
	40	19		40	20		40	24		40	24·5		40	24		40	23·5
1	0	19	11	0	20	21	0	24	31	0	25	41	0	24·5	51	0	23
	20	19		20	20		20	23·5		20	25		20	25		20	23
	40	20		40	20		40	23·5		40	25		40	25·5		40	23
2	0	20	12	0	20	22	0	23·5	32	0	24·5	42	0	25·5	52	0	23
	20	20		20	20		20	23·5		20	24·5		20	25·5		20	23·5
	40	20		40	21		40	23·5		40	24		40	25·5		40	23·5
3	0	20	13	0	21	23	0	23	33	0	24	43	0	25	53	0	23·5
	20	20		20	21		20	23		20	24		20	25		20	24
	40	20		40	21		40	23		40	24		40	25·5		40	24
4	0	20	14	0	21	24	0	22·5	34	0	23·5	44	0	25·5	54	0	24
	20	20		20	22		20	22·5		20	23		20	25·5		20	24
	40	20		40	22		40	22		40	23		40	25·5		40	24
5	0	20	15	0	22	25	0	22	35	0	23	45	0	23	55	0	23·5
	20	20		20	22		20	22		20	23		20	24		20	23
	40	20		40	23		40	22		40	23		40	24		40	23
6	0	20	16	0	22	26	0	22	36	0	23	46	0	23	56	0	23
	20	20		20	22		20	22		20	23		20	22		20	23
	40	20		40	23·5		40	23		40	23·5		40	22		40	23
7	0	20	17	0	23	27	0	23·5	37	0	23·5	47	0	22	57	0	23
	20	20		20	24		20	22·5		20	24		20	22		20	24
	40	20		40	24		40	23		40	24		40	23·5		40	24·5
8	0	20	18	0	24·4	28	0	23	38	0	24	48	0	23·5	58	0	25·5
	20	20		20	25		20	23		20	24		20	23·5		20	26
	40	20		40	25		40	23·5		40	24		40	23·5		40	25·5
9	0	20	19	0	24·5	29	0	23·5	39	0	23·5	49	0	24	59	0	26
	20	20		20	24·5		20	24		20	23·5		20	24		20	26
	40	20		40	24		40	24		40	24		40	24		40	26

Commencing the 15th day of *December* 1882, at 9 p.m., Göttingen Mean Time.

Time.		Reading.	Time.		Reading.	Time.		Reading.	Time.		Reading.	Time.		Reading.	Time.		Reading.
Min.	Sec.	′	Min.	Sec.	′	Min.	Sec.	′	Min.	Sec.	′	Min.	Sec.	′	Min.	Sec.	′
0	0	32	10	0	32	20	0	34	30	0	27	40	0	23	50	0	20
	20	32		20	31		20	34		20	27		20	23		20	21
	40	32		40	29		40	35		40	27		40	22		40	21
1	0	33	11	0	28	21	0	35	31	0	28	41	0	24	51	0	21
	20	33		20	29		20	34		20	27		20	24		20	21
	40	34		40	30		40	33		40	26		40	24		40	21
2	0	33	12	0	30	22	0	33	32	0	26	42	0	23	52	0	22
	20	33		20	31		20	33		20	26		20	24		20	21
	40	32		40	31		40	34		40	26		40	24		40	21
3	0	31	13	0	31	23	0	33	33	0	26	43	0	23	53	0	20
	20	30		20	31		20	33		20	26		20	23		20	20
	40	30		40	31		40	34		40	26		40	23		40	20
4	0	29	14	0	32	24	0	34	34	0	26	44	0	22	54	0	19
	20	29		20	34		20	34		20	26		20	24		20	19
	40	30		40	34		40	34		40	25		40	24		40	18
5	0	30	15	0	32	25	0	33	35	0	26	45	0	26	55	0	18
	20	31		20	32		20	32		20	26		20	24		20	18
	40	32		40	33		40	31		40	25		40	24		40	18
6	0	32	16	0	35	26	0	30	36	0	26	46	0	23	56	0	18
	20	31		20	32		20	29		20	26		20	24		20	16
	40	31		40	36		40	28		40	26		40	23		40	15
7	0	32	17	0	34	27	0	28	37	0	26	47	0	22	57	0	14
	20	32		20	33		20	28		20	26		20	23		20	14
	40	33		40	32		40	28		40	26		40	24		40	14
8	0	32	18	0	31	28	0	28	38	0	25	48	0	24	58	0	14
	20	33		20	33		20	28		20	25		20	23		20	14
	40	34		40	32		40	28		40	25		40	23		40	14
9	0	32	19	0	32	29	0	28	39	0	24	49	0	22	59	0	14
	20	32		20	33		20	27		20	24		20	22		20	15
	40	32		40	33		40	28		40	24		40	22		40	14

40° + Commencing the 2nd day of *January* 1883, at 10 p.m., Göttingen Mean Time.

Time.		Reading.	Time.		Reading.	Time.		Reading.	Time.		Reading.	Time.		Reading.	Time.		Reading.
Min.	Sec.	′	Min.	Sec.	′	Min.	Sec.	′	Min.	Sec.	′	Min.	Sec.	′	Min.	Sec.	′
0	0	8	10	0	12	20	0	11	30	0	22	40	0	21	50	0	18
	20	14		20	10		20	12		20	21		20	20		20	17·5
	40	12		40	11		40	10		40	20		40	19·5		40	17
1	0	12·5	11	0	10·5	21	0	10	31	0	18	41	0	19·5	51	0	16
	20	12·5		20	11		20	8		20	16		20	19·5		20	16
	40	13		40	10		40	10		40	16		40	19·5		40	16
2	0	11·5	12	0	10	22	0	10	32	0	16	42	0	18	52	0	15
	20	11		20	9·5		20	9·5		20	16		20	16·5		20	15
	40	10·5		40	9·5		40	8		40	15·5		40	16		40	16
3	0	10·4	13	0	8	23	0	8	33	0	15·5	43	0	16·5	53	0	16
	20	9·5		20	9		20	7		20	11		20	18		20	16
	40	11		40	8·5		40	8		40	15		40	17		40	16
4	0	10	14	0	9	24	0	8	34	0	16	44	0	17	54	0	18
	20	10		20	11		20	8		20	15·5		20	16		20	17·5
	40	9·5		40	10		40	7·5		40	14·5		40	16		40	18
5	0	10	15	0	10	25	0	6	35	0	15·5	45	0	18	55	0	18
	20	9		20	9		20	7		20	14		20	18		20	19·5
	40	8·5		40	9·5		40	8·5		40	14·5		40	19·5		40	19·5
6	0	8	16	0	11·5	26	0	8·5	36	0	16	46	0	18	56	0	18·5
	20	8		20	10		20	9·5		20	16		20	17		20	18
	40	7		40	11		40	13		40	15·5		40	18		40	18
7	0	7·5	17	0	10	27	0	14·8	37	0	16	47	0	17	57	0	20
	20	6		20	12		20	15·5		20	18		20	16		20	20
	40	7·8		40	10		40	16		40	18		40	17·5		40	19
8	0	7·5	18	0	12	28	0	18	38	0	17	48	0	18	58	0	19·5
	20	8		20	12		20	20		20	17·5		20	18·5		20	19·5
	40	9		40	12		40	20		40	20·5		40	18		40	17
9	0	8·5	19	0	12	29	0	22	39	0	20·5	49	0	17	59	0	17·5
	20	10		20	12		20	21		20	20		20	18		20	18
	40	9		40	12		40	21		40	19·5		40	18·5		40	17

Commencing the 1[illegible]th day of *January* 1883, at 11 p.m., Göttingen Mean Time.

Time Min.	Time Sec.	Reading ′ ″	Time Min.	Time Sec.	Reading ′ ″	Time Min.	Time Sec.	Reading ′ ″	Time Min.	Time Sec.	Reading ′ ″	Time Min.	Time Sec.	Reading ′ ″	Time Min.	Time Sec.	Reading ′ ″
0	0	[illegible]	10	0	[illegible]	20	0	[illegible]	30	0	[illegible]	40	0	[illegible]	50	0	[illegible]
	20	[illegible]		20	[illegible]		20	[illegible]		20	[illegible]		20	[illegible]		20	[illegible]
	40	[illegible]		40	[illegible]		40	[illegible]		40	[illegible]		40	[illegible]		40	[illegible]
1	0	[illegible]	11	0	[illegible]	21	0	[illegible]	31	0	[illegible]	41	0	[illegible]	51	0	[illegible]
	20	[illegible]		20	[illegible]		20	[illegible]		20	[illegible]		20	[illegible]		20	[illegible]
	40	[illegible]		40	[illegible]		40	[illegible]		40	[illegible]		40	[illegible]		40	[illegible]
2	0	[illegible]	12	0	[illegible]	22	0	[illegible]	32	0	[illegible]	42	0	[illegible]	52	0	[illegible]
	20	[illegible]		20	[illegible]		20	[illegible]		20	[illegible]		20	[illegible]		20	[illegible]
	40	[illegible]		40	[illegible]		40	[illegible]		40	[illegible]		40	[illegible]		40	[illegible]
3	0	[illegible]	13	0	[illegible]	23	0	[illegible]	33	0	[illegible]	43	0	[illegible]	53	0	[illegible]
	20	[illegible]		20	[illegible]		20	[illegible]		20	[illegible]		20	[illegible]		20	[illegible]
	40	[illegible]		40	[illegible]		40	[illegible]		40	[illegible]		40	[illegible]		40	[illegible]
4	0	[illegible]	14	0	[illegible]	24	0	[illegible]	34	0	[illegible]	44	0	[illegible]	54	0	[illegible]
	20	[illegible]		20	[illegible]		20	[illegible]		20	[illegible]		20	[illegible]		20	[illegible]
	40	[illegible]		40	[illegible]		40	[illegible]		40	[illegible]		40	[illegible]		40	[illegible]
5	0	[illegible]	15	0	[illegible]	25	0	[illegible]	35	0	[illegible]	45	0	[illegible]	55	0	[illegible]
	20	[illegible]		20	[illegible]		20	[illegible]		20	[illegible]		20	[illegible]		20	[illegible]
	40	[illegible]		40	[illegible]		40	[illegible]		40	[illegible]		40	[illegible]		40	[illegible]
6	0	[illegible]	16	0	[illegible]	26	0	[illegible]	36	0	[illegible]	46	0	[illegible]	56	0	[illegible]
	20	[illegible]		20	[illegible]		20	[illegible]		20	[illegible]		20	[illegible]		20	[illegible]
	40	[illegible]		40	[illegible]		40	[illegible]		40	[illegible]		40	[illegible]		40	[illegible]
7	0	[illegible]	17	0	[illegible]	27	0	[illegible]	37	0	[illegible]	47	0	[illegible]	57	0	[illegible]
	20	[illegible]		20	[illegible]		20	[illegible]		20	[illegible]		20	[illegible]		20	[illegible]
	40	[illegible]		40	[illegible]		40	[illegible]		40	[illegible]		40	[illegible]		40	[illegible]
8	0	[illegible]	18	0	[illegible]	28	0	[illegible]	38	0	[illegible]	48	0	[illegible]	58	0	[illegible]
	20	[illegible]		20	[illegible]		20	[illegible]		20	[illegible]		20	[illegible]		20	[illegible]
	40	[illegible]		40	[illegible]		40	[illegible]		40	[illegible]		40	[illegible]		40	[illegible]
9	0	[illegible]	19	0	[illegible]	29	0	[illegible]	39	0	[illegible]	49	0	[illegible]	59	0	[illegible]
	20	[illegible]		20	[illegible]		20	[illegible]		20	[illegible]		20	[illegible]		20	[illegible]
	40	[illegible]		40	[illegible]		40	[illegible]		40	[illegible]		40	[illegible]		40	[illegible]

39° + Commencing the 1st day of *February* 1883, at Midnight, Göttingen Mean Time.

Time Min.	Time Sec.	Reading ′ ″	Time Min.	Time Sec.	Reading ′ ″	Time Min.	Time Sec.	Reading ′ ″	Time Min.	Time Sec.	Reading ′ ″	Time Min.	Time Sec.	Reading ′ ″	Time Min.	Time Sec.	Reading ′ ″
0	0	[illegible]	10	0	[illegible]	20	0	[illegible]	30	0	[illegible]	40	0	[illegible]	50	0	[illegible]
	20	[illegible]		20	[illegible]		20	[illegible]		20	[illegible]		20	[illegible]		20	[illegible]
	40	[illegible]		40	[illegible]		40	[illegible]		40	[illegible]		40	[illegible]		40	[illegible]
1	0	[illegible]	11	0	[illegible]	21	0	[illegible]	31	0	[illegible]	41	0	[illegible]	51	0	[illegible]
	20	[illegible]		20	[illegible]		20	[illegible]		20	[illegible]		20	[illegible]		20	[illegible]
	40	[illegible]		40	[illegible]		40	[illegible]		40	[illegible]		40	[illegible]		40	[illegible]
2	0	[illegible]	12	0	[illegible]	22	0	[illegible]	32	0	[illegible]	42	0	[illegible]	52	0	[illegible]
	20	[illegible]		20	[illegible]		20	[illegible]		20	[illegible]		20	[illegible]		20	[illegible]
	40	[illegible]		40	[illegible]		40	[illegible]		40	[illegible]		40	[illegible]		40	[illegible]
3	0	[illegible]	13	0	[illegible]	23	0	[illegible]	33	0	[illegible]	43	0	[illegible]	53	0	[illegible]
	20	[illegible]		20	[illegible]		20	[illegible]		20	[illegible]		20	[illegible]		20	[illegible]
	40	[illegible]		40	[illegible]		40	[illegible]		40	[illegible]		40	[illegible]		40	[illegible]
4	0	[illegible]	14	0	[illegible]	24	0	[illegible]	34	0	[illegible]	44	0	[illegible]	54	0	[illegible]
	20	[illegible]		20	[illegible]		20	[illegible]		20	[illegible]		20	[illegible]		20	[illegible]
	40	[illegible]		40	[illegible]		40	[illegible]		40	[illegible]		40	[illegible]		40	[illegible]
5	0	[illegible]	15	0	[illegible]	25	0	[illegible]	35	0	[illegible]	45	0	[illegible]	55	0	[illegible]
	20	[illegible]		20	[illegible]		20	[illegible]		20	[illegible]		20	[illegible]		20	[illegible]
	40	[illegible]		40	[illegible]		40	[illegible]		40	[illegible]		40	[illegible]		40	[illegible]
6	0	[illegible]	16	0	[illegible]	26	0	[illegible]	36	0	[illegible]	46	0	[illegible]	56	0	[illegible]
	20	[illegible]		20	[illegible]		20	[illegible]		20	[illegible]		20	[illegible]		20	[illegible]
	40	[illegible]		40	[illegible]		40	[illegible]		40	[illegible]		40	[illegible]		40	[illegible]
7	0	[illegible]	17	0	[illegible]	27	0	[illegible]	37	0	[illegible]	47	0	[illegible]	57	0	[illegible]
	20	[illegible]		20	[illegible]		20	[illegible]		20	[illegible]		20	[illegible]		20	[illegible]
	40	[illegible]		40	[illegible]		40	[illegible]		40	[illegible]		40	[illegible]		40	[illegible]
8	0	[illegible]	18	0	[illegible]	28	0	[illegible]	38	0	[illegible]	48	0	[illegible]	58	0	[illegible]
	20	[illegible]		20	[illegible]		20	[illegible]		20	[illegible]		20	[illegible]		20	[illegible]
	40	[illegible]		40	[illegible]		40	[illegible]		40	[illegible]		40	[illegible]		40	[illegible]
9	0	[illegible]	19	0	[illegible]	29	0	[illegible]	39	0	[illegible]	49	0	[illegible]	59	0	[illegible]
	20	[illegible]		20	[illegible]		20	[illegible]		20	[illegible]		20	[illegible]		20	[illegible]
	40	[illegible]		40	[illegible]		40	[illegible]		40	[illegible]		40	[illegible]		40	[illegible]

Commencing the [illegible] day of *February* 1883, at 1 a.m., Göttingen Mean Time.

Time Min.	Sec.	Reading ′	Time Min.	Sec.	Reading ′	Time Min.	Sec.	Reading ′	Time Min.	Sec.	Reading ′	Time Min.	Sec.	Reading ′	Time Min.	Sec.	Reading ′
0	0	12·5	10	0	[illegible]	20	0	[illegible]	30	0	[illegible]	40	0	[illegible]	50	0	[illegible]
	20	12·0		20	[illegible]		20	[illegible]		20	[illegible]		20	[illegible]		20	[illegible]
	40	11·8		40	[illegible]		40	[illegible]		40	[illegible]		40	[illegible]		40	[illegible]
1	0	11·8	11	0	[illegible]	21	0	[illegible]	31	0	[illegible]	41	0	[illegible]	51	0	[illegible]
	20	12·0		20	[illegible]		20	[illegible]		20	[illegible]		20	[illegible]		20	[illegible]
	40	12·8		40	[illegible]		40	[illegible]		40	[illegible]		40	[illegible]		40	[illegible]
2	0	12·0	12	0	[illegible]	22	0	[illegible]	32	0	[illegible]	42	0	[illegible]	52	0	[illegible]
	20	11·0		20	[illegible]		20	[illegible]		20	[illegible]		20	[illegible]		20	[illegible]
	40	11·5		40	[illegible]		40	[illegible]		40	[illegible]		40	[illegible]		40	[illegible]
3	0	11·5	13	0	[illegible]	23	0	[illegible]	33	0	[illegible]	43	0	[illegible]	53	0	[illegible]
	20	11·0		20	[illegible]		20	[illegible]		20	[illegible]		20	[illegible]		20	[illegible]
	40	10·5		40	[illegible]		40	[illegible]		40	[illegible]		40	[illegible]		40	[illegible]
4	0	10·1	14	0	[illegible]	24	0	[illegible]	34	0	[illegible]	44	0	[illegible]	54	0	[illegible]
	20	10·0		20	[illegible]		20	[illegible]		20	[illegible]		20	[illegible]		20	[illegible]
	40	10·0		40	[illegible]		40	[illegible]		40	[illegible]		40	[illegible]		40	[illegible]
5	0	10·0	15	0	[illegible]	25	0	[illegible]	35	0	[illegible]	45	0	[illegible]	55	0	[illegible]
	20	10·1		20	[illegible]		20	[illegible]		20	[illegible]		20	[illegible]		20	[illegible]
	40	10·5		40	[illegible]		40	[illegible]		40	[illegible]		40	[illegible]		40	[illegible]
6	0	10·0	16	0	[illegible]	26	0	[illegible]	36	0	[illegible]	46	0	[illegible]	56	0	[illegible]
	20	10·0		20	[illegible]		20	[illegible]		20	[illegible]		20	[illegible]		20	[illegible]
	40	9·5		40	[illegible]		40	[illegible]		40	[illegible]		40	[illegible]		40	[illegible]
7	0	9·1	17	0	[illegible]	27	0	[illegible]	37	0	[illegible]	47	0	[illegible]	57	0	[illegible]
	20	9·8		20	[illegible]		20	[illegible]		20	[illegible]		20	[illegible]		20	[illegible]
	40	9·5		40	[illegible]		40	[illegible]		40	[illegible]		40	[illegible]		40	[illegible]
8	0	9·5	18	0	[illegible]	28	0	[illegible]	38	0	[illegible]	48	0	[illegible]	58	0	[illegible]
	20	9·8		20	[illegible]		20	[illegible]		20	[illegible]		20	[illegible]		20	[illegible]
	40	9·5		40	[illegible]		40	[illegible]		40	[illegible]		40	[illegible]		40	[illegible]
9	0	9·0	19	0	[illegible]	29	0	[illegible]	39	0	[illegible]	49	0	[illegible]	59	0	[illegible]
	20	8·5		20	[illegible]		20	[illegible]		20	[illegible]		20	[illegible]		20	[illegible]
	40	8·5		40	9·8		40	[illegible]		40	[illegible]		40	[illegible]		40	[illegible]

40°+

Commencing the 1st day of *March* 1883, at 2 a.m., Göttingen Mean Time.

Time Min.	Sec.	Reading ′	Time Min.	Sec.	Reading ′	Time Min.	Sec.	Reading ′	Time Min.	Sec.	Reading ′	Time Min.	Sec.	Reading ′	Time Min.	Sec.	Reading ′
0	0	11·0	10	0	[illegible]	20	0	[illegible]	30	0	[illegible]	40	0	[illegible]	50	0	[illegible]
	20	12·0		20	[illegible]		20	[illegible]		20	[illegible]		20	[illegible]		20	[illegible]
	40	11·0		40	[illegible]		40	[illegible]		40	[illegible]		40	[illegible]		40	[illegible]
1	0	9·0	11	0	[illegible]	21	0	[illegible]	31	0	[illegible]	41	0	[illegible]	51	0	[illegible]
	20	7·8		20	[illegible]		20	[illegible]		20	[illegible]		20	[illegible]		20	[illegible]
	40	7·8		40	[illegible]		40	[illegible]		40	[illegible]		40	[illegible]		40	[illegible]
2	0	6·5	12	0	[illegible]	22	0	[illegible]	32	0	[illegible]	42	0	[illegible]	52	0	[illegible]
	20	5·0		20	[illegible]		20	[illegible]		20	[illegible]		20	[illegible]		20	[illegible]
	40	6·0		40	[illegible]		40	[illegible]		40	[illegible]		40	[illegible]		40	[illegible]
3	0	7·0	13	0	[illegible]	23	0	[illegible]	33	0	[illegible]	43	0	[illegible]	53	0	[illegible]
	20	7·0		20	[illegible]		20	[illegible]		20	[illegible]		20	[illegible]		20	[illegible]
	40	6·5		40	[illegible]		40	[illegible]		40	[illegible]		40	[illegible]		40	[illegible]
4	0	7·5	14	0	[illegible]	24	0	[illegible]	34	0	[illegible]	44	0	[illegible]	54	0	[illegible]
	20	9·0		20	[illegible]		20	[illegible]		20	[illegible]		20	[illegible]		20	[illegible]
	40	10·0		40	[illegible]		40	[illegible]		40	[illegible]		40	[illegible]		40	[illegible]
5	0	9·8	15	0	[illegible]	25	0	[illegible]	35	0	[illegible]	45	0	[illegible]	55	0	[illegible]
	20	10·3		20	[illegible]		20	[illegible]		20	[illegible]		20	[illegible]		20	[illegible]
	40	11·0		40	[illegible]		40	[illegible]		40	[illegible]		40	[illegible]		40	[illegible]
6	0	10·3	16	0	[illegible]	26	0	[illegible]	36	0	[illegible]	46	0	[illegible]	56	0	[illegible]
	20	10·8		20	[illegible]		20	[illegible]		20	[illegible]		20	[illegible]		20	[illegible]
	40	10·5		40	[illegible]		40	[illegible]		40	[illegible]		40	[illegible]		40	[illegible]
7	0	12·0	17	0	[illegible]	27	0	[illegible]	37	0	[illegible]	47	0	[illegible]	57	0	[illegible]
	20	11·0		20	[illegible]		20	[illegible]		20	[illegible]		20	[illegible]		20	[illegible]
	40	11·5		40	[illegible]		40	[illegible]		40	[illegible]		40	[illegible]		40	[illegible]
8	0	13·0	18	0	[illegible]	28	0	[illegible]	38	0	[illegible]	48	0	[illegible]	58	0	[illegible]
	20	14·5		20	[illegible]		20	[illegible]		20	[illegible]		20	[illegible]		20	[illegible]
	40	14·1		40	[illegible]		40	[illegible]		40	[illegible]		40	[illegible]		40	[illegible]
9	0	14·0	19	0	[illegible]	29	0	[illegible]	39	0	[illegible]	49	0	[illegible]	59	0	[illegible]
	20	14·0		20	[illegible]		20	[illegible]		20	[illegible]		20	[illegible]		20	[illegible]
	40	13·8		40	[illegible]		40	8·0		40	[illegible]		40	[illegible]		40	[illegible]

Commencing the 15th day of *March* 1883, at 3 a.m., Göttingen Mean Time.

Time. Min.	Sec.	Reading. ′	Time. Min.	Sec.	Reading. ′	Time. Min.	Sec.	Reading. ′	Time. Min.	Sec.	Reading. ′	Time. Min.	Sec.	Reading. ′	Time. Min.	Sec.	Reading. ′
0	0	12·0	10	0	10·5	20	0	14·0	30	0	8·5	40	0	5·0	50	0	5·8
	20	12·5		20	10·0		20	9·0		20	8·0		20	4·5		20	6·0
	40	12·0		40	10·0		40	8·0		40	8·5		40	4·5		40	6·2
1	0	12·0	11	0	10·0	21	0	6·5	31	0	7·8	41	0	5·0	51	0	6·5
	20	11·8		20	10·0		20	5·0		20	7·5		20	5·0		20	7·5
	40	10·5		40	10·5		40	4·5		40	7·0		40	5·5		40	7·0
2	0	10·5	12	0	10·5	22	0	6·0	32	0	6·8	42	0	5·8	52	0	7·5
	20	10·0		20	10·0		20	6·5		20	6·7		20	5·8		20	7·8
	40	9·8		40	10·0		40	7·8		40	6·2		40	5·6		40	8·0
3	0	9·8	13	0	10·0	23	0	8·5	33	0	6·0	43	0	5·5	53	0	8·0
	20	10·0		20	9·8		20	10·0		20	6·5		20	5·0		20	8·0
	40	10·0		40	10·0		40	10·8		40	6·3		40	4·5		40	8·0
4	0	10·5	14	0	10·5	24	0	11·8	34	0	6·0	44	0	4·8	54	0	8·0
	20	11·5		20	11·5		20	11·0		20	6·0		20	4·5		20	8·0
	40	11·5		40	12·0		40	10·5		40	6·5		40	4·3		40	8·0
5	0	11·8	15	0	12·5	25	0	10·0	35	0	6·5	45	0	4·3	55	0	8·2
	20	11·8		20	12·5		20	9·5		20	6·3		20	4·3		20	8·2
	40	11·5		40	12·0		40	8·2		40	6·2		40	4·5		40	8·5
6	0	10·5	16	0	11·5	26	0	7·8	36	0	6·3	46	0	4·5	56	0	8·5
	20	10·0		20	11·0		20	7·8		20	6·3		20	4·8		20	9·0
	40	9·0		40	10·0		40	7·5		40	6·3		40	4·3		40	9·5
7	0	9·0	17	0	9·8	27	0	8·0	37	0	6·0	47	0	4·0	57	0	9·5
	20	9·0		20	9·5		20	8·5		20	6·0		20	4·0		20	9·8
	40	9·5		40	9·5		40	8·5		40	6·0		40	4·0		40	9·8
8	0	10·0	18	0	9·8	28	0	8·5	38	0	6·0	48	0	4·0	58	0	10·0
	20	11·0		20	10·2		20	8·3		20	4·8		20	4·0		20	10·0
	40	11·0		40	11·5		40	9·0		40	4·8		40	4·0		40	10·0
9	0	12·0	19	0	12·5	29	0	9·0	39	0	5·0	49	0	4·2	59	0	9·5
	20	14·0		20	13·5		20	8·5		20	4·5		20	5·0		20	9·5
	40	10·5		40	12·0		40	8·5		40	4·5		40	5·8		40	10·0

39° + Commencing the 1st day of *April* 1883, at 4 a.m., Göttingen Mean Time.

Time. Min.	Sec.	Reading. ° ′	Time. Min.	Sec.	Reading. ° ′	Time. Min.	Sec.	Reading. ° ′	Time. Min.	Sec.	Reading. ° ′	Time. Min.	Sec.	Reading. ° ′	Time. Min.	Sec.	Reading. ° ′
0	0	1 6·0	10	0	1 0·0	20	0	1 3·8	30	0	1 6·0	40	0	1 2·0	50	0	0 56·0
	20	1 6·8		20	1 0·0		20	1 3·8		20	1 6·0		20	1 3·0		20	0 56·0
	40	1 6·0		40	1 0·3		40	1 3·0		40	1 4·0		40	1 2·3		40	0 56·5
1	0	1 6·5	11	0	1 0·0	21	0	1 1·0	31	0	1 4·5	41	0	1 2·0	51	0	0 57·0
	20	1 6·2		20	1 0·5		20	1 1·0		20	1 4·0		20	1 2·0		20	0 56·5
	40	1 6·8		40	1 0·3		40	1 2·0		40	1 5·8		40	1 2·5		40	0 56·3
2	0	1 5·5	12	0	1 0·0	22	0	1 2·5	32	0	1 4·0	42	0	1 3·0	52	0	0 56·0
	20	1 5·3		20	1 0·3		20	1 4·0		20	1 4·0		20	1 2·2		20	0 56·0
	40	1 4·0		40	1 0·0		40	1 5·0		40	1 1·0		40	1 2·0		40	0 56·0
3	0	1 4·0	13	0	1 0·0	23	0	1 5·0	33	0	1 5·0	43	0	1 2·0	53	0	0 57·0
	20	1 4·0		20	1 1·0		20	1 5·0		20	1 6·0		20	1 1·0		20	0 56·0
	40	1 4·7		40	1 1·0		40	1 5·0		40	1 7·0		40	1 0·5		40	0 55·0
4	0	1 3·0	14	0	1 0·8	24	0	1 5·3	34	0	1 5·0	44	0	0 59·5	54	0	0 54·0
	20	1 4·5		20	1 1·3		20	1 6·0		20	1 5·0		20	0 59·5		20	0 54·0
	40	1 4·0		40	1 1·0		40	1 6·5		40	1 4·8		40	0 58·0		40	0 54·0
5	0	1 3·8	15	0	1 2·0	25	0	1 6·0	35	0	1 4·0	45	0	0 58·0	55	0	0 57·0
	20	1 4·0		20	1 3·0		20	1 6·0		20	1 4·0		20	0 59·0		20	0 55·0
	40	1 3·0		40	1 3·0		40	1 6·0		40	1 4·0		40	0 59·0		40	0 55·0
6	0	1 2·5	16	0	1 3·0	26	0	1 5·0	36	0	1 4·0	46	0	0 58·0	56	0	0 54·5
	20	1 4·0		20	1 3·0		20	1 4·5		20	1 1·0		20	0 58·0		20	0 55·0
	40	1 3·0		40	1 2·0		40	1 3·5		40	1 4·0		40	0 58·0		40	0 54·3
7	0	1 2·0	17	0	1 1·3	27	0	1 4·0	37	0	1 6·0	47	0	0 57·8	57	0	0 53·8
	20	1 3·5		20	1 1·0		20	1 5·0		20	1 6·0		20	0 59·0		20	0 54·0
	40	1 3·0		40	1 1·0		40	1 4·0		40	1 4·8		40	0 56·0		40	0 55·0
8	0	1 3·0	18	0	1 1·3	28	0	1 5·0	38	0	1 5·0	48	0	0 59·0	58	0	0 55·0
	20	1 3·0		20	1 1·0		20	1 6·0		20	1 6·0		20	0 58·0		20	0 55·0
	40	1 4·0		40	1 3·0		40	1 5·0		40	1 5·5		40	0 58·0		40	0 55·5
9	0	1 0·0	19	0	1 3·0	29	0	1 7·0	39	0	1 4·0	49	0	0 52·8	59	0	0 55·5
	20	1 0·0		20	1 3·0		20	1 7·0		20	1 4·0		20	0 57·8		20	0 53·8
	40	1 0·0		40	1 4·0		40	1 6·8		40	1 2·5		40	0 56·5		40	0 54·0

Readings of Declinometer at 20 second intervals

Commencing the 15th day of *April* 1883, at 5 a.m., Göttingen Mean Time.

Time.		Reading.	Time.		Reading.	Time.		Reading.	Time.		Reading.	Time.		Reading.	Time.		Reading.
Min.	Sec.	′	Min.	Sec.	′	Min.	Sec.	′	Min.	Sec.	′	Min.	Sec.	′	Min.	Sec.	′
0	0	9·0	10	0	8·3	20	0	8·4	30	0	8·6	40	0	8·5	50	0	8·5
	20	9·0		20	8·8		20	8·4		20	8·9		20	8·8		20	8·5
	40	9·0		40	8·8		40	8·1		40	8·5		40	8·8		40	8·8
1	0	9·0	11	0	8·8	21	0	8·3	31	0	8·8	41	0	8·8	51	0	8·1
	20	9·0		20	8·8		20	8·3		20	8·8		20	8·8		20	8·2
	40	9·0		40	8·8		40	8·3		40	9·0		40	8·8		40	8·1
2	0	9·0	12	0	8·6	22	0	8·1	32	0	9·0	42	0	8·8	52	0	8·1
	20	9·0		20	8·5		20	8·1		20	9·0		20	8·8		20	8·2
	40	9·0		40	8·5		40	8·0		40	9·0		40	8·8		40	8·1
3	0	8·8	13	0	8·5	23	0	8·3	33	0	9·0	43	0	8·8	53	0	8·1
	20	8·8		20	8·6		20	8·1		20	8·8		20	8·8		20	8·1
	40	8·5		40	8·5		40	8·1		40	8·8		40	8·8		40	8·3
4	0	8·[illegible]	14	0	8·5	24	0	8·1	34	0	7·6	44	0	8·8	54	0	8·3
	20	8·6		20	8·5		20	8·2		20	8·5		20	8·8		20	8·2
	40	8·5		40	8·4		40	8·1		40	8·5		40	8·8		40	8·3
5	0	8·1	15	0	8·6	25	0	8·0	35	0	8·3	45	0	8·8	55	0	8·2
	20	8·4		20	8·4		20	8·0		20	8·2		20	8·8		20	8·1
	40	8·7		40	8·5		40	8·0		40	8·0		40	8·8		40	8·4
6	0	8·8	16	0	8·4	26	0	8·0	36	0	8·2	46	0	8·8	56	0	8·4
	20	8·8		20	8·8		20	8·3		20	8·4		20	8·4		20	8·3
	40	8·5		40	8·6		40	8·0		40	8·4		40	8·8		40	8·0
7	0	8·5	17	0	8·8	27	0	8·0	37	0	8·6	47	0	8·8	57	0	8·0
	20	8·6		20	8·8		20	8·4		20	8·4		20	8·8		20	8·0
	40	8·8		40	8·5		40	8·1		40	8·5		40	8·8		40	8·0
8	0	8·1	18	0	8·5	28	0	8·5	38	0	8·7	48	0	8·8	58	0	7·8
	20	8·4		20	8·8		20	8·4		20	8·7		20	8·8		20	7·8
	40	8·3		40	8·8		40	8·3		40	8·8		40	8·8		40	7·8
9	0	8·5	19	0	8·8	29	0	8·7	39	0	8·8	49	0	8·8	59	0	7·8
	20	8·5		20	8·5		20	8·8		20	8·4		20	8·6		20	7·8
	40	8·5		40	8·5		40	8·8		40	8·3		40	8·6		40	7·5

39 +

Commencing the 1st day of *May* 1883, at 6 a.m., Göttingen Mean Time.

Time.		Reading.	Time.		Reading.	Time.		Reading.	Time.		Reading.	Time.		Reading.	Time.		Reading.
Min.	Sec.	° ′	Min.	Sec.	° ′	Min.	Sec.	° ′	Min.	Sec.	° ′	Min.	Sec.	° ′	Min.	Sec.	° ′
0	0	1 [illegible]	10	0	1 1·0	20	0	0 53·6	30	0	0 44·0	40	0	0 44·0	50	0	0 57·5
	20	1 12·0		20	1 0·3		20	0 54·0		20	0 44·1		20	0 41·8		20	0 56·1
	40	1 12·3		40	1 0·0		40	0 51·9		40	0 45·0		40	0 41·0		40	0 54·3
1	0	1 13·0	11	0	1 0·0	21	0	0 54·1	31	0	0 46·0	41	0	0 44·0	51	0	0 55·5
	20	1 13·5		20	1 0·0		20	0 54·8		20	0 45·0		20	0 [illegible]		20	0 55·1
	40	1 12·0		40	1 0·5		40	0 56·2		40	0 45·0		40	0 [illegible]		40	0 52·0
2	0	1 13·8	12	0	1 1·5	22	0	0 56·1	32	0	0 46·0	42	0	0 41·5	52	0	0 54·5
	20	1 14·0		20	1 4·6		20	0 56·1		20	0 41·5		20	0 44·3		20	0 58·3
	40	1 15·0		40	1 3·0		40	0 54·0		40	0 46·0		40	0 41·3		40	0 57·0
3	0	1 16·0	13	0	1 2·2	23	0	0 50·2	33	0	0 49·5	43	0	0 48·1	53	0	0 51·0
	20	1 15·3		20	1 3·3		20	0 48·6		20	0 49·0		20	0 49·5		20	0 52·0
	40	1 17·9		40	1 3·8		40	0 48·0		40	0 45·0		40	0 50·[illegible]		40	0 54·1
4	0	1 15·0	14	0	1 3·4	24	0	0 51·5	34	0	0 45·0	44	0	0 50·1	54	0	0 54·2
	20	1 13·7		20	1 4·8		20	0 44·5		20	0 46·0		20	0 50·0		20	0 51·1
	40	1 14·0		40	1 4·3		40	0 44·0		40	0 45·0		40	0 52·0		40	0 54·5
5	0	1 11·4	15	0	1 0·5	25	0	0 46·0	35	0	0 45·5	45	0	0 51·0	55	0	0 54·0
	20	1 12·8		20	1 1·4		20	0 43·9		20	0 45·5		20	0 55·0		20	0 51·3
	40	1 13·0		40	1 2·3		40	0 42·0		40	0 48·0		40	0 54·1		40	0 52·7
6	0	1 10·0	16	0	1 4·0	26	0	0 40·0	36	0	0 45·0	46	0	0 53·2	56	0	0 49·0
	20	1 8·1		20	0 59·5		20	0 40·0		20	0 45·0		20	0 53·8		20	0 51·1
	40	1 5·1		40	0 59·3		40	0 39·9		40	0 45·0		40	0 57·1		40	0 54·0
7	0	1 6·0	17	0	0 58·1	27	0	0 38·6	37	0	0 45·5	47	0	0 51·1	57	0	0 51·8
	20	1 7·0		20	0 56·8		20	0 33·6		20	0 41·5		20	0 51·4		20	0 51·6
	40	1 5·0		40	0 57·0		40	0 38·0		40	0 42·6		40	0 51·8		40	0 52·3
8	0	1 6·0	18	0	0 53·0	28	0	0 42·0	38	0	0 45·5	48	0	0 52·0	58	0	0 53·0
	20	1 6·3		20	0 54·6		20	0 42·3		20	0 46·0		20	0 55·2		20	0 54·0
	40	1 5·0		40	0 52·5		40	0 41·0		40	0 45·3		40	0 59·6		40	0 54·0
9	0	1 5·1	19	0	0 53·9	29	0	0 42·0	39	0	0 48·1	49	0	1 0·0	59	0	0 51·5
	20	1 1·0		20	0 49·9		20	0 42·3		20	0 44·0		20	0 59·9		20	0 52·5
	40	1 2·0		40	0 50·0		40	0 44·0		40	0 41·1		40	0 59·3		40	0 51·6

Commencing the 15th day of *May* 1883, at 7 a.m., Göttingen Mean Time.

Time Min.	Time Sec.	Reading ′	Time Min.	Time Sec.	Reading ′	Time Min.	Time Sec.	Reading ′	Time Min.	Time Sec.	Reading ′	Time Min.	Time Sec.	Reading ′	Time Min.	Time Sec.	Reading ′
0	0	[illegible]	10	0	[illegible]	20	0	[illegible]	30	0	3·5	40	0	5·2	50	0	9·0
	20	[illegible]		20	[illegible]		20	[illegible]		20	3·0		20	5·8		20	9·0
	40	[illegible]		40	[illegible]		40	[illegible]		40	3·0		40	5·8		40	10·0
1	0	[illegible]	11	0	[illegible]	21	0	[illegible]	31	0	3·0	41	0	5·8	51	0	11·0
	20	[illegible]		20	[illegible]		20	[illegible]		20	3·1		20	5·4		20	11·5
	40	[illegible]		40	[illegible]		40	[illegible]		40	3·2		40	5·5		40	11·5
2	0	[illegible]	12	0	[illegible]	22	0	[illegible]	32	0	3·4	42	0	5·8	52	0	10·8
	20	[illegible]		20	[illegible]		20	[illegible]		20	3·4		20	5·3		20	10·3
	40	[illegible]		40	[illegible]		40	[illegible]		40	3·6		40	5·0		40	10·3
3	0	[illegible]	13	0	[illegible]	23	0	[illegible]	33	0	3·8	43	0	5·2	53	0	10·0
	20	[illegible]		20	[illegible]		20	[illegible]		20	3·8		20	5·5		20	10·3
	40	[illegible]		40	[illegible]		40	[illegible]		40	3·8		40	6·0		40	11·0
4	0	[illegible]	14	0	[illegible]	24	0	[illegible]	34	0	4·0	44	0	6·5	54	0	11·2
	20	[illegible]		20	[illegible]		20	[illegible]		20	4·0		20	7·0		20	10·3
	40	[illegible]		40	[illegible]		40	[illegible]		40	4·8		40	7·2		40	10·0
5	0	[illegible]	15	0	[illegible]	25	0	[illegible]	35	0	4·8	45	0	7·4	55	0	10·0
	20	[illegible]		20	[illegible]		20	[illegible]		20	5·0		20	7·8		20	10·0
	40	[illegible]		40	[illegible]		40	[illegible]		40	4·0		40	7·8		40	9·8
6	0	[illegible]	16	0	[illegible]	26	0	[illegible]	36	0	5·8	46	0	8·0	56	0	8·3
	20	[illegible]		20	[illegible]		20	[illegible]		20	5·8		20	8·0		20	8·0
	40	[illegible]		40	[illegible]		40	[illegible]		40	5·0		40	7·8		40	7·8
7	0	[illegible]	17	0	[illegible]	27	0	[illegible]	37	0	4·1	47	0	7·8	57	0	6·3
	20	[illegible]		20	[illegible]		20	[illegible]		20	4·0		20	7·8		20	6·0
	40	[illegible]		40	[illegible]		40	[illegible]		40	4·0		40	8·0		40	6·0
8	0	[illegible]	18	0	[illegible]	28	0	[illegible]	38	0	4·0	48	0	9·5	58	0	6·5
	20	[illegible]		20	[illegible]		20	[illegible]		20	4·0		20	9·5		20	7·0
	40	[illegible]		40	[illegible]		40	[illegible]		40	4·0		40	10·0		40	6·8
9	0	[illegible]	19	0	[illegible]	29	0	[illegible]	39	0	4·0	49	0	10·3	59	0	7·0
	20	[illegible]		20	[illegible]		20	[illegible]		20	4·2		20	10·2		20	6·6
	40	[illegible]		40	[illegible]		40	[illegible]		40	4·6		40	9·8		40	6·3

40*4 Commencing the 1st day of *June* 1883, at 8 a.m., Göttingen Mean Time.

Time Min.	Time Sec.	Reading ′	Time Min.	Time Sec.	Reading ′	Time Min.	Time Sec.	Reading ′	Time Min.	Time Sec.	Reading ′	Time Min.	Time Sec.	Reading ′	Time Min.	Time Sec.	Reading ′
0	0	[illegible]	10	0	[illegible]	20	0	[illegible]	30	0	12·0	40	0	11·0	50	0	12·3
	20	[illegible]		20	[illegible]		20	[illegible]		20	11·3		20	11·0		20	12·0
	40	[illegible]		40	[illegible]		40	[illegible]		40	11·0		40	10·8		40	12·3
1	0	[illegible]	11	0	[illegible]	21	0	[illegible]	31	0	11·8	41	0	9·5	51	0	12·6
	20	[illegible]		20	[illegible]		20	[illegible]		20	11·0		20	11·0		20	10·5
	40	[illegible]		40	[illegible]		40	[illegible]		40	11·8		40	11·0		40	12·0
2	0	[illegible]	12	0	[illegible]	22	0	[illegible]	32	0	11·8	42	0	11·0	52	0	11·0
	20	[illegible]		20	[illegible]		20	[illegible]		20	11·0		20	11·0		20	11·6
	40	[illegible]		40	[illegible]		40	[illegible]		40	11·9		40	11·1		40	10·8
3	0	[illegible]	13	0	[illegible]	23	0	[illegible]	33	0	11·1	43	0	11·1	53	0	11·0
	20	[illegible]		20	[illegible]		20	[illegible]		20	11·3		20	11·2		20	11·0
	40	[illegible]		40	[illegible]		40	[illegible]		40	11·1		40	12·0		40	12·0
4	0	[illegible]	14	0	[illegible]	24	0	[illegible]	34	0	11·0	44	0	12·0	54	0	11·8
	20	[illegible]		20	[illegible]		20	[illegible]		20	11·1		20	10·5		20	11·1
	40	[illegible]		40	[illegible]		40	[illegible]		40	11·0		40	13·8		40	11·0
5	0	[illegible]	15	0	[illegible]	25	0	[illegible]	35	0	11·0	45	0	13·2	55	0	11·0
	20	[illegible]		20	[illegible]		20	[illegible]		20	10·9		20	11·4		20	11·0
	40	[illegible]		40	[illegible]		40	[illegible]		40	10·9		40	12·3		40	11·1
6	0	[illegible]	16	0	[illegible]	26	0	[illegible]	36	0	11·0	46	0	12·0	56	0	11·1
	20	[illegible]		20	[illegible]		20	[illegible]		20	11·0		20	11·8		20	12·0
	40	[illegible]		40	[illegible]		40	[illegible]		40	11·0		40	11·0		40	12·0
7	0	[illegible]	17	0	[illegible]	27	0	[illegible]	37	0	11·0	47	0	11·1	57	0	12·3
	20	[illegible]		20	[illegible]		20	[illegible]		20	10·8		20	11·7		20	12·0
	40	[illegible]		40	[illegible]		40	[illegible]		40	10·8		40	12·0		40	13·6
8	0	[illegible]	18	0	[illegible]	28	0	[illegible]	38	0	11·0	48	0	12·0	58	0	12·9
	20	[illegible]		20	[illegible]		20	[illegible]		20	10·8		20	11·0		20	13·0
	40	[illegible]		40	[illegible]		40	[illegible]		40	10·9		40	11·3		40	13·0
9	0	[illegible]	19	0	[illegible]	29	0	[illegible]	39	0	11·0	49	0	12·0	59	0	13·6
	20	[illegible]		20	[illegible]		20	[illegible]		20	10·5		20	12·0		20	13·0
	40	[illegible]		40	[illegible]		40	[illegible]		40	11·0		40	12·0		40	13·0

Readings of Declinometer at 20 second intervals.

Commencing the 15th day of *June* 1883, at 9 a.m., Göttingen Mean Time.

Time.		Reading.	Time.		Reading.	Time.		Reading.	Time.		Reading.	Time.		Reading.	Time.		Reading.
Min.	Sec.	′	Min.	Sec.	′	Min.	Sec.	′	Min.	Sec.	′	Min.	Sec.	′	Min.	Sec.	′
0	0	10·0	10	0	10·9	20	0	10·5	30	0	11·3	40	0	11·3	50	0	10·1
	20	10·0		20	10·9		20	11·9		20	11·8		20	11·1		20	10·1
	40	9·8		40	10·0		40	11·5		40	[illegible]		40	11·0		40	10·1
1	0	9·9	11	0	10·0	21	0	10·8	31	0	[illegible]	41	0	10·6	51	0	11·2
	20	9·7		20	10·0		20	11·1		20	[illegible]		20	10·0		20	11·0
	40	10·0		40	10·1		40	11·8		40	11·0		40	11·0		40	10·2
2	0	10·1	12	0	10·0	22	0	11·5	32	0	11·0	42	0	11·4	52	0	10·5
	20	11·0		20	10·2		20	11·0		20	11·0		20	11·0		20	10·4
	40	11·0		40	11·0		40	11·8		40	10·8		40	11·0		40	10·0
3	0	11·0	13	0	10·6	23	0	11·9	33	0	11·0	43	0	11·0	53	0	[illegible]
	20	10·2		20	10·4		20	12·8		20	11·3		20	11·1		20	10·0
	40	10·1		40	10·[illegible]		40	12·6		40	[illegible]		40	[illegible]		40	10·8
4	0	10·[illegible]	14	0	10·5	24	0	12·0	34	0	11·0	44	0	11·3	54	0	10·0
	20	10·[illegible]		20	10·1		20	11·[illegible]		20	11·0		20	11·8		20	10·0
	40	10·0		40	10·0		40	11·8		40	10·8		40	12·8		40	[illegible]
5	0	10·0	15	0	10·3	25	0	11·6	35	0	[illegible]	45	0	12·0	55	0	10·0
	20	10·2		20	11·9		20	11·[illegible]		20	10·0		20	11·3		20	10·0
	40	10·0		40	11·0		40	11·0		40	[illegible]		40	12·0		40	9·9
6	0	10·0	16	0	10·8	26	0	11·2	36	0	10·3	46	0	12·0	56	0	10·0
	20	10·0		20	11·2		20	11·1		20	[illegible]		20	11·0		20	10·0
	40	9·9		40	11·2		40	11·[illegible]		40	10·0		40	11·0		40	10·0
7	0	10·1	17	0	12·0	27	0	11·[illegible]	37	0	[illegible]	47	0	[illegible]	57	0	10·0
	20	10·9		20	11·0		20	11·8		20	[illegible]		20	[illegible]		20	9·9
	40	9·0		40	11·0		40	10·8		40	[illegible]		40	10·2		40	10·0
8	0	10·0	18	0	11·8	28	0	[illegible]	38	0	10·6	48	0	[illegible]	58	0	10·0
	20	10·0		20	11·9		20	11·0		20	10·1		20	11·0		20	10·0
	40	9·9		40	11·0		40	[illegible]		40	10·1		40	11·[illegible]		40	9·9
9	0	10·0	19	0	10·7	29	0	10·1	39	0	10·1	49	0	11·7	59	0	9·9
	20	9·8		20	10·1		20	10·2		20	11·0		20	10·2		20	9·9
	40	9·9		40	10·3		40	10·[illegible]		40	11·0		40	10·1		40	10·0

38° +

Commencing the 1st day of *July* 1883, at 10 a.m., Göttingen Mean Time.

Time.		Reading.	Time.		Reading.	Time.		Reading.	Time.		Reading.	Time.		Reading.	Time.		Reading.
Min.	Sec.	° ′	Min.	Sec.	° ′	Min.	Sec.	° ′	Min.	Sec.	° ′	Min.	Sec.	° ′	Min.	Sec.	° ′
0	0	1 44·0	10	0	2 19·0	20	0	1 59·0	30	0	1 51·0	40	0	[illegible]	50	0	[illegible]
	20	1 45·0		20	2 23·0		20	1 57·0		20	[illegible]		20	2 20·0		20	[illegible]
	40	1 43·0		40	2 24·5		40	1 51·0		40	[illegible]		40	[illegible]		40	[illegible]
1	0	1 34·0	11	0	2 29·0	21	0	1 45·0	31	0	[illegible]	41	0	[illegible]	51	0	[illegible]
	20	1 37·0		20	2 20·0		20	[illegible]		20	[illegible]		20	[illegible]		20	[illegible]
	40	1 33·0		40	2 21·5		40	1 56·0		40	[illegible]		40	[illegible]		40	[illegible]
2	0	1 34·0	12	0	2 19·0	22	0	1 57·5	32	0	[illegible]	42	0	[illegible]	52	0	[illegible]
	20	1 39·5		20	2 17·0		20	1 55·0		20	1 54·0		20	[illegible]		20	[illegible]
	40	1 43·5		40	2 22·0		40	1 51·0		40	[illegible]		40	2 26·0		40	[illegible]
3	0	1 44·5	13	0	2 21·0	23	0	1 59·0	33	0	[illegible]	43	0	[illegible]	53	0	2 10·[illegible]
	20	1 49·0		20	2 15·5		20	1 53·0		20	[illegible]		20	2 33·0		20	2 10·0
	40	1 45·0		40	2 18·5		40	[illegible]		40	[illegible]		40	2 30·0		40	[illegible]
4	0	1 55·0	14	0	2 15·0	24	0	[illegible]	34	0	[illegible]	44	0	[illegible]	54	0	[illegible]
	20	1 58·0		20	2 17·0		20	[illegible]		20	[illegible]		20	[illegible]		20	[illegible]
	40	2 4·0		40	2 19·0		40	[illegible]		40	[illegible]		40	[illegible]		40	[illegible]
5	0	2 4·5	15	0	2 15·0	25	0	2 1·0	35	0	[illegible]	45	0	2 29·0	55	0	[illegible]
	20	2 4·0		20	2 7·0		20	[illegible]		20	[illegible]		20	[illegible]		20	[illegible]
	40	2 8·0		40	2 7·5		40	[illegible]		40	[illegible]		40	[illegible]		40	[illegible]
6	0	2 12·0	16	0	2 5·0	26	0	[illegible]	36	0	[illegible]	46	0	[illegible]	56	0	[illegible]
	20	2 11·0		20	2 4·0		20	[illegible]		20	[illegible]		20	[illegible]		20	[illegible]
	40	2 9·4		40	2 4·0		40	[illegible]		40	[illegible]		40	[illegible]		40	[illegible]
7	0	2 7·0	17	0	1 57·0	27	0	[illegible]	37	0	[illegible]	47	0	[illegible]	57	0	[illegible]
	20	2 7·0		20	1 58·0		20	[illegible]		20	[illegible]		20	[illegible]		20	[illegible]
	40	[illegible]		40	1 54·0		40	[illegible]		40	[illegible]		40	[illegible]		40	[illegible]
8	0	1 56·0	18	0	1 49·0	28	0	[illegible]	38	0	[illegible]	48	0	[illegible]	58	0	[illegible]
	20	1 49·0		20	1 47·5		20	[illegible]		20	[illegible]		20	[illegible]		20	[illegible]
	40	2 1·0		40	1 57·0		40	[illegible]		40	[illegible]		40	[illegible]		40	[illegible]
9	0	2 21·0	19	0	1 50·0	29	0	[illegible]	39	0	[illegible]	49	0	[illegible]	59	0	[illegible]
	20	2 28·0		20	1 54·0		20	1 54·0		20	[illegible]		20	2 24·8		20	[illegible]
	40	2 23·0		40	1 26·0		40	1 57·0		40	[illegible]		40	[illegible]		40	[illegible]

Commencing the 15th day of *July* 1883, at 11 a.m., Göttingen Mean Time.

Time Min.	Sec.	Reading	Time Min.	Sec.	Reading	Time Min.	Sec.	Reading	Time Min.	Sec.	Reading	Time Min.	Sec.	Reading	Time Min.	Sec.	Reading
0	0	42·3	10	0	22·0	20	0	22·0	30	0	21·0	40	0	18·4	50	0	18·0
	20	42·0		20	84·0		20	22·2		20	21·0		20	18·3		20	18·0
	40	26·0		40	23·1		40	22·1		40	20·5		40	19·0		40	17·8
1	0	16·4	11	0	23·0	21	0	22·0	31	0	19·5	41	0	19·2	51	0	17·9
	20	17·8		20	23·8		20	22·0		20	20·1		20	19·5		20	17·4
	40	18·0		40	22·9		40	21·9		40	20·0		40	19·5		40	17·8
2	0	18·0	12	0	24·8	22	0	21·8	32	0	20·0	42	0	19·1	52	0	18·0
	20	18·2		20	22·4		20	21·5		20	20·0		20	20·0		20	18·4
	40	18·0		40	22·8		40	21·0		40	20·0		40	20·9		40	18·4
3	0	19·0	13	0	23·0	23	0	21·0	33	0	20·0	43	0	20·0	53	0	18·7
	20	19·8		20	22·3		20	20·8		20	20·0		20	20·2		20	19·0
	40	20·0		40	22·1		40	21·2		40	20·0		40	20·8		40	18·9
4	0	24·0	14	0	22·0	24	0	22·0	34	0	19·8	44	0	21·0	54	0	19·0
	20	21·7		20	23·5		20	21·0		20	19·3		20	21·1		20	19·7
	40	21·3		40	23·6		40	21·8		40	19·9		40	20·9		40	19·0
5	0	21·0	15	0	26·9	25	0	22·0	35	0	19·7	45	0	20·1	55	0	19·0
	20	23·6		20	25·3		20	22·0		20	19·9		20	20·3		20	19·0
	40	24·0		40	24·0		40	21·9		40	19·2		40	20·3		40	18·0
6	0	22·7	16	0	20·3	26	0	21·8	36	0	19·0	46	0	20·1	56	0	18·2
	20	22·8		20	25·0		20	22·9		20	19·1		20	20·0		20	18·6
	40	22·3		40	28·5		40	21·3		40	19·0		40	19·0		40	18·5
7	0	23·2	17	0	24·0	27	0	21·8	37	0	19·0	47	0	19·2	57	0	19·0
	20	23·0		20	24·0		20	20·8		20	18·9		20	19·1		20	19·8
	40	20·9		40	24·8		40	21·0		40	18·0		40	18·8		40	19·7
8	0	22·3	18	0	24·3	28	0	21·2	38	0	18·6	48	0	18·2	58	0	20·0
	20	22·2		20	24·9		20	20·2		20	18·2		20	18·4		20	19·0
	40	21·0		40	23·0		40	20·0		40	18·0		40	17·8		40	19·9
9	0	25·0	19	0	24·9	29	0	20·0	39	0	18·0	49	0	17·2	59	0	20·0
	20	22·5		20	22·0		20	19·9		20	18·0		20	18·3		20	20·0
	40	22·5		40	23·0		40	20·2		40	18·0		40	18·3		40	20·0

40·4 Commencing the 1st day of *August* 1883, at Noon, Göttingen Mean Time.

Time Min.	Sec.	Reading	Time Min.	Sec.	Reading	Time Min.	Sec.	Reading	Time Min.	Sec.	Reading	Time Min.	Sec.	Reading	Time Min.	Sec.	Reading
0	0	43·0	10	0	47·0	20	0	34·0	30	0	36·0	40	0	31·8	50	0	34·5
	20	45·0		20	44·3		20	37·0		20	34·0		20	30·0		20	33·8
	40	46·0		40	42·5		40	35·0		40	33·7		40	30·0		40	37·0
1	0	45·0	11	0	38·7	21	0	34·0	31	0	33·3	41	0	29·9	51	0	37·8
	20	44·0		20	37·0		20	29·5		20	32·0		20	30·4		20	38·0
	40	43·0		40	36·0		40	29·0		40	32·0		40	30·0		40	40·0
2	0	43·2	12	0	34·0	22	0	29·0	32	0	32·0	42	0	33·2	52	0	40·0
	20	44·0		20	34·0		20	28·5		20	34·0		20	33·0		20	39·8
	40	44·0		40	32·5		40	28·0		40	37·2		40	34·3		40	34·8
3	0	42·0	13	0	33·8	23	0	29·3	33	0	34·0	43	0	32·0	53	0	39·7
	20	41·3		20	34·8		20	30·0		20	34·5		20	33·0		20	38·5
	40	42·0		40	33·0		40	30·6		40	36·0		40	34·3		40	38·5
4	0	43·0	14	0	30·0	24	0	30·0	34	0	37·0	44	0	34·0	54	0	38·0
	20	42·0		20	37·0		20	28·0		20	36·1		20	33·8		20	33·5
	40	41·0		40	38·0		40	28·0		40	37·0		40	36·0		40	37·3
5	0	44·7	15	0	39·0	25	0	27·0	35	0	36·5	45	0	37·0	55	0	34·0
	20	44·3		20	40·0		20	26·0		20	37·5		20	37·5		20	39·3
	40	40·5		40	39·0		40	23·0		40	38·0		40	37·3		40	38·0
6	0	44·0	16	0	40·0	26	0	30·0	36	0	38·2	46	0	37·8	56	0	31·0
	20	44·5		20	30·0		20	32·0		20	30·0		20	37·8		20	26·3
	40	43·5		40	37·0		40	33·0		40	30·4		40	37·5		40	24·0
7	0	44·3	17	0	38·1	27	0	32·8	37	0	33·8	47	0	36·4	57	0	24·0
	20	47·5		20	35·5		20	31·0		20	33·8		20	35·3		20	24·5
	40	47·0		40	34·0		40	33·0		40	34·3		40	34·5		40	24·3
8	0	49·3	18	0	34·1	28	0	32·8	38	0	35·0	48	0	35·0	58	0	24·0
	20	53·0		20	34·0		20	33·5		20	33·0		20	34·3		20	24·8
	40	56·5		40	35·0		40	34·8		40	34·0		40	34·3		40	24·0
9	0	56·5	19	0	35·5	29	0	36·0	39	0	33·5	49	0	34·0	59	0	26·0
	20	50·5		20	28·3		20	37·0		20	32·3		20	34·0		20	27·0
	40	49·3		40	25·0		40	36·0		40	32·0		40	34·0		40	29·0

40° +

Readings of Declinometer at 20 second intervals.

Commencing the 15th day of *August* 1883, at 1 p.m., Göttingen Mean Time.

Time.		Reading.	Time.		Reading.	Time.		Reading.	Time.		Reading.	Time.		Reading.	Time.		Reading.
Min.	Sec.	′	Min.	Sec.	′	Min.	Sec.	′	Min.	Sec.	′	Min.	Sec.	′	Min.	Sec.	′
0	0	27·5	10	0	29·0	20	0	34·0	30	0	36·3	40	0	29·0	50	0	21·5
	20	28·0		20	28·5		20	35·3		20	36·0		20	29·3		20	21·5
	40	28·0		40	28·3		40	36·0		40	36·0		40	29·7		40	22·0
1	0	28·0	11	0	28·3	21	0	36·2	31	0	36·0	41	0	29·8	51	0	22·2
	20	28·2		20	28·3		20	37·8		20	36·0		20	29·8		20	22·0
	40	28·5		40	28·5		40	37·2		40	36·0		40	29·5		40	23·5
2	0	28·5	12	0	28·8	22	0	37·8	32	0	35·8	42	0	29·0	52	0	24·0
	20	29·0		20	28·8		20	37·5		20	35·5		20	29·0		20	23·8
	40	29·0		40	28·5		40	38·3		40	35·5		40	29·0		40	23·5
3	0	29·5	13	0	29·0	23	0	36·5	33	0	35·0	43	0	29·0	53	0	23·0
	20	30·0		20	29·0		20	36·2		20	34·5		20	28·5		20	23·0
	40	30·2		40	29·2		40	36·0		40	34·3		40	28·2		40	23·8
4	0	30·5	14	0	29·5	24	0	36·2	34	0	34·0	44	0	28·0	54	0	24·0
	20	30·3		20	29·7		20	36·5		20	34·0		20	27·5		20	24·5
	40	30·0		40	30·0		40	37·0		40	33·8		40	27·0		40	25·0
5	0	30·0	15	0	30·5	25	0	37·5	35	0	33·5	45	0	26·2	55	0	25·8
	20	30·0		20	31·8		20	38·6		20	33·5		20	26·0		20	26·0
	40	30·0		40	32·0		40	38·0		40	33·0		40	25·8		40	26·0
6	0	30·0	16	0	32·0	26	0	38·0	36	0	33·0	46	0	25·5	56	0	26·2
	20	30·0		20	32·0		20	38·0		20	33·0		20	25·0		20	26·5
	40	30·3		40	31·5		40	38·0		40	32·7		40	24·5		40	27·0
7	0	31·0	17	0	31·0	27	0	38·0	37	0	32·2	47	0	24·0	57	0	27·5
	20	31·5		20	30·6		20	38·0		20	32·0		20	24·0		20	28·0
	40	31·7		40	31·0		40	38·0		40	31·8		40	23·8		40	28·0
8	0	32·0	18	0	31·0	28	0	38·0	38	0	31·5	48	0	23·5	58	0	28·2
	20	32·0		20	31·0		20	37·8		20	30·3		20	23·0		20	28·6
	40	31·7		40	31·3		40	37·8		40	30·0		40	22·2		40	29·0
9	0	31·0	19	0	31·8	29	0	37·5	39	0	29·8	49	0	22·0	59	0	29·2
	20	30·5		20	32·2		20	37·0		20	29·8		20	22·0		20	29·5
	40	30·0		40	32·0		40	37·0		40	29·0		40	21·7		40	29·8

Declination.

September 1882. 36° + Göttingen Mean Time. Selected undisturbed days during

Hours	0h 23m	1h 23m	2h 23m	3h 23m	4h 23m	5h 23m	6h 23m	7h 23m	8h 23m	9h 23m	10h 23m	11h 23m	0h 23m	1h 23m
Days.	° ′	° ′	° ′	° ′	° ′	° ′	° ′	° ′	° ′	° ′	° ′	° ′	° ′	° ′
16	4 15·6	4 22·3	4 33·0	4 34·0	4 32·0	4 33·6	4 30·0	4 30·0	4 31·0	4 32·0	4 32·3	4 34·0	4 34·0	4 35·3
24	4 30·0	4 30·3	4 30·6	4 28·0	4 29·6	4 28·0	4 26·0	4 29·0	4 28·0	4 28·0	4 30·3	4 30·6	4 31·6	4 44·3
29	4 22·6	4 27·0	4 30·0	4 27·6	4 25·0	4 28·3	4 25·6	4 30·3	4 31·0	4 32·0	4 42·6	4 17·6	4 48·0	4 49·3
30	4 18·0	4 20·0	4 20·0	4 18·0	4 10·6	4 12·3	4 13·6	4 28·0	4 9·3	4 15·6	4 16·6	4 44·6	4 28·1	4 32·6
36° +	4 23·3	4 26·2	4 28·2	4 26·9	4 22·8	4 26·8	4 24·3	4 29·1	4 24·8	4 26·9	4 32·7	4 46·0	4 38·1	4 40·4

August 1883. 39° +

Hours	0h 23m	1h 23m	2h 23m	3h 23m	4h 23m	5h 23m	6h 23m	7h 23m	8h 23m	9h 23m	10h 23m	11h 23m	0h 23m	1h 23m
Days.	° ′	° ′	° ′	° ′	° ′	° ′	° ′	° ′	° ′	° ′	° ′	° ′	° ′	° ′
4	1 5	1 7	1 9	1 11	1 13	1 14	1 16	1 12	1 12	1 15	1 14	1 17	1 18	1 21
9	1 19	1 19	1 17	1 18	1 16	1 16	1 13	[illegible]	1 8	1 26	1 18	1 19	1 19	1 33
10	1 14	1 16	1 12	1 11	1 12	1 15	1 14	1 15	1 18	1 17	1 17	1 20	1 19	1 27
16	1 15	1 16	1 17	1 16	1 18	1 16	1 16	1 18	1 18	1 19	1 19	1 19	1 24	1 32
17	1 15	1 16	1 14	1 14	1 13	1 17	1 18	1 18	1 21	1 20	1 19	1 19	1 24	1 37
31	1 11	1 10	1 10	1 10	1 10	1 12	1 12	1 12	1 12	1 13	1 15	1 17	1 19	1 24
39° +	1 13·7	1 14·0	1 13·2	1 13·3	1 14·0	1 14·0	1 14·8	1 20·8	1 16·0	1 17·0	1 17·0	1 18·5	1 20·0	1 27·3
40° +	0 19·5	0 20·1	0 20·2	0 20·1	0 19·9	0 20·9	0 19·6	0 25·0	0 20·4	0 21·0	0 24·1	0 37·1	0 27·9	0 33·9

October 1882. 38° + Selected undisturbed days during

Hours	0h 23m	1h 23m	2h 23m	3h 23m	4h 23m	5h 23m	6h 23m	7h 23m	8h 23m	9h 23m	10h 23m	11h 23m	0h 23m	1h 23m
Days.	° ′	° ′	° ′	° ′	° ′	° ′	° ′	° ′	° ′	° ′	° ′	° ′	° ′	° ′
1	2 18·0	2 19·0	2 17·0	2 17·0	2 16·0	2 18·0	2 19·0	2 21·0	2 21·0	2 8·0	2 30·0	2 38·0	2 20·0	2 26·0
19	2 22·3	2 22·0	2 24·7	2 22·0	2 22·0	2 26·0	2 25·0	2 30·0	2 21·7	2 30·7	2 11·7	2 36·3	2 30·0	2 36·7
20	2 21·0	2 24·0	2 25·7	2 25·0	2 24·3	2 24·0	2 24·0	2 24·3	2 23·3	2 23·3	2 24·0	2 27·3	2 19·0	2 32·7
21	2 23·3	2 23·0	2 22·0	2 21·0	2 23·3	2 24·0	2 24·0	2 26·0	2 23·0	2 26·0	2 28·0	2 37·7	2 30·0	2 30·0
38° +	2 21·2	2 21·0	2 21·8	2 21·5	2 21·4	2 23·0	2 23·0	2 22·8	2 22·8	2 24·0	2 23·4	2 34·8	2 27·3	2 28·6

November 1882. 37° +

Hours	0h 23m	1h 23m	2h 23m	3h 23m	4h 23m	5h 23m	6h 23m	7h 23m	8h 23m	9h 23m	10h 23m	11h 23m	0h 23m	1h 23m
Days.	° ′	° ′	° ′	° ′	° ′	° ′	° ′	° ′	° ′	° ′	° ′	° ′	° ′	° ′
4	3 24·2	3 27·3	3 23·3	3 14·3	3 24·3	3 22·3	3 28·0	3 26·0	3 28·0	3 21·3	3 26·3	3 36·0	3 34·3	3 37·0
10	3 16·0	3 28·3	3 38·3	3 24·0	3 28·3	3 30·0	3 28·0	3 26·3	3 26·0	3 26·7	3 25·3	3 37·7	3 14·3	3 34·7
11	3 28·0	3 31·7	3 22·3	3 28·7	3 28·0	3 27·7	3 27·7	3 38·3	3 28·0	3 30·0	3 25·7	3 36·0	3 29·3	3 34·1
29	3 19·7	3 18·3	3 18·0	3 19·3	3 13·3	3 13·0	3 19·0	3 13·7	3 19·3	3 17·3	3 21·7	3 24·0	3 24·7	3 30·0
37° +	3 22·1	3 24·0	3 25·0	3 26·6	3 24·4	3 26·1	3 25·7	3 23·6	3 25·3	3 23·6	3 28·2	3 30·1	3 36·6	3 34·1
40° +	0 21·3	0 23·0	0 22·1	0 24·1	0 22·9	0 24·1	0 24·4	0 23·3	0 24·1	0 22·8	0 24·3	0 32·5	0 29·0	0 31·4

the months of September 1882 and August 1883.

September 1882.

h m 2 23	h m 3 23	h m 4 23	h m 5 23	h m 6 23	h m 7 23	h m 8 23	h m 9 23	h m 10 23	h m 11 23	Mean.	Highest.	Lowest.	Difference.
° ′	° ′	° ′	° ′	° ′	° ′	° ′	° ′	° ′	° ′	° ′	° ′	° ′	° ′
4 39·3	4 41·3	4 50·2	4 49·5	4 45·6	4 38·0	4 34·0	4 31·0	4 32·6	4 28·6				
4 41·0	4 40·3	4 43·0	4 40·3	4 41·0	4 35·7	4 30·5	4 28·0	4 24·3	4 28·6				
5 3·3	4 30·6	4 42·0	4 41·3	4 40·5	4 34·3	4 25·0	4 27·0	4 18·0	4 26·0				
4 47·3	5 1·3	5 3·6	4 48·6	4 32·0	4 29·3	4 28·0	4 17·0	4 17·0	4 14·0				
4 48·2	4 49·0	4 49·6	4 41·1	4 39·7	4 34·0	4 29·3	4 24·8	4 23·0	4 20·3	40 32·5	40 49·6	40 20·3	0 29·3

August 1883.

h m 2 23	h m 3 23	h m 4 23	h m 5 23	h m 6 23	h m 7 23	h m 8 23	h m 9 23	h m 10 23	h m 11 23	Mean.	Highest.	Lowest.	Difference.
° ′	° ′	° ′	° ′	° ′	° ′	° ′	° ′	° ′	° ′	° ′	° ′	° ′	° ′
1 45	1 38	1 34	1 36	1 39	1 28	1 20	1 13	1 9	1 9				
1 30	1 37	1 38	1 33	1 32	1 22	1 18	1 13	1 15	1 13				
1 27	1 43	1 36	1 37	1 38	1 7	1 12	1 12	1 12	1 8				
1 29	1 31	1 34	1 28	1 26	1 18	1 17	1 13	1 14	1 14				
1 38	1 38	1 37	1 37	1 33	1 26	1 19	1 12	1 7	1 10				
1 24	1 22	1 30	1 23	1 24	1 14	1 21	1 6	1 7	1 8				
1 32·2	1 33·5	1 34·5	1 31·8	1 30·0	1 19·2	1 16·2	1 11·2	1 9·8	1 10·2	40 19·3	40 34·3	40 9·8	0 24·5
0 40·2	0 41·5	0 42·0	0 37·5	0 34·9	0 26·6	0 22·8	0 18·3	0 16·4	0 15·3	40 25·9	40 42·0	40 15·3	0 26·7

the months of October and November 1882.

October 1882.

h m 2 23	h m 3 23	h m 4 23	h m 5 23	h m 6 23	h m 7 23	h m 8 23	h m 9 23	h m 10 23	h m 11 23	Mean.	Highest.	Lowest.	Difference.
° ′	° ′	° ′	° ′	° ′	° ′	° ′	° ′	° ′	° ′	° ′	° ′	° ′	° ′
2 33·0	2 40·0	2 44·0	2 36·0	2 31·0	2 30·0	2 21·0	2 20·0	2 18·0	2 17·0				
2 44·0	2 43·0	2 51·0	2 46·7	2 33·7	2 29·0	2 25·5	2 20·7	2 20·0	2 11·3				
2 30·7	2 35·3	2 38·3	2 33·7	2 38·3	2 28·3	2 24·0	2 23·3	2 22·7	2 13·3				
2 34·3	2 31·3	2 37·3	2 37·7	2 32·1	2 27·0	2 21·3	2 22·0	2 21·7	2 23·7				
2 34·0	2 37·2	2 42·6	2 39·3	2 33·2	2 28·6	2 22·9	2 21·5	2 20·4	2 21·3	40 26·5	40 41·6	40 20·4	0 21·5

November 1882.

h m 2 23	h m 3 23	h m 4 23	h m 5 23	h m 6 23	h m 7 23	h m 8 23	h m 9 23	h m 10 23	h m 11 23	Mean.	Highest.	Lowest.	Difference.
° ′	° ′	° ′	° ′	° ′	° ′	° ′	° ′	° ′	° ′	° ′	° ′	° ′	° ′
3 47·0	3 36·7	3 39·2	3 43·0	3 35·7	3 36·3	3 34·1	3 37·2	3 29·0	3 35·0				
3 47·0	3 16·3	3 34·2	3 37·0	3 34·0	3 29·0	3 30·3	3 28·7	3 24·7	3 28·3				
3 36·7	3 35·3	3 36·3	3 32·1	3 32·3	3 30·3	3 30·0	3 33·2	3 27·0	3 17·7				
3 24·7	3 14·7	3 26·5	3 26·0	3 26·1	3 26·0	3 22·3	3 20·0	3 18·2	3 18·0				
3 35·4	3 26·0	3 34·3	3 25·8	3 33·0	3 30·4	3 28·5	3 27·4	3 22·4	3 22·0	40 27·8	40 36·0	40 22·0	0 14·0
0 34·7	0 36·6	0 38·1	0 37·7	0 32·6	0 29·4	0 28·7	0 25·0	0 21·3	0 21·7	40 31·2	40 38·5	40 21·3	0 17·2

Declination.

December 1882. 38′ + Göttingen Mean Time. Selected undisturbed days during

Hours	h m 0 23	h m 1 23	h m 2 23	h m 3 23	h m 4 23	h m 5 23	h m 6 23	h m 7 23	h m 8 23	h m 9 23	h m 10 23	h m 11 23	h m 0 23	h m 1 23
Days.	′ ″	′ ″	′ ″	′ ″	′ ″	′ ″	′ ″	′ ″	′ ″	′ ″	′ ″	′ ″	′ ″	′ ″
6	2 23·3	2 15·3	2 18·3	2 17·3	2 18·2	2 18·2	2 17·2	2 14·3	—	2 31·5	2 25·3	2 18·0	2 23·0	2 21·7
8	2 16·3	2 15·0	2 15·0	2 19·0	2 19·2	2 20·3	2 19·2	2 17·6	2 19·7	2 19·8	2 19·8	2 19·0	2 21·0	2 34·0
14	2 13·7	2 12·7	2 16·0	2 19·5	2 19·7	2 17·7	2 18·3	2 17·5	2 4·3	2 16·0	2 21·3	2 19·0	2 22·5	2 25·3
15	2 17·0	2 18·0	2 17·0	2 19·0	2 18·0	2 20·0	2 19·0	2 20·0	2 15·0	2 19·0	2 20·0	2 20·0	2 28·0	2 26·0
38′ +	2 17·6	2 15·5	2 16·6	2 18·7	2 18·8	2 19·1	2 18·4	2 17·4	2 13·0	2 22·5	2 21·6	2 19·0	2 23·9	2 26·7

January 1883. 39′ +

Hours	h m 0 23	h m 1 23	h m 2 23	h m 3 23	h m 4 23	h m 5 23	h m 6 23	h m 7 23	h m 8 23	h m 9 23	h m 10 23	h m 11 23	h m 0 23	h m 1 23
Days.	′ ″	′ ″	′ ″	′ ″	′ ″	′ ″	′ ″	′ ″	′ ″	′ ″	′ ″	′ ″	′ ″	′ ″
2	1 14·0	1 21·0	1 14·0	1 11·0	1 14·0	1 18·0	1 14·0	1 18·0	1 13·0	1 16·0	1 17·0	1 18·0	1 21·0	1 36·0
3	1 17·3	1 16·3	1 16·0	1 15·3	1 17·5	1 16·7	1 12·3	1 17·2	1 16·7	1 18·7	1 46·5	1 20·3	1 19·2	1 32·3
11	1 10·8	1 9·3	1 6·5	1 1·3	1 7·3	1 18·2	1 15·7	1 16·5	1 14·8	1 14·0	1 17·0	1 17·5	1 18·1	1 49·0
13	1 17·7	1 17·2	1 16·2	1 16·0	1 16·5	1 16·5	1 16·0	1 16·1	1 16·0	1 16·0	1 15·6	1 17·0	1 17·0	1 17·7
23	1 14·7	1 9·2	1 14·7	1 13·0	1 14·6	1 13·0	1 13·0	1 17·7	1 12·3	1 5·3	1 17·7	1 20·3	1 27·6	1 29·2
39′ +	1 14·9	1 13·2	1 13·5	1 11·3	1 14·0	1 16·9	1 15·2	1 17·0	1 15·0	1 14·0	1 22·8	1 20·6	1 20·7	1 26·9
40′ +	0 16·3	0 14·3	0 15·1	0 15·0	0 16·4	0 18·0	0 16·8	0 17·2	0 14·0	0 17·8	0 22·2	0 19·8	0 21·3	0 26·8

February 1883. 38′ + Selected undisturbed days during

Hours	h m 0 23	h m 1 23	h m 2 23	h m 3 23	h m 4 23	h m 5 23	h m 6 23	h m 7 23	h m 8 23	h m 9 23	h m 10 23	h m 11 23	h m 0 23	h m 1 23
Days.	′ ″	′ ″	′ ″	′ ″	′ ″	′ ″	′ ″	′ ″	′ ″	′ ″	′ ″	′ ″	′ ″	′ ″
7	2 11·0	2 10·2	2 11·3	2 9·6	2 11·3	2 12·1	2 15·0	2 5·7	2 14·3	2 15·5	2 11·0	2 19·2	2 22·2	2 20·2
8	2 9·8	2 10·4	2 13·0	2 13·1	2 10·0	2 13·5	2 14·7	2 11·0	2 14·2	2 8·0	2 30·0	2 16·0	2 31·5	2 12·3
10	2 16·7	2 1·7	2 8·2	2 0·5	1 53·0	2 3·8	1 26·0	2 2·7	2 14·0	2 11·7	2 13·0	2 16·7	1 18·8	2 25·2
11	2 13·1	2 14·1	2 14·9	2 14·8	2 13·2	2 13·0	2 13·5	2 14·1	2 8·7	2 23·0	2 8·3	2 17·3	2 16·3	2 26·8
12	2 12·5	2 13·8	2 13·5	2 15·3	2 14·2	2 14·3	2 13·7	2 15·8	2 11·7	2 12·0	2 14·0	2 14·7	2 18·7	2 24·7
13	2 9·8	2 12·3	2 13·5	2 14·0	2 14·2	2 14·6	2 15·1	2 14·0	2 14·0	2 12·0	2 14·0	2 14·6	2 13·9	2 17·3
38′ +	2 12·5	2 10·5	2 12·4	2 11·3	2 9·7	2 12·1	2 9·7	2 10·6	2 12·8	2 13·7	2 15·2	2 16·4	2 20·6	2 21·1

March 1883. 38′ +

Hours	h m 0 23	h m 1 23	h m 2 23	h m 3 23	h m 4 23	h m 5 23	h m 6 23	h m 7 23	h m 8 23	h m 9 23	h m 10 23	h m 11 23	h m 0 23	h m 1 23
Days.	′ ″	′ ″	′ ″	′ ″	′ ″	′ ″	′ ″	′ ″	′ ″	′ ″	′ ″	′ ″	′ ″	′ ″
11	2 1·3	2 9·3	2 6·5	2 10·7	2 12·7	2 14·1	2 14·3	2 13·6	2 12·0	2 6·7	2 18·0	2 22·0	2 22·2	2 27·3
13	2 13·0	2 11·0	2 12·4	2 11·0	2 9·5	2 13·5	2 17·5	2 34·0	2 19·0	1 59·0	2 22·0	2 23·0	2 26·0	2 20·5
17	2 9·7	2 10·0	2 11·8	2 9·9	2 17·3	2 11·3	2 10·0	2 11·3	2 23·3	2 8·3	2 13·8	2 22·3	2 23·7	2 24·3
19	2 10·0	2 10·0	2 9·7	2 8·8	2 8·8	2 8·3	2 7·0	2 7·3	2 5·9	2 10·2	2 9·8	2 15·3	2 19·3	2 14·3
20	2 8·0	2 8·2	2 8·0	2 6·8	2 7·9	2 8·0	2 8·3	2 8·3	2 8·0	2 9·3	2 10·0	2 9·3	2 10·0	2 12·0
38′ +	2 8·6	2 9·7	2 9·7	2 9·4	2 11·2	2 11·0	2 11·4	2 14·9	2 14·6	2 6·7	2 14·7	2 18·4	2 20·2	2 20·7
40′ +	0 10·6	0 10·1	0 11·1	0 10·4	0 10·5	0 11·6	0 10·6	0 12·8	0 16·2	0 10·2	0 14·9	0 17·4	0 20·4	0 21·4

the months of December 1882 and January 1883.

December 1882.

2h 23m	3h 23m	4h 23m	5h 23m	6h 23m	7h 23m	8h 23m	9h 23m	10h 23m	11h 23m	Mean.	Highest.	Lowest.	Difference.
° ′	° ′	° ′	° ′	° ′	° ′	° ′	° ′	° ′	° ′	° ′	° ′	° ′	° ′
2 26·3	2 33·2	2 30·7	2 26·7	2 21·9	2 30·0	2 22·0	2 20·0	2 18·5	2 12·7				
2 14·7	2 21·7	2 21·7	2 21·8	2 22·8	2 23·7	2 16·7	2 18·7	2 16·7	2 12·3				
2 33·3	2 28·0	2 20·2	2 24·0	2 22·7	2 20·3	2 17·0	2 16·3	2 14·1	2 14·7				
2 31·0	2 26·0	2 14·0	2 28·0	1 26·0	2 20·0	2 24·0	2 24·0	2 0·0	2 2·0				
2 29·3	2 24·4	2 15·7	2 27·9	2 23·6	2 21·0	2 19·9	2 22·3	2 10·4	2 11·4	40 20·[illegible]	40 29·3	40 12·4	0 16·9

January 1883.

2h 23m	3h 23m	4h 23m	5h 23m	6h 23m	7h 23m	8h 23m	9h 23m	10h 23m	11h 23m	Mean.	Highest.	Lowest.	Difference.
° ′	° ′	° ′	° ′	° ′	° ′	° ′	° ′	° ′	° ′	° ′	° ′	° ′	° ′
1 35·0	1 38·0	1 21·0	1 34·0	1 43·0	1 30·0	1 29·0	1 9·0	1 11·0	1 13·0				
1 49·7	1 33·3	1 25·3	1 27·0	1 24·7	1 27·3	1 23·7	1 18·3	1 17·8	1 19·7				
1 18·7	1 19·7	1 26·0	1 20·8	1 20·3	1 18·6	1 14·7	1 14·7	1 13·4	1 16·6				
1 26·1	1 42·3	1 49·5	1 35·7	1 28·7	1 25·8	1 17·2	1 13·8	1 13·7	1 12·8				
0 43·8	1 23·0	1 27·4	1 16·8	1 15·7	1 16·5	1 17·8	1 15·9	1 10·7	1 11·8				
1 34·7	1 33·7	1 27·4	1 26·9	1 25·7	1 21·6	1 18·5	1 14·3	1 13·9	1 14·8	40 19·3	40 34·7	40 11·3	0 23·4
0 33·0	0 29·6	0 25·6	0 37·4	0 34·7	0 22·3	0 26·7	0 18·3	0 13·2	0 13·6	40 20·0	40 32·0	40 13·1	0 18·8

the months of February and March 1883.

February 1883.

2h 23m	3h 23m	4h 23m	5h 23m	6h 23m	7h 23m	8h 23m	9h 23m	10h 23m	11h 23m	Mean.	Highest.	Lowest.	Difference.
° ′	° ′	° ′	° ′	° ′	° ′	° ′	° ′	° ′	° ′	° ′	° ′	° ′	° ′
2 17·7	2 36·3	2 19·8	2 35·3	2 27·8	2 22·3	2 17·8	2 13·7	2 7·0	2 9·3				
2 30·6	2 35·7	2 33·0	2 33·0	3 15·7	2 19·5	2 9·3	2 8·7	2 6·0	2 4·7				
2 44·0	2 32·3	2 35·8	2 30·4	2 16·9	2 17·6	2 10·5	2 7·3	2 9·3	2 12·0				
2 20·0	2 22·0	2 38·3	2 37·7	2 25·3	2 16·0	2 11·3	2 16·0	2 10·8	2 10·3				
2 26·3	2 18·5	2 24·2	2 29·5	2 23·2	2 14·7	2 14·3	2 16·5	2 8·4	2 7·0				
2 25·7	2 34·7	2 10·0	2 27·4	2 22·0	2 21·1	2 15·7	2 17·0	2 9·3	2 9·3				
2 27·0	2 26·8	2 28·7	2 24·6	2 23·1	2 18·9	2 15·6	2 10·7	2 8·5	2 8·6	40 15·8	40 28·7	40 8·5	0 20·2

March 1883.

2h 23m	3h 23m	4h 23m	5h 23m	6h 23m	7h 23m	8h 23m	9h 23m	10h 23m	11h 23m	Mean.	Highest.	Lowest.	Difference.
° ′	° ′	° ′	° ′	° ′	° ′	° ′	° ′	° ′	° ′	° ′	° ′	° ′	° ′
2 41·3	2 49·7	2 39·7	2 28·0	2 20·0	2 22·3	2 14·6	2 11·0	2 7·8	2 7·8				
2 19·0	2 18·0	2 34·0	2 17·0	2 25·0	2 17·5	2 18·0	2 12·5	2 15·0	2 10·0				
2 14·7	2 19·8	2 22·7	2 26·5	2 21·3	2 13·2	2 16·5	2 8·5	2 14·0	2 12·3				
2 16·0	2 17·7	2 20·0	2 20·7	2 21·0	2 14·3	2 15·0	2 7·7	2 8·0	2 7·7				
2 13·7	2 18·3	2 10·8	2 23·8	2 21·7	2 19·8	2 13·8	2 8·4	2 7·2	2 5·3				
2 21·9	2 24·8	2 25·4	2 24·0	2 21·4	2 17·6	2 15·8	2 9·6	2 10·2	2 8·6	40 16·3	40 25·4	40 6·7	0 18·7
0 23·0	0 25·8	0 27·1	0 24·8	0 22·3	0 16·3	0 14·7	0 10·2	0 9·4	0 8·6	40 17·6	40 27·1	40 8·6	0 18·5

Declination.

April 1883. 38' + Göttingen Mean Time. Selected undisturbed days during

Hours -	h m 0 23	h m 1 23	h m 2 23	h m 3 23	h m 4 23	h m 5 23	h m 6 23	h m 7 23	h m 8 23	h m 9 23	h m 10 23	h m 11 23	h m 0 23	h m 1 23
Days.	° '	° '	° '	° '	° '	° '	° '	° '	° '	° '	° '	° '	° '	° '
10	2 1·7	2 1·3	1 59·5	2 7·0	2 12·0	2 11·7	2 6·3	2 8·1	2 10·0	2 10·0	2 10·0	2 8·1	2 6·3	2 56·3
14	2 4·8	1 56·2	2 0·0	1 59·3	2 9·2	2 8·7	2 8·3	2 8·8	2 7·0	2 11·0	2 8·7	2 12·0	2 11·5	2 10·2
17	1 59·2	2 0·1	2 1·5	2 3·0	2 3·6	1 56·0	2 0·1	2 11·0	2 0·7	2 4·5	2 9·0	2 8·2	2 21·1	2 23·2
21	2 9·0	2 10·0	2 11·0	2 8·0	2 9·0	2 9·0	2 7·0	2 27·0	2 18·0	2 15·0	2 9·0	2 17·0	2 22·0	2 24·0
22	2 7·0	2 8·0	2 8·0	2 11·5	2 14·0	2 14·0	2 12·0	2 14·0	2 13·0	2 13·0	2 18·0	2 14·0	2 9·0	2 22·0
23	2 6·0	2 3·0	2 4·0	2 12·0	2 17·0	2 13·0	2 10·0	2 11·0	2 12·0	2 11·0	2 10·0	2 22·0	2 14·0	2 19·0
38' +	2 4·6	2 3·4	2 4·5	2 6·8	2 9·8	2 8·6	2 8·2	2 11·7	2 9·0	2 10·4	2 10·8	2 13·3	2 14·0	2 21·8

May 1883. 39' +

Hours -	h m 0 23	h m 1 23	h m 2 23	h m 3 23	h m 4 23	h m 5 23	h m 6 23	h m 7 23	h m 8 23	h m 9 23	h m 10 23	h m 11 23	h m 0 23	h m 1 23
Days.	° '	° '	° '	° '	° '	° '	° '	° '	° '	° '	° '	° '	° '	° '
9	1 4·0	1 4·0	1 8·0	1 7·0	1 6·0	1 11·0	1 6·0	1 6·0	1 40·0	1 7·0	1 38·0	1 28·0	1 18·0	1 25·0
10	1 2·0	1 4·0	1 7·0	1 11·0	1 8·0	1 12·0	1 8·0	1 7·0	1 10·0	1 12·0	1 12·0	1 14·0	1 12·0	1 22·0
11	1 2·0	1 3·0	1 8·0	1 17·0	1 10·0	1 13·0	1 10·0	1 7·0	1 16·0	1 26·0	1 27·0	1 18·0	1 10·0	1 32·0
12	1 5·0	1 6·0	1 10·0	1 3·0	1 1·0	1 7·0	1 2·0	1 2·0	1 26·0	1 4·0	1 9·0	1 19·0	1 15·0	1 31·0
13	1 10·0	1 8·0	1 8·0	1 10·0	1 11·0	1 10·0	1 10·0	1 11·0	1 1·0	1 13·0	1 11·0	1 14·0	1 10·0	1 13·0
15	1 6·0	1 8·0	1 10·0	1 13·0	1 5·0	1 6·0	1 6·0	1 1·0	1 0·0	1 15·0	1 11·0	1 21·0	1 25·0	1 33·0
39' +	1 3·3	1 6·0	1 8·3	1 9·0	1 7·0	1 9·0	1 7·0	1 5·7	1 15·5	1 14·0	1 15·8	1 16·0	1 16·8	1 27·3
40' +	0 5·0	0 4·7	0 6·5	0 7·9	0 8·4	0 8·8	0 7·6	0 8·7	0 12·3	0 13·2	0 15·2	0 16·3	0 17·4	0 24·6

June 1883. 39' + Selected undisturbed days during

Hours -	h m 0 23	h m 1 23	h m 2 23	h m 3 23	h m 4 23	h m 5 23	h m 6 23	h m 7 23	h m 8 23	h m 9 23	h m 10 23	h m 11 23	h m 0 23	h m 1 23
Days.	° '	° '	° '	° '	° '	° '	° '	° '	° '	° '	° '	° '	° '	° '
4	1 8	1 12	1 5	1 10	1 15	1 15	1 11	0 49	0 58	1 19	1 14	1 13	1 14	1 29
5	1 12	1 11	1 13	1 12	1 16	1 17	1 18	1 17	1 16	1 15	1 20	1 25	1 24	1 29
11	1 1	1 1	0 57	0 40	0 51	0 45	0 52	0 34	0 43	0 43	0 58	1 2	1 25	1 26
15	1 3	1 4	1 4	1 10	1 9	1 14	1 10	1 12	1 11	1 17	1 10	1 10	1 14	1 32
39' +	1 6·0	1 7·0	1 4·5	1 3·0	1 7·8	1 7·3	1 7·8	1 3·0	1 2·0	1 9·8	1 10·5	1 12·3	1 19·3	1 28·5

July 1883 38' +

Hours -	h m 0 23	h m 1 23	h m 2 23	h m 3 23	h m 4 23	h m 5 23	h m 6 23	h m 7 23	h m 8 23	h m 9 23	h m 10 23	h m 11 23	h m 0 23	h m 1 23
Days.	° '	° '	° '	° '	° '	° '	° '	° '	° '	° '	° '	° '	° '	° '
21	2 3	2 7	2 7	2 11	2 14	2 15	2 12	2 12	1 51	2 5	2 10	2 14	2 16	2 23
22	2 2	2 7	2 10	2 9	2 12	2 16	2 14	2 14	2 14	2 12	2 16	2 19	2 21	2 25
23	2 4	2 6	1 46	2 5	2 6	2 8	2 8	2 15	2 11	2 29	2 18	2 13	2 27	2 19
28	2 11	2 14	2 13	2 16	2 16	2 16	2 15	2 15	2 14	2 14	2 25	2 19	2 21	2 26
29	2 12	2 14	2 17	2 41	2 14	2 13	2 13	2 7	1 53	1 59	2 29	2 23	2 24	2 27
38' +	2 6·3	2 9·6	2 9·0	2 10·0	2 12·4	2 14·0	2 12·2	2 12·6	2 5·4	2 11·4	2 15·6	2 18·0	2 20·6	2 23·6
40' +	0 6·1	0 8·3	0 6·8	0 6·5	0 10·1	0 10·7	0 10·0	0 7·8	0 5·7	0 10·6	0 13·2	0 15·1	0 20·0	0 26·0

Fort Rae.

the months of April and May 1883.

April 1883.

h m 2 23	h m 3 23	h m 4 23	h m 5 23	h m 6 23	h m 7 23	h m 8 23	h m 9 23	h m 10 23	h m 11 23	Mean.	Highest.	Lowest.	Difference.
[illegible]	[illegible]	[illegible]	[illegible]	[illegible]	[illegible]	[illegible]	[illegible]	[illegible]	[illegible]				
[illegible]	[illegible]	[illegible]	[illegible]	[illegible]	[illegible]	[illegible]	[illegible]	[illegible]	[illegible]				
[illegible]	[illegible]	[illegible]	[illegible]	[illegible]	[illegible]	[illegible]	[illegible]	[illegible]	[illegible]				
[illegible]	[illegible]	[illegible]	[illegible]	[illegible]	[illegible]	[illegible]	[illegible]	[illegible]	[illegible]				
[illegible]	[illegible]	[illegible]	[illegible]	[illegible]	[illegible]	[illegible]	[illegible]	[illegible]	[illegible]				
[illegible]	[illegible]	[illegible]	[illegible]	[illegible]	[illegible]	[illegible]	[illegible]	[illegible]	[illegible]				
[illegible]	[illegible]	[illegible]	[illegible]	[illegible]	[illegible]	[illegible]	[illegible]	[illegible]	[illegible]	[illegible]	[illegible]	[illegible]	[illegible]

May 1883.

h m 2 23	h m 3 23	h m 4 23	h m 5 23	h m 6 23	h m 7 23	h m 8 23	h m 9 23	h m 10 23	h m 11 23	Mean.	Highest.	Lowest.	Difference.
[illegible]	[illegible]	[illegible]	[illegible]	[illegible]	[illegible]	[illegible]	[illegible]	[illegible]	[illegible]				
[illegible]	[illegible]	[illegible]	[illegible]	[illegible]	[illegible]	[illegible]	[illegible]	[illegible]	[illegible]				
[illegible]	[illegible]	[illegible]	[illegible]	[illegible]	[illegible]	[illegible]	[illegible]	[illegible]	[illegible]				
[illegible]	[illegible]	[illegible]	[illegible]	[illegible]	[illegible]	[illegible]	[illegible]	[illegible]	[illegible]				
[illegible]	[illegible]	[illegible]	[illegible]	[illegible]	[illegible]	[illegible]	[illegible]	[illegible]	[illegible]				
[illegible]	[illegible]	[illegible]	[illegible]	[illegible]	[illegible]	[illegible]	[illegible]	[illegible]	[illegible]				
[illegible]	[illegible]	[illegible]	[illegible]	[illegible]	[illegible]	[illegible]	[illegible]	[illegible]	[illegible]	[illegible]	[illegible]	[illegible]	[illegible]
[illegible]	[illegible]	[illegible]	[illegible]	[illegible]	[illegible]	[illegible]	[illegible]	[illegible]	[illegible]	[illegible]	[illegible]	[illegible]	[illegible]

the months of June and July 1883.

June 1883.

h m 2 23	h m 3 23	h m 4 23	h m 5 23	h m 6 23	h m 7 23	h m 8 23	h m 9 23	h m 10 23	h m 11 23	Mean.	Highest.	Lowest.	Difference.
[illegible]	[illegible]	[illegible]	[illegible]	[illegible]	[illegible]	[illegible]	[illegible]	[illegible]	[illegible]				
[illegible]	[illegible]	[illegible]	[illegible]	[illegible]	[illegible]	[illegible]	[illegible]	[illegible]	[illegible]				
[illegible]	[illegible]	[illegible]	[illegible]	[illegible]	[illegible]	[illegible]	[illegible]	[illegible]	[illegible]				
[illegible]	[illegible]	[illegible]	[illegible]	[illegible]	[illegible]	[illegible]	[illegible]	[illegible]	[illegible]				
[illegible]	[illegible]	[illegible]	[illegible]	[illegible]	[illegible]	[illegible]	[illegible]	[illegible]	[illegible]	[illegible]	[illegible]	[illegible]	[illegible]

July 1883.

h m 2 23	h m 3 23	h m 4 23	h m 5 23	h m 6 23	h m 7 23	h m 8 23	h m 9 23	h m 10 23	h m 11 23	Mean.	Highest.	Lowest.	Difference.
[illegible]	[illegible]	[illegible]	[illegible]	[illegible]	[illegible]	[illegible]	[illegible]	[illegible]	[illegible]				
[illegible]	[illegible]	[illegible]	[illegible]	[illegible]	[illegible]	[illegible]	[illegible]	[illegible]	[illegible]				
[illegible]	[illegible]	[illegible]	[illegible]	[illegible]	[illegible]	[illegible]	[illegible]	[illegible]	[illegible]				
[illegible]	[illegible]	[illegible]	[illegible]	[illegible]	[illegible]	[illegible]	[illegible]	[illegible]	[illegible]				
[illegible]	[illegible]	[illegible]	[illegible]	[illegible]	[illegible]	[illegible]	[illegible]	[illegible]	[illegible]				
[illegible]	[illegible]	[illegible]	[illegible]	[illegible]	[illegible]	[illegible]	[illegible]	[illegible]	[illegible]	[illegible]	[illegible]	[illegible]	[illegible]
[illegible]	[illegible]	[illegible]	[illegible]	[illegible]	[illegible]	[illegible]	[illegible]	[illegible]	[illegible]	[illegible]	[illegible]	[illegible]	[illegible]

Horizontal Intensity.

September 1882. 0·07000 (C.G.S.) + Göttingen Mean Time. Selected undisturbed days during

Hours	0h 23m	1h 23m	2h 23m	3h 23m	4h 23m	5h 23m	6h 23m	7h 23m	8h 23m	9h 23m	10h 23m	11h 23m	0h 23m	1h 23m
Days.														
16	663	687	658	656	654	686	646	648	646	651	649	649	636	636
24	639	656	660	668	672	662	687	670	668	676	672	664	668	673
29	678	676	660	653	666	681	664	662	618	599	440	403	4[illegible]	517
30	653	663	663	674	668	679	693	674	589	612	647	533	640	614
0·70000 +	6580	6657	6600	6630	6641	6695	6730	6660	6358	6375	6020	5622	6012	6147

August 1883.

Hours	0h 23m	1h 23m	2h 23m	3h 23m	4h 23m	5h 23m	6h 23m	7h 23m	8h 23m	9h 23m	10h 23m	11h 23m	0h 23m	1h 23m
Days.														
4	734	708	736	709	745	716	720	664	563	653	678	678	672	646
9	681	674	674	672	672	678	691	661	622	652	666	656	674	638
10	676	676	683	674	670	678	691	685	681	679	685	689	699	689
16	687	676	672	672	672	681	685	670	697	695	692	703	685	707
17	691	689	691	691	689	683	689	691	683	691	693	691	689	687
31	678	689	691	695	692	691	697	697	683	691	689	693	689	685
0·70000 −	6905	6852	6912	6938	6923	6878	6955	6610	6558	6725	6847	6850	6843	6762
0·70000 +	6743	6773	6736	6784	6774	6787	6853	6655	6447	6510	6434	6336	6428	6456

October 1882. Selected undisturbed days during

Hours	0h 23m	1h 23m	2h 23m	3h 23m	4h 23m	5h 23m	6h 23m	7h 23m	8h 23m	9h 23m	10h 23m	11h 23m	0h 23m	1h 23m
Days.														
1	658	663	660	666	679	679	670	649	657	620	633	487	660	679
19	671	678	691	685	689	689	701	701	678	658	674	659	648	630
20	672	670	678	678	678	685	685	683	683	681	685	681	662	672
21	670	676	674	674	676	678	681	679	681	676	666	672	664	674
0·70000 +	6685	6715	6758	6758	6805	6828	6843	6785	6698	6587	6640	6298	6610	6637

November 1882.

Hours	0h 23m	1h 23m	2h 23m	3h 23m	4h 23m	5h 23m	6h 23m	7h 23m	8h 23m	9h 23m	10h 23m	11h 23m	0h 23m	1h 23m
Days.														
4	687	685	716	705	693	691	685	699	697	681	691	668	662	643
10	716	672	657	685	670	714	693	681	676	681	681	672	666	666
11	672	699	708	670	679	674	674	670	677	679	679	679	676	636
29	664	679	705	691	532	563	745	743	693	676	653	662	666	641
0·70000 −	6838	6838	7015	6878	6935	7105	6993	6983	6858	6792	6760	6703	6675	6363
0·70000 +	6763	6777	6887	6818	6870	6967	6918	6884	6778	6690	6700	6601	6645	6601

Fort Rae.

the months of September 1882 and August 1883. (Bifilar Magnetometer)

September 1882.

h m 2 23	h m 3 23	h m 4 23	h m 5 23	h m 6 23	h m 7 23	h m 8 23	h m 9 23	h m 10 23	h m 11 23	Mean.	Highest.	Lowest.	Difference.
653 641 481 576	654 676 597 548	649 662 660 593	626 634 641 628	645 664 633 668	637 654 643 649	630 645 641 641	628 636 645 639	666 661 641 645	674 660 668 645				
5898	6188	6211	6498	6593	6437	6397	6430	6315	6618	·076407	·076750	·075622	·001128

August 1883.

h m 2 23	h m 3 23	h m 4 23	h m 5 23	h m 6 23	h m 7 23	h m 8 23	h m 9 23	h m 10 23	h m 11 23	Mean.	Highest.	Lowest.	Difference.
647 671 710 710 687 687	701 682 701 695 691 685	703 676 689 707 691 670	693 680 676 697 679 670	683 679 668 678 655 659	666 671 666 676 657 658	660 672 660 668 655 664	658 664 679 670 650 664	660 668 681 671 714 676	683 676 664 689 676 670				
6858	6955	6897	6840	6663	6675	6602	6658	6784	6763	·076796	·076815	·076458	·000357
6568	6161	6636	6669	6631	6541	6495	6514	6663	6691	·076601	·076847	·076236	·000612

the months of October and November 1882.

October 1882.

h m 2 23	h m 3 23	h m 4 23	h m 5 23	h m 6 23	h m 7 23	h m 8 23	h m 9 23	h m 10 23	h m 11 23	Mean.	Highest.	Lowest.	Difference.
664 699 686 662	657 613 638 676	626 654 660 674	643 628 658 670	643 655 662 668	655 642 658 662	670 640 686 658	622 647 672 664	633 654 666 666	641 646 670 670				
6502	6126	6333	6498	6367	6485	6482	6543	6547	6693	0·076622	0·076843	·076298	·000545

November 1882.

h m 2 23	h m 3 23	h m 4 23	h m 5 23	h m 6 23	h m 7 23	h m 8 23	h m 9 23	h m 10 23	h m 11 23	Mean.	Highest.	Lowest.	Difference.
668 647 660 661	634 628 666 661	655 634 664 656	661 660 643 679	662 666 643 676	646 664 649 670	658 666 635 636	670 661 647 643	672 683 647 662	683 672 674 668				
6567	6423	6618	6610	6621	6597	6578	6627	6661	6738	0·076753	0·077105	0·076471	·000630
6530	6103	6377	6524	6494	6541	6539	6585	6681	6671	0·076688	0·076967	0·076521	·000446

Horizontal Intensity.

December 1882. 0·07000 (C.G.S.) + Göttingen Mean Time. Selected undisturbed days during

Hours	0h 23m	1h 23m	2h 23m	3h 23m	4h 23m	5h 23m	6h 23m	7h 23m	8h 23m	9h 23m	10h 23m	11h 23m	0h 23m	1h 23m
Days.														
6	703	681	670	685	676	676	677	591	548	576	580	656	638	667
8	677	681	682	676	676	674	676	676	674	676	666	648	662	620
14	691	693	681	689	683	683	685	677	676	655	634	672	668	636
15	683	687	692	697	690	683	679	679	687	668	668	685	662	681
·070000 +	6885	6840	6848	6868	6835	6790	6793	6558	6463	6433	6420	6678	6625	6447

January 1883.

Hours	0h 23m	1h 23m	2h 23m	3h 23m	4h 23m	5h 23m	6h 23m	7h 23m	8h 23m	9h 23m	10h 23m	11h 23m	0h 23m	1h 23m
Days.														
2	660	666	687	716	710	705	708	705	689	683	674	648	651	609
3	660	676	676	679	672	705	670	672	664	654	489	626	670	624
11	736	705	708	788	771	731	672	664	668	672	668	670	666	662
13	672	670	670	674	678	676	674	674	676	676	676	668	666	668
21	653	679	679	666	672	664	679	681	670	594	500	593	601	597
·070000 +	6762	6792	6840	7046	7006	6964	6806	6792	6734	6558	6074	6410	6508	6320
·070000 +	6824	6816	6829	6957	6921	6877	6800	6675	6599	6405	6247	6544	6467	6334

February 1883. Selected undisturbed days during

Hours	0h 23m	1h 23m	2h 23m	3h 23m	4h 23m	5h 23m	6h 23m	7h 23m	8h 23m	9h 23m	10h 23m	11h 23m	0h 23m	1h 23m
Days.														
7	679	666	685	697	678	712	737	747	676	678	631	658	653	662
8	658	683	658	688	689	681	695	716	693	651	616	605	651	658
10	685	736	745	747	818	731	758	740	714	687	580	664	660	634
11	670	672	674	674	678	679	685	674	640	660	622	630	651	685
12	690	674	670	676	678	678	685	676	691	678	670	666	620	654
13	678	678	676	678	679	678	676	678	678	681	678	676	672	676
·070000 +	6767	6848	6847	6938	7032	6963	7043	7052	6803	6641	6328	6498	6348	6582

March 1883.

Hours	0h 23m	1h 23m	2h 23m	3h 23m	4h 23m	5h 23m	6h 23m	7h 23m	8h 23m	9h 23m	10h 23m	11h 23m	0h 23m	1h 23m
Days.														
11	714	687	693	672	685	683	685	689	603	662	658	536	675	565
13	672	679	676	697	724	691	670	662	586	666	662	651	647	658
17	666	674	683	695	699	697	701	683	593	672	555	641	641	643
19	668	666	664	664	670	674	697	693	697	689	651	653	649	681
20	668	670	676	683	692	697	697	691	689	687	689	689	699	687
·070000 +	6796	6752	6784	6822	6954	6884	6900	6836	6336	6752	6430	6340	6622	6468
·070000 +	6782	6800	6834	6873	6985	6955	6972	6944	6570	6697	6379	6419	6535	6525

Fort Rae.

the months of December 1882 and January 1883. (Bifilar Magnetometer.)

December 1882.

h m 2 23	h m 3 23	h m 4 23	h m 5 23	h m 6 23	h m 7 23	h m 8 23	h m 9 23	h m 10 23	h m 11 23	Mean.	Highest.	Lowest.	Difference.
660 656 631 648	651 666 668 683	679 671 684 671	641 670 677 630	684 666 677 668	653 662 646 662	670 656 664 664	677 656 662 649	677 658 666 391	699 664 679 670				
6513	6675	6770	6370	6740	6582	6635	6610	6280	6780	0·076660	0·076885	0·076420	0·000465

January 1883.

h m 2 23	h m 3 23	h m 4 23	h m 5 23	h m 6 23	h m 7 23	h m 8 23	h m 9 23	h m 10 23	h m 11 23	Mean.	Highest.	Lowest.	Difference.
508 531 660 647 563	582 599 662 533 630	633 660 666 534 651	662 656 656 605 630	607 660 658 643 666	616 636 634 668 662	629 653 644 670 664	638 662 662 662 649	676 658 658 662 666	654 654 663 660 631				
5818	6012	6468	6410	6468	6526	6560	6540	6640	6562	0·076556	0·077046	0·075818	·001228
6166	6344	6629	6490	6604	6554	6598	6575	6560	6651	0·076608	0·076957	0·076166	·000791

the months of February and March 1883.

February 1883.

h m 2 23	h m 3 23	h m 4 23	h m 5 23	h m 6 23	h m 7 23	h m 8 23	h m 9 23	h m 10 23	h m 11 23	Mean.	Highest.	Lowest.	Difference.
676 636 603 678 636 641	673 588 662 658 641 662	676 699 670 588 622 647	633 633 670 649 633 666	662 645 682 618 649 668	644 647 668 664 666 660	641 660 673 662 660 662	660 662 678 668 660 668	685 674 664 666 672 691	664 678 668 670 681 674				
6470	6481	6403	6370	6383	6598	6612	6660	6733	6725	·076699	·077032	·076328	·000724

March 1883.

h m 2 23	h m 3 23	h m 4 23	h m 5 23	h m 6 23	h m 7 23	h m 8 23	h m 9 23	h m 10 23	h m 11 23	Mean.	Highest.	Lowest.	Difference.
537 687 665 676 683	690 685 670 681 693	680 681 687 681 687	643 682 664 668 679	674 679 672 677 676	670 676 673 648 664	662 660 664 664 662	674 654 666 656 664	666 664 672 662 672	668 664 641 666 681				
6424	6676	6732	6670	6736	6690	6624	6628	6676	6640	·076672	·076934	·076336	·000598
6472	6579	6568	6620	6670	6641	6618	6644	6715	6683	·076686	·077085	·076379	·000604

Horizontal Intensity.

April 1883. 0·07000 (C.G.S.) + Göttingen Mean Time. Selected undisturbed days during

Hours -	0h 23m	1h 23m	2h 23m	3h 23m	4h 23m	5h 23m	6h 23m	7h 23m	8h 23m	9h 23m	10h 23m	11h 23m	0h 23m	1h 23m
Days.														
10	674	687	695	689	697	676	676	678	679	679	683	679	680	586
14	678	728	710	710	705	736	705	695	697	683	689	683	681	683
17	664	676	678	703	725	708	643	591	691	689	679	668	634	619
21	660	681	695	738	724	695	681	641	676	679	693	676	680	629
22	674	672	674	678	687	683	682	685	681	687	658	681	681	658
23	666	685	681	689	678	681	683	679	678	681	683	654	670	686
·070000 +	6660	6840	6888	6995	6997	6965	6788	6613	6837	6830	6808	6730	6710	6572

May 1883.

Hours -	0h 23m	1h 23m	2h 23m	3h 23m	4h 23m	5h 23m	6h 23m	7h 23m	8h 23m	9h 23m	10h 23m	11h 23m	0h 23m	1h 23m
Days.														
9	720	674	660	672	703	756	685	685	683	651	565	582	676	666
10	689	698	705	684	714	740	716	710	689	685	687	674	635	689
11	679	718	745	720	699	711	707	701	612	497	612	610	630	693
12	699	742	732	734	767	750	720	669	499	645	679	666	661	706
13	646	681	695	691	703	714	697	684	593	638	691	674	667	693
15	685	685	695	687	726	745	697	672	645	593	619	597	605	695
·070000 +	6877	6942	7030	6982	7220	7340	7017	6693	6382	6208	6452	6538	6657	6601
·070000 +	6769	6891	6969	6980	7109	7138	6928	6634	6610	6319	6630	6314	6689	6488

June 1883. Selected undisturbed days during

Hours -	0h 23m	1h 23m	2h 23m	3h 23m	4h 23m	5h 23m	6h 23m	7h 23m	8h 23m	9h 23m	10h 23m	11h 23m	0h 23m	1h 23m
Days.														
4	708	691	718	712	724	714	683	677	648	636	672	705	708	854
5	681	708	730	730	694	681	685	683	691	681	662	648	679	695
11	707	732	789	812	798	725	687	691	651	645	588	672	695	676
13	693	701	778	781	699	683	694	690	615	693	605	702	691	701
·070000 +	6988	7080	7563	7818	7283	7133	6870	6590	6633	6612	6343	6707	6928	6515

July 1883.

Hours -	0h 23m	1h 23m	2h 23m	3h 23m	4h 23m	5h 23m	6h 23m	7h 23m	8h 23m	9h 23m	10h 23m	11h 23m	0h 23m	1h 23m
Days.														
21	695	693	699	691	668	685	660	668	632	578	672	685	695	689
22	666	672	674	683	691	689	683	668	681	679	672	676	641	725
23	674	676	748	745	701	678	736	626	553	693	620	643	651	716
28	676	676	679	674	681	681	683	697	687	679	679	679	676	685
29	687	666	679	687	703	749	722	747	678	674	582	658	693	683
·070000 +	6796	6766	6744	6980	6892	6964	6928	6832	6443	6406	6480	6686	6812	6926
·070000 +	6892	6923	7054	7149	7080	7040	6893	6691	6538	6509	6497	6742	6850	6756

Fort Rae.

the months of April and May 1883. (Bifilar Magnetometer.) *April* 1883.

2h 23m	3h 23m	4h 23m	5h 23m	6h 23m	7h 23m	8h 23m	9h 23m	10h 23m	11h 23m	Mean.	Highest.	Lowest.	Difference.
654	692	708	665	676	666	660	672	643	689				
685	683	698	670	666	668	650	656	654	656				
668	687	693	681	670	672	664	661	662	664				
672	703	701	693	691	676	674	666	666	670				
660	646	647	664	678	674	672	664	658	662				
668	660	683	681	681	672	664	670	660	672				
6678	6800	6873	6790	6783	6717	6683	6634	6665	6628	·0756761	·0756997	·0756372	·000625

May 1883.

2h 23m	3h 23m	4h 23m	5h 23m	6h 23m	7h 23m	8h 23m	9h 23m	10h 23m	11h 23m	Mean.	Highest.	Lowest.	Difference.
676	706	687	664	673	691	676	701	679	689				
708	693	691	626	683	674	651	676	672	689				
689	687	726	697	689	683	626	672	672	676				
695	703	691	679	681	679	660	662	668	658				
622	265	382	610	674	681	672	677	684	683				
666	613	621	611	684	691	697	674	673	687				
6378	6643	6689	6595	6800	6868	6742	6770	6740	6840	·0756748	·0757310	·0756208	·001102
6628	6722	6777	6693	6793	6783	6711	6704	6701	6749	·0756742	·0757138	·0756488	·000650

the months of June and July 1883. *June* 1883.

2h 23m	3h 23m	4h 23m	5h 23m	6h 23m	7h 23m	8h 23m	9h 23m	10h 23m	11h 23m	Mean.	Highest.	Lowest.	Difference.
680	703	706	690	679	663	672	668	666	668				
699	691	703	687	681	679	659	670	683	681				
665	707	718	643	707	707	711	704	670	683				
708	693	692	659	668	637	637	636	677	677				
6612	6775	7055	6990	6838	6763	6740	6747	6731	6771	·0756863	·0757518	·0756515	·001003

July 1883.

2h 23m	3h 23m	4h 23m	5h 23m	6h 23m	7h 23m	8h 23m	9h 23m	10h 23m	11h 23m	Mean.	Highest.	Lowest.	Difference.
707	699	689	666	643	650	620	622	609	634				
703	703	697	679	680	637	637	628	643	662				
714	714	705	693	676	633	643	645	644	642				
637	178	668	689	689	693	641	687	683	678				
691	672	697	676	674	664	659	662	662	662				
6924	6732	6922	6896	6684	6334	6530	6484	6560	6581	·0756728	·0756980	·0756426	·000554
6768	6724	6984	6833	6761	6660	6540	6626	6646	6679	·0756793	·0757249	·0756497	·000752

Vertical Intensity.

September 1882. 0·6100 (C.G.S.) + Göttingen Mean Time. Selected undisturbed days during

Hours -	0h 23m	1h 23m	2h 23m	3h 23m	4h 23m	5h 23m	6h 23m	7h 23m	8h 23m	9h 23m	10h 23m	11h 23m	0h 23m	1h 23m
Days.														
16	81	82	93	80	80	77	82	80	81	80	80	78	80	81
24	82	83	84	83	86	83	84	83	79	80	81	81	81	83
29	78	79	77	76	77	76	73	65	68	79	89	91	94	83
30	77	77	77	76	77	77	77	71	70	80	80	82	76	77
0·61000 +	795	802	828	788	800	783	790	743	745	798	825	830	828	810

August 1883.

Hours -	0h 23m	1h 23m	2h 23m	3h 23m	4h 23m	5h 23m	6h 23m	7h 23m	8h 23m	9h 23m	10h 23m	11h 23m	0h 23m	1h 23m
Days.														
4	83	83	84	82	80	83	80	81	77	83	82	82	83	85
9	80	80	79	79	78	78	77	69	67	83	80	80	80	80
10	77	78	77	77	76	77	77	77	78	77	77	77	77	77
16	73	74	75	74	74	74	74	75	74	73	75	75	75	75
17	74	75	75	74	74	75	74	74	73	73	73	74	75	74
31	78	69	68	69	69	69	68	68	68	67	68	68	68	68
0·61000 +	777	764	763	758	752	760	756	740	728	760	758	760	763	762
0·61000 +	786	784	796	773	776	772	770	742	737	779	792	795	796	789

October 1882. Selected undisturbed days during

Hours -	0h 23m	1h 23m	2h 23m	3h 23m	4h 23m	5h 23m	6h 23m	7h 23m	8h 23m	9h 23m	10h 23m	11h 23m	0h 23m	1h 23m
Days.														
4	75	75	74	71	73	74	74	73	70	75	80	84	74	74
19	78	79	78	78	80	79	78	77	78	71	77	77	79	81
20	78	76	77	77	78	78	75	75	75	75	74	74	73	74
21	75	74	75	73	73	75	75	73	75	72	73	72	71	73
0·61000 +	765	763	760	748	765	765	765	748	740	753	760	768	748	755

November 1882.

Hours -	0h 23m	1h 23m	2h 23m	3h 23m	4h 23m	5h 23m	6h 23m	7h 23m	8h 23m	9h 23m	10h 23m	11h 23m	0h 23m	1h 23m
Days.														
4	55	56	55	55	55	55	55	54	56	58	58	57	58	62
10	67	68	68	69	69	68	68	69	71	69	69	69	71	71
11	72	72	71	73	72	72	72	73	73	72	70	73	73	72
19	84	85	85	83	83	74	79	78	85	82	84	81	82	80
0·61000 +	693	703	700	700	698	673	685	685	713	703	703	703	710	713
0·61000 +	730	733	730	724	732	719	720	725	724	718	732	736	749	734

Fort Rae.

the months of September 1882 and August 1883. (Balance Magnetometer).

September 1882.

h m 2 23	h m 3 23	h m 4 23	h m 5 23	h m 6 23	h m 7 23	h m 8 23	h m 9 23	h m 10 23	h m 11 23	Mean.	Highest.	Lowest.	Difference.
80	77	78	78	80	80	78	79	79	81				
83	81	81	81	82	81	81	81	82	82				
80	77	74	73	78	75	76	77	76	77				
76	80	78	73	75	77	77	76	77	75				
798	788	770	760	780	783	780	783	788	788	·61794	·61830	·61743	·00087

August 1883.

h m 2 23	h m 3 23	h m 4 23	h m 5 23	h m 6 23	h m 7 23	h m 8 23	h m 9 23	h m 10 23	h m 11 23	Mean.	Highest.	Lowest.	Difference.
80	80	80	80	82	79	79	80	80	81				
79	78	77	77	77	77	76	77	77	77				
77	75	75	74	73	74	73	75	77	77				
76	75	74	74	78	73	74	75	75	78				
74	73	73	74	74	73	74	74	76	75				
68	68	68	68	66	63	66	68	68	67				
758	748	740	741	742	738	740	748	755	753	·61753	·61777	·61728	·00049
728	768	755	751	761	759	760	766	771	771	·61774	·61796	·61737	·00059

the months of October and November 1882.

October 1882.

h m 2 23	h m 3 23	h m 4 23	h m 5 23	h m 6 23	h m 7 23	h m 8 23	h m 9 23	h m 10 23	h m 11 23	Mean.	Highest.	Lowest.	Difference.
76	76	74	73	75	78	76	77	76	76				
77	77	73	74	74	75	75	76	76	77				
78	74	78	78	75	78	76	76	77	75				
77	73	74	72	74	72	75	73	74	73				
750	750	738	738	738	743	748	753	758	753	·61751	·61768	·61733	·00035

November 1882.

h m 2 23	h m 3 23	h m 4 23	h m 5 23	h m 6 23	h m 7 23	h m 8 23	h m 9 23	h m 10 23	h m 11 23	Mean.	Highest.	Lowest.	Difference.
64	64	60	61	60	55	56	56	55	53				
71	74	69	69	69	70	70	70	71	77				
72	73	71	77	74	77	77	77	78	80				
80	80	81	81	80	80	79	78	78	80				
718	720	702	720	708	708	705	703	701	713	·61704	·61730	·61683	·00047
714	735	722	718	733	734	727	729	737	733	·61728	·61736	·61715	·00021

Vertical Intensity.

December 1882. 0·6100 (C.G.S.) + Göttingen Mean Time. Selected undisturbed days during

Hours -	h m 0 23	h m 1 23	h m 2 23	h m 3 23	h m 4 23	h m 5 23	h m 6 23	h m 7 23	h m 8 23	h m 9 23	h m 10 23	h m 11 23	h m 0 23	h m 1 23
Days.														
6	73	75	74	76	76	73	71	57	53	84	79	72	71	72
8	72	71	72	71	71	71	69	69	69	69	69	68	68	70
14	72	70	69	71	70	71	72	70	65	71	72	74	72	76
15	76	72	77	77	76	68	73	73	73	75	71	73	75	75
0·61000 +	733	720	730	738	733	708	710	673	650	748	730	718	718	733

January 1883.

Hours -	h m 0 23	h m 1 23	h m 2 23	h m 3 23	h m 4 23	h m 5 23	h m 6 23	h m 7 23	h m 8 23	h m 9 23	h m 10 23	h m 11 23	h m 0 23	h m 1 23
Days.														
2	80	80	80	77	80	77	76	76	77	78	77	78	78	81
4	78	77	80	79	78	77	76	77	78	81	82	78	78	80
11	76	77	77	79	77	72	73	73	71	73	73	73	73	72
13	72	73	72	72	72	73	72	72	72	70	69	71	71	71
23	82	82	82	82	81	81	81	80	84	71	75	85	84	88
0·61000 +	776	778	782	778	776	760	756	756	762	746	752	770	768	784
0·61000 +	755	749	756	758	755	734	733	735	703	727	741	747	737	759

February 1883. Selected undisturbed days during

Hours .	h m 0 23	h m 1 23	h m 2 23	h m 3 23	h m 4 23	h m 5 23	h m 6 23	h m 7 23	h m 8 23	h m 9 23	h m 10 23	h m 11 23	h m 0 23	h m 1 23
Days.														
7	79	80	80	78	78	75	71	74	77	77	81	77	78	75
8	76	78	77	77	79	79	77	74	76	75	79	75	75	72
10	77	78	81	79	79	71	52	73	72	75	74	78	79	81
11	76	77	76	77	77	75	74	75	62	68	67	79	75	76
12	77	73	77	76	77	77	68	68	68	67	68	69	69	66
13	68	68	69	70	69	68	68	67	68	69	69	69	69	69
0·61000 +	755	757	767	762	762	742	683	718	705	718	730	745	742	732

March 1883.

Hours -	h m 0 23	h m 1 23	h m 2 23	h m 3 23	h m 4 23	h m 5 23	h m 6 23	h m 7 23	h m 8 23	h m 9 23	h m 10 23	h m 11 23	h m 0 23	h m 1 23
Days.														
14	81	82	81	80	81	80	80	79	83	64	80	81	83	93
15	78	78	77	78	75	71	73	74	90	76	81	82	78	77
17	80	81	81	80	80	79	79	77	66	78	84	86	81	82
19	75	77	74	73	75	77	77	74	75	73	73	85	81	78
20	76	75	75	75	75	75	75	75	75	75	75	72	76	75
0·61000 +	780	786	776	772	772	764	768	758	778	732	786	812	798	810
0·61000 +	768	772	772	767	767	743	737	738	742	718	759	779	770	774

Fort Rae.

the months of December 1882 and January 1883. (Balance Magnetometer.)

December 1882.

2h 23m	3h 23m	4h 23m	5h 23m	6h 23m	7h 23m	8h 23m	9h 23m	10h 23m	11h 23m	Mean.	Highest.	Lowest.	Difference.
[illegible]	[illegible]	[illegible]	[illegible]	[illegible]	[illegible]	[illegible]	68	[illegible]	[illegible]				
67	66	[illegible]	[illegible]	69	69	[illegible]	69	69	67				
[illegible]	69	[illegible]	[illegible]	[illegible]	[illegible]	70	69	76	78				
[illegible]	74	[illegible]	[illegible]	73	78	70	[illegible]	[illegible]	[illegible]				
[illegible]	[illegible]	718	[illegible]	718	[illegible]	[illegible]	[illegible]	[illegible]	[illegible]	·64716	[illegible]	[illegible]	·00098

January 1883.

2h 23m	3h 23m	4h 23m	5h 23m	6h 23m	7h 23m	8h 23m	9h 23m	10h 23m	11h 23m	Mean.	Highest.	Lowest.	Difference.
[illegible]	[illegible]	[illegible]	[illegible]	[illegible]	[illegible]	[illegible]	[illegible]	78	77				
78	[illegible]	[illegible]	[illegible]	78	[illegible]	[illegible]	[illegible]	78	80				
[illegible]	73	[illegible]	[illegible]	[illegible]	[illegible]	[illegible]	[illegible]	[illegible]	73				
74	80	66	61	69	74	[illegible]	69	69	70				
88	84	81	78	78	80	80	80	79	79				
[illegible]	728	718	[illegible]	[illegible]	[illegible]	[illegible]	[illegible]	734	[illegible]	·64740	·64784	·64726	·00058
749	[illegible]	738	[illegible]	[illegible]	[illegible]	[illegible]	[illegible]	740	[illegible]	·64738	·64759	·64705	·00054

the months of February and March 1883.

February 1883.

2h 23m	3h 23m	4h 23m	5h 23m	6h 23m	7h 23m	8h 23m	9h 23m	10h 23m	11h 23m	Mean.	Highest.	Lowest.	Difference.
[illegible]	75	78	78	[illegible]	[illegible]	74	[illegible]	76	77				
[illegible]	[illegible]	[illegible]	[illegible]	[illegible]	[illegible]	[illegible]	[illegible]	[illegible]	78				
[illegible]	[illegible]	[illegible]	[illegible]	[illegible]	[illegible]	[illegible]	[illegible]	[illegible]	78				
74	[illegible]	[illegible]	[illegible]	72	[illegible]	[illegible]	76	76	77				
67	64	61	[illegible]	68	70	69	71	64	69				
[illegible]	68	65	[illegible]	67	66	[illegible]	68	68	68				
745	[illegible]	[illegible]	[illegible]	[illegible]	[illegible]	720	733	[illegible]	745	·64724	·64767	·64685	·00082

March 1883.

2h 23m	3h 23m	4h 23m	5h 23m	6h 23m	7h 23m	8h 23m	9h 23m	10h 23m	11h 23m	Mean.	Highest.	Lowest.	Difference.
[illegible]	[illegible]	[illegible]	[illegible]	79	[illegible]	[illegible]	[illegible]	[illegible]	80				
[illegible]	[illegible]	[illegible]	[illegible]	[illegible]	78	[illegible]	[illegible]	[illegible]	79				
[illegible]	84	[illegible]	[illegible]	80	[illegible]	[illegible]	[illegible]	78	[illegible]				
[illegible]	[illegible]	78	[illegible]	76	[illegible]	[illegible]	[illegible]	[illegible]	[illegible]				
[illegible]	[illegible]	76	76	[illegible]	[illegible]	[illegible]	[illegible]	74	[illegible]				
[illegible]	[illegible]	766	764	[illegible]	[illegible]	[illegible]	[illegible]	[illegible]	780	[illegible]	[illegible]	[illegible]	[illegible]
[illegible]	746	[illegible]	744	[illegible]	745	744	749	750	763	·64754	[illegible]	[illegible]	[illegible]

Vertical Intensity.

April 1883. 0·6100 (C.G.S.) + Göttingen Mean Time. Selected undisturbed days during

Hours -	0h 23m	1h 23m	2h 23m	3h 23m	4h 23m	5h 23m	6h 23m	7h 23m	8h 23m	9h 23m	10h 23m	11h 23m	0h 23m	1h 23m
Days.														
10	82	84	83	[illegible]	83	84	82	84	84	84	83	84	85	90
14	83	85	82	82	81	81	83	82	85	84	84	84	83	83
17	84	84	81	80	83	78	76	73	78	81	83	85	86	89
21	82	85	81	83	79	75	69	75	74	85	81	84	84	81
24	80	79	78	78	78	77	77	77	78	78	82	80	83	83
25	78	77	80	75	79	78	78	77	80	77	77	80	80	81
0·61000 +	824	818	823	808	803	785	773	771	801	820	817	835	830	848

May 1883.

Hours -	0h 23m	1h 23m	2h 23m	3h 23m	4h 23m	5h 23m	6h 23m	7h 23m	8h 23m	9h 23m	10h 23m	11h 23m	0h 23m	1h 23m
Days.														
9	81	77	77	78	80	78	74	77	56	78	77	79	81	72
10	80	80	78	82	79	76	76	74	77	77	78	79	80	79
11	80	79	87	82	78	78	77	77	67	67	69	84	89	91
12	78	84	81	80	68	77	71	71	73	73	70	79	78	78
13	77	78	82	76	78	73	72	75	74	85	81	82	81	83
15	77	75	78	77	71	73	73	75	83	91	85	80	83	80
0·61000 +	788	788	793	788	770	755	745	753	762	814	838	813	827	817
0·61000 +	805	803	802	766	758	773	759	763	758	[illegible]	848	819	829	851

June 1883. Selected undisturbed days during

Hours -	0h 23m	1h 23m	2h 23m	3h 23m	4h 23m	5h 23m	6h 23m	7h 23m	8h 23m	9h 23m	10h 23m	11h 23m	0h 23m	1h 23m
Days.														
4	81	80	76	80	75	77	75	64	85	83	86	83	86	97
5	79	80	80	78	79	78	78	78	75	78	84	74	84	79
11	82	84	83	77	73	73	75	71	74	77	84	84	80	82
15	78	79	79	78	79	78	78	78	78	78	70	80	80	79
0·61000 +	800	798	793	783	775	763	769	750	766	790	833	833	818	818

July 1883.

Hours -	0h 23m	1h 23m	2h 23m	3h 23m	4h 23m	5h 23m	6h 23m	7h 23m	8h 23m	9h 23m	10h 23m	11h 23m	0h 23m	1h 23m
Days.														
21	75	77	76	77	76	74	75	73	73	78	76	74	74	75
22	77	77	77	77	79	78	75	77	77	77	77	77	78	78
23	76	78	79	81	78	78	76	76	80	78	79	77	77	78
26	76	79	80	80	80	80	79	78	78	77	78	77	79	78
29	78	79	77	79	80	73	73	74	61	80	78	77	77	79
0·61000 +	754	785	780	758	788	759	754	756	752	774	768	764	770	776
0·61000 +	787	789	781	786	781	767	737	743	761	782	804	799	791	802

the months of April and May 1883. (Balance Magnetometer).

April 1883.

h m 2 23	h m 3 23	h m 4 23	h m 5 23	h m 6 23	h m 7 23	h m 8 23	h m 9 23	h m 10 23	h m 11 23	Mean.	Highest.	Lowest.	Difference.
82	84	82	84	81	83	83	82	86	86				
81	82	81	82	83	82	81	82	82	80				
83	81	81	81	82	80	82	81	82	80				
77	80	80	80	80	80	78	78	79	80				
78	77	78	74	78	77	77	77	78	77				
81	77	74	78	78	76	77	77	78	77				
810	803	795	800	807	798	798	800	805	800	[illegible]	[illegible]	[illegible]	[illegible]

May 1883.

h m 2 23	h m 3 23	h m 4 23	h m 5 23	h m 6 23	h m 7 23	h m 8 23	h m 9 23	h m 10 23	h m 11 23	Mean.	Highest.	Lowest.	Difference.
79	82	80	79	79	78	77	78	79	84				
78	77	77	79	76	74	75	74	77	78				
77	78	76	82	75	77	77	77	77	75				
77	77	78	76	77	77	76	77	77	77				
86	83	78	79	74	78	73	78	76	78				
78	78	77	73	75	80	77	78	78	77				
794	777	763	757	767	768	768	779	775	784	[illegible]	[illegible]	[illegible]	[illegible]
801	794	779	776	787	783	778	788	788	793	[illegible]	[illegible]	[illegible]	[illegible]

the months of June and July 1883

June 1883.

h m 2 23	h m 3 23	h m 4 23	h m 5 23	h m 6 23	h m 7 23	h m 8 23	h m 9 23	h m 10 23	h m 11 23	Mean.	Highest.	Lowest.	Difference.
84	80	78	78	77	77	77	77	76	77				
78	77	78	77	78	76	74	73	76	77				
86	78	78	78	78	73	76	76	78	75				
80	78	79	77	78	77	78	77	78	79				
810	783	784	778	775	763	759	763	762	770	[illegible]	[illegible]	[illegible]	[illegible]

July 1883.

h m 2 23	h m 3 23	h m 4 23	h m 5 23	h m 6 23	h m 7 23	h m 8 23	h m 9 23	h m 10 23	h m 11 23	Mean.	Highest.	Lowest.	Difference.
76	76	76	73	73	71	73	78	76	76				
77	77	77	77	73	76	78	78	77	77				
78	77	77	77	72	74	78	78	77	77				
80	78	76	77	76	76	76	77	77	77				
78	77	77	76	77	75	76	75	76	77				
725	770	756	758	740	742	750	724	738	764	[illegible]	[illegible]	[illegible]	[illegible]
791	771	774	770	761	768	748	759	760	770	[illegible]	[illegible]	[illegible]	[illegible]

Hourly Means of the selected undisturbed days grouped

Declination. 40' +

Hours	0h 23m	1h 23m	2h 23m	3h 23m	4h 23m	5h 23m	6h 23m	7h 23m	8h 23m	9h 23m	10h 23m
Sept. 1882, Aug. 1883	0 19·5	0 20·1	0 20·7	0 20·1	0 19·9	0 20·9	0 19·6	0 21·0	0 20·4	0 22·0	0 24·8
Oct. and Nov. 1882	0 21·7	0 23·0	0 22·2	0 24·1	0 22·9	0 24·7	0 24·8	0 23·2	0 24·1	0 21·8	0 24·3
Dec. 1882, Jan. 1883	0 16·3	0 14·3	0 15·4	0 15·0	0 16·4	0 15·0	0 16·8	0 17·1	0 14·0	0 17·8	0 22·7
Feb. and March 1883	0 10·6	0 10·1	0 11·1	0 10·4	0 10·5	0 11·6	0 10·6	0 12·8	0 16·2	0 10·3	0 14·9
April and May 1883	0 5·0	0 4·7	0 6·4	0 7·9	0 8·4	0 3·8	0 7·6	0 8·2	0 12·3	0 12·1	0 15·5
June and July 1883	0 6·1	0 8·3	0 6·8	0 6·3	0 10·1	0 10·7	0 12·0	0 7·8	0 5·7	0 10·6	0 13·8
Mean	0 13·2	0 13·8	0 13·7	0 14·0	0 14·3	0 15·8	0 14·8	0 15·8	0 15·1	0 14·9	0 16·7

Horizontal Intensity. 0·070000 (C.G.S.) +

Hours	0h 23m	1h 23m	2h 23m	3h 23m	4h 23m	5h 23m	6h 23m	7h 23m	8h 23m	9h 23m	10h 23m
Sept. 1882, Aug. 1883	6743	6723	6756	6784	6774	6785	6853	6634	6443	6340	6434
Oct. and Nov. 1882	6763	6777	6887	6848	6850	6967	6918	6884	6378	6695	6700
Dec. 1882, Jan. 1883	6824	6826	6829	6933	6922	6877	6850	6675	6469	6403	6287
Feb. and March 1883	6782	6809	6831	6875	6985	6911	6721	6334	6370	6697	6329
April and May 1883	6769	6894	6969	6989	7101	7135	6965	6614	6610	6419	6636
June and July 1883	6897	6915	7014	7049	7089	7049	6899	6691	6538	6409	6497
Mean	6790	6832	6882	6943	6958	6957	6891	6747	6502	6462	6461

Vertical Intensity. 0·61000 (C.G.S.) +

Hours	0h 23m	1h 23m	2h 23m	3h 23m	4h 23m	5h 23m	6h 23m	7h 23m	8h 23m	9h 23m	10h 23m
Sept. 1882, Aug. 1883	786	784	766	773	776	773	770	741	737	770	792
Oct. and Nov. 1882	730	733	730	784	717	719	726	715	724	748	752
Dec. 1882, Jan. 1883	755	749	759	758	755	734	752	795	705	847	781
Feb. and March 1883	768	772	774	767	762	753	771	728	742	776	759
April and May 1883	803	801	807	795	786	774	779	762	758	813	818
June and July 1883	783	789	783	786	780	761	772	741	761	762	801
Mean	774	772	774	768	767	752	744	746	738	762	774

in pairs of Months (Göttingen Mean Time).

Declination.

11h 23m	0h 23m	1h 23m	2h 23m	3h 23m	4h 23m	5h 23m	6h 23m	7h 23m	8h 23m	9h 23m	10h 23m	11h 23m
0 [illegible]	0 [illegible]	0 [illegible]	0 [illegible]	0 41·3	0 42·0	0 [illegible]	0 [illegible]	0 [illegible]	0 [illegible]	0 [illegible]	0 [illegible]	0 [illegible]
0 [illegible]	0 [illegible]	0 [illegible]	0 [illegible]	0 [illegible]	0 [illegible]	0 [illegible]	0 [illegible]	0 [illegible]	0 [illegible]	0 [illegible]	0 [illegible]	0 [illegible]
0 [illegible]	0 [illegible]	0 [illegible]	0 [illegible]	0 [illegible]	0 [illegible]	0 [illegible]	0 [illegible]	0 [illegible]	0 [illegible]	0 [illegible]	0 [illegible]	0 [illegible]
0 [illegible]	0 [illegible]	0 [illegible]	0 [illegible]	0 [illegible]	0 [illegible]	0 [illegible]	0 [illegible]	0 [illegible]	0 [illegible]	0 [illegible]	0 [illegible]	0 [illegible]
0 [illegible]	0 [illegible]	0 [illegible]	0 [illegible]	0 [illegible]	0 [illegible]	0 [illegible]	0 [illegible]	0 [illegible]	0 [illegible]	0 [illegible]	0 [illegible]	0 [illegible]
0 [illegible]	0 [illegible]	0 [illegible]	0 [illegible]	0 [illegible]	0 [illegible]	0 [illegible]	0 [illegible]	0 [illegible]	0 [illegible]	0 [illegible]	0 [illegible]	0 [illegible]
0 22·2	0 [illegible]	0 [illegible]	0 [illegible]	0 [illegible]	0 [illegible]	0 [illegible]	0 [illegible]	0 [illegible]	0 [illegible]	0 [illegible]	0 [illegible]	0 [illegible]

(Bifilar Magnetometer.)

Horizontal Intensity.

11h 23m	0h 23m	1h 23m	2h 23m	3h 23m	4h 23m	5h 23m	6h 23m	7h 23m	8h 23m	9h 23m	10h 23m	11h 23m
[illegible]	[illegible]	[illegible]	[illegible]	[illegible]	[illegible]	[illegible]	[illegible]	[illegible]	[illegible]	[illegible]	[illegible]	[illegible]
6501	[illegible]	[illegible]	[illegible]	[illegible]	[illegible]	[illegible]	[illegible]	[illegible]	[illegible]	[illegible]	[illegible]	[illegible]
[illegible]	[illegible]	[illegible]	[illegible]	6344	[illegible]	[illegible]	[illegible]	[illegible]	[illegible]	[illegible]	[illegible]	[illegible]
[illegible]	[illegible]	[illegible]	[illegible]	[illegible]	[illegible]	[illegible]	[illegible]	[illegible]	[illegible]	[illegible]	[illegible]	[illegible]
[illegible]	[illegible]	[illegible]	[illegible]	[illegible]	[illegible]	[illegible]	[illegible]	[illegible]	[illegible]	[illegible]	[illegible]	[illegible]
[illegible]	[illegible]	[illegible]	[illegible]	[illegible]	[illegible]	[illegible]	[illegible]	[illegible]	[illegible]	[illegible]	[illegible]	[illegible]
[illegible]	[illegible]	[illegible]	[illegible]	[illegible]	[illegible]	[illegible]	[illegible]	[illegible]	[illegible]	[illegible]	[illegible]	[illegible]

(Balance Magnetometer.)

Vertical Intensity.

11h 23m	0h 23m	1h 23m	2h 23m	3h 23m	4h 23m	5h 23m	6h 23m	7h 23m	8h 23m	9h 23m	10h 23m	11h 23m
[illegible]	[illegible]	[illegible]	778	[illegible]	[illegible]	[illegible]	[illegible]	[illegible]	[illegible]	[illegible]	[illegible]	[illegible]
[illegible]	[illegible]	[illegible]	734	735	[illegible]	[illegible]	[illegible]	[illegible]	[illegible]	[illegible]	[illegible]	[illegible]
[illegible]	[illegible]	[illegible]	749	[illegible]	738	[illegible]	[illegible]	[illegible]	[illegible]	[illegible]	[illegible]	[illegible]
[illegible]	[illegible]	[illegible]	[illegible]	[illegible]	738	[illegible]	[illegible]	[illegible]	[illegible]	[illegible]	[illegible]	[illegible]
[illegible]	[illegible]	[illegible]	[illegible]	[illegible]	[illegible]	[illegible]	[illegible]	[illegible]	[illegible]	[illegible]	[illegible]	[illegible]
[illegible]	[illegible]	[illegible]	[illegible]	777	[illegible]	[illegible]	[illegible]	[illegible]	[illegible]	[illegible]	[illegible]	[illegible]
[illegible]	[illegible]	[illegible]	[illegible]	[illegible]	740	[illegible]	[illegible]	[illegible]	[illegible]	[illegible]	[illegible]	[illegible]

37° +

Readings on selected disturbed days during the

Hours - -	A.M. h. m. 0 23	h. 1	h. m. 1 23	h. 2	h. m. 2 23	h. 3	h. m. 3 23	h. 4	h. m. 4 23	h. 5	h. m. 5 23	h. 6
Days. 1882.	° ′	° ′	° ′	° ′	° ′	° ′	° ′	° ′	° ′	° ′	° ′	° ′
October 6	2 13·6		3 15·3		3 43·3		3 5·3		2 28·3		2 48·3	
„ 28	3 17·0		3 29·7		3 35·3		3 18·0		2 41·3		3 59·3	
November 11	3 23·7		3 25·0		3 29·7		3 32·0		3 29·3		2 19·0	
„ 13	3 23·7		3 20·7		3 2·3		2 51·7		2 9·7		2 9·0	
„ 17	2 14·7		3 10·3		3 35·7		3 14·7		3 28·3		3 15·3	
„ 18	3 51·0		4 37·3		3 55·7		0 56·0		3 4·0		2 36·3	
„ 19	3 59·0		3 17·3		3 11·0		3 58·0		4 30·1		2 58·0	
„ 20	3 31·0		4 17·3		4 13·7		4 35·0		2 21·3		2 56·3	6 16·7
December 20	3 17·7		3 17·3		3 18·6		3 15·8		3 18·3		3 43·3	
„ 21	3 37·7		3 28·3		2 18·3		3 2·7	3 35·0	3 33·3		4 43·3	
1883.												
February 24	3 3·3		3 2·3		3 8·7		3 8·8		3 28·7		3 15·7	
„ 25	2 56·0	2 46·3	2 55·5		3 5·0	3 0·3	2 24·7	2 22·0	2 36·8	2 35·7	2 4·3	2 51·0
„ 27	3 10·0		3 5·3		3 6·7		3 13·2		2 59·3		3 7·0	
„ 28	3 8·4		3 8·2		3 13·3		3 10·7		2 57·7		2 51·2	
March 27	2 44·3	2 43·0	3 7·3		2 54·0		2 45·8	3 7·3	3 40·3	2 20·7	2 35·7	3 1·3
April 3	2 18·3		2 59·3		2 50·0		3 7·3		3 7·8		3 2·2	
May 21	3 10·0	2 53·0	3 5·0	2 38·0	2 51·0		2 34·0		2 10·0		2 3·0	
„ 22	3 9·0	2 56·0	3 3·0	2 58·0	2 5·0		2 30·0	3 5·0	3 1·0		2 57·0	3 40·0
June 18	3 36·0	2 30·0	2 40·0	2 56·0	2 50·0	2 3·0	3 15·0	2 48·0	2 51·0		2 34·0	
„ 27	3 11·0		3 6·0		3 6·0		3 9·0		3 8·0		2 58·0	

Hours - -	P.M. h. m. 0 23	h. 1	h. m. 1 23	h. 2	h. m. 2 23	h. 3	h. m. 3 23	h. 4	h. m. 4 23	h. 5	h. m. 5 23	h. 6
Days. 1882.	° ′	° ′	° ′	° ′	° ′	° ′	° ′	° ′	° ′	° ′	° ′	° ′
October 6	2 50·0		5 31·6		4 31·6		3 47·0		3 41·0		3 56·0	
„ 28	3 55·3		4 3·0		4 59·7		4 43·0		4 18·3		4 2·7	
November 11	4 5·0		5 40·7		5 57·3	6 14·0	3 54·3		5 11·0		4 19·3	
„ 13	4 13·3		5 49·3		4 19·3		3 49·3		5 40·7		6 12·0	
„ 17	0 13·0		4 36·0		2 20·7		3 42·7		4 46·7		3 30·0	
„ 18	2 32·7		3 29·3		3 30·7		4 14·7		3 51·0		4 19·0	
„ 19	4 51·3		5 4·3		2 16·7	0 41·7	3 4·7	4 40·3	3 30·0	3 27·3	4 10·7	4 34·0
„ 20	4 6·7	4 6·5	4 51·3	4 54·7	3 16·3		4 24·7		3 37·7		4 10·0	
December 20	3 44·3		3 56·3		4 28·7		4 59·3	6 59·7	4 36·3	3 12·0	3 54·3	3 21·0
„ 21	3 22·7		3 44·7		4 47·0		4 35·0		4 10·3		3 20·7	
1883.												
February 24	3 22·7		3 36·0		3 4·7		4 39·7	5 18·0	8 14·3	6 35·0	6 13·3	3 30·7
„ 25	2 48·2	3 58·0	4 10·0	3 40·0	3 32·0		3 20·8		3 25·3		3 18·3	
„ 27	3 32·7		3 23·0		3 27·2		3 29·7	4 20·0	4 24·7		5 2·0	5 32·0
„ 28	3 50·0	4 8·5	3 6·3	4 30·0	4 58·0	5 11·0	4 9·3	3 58·0	3 51·0	6 47·3	4 56·3	2 42·0
March 27	4 36·7	3 33·7	3 36·7	3 14·3	4 54·0	4 30·8	5 56·3	5 2·7	4 59·3	4 16·3	3 55·3	4 30·0
April 3	4 2·7	3 28·3	3 27·6	3 11·0	3 24·7		4 12·7		5 6·0	4 26·3	3 5·7	4 8·5
May 21	4 58·0	4 5·0	4 7·0	3 47·0	3 46·0		5 2·0	4 48·0	4 20·0	4 16·0	3 31·0	
„ 22	3 10·0		3 58·0	3 34·0	3 58·0		4 27·0		4 18·0		3 41·0	
June 18	3 48·0	3 25·0	3 37·0	4 3·0	3 50·0	3 56·0	5 0·0		4 27·0		4 5·0	
„ 27	3 52·0	3 15·0	4 1·0	3 11·0	3 25·0	4 28·0	4 51·0	5 3·0	3 54·0		4 7·0	3 40·0

Year 1882 and 1883.—Gottingen Mean Time.

H. M. 6 23	H. 7	H. M. 7 23	H. 8	H. M. 8 23	H. 9	H. M. 9 23	H. 10	H. M. 10 23	H. 11	H. M. 11 23	Noon.
° ′	° ′	° ′	° ′	° ′	° ′	° ′	° ′	° ′	° ′	° ′	° ′
2 30·6 ↑		2 20·6 ?		6 4·0 ↓		4 15·0 ↓		3 52·0 ↑		3 54·0 ↑	
3 1·7 ↑		3 5·3 ↑		3 25·0 ?		3 19·3 ↑		3 38·7 :		3 25·7 :	
3 6·7 :		5 49·7 ↑	4 18·0 :	4 6·3 ↑		3 1·5 :		4 15·3 ↓		3 10·7 ↑	
3 0·7 ↓		3 27·3 ?		3 6·3 ↑		4 0·0 ↓	2 15·0 ?	2 22·0 ↓		6 6·3 ↑	
3 17·0 ?		3 26·3 ↓		3 7·3 ↓		3 11·3 ?		4 7·0 ↑		2 11·3 ↓	2 0·0 ↓
2 45·0 ↓		3 15·3 ↑		3 24·0 ↓		4 50·7 ↓		3 46·7 ↑		4 30·0 ↓	2 25·3 ↑
3 38·3 ↑		3 49·7 ↓		3 33·3 ↑		2 36·3 ↑		2 44·3 ↑		3 29·7 ↓	
3 16·0 ↓		3 49·3 ↓		2 30·7 ↓			0 15·3 ↓	2 37·3 ↑	4 35·3 ↓	3 30·0 ↓	
3 17·7 :		3 14·3 :		3 16·3 ↓	3 51·3 ↓	3 35·3 ↑		3 58·0 ↓		3 35·0 :	
4 18·3 ?		2 13·3 ↑	1 30·3 ↑	2 7·7 ↓	−0 0·7 ↓	2 49·0 ?		4 45·3 ↓		4 11·7 ↓	
3 4·3 ↑	2 5·7 ↓	2 44·3 ↑	2 59·7 ↑	3 5·2 ↑		3 10·0 :		3 28·3 ↑		3 38·7 ↑	3 39·0 ?
2 32·7 ↑	2 39·0 ↑	2 37·0 ↑	2 44·7 ↓	2 40·0 ↑	4 43·3 ↓	3 13·0 ↑	2 44·0 ↑	2 18·7 ↓	3 51·0 ?	3 45·0 ↑	2 56·0 ?
3 8·2 ↑		3 17·2 ↓		3 2·5 :		3 45·3 ↓	3 37·3 ↑	3 18·0 ↓		3 23·0 ?	
2 33·7 ?		4 23·3 ↑	2 20·3 ↑	2 13·3 ↓		3 38·7 ↑	2 23·7 ↓	3 8·3 ?		3 17·7 ↓	
3 4·3 ↑		3 2·0 :		2 50·7 ↓	4 3·3 ↑	2 47·3 ↑	1 52·3 ↑	3 23·3 ↑		4 41·0 ?	2 19·3 ↓
3 0·7 :		3 56·7 :		2 36·3 ↓	2 41·0 ↓	2 40·3 ?		2 33·0 ↓		3 10·0 ?	
2 32·0 ↓		2 22·0 ↓	2 47·0 ↑	3 28·0 ↑	2 12·0 ↓	4 18·0 ↑	2 54·0 ?	2 30·0 ↓		3 26·0 ↓	
3 6·0 ↓	2 55·0 ?	2 48·0 ↑		2 45·0 ↑	3 7·0 ?	2 15·0 ↓	2 56·0 ?	2 58·0 ?		3 21·0 ↑	
3 46·0 ↓	2 32·0 ↓	3 36·0 ↓	2 37·0 ↓	3 31·0 ↓	3 51·0 ↑	2 18·0 ?	2 26·0 ↓	2 21·0 ↑	3 37·0 ↓	3 7·0 ↑	3 59·0 ?
2 54·0 ?		2 58·0 ↓		2 50·0 ?		3 15·0 ↑		2 32·0 ↓	3 59·0 ↓	4 17·0 ↓	5 9·0 ↑
H. M. 6 23	H. 7	H. M. 7 23	H. 8	H. M. 8 23	H. 9	H. M. 9 23	H. 10	H. M. 10 23	H. 11	H. M. 11 23	Midnight.
° ′	° ′	° ′	° ′	° ′	° ′	° ′	° ′	° ′	° ′	° ′	° ′
3 40·3 :		3 45·0 :		3 12·6 :		3 22·6 ↓		3 13·6 ↓		3 20·3 :	
3 39·0 ↑		3 32·7 ↓		3 19·0 ↑		3 37·3 ↓		3 5·7 ↑		3 25·7 ↓	
3 38·3 ↓		3 34·7 ?		3 27·7 ↑		3 10·0 ↑		3 17·7 ↓		3 19·7 ?	
5 32·7 ↓		4 31·7 :		3 43·3 ↓		3 26·3 ↓		3 48·3 ↓		3 53·0 ↓	
*7 50·0 ?	*8 6·0 ?	7 6·7 ↑		4 16·7 ↓		4 46·3 ↓		3 16·7 ?		4 3·7 ?	
3 57·3 ↓		4 42·7 ↓		4 0·3 ↑		3 29·3 ?		4 38·0 ?		4 11·0 ↓	
4 18·0 ↓		3 42·3 ↑		3 34·0 ↓		3 23·3 ↑		3 13·0 ↑		3 19·7 ↓	
4 5·7 ↓		4 56·7 ↓		4 33·3 ?		3 56·3 ↑		3 22·7 ↑		3 39·0 ↑	
5 25·7 ↓		3 49·7 ↑		2 50·3 ↓		3 11·0 ↑		3 24·0 ↓		3 55·3 :	
3 53·0 ↓		3 32·0 ↓		3 20·5 ↑		3 7·7 ↑		3 16·5 ↑		3 19·0 ↑	
4 13·7 ?	3 37·3 ↓	3 55·0 ↓	3 20·0 ?	3 38·7 ↓	4 50·0 ?	4 10·7 ↓	3 24·0 ?	3 17·0 ↓	2 34·0 ?	4 48·0 ↓	
3 25·7 ↑		3 19·3 ?		3 23·3 ↓		3 14·7 :		3 9·0 :		3 12·7 ↓	
4 59·3 ↑	5 26·3 ↑	5 0·7 ↑	4 20·0 ?	3 36·0 ↓		3 51·0 :		3 1·3 ?		2 52·3 ↓	
4 43·3 ↑	3 37·3 ↑	3 20·3 :	3 16·0 ?	3 2·3 ?		3 15·3 ↑	3 7·0 ?	3 48·3 ?		3 26·7 ↓	
5 20·0 ↑	4 9·0 ↑	3 39·7 ?	3 14·0 ↓	3 21·0 ↑		3 27·7 ↑		3 31·0 ↓	3 1·0 ?	3 0·3 ↑	2 46·3 ↑
3 23·7 ?	4 41·0 ?	3 50·7 ↑		3 36·7 ↑		3 41·0 ↑		3 28·0 ↓		3 30·7 ↑	
3 32·0 ↓		3 32·0 ↑		3 33·0 ↓	4 5·0 ?	4 9·0 ↓	4 5·0 ?	3 37·0 ?	3 19·0 ?	3 20·0 ↓	2 51·0 ?
3 40·0 ↓		3 15·0 ?		3 12·0 ↑		3 16·0 ?		3 14·0 ?		3 10·0 ↓	
3 44·0 ↓		3 25·0 ↑		3 35·0 ↑		3 25·0 ↑		3 14·0 ?	3 8·0 ?	2 34·0 ↑	
3 48·0 ↓	3 33·0 ?	4 4·0 ↑		3 48·0 ↓		3 23·0 ↑		3 9·0 :		3 18·0 :	

* Approximate.

0·07000 (C.G.S. Units) + Readings on selected disturbed days during the

Hours		A.M. H. M. 0 23	H. 1	H. M. 1 23	H. 2	H. M. 2 23	H. 3	H. M. 3 23	H. 4	H. M. 4 23	H. 5	H. M. 5 23	H. 6
Days. 1882.													
October	6	[illegible]		598		767		500		398		−004	
"	28	704		481		274		726		670		720	
November	11	670		751		806		781		487		714	
"	13	593		387		436		601		679		592	
"	17	310		282		797		348		468		250	
"	18	430		215		844		475		464		351	
"	19	455		249		724		549		435		546	
"	20	641		385		283		137		338		189	−412
December	20	669		668		666		656		786		711	
"	26	511		350		601		388	440	848		467	
1883.													
February	24	706		701		758		699		713		718	
"	25	852	884	804		878	164	916	352	506	666	682	507
"	27	603		746		738		749		763		743	
"	28	821		958		901		870		761		611	
March	27	706	694	660		748		612	517	403	708	800	764
April	3	720		559		661		678		681		683	
May	21	880	847	708	665	647		351		547		799	
"	22	859	736	671	763	782		597	796	226		611	625
June	18	852	833	817	749	833	710	241	767	784		703	
"	27	621		667		699		501		503		714	

Hours		P.M. H. M. 0 23	H. 1	H. M. 1 23	H. 2	H. M. 2 23	H. 3	H. M. 3 23	H. 4	H. M. 4 23	H. 5	H. M. 5 23	H. 6
Days. 1882.													
October	6	119		453		296		638		743		617	
"	28	663		519		115		403		400		543	
November	11	647		745		−002	364	496		697		260	
"	13	502		615		388		658		274		288	
"	17	459		337		457		570		726		1053	
"	18	635		550		251		587		710		692	
"	19	180		069		[illegible]	−004	−297	465	−081	356	557	591
"	20	−102	−309	896	353	811		746		831		966	
December	20	570		497		471		690	184	130	548	581	748
"	26	677		661		294		467		489		624	
1883.													
February	24	647		668		747		469	094	−174	−115	915	306
"	25	668	596	565	697	631		693		426		701	
"	27	097		603		637		429	580	467		599	327
"	28	626	178	276	379	561	592	551	660	345	085	000	639
March	27	551	615	538	578	423	424	291	283	409	537	520	517
April	3	601	346	377	679	731		716		646	706	822	120
May	21	−036	311	358	534	642		095	308	391	392	344	
"	22	651		329	631	391		885		586		682	
June	18	451	635	548	528	612	614	500		485		645	
"	27	338	521	485	200	364	424	379	332	695		331	380

H. M. 6 23	H. 7	H. M. 7 23	H. 8	H. M. 8 23	H. 9	H. M. 9 23	H. 10	H. M. 10 23	H. 11	H. M. 11 23	Noon.
491 ↓		632 ?		−143 :		−021 ↑		463 ?		550 ↓	
351 ↑		548 ↓		624 ↑		676 ↑		681 ?		693 ↓	
681 ↓		−332 ↑	−076 ?	403 ↓		538 ?		676 ↓		440 ↓	
470 ↑		398 ↑		563 ↑		014 ↑	067 ?	236 ↓		212 ?	
685 ↓		597 ↓		668 ↓		630 ↓		457 ↓		*−1095 ?	−014 ↑
474 ↓		487 ↓		424 ↑		311 ↓		389 ↑		−129 ↑	320 ↓
618 ↑		887 ↓		576 ↓		403 ↑		572 ↓		437 ?	
−007 ↑		101 ↑		351 ↑		*	−680 ↑	−246 ↓	−160 ↑	207 ↑	
728 ↓		668 ↓		506 ↓	517 ↑	563 ↑		531 ?		563 ↓	
595 ↓		−060 ↑	315	−131 ↓	164 ↓	226 ↑		296 ↑		542 ↑	
668 ↓	697 ↑	607 ↓	708 :	732 ?		677 :		616 :		402 ↓	565 ?
362 ↑	292 ↑	591 ↓	497 ↓	580 ↑	193 ↓	461 ↑	414 ↓	232 ↓	431 ?	428 ↑	536 ?
718 ↑		693 :		576 ↑		294 ↓	448 ↑	614 ↑		633 ↓	
616 ↓		278 ↓	249 ↑	708 ↓		506 ↓	540 ↑	435 ↓		620 ↑	
728 ↑		636 :		488 ↓	372 ↑	469 ↓	372 ↓	444 ↓		203 ↓	527 ↑
685 ↓		664 ↓		361 ↑	299 ↑	582 ↑		591 ↑		666 ↓	
563 ↑		452 ↑	517 ↓	283 ↑	333 ↑	340 ↓	607 ?	660 ↓		628 ↑	
710 ↑	572 ?	624 ↑		182 ↓	551 ?	348 ↑	574 ?	635 :		649 ↑	
381 ↓	158 ↑	240 ↓	607 ↑	463 ↓	510 ↓	614 ↑	591 ↑	362 ↓	341 ↑↓	557 ↑	559 ↓
678 ↓		672 ↑		691 ↑		703 ↓		−018 ↓	265 ↑	225 ↑	461 ↓

H. M. 6 23	H. 7	H. M. 7 23	H. 8	H. M. 8 23	H. 9	H. M. 9 23	H. 10	H. M. 10 23	H. 11	H. M. 11 23	Midnight.
569 ↑		693 ↑		687 ?		705 ?		697 ↓		710 ↓	
612 ↑		645 ↑		699 ↑		745 ↑		818 ↑		701 ↑	
734 ↑		798 ↓		693 ?		757 ↑		800 ↓		635 ↓	
333 ↑		693 ?		609 ↑		769 ↑		749 ↑		555 ↑	
079 ↑	−497 ?	−108 ↓		430 ↓		169 ↑		681 ↓		538 ↓	
647 ↓		510 ↑		638 ↓		736 ↑		570 ↓		521 ↑	
622 ↑		674 ↓		695 ↑		710 ↓		578 ↑		649 ↑	
903 ↓		603 ↓		720 ↑		628 ↓		804 ↑		681 ↓	
788 ↓		741 ↑		607 ↑		714 ↓		716 ↓		711 ↓	
568 ↑		670 ↑		703 ↓		610 ↑		726 ↓		683 ?	
442 ?	570 ↑	590 ↓	612 ?	565 ↑	525 ?	508 ↑	435 ?	697 ↓	726 ?	712 ?	
691 ↓		689 ↓		650 ↑		683 ?		679 ↑		689 ↑	
294 ↑	108 ↓	102 ↑	427 ?	649 ↑		691 ?		790 ↑		830 ↑	
444 ↓	637 ↓	647 ?	724 ?	701 ↑		757 ↓	743 ?	722 ↑		716 ↑	
307 ↑	495 ↓	565 ↓	624 ↑	661 ↑		681 ↓		703 ↓	753 ?	721 ↑	802 ↓
816 ↓	444 ?	523 ↑		647 ↓		626 ↑		804 ↑		683 ?	
745 ↑		683 ↓		828 ↓	832 ?	863 ↓	820 ?	842 ↓	934 ?	833 ↑	907 ?
705 ?		711 ↓		662 ?		720 ↑		747 ↑		780 ↓	
736 ↑		705 ↑		681 ?		765 ↑		855 ↓	745 ?	771 ↑	
761 ↓	751 ?	705 ↓		707 ↑		759 ↓		824 ↑		705 ?	

* Approximate.

0·6100. (C.G.S.) + Readings on selected disturbed days during the

Hours		A.M. h. m. 0 23	h. 1	h. m. 1 23	h. 2	h. m. 2 23	h. 3	h. m. 3 23	h. 4	h. m. 4 23	h. 5	h. m. 5 23	h. 6
Days. 1882.													
October	6	79 ↕		77 :		66 ↕		73 ↓		75 ↓		28 ?	
"	28	69 ↓		69 ↕		58 ↑		70 ↑		57 ↑		74 ↕	
November	12	78 ↕		80 ↑		80 ↑		70 ↓		72 ↕		72 ↓	
"	13	74 ↑		75 ↕		78 ↓		67 ↑		73 ↑		98 ↓	
"	17	41 ?		45 ↕		47 ↕		51 ↕		44 ↓		42 ↑	
"	18	53 ↕		50 ↕		55 :		62 ↓		69 ↕		74 ↑	
"	19	47 ↑		48 ↕		54 ↕		48 ↓		59 ↑		72 ↕	
"	20	68 ↑		58 ↕		59 ↕		72 ↓		56 ↓		73 ↕	110 ↕
December	20	73 ↕		75 ↑		75 :		76 ↑		77 ↕		69 ↕	
"	21	63 ↓		62 ↕		66 ↕		76 ↕	57 ↑	58 ↑		78 ↓	
1883.													
February	24	80 ↑		76 ↓		76 ↑		78 ↓		73 ↑		67 ↕	
"	25	82 ↓	67 ?	69 ↓		52 ↓	74 ↓	74 ↕	67 ↕	59 ↓	61 ↓	68 ↕	77 ?
"	27	80 ↑		78 ↓		79 ↓		72 ↑		81 ↑		77 ↓	
"	28	56 ↓		67 ↕		67 ↕		67 ↑		66 ↑		72 ↑	
March	27	<55 ?	103 ?	56 ↕		48 ↓		62 ↑	58 ?	43 ↕		53 ↕	64 ?
April	3	85 ↓		85 ↕		84 ↑		84 ↕		85 ↕		84 ↑	
May	21	72 ↓		<68 ?		<68 ?		<69 ?		<68 ?		<68 ?	
"	22	<66 ?		<64 ?		<63 ?		<62 ?		<62 ?		<62 ↓	
June	18	77 ↑	61 ↕	68 ↑	77 ↑	72 ↑	52 ↓	59 ↕	65 ?	68 ↑		76 ↕	
"	27	76 ↕		75 ↓		76 ↓		76 ↑		75 ↓		73 ↓	

Hours		P.M. h. m. 0 23	h. 1	h. m. 1 23	h. 2	h. m. 2 23	h. 3	h. m. 3 23	h. 4	h. m. 4 23	h. 5	h. m. 5 23	h. 6
Days. 1882.													
October	6	103 :		105 :		103 ?		102 ↕		103 :		105 :	
"	28	89 ↑		91 ↓		90 ↑		93 ↑		91 ↕		73 ↓	
November	12	102 ↕		101 ↕		108 ↑	103 ?	93 ↕		98 ↑		112 ↑	
"	13	129 :		139 ↕		>141 ?		78 ↕		122 ↑		125 ?	
"	17	95 ↓		110 ↓		111 ↕		103 ↓		119 ?		58 ↕	
"	18	78 ↓		82 ↕		73 ↕		96 ↑		55 ↕		65 ↕	
"	19	72 ↑		84 ↕		68 ↕	91	100 ↑	121 ↓	80 ↓	79 ↑	76 ↕	66 ↑
"	20	>126 ?		>123 ?		124 ↕		174 ?		113 ↑		96 ↕	
December	20	72 ↕		96 ↓		120 ↕		91 ↓	77 ?	73 ↑	69 ?	103 ↑	82 ?
"	21	97 ↑		91 ↕		99 ↕		96 ↕		77 ?		77 ↓	
1883.													
February	24	78 ↕		76 ↑		80 ↕		109 ↕	140 ↓	130 ↑	101 ↓	52 ↕	67 ↓
"	25	127 ↓	100 ?	80 ↕	90 ?	83 ↓		82 ?		77 ↓		80 ↓	
"	27	82 ↓		77 ↑		78 ↓		101 ↕	90 ?	88 ↑		90 ↕	96 ?
"	28	98 ↕	146 ?	109 ↓	146 ?	120 ↑	126 ?	109 ↓	106 ?	117 ↓	130 ↕	97 ↕	74 ↕
March	27	98 ↕	94 ↕	103 ↑	123 ↕	132 ↕	134 ?	119 ↕	113 ↕	123 ↓	95 ↓	111 ↕	106 ↓
April	3	127 ↕	165 ?	184 ↕	116 ↓	103 ↓		112 ↓		125 ↑	112 ↕	117 ↕	105 ?
May	21	108 ↓	86 ↑	102 ↕	106 ?	100 ↑		82 ?	77 ↕	84 ↓	76 ?	78 ↑	
"	22	95 :		99 ↓	90 ?	93 ↕		86 ↓		73 ↓		76 ↓	
June	18	93 ↓	93 ↑	95 ↑	94 ↓	89 ↓	98 ↕	92 ↓		83 ↓		76 ↑	
"	27	111 ↕	136 ↓	>140 ?	127 ↕	100 ↑	98 ↓	84 ↓	89 :	78 ↓		84 ↑	77 ?

Year 1882-83.—Gottingen Mean Time. (Balance Magnetometer).

H. M. 6 23	H. 7	H. M. 7 23	H. 8	H. M. 8 23	H. 9	H. M. 9 23	H. 10	H. M. 10 23	H. 11	H. M. 11 23	Noon.
78 ↑		84 ?		101 ?		100 ?		101 ?		101 ?	
84 ↓		67 ↑		74 ↓		79 ↓		74 ?		73 ↑	
74 ↑		113 ↓	128 ?	90 ↑		83 ↑		140 ↑		122 ↓	
102 ↓		97 ↑		55 ↑		>130 ?	128 ?	132 ?		123 ↑	
48 ↑		49 ↓		56 ↑		84 ↓		67 ↑		77 ↓	
83 ↑		84 ↓		58 ↓		121 ?		75 ↑		66 ↑	118 ↑
60 ↓		54 ↑		69 ↑		67 ?		69 ↑		77 ↓	
78 ↓		83 ↓		90 ↓		>126 ?	110 ↓	100 ↑	100 ↑	105 ↑	
72 ↓		72 ↓		98 ↑	97 ?	85 ↑		81 ↓		85 ↓	
85 ↓		86 ↑	81 ↓	65 ↑	60 ↑	77 ↑		105 ?		98 ↑	
69 ↑	47 ↑	65 ↑	73 ↑	72 ?		73 ↑		75 ↑		89 ↑	84 ?
92 ↑	95 ↓	86 ↓	88 ↑	96 ↓	92 ↓	109 ↓	111 ↑	120 ↓	120 ?	103 ↑	121 ?
71 ↓		77 ↑		81 ↓		77 ↑	100 ↓	70 ↓		85 ↑	
72 ↑		83 ↓	114 ↑	97 ↓		89 ↓	93 ↓	97 ↑		86 ↓	
67 ↑		68 ↓		85 ↑	100 ↓	113 ↓	92 ↑	95 ↑		100 ↑	110 ↓
82 ↑		81 ↓		111 ↑	87 ↑	84 ↓		95 ↓		102 ↑	
84 ↑		96 ↑	90 ↓	101 ↓	89 ↓	77 ↑	86 ?	84 ↑		98 ↑	
<62 ?	73 ?	78 ↑		78 ↑	109 ?	89 ↑	88 ?	88 ↓		83 ↑	
73 ↓	80 ↑	75 ↑	81 ↑	51 ↑	74 ↑	98 ↑	122 ↓	77 ↑	126 ↓	103 ↓	103 ?
65 ↓		58 ↓		77 ↓		81 ↑		98 ↑	128 ↓	132 ↓	113 ↑

H. M. 6 23	H. 7	H. M. 7 23	H. 8	H. M. 8 23	H. 9	H. M. 9 23	H. 10	H. M. 10 23	H. 11	H. M. 11 23	Midnight.
87 ↓		81 ?		82 ↓		81 ?		80 ↑		80 ?	
74 ↓		78 ↑		83 ↑		73 ↑		78 ↑		78 ↑	
107 ↓		91 ↑		89 ↓		87 ↑		84 ↓		71 ↓	
125 ?		103 ?		105 ↓		99 ↓		60 ↓		79 ↓	
104 ↑		43 ↓		51 ↑		59 ↓		49 ↑		71 ?	
70 ↑		61 ↓		61 ↓		65 ↑		56 ↑		55 ↑	
62 ↑		62 ↓		64 ↓		66 ↓		61 ↓		66 ↓	
103 ↓		82 ↓		68 ↓		61 ↓		66 ↓		63 ↑	
82 ↑		79 ?		69 ↓		73 ↓		69 ↓		81 ↓	
77 ↓		84 ↑		70 ?		81 ↓		77 ↓		78 ?	
78 ↑	70 ↑	70 ↓	68 ?	69 ↑	74 ?	71 ?	71 ?	49 ↑	81 ?	85 ?	
80 ↑		80 ↓		78 ↓		77 ?		74 ↑		79 ↑	
101 ↓	113 ↓	81 ↓	83 ?	93 ↓		78 ↓		72 ↑		81 ↓	
79 ↑	67 ↑	71 ?	79 ?	73 ↓		77 ↑	76 ?	74 ↓		74 ↑	
90 ↓	60 ↓	64 ↑	69 ↑	69 ↑		74 ↑		<75 ?	83 ?	69 ↓	66 ↑
94 ↑	105 ?	91 ?		87 ↓		84 ↑		71 ↑		64 ↓	
78 ↑		81 ↓		73 ↓	71 ?	68 ↓		<60 ?		69 ↓	[illegible]
78 ↓		75 ↓		76 ↑		80 ↑		81 ↑		70 ↑	
74 ↑		81 ↓		83 ↑		81 ↑		75 ↓	73 ?	73 ↓	
78 ↓	77 ?	77 ↑		82 ?		84 ↑		83 ?		74 ↑	

OBSERVATIONS OF AURORA, FORT RAE, 1882-83.

General Remarks.

The aurora was observed hourly, after the magnetic and meteorological observations had been made; *i.e.* at from five to ten minutes after each hour.

No means were available for the instrumental determination of the altitude, &c., of arches; the information given on these points is by estimation.

The bearings given are true, not magnetic.

The situation of the Observatory was not altogether favourable for auroral observations high ground from north to east hiding the horizon to an altitude of 3° or 4° in the direction of the magnetic north. In other directions the view was uninterrupted.

The brightness is expressed by numerals on the scale 0 to 4. ·5 is rather brighter than the Milky Way. 4 is bright enough to see to read by.

The general colour of the aurora was greenish-yellow, not unlike moonlight, showing in the spectroscope a single line between the green and the yellow. This line was often visible on overcast nights, or when the spectroscope was turned to parts of the sky where no aurora was to be seen. When the brightness reached 1·5, prismatic colouring frequently showed itself, the lower edge of the arch generally assuming a violet or mauve colour, the upper edge retaining its yellow colour, which however looked at times almost green, probably by contrast.

On these occasions a faint continuous spectrum and several bright lines appeared towards the violet end of the spectrum. I once saw a bright band in the red.

It sometimes happened, however, that towards the end of a brillant display of aurora a crimson glow seemed to fill the air below the arch, of which it did not appear to form a part. This colour was very rich and beautiful, and quite different from the colouring of the aurora itself.

On the few occasions on which aurora was seen by daylight (*i.e.* after sunset, but before the stars had begun to be visible) it appeared of a pinkish, salmon, or copper colour.

The type of the aurora, and time of its appearance, was generally much the same on successive nights.

The displays were as a rule unattended by the slightest sound, but that a peculiar and distinct sound does occasionally accompany certain displays of aurora, there can be no doubt. The Indians, and voyageurs of the Hudson's Bay Company, who often pass their nights in the open, say that it is not uncommon; a European who lives in a house may pass a lifetime in the country without hearing it. On one occasion I was fortunate enough to hear it myself. The sound was like the swishing of a whip, or the noise produced by a sharp squall of wind in the upper rigging of a ship, and as the aurora brightened and faded, so did the sound which accompanied it. This proves that the aurora could not have been distant, and I think it possible that these low auroræ may be of a different nature to the high ones.

Göttingen Mean Time.			Local Mean Time.				H. F.	D.	V. F.
1882. September.			1882. September.						
	h.	m.	d.	h.	m.				
	A.M.			P.M.					
3rd	5	38	2	9	15	Faint aurora in S.E. (1)			
—	6	23	—	10	0	Aurora through zenith N.W. to S.E., a moderately perfect arch, 150° in extent (2).			
—	6	53	—	10	30	Aurora broke up into patches of light			
—	7	3	—	10	40	„ moved 20° to S.W.			
—	7	8	—	10	45	„ disappeared			
6th	6	3	5	9	40	Three arches (1), alt. 60° N.W. to S.E.			
7th	6	33	6	10	10	Band of aurora N.W. to S.E., 20° in width, increased in brightness and assumed an E. and W. direction.			
—	7	23	—	11	0				
8th	5	56	7	9	33	Faint band N.W. to S.E.			
—	7	23	—	11	0	„ brightness (2)			
—	8	23	—	12	0	Ditto			
				A.M.					
—	8	13	8	12	20	Ditto			
—	9	23	—	1	0	Aurora in N.W. (1)			
—	10	23	—	2	0	Ditto			
—	11	23	—	3	0	Faint band, N.W. to S.E. (1)			
				P.M.					
9th	4	53	—	8	30	„ through zenith, N.W. to S.E.			
—	5	33	—	9	10	Ditto			
—	6	33	—	10	10	Band N.W. to S.E., alt. 30°			
—	6	53	—	10	30	Aurora 10° in width S.E. to N.W. through zenith			
—	7	23	—	11	0	Faint arch N.W. to S.E., alt. 20°			
				A.M.					
—	9	13	9	12	20	„ becoming brighter			
—	10	13	—	1	50	„ dying away			
—	11	8	—	2	45	Band of aurora N. to S.W.			
						Ditto S.W. to S.E., alt. 53°			
—	11	23	—	3	0	Ditto			
				P.M.					
10th	5	23	—	9	0	Faint auroral light E.S.E. (·5)			
—	5	53	—	9	30	„ disappearing			
—	6	3	—	9	40	„ reappeared, curtain-shaped, curved towards E.N.E.			
—	6	23	—	10	0	Aurora N.N.W. to E.S.E., alt. from 15° to 20°			
—	7	23	—	11	0	Arch, alt. 40° E. to S.W. (1) detached curtain N.E.			
—	8	13	—	11	50	„ fading			
—	8	23	—	12	0	Faint arch S.E. to S.W.			
				A.M.					
—	9	23	10	1	0	Band (1) N.N.E. to S.W.			
—	10	23	—	2	0	Faint aurora N.N.E. to S.W.			
—	11	13	—	2	50	Faint band N.W. to E.S.E., through zenith			
—	11	33	—	3	10	Wide band (1) N.N.W. to E.			
				P.M.					
11th	4	23	—	8	0	Faint band N.W. to E.			
—	5	23	—	9	0	Arch, N.N.E. to S.W. (1)			
—	6	23	—	10	0	Aurora, N.N.E. to S.W. (2)			
—	7	28	—	11	5	Broad auroral light in N.W.			
						Band, S.E. of zenith, nearly serpentine			
—	8	23	—	12	0	„ (1) N.W. to E.S.E., S.E. of zenith			
				A.M.					
—	9	23	11	1	0	Faint auroral light N.W. to N.E.			
						„ band N.W. to S.E., through zenith			
						„ auroral light through zenith E.S.E. to W.N.W.			
				P.M.					
13th	3	53	12	7	20	„ auroral light in S.E.			
—	5	23	—	9	0	Band of aurora in S.E. (1) alt. 10°, and under clouds			
—	6	13	—	9	50	Bright (3) prismatic-coloured curtain-shaped aurora, extending from S.E. to zenith.			
—	6	13	—	9	50	Band of aurora in N.W. (2) curtain-shaped			
—	6	23	—	10	0	„ became dim			
—	6	35	—	10	12	„ passed through zenith to S.W. and disappeared			
—	7	13	—	10	50	Aurora (3)			
—	8	23	—	12	0	Aurora visible through clouds			
				A.M.					
—	9	23	13	1	0	Aurora visible between clouds			

Göttingen Mean Time.			Local Mean Time.			
1882. September.	h.	m.	1882. September. d.	h.	m.	
	A.M.			A.M.		
13th	10	23	13	2	0	Aurora visible between clouds
—	11	8	—	2	45	Faint patch of auroral light in E.
				P.M.		
14th	4	48	—	8	25	Band S.E. to S.W.
—	5	23	—	9	0	Faint band S.E. to S.W.
—	6	23	—	10	0	Band (1) S.E. to S.W.
—	7	23	—	11	0	Band, prismatic (2), E. to N.W.
—	8	23	—	12	0	Faint auroral light N.W. to E.S.E.
				A.M.		
—	9	23	14	1	0	Faint band N.W. to S.E.
—	10	23	—	2	0	,, auroral light N.W. to N.E.
—	11	23	—	3	0	Auroral light N.W.
				P.M.		
15th	4	50	—	8	27	Faint auroral light in S.E. to alt. 30°
—	4	55	—	8	32	Arch (1) S.E. to N.W., brightest on horizon to S.E., alt. to 12°.
—	4	58	—	8	35	Light becoming more diffused, faint streamers in N.W.
—	5	0	—	8	37	Very indistinct arch from above-mentioned bright patch to S.E., through Cassiopeia and γ and ζ Ursæ Majoris.
—	5	4	—	8	41	Arch becoming brighter, lower edge, which passes through Capella, sharply defined.
—	5	7	—	8	44	A confused mass of curtain-shaped aurora below the arch on the horizon to E.S.E. (1).
—	5	12	—	8	49	Above-mentioned aurora becoming brighter and moving to E.
—	5	17	—	8	54	The Pleiades now in the centre of this patch of aurora; more aurora in N.W.; three parallel curtains, colour yellowish.
						Spectroscope shows a single yellow-green line
—	5	28	—	9	5	Narrow streak of aurora from near β Pegasi through zenith to within 10° of Arcturus.
—	5	30	—	9	7	Curve of aurora from N.N.W. on horizon through ζ and η Ursæ Majoris to the E. of Cassiopeia.
—	5	42	—	9	19	Bright patch of aurora between Cassiopeia and Saturn, a wave of bright light moving therefrom towards Ursa Major.
—	5	52	—	9	29	A small patch of rapidly-moving aurora with faint vertical streamers near the horizon, below and to northward of Capella.
						Aurora in N.W. now passes between ζ Ursæ Majoris and Arcturus, and above Ursa Major to Cassiopeia.
—	5	57	—	9	34	Aurora moved from Cassiopeia to zenith
—	6	2	—	9	39	,, moving to the southward and passing through α Lyræ.
—	6	4	—	9	41	Another arch halfway between Ursa Major and the horizon (·5).
—	6	8	—	9	45	Small patch of aurora (2) near Arcturus; the rest of the arch has a striated structure.
—	6	12	—	9	49	There are now two principal arches, one from horizon to Arcturus, and Aquila to Pegasus, and 10° above S.E. horizon, the other from the latter point through Cassiopeia and ζ Ursæ Majoris to the N.W. horizon, an irregular curve from Cassiopeia through Taurus towards S.E. horizon; these are all moving slowly towards the S.E.
—	6	22	—	9	59	Streamers on horizon to the E. just below Saturn
—	6	27	—	10	4	Aurora on the E. horizon, increasing, striated, and with rapid motion; other arches less bright southernmost now 8° S.W. of Altair.
—	6	33	—	10	10	Cloud of aurora 20° to 30° in width in the zenith and to S.E. and N.W.
—	6	37	—	10	14	The whole sky more or less covered with faint aurora except to the S.W. from the horizon to about 12° alt.
—	6	43	—	10	20	Aurora rather brighter and now extending from the zenith to E. and S. to 30° from horizon, fainter in N. and W.

Göttingen Mean Time. 1882. September. d.	h.	m.	Local Mean Time. 1882. September. d.	h.	m.		H. F.	D.	V. F.
	A.M.			P.M.					
15th	6	53	14	10	30	Arch from N.W. to S.E. through zenith (1)			
—	6	58	—	10	35	Arch from N. W. to E. (·5)			
—	7	2	—	10	39	Aurora very faint, except in S.E., where it is of a yellowish colour.			
—	7	7	—	10	44	Aurora very dim in all directions			
—	7	12	—	10	49	Arch on N.E. horizon passing between α and β Geminorum.			
						Steady band of auroral light about 10° higher			
—	7	23	—	11	0	The arch in the E. has risen about 5° and has almost disappeared.			
—	7	24	—	11	1	Three faint segments of auroral light in the N., and a few faint clouds of the same to S.W., about 30° alt.			
—	7	33	—	11	10	The above segments and faint clouds disappeared			
—	7	38	—	11	15	Arch from N.W. to S.E. (2) crimson and violet colours, and disappeared directly afterwards, except in N.W., which broke into patches (1), patches also in S.E.			
—	7	48	—	11	25	Serpentine aurora (1) from S.E. to N.W.			
—	7	50	—	11	27	Prismatic in N.W. (2)			
—	7	51	—	11	28	Serpentine aurora disappeared, except from N.W. to centre of zenith (3)			
—	7	55	—	11	32	Prismatic in N.W. to alt. 15° (mag. disturbance)			
—	7	56	—	11	33	Aurora disappeared, except a patch (2) in N.W. green, pink, yellow, and purple faint patch in S.E.			
—	7	59	—	11	36	Became dim and almost disappeared, except in N.W.			
—	8	0	—	11	37	Curtain-shaped aurora in N.W. (2) to alt. 10°			
—	8	1	—	11	38	,, ,, formed into an arch to S.E. (1)			
—	8	2	—	11	39	,, ,, became brighter			
—	8	4	—	11	41	Curved arch in the centre of zenith N.E. to S.W. (1)			
—	8	5	—	11	42	,, disappeared			
—	8	7	—	11	44	Faint aurora from N. to S.E. 10° from horizon, broke up			
—	8	9	—	11	46	and became curtain-shaped from N.W. to S. and from N. to E.			
—	8	10	—	11	47	Aurora became very dim and nearly disappeared, except a patch in N.E.			
—	8	17	—	11	54	Faint patches of aurora in S.E., N., and S.W.			
—	8	21	—	11	58	,, disappeared			
—	8	23	—	12	0	Arch, N. to E. (1)			
				A.M.					
—	8	28	15	12	5	Aurora entirely disappeared			
—	8	45	—	12	22	Auroral light in N. and several patches in zenith			
—	8	50	—	12	27	Faint patch in N.W.			
—	9	0	—	12	37	Auroral light in N.E.			
—	9	7	—	12	44	Faint patch in N. and S.E.			
—	9	13	—	12	50	Auroral light in N., alt. 5°			
—	9	17	—	12	54	Very faint patch in N.W. horizon			
—	9	27	—	1	4	Auroral light in N. moving rapidly to E.			
—	9	33	—	1	10	,, disappeared, except a patch in N.			
—	9	39	—	1	16	Auroral band from N. to E.			
—	9	47	—	1	24	Faint patch in N.E.			
—	9	50	—	1	27	Ditto			
—	10	2	—	1	39	Ditto			
—	10	9	—	1	46	Faint band W. to N.E.			
—	10	18	—	1	55	Faint patch in N. to N.W.			
—	10	23	—	2	0	Very faint band S.E. to S.W.			
—	10	30	—	2	7	Remained stationary till 10.56			
—	10	57	—	2	34	Faint band from N.W. to E.			
—	11	17	—	2	54	Auroral light in N.W.			
—	11	25	—	3	2	Faint band from W. to E.			
—	11	40	—	3	17	Very faint band S.W. to S.E.			
				P.M.					
17th	5	23	16	9	0	Faint band S.E. to S.W.			
—	5	58	—	9	35	A bright diffused light in S.E. horizon			
—	6	23	—	10	0	Aurora band (1) E. to N.W.			
			—	11	0		393	340	
—	7	33	—	11	10	Faint patch of auroral light in S.E., alt. 5°			

Göttingen Mean Time.			Local Mean Time.				H. F.	D.	V. F.
1882. September.	h.	m.	1882. September. d.	h.	m.				
	A.M.			P.M.					
17th	7	53	16	11	30	Band (1) S.E. to N.N.W., increasing in width and brightness until the whole sky was covered with rapidly-moving streamers of a reddish and green colour from S.E. to N.N.W. and S.S.E. to S.W. (3). (Great magnetic disturbance.)			
—	7	58	—	11	35	„ disappeared rapidly - - -			
			—	11	43	- - - - -	210	232	
			—	11	52	- - - - -	292	242	
—	8	28	17	12	5	Faint auroral light in S.E. -			
				A.M.					
—	9	28	—	1	5	Band (1) in N.N.E. horizon with streamers pointing upwards.			
18th	10	33	18	2	10	Faint patch of aurora in the zenith, from N.W. to S.E. -			
				P.M.					
19th	5	18	—	8	55	Auroral light in S.E. to alt. 15 - - -			
—	5	43	—	9	20	„ became brighter (1) and extended in an arch to N.W., where very faint.			
—	5	53	—	9	30	Aurora became faint in S.E. and brighter (5) in N.W. -			
—	5	58	—	9	35	„ became very dim - - - -			
—	6	28	—	10	5	Auroral light from S.E. to N.W. through zenith - -			
—	7	23	—	11	0	Faint band from S.E. to S.W. - - - -			
				A.M.					
—	10	23	19	2	0	Faint patch and a streak in S.W. - - - -			
—	11	23	—	3	0	Faint patch of auroral light in S.E. - - -			
				P.M.					
20th	4	33	—	8	10	Faint arch from S.E. to N.W. - - - -			
—	5	23	—	9	0	Faint broad band S.E. to N.W. - - - -			
—	5	49	—	9	25	Aurora (1) with vertical streamers between δ and γ Ursæ Majoris, 5° E. of zenith, through Cassiopeia and Andromeda to S.E. horizon. An arch of auroral light somewhat brighter than above through Altair and Arcturus.			
—	6	23	—	10	0	Aurora as above, but with a more diffused light in N.E. horizon.			
—	7	23	—	11	0	Aurora (1) E. to S.W. 5° from zenith, with streamers in slight motion moving W., Also a mass of light in E. which rapidly extended to W. in a striated band (2).			
—	8	23	—	12	0	Faint auroral band in S.E. passing from zenith to S.W. -			
				A.M.					
—	9	23	20	1	0	Diffused masses of auroral light (1 and 3): one in the N. horizon from which streamers of pink and green colours were rapidly ascending, the other on the E. horizon rapidly sending out streamers until there was quite a canopy of light (2 to 5); these last were not coloured.	112	350	1111
	9	28		1	5	(All the instruments slightly disturbed) - - -	390	320	1500
—	10	23	—	2	0	Diffused auroral lights in E. and W. (1) - -			
—	11	23	—	3	0	Bright streamers (2) in W. about 10° in width. Patch of auroral light in E.			
	P.M.								
—	12	23	—	4	0	Patches of aurora from W. to E. (1 in W.) - -			
	A.M.			P.M.					
21st	5	23	—	9	0	Arch (1) S. E. to N.W. - - - - -			
—	6	23	—	10	0	Patch in E. - - - - -			
—	7	23	—	11	0	Arch (1) S.E. to N.W. and a wide patch of aurora from E. to zenith (2).			
—	8	23	—	12	0	Faint patches of auroral light in E. and W. - -			
—	8	53	21	12	30	Bright vertical streamers of a greenish colour (2) rapidly moving from E. to W.			
				A.M.					
—	9	23	—	1	0	Bright streamers (2) pink, green, and yellow, rapidly moving from S.W. to W. to 20° alt. Faint auroral lights in E.			
—	10	23	—	2	0	Prismatic, curtain-shaped aurora (3) rapidly moving from S.W. to E.			
22nd	8	38	22	12	15	Arch (2) from S.E. to S.W., with streamers in S.E.			

Göttingen Mean Time.			Local Mean Time.				H. F.	D.	V. F.
1882. September.	h.	m.	1882. September. d.	h.	m.				
	A.M.			A.M.					
22nd	8	48	22	12	25	A second arch arising in N.E. horizon ascending gradually from the horizon to the zenith, clouds of light suddenly breaking forth and separating into rays which streamed upwards, at the same time moving backwards and forwards along the arch (4). (Magnetic disturbance.)			
—	9	17	—	12	40	Diffused and curtain-shaped aurora moving from zenith towards N., colours crimson, transparent yellow, emerald green, and scarlet.			
—	9	23	—	1	0	„ fading away, except a faint arch from E.N.E. to W.			
—	10	33	—	2	10	Band from N.E. to W. (1) - - - -			
—	10	38	—	2	15	„ separated into vivid rays converging at the zenith -			
—	11	23	—	3	0	Arch (1) from E. to N.W. - - - -			
				P.M.					
23rd	4	32	—	8	9	Faint arch from N.N.E. to N.W., about 10° alt. - -			
—	5	23	—	9	0	Faint patch in the S.E. horizon, about 5° alt. - -			
—	6	23	—	10	0	Faint band from S.E. to N.W. - - - -			
—	7	23	—	11	0	Diffused auroral light (?) in N.E. horizon - -			
—	8	23	—	12	0	Faint auroral light in S.E. - - - -			
				A.M.					
—	11	23	23	3	0	„ „ in S.W. - - - -			
24th	8	28	24	12	5	„ „ in E. to zenith, 10° in width - -			
				P.M.					
25th	3	43	—	7	20	Diffused auroral lights in N.W. extending to zenith -			
—	4	8	—	7	45	Band (1) from N.W. to 30° of S.S.E. Faint green patch in E.S.E.			
—	4	28	—	8	5	Bands (1) from N.W. to S.E. and N.W. to S.S.E. -			
—	7	23	—	11	0	Aurora visible through clouds on the zenith - -			
				A.M.					
—	9	23	25	1	0	Aurora emerging from the clouds in the S.W. horizon. It appears to be the termination of a bright band crossing the sky from S.E.; colour greenish.			
				P.M.					
26th	5	23	—	9	0	Faint band from N.N.E. to N.W. - - -			
—	8	23	—	12	0	Faint patches of auroral light in S.E. and N.W. -	367	368	
				A.M.					
—	8	53	26	12	30	Arch (1) from S.W. to S.E. 2° S. of zenith. (Great magnetic disturbance.)	220	270	
—	9	23	—	1	0	Faint diffused masses of auroral light in N.W. horizon -	306	300	
				P.M.					
27th	3	33	—	7	10	Faint auroral light in S.E. moving towards S.W. -			
—	4	23	—	8	0	Faint patches of aurora in S.E. and N.W. - -			
—	5	43	—	9	20	Faint arch, S.E. to N.W., 22° from N.W. horizon, drifting towards N.E.			
—	6	18	—	9	55	Diffused mass of aurora in N.W., slightly prismatic. (Bifilar very much disturbed.)			
28th	8	23	27	12	0	Diffused auroral light from N. through zenith to W. (1). (Instruments very much disturbed.)			
				A.M.					
—	9	43	28	1	20	Faint variegated band from S.E. through zenith - -			
	P.M.								
29th	12	23	29	4	0	Patch of auroral light (1) in N.W. - - -			
October.									
	A.M.			P.M.					
1st	5	58	30	9	35	Faint patches of aurora in zenith about 10° in width -			
—	6	22	—	9	59	Faint streak of aurora about 5° from zenith to N.W. horizon, about 20°.			
—	6	27	—	10	4	Faint arch through zenith, from N.W. to S.E. (·5). Parallel arch (·5) 5° to S.			
—	7	8	—	10	45	Arch (1) 30° alt. N.W. through zenith to about 30° alt. in S.E.			
—	7	17	—	10	54	A few faint streamers of aurora in S.E. between the moon and horizon.			
—	7	52	—	11	29	Aurora became very faint - - - -			
—	7	57	—	11	34	Patch in E. (1) about 5° alt. Faint patch in zenith -			
—	8	8	—	11	45	Broad arch (1) about 20° alt. N.W. to zenith, and extending in two arches to S.E. and E. horizon.			

Göttingen Mean Time.	Local Mean Time.		H. F.	D.	V. F.
1882. October. d. h. m.	1882. October. h. m.				
A.M.	A.M.				
1st 8 27	1 12 1	Faint patches in zenith and N.W. horizon - -			
— 8 40	— 12 17	Faint streamers in N.W. - - - - -			
— 8 45	— 12 22	Aurora disappeared except a faint broad patch about 10° alt. in N.W.			
— 8 57	— 12 34	Serpentine-shaped arch in N.W. about 10° alt., extending to zenith and from thence in streamers (1).			
— 9 0	— 12 37	Disappeared - - - - - -			
— 9 1	— 12 41	Broad diffused patch in zenith (1) - - -			
— 9 5	— 12 42	Faint arch from N.W. to zenith - - - -			
— 9 15	— 12 52	Large circular-shaped patch in zenith (1). Patch in E. -			
— 9 20	— 12 57	„ extending in a V-shape towards S.E. and in streamers to N.			
— 9 24	— 1 1	Irregular-shaped arch through zenith (·5) - -			
— 9 27	— 1 4	Faint auroral lights through zenith - - -			
— 9 33	— 1 10	Streamers (1) 40° alt. in N.W. to 5° S.W. of zenith -			
— 9 52	— 1 29	Aurora disappeared, except a faint patch 30° alt. in W. -			
— 10 12	— 1 49	Streamers (1) of a greenish colour on W. horizon - -			
— 10 20	— 1 57	Streamers (1) 10° alt. W. - - - -			
— 10 23	— 2 0	Patches (1) from W. to S.E., 2° W. of zenith - -			
— 10 27	— 2 4	Aurora (1) from W. to S.E. - - - -			
— 10 29	— 2 6	„ diffused and slightly prismatic (2) - -			
— 10 35	— 2 12	Irregular masses of aurora (1) in N.W., moving towards S.E.			
— 10 39	— 2 16	Aurora from W. to N.E., 20° alt N.E., with vertical streamers (2).			
— 10 45	— 2 22	Patches on N.W. horizon - - - -			
— 10 47	— 2 24	„ very faint and moving towards S.W. horizon -			
— 10 50	— 2 27	„ disappeared except a small patch in N.W. horizon			
— 10 55	— 2 32	Faint irregular arch from N.W. to 25° alt. N.E. - -			
— 10 57	— 2 34	„ disappeared - - - - -			
— 11 3	— 2 40	Auroral light in N.W. horizon - - - -			
— 11 5	— 2 42	Faint arch N.W. to N.E. - - - -			
— 11 17	— 2 54	Patches of auroral light 15° alt. N.W. - - -			
— 11 19	— 2 56	„ extending in irregular form towards N.E. horizon			
— 11 20	— 2 57	Very faint arch from W. to N.E., 15° N. of zenith -			
— 11 33	— 3 10	Faint patch in N.W. horizon - - - -			
— 11 39	— 3 16	„ disappeared (clouds increasing) - - -			
— 11 47	— 3 24	Patch 5° alt N.W., moving towards S. - - -			
P.M.					
— 12 5	— 3 42	Faint streamers in N.W. - - -			
A.M.	P.M.				
2nd 6 13	— 9 50	Arch (1) from S.E. to N.W. 3° S.W. of zenith - -			
— 6 33	— 10 10	„ passing through Aquila - - -			
— 7 33	— 11 10	Diffused masses of auroral light of a greenish colour (1) in N.E. horizon, drifting towards N.W.			
— 7 53	— 11 30	Irregular-shaped arch (1) from S.E. to 50° alt. N.W., 2 N.W. of zenith.			
	A.M.				
— 8 33	2 12 10	Striated arch (1) from S.E. to N.W. passing through zenith.			
— 9 28	— 1 5	Aurora (1) 30° alt. from N.W. through zenith to S.E., and covering the whole sky; apparently near; motions rapid.			
— 10 28	— 2 5	Aurora (1) 10° alt. N.W., drifting rapidly towards N.E. and S.W. (All the magnetic instruments very much disturbed.)			
— 11 28	— 3 5	Streamers 20° alt. in S.W. - - -			
— 11 53	— 3 30	Red glow below the arch - - - - -			
P.M.					
— 12 8	— 3 45				
— 12 28	— 1 5	Faint arch from W. to E. - - -			
A.M.	P.M.				
3rd 3 28	— 7 5	Arch (1) from S.E. to N.W. passing through zenith; slightly prismatic; green and pink colours in S.E.			
— 4 8	— 7 45	Diffused arch (1) S.E. to N.W., 5° N.W. of zenith, drifting towards N.E.			

Göttingen Mean Time.	Local Mean Time.	——	H. F.	D.	V. F.
1882. October. h. m.	1882. October. d. h. m.				
A.M. 3rd 4 28	P.M. 2 8 5	Diffused irregular-shaped arch (1) from N.W. to S.E., of a greenish colour in N.W. 7° S.W. of zenith, and drifting towards S. W. horizon.			
— 5 6	— 8 43	Diffused arch (1) from S.E. to N.W., 20° alt., slightly prismatic in S.E. (The bifilar very much disturbed.)			
	— 8 58		212	422	550
— 5 23	— 9 0	Confused masses of aurora (2) N.W. to E. and S.E. from zenith to horizon.	152	400	700
	— 9 2		142	390	550
— 5 28	— 9 5	A bright patch halfway between α Arietis and horizon, another between α Pegasi and horizon, all striated and with a good deal of quivering and waving motion. (Bifilar and vertical force instruments chiefly disturbed.)			
— 6 30	— 10 7	Faint arch from N.W. to S.E. 10° S.W. of zenith			
— 7 28	— 11 5	„ from S.E. through zenith to 20° alt. N.W.			
— 7 58	— 11 35	„ from S.W. to E. 10° alt.			
— 8 28	A.M. 3 12 5	„ from S.W. to S.E.			
		Arch from E. to N. (1)			
— 9 31	— 1 8	Serpentine arch (1) from N.W. through zenith (where brighter (2) and 5° in width) to N.E. (Declinometer slightly disturbed.)			
— 9 53	— 1 30	Patches of auroral light in N.W.			
4th 3 38	P.M. — 7 15	Arch (1) from N.W. to S.E. 10° alt.			
— 4 28	— 8 5	Faint arch from N.W. to E.S.E., streamers in N.W. (1) and in S.E. (·5).			
— 4 53	— 8 30	Wide diffused arch (2) from N.W. through zenith to S.E.			
— 5 3	— 8 40	„ moving slowly to S. of zenith and striated in S.E.			
— 5 28	— 9 5	Arch (1) from N.W. to E.S.E. about 15° alt.			
— 5 58	— 9 35	Aurora (2) in rapid motion 10° S. of zenith; prismatic. (Diminution of horizontal, and increase of vertical force.)			
— 6 13	— 9 50	Bright patches (2) in E.N.E. and N.W. horizon			
— 6 28	— 10 5	Bright arch (2) in horizon from N. to E.			
— 7 33	— 11 10	Arch (2) from E. to S.W. diffused in the E. horizon			
— 8 28	A.M. 4 12 5	Masses of aurora, covering nearly the whole sky, prismatic, and streamers (2) from the zenith towards N.W., moving rapidly. (Instruments slightly disturbed.)			
— 8 43	— 12 20	Masses of aurora disappeared			
— 9 13	— 12 50	Arch from E. to N. W. through Ursa Major, prismatic (1)			
— 9 23	— 1 0	Ditto			
— 10 23	— 2 0	Arch from N.E. to S.W. with a diffused mass of light in S.W. (1).			
— 11 8	— 2 45	Arch (1) from W. to S.E. 27° alt. S.W.			
— 11 28	— 3 5	Aurora in S.W. horizon moving towards S.E. 23° S.W. of zenith.			
P.M. — 12 28	— 4 5	Faint patch in S.W. horizon			
A.M. 5th 4 33	P.M. — 8 10	Faint band from S.E. to W. 10° N. of zenith			
— 5 28	— 9 5	Arch from S.E. to zenith (1)			
— 6 23	— 10 0	Diffused mass of auroral light in E. horizon			
— 7 23	— 11 0	Faint arch from N.E. to S.W. 5° alt.			
— 9 8	A.M. 5 12 45	Arch (1) from S.W. to S.E. 20° alt.			
— 10 23	— 2 0	Faint patch in N.W. horizon			
— 11 28	— 3 5	Faint wide patch in N.W. and zenith			
P.M. — 12 28	— 4 3	Faint arch from E.S.E. through zenith to W.N.W.			
A.M. 6th 5 23	P.M. — 9 0	Sky overcast, but faint light in horizon to S. and E., showing auroral line in spectroscope. (Magnetic disturbance.)			

Göttingen Mean Time.	Local Mean Time.	—	H. F.	D.	V. F.
1882. October. h. m.	1882. October. d. h. m.				
A.M.	P.M.				
6th 6 23	5 10 0	Auroral line in S.E. horizon as before - - -			
— 6 43	— 10 20	Arch from N.W. to S.E., 20° S.W. of zenith partly seen through the clouds.			
— 6 47	— 10 24	Curtain-shaped aurora (2) from zenith towards S.W. horizon, in slight motion.			
— 7 28	— 11 5	Curtain-shaped arch (2) from E.S.E. through zenith to W.N.W., quivering arch (1·5) from S.E. to W.			
— 7 35	— 11 12	Bright prismatic streamers (3) rapidly moving from E.S.E. horizon to W. Streamers (2) N.W. of zenith. (Increase of vertical force.)			
— 8 0	— 11 37	Faint patches in zenith only visible - - -			
8th 5 18	7 8 55	Sky overcast, faint light, probably aurora, in S.E. horizon			
	A.M.				
— 9 23	8 1 0	Faint arch from N.W. through zenith to S.E. - -			
— 10 23	— 2 0	Faint patch in N.W. horizon. Sky nearly overcast.			
— 11 23	— 3 0	Ditto - - - - - -			
A.M.	P.M.				
9th 3 23	— 7 0	Faint aurora from E. to N.W. horizon, brightest portion in N.W.			
— 4 23	— 8 0	Two arches (1) from E. to N.W. parallel to each other, one about 4° alt., the other 25° alt.			
— 5 23	— 9 0	Faint arch from S.E. to N.W., 25° alt. - - -			
— 6 23	— 10 0	Faint arch from horizon to N.E. through Taurus to Ursa Major.			
— 7 23	— 11 0	Patch (1) in S.E. horizon. Faint streak in N.W. -			
	A.M.				
— 8 28	9 12 5	Faint diffused arch from S.E. through zenith to W.N.W.			
— 9 28	— 1 5	Arch (1) from E.S.E. through zenith to W.N.W. -			
P.M.					
— 12 23	— 4 0	Arch (1) from S.E. to S.W. - -			
A.M.	P.M.				
10th 4 28	— 8 5	Faint patch in N.W. horizon - - - -			
— 4 53	— 8 30	Bright (1) streamers in N.W. Aurora visible between clouds in S.E.			
— 5 28	— 9 5	Bright broad vertical patch (1) in S.E. Faint light between clouds in N.W.			
— 5 43	— 9 20	Faint arch (·5) from S.E. to N.W. through zenith. Streamers (1) in N.W.			
— 6 3	— 9 40	Arch from S.E. to N.W. (1) through zenith - -			
— 6 28	— 10 5	Aurora in S.E., stretching across sky to S. of zenith (·5)			
— 7 33	— 11 10	Arch (·5) from S.E. through Cassiopeia to W. - -			
— 8 8	— 11 45	Prismatic canopy of auroral light (2) - - -			
	A.M.				
— 8 23	— 12 0	- - - -	324 349 265	325 333 310	1687 1177 1030
— 8 33	10 12 10	" " became brighter and more diffused (3). (Instruments disturbed.)			
— 9 24	— 1 0	Two faint bands from S.E. through zenith to W. -			
— 10 38	— 2 15	Two serpentine bands (2) S.W. of zenith to W. - -			
— 11 23	— 3 0	Faint arch from S.W. horizon to S.S.E., bright diffused patches in N.W. horizon moving towards the S.W. (Bifilar slightly disturbed.)			
P.M.					
— 12 23	— 4 0	Diffused masses of aurora in N.N.W. horizon, in rapid motion toward the zenith (1).			
— 12 33	— 4 10	Bright (3?), slightly prismatic, and curtain-shaped aurora, drifting towards the N.E. horizon.			
A.M.	P.M.				
11th 3 33	— 7 10	Faint streak in zenith - - - - -			
— 4 32	— 8 9	" " remains stationary, and has become brighter			
— 5 32	— 9 9	Faint band from S.E. through zenith to W. - -			
— 6 23	— 10 0	Aurora, visible through the clouds, appears to cover the greater part of the sky. (Bifilar and vertical force very unsteady.)			

Göttingen Mean Time.			Local Mean Time.			—	H. F.	D.	V. F.
1882. October.	h.	m.	1882. October. d.	h.	m.				
	A.M.			P.M.					
11th	7	38	10	11	15	Faint arch from S.E. to N.W. horizon, and several patches visible through clouds.			
				A.M.					
—	8	33	11	12	10	Arch (1) from N.E. horizon to S.W. horizon, and faint auroral light at zenith.			
—	9	23	—	1	0	Mass of auroral light in E. horizon apparently drifting towards the S.W. horizon. Sky nearly overcast. (An increase of vertical force.)			
—	10	23	—	2	0	Auroral light from S.E. horizon to E. (1)			
				P.M.					
14th	6	27	13	10	4	Aurora visible through the clouds at zenith			
—	7	23	—	11	0	Faint light through the clouds. Sky overcast			
—	8	23	—	12	0	Bright patch of auroral light (2) in the S.E., about 15° alt. Sky overcast.			
15th	6	20	14	9	57	Sky overcast, but faint light all over the sky showing yellow auroral line in spectroscope.			
—	7	55	—	11	32	Faint masses of auroral light in zenith and S.W., about 30° alt.			
				A.M.					
—	9	45	15	1	22	Sky dark and clouded, light entirely disappeared			
—	10	15	—	1	52	Sky overcast, but faint light from E. horizon to N.W. horizon.			
—	10	25	—	2	2	Patch of aurora (1), about 30° alt. in S.E.			
—	10	50	—	2	27	Patches in zenith visible between clouds			
—	11	25	—	3	2	Masses of aurora in zenith and about 5° S. of zenith. Sky cloudy.			
	P.M.								
—	12	15	—	3	52	Patches of aurora visible through clouds in S.E. horizon			
—	1	10	—	4	47	Bright aurora (2) from S.W. to N.W. horizon, partly visible between clouds.			
—	1	30	—	5	7	Bright patch in S.W., about 30° alt.			
	A.M.			P.M.					
16th	4	23	15	8	0	Bright aurora (1) from S.W. to S.E., faint patches visible in zenith through clouds. Sky overcast.			
—	5	23	—	9	0	Aurora (1) from S.W. to S.E.			
—	7	33	—	11	10	Mass of auroral light extending from S.E. horizon to zenith. Visible through the clouds.			
				A.M.					
—	10	43	16	2	20	Band from S.S.E. crossing the sky halfway between S.W. horizon and zenith to W. (2).			
—	11	23	—	3	0	Bright auroral light (2) in S. and S.W. horizon			
	P.M.								
—	12	23	—	4	0	Much the same			
—	1	23	—	5	0	Mass of auroral light (1) in N.E. horizon. The auroral light in S. and S.W. as above.			
	A.M.			P.M.					
17th	4	28	—	8	5	Aurora visible between the clouds 3° S.W. of zenith			
—	5	28	—	9	5	Aurora visible between the clouds S.E. of zenith			
—	6	29	—	10	6	Auroral light visible through the clouds. Sky overcast			
—	7	28	—	11	5	Faint auroral light in N.E. horizon. Sky cloudy			
				A.M.					
—	9	28	17	1	5	Auroral light (2) in W. and S.W. horizon. Sky overcast.			
—	10	28	—	2	5	Masses of aurora (2) from N.W. to zenith and from E. to N.W., drifting towards the S.W. horizon.			
—	11	23	—	3	0	Faint patch in S. and S.E.			
				P.M.					
18th	3	28	—	7	5	Arch (2) from E. to N.W., about 10° alt. A few streamers on N.W. horizon.			
—	4	23	—	8	0	Auroral light (1) from N.N.W. to W. horizon			
—	5	23	—	9	0	Auroral light from E. to N.W. horizon, visible between the clouds. Sky nearly overcast.			
				A.M.					
—	10	28	18	2	5	Sky nearly overcast, patches of aurora (1) visible between clouds S.W. of zenith.			

Göttingen Mean Time.	Local Mean Time.	—	H. F.	D.	V. F.
1882. October. h. m.	1882 October. d. h. m.				
A.M. 19th 6 28	P.M. 18 10 5	Faint patch at the edge of a cloud in N.E. Bright streak (1) between clouds in N.			
— 8 38	A.M. 19 12 15	Bright band (2) from S.E. towards N.W., visible through clouds.			
P.M. 22nd 12 23	22 1 0	Faint arch from E. to S.W., halfway between the horizon and zenith, visible between clouds. Sky overcast. (Magnetic instruments slightly disturbed.)			
— 1 23	— 5 0	Auroral light in S.E. horizon. Sky overcast			
A.M. 23rd 10 34	23 2 8	Patches of auroral light in zenith and in S.W. horizon, visible between the clouds only for a few seconds, when the sky became completely overcast. (Instruments very much disturbed.)			
24th 9 23	24 1 0	Low arch (1) from N.W. horizon to S.W. horizon. Sky overcast.			
— 10 28	— 2 5	Parallel line (1) from N. to N.W. on horizon. Faint arch S.W. to W.			
25th 6 28	P.M. — 10 5	Sky nearly overcast. Aurora visible between clouds S.E. of zenith (1). (Magnetic instruments disturbed.)			
26th 4 23	25 8 0	A greenish-coloured band (1) from S.E. through zenith to N.W.			
28th 6 28	27 10 5	Bright (2), prismatic, diffused aurora in S. and S.E., about 15° alt.			
— 7 40	— 11 17	Faint patch near zenith, W. - -			
November. 1st 2 5	31 5 42	Faint arch (1) from N.N.W. to N.E., 15° alt. - -			
— 2 17	— 5 54	" almost disappeared. Faint streamers in N.N.W. (·5).			
— 2 27	— 6 4	Arch brighter and lower, passing through Pleiades; brightest in N.E.			
— 2 35	— 6 12	" disappeared, except a faint patch in N.E. -			
— 2 40	— 6 17	Arch reappeared (1) - - - - -			
— 2 58	— 6 35	" increasing in width. Faint streamers in N.N.W.			
— 3 15	— 6 52	Arch very faint, except in N.E. - - -			
— 3 30	— 7 7	Arch bright (1), and streamers in N.W. - -			
— 4 0	— 7 37	Arch very irregular (1), bright broad patch in E.N.E. (2)			
— 4 25	— 8 2	Aurora very faint from N.W. to N.E. - -			
— 5 5	— 8 42	Faint auroral lights in S.S.W. at the edge of a cloud. Arch in N.E. disappeared except a very faint light in N.N.W.			
— 5 25	— 9 2	Aurora entirely disappeared - - - -			
— 10 20	November. A.M. 1 1 57	Diffused arch (1) from S.E. through zenith to N.W. horizon.			
— 10 30	— 2 7	Arch disappeared - - - - -			
— 10 35	— 2 12	Diffused light in N.W., drifting towards S.W., bright (2), slightly prismatic.			
— 10 40	— 2 17	" disappeared, except a few faint streamers in the N.W. horizon.			
— 10 50	— 2 27	" disappeared - - - - -			
— 11 0	— 2 37	Auroral light in zenith (1) - - - -			
— 11 8	— 2 45	Bright patch in N.W. horizon (2) - - -			
— 11 50	— 3 27	Faint arch from E.S.E. through zenith to W.N.W. (1) in N.N.W.			
— 12 10	— 3 47	Aurora disappeared - - - -			
P.M. — 2 25	— 6 2	Streak of auroral light in N.E. horizon - -			
3rd 1 23	3 5 0	Arch from W.N.W. to N.E. (1) drifting S.W. -			
— 2 23	— 6 0	Auroral light in zenith, on S.W. horizon and on N.E. horizon (2).			
A.M. 5th 5 3	P.M. 4 8 40	Auroral light in E. drifting N.E. - - -			

Gottingen Mean Time.	Local Mean Time.	——	H. F.	D.	V. F.
1882 November. h. m.	1882. November. d. h. m.				
5th 5 28 A.M.	4 9 5 P.M.	Faint arch from E. to N.W., 30° alt., the portion in N.W. visible through clouds.			
— 5 43	— 9 20	„ disappeared. Diffused mass of aurora in N.E., and drifting towards the N.W. horizon.			
— 6 23	— 10 0	Irregular arch (1) from N.E. to N.N.W., 15° alt. -			
— 7 23	— 11 0	Faint auroral light in S.E. (·5) - - - -			
— 9 28	5 1 5 A.M.	Faint horizontal streak (·5) in S.E., about 25° alt. -			
— 10 28	— 2 5	Small bright (1) patch in E. horizon - - -			
6th 2 38	— 6 15 P.M.	Auroral light in zenith and a faint arch from E.S.E. to N.W., 30° alt.			
— 3 23	— 7 0	Diffused arch from E.S.E. to N.N.W. (1), 20° alt. -			
— 4 16	— 7 53	Arch (1) from S.E. to N.W. through zenith, striated in N.W.			
— 4 28	— 8 5	Masses of aurora (1) in E. - - - -			
— 5 13	— 8 50	Diffused arch (1) from S.E. to N.N.W., 20° alt. - -			
— 5 28	— 9 5	Faint mass of aurora in N.E. - - - -			
— 8 32	6 12 9 A.M.	Faint arch from S.E. through zenith to W. - -			
— 9 23	— 1 0	Faint streak from zenith towards E. horizon - -			
— 12 23 P.M.	— 1 0	Patches of aurora (1) in N.W. and N.E. - -			
— 1 23	— 5 0	Arch (1) from N.E. to W.S.W. through zenith - -			
7th 10 23 A.M.	7 2 0	Irregular diffused arch (2) from W. to S.E. through zenith.			
— 11 23	— 3 0	Bright green-coloured patch (2), 20° alt. N.E. -			
— 1 23 P.M.	— 5 0	Faint streamers (1) in E. and N.W. Arch (1) from S. to S.W. on horizon.			
8th 3 23 A.M.	— 7 0 P.M.	Faint arch from N.E. to W.N.W., 9° alt. - -			
— 4 23	— 8 0	„ very faint towards N.W. - - -			
— 6 23	— 10 0	Confused mass of aurora in zenith (1 to 2). (Great magnetic disturbance.)	350 422 406	388 396 415	1070 800 850
— 6 33	— 10 10	Patches of aurora in N.E. and N.N.W. (1) - -			
— 7 28	— 11 5	Large bright patch (2) in N.W. - - -			
		Irregular-shaped arch from N. horizon through zenith to 30° alt. S.E. (1).			
— 8 13	— 11 50	Bright striated patch (2) in N.W. horizon - -			
		Faint masses of aurora in zenith - - - -			
		Faint arch (1) from W.N.W. to S.S.E. - - -			
— 8 28	8 12 5 A.M.	Bright irregular arch (2) of a greenish colour, from N. horizon to S.E. horizon.			
— 9 13	— 12 50	Diffused arch (1) from E.S.E. to W.N.W. - -			
— 9 28	— 1 5	Bright arch (2) from S.E. to N.W. on horizon. Bright streamers (2) N.W. of zenith.			
— 10 18	— 1 55	Bright irregular-shaped arch (2) from S.E. to N.W. -			
— 10 28	— 2 5	Very faint arch from S.E. to N.W. - -			
— 12 33 P.M.	— 4 10	Faint arch from S.E. to W. - - - -			
— 1 33	— 5 10	„ has become brighter (1), and patches are appearing in N.E. horizon.			
— 2 30	— 6 7	Faint patches S.E. of zenith - - - -			
9th 1 18 A.M.	— 7 55 P.M.	Faint patch of auroral light in N.E., 30° alt. Sky overcast.			
— 11 13	9 2 50 A.M.	Masses of aurora in zenith (1 to 2) - - -			
— 11 28	— 3 5	Faint streak in zenith (Magnetic disturbance) - -			
— 12 23 P.M.	— 4 0	Faint patches of aurora in N.N.W. - -			

Göttingen Mean Time.	Local Mean Time.		H. F.	D.	V. F.
1882. November. h. m.	1882. November. d. h. m.				
P.M.	A.M.				
9th 1 23	9 5 0	(Great disturbances of the horizontal and vertical forces.)			
— 1 28	— 5 5	Diffused arch (2) from S.E. to N.W., 30° alt., and a bright patch in zenith.			
A.M.	P.M.				
10th 1 13	— 4 50	Sky overcast. Aurora visible between clouds in S.W. (1). Patch in N. (·5).			
P.M.	A.M.				
— 2 28	10 6 5	Faint auroral lights visible between clouds in S.E., 30° alt.			
A.M.	P.M.				
12th 1 28	11 5 5	Streamers (1) from N.N.E. to N.W., 15° alt. Slightly prismatic in N.W.			
— 2 28	— 6 5	Mass of auroral light (1) on E.S.E. horizon, patches also in zenith and in N.W.			
— 3 8	— 6 45	Bright streamers (2) in N.W. and (1) in S.E., green and pink in colour in N.W. Diffused auroral lights (2) in zenith, slightly prismatic. Faint patch (·5) 10° S. of zenith.			
— 3 28	— 7 5	Aurora very faint, except a few streamers S.E. of zenith, drifting towards E. (1).			
— 4 3	— 7 40	Faint arch (·5) from S.E. horizon to S.S.W. Streamers (·5) in N.W.			
— 4 27	— 8 4	Streamers (1) from S.E. to S.W. slightly prismatic and moving rapidly towards N.W. Arch (2) from S.S.E. through zenith to N.N.W., 30° alt.			
— 4 53	— 8 30	Arch from E.S.E. through zenith to W.N.W., diffused in W.N.W. (1).			
— 5 28	— 9 5	Diffused arch from S.E. to N.W. (2) - - -			
— 5 57	— 9 34	Bright irregular shaped arch (2) from E.S.E. through zenith to W.N.W.			
— 6 27	— 10 4	Faint arch (·5) on horizon from S.E. to S.W. Faint streamers in E.S.E.			
— 7 8	— 10 45	Bright (3) irregularly serpentine arch from E.S.E. to N.W., 70° alt., prismatic, striated, and with rapid motion. A faint crimson glow at times near the extremities of the arch, but not, apparently, forming part of it. Sky nearly covered with streamers more or less faint. (Much magnetic disturbance.)			
— 8 23	— 12 0	The whole sky covered with faint patches of light -			
	A.M.				
— 9 23	12 1 0	Faint arch 3° alt. in S.W. and a diffused light in zenith -			
— 10 21	— 2 0	A diffused light (2) in zenith - - - - -			
— 11 23	— 3 0	Patches of auroral light (1 to 2) in zenith and on S.W. horizon. A very bright patch on E.S.E. horizon drifting S.			
— 11 58	— 3 15	Arch (1) from S.E. to W.S.W., 30° alt. - - -			
P.M.					
— 12 23	— 1 0	Irregular-shaped arch (2) with streamers of a greenish colour from S.S.E. to W.S.W., about 27° alt.			
— 1 23	— 5 0	Arch from S.E. to S.W. (1), slightly prismatic. Masses of aurora in zenith and in N.N.W. of a greenish colour, very bright, and in rapid motion.	202 190 168	450 470 492	1933 1902 1863
— 1 28	— 5 5	The whole sky more or less covered with lights and streamers, apparently drifting in all directions.			
— 2 23	— 6 0	A mass of streamers (2) in zenith and masses of aurora in S.W. (Great magnetic disturbance.)	62 25 70	405 512 515	2027 2029 Off scale.
A.M.	P.M.				
13th 1 8	— 4 45	Arch (1) from W.S.W., through zenith to E.S.E., 30° alt.			
— 1 28	— 5 5	Irregular arch (1), from S.E. through zenith to 30° of N.W.			
— 1 50	— 5 27	Diffused arch (1) from E.S.E. through zenith to W.N.W. Curtain-shaped aurora (1) from S.E. horizon to S.W.			
— 1 58	— 5 35	The whole sky more or less covered with faint masses of auroral light.			
— 2 28	— 6 5	Irregular arch (1) from E.S.E. through zenith to N.W. Streamers in S.E. rapidly moving on horizon to W. Prismatic (2).			

Göttingen Mean Time.			Local Mean Time.			——	H. F.	D.	V. F.
1882. November.	h.	m.	1882. November. d.	h.	m.				
	A.M.			P.M.					
13th	2	35	12	6	12	Bright (2) prismatic vertical streamers in S.E., extending in an arch to S.W., where curved and prismatic. Streamers in zenith slightly prismatic (2), in rapid motion, and quivering.			
—	3	23	—	7	0	Faint irregular masses of auroral light from E. horizon through zenith towards N.W.			
—	4	23	—	8	0	„ seen only through the clouds in zenith and half-way between N.E. horizon and zenith.			
—	5	23	—	9	0	Faint auroral lights, between clouds, S. of zenith and a streak through Cassiopeia.			
—	6	34	—	10	11	Aurora visible between clouds, 5° alt. in N.W. -			
—	7	28	—	11	5	Patches of aurora in S.W., 50° alt., drifting towards S. Sky nearly overcast.			
				A.M.					
—	8	28	13	12	5	Diffused mass of aurora on horizon in W.N.W., prismatic (2), from which many streamers were flowing, of a greenish colour, and drifting towards S.E. horizon, about 20° S.W. of zenith.			
—	9	23	—	1	0	Masses of aurora (2) from N.W. horizon, visible only at intervals. Sky overcast. (Much magnetic disturbance, especially the horizontal and vertical forces.)			
—	10	23	—	2	0	Auroral line (1) on horizon, from N.N.W. to S.W. Sky overcast. (Magnetic disturbance as before.)			
—	11	23	—	3	0	Faint patch of auroral light (·5) in S., 25° alt. - -			
	P.M.								
—	12	23	—	4	0	Bright diffused light (1) from S.E. horizon to zenith. Faint arch on horizon S. to S.W.			
—	1	23	—	5	0	The whole of the sky from S.E. to S.W. covered with aurora (2) from horizon to 30° alt. Faint (1) streamers in E. Patch of auroral light (1) in N. horizon. (Much magnetic disturbance.)	50 62 102	510 450 479	Off scale. 2500 2249
—	1	28	—	5	5	Bright (3) streamers from S.W. to zenith, where prismatic, and extending in a circular shape and in rapid quivering motion to E. horizon.			
—	1	38	—	5	15	Aurora disappeared except a few faint lights in S.E. -			
—	1	40	—	5	17	- - - - - - -	30	O.S.	O.S.
—	2	13	—	5	50	Faint arch on horizon (1) from S.E. to S.W. Streamers from arch to zenith about 10° distant to extent of arch.			
—	2	28	—	6	5	Arch (2) from S.E. to S.W. on horizon. Irregular arch (1) from E.S.E. through zenith to W.N.W. Faint streak of auroral light 10° alt. E.			
	A.M.			P.M.					
14th	1	13	—	5	20	Faint arch formed of vertical streamers from N.E. to N.W., 6° alt.			
—	2	23	—	6	0	This arch now through zenith from E. to N.W. (1) -			
—	3	18	—	6	55	Bright auroral lights in S.E. and N.N.W., drifting towards each other.			
—	3	28	—	7	5	Arch (1) from E.S.E. to within about 5° of N.W. horizon, 35° alt. Bright streamers on N.W. horizon.			
—	4	23	—	8	0	Irregular arch (1 to 2) from W.N.W. to S.E., alt. 60° -			
—	5	20	—	8	57	„ more regular (1). Masses of aurora in E.N.E. and streaks in zenith.			
—	6	23	—	10	0	Patches of aurora on N.N.E. horizon and in S.W. (1) -			
—	7	23	—	11	0	Masses of aurora (1) in S., visible between clouds. Sky overcast.			
15th	6	0	14	9	37	Sky overcast but very light. Aurora probably behind clouds.			
	P.M.			A.M.					
—	12	20	15	3	57	Sky became dark - - - - - -			
	A.M.			P.M.					
16th	3	23	15	7	0	Faint arch (1) from N.E. to N.W., alt. 30° - -			
				A.M.					
—	10	23	16	2	0	Sky overcast, but very light; probably aurora behind the clouds.			

Göttingen Mean Time.			Local Mean Time.			——	H. F.	D.	V. F.
1882. November.	h.	m.	1882. November. d.	h.	m.				
	P.M.			A.M.					
16th	12	23	16	4	0	Bright patch of aurora (1) in N.N.W.			
—	1	23	—	5	0	Auroral light (1) from zenith to 10° alt. in N.W.			
	A.M.			P.M.					
17th	1	13	—	1	50	Arch of vertical streamers from E. to N.W. (1), of a crimson colour in N.W. and greenish in E.			
—	2	23	—	6	0	Faint patch (·1) on N.W. horizon			
—	3	13	—	6	50	Faint streamers on N.W. horizon			
—	4	23	—	8	0	Diffused mass of aurora on E.S.E. horizon and auroral light on N.N.W. horizon, passing through zenith towards S.E. (1).			
—	5	23	—	9	0	Irregular arch (1) from E. to N.W., 30° alt. Faint arch from E.S.E. to W.N.W., and a few streamers in N.N.W.			
—	7	23	—	11	0	Faint auroral light (·5) from zenith to 30° alt. W.			
				A.M.					
—	8	28	17	12	5	Arch (1) of streamers from S.E. to W. Faint patch in N.E.			
—	9	28	—	1	5	Very faint arch from S.E. through zenith to N.W.			
—	10	28	—	2	5	Faint auroral light from S.E. to 10° S. of zenith (·5)			
—	11	13	—	2	50	The whole sky covered with serpentine prismatic rays, crossing each other in all directions (3). (Great magnetic disturbance.)			
	P.M.								
—	12	23	—	4	0	A greenish band from S.W. to N., and a right angle-shaped light on S.E. horizon (1 to 2).			
—	1	23	—	5	0	A diffused light on S.E. horizon			
—	2	23	—	6	0	A few faint patches S.E. of zenith			
	A.M.			P.M.					
18th	3	8	—	6	45	Arch from S.S.E. horizon to W. horizon, of a greenish colour in S.S.E. and dark red in W. (1).			
—	3	28	—	7	5	Arch of a dark red colour (2) from S.E. to S.W., 45° alt. Faint patches of auroral light in zenith (·5). Faint broad patch on N.W. horizon (·5).			
—	4	28	—	8	5	Aurora (1) from S.E. to S.W. on edge of cloud. Faint streamers in E.S.E. (·5).			
—	5	28	—	9	5	Faint streak (·5) S.E. of zenith. Masses of aurora (·5) from S. to S.W. on horizon.			
—	5	52	—	9	29	Bright (2) diffused arch from N.W. to S.E. Red, green, and purple in colour from N.W. to zenith.			
—	6	16	—	9	53	Bright streamers (1) from N.W. horizon to zenith, red, green, and purple.			
—	6	28	—	10	5	Streamers in S.E. and S. from horizon to zenith (1). A red and green-coloured patch on N.W. horizon (1).			
—	7	30	—	11	7	Faint patches of auroral light S.E. and N.W. of zenith			
—	8	6	—	11	43	Bright (3) prismatic arch on E.S.E. horizon			
				A.M.					
—	8	27	18	12	4	Prismatic rays on E. horizon, and an elliptical-shaped light halfway between E. horizon and zenith; also patches of auroral light in different parts of the sky (2).			
—	8	58	—	12	35	A slightly prismatic band from Ursa Major through the zenith.			
—	9	23	—	1	0	Band from N.E. to S.W. (1)			
—	10	23	—	2	0	Sky nearly overcast. Auroral light visible between clouds in all directions.			
—	11	29	—	3	6	Masses of aurora (1) on E.N.E. horizon and in S.S.W. A faint light in zenith. (Magnetic disturbance.)			
	P.M.								
—	12	23	—	4	0	Patch of aurora on N.N.W. horizon (1)			
—	1	23	—	5	0	Auroral light in N.W. (1)			
—	2	28	—	6	5	Bright (2) auroral light on N.N.E. horizon, extending towards zenith.			
—	2	33	—	6	10	Faint patches in zenith			
19th	2	23	19	6	0	No aurora. Sky darkly overcast. (Great magnetic disturbance.)			
	A.M.			P.M.					
20th	6	28	—	10	5	Streamers (1) in N.N.W. drifting towards W., 40° alt.			

Göttingen Mean Time.		Local Mean Time.			H. F.	D.	V. F.
1882. November.	h. m.	1882. November. d.	h. m.				
	A.M.		P.M.				
20th	7 28	19	11 5	Faint patch, 10° alt., in S.S.E. (·5), and a faint streak in zenith (·5).			
			A.M.				
—	10 28	20	2 5	Faint patches in S. (·5), visible between clouds - -			
—	11 23	—	3 0	Faint patch in zenith (·5) - - -			
	P.M.						
—	2 23	—	6 0	A few faint streaks from N.N.W., converging at the zenith.			
	A.M.		P.M.				
21st	1 18	—	4 55	Arch (1) from W. to S.E., about 20° S.W. of zenith, drifting towards N.E. horizon.			
—	1 31	—	5 8	Very faint arch from N.W. to E.S.E., 30° alt. - -			
—	2 23	—	6 0	Diffused irregular-shaped arch (1) from E.S.E. to N.W., drifting towards zenith, where it appeared to break into streamers and rays.			
—	2 38	—	6 15	Arch reformed from N.N.E. to N.W., the lower part of a reddish colour, and in rapid motion, 20° alt.			
—	3 11	—	6 48	Broad diffused bright arch (2) from S.E. through zenith to N.W., quivering and moving rapidly, and of a pink colour in zenith.			
—	3 18	—	6 55	Broad irregular arch (2) from E.N.E. to E.S.E., coloured violet, pink, and light green, 30° alt.			
—	3 23		7 0	- - - - -	396 376 310	348 360 361	1123 1461 1491
—	3 28	—	7 5	Very faint arch E.N.E. to E.S.E. - - -			
—	3 53	—	7 30	Faint arch from N.N.W. to E., 40° alt. - -			
—	4 28	—	8 5	Bright arch (1) from E. to E.N.E., 20° alt., of a pink colour in E. Irregular-shaped arch (1) from E.S.E. through zenith to W.N.W.			
—	5 28	—	9 5	Faint arch (·5) on horizon from E. to N.E. - -			
—	6 28	—	10 5	Faint irregular arch (·5) from E.S.E. through zenith to W.N.W.			
	P.M.		A.M.				
—	1 28	21	5 5	Auroral light (2) in W.N.W., 45° alt. - -			
	A.M.		P.M.				
22nd	12 53	—	4 30	Faint diffused arch (·5) from E.S.E. through zenith to W.N.W.			
—	1 8	—	4 45	Bright (1) streamers from E.N.E. horizon to 5° E. of zenith.			
—	1 28	—	5 5	Faint arch (·5) from E.S.E. to E.N.E., alt. 10° - -			
—	6 23	—	10 0	Band (1) from E. through the moon to N.W. - -			
—	7 28	—	11 5	Irregular arch (1) from N.N.E. to N.W., alt. 10°. Auroral light in S.W. about 45° alt.			
			A.M.				
—	8 28	22	12 5	Arch very faint - - - -			
	P.M.						
—	12 28	—	4 5	Very faint patches of auroral light in zenith - -			
	A.M.		P.M.				
27th	4 28	26	8 5	Faint patches of aurora (1) on S.S.E. horizon. Sky overcast.			
			A.M.				
—	8 30	27	12 7	Patch of aurora on N.N.E. horizon - - -			
—	11 28	—	3 5	Masses of aurora (1) from E. to N.W., of a yellowish colour, 3° alt. - - - -			
			P.M.				
28th	2 28	—	6 5	Faint arch (·5) from E.S.E. to E.N.E., 20° alt. - -			
—	3 13	—	6 50	Arch (1) from N.E. to N.W. - - -			
—	7 28	—	11 5	Patch of aurora (1) 2° S.W. of zenith - -			
			A.M.				
—	8 28	28	12 5	Streak (1 to 2) from N.N.W. through zenith -			
—	11 28	—	3 5	Faint arch from N.E. to W. - - -			
			P.M.				
30th	5 28	29	9 5	Faint patch of aurora (·5) in E. horizon - -			
—	6 28	—	10 5	Faint arch (·5) from E.S.E. to W.N.W., 15° alt. Bright patch (1) on E. horizon.			
—	7 28	—	11 5	Band (1) from S.E. towards W., 6° S.W. of zenith -			
			A.M.				
—	8 28	30	12 5	A diffused light on N.W. horizon - - -			

Göttingen Mean Time.			Local Mean Time.			——	H. F.	D.	V. F.
1882. November.	h.	m.	1882. November. d.	h.	m.				
	A.M.			A.M.					
30th	9	28	30	1	5	Diffused lights and patches (1) covering half the sky from N.W. and N.E. horizons.			
—	10	28	—	2	5	Diffused arch (1) from E.N.E. to W. - - - -			
—	11	28	—	3	5	Serpentine arch (2) from W. through zenith to E.S.E., with streamers of a greenish colour.			
	P.M.								
—	12	28	—	4	5	Faint patch of aurora in zenith - - - -			
—	3	28	—	7	5	Bright streamers (1) from E. horizon to zenith - -			
December.									
	A.M.			P.M.					
1st	1	25	—	5	2	Faint arch (·5) E.S.E. to W.N.W., 20° alt. -			
—	1	38	—	5	15	,, disappeared. Bright streak (1) in N., 10° alt.			
—	1	50	—	5	27	Faint light in N.W., 10° alt. (·5) - - -			
—	2	50	—	6	27	Arch (2) from E. to N.W., 2° N. of zenith - - -			
—	3	0	—	6	37	,, through zenith - - - -			
—	3	20	—	6	57	Bright (2) diffused arch from E.S.E. through zenith to W.N.W.			
—	3	40	—	7	17	Band (1) from S.E. to N.W., 6° S.W. of zenith - -			
—	4	0	—	7	37	Curtain of aurora through zenith from N.W. to S.E., about 40° in extent (·8).			
—	4	15	—	7	52	Aurora disappeared, except a faint arch (·5) from E.S.E. to W.N.W., 20° S. of zenith.			
—	4	20	—	7	57	Arch (·5) drifting towards S., slightly diffused in E.S.E.			
—	4	25	—	8	2	Diffused arch (·5) from E.S.E. to W.N.W., 4° S.W. of zenith.			
—	4	45	—	8	22	,, drifting towards zenith - -			
—	4	55	—	8	32	Above arch very faint and through zenith - -			
—	5	10	—	8	47	,, brighter towards W.N.W. - - -			
—	5	25	—	9	2	,, bright, and 2° S.W. of zenith (1) - -			
—	5	35	—	9	12	,, disappeared - - - -			
—	5	45	—	9	22	Faint patch of aurora in E.S.E., 5° alt. - - -			
—	6	0	—	9	37	,, auroral light in S.W., 30° alt. - - -			
—	6	10	—	9	47	,, diffused - - - - - -			
—	6	20	—	9	57	Irregular arch (1) from S.E. to W., 10° alt. - -			
—	6	40	—	10	17	Arch (2) from E.S.E. to W., 6° S.W. of zenith - -			
—	6	45	—	10	22	Aurora much diffused, drifting through zenith, with much quivering motion and slightly prismatic.			
—	6	55	—	10	32	Band from E. through Ursa Major to N.W. (1) - -			
—	7	5	—	10	42	,, as above, and a diffused light in zenith ; very faint.			
—	7	25	—	11	2	Above and less bright, and light disappeared - -			
—	7	35	—	11	12	Band disappeared - - - -			
—	7	40	—	11	17	Faint auroral light from W.N.W. through zenith - -			
			December.						
				A.M.					
—	8	25	1	12	2	,, auroral lights in zenith and in N.N.W. - -			
—	8	35	—	12	12	Patch of aurora (1) in N.N.W., 15° alt. - -			
—	8	45	—	12	22	Faint arch (·5) from E. to N.W., 10° alt. - -			
—	8	55	—	12	32	Aurora disappeared. Sky nearly overcast - - -			
				P.M.					
2nd	3	23	—	7	0	Auroral lights (·5) from E. to N.W., about 30° alt., drifting towards zenith.			
—	6	28	—	10	5	Diffused arch (·5) from N.N.W. to E.S.E., about 45° alt.			
	P.M.								
—	12	43	2	4	20	Faint arch (·5) from N.N.E. to S.W. - - -			
—	1	23	—	5	0	Ditto - - - - - -			
	A.M.			A.M.					
3rd	11	23	3	3	0	Faint arch from W. to S.E. (·5), 60° alt. - -			
	P.M.								
—	12	28	—	4	5	Patch of aurora (·5) in N.N.E., 15° alt. - - -			
	A.M.			P.M.					
4th	1	28	—	5	5	Faint streamers (·5) from E. to N. on horizon - -			
—	2	28	—	6	5	Diffused arch (1) from E. to N., 10° alt. - - -			
—	3	23	—	7	0	Arch (2) from N.E. to N.W., 10° alt. - - -			
—	4	28	—	8	5	Diffused arch from S.E. to W.N.W. and through zenith; more in the shape of curtains in S.E. (1·5).			

Göttingen Mean Time.	Local Mean Time.	[illegible]	H. F.	D.	V. F.
1882. December. h. m.	1882. December. d. h. m.				
4th 5 13 A.M.	3 8 50 P.M.	Arch (2) from S.E. between Ursa Major and zenith to N.W., 50° alt.			
— 5 23	— 9 0	Arch (1) from S.E. between Ursa Major and zenith to N.W.			
— 5 36	— 9 13	Arch nearer zenith (2) - - - -			
— 6 33	— 10 10	„ through zenith and diffused (1) - - -			
— 7 28	— 11 5	Faint arch (·5) from N.W. to E.S.E., alt. 50°. Another arch (1) from the same points about 16° higher, drifting towards zenith.			
— 8 3	— 11 40	Lower arch much diffused (1) - - -			
— 8 28	4 12 5 A.M.	Masses of aurora in N.W. just above horizon, and on N.N.E. horizon, slightly prismatic. From these two points are four arches—(1st) about 20° alt. N.W.; (2nd) passing through zenith; (3rd) 10° S.W. of zenith; (4th) 50° alt. S.W.—all drifting towards zenith, with much quivering motion (·5 to 2). (Magnetic disturbance.)			
— 8 43	— 12 20	The whole sky covered with aurora - - -			
— 8 58	— 12 35	A few patches in zenith and in N.N.W., alt. 20° -			
— 9 28	— 1 5	Arch (·5) from W.N.W. to S.E., 50° alt., and a few patches in zenith and on N.N.E. horizon.			
— 10 28	— 2 5	Arch (1) from W.N.W. to E.S.E., 60° alt. - -			
— 11 28	— 3 5	Bright (1), broad, diffused arch from N.N.W. through zenith to 10° alt. E.S.E.			
— 11 58	— 3 35	Irregular-shaped arch (1) from E. horizon to N.W. horizon, 10° N.E. of zenith. Bright (1) streamers in W.N.W.			
— 12 28 P.M.	— 4 5	Arch (1) from S.E. through zenith to S.S.W., where of a greenish colour.			
— 12 53	— 4 30	Faint arch (·5) from E.S.E. to W.N.W., 20° E. of zenith Ditto N.E., 25° alt. Patch in W.N.W. Bright (1) patch in zenith.			
— 1 28	— 5 5	Faint streak in S.W. (·5) - - - -			
— 2 28	— 6 5	„ patches from S.W. to S.E. (·5) - -			
5th 3 18 A.M.	— 6 35 P.M.	Arch (1) from E. to N.N.W., 12° alt. -			
— 3 23	— 7 0	- - - - - - -	431 434 439	323 322 324	1395 1395 1400
— 3 28	— 7 5	Ditto (·5) - - - - - -			
— 4 28	— 8 5	Arch disappeared - - - - - -			
— 4 53	— 8 30	„ from E.S.E. to N.W. (1), alt. 15° - - -			
— 5 28	— 9 5	Ditto (·5) - - - - -			
— 6 28	— 10 5	Auroral light (·5) in N.N.W., 60° alt. - - -			
— 7 13	— 10 50	Arch (1) from S.E. to N.W., diffused in S.E., 17° alt. -			
— 7 28	— 11 5	Diffused arch from E.S.E. through zenith to W.N.W. (1), passing through α and β Geminorum and γ Ursæ Majoris.			
— 7 53	— 11 30	„ „ very faint - - - - -			
— 8 28	5 12 5 A.M.	Bright (1) diffused arch from E.S.E. to W.N.W. (1) through zenith, increasing in width and brightness (2) till the whole zenith is covered with aurora.			
— 8 38	— 12 15	Aurora disappeared except in W.N.W., where are masses extending to N. (1).			
— 8 53	— 12 30	Arch from N. to E. (1), alt. 15°. Faint arch (·5) E.S.E. to W., 50° alt.			
— 9 28	— 1 5	Faint patch in W.N.W. - - - - -			
— 12 33 P.M.	— 4 10	Two faint arches from S.E. to W. about 7° S.W. of zenith, and a bright column of light on N.N.E. horizon.			
— 1 33	— 5 10	Faint arch (·5) from S.E., half way between S.W. horizon and zenith, to W., and a faint band from W. to N.E. (·5).			
6th 6 8 A.M.	— 10 5 P.M.	Faint arch (·5) from N. to E.S.E. through zenith -			

Göttingen Mean Time. 1882. December.	h.	m.	Local Mean Time. 1882 December. d.	h.	m.		H. F.	D.	V. F.
6th	A.M. 7	23	5	P.M. 11	0	Irregular, curved, curtain-shaped aurora about (2) and slightly prismatic, from E.S.E. to N.W., moving rapidly towards Ursa Major.			
—	8	28	6	A.M. 12	5	Irregular, diffused, and appearing like cumulus clouds from S.E. horizon to zenith, and there is a portion of an arch from W. towards N.N.E. slightly prismatic and moving rapidly.			
—	9	29	—	1	6	Arch from E. to N.W. through Ursa Major (2·5) -			
—	10	28	—	2	5	Faint patches all round zenith - - - -			
—	11	28	—	3	5	Patch of aurora in N.W., 20° alt. (·5), drifting toward N.E.			
—	12	28	—	4	5	Auroral lights (1) on N.W. and N.N.E. horizons - -			
—	P.M. 2	28	—	6	5	Faint arch (·5 to 1) from N.N.E. to W.N.W., alt. 15°, brightest part in N.N.E.			
—	3	18	—	6	55	Arch (1) from E.N.E. to E., 30° alt. - -			
7th	A.M. 1	28	—	P.M. 5	5	„ „ E.S.E. to E.N.E., 15° alt. - - -			
—	2	28	—	6	5	„ „ „ N.E. curtain-shaped and of a greenish colour in N.E., alt. 25°.			
—	3	28	—	7	5	Arch from E. to N.W. through Ursa Major (1·5) -			
—	4	30	—	8	7	Arch (1) from E. to N.W., 60° alt., brighter on E. horizon (3), where another arch with vertical streamers appears extending along the N.E. horizon.			
—	5	31	—	9	8	Arch now halfway between zenith and N.N.W. horizon, and an intense light (3), curtain-shaped, on N.N.E. horizon.			
—	6	33	—	10	10	Faint arch (·5) from S.E. horizon to W.N.W. - -			
—	7	33	—	11	10	Aurora (1) in N.E., alt. 12° - - -			
—	8	28	7	A.M. 12	5	Irregular arch (1) from E. through zenith to N.W., very wide at zenith.			
—	9	23	—	1	0	Irregular arch very faint (·5) - - - -			
—	10	28	—	2	5	Auroral light (·5) in N.N.W., 30° alt. - -			
—	11	28	—	3	5	Irregular-shaped arch from N.N.W. to E. (1), alt. 30°. Faint light (·5) from S.E. horizon to 30° alt.			
—	P.M. 12	28	—	4	5	Patches of aurora in E.S.E. (·5), and in N.N.W. (1) -			
9th	A.M. 3	28	8	P.M. 7	5	Faint patches in W.N.W. (·5) - - - -			
—	5	28	—	9	5	Faint arch (·5) from W.N.W. through zenith to 60° alt. E.S.E.			
—	6	28	—	10	5	Faint light in zenith, arch (1) from S. to S.W., 20° alt. -			
—	7	30	—	11	7	Aurora visible between clouds about 15° N. of zenith and halfway between S.W. horizon and zenith.			
—	P.M. 3	28	9	A.M. 7	5	Faint patches (·5) on horizon in E. and S.E. - -			
10th	A.M. 1	28	—	P.M. 5	5	Streamers (·5) on E. and N.E. horizon - -			
—	2	28	—	6	5	Bright streamers (1 to 2) E.N.E. through zenith to E. -			
—	3	23	—	7	0	Faint arch (·5) from S.E. to N.W., 80° alt. - -			
—	4	23	—	8	0	Ditto - - - - -			
—	5	23	—	9	0	Ditto, also a faint patch from zenith towards N.W., and a few patches on S.E. horizon.			
—	6	23	—	10	0	Above arch has almost disappeared except in S.E., where brighter (1·5). Another arch (1) from S.E. through zenith to N.N.W. -			
—	7	23	—	11	10	Three irregular arches (1) - - - - ; 1st, from E. to N.N.W. just below tail star of Ursa Major. 2nd, from same point, through zenith - - ; 3rd, through Orion and Taurus - - . A few detached streamers, more especially at zenith.			

Göttingen Mean Time.	Local Mean Time.	—	H. F.	D.	V. F.
1882. December. h. m.	1882 December. d. h. m.				
A.M.	A.M.				
10th 8 28	10 12 5	Arch (1) from E.N.E. to N.N.W., 10° alt., many streamers from N.W. to E.S.E. around, and reaching to, the zenith.			
— 9 28	— 1 5	Several streamers (1) from E. to N.N.W., alt. from 10° to 20°.			
— 10 28	— 2 5	Bright patch in N.N.W., 15° alt. - - -			
P.M.					
— 1 28	— 5 5	Faint (·2) arch from E.S.E. to W., 40° alt. - -			
— 2 28	— 6 5	Ditto and a few faint lights in zenith - -	-		
A.M.	P.M.				
11th 3 28	— 7 5	Streamer (1) in N.N.W., 15° alt. - - -			
— 3 43	— 7 20	Faint arch (1) from E.S.E. to N.W., 10° N. of zenith -			
— 4 28	— 8 5	,, ,, only 5° N. of zenith and drifting towards it -			
— 4 53	— 8 30	Above arch, from E. to N.W. through zenith, striated, and reddish glow at both ends (1).			
— 5 28	— 9 5	Patch of aurora (·5) on E. horizon - - -			
— 6 28	— 10 5	Arch (1) from E. through zenith to N.N.W. - -			
— 7 18	— 10 55	Bright streamers, quivering and in rapid motion, prismatic (2) from S.S.E. to zenith, extending to S.			
— 7 23	— 11 0	Declinometer and vertical force disturbed - -	370 369 374	434 421 468	1766 1517 1415
— 7 28	— 11 5	Mass of aurora N.W. of zenith and in E., in irregular patches (·7).			
	A.M.				
— 8 28	11 12 5	Arch (·5), 10° in width, from 30° alt. E.S.E. through zenith to 40° alt. N.N.W.			
— 9 28	— 1 5	Bright, diffused, and irregular-shaped arch from E.S.E., 5° S. of zenith to S.W. (1 to 2), and slightly prismatic E.S.E.			
— 10 28	— 2 5	Faint arch (·5) from E.S.E. to E.N.E., 10° alt. Faint patches in S.			
— 11 23	— 3 0	Bright patch on N.E. horizon and a light between the clouds halfway between S.W. horizon and zenith.			
P.M.					
— 12 30	— 4 7	Bright patch in N.W., emerging from the clouds. Sky nearly overcast.			
— 1 28	— 5 5	Bright patches on horizon in N.N.W. and E.S.E.			
— 2 28	— 6 5	Patch (·5) in N.N.W., about 15° alt.			
A.M.	P.M.				
12th 5 28	— 9 5	Faint arch (·3) from E.S.E. 5° S. of zenith to W.N.W. -			
— 6 28	— 10 5	,, ditto 15° S. of zenith - - - -			
— 7 28	— 11 5	Faint, streaky, auroral light extending about 10° S.E. and N.W. either side of zenith.			
	A.M.				
— 10 33	12 2 10	Diffused auroral light (·5) 2° S. of zenith - - -			
— 11 28	— 3 5	Arch (2), prismatic, from N.E. to S.W. through zenith, drifting rapidly towards N.W. (Magnetic disturbance.)			
P.M.					
— 12 28	— 4 5	Faint patches (·5 to 1) in zenith, in S.W. and in N.W.			
— 1 28	— 5 5	Patch of aurora on N.N.E. horizon partly seen through the clouds.			
A.M.	P.M.				
13th 5 29	— 9 6	Arch (·5) from N.E. to N.W., about 15° alt. - -			
— 6 30	— 10 7	Auroral light (·5) from Cassiopeia to W.N.W. - -			
— 7 33	— 11 10	Faint aurora (·5) in parallel streaks, 5° to 20° S.W. of zenith, from N.W. to S.E., about 30° alt. on either side.			
	A.M.				
— 8 28	13 12 5	Irregular arch (·5) from N.N.E. to N.W., alt. 15°; much aurora (·5) around and in zenith.			
— 9 28	— 1 5	,, arch as above. Streak of aurora in N.W., 20° alt. (1).			
P.M.					
— 2 28	— 6 5	Faint masses of aurora in E.S.E. and S. Patch (·5) in N.N.W.			
A.M.	P.M.				
14th 1 23	— 5 9	Arch (1) from N.E. to N.W., about 10° alt. - -			

Göttingen Mean Time.			Local Mean Time.				H. F.	D.	V. F.
1882. December.			1882. December.						
	h.	m.	d.	h.	m.				
	A.M.			P.M.					
14th	2	23	13	6	0	Arch (1) brighter and some streaks above it in N.W.			
—	3	28	—	7	5	Faint streaks in N.N.W., alt. 5°			
—	4	28	—	8	5	Arch (·5) from E. to N.N.W., 10° alt.			
—	5	28	—	9	5	,, ,, ,, 20° alt.			
—	6	28	—	10	5	Two irregular arches from E. to N.N.W., 1st, about 60° alt. (·5), 2nd, very faint and through zenith.			
—	7	18	—	10	55	Arch (·5) from E.S.E. through zenith to W.N.W.			
—	7	28	—	11	5	,, ,, drifted towards N.E., less bright except in E.S.E. Faint arch from E. to N.E., alt. 15°.			
				A.M.					
—	8	28	14	12	5	Arch (1) from E.S.E. to N., 35° alt. Faint lights from E.S.E. to zenith.			
—	9	28	—	1	5	Broad diffused arch (·5) from E.S.E. through zenith to W.N.W.			
—	10	28	—	2	5	Bright irregular arch (1) from 30° alt. E.S.E. through zenith, to 10° alt. N.N.W.			
	P.M.								
—	12	33	—	4	10	Arch (1) from E.S.E. through zenith to W.N.W.			
—	1	23	—	5	0	Diffused arch from S.E., 2° S.W. of zenith to W. (1)			
—	2	25	—	6	0	Aurora appearing like small cumulus clouds from S.E. horizon to zenith, extending to about 3° S. of zenith (1).			
—	3	28	—	7	5	A few faint streaks in zenith			
	A.M.			P.M.					
—	5	50	—	9	27	Faint band from N.E. to N.W., about 20° alt.			
—	6	0	—	9	37	,, ,, brighter (1) in N.E.			
—	6	10	—	9	47	Ditto			
—	6	20	—	9	57	,, disappeared except in N.E. Faint patches in zenith.			
—	6	30	—	10	7	Aurora very faint; the patches in zenith drifted to 10° alt. N.E.			
—	6	45	—	10	22	,, disappeared except a streak in N.W.			
—	7	0	—	10	37	Bright irregular-shaped arch (1) from E. to N.E., 10° alt. Bright (1) streak in N.W.			
—	7	5	—	10	42	Above arch alt. 15°. Aurora faint. Faint streak in E.S.E.			
—	7	10	—	10	47	Streaks disappeared. Faint arch from E.S.E. through zenith to W.N.W.; arch from E. to N.E. very faint.			
—	7	20	—	10	57	,, disappeared. Arch from E.S.E. to W.N.W. very faint. Faint arch (·2) through Cygnus, Cassiopeia, and Gemini. Slightly brighter patch in Leo.			
—	7	40	—	11	17	Arch through Leo (·5), passing halfway between Ursa Major and N. horizon.			
—	7	50	—	11	27	Aurora very faint			
—	8	5	—	11	42	Arch from N.E. to N.W., 45° alt. (1), and arch from S.E. to W. 2° S. of zenith (·5).			
—	8	15	—	11	52	Aurora disappeared except a faint patch 20° N.W. of zenith and a brighter patch in E. and S.E. (·5).			
				A.M.					
15th	8	25	15	12	2	Aurora disappeared			
—	10	10	—	1	47	Arch from N.W. to E. through zenith (1)			
—	10	20	—	1	57	,, ,, 5° S.W. of zenith (·5)			
—	10	35	—	2	12	,, ,, irregular in shape and through zenith (·5 to 1); brightest in N.W.			
—	10	50	—	2	27	,, ,, (·5) and uniform			
—	10	55	—	2	32	Aurora disappeared			
—	11	10	—	2	47	Faint streak in zenith			
	P.M.								
—	1	30	—	5	7	,, in E.N.E., 10° alt.			
—	1	33	—	5	10	,, disappeared			
	A.M.								
16th	8	28	16	12	5	Masses of aurora visible through clouds, from E. horizon to N.W. horizon up to zenith.			
—	8	38	—	12	15	Streak of aurora (1) about 60° alt. in S.S.W. through zenith to N.N.E., of a greenish colour, and faint patches on S.W. horizon, partly seen through clouds.			
—	9	28	—	1	5	Faint streaks in zenith and patches on S.W. horizon			

Göttingen Mean Time.			Local Mean Time.				H. F.	D.	V. F.
1882. December.	h.	m.	1882. December. d.	h.	m.				
	A.M.			A.M.					
16th	10	28	16	2	5	Irregular arch (2) from W. to E.N.E. through zenith, of green and reddish colours, drifting rapidly towards S.; also many streaks and patches from E. to S. along horizon; brightest in N.E. and N.W. (·5 to 2).			
—	11	28	—	3	5	From E.S.E. horizon to S.W. horizon, and from about 25° alt. to 30° alt., the sky covered with masses of aurora and streamers, varying from (·3 to 1·5); brightest in S.W. Serpentine arch from E. to 40° W.S.W. of zenith (1).			
—	11	43	—	3	20	Aurora disappeared, except a streak 15° alt. S.E. (·5) -			
—	11	58	—	3	35	Bright, confused, mass of aurora in N.N.W. (1 to 2). Bright streamers about 40° alt. S.S.W. (1).			
	P.M.								
—	12	28	—	4	5	Irregular-shaped arch (·5) from W.N.W. horizon through zenith to 40° alt. E.S.E. Faint arch from N.N.E. to E., alt. 30°, and a faint patch in S.S.E.			
—	12	58	—	4	35	Faint patches in zenith. Cloudy - - - -			
—	2	28	—	6	5	Irregular arch (·5) from W.N.W. to E., 15° alt., faint streamers from E.S.E. horizon to 10° alt.			
—	3	33	—	7	10	Faint streamers from E. to S.W. - - - -			
17th	5	28	17	9	5	Patch of aurora (·5) from N.N.W. horizon to 45° alt. -			
	A.M.								
18th	8	33	18	12	10	Arch from S.E. to N.W., 30° alt., and a patch halfway between the arch and zenith (1).			
—	9	28	—	1	5	Faint auroral light between S.E. horizon and zenith, visible through clouds.			
				P.M.					
19th	12	28	—	4	5	Faint streaks in E.S.E., 70° alt., and in W.N.W. 60° alt.			
—	2	28	—	6	5	Bright (1), green-coloured patch in E.S.E., 15° alt., faint streak in S.E., 45° alt.			
—	3	23	—	7	0	Two bright bands slightly prismatic (2) from S.E. to zenith.			
—	4	28	—	8	5	Auroral light (1) from about 7° alt. in S.E. through the moon towards W. horizon.			
—	5	28	—	9	5	Arch (1·5) from S.S.E. about 6° S.W. of the moon, to W. A faint diffused light from E. horizon to zenith.			
—	6	23	—	10	0	- - - - - - - -	306 212 184	318 318 334	1397 1622 1960
—	6	26	—	10	3	Half the sky covered with bright, prismatic auroral light, moving and changing shape with great rapidity, the "curtain" shape prevailing, and of a crimson colour (3). (Bifilar and vertical force disturbed.)			
—	6	38	—	10	15	Aurora disappeared, except an arch from E.S.E. half-way between zenith and N. horizon to N.W., with streamers rapidly moving backwards and forwards upon it (2), and slightly prismatic.			
—	6	48	—	10	25	Above arch brighter (3), and no streamers - -			
—	7	28	—	11	5	Imperfect arch (1) from N.N.W. to N.E., alt. 8°, a brighter patch (2) just below Cygnus and another below Lyra.			
—	7	53	—	11	30	Arch (1) from N.N.W. to E. extending towards zenith, irregular in shape and very wide, about 15° alt.			
				A.M.		(Great decrease of horizontal and vertical forces.)			
—	8	28	19	12	5	Arch (1) from N.N.W. to E., very irregular, about 6° alt.; two other arches from N.N.W., 1st, through the moon, 2nd, about 10° above it, and about 45° alt. in S. (1).			
—	9	28	—	1	5	Patch of aurora (·5) on N.E. horizon, and a streak in N.N.W., 15° alt. (1).			
—	10	28	—	2	5	Arch (2) from N.N.W. through zenith to about 30° alt. in E.; faint patch in N.N.E., and another in N.W., about 3° alt.			
—	11	28	—	3	5	Faint arch from E.S.E. to S.W., 20° alt., small bright patch (1) on N.N.E. horizon.			
	P.M.								
—	12	28	—	4	5	Faint streak in S.S.W., 30° alt. Faint arch (·3) from E.S.E. to 20° N.W. of zenith.			
—	1	28	—	5	5	Faint patch on E.N.E. horizon - - - -			

Göttingen Mean Time.	Local Mean Time.		H. F.	D.	V. F.
1882. December. h. m.	1882. December. d. h. m.				
P.M.	A.M.				
19th 2 28	19 6 5	Faint arch from E.S.E. to S.W., 35° alt. -			
A.M.	P.M.				
20th 3 28	— 7 5	Arch (·5) from E. to N.N.W., alt. 8° - - -			
— 5 28	— 9 5	Irregular arch (2), with a greenish glow, from E. to N.N.W., 30° alt.; another arch from the same point in N.N.W. to zenith, and of the same colour and brightness; both drifting towards N. horizon.			
— 6 28	— 10 5	Arch (·5) from E. to N.N.W., 15° alt. - - -			
— 7 3	— 10 40	Irregular-shaped arch (1) from N.N.E. to E.S.E., and from there extending to zenith.			
— 7 28	— 11 5	Faint band (·5) parallel to N.W. horizon, about 10° alt. Faint streamers in N.W. passing through Ursa Major and Cygnus.			
— 7 33	— 11 10	Above band brighter and about 5° higher - -			
	A.M.				
— 8 28	20 12 5	Bright, prismatic, streamers in N.N.W. and E.S.E. (2 to 3) in rapid motion, extending to zenith, and when meeting, the whole sky, from N.N.W. and E.S.E. to zenith, is covered with curtain-shaped aurora. (Horizontal and vertical forces disturbed.)			
— 8 31	— 12 8	Bright aurora (3) broken up into circles N.N.W. and E.S.E. of zenith, prismatic and in rapid motion.			
— 8 38	— 12 15	Bright aurora disappeared. Bright irregular arch (1) from N.W. to E.S.E., 20° alt., of a greenish colour in E.S.E.			
— 8 53	— 12 30	Irregular patch (·5) from 40° alt. in E.S.E. to zenith -			
— 9 28	— 1 5	Bright, broad, diffused arch (1) from N.W. through zenith to 40° of S.E.			
— 10 28	— 2 5	Faint masses (·5) on horizon from E. to E.N.E. -			
— 11 30	— 3 7	Faint auroral light 3° N. of zenith - - - -			
P.M.					
— 1 23	— 5 0	Faint streak through zenith - - - - -			
— 2 23	— 6 0	Faint streaks and patches round zenith - - -			
— 3 15	— 6 50	Band (·5) on horizon from N.N.E. through W. to S.S.E., and an arch (1) from S.S.E. to N.N.W., 70° alt.			
— 3 28	— 7 5	Irregular arch (1) with a greenish glow, from E. to N.N.W. alt., about halfway between horizon and zenith, with streamers in rapid motion. Bright streaks in zenith. (Much magnetic disturbance.)			
— 3 53	— 7 50	Bright streak in N.N.W., 45° alt., and a few faint patches in zenith. Sky cloudy.			
A.M.	P.M.				
21st 1 38	— 5 15	A few streamers in S., 40° alt. - - - - -			
— 2 38	— 6 15	Irregular arch (1) from S.E. to W., alt. 30°, with a greenish glow.			
— 3 28	— 7 5	Bright curtain-shaped arch (2) of a greenish colour, from W.S.W. to E.S.E., where curved towards zenith, alt. 20°. (Magnetic disturbance.)			
— 5 28	— 9 5	Masses of aurora (0 to 1) in E., alt. from 10° to 15°. Faint arch from E.S.E. to S.W., alt. 5° (·5) in S.W.			
— 6 28	— 10 5	Faint band (·5) parallel with horizon from E.S.E. to E., 5° alt., and faint masses S.W. of zenith.			
— 7 33	— 11 10	Irregular arch (1·5) from E.S.E. to W.N.W., 30° alt. -			
	A.M.				
— 8 28	21 12 5	Faint patches of aurora, like thin clouds, covering almost the whole sky.			
	P.M.				
22nd 4 23	— 8 0	Arch (1) from S.S.E. to W.N.W., 2° N. of zenith - -			
— 5 38	— 9 15	Arch (1·5) from E. to W.N.W., 30° alt. N. - -			
— 6 33	— 10 10	Diffused masses of auroral light (1) from N.N.E. to W.N.W.			
— 7 42	— 11 10½	Arch (1) from S.E. to N.W. just above Sirius, slightly prismatic, striated, and in rapid motion. Faint streak from N.W. horizon to Cassiopeia.			
	A.M.				
— 8 28	22 12 5	Mass of aurora on N.N.W. horizon, with an arch (1) from it to E., 10° alt., and wide streak to zenith.			

Göttingen Mean Time. 1882. December.	h.	m.	Local Mean Time. 1882. December. d.	h.	m.		H. F.	D.	V. F.
	A.M.			A.M.					
22nd	9	28	22	1	5	Faint streak on N.N.E. horizon - - - -			
—	10	28	—	2	5	Faint arch from N.N.W. to E.S.E., 8° alt., and a faint streak on N.N.W. horizon.			
	P.M.								
—	3	23	—	7	0	Faint arch (·5) from N.N.E. to W.S.W., 5° N.W. of zenith.			
	A.M.			P.M.					
24th	4	28	23	8	5	Faint patch E.S.E. of zenith - -			
				A.M.					
—	9	23	24	1	0	Portion of a bright arch (2) visible through clouds about 20° N. of zenith.			
—	10	23	—	2	0	Irregular masses of auroral light in S.E. and N.W., prismatic.			
				P.M.					
26th	1	23	25	5	0	Faint arch (·5) from E.S.E. to N.W., about 35° alt. -			
—	7	28	—	11	5	Patches of aurora (·5) visible between clouds, about 5° S.E. of zenith.			
				A.M.					
—	9	28	26	1	5	Faint streaks (·2) N.W. of zenith, disappearing under clouds.			
				P.M.					
27th	1	28	—	5	5	Irregular arch (1) from E. to N.N.W., about 5° alt., striated, and in rapid motion.			
—	2	28	—	6	5	Ditto alt. 15° - - - - -			
—	4	28	—	8	5	Faint streamers (·5) from N.N.W. horizon to 10° alt. - Faint patches (·5) visible between clouds in E.S.E. -			
—	5	28	—	9	5	Bright broad diffused arch (1) from N.N.W. horizon through zenith, to 20° alt. in E.S.E., disappearing under clouds, and a faint patch midway between S.W. horizon and zenith (·5).			
—	5	38	—	9	15	Above arch disappeared. Faint patches on N.N.W. and E.S.E. horizons.			
—	6	28	—	10	5	Faint arch from E.S.E. to N.E., about 10° alt. - -			
—	7	28	—	11	5	Faint streaks around zenith, and a mass of light on N.N.E. horizon.			
				A.M.					
—	8	29	27	12	6	Arch from S.E. through zenith to N.W. (1·5) - -			
—	9	28	—	1	5	Arch (1·5) from S.E. to N.W., alt. 20°, and a diffused light from Orion to W.			
—	10	33	—	2	10	Bright arch (2) from S.E. through the belt of Orion to W.S.W.			
—	11	28	—	3	5	Arch (1) from S.S.E. to N.W., alt. 75°, and a few streaks in zenith.			
	P.M.								
—	12	28	—	4	5	Irregular arch (1) from S.S.E. to N.W., 5° S.W. of zenith.			
				P.M.					
—	1	28	—	5	5	Faint patches in E.S.E. - - - -			
	A.M.								
28th	1	28	28	5	5	Faint arch (·5) from S.E. to N.W., about 35° alt. - -			
—	2	28	—	6	5	Arch (1) from S.E. through Betelgeuse and Ursa Major to W.N.W.			
—	2	53	—	6	30	Arch (1) from S.S.E. to W.N.W., with a greenish glow and striated, about 10° S.W. of zenith, drifting rapidly through zenith to within about 20° alt. in N.E.			
—	2	58	—	6	35	The same arch (·5) from E. to N.N.W., alt. 20° - -			
—	3	28	—	7	5	Arch (1) from N.N.W. to E., 45° alt., with a few vertical streaks at the N.N.W. extremity, about 8° alt. (1).			
29th	4	28	—	8	5	Diffused arch (1) from N.N.W. to S.S.E. through zenith, and drifting towards S.W., striated and with a slight quivering motion.			
—	5	28	—	9	5	Arch (·5) from N.N.W. through zenith to E. - -			
—	6	28	—	10	5	Two arches, 1st from E. to N.N.W., 10° alt. (1), 2nd from E.N.E. to N.N.W., 5° alt. (·5).			
—	7	8	—	11	5	Faint arch (·5) from E.S.E. to W.N.W., alt. 15° in N. -			

Göttingen Mean Time.			Local Mean Time.			—	H. F.	D.	V. F.
1882. December.	h.	m.	1882. December. d.	h.	m.				
	A.M.			A.M.					
29th	8	28	29	12	5	Bright broad diffused arch (1) from E.S.E. to N.W. through zenith, of a greenish colour in E.S.E.			
—	8	58	—	12	35	Masses of aurora (·5) between S.W. horizon and zenith -			
			—	12	36	- - - - - - - - - - -	421	331	1079
			—	12	38	- - - - - - - - - -	410	345	1065
			—	12	42	- - - - - - - - - - - -	342	349	1014
—	9	7	—	12	44	" disappeared, bright green-coloured patch (2), 5° alt. in N.W.			
—	9	28	—	1	5	Bright green patch (1) on N.E. horizon - - -			
—	10	28	—	2	5	Faint patch (·2) in S.E. Faint masses (·5) in N.E. Bright streak (1) in N.N.W., 10° alt.			
—	11	28	—	3	5	Arch (2) from S.E. through Procyon to W., diffused in S.E., slightly prismatic.			
	P.M.								
—	12	28	—	4	5	Bright streak through zenith - - - -			
—	1	28	—	5	5	" patch in S.E. horizon - - - - -			
—	3	28	—	7	5	Faint streak in E., 15° alt. - - - -			
	A.M.			P.M.					
30th	1	38	—	5	15	Irregular arch (·5) from E. to N.N.W., alt. 5° - -			
—	2	28	—	6	5	Faint arch from E. to N.N.W. just above horizon, with a streak at N.N.W. extremity (1).			
—	3	28	—	7	5	Bright arch (1) from N.E. to E., 5° alt., striated, but immediately breaking up into patches, extending to E.S.E. and N. (·5).			
—	3	38	—	7	15	Faint patches in E.S.E., alt. 10° - -			
—	4	18	—	7	55	Arch (·5) from E.S.E. to N., alt. 15° - - - - -			
—	4	28	—	8	5	" diffused and through zenith (1) in N. - -			
—	5	28	—	9	5	" from E.S.E. through zenith to N.N.W. (0 to 1), diffused in N.N.W.			
—	6	28	—	10	5	Arch (·5) from E.S.E. through zenith to W.N.W. Patch (·5) on E. horizon.			
—	7	28	—	11	5	Faint arch (·5) from S.E. through the Moon, and 2° N. of zenith to N.W.			
31st	1	28	30	5	5	Bright diffused light (·8) on N.E. horizon - -			
—	2	28	—	6	5	Faint patch on N.E. horizon - - - -			
—	3	23	—	7	0	" diffused light in N.N.W. horizon - -			
—	4	28	—	8	5	Arch (1·5) from Procyon through Ursa Major to N.W. -			
—	5	28	—	9	5	" (2) from S.E. between Procyon and Betelgeuse through zenith to W.N.W.			
—	6	28	—	10	5	Band (1·5) from S.E. through Procyon and Cassiopeia to N.W.			
—	7	28	—	11	10	Diffused arch (1) from N.N.W. through zenith to E.S.E. Mass of aurora (1) on horizon from E. to E.S.E. A fainter arch from same point to W. horizon, 25° S. of zenith.			
				A.M.					
—	8	28	31	12	5	Diffused arch from N.N.W. to E. through zenith (·5 to 1), faintest in zenith. Another arch (1) on horizon from E. to N.			
—	9	28	—	1	5	Mass of aurora on horizon from N.E. to N.N.W. (1), and a faint streak in N.W., 45° alt.			
—	10	28	—	2	5	Arch (1) from E.S.E. to N.N.W., 5° alt., and another arch (1) from about 25° alt. N.W., through zenith, to 15° alt. E.S.E.			
	P.M.								
—	12	28	—	4	5	Faint irregular arch (·5) from E.S.E. to N.E., 10° alt. Faint patches 5° S.W. of zenith.			
—	1	28	—	5	5	Irregular arch from E.S.E. through zenith to N.N.W. (0 to 1), brightest in N.N.W.			
—	2	28	—	6	5	Faint arch (·5) from E.S.E. horizon, through zenith to 30° alt. in N.W.			
1883. January.									
	A.M.			P.M.					
1st	1	8	—	4	45	Arch (1) from S.E. to N.W., about 4° alt. in N. -			
—	2	28	—	6	5	" " diffused in S.E., about 15° alt. - - -			
—	3	28	—	7	5	Faint arch from E. to N.N.W., 8° alt. - - -			
—	4	28	—	8	5	Arch (1) from E.S.E. to N.N.W., 20° alt., patch of aurora in N.N.W., 5° alt.			

Göttingen Mean Time.			Local Mean Time.				H. F.	D.	V. F.
1883. January.			1882 December.						
	h.	m.	d.	h.	m.				
	A.M.			P.M.					
1st	5	28	31	9	5	Arch (1) from E. to N.N.W., 10° alt.			
—	6	28	—	10	5	Faint arch from E. to N.N.W., 8° alt.			
—	7	28	—	11	5	„ arch from E.S.E. to N.N.E., 15° alt. (·5) in E.S.E.			
			1883. January.	A.M.					
—	8	27	1	12	5	Bright serpentine arch (1) from E.S.E. to W.N.W., alt. 15° N. Faint streak S.E. of zenith.			
—	9	27	—	1	5	Arch (·5) from E.S.E. to N.N.W., diffused, alt. 10°			
—	10	27	—	2	5	Bright arch (1 to 2) from 40° alt. in E.S.E., through zenith to S.W., where diffused.			
						Bright irregular masses (2) 5° S.S.W. of above arch			
—	11	27	—	3	5	Arch (1) from S.E. to N.W., about 45° alt., and patches in W.N.W. (1)			
	P.M.								
—	12	27	—	4	5	Faint patches in N.W.			
—	1	27	—	5	5	„ patch in N.			
—	2	23	—	6	0	Nearly the whole sky covered with auroral lights, patches, and streaks. (Instruments disturbed.)			
	A.M.			P.M.					
2nd	1	20	—	4	57	Arch (·5) from E.N.E. to N.N.W., 5° alt.			
—	1	30	—	5	7	„ disappeared			
—	1	41	—	5	18	Faint arch (·3) from E. to E.N.E., 5° alt.			
—	1	50	—	5	27	Ditto. ditto.			
—	1	55	—	5	32	Faint arch from E.N.E. to N.N.W., 8° alt.			
—	2	0	—	5	37	„ irregular in shape and (1)			
—	2	10	—	5	47	„ Ditto. (·5)			
—	2	30	—	6	7	Arch from same points, 10° alt. (·5)			
—	2	40	—	6	17	„ slightly diffused and irregular in shape			
—	2	50	—	6	27	„ „ „ (1) in N.N.W.			
—	3	0	—	6	37	Above arch confused, and from N. to E., 5° alt.			
—	3	15	—	6	52	„ „ from E.S.E. to N.N.W., 15° alt., and a streak in N.N.W., 8° alt. (1).			
—	3	20	—	6	57	Streak disappeared and arch very irregular			
—	3	35	—	7	12	Arch 10° alt. and (·5)			
—	3	45	—	7	22	„ „ (1), another arch about 3° below, and a few bright streaks in N.N.W., 15° alt.			
—	4	0	—	7	37	Lower arch disappeared, upper arch slightly diffused (·5)			
—	4	20	—	7	57	Arch very faint and uniform			
—	4	35	—	8	12	Ditto			
—	4	45	—	8	22	Ditto			
—	5	0	—	8	37	„ 15° alt.			
—	5	25	—	9	2	„ diffused and irregular (0 to 1)			
—	5	30	—	9	7	„ disappeared. Patches (·5) in E.S.E. and N.N.E.			
—	5	37	—	9	14	Faint arch from S.E. to N.W., 60° alt.			
—	5	45	—	9	22	Ditto			
—	5	55	—	9	32	„ diffused and alt. 70°			
—	6	10	—	9	47	„ regular, alt. 45° (1 to 2)			
—	6	15	—	9	52	Double arch (·7) from E. to N.W., 12° alt., passing Leo, and just below η Ursæ Majoris.			
—	6	20	—	9	57	Arch now about 8° alt. (0 to 1)			
—	6	31	—	10	8	„ faint in N.W.			
—	6	40	—	10	17	„ „ (1)			
—	6	55	—	10	32	Ditto			
—	7	25	—	11	2	Double arch (·8) from S.E. to N.W., 15° alt. in N.			
—	7	40	—	11	17	Segment of arch (·5) from E. horizon towards N., 8° alt.			
—	7	50	—	11	27	Fainter arch, about 3° above, and parallel with the last.			
				A.M.					
—	8	25	2	12	2	Arch (1) from E. to N.W., about 45° alt.			
—	8	50	—	12	27	„ fainter (·5)			
—	9	0	—	12	37	Ditto			
—	9	40	—	1	17	Ditto Mass of aurora (1) in N.N.W., alt. 25°, drifting towards W.			
—	9	45	—	1	22	Arch, now diffused and irregular from N.N.E. to W.N.W., 60° alt. (1).			
—	9	55	—	1	32	Arch much diffused and striated in N.W.			
—	10	5	—	1	42	Ditto ditto			

Gottingen Mean Time.			Local Mean Time.				H. F.	D.	V. F.
1883. January.			1883. January.						
	h.	m.	d.	h.	m.				
	A.M.			A.M.					
2nd	10	20	2	1	57	Arch very faint - - - - -			
—	10	35	—	2	12	„ disappeared - - - -			
—	10	50	—	2	27	„ (1) from E.S.E. through zenith to N.W. - -			
—	10	55	—	2	32	„ very faint - - - -			
—	11	0	—	2	37	„ striated, and drifting N. (1) - -			
—	11	5	—	2	42	„ very faint except in N.W. extremity, and a patch on N.N.W. horizon (·5).			
—	11	10	—	2	47	Arch now 5° N. of zenith (1) in N.W., and striated. About (·5) in other parts.			
—	11	15	—	2	52	Arch disappeared. Two patches (1) in N.N.W., 45° alt.			
—	11	20	—	2	57	Patches in N.N.W., very faint. A faint patch on E.S.E. horizon.			
—	11	50	—	3	27	Patch in N.N.W., 45° alt. (1) - - - -			
—	12	0	—	3	37	Faint arch from N.N.W. to E., 10° N. of zenith -			
	P.M.								
—	12	15	—	3	52	Faint arch disappeared - - - - -			
—	12	20	—	3	57	„ mass of aurora on horizon from E. to E.S.E. -			
—	12	30	—	4	7	„ patch only in E., 8° alt. - - -			
—	12	40	—	4	17	Arch (·5) from W.N.W. through zenith to E.S.E. Another arch 70° alt. (·5 to 1) from W.N.W. to about 50° alt. in S.E.			
—	12	50	—	4	27	Both arches very faint - - - - -			
—	1	0	—	4	37	„ „ disappeared. Faint streak in N.N.W., 45 alt.			
—	1	20	—	4	57	Mass of aurora in N.N.W., 45° alt., drifting to N. -			
—	1	35	—	5	12	„ „ disappeared - - - -			
—	3	30	—	7	7	Faint band (·5) parallel with horizon from N.N.E. to N.W., 10° alt.			
—	3	40	—	7	17	„ „ disappeared - - -			
	A.M.			A.M.					
3rd	8	28	3	12	5	Arch (1) from N.N.W. through zenith to E.S.E., drifting towards S.			
—	9	28	—	1	5	Bright arch (1·5) from W. to E.S.E., alt. 70°, striated in E.S.E. with a quivering motion, and drifting towards W.			
—	9	48	—	1	25	Bright arch, very much diffused and passing through zenith. (Magnetic instruments slightly disturbed.)			
—	10	28	—	2	5	Bright streak just above N.W. horizon.			
	P.M.								
—	1	28	—	5	5	Faint diffused lights in zenith. Faint arch from W.N.W. to E.S.E., 5° S. of zenith.			
—	2	28	—	6	5	Streak in E., alt. 20° (·5). Faint masses of aurora in S.W., 45° alt.			
	A.M.								
4th	8	28	4	12	5	Arch (·5) from 10° alt. E.S.E. to 40° alt. N.N.W. through zenith.			
—	9	28	—	1	5	Bright diffused arch (1) from E.S.E. horizon, through zenith to N.N.W. horizon.			
—	10	28	—	2	5	Bright irregular arch (1) from E.S.E. horizon through zenith to W.N.W., slightly diffused in W.N.W.			
—	11	28	—	3	5	Arch (1) from S.E. to W. through Leo - - -			
	P.M.								
—	12	28	—	4	5	Bright band from S.E. towards zenith, where it joins a canopy extending to W.N.W. and W.S.W.			
—	1	23	—	5	0	Aurora, like thin cumulus clouds, from S.E. to W.S.W., about 10° broad.			
				P.M.					
5th	2	28	—	6	5	Mass of aurora (·5) on E. horizon, and a streak in N.N.W., 5° alt.			
—	3	28	—	7	5	Bright arch (·8) from E. to N.N.E., where slightly diffused, 10° alt.			
—	4	28	—	8	5	Bright irregular arch (1 to 2) from E.S.E. to N.N.W., 20° alt.			
—	5	28	—	9	5	Double arch (1 to 2) from E. to N.N.W., alt. 10°, confused in E., diffused and brightest in N.N.W.			
—	6	28	—	10	5	Faint confused masses (·5) in zenith. Faint arch (·5) from E.S.E. to N.W., alt. 5°, diffused in N.W.			

Göttingen Mean Time. 1883. January. h. m.	Local Mean Time. 1883. January. d. h. m.		H. F.	D.	V. F.
5th 7 28 A.M.	4 11 5 P.M.	Bright arch (2) from S.E. to N.W., about 50° alt., and another arch (·6) from S.E. to W., through Sirius, 45° alt., a faint diffused mass of light between the arches in W.N.W.			
— 7 48	— 11 25	The first arch has changed into 3 bands about 1° apart, the middle one pulsating from N.W. to S.E.			
— 8 28	5 12 5 A.M.	Confused masses of light in and all round the zenith; the sky from zenith to N. is nearly covered with many lights. (Instruments slightly disturbed.)			
— 9 28	— 1 5	Diffused arch (1·5) from S.E. through zenith to N.W., another faint arch from S.E. to W., passing about 2° above Sirius and through Rigel.			
— 10 28	— 2 5	Irregular arch (1) from E.S.E. to N.W., 3° N. of zenith, and the arch from S.E. to W. through the belt of Orion (1).			
— 11 28	— 3 5	Irregular arch (·5) from E. to N.N.W., alt. 80°, striated in N.N.W. and drifting S.W.			
— 12 28 P.M.	— 4 5	Faint streak on E.N.E. horizon and another streak in N.N.W., 5° alt. (1).			
6th 1 28 A.M.	— 5 5 P.M.	Faint streaks in E.S.E. and N.N.W., 5° alt. Faint mass of aurora in E., 45° alt.			
— 2 3	— 5 40	Bright diffused arch (1 to 2) from S.E. through zenith to N.W., slightly prismatic in S.E.			
— 2 28	— 6 5	Faint arch (·2) from S.E. to W.N.W., alt. 45° S. Faint diffused light on E.S.E. horizon.			
— 3 28	— 7 5	Arch (1) from E.S.E. to N.W. through Capella and Alcor.			
— 4 28	— 8 5	Band (1) from S.E. through Betelgeuse and Aldebaran to about 10° alt. in N.W.			
— 5 29	— 9 6	Arch (·8) from S.E. to N.W., about 70° alt.			
— 6 28	— 10 5	Arch from E.S.E. to N.W. through Leo and Alcor, very faint except in E.S.E., where bright and diffused; also arch (·7) from S.E. to W., about 50° alt. in S.			
— 7 8	— 10 45	Confused arch (2) from S.E. to N.N.W. through zenith, of a greenish colour striated and in rapid motion, drifting from S.E. to E. and from N.N.W. towards N.			
— 7 28	— 11 5	Arch, irregular from E.S.E. to N.N.W., 75° alt., without colour, and in slight motion. A few streaks in zenith (1).			
— 8 28	6 12 5 A.M.	Arch from S.E. to W.N.W., 65° alt., slightly prismatic, and with much quivering motion, drifting S.W.; another faint arch from N.N.W. to E.S.E., 10° S. of zenith.			
— 9 28	— 1 5	Band from S.E. through E. and N. to S.W., with vertical streamers drifting in all directions, lower edge of arch of a reddish colour with a greenish glow in other parts (2), 65° alt. A few streaks in zenith (1). (Slight magnetic disturbance.)			
— 10 28	— 2 5	Streak from N.N.W. to zenith (·5) . . .			
— 11 28	— 3 5	Bright, confused, and irregular arch (·5 to 1) from E.S.E. to W.N.W. through zenith. Faint irregular masses from S. to S.W., 2° alt.			
— 12 28 P.M.	— 4 5	Arch (·5 to 1) from E. to W., brightest in E., 15° alt. in S. Faint patches in zenith. Diffused light in N.N.W.			
— 1 28	— 5 5	Above arch very faint and confused. Faint patch on N.N.W. horizon.			
— 2 23	— 6 0	. . . .	332	372	1438
— 2 28	— 6 5	Arch as above. Sky covered with diffused lights (·5 to 2) from N.N.E. horizon to N.N.W. horizon to zenith.			
— 2 38	— 6 15	Slight magnetic disturbance . . .	206	418	1594
— 2 53	— 6 30	Masses of aurora from S.S.E. to S.W., 10° alt. Bright diffused light from E.S.E. to zenith (1). Bright green irregular patches in N.N.W. (1 to 2).			
— 3 2	— 6 39	. . . .	128	429	1362
— 3 23	— 7 0	. . . .	224	260	1450

Göttingen Mean Time. 1883. January. h. m.	Local Mean Time. 1883. January. d. h. m.	——	H. F.	D.	V. F.
6th 3 28 P.M.	6 7 5 A.M.	The horizons in S. and W.S.W. to zenith are covered with auroral light.			
7th 4 28 A.M.	— 8 5 P.M.	Irregular arch (·5) from N.N.W. to E.S.E., alt. 20°, and a few streaks in N.N.W. (·5), alt. 8°.			
— 5 28	— 9 5	Diffused arch (1) from N.N.W. through zenith to E.S.E. Irregular aurora (·5 to 1·5) from E.S.E. through zenith to about 6° alt. N.N.W., striated, and about 5° in width, brightest portion in E.S.E. Arch (·5) from E.S.E. to N.W., about 25° alt. in S.W.			
— 7 13	— 10 50	Bright, irregular, diffused arch (2) from S.E. to W., 5° S. of zenith. Arch (2) from E.S.E. through zenith to W.N.W. Another arch from E.S.E. to W.N.W., 5° N. of zenith (1 to 2). Horizon covered with aurora (1) from E. to E.N.E. to 10° alt. Faint masses in S. and S.W., 5° alt.			
— 7 28	— 11 5	Two arches from E.S.E. to W.N.W., 1st, 30° S. of zenith (1 to 2), 2nd, from 20° to 30° N. of zenith (1). Bright, confused, patch (2) on E. horizon.			
— 8 28	7 12 5 A.M.	Bright diffused arch (2) from E.S.E. to W.N.W. through zenith, where 15° in width. Bright arch (1) from E.S.E. to E.N.E., 5° alt. Bright, confused, patch (1) between arches 45° alt.			
— 9 28	— 1 5	Irregular arch (·5 to 1) from E. to N., 5° alt., diffused and brightest in N.			
— 10 28	— 2 5	Arch (·5) from E.S.E. through zenith to 10° alt. N.W. Bright streamers (2) quivering and in rapid motion, prismatic 2° S. of zenith, from S.E. to W.N.W. extending to N.N.W., and forming into curtain-shaped aurora. (Bifilar slightly disturbed.)			
— 11 23	— 3 0	Sky nearly covered with masses of auroral light (2). (Horizontal and vertical force disturbed.)			
— 12 23 P.M.	— 4 0	Arch from S.E. to W., 45° alt. in S., and patches in N.W.			
— 1 23	— 5 0	Arch (1) from S.E. to W., 15° in alt. in S. (1) - -			
— 2 23	— 6 0	" fainter (·7) - - - - -			
— 3 28	— 7 5	A few streaks in S.S.W., 20° alt. (·5) - - -			
8th 1 28 A.M.	— 5 5 P.M.	Mass of streamers in N.N.W., alt. 10° (·5 to 1) - -			
— 2 28	— 6 5	Irregular arch (·5) with streamers from N.N.W. to E.S.E., and a streak just above N. horizon (·5).			
— 3 28	— 7 5	Streak on N.N.W. horizon (1) - - - -			
— 4 28	— 8 5	Faint arch (·2) from E.S.E. to N.N.W., 45° alt., slightly diffused in N.N.W.			
— 5 28	— 9 5	Two arches, one from E.S.E. to W.N.W. through zenith, confused in E.S.E. (·5), the other from W.N.W. 5° S. of zenith to 40° alt. in S.E. (·5).			
— 6 28	— 10 5	Sky, from E.S.E. to S.E., 5° alt., to zenith, covered with aurora (1). Arch (1) from S.E. to S.W., 10° alt. (Magnetic disturbance.)			
— 7 31	— 11 8	Auroral lights visible through stratus clouds on N. horizon.			
— 8 28	8 12 5 A.M.	Ditto ditto ditto			
— 9 28	— 1 5	Arch from E. to N.W., about 40° alt. (·8), and lights visible through clouds on N.N.W. horizon.			
— 10 28	— 2 5	Streak (·4) 2° N.W. of zenith - - - -			
— 11 28	— 3 5	Irregular aurora from N.N.W. to E.N.E., alt. 15° (·5 to 1), brightest portion in N.N.W. and a mass of aurora in S.W., about 15° alt. Sky cloudy. (Instruments much disturbed.)			
— 12 28 P.M.	— 4 5	Mass of aurora (·5) just above the N. horizon, and several faint patches along the horizon from N. to E.S.E. Sky cloudy.			
— 1 28	— 5 5	Several faint patches on S.W. horizon, visible between clouds.			
— 1 43	— 5 20	Faint irregular arch from N.W. to E.S.E., 5° S. of zenith -			
— 2 28	— 6 5	Faint aurora from E.S.E. to S.S.W., alt. 5° - -			

Göttingen Mean Time.			Local Mean Time.			——	H. F.	D.	V. F.
1883. January.	h.	m.	1883. January. d.	h.	m.				
8th	P.M. 3	28	8	A.M. 7	5	Faint patch in N.N.W., alt. 5°. Bright light visible between the clouds in N.N.W., 50° alt. (1).			
9th	A.M. 9	28	9	1	5	Much aurora (1) from N.N.W. through zenith to about 20° alt. in S.W., and 30° in width; partly visible between the clouds. (Magnetic disturbance.)			
—	10	28	—	2	5	Aurora (·5) from N.W. to E.S.E., 25° alt., partly visible between the clouds.			
—	P.M. 12	28	—	4	5	Streak of a greenish colour (·8) in N.N.W., 10° alt., disappearing immediately.			
—	1	28	—	5	5	Arch (·3) from E.S.E. to W., alt. 10° in S.S.E. - -			
10th	A.M. 5	28	—	P.M. 9	5	,, (1) from E.S.E. to N.N.W., 40° alt., and a mass of aurora on horizon, from E.N.E. to E.S.E. (·5), partly visible between the clouds.			
—	6	28	—	10	5	Irregular aurora (·5) from E.S.E. to N.N.W., 35° alt., and a mass of aurora from E. to E.S.E. just above horizon.			
—	7	28	—	11	5	Faint light, probably aurora, in E., 10° alt. - -			
—	8	28	10	A.M. 12	5	Ditto - - - - - - -			
—	9	28	—	1	5	Sky overcast but light, probably caused by aurora -			
—	10	28	—	2	5	Faint patches visible between clouds in N.N.W., 10° alt.			
12th	6	33	11	P.M. 10	10	,, light through zenith, extending about 20° alt. E.S.E. and 15° N.W. of zenith.			
—	7	8	—	10	45	Arch (1·5) from N.N.W. to E., 80° N. of zenith, striated and pulsating from N.N.W. towards E.			
—	7	28	—	11	5	Irregular aurora from N.N.W. to E.S.E., 15° alt. - -			
—	8	28	12	A.M. 12	5	Mass of aurora (·5) just above horizon from E.S.E. to E.N.E., and an irregular arch from E.N.E. to N.N.W., 20° alt.			
—	9	28	—	1	5	Faint arch from E.S.E. to N.N.W., alt. 7°, and a faint streak on N.E. horizon.			
—	10	28	—	2	5	Patch of aurora (·5), 10° alt. N.N.W. - - -			
—	11	28	—	3	5	,, (·8) in N.N.W., 10° alt - - - -			
—	P.M. 12	28	—	4	5	Faint masses (·3) in N.E., 50° alt. - - -			
13th	A.M. 6	28	—	P.M. 10	5	Patch of aurora (·5) in N.N.W., 8° alt., partly visible through clouds.			
—	10	28	13	A.M. 2	5	Faint arch (·2) from 5° alt. in N.N.W. through zenith to 60° alt. in E.S.E. Faint band parallel with horizon on edge of a cloud from E. to E.N.E. (·3), alt. 5°.			
—	11	28	—	3	5	Faint light in N.N.W., visible on edge of clouds -			
—	P.M. 2	28	—	6	5	,, band (·1) from S.E. through zenith to N.W. -			
—	2	37	—	6	14	Another band (1) parallel with the first about 3° apart -			
—	3	28	—	7	5	Several streaks of aurora (1) from 8° alt. in N.N.W. through zenith to about 15° alt. in E.S.E. A faint streak just above the horizon from N.N.W. to N.W.			
14th	A.M. 8	30	14	12	7	Bright band (2) from S.E. through Betelgeuse to W.N.W. pulsating from S.E.			
—	9	23	—	1	0	Arch (2) from S.E. through Leo and Pleiads to N.W. -			
—	10	23	—	2	0	Band (1) from S.E. to W.N.W., 50° alt. - -			
—	11	28	—	3	5	Irregular aurora from E.S.E. to N.N.W., 60° alt., about 20° in width. Streaks of aurora from N.N.W. horizon to zenith (·5).			
—	P.M. 12	28	—	4	5	Irregular arch (1) from N.N.W. to E.N.E., alt. 45°, and a few streaks on E.S.E. horizon (·5).			
—	1	28	—	5	5	Two streamers (2) in N.N.W., 8° alt., and a faint irregular arch from N.N.W. to E.N.E., 30° alt.			

Göttingen Mean Time. 1883 January. h. m.	Local Mean Time. 1883. January. d. h. m.	——	H. F.	D.	V. F.
14th 2 28 P.M.	14 6 5 A.M.	Faint arch with streamers (1) from N.N.W. to S.S.E., 30° alt.			
— 10 45 A.M.	— 2 22	Arch (1) from 60° alt. N.N.W. through zenith to 60° alt. E.S.E. Sky nearly overcast.			
— 10 55	— 2 32	Sky overcast. Aurora disappeared - - -			
— 11 30	— 3 7	Masses of aurora in N.N.W. (·5), alt. 50°, visible between clouds.			
— 11 40	— 3 17	" disappeared - - - - - -			
16th 6 28	15 10 5 P.M.	Faint mass of aurora on E.S.E. horizon, and a streak from that point 30° alt. (·5).			
— 7 28	— 11 5	Faint arch (·5) from E.S.E. through zenith to W.N.W. Another arch from E. to W.N.W., 50° alt. (·8).			
— 8 28	16 12 5 A.M.	Bright confused masses (1) about 5° N.W. of zenith. Bright streamers (2) from N.E. to E., prismatic, and rapidly moving towards E.S.E. and N.N.W., and forming into confused masses. Greenish in colour in E.S.E.			
— 8 53	— 12 30	Bright patches in N.N.W., alt. 5° (1) - -			
— 9 28	— 1 5	Faint arch (·5) from E.S.E. to N.N.W., alt. 10° - -			
— 10 28	— 2 5	Faint streak (·3) in E.S.E., 10° alt. - - -			
— 11 28	— 3 5	Faint arch (·7) from N.N.E. to W., about 45° alt. -			
— 12 28 P.M.	— 4 5	Faint band (·5) from N.E. to W., 3° N.W. of zenith -			
— 1 28	— 5 5	Faint arch (·5) from S.E. to W., about 55° alt. in S., and faint light about 3° N. of zenith, extending towards W., also particles in N.W. and E.			
— 2 28	— 6 5	Faint lights, like small cumulus clouds, covering three parts of the sky from N.			
17th 6 28 A.M.	— 10 5 P.M.	Faint, confused arch from 20° alt. E.S.E. through zenith to 70° alt. N.N.W. (·4).			
— 8 27	17 12 1 A.M.	Faint patches in S.E. and N., about 30° alt. - -			
— 9 28	— 1 5	Faint masses of light from N.E., N., and N.W. to zenith.			
— 10 28	— 2 5	Masses of light round zenith - - - -			
— 11 28	— 3 5	Arch (·5) from W.N.W. to S.E., 20° alt. (Magnetic disturbance.)			
— 12 28 P.M.	— 4 5	Arch (·5) from N.W. to S.E. 25° alt. Mass of aurora on N.N.W. horizon, alt. 6°, and several faint streaks in zenith.			
— 1 28	— 5 5	Arch (·5) from N.W. to S.E., 20° alt., about 6° wide. Another arch (·5 to 1) from E.S.E. through zenith to about 45° alt. N.W. (Instruments unsteady.)			
— 2 28	— 6 5	Faint arch from N.W. to S.E., 20° alt. Irregular arch (·5 to 1) from N.N.W. through zenith to E.S.E., and a streak (1) in N.N.E., alt. 15°, of a greenish glow. Several quaint streaks and patches from E.S.E. to N.N.W. on horizon.			
— 3 28	— 7 5	Faint patch (·5) in N.N.W., 20° alt. - -			
18th 5 28	— 9 5 P.M.	Faint band (·7) from S.E. to N.W., passing between Procyon and Betelgeuse, and about 7° S. of zenith.			
— 5 38 A.M.	— 9 15	Bright irregular light (2) from E.N.E. extending to Orion.			
— 6 23	— 10 0	Arch from S.E. to W.N.W., passing just above Rigel (1).			
— 6 58	— 10 35	Arch (1) from S.E. to N.N.W., 65° alt., drifting towards N. horizon.			
— 7 28	— 11 5	Arch (1) from E.S.E. to N.N.W., 15° alt. -			
— 8 28	18 12 5 A.M.	Arch (1) from S.E. to N.W., alt. 20°, and another arch (1) from E.S.E. to N.N.E., alt. 8°, and a streak from N.W. to N., alt. 10°.			

Göttingen Mean Time. 1883. January.	h.	m.	Local Mean Time. 1883. January. d.	h.	m.	——	H. F.	D.	V. F.
	A.M.			A.M.					
18th	9	28	18	1	5	Irregular aurora (2) from E.S.E. through zenith to N.N.W., 15° in width, and much aurora on horizon from W. to S.E. (1). (Magnetic disturbance.)			
—	10	28	—	2	5	Faint arch from E.S.E. to N.N.W., alt. 10°			
—	11	28	—	3	5	Arch (·8) from E.S.E. to W., 15° alt. S.			
	P.M.								
—	12	28	—	4	5	Arch, very faint. Faint streak on E.S.E., 20° alt. (·5)			
—	1	28	—	5	5	Arch as above (·5) and slightly diffused in E.S.E. Faint patch (·8) in N.N.E., 5° alt.			
—	2	28	—	6	5	Diffused arch (·8) from E.S.E. to W.N.W., 50° alt. in S.			
	A.M.			P.M.					
20th	7	28	19	11	5	Faint arch (0·2) from E. to N.N.W., 50° alt			
				A.M.					
—	8	28	20	12	5	Faint light in N.N.W. and N.E.			
—	9	28	—	1	5	Bright light (1·5) in zenith and another light from N. towards W. parallel with N.W. horizon (1), also patches in N.E.			
—	10	28	—	2	5	Faint arch (·5) from E.S.E. to N.W., about 40° alt.			
—	11	28	—	3	5	Streak of aurora in N.N.W., (1) 25° alt.			
	P.M.								
—	12	28	—	4	5	Patch of aurora (1) on N.W. horizon			
—	1	28	—	5	5	Aurora (1) from 45° alt. in N.N.W. to zenith, 10° wide			
—	2	28	—	6	5	Arch (·5) from W.S.W. to S.E., 35° alt., and a streak of aurora (1) from E.S.E. to zenith.			
—	3	11	—	6	48	Bright diffused arch (1) from E.S.E. through zenith to W., striated in E.S.E.			
—	3	28	—	7	5	Bright now from E.S.E. through zenith to W.N.W., where curtain-shaped and (1 to 2). Bright patch of irregular aurora (2) in W.S.W., 50° alt.			
	A.M.			P.M.					
21st	3	28	—	7	5	Arch (2) from S.E. through Procyon and Ursa Major to N.W.			
—	4	28	—	8	5	Arch through zenith (1)			
—	5	28	—	9	5	„ „ diffused in N.W. (1)			
—	6	28	—	10	5	„ (1·5) from E. to N.W., about 50° alt., diffused in N.W.			
—	7	28	—	11	5	Arch (1) from E.S.E. to N.N.W., 60° alt., drifting towards S.			
				A.M.					
—	8	28	21	12	5	Arch (1) from E.S.E. to N.W., 45° alt., and two streaks from N.W. to zenith, striated (·5 to 1).			
—	9	28	—	1	5	Arch (1·5) from E.S.E. through zenith to about 8° alt. in N.N.W., with streamers of a reddish glow, and in rapid motion. (Magnetic instruments much disturbed.)			
—	10	28	—	2	5	Masses of aurora (1) from N.W. to N., alt. 10°			
—	11	28	—	3	5	Faint irregular arch (·5) from E.S.E. to E.N.E., 10° alt.			
	P.M.								
—	12	28	—	4	5	Patch (1) in N., 20° alt.			
—	1	28	—	5	5	Faint streak, (·5) in S.E., 45° alt. Masses of aurora (·8) in E., 10° alt.			
—	2	28	—	6	5	Faint patches of aurora (·5) in N.N.E., alt. 10			
22nd	12	28	22	4	5	„ light about 7° S. of zenith			
—	1	28	—	5	5	„ patch through Cassiopeia, and one in E.			
	A.M.								
23rd	8	28	23	12	5	Patch of streamers in S.E.			
—	9	28	—	1	5	The sky from E., N., and N.W. to zenith nearly covered with bright prismatic aurora, curtain-shaped and serpentine, and streamers in rapid motion, all drifting towards N.W. (2 to 3). (Instruments disturbed on the 2nd and 3rd readings.)			
—	10	28	—	2	5	Streak S.E. of zenith, and band from N.W. extending about 70° towards S.E., 45° alt. (1).			
—	11	28	—	3	5	Bright streak in N.N.W., 8° alt.			
24th	9	35	24	1	12	Arch (·5) from N.W. to S.E., 30° alt.			
				P.M.					
25th	2	28	—	6	5	„ (1) from S.E., just passing below Procyon and through Alcor to N.W. Another faint arch (·5) from S.E. to W.N.W. through Andromeda.			

Göttingen Mean Time.			Local Mean Time.			———	H. F.	D.	V. F.
1883. January.	h.	m.	1883. January. d.	h.	m.				
	A.M.			A.M.					
25th	8	28	25	12	5	Arch (·8) from E.S.E. to W.N.W., striated, and of a greenish colour in E.S.E., 30° alt. in S. Faint streak 5° N.N.W. of zenith (·5)			
—	9	28	—	1	5	Bright diffused arch (1 to 2) from E.S.E. to W.N.W., 60° alt. in S., brightest in E.S.E.			
—	10	28	—	2	5	Faint streak (·5) in N.N.W., 50° alt. - -			
—	11	28	—	3	5	Prismatic, diffused, curtain-shaped light, extending from about 15° S.E. of zenith to N.W. (1·5).			
	P.M.								
—	12	28	—	4	5	Light (1) in N.E., like a stratus cloud, and patches in N.W.			
—	1	28	—	5	5	Faint patch of streamers in N.W. - - -			
—	2	28	—	6	5	„ patches around zenith - - -			
—	3	28	—	7	5	Streaks on horizon from N.N.W. to E.S.E. (1) - -			
	A.M.			P.M.					
26th	4	28	—	8	5	Faint diffused arch (·5) from 70° alt. E.S.E. through zenith to 60° alt. W.N.W.			
27th	3	28	26	7	5	Arch (1) from S.E. to N.W. through Leo and Ursa Major.			
—	4	13	—	7	50	Arch (2) through zenith, from S.E. to N.W., about 10° wide at zenith. (Horizontal and vertical force disturbed.)			
—	4	28	—	8	5	Three arches, one through zenith, and the others on either side, from S.E. to N.W. (2·5).			
—	4	35	—	8	12	Above three arches changed into one through zenith (2·5)			
—	5	28	—	9	5	Arch (1) from E.S.E. to N.W., 70° alt. - - -			
—	6	28	—	10	5	Faint arch (·7) from E. to N.W., alt. 45° - - -			
—	7	28	—	11	5	Arch (·5) from N.N.W. to E.S.E., 30° alt., and a faint patch from E. to E.S.E. on horizon.			
				A.M.					
—	8	28	27	12	5	Faint arch from N.N.W. to E.S.E., alt. 25° - -			
—	9	28	—	1	5	Irregular aurora from N.N.W. through zenith to S.E. (·5 and 1·5), brighest in S.E. (Magnetic disturbance.)			
—	10	28	—	2	5	Faint masses of aurora in N.N.W. and S.S.E., 20° alt., visible through clouds. Sky nearly overcast.			
				P.M.					
28th	4	28	—	8	5	Mass of aurora visible through clouds in N.E., 60° alt. Sky overcast.			
29th	5	28	28	9	5	Masses of aurora (·8), in N.N.E., 10° alt. - -			
—	6	28	—	10	5	Bright patch (1) on E. horizon - - - -			
—	7	28	—	11	5	Arch (1) from S.E. through zenith to N.W., and another from S.E. to N.N.W. (·8), about 10° alt.			
				A.M.					
—	8	28	29	12	5	Arch (1) from S.E. to N.W. through Leo and Pleiades.			
—	9	28	—	1	5	Serpentine light in zenith about 15° S.E. and N.W. of zenith (1).			
	P.M.								
—	1	28	—	5	5	Arch (1) from N.W. to E.S.E., 65° alt., and vertical streaks in E., 8° alt.			
—	2	28	—	6	5	Irregular arch (2) from N.W. through zenith to S.E. (Magnetic instruments slightly disturbed.)			
	A.M.			P.M.					
30th	3	28	—	7	5	Faint diffused light about 9° S.W. of zenith - -			
—	7	28	—	11	5	Arch (1·5) from N.N.W. to E.S.E., 30° alt., and a few streaks on horizon from E. to E.S.E. (1).			
				A.M.					
—	8	28	30	12	5	Mass of aurora from E. to E.S.E., 8° alt. - - -			
—	9	28	—	1	5	Streak of aurora (1) in N.W., 10° alt., and a patch in E.S.E., 5° alt.			
—	10	28	—	2	5	Arch from N.N.W. to E.S.E., 45° alt. (1), and arch from N.W. to S.E., 25° alt. (1).			
—	11	28	—	3	5	Bright patches of aurora in N., alt. 5° to 10° (1)			
	P.M.								
—	12	28	—	4	5	Faint patch in N.N.W., 10° alt. (·5) - - -			
—	12	33	—	4	10	Arch from W.N.W. through zenith to E.S.E. (·5) -			

Gottingen Mean Time.	Local Mean Time.	—	H. F.	D.	V. F.
1883. January. h. m. A.M.	1883. January. d. h. m. P.M.				
31st 2 28	30 6 5	Arch from S.E. to N.W., 30° alt. (1) - -			
— 3 28	— 7 5	Arch from N.N.W. to E.S.E., 5° alt., with streamers (1), irregular aurora (·5) from N.W. to S.E., 25° to 30° alt.			
— 4 28	— 8 5	Arch (2) from N.N.W. through zenith to E.S.E., striated in N.N.W. to 25° alt., other portions very faint. Faint arch from N.W. to S.E., 25° alt.			
— 5 28	— 9 5	Irregular arch (·5 to 1) from N.N.W. to E.S.E., 30° alt., brightest in N.N.W., and a faint irregular arch (0 to ·5) from N.W. to S.E., 25° alt., brightest in N.W.			
— 6 28	— 10 5	Irregular aurora from, N.W. through zenith to E.S.E., about 8° wide at zenith, drifting towards S.W. (1), and a mass of aurora (1) from E. to E.S.E., 5° alt.			
— 7 23	— 11 0	- - - - - - - -	421	325	874
— 7 28	— 11 5	Bright arch (1 to 2) from E.S.E. to W.N.W., alt. 25° in S., also a bright irregular mass of aurora (1) in E.S.E., from 5° alt. to 60° alt.			
— 8 0	— 11 37	Sky more or less covered with aurora; an irregular arch (1·5) parallel with N.E. horizon, about 7° alt. (Magnetic disturbance.)			
— 8 3	— 11 40	- - - - - - - -	261	212	1315
— 8 28	A.M. 31 12 5	Bright arch (2) from E.S.E. to N.N.E., 5° alt. Faint masses of aurora in S.S.E., 50° alt. (·5).			
— 8 58	— 12 35	Bright irregular masses of aurora parallel with horizon from N.N.E. to E., about 3° alt. (1).			
— 9 28	— 1 5	The sky, in W.N.W. to E.S.E. from horizon to zenith, covered with bright, diffused, and irregular masses of aurora (1 to 2), brightest on horizon. Bright arch (1·5) from E.N.E. to E.S.E., striated and irregular about 8° alt. Faint arch from S.E. to S.S.W. (·5), alt. 20°. (Magnetic disturbance.)			
— 10 4	— 1 39	Two arches, one from E.S.E. to W.N.W., 5° alt., diffused and irregular (1·5), the other from E.S.E. to W.S.W., 10° alt. (·8).			
— 10 28	— 2 5	Broad, bright, diffused, and irregular arch (2) from E.S.E. to N.N.W. through zenith, drifting towards S.W. Arch from E.S.E. to S.W., alt. 15° (1).			
— 11 28	— 3 5	Arch from S.E. to W., about 40° alt. in S. (1) - -			
P.M. — 12 28	— 4 5	Faint masses of light all over the sky - -			
February. A.M.	P.M.				
1st 2 20	— 5 57	Arch (1) from N.N.W. to E.S.E., 15° alt. A few streamers in N.N.W., 8° alt.			
— 2 30	— 6 7	Arch very faint, alt. 15° (·3). Streamers faint (·5) -			
— 2 40	— 6 17	" disappeared, except a very faint patch in E.S.E., 5° alt.			
— 2 50	— 6 27	Faint streak, (·5) in N.N.W. A few vertical streamers in E.N.E., 25° alt. (1).			
— 2 55	— 6 32	Streamers disappeared. Streak as before. Faint patches in E.N.E.			
— 3 5	— 6 42	The above has disappeared. Faint arch from N.W. to S.E., 25° alt.			
— 3 15	— 6 52	Ditto, and streak in N., 10° alt. (1) - - -			
— 3 25	— 7 2	" disappeared. Very faint patch in E.N.E., 10° alt.			
— 3 35	— 7 12	Arch (·5 to 1) from E. to N.N.W., 8° alt., brightest in E. Another arch (·5) from N.W. to S.E., 27° alt.			
— 3 45	— 7 22	Arches as above, but of uniform brightness (1) - -			
— 4 0	— 7 37	Arch from E. to N.N.W. disappeared. Vertical streamers from E. to N.N.W., alt. 20° (1). Arch from S.E. to N.W. as before.			
— 4 10	— 7 47	Arch disappeared - - - - - - - -			
— 4 45	— 8 22	Two parallel streaks from N.W. towards S.E. (·7), 30° alt.			
— 4 55	— 8 32	Streaks now from W.N.W. pointing to zenith. Faint auroral light from S.E. towards zenith, 50° alt. (·2).			

Göttingen Mean Time.			Local Mean Time.				H. F.	D.	V. F.
1883, February.			1883. January.						
	h.	m.	d.	h.	m.				
	A.M.			P.M.					
1st	5	10	31	8	47	Faint diffused arch (·8) from S.E. through zenith to N.W.			
—	5	20	—	8	57	Arch very faint, and 5° S. of zenith - - -			
—	5	30	—	9	7	Ditto - - - - - -			
—	5	35	—	9	12	Faint streamers in N.N.W., from Cassiopeia to horizon (·5). Segment of arch from same point towards Ursa Major (·7).			
—	5	50	—	9	27	Faint segment of arch (·3 to ·7) from E.S.E. through zenith to N.N.W.; diffused in N.N.W., where brightest. A few streamers (·3) from horizon to about 10° alt. in N.N.W.			
—	6	0	—	9	37	Ditto - - - - - - -			
—	6	10	—	9	47	Streamers disappeared. Arch very faint in N.N.W. and (·5) in E.S.E.			
—	6	20	—	9	57	Arch from E.S.E. to N.N.E., 60° alt. (1), in E.S.E. to 40° alt., the rest very faint.			
—	6	30	—	10	7	Above arch from E.S.E. to N.N.W., 70° alt. (·3 to ·7). Faint streak in W.N.W., 30° alt.			
—	6	40	—	10	17	The above disappeared. Arch from S.E. through Leo and Cassiopeia to N.W. (·7).			
—	6	50	—	10	27	Arch diffused - - - - - - -			
—	7	0	—	10	37	„ very faint - - - - - - - -			
—	7	10	—	10	47	„ disappeared from zenith to N.W. - - -			
—	7	25	—	11	2	„ through zenith, to 30° alt. in N.W. - - -			
—	7	40	—	11	17	„ disappeared. Faint streak through zenith - -			
—	7	45	—	11	22	Faint arch (·2) from S.E. to W.N.W., 7° S. of zenith -			
—	8	0	—	11	37	Aurora disappeared - - - - - -			
—	8	10	—	11	47	Faint streamer in E., from 5° to 25° alt. (·3) - -			
			February.						
				A.M.					
—	8	35	1	12	12	Faint patch in N.W., 45° alt., and faint light from S.E. extending to Procyon			
—	8	45	—	12	22	Ditto - - - - - - -			
—	9	0	—	12	37	Patch of aurora as above. Irregular arch from N.N.W. to E.S.E., 80° alt. (1).			
—	9	10	—	12	47	Ditto and a few detached streamers in N., 45° alt. (1·5).			
—	9	25	—	1	2	Arch now uniform and from N.N.W. to S.E., 80° alt. (·8)			
—	9	35	—	1	12	Ditto - - - - - - -			
—	9	45	—	1	22	Arch disappeared. Faint streak from zenith towards N.W., and two faint streaks in S.E., from 20° to 45° alt.			
—	9	55	—	1	32	Aurora very faint - - - - - -			
—	10	10	—	1	47	Faint streaks only from S.E. to zenith - - - -			
—	10	20	—	1	57	Arch from S.E. to N.W., 80° alt. (·5 to 1), brightest in S.E.			
—	10	30	—	2	7	Arch from S.E. to W.N.W., 20° alt. (·5) and another faint arch just below from the same points			
—	10	45	—	2	22	Above arches both very faint - - - -			
—	11	0	—	2	37	Upper arch, brighter and stricted, lower one as before.			
—	11	20	—	2	57	Curtain-shaped arch (2) from S.E. to N.W., slightly prismatic, pulsating backwards and forwards, and drifting towards zenith, 45° alt. in S.			
—	11	30	—	3	7	Curtain-shaped arch extending N.W. and S.E. through zenith, and with a circular motion, slightly prismatic (?).			
—	11	35	—	3	12	Curtain-shaped arch from S.E. to N.W. through zenith, and 15° wide in zenith (1 to 2).			
—	11	45	—	3	22	Sky nearly covered with faint aurora, the curtain shape most prevailing.			
—	11	50	—	3	27	Arch (·7) from S.E. to W.N.W., 45° alt. in S., and a curtain-shaped light, slightly prismatic in N.N.W., moving towards W. (1).			
—	12	0	—	3	37	Aurora from S.E. to W.N.W., 10° wide and 10° S. of zenith (·5 to 1).			
	P.M.								
—	12	10	—	3	47	Irregular arch from N.N.W. through zenith to S.E. (·5 to 1·5), brightest in N.N.W.			

Göttingen Mean Time.	Local Mean Time.		H.F.	D.	V.F.
1883. February. h. m.	1883. February. d. h. m.				
P.M.	A.M.				
1st 12 15	1 3 52	Arch broken. Bright streak in N.N.W., alt. 15°, with a greenish glow (1), and drifting towards W. Another streak in E.S.E., 15° alt. (·5).			
— 12 20	— 3 57	Irregular arch from N.N.W. through zenith to 5° alt. in E. (1); in zenith, E. of zenith, and in N.N.W. brighter (1·5).			
— 12 30	4 7	Ditto - - - - - -			
— 12 40	— 4 17	Aurora disappeared except a bright patch in N.N.W., 10° alt.			
— 12 55	— 4 32	Diffused arch (1) from N.N.W. through zenith to E.S.E., striated.			
— 1 5	— 4 42	Above arch disappeared. Faint streak in E.S.E., 5° alt., and a few faint vertical streamers in N.N.W., 5° alt.			
— 1 25	— 5 2	Above disappeared. Bright patch (1) in N.N.W., 10° alt. Faint band (·5) from W.N.W. to S.S.W., 20° alt.			
— 1 35	— 5 12	Ditto - - - - - -			
— 1 50	— 5 27	Above disappeared. Faint arch (·3) from W.S.W. to S.S.E., 30° alt.			
— 2 5	— 5 42	Arch diffused (·5) alt. 45°. Faint diffused lights in E. and E.S.E., 5° alt.			
— 2 15	— 5 52	Lights disappeared. Arch from W.N.W., 75° alt. (·3).			
— 2 25	— 6 2	Arch as above. Faint streak in N.N.W., alt. 20°. Vertical streamers (·8) in E.N.E., 5° alt.			
— 2 35	— 6 12	Arch through zenith and very faint. Streaks and streamers disappeared.			
— 2 50	— 6 27	Aurora disappeared except a faint streak in zenith (·5) -			
— 3 0	— 6 37	" " - - - - -			
A.M.	P.M.				
2nd 2 28	— 6 5	Bright diffused arch (1) with streamers from 10° alt. in E.S.E. through zenith to 20° alt. in N.N.W.			
— 3 28	— 7 5	Bright diffused light from Procyon to about 10° N.W. of Cassiopeia, and about 10° wide (1·2).			
— 4 28	— 8 5	Faint streak through zenith and about 12° on either side			
— 5 28	— 9 5	Streak from zenith through Cassiopeia towards N.W. (1)			
— 6 28	— 10 5	Diffused lights round zenith, and streak as before (1) -			
— 7 28	— 11 5	Diffused irregular arch (·5) N.N.W. to S.E., 30° S. of zenith			
— 7 53	— 11 30	Parallel bands (·5) from N.W. to E.S.E., from 80° S. to 85° N. of zenith, and patches from N.N.W. to E.S.E. (·3) just above horizon.			
	A.M.				
— 8 28	2 12 5	Irregular aurora, from N.W. to 8° alt. in E.S.E., and from 80° to 85° S. of zenith (·1 to 1), brightest in E.S.E.			
— 9 28	— 1 5	Masses of aurora (·5) from W. to S., alt. 5°. Patch in N.N.W., 10° alt., and a few very faint streaks in zenith.			
— 10 28	— 2 5	Diffused masses of aurora (·5) from N. to S.W., 20° alt. Irregular arch (1) from E.S.E. through zenith to about 25° alt. in N.W., with a greenish glow, and drifting rapidly from E. through zenith towards W. (Much magnetic disturbance.)			
— 11 28	— 3 5	Masses of aurora from E.S.E. to S. 60° alt., from (·5 to 1·5), brightest in S.S.E.			
— 12 28	— 4 5	Irregular masses of aurora (·5) from E.S.E. to S.S.W. on horizon, and partly visible through clouds at 10° alt.			
— 1 28	— 5 5	Irregular, and diffused arch from E.S.E. to N.N.E., 3° alt. (·2 to 1·5), brightest in E.S.E. Bright streak (1) in W.N.W., 20° alt. Faint arch (·5) S.E. to S.W., 10° alt.			
— 2 28	— 6 5	Faint diffused arch (·5) from E. through zenith to W.S.W., and irregular masses of aurora (·5) immediately above horizon from E.S.E. to S.S.W. Streaks in S., 40° alt. (1).			
A.M.	P.M.				
3rd 5 28	— 9 5	Arch (·5) from S.E. to N.N.W., 10° S. of zenith -			
— 7 28	— 11 5	Sky overcast, but light, probably caused by aurora. (Magnetic disturbance.) -			
	A.M.				
— 9 28	3 1 5	Faint streaks (·7) in E.S.E., 80° alt.			

Göttingen Mean Time.	Local Mean Time.		H.F.	D.	V.F.
1883. February. h. m.	1883. February. d. h. m.				
P.M. 3rd 12 28	A.M. 3 4 5	Canopy (1·5) from about 20° alt. in N. and E. to about 15° alt. in W. and N.W.			
— 1 28	— 5 5	Diffused light through zenith extending about 20° S.E. and 30° N.W. of zenith; rays and patches in N.W. and N.E. Arch (1·5) from S.E. to W., about 45° alt in S.			
— 2 28	— 6 5	Arch (1) from S.E. to W. as before, and cloud-like masses of light along, and just below, the arch. Another arch from E. to N.W., 20° alt. (·5).			
A.M. 4th 3 28	P.M. — 7 5	Diffused arch (1) from E.S.E. to N.N.W., alt. 25°			
— 4 28	— 8 5	Broad diffused arch (1) from E.S.E. to W.N.W. through zenith, where 20° in width.			
— 5 28	— 9 5	Arch (·7) from E.S.E. to N., 15° alt.			
— 6 28	— 10 5	Diffused arch (1) from E.S.E. to N.N.W., 5° E.N.E. of zenith.			
— 7 28	— 11 5	Diffused arch (·8) from S.E. to W.N.W. through Pleiades.			
— 9 28	A.M. 4 1 5	Diffused semicircular light (1) from zenith towards N.W.			
— 11 28	— 3 5	Irregular aurora (·5) from E.S.E. through zenith to W.S.W. Faint streaks just above horizon from E.S.E. through N.W. to S.			
P.M. — 12 28	— 4 5	Streak in E., 25° alt. Streaks of aurora as above (·5). Arch (·5) from E. to N.W., 5° alt. Faint streaks on horizon from N.W. to S.E. and in zenith.			
— 2 28	— 6 5	Streaks of aurora (·5) from N.W. to S., alt. 8°			
A.M. 5th 2 28	P.M. — 6 5	Aurora (1) from E.S.E. disappearing under a cloud in E., 5° alt.			
— 4 3	— 7 40	Bright diffused light in zenith, extending about 35° S.E. and N.W. of zenith (1·5).			
— 8 28	A.M. 5 12 5	Arch (·3) from S.E. to N.W., 60° S. of zenith. Another arch (·5) from E.S.E. to N.N.W., alt. 15°, and masses of aurora, like small cumulus clouds, in zenith, the whole drifting towards N.W. horizon.			
— 9 28	— 1 5	Arch (1) from E.S.E. to S.S.W., 45° alt. Streak of aurora (·5) on N. horizon.			
— 10 28	— 2 5	Irregular diffused arch (1·5) from S.E. to N.N.W. through zenith, about 20° wide. Faint arch from W.N.W. to S., alt. 10°.			
— 11 28	— 3 5	Arch (1) from N.N.W. to E.N.E., 5° alt. Masses of aurora, like cumulus clouds, from zenith to S.E. and N.W. drifting in all directions (·5). (Magnetic instruments much disturbed.)			
6th 3 28	P.M. — 7 5	Masses of aurora (·5) on horizon from E.N.E. to N.N.W.			
— 4 28	— 8 5	Arch (1) from E.S.E. to N.N.W., 15° alt. Irregular mass (1) in N.N.W. to 20° alt.			
— 5 28	— 9 5	Two irregular arches (1) from E.S.E. to N.N.W.; 1st, 50° N. of zenith; 2nd, 70° S. of zenith.			
— 6 28	— 10 5	Diffused arch (1) from S.E. through zenith to N.N.W., 10° wide in zenith, and somewhat detached at the other two points.			
— 7 28	— 11 5	Diffused and irregular arch (1 to 2) from E.S.E. through zenith to W.N.W., brightest in W.N.W.			
— 8 28	A.M. 6 12 5	Arch from E.S.E. to W.N.W., 10° alt. in S., striated (2) and slightly prismatic in E.S.E.			
— 9 28	— 1 5	Faint arch (·4) from N.N.W. through zenith to 20° alt. in E.S.E. Band (1) parallel with horizon from E.S.E. to N.N.W., 1° to 2° alt.			
— 10 28	— 2 5	Faint irregular arch (·3) from E.S.E. to N.N.W., 16° alt.			

Göttingen Mean Time.	Local Mean Time.	——	H.F.	D.	V.F.
1883. February. h. m.	1883. February. d. h. m.				
6th 11 28 A.M.	6 3 5 A.M.	Faint arch (·7) from S.E. to W.N.W., 6° S. of zenith. Another arch (·5) from E.N.E. through Cassiopeia to W.N.W.			
— 12 28 P.M.	— 4 5	Arch through Cassiopeia as before, the other arch passing below Regulus with a streak between the zenith and the arch.			
— 1 28	— 5 5	Aurora, like cumulus clouds, from S.E. to W., about 10° wide, alt. 15° in S.			
— 2 28	— 6 5	Faint diffused light (·2) S.E. of zenith			
7th 9 28 A.M.	7 1 5	Band (1) from S.E. to W. passing above Betelgeuse			
— 10 28	— 2 5	Portions of arch (1) about 5° N. of zenith			
— 12 28 P.M.	— 4 5	Mass of aurora (·5) on N.N.W. horizon			
— 2 28	— 6 5	Masses of aurora (·5) from E.S.E. to N.N.W., 6° alt.			
8th 3 28 A.M.	— 7 5 P.M.	Faint arch (·4) from S.E. through zenith to N.W., and faint patches in N. and N.E.			
— 4 28	— 8 5	Faint arch (·5) from E.S.E. to N.W., about 30° alt.			
— 5 28	— 9 5	Faint arch (·7) from E.S.E. through Denebola to N.N.W.			
— 2 28 P.M.	8 6 5 A.M.	Faint arch (·3) from 60° alt. E.S.E. to W. through zenith.			
9th 3 28 A.M.	— 7 5 P.M.	Irregular arch from E. to N.W. with vertical streamers drifting towards E., 30° alt. (1).			
— 9 28	9 1 5 A.M.	Masses of aurora (·5) visible between clouds, from N.N.W. to N.N.E., 15° alt.			
— 10 28	— 2 5	Bright, diffused, irregular arch from N.N.W. to E., 70° alt. (1 to 1·5).			
— 11 28	— 3 5	Arch (·8) from E.S.E. to N.W., 3° S. of zenith			
— 12 28 P.M.	— 4 5	Ditto ditto			
— 1 28	— 5 5	Arch from N. to W. passing about 2° N.W. of zenith; in N. horizon (1·5), elsewhere very faint.			
10th 2 28 A.M.	— 6 5 P.M.	Faint irregular arch from E. to N.N.W., 30° alt.			
— 3 28	— 7 5	Arch (1) with streamers from E.N.E. to E.S.E., 5° alt.			
— 4 28	— 8 5	" from E. to N.N.W., 5° alt., striated in N.N.W. Another faint arch (·4) from E.S.E. to W.N.W., 50° alt. in S.			
— 5 28	— 9 5	Diffused arch (1) from E.S.E. to W.N.W., 30° alt. Another arch (·5) from same points through zenith.			
— 6 28	— 10 5	Confused masses of aurora (1 to 2) in N.N.W., from horizon to 40° alt. Band (1) parallel with horizon from N.N.E. to E.S.E., 5° alt.			
— 7 28	— 11 5	Two faint arches, 35° and 50° alt., one from E. to N.W., (1), the other from S.E. through Orion to W.N.W. (1).			
— 8 28	10 12 5 A.M.	Arch (1·5) from E. to N.W., about 40° alt., diffused in E. Another arch (1) from S.E. through Orion to W.N.W.			
— 9 28	— 1 5	Arch (1) from S.E. through zenith to N.W., and one from S.E. through Betelgeuse to W. (1).			
— 10 28	— 2 5	Diffused masses of light (2) from S.E. through and on either side of zenith, to 45° N.W. of zenith.			
— 11 28	— 3 5	Arch (·5) from W. to S.E., 27° alt. Diffused masses in N.W., 10° alt., and in E.S.E., 15° alt.			
— 12 28 P.M.	— 4 5	Faint arch (·3) from W. to S.E., 35° alt. Bright, diffused, irregular arch (1·5) from N.W. through zenith to 8° alt. in E.S.E.; this arch seemed to form and disappear in a few minutes.			

Göttingen Mean Time.			Local Mean Time.			——	H.F.	D.	V.F.
1883. February.	h.	m.	1883. February. d.	h.	m.				
10th	P.M. 1	28	10	A.M. 5	5	Two parallel arches (·5) from W. to S.E., alt. 20° and 30°. Mass of aurora in E.S.E. striated (1), and moving towards zenith. A few faint streaks in zenith.			
—	2	28	—	6	5	Faint arch (·3) from W.S.W. to S.E., 15° alt. Bright streaks (1) from E.S.E. to zenith, and an irregular arch (1) from W. to N.E., 25° alt.			
11th	A.M. 9	28	11	1	5	Arch (1) from N.W. to E.N.E., 45° alt. Another arch (·5) from E.S.E. through zenith to about 50° alt. in W.			
—	10	28	—	2	5	Arch (1) from N.N.W. to E.S.E., 50° alt. Masses of aurora (·5) from W. to N.N.W., 25° alt.			
—	11	28	—	3	5	Faint irregular masses of aurora in W.S.W., 80° alt. (·7)			
—	P.M. 12	28	—	4	5	Faint streak in E.S.E., 40° alt. (·3)			
12th	A.M. 5	28	—	P.M. 9	5	Faint arch from E.S.E. through tail star of Ursa Major to N.N.W.			
—	6	28	—	10	5	Arch (·8) from E.S.E. through zenith to N.N.W., 5° in width.			
—	7	28	—	11	5	Arch from E.S.E. to 20° of N.N.W., 80° alt. (·5 to 1), brightest in E.S.E.			
—	8	28	12	A.M. 12	5	Faint arch (·5) from 20° alt. E.S.E. through zenith to 20° alt. N.N.W.			
—	9	28	—	1	5	Arch (·5) from E.S.E. through zenith to W.N.W., slightly diffused in E.S.E.			
—	10	28	—	2	5	Faint arch (·5) from 60° alt. in E.S.E. through zenith to N.N.W.			
—	P.M. 12	28	—	4	5	Faint band (·4) from E. through zenith. Diffused masses of light about 15° S. of zenith (1).			
—	1	28	—	5	5	Faint diffused arch (·5) from S.E. through zenith to N.W.			
13th	A.M. 9	28	13	A.M. 1	5	Faint streak (·7) in E. from 10° to about 30° alt.			
—	P.M. 12	33	—	4	10	Faint arch from S.E. through zenith to N.N.W.			
—	1	28	—	5	5	Faint irregular arch from N.W. to E.S.E., 10° S. of zenith. Irregular aurora (1) from N.N.W. horizon to zenith, with streamers moving towards zenith.			
—	1	58	—	5	35	Arch (1) from N.W. through zenith to E.S.E.			
—	2	28	—	6	5	A few streaks (·5) from 10° alt. in N.W. to zenith			
14th	A.M. 7	28	—	P.M. 11	5	Faint arch (·3) from N.N.W. to E.S.E., 45° alt.			
—	8	18	—	11	55	Arch (1 to 1·5) from W. to S.E., 20° alt., striated, and with a greenish glow in S.E., brightest in S.E.			
—	8	28	14	A.M. 12	5	Arch much diffused and slightly prismatic in S.E., about 25° alt. (2)			
—	9	28	—	1	5	Arch (1) from W. to S.E., 35° alt. Irregular arch (1·5) from E.S.E. through zenith to about 30° alt. in N.W.			
—	10	28	—	2	5	Arch (·5) from W. to S.E., 15° alt., and several streaks about 5° alt. from W. to N.N.E. (·5 to 1), brightest in N.W.			
—	11	28	—	3	5	Faint curtain-shaped aurora (·5) in S.E., 70° alt. Faint streamers in zenith and N.N.W., 10° alt. (·5). Faint arch from S.E. to S.W., 10° alt. (·3).			
—	P.M. 12	28	—	4	5	Diffused arch (1) from E. through zenith (?) to 20° alt. in W.			
—	1	28	—	5	5	Streak in zenith (1). Faint patch on E. horizon (·5). Faint arch from E.S.E. to W.S.W., 20° alt. (·3).			
—	2	28	—	6	5	Bright masses of aurora (1·5) in S.W., 15° alt. Faint streaks (·5) in W.N.W., 30° alt.			
15th	A.M. 3	25	—	P.M. 7	2	Faint arch from N.N.W. through Ursa Major to E.S.E., and a few streaks in N.N.W., 8° alt. (·5).			

Göttingen Mean Time.			Local Mean Time.			——	H.P.	D.	V.F.
1883. February.	h.	m.	1883. February. d.	h.	m.				
	A.M.			P.M.					
15th	3	35	14	7	12	Arch as above. Another arch from same points joining the tail star of Ursa Major, and a streak from N.N.W. horizon to zenith (·5).			
—	3	45	—	7	22	Both arches as above. Streak disappeared - - -			
—	4	0	—	7	37	One faint diffused arch (·5) passing through Leo and Ursa Major to N.W.			
—	4	15	—	7	52	Arch as before. Streak from Cassiopeia adjoining the arch in N.W.			
—	4	25	—	8	2	Arch (·5) striated from N.N.W. just above Ursa Major to E.S.E., and several streamers from N.W. to N.N.E., from 5 to 25 alt. (·5).			
—	4	35	—	8	12	Arch (·5) from N.N.W. to E.S.E., 15 alt. Streamers as above (1).			
—	4	50	—	8	27	Segment of arch in E.S.E., 5 alt. (·7). Faint streak (·3) in N.N.E., 40 alt.			
—	5	0	—	8	37	Streak disappeared. Faint arch from E.S.E. to N., 15 alt.			
—	5	10	—	8	47	„ disappeared - - - - -			
—	5	45	—	9	22	Faint streak in N.N.W., 15 alt. - - -			
—	5	55	—	9	32	„ disappeared - - - -			
—	7	50	—	11	27	Masses of aurora (·5) from E.S.E. to S.E., 25 alt. -			
—	8	0	—	11	37	„ „ disappeared - - - -			
—	8	20	—	11	57	Bright masses of aurora (1) from 20 S.E. to zenith. Faint streaks in N.N.W. from horizon to 50 alt.			
				A.M.					
—	8	25	15	12	2	The whole zenith covered with aurora striated, quivering and with a greenish colour (1·5).			
—	8	30	—	12	7	Ditto faint (·5) - - - - -			
—	8	35	—	12	12	Ditto disappeared except a very faint patch in zenith. Faint streak in N.N.W. to 20 alt. (·3).			
—	8	40	—	12	17	Faint curtain-shaped aurora (·7) from E.S.E. to zenith -			
—	8	50	—	12	27	Diffused arch (1) from E.S.E. to W., 50 alt. - -			
—	9	0	—	12	37	„ very faint and from S.E. to Moon -			
—	9	10	—	12	47	„ disappeared - - - -			
—	9	20	—	12	57	A few bright streamers (1) in N.N.W. A parallel streak in S.W., 45 alt. (1). The whole disappearing immediately afterwards.			
—	9	50	—	1	27	Aurora (1) from 20 alt. S.E. to Moon through Leo -			
—	10	0	—	1	37	Bright diffused and irregular arch (·5 to 2) with prismatic streamers in E.S.E. from E.S.E. to W.N.W., brightest in E.S.E.			
—	10	6	—	1	43	„ disappeared except a very faint streak in E.S.E., 20 alt.			
—	10	10	—	1	47	„ disappeared - - -			
—	11	45	—	3	22	Diffused lights (1) in zenith and to 10 alt. in N.W. Bright streak (1) in W.N.W. parallel with horizon, 25 alt.			
—	11	50	—	3	27	Above disappeared. Bright diffused arch (1) with streamers, from E.S.E. through zenith to 20 alt. N.N.W., drifting towards N.			
—	11	55	—	3	32	„ disappeared, except the faint (·5) streaks on E.S.E. and N.W. horizons.			
	P.M.								
—	12	5	—	3	42	Arch (·7) from 30 alt. in E.S.E. to W.N.W. through zenith, slightly diffused in W.N.W.			
—	12	10	—	3	47	Arch disappeared. Faint diffused lights from N.N.W. to N.N.E., 45 alt.			
—	12	15	—	3	52	„ disappeared. Faint arch (·5) from E.S.E. through zenith to N.N.W.			
—	12	45	—	4	22	„ disappeared - - - - -			
—	1	50	—	5	27	Patch in N.N.W., 10 to 25 alt. (1) - - -			
—	2	0	—	5	37	Several streamers (·5) from N.N.W. to N., 30 alt. -			
—	2	15	—	5	52	„ disappeared - - -			

Göttingen Mean Time.			Local Mean Time.				H.F.	D.	V.F.
1883. February.	h.	m.	1883. February. d.	h.	m.				
	A.M.			P.M.					
16th	3	33	15	7	10	Bright streamers (1) in N.N.W., from 10° to 20° alt., of a greenish colour.			
—	4	28	—	8	5	Bright (1 to 2) diffused and irregular arch with streamers, slightly prismatic in E.S.E., where brightest, from E.S.E. through zenith to N.N.W.			
—	5	28	—	9	5	Faint arch (·3) from E.S.E. to N.N.W., 30° alt. - -			
—	7	28	—	11	5	Diffused masses of light (1) in and S. of zenith - -			
				A.M.					
—	8	28	16	12	5	Band of light through zenith to about 20° S.E. and N.W. of zenith (1).			
—	10	28	—	2	5	Faint patch in N.W. - - - - -			
—	11	28	—	3	5	Arch (1) from N.N.W. through zenith to E.S.E. horizon			
	P.M.								
—	12	28	—	4	5	Arch (1) from S.S.E. to W.S.W., 20° alt. Irregular aurora (1), striated, and in rapid motion, from E.S.E. through zenith and moving towards N.W.			
—	1	28	—	5	5	Arch (·5) from N.W. to S.E., 30° S. of zenith, and a streak (·5) from E.S.E. to zenith.			
	A.M.			P.M.					
17th	7	28	—	11	5	Arch (1) from S.E. just above the moon to N.W. horizon			
				A.M.					
—	8	28	17	12	5	Irregular arch (1) from N.N.W., just above horizon to E.S.E., a mass of aurora of a greenish colour at the N.N.W. end of arch, and from it another arch (1·5), slightly prismatic, through zenith towards S.E. (Decrease of horizontal force.)			
—	9	28	—	1	5	Mass of aurora (1) from N. to N.E., from 2° to 10° alt. -			
—	10	28	—	2	5	Irregular aurora from N.N.W. through zenith to about 40° alt. in E.S.E., and about 20° wide in zenith.			
	P.M.								
—	1	28	—	5	5	Very faint (·2) diffused arch from E. horizon through zenith to 15° alt. S.W.			
—	1	57	—	5	34	Bright prismatic aurora (2) from N.N.W. horizon to 70° alt., thence descending to N.N.E. horizon. Faint masses of aurora, like cumulus clouds, from S. to S.W. (·5), 20° alt. (Magnetic disturbance.)			
			—	5	35		278	367	1297
			—	5	37		283	376	1199
			—	5	39		262	367	1218
—	2	4	—	5	41	„ „ disappeared except a faint patch (·3) in N.N.W., 10° alt. -			
	A.M.			P.M.					
18th	7	28	—	11	5	Faint streak (·3) in E.S.E., 25° alt. - - -			
19th	5	28	18	9	5	Bright irregular aurora (2 to 3) with streamers, from E.S.E. to zenith, quivering, and in rapid motion, prismatic, and drifting to N.N.W. (Magnetic disturbance.)			
—	5	36	—	9	13	„ „ fainter (1), and the whole sky from E.S.E. to zenith and N.N.W. more or less covered with aurora.			
				A.M.					
—	8	28	19	12	5	Band (1) from Spica through Leo to N.W. - -			
	P.M.								
—	1	28	—	5	5	Arch (·5) from E.S.E. to S.W., 30° S. of zenith - -			
	A.M.			P.M.					
20th	7	29	—	11	6	Two parallel arches (·5) about 2° apart, from N.N.W. through zenith to E.S.E.			
				12	0	- - - - - - - -	423	314	718
				A.M.					
—	8	28	20	12	5	Irregular arch, striated, (1) from S.E. to S.S.W., 15° alt., pulsating towards zenith.			
—	8	39	—	12	16	The whole sky from E.S.E. to S.W. and at zenith covered with very bright, prismatic, curtain-shaped aurora, in rapid motion and pulsating in all directions, (1 to 3), brightest from E.S.E. to S. (1), in zenith.			
—	8	40	—	12	17	Corona in zenith. (Much magnetic disturbance) -			
				12	18	- - - - - - - -	86	345	1000
				12	20	- - - - - - - -	54	324	200
				12	22	- - - - - - - -	66	389	Off scale.

Göttingen Mean Time.			Local Mean Time.			—	H.F.	D.	V.F.
1883. February.			1883. February.						
	h.	m.	d.	h.	m.				
	A.M.			A.M.					
20th	9	13	20	12	50	The whole sky from S.W. through W. to E.N.E. to zenith, covered with very bright prismatic aurora, striated and in rapid motion (1 to 3), brightest from N.N.W. to zenith.			
—	9	28	—	1	5	Arch (1) from S.W. to N.E., 8° alt. - -			
—	10	28	—	2	5	Arch (1) from N.W. to E.N.E., 6° alt. - -			
—	11	28	—	3	5	Faint streak (·3) in E.S.E., 45° alt. - - -			
	P.M.								
—	12	28	—	4	5	A few bright prismatic streamers in zenith (2) visible between clouds. Bright streak in E.S.E., 50° alt. (1). (Declinometer slightly disturbed.)			
—	2	28	—	6	5	Faint streak in zenith (·5) - -			
	A.M.								
21st	8	28	21	12	5	Arch from E.S.E. to N.N.W., 25° alt., of a greenish colour and (1) in E.S.E., and the rest (·5).			
—	9	28	—	1	5	Irregular arch (1) from N.N.E. to E., 10° alt. - -			
—	10	28	—	2	5	Bright patch (1) in N.N.W., 5° alt. - - -			
				P.M.					
22nd	6	28	—	10	5	Arch (1) of a greenish colour from E.S.E. to N., 5° alt. -			
—	7	28	—	11	5	Arch (·5) from S.E. to N.W., about 30° alt. - -			
				A.M.					
—	8	28	22	12	5	Arch (2) from S.E. to E.N.E., 5° alt., and just above this arch are masses of light, curtain-shaped, and almost green in colour; from this a faint band through Procyon and Aldebaran to W.N.W.			
—	8	53	—	12	30	Band disappeared. Above aurora has extended to Aldebaran, about 30° wide, and appears like cumulus clouds (1). (Vertical force disturbed.)			
—	9	28	—	1	5	Faint arch from E.S.E. to 45° alt. in N.W., 55° alt. -			
—	10	33	—	2	10	Band (1) from S.E. through zenith to N.W. - -			
—	10	49	—	2	26	„ brighter (3) - - - - - -			
	P.M.								
—	12	28	—	4	5	Bank of aurora from N.W. to N.N.E., 3° to 8° alt. (·5) -			
—	1	28	—	5	5	Irregular arch (1) from E.S.E. through zenith to N.N.W. Patch (·5) on horizon in N.N.E.			
	A.M.								
23rd	8	28	23	12	5	Bank of aurora (1) from N.N.W., to N.N.E., 5° alt. Sky cloudy. (Magnetic disturbance.)			
—	9	2	—	12	39	Irregular striated arch (1) from S.E. to N.N.W., 60° alt. Patches (1) with a greenish glow on N. horizon, 5° to 10° alt., and several parallel streaks in zenith (·5).			
—	10	28	—	2	5	Faint arch (·5) from N.N.W. to E.S.E., alt. 5°, partly visible through clouds.			
				P.M.					
24th	3	28	—	7	5	Irregular arch (1) from N.N.W. to E.S.E., 15° alt. -			
—	4	28	—	8	5	Masses of aurora on N.N.W. horizon. Two arches (1) from N.N.W. to E.S.E.; 1st, 20° alt., 2nd, 60° alt., both arches moving S. till, the higher one reached the zenith, where it seemed to disappear; the lower one diffused and fainter.			
—	5	28	—	9	5	Irregular aurora (1) from N.N.W. to E.S.E., from 40° to 50° alt., appearing to move towards zenith for a few seconds, and then drifting back towards the horizon.			
—	5	38	—	9	15	Irregular striated arch (1·5) with a greenish glow, from N.N.W. through zenith to 15° alt. in E.S.E., pulsating from N.N.W. to zenith.			
—	6	23	—	10	0	- - - - - - - -	413	314	515
—	6	28	—	10	5	Irregular arch (·5) from N.N.W. through zenith to E.S.E. Irregular, striated, aurora (1 to 1·5) from S.E. to 45° alt. in S.W., alt. 25°, in rapid motion, and moving from S.E., where brightest.			
—	6	41	—	10	18	- - - - - - - -	280	337	100
—	6	42	—	10	19	Curtain-shaped, confused aurora covering the whole sky from zenith to 30° alt. on all sides (1·5). (Magnetic disturbance.)			
—	6	43	—	10	20	- - - - - - - -	290	308	400

Göttingen Mean Time			Local Mean Time				H.F.	D	V.F.
1883, February.	h.	m.	1883. February. d.	h.	m.				
	A.M.			P.M.					
			23	10	22	. . . .	320	255	250
24th	7	18	—	10	55	Bright, irregular, diffused arch (2) of a greenish colour from E.S.E. to W., 10° alt.			
—	7	28	—	11	5	Arch (1 to 1·5) from N.N.W. to E.S.E., where brightest, 5° alt.			
—	7	57	—	11	34	Faint patch (·5) on N.N.W. horizon . .			
				A.M.					
—	8	28	24	12	5	Bright patch (1) on N.E. horizon . . .			
—	10	28	—	2	5	Diffused arch (·7) from E.S.E. to N.N.W., 80° alt. .			
—	11	13	—	2	50	Band suddenly appeared from 40° alt. in S.E. through zenith to 40° alt. in N.W., prismatic on N. edge of band, and pulsating from N.W. to S.E.; towards N.W. in S. (3) it exploded into Corona, in which crimson-coloured streamers danced with great rapidity. The whole disappeared in 2 minutes.			
	P.M.								
—	2	28	—	6	5	Band from S.E. to N.W. through zenith (1), slightly prismatic. (Bifilar and declinometer disturbed.)			
	A.M.			P.M.					
25th	3	28	—	7	5	Faint arch (·5) from S. to N.N.W., 60° alt. Faint masses from E. to E.N.E., 70° alt. (Magnetic disturbance.)			
—	4	0	—	7	37	Bright masses of aurora (1·5) from N.N.W. to W.N.W., 50° alt.			
—	4	28	—	8	5	Arch (1) from N. through zenith to S., where diffused. Masses of aurora (1) in E., E.S.E., and N.E., 30° to 40° alt.			
—	5	28	—	9	5	Serpentine arch (1) from E.S.E. through zenith to N.N.W.			
27th	3	28	26	7	5	Irregular aurora (1) from E.S.E. to N.N.W., 30° alt., partly visible through clouds.			
—	4	28	—	8	5	Ditto. Sky nearly overcast . . .			
—	5	28	—	9	5	Patches of aurora (·5) visible through clouds from E.S.E. to N.N.W., 25° alt.			
—	6	28	—	10	5	Faint irregular aurora from E.S.E. to N.N.W., 80° alt., (·5). Patches of aurora just above horizon from E.S.E. to N.N.W., (·3).			
—	7	8	—	10	45	Bright broad diffused arch (1) from E.S.E. through zenith to N.N.W., partly visible between clouds in N.N.W.			
—	7	28	—	11	5	Faint irregular arch (·3) from E.S.E. horizon to W.N.W., 60° alt.			
				A.M.					
—	8	28	27	12	5	Arch (·7) E.S.E. to W.N.W., 80° alt. . .			
				P.M.					
28th	6	28	—	10	5	Diffused arch (·7) from 50° alt. E.S.E. through zenith to 70° alt. W.N.W., partly visible through clouds. Sky nearly overcast.			
—	7	28	—	11	5	Diffused mass of light in zenith, and extending 10° S.E. of zenith.			
March									
1st	3	10	28	6	47	Band from E. through Ursa Major to N.W. (1) . .			
—	3	20	—	6	57	Band as above and one on either side of Ursa Major			
—	3	25	—	7	2	Bright arch (2) with vertical streamers from W.N.W. through zenith to E.S.E., slightly prismatic, in rapid motion and drifting towards N.E. Bright (1·5) diffused masses on horizon from E. to E.S.E.			
—	3	30	—	7	7	Arch now less bright (1) in zenith, diffused in W.N.W., and striated in E.S.E. Aurora on E. horizon now (·5).			
—	3	36	—	7	13	Arch irregular (2), of uniform brightness and 15° wide in zenith. Another lower arch (1) from E.S.E. to E.N.E. 5°, alt.			
—	3	40	—	7	17	Upper arch dividing in zenith and drifting S. & W. Lower arch as above.			
—	3	50	—	7	27	Above lower arch blended with upper one, alt. 50°, and extending to zenith; streamers of a greenish hue at the extremities of both arches. Lower arch serpentine in shape in E.S.E.			

Göttingen Mean Time			Local Mean Time			——	H.F.	D.	V.F.
1883. March.			1883. February.						
	h.	m.	d.	h.	m.				
	A.M.			P.M.					
1st	3	55	28	7	32	Arches divided. Upper one faint (·5). Lower one 30 alt. and upper edge (·5) lower (2). Another arch (1) from E. to E.N.E., 3 alt.			
—	4	0	—	7	37	Upper arch disappeared except a faint patch in W.N.W., 20 alt. Centre arch (1·5) and slightly prismatic, 40 alt. Lower arch (·3) very faint.			
—	4	5	—	7	42	Centre arch less bright, except in W.N.W., where striated (2). Lower arch as before.			
—	4	10	—	7	47	Centre arch only remains, and is diffused (1), alt. 60° -			
—	4	15	—	7	52	Above arch (1) through zenith and regular except in E.S.E.			
—	4	20	—	7	57	Above arch alt. 70 and (·7) except in W.N.W. (1). Faint patch in N.W., alt. 10 (·5). Faint streak (·5) in zenith.			
—	4	35	—	8	12	Above arch (1·5) from S.E. through Leo and zenith to N.W.			
—	4	50	—	8	27	Ditto - - - - - -			
—	5	0	—	8	37	Arch through Ursa Major, Leo, and Procyon; streamers on N. edge			
—	5	10	—	8	47	Arch through Orion and Pleiades (1) - - -			
—	5	20	—	8	57	Arch striated and diffused - - - -			
—	5	30	—	9	7	Two more arches (2) from S.E. extending to Leo - .			
—	5	45	—	9	22	Arch as before (1) through Orion and Pleiades, and a diffused mass of light in S.E. adjoining the arch, extending to 30 alt.			
—	5	55	—	9	32	Another arch (·5) from S.E. through zenith to about 20° alt. in N.W., and diffused masses of light either side of arches in S.E.			
—	6	10	—	9	47	„ disappeared except the arch through Orion, which is slightly prismatic and making volute motions in N.W. Streamers on the arch 45 alt. (1·5).			
—	6	20	—	9	57	„ disappeared. Band from S.E. through zenith, prismatic, and pulsating with great rapidity.			
—	6	25	—	10	2	Three bands, one through, and one on either side of zenith, with winding streaks between the bands as well as streamers; the whole prismatic (2), moving and pulsating in all directions.			
—	6	35	—	10	12	Irregular arch (1) from E. to N.W., alt. 30°, and prismatic. Also patches and streamers from S.E. to W., 45° alt in S.			
—	6	45	—	10	22	Above arch (·5). Another arch (2) from N.N.E. to W.N.W., prismatic, and pulsating. Pyramids of light on N. horizon.			
—	6	55	—	10	32	Latter arch through zenith and just passing the Pleiades to W.			
—	7	0	—	10	37	„ disappeared except band (1) from N.N.E. curving along the horizon to S.E., through Leo and Pleiades to W.N.W. (1)			
—	7	15	—	10	52	Above band, diffused through Leo, Procyon, and Pleiades to W.N.W. (1·5).			
—	7	30	—	11	7	Diffused masses of light (1·5) from N.E. and S.E., passing S. of zenith to W.N.W., about 20 wide.			
—	7	50	—	11	27	Ditto. Band (1) from N.E. to N.W., 40 alt. -			
—	7	55	—	11	32	Ditto. Band disappeared - - -			
—	8	20	—	11	57	Above band prismatic (2) and moving with great rapidity in circular motions.			
			March.	A.M.					
—	8	30	1	12	7	Irregular arch from E.S.E. through zenith to N.W., striated (2) and slightly prismatic, about 10° wide, and pulsating from E. to N. on N. side of arch and from N. towards S. on S. side.			
—	8	55	—	12	32	Irregular arch from E.S.E. to W. appearing like confused masses in E.S.E. and forked in W., from 50 alt. in S. to zenith (1·5). A few faint (·7) streamers from E.S.E. to E.N.E., 10 alt.			

Göttingen Mean Time.			Local Mean Time.			—		H.F.	D.	V.F.
1883. March.	h.	m.	1883. March. d.	h.	m.					
	A.M.			A.M.						
1st	9	5	1	12	42	Streamers disappeared. Arch (·5). A lower arch from E. to N.N.W., 20 alt., with bright, prismatic, vertical streamers (2) in rapid motion and pulsating.				
—	9	15	—	12	52	Arches faint (·5) and in confused masses, the sky from E.S.E. to W.N.W. and zenith more or less covered with aurora from 10 alt. in N.E.				
—	9	25	—	1	2	Arches drifting towards S. and like small cumulus clouds in N.E.				
—	9	35	—	1	12	Above disappeared. Arch from S.E. to S.W., alt. 30 (·5). A few faint streamers (·5) from N.N.W. to N.E. from 15 alt. to 70 alt.				
—	9	45	—	1	22	Above arch very faint, 10 alt. Streamers as before. Faint masses in zenith.				
—	10	0	—	1	37	Above arch disappeared. Arch (·5) from E.S.E. to W.S.W., 10 alt. in S. Band (·7) with streamers from same points, 5 alt. in N.				
—	10	15	—	1	52	Aurora (·7) from E.S.E. to zenith and extending in a circle to the same point, E.S.E., and thence in a bright horizontal line to N.E. (1). Patch (·5) in S. 10 alt.				
—	10	30	—	2	7	Faint masses of aurora (·5) on horizon and to 5 alt. all round except in W.S.W.				
—	10	40	—	2	17	Faint aurora (·5) from S.W. to S.E., alt. 8. Bank of aurora (1) in rapid motion from N.W. to E.S.E., from 3 to 9 alt.				
—	10	50	—	2	27	Bank disappeared, a few patches on N. horizon (·5). Aurora from S.W. to S.E. as before.				
—	11	10	—	2	47	Very faint patch on N. horizon. Aurora as above	-			
—	11	20	—	2	57	Irregular aurora (1) from N. to N.N.W., 8 alt. Aurora from S.E. to S.W. as before, but fainter (·2) and 5 alt.				
—	11	35	—	3	12	Ditto. - - - -	-			
—	11	55	—	3	32	Faint arch (·3) from N.N.E. through zenith to 10 S.W. of zenith.				
	P.M.									
—	12	5	—	3	42	Irregular aurora (1) from S.W. to zenith, and a few patches (·5) on N. of zenith.				
—	12	15	—	3	52	Irregular diffused aurora (1) from W.S.W. to S.E., 30 alt.				
—	12	20	—	3	57	Irregular aurora (1) from W. through zenith to E.S.E., striated, and pulsating in all directions, about 10 either side of zenith.				
—	12	35	—	4	12	Irregular arch (1·5) from 10 alt. E.S.E. through zenith to W., drifting S. Patch (1) on N.N.W. horizon.				
—	12	50	—	4	27	" disappeared. Faint masses in N.N.W. and N.W., 50 alt. (·3).				
—	1	5	—	4	42	" disappeared. Bright irregular aurora (1·5) from E.S.E. to E.N.E., 60 alt.				
—	1	15	—	4	52	" disappeared - - -	-			
—	1	25	—	5	2	Faint patch in N.N.W., 15 alt. (·3) -	-			
—	1	30	—	5	7	Faint irregular arch (·5) from E. to S.W., 80 alt. in S.E.				
—	1	40	—	5	17	" disappeared, except a faint patch (·6) in S., 25 alt.				
—	1	50	—	5	27	" disappeared - -	-			
—	2	10	—	5	47	Faint streamers (·5) in N.N.E., 30 alt.	-			
—	2	15	—	5	52	" disappeared - -	-			
	A.M.			P.M.						
2nd	3	28	1	7	5	Irregular arch (1) from E.S.E. to N.N.W., 50 alt.	-			
—	4	28	—	8	5	Faint arch (·3) from E.S.E. to N.N.W., 40 alt. Faint arch (·5) from E.S.E. to zenith. Arch (1) from S.E. to W.N.W., 45 S. of zenith.				
—	5	28	—	9	5	Irregular arch (·5) from S.E. to N.W., 25 alt. Faint streaks in zenith and on N. horizon (·3).				
			—	9	58	- - - - - - -	-	394	326	795
—	6	23	—	10	0	Arch (1·5) from S.E. to N.W., 20 alt., with prismatic streamers pulsating from S.E. to N.W.		370	315	950
			—	10	2	- - - - - - -	-	362	396	1069
—	6	26	—	10	3	Serpentine arch (1) from N.W. to about 20 alt. in S.E. through zenith				

Göttingen Mean Time.	Local Mean Time.		H.F.	D.	V.F.
1883. March. h. m.	1883. March. d. h. m.				
2nd 6 28 A.M.	1 10 5 P.M.	Serpentine arch regular and in rapid motion, moving from N.W. to S.E. in waves, or like small clouds, and drifting in a few seconds from zenith to 30° alt. in S.W. (Magnetic instruments much disturbed.)			
— 7 28	— 11 5	Bright irregular arch (2) with streamers slightly prismatic, quivering and in rapid motion from E.S.E. to W.N.W., 45° alt. S., drifting towards zenith.			
— 8 28	2 12 5 A.M.	Bright streamers (1·5) from S.E. to S.W. moving rapidly backwards and forwards, 40° alt. Faint masses of aurora in E.S.E., 15° alt., and in N.N.W. 20° alt. (Magnetic disturbance).			
— 9 28	— 1 5	Irregular aurora (·5 to 1) from E.S.E. to S.S.W., where brightest, 20° alt. Bright patch (1) in N.E., 3° alt.			
— 10 28	— 2 5	Bright irregular aurora from E. to 10° N.W. of zenith (1).			
— 11 28	— 3 5	Irregular striated arch (·5) from S.E. through zenith to N.W. Another arch (1) from S.E. to W.S.W., 25° alt. in S.			
— 12 28 P.M.	— 4 5	Masses of light (2) from zenith to N.W. drifting towards N., patches and streamers all round zenith to 45° alt.			
— 1 28	— 5 5	Band (·5) from E.S.E. to Leo, and one from zenith to W. Arch (1) from S.E. to W., 25° alt.			
3rd 3 28 A.M.	— 7 5 P.M.	Diffused arch (·7) from E.S.E. through zenith to N.N.W.			
— 4 28	— 8 5	Faint arch (·5) from 10° alt. S.E. to W.N.W., 40° alt.			
— 5 28	— 9 5	Arch (·7) from E.S.E. to W.N.W., 70° alt. S.			
— 6 23	— 10 0		{ 206 295 314	340 270 290	−100 +600 625
— 6 28	— 10 5	Arch (1) from N.N.W. to E.S.E., 60° alt. (Magnetic disturbance.)			
— 7 28	— 11 5	Masses of light (1) in N.W., 50° alt.			
— 8 28	3 12 5	" (1) in N.W. and N.E., 50° alt.			
— 9 28	— 1 5	" from E. to N.W., extending from 30° alt. to zenith, prismatic and with a tremulous motion in N.W. (1·5).			
— 10 28	— 2 5	Arch (1) from E. to N.W., alt. 30°, and just above it patches like small cumulus clouds.			
— 11 28	— 3 5	Irregular aurora (·5) from N.N.W. to E.N.E., 8° alt.			
— 12 28 P.M.	— 4 5	Faint streak (·3) from E.N.E. horizon to zenith, and a few patches on N. horizon to 5° alt., very faint.			
— 1 28	— 5 5	Streak (·5) from E.S.E. horizon to 10° from zenith. Another streak on S.E. horizon (·5), and a patch on N. horizon (·3).			
4th 3 28 A.M.	— 7 5 P.M.	Faint arch (·3) from E. to N.N.W., about 25° alt.			
— 4 28	3 8 5	Arch from E.S.E. to N.W., and three streaks parallel with each other and the arch above it in N.W. (1·5).			
— 5 28	— 9 5	Arch (2) from E.S.E. through Denebola and Ursa Major to N.W. Another faint arch from S.E. through Rigel to W.			
— 6 28	— 10 5	The sky from 10° alt. in N. to Orion is nearly covered with irregular masses of light of uniform brightness (1). (Magnetic disturbance.)			
— 7 6	— 10 43	Bright aurora (1·5) covering the sky from about 10° alt. in N. to 30° alt. in S.W., pulsating from E.S.E. to N.N.W., where brightest, 35° alt.			
— 7 28	— 11 5	Arch (·3) from S.E. to N.W., 25° alt., about 10° of aurora on either side of zenith (·5), and irregular aurora from N.N.W. to E.S.E., from 5° to 10° alt. (·5).			
— 8 28	4 12 5 A.M.	Faint arch (·3) from S.E. to N.W., 20° alt. Irregular diffused band (1) from E.S.E. through zenith to N.N.W.			
— 9 28	— 1 5	Arch (1) S.E. to N.W., 35° alt. Irregular diffused aurora from E.N.E. through zenith to N.N.W. (1·5), with streamers in N.N.W. (2) pulsating rapidly from N.N.W. to E.N.E.			

Göttingen Mean Time.			Local Mean Time.				H.F.	D.	V.F.
1883. March.	h.	m.	1883. March. d.	h.	m.				
	A.M.			A.M.					
4th	10	28	4	2	5	Very faint arch from S.E. to N.W., 20° alt., and several streamers (·5) from E.S.E. to W., S. of zenith 30° alt.			
—	11	28	—	3	5	Faint arch (·5) from E.S.E. to W., 15° alt.			
	P.M.								
—	12	28	—	4	5	As above, and faint streak (·5) in N.N.W., 10° alt.			
—	1	28	—	5	5	Faint arch (·5) from 50° alt. S.E. to W. horizon, 60° alt.			
	A.M.			P.M.					
—	3	28	—	7	5	Masses of aurora from E. to S.E. from horizon to 5° alt. Arch from S.E. to N.N.W., 15° alt. (1).			
5th	4	28	—	8	5	Diffused arch (1) from S.E. to N.N.W., from 70° to 90° alt., moving from N. to S. Several patches somewhat like small cumulus clouds on N. horizon (·5).			
—	5	28	—	9	5	Arch (1·5) from E.S.E. to N.N.W. with streamers, 15° alt. Aurora from S.E. through zenith to N.W. (·5). Two arches (·5) S. of zenith, parallel from N.W. to S.E., 30° and 10° alt.			
—	6	28	—	10	5	Two parallel arches (1) from S.E. to N.W., 25° and 45° alt. Irregular arch from E.S.E. to N.N.W., 20° alt. (1), and several streaks (·5) in zenith.			
—	7	3	—	10	40	Bright diffused irregular arch (2) prismatic, and with streamers, from E.S.E. to W.N.W., 70° alt. in S. Irregular aurora from S.S.E. to W.S.W., 10° alt. (1)			
			—	10	58	- - - - - - - - -	364	318	583
—	7	23	—	11	0	Much curtain-shaped, rapidly-moving aurora, (2) and prismatic round and about zenith and to N.W. thereof.	318	319	920
—	7	24	—	11	1	Ditto suddenly brightening with development of vertical striæ.			
			—	11	2	- - - - - - - - -	252	340	700
—	7	28	—	11	5	Ditto much fainter. Arch (1·5) from E.S.E. to N.N.E., with prismatic streamers 10° alt.	235	270	
—	7	30	—	11	7	- - - - - - -	115		
				A.M.					
—	8	28	5	12	5	Very irregular and diffused aurora (1) from E.S.E. through zenith to N.N.W. Arch (1) from E.S.E. with streamers to N.			
—	9	28	—	1	5	Band (1·5) from E.S.E. to N., 5° alt. Arch (·5) from S.E. to W.S.W., 10° alt. Faint streak in E.S.E., 40° alt. Faint masses of aurora on N.N.W. horizon.			
—	10	28	—	2	5	Bright green patches (2) in W., 10° alt., and N.N.W., 5° alt. Faint diffused light in E.S.E. to 30° alt. (·5).			
—	11	28	—	3	5	Masses of curtain-shaped aurora from S.E. to W.N.W. through Leo (1)			
	P.M.								
—	12	28	—	4	5	The sky from 30° alt. in N. to 25° alt. S. is covered with faint masses of aurora in the shape of clouds and curtains, brightest in N.W. (1).			
—	1	28	—	5	5	Faint diffused arch from S.E. to W., about 60° alt. in S., and another arch from N.E. to W., 40° alt. (·4).			
	A.M.			P.M.					
6th	4	28	—	8	5	Very faint arch from E.S.E. to N., 10° alt.			
—	5	28	—	9	5	Diffused arch (·5 to 1) from E.S.E. to N., 60° alt., brightest at extremities.			
—	6	28	—	10	5	Two arches (1) from E.S.E. to N., 10° and 30° alt.			
—	7	28	—	11	5	Diffused arch from E.S.E. to N.W. through zenith, about 15° wide (1)			
				A.M.					
—	8	28	6	12	5	Ditto - - - - - -			
—	9	28	—	1	5	Irregular arch (2) from 10° alt. in S.E. through zenith to N.W., diffused and brightest in zenith			
—	10	23	—	2	0	Arch (1·5) from S.E. through zenith to N.W.			
—	11	28	—	3	5	„ (·5) from S.E. to N.W., 30° alt. Diffused aurora (·5) from E.S.E. through zenith to N.N.W.			

Göttingen Mean Time. 1883. March.	h.	m.	Local Mean Time. 1884. March. d.	h.	m.	——	H.F.	D.	V.F.
6th	P.M. 12	28	6	A.M. 4	5	Irregular diffused aurora from S.E. through zenith to N.W., about 25° wide in zenith (1).			
—	1	28	—	5	5	Arch (·5) from S.E. to N.W., 30° alt. - - -			
7th	A.M. 5	28	—	P.M. 9	5	Faint diffused auroral light through zenith about 15° towards N.W. and S.E.			
—	6	28	—	10	5	Auroral light visible between clouds in all directions. (Instruments very unsteady.)			
—	7	28	—	11	5	Mass of aurora from E. to S.E. on horizon (·5), partly visible between clouds. Arch (·8) from S.E. to N.W., 40° alt.			
—	8	28	7	A.M. 12	5	Aurora, like small cumulus clouds, from S.E. to N.W., 5° to 10° alt. (·5). Irregular aurora (1) from E.S.E. to zenith. Curtain-shaped aurora from E.S.E. through W. to S.W., and from zenith to alt. 70°.			
—	9	28	—	1	5	Irregular aurora (·5) from S.E. to N.W., 30° alt., and several streamers (1) in S.W., 50° alt.			
—	9	42	—	1	19	Arch (1·5) from S.E. to N.W., 35° alt., with bright streamers (2) reaching to zenith, in rapid motion. (Magnetic disturbance.)			
—	9	46	—	1	23	Above disappeared except a few patches of the arch -			
—	10	28	—	2	5	Arch (1) from E.S.E. to N.N.W., 20° alt. Mass of aurora from E.S.E. to S.E. from horizon to 6° alt. Patches of auroral light from S.E. to N.W., 25° alt. (·5).			
—	11	28	—	3	5	Bright band (1·5) with streamers of a greenish colour from W.N.W. to E., 10° alt. Faint irregular arch (·5) from E.S.E. to S.S.W., 7° alt.			
—	P.M. 12	28	—	4	5	Bright patches (2) on N.E. horizon. Faint arch (·5) from E.S.E. to W.S.W., 15° alt.			
—	1	28	—	5	5	Patch (·7) on N.W. horizon - -			
8th	A.M. 4	28	—	P.M. 8	5	Irregular diffused striated aurora from S.E. through zenith and about 15° on either side to N.N.W. (1).			
—	5	18	—	8	55	Prismatic arch (1·5) from E.S.E. to N.W., 45° alt. -			
—	5	20	—	8	57	Streamers in rapid motion in zenith (2), sky nearly covered with fainter aurora.			
—	5	23	—	9	0	Aurora (1·5) in rapid motion and slightly prismatic, from N.N.W. to E.S.E., from 60° to 80° alt.	270 330 305	276 235 255	400 350 300
—	5	28	—	9	5	" fainter (1), lower edge only slightly prismatic. A few streamers in S.W., 50° alt. (·5). (Magnetic disturbance).			
—	5	59	—	9	36	Arch (1) from E. to N.N.W., 6° alt. The whole sky more or less covered with very faint aurora, like cumulus clouds.			
—	6	0	—	9	37	- - - - - - - - - -	383	276	405
—	6	28	—	10	5	Faint arch (·5) from S.E. to N.W., 15° alt. Irregular diffused aurora from E.S.E. to N.N.W., 15° to 80° alt. (·5 to 1), brightest in N.N.W. Faint aurora in zenith like small cumulus clouds (·5).			
—	7	3	—	10	40	Bright arch (2) from E.S.E. to N.N.W., alt. 40°. Much curtain-shaped aurora (1) from E.S.E. through zenith to W.N.W. and W.S.W.			
—	7	28	—	11	5	Arch from E.S.E. to W.N.W., 50° alt. in S. (1). Another faint arch (·3) from S.E. to W., 5° alt.			
—	8	28	8	A.M. 12	5	Bright arch (2) from S.S.E. to W., with bright prismatic streamers, and pulsating, 5° alt. Bright patches on E.S.E. horizon, partly visible between clouds (1).			
—	9	28	—	1	5	The whole zenith covered with aurora (·7) extending to 40° alt. in E.S.E. and 20° alt. W.N.W. Bright patches in N.N.E. Visible between clouds (1), alt. 20°.			
—	10	28	—	2	5	Faint patches (·5) visible between clouds in N.N.W., 50° alt.			

Göttingen Mean Time.	Local Mean Time.	———	H.F.	D.	V.F.
1883. March. h. m. A.M.	1883. March. d. h. m. P.M.				
9th 3 8	8 6 45	Aurora (·5) from 20° alt. E.S.E. through zenith to 30° alt. W.N.W., striated and of a faint copper colour.			
— 3 28	— 7 5	Irregular arch (1) from E.S.E. to 20° alt. in N.N.W., with streamers slightly prismatic and striated, 80° alt. in S.			
— 4 23	— 8 0	- - - - - - - -	413	299	125
— 4 28	— 8 5	Four arches (1) from E.S.E. to W.N.W., two through zenith, one alt. 65°, and the other alt. 45°, striated, and arch 65° alt. with streamers. Another faint arch (·7) from E.S.E. to N.N.E., 30° alt.			
— 4 51	— 8 31	Curtain-shaped folds of aurora in zenith, prismatic and in rapid motion (2·5).			
— 4 56	— 8 33	- - - - - - - -	80	520	
— 4 57	— 8 34	Aurora fading (1) - - - - - -			
— 4 59	— 8 36	- - - - - - - -	290	330	
— 5 0	— 8 37	Aurora (2) in N.N.W., 35° alt. - - - -			
— 5 2	— 8 39	- - - - - - - -	298		
— 5 18	— 8 55	Bright irregular aurora (1·5) from N.N.W. to E., alt. 10°.	346	268	329
— 5 23	— 9 0	- - - - - - - -	312	260	–50
— 5 28	— 9 5	Bright diffused striated and irregular arch (2) from E.S.E. through zenith to W.N.W., with prismatic streamers quivering and in rapid motion, drifting towards S. The sky from E.S.E. to N.N.W. and to 60° alt. is more or less covered with aurora (1 to 2), brightest at 10° alt. (Declinometer and vertical force disturbed.)	315	306	O.S.
— 5 53	— 9 30	Bright curtain-shaped aurora (2) from N.N.W. to zenith. Two arches from E.S.E. to N., alt. 15° and 50° (1).			
— 5 57	— 9 34	Aurora faint (·7) - - - - - -			
— 6 0	— 9 37	- - - - - - - -	436	275	497
— 6 17	— 9 51	Irregular diffused aurora (1 to 1·5) from E.S.E. to N.N.W., from 10° alt. to 70° alt.			
— 6 28	— 10 5	Diffused arch (1) from E.S.E. to N.N.W., 70° alt. Faint masses on horizon from E.S.E. to E. Faint arch (·3) from S.E. to W.S.W., 5° alt.			
— 7 28	— 11 5	Arch (1) from S.E. through Orion to W.N.W. Another diffused arch (·7) from E.S.E. through zenith and Leo to N.W.			
— 8 28	A.M. 9 12 5	Two arches, one from E.S.E. through Arcturus, Leo, and Pleiades to N.W., and the other from S.E. through Spica and Procyon to W.N.W. (1).			
— 9 28	— 1 5	Arch from S.E. to W.N.W., 60° alt. (1) - -			
— 10 28	— 2 5	Ditto - - - - - - -			
— 11 28	— 3 5	Irregular arch (1) from S.E. to N.W., 25° alt. Many streamers (1) in rapid motion just above S.W. horizon.			
P.M. — 12 28	— 4 5	Irregular aurora (·5) from E.S.E. through zenith to N.N.W. Patches of aurora (1) on horizon from E. to N.W. Bank of aurora (·5) from S. to W., 8° alt. (Magnetic disturbance.)			
A.M. 10th 3 33	P.M. — 7 10	Part of arch (1) from S.E. extending 90° towards N.W., 40° alt.			
— 4 28	— 8 5	Arch from E. to N.W. (1·5), curtain-shaped and diffused in E., 45° alt.			
— 5 28	— 9 5	Arch (1) from E.S.E. passing just below Arcturus to N.W.			
— 6 28	— 10 5	Ditto - - - - - -			
— 7 20	— 10 57	No aurora - - - - - - -	431	320	576
— 7 23	— 11 0	- - - - - - - -	432	319·5	553
— 7 28	— 11 5	Arch (·5) from E.S.E. to N.N.W., 30° alt. Mass of aurora from E.S.E. horizon to 5° alt. Band from E.S.E. to N.E., 15° alt.	429	322	561
— 8 28	A.M. 10 12 5	Diffused arch (1) from E.S.E. to N.W., 45° alt. Irregular diffused arch (·5) from E. to N.N.W., 30° alt. Faint patches along N. horizon.			

Göttingen Mean Time. 1883. March. h. m.	Local Mean Time. 1883. March. d. h. m.	——	H.F.	D.	V.F.
A.M. 10th 9 19	A.M. 10 12 56	Sky from E.S.E. to N.N.W. to 20° S. of zenith covered with aurora (1).	291	365	300
— 9 23	— 1 0	. . . .	360	340	150
— 9 28	— 1 5	The same portion of sky nearly covered with faint patches and streaks; on N. horizon brightest (·5). (Magnetic instruments much disturbed.)	393	346	350
— 9 50	— 1 36	Faint aurora (·5) from E.S.E. to N.N.W., from 5° to 15° alt. Streak (·5) in S.W., 10° to 25° alt.			
— 10 28	— 2 5	Bank of aurora (·5) from E.S.E. to N.N.E. to 6° alt. Mass of aurora (·5) in N.N.W., 10° to 25° alt.			
— 11 28	— 3 5	Faint patch (·5) on E. horizon and N.E. 3° alt. .			
11th 6 28	P.M. — 10 5	Mass of streamers (·5) from N.N.W. horizon to 10° alt. .			
— 7 28	— 11 5	Aurora (·7) from E.S.E. horizon to zenith . .			
— 8 28	A.M. 11 12 5	Aurora (·7) visible between clouds in E.S.E., 15° alt., and in zenith. Bright aurora (1) from W.N.W. horizon to 20° alt.			
— 9 17	— 12 54	Bright irregular aurora (1·5) from N.W. to N.E., with streamers in rapid motion from 15° to 40° alt.	393	312	178
— 9 23	— 1 0	. . . .	402	314	173
— 9 28	— 1 5	The same but faint (·5). Bright prismatic vertical streamers (2) in rapid motion from N.E. to E.S.E. (Magnetic disturbance.)	377	324	166
— 9 57	— 1 34	Faint masses of aurora (·5), like small cumulus clouds, covering the zenith and to 30° alt. N.W.			
— 10 28	— 2 5	Bright arch (1) from E.S.E. to W., 25° alt. Bright diffused rays (2), slightly prismatic, from N.N.W. to zenith.			
— 11 28	— 3 5	Arch (1) from S.E. to W.N.W., 15° alt. in S. . .			
P.M. — 12 28	— 4 5	Above arch 60° alt. Band from 45° alt. in E. through zenith to N.W. (1).			
A.M. 12th 7 28	P.M. — 11 5	Three faint tapering streaks emerging from E. horizon to 30° alt.			
— 8 28	A.M. 12 12 5	Faint band (·7) from E.S.E. through Arcturus and zenith to N.W.			
13th 5 28	P.M. — 9 5	Arch (2) 6° S. of zenith, visible between clouds in S.E., 45° alt., and light in N.N.E., 30° alt., visible through clouds.			
— 6 28	— 10 5	Corona (2). Light visible between clouds in S., 15° alt., and in E., 30° and 50° alt.			
P.M. — 12 28	A.M. 13 4 5	Faint streak (·3) in zenith. Faint masses of aurora (·5) from S. to S.W., 10° alt.			
— 1 28	— 5 5	Bright prismatic curtain-shaped aurora (2) in W., 5° alt., partly visible between clouds, and drifting towards W.S.W.			
A.M. 14th 6 28	P.M. — 10 5	Arch (1) from S.E. to W., 20° alt. . . .			
— 7 8	— 10 45	„ (1·5) with streamers from E.S.E. to N., alt. 10° .			
— 7 28	— 11 5	Streamers extending irregularly from 50° alt. to 5° alt. in E.S.E., and N. at 50° alt. (1), other parts (1·5). Faint arch (·5) from E.S.E. to W.N.W., 25° alt. towards S.			
— 7 43	— 11 20	Streamers (·7) from 5° alt. in N. to 5° S. of zenith .			
— 8 28	A.M. 14 12 5	Arch (1·5) from N.W. to S.E., 10° alt., and extending in masses of diffused and striated aurora with streamers to E.S.E.			
— 9 28	— 1 5	Arch (1) from E.S.E. to N., 10° alt. Diffused arch (1) with streamers from 15° alt. in N.E. to S.E., 70° alt. The whole sky from S. to W. and zenith covered with aurora (·5). (Magnetic disturbance.)			
— 10 28	— 2 5	Faint arch (·5) from E.S.E. to W., 10° alt. Faint masses at intervals from N.N.E. to E., alt. 5° (·5).			

Göttingen Mean Time.	Local Mean Time.	——	H.F.	D.	V.F.
1883. March. h. m.	1883. March. d. h. m.				
A.M. 14th 11 28	A.M. 14 3 5	Band from E.N.E. to N.W. through Ursa Major (1). Arch from S.E. through Spica to W.N.W. (1).			
P.M. — 12 28	— 4 5	Aurora, like cumulus clouds, from S.E. to W.N.W., extending from 45° alt. in S. to zenith (·5 to 1).			
A.M. 15th 4 20	P.M. — 7 57	Arch from E.S.E. to N., 35° alt., very faint except in E.S.E., where (·7).			
— 4 30	— 8 7	Ditto - - - - - -			
— 4 40	— 8 17	Arch disappeared except a very faint patch in E.S.E. -			
— 4 55	— 8 32	Ditto - - - - -			
— 5 0	— 8 37	Faint streamers (·3) in N.N.W. to 50° alt. Faint patch on E.S.E. horizon.			
— 5 5	— 8 42	Arch (·5) with streamers in N.N.W. from N.N.W. to E.S.E., 30° alt.			
— 5 10	— 8 47	Arch very faint except at extremities and alt. 25° - -			
— 5 20	— 8 57	„ uniform (·7), alt. 50° - - - -			
— 5 25	— 9 2	„ through zenith (1) and diffused in N.N.W. -			
— 5 35	— 9 12	„ irregular and from E.S.E. through zenith to N.W., where striated.			
— 5 40	— 9 17	„ diffused and (·5) - - - - -			
— 5 45	— 9 22	Above arch very faint in zenith - - - -			
— 5 50	— 9 27	Ditto - - - - - -			
— 5 55	— 9 32	„ drifting towards S. and (1) - - -			
— 6 0	— 9 37	„ faint (·5) diffused and through zenith -			
— 6 5	— 9 42	Ditto - - - - - -			
— 6 10	— 9 47	„ (1) in E.S.E. and irregular to 15° alt. - -			
— 6 15	— 9 52	„ very faint (·3) and alt. 60° in S. - -			
— 6 20	— 9 57	„ from E.S.E. to W. (1·5), with streamers, and 30° alt. in S.			
— 6 30	— 10 7	„ through Leo just passing Pleiades (1·5) - -			
— 6 35	— 10 12	„ through zenith - - - - - -			
— 6 40	— 10 17	„ (1) - - - - - - -			
— 6 45	— 10 22	Ditto - - - - - - -			
— 6 50	— 10 27	„ through Leo, and just passing the moon (1) -			
— 6 55	— 10 32	„ from E., through zenith, diffused in E., and vertical streamers (1).			
— 7 0	— 10 37	„ 45° alt. in N.W.			
— 7 5	— 10 42	Ditto, and masses of light in E.N.E. horizon (2) -			
— 7 10	— 10 47	Above arch from S.E. through Leo and the Moon, and diffused masses, like cumulus clouds, (1·5).			
— 7 15	— 10 52	Double arch from E.S.E., one through Ursa Major and one through the Moon and Pleiades (2), also pyramid-shaped aurora in E.N.E. to 30° alt.			
— 7 20	— 10 57	Ditto - - - - - -			
— 7 30	— 11 7	„ like a semicircle from N.E. through zenith to N.W. (2).			
— 7 35	— 11 12	„ fainter (1) - - - - - -			
— 7 40	— 11 17	Irregular windings from N.E. towards S.E. and through zenith to 45° alt. in N.W. (1·5).			
— 7 45	— 11 22	Above aurora diffused and (1) - - - - -			
— 7 50	— 11 27	Ditto - - - - - - -			
— 7 55	— 11 32	Diffused auroral light from 30° alt. through zenith and the Moon to N.W. (1).			
— 8 0	— 11 37	Irregular arch (2) from S.E. through Spica and Leo to W.N.W.			
— 8 5	— 11 42	„ pulsating and curtain shaped in S.E. (1) -			
— 8 10	— 11 47	Arch from S.E. through Leo and Ursa Major to N.W., slightly prismatic and diffused in S.E. (1·5).			
— 8 15	— 11 52	Arch from E.N.E. through Arcturus and zenith to N.W., slightly prismatic and in rapid motion (1·5).			
— 8 20	— 11 57	Arch motionless and (1) - - - - -			
— 8 25	A.M. 15 12 2	Broad arch (1·5) from E. to N.W., 80° alt. - -			
— 8 30	— 12 7	Arch (1·5) from S.E. through zenith to N.W., in rapid motion at zenith.			

Göttingen Mean Time.	Local Mean Time.		H.F.	D.	V.F.
1883. March. h. m.	1883. March. d. h. m.				
A.M.	A.M.				
15th 8 32	15 12 9	Arch brighter and prismatic			
— 8 35	— 12 12	Curtain-shaped aurora (1·5) all over the sky, with less motion.			
— 8 40	— 12 17	„ very faint; the greater part disappeared			
— 8 45	— 12 22	„ disappeared. Arch (1·5) from S.E. to N.W., 30° alt., prismatic.			
— 8 55	— 12 32	Patches (·7) from S.E. to N.W., 25° alt.			
— 9 5	— 12 42	Arch (1) from E. to N.W., 30° alt.			
— 9 15	— 12 52	„ disappeared. Diffused light in N.W., 25° alt.			
— 9 20	— 12 57	Faint patches (·5) from E.S.E. to N.N.W. on horizon. Faint aurora from E.S.E. to zenith (·3).			
— 9 22	— 12 59	Band (1) from N.N.E. to N., 8° alt. Mass of aurora (·5) in N.N.W., 5° alt.			
— 9 30	— 1 7	Patch in N.N.W., 30° alt. Arch (1) from E.N.E. to N.N.W., 35° alt.			
— 9 35	— 1 12	Arch (·3) 45° alt. from E.N.E. to N.N.W.			
— 9 40	— 1 17	„ irregular (·5) and 25° alt.			
— 9 45	— 1 22	„ disappeared except a faint patch in N.N.W., 20° alt.			
— 9 50	— 1 27	Very faint patch on horizon in E.S.E.			
— 9 55	— 1 32	Faint streak from N.N.W. to zenith (·3)			
— 10 0	— 1 37	Arch (·3) from E.S.E. to W., 45° alt. Faint aurora (·2) from E.S.E. to N.N.W., 35° N. of zenith.			
— 10 5	— 1 42	Above arch brighter (·5) and the faint aurora (·3) and through zenith.			
— 10 10	— 1 47	Above arch diffused, and the aurora through zenith brighter (1) and striated.			
— 10 15	— 1 52	Faint streaks in zenith. Two arches (·5) from E.S.E. to W., 45° and 55° alt.			
— 10 20	— 1 57	Lower arch as before. The other irregular (·3) and 75° alt.			
— 10 25	— 2 2	Both arches very faint			
— 10 40	— 2 17	Ditto			
— 10 55	— 2 32	Ditto			
— 11 0	— 2 37	Upper arch disappeared, the other (·2) and alt. 35°			
— 11 20	— 2 57	Arch as before. Diffused band from E.N.E. through zenith to N.N.W. (·5 to 1), brightest in E.S.E.			
— 11 25	— 3 2	Band very faint			
— 11 30	— 3 7	Above band disappeared, and arch much diffused and very faint.			
— 11 45	— 3 22	Aurora disappeared.			
P.M.					
— 12 20	— 3 57	Faint streaks (·3) from S.E. to S.W., 20° alt.			
— 12 30	— 4 7	Faint streak in N.N.W., 5° alt. Bank (·5) on horizon from N.N.E. to N.N.W. and to about 5° alt.			
— 12 45	— 4 22	Arch (·5) from N.N.E. to N.N.W., 5° alt.			
A.M.	P.M.				
17th 4 28	16 8 5	Mass of aurora (·5) from E. to E.S.E. to 5° alt. Very faint arch from E.S.E. to N.N.W., 25° alt.			
	A.M.				
— 8 28	17 12 5	Faint streak (·5) in N.N.W., 15° alt. Masses of aurora (1) in E. from 5° to 40° alt.			
— 9 28	— 1 5	Faint masses of aurora (·5) from N.N.W. to zenith, like small cumulus clouds.			
— 10 28	— 2 5	Arch with streamers from E.S.E. to N.E., 15° alt. Very faint except in N.E. (1·5).			
— 11 28	— 3 5	Arch from S.E. to W.N.W., 60° alt. in S. (·7), and streaks through zenith (·5).			
	P.M.				
18th 5 28	— 9 5	Faint arch (·5) from E.S.E. to N., 35° alt.			
— 6 28	— 10 5	Patches on E.S.E. horizon (1)			
	A.M.				
— 8 58	18 12 35	Faint arch from E.S.E., the lower edge just passing through ε Cassiopeiæ to 50° alt. in N.W., and a streak from Cassiopeia extending nearly to Polaris.			
— 11 23	— 3 0	Faint streak (·3) from E.S.E. to 25° alt. Another faint streak on N.N.W. horizon.			

Göttingen Mean Time. 1883. March. h. m.	Local Mean Time. 1883. March. d. h. m.		H.F.	D.	V.F.
18th, 12 28 P.M.	18 1 5 A.M.	Faint arch (·3) from E.S.E. to N.W., 50° alt. Faint streaks from N. to W., alt. 8° (·5).			
19th 6 28 A.M.	— 10 5 P.M.	Band from E.S.E. (1), lower edge just passing Arcturus about half the moon's breadth above Alcor and through Cassiopeia to N.W.			
— 6 53	— 10 30	Irregular arch (·5) from E.S.E. through zenith to N.N.W.			
— 7 28	— 11 5	Irregular and striated arch (1) from E.S.E. to N.N.W., 80° alt., passing 2° S.W. of Capella and 3° S.W. of γ Ursæ Majoris and through Bootes.			
— 8 28	19 12 5 A.M.	Faint irregular arch (·5) from E.S.E. to N.N.W., 75° alt.			
— 9 28	— 1 5	Irregular aurora (1) from E.S.E. to N.N.W., from 60° to 70° alt.			
— 10 28	— 2 5	Faint aurora (·5) on horizon from E.S.E. to N.N.E., and a few streaks in zenith (·5 to 1).			
— 12 28 P.M.	— 4 5	Faint aurora (·5) from N.N.W. horizon to 15° alt.			
21st 10 28 A.M.	21 2 5	Diffused light from S.E. through zenith towards N.W.			
— 11 28	— 3 5	Arch (1) from S.E. to S.W., 25° alt.			
— 11 33	— 3 10	Above arch striated and with a greenish glow, pulsating from S. to W., 45° alt. Streamers (1) in N.N.W.			
— 12 28 P.M.	— 4 5	Arch (1) from S.E. to W., 50° alt. Streak from N.W. to zenith (1).			
22nd 4 28 A.M.	— 8 5 P.M.	Diffused light from S.E. to Cassiopeia, upper edge through the moon, Procyon, and Betelgeuse; lower edge through Arcturus and Alcor (1).			
— 5 28	— 9 5	Two bands from S.S.E., one about 6° above the Moon to Cassiopeia, the other about 7° S. of the Moon and just through Orion (1).			
— 6 28	— 10 5	The sky from 35° alt., to Rigel is covered with light in the shape of bands and clouds, the most northern being the brightest (1·5).			
— 7 28	— 11 5	Irregular arch (1) from E.S.E. to N.W., 1° below the Moon. Curtain-shaped aurora parallel to horizon (2), slightly prismatic from S. to S.W., from 15° to 20° alt.			
— 8 3	— 11 40	Arch (·5) S.E. to S.W., 20° alt. Mass of aurora (1) in N.W. from 8° to 15° alt.			
— 8 20	— 11 57	Irregular arch (2) with a greenish glow from S.E. through zenith to N.N.W. Much aurora, like cumulus clouds, from S. to N.W. (1). (Magnetic disturbance.)			
— 8 28	22 12 5 A.M.	Band (1) from S.E. through W. to E.N.E., 60° alt.			
— 9 3	— 12 40	Irregular arch (1) from E.S.E. to N.N.W., 40° alt., and a few streamers in N.W., 15° alt. (1).			
— 9 28	— 1 5	Patches (1) from N.N.W. to E.S.E., 5° to 15° alt., highest in N.N.W.			
— 10 28	— 2 5	Imperfect arch (·5) from S.E. to S.W., 15° alt.			
— 11 3	— 2 40	Irregular aurora (1) from S.E. to N.W., 25° alt., pulsating and with a greenish glow.			
— 11 28	— 3 5	Faint streaks in zenith and N.N.W., 15° alt. (·5). Bright irregular aurora (1·5) from S.S.E. to S.S.W., with streamers in rapid motion, slightly prismatic, and drifting towards S.E., 10° alt.			
— 11 59	— 3 36	Bright irregular diffused arch (1) from 40° alt. in E.S.E. through zenith to 30° alt. in N.N.W.			
— 12 28 P.M.	— 4 5	Bright irregular aurora (1) of a greenish colour from E. to N.N.W., 45° alt. Faint streak in E.S.E.			
23rd 4 28 A.M.	— 8 5 P.M.	Irregular arch (1) from E.S.E. to N.N.W., 70° alt.			

Göttingen Mean Time.			Local Mean Time.			——	H.F.	D.	V.F.
1883. March.	h.	m.	1883. March. d.	h.	m.				
	A.M.			P.M.					
23rd	5	28	22	9	5	Arch (1) from E.S.E. to N.N.W., 80° S. of zenith. Irregular arch (·5) from the same points 60° N. of zenith.			
—	5	53	—	9	30	Irregular, striated aurora (2) slightly prismatic, from W. through zenith to E.N.E., in rapid motion. (Magnetic disturbance.)			
—	5	56	—	9	33	- - - - - - - - -	259	330	0
—	6	1	—	9	38	Irregular arch (1) with streamers from N.N.W. to E.S.E., 8° alt., and several streamers (1·5) in N.N.W., 15° alt.	295	281	373
							256	328	102
—	6	23	—	10	0	- - - - - - - - -	274	419	389
—	6	26	—	10	3	Above arch 25° alt. Aurora extending horizontally 35° to N.W. (2), and about 10° wide, joining a mass of irregular folds in N.N.W. (1).	70	265	100
—	6	57	—	10	34	Several streaks in zenith (1) - - - -	115	310	693
—	7	0	—	10	37	- - - - - - - - -	102	281	760
—	7	1	—	10	38	Irregular arch (2) from E.N.E. to N.N.W., with a greenish glow, 5° alt.	178	265	696
—	7	17	—	10	54	Aurora (1) from E.N.E. to N., 3° alt. Streak (1) from 60° alt. in E. to zenith.			
—	7	28	—	11	5	Patch (·7) on N.N.E. horizon - - - -			
—	7	58	—	11	35	Bright patches (1·5) on N. horizon, and to 5° alt. -			
				A.M.					
—	8	28	23	12	5	Faint patch in N.N.W., 3° alt. (·7) - - -			
—	8	57	—	12	34	Irregular aurora (1) from N.N.W. to E., 15° alt. - -			
—	9	28	—	1	5	„ arch (1) from W. to N.N.E., 20° alt. - -			
—	9	59	—	1	36	Faint patch in N.N.W., 5° alt. (·7) - - -			
—	10	28	—	2	5	„ „ N. 15° alt. (·5) - - - -			
—	11	28	—	3	5	Band (1) extending about 70° from N.W., alt. 35° -			
				P.M.					
24th	4	30	—	8	7	Faint diffused arch (·5) from E.S.E. through zenith to N.N.W.			
—	5	20	—	8	57	Irregular aurora from 10° alt. in N.N.W. to zenith, and extending to E. (·5 to 1), brightest in N.N.W.			
—	5	28	—	9	5	Bright band of aurora (1·5) from E.S.E. to N.N.W., 20° alt. Faint horizontal line of aurora (·5) from E. to E.N.E., 3° alt.			
—	6	20	—	9	57	Faint diffused arch (·5) from 15° alt. in E.S.E. through zenith to 20° alt. in N.N.W.			
—	6	28	—	10	5	Very faint masses of aurora (·3) from E. to E.N.E., 15° alt.			
—	7	21	—	10	58	- - - - - - - - -	360	308	689
				P.M.					
—	7	23	—	11	0	Curtain-like folds of aurora in zenith and from thence to N.W. horizon (2).	309	304	629
—	7	25	—	11	2	- - - - - - - - -	102	304	615
—	7	26	—	11	3	Arch (1) from 45° alt. in S.E. through zenith towards N.W.			
—	7	28	—	11	5	Arch (3) from S.E. through Arcturus and zenith to N.W., prismatic streamers in N.N.W.	210	—	100
—	7	41	—	11	18	Aurora disappeared - - - - -	220	300	600
—	8	3	—	11	40	Arch (1·5) from E.S.E. to N.W., 50° alt., and a faint streak parallel to the arch 6° N. of zenith.			
—	8	23	—	12	0	Faint patches in and round zenith, hardly perceptible. Arch (1·5) from E.S.E. to N.W., about 20° alt.			
				A.M.					
—	9	23	24	1	0	Faint arch (·3) from E.S.E. through zenith to N.W. -			
				P.M.					
25th	4	28	—	8	5	Arch (1), the lower edge passing 10° above Arcturus and the upper Alcor.			
—	5	23	—	9	0	- - - - - - - - -	415	315	—
—	5	28	—	9	5	„ through Leo, Ursa Major, and zenith, upper edge brightest, (1·5); lower very faint. (Instruments not disturbed.)			
—	5	48	—	9	25	Arch as before, and with prismatic streamers in lower edge about 15° wide at zenith (2).	328	334	—
							—	322	—
—	6	0	—	9	37	„ disappeared. Arch (1) from E. to N.W. through Virgo.	380	310	—
							—	307	—

Göttingen Mean Time.			Local Mean Time.			——	H.F.	D.	V.F.
1883. March.	h.	m.	1883. March. d.	h.	m.				
	A.M.			P.M.					
25th	6	23	24	10	0	Diffused arch (2) from E.S.E. to N.W., upper edge crossing Ursa Major in the middle			
—	6	50	—	10	36	Arch (1) from E.S.E. to N.W., 70° alt. Arch (·5) from E.S.E. to N.N.W., 25° alt. Mass of diffused irregular aurora (·5) about 15° alt. in N.N.W. to zenith, and about 10° wide.			
—	7	21	—	11	1	Patch (1) with a greenish glow in E.S.E., 10° alt. -			
—	7	29	—	11	6	Arch (1) from E.S.E. to N.N.W., 35° alt. and irregular in form. Faint aurora in zenith about 5° wide.			
—	7	58	—	11	35	Irregular striated arch (1) from E.S.E. to N.N.W., 35° alt.			
—	8	1	—	11	38	" very faint - - - - -			
				A.M.					
—	8	28	25	12	5	" diffused, and alt. 30° to 35° (1) - -			
—	9	26	—	1	3	" irregular (1) and through zenith - -			
—	10	28	—	2	5	Aurora (1·5) from N.N.W. to N.N.E. parallel to horizon, alt. 25°.			
—	11	28	—	3	5	Faint horizontal streak from N. to N.N.E., 10° alt. (·5) -			
				P.M.					
26th	4	28	—	8	5	Diffused arch (·5) from E.S.E. to N.N.W., from 70° to 80° alt.			
—	4	37	—	8	14	Irregular diffused arch from E.S.E. through zenith to about 45° alt. in N.N.W., brightest from E.S.E. to zenith (·5 to 1).	425	308	—
—	5	28	—	9	5	Irregular mass of aurora (1) in E.S.E. Arch (1) from E.S.E. through zenith to N.N.W. Irregular arch (·5) from the same point to N.W., 45° alt.			
—	6	28	—	10	5	Parallel streaks (·8) from E.S.E. to N.N.W., from 75° to 90° alt.			
—	7	5	—	10	42	Arch (1) from S.E. to N.W., 30° alt. Faint diffused arch (·5) from E.S.E. through zenith to N.N.W.			
—	7	23	—	11	0	Arch (1·5) from S.S.E. to S.W., 5° alt. Irregular aurora (1) from E.S.E. to 30° alt. in W., 45° alt.			
—	7	28	—	11	5	Arch (1·5) from S.E. to W., 45° alt. Faint streamers (·5) in E.S.E.			
—	8	20	—	11	57	Bright, broad, irregular band (2) with prismatic vertical streamers in rapid motion, from E.S.E. to N.N.E., 15° alt. (Magnetic disturbance.)			
—	8	23	—	12	0	- - - - - - - -	279 284 290	283 311 304	590 1000 1110
				A.M.					
—	8	28	26	12	5	Aurora, faint, and like small cumulus clouds from N.N.W. to E.S.E. (·7). Streamer (·7) from 10° alt. in S.S.W. to zenith.			
—	8	31	—	12	11½	Faint diffused arch through zenith from E.S.E. to N.N.W. (·5).			
—	8	35	—	12	12	- - - - - - - -	348	314	1132
—	8	58	—	12	35	- - - - - - -	386	312	1061
—	9	0	—	12	37	Bright, diffused, and striated masses of light, of a greenish hue, from E.S.E. horizon to 15° alt. Arch (1) from E.S.E. to W.N.W., 70° alt.	357	318	1071
—	9	2	—	12	39	- - - - - - - -	332	318	1093
—	9	3	—	12	40	Bright, prismatic, diffused light in zenith (2) - -			
—	9	20	—	12	57	Irregular aurora (·5) from E.S.E. to N., where brighter (2), with streamers slightly prismatic, 30° alt.			
—	9	28	—	1	5	Bright serpentine arch (2) from N.N.W. through zenith to E.S.E., slightly prismatic; and with streamers pulsating on N. edge. Faint diffused light on horizon from E.S.E. to E. (·5).			
—	9	57	—	1	34	Diffused and irregular arch from E. through zenith to W.; (1·5) from E. to zenith, and (·7) from W. to zenith.			
—	10	28	—	2	5	Very faint irregular arch from E.S.E. to S.W., 30° alt. -			
—	11	23	—	3	0	Patches and streaks all over the sky - - -			
	P.M.								
—	12	23	—	4	0	Arch (1·5) from S.S.E. to W.N.W., passing about 6° above the moon.			
—	12	46	—	4	23	Faint arch from N.N.E. through Ursa Major to S.S.W. -			

Göttingen Mean Time.	Local Mean Time.	—	H.F.	D.	V.F.
1883. March. h. m. A.M.	1883. March. d. h. m. P.M.				
27th 3 50	26 7 27	Faint irregular aurora (·5) in E.S.E. from horizon to 40° alt. Bright (1·5) irregular aurora of a light brown colour in E.S.E. from 5° to 15° alt., and about 5° S.E. of the above.	—	304	—
— 3 53	— 7 30	„ disappeared - - - -			
— 4 1	— 7 38	Faint irregular arch (·5) from E.S.E. horizon to 30° of N. horizon, 10° alt.	—	317	—
— 4 21	— 7 58	- - - - - - - -	276	347	−30
— 4 22	— 7 59	Bright masses of aurora (1) from E.S.E. to S.E., 20° alt., like small cumulus clouds. Bright large patch of a greenish colour (2) on E. horizon. Streak (1) in W.N.W., 15° alt.			
— 4 23	— 8 0	- - - - - - - -	268	353	−30
— 4 25	— 8 2	- - - - - - - -	261	319	−100
— 4 28	— 8 5	Bright streamers (1·5) from W. to S.W., 10° alt. Bright irregular aurora (1·5) from N.N.W. horizon to 10° alt. Bright irregular aurora (2·5) from E. to N., with prismatic streamers in rapid motion, 3° alt.			
— 4 57	— 8 34	Faint, wide, irregular arch (·7) from E.S.E. through zenith to N.W., diffused and 15° in width from zenith to N.W. Bright irregular masses of aurora on horizon from E. to E.N.E. (1).			
— 5 18	— 8 55	Diffused arch (·7) from E.S.E. through zenith to N.N.W. Bright irregular masses (1) on horizon from E. to E.N.E.			
— 5 26	— 9 3	Bright curtain-shaped aurora (1·5) from N. and N.W. to zenith.			
— 5 28	— 9 5	Bright, slightly prismatic streamers in N.N.W. to alt. 30°, and in E.S.E. to 20° alt. (1·5). Faint irregular arch (·5) from S.E. to W., 5° alt.			
— 5 57	— 9 34	Diffused arch (·) from E.S.E. through zenith to N.N.W. Irregular arch (·7) from E.S.E. to E.N.E., 5° alt. Arch (·7) from S.E. to W.S.W., 5° alt.			
— 6 28	— 10 5	Diffused and striated arch from E.S.E. to N., 80° alt. (1). Faint arch from S.E. to W., 10° alt. (·5). Faint patches (·5) on E. horizon.			
— 6 43	— 11 20	Curtain-shaped aurora (1·5) in, and S.E. of zenith, thence a curve passing the Moon to E.S.E.			
— 8 23	12 0	- - - - - - - -	371	304	728
	A.M.				
— 8 28	27 12 5	Arch from S.E. through Leo and Betelgeuse, to W.N.W. Streamers all along the arch (2).			
— 9 0	— 12 37	Corona (2) in zenith and masses of light in S.W. and S.E. (1).	228 264 264	392 358 370	1130 1015 830
— 9 23	— 1 0	Arch (3) slightly prismatic from 45° alt. in S.E. through zenith, the sky from zenith to S.S.E. and S.W. more or less covered with irregular masses of aurora (1·5). (Instruments disturbed.)	280 301 291	300 278 314	1100 1360 1073
— 9 41	— 1 21	Sky nearly covered with streaks (1) and with fainter patches and streamers.	245	305	1114
— 10 0	— 1 37	Mass of light (2) in zenith and as above - -	256 262 238	216 223 288	829 731 1065
— 10 28	— 2 5	Aurora partly disappeared - - -			
— 11 23	— 3 0	Bar of a greenish colour (1·5) parallel to horizon from N.N.W. to N. Faint mass (·5) from S.E. to S. and from horizon to 10° alt.			
	to				
— 11 28	— 3 5				
	d. h. m. s.				
— 11 57	— 3 34 30	Streaks and streamers (1) in N.N.W., from 5° to 15° alt.			
P.M.	d. h. m.				
— 12 1	— 3 38	„ „ Bright aurora (1·5) striated and with a greenish glow from E.S.E. to N., 30° alt.			
— 12 21	— 1 4	Streamers (1) in N.N.W., 15° alt. Bright patch (1·5) in S.W., 25° alt.			

Göttingen Mean Time.	Local Mean Time.		H.F.	D.	V.F.
1883. March. h. m.	1883. March. d. h. m.				
P.M. 27th 12 28	A.M. 27 4 5	Arch (2) from S.W. to N.N.W., 40° alt. Streaks (1) from E.N.E. to zenith, and faint aurora from S. to S.W. to 10° alt.			
— 12 57	— 4 34	No aurora visible - - - - - -			
A.M. 28th 3 53	P.M. — 7 30	Arch (·7) from S.E., extending about 90° towards N.W., 60° alt.			
— 4 5	— 7 42	Arch (·7) from S.E. through zenith to N.W. - -			
— 4 26	— 8 3	Arch (1) from S.E. to 45° alt. in W.N.W., lower edge covering Regulus.			
— 4 42	— 8 19	Arch (2) very diffused and slightly prismatic in S.E. -			
— 4 48	— 8 25	„ through zenith (No magnetic disturbance) - -			
— 5 3	— 8 40	„ N. edge through zenith, S. edge just passing Betelgeuse.			
— 5 8	— 8 45	Arch still diffusing and increasing in brightness, brightest part covering Arcturus (3).			
— 5 16	— 8 53	Arch from E.S.E. to N.W. and about 35° wide, the zenith being the centre (3).			
— 5 23	— 9 0	Two arches, one from E.S.E. through zenith to N.W. (2), the other from S.E. passing between Orion and Betelgeuse to W.N.W. (1·5); the former pulsating in zenith.			
— 6 3	— 9 40	Arch (2) from S.E. through Procyon, the lower edge immediately passing γ, δ, ε, Orionis to 30° alt. in W.N.W. Prismatic and with a circular motion. Streamers nearly all along the arch from the lower edge almost to the upper. (Instruments disturbed.)			
— 6 23	— 10 0	Diffused arch (2) from S.E. to N.W., the N. edge nearly covering Arcturus and just passing S. of Ursa Major, lower edge passing a little above Spica and below Betelgeuse, pulsating and moving towards N.W.			
— 7 3	— 10 40	Diffused and striated arch (2) from E. through Ursa Major to W.N.W., about 45° wide.			
— 7 28	— 11 5	Mass of aurora in S.S.E., 5° alt.; from it an arch (1) to W.N.W., 10° alt.; another arch from the same to N.W., 40° alt. (1). Nearly the whole sky S. of zenith covered with aurora (·5 to 1), brightest in S.E.			
— 7 57	— 11 34	Folds of curtain-shaped aurora (1) in E.S.E., from 5° to 25° alt. Mass of aurora (1) in S.W., 30° alt. Streaks (1) in N.N.W., 20° alt.	⎧ −·230	198	1100
— 8 14	— 11 51	The whole sky nearly covered with aurora (1 to 2), prismatic and in confused motion, brightest in N.N.W.	⎨ −·210 ⎩ −·215	160 560	100 1000
— 8 21	— 11 58	Sky nearly covered with aurora (1) - - -	−·100	270	1263
— 8 23	— 12 0	- - - - - - - - - -	−·035	298	700
— 8 25	— 12 2	- - - - - - - - - -	+·018	250	200
— 8 28	A.M. 28 12 5	Arch (1) from E.S.E. to N.N.W., 10° alt., with streamers (2) pulsating rapidly. Streaks (1) in zenith.			
— 8 59	— 12 36	Faint aurora (·5) in N.N.W. from horizon to 5° alt. -	⎧ ·218	358	658
— 9 0	— 12 37	- - - - - - - - - -	⎨ ·270 ⎩ ·272	315 317	611 625
— 9 28	— 1 5	Faint aurora (·5) from S. to S.W., from 10° to 15° alt. A few parallel streaks from N.N.W. to zenith (1).			
— 9 59	— 1 36	Arch (1) from E.S.E. to N.N.W., 15° alt., patch in N.W., 30° alt. (1).			
— 10 28	— 2 5	Irregular arch (·5) from E.S.E. to N.N.W., 20° alt. -			
— 11 8	— 2 45	Faint streamers (·5) from E.S.E. to N. and zenith -			
— 11 28	— 3 5	Faint aurora (·3) from 40° alt. in N.N.W. to zenith. Faint streak (·3) in E., alt. 30°.			
— 11 55	— 3 32	Band (1) from S.E. to S.W., 10° alt. - -			
P.M. — 12 28	— 4 5	Faint irregular diffused arch (·7) from E.S.E. to N.W., disappearing immediately afterwards.			
	— 7 0	- - - - - - - - - -	...	310	—
A.M. 29th 3 49	P.M. — 7 26	Streak (1) in E.S.E., 60° alt. - - - - -	...	298	—
— 4 0	— 7 37	Arch (1) from E.S.E. to N.N.W., 80° alt. - -	...	304	—

Göttingen Mean Time.	Local Mean Time.		H.F.	D.	V.F.
1863. March.	1863. March.				
h. m. A.M.	d. h. m. P.M.				
29th 4 20	28 7 57	Two parallel arches (1) and striated, from E.S.E. through zenith to N.N.W., pulsation from E. to N.			
— 4 28	— 8 5	Mass of striated aurora (1) with a greenish glow in E.S.E., 35° alt. Irregular arch (·5) from S. to W., 25° alt.			
	d. h. m. s.				
— 4 57	— 8 34 30	Arch (1) from E.S.E. to W., alt. 30° - - -			
	d. h. m.				
— 5 2	— 8 39	" " Mass of curtain-shaped folds (1·5), prismatic from E.S.E. to S.E., 15° alt.			
— 5 4	— 8 41	Arch (2) from N.N.W. to N.E., prismatic, 20° alt. -			
— 5 28	— 9 5	Streamers (1) from N.W. to N.N.E. in rapid motion, 30° alt. Patches and streamers from S. to S.W., 20° alt.			
— 6 23	— 10 0	Mass of aurora in E.S.E., 35° alt. (1) - - -			
— 7 20	— 10 57	Irregular aurora (1) from E.S.E. to N.W., 70° alt., curtain-shaped and with streamers.			
— 7 28	— 11 5	Masses of aurora (1) from E.S.E. to N.N.W., 70° alt. Irregular diffused and striated arch (·5 to 1·5) from E.S.E. through zenith to N.N.W., where brightest. Faint aurora from S.E. to S.W., 10° alt. (·3)			
	A.M.				
— 8 28	29 12 5	Irregular aurora (·7) from E.S.E. to N., with streamers at extremities, 15° alt. Faint diffused masses in zenith and to 40° alt. in N.W. and S.E. (·5).			
— 9 20	— 12 57	Bright aurora (1) from S.E. to N.W., from 15° to 60° alt. in S. Bright diffused arch (1·5) from E.S.E. to N.N.W. through zenith. Faint irregular masses, like small cumulus clouds, from E.S.E. towards N. to 10° alt. (·7). (Magnetic disturbance.)			
— 9 28	— 1 5	Broad diffused irregular arch (1·5) from E.S.E. through zenith and extending to N.W. and N.N.W. horizon.			
— 9 57	— 1 34	Streaks and streamers (1) in and around zenith. Bright curtain-shaped aurora (1·5) in N.N.W. to 20° alt. Streak (1) in E.S.E. to 10° alt. and in S.W. (1·5) to 10° alt.			
— 9 19	— 1 56	Sky from E.S.E. to N.N.W. and zenith more or less covered with faint aurora. Streak in S. and S.W., 15° alt. (·5).			
— 10 28	— 2 5	As above, except from E.S.E. to E. and from horizon to 15° alt. Bright, vertical, prismatic streamers (2) in rapid motion from E. to E.S.E., 5° alt.			
— 10 29	— 2 6	The whole very faint - - - - - - -			
— 10 57	— 2 34	Very faint masses in N.W., 15° alt. (·3) - -			
— 11 28	— 3 5	Curtain-shaped masses of aurora in S. and S.W., 45° alt. (1).			
	P.M.				
— 4 28	— 8 5	Arch (·7 to 1) from N. to E.S.E., 60° alt., confused, and of a greenish colour, brightest in E.S.E.			
— 4 58	— 8 35	Faint aurora (·7) from E. to N.E., alt. 5° - - -			
— 5 28	— 9 5	Arch (·5 to 1) from E.S.E. to N., 5° alt., streamer in N., and brightest in E.S.E. Faint streak (·3) in N.N.W. to 10° alt.			
— 6 28	— 10 5	Faint patch (·5) on E.S.E. horizon. Streak (·7) in zenith.			
— 7 23	— 11 0	- - - - - - - -	405	316	437
— 7 28	— 11 5	Arch (1) from E.S.E. to N.W., lower edge just passing Arcturus through Leo.			
— 7 48	— 11 25	Broad, diffused arch through zenith, about 15° wide from N.W. to S.E. (1·5).	391·5	316	417
	A.M.				
— 8 53	30 12 3	Arch from S.E. through zenith to N.W. (1·5), of a serpentine shape in S.E.			
30th 9 3	— 12 40	Masses of aurora from E. and S.E. to N.W., about 15° wide, the centre passing through zenith (1·5).			
— 9 23	— 1 0	Arch (1·5) from E.S.E. to N.W. through Ursa Major -			
— 10 28	— 2 5	Half the sky covered with aurora (1) - - -			
— 11 28	— 3 5	Arch (·5) from S.E. to N.W., 45° alt. Faint streaks in zenith (·3).			

Göttingen Mean Time.			Local Mean Time.			——	H.F	D.	V.F.
1883. March.			1883. March.						
	h.	m.	d.	h.	m.				
	A.M.			P.M.					
31st	4	28	30	8	5	Arch from S.E. to N.W. through zenith (1) - - -			
—	5	28	—	9	5	Arch from E. to N.W., 45° alt. (·7) - - -			
—	7	28	—	11	5	Faint irregular arch (·5) from E.S.E. through zenith to N.N.W. Faint streak on N. horizon (·5).			
				A.M.					
—	8	28	31	12	5	Patches and streaks (·5) from E.S.E. to N.N.W. and in zenith.			
—	9	28	—	1	5	Irregular aurora (1) from E.S.E. to the zenith - -			
—	10	23	—	2	0	- - - - - - - - -	316	321	714
—	10	28	—	2	5	Irregular striated arch (1·5) from N.W. through zenith to E.S.E., 5° wide, drifting towards S.W.			
—	11	6	—	2	43	The whole sky covered with faint streamers (·7) and curtain-shaped aurora.	276	328	553
—	11	23	—	3	0	- - - - - - - - -	310	318	685
—	11	28	—	3	5	The whole sky more or less covered with irregular aurora (·7 to 1·5), brightest from W.N.W. to N.E., 15° alt.			
—	12	0	—	3	37	Irregular and diffused arch (1) from W.N.W. through zenith to 30° alt. in E.S.E. Faint masses (·3) in N., 5° alt.			
April.									
1st	4	57	—	8	34	Arch (1) from E.S.E. to N.N.W., 15° alt - -			
—	5	10	—	8	47	„ (·5 to 1) from E.S.E. to N.N.W., 20° alt., brightest part in N.N.W.			
—	5	21	—	8	58	„ very faint. Sciated streak (·5) in N.N.W., 10° to 20° alt.			
—	5	26	—	9	3	Masses of aurora in E.S.E. (1), arch (·5) from E.S.E. to to N.N.W., 30° alt.			
—	5	35	—	9	12	Above arch diffused and irregular (1), alt. 60°, and masses of aurora very faint. Faint aurora (·3) from E.S.E. to S.W., 30° alt.			
—	5	47	—	9	24	Arch from E.S.E. to N.N.W., very faint except at extremities (·7), curtain-shaped in N.N.W.; the other arch as before. Masses of aurora (·7).			
—	5	51	—	9	28	Streamers at N.N.W. end of above arch (1) to 30° alt. -			
—	6	1	—	9	38	Arch (·5) from E.S.E. to N.N.W., diffused striated, and through zenith. Arch from E.S.E. to S.W. very faint and 20° alt. in S.W. Another lower arch from E.S.E. to E.N.E. (·3 to ·7), brightest in E.S.E., 5° alt.			
—	6	12	—	9	49	„ disappeared. Two arches from E.S.E. to N.N.W., one passing about 5° S. of zenith, the other about 10° N.E. of zenith, slightly diffused (·7).			
—	6	26	—	10	3	Above arches in one (·7) and through zenith, where about 10° in width.			
—	6	37	—	10	14	„ drifting towards S. lower edge very faint -			
—	6	43	—	10	20	„ (1·5) in E.S.E., and (1) in other parts -			
—	6	50	—	10	27	„ through zenith and much diffused (2) from E.S.E. to zenith, the rest (1·5).			
—	6	56	—	10	33	Above arch of regular brightness (1) except from E.S.E. to 15° alt., where (2) and slightly prismatic; lower edge of arch about 70° alt. in S.W.			
—	7	0	—	10	37	„ about 20° in width and irregular, prismatic streamers on N.E. edge, quivering and in rapid motion (1·5 to 2·5), brightest on N.E. edge.			
—	7	6	—	10	43	„ very irregular and about 10° wide (1). Bright irregular masses of aurora on horizon from E.S.E. towards E., prismatic and (2), about 15° alt.			
—	7	10	—	10	47	„ (·5) except in N.N.W., where (2) with prismatic streamers. Bright masses (1·5) in horizon from E.S.E. to E. to alt. 5°.			
—	7	15	—	10	52	The whole sky from E.S.E. to N.W., 15° alt. and 5° S. of zenith, more or less covered with aurora (·7). Arch (2) with prismatic streamers from N.N.W. to E., alt. 7°.			
—	7	20	—	10	57	Mass aurora (·5) except in N.W., where irregular and (1). Arch (1).			
—	7	27	—	11	4	Double arch (1·5) with streamers from E. to N.N.W., 15° alt. Faint (·5) masses from E.S.E. to zenith, and extending to about 5° alt. S.W.			

Göttingen Mean Time.			Local Mean Time.			———	H.F.	D.	V.F.
1883. April.			1883. March.						
	h.	m.	d.	h.	m.				
	A.M.			A.M.					
1st	7	35	31	11	12	Faint broad irregular aurora from E.S.E. to N.W. (·3) except in N.W., where (·7). Single arch (1) from E.S.E. to N., where striated, 5° alt.			
—	7	40	—	11	17	Aurora very faint and extending to 20° S. of zenith. Arch (1·5) and alt. 7°.			
—	7	45	—	11	22	Aurora disappeared, except arch from N. to N.N.E. (2), and irregular. Very faint arch from E.S.E. to W.N.W., alt. 15° in S.			
—	7	50	—	11	27	First arch now from N.N.W. to E., (2) alt. 5°, other arch as before. Faint streamers (·3) in N.N.W., 15° alt.			
—	7	55	—	11	32	Arches as before. E. end of arch partly hidden behind clouds. Streamers (·7) from 15° alt. to 60° alt. towards E. Faint masses (·5) on N.N.W. horizon.			
—	8	0	—	11	37	Arches as before. Faint streak (·5) in N.E. and zenith			
—	8	5	—	11	42	Arch from N.N.W. to E. now (1), other arch as before. Streaks disappeared.			
—	8	10	—	11	47	Arch now from N.N.W. to E.S.E. where visible through clouds. (1·5) in N.N.W. and 5° alt. Faint masses (·5) in E.S.E., 7° alt.			
—	8	15	—	11	52	Arch now only visible from N.N.W. to E., 7° alt., and (1). Faint diffused aurora (·5) from N.N.W. to zenith.			
—	8	18	—	11	55	Corona in zenith drifting towards N.W. (·6) - -			
—	8	20	—	11	57	Folds of aurora (1·5) in N.N.W. to 15° alt. Faint aurora in N. between clouds. Faint streamers in zenith to Leo.			
			April.						
—	8	25	1	12	2	Auroral light nearly all over the sky, brightest in N.N.W. Sky rapidly clouding over.			
—	8	29	—	12	6	Bright aurora (2) from N. to N.N.E., 3° alt. - -			
—	8	35	—	12	12	Bright aurora (1) visible between the clouds from 30° alt. in E.N.E. to zenith.			
—	8	45	—	12	22	Faint aurora (·7) visible between clouds from N. to E., 15° alt., and from E.S.E. to S.E., alt. 15° (·5). Faint arch from 40° alt. in E. through zenith to 36° alt. in S.W. (·5).			
—	8	55	—	12	32	Faint masses of aurora (·5) visible between clouds from 10° alt. in N. to 60° alt.			
—	9	6	—	12	43	Faint aurora (·7) visible between clouds in N. and E. from 15° alt. to 70° alt. Sky nearly overcast.			
—	9	10	—	12	47	Sky nearly covered with aurora visible between clouds, and two bright streaks (1) in N.N.W., alt. from 3° to 10°.			
—	9	15	—	12	52	Bright aurora (1) visible between clouds in N.N.W., 5° alt. and in S. and S.E. (·5).			
—	9	27	—	1	4	Bright aurora on N.N.W. horizon (1) apparently disappearing under clouds.			
—	9	40	—	1	17	Ditto. Sky overcast - - - -			
—	9	50	—	1	27	Faint patch (·5) on N.N.W. horizon - - -			
—	10	0	—	1	37	Ditto. Sky overcast, but light probably caused by aurora.			
—	10	5	—	1	42	Faint patch on N.N.W. horizon (·5) - - -			
—	10	25	—	2	2	" (·5) on N.W. horizon. Sky dark - -			
—	11	55	—	3	32	Bank of aurora (1) from N.N.W., to E.N.E., alt. 5° to 15°, partly visible between clouds.			
	P.M.								
—	12	5	—	3	42	Faint patches only visible between clouds -			
	A.M.			P.M.					
2nd	5	28	—	9	5	Arch from S.E. through zenith towards N.W., lower edge immediately passing Arcturus (1·5).			
—	6	28	—	10	5	Arch from E.S.E. to N.W., partly seen through clouds, lower edge 45° alt., upper edge through zenith; (3) in E.S.E., other parts (1·5).			
—	7	0	—	10	37	Aurora visible along the edge of clouds, from N.N.E. towards W.S.W., brightest in N.N.E. (2). Faint diffused arch (·7) from S.E. through Leo to W.N.W.			

Göttingen Mean Time. 1883. April. d.	h.	m.	Local Mean Time. 1883. April. d.	h.	m.		H.F.	D.	V.F.
	A.M.			P.M.					
2nd	7	28	1	11	5	Arch (·7) from S.E. through Spica to W.N.W.; diffused masses of aurora from E.S.E. and N. to W.N.W., covering Cassiopeia.			
—	8	0	—	11	37	Diffused arch (1) from S.E. through Leo to N.W.			
				A.M.					
—	8	28	2	12	5	Arch (1·5) from E.S.E to N.W., about 50° alt. in S. -			
—	9	23	—	1	0	Corona in zenith, half the sky covered with aurora, (5) in N.W., (1) elsewhere.			
—	10	28	—	2	5	Aurora visible through clouds in N. and N.N.W.; streak through zenith (1).			
—	11	28	—	3	5	Aurora (·5) from N.N.W. to zenith. Streaks (1) on N.N.W. horizon.			
				P.M.					
3rd	7	28	—	11	5	Mass of aurora (1) visible between clouds in S.W., 15° alt. Sky overcast.			
				A.M.					
—	8	28	3	12	5	Masses of aurora visible through clouds from E.S.E. to S., 50° alt. (Magnetic instruments much disturbed).			
—	9	28	—	1	5	Faint streak from S. to S.W., 30° alt., visible between clouds.			
				P.M.					
4th	4	19	—	7	56	Arch (1) from E.S.E. to N.N.W., 60° alt. Streak (·5) in zenith.			
—	4	28	—	8	5	Irregular arch (1) from E. to N.N.W., 15° alt., striated, and pulsating from E. to N.			
—	4	57	—	8	34	Mass of aurora (·5) from E. to E.S.E., 15° alt. - -			
—	4	58	—	8	35	- - - - - - - - -	130	311	236
—	4	59	—	8	36	Arch from E. to N.N.W., 60° alt. (·5 to 1), brightest in E.			
—	5	0	—	8	37	- - - - - - - - -	141	312	238
—	5	28	—	9	5	Five irregular parallel arches and about 5° apart, from E. to E.S.E., the centre one brightest and passing through zenith to N.N.W. (·5 to 1).			
—	6	28	—	10	5	Mass of aurora (·5) in E.S.E. to 8° alt. Mass of aurora (1) in N.N.W. to 10° alt. Diffused arch (·5) from E.S.E. through zenith to N.N.W. Arch (·3) from S.E. to W., 30° alt. Sky nearly covered with fainter aurora.			
—	7	19	—	10	42	Bright, irregular, and diffused arch (2) with streamers in N.W. from E.S.E. and S.E. through zenith to N.W. -			
—	7	28	—	11	5	Diffused arch (1·5) from E.S.E. through zenith to N.W. Another irregular arch (1·5) from E.S.E. to N.N.W., 15° alt.			
—	7	57	—	11	34	Sky from 5° alt. to 10° alt., and from E.S.E. to W.N.W., covered with aurora (·7).			
—	8	23	—	12	0	- - - - -	.298	302	—
				A.M.					
—	8	28	4	12	5	Bright diffused arch (2·5) with prismatic vertical streamers, quivering and in rapid motion, from E.S.E. to W., 10° alt., drifting from centre towards zenith.	390	285	—
—	8	43	—	12	20	Corona (3) and prismatic. Bright prismatic folds of curtain-shaped aurora from E.S.E. to W. and from 5° alt. to 60° alt. (2·5). (Vertical force slightly affected.)	10	412	—
—	8	50	—	12	27	Aurora less bright (·5 to 2) and sky more or less covered with aurora, brightest about 5° alt. in N.N.W. and 40° alt. in S.E.	.17	330	—
—	8	57	—	12	34	Sky covered with aurora (·7 to 1) streamers, and curtain folds.			
—	9	0	—	12	37	- - - - - - - - -	194	232	—
—	9	23	—	1	0	- - - - - - - - -	103	303	—
—	9	28	—	1	5	Faint auroral light (·3) all over sky. Bright band slightly prismatic (1·5) from E.S.E. to N., 2° alt.			
—	9	57	—	1	34	Faint irregular masses of aurora (·3 to ·7) from 3° to 5° alt. all round. Very faint light in zenith.			
—	10	28	—	2	5	Faint irregular arch (·3) from S.E. to W., alt. 7°. Masses of aurora on horizon from E. to N.N.E. (1).			
—	11	28	—	3	5	Arch (·7) from S.E. to W., 35° alt in S.; faint patches in N.W. and N.E.			

Göttingen Mean Time. 1883, April.	h.	m.	Local Mean Time. 1883, April. d.	h.	m.		H.F.	D.	V.F.
	A.M.			P.M.					
5th	5	28	4	9	5	Faint wide diffused arch (·5) from E.S.E. through zenith to N.N.W.			
—	6	19	—	9	56	Diffused and irregular arch (1) from E.S.E. through zenith to N.W.			
—	6	28	—	10	5	Wide irregular aurora from E.S.E. through zenith and to 10° alt., N.E. to N.N.W. (1 to 1·5), brightest in E.S.E., where curtain-shaped.			
—	7	28	—	11	5	Arch (1) from E.S.E. through Arcturus to N.W. - -			
				A.M.					
—	8	28	5	12	5	Masses of auroral light from S.E. to N.W. through zenith, about 50° wide (1).			
—	9	28	—	1	5	Masses of light from E.S.E. to W.N.W., sky covered to 25° from N. and S. horizons, brightest in W.N.W. (2), elsewhere (1).			
—	10	28	—	2	5	Light in shape of cirrus (?) clouds. Patches and streaks all over the sky (·7).			
—	11	28	—	3	5	Arch (·5) from N.W. to N.N.E., 20° alt. -			
				P.M.					
6th	5	28	—	9	5	Diffused light N. of zenith (·7) - - - -			
—	6	28	—	10	5	Arch visible from 30° S.E. of zenith to about 20° N.W. of zenith (·7). Sky nearly overcast.			
—	7	23	—	11	0	Bright aurora (2) from E.S.E. to zenith, prismatic, and in rapid motion.	254	353	191
—	7	28	—	11	5	Sky nearly covered with faint aurora - - - -			
—	7	57	—	11	34	Faint streaks (·3) in zenith and on N. horizon - -			
—	7	58	—	11	35	- - - - - - - -	372	312	502
				A.M.					
—	8	28	6	12	5	Sky, from E.S.E. to N.N.W. and up to zenith, is covered more or less with faint aurora (·3 to ·7), brightest in zenith.			
—	9	28	—	1	5	Irregular aurora (1) from N.N.W. through zenith to E.S.E., 10° wide.			
—	9	59	—	1	36	Streak in zenith (1). Faint aurora from E.S.E. to S.W., 10° to 20° alt.			
—	10	28	—	2	5	Aurora as before, except the streak in zenith, which is fainter (·3).			
				P.M.					
7th	7	28	—	11	5	Diffused arch (·7) from E.S.E. through zenith to N.N.W. Faint streak in N., 5° alt. (·5).			
				A.M.					
—	8	28	7	12	5	Bright curtain-shaped aurora (1·5) from E.S.E. to E.N.E. and zenith, extending in an arch from zenith to W.N.W.			
—	9	28	—	1	5	Bright, irregular, and diffused arch (1) from E.S.E. through zenith to N.W.			
—	10	28	—	2	5	Irregular aurora (·7) from 20° E.S.E. to 30° N.N.W., to 60° alt.			
				P.M.					
8th	6	28	—	10	5	Faint arch (·5) with streamers from E.S.E. to N., 25° alt., partly visible between clouds.			
—	7	28	—	11	5	Arch (·7) from E.S.E. to N.W., about 60° alt. -			
				A.M.					
—	8	28	8	12	5	Arch (1) from E.S.E. to N.W., 50° alt., another arch from S.S.E. to W.N.W. through Leo (·5), and a few patches in N.W.			
—	9	28	—	1	5	Diffused masses of (1·5) light round zenith - -			
—	10	28	—	2	5	Faint masses of light. Patches and streaks nearly all over the sky.			
—	11	28	—	3	5	Aurora in zenith visible through the clouds - -			
				P.M.					
9th	7	28	—	11	5	Mass of aurora (·5) in E.S.E. to 10° alt. Streak from E.S.E. through zenith towards N.N.W. (1).			
				A.M.					
—	8	28	9	12	5	Irregular aurora (·5) from E.S.E. through zenith to N.N.W.			
—	9	28	—	1	5	Mass of aurora (1) in E.S.E., 10° to 15° alt. - -			

Göttingen Mean Time.			Local Mean Time.				H.F.	D.	V.F.
1883. April.	h.	m.	1883. April. d.	h.	m.				
	A.M.			P.M.					
10th	7	28	9	11	5	Faint patches visible between clouds from N. to E., 25° alt.			
11th	6	28	10	10	5	Diffused arch (·7) from E.S.E. to N.W. through zenith, extending from thence about 45° towards S.S.W.			
—	7	30	—	11	7	Irregular arch (1) from W.N.W. to E.S.E., 10° alt. Another arch from E.S.E. to W.N.W., 8° alt. Irregular mass of aurora from E.S.E. to W., alt. from 70° to 80° (1).			
				A.M.					
—	8	28	11	12	5	Arch (1) from E.S.E. through zenith to N.W.; irregular masses of aurora in S. and S.E. (·7)			
—	9	28	—	1	5	Diffused masses of aurora from E.S.E. to N.W. through zenith (1), and 60° wide.			
—	10	28	—	2	5	Band (1) from Arcturus to W.N.W., and arch (·7) from S.E. to W.N.W., 30° alt.			
—	11	28	—	3	5	Arch (1) from S. to S.W., 20° alt. Patches of aurora (1) on N.N.W. horizon.			
				P.M.					
12th	6	23	—	10	0	Band (1) from E.S.E. through zenith to N.W. - -			
—	7	20	—	10	57	Irregular striated aurora (1) from N.W. to E.S.E., 25° alt., with streamers to zenith.			
—	7	28	—	11	5	Ditto from N.W. to E., 15° to 25° alt. - -			
—	7	40	—	11	17	Corona in zenith (·8) - - - -			
—	7	57	—	11	34	Striated arch (1) from W. to E.S.E., 45° alt. - -			
—	8	0	—	11	37	- - - - - - -	333 347 372	308 307 295	126 309 240
—	8	3	—	11	40	Curtain-shaped aurora (1) from W. to E.S.E., with faint streamers 45° to 90° alt.			
—	8	23	—	12	0	- - - - - - - -	300	293	183
				A.M.					
—	8	28	12	12	5	Irregular diffused arch (·5) from N.W. to N.N.E., 50° alt. Streak (1) from E.S.E. through zenith.			
—	8	57	—	12	34	Irregular aurora (1) from N.N.W. to N., 8° to 25° alt. -			
—	9	28	—	1	5	Mass of aurora (·5) in N.W., 6° to 10° alt. Streak (1) in zenith.			
—	10	28	—	2	5	Faint arch (·3) from N.W. to N.N.E., 10° alt. - -			
13th	8	28	13	12	5	Bright mass of aurora (1) on E.S.E. horizon partly visible through clouds. Sky overcast.			
				P.M.					
14th	5	28	—	9	5	Very faint arch from E.S.E. to N., 15° alt. - -			
—	7	28	—	11	5	Arch (·7) from E.S.E. through zenith to N.W. - -			
				A.M.					
—	8	28	14	12	5	„ (·7) from S.E. to N.W., 70° alt. - - -			
15th	8	50	—	12	27	Faint arch from E.S.E. through zenith to N.N.W., partly visible through clouds. Sky overcast			
—	9	5	—	12	42	„ disappeared - - - - -			
				P.M.					
16th	6	28	15	10	5	Faint streak (·5) in N.N.W., 15° alt. - -			
				A.M.					
—	8	28	16	12	5	Faint striated aurora (·3) from E.S.E. to zenith -			
—	10	28	—	2	5	Faint curtain-shaped aurora (·5) in S.E., from 5° to 10° alt. A few streamers in W., the same alt. as the moon (1).			
—	11	28	—	3	5	Band of aurora (1·5) from S.E. to W.N.W. through zenith, prismatic, and pulsating in zenith.			
				P.M.					
17th	6	23	—	10	0	Streamers (1) in S.E., 10° alt., and in W. (·7), 15° alt. -			
—	7	28	—	11	5	Diffused arch (·7) from S.E. through zenith to N.W. -			
				A.M.					
—	8	28	17	12	5	Faint band (·5) from S.E. through Arcturus to N.W. -			
—	9	28	—	1	5	Band (·7) from S.E. through Arcturus to N.W. Band from S.E. through Ursa Major to W.N.W. (·7).			
				P.M.					
18th	7	33	—	11	10	Three vertical streamers (1) in E.S.E., 10° to 30° alt. -			
				A.M.					
—	9	20	18	12	57	Curtain-shaped prismatic aurora from E.S.E. to W., alt. 25° to 45° (2).			
—	9	28	—	1	5	Irregular and diffused aurora from E.S.E. through zenith to N.W., about 15° wide (1).			
—	9	57	—	1	34	Irregular aurora (·8) from N.W. to zenith - -			

Göttingen Mean Time.	Local Mean Time.	——	H.F.	D.	V.F.
1883. April. h. m.	1883. April. d. h. m.				
A.M. 18th 10 20	18 1 57 A.M.	Irregular striated arch (1) from E.S.E. through zenith to N.N.W.			
— 11 28	— 2 5	Mass of aurora (1) in zenith. Streak in E.S.E., 45° alt. (1), and a few streamers in N.N.W., 30° alt., and in rapid motion (1·5).			
19th 5 43	— 9 20 P.M.	Streamers (1) in E.S.E., 25° alt. Streamers in S.W., 45° alt. (1), of a greenish glow and in rapid motion.			
— 6 23	— 10 0	- - - - - - - - -	288 254 229	221 231 236	104 O.S. O.S.
— 6 24	— 10 1	Striated arch (1) from E.N.E. to N.W., 45° alt. -			
— 6 28	— 10 5	Arch (1·5) from E.S.E. to N.N.W., 60° alt. Streak (1) in N.W., 5° alt., and patches (1) on N. horizon.			
— 6 57	— 10 31	Irregular faint aurora (·5) from E. to N.N.W. up to zenith. Patch (1) in N.W., 15° alt.			
— 7 27	— 11 4	Corona in zenith (1·5). Bright irregular aurora with slightly prismatic streamers from E.S.E. to W., alt. 70° (2).			
— 7 59	— 11 36	Bright irregular arch (1) from S.E. to W., 40° alt.			
— 8 28	19 12 5 A.M.	Faint arch (·7) from 10° alt. in S.E. to W.N.W., 40° alt. Faint streaks 5° E.S.E. of zenith.			
— 9 22	— 12 59	The whole sky from S.E. to W.N.W. and zenith more or less covered with folds of curtain-shaped aurora from (·5 to 1·5), brightest at 45° alt.			
— 9 28	— 1 5	The above (1) - - - - - - -			
— 9 56	— 1 33	Sky nearly covered with faint auroral light - -			
— 10 28	— 2 5	Serpentine arch (1·5) with streamers from E.S.E. to N.N.W., 35° alt.			
20th 1 55	— 8 32 P.M.	Bright irregular aurora from E.S.E. horizon to 45° alt., and of a pink colour.			
— 4 58	— 8 35	- - - - - - - - -	−53	190	82
— 5 1	d. h. m. s. — 8 37 50	Irregular arch from E.S.E. to N.N.W. of a light pink colour (·7), alt. 3°.			
— 5 2	d. h. m. — 8 39	- - - - - - - - -	426	345	O.S.
— 5 19	— 8 56	Arch (·5 to 1) from E.S.E. to N., alt. 10°, brightest on E.S.E. horizon, and of a greenish colour.			
— 5 23	— 9 0	- - - - - - - - -	247	322	413
— 5 28	— 9 5	Faint diffused arch (·3 to ·7) from E.S.E. through zenith to N.N.W., brightest from E.S.E. horizon to 25° alt. Bright irregular aurora (1) slightly prismatic from E.S.E. horizon towards N. 30° alt.			
— 5 57	— 9 31	Bright irregular masses (1·5) on E.S.E. horizon -			
— 6 28	— 10 5	Masses of aurora (·5) on E.S.E. horizon - -			
— 7 28	— 11 5	Irregular masses of aurora (1) from S.E. to 15° N.W. of zenith, extending from 10° alt. to the moon.			
— 8 28	20 12 5 A.M.	Irregular masses of aurora (1) from S.E. through zenith to N.W.			
— 9 28	— 1 5	Arch (1) from S.E. to N.W., just passing S. of Ursa Major.			
— 10 28	— 2 5	Faint streak (·5) through zenith - - -			
25th 6 28	24 10 5 P.M.	Mass of aurora (1) in S.W., 45° alt., visible between and through clouds.			
— 7 28	— 11 5	Faint mass of auroral light in N.N.W. - - -			
— 8 28	25 12 5 A.M.	Irregular arch (1·5) with vertical streamers, prismatic from S.E. to W.N.W., 45° alt.			
— 9 28	— 1 5	Masses of aurora (1) from W.N.W. to W.S.W., 10° alt.			
— 10 28	— 2 5	Irregular aurora (1) from S. to W., 20° alt.			
— 5 23	— 9 0 P.M.	- - - - - - - - -	340 316 257	356 320 290	O.S. −100 −50

Göttingen Mean Time.			Local Mean Time.			———	H.F.	D.	V.F.
1883. April.	h.	m.	1883. April. d.	h.	m.				
	A.M.			P.M.					
26th	5	31	25	9	11	Bright diffused arch (1) from E.S.E. through zenith to 20° of N.N.W. horizon. Bright curtain-shaped aurora from E.S.E. to E.N.E., from 5° to 40° alt., the whole of a pink colour. At this time there was enough daylight to see to read.	240	350	O.S.
—	5	38	—	9	15	Very faint - - - - -	160	366	O.S.
—	5	58	—	9	35	Very faint auroral light in zenith - - -	136	200	O.S.
—	6	0	—	9	37	- - - - - - - - -	207	226	−50
—	6	2	—	9	39	- - - - - - - - -	221	215	−100
—	6	3	—	9	40	„ disappeared.			
—	6	58	—	10	35	Faint diffused and irregular arch from E.S.E. through zenith to N.N.W. (·5).			
—	7	28	—	11	5	Diffused masses of auroral light in and around zenith. Arch from S.E. to W., 45° alt. in S. Diffused masses of light in E.N.E. and streamers in N.W. and N.E., 45° alt. (1).			
				A.M.					
—	8	28	26	12	5	Double arch (1) from S.E. through Spica to W.N.W. Arch (·7) from E.S.E. to N.W., 45° alt.			
—	9	28	—	1	5	Sky almost covered with patches and streamers (·7) -			
				P.M.					
27th	5	53	—	9	30	Arch (1) from S.E. to W., 45° alt. in S. - - -			
			—	10	0	Diffused arch (1) from E.S.E. through zenith to N.W., about 25° wide.			
—	7	20	—	10	57	Folds of curtain-shaped aurora (1) from W. to N.N.W., 5° to 45° alt. Faint diffused aurora (·5) from E.S.E. through zenith to N.N.W., about 5° wide. Faint arch (·3) from S. to W., 30° alt.			
—	7	28	—	11	5	Faint aurora (·3) in N.W. Arch from S. to W., very faint.			
—	7	57	—	11	34	Arch (·5) from N.N.W. to N.N.E., 10° alt. Vertical streak (·5) in N.N.E. from horizon to 15° alt.			
—	8	3	—	11	40	Arch as before. Streak (1), another arch from same points 25° alt. (·5).			
				A.M.					
—	8	28	27	12	5	Irregular aurora (1) from N.N.W. to E.S.E., 45° alt., striated from N.N.W. to N.N.E.			
—	9	28	—	1	5	Streamer (1) in E. from horizon to 10° alt. - -			
				P.M.					
29th	7	28	28	11	5	Aurora visible in zenith through clouds - - -			
				A.M.					
—	8	28	29	12	5	Aurora visible between the clouds about 6° N. of zenith -			
				P.M.					
30th	7	28	—	11	5	Irregular aurora (·8) from E.S.E. through zenith towards N.N.W., about 4° wide.			
				A.M.					
—	8	28	30	12	5	Irregular arch (·5) from E.S.E. to W.N.W., 55° alt. Streak (·5) parallel to the arch and 10° S. of zenith.			
May.				P.M.					
1st	6	0	—	9	37	Aurora from E.N.E. to zenith passing through ϵ, ζ, η Ursæ Majoris (·3).			
—	6	3	—	9	40	„ „ and streamers in N.W. - -			
—	6	5	—	9	42	„ fainter - - - - -			
—	6	6	—	9	43	„ disappeared - - - - -			
	h.	m. s.							
—	6	12 20	—	9	49	Faint segment from E.N.E. to β Ursæ Minoris (·3) -			
—	6	13 20	—	9	50	Segment from E. of Arcturus towards Ursa Major (·3) -			
—	6	15 20	—	9	52	Brighter (·5) and extending towards N.W. - -			
—	6	17 0	—	9	54	Fainter and nearer zenith - - - -			
—	6	18 0	—	9	55	Fainter (·1) and through Ursa Major - - -			
—	6	19 0	—	9	56	Brighter (·5), a streamer in E.N.E. 30° to 50° alt. -			
—	6	20 20	—	9	57	Fainter (·3) and more diffused in E.N.E. - - -			
—	6	22 0	—	9	59	A streak (1) slightly striated in E.N.E., alt. 30° to zenith			
—	6	23 40	—	10	1	Irregular arch (·7) through Ursa Major and Capella, streamers in N.E.			

Göttingen Mean Time.	Local Mean Time.		H.F.	D.	V.F.
1883. May. h. m. s. A.M.	1883. April. d. h. m. P.M.				
1st 6 24 40	30 10 2	Aurora in N.E. fainter			
— 6 25 40	— 10 3	Disappeared except irregular patch in N.W. (·1), alt. 45°			
— 6 28 0	— 10 5	Segment in E.N.E., alt. 30° (·3), streamers (·5), between Capella and α and β Geminorum.			
— 6 31 0	— 10 7	Arch from 10° alt. in E.N.E. to Polaris; faint patch as before in N.W.			
— 6 33 20	— 10 10	Arch (·6) now extending from 10° alt. in E.N.E. to Capella, passing halfway between Polaris and Ursa Major			
— 6 35 0	— 10 12	Disappeared except patch in E.N.E. (·4)			
— 6 36 0	— 10 13	Faint arch (·3) through zenith to E.N.E.			
— 6 36 40	— 10 14	Fainter and 5° farther to S.W.			
— 6 38 0	— 10 15	Aurora disappeared			
— 6 39 40	— 10 16	„ from Ursa Major to E. horizon			
— 6 40 40	— 10 17	Now extending to Capella (·6)			
— 6 42 30	— 10 19	Fainter and more diffused			
— 6 44 0	— 10 21	Narrow streak (·9) through ε, ζ, η, Ursæ Majoris. Faint light in S.W., 25° alt.			
— 6 45 20	— 10 22	Fainter, and light in S.W. disappeared			
— 6 47 0	— 10 24	Arch through Leo (·2)			
— 6 48 0	— 10 25	A good deal of diffused light S.W., S., and S.E. of zenith (·2), streamer (·2) in N.E.			
— 6 49 40	— 10 27	Faint streamers converging in Ursa Major (·2)			
— 6 50 40	— 10 27	Above streamers disappeared leaving nebulous light (·1)			
— 6 53 0	— 10 30	Streamer (1) in Ophiuchus. Nebulous arch (·5) thence through Ursa Minor towards Auriga. Patch in W.S.W., 30° alt. (·5).			
— 6 55 30	— 10 32	Arch slightly brighter, streamer disappeared			
— 6 56 40	— 10 33	Now through Ursa Major about 10° in breadth			
— 6 58 0	— 10 35	Arch now through Ursa Major and Gemini			
— 6 59 0	— 10 36	More diffused, extending to Arcturus. Diffused light in E.N.E.			
— 7 0 0	— 10 37	Disappeared. Segment of arch (1) just below β Geminorum.			
— 7 5 0	— 10 42	Diffused mass in E.S.E. to 10° alt., 5° wide			
h. m.					
— 7 10	— 10 47	Mass of aurora as before. Arch (1·5) from S.E. to S.W., 14° alt.			
— 7 15	— 10 52	Arch now (·5)			
— 7 20	— 10 57	„ as above, but interrupted in the centre			
— 7 30	— 11 7	Curtain-shaped striated aurora from E.S.E. to N.N.W. up to zenith, in rapid motion (2).			
— 7 32	— 11 9	Corona in zenith (2·5), prismatic			
— 7 35	— 11 12	Sky more or less covered with aurora (1 to 2·5), brightest in N.N.W.			
— 7 45	— 11 22	Arch (1·5) from N.N.E. to S.W., with streamers pulsating from N.N.E. to S.W., and faint streamers in zenith.			
— 7 50	— 11 27	Diffused aurora from S.W. horizon to zenith (1). Faint aurora from zenith to N.N.E.			
— 7 55	— 11 32	Aurora very faint			
— 8 0	— 11 37	Disappeared except faint patches from S. to W.S.W., from 5° to 10° alt.			
— 8 10	— 21 47	Ditto			
— 8 15	— 11 52	Streak (·5) from E.S.E. to zenith			
— 8 20	— 11 57	„ disappeared			
	May. A.M.				
— 8 31	1st 12 8	Very faint streamers in N.N.W., 45° alt.			
— 8 41	— 12 18	Corona in zenith (1). Streamers from 70° alt. in N.N.W. to 50° alt. in E.S.E., passing 15° E.N.E. of zenith (·7).			
— 8 45	— 12 22	Corona disappeared except a few streamers in N., 70° alt. (·5).			
— 8 56	— 12 33	Faint masses in zenith (·3)			
— 9 5	— 12 42	Diffused arch (·7) from E.S.E. through zenith to N.N.W., disappearing under clouds at extremities.			
— 9 10	— 12 47	Above arch irregular (1) and drifting towards N.E.			
— 9 15	— 12 52	„ through zenith, regular, and (1·5)			

Gottingen Mean Time.	Local Mean Time.	——	H.F.	D.	V.F.
1883. May. h. m.	1883. May. d. h. m.				
A.M.	A.M.				
1st 9 26	1 1 3	Arch from N.N.W. to E.S.E., 70° alt., partly visible through clouds (1).			
— 9 30	— 1 7	" very faint - - - - -			
— 9 35	— 1 12	" disappeared except a faint streak in N.N.E., 75° alt. (·5).			
— 9 41	— 1 18	Faint masses (·7) in N.N.W., 20° alt. Faint band from S.E. to S.S.W., 10° alt. (·5).			
— 9 46	— 1 23	" disappeared - - - -			
	P.M.				
2nd 7 28	— 11 5	Arch (·7) from S.E. to W.N.W., 50° alt., from S. -			
	A.M.				
3rd 10 28	3 2 5	Streak (2) in N.W. from horizon to 25° alt. - -			
4th 10 28	4 2 5	Bright irregular, diffused arch (1) from E.S.E. to W., of a light red colour, 60° alt.			
	P.M.				
5th 7 28	— 11 5	Faint arch (·5) from S.E. to W., 45° alt. from S. - -			
	A.M.				
— 8 28	5 12 5	Faint diffused arch from E.S.E. to W.N.W., the N. edge through Ursa Major (·7).			
	P.M.				
7th 7 2	6 10 39	Diffused and irregular arch from S.S.W. to N., 60° alt. (1)			
— 7 28	— 11 5	Faint streak in zenith - - - - -			
9th 8 22	8 11 59	Serpentine auroral light from E. horizon to 45° alt. (2) -			
	A.M.				
— 8 28	9 12 5	Arch (1·5) from E. to N.N.W., 25° alt. Streak (2) in N.W., 30° alt. Sky cloudy overhead.			
— 8 57	9 12 34	Aurora disappeared - - - - -			
11th 8 28	11 12 5	Arch (1·5) from E.S.E. to N.W., about 60° alt. Diffused masses of light in zenith and N.W. and S.E. of zenith (1).			
	P.M.				
12th 7 20	— 10 57	Two arches (1) from E.S.E., one through zenith to W., the other 15° S. of zenith to W.S.W.			
— 7 21	— 10 58	- - - - - - - - -	351	317	9
— 7 23	— 11 0	" " but fainter - - - -	352	312	83
— 7 25	— 11 2	- - - - - - - - -	360	313	111
— 7 28	— 11 5	Arch (1·5) from E.S.E. through zenith - - -			
— 7 37	— 11 14	Mass of streamers in E.N.E. (2), prismatic and in rapid motion.	—	368	—
— 7 57	— 11 34	Faint aurora from E.S.E. to zenith - - -			
— 8 0	— 11 37	- - - - - - - - -	330	323	398
— 8 1	— 11 38	Streamers (2) from E.S.E. through zenith to N.N.W. -			
— 8 2	— 11 39	- - - - - - - - -	310	314	412
— 8 6	— 11 41	" disappeared except faint streak in E.S.E. -			
	A.M.				
— 8 28	12 12 5	Arch (1) from E.S.E. to N.N.W., 50° alt., and a few streamers in zenith (1).			
	P.M.				
13th 7 20	— 10 57	Faint streak (·5) in E.S.E., from 15° to 45° alt. - -			
— 7 28	— 11 5	Bright irregular aurora (1) from 15° alt. in E.S.E. to 5° of zenith.			
	A.M.				
— 8 28	13 12 5	Bright streamers (1·5) from N.N.W. to N.N.E., 15° alt.			
h. m. s.	P.M.				
15th 7 12 0	14 11 19	Faint arch in S.W. (·3), 20° alt. - - -			
— 7 43 30	— 11 20	Disappeared - - - - - -			
— 7 47 0	— 11 24	Segment of arch from E.S.E. to 60° alt. (·8) - -			
— 7 49 20	— 11 26	Faint streamers in S.E. (·7) - - - -			
— 7 50 40	— 11 27	Slightly brighter - - - - - -			
— 7 51 40	— 11 28	Serpentine, and light more concentrated (1) - -			
— 7 53 0	— 11 30	Extending to alt. 45° and (·9) - - -			
— 7 54 30	— 11 31	Extending to above Arcturus and (·5) - - -			
— 7 55 40	— 11 32	Disappeared except nebulous light in S.E. (·2) - -			
— 7 56 30	— 11 33	Reappeared as at 53m., with patch (1), alt. 5° - -			
— 7 58 0	— 11 35	Patch alone visible and (·7) - - - -			
— 7 59 0	— 11 36	As at 55m. 40s. - - - - -			
— 8 2 0	— 11 39	" " and (·6) - - - - -			
— 8 5 0	— 11 42	Arch from S.E. to W.N.W., 10° S. of zenith (1) -			

Göttingen Mean Time			Local Mean Time				H.F.	D.	V.F.
1883. May.			1883. May.						
	h.	m.	d.	h.	m.				
	A.M.				P.M.				
15th	8	15	14	11	52	Above arch disappeared. Patch in S.E., 25° alt. (1) -			
—	8	20	—	11	57	Arch from S.E. to W.N.W., upper edge through Ursa Major, lower passing the Moon (1·5).			
					A.M.				
—	8	25	15	12	2	Arch partly disappeared, passing halfway between zenith and Moon (1).			
—	8	30	—	12	7	Arch from E.S.E. passing Ursa Major to N.W., where diffused (1·5).			
—	8	36	—	12	13	Diffused prismatic arch (2), with streamers in rapid motion from E.S.E. to N.W.			
—	8	41	—	12	18	" disappeared except streak (1) in N.W. from horizon to 20° alt.			
—	8	45	—	12	22	Streak in N.W. disappeared. Faint streak in zenith -			
—	8	50	—	12	27	" disappeared - - - - - -			
—	9	0	—	12	37	Irregular aurora (2) and prismatic from E.S.E. to E., 5° to 15° alt.			
—	9	5	—	12	42	Streak in N.W. disappeared - - - - -			
16th	9	28	16	1	5	Faint irregular arch (·5) from E.S.E. through zenith to within 30° from W. horizon.			
21st	8	28	21	12	5	Bright auroral light (2) in E., 15° alt - - - -			
—	8	53	—	12	30	Streak (2) in N.W., 30° alt. - - - - -			
						No aurora observed henceforth owing to the brightness of the twilight, until July 14.			
July			July						
14th	8	23	14	12	0	- - - - - - - - - -	407	333	1153
—	8	34	—	12	11	Bright streak (3) from E.N.E. to zenith - -			
—	8	35	—	12	12	- - - - - - - - - -	366	349	1017
—	8	37	—	12	14	- - - - - - - - - -	370	342	1082
—	8	38	—	12	15	Disappeared - - - - - -			
					P.M.				
15th	8	16	—	11	53	Faint streak (·5) from W.N.W. from alt. 60° to 5° from zenith, drifting towards S.E., and becoming very faint.			
					A.M.				
—	8	44	15	12	21	Aurora from about 20° alt. in E.S.E. towards S.E., and curved towards zenith (1).			
—	8	46	—	12	23	" disappeared - - - - - -			
—	8	56	—	12	33	Streaks at short intervals from E.S.E. horizon to 20° towards zenith, appearing about (1), and immediately becoming very faint.			
—	8	59	—	12	36	" disappeared - - - - - -			
					P.M.				
17th	7	56	16	11	33	Irregular aurora (2) from E.S.E. through zenith, moving towards N.W.			
—	8	1	—	11	38	Diffused irregular arch (1·5) from E.S.E. to N.N.W., 60° alt.			
					A.M.				
18th	8	48	18	12	25	" arch (2) with streamers from E.S.E. through zenith to W.N.W., pink in colour.			
—	8	53	—	12	30	" disappeared - - - - -			
					P.M.				
19th	7	30	—	11	7	Streak of aurora (1·5) from 40° to 60° alt. in E.S.E. -			
—	7	53	—	11	30	" disappeared - - - - - -			
23rd	7	28	22	11	5	Auroral streak (2) in E.S.E., 40° alt. - - -			
24th	7	20	23	10	57	No aurora - - - - - - - -			
—	7	23	—	11	0	- - - - - - - - - -	408	307	1140
—	7	33	—	11	10	Bright streamers in W.S.W., 45° alt., prismatic (3), and rapidly drifting towards S., and becoming fainter.	230	336	—
—	7	37	—	11	14	Streamers in S.E. (1·5), 50° alt., extending towards S. -	270	298	—
—	7	39	—	11	16	- - - - - - - - - -	—	—	1000
			d.	h.	m. s.				
—	7	59	—	11	36 30	Bright streak (1·5) in N.N.W. from 20° alt. to zenith -			
			d.	h.	m.				
—	8	0	—	11	37	- - - -	323	345	1039
					A.M.				
26th	8	23	26	12	0	- - - - - - - - - -	424	336	1359
—	8	30	—	12	7	Irregular arch (1) from S.E. to N.W., 45° alt. (Magnetic instruments steady.)			
—	8	43	—	12	20	Arch (2) coloured pink in zenith, from E.S.E. through zenith, and moving towards N.W.	405	361	1198

Göttingen Mean Time.	Local Mean Time.	———	H.F.	D.	V.F.
1883. July. h. m. A.M.	1883. July. d. h. m. P.M.				
28th 7 23	28 11 0	- - - - - - - -	452	433	1050
— 7 29	— 11 5	Aurora (1·5) from E.S.E., to E.N.E., 5° to 15° alt., highest in E.N.E.	419	340	990
	A.M.				
— 8 26	29 12 3	Mass of aurora (1) just above horizon in E.S.E. - -			
— 9 23	— 1 0	- - - - - - - -	412	325	1244
— 9 26	— 1 3	Irregular arch (1·5) from N.W. to S.E., 40° alt. -			
— 9 32	— 1 9	" " but 60° alt. -			
— 9 33	— 1 10	- - - - - - - -	396	312	1360
— 9 59	— 1 36	No aurora visible - - - -	358	306	1265
— 10 17	— 1 40	Ditto - - - -	360	315	1270
	d. h. m. s. P.M.				
30th 7 0	— 10 37 18	Ditto - - - - - -	400	292	1043
— 7 20	— 10 57 45	Bright irregular aurora (2) from W.S.W. to S.E., 7° alt.			
	d. h. m.				
— 7 23	— 11 0	- - - - - - - -	370	294	1167
— 7 28	— 11 5	Bright masses of aurora (1·5) in S.E., 5° alt. Faint streak (·7) in E., 45° alt.			
— 7 33	— 11 10	Aurora (2), alt. 15° S.W. to S.E., prismatic and in rapid motion. Streamers appearing and disappearing in different parts of the sky.	260 to 216	—	—
— 7 46	— 11 23	Corona (1) in zenith followed by rapid fall of bifilar, the aurora becoming fainter meanwhile. Streamers, &c. in other parts of the sky. Auroral light in S.S.W.			
	d. h. m. s.				
— 8 1	— 11 38 30	Bright patch (1) in N., alt. 15° - - - -			
	d. h. m.				
— 8 2	— 11 39	- - - - - - - -	286	—	—
	A.M.				
30th 8 28	30 12 5	Streak (1) in N.N.W., 20° alt. - - -			
	d. h. m. s.				
— 8 57	— 12 34 18	Streamer (1) in S.E., 15° alt. - - - -			
	d. h. m.				
— 9 28	— 1 5	Diffused arch (·7) from 50° alt. in N.W. through zenith to 5° towards E.S.E.			
31st 8 28	31 12 5	Arch (1·5) from E.S.E. through zenith to N.W. -			
	— 12 37	Diffused auroral light in zenith (1) - - -			
August	August. P.M.				
4th 7 43	3 11 20	Aurora (1) from E.S.E. to S., 40° alt. (Thunder storm)			
	d. h. m. s.				
— 7 59	— 11 36 30	Irregular arch (1·5) from E.S.E. to W.N.W., 60° alt. -	372	355	1174
— 8 1	— 11 38 30	" (1) from E.S.E. through zenith to N.W., drifting towards N. (Much lightning.)	362	363	1082
— 8 20	— 11 57 30	Aurora (·5) from E. to N.N.W., 80° alt. - -			
	d. h. m. A.M.				
— 8 26	4 12 3	" disappeared - - - -			
	d. h. m. s.				
— 8 59	— 12 36 30	Faint aurora (·5) from S.E. to W.N.W., 75° alt. -			
	d. h. m. P.M.				
5th 7 26	— 11 3	Irregular and diffused aurora (1·5) from E.S.E. to zenith. (Magnetic instruments not disturbed.)			
	A.M.				
— 9 20	5 12 57	Faint aurora in N.N.W. to 50° alt., striated and (·7). Faint light (·3) in zenith, streamers in N.N.E., 45° alt. (1).			
— 9 26	— 1 3	Bright arch of vertical streamers from N.N.W. to E., drifting towards E.S.E., 30° alt. (2).			
— 10 20	— 1 57	Streak (·7) in N.N.W., 25° alt. - - -			
— 10 21	1 58	- - - - - - - -	396	312	1335
— 10 23	2 0	- - - - - - - -	406	337	1319
	d. h. m. s.				
— 10 24	— 2 1 30	Bright streak (1·5) in zenith, disappearing immediately -			
	2 2 0	- - - - - - - -	402	338	1326

Göttingen Mean Time.	Local Mean Time.	——	H.F.	D.	V.F.
1883. August. h. m. A.M.	1883. August. d. h. m. P.M.				
7th 6 24	6 10 1	Arch (2) from E. horizon to zenith. (Instruments disturbed.)			
— 6 28	— 10 5	„ very faint (·5) - - - - -			
— 7 2	— 10 39	Auroral streak (2) in W.N.W., 30° alt. - - -			
— 7 6	— 10 43	Patch (1·5) in E.S.E., 25° alt. Streak as before. Sky cloudy.			
— 7 20	— 10 57	Streamers (1) in S.E., 45° alt. - - - -			
	d. h. m. s.				
— 7 22	— 10 59 30	Irregular aurora from N. to W., 50° alt. (1·5). - -			
	d. h. m.				
— 7 23	— 11 0	- - - - - - - - -	330	342	400
— 7 27	— 11 4	A few streamers in S.E. as before at 10·57 - -	334	319	444
			281	328	500
	d. h. m. s.				
— 7 57	— 11 34 30	Streamers (1) from E. to E.S.E., from 10° to 25° alt. -			
— 8 1	— 11 38 30	Aurora (·5) from E.S.E. to zenith - - -			
	d. h. m.				
8th 6 20	7 9 57	Streamers (1) in E.S.E. moving S., 25° alt. - -			
— 6 21	— 9 58	- - - - - - -	403	339	1361
	d. h. m. s.				
— 6 22	— 9 59 30	Streamers (1) in 40° alt. - - - -			
— 6 23	— 10 0 0	- - - - - - - - -	390	318	1298
— 6 24	— 10 1 30	Irregular striated arch (2) from E.S.E. to N.W., 75° alt., pulsating towards N.W., and a patch (2) in E.S.E., 30° alt.			
	d. h. m.				
— 6 25	— 10 2	- - - - - - - - -	383	339	1294
— 6 26	— 10 3	Above arch through zenith - - - -			
— 7 20	— 10 57	Irregular arch (1) from E.S.E. to W., 20° alt. - -			
— 7 27	— 11 4	„ (·7) - - - - -			
— 8 18	— 11 55	Bright, broad arch (1 to 2·5) from E. to W. through zenith, with prismatic streamers in E., where brightest.			
	d. h. m. s.				
— 8 20	— 11 57 30	„ disappeared except faint patch (·3) in E., 60° alt.			
	d. h. m. A.M.				
— 8 26	8 12 3	Bright masses (1) in S.S.W., 25° alt. - - -			
	P.M.				
9th 6 53	— 10 30	Arch (2) with vertical streamers in E., from E. horizon to zenith.	300	300	—
— 7 24	— 11 1	Irregular curved band (2) from E.N.E. through Cassiopeia			
11th 6 21	10 9 58	Bright streamers (2) slightly prismatic in E., about 10° alt., drifting towards N.E.	310	381	1195
— 6 23	— 10 0	„ disappeared. Patch (·5) in E., 5° alt. -	337	366	1472
— 6 25	— 10 2	Bright irregular aurora (1·5) with streamers from E.N.E. to zenith, slightly prismatic and quivering, drifting towards N.	346	375	1095
	d. h. m. s.				
— 6 59	— 10 36 30	Streak (1) in zenith - - -			
	d. h. m.				
— 7 20	— 10 57	Bright masses of aurora (1·5) from S. to S.E., 10° alt. Bright streak (1) in E.S.E., 70° alt.			
— 7 21	— 10 58	- - - - - - - -	370	330	1244
— 7 23	— 11 0	- - - - - - - -	373	328	1281
— 7 25	— 11 2	- - - - - - - -	352	322	1135
	d. h. m. s.				
— 7 25	— 11 2 30	Arch (1) from W. to S., 10° alt., becoming rapidly brighter and moving to S.E., where prismatic.			
	d. h. m.				
— 7 27	— 11 4	Corona 5° E.S.E. of zenith - - -	220	380	1300 to 1500
	d. h. m. s.				
— 7 58	— 11 35 45	Streak (·7) in N.N.W., 5° to 20° alt. - - -			
	A.M. d. h. m.				
— 8 27	11 12 4	Faint streamers (·5) in N.N.E., 7° alt. - - -			
	P.M.				
12th 7 29	— 11 6	Diffused auroral light (·3) in a great portion of the sky.			

Göttingen Mean Time.	Local Mean Time.	———	H.F.	D.	V.F.
1883. August. h. m. A.M.	1883. August. d. h. m. A.M.				
12th 9 21	12 1 1	Arch (·5) from E.S.E. through zenith - - -			
13th 8 29	13 12 6	Faint aurora (·3) from E.S.E. to E., 15° alt. - -			
— 9 26	— 1 3	Faint streak (·2) in E.S.E., from 5° to 10° alt. - -			
	d. h. m. s.				
— 10 20	— 1 57 20	„ (·3) in N.W. 50° alt. - - -			
	d. h. m.				
— 10 21	— 1 58	- - - - - - - - -	402	340	1155
— 10 23	— 2 0	- - - - - - - - -	397	344	1137
— 10 24	— 2 1	„ (·5) „ from 50° to 80° alt. - - -			
— 10 25	— 2 2	- - - - - - - - -	396	348	1190
— 10 26	— 2 3	Aurora from N.W. through zenith to E.S.E. (1) -			
— 10 35	— 2 12	Irregular striated arch (1·5) from E.N.E. through zenith, moving towards W.	386	355	1127
	P.M.				
14th 6 26	— 10 3	Faint arch (·3) from E.S.E. through zenith to N.W. -			
— 7 20	— 10 57	Faint arch (·5) from S.E. to N.W., disappearing under clouds, alt. 60°.			
— 7 26	— 11 3	„ disappeared - - - -			
	A.M.				
— 9 47	14 1 24	Faint diffused light (·5) in zenith - - -			
— 10 1	— 1 38	Faint arch (·7) from N.W. to zenith - - -			
— 10 27	— 2 4	Very faint irregular aurora, from E.S.E. horizon to 35° alt.			
	P.M.				
16th 7 28	15 11 5	Faint streak (·5) in E., from 35° to 40° alt. - -			
	d. h. m. s.				
— 8 20	— 11 57 30	Irregular aurora (·5) from E.S.E. through zenith to N.N.W., and several faint streaks in N.E., from 25° to 45° alt.			
	d. h. m. A.M.				
— 8 26	16 12 3	„ disappeared, except a few streamers in E.S.E., 10° to 15° alt. (1).			
— 9 26	— 1 3	Faint streak (·3) in N.N.W., from 30° to 55° alt. - -			
	P.M.				
18th 7 24	17 11 1	Diffused arch (1·5) from E.S.E. through Cassiopeia to N.W.			
	d. h. m. s.				
— 7 25	— 11 2 30	Upper edge of arch through zenith - - -			
	d. h. m. A.M.				
— 8 28	18 12 5	Arch (1) from S.E. to N.W., passing halfway between the Moon and zenith.			
— 9 21	— 12 58	- - - - - - - - -	397	321	1159
— 9 23	— 1 0	- - - - - - - - -	378	358	1265
— 9 24	— 1 1	Corona in zenith, streamers in N.W., and diffused masses of light (2) in S.E.			
— 9 25	— 1 2	- - - - - - - - - (Magnetometers disturbed at the 2nd and 3rd readings.)	372	339	1374
— 10 28	— 2 5	Arch (1) from N.E. to N.W., 30° alt. (No aurora during the readings.)			
	P.M.				
19th 6 26	— 10 3	Arch (1) visible through clouds in zenith - -			
— 7 33	— 11 10	Aurora (1) from W. to S., 45° alt. - - -			
	A.M.				
— 8 26	19 12 3	Faint streamers (·5) in E.S.E., from 5° to 15° alt. -			
	P.M. d. h. m. s.				
20th 7 20	— 10 57 30	Bright irregular aurora with prismatic streamers (2) from S.E. to S., from 25° to 40° alt.			
— 7 22	— 10 59 30	„ fainter (1), and from S. to S.W. -			
— 7 24	— 11 1 15	„ from 50° alt. in S.W. through zenith, prismatic and (2·5)			
— 7 57	— 11 34 30	Diffused light (1) in zenith. Bright slightly prismatic streamers (1·5) in N.N.E., 20° alt. Bright irregular aurora (1) in N.W., 10° alt.			

Göttingen Mean Time.	Local Mean Time.	——	H.F.	D.	V.F.
1883. August. h. m.	1883. August. d. h. m.				
A.M.	P.M.				
20th 7 58	19 11 35	- - - - - - - - -	302	374	809
— 8 0	— 11 37	- - - - - - - - -	250	318	941
— 8 1	— 11 38	Streamers disappeared, the rest very faint - -			
— 8 2	— 11 39	- - - - - - - - -	253	348	1060
— 8 20	— 11 57	Faint streak (·5) in W., 70° alt., and in zenith - -			
	A.M.				
— 8 26	20 12 3	Faint masses (·7) in S.W., visible between clouds, 60° alt.			
	d. h. m. s. P.M.				
21st 6 19	— 9 56 30	Faint aurora (·7) from E. to N.E., 20° alt. - -			
	d. h. m.				
— 6 27	— 10 4	Arch (·5 to 1) from E.S.E. to N., 10° alt., irregular and brightest in E.S.E.			
— 7 28	— 11 5	Arch (1) from E.N.E. to N.W., 45° alt. -			
	A.M.				
— 8 24	21 12 1	Diffused arch (1) from E.S.E. through zenith to N.W. -			
— 9 21	— 1 1	Diffused mass of light (1) from 30° alt. S.S.E. through zenith towards N.W.			
	P.M.				
23rd 6 21	22 9 58	Striated arch (1) from S.E. to N.W., 45° alt. - -	406	333	1101
— 6 23	— 10 0	" pulsating and (1·5). Streamers in E.S.E., from 5° to 15° alt. (2), and slightly prismatic.	383	332	1099
— 6 25	— 10 2	- - - - - - - - -	385	337	1135
	d. h. m. s.				
— 6 30	— 10 7 28	Bright aurora, (2·5) striated and prismatic, from E.S.E. through zenith to N.W., and drifting in all directions -	260	300	400
	d. h. m.				
— 7 20	— 10 57	Bright patch (1) in N., 5° alt. - - - - - -			
— 7 27	— 11 4	Arch (1) with streamers from E.S.E. to N.N.W., 5° alt. Faint masses (·3) in zenith.			
— 8 20	— 11 57	Faint streak (·5) in N.N.W., 10° alt. - - -			
	A.M.				
— 8 26	23 12 3	Irregular aurora (1) from N. to N.E. 15° alt. - -			
— 9 27	— 1 4	Faint diffused arch (·7) from E.S.E. through zenith to N.N.W.			
	P.M.				
24th 5 20	— 8 59	No aurora - - - - - - -			
— 5 26	— 9 3	Aurora (1) from E.S.E. to zenith - - - - - -			
— 6 20	— 9 57	Diffused, striated arch (1) from E.S.E. through zenith to N.N.W. Another lower arch (·5) from E.S.E. to N., 20° alt., irregular in E.S.E.			
— 6 26	— 10 3	Ditto - - - - - - -			
— 7 24	— 11 1	Irregular arch (1·5) from S.E. through zenith to N.W. -			
	A.M.				
— 8 26	24 12 3	Serpentine arch (2) from E. through zenith to W.N.W. -			
— 9 21	— 1 1	Diffused masses of light (1·5) from the Moon through zenith to N.W.			
— 10 28	— 2 5	Faint masses (·5) in and round zenith - - -			
	P.M.				
25th 7 22	— 10 59 to	Aurora more or less all over the sky, visible through clouds	359	345	1103
— 7 26	— 11 3				
— 8 0	— 11 37	Ditto - - - - - - -	330	291	1277
	A.M.				
— 9 26	25 1 3	Auroral light in zenith, visible between clouds - -			
	P.M.				
26th 7 20	— 10 57	Arch (1) from E. to N.N.W., 15° alt. - - - -			
— 7 27	— 11 4	" irregular, 20° alt. Another arch from E.S.E. through zenith to 25° alt. in N.N.W. (·7).			
— 8 20	— 11 57	Bright, irregular, diffused arch (1·5) from E.S.E. to N.N.W., 35° alt., shooting up in a V shape from N.N.W. towards zenith.			
— 8 21	— 11 58	- - - -	405	340	962

Göttingen Mean Time.	Local Mean Time.	—	H F.	D.	V F.
1883. August. h. m.	1883. August. d. h. m. s.				
A.M.	P.M.				
26th 8 22	25 11 59 30	The whole sky from horizon to zenith, E.S.E. to N.N.W., more or less covered with curtain-shaped aurora from (1 to 2), brightest from E.S.E. to E.N.E., where slightly prismatic, to alt. 10.			
	d. h. m.				
— 8 23	— 12 0	- - - - -	381	340	885
	A.M.				
— 8 25	26 12 2	- - - - - - - - - -	382	331	921
— 8 28	— 12 5	Corona in zenith (1) - - - -			
	d. h. m. s.				
— 9 20	—12 57 30	Serpentine arch (1·5) from E.S.E. to N.N.W., 45° alt. -			
	d. h. m.				
— 9 27	— 1 4	Above arch from E. to N.N.W. and less bright except in N.N.W. Arch (·7) from E.S.E. to W., 40° alt.			
— 10 20	— 1 57	Arch (1 to 1·5) from E. to N.N.W., 30° alt., brightest in N.N.W.			
— 10 27	— 2 4	„ very faint - - - - - - -			
— 11 21	— 3 1	Faint streaks (·5) through zenith -			
	P.M.				
27th 6 20	— 9 57	Aurora (1) from E. to E.N.E., 10° alt. - - -			
— 6 27	— 10 4	Faint arch (·7) from E.S.E. to N., alt. 15 - - -			
— 7 26	— 11 3	Patch on E. horizon, and masses of light along N. horizon (2) to about 15° alt.			
	A.M.				
— 8 24	27 12 1	Arch (1) from S.E. to N.W. through zenith. Arch from N.N.W. to E., 45° alt., (3) in N.N.W. horizon, elsewhere about (1·5).			
— 9 24	— 1 1	Arch (·1) from E.S.E. through zenith, streamers 6° N.E. of zenith and from N.N.W. horizon to 15° alt. (2).			
	P.M. d. h. m. s.				
28th 7 20	— 10 57 30	Irregular arch (1 to 1·5) from E.S.E. through zenith to N.N.W., brightest in E.S.E.			
	d. h. m.				
— 7 26	— 11 3	Ditto (1) - - - - - - -			
	A.M.				
— 8 26	28 12 3	Arch (1) from E.S.E. to N.W., 45° alt. Irregular diffused mass (1) from E. to zenith.			
	d. h. m. s.				
— 9 24	— 1 1 30	Arch (1) from E.S.E. to N.N.W., 30° alt. Mass of aurora (·5) in zenith. Faint streamers from E. to N.W., from 20° to 50° alt.			
— 10 23	— 2 0 3	Streak (1·5) in N.N.W., from 10° to 30° alt. - -			
	d. h. m.				
— 10 26	— 2 3	„ faint (·5), and from 10° to 20° alt. - -			
	P.M.				
29th 6 27	— 10 4	Faint streak (·5) in E.S.E., from 10° to 30° alt. -			
— 7 20	— 10 57	Arch (·5) from E.S.E. to W.N.W., 45° alt. Bright irregular aurora (2) from E.S.E. to zenith, with slightly prismatic streamers.			
— 7 27	— 11 4	Arch as before. Folds of curtain-shaped aurora (1·5) from E.S.E. to zenith.			
— 8 20	— 11 57	Arch (·7) from E.S.E. to W.N.W., striated and 70° alt. in S.			
	A.M.				
— 8 27	29 12 4	Ditto - - - - - - - -			
— 9 20	— 12 57	Faint aurora (·5) from E.S.E. to 60° alt. Faint masses (·5) in W.N.W.			
— 9 27	— 1 4	Arch (1) from E.S.E. through zenith to W.N.W., striated in E.S.E., and partly visible between clouds in zenith -			
	P.M.				
30th 5 27	— 9 4	Faint arch (·5) from E.S.E. through zenith to W.N.W. -			
— 6 20	— 9 57	Arch (·5 to 1) from E.S.E. to W.N.W., 45° alt., disappearing under clouds.			
— 6 27	— 10 4	Arch as before. Irregular aurora from E.S.E. to zenith, striated and diffused (1·5).			
— 7 28	— 11 5	Diffused mass of light in E. and streamers (2) also visible through clouds about 10° S. of zenith to 45° N.W. (1·5).			
31st 7 26	30 11 3	Mass of aurora (·5) from E.S.E. to E., 20° alt. - -			

Göttingen Mean Time.	Local Mean Time.	——	H.F.	D.	V.F.
1883. August. h. m. A.M.	1883. August. d. h. m. A.M.				
31st 8 26	31 12 3	Irregular arch (·5) from E.S.E. to N.W., 80° alt. -			
— 9 26	— 1 3	Irregular aurora (1) from E.S.E. through zenith to N.N.W., about 5° wide in zenith.			
— 10 26	— 2 3	Faint streak (·3) in zenith - - -			
September.	P.M.				
1st 5 27	— 9 4	Streak (·7) in E.S.E., 10° alt. - - - -			
— 6 27	— 10 4	Bright aurora (1) on horizon from E.S.E. to S.E. Masses visible in zenith between clouds (·5).			
— 7 20	— 10 57	Bright aurora (1·5) on horizon from E. to E.S.E. Arch (1) from S.E. to W., 30° alt., partly visible between clouds.			
— 7 27	— 11 4	Aurora from E. to E.S.E. as before. Masses visible between clouds in S.W., 30° alt.			

NOTE.

The readings of the magnetic instruments where given here, are in scale divisions, the values of *one* scale division in absolute measure (C.G.S. units) being :—

H.F. ·000019 D. 1′·0 V.F. ·00000574,

increasing numbers denoting increase of force and of easterly declination. These are easily reduced to absolute values by means of the above scale values, and the tables of hourly magnetic observations. For the values there given correspond, at any hour of local mean time to the reading given here (or when three readings are given, to their mean) and from the nearest hourly observations the value of any intermediate observation can be deduced.

When three readings of the same instrument are recorded opposite any hour, the middle reading was taken at that hour, the others at 2 minutes before and after respectively.

Plate 7.

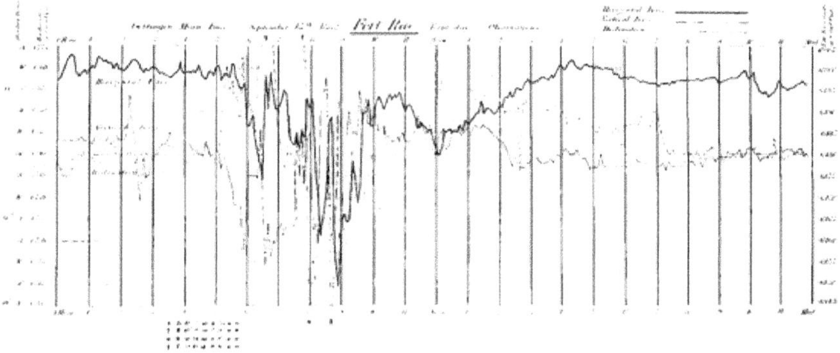

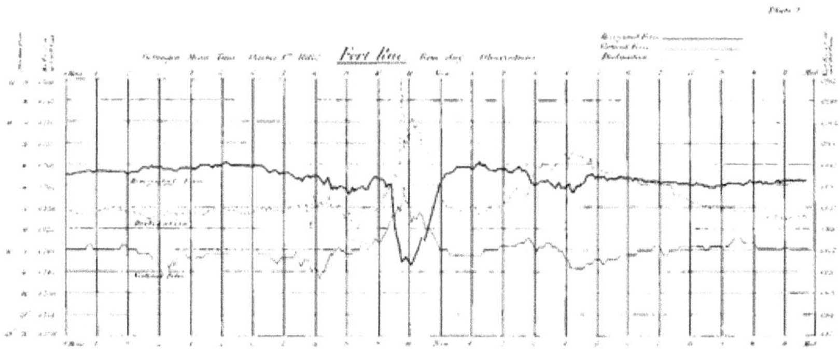

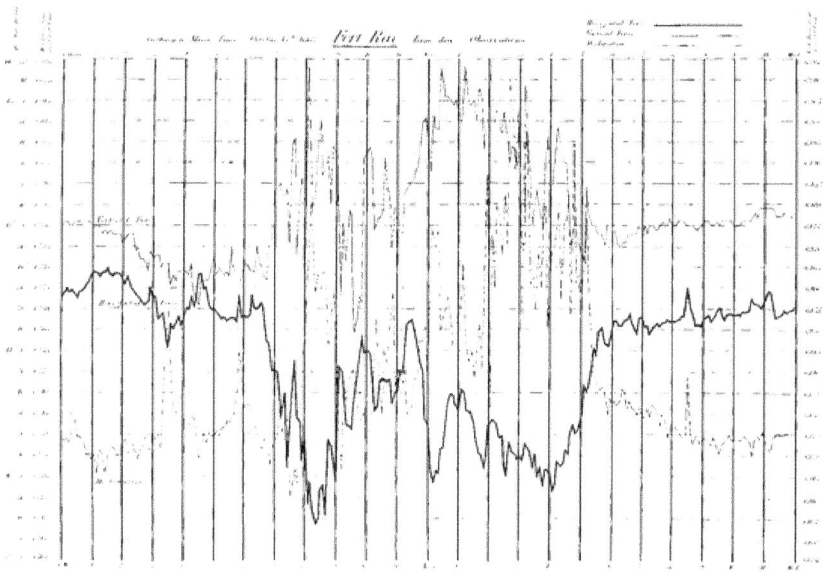

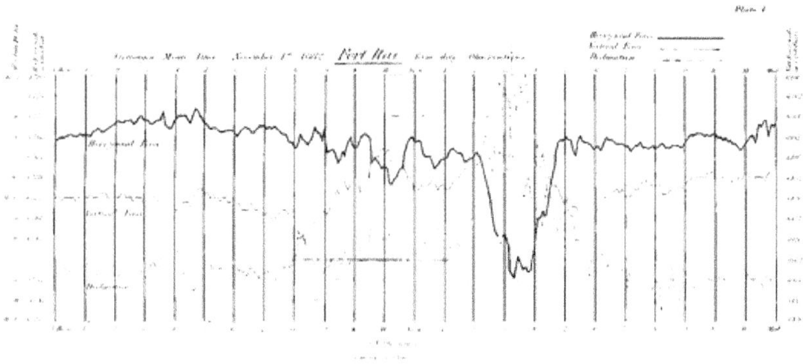

Fort Rae
Horizontal Force
Vertical Force
Declination

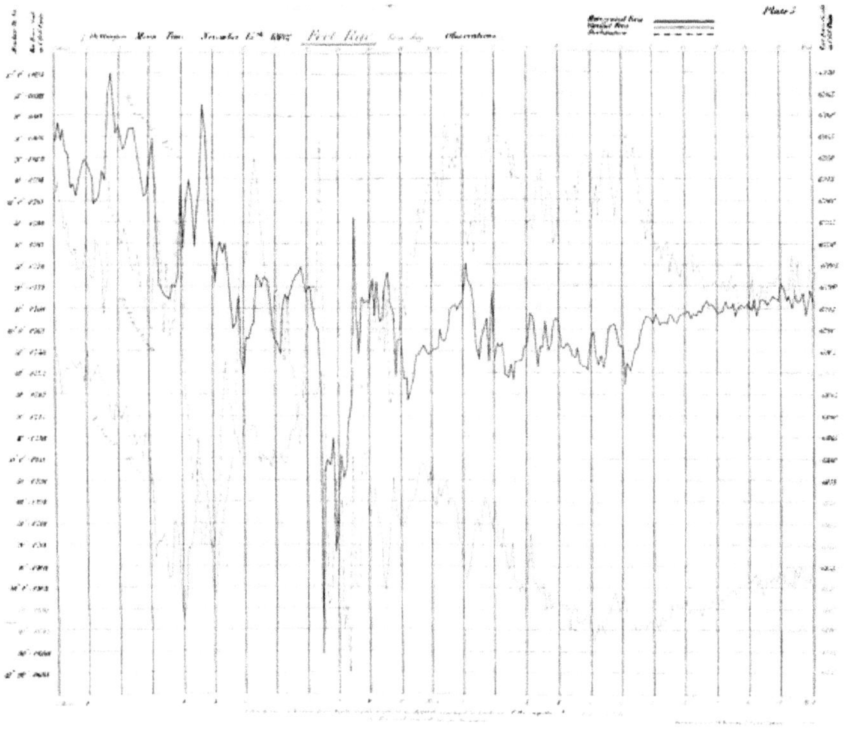

Plate 6

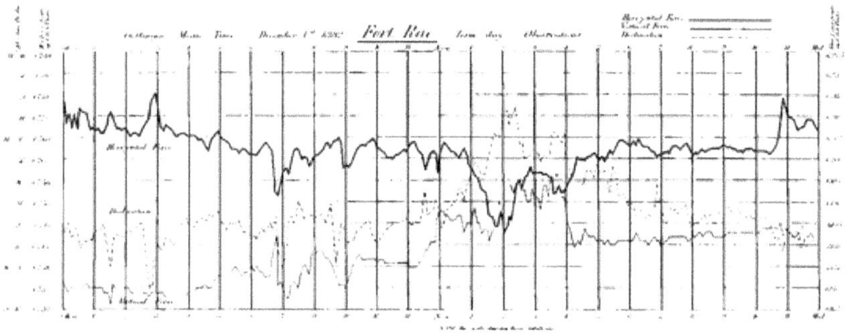

Plate 7

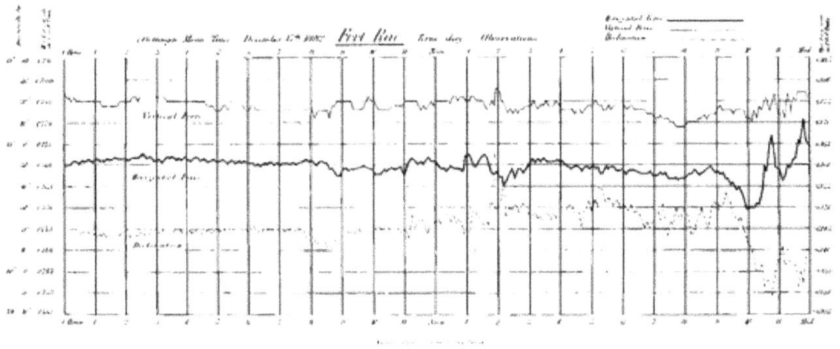

Plate 6

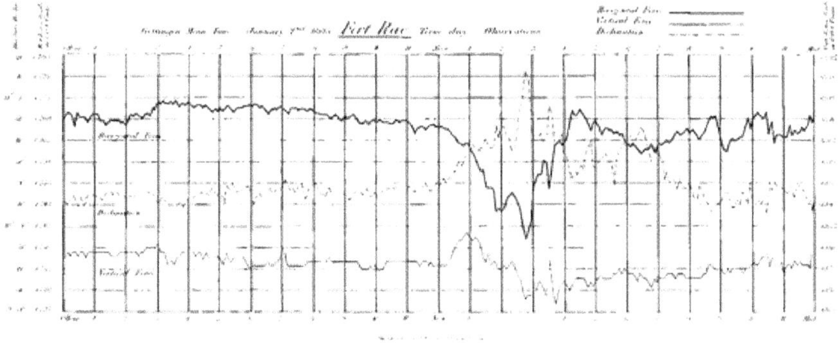

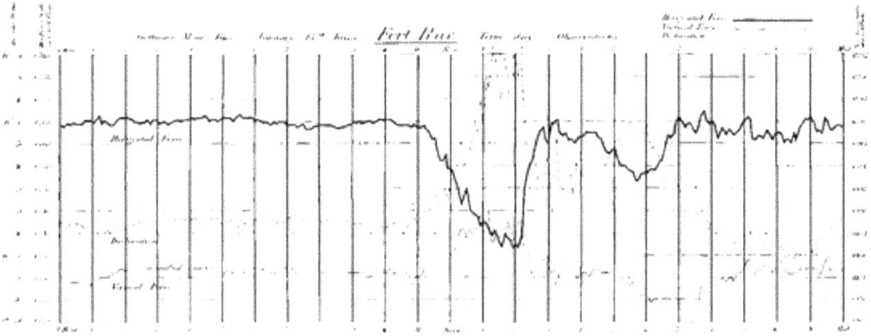
Fort Rae

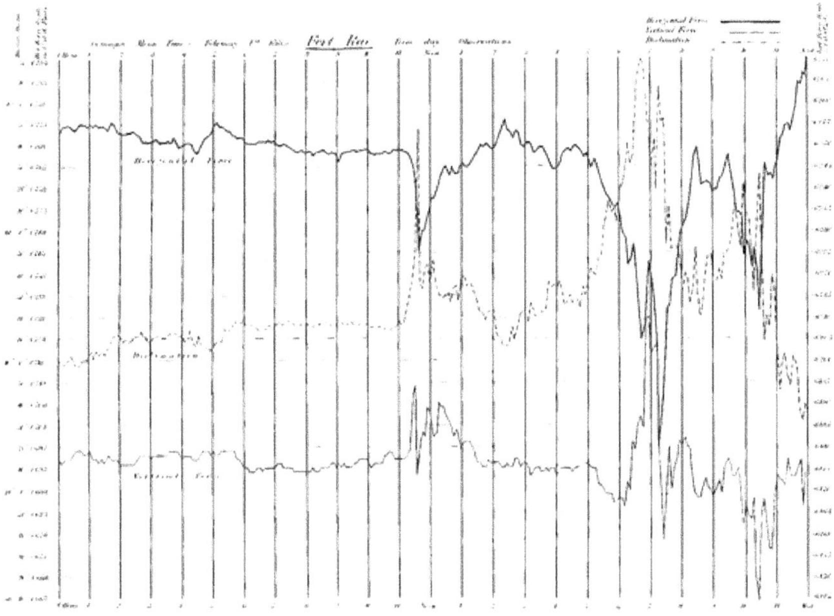

Horizontal Force
Vertical Force
Declination

Plate II

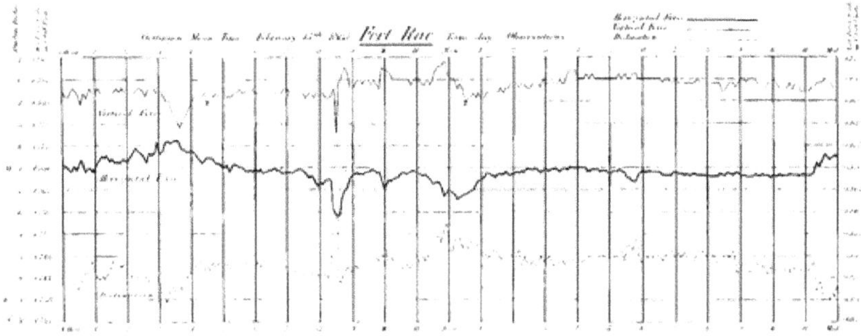

Plate 19

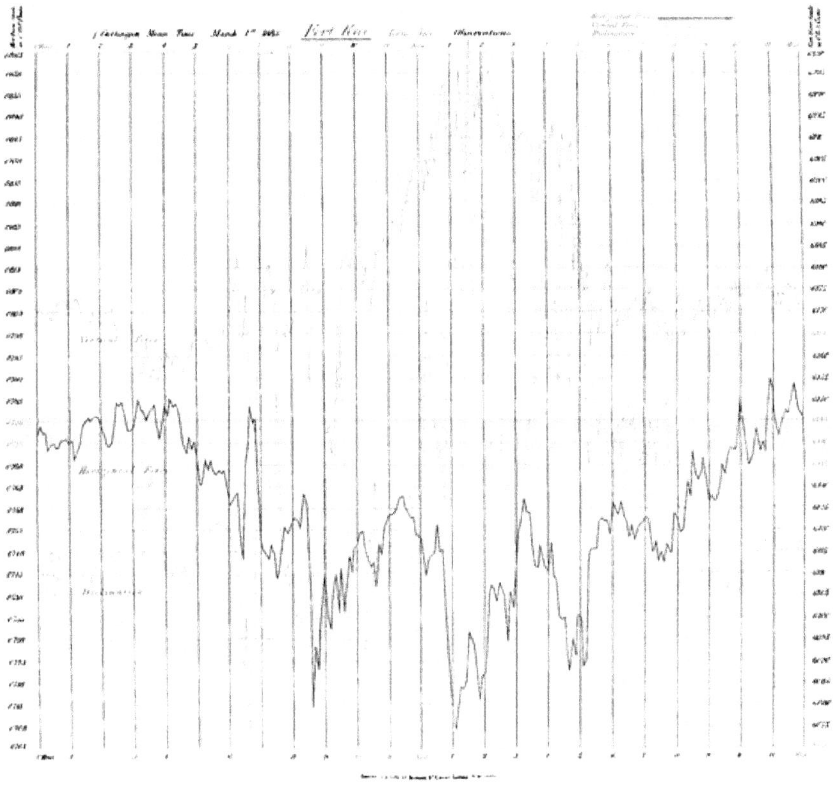

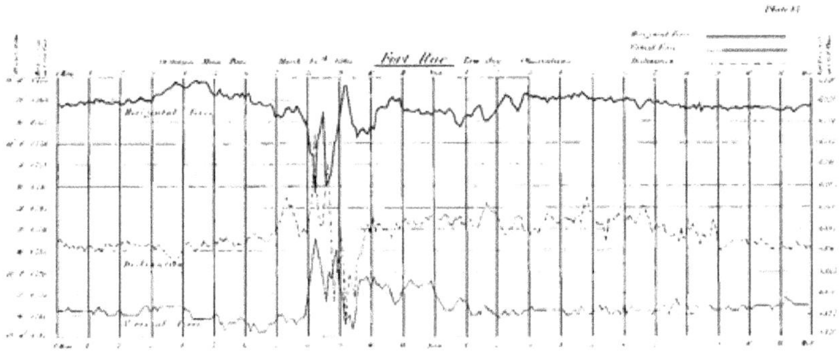

Plate 14.

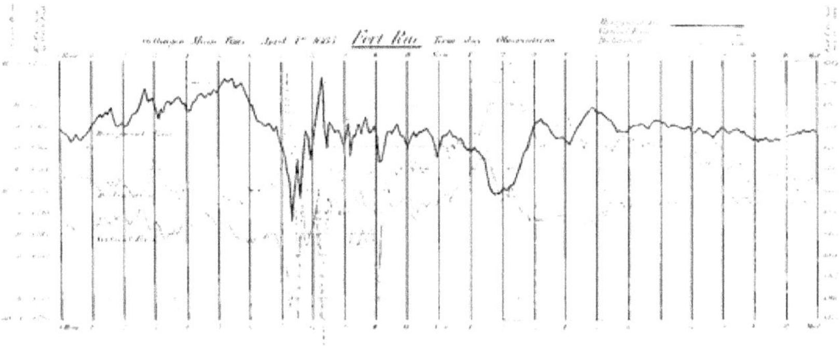

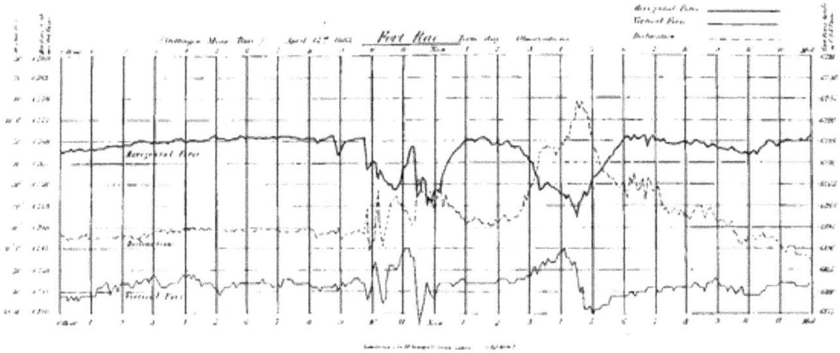

Fort Rae
Horizontal Force
Vertical Force
Declination

Plate 16.

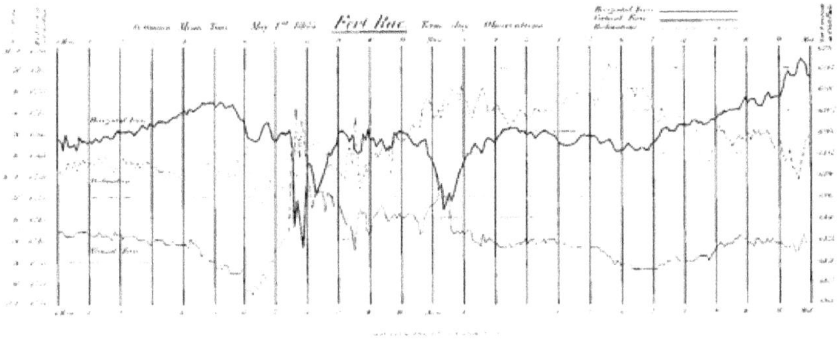

Plate 17

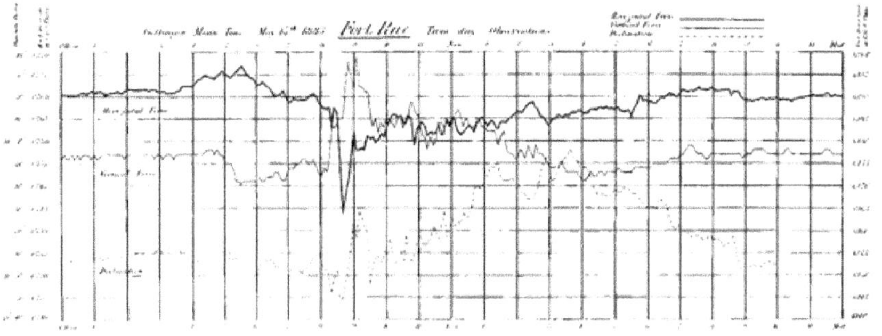

Plate 18

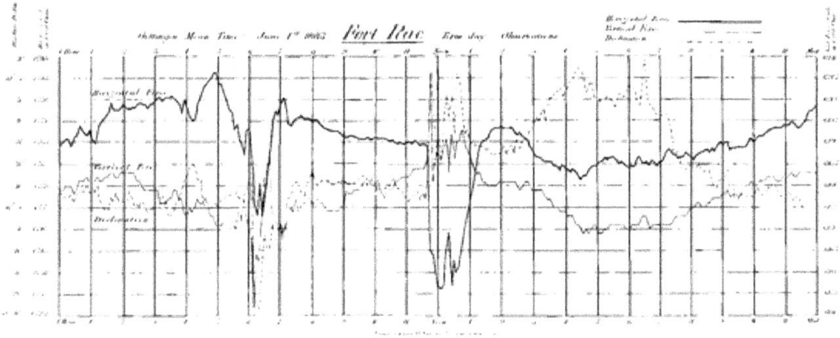

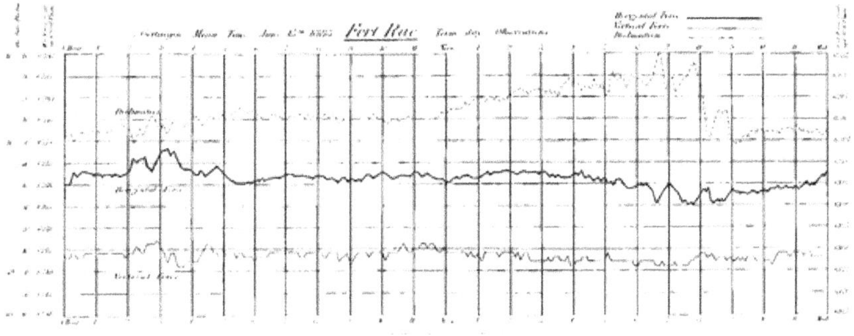
Fort Rae

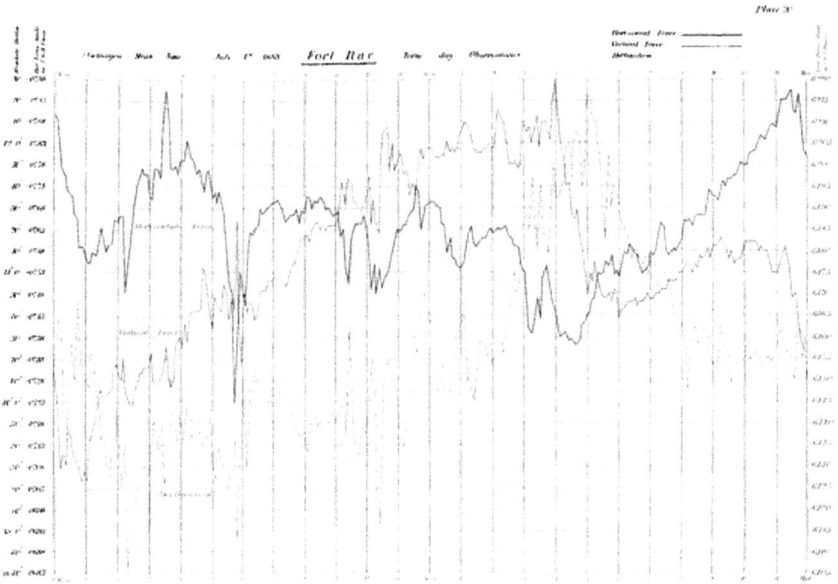
Fort Rae

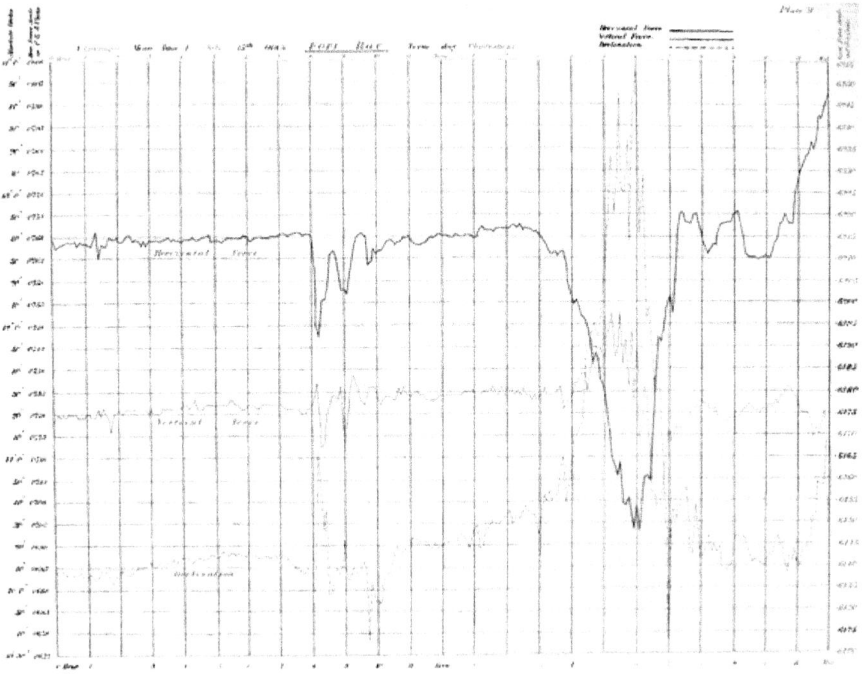

Horizontal Force
Vertical Force
Declination

Plate 73.

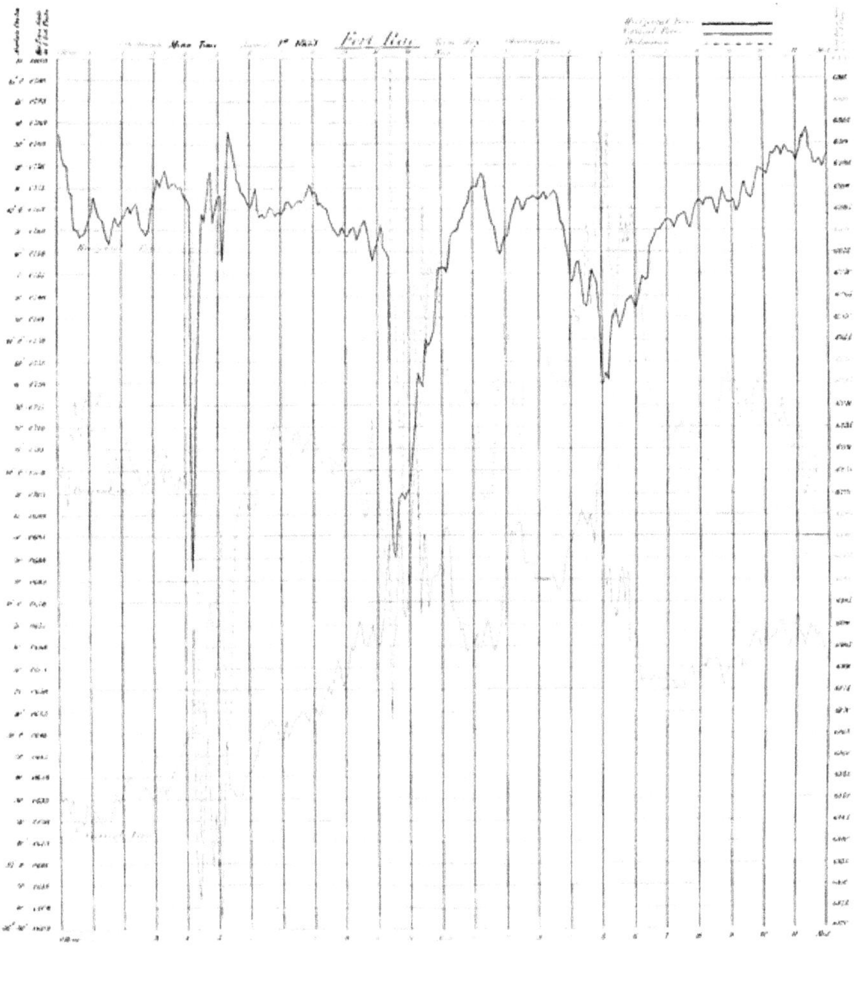

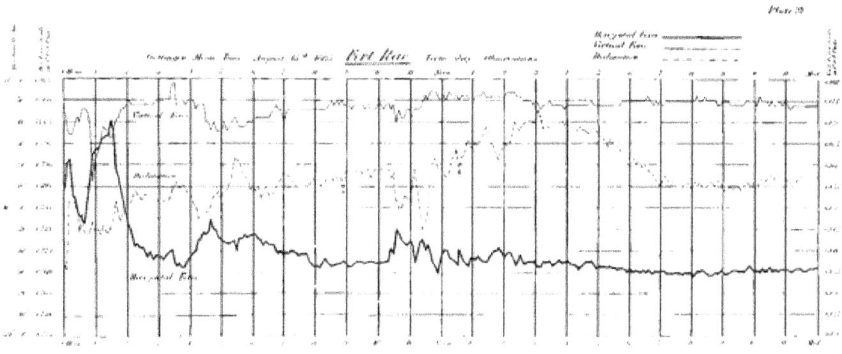

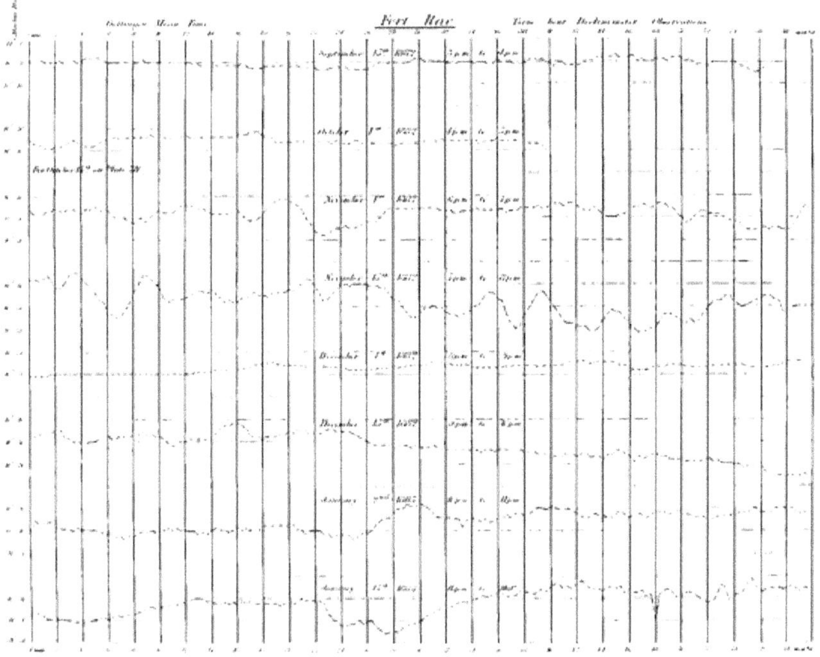
Fort Rae

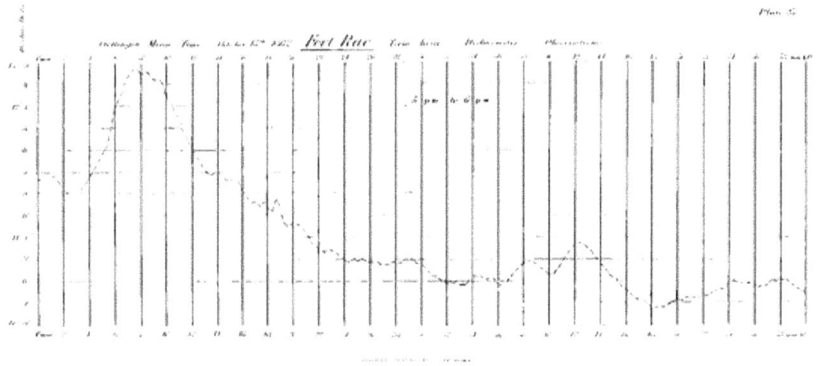
Fort Rae

Gottingen Mean Time Fort Rae Term Hour Declinometer Observations

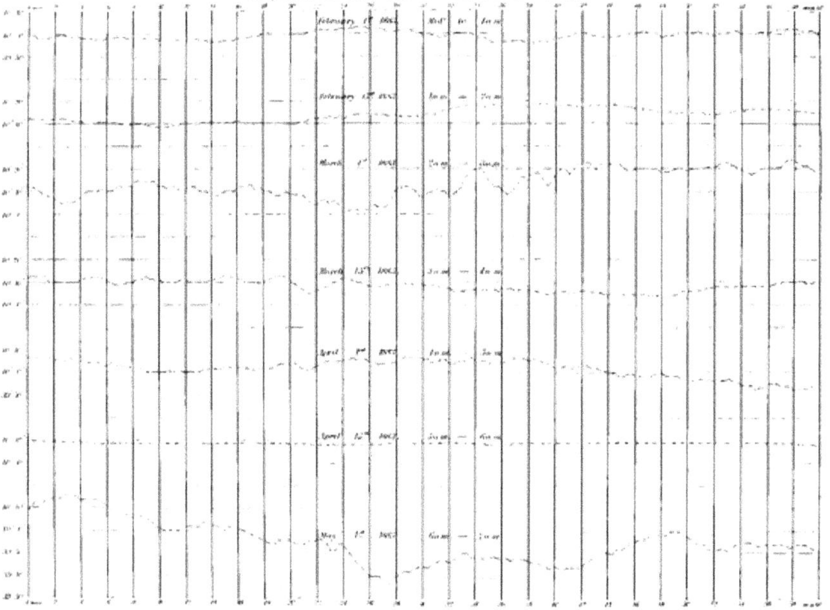

Plate 27

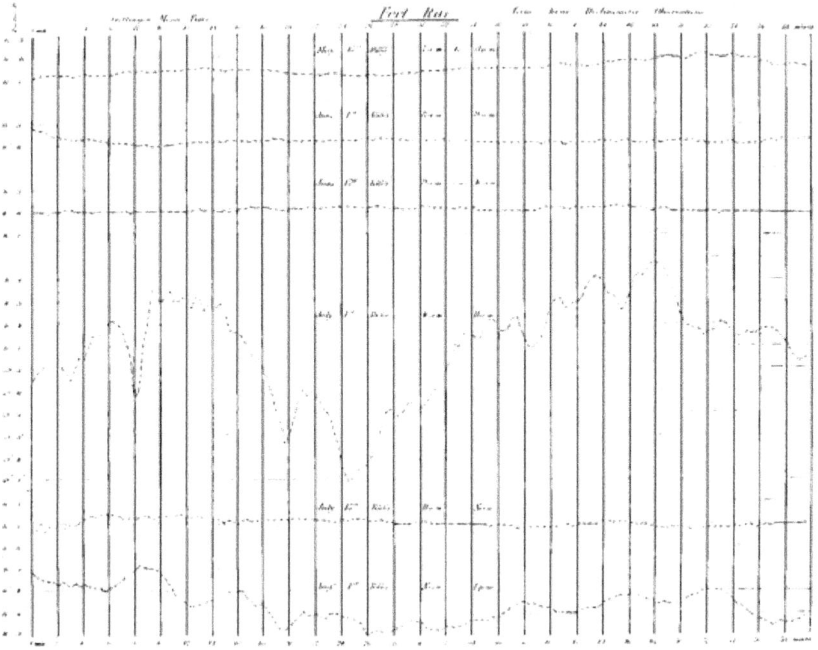

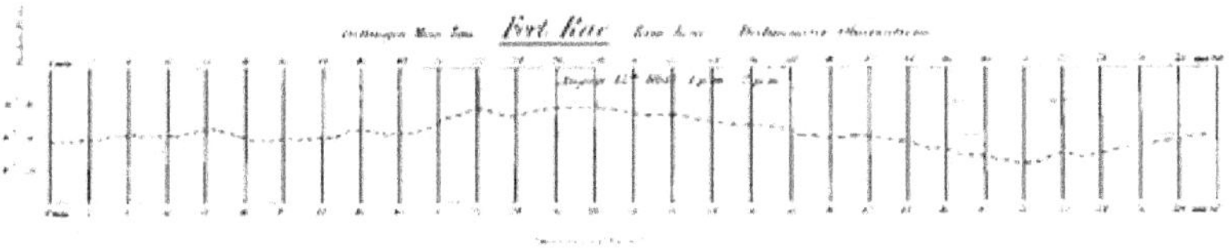

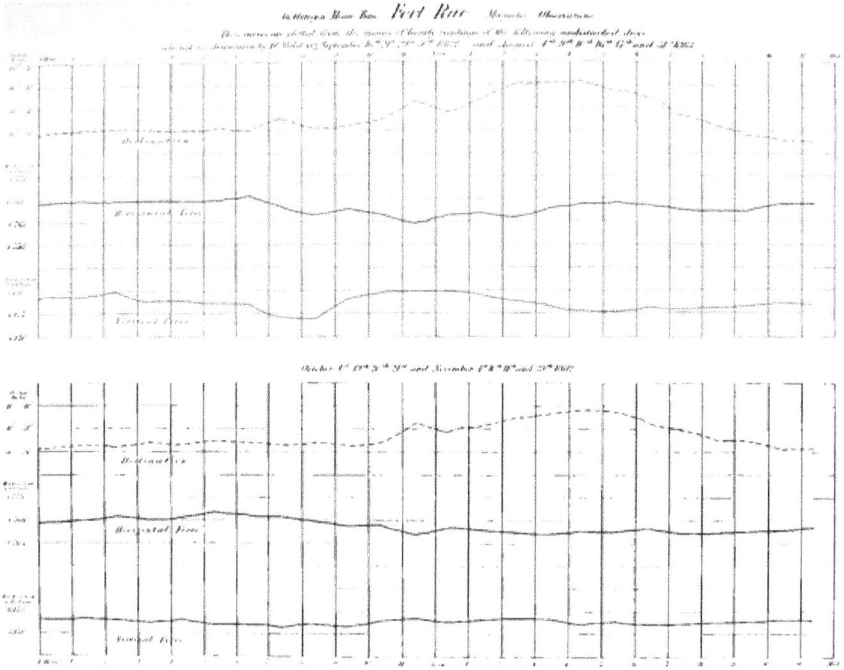
Fort Rae
Declination
Horizontal Force
Vertical Force
Declination
Horizontal Force
Vertical Force

Fort Rae Magnetic Observations

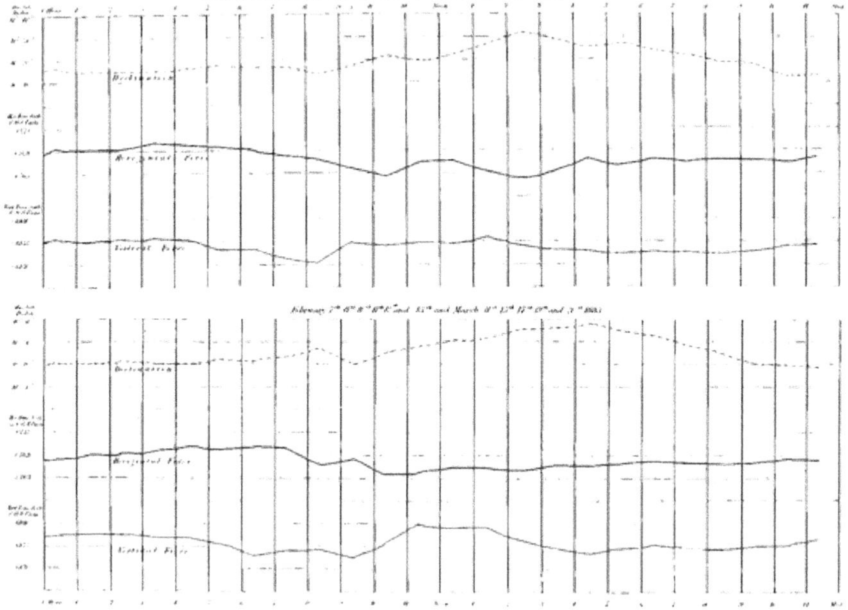

Göttingen Mean Time. **Fort Rae** Magnetic Observations

These curves are plotted from the means of hourly readings of the following undisturbed days selected for discussion by Dr Wild, viz:- [illegible] 1882.

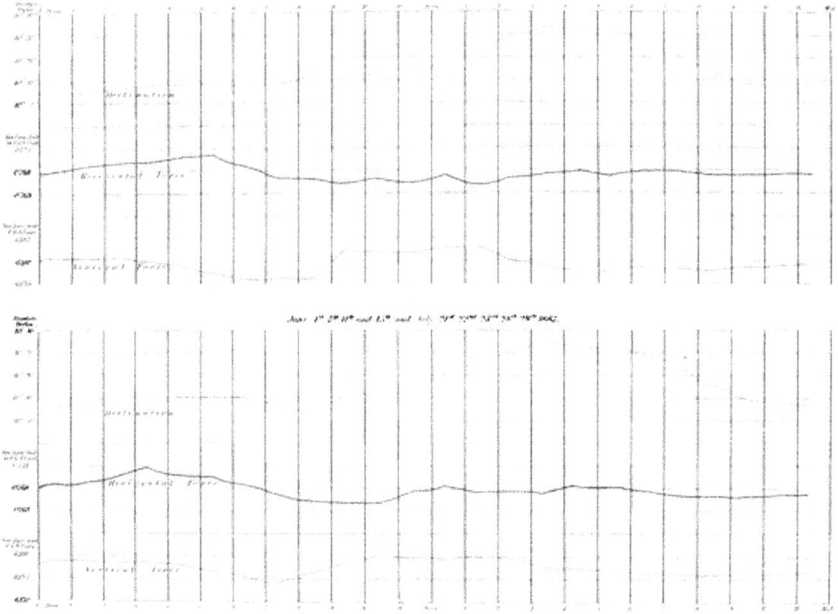

Plate 38.

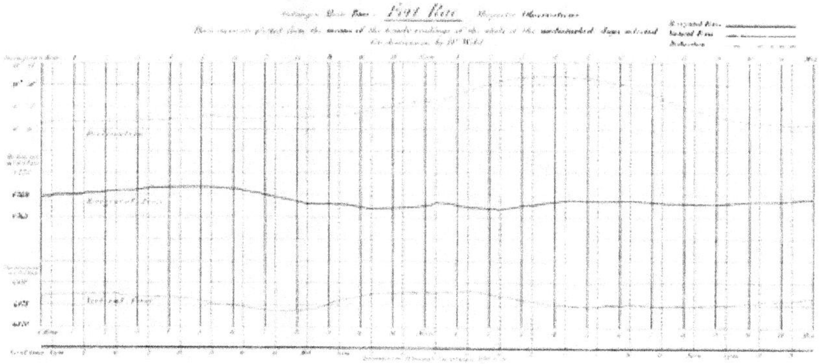

www.ingramcontent.com/pod-product-compliance
Lightning Source LLC
Chambersburg PA
CBHW031351290326
41932CB00044B/879
9783337268091